普列汉诺夫文集

第 8 卷

俄国社会思想史

（上卷）

孙静工　译

商务印书馆
创于1897　The Commercial Press

Г. В. ПЛЕХАНОВ

ИСТОРИЯ РУССКОЙ

ОБЩЕСТВЕННОЙ МЫСЛИ

Госудрственное издательство

Москва 1925 Ленинград

根据苏联国家出版社莫斯科–列宁格勒 1925 年版译出

中 译 本 序

（一）

戈奥尔基·瓦连廷诺维奇·普列汉诺夫是俄国最早的马克思主义者之一，也是当时俄国和欧洲最杰出的马克思主义哲学家之一。1856 年 12 月 11 日出生于唐波夫省利佩茨克县古达洛夫卡村。父亲是贵族地主，母亲是俄国革命民主主义思想家别林斯基近亲的后裔。大学时代参加民粹主义小组。1880 年年底为逃避沙皇政府搜捕亡命西欧。

流亡的最初几年，普列汉诺夫接触了西欧的工人运动，认真钻研了马克思恩格斯著作，彻底清算了自己头脑中的民粹主义思想。于是就从一个小资产阶级的农民民主主义者和空想社会主义者变成了无产阶级的科学社会主义者，从巴枯宁式的唯心史观拥护者变成了唯物史观的信奉者。1883 年 9 月他同查苏利奇等人组织了俄国历史上第一个马克思主义的革命团体"劳动解放社"。这个仅仅由少数几个革命知识分子组成的团体存在了二十年，直到 1903 年 9 月才正式宣布解散，并入新成立的俄国社会民主工党。在这个小团体中普列汉诺夫是公认的思想领袖。在他的领导和直接参与下，劳动解放社翻译和出版了马克思恩格斯的许多重要著作,并把它们秘密运往俄国散发。它还出版了一系列政治、哲学、经济、科学社会主义、美学、文艺评论和历史等方面的论著,捍卫、论证和发展了辩证唯物主义,特别是历史唯物主义的原理,批判了民粹主义、无政府主义、新康德主义、经济主义等俄国以及国际工人运动中资产阶级的和修正主义的思潮,分析了俄国革命提出的种种政治、经济和理论问题,从而培养了一大批年轻的革命骨干,为联合国内外社会民主主义力量和在俄国建立社会民主党进行了大量卓有成效的工作,同时它还建立并且加强了俄国社会民主主义组织同欧洲(主要是西欧)社会民主党的牢固联系,交流了彼此的革命经验,促进了无产阶级的国际团结。

1900 年 8—9 月,列宁和普列汉诺夫通过艰巨而曲折的谈判,达成了共同编辑出版《火星报》和《曙光》杂志的协议。同年年底到 1903 年 10 月,是普列汉诺夫同列宁并肩战斗的三年,也是他政治上最光辉的岁月。列宁认为,普列汉诺夫和他的"劳动解放社"同志,不仅在理论上促进了俄国社会民主主义运动,实行了迎接工人运动的第一步,而且是"为俄国社会民主党打下基础并一直领导党的理论家和著作家",他们"为党在理论上和实践上的发展做了许多事情","俄国社会民主党的建立,是'劳动解放社'即普列汉诺夫、阿克雪里罗得和他们的朋友们的主要功绩"[①]。

1903 年 11 月,即在俄国社会民主党第二次代表大会闭幕后

---

① 《列宁全集》,中文版,第 4 卷,第 203、226、292 页。

两个月,作为党的总委员会主席的普列汉诺夫对党内孟什维克的分裂活动采取了退让妥协的政策,并且自己很快也滑进了孟什维克机会主义泥坑,开始在组织问题上,随后由于 1905 年革命的来临又在策略问题上采取了同以列宁为首的布尔什维克尖锐对立的立场。他在组织问题上的主要错误是不理解或不赞同列宁建党学说中发展了马克思恩格斯关于无产阶级政党的理论的那些崭新的东西,没有认识到处在帝国主义时代的无产阶级为了实现自己的任务需要具有新的组织形式的先锋队。和组织问题上的错误相比,普列汉诺夫的机会主义立场在策略问题上表现得更为严重。他用教条主义的态度把马克思恩格斯在资产阶级上升时期关于西欧无产阶级的斗争任务所说的话不加分析地搬到帝国主义时代落后的俄国资本主义社会。他不了解一般资产阶级革命和农民资产阶级革命之间的相互关系,不了解农民资产阶级革命同非农民资产阶级革命之间的区别,不了解在农民资产阶级革命中资产阶级的反动性和农民的重大作用,不了解这个革命要取得胜利,其一般的基本的阶级条件就是实行无产阶级和农民的民主专政。由于他在俄国党内的地位和声望远远高于当年伯恩施坦在自己党内的地位,所以列宁说他的机会主义策略给俄国无产阶级事业带来的危害比伯恩施坦给德国工人运动造成的危害大过百倍。

不过,从 1903 年 11 月到 1914 年 8 月这段时期,普列汉诺夫仍然是一个革命家,确切点说是俄国工人运动中的一个反映小资产阶级情绪和愿望的革命家。他这个时期的总的特点就是动摇性,即在布尔什维克和孟什维克之间摆来摆去。所以列宁称他是一个"特殊的孟什维克",说他采取了一种"特殊的立场"。所谓特殊立场的意思,不仅是指他在策略和组织问题上好多次脱离过孟什维克,不仅是指他在斯托雷平反动年代抨击了取消派,同布尔什维克结成了战斗联盟,在极其困难的环境下捍卫了党,捍卫了地下活动,捍卫了革命,而且,与此密切联系的,是指他在理论上、在哲学上坚持了"正义的事业",或如列宁所说,在1904—1914年这十年期间,普列汉诺夫作为"孟什维克-马克思主义者","在理论上是激进主义、在实践上是机会主义"①。

第一次世界大战爆发后,普列汉诺夫彻底堕落了,变成了一个社会沙文主义者,即口头上拥护社会主义而实际上采取了沙文主义立场,走上了为本国资产阶级及其同盟者的利益辩护的道路,同无产阶级革命事业最后决裂。1917年二月革命后他回到了俄国,继续鼓吹俄国进行的帝国主义战争,号召工人阶级团结在资产阶级临时政府周围,反对列宁提出的变帝国主义战争为国内战争、实行社会主义革命的"四月提纲"。他虽然没有参加反对十月革命的活动,但是他完全不理解这个革命。1918年5月30日,这位卓越的思想家在孤独凄凉中死于因肺结核病恶化而引起的心肌梗塞症。

总之,普列汉诺夫一生经历了复杂多变的政治道路。概略地说,他的政治立场变化过程可以分为四个时期,即民粹主义时期(1876—1883)、马克思主义时期(1883—1903)、孟什维主义时期(1903—1914)、社会沙文主义时期(1914—1918)。前两个时期是

①　《列宁全集》,中文版,第21卷,第82页。

不断进步、上升的,经过十年的动摇,最后彻底堕落了。

(二)

与政治道路的复杂多变不同,普列汉诺夫的哲学观点在成为马克思主义者以后直到逝世时为止,却是相对稳定的。1921年列宁在跟托洛茨基争论的时候写道:"普列汉诺夫所写的全部哲学著作,……是整个国际马克思主义文献中的优秀著作。"[①]这里说的"全部哲学著作",当然不限于 1903 年以前的著述,也指1903 年以后的作品,其中包括未完成的多卷本专著《俄国社会思想史》。不过就他的理论思维水平而言,十九世纪九十年代是他一生所达到的最高峰。此后十余年虽然不断有新的论著问世,但整个说来理论上并没有新的突破,只不过把他所掌握的那些马克思主义哲学原理较为详细、较为系统、较为具体地运用于某些知识领域,取得了程度不等的成功罢了。这个评价也适用于《俄国社会思想史》。

普列汉诺夫是怎样写起这部著作的呢？应该说,这也是一种必然性和偶然性相结合的产物。

大家知道,普列汉诺夫最初参加民粹主义组织时是一个全心全意投入政治活动的实干家。不久,对理论问题的兴趣越来越在他的头脑中占据更大的位置,在流亡西欧以后尤其如此。每当在政治活动中失意的时候,他就更加热衷于理论研究。例如 1900 年

[①]　《列宁全集》,中文版,第 32 卷,第 84 页。

9月,他在同列宁就共同编辑出版《火星报》和《曙光》杂志进行谈判时曾对列宁表示过:如果谈判破裂,"他要放弃政治活动而投身于学术工作、纯粹的学术工作"[①]。后来由于列宁坚定而灵活的态度,终于达成了圆满的协议。但普列汉诺夫同以列宁为代表的年轻马克思主义者的合作为时不长。1903年11月以后,他跟布尔什维克决裂了,倒向了孟什维克一边。然而他同孟什维克领袖们的关系一开始就很不融洽,大小矛盾时有发生。1905—1907年革命失败后,当大多数孟什维克首领鼓吹取消地下活动,取消党,取消马克思主义哲学时,普列汉诺夫又同这些取消派分子彻底闹翻了。这时他的心情的苦闷可以从他当时给妻子的信中清楚地看出来。他写道:"我们无法同孟什维克一起前进。我注定要孤身一人。我不害怕这样的命运,但是我终究感到很难过。"据说正是在1908年至1909年一年中,他完全把自己关在书房里。尽管他投身学术时始终不曾忘情于政治活动,但学术与政治的矛盾一直使他十分苦恼。例如,1914年7月他从布鲁塞尔参加社会党国际局会议回来后对妻子说:"我对一切都厌倦了。我还从来没有看到过像这次会议上所出现的那种争吵。我宁可坐下来写理论著作。'世界'出版社催促我完成第二卷。"这个第二卷就是《俄国社会思想史》第二卷。

　　早在1909年5月,普列汉诺夫突然收到"世界"出版社从莫斯科寄来的一封信,建议他撰写一部《俄国社会思想史》。本来这几年从外国和俄国出版社寄来的类似的约稿建议不少,但"世界"出

[①] 参看《列宁全集》,中文版,第4卷,第308页。

版社的这个建议特别使他高兴，因为俄国社会思想史，主要是十九世纪俄国社会思想史一直是他研究和创作的心爱的题目。从十九世纪八十年代以来，他曾就赫尔岑、别林斯基、车尔尼雪夫斯基、杜勃罗留波夫、民粹派思想家等等，撰写了和发表了十多种论著。所以，一接到这个建议，他就立即回信表示同意，并着手搜集材料，起草全书的写作计划。

这就是说，无论从他要放弃政治活动而投身纯学术工作来看，还是从他对这个题目一向抱有浓厚的兴趣来看，写作《俄国社会思想史》都有必然性。但另一方面，他终于写出了三卷《俄国社会思想史》，而不是其他什么书，比方关于美学或艺术史方面的专著，则是偶然的。如果当年"世界"出版社或者别的什么出版商约他写的是美学著作，那么今天传世的很可能是一部《美学原理》或《艺术史》之类的作品了。据柳·依·阿克雪里罗得说，直到临终前不久他还对自己未能利用在艺术问题上所积累的一切材料写成一部专著深表遗憾。

开初，普列汉诺夫打算用 46 个印张的篇幅简要地概述俄国社会思想从基辅罗斯到二十世纪初的全部发展过程，这样就能较快地交稿。后来事情的进展完全出乎他的意料：他只写出前 3 卷，仅仅写到拉季谢夫，即原计划 9 个项目中只完成第一、二项，而篇幅却有 57 个印张。它的内容不过是全书的主体即最后 7 项所要阐述的十九世纪到二十世纪初俄国社会思想发展的一个理论的和历史的引论，而这个引论就几乎花费了他整个的晚年——1909 年 10 月到 1916 年年底。据说"世界"出版社刊登过一则广告，说此书全部完成将不少于 7 卷。可惜一年以后，疾病过早地夺去了他的生命。

　　普列汉诺夫一生著述丰富。迄今为止苏联出版的他的著作，如果全部译成中文，总数当在一千万字以上。然而超过30万字的专著只有《车尔尼雪夫斯基》(1909)和《俄国社会思想史》(1914、1915、1916)两种。就写作时间之长、参阅资料之多、耗费心力之大而言，他一生著作中后一本书是首屈一指的。为了写好这部书，他的藏书中新增了好几百本必不可少的第一手材料和研究著作(现今列宁格勒普列汉诺夫档案馆中保存的他的个人藏书达一万六千余册)。他和妻子还写了大量信件给莫斯科和彼得堡的熟人和不熟悉的人，请求购买或借阅有关书籍，这是一张很长的书单子。当时也住在瑞士(克拉伦)的俄国著名藏书家鲁巴金慷慨地允许普列汉诺夫充分利用他个人多达8万册的丰富藏书。作为一个学风十分严谨的马克思主义者，普列汉诺夫并不满足于这一切，也不满足于日内瓦等地图书馆内的有关藏书。1913年6月7日，他写信给"世界"出版社说："可能今年夏天我要到伦敦去为[我的]著作再找些原始材料。"[①]可惜反动的沙皇政府不允许他回到祖国，更不可能让他利用国内的珍版图书和各类档案。不过他手头现有的上述材料也就相当可观了。这么大量的材料显然不可能在一两年内研究清楚。特别是他以前只熟悉十九世纪俄国社会思想，对于十七、十八世纪这一段却没有什么研究。这就是他的写作计划一再延期的主要原因之一。为此他多次向出版社表示歉意。有时出版社急着要付排了，他突然得到一本重要的学术著作，就硬是压着等读完这部著作，核对好有关资料，并对自己的书稿作些相应的修改或增

---

① 《普列汉诺夫哲学遗著》，1974年，俄文版，第3卷，第285页。

补，然后才肯寄出去。

　　总之，像这样一位始终被列宁称为精通马克思主义的大理论家在具体分析大量文献的基础上穷年累月、殚精竭虑才写出的这部洋洋百万言的巨著，其学术价值是不言自明的，任何真正的学者都会严肃认真地对待它。企图像米丁那样用一顶"孟什维克化的唯心主义"帽子从根本上否定它①，只会给这种企图的制造者留下历史的笑柄。

（三）

　　斯大林死后，苏联学术界在恢复列宁对普列汉诺夫的评价的口号下开始了对普列汉诺夫进行重新评价。但是从根本上对《俄国社会思想史》这部巨著进行重新评价，却是七十年代的事。这里我们只抄录两段苏联著名普列汉诺夫专家的话。

　　一段见于恰金为《普列汉诺夫哲学遗著》第3卷所写的编者序言。他说：普列汉诺夫这部未完成的三卷本著作"是俄国社会思想史方面第一部综合性的巨著。对于自己的时代说来它是一部试图从马克思主义立场系统地彻底研究俄国漫长历史上社会思想发展基本线索的著作。……基本上是从唯物史观立场写出的这部著作，特别是它的已经发表的部分，是同关于俄国社会思想发展的唯心主义观点和折中主义观点背道而驰的。这绝对是普列汉诺夫的功绩。……普列汉诺夫把俄国社会思想史同西方社会思想发展过

---

　　① 米丁：《唯物辩证法的首要问题》，1936年，俄文版，第55页。

程联系起来,这是他的研究的擅长方面……普列汉诺夫拟订的俄国社会思想史计划,整个说来具有重大的价值。在编写和实现俄国社会思想史的现代科学研究计划时,无论如何不能对它置之不顾"。

另一段是约夫楚克和库尔巴托娃的评论:"在《俄国社会思想史》中,他批判了资产阶级自由派的这样一个论断:似乎俄国社会思想是从西欧各种流派简单地承袭来的,没有多少自己重要的和独立的传统;他坚决驳斥了地主资产阶级反革命思想家的下列捏造:似乎十九世纪的俄国革命思想是'没有根基的',具有'学理主义'的缺陷。……另一方面,普列汉诺夫驳斥了斯拉夫派、民粹派和其他反马克思主义的俄国社会思想的历史学家的孤立主义倾向,这些历史学家把俄国社会思想看作是如此独特的,以致看不到它同世界文化的任何联系……他是第一个从马克思主义立场企图描绘从基辅罗斯时期到二十世纪初的俄国社会思想的宏伟的、给人以深刻印象的图景的革命理论家。……他鲜明地揭示了俄国社会思想的进步派别和反动派别之间斗争的历史道路。他令人信服地指出了进步派别同俄国和欧洲解放运动的密切联系及其对我国各族人民的文学、艺术和精神生活的有益影响。……他从马克思主义哲学立场提出了本国的和世界的社会思想史中许多重要的和复杂的问题。"

显然,《俄国社会思想史》也存在着种种不足和错误。普列汉诺夫辩证法观点的根本缺陷以及他晚年的政治立场必然要给这部书留下自己的烙印,这是毋庸讳言的。这本巨著从发表到今天,已经过去六十多个春秋,无论是在历史唯物主义原理或史学方法论方面,还是史料的收集、开掘和整理方面,都有了长足的进步。所以,分析和批判本书的各种缺点和错误无疑是必要的和有益的。从苏联近几十年的文献看,问题不在于谁反对这样做,而在于有水平的科学的批判太少,无中生有的夸大的指责太多,而且正如恰金所指出的,人们一谈到他的某些矛盾或错误的论断时总是不容分说地仅仅归咎于他的错误的政治立场,至于认识上的原因,包括占有材料的不足,分析问题的失算,由于没有前例可资借鉴而产生的经验缺乏,以及当时的马克思主义水平等等,则几乎一概忘记了[①]。

然而,不管这部著作存在着多少不足和错误,有一点却是可以断言的,这就是:迄今为止似乎还没有人写出一部整个说来能与本书并驾齐驱的专著,更不用说超过它了。也就是说,无论就立论之高、视野之远、内容之广、时距之长,还是就分析之细或文采之美而言,在同一领域内至今都可说是一部开一代新风的马克思主义的奠基性著作。

本书在 1937 年抗日战争爆发前后就已有了中文译本。不过,当时商务印书馆出版的由孙静工先生翻译的《俄国社会思想史》,只刊印了上、中册,即该书的第一、二两卷,而且又是节译本。由于我们国家当时正处在民族生死存亡的紧急关头,这个译本印数很少,在文化界中没有引起应有的重视。长期以来知道有这个中译本的人为数不多。

---

①　参看他的著作《普列汉诺夫及其在发展马克思主义哲学中的作用》,1963 年,俄文版,第 247 页。

党的十一届三中全会以后，改革的春风吹遍神州大地，学术事业同样走上了空前繁荣的道路。因此，《俄国社会思想史》由原译者孙静工重新翻译并经郭从周同志校订后出版，应该说是一件很有意义的文化引进。那么，对于我们正在进行社会主义现代化建设的中国人民说来，它的理论价值和实践意义是什么呢？我想，是否可以指出以下几点。

第一，普列汉诺夫曾经讲过，要自觉地继承马克思恩格斯的事业，就必须把辩证唯物主义方法运用于他们"很少研究过或根本没有研究过的历史发展的那些方面——例如研究思想史"①。他之同意接受写作《俄国社会思想史》的建议，用意就在这里，由此而写出的作品的价值也在这里。所以弄清他是怎样运用唯物史观原理分析和叙述一个东方国家的社会思想史的，对于我们进一步研究中国哲学史，对于我们着手研究各类思想史，特别是社会思想史，无论在研究的对象、范围和方法或者叙述方式方面，应该说都是很有参考价值的。这里特别要指出一点，就是：他对各派社会思想及其历史的考察，总是紧密结合着当时的社会心理进行的，总是紧密结合着俄国哲学、文学、艺术史和其他各门社会科学史进行的，总是紧密结合着西欧先进的哲学思想和社会政治思想的影响进行的，总是把政治思想、经济思想、伦理思想或宗教思想糅合起来，从而创造出关于各个历史时期社会精神生活发展过程的一幅哲学上经过细致思考的、鲜明完整的图画。

第二，如果说通过他怎样论述俄国社会思想史可以看出应该

---

① 《普列汉诺夫哲学著作选集》，第3卷，第219页。

如何运用唯物史观一般原理,那么反过来,从这种论述本身也可以进一步揭示他的社会结构学说和社会发展动力学说,特别是他的社会心理学说的丰富内容。

1890 年 9 月 21—22 日恩格斯在致布洛赫的信中明白告诉我们,他和马克思并不是始终都有机会全面系统地阐述唯物史观的一般原理,难免对其中的某些原理(例如参与交互作用的诸因素对经济的反作用)未能给予应有的重视。"但是,只要问题一关系到描述某个历史时期,即关系到实际的应用,那情况就不同了,这里就不容许有任何错误了。"可见,要全面掌握马克思恩格斯的历史唯物主义思想,不研究他们的历史著作是绝对片面的。例如《法兰西阶级斗争》、《雾月十八日》、《法兰西内战》、《德国农民战争》等著作对于当时法德社会各阶级、各阶层之间进行的复杂、激烈的斗争所作的具体而深刻的分析,难道没有大大丰富他们的社会结构学说,特别是阶级斗争学说么?理论工作者很少有人试图遵循恩格斯的上述指示,从这些著作对具体历史事件的论述中概括出一般原理,不能不认为是令人遗憾的。同样,对于普列汉诺夫著作的研究者在分析《俄国社会思想史》上应取的态度,也可以作如是观。

第三,研究俄国近代社会思想史(包括政治思想史),有助于进一步了解苏联现行的社会政治观点。众所周知,西方、日本和苏联都一直非常重视对我国明清史的研究,包括明清社会思想史的研究,其目的十分明显。我们也应当大力开展俄国近代思想史的广泛研究。在这一研究中,普列汉诺夫这本书无疑占有突出的地位。

最后，如前所说，《俄国社会思想史》是普列汉诺夫一生经营最久、部头最大的传世名作。不研究这部著作，很难说对他的哲学思想，特别是他晚年的社会政治思想有全面的认识。

王荫庭

1986 年 12 月于武汉大学

目　　录

俄文版编者序

普列汉诺夫在 1909 年 5 月旅居意大利时，收到"世界"出版社请他编写俄国社会思想史的建议。回到日内瓦后，普列汉诺夫立即着手制订编写计划，并于同年 10 月底将计划寄给出版社。

原计划整个著作的篇幅为 46 个印张左右。值得指出，普列汉诺夫对于整个资料的分期安排，是怎样设想的：

9. 1905—1907 年各次事件及其对俄国社会思想
进化的影响 ●●●●●●●●●●●●●●●●●●●●●●●●●● 5 印张
—————————
共计 46 印张

　　普列汉诺夫很快就感到他的设想保守了。看来在编写俄国社会思想史的过程中,讨论十九世纪以前时期的那些章节,愈来愈加扩大。在 1912 年 5 月普列汉诺夫准备将所写《历史绪论》寄发时,他通知出版社说,这一部分将不是三印张,而是四印张半。

　　1912 年 7 月,出版社收到《绪论》后,认为这部著作可能要扩大,所以普列汉诺夫建议他们将全书的篇幅增加为五十印张。

　　可是普列汉诺夫又错了。1913 年 2 月,他写信给出版社说,第一卷稿不会在秋季以前写完。"我还有关于莫斯科罗斯的分裂运动和人民运动——彼得改革的影响一节未写;叶卡捷琳娜二世时代(诺维科夫,拉季谢夫等);'十二月党人'。第一卷应以关于十二月党人的论述结束。"

　　1913 年 5 月,普列汉诺夫再次通知出版社,他要到 10 月底才能寄出第一部分。他请他们对其余的部分不要担心。"这些部分其实业已写好,因此最后的校订可以比第一部分少费不少时间。但是由于许多原因,我不能准确地指明其后每一部分的脱稿时间。"因此,他请暂缓征求预订。

　　但在下一封信里(1913 年 6 月 7 日),普列汉诺夫通知说,他没有寄出"本书的第一章",因为他"昨天才收到 A. 巴甫洛夫论俄国寺院土地还俗一书",而"这一书的参证,却是必不可少的"。

　　普列汉诺夫直到 1913 年 6 月下半月才最后写好他的著作全部纲要。他写信给出版社说:"我必须进行很多极为顽强的劳动来制订一个详细计划。仿佛必须事先审查我自己有关这部业已着手的著作的全部思想的未来的进程。而且不只是思想进程。我重新审查了有关问题的文献资料及我对这些问题的标记。现在都做好了，——看来，不坏。剩下来的只是要将计划付诸实行。"但他还是请求通告，第一卷要到新年才能出版。

计划是写好了，但普列汉诺夫请出版社决定如何分卷。他在1913年8月写信给出版社说："我这方面，只是请你们尽快通知我，你们打算对我的著作怎样分卷出版，以及第一卷包括哪几章。"

普列汉诺夫最初打算写到俄国社会民主党的建立，但由于书报检查的条件，同意他的著作将以《马克思的俄国学生们的论战》一章作为结束。

1914年2月，刚刚写完《莫斯科罗斯》时，普列汉诺夫仍然以为"全书将是三卷"。第一卷——莫斯科罗斯，第二卷——十八世纪和"十二月党人"，第三卷——其他。

普列汉诺夫又错了。1914年春，当他拟订的全书计划作为"世界"出版社公布出版普列汉诺夫的《俄国社会思想史》广告部分付印时，看来全部材料最少需用五卷。

从这一个我们作为全书前提的计划中看到：全书由下列各部分组成：I.第一部分，绪论。俄国社会关系发展概论；II.第二部分，彼得前罗斯的社会思想运动；III.第三部分，十八世纪的俄国社会思想运动；IV.第四部分，十九世纪上半期的社会思想；V.第五部分，亚历山大二世时代的社会思想运动；VI.第六部分，十九世纪最后25年的社会思想运动。

普列汉诺夫如何使这一计划实现呢？在大战开始之前，他仅能把最初两篇写完和定稿。但出版社急于出书[①]，所以不合理地把关于克里扎尼奇的一节作为第一卷的结束，完全任意地割裂第二篇第七章，把关于科托希欣和戈利岑的各节以及关于分裂派的第八章，编入第二卷。这种只能用商业性理由来解释的任意处理，极大地损害了第一卷的结构，引起了评论家们完全正当的指责：他们认为在研究"彼得前罗斯社会思想运动"的书里，没有关于分裂派的一章，是完全不可理解的。因此，我们按照普列汉诺夫本人原来的打算，将这两章从第一卷移到第二卷。

从1914年第一次世界大战开始到1917年二月革命，普列汉诺夫仅仅只写好第三篇，而且关于拉季谢夫的一章还未写完。

战争使俄国同瑞士的邮政联络困难重重，极大地阻碍了以后各卷的出版。第二卷直到1915年末才出版。这一卷除续完第二部分外，只编入第三部分的第四章。叙述止于"枢密院议员"同"贵族等级"的斗争。

第三卷于1916年年底即已印完。出版社甚至不等待第三部分的最后几章，便赶忙出书，又像对待第一卷那样，把它任意割裂。普列汉诺夫死后，第三部分的第十一—十二章已以单行本出版，不久之前，杰伊奇又将关于拉季谢夫的第八章未完稿刊行（《劳动解放》社，集刊第一期）。

普列汉诺夫在革命后回到俄国，已经没有继续写他的著作的可能了。普列汉诺夫没有按照最初的打算以6印张来写完绪论和

[①]　我们在1914年5月14日的《俄国新闻》中看到第一卷将于5月底出版的通告。实际上，第一卷是在1914年2月底出版的。

十九世纪社会思想史,而是写了三卷约 56 个印张。他对自己著作的篇幅是怎样毫无明确的概念,可从这样一个事实中看出,即他在写完第一卷后,还以为他只能以三卷为限。可是"世界"出版社在 1917 年初,便已在新的广告里宣布,他们出版的《俄国社会思想史》最少是 7 卷。

毫无疑问,普列汉诺夫是能够更快地写好他的著作的其余部分的。他还要写的是十九世纪社会思想史,这是他早就作过认真的研究,且其个别时代已由他在一系列光辉论著中作过叙述。我们将在特别增补的一卷里,收入普列汉诺夫在内容方面可以代替最后三部分中许多已写各章的全部论文。

在现在提供读者的三卷里,我们使用了"世界"出版社版三卷里和"彼得堡工人消费合作社"版《俄国社会思想史》增补各章的遗著版里所发表的全部资料。在第一卷里,我们收进了头两部分:《绪论 俄国社会关系发展概要》和《彼得前的罗斯社会思想运动》。在第二卷和第三卷里收进了第三篇全文,——《十八世纪的俄国社会思想运动》。

由于普列汉诺夫不得不很快就放弃了作者看校样的工作,所以在印刷上有许多出于疏忽的错误。普列汉诺夫的夫人写信告诉出版社:"我的丈夫很遗憾,不能收到校样;在头几卷里有许多错误。有些地方的意思完全被歪曲了。"

在力所能及和可能的范围内,在我们的这个版本里,这些错误都改正了。大量引文亦经核对。有些文体生硬的地方,则未予更动。

我们所使用的普列汉诺夫同"世界"出版社的通信表明,他是多么认真地对待自己的任务,多么仔细地在尽管很差的条件下收集了他所需要的全部资料。如果要求普列汉诺夫在《俄国社会思想史》里提出这一思想的全部社会经济基础的详尽历史,那是荒诞的。只能在资料允许的范围内要求他用阶级斗争的发展来解释这一思想的发展。历史的评论应该阐明普列汉诺夫对于这一任务完成到什么程度,他的观点在什么程度上真正是马克思主义的。

波克罗夫斯基在所写《阶级斗争与俄国史书》讲义中(彼得堡,1923年)很严厉地批判了普列汉诺夫的整个著作。他顺便指出,作为历史发展基因的阶级斗争理论,有一个普列汉诺夫著作中前所未见过的新说法。除阶级斗争之外,普列汉诺夫还提到阶级合作。

普列汉诺夫在《绪论》里写道:"任何分为阶级的某一社会的发展过程,都取决于这些阶级的发展过程及其相互关系。这就是说,第一,在问题涉及国内社会制度时,取决于这些阶级的相互斗争;第二,在涉及保卫国家抵御外国侵略时,取决于这些阶级的或多或少的友好合作。因此,俄国历史进程的无可争辩的相对特殊性,也必须用构成俄国社会的各阶级的发展过程及相互关系来解释。"

按照波克罗夫斯基的意见,这种说法"为'团结'派的护国主义预提根据,正是这种理论促使普列汉诺夫参加护国派"。

必须指出,当《我们的话》提出普列汉诺夫关于战争问题的立场是否真正抛弃了他旧日的理论观点问题时,我是在俄国出版物中指出普列汉诺夫这一新"理论"的第一人[1]。

---

[1]　《普列汉诺夫是否背叛了自己的旗帜?》,《我们的话》,1915年12月3日。

然而现在不能局限于这一"论战的"史料研究了。普列汉诺夫在《俄国社会思想史》中所发表的许多观点以及波克罗夫斯基把这些观点看作对马克思主义概念的抛弃。技术知识分子的"意识形态"成分,普列汉诺夫在十九世纪九十年代中叶便已有所发挥。由于上述说法并不是对某些历史事实的不妥当表述,所以它只是从同自由资产阶级联合的策略中,从普列汉诺夫自俄国第一次革命以来所特别热衷宣传的策略中产生的逻辑结论。但是,应该说,普列汉诺夫的错误,只能在很小的程度上用这一"理论"来解释,而《俄国社会思想史》的巨大价值,则在很大程度上压倒了这些错误。

德·梁赞诺夫

1925 年 3 月

著 者 序

在这部研究俄国社会思想史的著作里，我是从历史唯物主义的一个基本原理，即不是意识决定存在，而是存在决定意识出发的。因此，我首先要对那些决定俄国社会生活发展本身过程的空间与时间的客观条件，作一考察。我的历史绪论就是要作这一考察的。我称这一过程的地理环境为空间条件，其历史情况则为时间条件。我觉得在这部书里研究地理环境——换言之，研究地理环境的特性——尤为适当，因为我国历史学家并不经常对它予以应有的注意，即使注意到了，也不经常有正确的观点。我以为已故谢·米·索洛维约夫关于地理环境怎样影响我国人民性格的见解，便是关于地理环境对俄国人民历史影响之不很令人满意的估计的一例。我坚信地理环境之影响该地人民性格，只能通过社会关系，而社会关系则根据地理环境对该地人民所支配的生产力的发展是阻碍还是加速，从而采取这样或那样形式。对于俄国历史过程的地理环境的分析，使我得出结论，认为在地理环境的影响之下，俄国人民生产力的发展，若与在这方面更为幸运的西欧各国人民相比，是很迟缓的。这种生产力——从而整个经济发展过程——的比较迟缓的发展，在很大程度上解释了我国社会生活的某些重要的——当然不是斯拉夫派所想象的那种绝对的，而是相对的特点。历史情况的分析又向我表明，它长期地加剧了地理环境所造成的这些特点，因而罗斯在一个相当长的时代里，就其社会政治制度的性质而言，越来越离开西方而接近东方。这势必在所谓俄国的民族精神上留下深刻的印记。但同一历史情况，最后又对罗斯同东方的接近设置了界限，而迫使它寻求接近于西方。彼得改革是俄国社会生活史中一个非常重要的时代。改革的必然的——尽管比较遥远的结果，是我国社会政治关系的欧化，虽然这种欧化直到现在还未全部完成。当然，俄国社会生活的欧化，不能不同时带来俄国社会意识的欧化。就是说，我国思想家在改革以后曾向西欧思想家学习。现在在俄国文献中，对"西方影响"的历史已经阐述得很不坏了。但我认为必须对这一影响的下述几乎迄今仍未被察觉的特点，略进一言。决定西欧社会思想自身发展进程的西欧先进国家的社会关系，自从"西方影响"开始明显地渗透我国以来，当然不是一成不变的。在 1789 年以前，西方的社会运动是在资产阶级的旗帜之下进行的；资产阶级同僧侣贵族和世俗贵族进行了坚决斗争。当时，西方资产阶级的思想家是全世界的先进思想家。但在 1789 年以后，一般说来，资产阶级已不再是革命的阶级了。从那时起，他们只表现出贵族反动意图引起的某种反对派情绪罢了。1848—1849 年后，他们沾染了保守的或甚至反动的倾向，最后连这种反对派情绪也丧失了。这种变化当然也整个地影响了他们的思想家的活动。在法国大革命前，这些思想家是比较自觉的，比较彻底的革命家。1848 年事件却使他们变成比较自觉的，比较彻底的保守派或反动派了。但是俄国知识界，只有他们的最有洞察力的代表，才明确地认识到这种在西方发生的变化。而且就是这些最有洞察力的代表，也不曾经常从各方面阐明在思想意识方面发生的变化同社会政治方面发生的变化的密切因果联系。他们虽然在其比较熟悉的思想方面意识到这一联系，而在他们所不那么熟悉的方面，却有时仿佛完全怀疑这种联系的存在。因此，在我国时常发生这样的情况：思想家们从西方作家那里因袭了一些先进的社会学说，这些学说的出现标志着一个极端重要的历史事实，即先进阶级的作用在西方已从资产阶级转移到无产阶级身上，而这些思想家却仍保持着当时一些标志资产阶级的衰落，标志资产阶级拒绝在解放斗争中发挥先进先锋队作用的哲学或文学概念。试举一例。车尔尼雪夫斯基，在其所知道的一切社会学说中掌握了最先进的西方社会学说（其中最先进的马克思学说，他还不曾知道）。他在哲学上信奉费尔巴哈的学说，这是他所知道西方学说中最先进的学说。他是完全彻底的。但在六十年代末期，我们在俄国的先进思想家中已看不到这种彻底的思想家了。那时，除先进的社会学说外，在批判主义的名义之下，一些由于上述 1848 年后资产阶级意识形态的衰落而在西方取得成就的哲学理论，也开始传播于我国。在这以后的整整几十年中，俄国先进作家（当时俄国最先进的社会阶层、平民知识分子阶层的思想家）的世界观把一些在本质上不相协调的观点（因为这些观点是种种直接对立，因而是完全不可调和的社会潮流的表现）拼凑在一起，始终犯了折中主义的毛病。这当然是我国思想发展史中的一大弱点。恰达耶夫慨叹说："再好的思想，由于缺乏联系性或彻底性，也要在我们的头脑里凝固，变为无用的幻想。"这显然是一个极大的夸张。但同样显然的是，在我们的优秀思想里，确实是时常缺乏"联系性或彻底性"的。这种缺陷不能不使由于某种幸运的偶然性摆脱它的政论家感到愤慨。然而历史学者应当"不哭,不笑,而是理解"。他应当说明,在我国比较先进的思想家的宇宙观中何以缺乏"联系性或彻底性"。我曾力图尽其力之所及认真地履行历史学家的这一职责。在分析我国居民各个不同阶级中思想运动发展的历史情况时,我曾力图考虑1848年革命运动在西欧思想史上引起的危机对于俄国思想运动的影响。我的分析使我得出的结论是,俄国思想家时常表现的非逻辑性,归根结底可从西欧社会发展的逻辑中得到解释。这一结论骤然看来不管多么反乎常情,但我认为是完全不容置辩的。对于以这一结论为奇谈怪论的人们,我请他们不妨想一想,我们以为反乎常情的一些现象,每每是自然界和历史上复杂过程的结果。

再说两句,我以为毫无疑义,在我的著作中,会找到某些个别的疏漏。人孰无过(Errare humanum est)。但是正如我深信,我前述作为出发点的原理具有不可动摇的正确性。同样也深信,我既然掌握了这一条原理,那就应该在自己的著作中沿着我刚刚在这里指出的道路前进。逻辑要求我这样做。

我借此对一些曾以丰富的材料帮助我的学者——他们甚至同我素不相识——表示深切的谢意。我永远不会忘记他们的赞助。我以为不妨在这里提出尼·阿·鲁巴金[①]的名字,他真是无限盛情地让我使用了他的极为丰富的藏书。

---

① 鲁巴金(1842—1946)俄国作家兼图书学家,主要著作有《在书籍中》。评介俄国图书约二万种。另著《数字中的俄罗斯》,列宁予以高度评价。——校者

第 一 部 分

绪论　俄国社会关系发展概要

社会思想的发展过程，取决于社会生活的发展过程。历史唯物主义的这一基本原理，现在甚至唯心主义者也很少和不愿争论了。而且对这一原理，也很难提出异议。思想史——以及一般说来意识形态史的科学研究，现在可以取得某些成就，就是因为研究者开始认识到"事物过程"一方面和"思想过程"另一方面之间的因果联系。因此，假如我在概述俄国社会思想史之前，先对俄国社会关系的发展过程略抒所见，读者当不以为怪了。

俄国历史是否同西欧的历史相像呢？自上世纪三十年代，也许是从二十年代末开始，这一问题已不断引起所有并非完全漠不关心祖国命运的俄国人的注意。关于这一问题，争论得很多，也写得很多。在下面的叙述里，我们将不得不对这一问题做出各种答案。但现在只指出一点是适当的：这个问题在现在，例如比在斯拉夫派与西方派充满理论内容和斯拉夫派同西欧派的著名争论时代，它仿佛距离解决更远了。事实上，那时的争论各方在几乎一切问题上存在意见分歧,但都同意一点,即俄国历史完全不与西方历史相似。在这一点上,像维·格·别林斯基这样的极端西方派,也完全同意了像伊·瓦·基列耶夫斯基这样的极端斯拉夫派[①]。当然,别林斯基及其同道们虽承认俄国社会生活的发展完全不与西欧相同,而他们从这里所作的理论和实际结论,则是与斯拉夫派直接相反的。但对这一原理本身,则任何一方都无异议。别林斯基——就因为他对斯拉夫派的无限敌意,赫尔岑在所写日记里称他为"狂热分子,走极端的人",——如果有人对他说,通常将俄国的历史命运同西欧的历史命运完全对立起来是没有充分的事实根据的,他一定会报以惊异和猜疑。他一定会觉得这人是过于醉心西化了。然而现在情况却非这样。

现在,在这一点上,我们已不一致了。

例如,保·米柳科夫先生在所写《俄国文化史概要》中,便重复了"四十年代的人们"关于俄国的完全历史特殊性的观点[②]。而已故帕夫洛夫-西尔万斯基在关于古代罗斯封建制度的一些优秀著作中,则不仅批驳了这一陈旧的观点,而且甚至故意减少了那些就连他自己也不得不在其著作中承认的俄国和西欧封建制度之间的

---

① "当代的最伟大思想成就之一,便是我们终于了解到俄国有其同任何一个西欧国家完全不同的历史;必须研究这个历史,并根据这个历史本身,而不是根据同它毫无共同之处的欧洲各国人民的历史,来作出判断。"别林斯基在《1846 年俄国文学一瞥》一文中就是这样写的。当然,无论基列耶夫斯基或波戈金,都会对他表示完全同意的。

② 米柳科夫先生说:"我们在研究任何西欧国家的文化时,必须从经济制度首先转到社会结构,然后才是国家组织。但对于俄国,则宜于采取相反的程序,即先研究国家的发展,然后研究社会制度的发展。"这是因为"在我国,国家对社会组织有巨大的影响,而在西方则是社会组织制约了国家制度"(《俄国文化史概要》(*Очерки по истории русской культуры*),圣彼得堡,1896 年,第 113—114 页)。

无可置辩的差别。我们看到,意见的分歧是越来越大了。但我们不应因此感到为难。无论现在在个别学者之间的意见分歧有多么大,而争论的问题毕竟比在别林斯基时代更接近于解决:同那个时代相比,历史学和社会学毕竟有了很大的进展。试就我们现在所掌握的资料,作一总结。

I

俄国同西欧比较时,必须记住,就在西方,不同国家社会政治关系的发展过程,也不经常都是一样。例如,法国是一回事,而普鲁士则是另一回事。普鲁士的社会政治关系有时是按照同法国仿佛"相反"的程序发展的。往后,我们在研究资本主义在俄国存在或不存在问题的激烈争论时,便可看到,对西方经济发展过程的过分抽象的概念引起理解上的混乱是怎样的多。至于古代罗斯的封建制问题,如果对于一位在解决这个问题上比所有其他人作出更多贡献的人的用语不确切予以指责,那自然是不公正的。他经常极为肯定地指出,他是将封邑罗斯同一个西欧国家比较的。他是用中世纪的法国来进行比较的,很公正地认为这个法国为典型的封建主义国家。但不能否认,他犯了另一与前述相反的错误:他似乎忘了在所有西方国家的社会发展过程中,有一些使其与东方,更确切地说,与古代埃及或中国这样伟大东方专制国家的社会发展过程极不相同的特点。忘记这一点,便妨碍他适当地利用他自己的——我重说一遍,非常宝贵的——结论。

问题是这样:帕夫洛夫－西尔万斯基反对"我国科学界所深信不疑的俄国历史过程的完全特殊性的观点",他是完全正确的。他曾非常有说服力地表明,"在古代罗斯的制度同封建制度之间,说不上有什么根本的不同"。但是在没有根本不同的地方,也可能出现某种次要的不同,使我们所研究的过程具有毕竟值得指出的特殊性。因此,对于俄国历史过程的完全特殊性这一老问题的否定的——而且在帕夫洛夫-西尔万斯基的著作中一般做得堪称满意的——解答,完全不能取消这一过程的相对特殊性问题。

现在我们知道,不仅俄国——像西欧一样——经历过封建制度的阶段。此外,我们知道埃及、迦勒底、亚述、波斯、日本、中国——总之,东方所有,或差不多所有文明国家,都同样及时经历过同一阶段。因此,我们没有任何权利说,埃及的历史过程与法国的历史过程相比,具有完全的特殊性。然而这并不是说,我们可以宣布这两种过程是相同的。完全不可以。古埃及的社会发展过程毕竟在许多方面不同于法国的社会发展过程。同样应该说,在将法国的历史发展同俄国的历史发展作比较时,也谈不到什么俄国历史过程的完全特殊性,这样的特殊性一般说是社会学所不知道的;但俄国的历史过程虽非完全特殊,却毕竟由于某些非常重要的特点而与法国不同。而且不仅与法国不同。在俄国历史过程中,有些特点使它显然有别于所有西欧各国的历史过程,而与东方伟大专制国家发展过程相类似。此外,使问题变得非常复杂的是,这些特点本身也都有其颇为特殊的发展过程。它们时增时减,因而俄国仿佛是动摇于西方和东方之间。在俄国历史的莫斯科时期,这些特点的范围要比在基辅时期大得多。但在彼得一世改革以后,这些特点又减少了——最初减少得很慢,后来却越来越快。俄国社会发展的这一新阶段——最初既迟缓又表面,后来则越来越迅速和深化的俄国欧化阶段——就在我们这个时代也远未结束。这一切对于全面阐明我国的历史过程，是再重要也没有了。然而帕夫洛夫－西尔万斯基却满足于他的——我重说一遍，完全正确的——论断，认为关于俄国历史过程的完全特殊性的思想经不起科学的批判等等，对这一切仿佛视而不见。

他有理有据地责备俄国学者没有充分使用比较法。但何谓使用比较法呢？使用比较法是否意味着仅仅指出两种或数种被研究过程的类同点呢？显然不是。在指出类同点的时候，还要指出差别点。谁对后者不予充分注意，他便是不正确地使用比较法。

也许有人会反驳我说，帕夫洛夫－西尔万斯基所写的不是俄国历史的哲学，而是研究封邑罗斯的封建制度，他有完全的权利不越出自己任务的范围。这自然是如此。但是，第一，他既然提出俄国历史整个过程的完全特殊性问题，便是自己越出了他的研究范围；第二，可惜就是甚至在这一范围之内，他也表现得很片面。例如，他自己承认在俄国封建制度一方面和法国封建制度另一方面之间存在着某种不同。但他不去仔细地考虑这种不同，而只限于顺便一提。他不问问自己，俄国封建制度的相对特殊性怎样影响我国（其实是莫斯科罗斯）社会关系的往后发展。从这里便产生了对整个一般俄国历史过程的不够明确的概念。这种缺点，可以解释为对俄国历史同西方历史毫无共同之处的陈腐而完全站不住脚的学说的反响，并得到宽恕。但解释和宽恕并不等于缺点的消除。缺点毕竟是存在的，想要继承帕夫洛夫－西尔万斯基的遗志的我国未来学者，应该留意避免这一缺点。

但是，无论这位天才学者得出了怎样的结论，毋庸置疑的是，俄国社会思想史家在驳斥俄国历史过程完全特殊性这一十足陈腐的学说时，怎样也不能不看到这一过程的相对特殊性。因为很明显，正是在这里，正是在这个俄国社会发展相对特殊性中、在这些次要的、但简直很重要的特点中，也应当找到在我们思想发展中和在我们所谓国民精神中看到的特征的说明。

II

任何分为阶级的某一社会的发展过程，都取决于这些阶级的发展过程及其相互关系。这就是说，第一，在问题涉及国内社会制度时，取决于这些阶级的相互斗争；第二，在涉及保卫国家抵御外国侵略时，取决于这些阶级的或多或少的友好合作。因此，俄国历史进程的无可争辩的相对特殊性，必须用组成俄国社会的各阶级的发展过程及其相互关系来解释。

我国历史科学仿效复辟时期法国史学家的富有教益榜样，早就在自己的面前提出了俄国的阶级相互关系是怎样的问题。我在前面已经说过，有一个时期，观点极为对立的人们却在俄国历史同西方历史完全不同这一信念上相互接近。当时以为这种不同似乎是由于一种毫无疑义的情况，即同西方相反，俄国没有各阶级间的相互斗争。现在，这一情况怎样也不能认为毫无疑义的了。现在，一个严肃的学者要反问自己的，已不是我国有无阶级斗争，——现在已经证明，阶级斗争是有的，——而是阶级斗争是否同以及在什么程度上同在其他国家进行的阶级斗争相类似。

为求这一根本问题的解决，我们将首先求教于现时俄国最有权威者之中的——至少是一个最有权威的——历史学家。

已故瓦·克柳切夫斯基教授说："我国社会各阶级的历史，在科学方面是颇有教益的。我们在这些社会阶级的产生和发展的过程中，在它们的相互关系的决定过程中，看到种种条件的作用，这些条件是同欧洲其他国家的社会阶级产生的条件相类似的。但在我国，这些条件是在其他的结合中出现的，在其他的外部情况下起作用的；因此，由于这种条件而建立的社会，遂具有特殊的性质和崭新的形式。"①

像帕夫洛夫－西尔万斯基一样，克柳切夫斯基教授只限于将俄国同西方作片面的——从上世纪三四十年代遗留下来的——比较。如果他将我们祖国同东方作一对照，补充了这片面的比较，那就会立即看到，我国社会发展过程与西欧相比愈是显得特殊，则它对东方各国发展过程则愈少特殊性而且相反。这点意见会对他往后的思考，大有益处，但在他的比较范围内，他是完全正确的：在俄国土壤上形成的社会结构显示出"特殊的性质和崭新的形式"。因此，我们剩下来所要研究的，实在只是那些使我国社会阶级的历史不曾采取它在"其他欧洲国家"所采取的那种形式的条件结合的特点了。关于这一点，我们从克柳切夫斯基教授那里知道了些什么呢？

按照他的说法，任何社会阶级的历史都应区分两种因素：经济因素和政治因素。第一种因素表现为社会按社会劳动的分工而划分，第二种因素则补充——"完成"——第一种因素的作用，按照国民经济的组织而分配社会权力，因此，"经济的阶级转化为政治的等级"。换句话说，"政治的事实是从经济的事实中产生的，亦即经济事实的结果。"看来，克柳切夫斯基教授认为这样的发展过程是

① 《古代罗斯的大贵族杜马》，第4版，第7页。

最为正常的。但他发觉在好些地方,事情的发展采取了相反的次序。原因如下:一个国民经济业已相当巩固形成的国家,可能被人征服,而征服是要在这个国家造成新的社会阶级,从而改变以前那些阶级的地位和相互关系的。这将在这个国家的经济生活过程里引起许多改变。显然,这些改变乃是"政治事实的直接结果"。克柳切夫斯基教授觉得许多西欧国家就是这样,或最少近似这种模式。按照这一刻板的模式,政治因素先于经济因素,西欧许多国家建立起来①。他认为西欧国家产生的这一方式具有巨大意义。他说,是政治事实来自经济事实,或者是相反,这是远远不能等量齐观的。

他说明自己的这种思想时,论断如下。

当外来的力量侵入社会,并以武力夺取国民劳动的支配权的时候,则由这种外力创立的全部国家制度,去适应保卫其所取得的经济利益。这一情况造成一系列异常重要的后果。"在这种情况之下,国家制度的建立,对最高政权和其他阶层的态度,都为统治阶级所深切注意;国法问题居于首要地位,成为社会史中最显著的现象;个人的民事关系以及他们的经济地位的确立,都受国法问题的直接影响,直接取决于这些问题的解决,而不是相反,——这是因为统治阶级力图这样决定其政治关系,以便和平地利用其因征服而取得的经济利益"②。由于所有这一切,社会的内部历史便取得了战斗的性质,一切社会关系尖锐化了,各种制度和阶级也都取

---

① 不难看出,关于西方社会发展过程的这一观点,是同帕·尼·米柳可夫的观点直接对立的。

② 《古代罗斯的大贵族杜马》,第9页。

得了明显的轮廓。反过来说,在没有发生征服的地方,其社会制度的基础便没有这样鲜明地表露出来,也没有这样彻底地在实践中贯彻,因此社会的内部历史,具有更和平的性质。

已故教授不敢断言,俄国的社会关系是按照这后一道路发展的。但他同时并不认为可将俄国社会关系的发展同西欧社会关系的发展过程等量齐观。他曾试问:"在我国社会阶级的形成中,政治或社会两种因素何者居先呢?是否其中同一因素永远走在另一因素的前面呢?"结果,他认为在我国社会史中,"混合的过程居于统治地位。"就是说,在我国,这两种因素中的每一种因素时而居先,时而居后地轮流起作用:有时,等级的形成肇始于政治因素,有时它却是社会经济发展的结果。正因为如此,所以这位精通西欧等级起源和发展的学者,没有在我国看到他所熟知的现象的复现①。

III

这样,在西欧,经济因素是政治因素的结果;而在我国则混合的过程居于统治地位。按照克柳切夫斯基教授的意见,这就是俄国历史发展过程的相对特殊性的根本原因。我们来分析这一意见。

这位天才卓越的历史学家坚信,在西欧政治因素先于经济因素,是以征服这一事实为根据的。他认为征服在西欧社会的发展中,起了第一推动的作用。但是试问:我们有什么比较确凿的根据来设想在任何社会的历史中,政治的因素都先于经济因素呢?

----

① 《古代罗斯的大贵族杜马》,第13—14页。

对于这一重要的社会学问题,西欧的科学界早已由基佐及其他复辟时期的法国历史学家作了坚决否定的答复。我已不只一次叙述过这些历史学家的观点,因此,关于这一点,我觉得已无详细论述的必要。但在这里,我还是不得不重提我在其他地方业已说过的某些意见。

基佐的很有意义和很有说服力的见解是:"很大一部分作家、学者或政论家,力图用某一社会的政治制度来解释它的状况及其文明的程度和类型。但如从研究社会本身着手,以便认识和理解它的政治制度,那会是更为合理的。制度在成为原因之前,就是一种结果;社会是先创立制度,然后在制度的影响之下开始改变的。不应根据政府的形式来判断人民的状况,而应首先研究人民的状况,才能判断其应有何种政府和能有何种政府。……社会,社会的成员,个人由其社会地位决定的生活方式,各人的不同阶级关系,总之,公民的社会生活——这无疑是愿意了解人民怎样生活的历史学家和愿意了解怎样统治人民的政论家所注意的首要问题。"①

我不打算在这里引证梯也尔和米涅的著作,他们是完全同意基佐的这一观点的②。我认为我在上面业已证明,复辟时期的法国历史学家,他们虽然认为征服在欧洲社会的发展中起过重大作用,但他们对于那种以为某一民族的社会制度可用这个民族的政治制度

---

① 《论文集》(*Essais*),第 10 版,第 73—74 页。可能以为,基佐是在反驳米柳科夫。

② 关于这点,详请参阅拙著《一元论历史观点的发展问题》,第 4 版,第 13—26 页(全集,第 7 卷),拙译《共产党宣言》,第 2 版序(全集,第 11 卷),以及《М.П.波戈金与阶级斗争》一文(《现代世界》,1911 年 4 月和 5 月)。

来解释的思想，却曾予以驳斥，认为这是一种陈腐的科学成见。他们都坚决而有说服力地证明，政治制度在成为原因之先是结果。对社会生活的科学解释方面的任何新成就，无不证实和加深了他们的这一学说。马克思和恩格斯的历史唯物主义以社会制度来解释政治制度，又以社会经济来解释社会制度，最终地阐明了社会发展的经济和政治"因素"的相互关系。马克思和恩格斯是非常了解政治"因素"的巨大历史意义的。正是由于这个原因，他们才积极地从事政治。但他们比基佐更明确地看到，这一因素的作用，只不过经常是结果对其所自产生的原因的反作用。他们观点的正确性，也为克柳切夫斯基教授本人的见解所证明，是易于令人确信的。

对于那些照他看来是政治"因素"先于经济"因素"的国家，他是这样描绘它们的社会发展过程的：

"在工业文明业已取得某些成就，居民的劳动已在一定程度上控制了当地自然界的力量和资料，国民经济已相当巩固地建立起来的国家里，当这个国家遭到征服的时候，征服便改变了原有的土著阶级的地位和关系，而在这个国家产生新的社会阶级。这个阶级利用其胜利的权利，支配着被征服的人民的劳动。由于这种情况而在国民经济生活中发生的变革，便是政治事实的直接结果，即由于征服而开始统治社会的新阶级入侵的直接结果。"①

这是无可争论的：在征服这一政治事实影响之下发生的国家的经济的变革，是政治事实的结果。但这不过是一种单纯的同义反复而已。问题并不在于可否将政治事实引起的变革称为政治事

---

① 《普列汉诺夫全集》第11卷，第7—8页。

实的结果，自然，既是可以的，又是应该的。问题在于政治因素引起的变革的性质，究竟何所依据，何由决定。换言之，为什么某一政治事实——例如同样是征服——在一种情况下引起国民经济的一些变革，在其他情况下则引起完全是其他的变革呢？对于这一问题，只有一个答案：即因为在不同的情形之下，被征服者的经济发展程度是各不相同的；其次，还因为在不同的情形下，征服者的经济发展程度也是各不相同的。这就是说，政治事实的各种可能结果都是事先由经济因素决定的。换句话说，政治因素可能的作用事先由经济因素决定。

这一论点是如此正确，如此明显，就是克柳切夫斯基教授自己在叙述其理论体系时，也不得不加以默认。事实上，请看罢！根据他的假定，某一国家是在其工业文明业已取得某种成就，其国民经济亦已相当巩固地建立起来之后，才被征服的。很明显，在这里，征服这一政治事实并不先于经济关系的一定制度，而只是对这个制度，对这一业已存在的制度，发生作用。同样明显的是，政治事实的作用亦必依经济关系原先某种方式的性质变化。这一点也是克柳切夫斯基教授自己所默认的。

他断言："征服者为了自己在物质上有保障，是不需要在被征服的国家重建经济，指出开发其天然财富的方法和手段的。他们强制地插手于业已建立的经济秩序，手持武器，监视已有的经济机构；他们只要按照自己需要的指示，将这个经济机构的某些部分重作安排，给它一些新的工作，把人民的劳动优先指向边疆天然财富的开采上，他们拥有这些富源是最方便而最有利的。此后，他们需要关心的，便不是在技术上组织这一机构，而只是保证安置到这一机构中去的人手驯服地进行活动。"①

这一"只是"意义再深长不过了:它解决了整个问题。如果征服者不需要"在技术上组织"陷于他们支配的国家的经济机构,如果他们"只是"要使那些转动这一机构的人手驯服地进行活动,如果——用政治经济学的语言来表述——他们的作用和意图在于占有劳动人民在这个国家被征服前即已存在的经济条件下所生产的剩余产品,则我们便没有任何权利说政治因素先于经济因素了,这难道还不明显吗? 在这里,政治因素也是出现在经济因素之后,而且如前所述,前者的作用的性质是由后者决定的,这难道不是显而易见的吗? 最后,这一作用就其一般性质而言,是同土著统治阶级,即由于国家经济发展,而与征服没有关系产生的阶级所能够和应该发挥的作用没有任何实质性差别的,这难道不是显而易见的吗? 难道土著统治阶级不想为自己保证劳动人民驯服工作吗? 难道他们不想占有未被征服,但却处于经济从属状态的劳动群众所创造的剩余产品吗?

克柳切夫斯基教授继续说:"统治阶级将力图用政治的手段,用适合等级组织的目的立法制度,用相应的政府机关的组织来取得这种保证。"②

这一切当然又是无可争论的。但是假如我们所说的统治阶级,征服对其产生完全不起任何作用,那我们也定将看到,这个统治阶级所关心创立的立法制度,是会使其经济地位的利益得到维

---

① 《普列汉诺夫全集》,第8页。

② 同上。

护的。同样，我们还可相信，这个统治阶级将使用政治手段来达到
自己的目的。因为，不这样是不可能的。

IV

　　克柳切夫斯基教授提到诺夫戈罗德，认为那里的社会发展是
符合第一种模式的一个古代罗斯地区：在那里，社会按职业的类型
来划分，不同阶级的政治作用与职业的类型相符合。"这个自由的
城市早就摆脱了公爵和供职贵族的直接压制，获得了民主制度的
形式。但在更早以前，这个以对外贸易的成就为主要动力的城市，
已建立了几处大的商馆。这些商馆是诺夫戈罗德商业领导机关，
因此后来便变为政府的权贵。但是他们的统治始终是一个单纯的
事实，并未取消诺夫戈罗德制度的民主形式。"①

　　我们在这里看到与上面相同的情况：无可争辩的事实是无论
如何不能承认是无可争辩的结论的基础。这是因为结论比事实的
基础要广泛得多。

　　历史表明，有些地方、有些时候，最高的——就其经济地位而
言——阶级的政治统治，"始终是一个单纯的事实"，而在其他地方
和其他时候，却取得了比较确定和巩固的法律形式。一切取决于
时间和空间的条件。如果我们在诺夫戈罗德看到第一种情况，那
么在威尼斯，我们便看到第二种情况。最初，在这一自由的城市
里，也只有经济地位相互差异的阶级，而没有政治权利互不相同的
等级。但后来，事情起了急剧的变化。在十三世纪末叶发生了所

———————————

① 《普列汉诺夫全集》，第11页。

谓 Serrata del maggior Consiglio[1]，为威尼斯的商业贵族在法律上的特权奠定了巩固的基础。怎么回事？我们有权认为这一变革是征服的结果——哪怕是很遥远的结果么？无论如何不能。在1797年5月法国军队入侵以前，这一亚得里亚的"海上女皇"并不知道外国的征服。我们可以用克柳切夫斯基教授的话说，那里的经济因素经常先于政治因素。但是我们在威尼斯也看到同样的现象，——经济统治阶级取得了政治特权，——而按照我们的作者的意见，这种现象是只能在那些相反的、政治因素先于经济因素的国家里发生的。另一方面，佛罗伦萨虽曾为外国所征服，却在长期内不断朝着民主的方向改变其政治制度，也就是朝着与威尼斯政治发展的贵族方向直接相反的方向改变其政治制度。这是因为什么呢？是否因为那里的政治因素和经济因素的关系（在时间上）同威尼斯直接相反呢？否。像在威尼斯和全世界一样，在佛罗伦萨，经济因素也是"先于"政治因素的。但在佛罗伦萨，经济因素引起了一种与威尼斯不同的社会力量对比，因而造成了它的政治发展的相反方向，也就是造成了政治因素的完全不同的特性[2]。

尽管在威尼斯建立了贵族制度，而在佛罗伦萨则建立了民主

---

① 1297年威尼斯"关闭大会议"，即自此以后必须在过去四年中参加过大会议者始得当选为大会议议员。威尼斯至此成为少数大商业家族所统治之共和国（《中外历史年表》第509页）。——校者

② 关于造成某些意大利大城市的政治发展过程差别的经济原因问题，帕斯库阿列·威拉里曾提出好些很机智的猜想（见他的著作《马基雅维利及其时代》，佛罗伦萨，1887，序言（Nicolo Machiavelli e i Suoi fempi, Firenze, 1887, introduzione））。如果说他的猜想解决问题，那是过于夸大；但这些猜想完全确定地指明了应在何处寻求问题的解决，而在这里，对于我们已完全足够了。

制度,但是这两处的统治阶级却是尽力使用政治手段来保卫其经济利益的。当然,诺夫戈罗德的情况也是同样。不过由于经济原因造成的政治结构的差别,政治手段各异其趣罢了。我们现在所看到的情况也是一样。普鲁士统治阶级直到现在还享有政治特权。但法国统治阶级已无政治特权。然而像普鲁士的容克地主和富有市民一样,法国资产阶级在争取生存的斗争中,也尽力使用了政治手段,而且对于维护其经济统治的立法的重视,当然也不亚于他们。这一点是毋须证明的。

俄国怎样呢? 这一幅员辽阔的国家的各个不同部分,经济因而也是政治的发展,是不平衡的。但是一般说来,我们简直可以说,蒙古入侵前的罗斯知道阶级,但不知道等级。在十三世纪到十五世纪,各个不同阶级在法律权利和义务上的差别,才逐渐出现。这种差别最初在立陶宛罗斯,后来又在莫斯科罗斯导致了比较界限分明的不同阶层的形成。事情的发展,虽有必要的改变(muta-tis mutan dis),但在这里同在威尼斯和所有地方,都是一样,而且在这里一如在所有一切地方,经济的因素也先于政治因素,给政治因素的发展以方向,并决定其进程的速度和其现象的鲜明性。

克柳切夫斯基教授的错误,在于他过分缩小了政治手段这个概念,完全任意把它同政治特权这一概念等量齐观。

排除了这一孕育着种种荒谬结论的错误,我们便可——仍然根据我们的作者的见解——明确地看到,经济与政治之间的关系,实际归结到什么。

尊敬的历史学家在看到征服者利用政治手段以保护其经济利益以后说,"所有这一切都将随着时间的推移在许多方面改变国民经济,在国民经济中引起许多新的关系;所有这些新的经济事实,都将是先于它的政治事实的结果"①。

这很正确。但我们在这里将要看到的,正是政治"因素"对制约其产生和性质的经济因素的反作用的一种典型情况。

这样的情况为社会发展过程中所常见,但没有一次足以证明克柳切夫斯基教授观点的正确。所有这样的情况都不足以表明,在某些国家的历史中政治因素先于经济因素,而只是表明在一定经济基础上产生的政治关系,又影响于国民经济的更进一步发展。但是——整个问题就在这里,——这样的情况不仅发生在统治阶级利用某些法律特权的地方,而且在一切具有一定政治关系的地方,也莫不如此。就在克柳切夫斯基教授所引证的诺夫戈罗德共和国,也是如此。

征服会使社会阶级的相互关系尖锐化,会给社会发展过程增添许多紧张的情节,这是无可争辩的。然而并非经常如此。满族人征服中国直到晚近时期,都不曾妨碍这个国家的内部历史保持不很紧张的状态。社会生活或多或少的紧张程度,只是取决于现存社会秩序造成了多少足以引起各种不同社会力量之间的剧烈和明显冲突的事端,而并不决定于征服是否是这一秩序的基础。波兰的内部历史是充满了明显的紧张情节的。这是否因为波兰社会的阶级划分是征服的结果呢?我们还不能说波兰国家的产生是同征服有关系的,这一点完全未获证明。

克柳切夫斯基教授所想象的经济与政治的相互关系,是既

①　帕斯库阿列·威拉里:《马基雅维利及其时代》,第8页。

不正确,也不明确的。此外,他过于夸大了征服的历史作用。他在这方面还不曾完全摆脱在三十年代及四十年代流行于我国和我国作家从复辟时期法国历史学家那里抄袭来的观点的影响。基佐、梯也尔、米涅等虽曾正确地谈到政治制度在成为原因之前应是结果,但未能阐明西欧封建制度的产生。他们未能把它理解为西欧"一般社会生活"内部发展的结果,因而完全把它算在征服,即政治作用的账上。这是一种矛盾,他们由于当时缺乏实际材料而陷入这种矛盾之中。但时至今日,这种矛盾早就应该结束了。

V

谢·米·索洛维约夫就已了解,征服远远不能解释一切算在它的账上的社会现象。

他写道:"许多人都谈到征服与非征服,都以为俄国历史与西方国家历史的主要差别,在于西欧曾发生某一部落为另一部落所征服;而在我国却未发生这种事情。根据我们的意见,这一观点是片面的。他们在将西欧国家同我们俄国相比较时,主要注意法国、英国,而忽视了德国、斯堪的纳维亚各国和同我国紧邻的斯拉夫国家:在这里没有某一部落为另一部落所征服,而这些国家的历史有别于我国,一如其有别于法国和英国的历史。因此,只是缺乏征服,还不能解释主要差别,是显而易见的。"①

---

① 《远古以来俄国史》(*История России с древнейших времен*),"公益出版社"版,第 1 卷,第 268 页,注解。

　　事实上,这是再明显不过的。现在,除了上述索洛维约夫的见解之外,还须补充指出,就是在那些确曾发生征服的西方国家里,征服对于社会发展过程的影响,也不如以前所设想的那样强烈和迅速。试从波戈金所谓"一切都由征服发生"的国家中举出一例——法国这一典型的封建国家。法国遭受征服的社会结果怎样呢? 阿尔弗雷德·兰博写道:"野蛮人入侵所带来的变革,并不如初看时那样大。严格地说,高卢并未为日耳曼人所征服。西哥特人和布尔格达人占领了他们的以皇帝命名的几省,而高卢……之接待克洛维"①,则与其说是视为仇敌,毋宁说是视同朋友。这种入侵既不是暴力的,也不是流血的,除了在高卢的东北部,入侵持续了数百年外,国家仍然保持了本来面目。在加隆河流域的西哥特人为数不多(在渡多瑙河时共二十万人);在罗尼河②流域的布尔格达人为数更少(当艾茨③将他们安置在萨伏伊时,共八万人);法兰克人不过是克洛维统率下的少数战士,而不是大批移民。总之,日耳曼人在高卢的大部分地区既未改变其种族,也未改变其语言④。

　　在这种情形之下,他们无力改造高卢的经济生活,这是不难猜想的。

　　兰博继续写道:"他们很少改变居民的状况。他们不能夺去农

---

　　①　克洛维—墨洛温王朝(481—511)的法兰克国王,他几乎把整个高卢统一在法兰克的政权下。——校者

　　②　罗尼河——在瑞士和法国境内的河流,注入地中海的里昂湾。——校者

　　③　艾茨(约395—451),罗马的统帅。——校者

　　④　《法国文明史》(*Histoiré de la civilisation française*),第 6 版,第 1 卷,第 76 页。

民的土地,因为土地本不属于农民,而且因为必须保留农民作佃农。"①至于私有主损失部分土地,对于他们是很少感觉的,因为并不是所有土地都被耕种。况且损失的部分也不大,因为国有的土地已很充分,可以把这种土地的一部分分配给西哥特、布尔格达和法兰克的战士②。

兰博虽不否认蛮族入侵对于社会一国家的进一步发展,曾有某种影响,但他坚决认为法兰克人统治下的高卢只是在克洛维以后两三百年,才开始明显地有别于罗马统治下的高卢③。

这一点在现时是很难辩驳的。但是在这种情况之下,经济的"因素"是有充分的时间来行使其权利并决定日耳曼人入侵的一切可能后果的全部性质的。正因为如此,所以对于那些现在不肯将这一入侵看作西欧封建制度产生原因的历史学家,我们必须承认,他们的观点是有根据的④。

这一切使我们得出以下的最后结论:克柳切夫斯基教授认为俄国社会阶级的发展过程在许多方面与西欧不同,是正确的。但是,他解释这一过程的相对特殊性是由于在西方,仿佛政治"因素"走在经济因素的前面,而在俄国则居统治地位的是混合的过程,这是很大错误。这一解释,一方面意义很不明确,同时又与历史的事实相矛盾。实际上,政治"因素"任何时候,任何地方都不会走在经

---

① 应该指出,在罗马帝国崩溃时代,高卢农民的状况是很痛苦的,所以在 285 年发生了称为"巴高德人"(la Bageude)的大规模起义。

② 《法国文明史》,第 76—77 页。

③ 同上书,第 77 页。

④ 属于这种历史家的有 M.Ф.弗拉基米尔斯基—布旦诺夫(参阅他的著作《立陶宛俄罗斯法学史概论》,第 1 卷),《立陶宛国家的采邑》,基辅,1889 年版,第 2—3 页。

济因素的前面；它总是受后者的制约，不过这完全不妨碍它对后者
予以反影响。

索洛维约夫虽完全正确地认为征服在西欧社会发展史中的意
义完全不如陈腐之见所说的那么大，但他自己却给历史学家提出
了如下的方法论指示：

"我国历史同西方国家历史的显著差别——最初感觉到的差
别——不能只用没有征服，而必须用许多在最初和在全部历史过
程中起作用的各种不同的原因来解释。历史学家如果不愿受片面
性的指责，应对所有这些原因加以同样的注意。"①

对此，不得不提几点批评的意见：

第一，索洛维约夫本人公正地提请学者注意，就在西欧，也远远
不是在所有国家都发生了征服，然而这却不妨碍所有西欧国家在其
社会发展中显示出一些在俄国社会发展中无目的地找到的特点。

第二，甚至在确曾发生征服的西方国家里，如在法国，征服的
影响也比过去所设想的要少得不可计量。读者不妨想想兰博关于
这个问题的言论。

第三，波戈金曾以在俄国没有征服为理由，把俄国同西方对立
起来，亦不得不在《莫斯科人》杂志上同基列耶夫斯基争论时宣称，
所谓没有，也完全不像他以前和后来继续想象的那样完全，这显然
是自相矛盾。如果接受史册中关于某些斯拉夫和芬兰部落自愿召
请瓦兰人②的传说，那也无论怎样不能否认，许多其他部落是受了

---

① 《立陶宛俄罗斯法学史概论》，第 1 卷，第 268 页，附录。
② 瓦兰人为古代俄罗斯人对北欧诺尔曼人的称呼。——译者

外来人的"折磨"才变得驯服的；而且总地说来，这些外来人在自己的新祖国里建立了设防的驻扎地后，如克柳切夫斯基所说，表现为征服者。关于使克尼亚任受到鼓舞的（也收进史册）诺夫戈罗德人民在瓦季姆领导下进行反对留里克的暴动的传说，亦可于此得到解释①。

第四，任何人都会欣然承认以下意见：一个历史学者在避免片面性中，应该对所有引起我国社会－国家关系特殊性的全部原因，加以"同样的注意"。然而这条规章是过于不确定了；而且就其字面意义说，也是不可能做到的。相信我们已经找到了促使某一现象产生的一切原因，那时常是很困难的，有时甚至是完全不可能的。但从方法上说，主要的事情并不是要将原因一个不留地列举出来，而是要确定其中最主要原因发挥作用的途径。试举一例。

有些古代作家业已注意到地理环境对于社会的人的影响。但在他们需要确定地理环境通过什么途径促成某一社会政治制度的产生时，他们却犯了错误。他们认为，"气候"在生理上作用于组成

---

① 必须记住，史册中关于召请瓦兰人的传说传到我们，其情况同他所说的晚得多的时期，即十一世纪和十二世纪初所传相同。那时，关系已经改变了。克柳切夫斯基说："在十一世纪，瓦兰人继续以雇佣兵的身份来到罗斯，但不曾在这里变为征服者，所以强力夺取政权未再重复。此说似不可信。"（《俄国史教程》，第三版，第一卷，第169页）此外，十一世纪的俄国书生以为如果把瓦兰人的入侵描绘为当地人自愿召请的结果，要好一些。这是很自然的。克柳切夫斯基教授认为这一关于召请公爵的传说不是民间传说，"而是适合学龄儿童理解能力的关于国家起源的一种刻板公式寓言"（同上书，第170页）。谢·费·普拉托诺夫很有趣地指出：英国编年史家维多金德叙述了不列颠人一模一样地召请了盎格鲁撒克逊人，而且用诺夫或罗德人一样的语言赞扬自己的国家是 terram latam et spatiosam et omnium rerum copia refertam（《俄国史讲义》，第6版，第68页）。

某一社会的个人，在他们身上造成这样那样的心理素质，这种素质又决定社会制度。例如，希腊的气候似乎在生理上预定了人们倾向于自由制度，而亚洲的气候则预定了人们倾向于服从国王。这种以为气候直接影响社会的个别成员时，决定政治制度的古代学说，曾流传到近代作家，如十八世纪的法国启蒙思想家和波克利①。时至今日，这一学说应该说是陈腐了，因为现在已经明确，"气候"，即地理环境如果不说是唯一的，也主要是通过社会环境来影响于社会的个别人员的：地理环境的特性决定生产力的较快或较慢的发展，而生产力的发展程度则最终地决定整个社会制度，也就是决定社会环境的全部特性，这种特性又制约着个别人们的意图、情感、观点，总之，整个心理状态。因此，地理环境对于个别人的影响，虽一度被认为是直接的，而实际上却只是间接的。只有当科学家们理解了这一点的时候，才能对地理"因素"在社会关系发展过程中的作用，作出科学的论断。为了理解地理环境的意义，必须阐明地理环境对人类社会发挥作用的途径。历史发展的所有其他"因素"也是如此：在未能正确确定这一作用的途径时，则对这一作用仍旧不能理解，更正确地说：只能错误地理解。

VI

正因为不明了历史发展的各种不同"因素"发挥作用的途径，索洛维约夫尽管力图避免片面性，有时自己却变为片面性的。他

———————

①　波克利，亨利・托马斯（Herry Thomas Bockle）（1821—1862）为英国实验主义历史学者，所著《英国文明史》认为必须根据自然条件与环境以解释人类社会的历史。——译者

在所著《俄国史》第一卷第一章末尾提出的自然对人民性格的影响的见解,是很肤浅的,是事实上什么也不能解释的。他说:"丰富多彩的自然,富饶的植物,舒适的气候,在人民中发展爱美的感觉及对艺术、诗歌和公共娱乐的爱好,从而对两性关系发生强大的影响。"①但是,斯堪的纳维亚各国人民或英国人对诗歌的爱好并不亚于意大利人或西班牙人。爱斯基摩人的艺术追求不弱于巴西的红种人。两性的相互关系决定于家庭关系的发展过程,这一过程又取决于国家的经济状况,而不取决于国家的地理条件。的确,我们知道,经济本身对地理环境是有因果依赖性的,因为后者影响生产力的发展速度。但我们在这里面临的是"自然界"间接影响的场合,而索洛维约夫所说的却是它的直接影响。最后,至于公共娱乐问题,则任何民族,只要它在生活上过得去,只要它不因极端个人主义的发展丧失了公共娱乐的习惯,是都会爱好的;而个人主义的极端发展还是由于社会关系,而不是由于自然条件。

索洛维约夫用人民的性格依赖于国家的自然条件这个一般见解来解释"罗斯南北两部分居民性格的历史差别"。我希望经过以上说明,我们的历史学者关于这一问题的结论的没有根据,是显而易见的。如果对他的另一企图,即用地理环境的特点来解释俄国人民的历史命运的企图加以研究,那会是更为有益的。

我所指的是他将俄国的木同西欧的石对立起来的著名观点。我们的作者说,从西欧旅游到东欧并且具有外表差别的新鲜印象的旅行家,会称西欧为石的欧洲,而称东欧为木的欧洲。根据索洛

---

① 《俄国史》,第 1 卷,第 29—30 页。

维约夫的意见,就欧洲这两部分的外观而言,这一评语是完全正确的。

他继续说:"石——我国古时称山为石——将西欧分为许多国家,使许多民族分疆划界。西欧的好汉用石筑巢,从那里控制庄稼汉;石给庄稼汉带来了从属地位;但很快,庄稼汉也用石筑成围墙,取得了自由独立;由于石,一切都巩固起来,确定下来;由于石,非人力所能创造的山岳和宏伟不朽的建筑物,巍然屹立。"①

"石"字在这里——请注意!——有两重意义。第一,它表示作为建筑材料的本义上的石。第二,表示经常使一国外貌或多或少地多样化的山峦。山使西欧分为许多国家和民族,而从山上取得的建筑材料则使这些国家的内部关系得以巩固和确定。在东欧,由于没有"石",造成了直接相反的结果。

索洛维约夫断言:"在伟大的东方平原,没有石,根本没有各民族的多样化,因而只有一个前所未见的辽阔国家。在这里,好汉无处可筑石巢,不能独自居住。他们侍从式地聚居在大公的周围,在无边无垠的空间里永恒地游动。在城市里,他们没有巩固的关系。由于没有多样化,没有地区间的严格界限,也就没有足以严重影响当地居民的性格形成并使他们对于离开故乡——对于移民感到痛苦的各种特点。没有使他们感到留恋的固定居所……城市由木屋组成,星星之火就可使其变为灰烬。不过,灾难不大……由于材料价廉,新屋所费无几,——由于这种情形,古时的俄国人遂随便抛

---

① 《俄国史》,第3卷,第664页。

弃自己的房屋、自己的城市或乡村……从这里便产生了居民中背井离乡的习惯，从这里便产生了政府搜捕、安顿和使居民定居的企图。"①

作为建筑材料，"石"给西方的最高阶级以同下等阶级大为特殊化的物质可能，从而使阶级斗争尖锐了。但作为山，石却对西欧各国人民的性格给予直接的影响，使他们具有定居和固定性的趋向。俄国人民缺乏这种趋向，是因为我国缺乏"石"。在没有定居和固定趋向的地方，阶级相互关系仍然是不确定、不稳定的。因此，他们的相互斗争也不能达到紧张显著程度。这就是索洛维约夫的思想。但这种思想是经不起批评的。

作为建筑材料，石并不曾在西方经常起到索洛维约夫强加给它的那种特殊作用。西欧也一度是木的欧洲。就在十世纪，法国封建领主的城堡都是木筑的塔楼，壕沟环绕，四面围着栅栏，这栅栏当然也是木制的。的确，在九世纪，那里曾出现——主要在南部——石筑堡垒；但只是在十、十一世纪时，这种堡垒才推广到全国②。而法国事实上是一个典型的封建主义国家。法国的封建关系是什么时候产生的呢？这里不允许作不适当的详细论述，我要说的是，十世纪时法国封建制度的主要特征业已形成。因此，显然不是"石"保证了法国"好汉"对"庄稼汉"的胜利。这些"好汉"只是在将桎梏加在"庄稼汉"身上之后，才开始建筑自己

---

① 《俄国史》，第 3 卷，第 664 页。

② 《中世纪和现代文明史》(*Histoire de la civilisation au moyen àge et dans les temps modernes*)，赛义格诺博斯著，巴黎，1887 年版，第 12—13 页。参阅兰博：《法国文明史》，第 1 卷，第 426 页。

的"石巢"。

城市怎样？索洛维约夫完全正确地指出，俄国的城市都是由木屋组成的。试问中世纪的西欧城市又是由怎样的建筑物组成的呢？也往往是由木料建筑物组成的。而那算什么城市啊！一份流传到我们手里的关于中世纪手工业者工资问题的决定表明，直到十八世纪初期，伦敦几乎完全是一座木城。当然，像在俄国一样，西方的木料建筑物也是不耐火的；像在我国一样，它们在那里也时常"化为灰烬"。上面刚刚提到的关于工资问题的决定，实质上是一份关于木工工资的决定，根据其他公民的意见，作出这一决定，是因为在1212年火灾烧毁了当时的木城伦敦的很大一部分以后，木工要求过高的缘故①。

法国和德国的城市也大都是木屋组成的。"与农村相反，我们在城市里看到一些石基的房屋，尽管在整个中世纪，房屋本身还都是用木料建造的。砖盖屋顶，也是逐渐推广的。在哈米尔那、纽波特、亚米安那，乃至法国，我们看到草编的屋顶。在格丁根，凡用砖代草的人，市长津贴所费四分之一。"②似乎意大利的城市，历来用石建造的房屋要多得多。但是这一例外——如果真有这一例外——仍然丝毫不能证明索洛维约夫的思想的正确；如果英、法、德等国的木城在其历史发展中没有走过俄国木城一样的道路，则"木"丝毫不能解释这一差别，是显然的。

———————————

①　科瓦列夫斯基，马·马：《西欧国民经济的发展》（*Развитие народного хозяйства в западной Европе*），圣彼得堡，1899年版，第71页。

②　库利舍尔，И. М.：《西欧经济生活史讲义》（*Лекция по историп экономического быта западной Европы*），圣彼得堡，1913年版，第126页。

不仅如此。立陶宛罗斯的城市也都是木城[①]，然而它们的历史命运却既不像例如法国城市，也不同于莫斯科罗斯的城市。这是一个新的证明，说明"木"或"石"同这种历史特点，毫不相干。

最后，索洛维约夫忘记了，"宏伟不朽的建筑物"不仅是用石建造的。在比利时和荷兰，它们都是用砖建造的。不言而喻，这样的建筑物，只有在社会发展引起对它们的需要，而且为满足这种需要提供了经济的可能时，才能开始建造起来。

总之，西欧的城市是随着其居民所支配的生产力的增加和他们经济的日益繁荣而从木城转为石（或砖）城的。因此，完全可以设想，如果俄国的城市也像西欧城市那样迅速富裕起来，则其中的木是会逐渐为石所代替的。

蒙古入侵前的罗斯的最富有城市基辅和诺夫戈罗德，比其他城市有更多的石料建筑物。在基辅共有石建教堂十二座以上[②]。后来，莫斯科在未想到向西欧技师请教以前，就是向诺夫戈罗德学习石工的。诺夫戈罗德和基辅的发展停滞的原因，不在于石的缺乏。

---

① "我从别尔斯克前往布列斯特（Briesti），这是一座木城要塞。""卡明涅茨，这是一座建有石筑塔楼和木料城堡的城市"等等（赫尔贝尔斯坦：《莫斯科见闻录》，圣彼得堡，1886 年版，第 212—225 页）。索洛维约夫关于石和木的历史意义的思想与想象中的旅行家的印象属于同一时期，如果把兹拉托乌斯特市的一位真正旅行家所得印象与这些印象作一比较，那是很有趣味的："在城市的上面，悬垂着花岗石的峭壁，石块会自行落在头顶上，整个的城市都是用大圆木建造的。小小的木屋，仿佛是从勒里希的《古罗斯》一画中脱落出来的。街道没有铺好"，等等（Г. 彼得罗夫：《宝地游记》，载于 1913 年 3 月 14 日《俄国论坛》）。非常明显，这里的问题不在于石。

② 伊戈尔·格拉巴尔：《俄国艺术史》（*Игорь Грабарь：История русского искусства*），第 1 卷，第 146 页。

索洛维约夫在山的意义上所了解的"石",其观点并不是那样严重的错误。但他在这里也并不正确。

山使原始的部落彼此隔离,因而妨碍他们汇合成为一个部族,这是对的,但是这一原理也只能在附有非常实质性保留的条件下,才能接受。"石"毕竟不曾妨碍西方的不同部族发生非常活跃的相互交往。这种交往的发展归根到底还是取决于经济发展过程,而经济发展之取决于地理环境,则只是以这一环境对社会生产力发展的促进程度为转移。索洛维约夫在这里也以地理环境直接影响为前提,然而在这里应该主要地说是地理环境的间接影响。这就是他的假设经不起事实的批判的缘故。在西欧,没有比瑞士更为多山的国家。然而那里的"庄稼汉"对"好汉"的封建依附地位从来没有像在"东厄尔巴"平原那样牢固和范围广阔。再看另外一个例子。立陶宛罗斯位于索洛维约夫称为"木国"的同样东部平原部分。但如将他的内部关系同莫斯科罗斯的关系作一比较,我们便可看到,其在十六世纪同莫斯科罗斯的相似之处,远不如其与西欧各国相似之甚。的确,可以说——而且人们也时常这样说——立陶宛罗斯是在波兰的影响之下,即在同一西方的影响之下制订其内部关系的。波兰对立陶宛的影响确乎是强烈的。但是这种影响能否全部地、毫无保留地解释立陶宛的内部关系的性质呢?不能,其非常明显的理由是:一个国家对另一国家内部关系性质的影响,只有在后者具备了负担这一影响传导者作用对其有利的社会因素时,才有可能。我们在下面还将看到,为什么西部罗斯居民中的某些阶级如此热衷于充做波兰影响的传导人。现在我们必须回到索洛维约夫的观点上来。

VII

他关于气候、"石"和"木"的影响的见解，是很不妥当的。但是在他的巨著之中，毕竟在论及地理环境对我们祖国社会发展的影响方面，还有一些完全正确的思想。我们必须慎重深思这些完全正确的思想。

在所著《俄国史》第一卷第一章里，他在指出东欧平原的单一性后说：

"自然形态的单调排除了地区性的依恋情绪，使居民从事单调的职业。职业的单调性造成习惯、道德风尚、信仰的千篇一律；道德风尚、习俗和信仰的千篇一律排除敌对的冲突；相同的需要指出满足这种需要的相同手段；——所以东欧平原无论多么辽阔，无论在最初其居民部落多么不同，但迟早都会成为一个国家的地区。明了这一点，则俄国国家地区的辽阔，各部分的千篇一律及其相互间的牢固联系，便可理解了。"①

从方法的观点说，这一见解也不能说是无懈可击的。我们的史学家重复了在他以前论述地理环境对于民族发展过程的影响的大部分学者的错误：他也是首先企图确定地理环境会引起那些心理的素质。只是在这之后，他才指出按照他的意见，为这种素质所制约的那些职业以及一般生活方式。这是历史唯心主义的方法：用意识来解释存在，尽管生活的某些物质条件——在这个场合上，即欧洲东半壁的地表特点——拿来作为整个推理的出发点。但唯

---

① 《俄国史》(*История России.*)，第 1 卷，第 10 页。

心主义方法本身是这样不能令人满意，所以使用这一方法的学者，如果不是口头上，而是想在实际上找出社会现象的相互联系，便不得不放弃它而暂时变为唯物主义者，即暂时用存在来解释意识①。社会科学的许多很重要发现，都应归功于学者们的这一方法论的不彻底性。索洛维约夫在这里正是不忠实于他的唯心主义方法的；但他的这种不忠实却提供了良好的理论成果。他在约略谈到俄国部落的心理素质似乎是由地理环境直接引起的话以后，立即转而考虑自然形态的单调性怎样影响这一部落的职业和生活方式。换言之，他迅速地从用意识来解释生活的企图——尽管这是众目所睹，他自己却并未察觉——转到用存在来解释意识。在这里，我们从他的著作中了解到自然形态的单调造成职业的单调性，而职业的单调性又造成习俗、道德风尚、需要和信仰的单调性；而且需要的单调性指明满足这种需要的相同手段，等等。这是一种很宝贵的思想，许多研究俄国历史过程的相对特殊性的原因的著作家，直到现在，还极少考虑及此。

试想，一个细胞通常分裂为两个子细胞，这两个子细胞又分裂为四个孙细胞，孙细胞再各自分裂为两个曾孙细胞，等等。细胞的数目按几何级数增加，而且每一个细胞都不能完全单独地存在。结果怎样呢？结果得出某种细胞的综合体，某种活质组织，而不是比较复杂的有机体。若要得出这种有机体，则在发生细胞繁殖过程的同时，必须发生细胞的分化过程。在自然界，没有分化就没有发展。

---

① 我所以说"社会现象"，是因为每一位自然科学家在他的试验室里都不由自主地变为唯物主义者。为了找到对自然现象作唯心主义解释的例子，必须回到威廉的自然哲学上去。

姑且假定,我们所研究的是一个位于平坦、四通八达、旷无人烟地区的农民公社。当这一公社由于社员人数的增加而感到"土地狭小"时,一部分社员必须离开本村而组成新的村落。当这新村落的增长,在旧的农村经济经营方法之下感到周围土地不足时,它也将其一部分居民迁到"新的地区"。在新的地区,同样的情况又再重复,等等。只要"空地"尚未用尽,每个村子每当其成员的数目达到一定限度时,都要实行人口外迁。结果怎样呢?结果是许多农村都使用旧的方法耕种土地。也许,因此人口密集的地区仿佛颇为富有,但其经济发展水平,却仍旧很低。自然条件的单调性及与此有关的职业单调性,阻碍了经济水平的提高,因而也阻碍了居民精神的发展。马克思说:"不是土壤的绝对肥力,而是土壤的差异、它的自然产品的多样性,构成劳动分工的自然基础,迫使人们根据其周围自然条件的多样性而使其自身的需要、能力、生产手段和生产方式多样化。"①自然条件的单调是东欧平原的特点,它是不利于其居民在经济发展方面取得成就的。但我们知道,经济发展决定社会的政治和精神的发展。因此,任何人想要阐明俄国社会发展的过程,都一定要重视索洛维约夫对引起职业单调的"自然条件"的指示。

不仅如此。我们的历史学家继续写道:"伟大的平原在东南部四通八达,与中亚草原直接衔接,一群群游牧民族从远古以来就到达了在乌拉尔山脉和里海之间的广阔门户,在伏尔加河、顿河、德聂伯河下游一带占据了一些使他们感到自由自在的地区……亚洲

---

① 《资本论》,第 1 卷,德文第 3 版,第 524—525 页。

不断派出掠夺成性的汗国部队,他们想牺牲定居居民的利益而生活:同草原野蛮人的不断斗争,成为这种定居居民历史中的主要现象之一,这是显而易见的。"①

　　同游牧部落的这种持续斗争对俄国的内部发展有什么影响呢? 索洛维约夫对解决这一重要问题,只是作了某些暗示。有些历史学家认为,同游牧部落的斗争对于罗斯部落的命运具有决定的影响,他自己不属于这些历史学家。他关于鞑靼人的意见是人所共知的:"鞑靼人(在征服罗斯后——著者),仍旧居住在很远的地方,他们所关心的只是征收贡品,完全不干预内部关系,而听其一切照旧。"②但其他游牧部落,先于鞑靼人同俄国部落接触者,比鞑靼人更少"干预内部关系"。所以我们应该在这样的意义上理解索洛维约夫的话,即所有这些其他部落都比鞑靼人更多"听其一切照旧"。果真如此,则同游牧部落的斗争对俄国内部历史的影响又表现在哪里呢? 显然,索洛维约夫承认,游牧部落虽然"听其一切照旧",却由于自身的影响而阻滞或加快了俄国社会内部关系的自然发展。他说:"草原部落或波洛韦次人③不仅侵袭罗斯,而且使罗斯同黑海海岸隔绝,妨碍其与拜占庭的来往。俄国的王公不得不带着大批卫队远迎希腊商人,并护送其到达基辅,防止草原强盗的掠夺;野蛮的亚洲企图夺去罗斯同有学识的欧洲交往的一切途径和出路。"④但既然如此,则很显然,游牧民族对我国内部历史的

---

① 《俄国史》,第1卷,第10页。

② 同上。

③ 波洛韦次人(половцы)为在南俄草原游牧的突厥语系民族。——译者

④ 《俄国史》,第1卷,第4页。

影响,首先——也许主要地——是他们阻滞了我国的经济发展。可惜索洛维约夫不对这一重要问题加以探讨。

他在谈到维托夫特在沃尔斯克拉沿岸被帖米尔－库特拉伊人和爱第格伊人击败时,指出"鞑靼人胜利了;但这一胜利的后果如何呢? 后果是立陶宛领地某些部分的被蹂躏——如斯而已!"[①]这一意见对于这里所研究的他的观点,是很有意义的。像卡拉姆金一样,他所指的主要是国家史,而在事变不曾对国家制度或对国家同邻国的关系发生明显的直接影响的地方——在刚刚指出的立陶宛大公国对汗国的关系的场合里,——他却想减轻事变的历史意义。游牧部落"只是"蹂躏了罗斯或从罗斯搜刮贡赋。因此,索洛维约夫说,他们让一切照旧。然而如果这种蹂躏阻滞了对旧事物的内部发展,则亦可因此给这一发展以新的方向,即同在不同的历史接邻关系下可能取得的方向有所不同的新方向。当然,发展速度的差别只是一种量的差别。但量的差别的逐渐积累,终将转变为质的差别。谁知道? 也许,掠夺成性的游牧部落一方面蹂躏罗斯,因而阻碍其生产力的增长,同时又促进了它的政治制度的某些特点的产生和巩固。这就是为什么对于东欧平原定居人民同野蛮敌人斗争的经济和社会政治结果问题,必须注意进行研究的缘故。

VIII

某一社会所拥有的生产力越是发展,则这个社会在经济发展

[①] 《俄国史》,第 1 卷,第 103 页。

的梯级上越高。在经济发展的梯级上升得越高,则这个社会越能在与邻国的斗争中更顺利地维护其生存。恩格斯在与杜林争论"暴力论"时说道:"暴力的胜利是以武器的生产为基础的,而武器的生产又是以整个生产力为基础,因而是以'经济力量'、以'经济状况'、以暴力所拥有的物质资料为基础的。"①如果这是正确的——而这是完全正确的——则居住在东欧平原的农民这样长期不能战胜从亚洲通过"乌拉尔山脉和里海之间的广阔门户"入侵的游牧部落这一事实何以解释呢? 要知道,农民在经济方面是高于游牧人的。

现在,这个问题显然已为我国学者中主张对历史作唯物主义解释的人们所注意。然而应该承认,可惜他们对这个问题的解决,并非常常顺利。

例如,B.A.克尔图亚拉曾在不久以前发表一种主张,认为在十三世纪中叶前,俄国的主要职业是狩猎及与此有关的商业,而鞑靼人则是从事畜牧。畜牧高于狩猎。畜牧业要求更好地组织社会力量。"因此,以畜牧业为基础的社会政治组织,通常都比以狩猎为基础的组织更为强大。"我们的尊敬的作者便以此来解释"建立在伟大水道上的狩猎—商业国家终于被畜牧—游牧部落所战败"这一事实②。

这样一来,索洛维约夫说贝琴涅戈人③、波洛韦次人和鞑靼人

---

① 《反杜林论》,人民出版社,1970 年,第 164 页(《马克思恩格斯全集》,第 20 卷,中文版第 181 页)。

② 《俄国文学史教程》,第 2 卷,第 I 章,1871 年,第 37 页。

③ 贝琴涅戈人(печенег)为东南欧突厥语系古代民族之一。——译者

是野蛮人，便是错误的了。如果是对的；如果这些亚洲人还可以称之为野蛮人，那我们便应记住，在东欧平原同他们相对峙的是俄国的野人——猎人，是在经济和社会发展上更低的人。因此，俄国之被蒙古人征服，乃是蒙古人的经济优越性的简单明了的结果：我们已经知道，胜利是以武器的生产为前提，而武器的生产又以整个生产力为基础，以胜利者所拥有的物质资料为基础。

然而这一解释是同社会历史的事实不相符合的。

试回忆编年史家关于奥莉加同德雷夫利亚人谈判的叙述。她派人向科罗斯丁的居民说："你们待着干吗？全城都效忠于我，交纳贡赋，耕作自己的庄稼地，而你们却想用饥饿……"[①]能否假设，这种叙述是在狩猎－商业国家产生的呢？显然不是。它是在重视"耕作自己的庄稼地"机会的农民中产生的[②]。然而这样的叙述并不是什么例外。别尔戈罗德人于997年为贝琴涅戈人围困，情况极为危急，业已准备投降。但一位老人想出一条巧计。他劝他的同胞们"收些燕麦、小麦或糠"。在他们执行了他的劝告时，他命令妇女制作果子露，将它倒进木桶，并把桶放到井中。另外一口井里，放下了一桶蜜水。然后他请来贝琴涅戈人，对他们说，"为什么你们要自讨苦吃呢？你们难道比我们更能坚持下去吗？就令你们坚持十年，又能把我们怎样？我们有从土地上收获的粮食，如果你们不相信，那就请用自己的眼睛看看罢"。贝琴涅戈人相信别尔戈

---

① 《伊巴特抄本的大事记》，1871年版，第37页。

② 顺便说，现代人类学不知有"狩猎—商业"国家。同狩猎生活相适应的是以血统为基础的社会组织。现在，特别注意到北美人类学派在著名的摩尔根影响下产生的优秀著作，对此就很难怀疑了。

罗德人有"从土地上收获的粮食",便撤兵解围了①。这样的故事,如编年史家通过别尔戈罗德的机智老人所鲜明表达,只有在"从土地上"收获粮食的民族中才能形成②。关于弗拉基米尔·莫诺马赫劝说斯维亚托波尔克人去攻击波洛韦次人的记述,也是同样值得注意的。"斯维亚托波尔克人的义勇队说:'春天不是打仗的时候,我们不想加害农民,要让他们种庄稼。'弗拉基米尔却说:'真奇怪啊,义勇队,谁给你马匹?谁来种地?你们怎么不看到,就是农民开始耕种,但波洛韦次人会来箭射农民,抢去耕马,到村里掳去妻小,夺走全部财产呢?'"等等。这样的理由造成的印象是:"斯维亚托波尔克人的义勇队,不能对他作出相反的答复。"③我们看到,他们很懂得,使农民能够安宁地耕种自己的土地,是何等有益。狩猎部落是不懂得这一点的,其简单的理由是,他们不从事耕作,而且他们中间也没有农民。

在这次大公会议前十年,被波洛韦次人围困的托尔克人曾派人告诉斯维亚托波尔克人:"粮食尚未送来,请借一些。"④当然,这一通知尚不足以证明那时托尔克人⑤自己业已变为农民。但借粮的请求充分令人信服地表明,他们交往的是一个主要住着农民的

---

①　《伊巴特抄本的大事记》,第 88—89 页。在这里不妨指出,狩猎民族是没有在设防的城市里躲避敌人的习惯的。

②　维亚迪奇人(历史上东斯拉夫人的一族。——校者)深居在捷斯纳河和奥卡河之间的深林里,他们是按"拉罗"和"梭哈"(按拉罗——Рало,梭哈——Coxa,均古罗斯课税单位。——译者)向可萨人纳贡的(克柳切夫斯基:《俄国史教程》,第 1 卷,第 67 页)。这也是在狩猎生活中所未见的现象。

③　《伊巴特大事记年表》,第 183 页。

④　同上书,第 154 页。

⑤　这是属于土耳其部落的一个小民族,在上述事件以前还是游牧民族。

地区的政治代表。值得注意的是，编年史家对波洛韦次人所造成的毁灭表示不满，在我们面前表现为农业部落的思想代表：他首先指出，伊斯梅洛夫的狡猾子孙烧毁了村庄和谷仓；在他的叙述里，烧毁教堂摆在烧毁村庄和谷仓之后[①]。

　　在那古远的年代里，俄国人民即以农产品为主要食物。米·格鲁舍夫斯基教授说[②]："在十一世纪的贝邱尔斯克修道院里，通常食用谷物（主要是黑麦）、植物油做的食品（煮豌豆和其他豆荚菜蔬），或粥，煮熟的和用植物油调制的蔬菜；在斋日、荤食日里吃干酪；在素食日里吃鱼，但鱼已是美味了。……面包被认为是比植物油做的食品更精致的食物，最后，最后一道菜，则有煮熟的蔬菜。"按照格鲁舍夫斯基教授的意见，这一寺庙的菜单给我们的印象，是当时最贫苦的人民阶层所用食物："面包、粥、煮菜（很可能就是青菜汤一类的东西）。当时一如现在；乃是居民的主要食物，虽然当时居民食用的肉比现时多。"[③]

　　此外，为了避免误会，必须补充说明，在基辅时期即已构成俄国人民主要职业的农业，远非过去和现在非洲和南北美洲野蛮部落在从事狩猎的同时所从事的那种原始翻地耕作。当时使用的农具——如犁和耙——表明以使用家畜（马或牛）为前提的更高的

[①]　《伊巴特大事记年表》，第155页。

[②]　《基辅罗斯》，第1卷，1911年，第326—327页。

[③]　格鲁舍夫斯基：《基辅罗斯》，第1卷，圣彼得堡，第326—327页。又同上书，第327页。在同卷的另一地方，作者指出："关于已掌握的正常条件定居地区的斯拉夫人的资料，都表明斯拉夫人广泛发展的农业技术，这种农业技术给整个斯拉夫人的生活，留下了强烈的印记。"（第306—307页）这些资料都是九、十、十一世纪的。参阅同一作者的《乌克兰民族史概要》，第2版，第31—32页。

技术。

按照 B.A.克尔图亚拉的说法，——他的著作虽有若干局部的错误，仍不失为真正优秀作品，——数千年来在俄国人民中居于主导地位的狩猎，在俄国人民的心理中造成一定的特性①。这是当然的，是造成了的。但在后来，农业却造成了更为显著的特性。在什么时候呢？在多神教时代，即在蒙古人到来以前很久的时代。这是很容易用事实来证明的，克尔图亚拉在他的优秀著作第一卷里便收集了大量这样的事实。

以所谓圣诞节祝歌为例。在克尔图亚拉的《俄国文学史教程》里，这种祝歌分为两类：第一类是保持着多神教概念痕迹的祝歌，第二类是研究基督教动因的祝歌。显然，第一类是更古老一些。克尔图亚拉关于第一类祝歌说了些什么呢？他说：

"在第一类圣诞节祝歌中，特别有意义的是那些带有农业性质的祝歌。在一首歌里，歌手请主人起立瞻仰上帝怎样挨户视察和准备耕犁及耕牛；接着又唱上帝备马，巡视打谷场，将割下的一捆一捆庄稼摆成三行，小麦摆成四行，并安排养蜂和酿酒。"②

毫无疑义，这是农人的心理。狩猎部落唱的是另外的歌。例如，澳洲人唱："袋鼠肥，我吃了它。"事情很明显，这首歌显然表现了猎户的心理。克尔图亚拉自己还说，准备农事的上帝形象，似乎是多神教的太阳神显影。但太阳神是什么呢？斯瓦洛戈③有子女，太阳神就是太阳（这神的另一名称为霍尔斯）；这是一个对于那

---

① 《俄国文学史教程》，第 2 卷，第 68 页。
② 同上书，第 1 卷，圣彼得堡，1906 年，第 105 页。
③ 斯瓦洛戈（Сварог）为古代俄罗斯的铁匠护神，太阳神之父。——译者

部分主要从事畜牧业和农业的斯拉夫民族具有重大意义的神[①]。但是太阳神对于俄国的斯拉夫人又有什么意义呢？意义如下：《伊戈尔公爵军队的故事》——大家都知道，这是一件基督时期的文献，——称俄国人民为太阳神苗裔（"太阳神的子孙有力量愤然而起"等等）。因此，意义是很大的。然而这一情况也不是描写狩猎部落的心理的。同样值得注意的是，《伊戈尔公爵军队的故事》在抱怨公爵混战所造成的毁灭时写道："那时在俄国的土地上很少听到庄稼人的呼喊，但时常听到乌鸦的聒噪，等等。"这两种情况都是克尔图亚拉自己指出的[②]。

其他的祝歌又怎样呢？试听同一学者的叙述。

"占卜人环桌而坐，他们将耳环抛在盆边……然后唱许多歌，这些歌因盆得名而称为盆下歌。第一首歌是歌唱面包与食盐。歌毕，将戒指、宝石戒指、面包、盐、小块煤投入盆内。接着唱以下的歌曲：'谷物像天鹅绒般柔软起伏'，'铁匠从作坊走出'"，等等。克尔图亚拉还说："远古占卜的主要题目，大概是财富取决于太阳神，即农神的威力的发展。"[③]下面请看组歌："春之歌。"其中一首请求春天"带来欢乐、伟大的恩惠、高高的亚麻、深根的作物、丰收的粮食"。另一首问春天是坐什么来的，"是坐在犁头还是坐在小耙上，是坐在小叉子上，坐在燕麦捆上，还是坐在黑麦穗上呢？"[④]

在合唱歌词中，克尔图亚拉认为最值得注意的是选妻、种黍的

[①]　《俄国文学史教程》，第 29 页。
[②]　同上书，第 591 页。
[③]　同上书，第 107 页。
[④]　同上书，第 109 页。

一首。"这首歌是少女和青年之间的对唱。女的唱她们如何种黍。男的答唱,他们将把黍践踏掉。"①类似的歌曲也时常在其他农业民族中听到。在马来亚半岛的某些部落中,有许多颇为复杂的歌舞,用动作和唱词描写种黍。这一切当然都很明显地表明那种不是意识决定存在,而是存在决定意识的思想。问题在于这种歌词中反映的生活,乃是农民的生活,而不是猎人的生活。不过,这里附带说明是有益的:合唱歌词所说黍是由少女播种的,而青年们则威胁要加以践踏。根据这一事实,我们可以假定,在俄国斯拉夫人的生活中,曾有这样一个时期,那时妇女从事农业,而男人则仍旧从事狩猎。这样的社会劳动分工,不久以前还存在于巴西中部的某些部落。这种部落的心理经常强烈表现狩猎生活的特点。

克尔图亚拉还谈到收获节。他说:"7 月下半月是斯拉夫多神教徒的雷神节。对地肥有利的雷雨(通常在 7 月下半月特别多)和收割工作的开始,都是同雷神分不开的。"②

够了! 现在只要补充一点,即按照克尔图亚拉的说法,有关经济事务的俄国谚语,"主要是反映农业劳动"③。综上所述,我们已可毫无疑义地说,正是农业劳动在俄国人民的心理上留下了最深刻的印记。这一点必须牢牢记住,因为下面我们还要研究,在俄国历史的基辅时期,俄国人民经济生活的主要推动力在哪里的问题。许多关于我国社会政治发展过程的错误见解,都同对这一问题的错误的解决有关。

---

① 《俄国文学史教程》,第 110 页。

② 同上。

③ 同上书,第 152 页。

IX

由此看来，历史的真理完全不在克尔图亚拉方面，而在索洛维约夫方面：同基辅时期的俄国居民相比，游牧部落是在经济发展上，因而也在一般文化发展上，处于较低水平的部落。克尔图亚拉——而且不止他一人——用不着因畜牧部落——鞑靼人征服了俄国农民而感到困惑。像装满比大气更轻气体的气球的上升不否定地心吸引力的理论一样，这一事实同唯物主义的历史观也是不相矛盾的。我们在这两种情况中所看到的反常现象，都只不过是一种臆想。

问题在于人类沿着文化道路上的运动，全然不是什么直线的运动。当然，某个部落（或国家）随着过渡到更高的经济发展水平，是要迈开比较大的前进步伐的。但并不是在一切方面都如此。正因为它总地说向前迈进了，所以它的生活的某些方面可能后退。试举一个明显的例子。如所周知，与从事畜牧业和原始农业的部落相比，狩猎部落在造型艺术方面有着大得多的爱好，并且主要是才能。同样，现在的资产阶级欧洲虽具有这样庞大的生产力，而在美学方面却远远不及古代世界。刚才指出的现象所引起的那些原因的研究，无论如何在这里也不属于我的任务。在这里只是说出下面一点就够了：这些原因也存在于新的技术成就及与此有关的生活方式的变革所引起的新条件之中①。但关于游牧部落，还应在这里再说几句话。

在已故尼·西贝尔所著《原始经济文化概论》一书（1883 年初

---

① 关于这个问题，详请参阅我论艺术的论文，载于《二十年》及《对我们批评者的批评》等文集（《全集》第 XIV 卷）。

版)中,对于产生蒙古世界帝国这个概念的经济和生活条件,曾作过饶有兴趣的分析。西贝尔在叙述一位英国作家的观点时说,游牧民族的生活方式本身使他们不爱和平。他说:"没有任何固定疆界的流浪民族,不会没有打仗的理由,因为他们经常侵入彼此的牧场的界内。这样便产生了突然爆发的战争。"[①]其次,他还指出,他们吃苦耐劳和在军队动员上的轻便敏捷。"他们的严酷与坚强,使他们能够忍受长期流浪的疲乏、贫困和衰弱。这种牧人的集体,是不需要任何军需的。他们的食品,如习于只是吃草的牛或马的肉,是随时都可在途中维持他们的生活的。……他们对生命的漠不关心,使他们毋须对病伤员预作任何关怀……他们的军事生活,包括长期的流浪和返还,以及对其他军队的彻底歼灭,同他们在和平时期的习惯,没有区别……胜利使他们兴奋……失败使他们的精神暂时平静,但在无边无际的荒原里,他们总有四通八达的退路,他们在这里至少能够不受文明民族的报复。"[②]这些话已在很大程度上向我们说明了游牧民族军事胜利的原因。但西贝尔的意思还不止于此。他根据同一英国作家的意见,断言游牧民族的毁灭性袭击,对于他们仿佛是一种必要,特别是在他们取得统治地位的时候。"当他的最初胜利将大批人吸引到他们的胜利旗帜之下的时候,要把这大批群众维持于静止状态,是不可能的。首先,他们的牧场很快就要消耗尽了;第二,他们的领袖只有用积极作战的办法,才能维持其在同一民族中的威望与崇高地位。广泛参加到他

---

① 《原始经济文化概论》,第 2 版,圣彼得堡,1899 年,第 39 页。

② 同上书,第 113 页。

们军队中来的外国部队，是经常准备脱离强迫联合的。领袖的任何软弱无能的迹象，都会成为总崩溃的标志。"①

此外，还应补充如下。我们如果把十世纪或十一世纪俄国定居部落的武装同他们必须抵御其攻击的游牧部落的武装作一比较，我们便可看到，前者对后者的优势是微不足道的，甚至是大可怀疑的。同俄国步兵的剑相对峙的，是游牧骑兵的马刀。作为攻击或自卫的武器，马刀是否比不上剑呢？姑且假定，是。但事实是，俄国军人亦时常宁用马刀而不用剑。在十二世纪，根据《伊戈尔公爵军队的故事》来判断，马刀甚至已占优势。因为"用弯刀比用直剑更便于砍杀"②。当然，只有对于骑兵，马刀才更便利，而在当时的俄国部队里，骑兵已起很重要的作用，愈是往后，所起作用愈是重要。因此，从武装方面说，很难假定当时的（俄国）农民对游牧部落具有多少真正的优势。值得指出，即使俄国军人曾采用游牧部落的武器，那么，文明的罗马人亦曾不只一次从他们不得不与之作战的野蛮人那里采用过。总之，像在许多其他方面一样，文明与野蛮之间的距离，在这方面最初极小，只是逐渐地，但却经常愈来愈快地增加着③。

① 《原始经济文化概论》，第40页。

② 格鲁舍夫斯基：《基辅罗斯》，第1卷，第339页。

③ 一个很懂得当时军事学术的人尔热雷上尉——不知为什么在我国，人们称他为马尔热雷——说："一百名鞑靼人经常可以驱逐二百名俄国人。"（《俄罗斯强国和莫斯科大公国的状况》，圣彼得堡，1830年，第55页）从他往后的叙述中可以看出，马尔热雷所指的是俄国骑兵。鞑靼骑兵对俄国骑兵的这种优势怎样解释呢？难道是因为克里米亚在十六世纪末处于比莫斯科罗斯更高的经济发展水平？我不认为任何人敢于断言这一点的。

最后，——对这一点亦须多加注意，——向农业过渡所逐步造成的社会分工，是农民在军事方面的相对脆弱的一个来源。游牧民族的全体，或几乎全体成年男子，都是战士；而在农民中，从军则只是某一部分人的职业，例如，在基辅罗斯，只是公爵和他的侍卫的职业。固然，有时除公爵的侍卫之外，还召集非常后备军。但非常后备军的召集毕竟是一种例外的事情，而且也越来越少了①。弗拉季米尔·莫诺马赫很好地描写了平时的情况：农民种地，公爵率领侍卫防御敌人的侵袭。在这种情形之下，农民要战胜游牧人只有一个条件，即将农民联合成为一个巨大的政治联盟，期待于它的是把一定地域的农业人口分散于个别政治联盟的努力结合起来。这就是为什么所有基辅时期的俄国思想家都极为坚决和一致地声讨公爵内讧的缘故。"有见识的人"向斯维亚托波尔克说："为什么你们要内讧呢？这下流的勾当将毁灭罗斯国土。应该讲和，现在就去对付他们（即波洛韦次人——著者），或者媾和，或者打仗。"（参阅《伊戈列夫公爵军队的故事》对公爵内战的有说服力的控诉）由于同一原因，后来俄国人民对于莫斯科的大公们——在俄国西半部对于立陶宛的大公们——的统一政策，都是极为同情的。值得注意的是，只是在罗斯东部最终地联合起来的时候，喀山和阿斯特拉罕才被攻克的。

所有这一切表明，不采取所谓"狩猎—商业国"的毫无根据的假设，我们也能够解释游牧民族对基辅罗斯的胜利。

现在我们再看畜牧—游牧部落在数百年中对居住在东欧平原

---

　　①　同时，非常后备军的装备远不及侍卫的装备。"普通的警卫有矛、刀、箭、斧；可能，这便是一个普通非侍卫兵——战士的装备。"（格鲁舍夫斯基：《基辅罗斯》，第1卷，第339页）

的农民的侵袭造成哪些后果。

第一，种种侵袭妨碍俄国居民推进到黑海海岸，甚至迫使他们退向北方和西北[1]。这种从海岸线的被迫退却，必然要延迟罗斯的经济发展。第二，游牧部落将罗斯人从黑海沿岸赶走之后，继续袭击他们的商船，妨碍他们同克里米亚和拜占庭的来往，因而给罗斯的经济发展造成新的障碍。第三，他们周期性地毁坏定居的俄国部落的地区，妨碍了他们的福利的增长。"对经常处于军事戒备状态的城市和村庄的不断袭击；袭击时大量俘虏被劫走，其有劳动能力者在克里米亚各港口被拍卖到外国去做奴隶，凡不适于劳动者则全部在发卖时被残酷地打死；整个村庄被毁灭；结果是居民逃亡，整个地区成为废墟。"——这就是历史学者对当时受到游牧部落侵袭地区的生活的描写[2]。不用说，这样的生活是不能促进财富的积累的。不错，当时俄国社会的上层仿佛拥有颇多的货币资金[3]。但是俄国社会的下层，不得不产生了许多不能进行独立经营的分子。这些分子陷入依附拥有货币资金者的地位。高利贷资本控制了当时很大一部分劳动居民[4]。但是高利贷资本的统治也极不利于国家生产力的发展，因为这种资本在极大多数情形下只

---

① 罗斯在八世纪控制了德聂伯河的出口，后来，它长期丧失了这条河的下游。

② 格鲁舍夫斯基：同前书，第 287 页。另参阅克柳切夫斯基的《俄国史教程》，第 1 卷，第 334 页。

③ 克柳切夫斯基：同前书，第 336—337 页。

④ "艰难的生活条件及商业和农业在土耳其人蹂躏下陷于崩溃，都使自由农和小规模的自由行业日益减少和无地雇农及奴隶数目日益增加。破产的农业经济，增加了达官显贵的地产，而这种地产的业主则陷入无限期的赎身劳动，一有机会，便被划入奴隶的范畴。信贷的条件是很苛刻的。百分之十五的利率被认为是'基督的'优息。未偿清债务的债务人陷为赎身劳动者或奴隶。"（格鲁舍夫斯基：《乌克兰民族史概要》，第 121 页）

是满足于占有剩余产品,而毫不改变生产方式①。在十二世纪,德聂伯河一带显著的贫困化了。1159 年契尔尼戈夫市的公爵斯维亚托斯拉夫·奥尔戈维契曾给伊贾斯拉夫·达维多维契大公写了一封著名的复信:"我占领了契尔尼戈夫市和其他 7 座城市,不过都是一片荒凉。在这些城市里住着养猎犬人和波洛韦次人。"克柳切夫斯基教授对斯维亚托斯拉夫·奥尔戈维契的这些话作了如下解释:"在这些城市里只剩下公爵的家仆和投效罗斯的和平的波洛韦次人。"②然而在这种情形发生的时候,在西欧先进各国,——意大利、法国、弗兰德利牙③,——城市业已迅速发展和富裕起来了。④

———————————

① "这种形式的高利贷资本,实际上会占有直接生产者的全部剩余劳动,而不改变生产方式;……因而,在这里资本不是直接支配劳动,不是作为产业资本和劳动相对立。这种高利贷资本使这种生产方式陷入贫困的境地,不是发展生产力,而是使生产力萎缩,同时使这种悲惨的状态永久化,在这种悲惨的状态中,劳动的社会生产率不能像在资本主义生产中那样,靠牺牲劳动本身而发展。"(马克思:《资本论》,第 3 卷,俄译本,第 490—491 页。见《马克思恩格斯全集》,第 25 卷,人民出版社,1974 年,第 674页)

② 《俄国史教程》,第 1 卷,第 348—349 页。"罗斯的贫困化在十二世纪中叶开始明显,从世纪末起,更为明显。"(《古代罗斯的大贵族杜马》,第 96 页)不过,必须指出,克柳切夫斯基教授以解冤(Гривна кун 旧时北高加索山民的风俗,花钱赎买以解除血亲冤仇。一个克里弗纳等于约重一磅的银锭。——校者)货币重量日益减轻为这种贫困化的一种证明,却是完全无说服力,甚至是奇谈。在西方,货币单位的重量也是日益减轻的。"in der Geschichte aller modernen völker derselbe Geldname verblieb einem Sich stets Vermindernden metallgehalt."(马克思:《政治经济学批判》,柏林,1859 年,Ⅰ,89)("在所有现代民族的历史上,金属含量本身虽不断减轻,但仍采用同一个货币名称……"。见《马克思恩格斯全集》第 13 卷,中文版,第 10 页)

③ 弗兰德利牙(Фландрия)为弗来米民族居住地区,现分属北、荷、法领土。——译者

④ 城市及其周围地区的商品生产的发展使不自由的农业劳动衰落,——我们在意大利对此看得特别明显,——代替它的是自由佃农的劳动。因此,当不自由的农业劳动在基辅罗斯巩固和流行的时候,在先进的意大利共和国里,它却正在消失。

　　结果,以鞑靼人为代表的游牧部落完全阻止了西南罗斯的独立发展,使俄国历史生活的重心转移到东北,而这里的地理环境则是更少利于居民生产力的迅速发展的。

　　某一社会的生产力发展愈快,则其经济生命的脉搏跳得愈强,其主导的生产方式所特有的矛盾,也更尖锐。这种矛盾的尖锐化表现于阶级斗争的尖锐化。阶级斗争无论采取怎样的形式,是在任何划分为阶级的社会里都经常发生的。阶级斗争自身的尖锐化,使社会的内部历史具有克柳切夫斯基教授认为应在征服时期发生的那种战斗性质。阶级斗争还使社会性质具有"鲜明的轮廓"。而且不仅社会制度如此。一位深刻的埃维斯思想家说过:"争执是万物之父。"日益尖锐的阶级斗争使观念的过程深化,使其相互冲突更为频繁。因此,如果地理环境在沿德聂伯河一带对罗斯的经济发展发生不利的影响,则在基辅时期,俄国社会关系的某种不明确性及其社会思想的某种迟钝性会变得明显起来,便是意料中事了。

　　现在试就社会关系问题,进行研究。

　　历史学者对于当时一个主要公国的市民会议的作用,曾作如下描写:

　　"由于基辅公国当时处于非常危急的条件,其市民会议的活动也特别活跃,这是毫无疑义的。"然而"就在这里,市民会议也不曾具有任何明确的形式,固定明确的职能,而始终是一种非常的现象。……既没有一定的会期,没有会址,没有召集市民会议明确的发起人,也没有任何代表制的形式。"[①]凡属社会关系不发达,不感

---

① 格鲁舍夫斯基:《乌克兰民族史概要》,第111—112页。

到需要明确的法律标准的地方,情况历来都是如此。西欧的富有城市公社是很知道法律形式的价值的。但他们那里是在同封建主的斗争中认识这一价值的,而基辅罗斯的城市里却不曾进行这种斗争①。公爵同其侍从关系的特点也是不明确的。格鲁舍夫斯基教授继续写道:"像市民会议一样,大贵族会议也未为自身制定任何明确的形式或专门的主管范围。公爵只是同身边的贵族、他愿意在会议上会见的贵族商量。因此,大贵族会议的人数是可多可少的。"②只有在侍从("антрустион")变为土地占有者的时候和地方,国王同他的顾问们的相互关系才变得较为明确。土地占有者企图扩大其对土地的权利——主要是想使这种权利成为世袭的权利——促使他们向国王提出一定的要求,这种要求表现为一定的法律标准。但侍从转变为土地占有者的过程完成速度的快慢,这种过程招致来那些政治结果,须视一国经济向前发展的情况而定。在经济向前发展迟缓的地方,这一过程便慢。例如,十一世纪的波兰在博列斯拉夫勇王(992—1025)以后已无侍从,代之而来的是"战士"(拉丁文为"Miles")。他们从公爵那里获得土地,条件是服役,以及执行许多徭役(Stro'za,Podwody,Przesieka,等等)。这些"战士"逐渐将他们的土地变为世袭的土地,无论在对公爵或对其他居民阶层的关系上,都增加了自己的权利。③ 但在基辅罗斯,

---

　　① 意大利城市的宪法具有很大明确性,甚至是过于复杂的,这种复杂性证明为迅速发展和标志分明的社会关系,寻求确切标准的不断的愿望。

　　② 格鲁舍夫斯基:《乌克兰民族史概要》,第111页,参阅克柳切夫斯基:《大贵族杜马》,第53页。

　　③ 参阅库特舍巴博士:《波兰社会国家制度史概要》,亚斯特列博夫译自波兰文,圣彼得堡,1907年版,第9—11页。

侍从转变为在一定条件下占有土地的"战士"的过程，由于经济发展速度慢得多而被推迟①。侍从的生活主要靠公爵的贡赋和其他收入来维持。我们在这个时代里尚未看到封地办法——因服役而以土地作为赏赐——的迹象。侍从并不认为他是公爵的奴隶。他们牢牢地抓住自由迁移的权利不放。但是，不满的侍从离开一个公爵而投效另一公爵，正足以证明他们在国内尚无巩固的地位。在他们有了巩固地位的地方，如果对公爵发生不满，他们便不是离去，而是同公爵进行斗争了②。例如，在沃伦公国的情形可能便是如此。这里的贵族在十三世纪是举足轻重的。又如在加里西亚公国的情形，也可能是如此。但在加里西亚所以能够这样，是因为那里的情况有利于经济发展。这里几乎没有内战……这种情况对土

---

①　博列斯拉夫勇王是弗拉基米尔圣王的同代人。我们刚刚看到，波兰在博列斯拉夫勇王后，已无侍从，但在俄罗斯于弗拉基米尔死后，还长期盛行着在各种壮士颂歌里明显地表述的那种侍从生活。

②　克柳切夫斯基指出，当时的公国领有制的制度"养成了侍从的播迁习惯"后，说道："由于这种播迁，身居政府最高职位的侍从官员，不能长期在同一地区占据这种职位，并通过这种职位去某种范围内取得巩固的地方政治影响，更不能像在封建的欧洲和邻国波兰那样，把自己的职位变为世袭。"（《俄国史教程》第 1 卷，第 239 页）这里把结果当作原因。在侍从自由播迁的情形下，如果他们要在公爵变换时留在这一地区，是没有任何障碍的。如果他们在那里取得了巩固的政治影响，则新来的公爵便不能撤销他们原有的职位，特别是这种职位业已成为世袭的时候。因此，整个问题在于为什么职位变为世袭。对于这一问题，克柳切夫斯基教授毫不怀疑地答道："不难看到，大贵族的地产发展得很弱，它不是军职人员（Служилые люди）（军职人员在 15—17 世纪为俄国服役，并且照例因服役而占有土地的人员的总称。大部分军职人员是贵族地主，步兵，炮兵，一部分哥萨克人等也列为军职人员。——校者）的主要经济利益。侍从更重视其他收入来源，继续积极参加商业经营和从自己的公爵那里获得货币薪金。"（同上）现在一切都很明白。如果侍从的主要收入来源不依靠公爵的地产，那他们就不需要跟随着公爵从一个地方转到另一地方了。但由于主要的收入不是来自公爵，所以他们才能"养成播迁的习惯"。至于他们的商业经营，往后再说。

地的经济繁荣提供了发展可能,特别是有助于富裕、强大并紧密团结的贵族等级的形成。在十二世纪下半期,贵族感到他们已很强大,所以公开企图将公爵控制在自己的影响之下,而且为求达到自己的计划,不惜实行宫廷革命及其他激烈手段[①]。

　　十三世纪初,加里西亚大贵族同这些贵族请到加里西亚来的公爵伊戈列维奇等的斗争,达到非常尖锐的程度,以致公爵造成了反对大贵族的真正阴谋,杀死他们五百人,而大贵族又在匈牙利人的帮助下战胜公爵,绞死罗曼、斯维亚托斯拉夫和罗斯季斯拉夫。编年史家说,这是"为了报复"[②]。由此可见,格鲁舍夫斯基教授所说在加里西亚没有内战,是只能在一定条件下予以同意的:那里也有过内战,我们看到,那是尽人皆知的。但那不是公爵们为了争夺某部分领土、相互竞争而引起的战争——尽管这样的战争也曾发生。这是在比较顺利的经济基础上成长的各种政治力量的相互冲突所产生的战争。第一种战争只能造成国家的贫困,甚至使它变得野蛮;第二种战争则促进其社会政治的发展。罗斯虽然在基辅时期由于对其发展不利的地理条件已经落后于西欧,但就其内部关系的性质而言,毕竟比莫斯科时代更接近于西欧。而加里西亚是更易于接受西方影响的。在十四世纪,加里西亚的公爵使用了西式图章,他们的公文是用拉丁文写的[③]。值得注意的是,最后的一位加里西亚-沃伦公爵尤里,求助于有德国勋章的骑士团长,称

---

① 格鲁舍夫斯基:同前书,第98—99页。

② 《伊巴特抄本的大事记》,第486页。

③ 格鲁舍夫斯基:同前书,第131页。他还说到加里西亚建筑学和文学中的西方影响。

呼他的贵族为亲爱的忠诚贵族①。社会关系的类同，使他们易于学习西方所特有的政治概念和言辞。

X

我们已经看到，游牧民族数百年来的袭击，阻碍了罗斯定居居民生产力的发展；生产力发展的受阻又妨碍了罗斯掌握土地与政治生活特定准则者的有影响的阶级的产生过程。现在必须补充说明，这种袭击的经济后果削弱了大贵族的力量，因而促进了公爵权力的相对增加，同样的袭击必然还要从另一方面有助于公爵权力的增长。

恩格斯极为公正地指出，政治统治到处都是以执行社会职能为基础，而且政治统治只有在它执行了为社会所重视的职能时，才能保持长久②。公爵及其侍从执行了哪些社会职能呢？他们执行了保卫公国以抵御敌人侵袭的职能。按照克柳切夫斯基教授的说法，公爵是国土的军事守卫者。这完全不是说，他经常热心和成功地执行了这一职能和他不曾为自己的利益而牺牲国家的利益。并不是所有公爵都具有弗拉基米尔·莫诺马赫那样的才智与毅力。而且他们都遵守着一条规则：人总是把自己的利益放在前面③。但在居民的眼里，公爵首先是国家的军事守卫者，对于这种守卫者

---

① 克柳切夫斯基：《大贵族杜马》，第59页。

② 《反杜林论》，俄译本（雅科文科版），第149页（参阅《马克思恩格斯全集》，中译本，第20卷，第195页）。

③ 在自己的利益需要的时候，公爵自己把游牧部落引到自己的国家，丝毫不因这些"令人嫌恶的人"曾屠杀和毁灭基督教徒而觉得难为情。

的需要愈大,则其重要性愈大,其权力亦愈增长。我们已经知道,游牧部落所作所为,使俄国愈加感到需要"军事守卫者"。看来,佩切涅格人①便曾迫使罗斯建造连绵不断的工事来抵御他们,保卫边界②。因此,正如格鲁舍夫斯基教授所指出,"公爵-侍从制度在其发展时期一般地强烈压制了国内的政治自治力量——公社,便毫不足怪了"③。不错,在诺夫戈罗德、普斯科夫及部分波洛茨克,市民会议迫使公爵居于次要的地位;但俄国政治生活的主要潮流,却是朝着完全相反的方向发展的,因此,比较自由的城市的自由,仍在公爵专制的打击之下归于衰落。④

克柳切夫斯基教授说:"同草原游牧部落——波洛韦次人和凶恶的鞑靼人的斗争,差不多自八世纪延续到十七世纪末,这是俄国人民的最痛苦的历史回忆,它特别深刻地铭记在他们的脑际,特别显著地表现在民间歌颂壮士的诗词中。同掠夺成性的亚洲草原部落千年敌对的接邻,——只是这一事实就足以掩盖俄国历史生活

---

① 佩切涅格人(печенеги)为东南欧突厥语系的古代民族之一。——译者

② 参阅克柳切夫斯基:《俄国史教程》,第1卷,第193页。

③ 《乌克兰民族史概要》,第110页。

④ 阿·谢·普希金完全同意俄国历史过程的全部特殊性的思想,在其对尼·波列伏伊的《俄罗斯民族史》一书的批判中说:"在俄国,不存在城市的解放。俄国边境的诺夫戈罗德和与之毗连的普斯科夫都是真正的共和国,而不是公社(Communes),它们距离大公国很远,其存在最初是由于阳奉阴违的驯服,后来则是由于相互敌视的公爵的衰弱。"(《全集》,莫罗卓夫主编,第2版,第6卷,第47页)这是一个非常重要的思想。俄国北部诸共和国的爱好和平的居民,不是那时由于自己的影响决定着俄国政治生活方向的那一地区——基辅、莫斯科——的内部发展的因素。相反,对于这一地区,他们是一种外部的力量,这一地区的居民是由于同这种外部力量的冲突才同公爵联合起来的。我们即将看到,对于其他爱好自由趋向的代表——哥萨克,也应这样说。

中的许多欧洲缺点。"①这个意见的正确性,也许超过克柳切夫斯基教授本人的预想。甚至那些"欧洲缺点",初看来似乎同与游牧部落成千年的接邻没有直接关系,但如更仔细地加以研究,它也是俄国经济发展由于同游牧部落的斗争而受到阻碍的结果。这一点在问题涉及基辅历史时期时,是未必需要新的证明的。现在且看这一点是否也为晚近的事实所证明。

基辅罗斯的衰落象征,在十二世纪下半期已甚明显。鞑靼人的侵袭使它受到严重打击,长期未能恢复过来。从此,俄国生活的重心转移到东北部,到奥卡河流域及伏尔加河上游。诚然,在若干时期,除这一重心之外,还有其他重心。加里西亚公爵自称为"全罗斯君主",企图掌握基辅所丧失的领导权。我们已经看到,加里西亚比任何其他俄国地区更多地受到西方影响,那里的贵族亦已形成为一个强大而有影响的阶级。事实上,如果加里西亚公爵们成为"全罗斯君主",即俄国土地一大部分的"君主",则俄国生活的重心便应仍在西南,而在俄国历史的下一时期,国家的发展应该在制度上很接近邻近的西方国家,如波兰和匈牙利。加里西亚的"全罗斯君主"亦应将其权力的愈来愈大的部分让给加里西亚的贵族。但是事实却非如此。加里西亚自身并入了波兰国,俄国生活的主要中心移到遥远的东北,这里的条件是很不利于贵族影响的巩固和增加的。

西南罗斯和东北罗斯之间的对立,在十二世纪中叶已颇强烈地表现出来。这一对立的第一个,而且显然最自然的原因,在于西

①　《俄国史教程》,第1卷(第3版),第73页。

南罗斯的居民是小俄罗斯人，而东北罗斯的居民则是大俄罗斯人。但在东北罗斯却居住着西南罗斯的移民[①]。如果基辅时期的南罗斯人是小俄罗斯人，则俄国民族的大俄罗斯支系的产生过程，便不过是南罗斯移民在欧洲大平原东北部的新生活条件影响下的改变过程。

罗斯这两部分之间的对立，还有另一解释——更为深刻得多的解释。克柳切夫斯基教授给我们提示这一解释："在十二世纪即已表现突出的南方人对北方人的恶感，看来在最初并无部落或地区的基础，而只有社会的基础：恶感是从南俄市民和侍从在对农民和奴隶脱离他们而逃往北方的恼恨心情中发展起来的；他们当然以相应的情感，报之于贵族及'定居'人，对南方人是这样，对自己的、林外人也是这样。"[②]

这一见解是很重要的。南北罗斯之间的对立还表现于姆斯季

---

① "必须仔细听听一些新的苏兹达尔城市的名称：佩累亚斯拉夫尔，兹维尼戈罗德，斯塔罗杜布，维施戈罗德，加里奇——这些都是南俄的地名，在记载南罗斯事件的旧基辅编年史中，几乎每页都提到。在基辅和加里西亚的公国里，就有好几个兹维尼戈罗德。基辅的一些小河勒贝吉和波采纳等河名，在梁赞、在克利亚兹马河上的弗拉基米尔、在下诺夫戈罗德，都可看到。基辅的伊尔彭河是德聂伯河的支流。弗拉基米尔县的克利亚兹马河的一个支流也叫伊尔彭。基辅这个名称亦未为苏兹达尔所忘记：位于基辅谷的基辅村，见于莫斯科县十六世纪的古老文书，基辅卡是奥卡河在卡卢加县的一个支流，基辅扎村位于土拉省阿列克辛附近。"（克柳切夫斯基：《俄国史教程》，第1卷，第357—358页）根据克柳切夫斯基的完全正确的见解，南俄地理名称之移用于遥远的苏兹达尔北方，是从基辅的南方移居到这里的移民作的。同一学者有不少根据说，北美合众国的城市可以排演旧大陆的美好的地理。但应补充说明，在美国最常见的是英国城市的名称，因为长期中，迁移到那里的主要是英国人。有时被称为"扬基"（"Yankee"）的民族，其产生过程，只不过是移居北美的那部分英国部落的某些特点的产生过程。

② 《俄国史教程》，第407—408页。

斯拉夫勇王与安德烈神王之间的对抗。如所周知,姆斯季斯拉夫为了报复安德烈所提出的一个威胁性的要求,曾命剃去来使的胡须和头发,加以侮辱和驱逐①。但他这样做并不是由于部落的仇恨,而是出于非常明确的政治原因。他命令转告安德烈:"我们一直是出于爱而承认你为父。但如你派人给我们带来这样的言辞,不是当作对公爵,而是当作对附庸和普通人的言辞,那就随你们的便罢,上帝将为我们判断曲直。"安德烈确乎是想鄙视南方的公爵,把他们当作附庸的。但不仅是鄙视南俄的公爵。他在罗斯托夫地方对自己的同胞和侄甥辈的态度并不更好些。此外,他对他父亲的"头面人物",即有声势的达官显贵,也是极尽压迫之能事的。编年史家认为他想成为整个苏兹达尔地方的"独裁者"。这又是一种纯粹的政治意图。因此,克柳切夫斯基教授说,"以安德烈公爵为代表,大俄罗斯最初出现于历史舞台"②,这是不完全确切的。问题不在于安德烈是大俄罗斯人,而在于东北部公爵政权所处的新条件,使它能够以南方公爵所没有的力量,显示其某些意图。

我们已经看到,对游牧部落的斗争,增加了作为俄国军事守卫者的公爵的权力,同时也阻滞了罗斯的经济发展,从而妨碍了在俄罗斯——除沃伦和加里西亚外——产生一个能够提出明确的政治要求并于必要时用实力来支持的有权势的贵族等级。从西南移居东北的俄国居民所处的那些条件,更加强化这些"俄国历史生活中的欧洲缺点",促使俄国社会生活及制度逐渐接近伟大的东方专制

---

① 顺便指出:这表示大俄罗斯的留须习惯,虽然后来为小俄罗斯人所完全革除,但在当时却仍在南俄流行,所以大俄罗斯人仍旧保持了南俄的老习惯。

② 克柳切夫斯基:《俄国史教程》,第1卷,第403页。

国家的生活和制度。

XI

这到底是哪些条件呢？先从东北罗斯的经济说起。

按照大批现代学者所同意的克柳切夫斯基教授意见，对外贸易是基辅罗斯国民经济的主要动力，而东北罗斯却主要从事农业[①]。

试问基辅罗斯是用什么来进行贸易的呢？

基辅罗斯是用原料来进行贸易的。这种原料是怎样得来的呢？其来源又是怎样呢？"这都是公爵和他的侍从在冬巡时所征收的实物贡赋及森林手工业的产品：皮毛、蜂蜜、蜂蜡。除这些商品外，还有奴仆即侍从讨伐队的掳获物[②]"。这已足说明一切了。商业的必要性取决于一定经济条件下的公爵社会职能："冬季，他实行统治，向人们征收贡赋；夏季，他将冬季征收所得进行贸易。"[③]这是否意味着贸易是俄国居民经济活动的主要动力呢？不是。这只是说，贸易给公爵及其侍从们提供生活资料而已。而且这些资料是通过森林手工业和狩猎的产品转化为商品而获得的。因此，克尔图亚拉才将当时的俄国称为"狩猎—商业"国家。但是，要使我们有权地这样称呼它，那就必须第一，使狩猎和森林手工业成为国民经济的主要部门；第二，使狩猎和森林手工业所提供的大部分产品转化为商品。然而当时这两种条件都不存在。

———————————

① 《俄国史教程》，第 382—383 页。

② 同上书，第 184 页。

③ 同上书，第 185 页。

关于第一个条件,我们已经看到,克尔图亚拉——也许更确切地应该说:所有在观点上夸大这个条件,然后加以吸收的作家——在宣布狩猎为基辅罗斯的主要国民经济活动时,犯了多么严重的错误。至于第二个条件,我们可以指出,一个将其年度劳动产品的大部分用于管理及自卫的社会,恐怕是不可能做到的。当然,公爵在"巡视"时是力图从人们那里夺去可以夺去的一切的。伊戈尔的范例表明,他们在这方面是毫不客气的;古代人将伊戈尔比为豺狼,不是没有根据的。但是,不管俄国的这些军事守卫者多么贪婪,他们所得到的只不过是人民用劳动创造的年度产品的一部分,而且不是最大的部分。这是可从公爵所得主要是森林手工业及狩猎的产品这一事实中看出的;然而,人民的主要职业是农业①,已如上述。我们可以再次回忆一下奥莉加和德列夫亮人的争执。她在劝说科罗斯田的居民投降时说:"你们的所有城市都已归我管辖了……人们都在种庄稼和耕地。"前已指出,她曾对农民发出呼吁。但当这些农民决定降服时,他们对她说:"你想向我们要什么呢?是要我们既给蜂蜜也给皮革吗?"②这就是说,当时的俄国部落由于主要从事农业,是用其副业的产品来交纳贡赋的。公爵们便是将这种产品运销国外的③。正如用以获取这些产品的部分国民劳

---

① 此外,在自然经济居统治地位之下,很难,说得更正确些,完全不可能把生产者掠夺得像在最高经济发展阶段时那样"净光"。在基辅罗斯,不能想象在经济上有现代那样的金融巫师。每种蔬菜,各有其时。在分为阶级的社会里,"经济发展的规律"是:人民的"守卫者"和剥削者从人民那里掠夺的份额,是愈来愈加增多的。

② 《伊巴特抄本的大事记》,第37页。

③ "基辅公爵及其侍从所得贡赋,供应了罗斯的对外贸易。"(克柳切夫斯基:《俄国史教程》,第1卷,第186页)

动不曾使狩猎成为俄国国民经济的主要动力一样，这些产品之转化为商品，也不曾使贸易成为俄国国民经济的主要动力。当然可以提问：为什么俄国的公爵只是征收皮革贡赋，而不征收粮食贡赋呢？答复是：公爵需要将他们所收集的贡赋出售或交换其他商品。出售的只能是市场所需要的东西。在"希腊人"那里，易于销售充作奢侈品的是皮货及其他狩猎及森林手工业产品；但希腊人是不大需要进口粮食的，当时巴尔干半岛的居民，像现在一样，主要从事农业[①]。总之，我国的学者似乎忘记了只有资本主义才使大众日用品成为世界贸易的项目，而在资本主义以前，在贸易中周转的，主要是奢侈品[②]。所以，当克柳切夫斯基说我国大多数古代大城市（拉多加、诺夫戈罗德、斯摩棱斯克、律贝契、基辅）是沿着俄国工业活动基地[③]——即沿着"由瓦良格人到希腊人"——连成一线时，则他将工业这一概念同商业概念混为一谈了，而这却是毫无充分根据的。沿这一线运出的，只是转化为商品的物品，并且在这些物品上所耗费的国民劳动，也不是大部分，而只是一小部分。运出的原料，是狩猎和森林手工业的产品。如果我们将沿这一线运出上述物品的贸易，同当时西方商业城市所进行的贸易比较，我们便

---

① 阿拉伯人征服埃及和叙利亚，从那里获得供应君士坦丁堡市场的粮食，甚至促进了巴尔干半岛的农业发展。（参阅皮埃尔·格莱尼埃：《拜占庭帝国及其社会政治演变》Pierre Grenier：《L'empire Byzantin，Son évolution Sociale et Politique》，第 1 卷，第 160 页）也许，说得更准确些是：阿拉伯人征服埃及和叙利亚不是促进了巴尔干半岛上的农业，而只是增加了半岛的物产向以前由埃及和叙利亚产品供应的市场的输出。

② 不过，我国学者关于资本主义的概念是颇为特殊的。克柳切夫斯基便将资本等同于"劳动手段"（参阅《古代罗斯的大贵族杜马》，第 10 页）。

③ 《大贵族杜马》，第 22 页。

可立即明确看出什么是"俄国历史生活中的欧洲缺点"：西欧大城市的"工业"完全不只是以狩猎和森林手工业的产品做交易，而是名副其实的工业，即最初是手工业，后来则是工场手工业。有了这种工业，在西方社会生活中便形成了一种新的、异常重要的因素①。

　　这里自然要发生一个问题。我国公爵及其"机动"侍从所进行的那种酷似抢劫的皮毛贸易，怎样能够产生大的城市中心呢？如果在我国历史学者的著作中没有大量资料，足以对这一问题作出与这些历史学者的意见完全相反的解答，则这个问题便是永远不得解决的。我们仍以他们当中已故最有天才的历史学者克柳切夫斯基教授为例。他告诉我们，沃尔霍夫河将诺夫戈罗德分为两部：右边称为商业区，左边称为索菲亚区。商业区由卜洛迪尼茨克（意译为木工段——译者）和斯拉芬斯克（斯拉夫人——译者）两段组成；索菲亚区则分为涅烈夫斯克、扎戈洛得斯克（意译为市郊——译者）及康察尔斯克（意译为陶工段——译者）等段。当然，这不是新闻，但这却重要。"康察尔斯克和卜洛迪尼茨克等段（即陶工和木工等段——译者）的名称，按照克柳切夫斯基的意见，指明了组成诺夫戈罗德各端古代市镇的手

①　威尔涅尔·棕巴特给掠夺性贸易下定义是一种卖者既不自己生产其产品，又不购买所售产品，而用暴力掠夺这种产品的贸易（见《现代资本主义》，第 1 卷，第 163 页）。不能不承认，基辅时期俄国公爵及其侍从所进行的贸易同这种掠夺性贸易是有许多共同点的。关于意大利中世纪城市的工业，罗马洛·第艾伊安诺的很有意义的著作：《中世纪末以前威尼斯丝绸工业及其组织》，斯图加特，1893（《Die Venetianische Seidenindustrie und ihre Organisation bis zum Ausgang des Mittelaltess》，Stuttgart，1893）提供了说明。

工业性质。十一世纪的基辅人用木工这个鄙视性外号来辱骂诺夫戈罗德人，不是偶然的。"①如果补充说明，康察尔斯克段亦称为"工人"段，那也是有益的。这一事实使我们可以假定，其他各段的名称："涅烈夫斯克段"、"斯拉芬斯克段"以及"扎戈洛得斯克段"等都不排除其居民的手工业性质。例如，斯拉芬斯克就是因古代市镇斯拉芬并入诺夫戈罗德而得名。可能，这一市镇的居民也从事这样那样的手工业，尽管大概在程度上不如习称为康察尔斯克段的工人段，也不如习称为卜洛迪尼茨克段的那种村镇。无论如何，我们诧异地看到，基辅时期在东欧平原形成的"狩猎—商业"生活里，已经或多或少地推广了手工业活动。既然在那里推广了这种活动，则很显然，那里便不仅是以"蜂蜜和皮毛"为贸易，就是说，不仅以狩猎和森林手工业的产品，而且是以手工业劳动产品为贸易了。这种劳动的存在，已可在很大程度上说明大城市中心的存在。其次，这种劳动愈是发达，则能够限制公爵权力的社会力量也愈是增长了。事实上，我们也看到，正是在基辅时期的"商业"城市里，这种权力比任何地方都弱。最后，如果这些城市不仅是以"蜂蜜和皮毛"进行贸易，如果在这些城市制造了手工业劳动的产品，那就要问：这些产品销售何处呢？如果它们是运销国外，运销拜占庭或西方国家，那就是说，俄国的手工业者比拜占庭和西欧的手工业者更为先进。然而问题就在于输出国外的是"蜂蜜和皮毛"，即我们所知道的狩猎和森林手工业的产品，而从国外输入俄国的则是手工和工场手工

---

① 《俄国史教程》，第2卷，第66页。

业的产品①。这便是说，俄国手工业者比国外的手工业者落后。这就是当时俄国生活中最主要"欧洲缺点"之一。

但我们在这里感兴趣的是另一个问题。既然俄国手工业者的产品没有输出国外，那显然是在国内市场上销售了。自然经济居统治地位并没有排除俄国农业人口对"手工业村镇"的某些产品的需要。这样便在罗斯开阔了中等阶层的发展道路。不过，我在前面已经指出不利于这一发展的一种情况，即商业—手工业者汇集的城市中心，不是在那些对俄国政治发展进程具有领导作用的地区，而是在这些地区之外。因此，如普希金所明确看出，这种商业—手工业者不曾以一种足以直接影响公国霸主的社会政治制度的力量的姿态，出现于历史舞台。由于在这些公国的内部历史中没有起作用，商业—手工业者便不曾限制公爵及其侍从的权力。相反，他们甚至增加了公爵及女侍从的权力，因为他们同那些公国—霸主的斗争，增加了后者对军事力量的需要。这样，公国—霸主的社会政治制度，是在同西方相比，更不利于"第三等级"的影响之下形成的。莫斯科力量的加强，终于使大公们得以完全降服我

_____

① 这一时期的人们便是这样理解的。编年史家记述了斯维亚托斯拉夫关于佩累亚斯拉夫尔人在多瑙河上占优势的下述议论："所有货物都汇集于此：从希腊运来贵重织物、黄金、酒及各种蔬菜（可能是南方果品。——著者）；从捷克和乌戈尔运来白银；而从罗斯运来的则是皮革和蜡、蜂蜜和奴仆。"（《伊巴特抄本大事记》，第44页）俄国输出的主要项目是奴隶、皮毛、蜡和蜂蜜——不仅运到拜占庭，而且运到俄国贸易所向的一切地方。"皮毛、蜡和蜂蜜是基辅国家所生产的最有价值的东西。"（格鲁舍夫斯基：《基辅罗斯》，第1卷，第33页）这后一情况使某些学者相信狩猎是基辅时期俄国"工业"的主要部门。但我要反复说，这一情况只是表明，在当时自然经济居统治地位下，人民劳动主要部门农业的产品，尚未进入，或很少进入商业流通，商业流通的主要项目是副业，如狩猎、养蜂业等等的产品。

国西北部的商业城市,限制了这些城市的商工业发展。当然,这并不排除农业人口对手工业劳动的某些产品的需要。但我们下面即将看到,很大一部分供应这种需要的生产者,却不得不生活和活动于完全新的社会政治环境之中。

XII

然而这新的环境是怎样形成的呢?从经济方面说,我国学者常说这是由于商业的衰退,而商业以前仿佛是俄国经济生活的主要动力。克柳切夫斯基说:"在距离滨海市场太远的上伏尔加罗斯,对外贸易不能成为国民经济的动力。这就是为什么这里在十五—十六世纪只有为数比较不多的城市的缘故,而且就是在这些城市里,极大部分居民也都是从事粮食耕作的。"[1]对于天才历史学者的这一论断,仍要求批判的分析。他在另一地方,对德聂伯罗斯为一方面和上伏尔加罗斯为另一方面的公国经济的差别,作了如下判断:"在那里,公国国库的主要资金是公爵的政府收入、贡赋、司法及其他收入。在十二世纪及十三世纪的史籍里,我们看到关于公爵宫廷领地的记载。……但在当时公爵迁动频繁的情况下,这些宫廷的不动产为数不大,不能成为公国经济的主要基础。公爵用以维持其宫廷及侍从的花费的,主要是他作为国家统治者和守卫者的所得,而不是作为私人所有者——主人的收入。当时的宫廷还不像后来在上伏尔加北部的封邑公国那样,成为强大的行政中心,在这些封邑公国里,宫廷经济管理机关与中央行政机关

---

[1] 《俄国史教程》,第 1 卷,第 382—383 页。

打成一片,即宫廷经济管理机关吞并了中央行政机关。"①

　　这里有下述情况值得注意。如果公爵用以维持其宫廷及侍从开支的,不是宫廷的不动产收入,而是他作为国家统治者及守卫者的收入;如果他以统治者的身份从居民那里拿到的,如我们所知主要是狩猎和森林手工业的产品,则由此可见,由于国家管理和抵御外侮这种重大社会政治职能所引起的支出,其主要部分也是靠狩猎及森林手工业的产品来弥补的。但自俄国政治生活重心转移到上伏尔加以后,执行这种职能的支出,却是靠农业来弥补的。这是进步还是退步呢? 总之,这无疑是前进了一步。农业劳动的生产力是比狩猎劳动大得多的。以产品供应一定社会职能的国民劳动部门愈有成效,则在其他相等的条件下,自然是对人民愈加有利。然而必须指出,在向东北移民的情况下,远非一切其他条件仍旧相等。

　　从土壤说起。东北的土壤远不及西南肥沃。克柳切夫斯基教授说得很好,南俄人迁到东北,必须几代人"砍烧森林,犁地施肥,才能在上伏尔加的沙质黏土上创造出适合持久定居的农业的土壤"②。因此,新的地理条件,使现时成为公国经济主要基础的农业劳动比以前的生产效能少。而这种较少生产效能的农业劳动,必须供应以前由附属的次要的国民劳动部门支应的社会职能的支出。换言之,农民必须付出比以前更多的剩余劳动来供应国家的支出③。或者再

---

　　①　《大贵族杜马》,第59页。

　　②　同上书,第98页。

　　③　不要以为基辅时期的公爵和公爵侍从是靠"皮革和蜂蜜"生活的。他们也吃粮食,而且根据民间歌谣判断,他们的胃口大,可能吃得不少。当然这种粮食都是由当时的农民供应的。

换句话说:新的地理条件迫使国家向农民提出比过去在南罗斯更繁重的要求。为求保证实现这种要求,国家必须扩大其对农村居民的直接权力的范围。伏尔加河流域的居民的历史,便是国家对其逐渐奴役的过程。

诚然,这一过程最初是几乎看不出来的[①]。在图兹、达尔罗斯,农民的地位一般说来,最初比基辅罗斯好些。克柳切夫斯基教授说:"根据十五世纪的法律,可以看出,这里的农民债务人不但不因为离开私有者的土地时未偿清债务而变为奴隶,而且在离开以后,还可延期偿债,不付利息。对人工的需要以及在普遍骚动的情形下不可能用强迫的方法控制农民,无疑地促成了农民法律地位的这一有利改变。"[②]这是不足为怪的。我们已经看到,在鞑靼人入侵以前很久就已暴露的东北和西南罗斯之间的冲突,主要是经济原因引起的。南俄的贵族及在他们影响下的所有社会阶层,对于收容逃离他们的人工的地区的代表,是敌视的;同时这些逃亡的人工对于他们旧时住居过的地方,也绝无愉快的回忆。他们为什么要逃往东北呢?因为农民要"逃避恶人",寻求安全。也许,主要还有另一原因。农民想在"新的地方"摆脱他们在故乡愈陷愈深的那种对上层阶级的奴隶依附。前已说及,他们最初确乎找到了这种独立性。

---

① 尽管封邑公国时代的公爵,便已在这方面采取了某些极为明确的措施,"在他们签订的条约里,经常看到规定相互间不得招收或收容对方负有纳税或文书义务的人丁。同样,公爵还阻止所属纳税人逃往贵族及修道院的领地。"(马·柳巴夫斯基教授:《农民被奴役的开始》,见《伟大的改革》,第 1 卷,第 9 页)

② 《大贵族杜马》,第 307 页。

顺便补充说:最初在西南罗斯的肥沃土壤上产生的阶级对立在东北所造成的经济情况,其第一个政治后果必然是公爵权力的加强。为了逃避贵族剥削而来到伏尔加河上游的农民,当然是不愿站到苏兹达尔、弗拉基米尔和莫斯科贵族一边来一同反对东北部的"专制统治者"的。相反,农民由于希望这些"专制统治者"支持其同大地主的斗争,遂不得不支持他们。"专制统治者"也很善于利用农民的这种希望,经常准备在首先有实际需要时恬不知耻地欺骗他们。

这种实际需要来得很快。农业劳动现在已成为"公国经济"的主要基础了。然而像当时罗斯的所有经济一样,这种经济也是自然经济。公爵们有的自行经营自己的土地,有的却将土地分给他们的军职人员。但将土地发给官员,意味着给他们以一定的、比较广泛的权利去支配居留在这种土地上的农民的劳动:因为官员不是自己耕种土地,而从这种土地所得收入,则保障了他们的生活,使他们能够为自己的"主子"服务①。对于居留在赏赐给官员的土地上的农民劳动的支配权的大小,对于有关双方都有巨大实际意义。官员企图把这个权力尽可能扩大,而农民则相反,力图把它尽可能缩小到最低限度。每一方面都向公爵提出诉愿。就公爵言,最有利的是把争论的问题这样解决:即为了保证自己对官员的完全政治控制,让后者对农民实行尽可能广泛的经济剥削。问题就是在这个意义上由东北罗斯的内部历史逐步解决的。农民对地主

---

①　不错,也有这样的军职人员,他们亲自耕种自己的土地。这样的官员,我们在立陶宛罗斯也曾看到。但他们在任何地方都是最低级的官员,而且后来都与农民融合了。这里所说的不是他们。

的农奴依附地位，便是这一由历史作出解决的法律表现。

　　但是不要说得太远了。最初，尚远远不曾实行农奴依附。最初，苏兹达尔的地主和官员都只能梦想——如果他们有远见的话——那一幸福的时代的到来，那时农民在伏尔加河上游也如像在德聂伯河一样，走投无路。这一幸福的时代等不多久就到来了。在奥卡河和伏尔加河之间的地带，从西南罗斯迁出的移民首先汇集于此，这里的居民愈来愈加稠密了，因为他们很难向东和向北移动了。有力地促进了当地经济进步的这一现象，也一样有力地巩固了地主和政府对农民的地位。"只要居民被迫密集在这一边区仍在继续，则劳动人民就不得不愈加埋头苦干，使地方政府和地主便于进行安置工作。"①但自十五世纪中叶，地主即已力争对农民的迁移，实行法律调节。甚至有口皆碑的著名的"尤里耶夫日"②便是对地主这一要求的答复。克柳切夫斯基教授指出，格尔贝尔斯坦关于农民六日劳役制的报道是夸大的，"但关于农民处境艰难的夸大本身，便证明俄国北部地主的过于自信，证明在十六世纪初由于特权，地主对农民的世袭权力业已达到多么巨大的范围。这一点也已为当时的俄国证件所证实。"③

　　然而"尤里耶夫日"只是限制了农民的迁移权，却未取消其迁移权。而且只要阻碍农民迁离奥卡河和伏尔加河之间地带的条件

---

　　①　克柳切夫斯基：《俄国史教程》，第 308 页。

　　②　"尤里耶夫日"（юрьев день）在俄国旧历 11 月 16 日。在这一天前后的一星期内，农民得自某一地主转投另一地主，唯对地主的债务则须事先清偿。"尤里耶夫日"于十六世纪末取消，其时地主的地位已臻巩固，而毋须这一限制了。——译者

　　③　克柳切夫斯基：《俄国史教程》，第 308 页。

继续存在,就没有取消这一权利的极端必要。这些阻碍,在十六世纪中叶完全消失了。这时,居民从两河之间的中部大批沿伏尔加河涌向东南,沿顿河涌向南方。不仅农村,而且整个城市也空旷无人。按照克柳切夫斯基教授的有力说法,莫斯科罗斯的农村经济变化过程,"可以说是一种几何级数的荒芜过程"。必须停止荒芜过程。所以在十六世纪中叶便有一些公文,规定市郊的乡区人口"可以无限期并免税回到地主的空地,市镇和村落,空旷农村,荒地和旧村落,寺院附近的农民原来住在哪里,就回到哪里去"。在1552 年,即在发现据推测曾取消农民迁移自由的命令以前四十年,瓦格章程便作了这样的规定。在 1564—1568 年历次颁赐的斯特罗加诺夫特权文书里,禁止收容"劳动人口",并规定应根据地方当局的要求,将这种人遣返原籍[①]。国家命令修道院附近的农民"回到旧居处的关厢与乡区",是保卫国家本身的利益,但不要以为它忘记了地主的利益。我们从恩格尔曼的著作中获悉,"在普遍禁止农民迁移以前 150 年,著名的托洛伊茨科－谢尔基耶夫修道院,便获得了不放弃属于农民的特权。"[②]再谈农民被奴役的历史是无用了。为了避免误解,只要重说一遍:这个历史很长,是在彼得堡时期结束的。叶卡捷琳娜二世将农奴制推行到小俄罗斯,而保罗一世则将它推行到新俄罗斯,"以便在这些地方一劳永逸地建立秩

---

① 　M.季亚科诺夫:《十六—十七世纪莫斯科国农村居民史纲》,载《古代文献委员会研究年鉴》,第 12 辑,第 6—7 页。

② 　恩格尔曼:《俄国农奴制史》,莫斯科,1900 年,第 55 页。我们看到,笃信上帝的长老们并没有忘记其人间利益。

序,永远确立每一领主的所有权。"①

XIII

现在研究同一过程的另一方面。把农民固定在它上面的土地属于谁呢?

克柳切夫斯基教授断言,十六世纪的农民"就其对地主的关系而言,乃是他人土地——贵族、教会或官员土地上的自由流动佃农②。由于谁也不会承租自己私有土地,所以一般只能租佃他人的土地。然而问题不在这里。农民是否经常都做佃农呢?另一学者——柳巴夫斯基教授以为,"在东北罗斯的罗斯托夫——苏兹达尔区的中部",他们在十四世纪即以佃农的身份出现。"③但这也不解决问题。未必可以假定,农民在这一地区开始出现时,便是耕种他人土地的。我们已经看到,他们从西南罗斯迁移到这里,逃避那里不利生活条件逼使他所处的奴役地位。在东北部,"农民"的出现先于比较大的地主的出现。果真如此,那我们便可以说,他们这里定居的土地只不过就那时他们也许称这种土地是"上帝的"土地的意义上说是"他人的"土地。但是"上帝的"土地,只要有必要和有可能,任何时候任何人都不会感到不好意思去占为己有的。因此,东北的农民先是耕种自己的"上帝的"土地,其后才不得不耕作别人的土地。由此可见,他们是随后才被剥夺了对自己土地的所有权的。农民的被剥夺是怎样发生的呢?

---

① 《俄国农奴制史》,第 179 页。

② 《俄国史教程》,第 2 卷,第 372 页。

③ 这篇论文载《伟大的改革》文集,第 1 卷,第 7 页。

　　其途径有二:第一,苏兹达尔罗斯的农民时常——尽管最初比基辅罗斯要少得多——陷于极为不利的条件,使他们无法进行独立的经营。这时,他不得不求助于他人。假如他们从比较大的地主那里获得了这种援助,他们便成为"他人土地的佃农"。第二,东北罗斯的封邑公国早就把农民所占有的土地视为他们的私产。在他们的公国里还有大量未被任何人占有的空地的时候,他们对农民土地的这种观点,还没有给农民以严重的实际后果。但人口的增加和军职人员及僧侣们对土地的掠夺,使地主实际上把居住在自己土地上的农民看作国有土地的"佃农"。莫斯科在统一东北罗斯后,也是按照同一方向行动的,愈来愈加彻底、愈来愈见行政权的残酷性。阿列克谢·米海伊洛维奇沙皇的法典,用极为明确的法律标准反映了早已由莫斯科国实践所巩固的东西。法典禁止老百姓和市郊劳动人民出卖或典押自己的土地。"凡将其土地出卖或典押的平民,一概按盗窃罪处以笞刑"。克柳切夫斯基教授说:"农民虽然耕种不属于任何人私产的官地,也不认为这种土地属于他们自己。关于这种土地,十六世纪的农民说:'这是大公的土地,但由我领用';'这是上帝和国君的土地,但开垦由我,黑麦归我。'这样,普通农民都很明确地把土地所有权和使用权区分开了。"①这是一个合乎逻辑的结论。尚未研究的,只是大公的臣仆为使农民"明确"认识这一区别,曾经在农民的脊背上打断了多少笞杖问题。

　　彼得堡不仅没有放弃莫斯科的这个政策,而且把它发展到了极点。莫斯科企图使土地不免于"赋役"。这一点它是做到了。但这

---

　　①　《俄国史教程》,第369页。

并没有阻止莫斯科罗斯存在着大量"游民",他们千方百计避免极为
模棱两可地列入"赋役人口"名册,这个名册承担着国家义务和赋税
的全部重担。彼得一世曾提出"不使一人漏网"的目标。由于 1722
年开办人头税的命令,这一目标是达到了。"正如叶菲缅科先生早
就公正地指出:如果负担赋役的土地的真正所有者是国家而不是农
民,到国家用分给每一丁口以土地的办法使每一丁口纳税,便是一
个自然的结论了。"①彼得堡政府在整个十八世纪都力图使每一丁口
交纳这种税。著名的 1754 年和 1766 年土地测量训令,可以说在农
民和独户地主(即一度保卫过莫斯科"边界"、但逐渐与农民会合的
低级军职人员)的土地上引起了一场革命。在一些地方,农民要求
"不要夺去他们旧有的土地";但是他们的要求没有得到任何结果。
在一些地方,他们不只是请求,而是"成群结队,带着棍棒",对"剥
夺"他们的土地实行抵抗。但他们的抵抗被士兵的武装力量击败
了,变民"受到残酷的笞刑处罚"。结果,土地还是按照彼得堡政府
的意向重新分配②。我国社会思想史中出名的俄国人民生活的土

---

① 《国民生活研究》,第 1 辑,莫斯科,1884 年,第 362 页。另参阅:凯斯勒尔:《俄
国公有制的历史及批判》(Kpaisler: *Zur Geschichte und Kritik des Gemelndebesitzes in
Russland*),第 1 卷,第 106—107 页,第 III 卷,第 33 页。

② 许多事例之一:"1774 年 6 月 14 日,国家经济委员会命令由该会主管的沃龙涅什
县,在左罗兹苏希村将按规定比例分配多余的土地,分给从阿波连斯克县迁来的 150 名农
民,并规定分给这批农民的耕地和其他用地,全部从当地农民土地中拨出。"左罗兹苏希村
的农民"成群结队举行集会……一个劲儿地高喊不许阿波连斯克农民迁入。为此……派
出……班长西洛安·赫里朋诺夫,他于 6 月 16 日报告中……宣称:他到达时,左罗兹苏希村
的经济农奴便带着棍棒开会,意图击毙班长赫里朋诺夫和业已到达的阿波连斯克农民,不
许他们进村"。有关当局决定:"请求沃龙涅什省长老爷和正规部队长官来执行命令,对于
重要违令者予以惩处,使其以后不敢再犯,对于领地的其他人等,处以笞刑,以示儆戒。"
(В.И.亚库什金:《十八及十九世纪俄国土地政策史概论》,附录,第 101—106 页)

地"基础",便是这样通过农民丧失土地的缓慢过程,通过农民权利的不断遭受残酷破坏而逐步形成的。关于这种"基础"的概念,通常都与我国农村公社的概念联系着。但国有农民之间的土地重分远远超出了个别公社的范围,最低限度在原则上是推行于全国的。亚库什金说:"在广泛的国家基础上提出农民的份地问题,归结起来是承认任何农民、任何属于农民范畴的人,对于份地都有不可剥夺的权利。如果发现任何称为农民的人没有得到'拨给他们的土地',那就应就此提出问题,进行查询,提出质问。份地成为官方农民的不可剥夺的权利,所以在一份上谕里,直接表示:'每一农丁都应有适当亩数的可耕地,牧场与森林。这是国家制度的规定。'"①

国家对农民的奴役,由土地重分制补充,而土地重分制又完成了国家对农民的奴役。我们已经看到,从西南逃到东北的农民,他们的命运虽然最初在那里获得某种改善,但他们逐渐地在那里完全丧失其土地的所有权和自由。我国声名狼藉的实行土地重分的农村公社,并不是表示土地属于农民团体,而是表示无论土地或农民都成为国家或地主的财产。除土地重分外,还有连坐法及身份证制度。根据 1769 年 5 月 19 日指令,在农民不交人头税时,便将村长和代表逮捕监禁,罚做苦工,"不给工钱",直到税款完全付清时止。扎布洛茨基－德西亚托夫斯基公正地称这一指令为残酷的指令,并且同样正确地说明了指令的生活意义:"指令取消了纳税人本身对纳税的责任,而实行了连坐法,

---

①　《十八及十九世纪俄国土地政策史概论》,第 168—169 页。关于我国"基础"的产生经过,详请参阅我以 A.沃尔金笔名出版的书:《沃龙佐夫先生著作中民粹派的论证》,圣彼得堡,1896 年,第 101—121 页(《全集》,第 9 卷)。

把农村自由公社转变为纳税单位,给纳税制度以经常勒索的意义。"①

总之,这在国家与其主要劳动力——农民之间的关系上,是农奴制的完全胜利。

然而事情并不就此了结。这一制度继续发展着,力图达到逻辑的终点。由于臭名远扬的国有财产部长帕·德·廖基谢夫伯爵的热心行政和所谓组织才干,这个制度达到了最大的发展。

"试想一想世界上一个最大的地主——奴隶主。这个奴隶主不是别人,而是国家本身;基谢廖夫伯爵是总管,国有财产部是他的世袭账房,而各地区的长官则是在各地活动的执行官员。掌嘴、监禁、殴打等惩罚以及'祈祷金'的征收等而愈加残酷。"②

XIV

俄国农民的不自由生活同东方伟大专制国家农民的生活,有如两滴水一般相似。Н.А.布拉戈维申斯基错误地以为"除俄罗斯外,类似的情形在任何时候、任何地方都不曾有,也不可能有"。凡在农民受国家奴役的地方:在古埃及、迦勒底、中国、波斯和印度,完全相似的情形都曾存在。当然,这种关系不是在一切地方都发展到同样的程度。А.布舍-列克列尔克说:"原则上,整个埃及

---

① 《基谢廖夫伯爵和他的时代》,圣彼得堡,1882 年,第 2 卷,第 30 页。然而根据以上所说,可以明显看出,在 1769 年指令前,国有农民公社,需要打个折扣,才能称为"自由的"公社。

② Н.А.布拉戈维申斯基:《四分权利》(Четвертное право),莫斯科,1899 年,第 134 页。

就是一个国家地产，那里住着农奴，为国王工作，靠留给他们的那部分收入维持生活。"①我们马上就可看到，在什么意义上布舍－列克列尔克觉得这一情况只是"在原则上"。但是现在已可恰当地指出，埃及农民土地所有权的被剥夺，比在迦勒底要彻底得多。在迦勒底，土地大都仍为血缘联合体的财产，时常有这样的情形，即当国王想随意处理属于某一血缘联合体的某一部分土地时，他便向他们购买②。在古埃及和莫斯科罗斯，国王完全不认为必须给被剥夺者以赔偿。在莫斯科国，最少自伊凡雷帝以来就是如此。至于中国，则如扎哈罗夫的著作所示，在那里大约在纪元前一千年便建立了如下制度：赋役农民居住在属于国家的土地上，这种土地部分地由农民直接为这个国家耕种；而所有的官员则都获得土地俸禄。按照埃利泽·列克柳的说法，中国一千多年的整个内部历史与土地占有史相符合，而土地占有史又归结为中国社会各阶级间争取土地的斗争。官员力图把拨给他们的使用土地变为世袭财产，而国家则依靠需要土地和渴望得到土地的农民群众，相当成功地对抗了这一企图。当中国政府为了国家的利益重获实际可能处理那些在颇长期间为官员所占有的土地时，实行了一次真正的"土地重分"，由于对情况不够了解，这仿佛是一次社会主义

---

① 《Histoire des Lagides》，Paris，1906，t.III，p.179.（《吉达史》，巴黎，1906 年，第 3 卷，第 179 页）

② 参阅《La Propriété foncière en Chaldée d'après les Pierres-limites（Kandour-rous）du Musèe du Louvre》，Par Edouard Cuq，Professeur à la facultè de droit de l'université de Parès，Paris，1907，p.720，728.（《根据罗浮博物院所藏碑石来看迦勒底的地产》，巴黎大学法学院教授爱德华·库克著，1907 年，第 720、728 页）

革命①。但实际上,这种革命就其性质而言是同社会主义背道而驰的:社会主义意味着生产者支配生产资料,而在这里,生产者本身却是国家自己的私产,国家的会说话的生产工具(instrumentum vocale)。我们下面还将详细研究那种将东方专制制度的土地政策视同西欧社会主义的错误观念,在俄国社会思想史中起到多么有害的作用。

XV

当农民自身成为属于国家的生产手段的时候,对他就不能实行剥夺他的那部分财产和自由的处罚了,因为他既无财产,也无自由。因此,他只能用自己的脊背去补偿他的过失。我们在上面已经看到,土地重分制在我国又补充以身份证制度和连坐法。连坐法取消纳税人对国家的直接责任,其自然的补充便是"逼交税款"。国家向公社对国家负责的代表逼交,而公社则向纳税人逼交。这一制度在莫斯科时期便已确立。

亚·拉波-丹尼列夫斯基先生说:"征收欠税,大都不只是征税而已,而且带有惩罚。惩罚的方式有二:或者是省长派属员来

---

①   埃利泽·列克柳幼稚地把纪元 1069 年发生的这种变革之一说成是"中国社会主义者"实现其理想的一次企图。列克柳教训式地说,"只要朝代一换,新政便被推翻,这一新政既少符合人民的心愿,也不符合显贵的意图;此外,它还产生了整个酷吏阶级,这些酷吏变为真正的地主"(《新地理》,第 7 卷,第 77 页。Nouvelle géographie, t. VII, p.77)。这是不无某种幸灾乐祸之感的教训之词,是因为列克柳身为无政府主义者(真的是一个柏拉图式的无政府主义者)是不能容忍"国家社会主义者"的,而他却毫无根据地将中国实行 1069 年"土地重分"的宰相王安石,说成是这样的社会主义者。事实上,这种臆造的所谓国家社会主义在中国的迅速失败,不过是表示那些力图恢复其被剥夺的国有土地的官员的新的迅速的胜利罢了。

县，委托他征收欠交的税款，由纳税人付给旅费（有时加倍付给）及'车马及伙食费'，或者将农民送到城市去见省长受罚，省长要他们出双倍旅费，有时还要没收他们的'牲口'、店铺、作坊和工场，将他们无情毒打，以便使其他纳税人今后再也不想漏税，一天到晚要税，晚上将他们'投进'监狱。"①

在这种关系的基础上，产生了一种特殊的习俗，其主要特点是，被国家奴役的农民有时在并非完全没有交税的物质可能时，也要逃税，宁愿让身体受折磨来抵税，而不愿以劳动、产品和金钱来付税。涅克拉索夫的"神圣俄国勇士"沙维里（《谁在罗斯生活得好》），便是这种习俗的典型代表。读者如需要再次证明相同的原因产生相同的结果，我可以指出魏金逊的著作《古埃及人的风俗习惯》，以资比较。这本著作的第二卷有富于教益的一章："笞刑"，用棍棒施刑。这里的唯一差别是，古埃及人是用另一种木材——主要是用棕木来行刑的②。

索洛维耶夫说，俄国的历史是一部被开拓的国家的历史，这是完全正确的。然而问题不仅在于俄国是一个被开拓的国家。问题还在于第一，这种开拓——其实，索洛维约夫也指出了这一点——是在游牧部落的经常的和强大的侵袭之下实行的；第二，在东欧平原进行开拓的俄国部落，其经济乃是自然经济。北美合众国的历

---

① 拉波－丹尼列夫斯基：《自混乱时期到改革时代的莫斯科国直接税组织》，圣彼得堡，1890 年，第 341—342 页。

② 另请参阅马斯佩罗的很有趣味的小册子《论法老时代的埃及人书信体裁》(*Du genre èpistolaire Chez les Egyptiens de l'èpoque pharonique*，巴黎，1872 年)小册子描写了用棕棍打欠税人。通常都是黑人担任这种体刑的拷打手。

史也是一部被开拓的国家的历史。但那里的开拓是在完全不同的经济条件和完全不同的国际关系之下进行的。因此,它在那里也得出了完全不同的社会经济结果。

我已经提醒读者不要夸大商业在基辅时期经济中的作用。当时只有小部分国民劳动的年度产品转化为商品,而且就是这一小部分也主要地来自次要的副业,而不是来自农业。但自历史生活的重心移到奥卡河和伏尔加河之间的地带以后,商业——最少是对外贸易——所起的作用,就更小了。这时,国家管理和防卫支出,我们已经看到,主要是由农业,而不是由狩猎劳动来支给的。这一变化的原因在于新的地理条件。从苏兹达尔罗斯"向希腊"和西欧输送狩猎及林业产品是很困难的。至于向外族人(他们当中来自西南罗斯的移民已迁入新的地区)出售"皮毛和蜂蜡",由于他们的皮毛、蜂蜡和蜂蜜最低限度不少于移民,也是完全不可能的。如果国家管理及自卫支出再不能用出售狩猎及林业产品的办法来筹给,如果社会生活的这些重要职能要几乎完全依靠农业来负担,如果如前所见,国家为求执行这些职能,不得不逐渐限制农民的自由,而且最后要完全奴化农民,如果农民这一逐渐丧失自由的过程为官员展开了剥削和压迫农民的愈来愈加广泛的可能,则另一方面,东北罗斯进行开拓的那些地理条件,对于农民抵抗压迫者和剥削者的力量的增长,便很不利了。

"在北方,移民很难在森林沼泽中找到可以比较安全和便利地方立足并建造农舍的干燥地点。这种干燥地点和四通八达的丘陵是在森林沼泽的海洋中罕见的小岛。在这种小岛上只可安置一两家、最多三家农户。这就是为什么几乎直到十七世纪末,由一两户农家组成的村落,是北俄罗斯移民分散居住的主要形式。"①完全可以理解,这种村落的抵抗力量是微不足道的。这种村落的居民为了防御外来的侵袭,——如防御那些在东北部也不让俄国农民安宁的游牧部落的侵袭,——唯有用尽力所能及的一切办法来加强中央政权,这个政权掌管国防及所属领土的扩张,领土愈大,则被吸收参加防务的人数愈多。事实上,我们看到,东北部的俄国农民都曾心甘情愿地促进公爵政权的加强和国家领土的扩张。莫斯科大公们所实行的著名"统一罗斯"措施所以能够顺利进行,就是因为"统一"政策获得了人民的热烈支持。但是当时东北部的俄国农民散居在森林深处和很小的村落,都无力反对由于他们的需要和他们的同情而巩固起来的中央政权的欲望和凌辱:两三户人家组成的村落对于莫斯科侵犯它们的自由,只能作消极的抵抗;其余的小村落同它们相距太远,不能在他们的患难时刻支援他们;甚至相反,可能帮助莫斯科镇压这些不驯服的村落的"盗行"。如果根据恩格斯的指示,从印度到俄国,任何地方的农村公社,都是专制制度的经济基础,则这一现象的最主要原因,在于自然经济的条件,这种条件排除了劳动的经济分工并将辽阔国家的农业人口分散为小的集团;正因为这些集团的经济和社会地位完全相同,所以它们彼此之间互无需求,因而也就互不关心②。当然,每一个东方

---

①　克柳切夫斯基:《俄国史教程》,第 1 卷,第 383 页。

②　此外,还应指出我们所熟知的游牧部落的影响,现在这个影响表现如下:"自鞑靼人统治时起,公爵都加强了对土地和其居民的统治,因为他们必须向可汗负责交纳应从土地及居民征课的税收。"(H. 阿里斯托夫:《古代罗斯的工业》,圣彼得堡,1866年,第 49 页)

专制国家都各有其加强或削弱上述原因的作用的特殊条件。灌溉的需要应当看为东方专制国家极大加强这种作用的原因。"大批东方专制国家中的任何一国,都深知它首先是河流盆地灌溉事业中的人民代表,在那里没有灌溉是不可能务农的。"[①]但我们不要离题太远了,还是谈谈俄国。

XVI

我们知道:俄国农民的景况逐渐变得很像任何一个东方大专制国家的农民景况了。在这方面,俄国在整整几世纪中愈来愈加离开西欧而接近东方。但是由于农业俄国的整个社会政治结构,都是建立在农民的宽阔脊背上的,所以其官宦阶级的地位亦不能不具有很显著的东方色彩。

前面已经指出,国家首脑与官宦阶级之间的关系,只有在侍从转变为土地占有者的时候和地方,才变得比较明确。这一转化过程是伴随着土地占有者与君主之间的斗争的。土地占有者力图把自己土地变成世袭的土地,而君主则反对这一企图。在土地占有者显得比较强大的地方,他们便获得了封地的世袭权,在这一社会

　　[①]　《反杜林论》,第140页。(参阅人民出版社1971年版中译本,第177页)灌溉是大家都需要的,但哪一部分的居民都不考虑其他部分的需要。谁都只注意自己的利益。据马斯佩罗说:"因此,经常发生争吵和斗殴。为了迫使人们尊重弱者的权利,为了组织水源分配制度,最少应在国内建立后来实行的那种社会组织的原则:尼罗河给埃及提示了政治结构,正如它给埃及提示了自然结构。"(《东方古典国家人民古代史》,巴黎,1895年,第1卷,第70页。*Histoire ancienne des peuples de l'Orient classique*, Paris, 1895, tl, p. 70)

基础上,便盛行着政治"独立制度"①。波兰的情况便是如此,我在谈到基辅罗斯时业已提及。

波兰的官宦阶层在 1373 年即已变为力求保卫其对国王的独立性的特权阶层。科希策的特权文书使"军人"的全部地产都成为世袭的地产,规定按照封地的数量,每年给公爵交纳每份地两格罗什的地产税和给公爵服兵役。1422 年的车尔文特权文书规定国王无权不经审判没收贵族的财产。1425 年、1430 年和 1433 年的特权文书规定除六种情形外,非经审判不得剥夺贵族的自由。1454 年的尼斯萨瓦条例规定贵族不受国王官吏的审判,并使贵族参加立法。由于这些条例,任何有关贵族义务的措施,须由贵族事先讨论。最后,宪法——即所谓"Nihil Novi"(一仍旧例)宪法——宣布,非经国会同意,国王不得限制贵族个人的权利。自此以后,波兰的整个内部历史便是地主特权阶层实行无限制统治的国家的历史,留给国王的只不过是一个政治权力的幌子而已。

我们在东北罗斯所见,却非如此。这里的"军人"最初是封邑公爵的"自由臣仆",最后都成为莫斯科大公们的"奴隶"。他们同农民一样,也都丧失了自由迁徙的权利。十六世纪中叶,官宦阶层已完全成为国家的奴隶,而且它的这种奴隶地位,——也许更甚于农奴,——使莫斯科罗斯的社会政治制度,同伟大东方专制国家极

---

① "这种确认一切所有权,一切职能,一切权力的授予,都是封建形态,都是世袭领地条件的思潮,终于占据上风。在卡佩王朝时代,封建君主在他的特许土地,在他的封地上所执行的旧有权力,只再剩下习惯规定的某些特权和某些权利,即:对遗产移转的同意形式,在某些特定情况下恢复采邑的有所争议的权利,某些物质利益;简单说,是所有权的影子。"("法国制度手册,卡佩直系家族时期",阿希尔·路歇著,巴黎,1892年,法文版,第 154 页)我再说一遍,法国是西欧封建制度的国家。

相仿佛。赫尔贝尔斯坦曾于 1517 年,即在瓦西里·伊万诺维奇王朝时,访问俄国,对于公爵权力的漫无限制,甚感惊异。

"公爵对僧俗权贵都有统治大权,而且任意自由地处置所有人的生命和财产。他的顾问,无一人敢于在任何问题上违抗他或持不同意见。他们都公开承认,公爵的意志就是上帝的意志,公爵所作所为都合乎上帝的意志。因为他们甚至称他为上帝的管家和御前侍臣,于是相信他是上帝意志的执行者。因此,公爵自己在人们为了某一囚犯或另一重大案件向他有所恳求时,总是回答说:只要上帝有命令,就予以释放。同样,谁要问及某一不明确或可疑的案件,他总是回答说:上帝和国王知道。不知道,是人民的如此粗野需要一个暴君,还是由于公爵的暴虐把人民变得如此粗野和残酷?"①

应该想到,如果譬如埃及第十二王朝某一法老的"臣奴"或官吏——法国的古埃及学者称为 Scribe——的木乃伊复活了,游历了莫斯科,那他必然与西方的贵族赫尔贝尔斯坦相反,不会在这个国家的社会政治生活里发现很多自己感到怪异之处。他必然要断定,莫斯科人对最高政权的态度,同他那遥远的祖国的情形很相近,这种态度正是一个组织完美的国家所应有的。

在形成伟大东方专制国家的地方,也经历过封建制度阶段。但这些地方的土地占有者虽曾作过努力,却未能将封地转变为世

---

① 《莫斯科札记》,圣彼得堡,1866 年,第 28 页。参阅弗莱彻所说:"他们的统治方式很像土耳其,显然,他们是力图效法土耳其的……他们的统治纯粹是暴君式的;一切施政都是为了满足沙皇一人的利益,而且方式最为明目张胆,最为野蛮。"弗莱彻还指出,受奴役的不只是农民,还有贵族,这两个阶级的财产权完全没有保障。按照他的说法,"贵族和平民在对自己的财产关系上,只是些沙皇收入的保管员,因为他们所有的积蓄,迟早都要变为沙皇所有"。(《论俄国》等等,圣彼得堡,1906 年,第 33 页及第 33—34 页)

袭私产。国王不仅在原则上保持了对土地的最高权利,而且在实践上也经常使用这一权利。例如,在迦勒底,根据《汉谟拉比法典》的规定,官员领到住宅及花园,耕地及耕牛。这种财产仿佛是他的领地,只要他仍在供职,就归他所有。这一法典的第三十条规定,土地占有人如旷职 3 年,则丧失这些土地;第三十五及三十六条宣布,这种土地不可剥夺;最后,第三十二及三十八条规定,法律执行绝无例外①。我们在这里看到一种与莫斯科相似的封建领地制,它在纪元前二千年就已完全形成了。

　　不久以前,波斯土地仍是国王的私产。Э.洛里尼说:"封建领主、私人,甚至宗教团体都只有使用权,自然的支配,而其所有权则经常取决于国王的意愿,国王可在任何时候予以取消。"②同样在莫斯科罗斯,官员的地产经常可被"没收归国王所有"。总之,那里的世袭领地越来越多地为封地所代替。世袭领地愈是为封地所代替,则官宦阶层对公爵的依附地位愈益增加;过去的自由人亦愈益转化为"奴隶"。现在已经完全明白,伊凡雷帝是用什么办法同贵族中的"叛逆"作斗争的。他的禁卫军不仅曾为他杀戮"叛逆",而且给贵族的土地占有制以惨重的打击。"伊凡雷帝的政府在禁卫军中取消了封邑时代遗留下来的旧土地关系,遍地都一律代之以一种把土地占有同强迫服役结合起来的制度。"③土地占有同强迫

---

　　① 　爱德华·库克:《迦勒底的地产》(*La Propriètè foncière en Chaldée*, par Edouard Cnqg),第 72—78 页。

　　② 　《波斯的现代经济》(*La Persia economica Contemporanea*)罗马,1900 年,第 217 页。

　　③ 　谢·斐·普拉托诺夫:《十六—十七世纪莫斯科国混乱时期史纲》,第 3 版,圣彼得堡,1910 年,第 148 页。

服役的结合愈是紧密,则官员对最高政权的依附地位愈益牢固,而这最高政权本身也变得愈加完整。但封地制度并不是由雷帝想出来的。它在雷帝以前很久便已产生和巩固。他的祖父伊凡三世便很了解封地制度在国家经济中的巨大意义。1477 年 12 月,他的贵族便对诺夫戈罗德的使者说:"大公命令我们告诉你们说,大诺夫戈罗德应割让我们一些州邑和村庄;因为非此则我们大公们便不能在诺夫戈罗德保住我们的国家。"次年一月四日,伊凡向诺夫戈罗德人提出明确要求,要将"大主教及寺院所属州邑一半及诺沃托尔格各州邑一半(无论为谁所有)"划归他的名下①。由此观之,则在十五世纪末期,分发为封地的土地已成为莫斯科政府执行其最重要国家职能——国家管理和国防的主要手段了。

伊凡三世极为重视他的封地总额,关心其增加,故不惜攘夺原属教会的土地。他对"犹太教徒"的宽容,乃至同情态度,就是由于"犹太教徒"是僧侣的敌人。修道院的被剥夺,可使大量不动产转为莫斯科政府所有。诱惑力量如此之大,以致在伊凡的宫廷里有一批强有力的人支持"犹太教徒"。教会地产归公是符合整个官宦阶级的利益的。但教会善于拒绝这一威胁它的危险。它不无根据地指出:"许多不信教或渎神的皇帝,也不敢在他们的王国里侵犯神圣的教堂和神圣的地区,不敢动摇教会的不动产……甚至不向神圣教会课税,不仅在他们的国度里,而且在你们统治的俄罗斯也曾给教会以诰封。"这里提到"诰封"表明,为教会财产不可侵犯而

---

① 别利亚耶夫:《大诺夫戈罗德》,莫斯科,1864 年,第 608 和 609 页。另参阅索洛维约夫:《俄国史》,第 1 卷,第 1375 页。

娓娓动听的辩护者所说的"不信教和渎神的皇帝",实际上是指鞑靼可汗。事实上,俄国东正教的教会一度与"不信教和渎神的"鞑靼可汗极为融洽。基里尔主教(基辅被毁后委派的第一任俄国主教)在可汗的首都设立东正教主教一职,并获得蒙哥-铁木耳颁赐的特权文书,永远维护僧侣的权利。僧侣被豁免了一切贡赋和义务;其土地及人员亦宣布为不可侵犯。凡诽谤东正教信仰,——尤其重要的是,凡侵犯僧侣所获特权者,都一概处以死刑。因此,公爵既无权责成僧侣负担义务,也不得侵犯他们的财产。所以,鞑靼人的入侵虽是人民的最大不幸,却给俄国的"神道信徒"带来了巨大利益。这些"神道的信徒"对于"不信教和渎神的皇帝"的好意,自然是极为珍视的。在游牧掠夺者的"渎神皇帝"和俄国定居人民的虔诚"神道信徒"之间的这种和谐,一度使俄国的僧侣权力几乎脱离政俗权力而独立[①]。像罗马教皇一度以法兰克人为靠山一样,我国的主教亦曾以鞑靼人为依靠。这里的唯一差别——而且是非常重要的差别,仅在于法兰克人的支持要比鞑靼人的支持可靠得多。伊凡三世时,莫斯科公国完全停止了对鞑靼人的屈服。这时,莫斯科的僧侣便只有倚靠其本身的力量了,而这种力量若与罗马天主教僧侣的力量相比,却是小得不可计量的。莫斯科君主权力的进一步增强,逐渐使"神道信徒"对君主处于屈从地位。"神道信徒"事实上也像官员一样,成为沙皇的"奴隶"。修道院的地产在十八世纪均被没收归公,——货币经济的发展对此起了促进作用,——所有重大教会案

---

① 参阅 B.谢尔盖耶维奇:《俄国法学典籍》,第 2 卷,第 2 册,圣彼得堡,1896 年,第 617—618 页。

件最后都由总检察官裁处,而担任此职的每每是军人。这自为"神道信徒"所不乐意。但是他们忠于恰达也夫所说的从腐败拜占庭带来的传说达到这样的程度,即僧侣作为一个阶层,无论过去和现在都是敌视任何解放运动的。这一事实,使他们成为反动势力的一个最重要的支柱。他们总是向往东方,而谈不上任何欧化。

当然,我很知道,西方的最高政权也曾在绝大多数情形下制服封建主的离心倾向。路易十四完全有根据说"朕即国家"(《L'état cést moi》)。然而如果据此便否定俄国历史过程的相对的——但非不重要的特殊性,那也是极端错误的。法国皇帝虽然制服了封建贵族,却不曾限制他们的土地权,也不曾强迫他们服役①。因此,法国君主地位的提高并不意味着贵族等级受国家的奴役②。这种情况

---

① ……"人们不能把道义上的义务,即由来已久的拿起武器的惯例作为合法的权利来考察。贵族的绝大部分都服兵役,但不是没有例外的。而所有服兵役者,都豁免了人头税。他们被豁免人头税并不是因为他们服兵役,而是因为他们是贵族。这种特权不是对服兵役的补偿,而是一种天生的权利"。(G.达维尼子爵:《黎塞留时代的法国贵族》,第40—41页)"我们不能认为,由来已久的从军习惯这一道义责任,是一项法定的义务。贵族们大批在军队服役,但是并不是没有例外,可是所有的人都毫无例外地免缴人头税。而他们所以免缴人头税,并不是因为他们服役,而是因为他们是贵族。特权并不是服役的酬报,而是出身的权利。"(《黎塞留时代的法国贵族》,达维尼子爵著,巴黎,法文版,第40—41页)

② 法国贵族常喜欢说,皇帝不过是第一贵族而已。"皇帝不只一次欣然说过:我们本没有超凡之处。这个最早的国邦更关心的是贵族。君主本人不理解,即使太阳王(这是法皇路易十四的别称。——译者)本人,也认为不能不犯错误地打倒一个贵族。"(见达维尼:同上书,第13页)"国王们曾多次装腔作势地宣称:我们并不是更有权势。这种别出心裁的类比,是贵族阶级心目中最念念不忘的。统治者并不忽视这一点;而太阳王(指路易十四。——译者注)本人并不会相信,不下令谴责自己,就能够鞭打一位贵族"。(达维尼,同上书,第13页)莫斯科的公爵和沙皇对于这个问题的看法不同,他们的官宦"奴隶"对这个问题看法也不同,——他们都不求在这方面突出自己。

的发生自然不是由于法王更多地尊重人的自由，或者哪怕只是贵族的自由。他们并不比莫斯科的大公或东方的专制君主更尊重自由。但他们是在其他社会政治条件之下进行活动的，因而所得结果也不同。法国的经济发展比俄国快得不可计量；其自然经济也比罗斯更快地为货币经济所代替；这便很早就使法王能够建立常备军。这种军队的开支，是靠法王的货币收入来维持的。菲利普四世已拥有不少雇佣军人；由于雇佣军人的出现，兵役的性质也随之而变：强迫服役变为志愿服役。换言之，服役人员为职业军人（Soldat par mètier）所代替①。法王依靠职业军人，逐渐消灭了封建主的旧有政治权利，但对于他们的土地权则仍不予侵犯。法国是谈不上将贵族土地转变为国有土地，成为国防体系的经济基础的。在这个国家的当时经济条件下，这样的转变简直是谁也不曾想到的。相反，莫斯科罗斯的经济条件却坚决要求这一转变。因此，我国世袭土地占有制同封地制相比，是大有逊色的。因此，我国官宦对公爵的态度也同法国贵族对法王的态度不很相同。因此，更正确地说，真正因此，莫斯科的大公给西方贵族赫尔贝尔斯坦造成一种印象，以为这位君主的权力之完整和广泛，超过了所有文明世界的所有君主。

---

① 参阅 A. 兰博：《法国文明史》（A. Rambaud：*Histoire de la Civilisation française*），第 1 卷，第 228 页。"按照法律，贵族只是在全民总动员时才应召参战。在路易十三时代，征召过两次。每一次征召造成的后果都是如此不幸和毫无意义，事态表明，不可能凭征召来建立国防军以捍卫祖国的未来。"G. 达弗乃尔：《黎塞留时代的法国贵族》，第 54 页。

XVII

俄国的历史是一个在自然经济条件下被拓殖的国家的历史。正如索洛维耶夫指出这点，拓殖意味着居民的职业单调化和经常迁移；我应补充指出，这二者都妨碍社会分工所造成的阶级差别的深化。这就是说，由于上述条件，俄国的内部历史不可能以各社会阶级的相互强烈斗争为特点。由于居民不断向"新的地区"迁移，最高阶级的政治力量的源泉——它对极大部分居民的经济统治——不可能很充沛，而且经常有枯竭的危险。只是由于西南罗斯的移民经常流向上伏尔加河流域而不可能继续向北部或东北部和东南部转移，因而造成大俄罗斯农业人口的相当密集的时候，只是在这不太长的时期内，最高阶级才能扩大并巩固其对贫苦居民的直接经济统治。只是这时，才在这里形成了规模颇大和颇有势力的贵族土地占有制。但当莫斯科国家的发展壮大清除了那些暂时停止拓殖的障碍以后，农民便又大批奔向"新的地区"，这时，土地占有者的经济统治又开始出现裂痕而动摇起来。如所周知，大规模的土地占有制这时经受了一场真正的危机。为了摆脱艰难处境，土地占有者势必力求将农民完全固定于土地。中央政权对此欣然同意：我们知道，中央政权本身便是最大的土地占有者，它本身由于农民迁移而感受的痛苦并不亚于贵族。但大地主愈是需要同中央政权联合以固定农民于土地，则他们对于大公的政治反对态度便势必变得愈加软弱。关于这一点，克柳切夫斯基非常精辟地指出过。

"农村的情况决定了贵族的政治情绪，为他们的政治活动提示了方向，降低了他们的某些利益的价值以提高另一些利益的价值，例如,使他们将对待农村的思想摆在对待宫廷的思想前面,迫使他们从宫廷的关系中寻求支持,以保障对农村的关系,而不是相反;总之,土地占有者的忧虑和危难虽没有使贵族成为有经验的和审慎的农业主,却使他们成为胆小或冷淡的政治家。"[①]

根据克柳切夫斯基教授的意见,必须承认,十六世纪的农村是莫斯科国家的政治制度不曾成为贵族制度的主要原因之一。但当时的农村情况就是一个在自然经济条件下被拓殖的国家的情况。所以,这一重要原因本身便是这种拓殖的结果之一。

另一个同样重要、同样是拓殖结果的原因,便是在十六世纪下半期,在莫斯科政府面前展开的新的森林和草原地区,那里有大量由政府可以支配的自由土地。政府将这些土地分给官宦阶级的中下层,使这些阶层成为政府反对这同一阶级的最高贵族阶层、反对"世袭贵族"——大贵族的可靠支柱。在十六世纪下半期,世袭领地制在封地制面前节节后退,这一事实用政治语言来解释,便是说,一般贵族曾迫使大贵族大步退却,帮助国王无情地镇压"世袭贵族"的全部政治野心。法国的君主政权也不免同低级贵族联合。查理七世甚至寻求过这种联合。但是法国货币经济的发展很早便使国王能够建立一种不是由军职贵族,而是由非贵族出身的职业士兵组成的常备军,已如上述。非常值得注意的是,就是这查理七世(他的御前会议是由低级贵族和第三等级的代表组成的)为了在上述意义上改组军队,做了很多事。[②] 而在这个意义上改组军队,

---

① 《大贵族杜马》,第 313 页。

② 参阅维克托·杜鲁伊:《法国史》(*Histoire de France*),巴黎,1893 年,第 1 卷,第 545—546 页。

逐渐鼓励了法国的王权,使它在反对贵族的斗争中有越来越多的可能与其说像莫斯科的"专制君主"一样依靠中小贵族,不如说依靠第三等级。总之,同俄国封建制度相比,法国封建制度的主要特点之一,在于法国封建社会内部产生了比封地罗斯为数更多、更富有、更强大的第三等级。法国封建制度的这一特点,不能不影响于法国社会和法国王权进一步发展的过程。十六世纪的莫斯科缙绅会议的代表,几乎完全是军职人员的代表①;而法国第三等级于十四世纪下半期已在三级会议上起了显著作用;到了下一世纪,他们的代表更在这个会议反对贵族斗争中,自觉地给国王以非常重大的支持。② 根据这一情况,两国的代表会议对中央政权的态度,亦各不相同。克柳切夫斯基教授说:"十六世纪的缙绅会议,确切地说,是政府同其代理人的会议。"③毫不足怪,"代理人"在回答政府的问题时都表示:"愿为君主抛头颅,而且一切唯上帝和君主的意志是从。"④在十六世纪的莫斯科,人们都以为"人民不能有自己的意志,而一定要以代表人民的政权的意志为意志"⑤。然而在巴黎,在十四世纪下半期,首相德多曼——从某种意义上说,这也是

---

① 见克柳切夫斯基:《俄国史教程》,第 2 卷,第 488 页及下页。(缙绅会议是十五至十七世纪俄国统治阶层——大贵族、军职贵族、僧侣阶级、城市商人上层分子的代表大会,1549 年由伊凡四世召集第一次会议,后由彼得一世取消。——校者)

② 参阅毕科名著《三级会议史》(G. Picot: *Histoire des Etats Généraux*)。第一卷。(三级会议是法国 14—18 世纪等级制代表机关,由僧侣、贵族和城市代表组成。普通为了征税由国王召集。1614 年后因专制制度发展,停止召集 175 年。1789 年在资产阶级革命条件成熟下又召开了三级会议。——校者)

③ 《俄国史教程》,第 2 卷,第 486 页。

④ 参阅同上书,第 492 页。

⑤ 同上书,第 487 页。

最高政权的"代理人"——为了安抚骚动的市民,认为必须向他们说些好话,宣称"国王只能按照人民的意志实行统治,只有人民的力量使国王畏惧"①。

莫斯科国的官员难怪自称为大公的"奴隶",然后又自称为沙皇的"奴隶"。像农民受国家的奴役一样,他们也受国家的奴役。这两个阶层都受压迫,这种压迫到了十六世纪末期愈来愈加沉重。压迫加重的原因仍是前面不只一次提及的那一情况,即俄国是一个在自然经济条件下进行开拓的国家。C. B. 罗日杰斯特文斯基完全正确地说:货币资金的缺乏是十六世纪官宦阶级经济地位的最主要特点。他还说:"这种缺乏的本身就是由于一方面国家社会经常发展和增长的需要与另一方面国民经济发展的微弱及死气沉沉之间的不相适应,就是由于自然经济压倒货币经济的优势,而新的情况却是需要货币经济的。"②

东方居民也受国家的奴役。但是抛开广阔的肥沃土地不说,东方专制国家也没有在文化发展上超过自己的邻邦。相反,每一个东方文明国家所有的邻邦,都主要是在文化上远远落后于它的野蛮人。的确,游牧的野蛮人常常迫使东方专制国家的农业居民大受折磨,甚至迫使其在相当长时期内屈服于他们的统治。例如,埃及便曾为"牧人"所征服;马涅方在谈到这些"牧人"时所用的言辞几乎同我国史籍对于蒙古人的叙述没有两样。但就是这个埃及没有成为被征服者以前,它在亚洲几乎没有文明的邻邦的。就这

---

① G. 毕科,同前书,第 1 卷,第 228 页。

② 《十六世纪莫斯科国家的官宦土地占有制》,圣彼得堡,1897 年,第 83 页。

点说,埃及要比莫斯科国幸运得多,莫斯科国不得不在自己的西部边境同比它文明得多的邻邦打交道。同这些邻邦斗争,要比俄国人民付出重大代价与游牧部落斗争,困难得不可计量。莫斯科在十六世纪虽然征服了喀山和阿斯特拉罕,但在同西方邻国的决定性冲突中,却遭到惨败。为了在同经济上远远超过自己的敌人的斗争中维持自身的生存,莫斯科不得不直接间接地将其很大一部分力量用于自卫,这与东方专制国家居民用于同一目的的力量相比,可能要大得多。

与东方专制国家的历史过程相比,这就是我国历史过程的一个极为值得注意的相对特点。将这一特点同我们在将莫斯科国的社会政治制度和西欧国家的制度进行比较时所指出的特点,加以对照,我们可以得出如下的结论:莫斯科国与西方国家的区别,在于它不仅奴役了最低的农民阶级,而且奴役了最高的官宦阶级;而它与在这方面很相仿佛的东方专制国家的区别,则在于它不得不对被奴役的居民,作更为沉重得多的压迫。

XVIII

只要仍旧流行着我国历史过程的绝对特殊性的信念,则东北罗斯城市居民的社会作用,便会被认为接近于零。亚·伊·赫尔岑的朋友和同志尼·普·奥格廖夫问道:"我们要城市干什么?我国的城市只是政府的幻想,而实际上则既无意义,亦无力量。"[①]（当然,所有这些议论都默认自由城市诺夫戈罗德和普斯科夫为例

---

① 《钟》,第51期。

外。)这是一个很大的错误。甚至在"上伏尔加的亚黏土地带",我国城市生活也从来不是完全微不足道的。现在已可认为无可争议的是:东北罗斯的城市并不是俄国特殊性理论家们所说的那种比较广阔的农村。这个罗斯也有城乡间的经济分工。Н.Д.切丘林说:"如果这里主要地不是质的差别,而是量的差别——就是说,如果我们在城市和乡村里看到居民都有着相同的权利和义务,而且一部分居民还从事相同的农业和手工业,因而只有村落的大小和居民职业发展程度的不同才使城市有别于乡村,——那么,无论如何,就是这种量的差别,在这里已是如此巨大,以致我们完全可以将城市情况的考察和乡村情况的研究,分别进行。"①

尽管居住在东北罗斯城市的手工业者像西欧中世纪城市的手工业者一样,也从事农业,但是应该想到,他们的主要收入来源是手工业劳动而不是农业劳动。切丘林曾将在俄国城市所见手工业的名称列了一张长表。我们在表里看到有三十四种是生产和加工食品的,三十二种是制造服装的,二十五种是从事建筑和制造家庭用具的,一百一十九种是各种其他手工业者如针工、梳栉工、剑工、刀工、弓箭工、石灰工、马车夫、蔬菜工、钟表匠、花匠、乐师、玻璃工、裁缝工、煤矿工人、灯匠等等②。切丘林还说:"在列为第二类手工业者的资料里,有很多皮靴匠……这使我们不由地想到当时有许多人穿皮靴。"(第340页)简言之,切丘林承认在十六世纪有很大一部分手工业从事日用品的生产,坚决驳斥了一种意见,以为

---

① 《莫斯科国的城市》,圣彼得堡,1889年,第309—310页。

② 同上书,第339页,注释。

"当时的罗斯还不能制造最粗劣的布匹,一般说来,当时几乎没有手工业活动"①。我们在他的很有意义的著作中看到了一项对我们更为重要的指示,即当时在城市里看到了许多——按照他的说法,甚至是非常多——书籍②。尽管这些书的内容,看来都是宗教的,但在城市里有大量的书,毕竟表明在莫斯科罗斯,像在所有地方一样,城市生活已在居民之中引起比较多样化的和迫切的精神需要。

总之,就在这一方面,也绝没有完全的特殊性的,不过,很重要的相对特殊性,却是有的。

所有前述阻碍俄国居民生产力发展的各式各样原因,都削弱了城市在东北罗斯历史生活中的意义。С. В. 罗日杰斯特文斯基所说的"国民经济的惰性",势必带来城市居民的政治惰性。普希金是对的。我国的城市与西欧的城市公社不能相提并论。十六世纪初,在莫斯科附近的各城市里,曾出现相当活跃和多样化的手工业活动,但到了该世纪末,这些城市却很荒凉了。切丘林说:"这种城市荒芜过程的日益加剧",可从这样的事实中看出:即根据该世纪中叶的有关记述(见于税册者。——著者),比较最不荒凉的是谢尔普霍夫,而根据该世纪末的有关记述,则荒凉得最厉害的是科洛姆纳和莫扎伊斯克;也可从两种记述中关于莫扎伊斯克的资料中看出;最后,还可从莫扎伊斯克税册中关于哪家哪户是在哪时荒废的指示中看出。"按照同一学者的说法,莫斯科各城市的荒凉,

---

① 《莫斯科国的城市》,第 316 页。

② 同上书,第 311—312 页。

可从居民在边境城市的结集中得到证明,因为来自中央地区的移民大都奔向这些城市。"[1]

　　莫斯科附近各城市愈是荒凉,则其在莫斯科国的社会生活中的重要性,愈是降低。俄国的历史是一个开拓过程拖延了数百年的国家的历史。俄国的开拓是在自然经济的条件下进行的。城市的发展,表示经济分工的进展和商品生产的成就,破坏了这些条件的单调性。但是,我们刚刚看到,这种开拓在十六世纪造成莫斯科附近各城市的荒凉,这就是说,它阻碍了货币经济的发展,从而保持,甚至增加了国民经济生活的"惰性"。为了限制中央地区城市的荒凉过程,莫斯科政府采用了它借助取缔"农村"荒凉时的同样措施:把城关居民也像农民一样固定于原来的居住地区。城市居民也像"国王的孤儿"——农民和"国王的奴隶"——官员一样,处于不自由的地位[2]。奴隶制推行到莫斯科国社会生活的一切方

---

[1]　《莫斯科国的城市》,第173—175页。

[2]　"根据法典规定的含义,市镇是商工业赋役公社。因此,凡不属于市镇公社的个人,依法禁止在市镇进行商业活动。法典第十九章第九款规定:凡不属于市镇的经营商业的农民,必须切实保证'此后不得经营店铺和酒馆,不得承包盐和烟的买卖,至于他们的商店和作坊,则卖给负担赋役的人们'……负担赋役的商工市镇公社是根据市镇定居原则结合起来的……市镇定居原则强制市镇纳税人固定于一定公社,无权再转到其他市镇……十八世纪的帝俄从莫斯科国继承了这种公社。在整个十八世纪,直到叶卡捷琳娜二世发布市政条例时止,市镇虽然经过从彼得大帝到叶卡捷琳娜二世的各次改造,仍然一直是旧式商工业纳税人的公社。"(基哲维特尔:《十八世纪的俄国市镇公社》,莫斯科,1903年,第1—4页)政府怎样力图建立一座墙将农民和市镇居民分隔开,可从下一事实中看出,即政府对市镇居民无休假证而与农村妇女结婚者,以及市镇少女嫁给农民者,于十七世纪中叶以死刑相威胁(参阅 A.拉波—丹尼列夫斯基的著作:《莫斯科国直接税课的组织》,第172页注)。拉波—丹尼列夫斯基指出,惩罚的严厉性表明,这一禁令常被违犯。此语信然。但这种严厉性也表明,政府多么坚决地同自由迁移进行斗争。

面。莫斯科国内的"买卖人"境况,比享有自由经济生活利益的诺夫戈罗德和普斯科夫商人的境况,更少从事经济活动,这是无须证明的。但是力量不在我国自由城市共和国方面。莫斯科的"专制君主",将自己的铁腕加于这些共和国,对它们的居民的性格发生怎样的影响,可从赫尔贝尔斯坦的下述评论中窥见一斑。关于诺夫戈罗德,赫尔贝尔斯坦写道:"这里的人民过去是非常有教养(humanissima)和诚实的,但现在由于无疑地沾染了莫斯科的恶习,却变得极为堕落,这种恶习都是来到这里的莫斯科人带来的。"①关于普斯科夫人,他写道:"普斯科夫人的有教养和温良风尚,已为几乎在一切方面都更恶劣的莫斯科风气所代替。因为,以前普斯科夫人在商业交易中表现得极为诚实、纯正和朴实,所以他们的商品不谎报价格,也不花言巧语以欺骗顾客。"②东方制度的胜利,决定了东方风气的传播。不这样是不可能的。

西方城市居民是由农村移民补充的。但在罗斯,随着莫斯科制度的发展和巩固,依靠农村来发展城市是越来越困难了,其简单的原因是:将农民束缚于土地——无论是地主或国有的土地都一样——的锁链,变得越来越牢固、越来越紧密了。居民的被奴役,是进一步发展商品生产的非常大的障碍。但是这一障碍不能完全停止商品生产的发展。居民对于某些手工业劳动产品的需要,是不能用对居民实行奴隶压迫的办法来满足或取消的。强烈延缓莫斯科国城市增长及城市手工业发展的不利条件,引起了乡村手工

---

① 《莫斯科札记》,第 115 页。
② 同上书,第 116 页。

业的推广。因此,农奴制俄国的经济生活具有特殊的性质,其不合常情,是那些侈谈俄国城市人口的比例不大、以为这就是"俄国非西方"的最好证明,这就是俄国人似乎不懂也不愿从事工业劳动而只是从事农业的最好证明等等的作家们所不曾看到的。A.科尔萨克 1861 年根据 1856 年的统计数字,证明在工业最发达的省份,其城市人口的百分比,较之整个俄国的平均数还要小:奥勒尔省城市人口为 9.77%,哈尔科夫省为 10.72%,基辅省为 10.86%,道利达省为 18.38%,而赫尔松省甚至达 21.35%;但雅罗斯拉夫尔省城市人口不曾超过 8.2%,莫斯科省(莫斯科县除外)为 6.37%,弗拉基米尔省为 5.87%。① 因此,如果我国城市就其经济意义而言类似农村,——俄国特殊论者就是这样说的,——则我国中部各省的农村便由于从事工业活动而起到了城市的经济作用②。这是什么意思呢? 这只能是这样的意思:

历史发展的不利条件,自基辅时期开始,便激烈地迟滞了俄国人民所拥有的生产力的发展。但是生产力虽然发展得慢,却仍是发展的,在德聂伯河附近如此,其后在伏尔加河上游的亚黏土地带也是如此。在生产力发展的条件下,工业劳动与农业劳动的分离过程是无可避免的。无论基辅罗斯或莫斯科罗斯,都有过这一过程。但决定莫斯科国居民被奴役的情况,又使这一过程虽不完全

---

① 《论西欧和俄国的一般工业形式和家庭生产(手工业及家庭工业生产)的意义》,莫斯科,1861 年,第 210—211 页。

② 关于这个问题的更详细指示,见我批评 B.沃龙佐夫先生一书的第 215—241 页(《全集》,第 9 卷,第 229—251 页)。克柳切夫斯基教授指出领地土地所有制"破坏了俄国城市及城市工业的发展"。(《俄国史》,第 2 卷,第 302—303 页)

停止,却是很受阻滞。工业活动不曾集中于城市,而是分散在农村人口之中。这一情况的直接结果是技术进步的延缓。尽人皆知,我国手工业者是使用最原始的工具来劳动的。从经济方面说,手工业的扩张,意味着由于经济进步而到处产生的各种矛盾深入农村;然而我国经济发展完全特殊论者的希望,却是建立在所谓俄国没有这种矛盾的基础上的。由于在上述条件下,我国经济进步很慢,所以因这种进步而在农村经济生活中产生的矛盾也长期保持在萌芽的状态。生产者虽将很大一部分时间用于工业劳动,却仍然是农民。尽管他本人也时常购买与他相类似的生产者的劳动力,但他仍是完全处于高利贷资本的控制下;富农—收购商,便是这种资本在农村的代表。高利贷资本残酷地剥削生产者,但并不改善生产方式。因此,它对于被国家牢牢地束缚在伏尔加河上游亚黏土地带的生产者的工业劳动的统治,遂成为技术和经济进步的新障碍。同时,农村中的生活,使生产者不能联合自己的力量去同剥削者进行斗争(大城市中心的生活却是很能促进这种联合的),也使他们的意识发展非常困难。时常从工业劳动中获得其年度收入很大一部分的生产者,继续保持着农民的一切迷信和一切政治成见。他们的思想落后,对于将农奴制的桎梏加在他们身上的社会政治制度极为有利,就更不用说了。思想的落后,保证了这种制度的巩固。

XIX

在继续写下去以前,对于我们所了解的莫斯科制度作一总结,会是有益的。同样有益的是,用一位学者的话来作这个总结,这位

学者关于古代罗斯的封建制度的著作，曾对斯拉夫派的我国绝对
特殊性理论，给予最有力的打击。

"莫斯科时代的俄国社会制度的根本原则是个人完全服从国
家的利益。莫斯科罗斯的国外环境，它为生存而同东西两方邻邦
的坚决斗争，需要人民力量的极度紧张。关于每一臣民的首要义
务是竭尽全力以服务国家，牺牲自己以捍卫俄国国土和维护东正
教的基督信仰，这种意识，在社会上业已发展。有军职的人必须终
身担任军职，不惜生命同诺盖人①即德国人作决死的战斗。"城乡
农民必须捐献财产以帮助战士。居民一切阶级必须坚持职守或赋
役，使"每人对于本身的农奴规章和沙皇命令，都能坚持不懈，毫不
动摇"②。

个人对国家利益的完全服从，并非出于俄罗斯"民族精神"的
某些特性。这种服从是定居在伏尔加河上游、逐渐统一于莫斯科
的俄国人民为了自身的历史生存而不得不进行斗争的条件不得已
的结果。这种结果一经产生，便成为严重迟滞大俄罗斯继续其经
济和文化进步的原因。不仅如此。这一结果还使统一俄国国家的
历史性工作发生困难。莫斯科早已致力于这一工作，而且一般说
来，这一工作在十六世纪三十年代末就已进展迅速。

莫斯科国在统一俄国国土的时候，与立陶宛冲突。立陶宛也
在统一罗斯，而且在加里西亚丧失独立以后，统一得很顺利，所以

①　诺盖人（Ногайцы）为土耳其语系的一个民族。——译者
②　帕甫洛夫—西尔万斯基：《国王的军职人员，被奴役和被抵押的人们》，第2版，
1909年，第223页。

俄国居民——虽然不是大俄罗斯居民——很快便在立陶宛占了多数[①]。M.K.柳巴夫斯基教授说："西俄土地之统一于立陶宛的周围,实质上是恢复了基辅时代被破坏的政治统一,是找到了已被丧失的政治中心。"[②]按照柳巴夫斯基教授的意见,唯一的差别仅在于这个中心现在不在德聂伯河,而在维里亚河上。不过,——根据他的叙述可以很明显地看出,——差别不仅在此。在基辅时期,统一俄国国土的企图,完全是依靠俄国人民的力量。这一企图以失败告终,主要是由于游牧部落的进逼。此后产生了两个重心:一个在伏尔加河上游,另一个则先在加里西亚,后在"维里亚河上"。"维里亚河上"的重心与伏尔加河上游的重心的差别,在于它不仅是统一了俄国的力量。这些力量在这里是同立陶宛的力量相结合了;而如所周知,发动统一的,乃是立陶宛的力量。两个不同部落的力量的结合,它们之间是免不了冲突的,这种冲突尤其在十六世纪末立陶宛与波兰合并后更为频繁。立陶宛的贵族依靠波兰的支持,为了自己的利益不无成就地削弱了白俄罗斯和小俄罗斯族贵族在国家中的作用。莫斯科利用这种冲突以牺牲立陶宛而加强自己。伊凡三世同立陶宛大公卡济米尔和亚历山大斗争的惊人胜利,便是由于西俄贵族对莫斯科的向往。这种向往在伊凡三世的儿子时,仍在继续。但是值得指出,在1514年,斯摩棱斯克的贵族

---

① 立陶宛的公爵们认为他们是基辅罗斯全部土地的合法继承者。奥勒格尔德对普鲁士的骑士说:"Omnis Russia ad Letwinos devet simpliciter pertinere."。(全罗斯为立陶宛无限服务)(M.格鲁舍夫斯基教授:《乌克兰人民史概要》,第155页,注解)

② 《立陶宛俄罗斯国史纲——包括卢布林统一时期》(*Очерк истории литовско-русского государства до люблинской унии включи-тельно*),莫斯科,1910年,第33页。

却倒向立陶宛王。同样值得指出,当时莫斯科所受到的最严重失败,便是立陶宛军队在东正教的西俄公爵君士坦丁·奥斯特罗日斯基指挥下造成的。卡拉姆金对此深有感触地说:"在第二天,君士坦丁便欢庆其击败同一信仰的同胞们的胜利,用俄语为歼灭俄国人而赞美上帝。"君士坦丁为歼灭与他同信仰的俄国人而欢欣鼓舞,也正如这个公爵同莫斯科斗争的顽强坚定表明,那时已有许多西俄的贵族认为立陶宛的制度比莫斯科好。如果我们想到正是在这一时期,莫斯科的军职人员愈来愈加成为大公的无权奴隶,而立陶宛罗斯国的军人等级却获得一个又一个自由,则这种情形便毫不足怪了。莫斯科一方面和立陶宛另一方面的军职阶级在社会政治地位上的巨大差别,要算在十六世纪下半期表现得怕是最为明显了,其时在莫斯科,伊凡雷帝因实行皇帝直辖地区制而粉碎了大贵族土地占有制,终于将军职人员变为沙皇的奴隶;而在立陶宛,则1566年的别列斯特茨议会却授予贵族以无条件地支配自己的财产的权利。И.И.拉波卓越地描写了宣布这一权利的历史意义。他说:"这一权利是臣民,土地所有者(这种土地的最高所有者是大公)转变为自由人民——转变为自己的土地、自己的定居处所的所有者的标志。根据法律,立陶宛的小贵族已从大公个人的臣民转变为国家及其元首国王的臣民。"①同时,小贵族对国家元首大公的关系,决定于这样一个事实,即选举国王的权利,任其政治权利中居于首要地位。当然,西部罗斯的小贵族不能不看到他们

---

　　① 《从签订卢布林统一条约到斯特凡·巴托里逝世时期(1569—1586)的立陶宛大公国》,圣彼得堡,1901年,第1卷,第518页。我们看到,根据长期盛行的古老波兰—立陶宛习惯,拉波在这段引文中所用"人民"一词,是指小贵族等级。

在立陶宛地位的巨大利益。

问题完全不在于某一莫斯科大公或沙皇好行暴政：可以认为这是一种单纯的偶然性。问题在于在当时的莫斯科制度下，公职人员即令遇到一位本人并不爱行暴政的国王（如后来的那位"最温和的"阿列克谢·米海伊洛维奇），也不能不成为奴隶。这一情况也使立陶宛罗斯的最高阶级疏远莫斯科。埋怨这个阶级波兰化的研究者忘记了一点：早在他们波兰化之前，他们便已从往时倾向莫斯科而变为厌恶莫斯科了。十六世纪只有少数西俄小贵族代表掌握波兰文。在斯特凡·巴托里王朝编制的第三立陶宛条例，像第二条例一样，要求地方自治会议的书吏"用俄文"写"一切证件、抄本和命令"。拉波指出，"波兰文和波兰习俗，可以说只是在十七世纪下半期和末叶，才为立陶宛小贵族所接受，这在该世纪末的 coae-quatio jurium 中也已有所反映①。"西俄的小贵族一方面不理睬莫斯科，同时也弃绝了东正教。他们开始热衷于宗教改革。不难理解，他们的这种热衷反映了他们对"宝贵的自由"的爱好：对于他们，一如对于波兰小贵族，加尔文教成为他们同僧侣斗争的一种手段②。

简括地说：在莫斯科占优势的社会政治制度，断送了同一种族的立陶宛罗斯最高等级对莫斯科的任何同情，因而驱使这一等级

---

　① 见拉波前书，第 227 页，又参阅第 81 页和第 231 页。

　② 参阅拉波前书，第 232 页。下述事例表明对加尔文教的热衷达到何种程度："诺夫戈罗德信仰希腊教的 600 小贵族人家中，只有不到 16 家不热衷于宗教改革。"（拉波：见前书，第 235 页）我想指出，这种对加尔文教的热衷，准备了加尔文教对东正教的未来胜利。

投入小贵族自由的典型国家——波兰的怀抱。在立陶宛罗斯居民的最低等级中,对莫斯科的同种族和同信仰的人们的同情,保持得较为长久得多。他们的这种同情从反对波兰化和天主教化的西俄小贵族的斗争中得到支持。但是他们的这种同情在同莫斯科行政当局,即同著名的"莫斯科官僚作风"的代表们接触时,受到严峻的考验。当十七世纪与波兰争夺小俄罗斯的战争开始时,"白俄罗斯人自己号召大俄罗斯人,同他们交好,背叛了波兰人,但他们一旦领略了莫斯科政府的压力以后,便感到束手无策,而开始逐步再倾向于波兰"①。白俄罗斯人与大俄罗斯人的关系到处趋于尖锐,以至例如,莫吉廖夫人甚至打死了莫斯科的卫成部队。这便向我们解释了为什么在白俄罗斯进行的战争最初获得了如此辉煌的胜利,而后来却遭到失败,为什么如多夫纳尔—扎波尔斯基先生所指出,大俄罗斯与白俄罗斯的联合在阿列克谢·米海伊洛维奇朝代不可能实行②。

我们在小俄罗斯也看到完全一样的情况。哥萨克的军人最初欣然"听从"莫斯科沙皇的指挥,后来在尝到莫斯科制度的滋味后,又开始转向波兰。因此,俄国遂长期丧失了德聂伯河右岸的乌克兰地区。

彼得改革给俄国以物质力量,这种力量是莫斯科的统一俄国政策所必需的。彼得堡差不多做到了莫斯科所未能做到的事情。它统一了加里琴纳和乌戈尔罗斯以外的全部俄国土地。但西俄居

① 米·维·多夫纳尔—扎波尔斯基:《学术著作和论文》,基辅,1909 年,第 1 卷,第 335 页。

② 同上书,第 336 页。

民的波兰化部分,则仍旧保持,也许甚至加强了他们对波兰的同情。他们不参加彼得堡时期罗斯的任何精神生活,但颇为积极地企图恢复,或者最少是梦想恢复"波兰国"。他们的情绪有时是很革命的,但他们并不参加俄国"社会"的文学或政治运动,而俄国"社会"自彼得改革以来,特别是在十八世纪末,却是变得更能接受西欧影响了。这一情况自不能不降低彼得时期俄国文化运动的速度。结果便是如此。

彼得堡政府在兼并了西俄土地以后,不但因此增强了抵抗可能的外来敌人的力量。此外,它在同逐渐开始反对俄国的全面农奴制的思想活动的斗争中,也巩固了自己的地位。当时这种反对派分子成长的基地仅限于俄国的一部分,因为其他部分的精神生活需要,不是俄国式的,而是波兰式的。俄国出现了比在自己发展的其他条件下,相对地更加贫乏的文化力量和反对派力量。因此,彼得堡所差不多完成的俄国统一,改变了俄国社会力量的对比,不过不是有利于进步,而是有利于停滞。这种不利于进步的社会力量对比的改变,似乎是对大俄罗斯本身一部分所犯的错误而加于整个俄国人民的历史惩罚:是对东方专制国家所特有的社会政治制度在莫斯科的长期统治的惩罚。当然,这种情形只是存在于俄国文化生活的重心仍旧保持在最高社会等级范围之内时期,因为只有这个等级才倾向于西俄,倾向于波兰。但俄国的文化在很长的期间,仍然差不多完全是大贵族的文化。

我们往下在研究俄国社会思想的各种不同流派时,将看到它的最优秀代表经历了多少艰难困苦,才认识到这种不利于进步的俄国社会力量对比。因此,我认为,在这里指出无疑地巩固了这一力量对比的不利性质,但同时被我国社会发展史家完全忽视了的一种情况,不是没有必要的。

此外,西俄人民中最有教养人士的波兰化,是在俄国使波俄关系问题大为复杂化的事实。当然,顺便说说由于我们将来应当谈谈这个问题——十二月党人已不得不注意这个问题——所以不能不对产生波兰化这一事实的社会政治原因,加以分析。在说明以上各点之后,很显然,我们没有任何理由将这一事实的责任推诿到波兰人身上。

XX

我希望以上所述已充分向读者表明,对索洛维约夫所说事变过程在我国和一切地方都经常受制于自然条件的思想,应该在什么程度上承认为正确。事实上,俄国历史过程的相对特殊性是由俄国人民不得不在其中生活与活动的地理环境的相对特殊性来解释。地理环境的影响是非常大的。然而地理环境的影响所以非常大,是因为自然条件的相对特殊性决定了俄国经济发展过程的相对特殊性,因而出现了同样特殊的莫斯科国社会政治制度的相对特殊性。同时索洛维约夫对于莫斯科社会政治生活的相对特殊性是没有充分估计的。他在描写俄罗斯部落同亚洲游牧部落的斗争时说过:"从十三世纪四十年代到十四世纪末,以蒙古人为代表的亚洲人占了优势;而自十四世纪末以后,则以俄罗斯为代表的欧洲占了优势。"[1]但是我们看到,定居的俄罗斯欧洲在有可能战胜游

----

[1] 《俄国史》,第1卷,第10页。

牧的亚洲时,它本身的社会政治关系,酷似在亚洲专制国家居统治地位的社会政治关系。因此,欧洲所以战胜了"亚洲人",只因为它本身变成了亚洲。实际上,索洛维约夫在这里所说的那种对"亚洲人"的胜利,在东方历史中不是没有先例的。那里的农业人口只要能将自己的力量在专制大国中联合起来,便要比游牧部落强大得多。在这里,俄国历史过程的特点——这次是有利于进步的特点,——在于定居的俄罗斯欧洲在变得非常类似定居的亚洲以后,其社会发展虽很迟缓,但是一贯转向西欧方面。至于亚洲各国,则实际上只是从十九世纪中叶以后,才开始以日本为代表,向我们提供了类似的转向欧化的范例。

但是索洛维约夫不只是研究了游牧部落对俄国历史中各种事变过程的影响。他还顺便提出了另一同样值得注意的问题。他写道:

"国家的自然界,除同游牧部落的斗争外,还为国家决定了另一斗争:即当一个国家既不同另一国家接壤,又不同海洋衔接,而是毗连着辽阔和自由自在生活的草原时,则在那些由于各种原因不愿留在社会或不得不离开社会的人们面前,便展开了一条走出这个国家的道路和一种称心如意的未来——草原中的自由不羁的生活。因此,俄国南部的草原、沿着大河流域,很早就住着哥萨克的人群,他们一方面是国家反对游牧掠夺者的边防警卫;另一方面由于他们只是口头上承认对国家的依附而时常与国家发生冲突,所以他们每每对于国家比游牧寇群更为危险。这样,俄国由于自己的地理情况,在其国家机体尚未巩固、尚未将草原变为文明的庇护所之前,自不能不同游牧的亚洲民族和哥萨克们进行斗争①。"

无可争论：只是由于这里指出的地理环境的特点，才可能产生哥萨克。索洛维约夫说哥萨克对于俄国有时比游牧寇群更为危险，这也是对的。但这些指示尚不曾把哥萨克好汉在俄国社会发展史中的作用问题说透彻。由于这个问题曾经引起我国民粹派的极大注意，所以我们不得不将已故历史学者的未尽之意说完。

按照他的说法，哥萨克是由那些各种不同原因不愿留在社会和不得不离开社会的人们组成的。但在这各种不同的原因之中，很容易看出的一个最重要的原因是：下层阶级的艰难处境、有时简直是不能忍受的处境；而哥萨克便主要是由这个阶级组成的。我们已经看到，国家中心地带的日益荒芜，迫使莫斯科政府把农民和关厢居民固定在他们的居住地。当一个人在农奴制枷锁下的生活变得不能忍受时，他面临的只有一条出路：逃亡。由于莫斯科政府搜捕逃亡者，而且在给他们以应有惩罚后，仍旧将他们枷锁起来，所以他们必须躲到"一个搜捕不到的地方"，易言之，躲到莫斯科国国境以外。于是"俄国南部草原的大河流域"挽救了他们。莫斯科国下层阶级身上承受的压迫愈是增加，则促使逃亡的力量愈是增大；而在几条哥萨克河——即顿河和雅伊克河，伏尔加河和捷列克河沿岸的居民也愈来愈多。这些地方的居民益众，则在莫斯科意图将这些居民置于它的"控制"之下时，这些居民对莫斯科的抵抗亦愈强烈。不仅如此，精明强干、机警灵活，必要时也善于战斗的哥萨克，有时转取攻势。这时他们确乎对莫斯科变得比"游牧寇

---

① 《俄国史》，第1卷，第10—11页。

群"更为危险;不过,这"游牧寇群"却往往在反对莫斯科的斗争中
成为他们的同盟者。他们在混乱时代曾给莫斯科造成不少麻烦,
在阿列克谢·米海伊洛夫朝代好好"统治了莫斯科一下"(斯·拉
津),后来又在叶卡捷琳娜三世朝代真正使彼得堡大吃一惊(叶·
普加乔夫)。他们的力量在于被奴役的人民的不满。农民和城市
工商业者都将他们看成人民痛苦的复仇者。索洛维约夫本人在描
写拉津派的运动时,就人民对这个运动的态度作如下说明:"平民
在听到这批贼党逼近城市后,群起围攻军政长官和衙门官吏,将哥
萨克放进城里,拥戴哥萨克的领袖以代替军政长官,实行哥萨克制
度。"①这就是说,哥萨克甚至当他们反对俄罗斯国家时,也不能与
俄国的国外敌人相提并论。哥萨克所仇视的主要是人民的压迫
者。由于这一原因,民歌也称颂哥萨克为"勇士,善良的青年好
汉";也是由于同一原因,后来我国的民粹派把哥萨克的运动大加
理想化。民粹派的理论家认为拉津、布拉温和普加乔夫体现了人
民的抗议和人民的革命意向。但是他们又错误了。哥萨克为了人
民受压迫而对莫斯科的官僚实行了残酷的复仇。然而他们反对官
僚,最好也只能破坏当时存在的社会政治秩序。他们不能用新的
秩序来代替它。

　　为用新的秩序来代替旧秩序,他们必须带来新的生产方式,而
在他们所创造的自由自在的草原生活里,却是连新生产方式的影
子也没有的。从前被哥萨克破坏的社会政治秩序,是由社会政治
需要所产生,随着居民相信对那种社会政治需要不可能仍然不满

---

　　① 《俄国史》,第3卷,第314页。

时,这一秩序又会逐渐恢复起来。可以满怀信心地说,只要哥萨克继续居于人民之上,他们便必然要恢复被他们破坏的秩序。不妨一提格尔莫根主教所叙述的"贼党传单"的内容,这些传单是博洛特尼科夫所属哥萨克在混乱时期向居民中被奴役的阶级散发的。按照他的说法,这些传单鼓动这一阶级去干"凶杀和掠夺等一切坏事"。这些坏事的目的是什么呢？主教说,传单的作者"命令大贵族的奴隶杀死自己的大贵族,并将大贵族的妻子、封地和领地判给他们;命令侍从小丑和无名盗贼打死一切客商,并掠夺其财产;号召盗贼加入他们的队伍,并给他们以大贵族、长官、侍臣、助祭等职位"①。很容易理解,如果不恢复强迫的农业劳动——农民的不满便主要是由这种劳动引起的——是不能够以领地和封地赏赐给起义的贵族奴隶的。很可能,格尔莫根在转述"贼党传单"的内容时不大注意言辞的准确性。但他准确地掌握了传单的一般精神,却是无可置疑的。为了证明,可以一提小俄罗斯的哥萨克,他们的命运与大俄罗斯哥萨克的唯一差别,在于他们取得了后者从来不曾取得的东西:取得了局部的胜利。"谁是哥萨克,他便应有哥萨克的自由;谁是种地的农民,他便应照旧向沙皇陛下尽义务。"——赫梅利尼茨基在1654年向莫斯科政府提出条约条文中,便是这样说的。而"哥萨克兄弟"的使者则向莫斯科政府求得一份地产证书,"并请求在证书里特别写明他对地产现有农民或以后新迁入的农民具有无限权力"②。结果产生了一种同在古代世界一度发生过

---

① 谢·斐·普拉托诺夫:《混乱时代史纲》,第305页。
② 格鲁舍夫斯基:《乌克兰人民史概要》,第281页。

的颇相仿佛的情况。众所周知,在某些古代城市国家里,起义奴隶战胜了其旧时主人。但旧时的奴隶在成为胜利者后,自己却使用奴隶劳动,而把自己变为奴隶主。格鲁舍夫斯基教授说,小俄罗斯的哥萨克"把自己看为最高的特权等级。他们虽曾反对波兰的小贵族制度,但在他们的观念里,社会关系的形成只能采取等级国家,首先是波兰式的等级国家的模式,因为他们便是在这种制度内成长的"①。然而不是意识决定存在,而是存在决定意识。为求在哥萨克的观念里,社会关系不按等级国家的模式而形成,必须具有完全是另外一种生产方式。但在那时,完全没有这一必要的条件。因此,——用同一格鲁舍夫斯基的话说,——"从赫梅利尼茨基到最后一个乌克兰煽动家彼得里克(十七世纪末),一般乌克兰的知识界,特别是哥萨克部队长,都不能设想一个社会制度能够没有等级特权,没有臣民和主人;伤害他们的情感的只是因为这主人是波兰人、是异族人和信仰不同的人,只是因为想做老爷的是些劣种人和无功受禄的人"②。不过,小俄罗斯哥萨克要比大罗斯哥萨克文明得多,因为那时在经济方面,西部俄罗斯是更发达些。注意到这一切,我们便又看到这种情形是很自然的。例如,1611 年前来拯救莫斯科的莫斯科人向那些早就服务于莫斯科国的哥萨克建议:"赏赐封地和金钱,为城市服务。"③这一提议丝毫没有使大俄罗斯的哥萨克感到惊异,因为在他们的头脑里,为国家服务是同小俄罗斯哥萨克队长头脑中所谓农民必然服从官宦阶级的思想联系着

---

① 《乌克兰人民史概要》,第 280 页。

② 同上书,第 280—281 页。

③ 谢·斐·普拉托诺夫:《混乱时期史纲》,第 481 页,比照第 483 页。

的。但正因此必须承认,无论哪一次大规模哥萨克起义使国家机体受到多么大的震动,但在这种起义里,革命的东西总是很少的。我不是说完全没有。哥萨克使被压迫阶级起来反对国家,因而唤起了他们的觉悟,使他们更有反对压迫者的准备与能力。因此,哥萨克在恢复被他们破坏的社会政治制度的过程中,不得不在一定程度上考虑到人民群众,并对他们作若干让步。无怪乎赫梅利尼茨基的使者于回到乌克兰后,暂时将在莫斯科时发给他们的证书保密,因为证书使他们的农民沦为奴隶①。但无论那里的情况怎样,哥萨克在胜利的时候也断然不能实行实质性的改革,其显著的原因便是他们的运动完全不曾准备新生产方式的胜利。

如果我们将哥萨克的起义同城市公社和先进西欧各国的第三等级的解放运动作一比较,我们便可看出俄国历史的一个新的——又是一个很大的——"欧洲缺点"。西方各国的城市公社和第三等级在同封建制度和封建关系残余的斗争中恰恰是作出了哥萨克所不能作的历史性事业:他们准备了新的生产方式、新的生产关系的胜利,因而也就准备了新的社会政治制度的胜利。在这个意义上,他们对国家进行的解放斗争——与哥萨克的斗争不同——乃是革命的。

我国历史中这一"欧洲缺点"的解释,仍然在于俄国的历史是一个在自然经济条件下进行开拓的国家的历史。在西方的先进国家,不满的人们离开农村便结集在城市,因为他们再也无处可逃了。在城市里产生了新的经济关系,货币经济亦以城市为中心而

---

① 格鲁舍夫斯基:《乌克兰人民史概要》,第281页。

推行于国内。我们的不满分子却逃往草原,那里的经济生活必然更远远落后于莫斯科国的中央地带。因此,西方这些分子是无可代替的进步分子,而我国哥萨克则是一种防止旧制度爆炸的阀门。哥萨克的抗争在历史上是无结果的,而且归根到底,他们也都变为压迫人民群众的工具;尽管他们以往来自人民群众,人民群众颂扬他们是"善良的青年好汉",喜爱他们的勇敢行为,把这种行为当作他们本身的抗议的表现……谢·斐·普拉托诺夫教授发现了一份写于 1613 年 12 月 22 日的关于顿河哥萨克的记述,其时米哈伊尔·费奥多罗维奇虽已选出,但混乱时期尚远未结束。这份记述写道:"他们事事都听命于沙皇陛下,决心反对任何国王的仇人"。[①] 当然,记述是过于渲染了的。顿河哥萨克好汉自己后来不只一次地成为"国王的仇人。"但如前述,他们的社会抗议在历史上都无结果。至于他们对国家的服务,则归根到底把他们变成反动势力,反对人民的真正解放运动的最方便工具。因此,说到底,历史完全证明记述的正确。

西欧没有任何类似哥萨克的运动。甚至奥国的边防军,就其产生和社会意义而言,也同哥萨克完全不同。因此,西欧人直到现在都对哥萨克没有一个比较正确的概念。但在世界其他各大洲,则各有其自己的哥萨克。

像苏里南的逃亡黑人(他们给荷兰人造成很大的危险)一样,桑给巴尔的逃亡奴隶曾在伊翁坡山和沿海山脉的兴巴里亚部分之间,形成一种类似利比里亚那样的地区。他们袭击那些从蒙巴萨

---

① 《混乱时期史纲》,第 601 页,附注 252。

直接到乌宗巴拉的车队,顺利地抵抗摩赞纽翁比(伏阿吉果部落的一个分支)的袭击,摩赞纽翁比的苏丹把他们视为自己的臣民。"根据阿拉伯人的传说,在呼洛安附近,还有一个类似的小共和国……旅行家提到住在这里的逃亡者的暴行和残酷时,无不谈虎色变"①。

非洲和南美洲(苏里南)的逃亡者,就是反对白人奴隶主和黑人"专制魔王"的黑人哥萨克。但他们的抗争,在促进社会关系进步的意义上是同俄国出身的白人哥萨克一样没有结果的。

XXI

我们已经看到,国家对俄国居民所有各阶层的奴役,是"国民经济的惰性"的结果。"国民经济的惰性"又是由许多原因引起的,这里再来讨论原因是完全多余的。这种奴役一经产生,其本身便成为延缓俄国经济发展的原因。但它没有,也不能停止经济的发展。货币经济在国内发展缓慢,却是一往直前的。以前俄国国民经济的自然性质甚至使从事商业的市镇居民,也要用粮食交纳其应付的捐税。十七世纪下半期,"商业"的发展使这种支付方式对他们看来深感困难。1673 年命令向市镇居民征收货币以代替所谓军粮②。货币经济的这些成就为后来的彼得改革创造了经济基础。根据克柳切夫斯基的卓越见解,彼得改革的纲领,"在这位改革家的活动开始以前便已全部准备就绪",而且在某些方面,"还超

---

① 白尔敦上尉:《东非大湖旅行记》(*Voyage aux grands lacs d'Afrique Orientale par le Capitaine Burton*),巴黎,1862 年,第 672 页。

② 拉波－丹尼列夫斯基:《莫斯科国的直接税课的组织》,第 169 页。

过了他所做的。"①例如,十七世纪莫斯科政府已开始改造其军队,愈来愈多地用"外国列队"的部队来补充旧式的贵族骑兵。随着这种部队数目的增加,——当时业已增加颇快,——政府用于军队的货币支出也增加了。在彼得时,甚至停止了封地的赏赐,因为在他的朝代里,服役的基本报酬已是货币薪给,而不是封地。在彼得及其后的一些朝代里,官员虽亦常获得土地及有居民的地产,但赏赐封地已不像以前那样是为了保障服役,而是作为对服役的特殊奖赏,不是有条件的领有,而是像以前因功受奖的世袭领地那样,成为受赐者的私产②。

同斯拉夫派所说相反,彼得改革活动,一点也没有违反俄国历史生活的总潮流。但他的朝代是一个在社会发展过程中完全必然的时代,在这样的时代里,逐渐积累起来的量变转化为质变。这种转化经常经过突变来完成,而由于缺乏了解或思考,这种突变又仿佛来得突然,也就是仿佛完全缺乏应有的有机准备。由于这种视觉错误,所以对于这个时代的主要活动家,群起攻击,说他们忽视了以前的社会发展过程。"彼得首要改革事业"(克柳切夫斯基的用语),即军队的改革,早就由"外国列强"部队的增多作了准备。然而这件事情在彼得时也是通过突变来完成的,因为军队组织的逐渐改变使量可能和应该转化为质。彼得通过军队改革所做的,就是法王在彼得很久以前在法国做过的事情。完全同法国一样,我国的军队改革给最高阶级对土地的态度以新的意义。以前的意

---

① 《俄国史教程》,第 3 卷,第 473 页。

② 帕甫洛夫－西尔万斯基:《国王的军职人员》,第 235 页。

义是土地占有制使最高阶级能够服军役。现在这个阶级因为服军役而获得的,已不是土地报酬,而是货币"薪给"了。这个阶级必须或者不再领有土地,或者在某种新的基础上领有土地。不再领有土地对它是很不利的,所以它利用其最高阶级的地位,避免了这一不利的结果,对于最高阶级的利益,便是独断专横的专制政府也不能不予尊重。此外,由于主要的官员继续从这个阶级选出来的,它的经济破产是不符合国家的利益的。所以在这里,彼得改革也只完成了前此俄国社会发展过程所准备的事业。在十七世纪,封地已逐渐与世袭领地相融合。彼得制定的 1714 年长子继承法,将封地和世袭领地平等对待,统称为不动产,因而完成了这一融合。长子继承法不合俄国大贵族的心意,他们在安娜·伊凡诺夫娜女皇时便将其取消。但在这宣布取消长子继承法的命令里,规定"以后无论封地或世袭领地都称为不动产、世袭领地"。对于这一收获,俄国大贵族是无论如何不愿放弃的。值得指出,这一收获恰恰是由大贵族不顾枢密院议员的策划而支持其掌握专制君主权力的安娜女皇批准的。也是这位女皇于 1736 年 12 月 31 日发布命令,限制大贵族的强制服役期限为二十五年,此外,还给父亲以保留一个儿子在家管理家务的权利。这是俄国官员阶级解放的开始,他们当时被称为小贵族的。1763 年的命令使大贵族欣喜欲狂,他们当中凡服役期满者,大都申请退职,因此政府不得不对命令作限制性的解释。但这只是停止了解放的过程,而且也停止得不久。这一限制性解释后为伊丽莎白所撤销,而彼得三世的 1762 年 2 月 18 日上谕更给"全部俄国高贵的贵族以自由"。23 年后,叶卡捷琳娜二世批准了这种自由:"她的赏赐特权证书给大贵族以等级内部自治及通过其代表向枢密院和最高当局陈报其见解的权利。"除开这一切,还有大贵族极为称心的决定:"对贵族不得使用体罚",以及"贵族除自己平等的人外不受审判"。大贵族爱戴叶卡捷琳娜老大娘,不是偶然的:老大娘使大贵族的解放达到圆满的结果。至于真正的政治权利,大贵族是不曾梦想的,而且我们往后便可看到,他们也不可能梦想。

俄国的社会政治生活仿佛是一栋二层楼的建筑物,其下层居民的被奴役是用上层居民的被奴役来辩解的:农民和城市工商业者的被奴役是为了使大贵族有为国家负担奴役的经济可能。但是掌握着执行最主要社会职能的阶级,必定要利用这一情况,以便第一,增加其对下层阶级的权力;第二,便利其社会职能的执行。俄国贵族便是这样做的。他们逐渐增加了他们对农民的权利,也逐渐解放了他们自己。由于国家的军事力量掌握在他们手里,他们更易于做到这一点。

彼得在改造军队时,主要是依靠贵族来补充军官职位的。但他希望被派为军官的贵族都熟悉"当兵的基本知识"。1714 和 1719 年的命令要求:"凡未在近卫军中当兵的贵族或其他人等,不得录用为军官。"[①]因此,我国最初的近卫军部队都是由担任过一切低级军职的贵族出身的列兵组成的。但由于同一原因,彼得堡的"专制君主"就完全依赖这种穿军装的贵族。彼得喜欢贵族近卫军,称颂近卫军贵族为土耳其帝国的精兵,按照自己的观点,他是完全正确的:"自彼得一世死后到叶卡捷琳娜登基以来先后替换

---

① 帕甫洛夫—西尔万斯基:《国王的军职人员》,第 240 页。

的几乎所有政府,都是近卫军包办的。由于近卫军的介入,在37年中发生了516次宫廷政变。彼得堡的近卫军军营是参政院和最高枢密院的对手和莫斯科缙绅会议的受话器。"①还可说得更利害些:在若干时期内,彼得堡的专制君主事实上(de facto)是受近卫军军官的佩剑与士兵的刺刀的节制的。但这种节制不可能是巩固的。只要将近卫军的刺刀交给农民,便可在事实上完整地恢复君主专制。当时俄国的阶级关系使它断然不能成为像波兰那样的贵族共和国,而必然仍旧是一个绝对君主专制的国家。

彼得的同代人伊凡·波索什科夫,农民出身,表达一般农民的信念,在所著《论贫富》一书中说:"地主不是农民的永久领有者,因此他们对农民不甚爱惜,农民的直接领有者是全俄罗斯的君主,而地主的领有权则只是暂时的。"波索什科夫主张由沙皇下令规定"使农民成为直接的农民,而不是最低级的农民;因为农民的财富是沙皇的财富"②。在彼得的时候,即在贵族的强制服役还没有取消的时候,农民便是这样想的。他们把这种服役看为对他们暂时受地主奴役的唯一辩解。当贵族已被解放,农民便决定,现在该轮到他们解放了,因为现在他们的暂时被迫劳动已无任何意义了。自由主义的叶卡捷琳娜不得不劝导他们放弃这种想法。她在即位以后,立即宣布,她决意"保持地主的地产和领地不受侵扰,使农民对地主维持应有的服从"。然而这并未能促使农民醒悟,他们仍旧期待自由,所以几乎每一新国王都不得不重申,取消农奴制并未列

---

① 克柳切夫斯基:《俄国史教程》,第4卷,第352页。

② 《论贫富》,A.A.基哲维特尔作序,莫斯科,1911年,第78—79页。

入他的施政纲领。农民将这种重申归咎于地主。他们深知地主是要用一切方法反对,而且不能不反对农民解放的。他们愈是渴望解放,便愈是仇恨地主。然而他们对地主的这种仇恨,却巩固了彼得堡的君主专制。贵族们任何明显地或形式地限制君主权力的企图,都会为下层阶级的一致反抗所迅速和残酷地粉碎。在政治上完全不开展的农民,他们当中虽然经常到处爆发了反对地主的"暴动",但他们总是把对美好未来的全部希望寄托在他们所假定的俄国国王的善意上。如所周知,普加乔夫便认为必须冒充彼得三世。农民觉得,专制君主的权力愈是完整,则实现这种希望愈有可能。因此,农民对于那些他们怀疑有反对沙皇意图的人,自然要视同人民的最凶恶敌人。农民的这种情绪,在十九世纪、在平民知识分子举行的各种反对派运动和革命斗争中,不只一次表露出来。我们以下便可看到,这种情绪对某些革命纲领和某些革命斗争策略的命运,发生决定性的影响。民粹派之为"民意派"所接替,其主要原因之一,便是由于人民对那些企图同他们接近,但是不同意他们的主要政治信仰的平民知识分子,抱着不信任的态度。

XXII

地主很懂得,农民不问政治是有其政治意义的。地主不能不感到,君主专制在同他们作斗争时有一个他们最害怕的同盟者——农民。就凭这一个理由,他们已不可能愿望对中央政权加以正式的限制。另一方面,他们自己也需要同专制君主结成联盟,以便控制其经常心怀不满,而且看来经常准备反攻的"受过洗礼的财产"①。这使他们更不愿提出任何明确的政治要求。在近卫军的刺刀从贵族手中转到农民手中之后,贵族等级只能用一种力量——即消极抵抗的力量,以及像 1801 年 3 月 11 日以惨剧告终的那种纯属军官阴谋,来抵制专制君主的意志。贵族消极抵抗的力量有时是很大的,其在我国内部发展史中的意义,远远超过一般的想象。就像尼古拉那样顽强,自信和死抱住不放的君主政权的代表,也不得不对这一力量有所顾忌②。但消极抵抗的力量是一种很保守的力量,而像 1801 年 3 月 11 日惨剧③那样的事件,则对当局的个别代表是很危险的,但对整个政治制度,其危险性尚不及十八世纪"御前连"④的业绩。

这样看来,我国君主制度的巩固并不像波戈金及所谓斯拉夫派所说的那样,是由于在我国没有阶级斗争,而恰恰是由于阶级斗争的存在。但俄国历史过程的一个值得注意的特点是以下的事

①　即农民。——译者

②　参阅叶·维塔尔列的很有意思的小品文《尼古拉一世皇帝与贵族（1842—1847）》(载 1911 年 10 月 17 日《言论》)。作者根据未发表的法国公使的报告,叙述俄国贵族对于尼古拉一世企图对地主的农奴制略加限制,怎样进行非常坚决和有效的反抗。皮列公使在一篇报告(1842 年 4 月 8/20 日)中向基佐部长写道:"尼古拉在他所没有预料的困难面前,在贵族由于看到财富和旧日权利被侵犯而发生的不满面前,是让步了,虽然他对此不愿承认。"

③　1801 年 3 月 11 日,俄皇保罗一世因实行中央集权、限制贵族特权以及于 1800 年与英断交(当时英国为俄国农产品主要市场),引起贵族及地主的不满,深夜在米海伊洛夫宫被刺。这里所说 1801 年 3 月 11 日惨剧,即系指此。

④　"御前连"——普列奥布拉任斯基团掷弹兵连,参加了 1741 年拥戴伊丽莎白即女皇位的政变,因而成为女皇的御前卫队。全连奖以封地,非贵族晋升为世袭贵族。该连于彼得三世 1762 年时废除。(见《苏联大百科全书》,第 2 版,*лейб-кампания*条)。——校者

实：我国阶级斗争时常停留于潜伏的状态，在很长的时期中不但不曾动摇我国已存的政治秩序，而是相反，异常地巩固了这一秩序。

其次，封地土地占有制长期成为贵族完整服役的经济必要条件。俄国君主"最驯服奴隶"本人也好，他们自己的奴隶——农民也好都明确认识到这一点。但是随着货币经济的发展，情况发生了实质性的变化。军队改革了，货币薪给代替了土地赏赐。这也是人民所不曾忽视的。在人民的眼光里，贵族土地占有制已无意义。如果农奴相信，在地主的强制服役废除以后，应该跟着实行农奴自身的解放，那么，他们观念中的解放，就不外是获得土地的解放。在不感到土地"狭窄"的地方，农民可能毫不反对将一部分土地留给地主。但在已感"狭窄"的地方，他们就毫不怀疑应该实行"土地平分"，就是说，应将一切地主土地没收归公，在农民中平均分配土地。现在农民视贵族土地占有制已无任何存在的理由。此外，他们完全不能理解，涉及满足国家某种需要时对他们是这样的不大客气，而为什么政府对地主却客气。农民的土地需要愈增，其对"土地平分"的希望愈急。他们没有等到最高当局发布分地的号召，便自己干起来了。1902—1905 年的土地风潮，便是这样开始的。

通常都说，这种风潮是由于革命宣传的影响。但革命宣传对农民的影响从来就不大，因此，它远远不能解释这种风潮的一切场合。这里的问题并不在于革命宣传，而在于数百年来俄罗斯国家土地政策所造成的农民心理状态。当农民要求没收地主的土地时，甚至当他们自己实行没收地主土地时，他们也没有表现为革命者，而是相反地表现为最坚定的保守者：他们保护了俄国整个社会政治制度所赖以长期存在的土地基础。地主由于反对"土地平分"

而起来反对这一基础，因此，在农民的眼光里，他们是最危险的叛乱分子。这一情况的自然结果是，我国农民一方面提出像土地重分这样急进的经济要求，同时却对政治的急进主义完全格格不入。甚至在农民业已丧失其旧的政治信仰、不作无限制的君主权力的拥护者的地方，他们对政治也是漠不关心的。他们的眼界只限于土地重分问题。因此出现了这样的情况：那些真正"国家孤儿"（农民——译者）穿军装的子弟虽在农村捣毁了"贵族的巢穴"，瓜分了地主的土地，而在大的城市中心，他们却枪杀了工人和"知识分子"。固然，下列情况也时常发生：即在大村落召集的群众大会上，农民通过了要求召开立宪会议的决议。但就这种大会的绝大多数参加者说，"立宪会议"一语并未同任何明确的政治概念联系起来。这些由思想完全不同的人们写成的决议所以获得参加大会的农民的赞同，并不是因为它们包括了立宪会议的要求，而是因为除这一农民所不理解和没有兴趣的要求之外，在决议里还包含了一条农民完全理解和最重视的重分土地要求。在混乱时代，喀山的东正教居民因为要保卫莫斯科国和"圣母教堂"反对"哥萨克人和立陶宛人"，为此目的而与"山地和草地鞑靼人以及草地的切列米斯人"就这一问题达成协议。我想，鞑靼人和可能不很重视基督教的"草地切列米斯人"，对于"圣母教堂"会搞成什么样子，当然是毫无所谓的。但是无论鞑靼人或"草地的切列米斯人"都显然同感混乱时期的混乱之苦，所以愿同那些准备恢复秩序，同时也记起"圣母教堂"的人们共同行动。在鞑靼人和切列米斯人表示同情的文书里，感动他们的并不是关于"圣母教堂"的条文，而只是关于必须恢复秩序的部分。同样，在群众大会所通过的决议里，触动大多数农民的,完全不是那些要求召开立宪会议的语句,而只是那些谈到"土地"的地方。农民急切打听关于第一和第二国家杜马活动的消息。但这些消息使他们感到兴趣的,也只是适用于同样"小块土地"方面。至于人民代表制问题的政治方面,仍旧是他们所完全不能理解的。他们不懂得这个问题的本质:他们不将自己看为国家杜马力量的来源,却将杜马看为一种将给人民以力量的机关,农民需要这种力量同反对"土地平分"的敌人斗争。因此,农民对于人民能够,而且应该保护自己的代表同反动势力斗争,连想都未想过。

在我国旧社会同东方专制国家极相仿佛的政治生活的基础上形成的这种俄国农民心理,解答了不久前我国某一期刊所说的"其始也风起云涌、其终也惨然失败的运动的世界之谜"①,简单地说,解答了为什么1905—1906年的革命爆发,比我国革命派和保守派在最初所感觉到的要弱小得多。这次爆发是两种性质完全不同的力量汇合的结果。一种力量是十五世纪末开始的俄国欧化过程所造成的;另一种力量则是我国旧的东方生活所产生的。一种力量即令在避免采取任何暴力行为时本质上也是革命;另一种力量即令在表现为最激烈的暴力时也保持了保守的特性。在某一时期内,第一种力量得到第二种力量的支持,从而给1905—1906年的爆发以波澜壮阔的外观。但第二种力量很快便无力再给第一种力量以支持了,这时开始明白,这一爆发事实上并不如人们在最初所想象的那么壮观。保守力量不再支持革命力量,因而异常地巩固了旧制度维护者的阵地,促进了旧制度的恢复。这就是"运动其始

---

① 《言论》,第 127 期,1912 年 5 月 11 日。

也风起云涌"、其终也——如果已终了的话——"惨然失败"的原因。1905—1906 年的爆发是俄国欧化的结果。而爆发的"失败"则是由于欧化的过程远远不曾改造全部俄国。"失败"的后果将随着这一过程的进一步发展而减弱。

现在仍须再次一提:俄国的历史是一个被开拓的国家的历史。农民由于丧失了在俄国实行"土地重分"的希望,大批奔向我国亚洲领地。政府由于害怕移民会使地主失去廉价的劳动力,长期加以阻止;但这次却广开移民的安全阀门。政府希望移民将使农民中的不安分子离开欧洲俄罗斯。未来将显示政府的这种打算是否正确;如果正确,又正确到什么程度。现在所有的人都明显看到一点:在近几年里,奔向亚洲俄罗斯的移民是迅速地减少了。例如,据"新闻局"公布,1909 年去我国亚洲领地的农民和移民为 707,400 人,1910 年为 353,000 人,而在 1911 年则为 226,000 人。这样看来,安全阀门的作用迅速地大为缩小了。另一方面,亚洲俄罗斯人口的增加,扩大了帝国国内市场的容量,从而促进了帝国工业的发展,也就是加快了帝国先进地区的欧化过程,因此,反动派取得新胜利的机会是减少了。

XXIII

我们知道,东北罗斯社会政治制度同东方专制国家制度的接近,归根到底,是由于延缓其生产力增长、从而造成其经济"惰性"的情况。但是这一在生活方面与亚洲各国极相类似的国家,却不仅要从抵御亚洲人侵袭中保持生存。西方与欧洲接邻;十六世纪以后,它同欧洲各国的每次冲突都使它痛感欧洲文明的优越性。无论是否愿意,它都得想想要从欧洲学点东西。同时,我们已经看到,这种学习是从最感需要的东西开始,即从学习西欧的军事艺术开始的。十七世纪末,按照外国方式编制的部队已在人数上大大超过封建领地的贵族骑兵。的确,这按照外国方式编制的部队起初是比贵族后备军要略胜一筹的。但当时也可明显看出,为了改造军队,需要很多的金钱;而为了筹得这笔钱,必须向西方的异教徒,向"拉丁人"和"路德教徒"学习他们利用其本国自然财富的本领。在阿列克谢·米海伊洛维奇时,便已采取许多措施来增加国家的生产力。但这些措施尚不足以对国民经济的发展发生比较重大的影响。至于居民的认识和习惯,则在米海伊洛维奇时,只有少数人接受欧化;而且对于这些人,克柳切夫斯基对于拉季谢夫和奥尔金-纳晓金的下述评语也是差不多完全可以适用的:"他们不是将西方的方式和科学知识用来反对祖国的旧事物,而是用来保护从旧事物本身、从恶劣的政府和教会领导人在人民群众中养成的狭隘和死板认识、从使群众僵化的守旧习惯中产生的旧事物生存的基础。"①值得注意的是,受过外国教师教育的奥尔金-纳晓金的儿子沃因,在当时的莫斯科住不下去,因为莫斯科使他"恶心死了",于是他逃到外国去,最初跑去见波兰国王,后来又跑到法国②。虽然在费多尔·阿列克谢耶维奇和女皇索菲娅时,宫廷业已开始学习"波兰礼节",但俄国的真正欧化,只是从彼得才开始

---

①　《俄国史教程》,第 3 卷,第 455 页。

②　见索洛维约夫:《俄国史》,第 3 卷,第 67 页。有趣的是,"最沉默的"阿列克谢·米海伊洛维奇也对小纳晓金的逃走深感不快,他想把他从外国弄回来,如果不行,也要"在那里消灭他"。同时,他提出要采取极为慎重小心的办法使老纳晓金能够接受他的出走的儿子"业已死亡"的消息。(见索洛维约夫:同上书,第 69 页)

的。这就是为什么彼得改革的意义的问题成为我国政论界的根本问题的原因。这个问题实际上就是俄国应向哪个方向发展：向东方还是向西方发展的问题。

人们以为彼得说过："我们在几十年内需要欧洲，然后同它背道而驰。"很难确定，他是否真地说过这样的话。比较可靠的是他不曾说过。但这些话还是有其深刻的历史意义的。无论彼得多么醉心西欧文明，但在其改革活动中，他是，而且只能是一个局部的西方派。这正可以解释在比较深刻欧化的上层阶级和人民之间的脱节，这种脱节是彼得改革的结果，而后来斯拉夫派所痛心疾首的也是这种脱节。

既然使俄国生活接近东方专制国家生活的主要特点，是所有人民各阶级完全被国家奴役，则无可置辩，彼得改革不可能，且亦不注意使农民欧化。相反，我们业已看到，彼得堡时期国家和地主对农民的奴役，达到极端的逻辑结论。在从彼得到基谢廖夫将军的漫长岁月里，俄国农民的境遇愈来愈加接近于东方专制国家的下层被奴役阶级的境遇。强迫农民为地主和国家的劳动，越来越加沉重。彼得时农民的处境便已极为恶化。米柳科夫先生根据1678 和 1710 年的人口普查，将俄国纳税人口总数加以比较时说，在此期间，这种人口没有像预期地那样增加，而是减少了五分之一。上述历史家补充说："但是必须记住，这一结果还是实际减少额和自然增长额的所谓结式，而自然增长额必然多少掩盖和隐蔽了实际减少额。"[①]俄国纳税人为彼得改革付出的便是这种沉重的

---

① 《十八世纪最初 25 年的国家经济和彼得大帝的改革》，圣彼得堡，1892 年，第268—269 页。

代价！米柳科夫先生不无天真地指出："除了最后几年受重商主义影响采取的一些有利于城市阶级的措施外,彼得并不算是一个社会改革家。"①这是很容易同意的:那是什么样的社会改革啊！社会改革注意改善下层阶级的处境,而彼得却完全没有做到。他对劳动人民的经济政策仍旧忠实于莫斯科国的传统,从来没想到任何"社会改革"。如果莫斯科在打纳税人时是用长鞭,则以彼得为代表的彼得堡便是用蝎尾鞭。毫不奇怪,1700 年民间便流行一种传说,说末日到了,以彼得为代表的反基督徒做了皇帝了。简言之,从这方面说,是任何欧化都谈不上的。

还应补充说,在彼得改革的时候,西欧各先进国家的农奴制最后残余都迅速地消失了。这样,我们在这里似乎看到两种相互平行,但方向相反的过程:当农奴制在西方消失的时候,它在我国却达到最高峰。这就更加扩大了俄国农民处境同西方农民处境的差别。

如果我们看看对待贵族,其情况便不是如此。彼得虽不曾采取任何措施来解除对他们的强迫服役,但他实行的军队改革,却使贵族能够争取到使封地等同世袭领地,从而为他们的"自由"奠定了经济基础。在其后的几个朝代里,部分地由于这一军队改革,贵族更是获得了在当时条件下所需要的全部"自由"。随着贵族接近于"自由"了,他们对国家的作用,便与东方专制国家官宦阶级的作

---

① 根据谢·斐·普拉托诺夫教授的意见,彼得的经济政策对于他那个时代在西方创造了某种重商主义保护制度的思想,作出了贡献。(《俄国史讲义》,第 6 版,第 488—489 页)彼得在这里对旧莫斯科是作了最大的贡献的,而在其他事情上,他是同旧莫斯科作了残酷斗争的。

用不再相同,而与西方君主专制国家的上层等级的作用比较相似了。因此,"贵族"等级的社会地位是朝着一个方向——即朝着西方的方向变化的,而与此同时,"下等人"的社会地位,却继续朝着相反的方向——即朝着东方变化。我们在这里又看到两种平行的过程,这两种过程又是向相反的方向发展的。这便是在人民和比较开明的社会之间的上述脱节的最深刻社会原因。其实,类似的脱节现象在西方各国,如在法国也曾存在。我们可以从法国百科全书派的生活里举出若干事例,这些事例明确地表明,十八世纪的法国启蒙思想家只要被农民看出是贵族,便很难同农民接触。这种相互了解的困难,是阶级或等级对立的必然结果。但它在任何地方都没有达到像俄国这样严重的程度。彼得改革使上层等级接近西方,而使下层等级离开它,因而增加了后者对一切来自欧洲的事物的不信任。这种对外国人的不信任更因对剥削者的不信任而倍增。甚至在某种西欧思想可能首先有利于被压迫等级的时候,——当这种思想本身是西方被压迫者与压迫者解放斗争的结果的时候——俄国农民只要看到宣传这种思想的是穿着德式服装的人们,便会以为这是贵族的"圈套"。俄国的先进人物为此受过很多痛苦。这是一个很大的不幸,然而还不是最大的不幸。最大的不幸是另外一种。

当俄国社会思想的欧化代表不仅想到人民下层阶级的困难处境,而且想到他们过去的历史遭遇和其未来发展的希望时,他们非常自然地根据他们从西方学得的社会学说的观点,对这些极为重要的问题开始判断。但西方学说是在西欧社会关系的基础上产生的。而俄国农民的处境也正如它的历史过去一样,更像东方,而不像西方。因此,无论是二者那种处境或是历史的过去,都很难根据西方社会学说的观点进行分析。根据这种学说的观点,两者都充满了极为意想不到的矛盾。例如,赫尔岑对于"(俄国——著者)大部分居民权利的被剥夺,自鲍利斯·戈东诺夫到现在有增无减这一极为荒谬的事实",深感震惊。事实上,类似的事实也许在意大利、法国、英国以及大多数日耳曼国家的历史中,确实是"荒谬的"。但如注意到东北俄罗斯在特定历史条件下的经济发展史,则我国这一事实乃是完全自然的,甚至是无可避免的。如果抱定西方的社会学说,那就更难对俄国向先进人类理想方面的未来发展,制成任何比较可行的方案。这种困难曾引起称为 П.Я.恰达耶夫第一封《哲学书简》的高贵的失望呐喊。由于这种困难,在我国出现了自斯拉夫派到民粹派以及包括主观主义在内的所谓俄国进步的"特殊性"理论。最后,这种困难还使几十年内只有在一个条件之下,即在两脚都站在历史唯心主义基础上的条件下,才能摆脱这种"特殊性"。我国的社会"存在"(特别是在涉及下层阶级的处境及历史命运方面)与西方社会存在的不同,只有在我国先进思想家同意不是存在决定意识,而是意识决定存在的条件下,才不致使他们感到困惑。谁要像十八世纪法国启蒙思想家那样认为,归根到底,理性总是正确的(la raison finit toujours par avoir raison),他便只要相信西方某一先进学说的合理性,即可坚信这一学说的未来胜利。但是谁要说理性的"合理性"是根据社会条件而改变的,并且某一"合理性"形式——即某一先进学说——的胜利,经常以社会条件的一定结合为前提,那他便由于当时俄国的实际而不得不承认,就会在其本国完全适当的西方先进学说,在俄国,也是"荒谬的"。我们可看到,别林斯基在其著名的"与现实妥协"时代,也得出同一结论。然而这一结论是先进的俄国人们所不能忍受的。我们还可看到，在真理面前勇敢无畏的别林斯基本人只能在很短的时期内安于这种结论。然而别林斯基为了放弃这一结论必须转到主观历史唯心论的观点。主观历史唯心论是有助于社会空想主义的发展的。我们也确信，俄国社会思想的最先进和最有天才的代表，几十年中尽管作过种种努力，却都未能在其社会纲领中脱出乌托邦的范围。

　　人民同先进知识分子的脱节，极大地阻碍了人民本身的解放斗争，使那些力图帮助他们的人扮演着"聪明的废物"的可怜角色。斯拉夫派说，欧化的俄国"社会"，仿佛是生活在野蛮人中的欧洲殖民地。这是完全正确的。但只有一种社会现象，即野蛮人的欧化，才能使这些被抛弃在俄国野蛮人中的外国殖民地的艰难情况，得到改善。别的办法是不可能有的，其简单的原因是：与斯拉夫派的见解相反，在莫斯科罗斯的社会生活里，没有——而且无从获得——那种能够创造堪与西欧文化匹敌的特殊文化的"基础"。莫斯科社会生活的基础，归根到底，还是国家对居民一切阶级的奴役，而奴隶制是完全不利于文化的发展的。固然，有些东方专制国家——古埃及或古迦勒底——也使一切人民力量受国家的奴役，但它们比十七世纪的莫斯科罗斯要文明一些[1]。没有根据认为，十七世纪末，莫斯科罗斯业已达到其本身"基础"的比较独特结果

---

　　[1]　不过，关于迦勒底，必须作如下的附带说明。当卡西迪时代的迦勒底皇帝将其某一"黎民地区"土地"划归己有"时，如前已述，他曾给予报酬。（库克《迦勒底的地产》Cug, *La propriété foneière en chaledèe*，第 720 页）而莫斯科的"专制君主"在这种情形下却是不给任何人以任何报酬的。这就是说，与前述时代的迦勒底相比，莫斯科对其《孤儿》的奴役是要彻底得多了。

的那种文明的极限。假定莫斯科罗斯在最后差不多可以比得上古埃及和古迦勒底①的被奴役,但由于生产力发展迟缓而出现的居民的被奴役,又从它方面阻碍生产力的发展,因而也阻碍文明的发展。西欧从来没有像东方各国和莫斯科罗斯那样完整的奴隶制,所以它创造了大得不可比拟的生产力和昌盛得多的文明。与这种文明相比,东方各国的特殊文明可能是显得过于薄弱了。在十七世纪末和十八世纪和十九世纪,——不是公元前,而是公元后——必须学习西欧文化,不然就向衰落与瓦解后退。俄国真是侥幸,它学习西欧文明的过程,不能只限于它的官员等级的欧化。

XXIV

彼得不仅巩固了对农民的奴役。甚至他所引用的大量各式各样西方技术,与其说是导致了我国社会关系的欧化,毋宁说是按照旧莫斯科的精神对这种关系作了更彻底的改造。由于希望推动本国生产力的发展,他采用了莫斯科罗斯所广泛使用的手段:对适合特定目的的各居民阶级实行了奴隶劳动和强制服役。莫斯科国有为官方服役的手工业者,即为了满足国家需要而强制从事某种手工业的市镇居民。从彼得时起,在我国出现了服役的工厂主的制造厂主②。在西方

---

① 由于文明发展的自然条件较为不利,俄国是很难完全比得上这两个国家的。

② 彼得断言:"尽管这是好事和必要的事,却是新事,而我们的人是非强迫不做这种事的。"因此,他命令实业局对工厂"不仅提出建议,而且实行强迫"。回顾过去,他在1723年说:他的"一切都是强迫作成的"。(克柳切夫斯基:《俄国史教程》,第4卷,第143—144页)由于这种"强迫"(这是莫斯科生活所有"基础"中的一个最突出的"基础"),克柳切夫斯基完全有根据说:在彼得统治下,"俄国完全取得了十七世纪莫斯科立法所力图赋予它的那种特性"。(同上书,第281页)

各先进国家,工厂—制造厂生产的推广意味着雇佣劳动制度的推广。彼得在俄国建立工厂和制造厂时,却将近郊的农民派到工厂和制造厂中去,这样就创造了一种新型的奴隶状态。我国历史过程的这一相对特点——从西方学来的新生产在我国的土壤上为亚细亚的环境所包围这一事实——既为我国经济落后所造成,又阻碍了俄国经济的进一步发展。此外,这一特点还阻碍了从事新生产的这部分居民的欧化。关于被派到工厂和制造厂去工作的农民是不用说了,就是商人,他们过去在某种制度上总算是一个特权等级了,而在生活方式和理解上他们也长期固守着旧的事物。商人不相信来自西方的新事物,因为他们不爱西方,感觉自己同西欧的竞争者相比是弱者,西欧的竞争者不仅在财富上,而且异常重要的是在法律地位上,都比他们优越。伊·季·索什科波夫一般说来,是很赞成彼得改革的,是他对外国人的评价,却总是包含着敌意的。试想,像他这样的商人在同外国商人办事或竞争的时候,手脚都被我国衙门的"官僚作风"束缚住了,那就可知他不能不认识自己的弱点,认识自己的弱点,就不能不引起他们对海外来客的愤恨呢。在城市资产阶级的最下层、在完全无权的"市镇工商业者"如手工业者中,积怨尤深:因为官宦阶级的欧化使他们失去了顾客,顾客都尽可能去找外国的行家。如果富商长期保持了在奥斯特罗夫斯基喜剧中获得不朽反映的习惯,那么城市资产阶级的最下层,便是晚近在我国非常不恰当地被称为"黑帮"的各种观念的良好发展土壤。商业和手工业等级对西方新事物的恶感加剧,还因为已经比较欧化的俄国高尚的小贵族利用其在国家的统治地位当然不利于"留着大胡子的人们"。因此,商人与大贵族间的完全自然的对立,造成了俄国欧化的又一障碍。在十九世纪中叶以前,俄国新文化具有非常鲜明的大贵族特征。虽然如此,欧化的过程迄未停止。这一过程逐渐超出了最高等级的狭窄范围,而且必然要超出它。从西欧学来的新生产发展了,由于亚细亚的环境发展得很迟缓,但毕竟是发展了。新的生产愈是发展,则亚细亚环境必须铲除,也愈益明显。在统治等级深受农奴制传说的教育的国家里,要做到这一点无论有多么困难,但是经济发展的动力,终归克服了农奴制,利益和传说的惰性。我说过,十九世纪四十年代的大贵族对于尼古拉一世略事限制农奴制的企图,作了胜利的消极抵抗。但与此同时,在大贵族中间也出现了一些农业主,他们同解放的"空想"完全格格不入,凭生活的经验和简单的算术计算,对农奴劳动的不利,深信不疑。大臣彼得罗夫斯基 1854 年在向尼古拉提出的报告中说:"现在'有教养'的地主完全不担心给人们以自由会使他们的财产受到损失。"按照这位大臣的说法,"地主自己开始懂得,农民使他们受累,最好是改变这种彼此不利的关系。"同时,彼得罗夫斯基对于引起地主观点这一改变的原因,毫不掩饰。他指出了地价的日益高涨,以及在萨拉托夫、唐波夫、平扎、沃龙涅什和某些其他省实行农业雇佣劳动制的成功经验[①]。国民经济工商部门里的农奴"关系",变得更为"彼此不利"。必须抛弃旧莫斯科罗斯所遗传下来的"不自由"。但正如彼得罗夫斯基所指出,甚至"有教养的贵族也担心这种变革的后果。凡是了解人民及其思想和倾向的

---

① 见 В.И.谢梅夫斯基:《俄国的农民问题》,第 2 卷,第 135、136 及 138 页。

明理的人,都应对此担心"①。如果不是克里米亚的灾难,像恩格斯所说的那样表明:"俄国即使从纯粹的军事观点看来,也需要铁路和大工业",则贵族的这种恐惧还会更长久地阻止农奴制的废除。尽管我国上层官僚浸透了大贵族的精神,然而形势的确定不移的逻辑,迫使他们着手进行农民改革。亚历山大二世政府实行的所谓解放农民的措施,受到亚洲很强烈的批评。这些措施的无可怀疑的特点,被认为是它的功绩,似乎这种农民连同土地被解放,有西方历史上没有先例之称。我想对于这一臆想的功绩,用我在另一著作中对它所作解释,再加说明。"世界上最大地主兼奴隶主(国家)断然不能与以下思想妥协! 业已打算按照自己意图支配的被解放农民,立即以数百万计的无产者的姿态,出现在它的面前。就这方面说,它的利益是同其他奴隶主的利益相左的。这正可解释当时的地主和'彼得堡官僚'之间的摩擦,而某些好心人却直到现在还将这种摩擦说成是由于当时某些官僚阶层的爱民"②,按照世界上最大地主兼奴隶主的意见,要解放农民,就得在他们对地主的依附地位消灭之后,使他们完全依附于国家。世界上最大的地主—奴隶主就是这样做的。他所"解放"的农民仍旧在国家面前完全无权,而国家所关心的则是保持莫斯科和彼得堡奴隶制所遗传下来的旧的农民土地所有制形式:在农村公社里重分土地。这种农民"解放"的亚细亚性质,不利于俄国更进一步的工业发展,更不利于农民。我国的"农民改革",没有给农民以商品生产社会

---

① 《俄国的农民问题》,第138页。
② 见我的论文《论农民解放》(《现代世界》,1911年,第2期)。

的生产者以必需的、哪怕是部分的公民权利,但却迫使他们比以前
更频繁地在商品市场上部分地以其简单农产品的出卖者身份出
现,部分地以其自身劳动力的出卖者身份出现。在这种条件下进
行的市场交易对他们多么不利,是可以理解的。"被解放的"农民
贫困化了,他们的贫困化阻碍了工业品所需要的国内市场的扩大,
这便是俄国资本主义迅速发展的极大障碍。但资本主义不管怎样
克服了这种障碍,资本主义毕竟是前进了,俄国的欧化也毕竟同资
本主义一道前进了。如果彼得通过改革"打开了通向欧洲之窗",
则现在是给欧洲影响广开大门的时候了。

　　欧洲影响通过大门渗透到前此所不能达到的那部分居民之
中,最初渗入商工业阶级,后来又渗入农民之中——渗入的程度视
新的生产关系对农民生活的旧经济基础的瓦解程度而定。在商工
阶级之中早已开始,但长期没有产生显著社会政治结果的两个新
阶级的划分——即资产阶级和无产阶级的划分,取得了颇为迅速
的进展。这种划分进展愈快,俄国的欧化程度也越大。伊·谢·
阿克萨科夫①说,只有"陷人民于满目荒凉"的发展才能使人民接
受西欧的先进思想。资本主义生产方式完成了这一在斯拉夫派政
论家看来完全不可能的奇迹:它使俄国很大一部分人民"陷入满目
荒凉"之境。号称"国民的精神"并未能抵挡资本主义的冲击。俄
国生产者在陷于无产者的地位时,虽在大多数情形下在公文上仍
然算是农民,却开始逐步走上了西欧工人远远走在前面的道路:同

----

　　①　阿克萨科夫(1823—1886)——斯拉夫派著名活动家,曾揭露沙皇滥用职权的
现象,坚持出版自由,废除贵族特权等温和自由主义纲领。他虽对政府有所批评,但始
终是君主制程的拥护者。——校者

资本主义作斗争的道路。这一斗争在他们身上迅速发展了罗斯前所未闻的情绪和意图。同时由于警察式的国家竭力维护资本的利益，所以俄国无产者一个又一个地迅速失去了从农村带来的那种由来已久的农民政治成见。的确，资本主义的发展经常驱使一批又一批新的"平凡乡下佬"参加无产阶级的队伍；因此阻碍俄国工人阶级政治觉悟的提高。不久以前，甚至在工人阶级的最轰轰烈烈的运动里——例如，在1905年1月9日的运动里，——都可看到农村的这一消极的心理影响。不能闭着眼睛不看工人阶级的落后阶层有时参加了摧残犹太人和先进知识分子的暴行。但是资本主义的发展虽未能立即使无产阶级的落后阶层"陷入满目荒凉"，而总的说，这个阶级已在政治意义上迅速发展起来，成为两种力量之一，这两种力量的结合引起了1905—1906年革命的爆发：这就是说，工人阶级已迅速发展成革命力量。参加这次革命的另一力量，我说过就是农民的力量，按照俄罗斯国家土地政策的旧传统争取"土地平分"，这种传统是农民分得土地的根据。当时这两种力量只要一致行动，那么革命就会取得胜利。然而这两种力量在本质上是不同的，它们不能长期一致行动：俄国农民亚洲的运动，只能在短期内同俄国工人欧洲的运动相符合。当这两种力量不再一致行动的时候，反动势力便开始胜利了，就是说，捍卫自己的"不动产"的贵族便开始胜利了。整个的问题就在这里。

　　贵族反革命由于以往的经济发展过程使农民太不够欧化而取得了胜利，他们的最初一项改革便是从立法上消灭土地公社。贵族以为在消灭土地公社后，便毁掉了旧的土地传统，因为农民就是以这种传统的名义确认他们有权剥夺地主的。当然，他们是迟早都会毁掉这种传统的。但是与此同时,他们也将毁掉农民的一切旧世界观,完全破坏多少世纪以来我国旧政治秩序所凭借的经济基础。这未必符合贵族的利益,但可能完全符合无产阶级的利益,因为无产阶级的前进运动,在过去和现在,都受到旧式农民的政治惰性的阻碍。无论如何,贵族反革命的这一步骤,仍是我国社会经济关系趋向欧化的一个步骤,尽管我国人民为此所付代价,当然要比在其他政治条件下所付出者,多得不可计量[①]。

XXV

俄国一部分劳动人民"陷于满目荒凉"之境地后,资本主义破天荒对从西方渗入俄国的先进倾向,保证了巩固的社会支持。只有从这时起,先进倾向的思想代表才不再是"聪明的废物"和"多余的人"。只有从这时起,他们从西方学来的理想,才在俄国获得了实行的机会。

我已说过,彼得改革后,从西方渗入俄国的新文化,长期具有贵族的特征。这种情况在这一文化的最好成果——文学——上表现得特别明显。尽管差不多在初期,农民便给文学贡献了像罗蒙诺索夫这样的优秀活动家,但在长时期内,我国文学家都主要来自贵族。在绘画中,情况不完全如此,但绘画也是长期为贵族的审美

---

① 本段付排后,获读洛西茨基的非常认真小册子《公社的瓦解》(圣彼得堡,1912年),甚盼读者注意这位尊敬的统计学家的最后结论:"不管关于公社的新立法的政治倾向和缺点,以及其实施方法如何,这一立法是符合广大农民群众的利益的,它曾被广泛采用,且具有重大意义。土地立界,特别是分配及摊分办法的推行,标志着农村从封建结构趋向资本主义关系的运动。但这个立法没有解决农民缺少土地和无权问题。解决这两个问题的斗争,还在前面。"(第44页)

需要服务,而且主要的是考虑贵族的爱好的。然而贵族的保守部分,是没有欣赏文学和艺术的素养的。此外,他们对文学很少实际的需要(为了制作人像,无论如何,绘画是需要的),因为这部分贵族的主要等级需要,通过上层官僚和近卫军营的"直接行动"(action directe),已获充分满足。至于贵族的先进部分,则是在西方第三等级反对世俗和宗教贵族的解放斗争业已发生时,才开始在俄国文学中表现其意图的。这对于先进贵族的意图的性质,不能没有影响。青年的贵族思想家,虽在某些方面仍旧是彻头彻尾的"大老爷",但对贵族等级自私的极为粗暴表现,却持否定态度。例如,在十八世纪,他们便已猛烈攻击滥用农奴制,他们当中的一些人甚至谈到完全废除农奴制。不仅如此。出身贵族的先进人物有时还提出社会政治要求,实现这些要求意味着完全废除贵族等级的特权,并在经济生活及政治上为资产阶级的广泛发展铺平道路。只要回忆一下十二月党人就够了①。在十九世纪三十年代,若干贵族出身的思想家,如亚·伊·赫尔岑、尼·普·奥加廖夫和他们的小组,甚至转到劳动群众的观点上去了,因为这种观点是当时的空想社会主义所特有的。不用说,这种趋向是不能吸引贵族等级的。欧化贵族思想的这一线光明,历时愈久便愈是变得暗淡,先进的欧化贵族亦愈是痛感自己的实际软弱无能。赫尔岑在日记中写道:"我们的情况是没有出路的,因为它是不真实的,因为历史的逻辑指明,我们不为人民所需要,我们的事业是一种绝望的折磨。"

---

　　① 罗斯托普钦的俏皮话是人所共知的。他说,我国贵族对自己提出的政治任务,是"皮靴匠"在法国对自己提出的政治任务。

　　无论在文学和艺术里,贵族的领导权在十九世中叶已为平民知识分子的领导权所代替。当然,平民知识分子是我国"第三等级"的组成部分,但他们属于这个等级的民主派。这个等级在经济上有权势的部分,对于我国文学和艺术的发展,长期没有发挥直接的影响。由于前述原因,他们最初是不接受欧化的,而当这一原因逐渐消失时,我国资产阶级长期没有感到在报刊上发表他们的要求的必要,而只限于同政府进行直接交易,不断向政府要求对"祖国的工业"实行"津贴"、"担保"和保护。顺便指出,同极端的西欧历史过程相比,资产阶级的这种行为是我国历史过程的另一相对特点:西欧的资产阶级发挥了大得多的革命作用。

　　当文学、艺术和社会思想的贵族时期为我国平民知识分子时期所代替的时候,嘲笑不久以前的"多余的人",已属司空见惯了。先进的平民知识分子坚信,他们不会扮演这一可悲的角色。然而尽管他们数量多于先进贵族,但作为社会力量,他们却是微不足道的。在以无产阶级为代表的新战士出现于历史舞台之前,"保守派"是可以轻而易举地镇压他们的全部实际斗争企图的。由于这种新的战士的出现,情况就改变了。第一,现在要来争论俄国应否走西欧的发展道路,那是很可笑的:很明显,俄国不仅应该走,而且已经在走,因为资本主义正在成为俄国的主导生产方式。第二,已很明显,"我们"并不像赫尔岑一度绝望地慨叹过的那样"不为人民所需要",而且俄国的经济欧化一定伴随着俄国的政治欧化。这便在俄国平民知识界面前展开了极为广阔和值得庆幸的前景,使他们在某些时候也认为自己决心完全站在无产阶级的观点上了。所有稍为先进的人们,都宣称自己是马克思主义者。

　　但除无产阶级外，毕竟在俄国历史舞台上还有资产阶级，他们的最发达的阶层当时业已充分欧化。资产阶级在各式各样津贴、担保和保护的气氛下所受的历史教育，没有养成他们的战斗性格。但他们不是没有对政治不满的，所以他们也逐步地感到需要一种与他们的反对派情绪相适合的精神武器。已在几十年中领导我国思想运动的这个平民知识界的代表，遂着手准备这种武器，从事于我国先进资产阶级的思想欧化。在他们当中，几乎在普遍爱好马克思之后立即产生了一种新的爱好："批评"马克思的爱好。

　　这种批评在我国乃是一种使代表觉悟的西欧无产阶级意向的社会学说适应俄国先进资产阶级思想需要的企图。这样的企图只有在西方的资产阶级社会学说业已暴露其破产时，才能出现。有这种企图的人所提出的任务，在理论上是荒谬的，因而是不可能解决的。而由于这种任务解决不了，所以"对马克思的批判"很快就变成一种简单的"批判"，而简单的"批判"归结于旧的资产阶级学说旧调重弹和改编罢了。现在从事这种旧调重弹的，每每是那些不久以前还完全真诚地自命为马克思主义者的作家。

　　因此，在俄国社会思想史的贵族时期和平民知识分子时期之后，跟着一个新的、直到现在仍在继续的时期，在这个时期里，任何一个社会阶级或阶层的思想领导权，已远非过去那样显著了。现在没有主导的思想流派。现在思想力量主要分属两个极端：一端是无产阶级，另一端是资产阶级。此外，还有一些旧学派的理论家，他们珍惜其对旧的国民经济生活"基础"的信仰，而不愿与之决裂。但是随着俄国欧化的进展，这些旧"遗教"代表者的理论阵地，变得越来越动摇，而这些代表者本人，亦愈来愈加显得失望。他们的末日快到了。我国社会思想往后的整个历史决定于无产阶级与资产阶级之间的相互阶级关系。当然，在这种关系的发展过程中，欧洲"东部平原"仍将有其相对特点，这种相对特点亦将引起精神发展的相对特点。现在猜测这两种特点都无用了。但是指出那些可能成为考察对象的问题，却是不无补益的。

我们已经看到，当俄国的社会存在不能根据西方社会政治学说的观点求得理解时，历史唯心主义便成为不愿同"丑恶的俄国现实"妥协的俄国自由思想者的唯一可能的避难所了。当资本主义的成就已陷俄国人民于"满目荒凉"到一定程度、不便再说我国社会发展的独特道路时，历史唯心主义的行市便一落千丈。这时，对历史唯物主义便发生了极为强烈的需要，因为只有历史唯物主义才能既对西欧，又对俄国的社会存在作出满意的分析。但是，历史唯物主义的观点，是无产阶级理论家的观点。据根历史唯物主义分析俄国社会存在所得结论，是我国欧化资产阶级思想家所不能接受的。因此，只有在反对民粹派和主观主义的完全陈腐理论的斗争继续进行时，历史唯物主义才在我国享有广泛声誉。这些理论一被推翻，便立即开始了"对马克思的批判"，这种批判意味着从历史唯物主义倒退到在新的基础上或多或少地经过改造的历史唯心主义。这种倒退是在攻击当时称为哲学唯物主义的立场和实际上构成唯物史观的认识论基础的掩饰之下进行的。在十九世纪最后几年，我国欧化了的资产阶级的思想家便已宣布哲学唯物主义为完全僵死的学说。值得注意的是在这一点上，甚至某些属于无产阶级阵营的作家也相信他们的意见；更为值得注意的是这些相信资产阶级思想家胡言乱语的无产阶级思想家，在策略问题上却表现为不可救药的乌托邦主义者。

无论彼得是否说过俄国将来会"同欧洲背道而驰",但现时俄国已完全没有这样做的可能,却是显而易见的。由于现在甚至最典型的东方国家也在转向西方,这一点就更为显而易见了。在这些东方国家之中,有些国家似乎在转向西方的过程中有超过俄国的可能。中国已变为共和国了,而俄国却尚未建立议会制度。这是由于在我国历史过程中存在着对我们极为不利的相对特点:俄国的警察国家在利用欧洲技术的几乎一切成就以反对维新派方面,是够欧化的,然而我国维新派则只是在不久以前才开始凭借人民群众,正如我们所见,人民群众也只有一部分——无产阶级部分,才是欧化的。由于与亚洲相比过于欧化和与欧洲相比不够欧化,俄国正在付出代价。

现在,我们可以进而对于上述俄国社会存在的相对特点如何影响于俄国社会意识的发展过程,详细加以研究了。

第二部分　彼得前的罗斯
社会思想运动

第一章　宗教当局和世俗当局
斗争影响下的社会思想运动

黑格尔说:矛盾导致前进(der widerspruch ist das Fortlei-tende)。这一深刻的原理,为整个文明世界的社会思想史再好不过地证明了。各社会阶级的相互斗争愈是尖锐,则社会思想的向前发展愈是迅速。但是由于社会阶级相互斗争在任何特定的国家,归根到底取决于这个国家的经济发展过程,所以任何阻碍经济发展过程的情况,也都阻碍社会思想的运动。

现在,我们对于阻碍俄国经济发展,造成国家长期奴役所有社会力量的各种情况,都已了解。鉴于这些情况,可以先验地(a prior)说,同处于更有利的经济发展条件之下的西欧国家相比,罗斯的社会思想运动必然进展得很慢。除这种先验的结论之外,还可以说,俄国人的社会观点由于落后于西欧人的社会观点,便要与东方专制国家居民的观点相接近,其接近的权度,视俄国的——实质上是莫斯科的——社会关系可能取得的东方性质而定。

人所共知,中世纪欧洲社会思想发展的第一个强有力的推动,是世俗当局和教会当局的相互斗争。斗争愈是尖锐,敌对双方愈是无所顾惜,则争论过程本身提出的政治问题便愈是微妙。我说政治问题,因为实质上,争论双方的神学立场是一致的。要使这种神学立场又能成为争论的问题,则西欧的社会发展必须迈出许多新的前进步伐,必须在历史舞台上出现新的、更进步的社会力量。然而就是在例如格里戈里七世和亨利四世冲突期间所发表的那些言论,也是某种富于教益的,或者——如果您宁愿这样说——引人入胜的。尽人皆知,格里戈里七世在将这位皇帝逐出教会后,宣布他已失去皇位。这曾引起一个问题:他有权这样做吗? 这个问题自然要使争论的双方研究一个新的、更深刻的问题——关于最高政治权力的本质问题。皇帝的拥护者宣布,皇帝的权力是上帝规定的。而教皇的拥护者则完全用不同的眼光看待这一问题。他们说,国王的权力来自人民,并且是为了人民的利益的。因此,国王应该明智,笃信上帝和为人公正。人民给国王以权力,不是为了使自己服从暴君,而是为了有一个反对暴政的保卫者。因此,如果国王变成暴君,他自己便破坏了把他同人民联系起来的契约,这时,人民就没有服从他的义务。由此可见,在十一世纪[①],西欧的政论家便主张君民契约论,这个理论后来在第三等级的解放运动中曾起极大作用。应该指出,我们常常从教皇拥护者中看到一些颇为辛辣的议论。其中一人是这样说的:试想,某人雇工养猪,而这雇工不但不执行他的职责,反而害死了交他看管的猪群,这雇主该怎

---

① 亨利四世皇帝于 1076 年被教皇格里戈里七世革出教会。

么办？当然，他要辱骂和驱逐这个不尽职的雇工。既然对于一个
不称职的牧猪人，可以驱逐；那么，对于一个滥用权力的统治者，更
可以驱逐了。人的尊严比猪的身价高多少倍，人民驱逐暴君的权
利就比雇主驱逐牧猪人的权利大多少倍。举出这个例子的机智作
者，还善于寻求反对意见，反对所谓君权神授之说。他说，提出这
种理由的圣徒本人，便是宁死而不愿服从昏君的。一般说来，对君
权应该给予最大尊敬。但应该尊敬的不是个人，而是王位。既然
这人失了王位，他便失去受到任何特殊尊敬的权利①。

　　站在这种观点上，可以为人民反对昏君的最坚决行为辩护。
教会的拥护者时常反复提出耶稣的话："我带来的不是和平，而是
剑。"他们当中的一些人——当然只是一些极端分子——甚至责成
信徒去杀死暴君，他们认为暴政的特征便是君主破坏人民的权利。
十二世纪的一位主教沙特尔写道："真正的君主保卫法律和人民的
自由，暴君则践踏法律并将人民变为自己的奴隶。前者是神的形
象，后者是柳齐弗②的化身。对前者应爱，对后者应杀。"路德维
希·古姆普洛维奇说，宣传这种观点的主教（约翰·索利斯贝里斯
基）为"行动宣传"论的第一个代表，也许是不无根据的③。

　　教皇权力的拥护者不仅提出君民契约论。他们研究历史，看
到君主常常不经过任何契约而抓取权力。他们据此得出极不利于
君主的结论。1081 年，教皇格里戈里七世 1081 年给米茨主教的

---

　　① 卡尔·米尔卜特博士：《格里戈里七世时代的政论》（*Die Publizistik im Zeit-alter Gregors VII*），莱比锡，1891 年，第 227—228 页。

　　② 柳齐弗是基督教神话中魔王。——译者

　　③ 见他的著作《国家学说史》（*Geschichte der staatstheorien*），年鉴，1905 年，第 98 页。

信写道："谁不知道,世俗君主得到权力应归功于上帝的敌人,他们受魔鬼的指使,想用傲慢、掠夺、背叛、出卖性的屠杀以及其他一切罪行来统治与他平等的人们",如果约翰·索利斯贝里斯基是"行动宣传"论的第一个代表[①],那么,教皇格里戈里七世也许可称为对无政府主义"反国家体制"论的最早贡献者之一了。

当时的西欧政论家——无论是拥护教皇的,还是拥护皇帝的——几乎都属于僧侣。当时,对这类理论问题有兴趣的读者,也几乎都属于僧侣[②]。但冲突很剧烈,所以因冲突而引起的思想著作(最少是其中一部分),不能不流传到其他等级中去,何况好斗的教会又非常欢喜诉诸人民。由此可见,世俗权力与宗教权力的冲突便促进了居民的政治教育。

在西方引起我刚刚指出的社会思想著作的矛盾,也存在于俄国。俄国的教会当局亦与世俗当局发生冲突;但在俄国,这一冲突从未达到极为尖锐的程度。因此,我国的教会拥护者从未得出像西欧那样极端的结论,尽管——现在就须指出,——他们的思想有时开始向同一方向发展。

在我国历史的基辅时期,俄国教会的首脑——总主教,对公爵的世俗政权是独立的。他是由君士坦丁堡的大主教选派的,如果对大主教的傀儡有何不满,世俗当局应该向他提出。卡普捷列夫教授公正地指出,当时"俄国的精神统治者,在许多方面都比相互

---

① 基督教中的第一个代表。在古代世界里,"行动宣传"论最少在某些地方是相当流行的。加尔莫第和亚里斯托吉顿的纪念碑巍然屹立在雅典的一个广场上,可为证明。

② 关于这种问题的论文都是用拉丁文写的。而拉丁文当时几乎只有僧侣等级才懂。参阅米尔卜特(Mirbt),书见前,第121—130页。

分裂和仇视的世俗统治者更为强大、更有权势"①。这一力量对比,在莫斯科公爵政权巩固以后,才开始在相反的意义上改变。莫斯科的公爵开始干预总主教的派遣问题。这自然不能为君士坦丁堡的大主教或俄国的僧侣所乐意。维护君士坦丁堡大主教的权力,几乎成为俄国僧侣保卫其对世俗当局的独立性的最主要手段。"监选官和主教"要求新任教会人员必须遵守下列重大义务:"我们像最初一样,除从君士坦丁堡派来的总主教外,不接受别的总主教。"但是君士坦丁堡大主教的权力比罗马教皇的权力要小得多。第一,在东正教的东方,除君士坦丁堡的大主教外,还有其他大主教,他们不愿支持他同莫斯科的大公们冲突。例如,十五世纪六十年代莫斯科与君士坦丁堡决裂时,耶路撒冷的大主教就完全站在莫斯科公爵一边②。第二,君士坦丁堡大主教同意佛罗伦萨的教会联合,极大地破坏了他在莫斯科的威信。最后,君士坦丁堡大主教本人依附拜占庭的皇帝。因此,他对俄国教会的控制,便等于莫斯科大公对拜占庭世俗当局的依附。这种依附地位是不符合莫斯科公爵的利益的;所以毫不奇怪,他们力图摆脱它。土耳其人占据君士坦丁堡后,这个问题自然根本谈不到了。这时,问题的提法是简单得多了:这时,世俗当局和教会当局的争论变为莫斯科大公同莫斯科僧侣的争论。在理论上,莫斯科的僧侣主张:"一个是教会

----

① И.Ф.卡普捷列夫教授:《尼空大主教和沙皇阿列克谢·米海伊洛维奇》,第 II 卷,第 52 页。我在前面已经指出,鞑靼人的压迫有助于僧侣权力的巩固。

② М.А.季亚科诺夫:《古代罗斯教会与国家关系史》,《圣彼得堡大学历史学会论文集》,第 3 卷,第 84 页。

的、圣徒的权力；一个是沙皇的、人间的权力。"[①]但这一理论极不明确，对它可作极为不同的解释。既然完全承认"圣徒"的权力同"人间的"权力完全不同，那就要问：两者究竟以何者为高呢？在西方，社会力量的对比，长期对这一问题作有利于"圣徒"权力的解决；在罗斯，——本来还是在莫斯科国——社会发展的过程，相反地，对这个问题作出了有利于人间权力，——最初有利于大公权力，后来有利于沙皇权力——的解决。

在一切社会力量都受国家奴役的地方，教会权力是不能对世俗权力保持独立的。而且我们看到，教会权力自身也愿将世俗权力摆到望尘莫及的高度。著名的约瑟夫·沃洛茨基在其《教育家》一书中断言：沙皇"按其本质有如常人，而论权力则有如最高的神"[②]。这是关于沙皇的纯粹东方观点。据马斯佩罗说，古埃及法老高于所有周围的人达到这样的程度，以致发生一个问题：应该把他看作人，还是看作神？"事实上，他的臣民都把他看作神，称他为慈祥的神，伟大的神。"[③]当然，这里也有差别。莫斯科的世俗权力的首脑，就其"本质"而言，仍然被认为是人。此外，他不像埃及法老那样在教堂"任职"。但作为统治者，他却像法老那样被神化。这一点在这里是主要的[④]。

---

① 见 M.A.季亚科诺夫：《古代俄罗斯政教关系史》，第 88 页。

② M.A.季亚科诺夫：《莫斯科君主的权力》，《十六世纪末以前的古代罗斯政治思想史纲》，1889 年，第 99 页。

③ 马司皮罗：《古典东方人民的古代史》（Maspero: *Histoire ancienne des peuples de l'orient classique*），巴黎，1895 年，第 1 卷，第 258 页。对照第 263 页。

④ 这里还可指出，东方对君主的神化不是像埃及那样完整。据马司皮罗说，迦勒底王在这方面要比与他们同时代的法老谦逊得多。"他们满足于本国臣民和神之间的中间地位。"（同上书，第 703 页）只要作些必要的改变（mutatis mutandis），莫斯科的君主也愿取得这种在神与臣民之间的中间地位。

M.A.季亚科诺夫早就说过,我国教会当局对世俗当局的服从,主要是由于教会当局对国家的经济依赖[1]。教会是莫斯科罗斯的最大地主。但是我们知道,俄国的大地产并不像我们在欧洲所看到的那样具有独立性。不仅如此,我们已经知道,我国的最高当局对于大地产严加控制。教会在这一点上不是例外。世俗当局野心勃勃,在伊凡三世时考虑过寺庙能否领有土地问题,就是,剥夺教会土地问题。这一问题引起的争论,是彼得前的罗斯社会思想史中最突出的插曲之一。

读者记得,按照主教之一沙特尔的意见,真正的君主捍卫法律和人民的自由,而暴君则践踏法律和奴役自己的人民。这位主教根据真正君主与暴君的这一差别,得出结论说,基督教徒只应服从前者,而对后者则应用一切办法抵抗,虽杀死暴君,亦所不辞。对俄国作家具有巨大影响的拜占庭教会作家,也善于区别明主与昏君。但这种区别却没有使他们得出沙特尔那样的结论。在从斯维亚托斯拉夫的《选集》里,收入辛乃特提出的问题:"难道任何一个沙皇和公爵都是上帝派的吗?"这个问题用下面的意思解答:"他们是值得尊敬的沙皇和公爵,是由上帝派来的。但他们又是不值得尊敬的,因为他们反对人的尊严;那些不值得尊敬的沙皇和公爵是由于上帝要降灾于人,由于上帝的意愿而派来的……要理解,要相信,为了惩罚我们不守法,才使我们受制于这种折磨者。"[2]如果折磨者是由于我们不守法而由上帝派来的,那就很明显,我们不应反

---

① 《莫斯科君主的权力》,第114页。

② 季亚科诺夫:《古俄罗斯的社会和国家制度概论》,圣彼得堡,1908年,第400页。季亚科诺夫所指的是1073年的《选集》。

对他们，而应反对我们自己，反对我们自身的罪恶动机；就是说，要用忏悔、斋戒和祈祷来报答压迫。这是拜占庭的观点的极端发展，再不能比这更温顺了。在对统治者采取这种温顺态度的条件下，自无发展社会思想的余地，而只能发展神道了。然而无条件的温顺是没有的。俄国宗教统治者的温顺也不是无条件的[①]。在教会财产收归国有问题发生时，莫斯科的僧侣便对世俗政权采取反对态度了。这时，僧侣的理论家也不能限于谈论斋戒和祈祷了。《论神圣教会自由》一文的不知名作者，对政教当局的相互义务，作如下划分："教会的牧师应为其暂时的主人祈祷，而主人则应保护其牧师及教会（Sic! 是这样的！）的财产。"一般地说，暂时的主人应服从宗教的权力，而不应违背自己牧师的戒条。牧师方面则应保护教会的权利，"勇敢果断，甚至直到流血"、即冒生命危险，亦在所不惜[②]。这已远非辛乃特的解答那样温顺了。

　　在诺夫戈罗德，如所周知，僧侣两次被迫将其很大一部分土地让给莫斯科大公伊凡三世，在"东正教仪式"里写了如下咒语："所有长官和得罪神圣教堂和寺院的人们，所有剥夺原属教堂和寺院的村庄和葡萄园、迄仍不停此种创举的人们，都应受到诅咒。"这种

---

　　① 　就在拜占庭，温顺也不是这样的。反圣象崇拜运动的历史表明，在有可能时，拜占庭的僧侣们也对世俗当局表示颇为积极的抵抗。但一般说来，在拜占庭，宗教当局是很服从世俗当局的。这一事实对于那些同基督教一道从拜占庭传到我国的社会理论，曾有深刻的影响。

　　② 　B.日马金：《丹尼尔总主教》，第 94 页，注②。引自季亚科诺夫：《莫斯科君主的权力》，第 127 页。

咒语显然在其他教区亦曾反复重申,最少在十七世纪时是如此。①

特别值得注意的是,关于教会财产问题的争论使俄国教会作家引证拉丁文资料,并从这种资料中抄用了两剑——即物的剑和精神的剑——的理论。这一理论在《驳斥那些反对拯救自身灵魂、敢于侵犯公共教堂动产和不动产、轻视上帝和教会戒条、叫骂信仰东正教的沙皇和大公及宣誓服从的法律规定、侮辱上帝戒律的人们》一文中,得到发挥。按照该文作者的意见,教堂的牧师要首先使用精神的剑,"就令自己流血",就令把敌人革出教门,也应如此。但他们不应就此甘休。如果"违抗者行为不改,意图抗拒,不受处分,不向勇敢的牧师低头,那时挥臂使用物的剑,便能遏止敌人的力量"。作者提出宗教当局对世俗当局的一般态度作为证明。世俗权力低于宗教权力,后者对于前者的侵犯,不应让步,"因为根据圣徒的教导,它应比人更服从上帝。对于人,尘世的统治者能够消灭其肉体,但对灵魂却不能"②。

甚至情愿将世俗权力的最高代表神化的约瑟夫·沃洛茨基,也不得不赶忙对他的学说有关沙皇部分,如季亚科诺夫所说,作一

---

① 在莫斯科的印刷业图书馆里,有一份手抄的追荐亡魂名册,1642 年在罗斯托夫根据这个名册进行东正教仪式。在名册"对得罪神圣教堂和寺院的人们"的咒语旁边,为大助祭写了批注:"应该非常大声地宣读。"(A. 帕甫洛夫:《俄国教会土地收归国有史纲》,敖德萨,1871 年,第 1 卷,第 51 页)

② 季亚科诺夫:同上书,第 127 页。参阅他所写的《古代罗斯社会和国家制度概论》,第 417 页。不过,必须指出,根据某些学者的意见,《驳斥……》一文的作者是西部罗斯人。这个意见的证明是他对天主教经典的熟悉。但据 A. 帕甫洛夫说,在莫斯科国——在诺夫戈罗德——也有些懂得拉丁文和天主教神学的人。帕甫洛夫倾向于一种假设,认为《驳斥……》一文确是在诺夫戈罗德写的。(参阅前书,第 62—63 页注)

革命的修正,因为在沙皇身上充满了恶劣的情操和罪恶,狡猾与谎言,傲慢与凶暴,对上帝的不信仰和诽谤。这样的沙皇,——笃信上帝的约瑟夫教导说,——不仅不是神,甚至不是"神的仆役,而是魔鬼;不是沙皇,而是折磨者"。约瑟夫主张对这种沙皇不要服从:"不要听从这种沙皇或公爵的命令,对于由此引起的不幸,狡猾行为,乃至折磨和死亡,予以憎恶。"[1]当然,这样的修正只能在附有重大保留的条件下,才能承认是革命的。我们的作者只是提到对"折磨者"的消极抵抗。他对于不值得尊敬的君主,从未说过一句在西方由格里戈里七世和他的门徒所热烈传播的那种积极抵抗的话。但无论怎样,这种消极抵抗,再不仅是斋戒,也不只是祈祷了。我们看到,我国的教会也不是无条件拥护对世俗当局服从的。它的理论家只是在认为服从符合其等级的利益时,才宣传服从的。而当来自世俗当局的危险危及其等级的利益时,他们便用抵抗——尽管是消极抵抗——的宣传,来代替服从的宣传。我国一位教会史学家谈到 1503 年的高级宗教会议——这次会上提出了寺院领地问题——时指出:"也许,大公期待和指望高级僧侣会出卖僧侣,那他就完全错误了。高级僧侣是从这些僧侣中来的,他们将后者的利益铭记于心,就像是自己的利益一样。"[2]这位教会史家说:"会议的成员有勇气坚决果断地保护寺院的财产。"他们引述

---

[1]　季亚科诺夫:《古代罗斯社会和国家制度概论》,第 416 页。约瑟夫不是在关于寺院地产的争论中,而是在关于应否迫害"犹太化"的异教徒的争论中,对自己的学说作了这一"革命的"补充的。但这很少使问题有所改变,因为"犹太化"的异教徒也主张教会地产收归国有,因此,他们在相当长的期间,受到伊凡三世的非常明显的同情。

[2]　戈卢宾斯基:《俄国教会史》,莫斯科,1909 年,第 II 卷上册,第 689 页。

犹太人还以房屋和田地赠送给上帝，"犹太的教士领有城市和乡村，这种城市和乡村不能出卖或转让，而是归他们永远占有"。此外，他们还从拜占庭和俄国历史上举出大批类似的先例。不仅如此，他们甚至认为必须指出在多神教的埃及，祭司都有自己的土地，法老亦不得侵犯①。总之，神父们将他们的全部历史知识和逻辑的力量都施展出来了。这一对他们再重要不过的争论，使他们的思想朝着罗马天主教僧侣们早就向往的那个方向发展。同样的原因总是产生着同样的结果。如果这一政教冲突在我国也像在西欧的类似冲突那样尖锐，那就可以完全肯定地说，我国宗教作家也不会害怕作出西欧宗教理论家所作出的那些极端的结论。在我国宗教作家中，也会像在西欧一样，有其自己的积极抵抗的热情宣传家，甚至有其自己的"孟纳尔霍马赫"②。约瑟夫·沃洛茨基本人也不难表演"孟纳尔霍马赫"式理论家的角色是可能的。但是，当时没有——而且在前述莫斯科的条件下也不可能有——这样的充分社会原因。

关于寺院地产的争论，虽然使莫斯科宗教政论家的思想朝着西欧反君主专制派思想很早就勇敢趋赴的方向发展，但很快便以和解妥协告终。伊凡三世放弃了寺院地产国有的主张，甚至同意对东正教僧侣界所仇恨的"犹太化分子"进行残酷的迫害；而对这些人，他不久还给以坚决的支持。这种情况又使宗教作家的思想停止向反对派的方向发展。现在对于季亚科诺夫所说的约瑟夫·沃洛茨基学说的革命补充，已无任何需要了，所以约瑟夫本人对此也已淡忘了。

---

①　戈卢宾斯基：同上书，第 64 页的注。

②　孟纳尔霍马赫（Монархомах）是 16—17 世纪西欧反君主专制派（作家）。——译者

M.A.季亚科诺夫指出,约瑟夫·沃洛茨基和他的学生在伊凡三世让步之后,还力图"将神甫的威信凌驾于国家政权威信之上",因为他不相信国家政权是巩固的①。但如果世俗当局决定没收寺院的财产,那约瑟夫就会想起他的革命的补充,主要的是,就会给这种补充加进一些真正革命的内容,这是无可怀疑的。然而莫斯科的公爵们已不再重复他们的企图了,最低限度,已避免公开干这种事了。僧侣已大力促进公爵们政权的巩固和扩充了,再要反对僧侣,对公爵们是不利的。同时,不要以为宗教当局在维护了自己的不动产之后,还会对世俗当局闹独立性。相反,教会保持自己财产,长期以来成为进一步加强"神"权依赖政权的原因。害怕丧失这些财产,使"神"权越来越让步。甚至在教会组织的最重大问题上,教会也是服从国家的。卡普捷列夫教授指出一个真正异常有意义的事实,即根据文件资料,在费多尔·伊凡诺维奇想到要在我国设立总主教职称时,他"在同他的信仰基督的皇后伊林娜考虑后",就商于大贵族;大贵族同意他的想法,他便派鲍里斯·戈东诺夫与安梯奥希的大主教约金姆谈判。卡普捷列夫说:"任何教会人士,特别是整个主教会议参与这一教会事务,他却是连想都未想到。显然,吸收教会当局参加讨论在我国建立总主教职称问题,那时认为完全是多余的。"②

因此,不难想到,总主教在莫斯科国的社会生活中能有什么作用。总主教是根据世俗当局的设想设立的,他只能在服从这个当局时,才

---

① 《莫斯科君主的权力》,第 129 页。

② 《总主教尼空和沙皇阿列克谢·米海伊洛维奇》,第 2 卷,第 57 页。不过,卡普捷列夫教授可能会注意到,更早以前,首先发起反对佛罗伦萨联合的不是宗教当局,而是世俗当局。

有影响和力量。尼空总主教的命运很有说服力地表明了这一点。

　　根据卡普捷列夫教授的说法,这个臭名远扬的总主教的几位同代人曾提出一种猜想,说他"被剥夺总主教的职位,实际上并不是由于教会或任何宗教问题,而是由于他不择手段取得的土地和世袭领地问题。所以,按照他们的看法,尼空的贪婪手法有造成总主教领地进一步过分增加的危险。就是由于这一原故,所以必须使他离开总主教的座位。"①卡普捷列夫教授认为,尼空的同代人对他的案件的这一看法,实际上是有严格根据的。

　　问题在于伊凡三世在寺院地产问题上所作的让步,并不像初看时那样重大。的确,土地是留在僧侣的手里;但莫斯科政府采取了一切力所能及的办法,使土地的处理服从政府的控制。如所周知,差不多所有高级僧侣的管理机关都不是由教会人士,而是由世俗人士如高级僧侣事务大臣、宫廷官吏和秘书等掌握的,甚至教会本身的案件也时常送交他们审理。于是莫斯科政府便设法使这些人服从自己的权力。按照"审批百项决议的宗教会议"(Тогланый собор)的决定,高级僧侣不经沙皇批准不得任免所属世俗官吏。卡普捷列夫教授说:"这样,通过高级僧侣事务大臣,宫廷官吏和秘书,所有高级僧侣的教区管理机关和僧侣管理机关,都必须受世俗当局的极为严格的控制。"②不言而喻,这使僧侣感到恼怒。我们在尼空以前,就看到一些大主教"对沙皇的最高政权倨傲不恭"。诺夫戈罗德总主教基普里安便是这类大主教之一。他在尼空以前任

---

① 《总主教尼空和沙皇阿列克谢·米海伊洛维奇》,第167页。
② 同上书,第73页。

诺夫戈罗德总主教十六年，可谓尼空的"直接前任"。政府对于"基普里安的谎言和不妥当言论"，极为不满①。这些言论直接涉及前述对大主教极为不利的政府控制。尼空总主教也反对这一控制。

基普里安抱怨说："沙皇命令举行宗教会议，便举行会议；命令选举和委派谁为高级僧侣，人们就选举和委派谁；命令审判谁、议论谁，就审判谁、议论谁、开除谁。在教区里，总主教地产中的一切，都尽可能拿去用于沙皇陛下的花费。命令所到之处，予取予求。根据沙皇的命令，没收总主教教区、高级僧侣和主教、诚实的大寺院等等的地产，征调人丁入伍，夺走粮食和金钱，征收苛重贡赋，所有基督教徒都增加了两倍、三倍以上的贡赋负担，他们可以使用的东西已寥寥无几了。"②

矛盾导致前进。尼空完全不愿想到人民的利益。但是，既然同压迫僧侣的世俗当局斗争，他便想起了这些利益。他断言，因沙皇的谎言和暴力而痛哭流涕的，不只是"慈母般的神圣伟大的公共教堂"，而且是整个东正教的人民。"谁要是说出真话，沙皇便可因一言而割其舌、断其手足，永远将其关进监狱；他忘记末日，仿佛他是不死的，不顾未来的上帝审判。"在给君士坦丁堡总主教的文书里，尼空用如下强烈的措辞形容沙皇的活动："整个基督教徒都增加了两倍、三倍以上的贡赋负担，他们可以使用的东西已寥寥无几了。"在给沙皇本人的信里，尼空更是极尽挖苦讽刺之能事。他写道："你向所有的人宣传节制。不知道，现在谁不节制。许多地方穷到粮食

---

① 卡普捷列夫：同前书，第214页。
② 同上书，第193页。

都没有,节制到死止,连吃的都没有了:苦海无边,谁曾受到宽恕!然而自你即位以来,大家都遭受非法的征调:贫穷无力的人们,瞎子、跛子、寡妇、尼姑都要交纳沉重的贡赋,受到人为的不便,——到处悲泣和哀啼、呻吟和叹息,在这种日子里谁也不开心。"①

尼空的所有这些怨言和责备,都是完全有根有据的。"最沉默的"沙皇对他的"祈祷者"多么不客气,可从下述沙瓦·斯托洛雪夫斯基寺院的司库主任尼基塔的既可悲又可笑的插曲中窥见一斑。这位可敬的教士把酒喝得酩酊大醉,举动不很礼貌。于是,阿列克谢·米海洛维奇命令将他关押在修道士的单间里,并在单间的门旁派了几名弓箭兵站岗,以示慎重。尼基塔对此感到委屈,给人写信说沙皇侮辱了他。写信的事情传到阿列克谢·米海洛维奇的耳里,他便给可怜的尼基塔写了一封严厉的信,在信中暴跳如雷地说:"你这讨好恶魔的家伙,给你的朋友们写信,说什么弓箭兵去你那里站岗使你受到敌视的侮辱! 弓箭兵给你,畜牲站岗是很好的!比你好、比你忠贞的大主教,在他们那里也根据我的揭示派了弓箭兵站岗,因为这些大主教也像你这该死的东西一样行事。"关于这一问题,卡普捷列夫教授完全正确地指出:"很显然,阿列克谢·米海洛维奇像办例行公事那样,命令拘押大主教,如果这大主教也像沙瓦的司库主任尼基塔一样,行为失礼。"②阿列克谢·米海伊洛维奇不仅将拘押酒醉的主教当作例行公事,据尼空说:"至于单间禁闭室里的全部衣物,根据伟大的国王的命令,由大贵族阿列克

---

① 《总主教尼空和沙皇阿列克谢·米海伊洛维奇》,第196页。
② 同上书,第74页。

谢•尼基季奇•特鲁别茨科伊公爵带人全部逐一检查登记,其中较贵重的东西,则拿走,归国王自己所有。"这完全符合莫斯科和一般东方专制国家的精神:凡属臣民,无论其社会地位有多么高,只能在符合人间上帝——国王的心意时,才能领有他自己的"衣物"。

刚强的尼空,对于教会的从属地位深感不满,提出了教皇据以同世俗当局进行斗争的理论。他说:"天上的、即宗教的权力,比人间的、暂时的权力要大得多",因此,"沙皇小于总主教。"[1]按照他的意见,"沙皇不应以神圣的皇帝的身份,不应用法庭命令我们,不应通过各种教规来裁判和约束我们"[2]。可是,如果罗马教皇能够提出真正的——而且比较很大的——社会力量来证明这一理论的正确,那么尼空都只能引述圣徒和神圣的精神来强调这一理论。这未免太不够了。然而争论既已产生,便应有个结束;世俗当局力争根据自己利益来解决这一争论,就他自己的观点说,是完全正确的。

卡普捷列夫教授说得非常好:"不要以为,沙皇不愿恢复尼空的总主教职位只是由于尼空的敌人的诡计和阴谋,只是由于大贵族和一般受过他的侮辱的人士对他的仇恨。实际上,尼空的垮台和终于受谴责的原因,更为刻刻:这就是他的那些关于沙皇和神职的相对尊严的观点,他在被革除总主教职位以后,还公然非常激烈地发表了这些观点。不管尼空的教会改革活动怎样,也不管某些人对他怎样同情和仇视,尼空的终于受谴责乃是直接的国家需要,最高国家政权的利益要求这样做。"[3]

---

[1]　《总主教尼空和沙皇阿列克谢•米海伊洛维奇》,第129页。

[2]　同上书,第130页。

[3]　同上书,第206—207页。

　　但是谁能审判尼空呢？只有宗教会议。如果一个人的主要过错在于他想将教会的权力置于世俗权力之上，则无条件地判定他有罪，是否符合僧侣的利益呢？俄国的僧侣当局无论多么讨好世俗当局，也应认识到这是完全不符合他们的利益的。"最沉默的"沙皇担心僧侣界的反对，遂向东方各主教发出呼吁，他可以完全对他抱有希望因为他们曾死乞百赖地，甚至百般无耻地请他给予"施舍"。阿列克谢·米海洛维奇还可能考虑到希腊僧侣界的利益，并不因莫斯科国内对宗教当局的压迫而受影响。希腊人没有辜负他的期望。他们在 1667 年的宗教会议上全力支持了沙皇的要求。如果会议讨论的结果只是取决于他们，那么，莫斯科国的宗教当局便不仅在实践上，而且在理论上也要完全服从世俗当局了。由于莫斯科僧侣界的反对，这一情况部分地受到阻碍。专横和狂妄的尼空很不为他的属下所爱戴。出席 1667 年宗教会议的俄国主教，毫不反对推翻尼空。在这一点上，他们是完全同意沙皇和希腊人的。但当问题涉及两种当局的相互关系时，他们的情绪就急剧地改变了。这时，俄国的主教们，就会不完全拥护尼空，也断然不肯同意希腊的"流浪汉"——受审的总主教这样称呼他们——将莫斯科的僧侣界整个出卖给沙皇。他们提出来反对希腊人的圆滑理由，是很有意思的。我们知道，尼空曾恶毒地攻击沙皇残酷压迫教会。他的过去的属下，在反驳希腊主教们所谓教会当局应服从沙皇的理论时，却措辞较为和缓和圆滑。他们对希腊人说，如果莫斯科国经常有像阿列克谢·米海洛维奇这样的好人，那教会就不致因自己服从他而感受痛苦。但以后可能出现不那么称心的君主，那时教会就糟糕了。为了回答这一理由，希腊的"流浪者"——通

过最狡猾的派西·李加里德的发言——虚伪地表示，他们深信像
阿列克谢·米海洛维奇这样的好沙皇不会有坏后代，因此，教会当
局应该服从世俗当局的理论，永远不会给俄国教会带来危害①。
当然，这种虚伪而荒诞的乐观理由，不能使俄国主教们安心。但
是，他们没有力量，他们在宗教会议上的处境是很困难的。所以，
当希腊人同意妥协，承认"两个光源"说时，他们可能感到如释重负
吧！正如在自然界有两个光源，其一仅在白天发光，另一则只在夜
间发光；同样，在一国之内，也应有两个权力：一个掌管宗教事务，
另一个掌管世俗事务。任何一个当局都不得干涉属于另一当局的
事务。实在说，这个理论由于极端不明确，是什么问题也不能解决
的②。但是对于弱的一方，把争论的问题保留下来不加解决，总比
对它作出有利于强大敌人的断然解决，要有利得多。此外，莫斯科

---

① 卡普捷列夫教授在他的有趣著作的第 2 卷里，可以说对潘西·李加里德作了
一个全面的评价。原来，这位教会的巨星不仅是一个经纪人和骗子（见第 2 卷，第 269，
271，272，273 页），而且是一个"天主教徒"，他一度被开除教籍，甚至受到耶路撒冷总主
教的诅咒。深谋远虑的阿列克谢·米海伊洛维奇坚决请求撤销开除潘西·李加里德
教籍和对他的诅咒，恢复他的主教权利。不出所料，他的请求完全成功了。为了宽恕
潘西·李加里德，莫斯科付给耶路撒冷总主教一千多卢布，这在当时是一笔巨款（同
卷，第 509，511，517 页）。同书同卷第 517 页，对评价李加里德也有很大意义。

② 罗马天主教的僧侣理论家也主张"两个光源"说。但他们的理论，无疑地具有
更适合逻辑要求的完全不同意义。在自然界两个光源中，有一个光源的光来自另一
个。哪一个当局应起月亮的作用呢？是世俗当局还是宗教当局呢？整个问题就在这
里。西欧僧侣界的中世纪理论家勇敢地接触了这个问题，而且毫不动摇地对这个问题
作了有利于宗教当局的解决。然而东方僧侣界的理论家，他们虽然参加了 1667 年的
莫斯科宗教会议，也提出了两个光源说，却不敢涉及这个理论的实质。他们在逻辑上
对这个理论作了不正确的解释，所以他们才能利用它来进行妥协。任何社会理论无论
在什么地方都不能从自身和利用自身的内在力量来发展：任何地方、任何时候、任何特
定的社会理论的发展，都决定于社会力量的对比。

政府由于在后方受到它所完全同意的尼空教会"革新"所造成的分裂威胁，也不得不在实践方面作某些让步。例如，取消了——尽管不是在宗教会议以后很快就取消的——尼空所仇视的寺院法令，这个法令使教会在处理其财产和事务上受到很大约束。但这一实际的让步也没有重大的意义，因为属于寺院法令管辖的事务，有很大一部分已转入大宫殿法令的管辖范围内。

世俗当局仍然念念不忘它与尼空总主教的冲突。阿列克谢·米海洛维奇未能做到的事情，却由彼得·阿列克谢维奇做到了。尽人皆知，他完全取消了俄国总主教的称号。由于东正教事务管理局的设置，在我国再也谈不上有世俗与宗教当局之间的冲突了。自那时起，想作理论探讨的教会主教，便只能证明"君主意志合于真理了"。他们很少对于这种真理有所怀疑。即令有所怀疑，他们也宁可作明智的缄默①。至于自那时起，谁也从来不打算——像善于挖苦的尼空过去所作的那样——警告世俗当局说，人民已被他们陷于不断的饥馑，劝告人民实行斋戒已完全没有必要等等，那

_____

① 大家知道，"皇室代理总主教"斯捷特凡·亚沃尔斯基不同意彼得改革，有时甚至在布道时发出某些越轨言论，反对改革。但著名的"异教徒"特韦里季诺夫案件表明，彼得多么轻而易举地制服了他。亚沃尔斯基在这个案件上的表现，不符合沙皇的意旨。彼得大怒，吓得要死的代理总主教说了下面的话，请求宽恕："最伟大的沙皇，最仁慈的皇帝啊！现在是伟大的复活节的星期五，十字架上的基督正在发出伟大的召唤：我们在上天的父啊，请放了他们吧！——我愿自己以基督为榜样，为此向沙皇陛下，如同向我们共同的父那样，伏地号泣：父啊！请宽恕。在那里基督说，他们不知道他们所干的是什么事。我也不知道啊！如果再犯，我就无颜再活在皇帝陛下之前了。如果错在无知，那我的过错是可以宽恕的，因为圣徒保罗也说：多多感谢上帝，对教会要严查，但这事是出于无知，已予宽恕！"（见吉洪拉沃夫：《十七世纪和十八世纪的俄国文学》，莫斯科，1898年，第Ⅱ卷，第275页。）不能说得更卑屈了。这样的卑屈言辞，恐怕"腐败的拜占庭"的教会主教也不曾说过的。

就更不用说了。我在本书的往后叙述里，可能不再论及俄国宗教当局对世俗当局的态度问题，因为它对俄国社会思想的后来发展，已几乎不能提供任何资料了。

第二章 一般贵族和大贵族斗争 影响下的社会思想运动

如果世俗和宗教当局之间的斗争是中世纪欧洲社会思想发展的第一个大推动,则第二个更大和更无比有成效的推动便是第三等级的解放运动。这一运动的社会政治影响是这样巨大,甚至欧洲大陆各先进国家的君主专制制度的发展,也只能算是它的一个插曲。作为一例,可以指出法国:法国以前是一个典型的封建国家。法国国王同封建主的斗争时所依靠的是第三等级;因为削弱地主贵族的权力以加强君主的权力,对于第三等级是有利的。我在前面已经指出(见本卷绪论),由于莫斯科罗斯的经济落后而产生的俄国历史过程的一个相对的,但并非不重要的特点,就是俄国的君主在同大地主的斗争中,与其说是依靠城市居民,不如说是依靠小官宦等级,这个等级后来称为贵族等级。果如所料,这一特点也反映在我国社会思想史中。法国维护王权的最优秀政论家是第三等级的思想家。被称为孟德斯鸠的先行者的著名波丹,便是属于这一等级。而在彼得前的罗斯,莫斯科专制制度的最优秀理论家,却是一个坚决站在小官宦等级观点上的人物:沙皇的"奴隶伊凡·谢麦诺夫之子佩列斯韦托夫"[1]。他是波丹的同

---

① 伊凡·谢明诺维奇·佩列斯韦托夫是十六世纪中叶俄罗斯政论家,小贵族阶层的思想家。他在两次上伊凡四世的请愿书中和政治性小册子中批评了大贵族当权和横暴。主张依赖小贵族的中央集权专制政权。——校者

时代人,年纪比波丹大一些。И.С.佩列斯韦托夫出生于立陶宛,很早以前就有许多各式各样的幸福追求者,从那里来到莫斯科①。我们假定,他在莫斯科很不走运:他虽然获得了大地产,但他的地产很快就荒芜了。然而这个倒霉的人却写了一些著作,内容包含着对内对外政策的整个纲领,与伊凡雷帝的最主要计划——一部分主要是后来产生的——极相吻合。

在来到莫斯科前,我们的政论家不得不遍游不少地方。他在摩尔达维亚、匈牙利、波希米亚服务。但是值得注意的是,他在自己的著作中不是呼吁面向西方,而是面向东方。他的理想是"土耳其皇帝穆罕默德-苏丹",并相信这个皇帝是一个"博览土耳其书籍的聪明哲学家",后来又读了希腊的书,因而"他的巨大智慧愈益增加"②。

佩列斯韦托夫对"达官显贵"深为憎恨。他反复地说,他们是国家一切祸害的根源。为了证明这一论点,我们的政论家甚至特别写了一部《君士坦丁皇帝逸闻》。《逸闻》的主角是君士坦丁·伊凡诺维奇皇帝,就是在他的朝代里,"从土耳其皇帝穆罕默德手里夺回了萨尔格勒"③。君士坦丁有"天使的力量",他是天生的战士,他的剑是"天下无敌的"。但是达官显贵"制服"了他,他们对他发生了最有害的影响,他们的谎言给萨尔格勒带来了神的不可抑

---

①　他于十六世纪三十年代末来到莫斯科(见 В.Ф.勒日加的著作《十六世纪的政论家佩列斯韦托夫》,莫斯科,1908 年,第 13 页)。

②　见前注勒日加的著作,第 71 页。在这一著作的附录里,自第 59 页起,刊载了佩列斯韦托夫的著作。

③　萨尔格勒是"帝城"之意,俄国昔时对君士坦丁的称号。——译者

制的愤怒。以下便是这些狂妄的达官显贵的行为。

"他（君士坦丁——著者）3 岁丧父（伊凡皇帝），幼年即皇帝位。其时在君士坦丁城和整个希腊王国，都以基督教信仰为合法。达官显贵在皇帝未成年时便控制了他的王国，把它弄得凋敝不堪。他们根据谎言作不公正的审判。他们相互间不怀好意，在王国里你争我夺，像蛇一般嘶嘶咬叫。他们不正当地敛聚钱财，成为巨富。基督教徒受到他们不公正审判的折磨，血泪交流。他们既从有罪方面，又从无罪方面收受贿赂，钱库里充满了诈欺得来的金银宝石。"[①]

实际上，君士坦丁十一世则是在 20 岁时丧父，44 岁即皇帝位的；在他的朝代里，君士坦丁堡为土耳其人所占。所以，佩列斯韦托夫的《逸闻》是违反历史真实的。我们现在不能断定佩列斯韦托夫是否知道君士坦丁的真实情况。但我们完全可以断定，他是由于受了某种影响才在他的故事里歪曲——是有意还是由于不知情，在这里丝毫没有关系——历史的真实。为此，只要一提伊凡四世是在出生后 3 岁丧父的，然后将他的下述埋怨之词和刚刚从佩列斯韦托夫关于君士坦丁《逸闻》中摘录的那些话，作一番对照，就可说明一切了。伊凡四世说：

"同样，由于上帝安排的命运，我们的母亲、笃信上帝的皇后叶琳娜，离世仙游，我同已故的兄弟格奥尔吉离开父母而成为孤儿。我们不能希望从任何地方得到什么，只有寄希望于圣母的恩典，祷告所有的神，希望得到父母的祝福。我 8 岁时，治下的臣民都希望

---

① 列日加：《十六世纪的政论家佩列斯韦托夫》，莫斯科，1908 年，第 70 页。

改善他们的处境,国无统领,贵族不做任何好事,只是贪求财富与光荣,相互倾轧不休",等等等等①。

这里有一个惊人的巧合:佩列斯韦托夫的《逸闻》写于伊凡和库尔布斯基②的争论开始之前③,却完全预料到伊凡雷帝的埋怨之词。这就是说,佩列斯韦托夫将他在仇恨大贵族的十六世纪莫斯科官宦等级中听到的有关伊凡四世童年的一切,都记在十五世纪初期的拜占庭"达官显贵"的账上。这便使我们有充分的理由设想,这些官宦等级的情绪也在佩列斯韦托夫的其他故事和揭发性作品中,有所反映。

根据他的说法,拜占庭的"达官显贵",掠夺人民,拥有巨额财富,他们在想到将来幼主成年,并显示其非凡的作战才能时,无不心怀恐惧。为了不失"本身的安宁",他们遂"发出郑重的誓言,代表上帝"写了一些书,证明信仰基督的君主只能进行防御性战争,而不能进行进攻性的战争。君士坦丁读了这些书,放弃了原有的好战计谋(《于是驯服了》)。但是当他"驯服了"时,带着水陆雄师来到萨尔格勒(帝城)的穆罕默德-苏丹,便轻而易举地击败了他。

佩列斯韦托夫将其《逸闻》的主题思想表述如下:"富者从来不想好战,他们只想温顺和谦和。皇帝在国内表现温顺谦和者,其国

---

① H.乌斯特里亚洛夫:《库尔布斯基ᵃ公爵逸闻》,第 3 版,圣彼得堡,1868 年,第158 页。

② 库尔布斯基,安德勒·米海洛维奇(1528—1583),公爵,大贵族。参加过"重臣拉达"。1564 年叛变祖国逃往立陶宛,反动封建贵族思想家,与伊凡四世通信争论,维护大封建主特权。著有《莫斯科大公史》。——校者

③ 勒日加以为,佩列斯韦托夫关于君士坦丁皇帝的逸闻,是在 1546 或 1547 年写的。(书见前,第 19 页)

必穷困衰落,其荣誉必将下降。皇帝在国内严厉和英明者,其国必将扩张,其声名也将光荣地远播到所有国家。希腊人由于自己的邪说而"驯服了"君士坦丁皇帝,所以他们丧失了国家。"①

君士坦丁由于相信"达官显贵",所以垮台了,而且毁灭了自己的国家。他的征服者穆罕默德－苏丹则善于坚强地控制土耳其的"达官显贵"。穆罕默德－苏丹没有在任何城市给任何一个"达官显贵"以总督职位,使他们"不敢根据谎言进行审判"。对于他派到各城市的法官,他常常予以极为严厉的处罚。皇帝时常巡查法官,看看他们怎样审判。人们向皇帝报告他们的恶行说,他们在审判时受贿。沙皇并不治罪,而只是命令重责这些法官,并说:他们倘敢再犯,就对他们治罪。皇帝命令剥去他们的皮,塞进纸块,在审判时钉进铁钉,并在皮上写道:不这样雷厉风行,便不能在国内贯彻真理。皇帝应在本国实行真理,对于所爱,只要有罪,也绝不姑息。国家如不雷厉风行,便如皇帝的坐骑没有缰绳②。佩列斯韦托夫完全赞同他的故事主角的这种残忍。他说,他的穆罕默德"在其国内建立了公正的法庭,消灭了谎言"③。按照他的意见,"为了使人们无论怎样也不软弱和不激怒上帝",残忍是必要的。佩列斯韦托夫的这一所谓残忍有利于全国幸福的意见,是在伊凡四世成为对大贵族的雷霆之前很久,便已发表的。由此可见,他的恐怖最少在某种程度上是符合他的时代的精神的,也就是说,是符合那时莫斯科国的某部分居民,而且有势力的居民的需要的。

---

① 《库尔布斯基公爵逸闻》,第 70—71 页。
② 《莫斯科大公史》,第 72 页。
③ 同上书,第 73 页。

穆罕默德－苏丹将这种"皇帝的威严雷霆"推行于军队。但这并不妨碍他去爱护他的战士："他增加了对军队的关心,使他的整个军队笑逐颜开。"①战士因负担繁重的军役而受到皇帝的密切关怀。他对战士说:"弟兄们,不要为服役而悲伤,我们没有军队,便不能存在于世上。尽管皇帝很少疏忽和温和,但如果他的朝代衰落了,便会有别的皇帝来取得统治。普天之下,神圣的天使,上天的力量,都要求一刻也不要放下手中武器,要保卫和防护亚当的人类,任何时候都不要丧失军队的神力。"②据佩列斯韦托夫说:穆罕默德组织了四万名"擅长火器射击"的"精兵"。这是"很明智的"。他和全国需要这四万名精兵。"为此,必须使他们靠拢自己,使国内不出现敌人,不发生叛乱。这要求皇帝不犯狂妄的过错,致使显贵增加和傲慢起来,也想成为皇帝;而这是他们永远达不到的,他们会由于自己的罪过而灭亡,国家是不能没有皇帝的。为此,皇帝要谨慎小心,精兵则应是忠于皇帝的人,他们忠诚地为皇帝服役,支取皇帝发给的薪饷"③。但最重要的是,穆罕默德－苏丹在补充土耳其这一禁卫军的队伍时,所考虑的不是军职人员的出身,而是他们本人的素质。佩列斯韦托夫以为在这方面,土耳其君主提过一些颇为值得注意的见解。仿佛穆罕默德说过:"弟兄们,我们都是亚当的子孙,谁对我忠诚服务而反对敌人,他便是我的最优秀的人。"④这种见解自不可能为莫斯科的大贵族所乐闻,

① 《莫斯科大公史》,第 74 页。
② 同上。
③ 同上。
④ 同上书,第 75 页。

在他们的眼光里,官级的计较,是极为重要的;但在莫斯科官宦等级
的非贵族部分中,这一见解却引起了很同情的反应。当伊凡雷帝在
莫斯科创办他的俄国"禁卫军"时,他也不是根据他们的世袭门第,
而是根据他们是否称职来对"亚当的子孙"作出评价的。但佩列斯
韦托夫不仅是一个没有世袭联系的官员;我们知道,他是一个立陶
宛人。可能,因为这一缘故,他在他的政治小说中,不曾忘记添写几
句穆罕默德-苏丹如何关怀外籍军职人员的言论。"在当今皇帝那
里,土耳其的奥尔瑠特—巴夏①,便是一名奥尔尼亚乌特国的俘虏,
他能坚强地抵抗敌人,打垮团队;科洛曼—巴夏也是一名科洛曼国
的俘虏,他善于效忠皇帝,反对敌人,大智大勇,所以光荣晋升。至
于他们是谁的子弟,则毫无所知。沙皇为了奖赏他们的智慧,给他
们加官晋爵,希望其他类似他们的人,也能为皇帝尽忠。"②

　　我还要指出俄国这一部十六世纪非常有意义的政治小说的另
一值得注意的特点。小说的威严与残忍的主角,乃是奴隶制的坚决
敌人。他认为人只能是上帝的奴隶。他"命令将所有的册籍,包括
全部正文和签呈,都送到他的面前,予以烧毁。他给俘虏规定服务
期限,工作 7 年,有力气者 9 年。如有人高价购去,历时 9 年仍予扣
留者,只要俘虏对他提出申诉,这人便要在这个国家被消灭,被处死
刑"③。佩列斯韦托夫在这里表现为一个奴隶解放派。这样的要求
发自十六世纪的莫斯科"军人"口中,可能显得奇怪。因此,不妨一
提在本书绪论中业已指出的莫斯科国经济发展的某些特点。

----

①　巴夏(Паша,亦译作帕夏)为土耳其高级军政长官称号。——译者
②　《莫斯科大公史》,第 75 页。
③　同上。

这个国家的军职人员很需要人工来耕种他们的土地。农民离开世袭领地和大地产，这便等于领主和地主的破产。因此，无论领主和地主都一样需要阻止农民离去。同样，他们也都想将那些尚未丧失迁徙自由的农民吸收到他们自己的土地上去工作。但是富有的领主，比穷地主更能给迁到他们土地上的农民以更多的优待。所以农民更愿抛弃地主的土地而去到他们那里。完全可以理解，地主对于这种迁移是不能置之不理的。他们的地产荒芜，使他们不仅对于所属农民，——对于这些农民他们使用一切办法、包括强制办法，力图扣留——而且对于大地产的领主，都极为愤怒。约在十六世纪中叶，由于农民大批离开莫斯科国的中央地带而逃往逐渐向农民开放的南部和东南边区，事情就变得更为复杂和恶化了。这时，中央地带便遭受了经济危机，有很重要的政治后果。农民由中央地带迁往边区，归根到底不仅对小地主，而且对大世袭领主，也都破坏了他们的生财之道。由于变穷了，世袭大贵族丧失了他们在莫斯科社会的旧日权势，而且如在本书绪论中所指出，他们在同最高当局的冲突中，也变得不如以前坚决；而最高当局则是不断设法使所有社会力量屈服于自己的。十六世纪中叶的经济危机极大地便利和加快了莫斯科君主专制制度的最终胜利。这不仅是由于他削弱了大贵族的社会影响，从而减少了他们对国王的抵抗。这还因为地主由于农民自中央地带迁往边区而遭受破产，遂愈益成为中央政权的驯服工具，因为只有中央政权才能给他们以援助。他们的这种情绪一般反映在佩列斯韦托夫的政论上，特别在他的有关奴隶制的论述中。经济危机使小地主和大世袭领主争取农民劳动力的相互竞争，极为尖锐。但是，像过去一样，现在大领主也是不难战胜小地主的。在大规模的世袭领地里，现在为了阻止农民迁离，已开始使他们变为奴隶。而且奴役的规模，显然是颇为广泛的①。这一现象没有逃过佩列斯韦托夫的洞察。作为一个勇于彻底思考的人，佩列斯韦托夫想出一种反对推行奴隶制的根本办法：这就是完全消灭奴隶制。既然想出了这一根本办法，他便按照自己的习惯，愿意引证拜占庭的历史以证明这种办法的正确："在君士坦丁皇帝时，最好的人都为达官显贵所奴役而无自由"，因此，也都丧失了任何勇敢精神。他们"经不住坚强的对敌战斗，在战斗中逃跑，吓得整团投降外国皇帝，他们受了诱惑"②。据佩列斯韦托夫说，这一情况也促使穆罕默德－苏丹解放他们。当他给了他们自由的时候，"这些在国王的达官显贵那里做过奴隶的人，都成为他们的勇敢的、最好的人"③。佩列斯韦托夫所指出的个人勇敢精神和自由状况的这种因果关系，可说是莫斯科罗斯社会思想史中一个最有意义的事实了。但是，我们马上就可看到，在佩列斯韦托夫的思想里，自由概念的范围该有多么狭窄。

穆罕默德－苏丹在指出被他从奴隶状态中解放出来的人们在

————————————

①　阿弗拉米·帕利岑原来在所写《逸闻》里对这一现象作了描写。固然，他的描写是关于费多尔·伊凡诺维奇朝代的，但他认为奴隶制主要是鲍利斯·戈东诺夫和他的支持者的过错。然而我们可以有把握地说：这一现象在伊凡四世时便已开始，所有的地主只要有办法，无不力图奴役劳动力。帕利岑写道："鲍利斯·戈东诺夫和其他许多重臣显贵，不仅他们的氏族，而且许多同他们相类似的人们，也都使许多人成为奴隶，为他们服务，白白地在他们家里不仅做手工或从事精巧的技艺，而且在他们的地产、村庄和葡萄园里工作……。"(见《混乱时代俄国古代文物》，古代文献研究委员会出版的《俄国历史丛书》，第 13 卷，第 482—483 页)。

②　勒日加：见前书，第 75 页。

③　同上书，第 77 页。

战争中表现极为英勇以后说："我所实行的是上帝的意志,上帝乐意我们的部队由勇敢的青年来补充。"①他一般地时常引证上帝,而且极为笃信上帝;如果他不转而信仰基督教,其唯一原因在于他的"穆罕默德后裔"的反对。但是,佩列斯韦托夫虽然竭力渲染他的故事的主角如何笃信上帝,却从来没有放弃他的纯粹世俗观点。他认为"真正的信仰"是一回事,而"真理"则是另一回事。他的穆罕默德故事在结尾时,——通过一个"拉丁人"的言论,仿佛这"拉丁人"同希腊人争论过拜占庭溃败的原因问题——表示希望俄国人将土耳其的真理加到真诚的基督教信仰中去:"如果土耳其的真理加上基督教的信仰,那么,天使便会同他们谈话了。"②在别的一些地方,他表示得更露骨,毫不掩饰地说:真理比信仰更重要。他的故事里的沃洛省长(摩尔达维亚公)彼得向沙皇伊凡·华西里耶维奇提出的第一请愿书中说:"如无真理,便什么都没有了。"佩列斯韦托夫是以这位彼得的名义揭发当时的俄国制度的,这位彼得在同一请愿书中又说:"不信上帝的异族人,也都认识到上帝的力量,土耳其皇帝穆罕默德–苏丹攻克萨尔格勒(帝城),在他的整个国家里管理公正的法庭,为上帝所喜爱,博得了上帝的欢心,所以上帝帮助他占领了许多国家。"③最后,在请愿书的其后几行里,这位沃洛斯基的省长断然宣称:"上帝所爱的不是信仰,而是真理。"④这是约瑟夫·沃洛茨基一类宗教作家未必同意的。

---

① 　勒日加:《十六世纪的政论家佩列斯韦托夫》,第77页。

② 　同上书,第78页。

③ 　同上书,第66页。

④ 　同上。

我们的作者在他的一些其他著作里所维护的真理,他笔下的沃洛茨基省长所捍卫的真理,也就是我们在《穆罕默德－苏丹逸闻》一书中所看到的那种真理。佩列斯韦托夫在所有各处都表现为大贵族的死敌。我们在他的著作中读到:"沃洛茨基的省长关于俄国是这样说的:俄国沙皇的重臣显贵自己发财懒惰,而国家则日益穷困;他们上任时花团锦簇,人拥马欢,却被称为沙皇的臣仆,然而他们并不坚持基督信仰,亦不凶悍死战以反对敌人,从而对上帝和国王都在撒谎。"①沙皇有很多重臣显贵,但他们对沙皇和国家都无补益。他们过于富有,所以不能好好服务。这位省长继续说:"他们人数很多,但他们既然没有好心,而且贪生怕死,所以他们不愿为基督的信仰而死,而且希望他们永远不死。富人不想战争,而只想安逸。虽然勇士也发了财,但这些人却是懒惰透顶了。"②

佩列斯韦托夫攻击"达官显贵"相信异教,甚至相信妖术。他觉得有些"达官显贵"所以能够接近沙皇,并非由于战功,亦非由于特殊"才智",仿佛使人怀疑主要是在妖术和异教方面。人们说他们是聪明的哲学家:"这就是说他们是巫师和异教徒。他们剥夺了沙皇的幸福和才智,在沙皇的心里燃起异教和妖术的邪火,而瓦解了军队"③。

根据佩列斯韦托夫的意见,对于这种人应该加以无情的处置。他笔下的沃洛省长说:"这种人应该烧死和使他们凶死,以免祸害

---

① 勒日加:《十六世纪的政论家佩列斯韦托夫》,第 62 页。
② 同上。
③ 同上书,第 65 页。

再滋生。"①为了教训俄国沙皇，他又引述拜占庭的历史："但妖术笼罩了信仰正教的君士坦丁皇帝，敌意抓住他不放，消灭了他的作战才智，抑制了他的英雄气概，皇帝战斗的宝剑放下了，他开始了放荡的生活。谁也不能以皇帝的地产生活，谁也不能伸首出户，一步也不能逃避达官显贵的侮辱和灾难：整个国家都受制于他的达官显贵，人们为了维持生活而给他们扬名。人们等待英明皇帝的出现，然而没有等到。"②

整个俄国也将受制于达官显贵，如果沙皇伊凡不关心及时预防这一危险。在《穆罕默德－苏丹逸闻》里，佩列斯韦托夫就提到土耳其皇帝"命令全国一切收入交纳国库，对于他的达官显贵，无论在任何城市里都不给任何人以总督之权，使他们不得实行不公正的审判，不得乘便将公款纳入私囊"③。从当时俄国制度的观点看，这种关于穆罕默德－苏丹所行利国措施的好意报道，等于建议取消莫斯科居民所憎恨的"食邑"制度。这种制度使大贵族得以在供养他们的地区，滥用职权，巧取豪夺。必须指出，莫斯科政府很快便采取了断然措施，取消"食邑"制度。当然，改革不是按照佩列斯韦托夫的精神进行的。他是一个彻底的中央集权派，主张派任地区行政首长的沙皇官吏，应支领一定的货币薪俸。但实际上在十六世纪五十年代，出任地区行政首长的，不是沙皇的官吏，而是受宠的村长、受宠的头面人物和地方法官。这样的制度比佩列斯韦托夫所建议的彻底官僚主义中央集权制，开支较小。一般地说，

---

① 勒日加：《十六世纪的政论家佩列斯韦托夫》，第 65 页。
② 同上书，第 67 页。
③ 同上书，第 72 页。

在我们的政论家的所有实际主张中，有一个似乎尚未被学者们指出的特点。这位天才的人物虽然极为明显地表达了当时大贵族的意向，却对当时莫斯科国居民生活和活动的那些经济条件，似无明确了解：他过分夸大了他们所拥有的货币手段。为了证明切实保证"军人"生活的必要，他显然以为莫斯科国能够用货币薪给来偿付他们的服务，然而事实上，它只能主要地用土地来偿付。这就是为什么佩列斯韦托夫的计划，在经济方面比政治方面更要抽象得多的缘故。应该想到，他的计划的这一缺点是由于佩列斯韦托夫为一个出生在外国的人。他一生大都居住在波兰和波希米亚这样一些货币手段比莫斯科充裕得多的国家，当然不了解他的新国王所能支配的经济手段。

异教徒和巫师使沙皇失去了幸福和智慧，在他们所犯一切罪过中，对国家最危险的是他们"压制了军队"。"沙皇是由于有了军队才强大和光荣的。"①因此沙皇应从自己的国库中拿出钱来取得战士的"欢心"。如果他遵守这一规则，则财源就会不断，国家就永远不会穷。佩列斯韦托夫再三重复他的主张：必须不根据战士的出身，而只根据他们个人的功绩，对他们进行奖赏和迁升。对于不惜牺牲生命同沙皇的敌人作战的"军人"，沙皇必须"使其靠近自己，完全信任他们，听取他们的一切申诉，像父亲对待自己的子女一般爱护他们，对他们慷慨解囊"②。这种田园诗的意境，伊凡雷帝后来在其同禁卫军关系中按照他的粗暴方式实现了。

---

① 勒日加：《十六世纪的政论家佩列斯韦托夫》，第 65 页。

② 同上书，第 63 页。

前已述及,佩列斯韦托夫不仅注意莫斯科国对内政策,而且注意对外政策。我们已经知道,掠夺成性的游牧部落的侵袭,对于俄国定居农民的生活起了多么大的破坏作用。佩列斯韦托夫对于这一作用是完全明了的。

他以为摩尔达维亚公关于莫斯科沙皇反对游牧部落斗争的任务,提出如下意见:

"这个国王只要统领两万佩带大大够用的火箭的青年勇士就行了,战士驻扎在乌克兰的土地上,面向敌人克里米亚沙皇的堡垒从国库支取年薪;他们对活在战场上与敌人——克里米亚沙皇作战的生活习以为常。这 2 万人将胜过 10 万人,而乌克兰将永远富有而不致因抵御敌人陷于穷困。这样强大的(莫斯科)沙皇是能够为所欲为的。"[①]

佩列斯韦托夫对于莫斯科同喀山国的关系同样注意、莫斯科国王的忠实同情者"沃洛省长",在他的故事里是这样说的:"我从到过喀山国的许多军人那里听说,这喀山国与边区相比,好处甚多。"[②]这个地方一定要去征服。这位沃洛省长又说:"我们非常奇怪,这样一个小国,一个非常合乎心意的小国,虽处于这样强大的沙皇的肘腋之下,却不友好,而沙皇反要对它长期容忍,忍受他们带来的忧伤。即令这样的小国讨好我们,与我们交好,我们也不应因为这种讨好而容忍。"[③]保持这种意见的,不只沃洛省长一人。如果相信佩列斯韦托夫的话,则在立陶宛,就有些"拉丁哲学家和

---

① 勒日加:《十六世纪的政论家佩列斯韦托夫》,第 63 页。
② 同上书,第 68 页。
③ 同上。

博士"预言伊凡·华西里维奇沙皇将战胜喀山国,"派出他的英明战士去攻占它,而且为它举行洗礼"①。同样聪明的而有学问的人以为,沙皇的首都应迁往下诺夫戈罗德②。

佩列斯韦托夫在将沙皇的崇拜者沃洛省长的意见报告沙皇时,又提到奴隶的解放问题。按照他的说法,奴隶制是恶魔想出来的。恶魔在亚当被逐出天堂后诱惑了他,夺去了他的"证件"。上帝怜悯亚当,用他对"自由的爱好"赎了他的罪过,由地狱中折磨了他,撕毁了他的"证件"。现在那些要别人毕生为其工作的人们,都是讨好恶魔,毁灭了自己的灵魂。佩列斯韦托夫在引述这一神学论据——当时的最高论据——时,再次提出我们前已知悉的社会心理学论点,并用同一神学论据来证明这个论点正确:"哪个地方实行奴隶制,那里就发生一切恶行:抢劫,掠夺,侮辱,都会发生,整个国家就会衰落,上帝震怒,恶魔高兴。"③这里已可明显看出,对大贵族压迫的恐惧,促使佩列斯韦托夫要求奴隶的解放④。

"哪个地方实行奴隶制,那里就发生一切恶行",这是一个完全

---

① 勒日加,同前书,第 68 页。

② 同上书,第 78—79 页。

③ 同上书,第 67 页。

④ 这就是为什么不能无条件地接受勒日加先生的意见的缘故,他以为佩列斯韦托夫反对奴隶制,使我们不得不假定他同产生当时的异教徒的环境有联系。勒日加先生指出,在 1553—1554 年宗教会议上受到审判的马特维·巴什金,同佩列斯韦托夫一样,认为奴隶制不符合基督教义的精神。然而问题在于佩列斯韦托夫提出反对奴隶制,不仅是以神学考虑为依据。他从国家利益的观点进行考虑。在他对奴隶制影响的批评中,首先听到的是奴役劳动居民的大贵族的敌人。而由于大贵族的敌人,在当时的官宦等级里除佩列斯韦托夫外,还有很多,所以,可以假定,对大贵族强暴的恐惧使某些其他下属人士相信,解放奴隶是有好处的。例如,尽人皆知,西尔韦斯特尔牧师便解放了他的全部奴隶。

正确的思想。这一完全正确的思想最少已为伊凡·华西里维奇雷帝的一名——然而很可能不止一名——军职人员所熟知。指出这一点是很重要的。同样重要的是,指出这一思想只不过促使佩列斯韦托夫要求消灭奴隶制度。奴隶制只是人奴役人的许多形式之一。但是佩列斯韦托夫没有问问自己,是否人奴役人以及莫斯科国的"一切恶行",都将因奴隶制的消灭而消失呢? 如果他问过,那他除消灭奴隶制的要求外,也只会提出一个要求:这就是要求限制大贵族的力量和权势。他认为实现这一要求的最好办法,是发展沙皇专制制度。他连想也不想,沙皇的专制制度本身便可能成为全国被奴役和国内一切恶行的根源。我们在他的著作里,从未丝毫看到适当限制最高权力的任何表示。从这方面说,他比他的同代人,即前述法国人波丹,是大有逊色的。

波丹也是一个坚定不移的保皇派。但他希望君主服从"自然法则",保障所属臣民的"天赋自由"①。他将君主政权分为三类。他说:"所有君主制都或为世袭君主制,或为国王制,或为暴君制。"(Toute Monarchie est Seigneuriale,ou royale,ou tirannique,第272 页)在国王制的君主国,国家元首尊重其臣民的天赋自由。而这种天赋自由表现于臣民有处理其财产的自由(财产的所有权,Propriété des biens),世袭君主制的特征,按照波丹的说法,在于臣民既没有人身自由,也没有处理财产的自由。波丹以为世袭君主制是第一个君主制(即政体的第一种形式。——著者)。不要将

---

① 波丹:《共和国六论》(Les six livres de la Republique),巴黎,1580 年,第 11卷,第 273 页。

世袭君主制同暴君制混为一谈。践踏本国法律者为暴君,而世袭君主则可能是一个完全守法的君主。波丹指出,古代波斯便是世袭君主制的一例,那里的一切都为国王所有,一切居民都是国王的奴隶。时过境迁,臣民对国王的奴隶依附逐渐减轻,所以最后,这个君主政体只在名义上是世袭的。然而就是现在,有些地方还实际存在。它存在于亚洲,埃塞俄比亚,甚至存在于欧洲:在土耳其,鞑靼和莫斯科。波丹没有忽视的一个事实是,莫斯科沙皇的臣民,都自称为沙皇的奴隶(他写为 les chlopes,并解释说,即奴隶)[①]。根据波丹的意见,在世袭君主制的国家里,国王所以被神化,就是因为他在那里既是人的主宰,又是财产的主人。世袭君主制国家的居民由于是本国国王的奴隶,都要受奴隶般的惩罚。波斯在阿塔克舍尔克斯皇帝以前,对于罪犯,甚至对于身居高位的罪犯,都习惯用肉刑。阿塔克舍尔克斯第一次决定惩罚罪犯时,要像以前一样剥去他们的衣服,但受鞭打的不是他们,而只是他们的衣服。同样根据他的命令,不再拔犯人的头发,而只是拔去他们帽上的茸毛[②]。波丹认为,这证明时过境迁,波斯的君主制度事实上已不再是世袭君主制了。由此看来,他认为对臣民施以肉刑是世袭君主制的主要外部特征;而臣民对君主的奴隶依附则是造成这一特征的原因,这种依附的表现便是臣民无权自由地安排自己和处理自己的财产。这个观点比那种流行的老生常谈是深刻得多了。按照老生常谈,则东方专制国家甚至对身居高位的人们实行肉刑,——

[①]　《共和国六论》,第 274 页。

[②]　同上书,第 276 页。

试一回忆旧莫斯科及其鞭刑、笞刑以及连根拔除胡须等等，——是由于缺乏"文化"。波丹知道，甚至在最文明的国家（希腊、罗马），主人也对其奴隶施以肉刑；而在文明落后很多的国家里，其自由居民却不能想象他们的国王会这样对待他们。波丹懂得，问题不在于缺少"文化"，因为文化本身也只能是一定社会关系的结果；而在于这些社会关系，其本质便是所有社会力量都受以国王为代表的国家的奴役。同样，他显然很知道，世袭君主国的臣民所以把他们的国王神化，并不是因为他们的不文明，而是由于他们的奴隶地位，由于这种地位，国王对于他们是神，是一切幸福的来源。[①] 他尽管出于理论上的需要，认为必须提醒读者：世袭君主是一回事，而暴君又是一回事；但他本人却是一个坚决的"国王制"拥护者，因为"国王制"给居民以人身和处理财产的"天赋自由"。这是完全可以理解的。在国家学说上，波丹是处于一定发展阶段的第三等级的思想家。这个发展阶段的特点，首先在于这个等级在反对封建主的解放斗争中，尚不完全相信其本身的力量，因而支持了国王取

[①]　克柳切夫斯基教授说，将两种不相协调的属性：沙皇和世袭大地主，结合在"最高当局一人之身"，乃是一个"反常现象"。（《俄国史教程》，第 3 卷，第 16 页）波丹更有根据地认为这两种特性的协调，更确切地说，它们的完全符合，就东方专制国家而言，乃是完全正常的。克柳切夫斯基说："人们不把国家理解为由最高当局管理的人民联合，而理解为国王的经济体；居住在国王世袭领土上的各居民阶级，都按其经济来源的重要性参加这个经济体。因此，人民的幸福、国家的宗旨都服从土地主人王朝的利益，而且法律本身也具有经济命令的性质，这种命令发自莫斯科河畔的克里姆林庄园，它规定所属当局、主要是地区当局的活动，但更多的是规定居民履行各种义务的程序。"（同上书，第 16 页）我们在所有东方专制国家里所看到的正是这种情形。如果这是"反常现象"，那就应该说，在东方专制国家里，这种"反常现象"在数百年，乃至数千年里，已成"规范"。

得专制权力的野心。这种专制权力可帮助资产阶级铲除其历史道路上的封建障碍。因此,资产阶级同这种权力妥协,甚至把它理想化了。但是资产阶级同它的妥协,乃至把它理想化,只是在它帮助资产阶级向前发展的限度之内,用波丹的话说,就是在它不改变其为国王专制,不侵犯公民的个人权利和公民的"真正私有主"（Vrais propriétaires）的权利的限度之内。如果君主也想象东方君主那样对待其臣民的财产和臣民自身,则专制权力对于法国第三等级便是一种不堪忍受的桎梏了。这样的君主,波丹是一定要把它算作暴君的。

不是社会意识决定社会存在,而是社会存在决定社会意识。十六世纪的莫斯科政论家是完全不能理解当时法国先进政论家所制定的社会政治概念的。波丹完全正确地将"莫斯科"列为世袭的君主国。莫斯科的社会力量越来越加受国家的奴役,国家元首自然把这种力量视同奴隶。这一点波丹是注意到的。在这种社会发展方向之下,由于这样或那样的原因而维护沙皇专制制度的政论家,甚至不能想象会有这样的"自然法则",能够在公民或经济生活中规定某种界限。我们知道,佩列斯韦托夫不仅了解自由这个概念,而且明确地看出了许多社会罪恶同奴隶制的因果关系。然而在其实际计划里,他并未超出取消奴隶制要求的范围。"自由"是一个形式的概念,其内容在每一特定时间都决定于特定的具体的——归根到底,经济的——条件。根据佩列斯韦托夫的观点,解放国内的居民,便是消灭（"撕碎"）卖身契。他不能像波丹那样,为莫斯科国的居民要求"真正私有主"的权利。他是这样一部分官宦等级的思想家,他们的命运同封建土地占有制的命运最密切地联系在一起。而纯粹的封建土地占有制则是将"真正私有主"的权利交给国王的；它给予地主的，只是因服役而暂时使用土地的权利。像不久以前国有财产部分配我国土地于其部门所属农民一样，国王在地主之间为了酬劳他们服完军役而分配以土地。1556 年伊凡四世注意到"有些达官显贵和军人占有了许多土地，而服役情况很差，他们的服役同国王的赏赐和领地不相配称"。因此，他命令——他的上谕保存在编年史里——实行平均分配："在封地里实行土地清丈，应得多少就给多少，余额分给贫困户。"①这是一次在地主之间实行的真正"土地平分"。如果地主享有"真正私有主"的权利，这是不可能实行的。然而在莫斯科国的当时经济情况下，这样的土地重分则为利于"军役"所必需，而且对于地主本身也是有益的。这就是为什么地主阶级的理论家佩列斯韦托夫不能听任这种重分违反"自然法则"的缘故，正如第三等级的理论家波丹也会作此主张一样。不仅如此。佩列斯韦托夫定会感到这样的土地重分，——以及将土地的"真正私有主"的一切权利转移给国王，——是保障军人，即使军人获得实际自由的必要条件。我在上面业已指出，他可能由于在一些社会及经济发展与莫斯科大不相同的国家居留了多年，不很了解莫斯科经济生活的特点。但是，他既然保持着莫斯科官宦等级前述部分的观点，便必然领会到这种特点所造成的关于君主权力的特性的全部概念。他的自由要求没有超过取消奴隶制的范围。当他想为其政治理想寻求一个典范的时候，他的目光自然不是向西方看，而是向东方看，向波丹公正地称之为

---

① 季亚科诺夫：《古代罗斯的社会和国家制度概论》，第 269—270 页。

世袭君主制和以居民对国王的奴隶依附为特征的国家看。

在波丹的著作里，有一段引自普卢塔尔霍夫所写《费米斯托克洛传记》的很有教益的摘录。波斯宫廷的一名皇帝卫队长阿塔班，在传记中对费米斯托克洛说："你们希腊人最为珍视自由和平等。而在我们看来，在我国大量法律中，则以规定我们必须尊敬我国皇帝，崇拜他像崇拜上帝一样那条为最好。"莫斯科国的居民也认为必须不仅由于恐惧，而且出自良心，对自己的国王尊敬和崇拜，作为尘世的上帝。同样的原因总会产生同样的结果。由于历史的发展将莫斯科国王的权力范围扩大到东方"世袭君主制"的相应权力所特有的那样广度，莫斯科的社会思想也就越加具有东方的气质了。我们往下就可看到，莫斯科人在混乱时代同波兰人谈话中所发表的见解，同很久以前阿塔班同费米斯托克洛谈话中所发表的见解，是完全一样的。

第三章 大贵族和僧侣斗争 影响下的社会思想运动

在我们面前,佩列斯韦托夫是这样一部分莫斯科官宦等级的理论家,他们急切地需要扩大沙皇对于所属臣民的财产(自然首先是不动产、地产)的支配权。佩列斯韦托夫丝毫不愿想到给沙皇权力设定范围的任何"自然法则",这是完全可以理解的。但有一个问题:那些领有较大世袭领地的官宦等级的最高部分,由于有利于"军人"的"土地重分"而可能蒙受和实际上很快就已蒙受重大损失,对于这一"自然法则",是否也未想到呢? 对于这一问题,只能作肯定的答复:是的,他们想到了这种法则。然而值得指出,就是这最高部分也从未想到要利用明确规定的法则标准来限制沙皇的权力。他们与其说是提出要求,不如说是作过建议,而且他们的建议也没有涉及国家制度,而只是涉及国家管理。从这方面说,有一本叫做《瓦拉穆的术士圣谢尔吉伊和圣赫尔曼的谈话》的著作,是颇堪玩味的。这本书的创作可能是在十六世纪五十年代下半期[1]。

---

[1] 见《古文献委员会研究年鉴》(1885—1887),圣彼得堡,1895,第 10 辑,第 2 部分,第 19 页。

圣谢尔吉伊和圣赫尔曼坚决主张"父老兄弟"即修道士都要完全服从沙皇,这本书便是用他们的名义写的。他们说:

"恳求你们,心爱的父老和亲爱的弟兄们,你们要服从信仰正教的沙皇和大公,要关心俄国的大公,要在一切事情上依从他们,要为他们祈祷就像为你们自己祈祷一样。我们将由于这种祈祷而得到宽恕。祝我们的君主一切幸福,为了他们应该像为了我们的东正教信仰那样,牺牲自己的生命,抛却自己的头颅。可是,我们为了这种对上帝的善行,是不会损失一根毫毛的。"[①]我们马上便可看到,为什么《谈话》的作者要上述两位圣徒向父老兄弟们、即修道士们发出号召,为什么他认为必须要求他们完全服从。那时我们便可相信,这一要求的产生是由于我们已经知道的一种社会生活矛盾。现在应当指出,《谈话》的作者谈到沙皇权力时,是把它描绘为应该是无限制的。"上帝将整个最高权力赋予举行过登极涂油仪式的沙皇和上帝所选择的公爵。上帝赋予俄国公爵和沙皇以统治所有人的最高权力。"[②]对于沙皇权力范围的这种规定,就是佩列斯韦托夫本人,甚至费米斯托克洛的对谈者波斯官员阿塔班也很难有所补充了。同这种沙皇权力无限论完全符合,《谈话》的作者深信,沙皇对于笃信宗教问题亦有给予最高关怀的责任。他主张"沙皇和大公应对各寺院和全国各地都发出朝廷温良的威慑,不剃胡须,也不对他们的最高地位有任何危害;任何地方的任何人都必须完整不苟地画十字,全年实行斋戒祈祷;无论男女,凡年龄

---

① 《古文献委员会研究年鉴》,第 10 辑,第 2 部分,第 2 页。
② 同上书,第 2—3 页。

达十二岁者,都要向主和神父说出自己的心事。全世界的信徒和军队都应拥护沙皇,但不是一切人都对最高的沙皇负责。"①沙皇还应关怀宗教书籍的修改②。《谈话》的作者断然反对一种意见,——这种意见显然也是在十六世纪的莫斯科国产生的——似乎上帝是"随心所欲"或"独断独行"地创造了人。"如果上帝是'独断独行'地创造了这个世界上的人,那他就不会设置沙皇和大公以及其他权力,也不会使人群各自分离。"③像佩列斯韦托夫一样,《谈话》的作者认为沙皇的威慑是必要的。如果没有沙皇的威慑,则人们不会斋戒,不会忏悔,也不会尊敬神父④。但是,佩列斯韦托夫力图使沙皇的威慑主要用来对付"达官显贵",而《谈话》的作者则认为沙皇必须经常同"达官显贵"、同佩列斯韦托夫所憎恨的这些人磋商。他笔下的圣谢尔吉伊和圣赫尔曼直截了当地说:"沙皇应与大贵族及亲近的宠臣切实磋商一切。"由此可见,《谈话》的作者就令本人不是"达官显贵",也是完全站在他们的观点上的。作为当时的一个尘世中人,他绝不会否认"军人"的重要意义。但是他知道并且记得,他们的行为每每不完全是"爱基督的",因此他认为必须用圣徒的名义对他们宣读这样的训示:"异教徒在战争中勇于杀人、劫掠、淫乱,将他们的勇气用于一切肮脏的恶行,并因此受到夸奖。但忠诚的信徒在战争中应该在行为上效法沙皇,坚定不移地反对基督十字的敌人;对于同信仰的人们和在他们家里,应

---

① 《古文献委员会研究年鉴》,第10辑,第2部分,第24—25页。

② 同上书,第27页。

③ 同上书,第25页。

④ 同上书,第25页。

态度谦和,慷慨宽容,不殴打、更不折磨,不从事劫掠,不侮辱妇女,不危害修女、寡妇,以及其他孤儿和一切东正教的基督徒。看到他们流泪和哀叹,所有的军人都应悚然恐惧,不作恶。"①

《谈话》的作者长篇累牍地证明一切权力都属于沙皇和他所委派的官吏。他也是拥护"世袭君主专制"的。但他劝告沙皇珍惜国家的支付能力。"沙皇应该在征收任何收入时要手下留情,做事要宽大为怀,不要发怒,也不要听信流言。"②《谈话》的作者虽然对专制君主极为尊重,但迫使瓦拉穆的术士们对沙皇在国家管理上的疏失以及沙皇的"简单化"(也就是……思想迟钝),表示担心。根据术士们的意见,这种疏失和简单化主要表现于沙皇不再听从其天然顾问们(即大贵族)的意见,而接受了出家的僧侣们的影响,这种僧侣便利用其影响敛聚财富。"然而沙皇不应单纯,而应与顾问们磋商一切事务。……沙皇无意间愚蠢地阻止僧侣拯救灵魂多到不可胜数,使他们受到无穷的巨大灾难,从而向沙皇提出无所谓的荒谬的请求。"③没有这种简单化毛病的沙皇,则是通过他的军政长官,而不是通过僧侣来管理国家的。"如果世界上还有僧侣当权,而不是沙皇的军政长官当权,那上帝是不会宽恕的。"④《谈话》里的瓦拉穆术士们对僧侣进行了最猛烈的揭发。圣徒们逃出尘世,不求财富;"而我们看来,罪恶多端的该死僧侣,则向仁慈的沙皇和天主说尽谎话,貌似伟大,名为僧侣,却是没有僧侣德行,坏事

---

① 《古文献委员会研究年鉴》,第 10 辑,第 2 部分,第 21—22 页。
② 同上书,第 21 页。
③ 同上书,第 10 页。
④ 同上书,第 23 页。

做尽而不做好事的僧侣。"①贪婪使僧侣倡导"新的异端",这就是他们错误地以为他们也可领有地产。"这绝对是僧侣的灭亡。由于这种坏事,基督徒中的狡猾恶魔,以僧侣的外貌,利用沙皇的简单化和大公们给予的薪俸,阻止僧侣去拯救自己的灵魂,使他们受到无穷的巨大灾难;因为,这种权力是由上帝给予沙皇、大公和尘世的当政者的,而不是给予僧侣的。"②《谈话》将僧侣说成是能够干出一切狡猾的勾当和卑鄙行为的人们。他们为了达到自己的目的,胆敢故意曲解圣书。"而沙皇却不管,也不注意许多僧侣中的书生根据恶魔的诽谤性的险恶意图,从圣书中寻章摘句,删除真正的圣书旨意,代之以对己有利的叙述,然后提交宗教会议求证,似乎这就是圣书和圣徒之作。"③这个地方证明,"圣书"论点不那么容易吓倒《谈话》的作者。为了取得完全的效果,他却用"最近以来"的情况吓唬读者说:"最近以来,僧侣们用谎言迷惑沙皇、大公以及其他当权者,向所有亲近者预告说,犹大出卖耶稣,所有以往的长老学者都将被钉在十字架上。最近以来僧侣学者也想用自己的谎言迷惑,开始盗窃沙皇和大公。沙皇未注意及此,听信他们所说的谎言。"④我们已经知道,在彼得以前的罗斯,"最近以来"的论点是神学论点中最有影响的一种。毫不奇怪,我们的作者要用这一论点来反对他最痛恨的"长老们"了。

然而读者如果以为《瓦拉穆术士的谈话》的作者在描写"最近

---

① 《古文献委员会研究年鉴》,第 10 辑,第 2 部分,第 20 页。
② 同上书,第 21 页。
③ 同上书,第 11 页。
④ 同上书,第 26 页。

以来"的情景时只是根据他的幻想,那可就大错特错了。他用以描绘这一情景的资料,是从实际生活的观察中得来的。例如,作者说,"最近以来"由于僧侣的罪恶和沙皇的简单化,曾发生如下情况:

"人们开始无端自扰,以为灾难临头,有的地方由于僧侣的罪恶而开始发生频繁的饥荒和瘟疫,许多地震和洪水,内乱和战争;世上开始各种各样的城市毁灭和纷乱,伟大的王国内将人心惶惶、惊骇万分,乡村荒芜,十室九空,居民减少,土地虽然辽阔,而人口越来越少,剩下的居民在这辽阔的土地上竟无以为生。"①

上述莫斯科国中央地带的荒芜造成一种情况,即尽管莫斯科土地是"更辽阔了",然而由于人工愈来愈少,居民的生产力愈来愈弱,所以"剩下的居民"在这辽阔的土地上比以前更贫困得多。对于这一情况,《谈话》的作者并未忽视,而且在他所描写的"最近以来"的景况里,大加渲染。这一景况的其他同样突出特点使我们设想,这个时代的具有洞察力的莫斯科人就已预见到混乱时代的到来。《谈话》中预言城市毁灭、内乱和战争也未必是一种辞藻的修饰。同样,我们的作者的上述言论恐怕也不是由于他喜欢修辞的缘故:"沙皇不能把握自己皇家的分寸,每每安于皇家自身的简单化,迁就僧侣的罪过和尘世的纵欲。"②如所周知,英人弗莱彻于费多尔·伊凡诺维奇朝代访问莫斯科国后,便预言混乱时代的到来。完全可以设想,他是根据同他接触的莫斯科人听到的事实作出这

---

① 《古文献委员会研究年鉴》,第 10 辑,第 2 部分,第 9 页。
② 同上。

一预言的。而《瓦拉穆术士谈话》的作者所描写的"最近以来"的景况却使人想起,关于"内乱"的比较自觉的预期,在伊凡四世朝代便已产生。这一点尤其值得注意,因为《瓦拉穆术士谈话》的作者还不能预见这一朝代的结束。

这样,在无疑出身于世俗环境的人士的指使下,瓦拉穆的术士在《谈话》里草拟了一个完整的纲领,其内容可以概述如下:

1. 国家的无限权力属于沙皇。

2. 沙皇管理国家,与大贵族协商,但不受僧侣"这些未埋葬的死人"的影响。

3. 沙皇珍惜国家的支付能力,约束军人,不许他们压迫和平居民。

4. 寺院不得再占有已有居民的土地。

我们看到,这一纲领有利于"达官显贵",但不利于僧侣。它无论在经济方面或政治方面都是反对僧侣的。它对我在本卷第一章关于莫斯科罗斯政教当局的相互斗争的论述,是一个补充。

莫斯科国王需要土地;他需要很多土地。为了增加土地,以伊凡三世为代表的莫斯科政府便已提出僧侣地产国有化问题。与此同时,莫斯科政府还逐渐地,但却一贯地缩小了世袭领地的土地占有者权力。政府在这方面的理想是将世袭领地完全变为封地。为了实行这一转变,伊凡三世的侄儿伊凡雷帝大显身手,利用他制定的皇帝直辖部分国土制度实施了佩列斯韦托夫的纲领,纲领中的"和"(《И》),即是纲领全部内容——涉及沙皇对其臣民财产无限制的关系所依存之点。据 С.Ф.普拉托诺夫教授说,"皇帝直辖部分国土制度摧毁了旧时存在的贵族土地占有形式。通过对土地实行强制的经常交换,这个制度在一切必要的地方消灭了有封邑的世袭贵族同其世袭领地的旧联系,并将雷帝认为可疑的世袭贵族疏散到国家各区、主要是疏散到边境地区,使他们在那里变为普通的有公职的地主"①。当这位立陶宛人的纲领获得实现,并由这位"天生的"莫斯科国王根据莫斯科经济条件作出相应补充的时候,当官宦阶级财产关系方面的真正革命完成的时候,大贵族的政治作用——按照这位普拉托诺夫教授的意见——就永远消灭了。但暂时革命还只是在准备之中,暂时生活还只是在为佩列斯韦托夫的未来纲领陆陆续续地创造具体的基础,暂时世袭大贵族的政治作用还未被坚定不移地消灭,所以莫斯科的官宦"世袭贵族",便力图维护其自身的生存,阻止日益逼近的威胁,把这种威胁转向其他方面。但他们是讲求实践的人,而不是理论家。他们很了解莫斯科国的经济状况。他们深知,实际上在当时条件下,增加土地总额是国家的最迫切需要。因此,他们欣然响应"伏尔加河中下流左岸的长老们",即为数不多但很有影响的一部分僧侣的宣传,这部分僧侣站在宗教禁欲主义的观点上,认为寺院不应领有人。稠密的地产。大量辽阔寺院地产的国有化,可在很大程度上增加国家的土地总额,从而可将转变世俗世袭领地为封地的危险,延期发生。这一事实是对维护大贵族利益的政论家用瓦拉穆术士名义写出这一纲领的整个经济方面的充分说明。

至于这一纲领的政治方面,这里必须注意下述情况。莫斯科政府在没收寺院世袭领地问题上遭到僧侣等级的坚决抵抗,实行

---

① 《混乱时期史纲》,第147页。

妥协，仍将这种领地留给"未埋葬的死人"掌管，而政府则限于对寺院土地进行监督以后，僧侣当局差不多在尼空总主教时期之前，长期放弃了反对情绪，而扮演了莫斯科专制君主的积极支持者的角色。寺院领地的拥护者约瑟夫·沃洛茨基及其门徒"奥西夫派"[①]，不久前还是世俗当局措施的批评者，现在却一变而为专制制度的满怀信心宣传家。在这方面，他们同那些力图依靠沙皇的无限权力来反对大贵族的小贵族思想家们，可谓殊途同归了。毫无限制的沙皇权力为实行上述土地革命所必需，这种土地革命是有利于小贵族而不利于大贵族的。在有关这一革命的问题上，"奥西夫派"完全站在沙皇和贵族方面。正如大贵族丝毫不反对寺院地产国有化，僧侣中的"奥西夫派"——即僧侣等级的最大部分，而且只有这一部分才具有比较重大的实际作用——也完全不反对沙皇政权对世袭贵族的强硬态度。因此，大贵族对"奥西夫派"及对国王的影响抱着恐惧的态度，便毫不足怪了。莫斯科的大公和沙皇按照自己人间的上帝必须维护对天上的上帝的纯洁信仰的地位，必须同有权势的宗教人士的接触，当然要比他们同低级官宦等级的接触频繁得多。佩列斯韦托夫在其给沙皇的第二次请愿书中写道："我去国十一年，未能一见陛下。"[②]然而任何莫斯科的修士大司祭或主教"要见沙皇"，却是容易得多了，至于宫廷中的神父就更不用说了。而且不仅莫斯科的僧侣们如此。我不妨在这里提前

---

　　① "奥西夫派"——十五世纪末十六世纪中叶俄罗斯国家内一个宗教政治派别，在俄罗斯中央集权国家进一步巩固的过程中，他们支持了大公国的政权。奥西夫派这个名称是因为他们为宗教政治家约瑟夫·沃洛茨基的门徒而起的。——校者

　　② 勒日加：《十六世纪的政论家佩列斯韦托夫》，1908年，第79页。

一述库尔布斯基公爵关于伊凡四世与僧侣华西安·托波尔科夫在远离莫斯科的基里洛－白洛哲尔寺院会晤的叙述。伊凡四世问华西安："怎样才能统治得好，而且得到强大精干的人为我服务呢？"这位长老"按照旧时代的惯常尖刻语调"机智地答道："如果要做一个专制君主，那就不要在身边任用任何强过自己的顾问人员，因为自己要胜过一切人，才能确保统治，而把一切都掌握在自己的手里。如果把最有智慧的人摆在身边，那就会不得不听信他们的意见。"①库尔布斯基相信，这种"恶魔的三段论法"（他这样称呼华西安·托波尔科夫的答复）深合沙皇的心意，对沙皇的国内政策产生了巨大影响。因此，两位瓦拉穆术士为什么要广泛谈论"简单化"的沙皇和"未埋葬的僵尸"磋商国是对国家怎样危害，便是完全可以理解的了。"未埋葬的僵尸"——当然是指"奥西夫派"——对沙皇的影响，根本破坏了名门大贵族对沙皇的影响。因此，《瓦拉穆术士谈话》一书的作者对于同僧侣们会商国是的沙皇，提出了"最近以来"的威胁，便不是没有原因的了。

我希望这毋须作进一步的解释。但关于我们所研究的《谈话》，还要指出一点。圣谢尔吉伊和圣赫尔曼注意到寺院劳动者、即农民的困苦状况："现在，我们该死……领有乡村及农民，统治他们，对他们凶恶和残忍，说尽谎话。"②这两位瓦拉穆的术士提到，僧侣应爱护所有劳动者和预备修道士以及其他东正教信徒，然而他们事实上却残酷地剥削所属农民。劳动者"为我们僧侣整天无

① 《库尔布斯基公爵的逸闻》，第37—38页。
② 《古文献委员会研究年鉴》，第10辑，第2部分，第17页。

事不做,用他们的自愿和强迫劳动来养活我们,对我们唯命是从。
然而我们该死,却受恶魔的指使,凌辱这些上帝选定的人们,仿佛
他们是信奉异教的外国人和其他卑鄙的人们。啊! 我们狂妄无
知! ……使他们受到可怕的遵守宗教法规的裁判"等等①。作为
俄国社会思想史中的一个事实,圣谢尔吉伊和圣赫尔曼的这一热
烈宣言表明,《谈话》的作者完全站在大贵族的观点上,对于寺院农
民的悲惨状况,是既感觉到了,而且进行了谴责的。像我们现在所
要说的一样,他完全明白占有世袭领地的寺院僧侣,是靠剥削农民
而生活的。他并且毫无顾忌地说出了这一点。矛盾导致进步。在
分为阶级——或分为等级,这在一定场合都是一样——的社会里,
阶级斗争使人们看到,如果没有阶级斗争,他们就不会看到的真
理。当然,处于特权地位的人们在看到这些真理时,他们的理解是
颇为片面的。瓦拉穆的术士们为寺院农民的悲惨状况而痛心疾
首。然而他们忘记问问自己,在大贵族的世袭领地里农民是怎样
生活的。我们知道,这种情况的发生,是由于《谈话》的作者所维护
的是大贵族的利益。多年以后,英国的勋爵亦曾责备英国工厂主
对工业无产阶级的残酷剥削。可是好心的勋爵也忘记问问自己:
"在我们自有的地产里工人是怎样生活的?"工厂主代他们提出了
这一问题。他们辛勤地进行了全面调查研究,充分证明英国农村
工人的状况,一点也不比工业无产阶级好些。据我所知,维护寺院
地产的"阿西弗良派"没有想到给十六世纪的莫斯科大贵族尽这番
义务,这是很可惜的!

---

① 《古文献委员会研究年鉴》,第10辑,第2部分,第17—18页。

《瓦拉穆术士谈话》的某些抄本里附有一件很有意义的文件。这个文件的标题为《根据瓦拉穆的圣徒谢尔吉伊和赫尔曼修道院长对统治大诺夫戈罗德的公爵及军政长官和同他们一道的诺夫戈罗德人的诽谤的幻想而作成的同一谈话的另一传述》。实际上,这一文件并不是"同一谈话"的另一传述,而显然是出于另一作者的手笔。但这一事实更使它具有意义。

根据《另一传述》的作者的意见,俄国的一些热爱基督的沙皇需要加强其军队与地方军政长官和在各方面扩充其国家。但这一事业不是靠最高政权一方面的力量所能完成的。要完成这一事业,必须结合所有的社会力量。

"最神圣的总主教东正教的笃信上帝的教皇(? ——佩平①),总主教和所有大主教及主教、圣修士大司祭和院长,一切神职僧侣都祝祷沙皇和莫斯科的俄国大公爵召集信仰一致的全基督教徒总会。"为了召开这样的会议,沙皇必须"用基督般的谦虚智慧从城市和县区不分贵贱愚智选出一批人",而且逐年存记在心。换言之,作者要求召开全俄缙绅会议,并使城市及县区代表真正广泛参加。这一本身非常明确的要求所以使已故 A. H. 佩平感到奇怪和不明确,其唯一原因便是《另一传说》的作者在建议召开这样会议的时候,主张沙皇应就斋戒及忏悔等事"征询"会议的意见:"好吧,让沙皇本人在任何时候都向他们征询关于整个俗世的斋戒和忏悔以及

---

① 亚历山大·尼古拉耶维奇·佩平(1833—1904)俄罗斯文学史家,科学院院士,资产阶级文化历史学派的代表人物。著有《俄罗斯文学史》四卷(1898—1899)及有关别林斯基(1876)、萨尔蒂科夫 - 谢德林(1899)、涅克拉索夫(1902—1903)的著作。——校者

俗世的任何事情罢。"①A. H. 佩平指出，"结果，全基督教徒总会便是为了监督斋戒和忏悔以及其他俗世事情是否得到遵守了。"②可是，这有什么可奇怪的呢？我们已经知道，根据十六世纪莫斯科政论家们的见解，——所有政论家，无分党派，——沙皇是国内的最高宗教维护者。我希望读者没有忘记，俄国的总主教制度最初是由谁设法建立和怎样建立起来的。当沙皇费多尔·伊凡诺维奇——他的善良的宗教意愿是无可怀疑的，尽人皆知，他的父皇讥笑他为僧堂执事，——想要建立总主教制度时，他首先同他皇后和大贵族磋商，只是在确实取得他们的同意后，才向僧侣们提出，僧侣们便只有执行沙皇同皇后及大贵族的既定计划了。在这种情况下，《另一传说》的作者当然要认为世俗政权是最关心斋戒和忏悔的了。其次，我们还看到，甚至佩列斯韦托夫尽管认为真理重于信仰，也是将宗教论点摆在他的主张的最前列的。这就是为什么《另一传说》的作者完全自然地主张"全基督教徒总会"应首先注意宗教信仰问题的缘故。这同莫斯科人的习惯和思想方式是再适合不过了。另一方面，当时很少流传，第一，不仅沙皇而且人民的代表也关心维护宗教信仰的观点；第二，沙皇必须"在任何时候"都要就"世俗的任何事情"同这些人民的代表磋商的观点。这种观点是《另一传说》的一个非常值得注意的特点，无论其作者说得多么紊乱——无怪乎佩平说他语法不通——但这种观点毕竟是当时我国政论界一个卓越现象。

---

① 佩平：《俄国文学史》，第 2 卷，第 29 及 30 页。
② 同上书，第 157 页。

佩平不敢满怀信心地说：《瓦拉穆术士的谈话》的作者是大贵族派的自觉拥护者。他说："他在提出公爵和大贵族是沙皇在统治上的自然顾问时，可能只是重复了关于沙皇政体的传统观念，而他的主要之点则是不让僧侣这种"未埋葬的僵尸"干预国家的管理。"①这当然是可能的。但佩平自己指出：《谈话》的作者不是僧侣，而是"俗人"，是一个深受当时关于寺院财产问题、关于教会干预国政问题、关于大贵族影响衰落问题的种种讨论的触动的"俗人"。② 而俗人是要想俗事的。即使允许《谈话》的作者特别担心"未埋葬的僵尸"对国政的干预，那也不能怀疑《谈话》的作者对大贵族的野心的自觉支持，前已说过，"奥西夫派"的僧侣可能利用其对世俗的政权的影响，强烈地危害大贵族的利益。

---

① 《俄国文学史》，第 2 卷，第 157 页。
② 同上书，第 151—152 页。

第四章　沙皇与大贵族斗争
影响下的社会思想运动

　　在谈到莫斯科国王同大贵族的斗争时,必须立即作一重要声明,即在这一斗争中,大贵族所采取的是防御性的,而不是进攻性的策略。我们所知道的莫斯科国经济发展的特点,使大贵族不但不能从国王那里取得新的特权,而且连旧的特权也无力保持。莫斯科的大贵族没有提出明确的政治要求。在伊凡四世童年时期,政权实际上落在大贵族巨室手中。但是他们不曾利用这一政权来加强自己的政治地位,而是用它来进行相互斗争和相互争夺。伊凡四世成年以后,大贵族虽已感觉到他的专权独断的倾向,也不曾想到要对最高权力加以法律限制。他们满以为只要通过国王的顾问对国王施加个人的影响从实际上限制他的权力,就可万事大吉了。而且就从这方面说,他们也没有表现出贵族的独特性。十六世纪莫斯科大贵族的刚强和有才华的思想家安德烈·米海洛维奇·库尔布斯基,在所著《莫斯科大公史》一书中,对于伊凡四世在其根据"重臣拉达"(Езбранная Рада)的指示管理国家的时期大加赞赏。然而这种拉达(会议)不只是由大贵族组成的。库尔布斯基本人虽参加,但参加会议的还有大主教马卡里、神甫西尔韦斯特尔,小贵族阿列克谢·阿达舍夫。我们从《瓦拉穆术士的谈话》中已经知道,大贵族对于僧侣们干预国政,是深具戒心的。我们又知道,十六世纪名门大贵族的许多切身利益,是同小贵族的同样切身利益直接对立的。然而库尔布斯基是丝毫不反对神甫西尔韦斯特尔和小贵族阿达舍夫参加会议的。完全相反,他对他们给予沙皇的影响的良好效果,还感到非美好言辞所能表达。在谈到西尔韦斯特尔和阿达舍夫所引荐的参加国家管理的那些顾问时,他同样没有表现为大贵族影响的特殊拥护者。在他的眼光里,最重要的是:这些顾问应是"有理性的完人,……在军事和国家事务上,最为熟练,是善良和勇敢的人。"他承认国家的一切管理都取决于"重臣拉达",但他在对拉达活动的评价中,却特别提出拉达愿对任何表现热忱和才干的公职人员加以赏赐。他写道:"谁在战斗中英勇杀敌,双手沾满敌人鲜血的,他便应受到赏赐——动产和不动产的赏赐,其才能特高者,并应予以升迁。"①赏赐只能根据功绩。关于受赏者的门第,则一语也未提及。对此,佩列斯韦托夫也会大加赞赏的。不仅如此,伊凡在给库尔布斯基的信中谈到阿达舍夫,说"经验丰富的阿达舍夫是你的长官"等等。② 有时他也称神甫西尔韦斯特尔为"长官"。库尔布斯基在回信里对此从未反驳。这使我们设想,在"重臣拉达"里真正发挥主导作用的,不是属于大贵族方面的人们。综观所有这些情况,如果我们把这一拉达看为完全处于大贵族影响之下的机关,那会是一个很大的错误。不然,拉达在国家管理方面发挥统治作用的时期,乃是大贵族、僧侣和小贵族妥协

---

① 《库尔布斯基公爵逸闻》(以下简称《逸闻》),第10页。
② 同上书,第162页。

的时期①。这种妥协有利于大贵族,因为它最少可以推迟僧侣及小贵族同早就憎恶大贵族的沙皇结成反对大贵族的进攻性联合。另一方面,僧侣和贵族等级的有思想的代表,也可能认为他们同大贵族代表的联合有利于开导伊凡,伊凡那时不仅在对大贵族野蛮和粗暴②。就令将现时难以解决的问题,即"重臣拉达"如何取得对青年沙皇的影响问题搁置不提,那似乎也不能不承认这种影响在若干时期之内是几乎没有界限的。这是我们无论从库尔布斯基的《莫斯科大公史》或从伊凡的信里,都可看到的。伊凡雷帝在写给库尔布斯基的第一封信里说,在进军喀山的时候,他"像俘虏一般困在船上,带着极少数人穿过这无神的异教国土"。③ 此外,伊凡说他甚至在衣着睡眠一类小事上,也无自由。总之,"一切都不由己,而只能按照他们的意愿行事。我们仿佛成为刚刚出世的婴儿。"④如果这位性情古怪和放荡不羁的沙皇几年之内服从这种制

---

① B.A.克尔图亚拉认为神甫西尔韦斯特尔是商工阶级的居民、"商业区居民"的代表,其根据是:他很富有,并与俄国及外国商人保持活跃的商业往来(《教程》,第2卷,第1篇,第626页)。但富有的神职人员虽进行巨额商品交易,却并不经常都是站在商工阶级的观点上的,尽管他当然不会忽视这个阶级的利益。不过,就令克尔图亚拉的观点是正确的,这种观点也只能是对我的意见的一个新的论证:我认为"重臣拉达"并不是一个纯粹处于大贵族影响之下的机关;按照克尔图亚拉的意见,大主教马卡里是在"重臣拉达"里代表僧侣等级的。

② 他对前来控告他们的军政长官屠龙泰公爵的那些控诉人的接待,是尽人皆知的。他狂怒地向他们"发火",然后开始无缘无故的折磨他们。库尔布斯基说,伊凡"是开始使哑人流血的第一人,将他们抛下悬崖,……他在十五岁时便开始撞人,将一对对少年儿童集合在自己周围,同他们骑马走街串巷,殴打抢劫所有的男女,使他们到处逃跑(《逸闻》,第6页)。开导这样的勇士,使其走上正轨,对于全国所有居民,无分职位或贫富,都是要事"。

③ 《逸闻》,第165页。

④ 同上书,第164页。

度确属事实,那我们也许是看到了催眠术影响的一种有趣情况罢!
但这种影响逐渐削弱了。他所实行的那种有益妥协,为莫斯科社会
的相互阶级斗争的新激化所代替了。根据库尔布斯基关于伊凡会
见瓦西安·托波尔科夫的情况的叙述,则这一妥协是被"奥西夫派"
的僧侣阴谋破坏的。由于我们所知道的当时历史条件,这一妥协本
来就不可能巩固。莫斯科国家所以愈来愈加变为东方式的世袭君
主专制国家,并不是由于某一国王、或某一国王的某一世俗或宗教
顾问愿意如此。相反,国王及其顾问所以愿意把莫斯科国家转变为
世袭君主专制的国家,即将君主的权力不仅加之于个人,而且加之
于个人的所有财产,乃因这一政策是由国家经济发展的历史条件决
定的。大贵族、小贵族及僧侣的妥协不能取消这些条件。同样,这
一妥协也不能使世袭领地之转变为封地——这同大贵族的利益是
极相矛盾的——不再仅有利于小贵族。环境——佩列斯韦托夫在
其著作中反映了这种环境的情绪——即使妥协成立的时候,也当然
会继续存在。环境的趋势是迟早要表现出来的。当伊凡摆脱了"重
臣拉达"的催眠术影响时,他恰好就是按着佩列斯韦托夫在其著作
中所指出的方向发展的。他完全领会了佩列斯韦托夫的纲领,只不
过他利用他的禁卫军的"战士"完成了前述土地改革,在这方面表现
了佩列斯韦托夫在描写其残酷然而英明的穆罕默德苏丹的形象时
所完全不曾梦想到的残忍和刚愎自用,对这个纲领补充了具体得多
的内容。妥协破裂后,沙皇以小贵族和"奥西夫派"僧侣为凭借,成
为进攻的一方,而大贵族则只有防守。这就是为什么大贵族的政论
家库尔布斯基在与伊凡雷帝的论争中,从来没有放弃其防守立场的
缘故。然而由于莫斯科国过去的历史因社会分化而削弱,不仅没有

制定出规定各个阶级的权利的法律标准，而且没有在任何阶级之中引起建立这种标准的自觉意图，所以库尔布斯基主要不是从政治方面，而是从道德方面提出他的论点，并且引证《圣经》加以强调。他没有提出立宪的要求；他的眼光——像《瓦拉穆术士的谈话》作者的眼光一样——没有越出国家管理制度的范围。

他写给伊凡的第一封信——这封信由托尔斯泰伯爵很艺术地改编为诗《瓦西里·希巴诺夫》——差不多只是包含着对沙皇虐待大贵族的怨言。"为什么沙皇将以色列的强者打死？为什么将上帝派来的长官处以各式各样的死罪？为什么使他们的尊贵和神圣的血洒在神圣教堂和大主教的庆祝仪式上？为什么用他们的苦难的血染红教堂的门槛？啊，沙皇！他们对你何罪？为什么你要对基督的庇护者恼怒？难道这极为自豪的国家不是你的辅臣使其败坏，而他们的勇敢豪迈则曾为我们的祖先作过贡献？日耳曼的极为坚固的城市难道不是他们用上帝所赐予的智慧勤奋建造起来的？全民都要毁灭我们，这是否穷人对我们的报复呢？"①失宠公爵的防守立场多么脆弱，可从这样的事实中看出：即他只能用阴间的报复来威胁残酷的沙皇。"或者沙皇以为他是不死的？或者他是受了虚幻的邪道的迷惑，仿佛他不会站在大公无私的法庭的面前，不会站在据实审判的神明耶稣的面前受审？尤其是极为自负的折磨者，会像人们所说的那样毫不踌躇地虐待他们？……他是我的坐在智慧天使宝座上的耶稣，具有最高的统治力量，他是你我之间的裁判者。"②在

---

① 《逸闻》，第132页。

② 同上。

波兰和立陶宛的巨富对他们的国王很不满意的时候,他们用来威胁他的是"铁腕",而不是阴间的法庭审判。但他们的社会地位是同莫斯科的大贵族完全不同的。

库尔布斯基感觉到,对名门世袭大贵族的迫害是有其经济基础的。他在其所著《莫斯科大公史》中,谈到伊凡对普罗佐罗夫斯基和乌沙特罗公爵的迫害时补充说:"因为他们领有大量世袭领地,可能(大概——著者)因此杀害了他们。"①在所著伊凡《大量书函简评》里,库尔布斯基指责沙皇从大贵族那里抢夺了他的父亲和祖父所未及抢夺的一切,抢夺了全部"动产和不动产"②。

库尔布斯基在责备伊凡剥夺大贵族"财产"的同时,还提醒伊凡说,他所摧残和掠夺的"世袭贵族",同他属于同一氏族,都是"大弗拉基米尔氏族"的后裔③。这一提示表明,库尔布斯基同伊凡的争论不仅是官员同他们的国王的争论。在一定的程度上,这一争论也是同一"大弗拉基米尔氏族"的两个支系的争论。换言之,以库尔布斯基为代表而发言的,不仅是心怀不满的"达官显贵",而且是——也许更多地是?——雅罗斯拉夫尔诸公爵中受到某一强大的莫斯科公爵的凌辱的后裔之一④。这就是说,同他一样的"世袭贵族"的企图,因为在很大程度上决定于对大贵族家族同"大弗拉基米尔氏族"联系的回忆,而不是决定于他们当时在国家中的地位,所以仍旧是

① 《逸闻》,第 85 页。

② 同上书,第 192 页。

③ 同上。

④ 对伊凡的第二封信的复信里,库尔布斯基用愤慨的语言说:"这就是您的好久以来残忍嗜血的氏族。"(《逸闻》,第 203 页)我们在这里看到的宁可说是发源于一个共同根系的两个世袭贵族旁支的冲突,而不是贵族同最高当局的冲突。

具有两面性的。这种不明确的特性，正可以解释声名狼藉的莫斯科门第制度的两面性和矛盾性①。最后，不难看出，上述意图的两面性，是由于一些历史条件妨碍强大而有声势的地主贵族在莫斯科的产生和巩固。当"贵族"只是以他属于国王所自产生的那一氏族为凭借而保持其重要性的时候，那他还不是真正的贵族。立陶宛的"地主—拉达"将其"自由"建立在经过长期斗争而获得的政治权利的基础上。在立陶宛，——如同在波兰和其他西欧国家一样，——政治权利概念的形成，完全不决定于某一贵族家庭同国王氏族的血缘关系的远近。因此，在立陶宛以及西欧国家，没有莫斯科的门第制度。

佩平认为必须替库尔布斯基维护出国的权利和建议的权利辩解，库尔布斯基受到人们指责②。前已指出，库尔布斯基本来没有提出明确的政治要求，也没有坚持明确的政治概念。但在他看来，出国并不是伊凡眼中的那样坏事，这却是很显然的。伊凡认为出国是背叛。他在写给库尔布斯基的一封信中说，这是"背叛"。但库尔布斯基显然明确地记得，就在不久以前，出国的权利还为自己的莫斯科君主们所承认③。同时，立陶宛大公国的很大一部分领

---

① 莫斯科的名门世袭大贵族相互间为"门第"而争论时，都引证"家谱"，而"家谱"又使他们想起同皇室的氏族联系。

② 《俄国文学史》，第 2 卷，第 171 页。

③ 这是为公爵们所正式承认的军职人员的少数权利之一。这一权利最后一次在华西里·伊凡诺维奇同其胞弟尤里·伊凡诺维奇所签订的 1531 年条约里也得到承认（季亚科诺夫：《古代罗斯的社会和国家制度概论》，第 255 页）。然而不幸的是，这一权利是在公爵之间的条约里，而不是在国王同军职人员之间的条约里得到承认的。莫斯科的官宦等级尚不够签订这样的条约。因此，在莫斯科一些国王的实践里，早已对那些使用过这一权利，后来又重新落到他们手中的军职人员，加以惩罚。（出国的权利，是指离开本国到外国任职的权利。——译者）

土，虽是受信天主教的国王的管辖，却仍然是罗斯。库尔布斯基在对伊凡第二封信的回答中说："沙皇佩列科普斯基派遣王子像我们一样祈祷，他们来到这部分俄罗斯领土，虽然这些领土属于你的管辖。"①信中最后一句表明，在库尔布斯基的概念里，俄国的疆界是完全同莫斯科国的疆界不同的。值得注意的是，库尔布斯基不顾他的新国王、即波兰皇帝和立陶宛公爵的命令，拒绝同"佩列科普斯基沙皇"一道去反对莫斯科人②。然而如果他在立陶宛的旗帜之下同莫斯科国"作战"，那也只是由于立陶宛罗斯很早以来习于反对莫斯科罗斯，正如莫斯科罗斯很早以来习于进攻立陶宛罗斯一样。

库尔布斯基关于出国权利的观点，在他对伊凡第二封信的复信里，谈得很完整："我早就对你的大吹大擂的来信做了回复，但未能寄出。把那些按照本国习惯不受称赞的人们关闭在俄国之内，像在地狱的要塞里一样被夺去人的天然自由，谁要是离开你的国家而根据先知者的指示去到别的国家，据伊苏斯·西拉霍夫说：你便称他为叛逆；如果越出边界，你便用各种方法加以杀戮（如同这里像你一样的酷吏所做的一样）。"③显然，库尔布斯基认为，破坏出国的权利乃是莫斯科沙皇的暴君喜好的一种表现。

在从出国问题转而研究建议问题时，必须指出库尔布斯基在给伊凡的各次通信里并未涉及后一问题，但在所著《莫斯科大公史》一书中却提过。他在书中写道："至于沙皇，在国内虽然受到尊

---

① 《逸闻》，第 202 页。

② 同上。

③ 同上书，第 204 页。

敬,但他并未从上帝那里取得才能。他必须不仅从顾问那里,而且必须从全体人民那里求取善良和有益的建议;因为精神的禀赋不是来自外表上的富有和国家的力量,而是来自心灵的公正;因为上帝所看到的不是权势和骄傲,而是心灵的公正;他是将才智给予那些尽可能包藏善良意愿的人们的。"①我们在这里又看不到关于国家制度部分的明确要求,但是又看到关于国家管理的非常明确的指示。由于库尔布斯基从历史上引述伊凡三世,说他由于"从谏如流",而且有一种"未得大量深刻谏言、绝不轻举妄动"的习惯,遂使自己的国家从鞑靼人的压迫下解放出来,提高了国家的地位,扩充了国家的疆界等等②,这一指示的分量就更重大了。但是伊凡三世——顺便说一句,也是相当专横的——只是同大贵族杜马商量,而同"全体人民"却并不商量的。因此,库尔布斯基把问题提得更广泛一些,而且用伊凡雷帝的祖先的实践来解决这一问题。他一方面承认"全体人民"是沙皇的最好顾问,同时又要人们记起《另一传述》主张由沙皇召集"全国会议"。的确,他说得不完全明确。而且他所说的"全体人民",也许可以解释为召集"全国缙绅会议";如果说得更狭隘些,就是吸收个别的优秀人民代表参加沙皇的"拉达"。但库尔布斯基毕竟不仅如佩平所说,希望"诚实和有经验的人们参加国家管理"。他还希望沙皇同参加国家管理的诚实和有经验的人们协商。而这却不是一码事。

　　如果库尔布斯基的观点使我们想起《另一传述》,则伊凡雷帝

① 《逸闻》,第39—40页。
② 同上书,第40页。

的各次复信便屡次使我们想到《瓦拉穆术士的谈话》了。伊凡雷帝在给库尔布斯基的第一封复信中说："或者我们谈谈是这样接受圣徒的教训吗？那很好！拯救自己的灵魂是一回事，而关怀许多人的灵魂和肉体是另一回事：因为个人实行严格斋戒是一回事，而在共同生活中共同斋戒又是另一回事，神权是一回事，而沙皇的统治又是另一回事。"[①]我们知道，《瓦拉穆术士的谈话》的作者同样广泛地证明了沙皇的统治是一回事，而神权又是另一回事[②]。这不妨碍伊凡四世的论点同佩列斯韦托夫的论点极相类似。像佩列斯韦托夫一样，他也引述君士坦丁堡的衰落，是沙皇听命于他的顾问而造成的悲惨结局的一个鲜明例证。他写道："请你看看和想想，建立在不同的原则和权力之上的统治，会成为什么样的统治，因为在那里，沙皇听命于教区，这造成了多么可怕的毁灭呀！你是否劝我走向这样的毁灭呢？是否为了笃信宗教而不去建设国家，不惩办恶人而遭受异族的摧残呢？"[③]由此看来，伊凡雷帝的论点，似乎是贵族等级的思想代表用以反对"达官显贵"统治的论点同大贵族的思想代表用以反对僧侣干涉的论点的综合。这是同当时的实际情况相符合的。最高当局是善于利用各种不同社会力量的相互斗争来谋取自己的利益的。

　　在我国出版物中颇为流行一种观点，以为伊凡雷帝是一位天

---

① 《逸闻》，第 153 页。

② 我在前面说过："神权是一回事，而世俗的权力又是另一回事"这一公式，是极端有伸缩性的。专横独断的伊凡引用这一公式，可为最好证明：他把他的世俗权力扩展到了极度，残酷地惩办了哪怕只是略为表现独立倾向的神职人员。

③ 《逸闻》，第 153 页。

才的政论家,特别是一个善辩者。但是哪怕只要耐心读过他给库尔布斯基的第一封回信,便不难承认失宠的大贵族对这位"莫斯科大公大量书简"的嘲笑的正确。库尔布斯基对于他的敌人博引《圣经》的恶毒评语,有根有据,是写得非常出色的。"尤其是你博引《圣经》词句,而狂暴残忍,都在字里行间,仿佛学术精湛,信手拈来,寥寥数语而以丰富智慧结束。然而引用书目浩繁,格言满纸,信简成堆!"①事实上,伊凡雷帝在对待引文上,是笨拙愚钝到可笑地步的。库尔布斯基毒辣地指出伊凡引用圣书是妄诞谎言,不是缺乏根据的。"时而谈到床具和女人的棉背心,时而实在是一些数不清的狂乱村妇的无稽之谈。"②最后,库尔布斯基对于伊凡的信笺的总评语,虽然尖刻,但很正确。他说,书简写得"非常野蛮,不但学者和文学家,就是普通人和孺子也会感到可笑和惊奇的;特别是流传到外国,那里有些人不但在文法与修辞,而且在辩证法和哲学学说上是能人。"③

　　虽然如此,这种笨拙的书简却不只是引起了惊奇和嘲笑。它在有些地方还能用那些胡乱塞进去的惊人的虚伪言辞使人感到震动。这一横行霸道,"人面兽心",以浑身沾满其臣民的鲜血为乐的人物,却说什么库尔布斯基由于怕死而逃避他是徒劳无益的:"由于亚当的罪孽而死,这是全人类都希望尽到的责任。"④他保证说,无罪而死,那不是死,而是收获。含冤受屈的伊乌杜什卡(犹大的

---

　　①　《逸闻》,第191页。
　　②　同上。
　　③　同上。
　　④　同上书,第180—181页。

小名)继续说:"如果我真是正确的和信仰上帝的,那么,固执的大主教,为什么要我受罪,要我结束生命呢?但如果是为了一时的光荣,为了贪得财富,为了现世的快乐,便践踏整个精神上的基督信仰和法律,那就有如种子落在石头上,毫无所得。"①这里除了口是心非,还有缺乏逻辑,因为伊凡正是把应该证明的事情作为已被证明的前提,即把公职人员从一个君主那里投奔另一君主当作死罪的。

不过,伊凡也感觉到,把死当作"全人类都希望尽到的责任",是他的一个拙劣的辩解。他理解,对于他残酷地屠杀他的臣民这一共知的事实,是不能蒙混过去的。他对于库尔布斯基说这种鲜血使神明震怒,感到不安。所以他开始使人相信,作乱的大贵族也使他流血,使穷人流血,使受他们压迫的国王流血。按照他的说法,大贵族使他流血比国王使大贵族流血为罪更大。他感叹地说:"特别是我们为你们而流的血,你们自己使人流的血,更使神明震怒啊!"②但那是什么血呢?大贵族是在什么时候使人流血呢?请您听着!"不是因为受伤,甚至不是一滴滴的血,而是许多受到你们重压的牛马的血汗和劳动!由于你们的凶残和压迫,他们不是流血,而是泪流如注,从心里呻吟哭诉;我为此腰痛病(иречреслие)都发作了。"③这时,读者的惊吓恐怖心情,要再次为惊奇和笑声所代替了!鳄鱼的眼泪是任何人也感动不了的。何况非常明显,这种"腰痛病"是可从这一狂暴任性的暴君的某些习惯

① 《逸闻》,第 139 页。
② 同上书,第 185 页。
③ 同上书,第 185—186 页。

中得到充分解释的。

至于伊凡指责库尔布斯基及其同伙杀害阿娜斯塔西皇后，但提不出任何证据，那就更不用说了。读者只好设想，这位掌握最高权力的善辩者，又一次重弹了"狂若村妇的无稽之谈"，或者这是出于他的捏造而已①。

我们知道，库尔布斯基在他写给沙皇的信里，没有提出明确的政治要求。相反，伊凡在写给库尔布斯基的回信里却极为坚决地维护了完全明确的政治观点。他表现为君主专制政权（在这个词组的东方意义上）的彻底理论家。他要求他的臣民对他完全和绝对服从。在他眼光里，臣民是奴隶，而且只是奴隶。他认为他可以"随心所欲地对他们实行杀戮或给以赏赐"②。关于他对他们的态度，他认为他只对上帝负责。他质问库尔布斯基："谁能审判我？或者你能在末日审判那一天为我的灵魂答辩？"③他忘记了或者不愿了解罗斯公爵政权的历史，以为君主专制政体创始于圣弗拉基

---

① 库尔布斯基对于这种指责，既然涉及他个人，就提出异议说："如果我有许多罪恶并且不体面，那么这二者都产生于贵族双亲，产生于斯摩棱斯克大公费多尔·罗斯季斯拉维奇家族，由俄罗斯编年史家而来的，仿佛你的皇家尊贵高位，世袭贵族对那一女俘不习惯于把自己儿女身体和自己弟兄的鲜血受酷刑，而某些人很久以来就有种习惯，仿佛尤里伊·莫斯科夫斯基第一个，而以后还有其他人胆敢到神圣大公米海·特韦尔斯基帐落，还有记忆犹新的，乌格利兹和雅斯拉维奇和其他同一血统所干的事，他们的全族是怎样被赦罪和耗损的……听来真是沉重，可怕！……从母亲乳头上摘下来，关闭到阴暗的监狱里，许多年折磨而死，而他的怡然自得的孙子，永远受上帝赏识！你的那个皇后，对我，残废的人，是亲近的女亲属，因为你认为证件上所写的亲属就是国内的亲属。"（《库尔布斯基逸闻》，第202—203页）库尔布斯基再度断言，自己的出身于皇家同根是为何最亲近的人。

② "我可以自由地赏赐我的奴隶，也可以自由地杀戮他们。"第156页。

③ 同上书，第147页。

米尔。"君主专制政体按照上帝的意旨,创始于弗拉基米尔大公,他用神的洗礼教化了整个俄国。伟大沙皇弗拉基米尔·莫诺马赫从希腊人那里为教父取得了无上光荣,勇敢的伟大国王亚历山大·涅夫斯基战胜了不信神的德国人,值得称颂的伟大国王德米特里在顿河那边赢得了对阿拉伯人的伟大胜利,然后到了我的仇恨谎言的祖父伟大国王伊凡以及我的业已仙逝的父亲伟大国王华西里,再就到了我这谦虚的俄国王权掌握者。"①伊凡以君主专制权力的法定代表人的身份,极端轻视受到限制的君主。按照他的意见,所有这种君主"并未统领他们的国家,他们的工作人员怎样指使,他们便怎样统治"。② 甚至波丹的"皇帝专制制度",也当然引起他的轻视。他深信他的大贵族们吃的都是他的"面包"③。根据他的坚定信念,国家和国内个别居民所有的一切,都是国王的私产。如果波丹阅读了他的书简,定将以他为他的"世袭君主制"的最好说明了。

伊凡雷帝的历史意义在于他凭借其近卫军,完成了莫斯科国家向东方式的君主制度的转变。而他写给库尔布斯基的书简的意义则在于这些信件包含着"世袭君主制"的思想。有些历史学者认为,伊凡在其与库尔布斯基的争论里表现为革新者,而他的失宠的敌人则是一个守旧派,这是完全正确的。整个问题在于,伊凡四世到底对于莫斯科国家的理论和实践有些什么新的贡献?对于这个问题只能有一个答案:他所实行的新政,意味着使一切足以阻碍莫

① 《逸闻》,第136—137页。另参阅第141页。

② 同上书,第141页。

③ 同上书,第154页。

斯科国居民无论在人身或财产方面都彻底转变为国王的完全无权的奴隶的东西，全部归于消灭。这就是为什么库尔布斯基虽然无疑地是一个保守派，却在他所写的书简里表现为比较具有自由思想的人，从而引起读者对他的同情的缘故。他断然不能提出关于政治权利（哪怕只是国内最高阶级的政治权利，而不是全体居民的政治权利）的比较严密的理论，而与伊凡关于沙皇权力无限的彻底理论相对立。这样的理论是不可能在当时莫斯科社会关系的贫乏土壤上成长起来的。但他没有奴隶情绪。以他为代表，莫斯科的大贵族不肯将其人类尊严投掷于国王的脚下。

因此，他的保守主义比伊凡四世的维新更能讨人欢喜。

第五章　混乱时代^①的
社会思想运动

　　波兰小贵族萨穆伊尔·马斯克维奇说："我们的人在同俄国佬谈话时赞扬自己的自由,劝他们同波兰人民联合起来,也取得自由。但俄国人答道:你们珍重你们的自由,我们却珍重我们的不自由。你们那儿不是自由,而是为所欲为:强者掠夺弱者,可以剥夺弱者的财产和生命。按照你们的法律去寻求公正的裁判是很费时间的,案件一拖就是几年。有的人甚至一无所获。与此相反,我们这里就是最显要的大贵族也无权凌辱最低微的普通老百姓:沙皇只要接到控告,便立即组织法庭,进行处理。如果国王的行为不公正,而他的权力却是:像上帝那样秉公惩罚或宽恕。我们与其忍受自己同胞的凌辱,不如忍受沙皇的凌辱,因为他是全世界的统治者。"^②

　　据普卢塔尔赫证明,马斯克维奇的对读者的见解,同阿塔班在与费米斯托克尔谈话时所发表的见解,是完全一样的。如果相信马斯克维奇的谈话,则他们所以宁愿要莫斯科的不自由,而不要波

---

　　① "混乱时代"指波洛特尼科夫所领导的农民战争时期以及十七世纪初叶俄罗斯人民反抗波兰和瑞典干涉者的斗争时期。——校者

　　② 马斯克维奇的札记,见《当代人关于德米特里僭称王的传说》,圣彼得堡,1834年,第5卷,第68页。

兰—立陶宛的自由，其最主要的考虑是莫斯科较易得到公正的裁判：据"俄国佬"说，似乎沙皇只要接到控告，便立即组织法庭处理。不知道，马斯克维奇对此如何解答。但是现在我们充分了解莫斯科国的内部关系，所以懂得这种考虑是多么不符合实际。在大多数情况下，莫斯科的法庭审判和处理都是由小职员承办的，这种人被人们很正确地称为"芝麻绿豆官"。莫斯科国的居民时常抱怨说，莫斯科官僚使他们身受的痛苦，比鞑靼人和土耳其人给他们的痛苦还要厉害。至于沙皇法庭本身，则在马斯克维奇所引证的莫斯科人关于它的评语里，恭顺的语调要比信任的语调明显得多：就令沙皇的行为不公正，而他的权力却是像上帝那样秉公惩处或宽恕。不能不承认，在伊凡雷帝以后，在这种评语里，信任的语调就比恭顺的语调更不恰当了。然而我们看到，莫斯科人甚至对伊凡四世朝代的那些他们当然看到的非常显著的无限制王权的不利方面，也都抱着妥协的态度。马斯克维奇说："俄罗斯人确实相信，世界上没有一个国王堪与他们的沙皇相提并论，人们到处都称他们的沙皇是：公正的太阳，照耀着俄国。"[①]当然，阿塔班也同样坚决相信，世界上没有一个国王堪与波斯的皇帝相提并论。相同的社会情况，带来相同的政治观点。

　　当莫斯科人说波兰—立陶宛的自由有如为所欲为的时候，他们距离真理是很远的。库尔布斯基在逃脱沙皇的专横霸道以后，后来在立陶宛曾因仿效当地小贵族的"别妨碍我"，而遭受许多不幸。然而为所欲为的波兰—立陶宛小贵族，最少能够尊重"骑士"

---

　　① 《马斯克维奇的札记》，第5卷，第68页。

的尊严，——我不说他们尊重人的尊严，因为他们是不把奴隶的尊严放在眼里的。当库尔布斯基迁居立陶宛时，以前他虽主要地以他出身于弗拉基米尔民族为骄傲，这时却显然自豪地意识到自己的"骑士"尊严。在他写给伊凡的信里，可以看到一些他在逃出莫斯科前未必知道的思想。库尔布斯基驳斥了指他为叛逆的攻击，责备伊凡雷帝把俄国封闭得"像地狱里的要塞"一样，剥夺"人类的自由本性"。可以完全肯定地说，这"人类的自由本性"一语，——即使按照贵族的方式、极端狭隘地去理解——也是这位逃亡的公爵在新社会环境之下致力于新思考的结果。我们看到，佩列斯韦托夫在指出自由的道德优点时，要求解放奴隶。因此，自由这一概念，莫斯科的人们并非完全不知道①。但是我们同样看到，佩列斯韦托夫的自由概念是多么狭隘，以及他对任何政治自由是考虑得多么少。他的纲领在逻辑上造成了对库尔布斯基所提出的那种属于"人类本性"的权利（就其骑士的形式而言）的忽视。伊凡雷帝在实现这个纲领后，仍旧可以有根有据地将所有臣民都看作他的奴隶，深信在对待他们的态度上，他只是对上帝负责。然而莫斯科国的全体居民愈是受到国家（以国王为代表）的奴役，国家机器对他们的压迫愈大，他们便愈加自然地力求改善他们的艰难地位。《瓦拉穆术士的谈话》的作者业已看到，在莫斯科国不是一切都很顺利，他担心内讧开始和王位动摇的时日即将到来。混乱时代证实了他的所有这些担忧。于是，产生了一个问题：混乱时代对莫斯科

---

① 也许人们要提醒我，佩列斯韦托夫是一位立陶宛的移民。但是他的著作具有极为深刻的莫斯科制度的特征，所以我们可以不用他的立陶宛出身来解释他关于自由对道德的影响的思想。

人的政治概念产生什么影响呢？

克柳切夫斯基教授说：雷帝在位时，业已产生对莫斯科制度的不满。"沙皇的专横、无辜的杀戮，罢官及财产被没收，不但在各上层阶级，而且在人民群众中引起了怨言和'对沙皇的仇恨'，在社会上出现了依法保障生命及财产，使其不受当局擅自处理的既含混又缺乏自信的要求。"① 根据同一学者的说法，混乱时代的事变，"给一些新概念的运动以第一个最痛苦的推动，这些新概念是在过去的朝代里建立的国家制度所缺乏的。"② 但这新概念的运动有些什么结果呢？马斯克维奇所报道的莫斯科人关于他们的不自由优于波兰—立陶宛的自由的意见表明，在混乱高涨时③，大俄罗斯的居民在臣民对最高当局的态度问题上仍然保持着在雷帝朝代末期形成的观点。克柳切夫斯基所引述的所有那些事实，尽管加强了他的意见，却与其说是证明了混乱时代社会思想的运动，还不如说是证明了这时期社会思想的停滞。我们进而论述这些事实。

克柳切夫斯基以为，瓦西里·舒斯基的登基是我国政治史上的一个时代，因为这个新沙皇限制了自己的权力，并将这一旨意用专门的文告通知全国各地居民，宣誓遵守。但克柳切夫斯基自己承认，舒斯基的这一信誓旦旦的文告的内容，是有很大的片面性的。他说："舒斯基根据这一文告而承担的全部责任，仅仅是要保护臣民的人身及财产安全，使其不受上面的摧残，但是没有直接涉及国家制度的一般基础，没有改变和更明确地规定沙皇及国家机

---

① 《俄国史教程》，第 3 卷，第 86 页。

② 同上书，第 17 页。

③ 《马斯克维奇札记》中关于这种意见的报道，是在 1611 年写的。

关的相互关系、职权和意义。"①这是再正确没有了。舒斯基的信
誓旦旦的文告的实质,在于他约许"所有东正教的农民"(即基督教
徒。——著者),对他们实行公正的审判,不凌辱他们,无论是谁若
无罪过,也不受罢官处罚。至于政治制度的改变,则文告无一语道
及。舒斯基在发给大贝尔米的文告里,一方面通报他已即位,同时
许诺"像俄皇的伟大祖先那样统治莫斯科国"②。这就是说,"按照
这位新沙皇的意见,莫斯科国的政治制度必须保持丝毫不变"。固
然,舒斯基是许诺将"同自己的大贵族一道"审判他的臣民。但如
克柳切夫斯基教授所正确指出,这一限制只是约束了沙皇对个别
人的态度;而且在莫斯科,大贵族参加沙皇的法庭,并不是一件创
举。这又有什么算得上政治概念的运动呢?

克柳切夫斯基教授又说:舒斯基的文告还有一段幕后的故事。
新沙皇宣布即位后,立即前往出席圣母升天节会议,在会上声明:
"我向全国发誓,不经过会议,我绝不对任何人有何举动,不做任何
坏事。"这一声明使大贵族非常不高兴。但舒斯基所以作这一声
明,不是没有意图的。"他在向全国保证不经过会议绝不处罚任何
人的时候,是想摆脱大贵族的监护,成为人间皇帝,而由一个不习
惯办这种事的机关来限制他的权力,也就是想摆脱对他的权力的
任何真正限制③。假定事情确是如此,同时注意到在十六世纪的

---

① 《马斯克维奇札记》,第43页。

② 《混乱时期史纲》,A.H.雅科夫列夫编,克洛奇科夫出版,莫斯科,1909年,第17页。

③ 克柳切夫斯基:《俄国史教程》,第3卷,第44页。另请参阅《古代罗斯的大贵族杜马》,第366—367页。

地方缙绅会议上，主要的参加者是军职人员，那我们便应承认，在圣母升天节会议上发生的事情，只不过表明新沙皇企图依靠官宦等级的下层部分来削弱他所憎恶的大贵族的野心而已。伊凡雷帝和鲍利斯·戈东诺夫都很成功地作过这种试图，它只是使专制君主的权力愈益扩大。此外，在文告里再也没有谈到会议，而只是谈到大贵族参加沙皇的法庭，这是很奇怪的。克柳切夫斯基对于这一怪事的解释是：新沙皇的文告是大贵族与新沙皇妥协的结果。"根据事前的默契，沙皇已将其在一切立法、行政和审判事务上的权力分给大贵族。大贵族既已保住自己的杜马以反对缙绅会议，便不坚持公布其迫使沙皇作出的全部让步。就他们说，将他们如何使沙皇输得精光的情况公布整个社会，甚至是很不明智的[①]。这仿佛就是新沙皇的文告所以指出大贵族杜马只是新沙皇的全权辅佐机关的原因。这是过于细微了。我觉得普拉托诺夫教授的下述观点要可信得多：他认为舒斯基皇帝的文告，完全不是什么限制权力的文告，而是新政府的一篇胜利宣言，一篇用新政府首脑的誓言勉强进行克制的宣言。当舒斯基许诺像过去的沙皇那样统治莫斯科国时，他所指的是在沙皇直辖地实行以前，即雷帝实行剥夺名门大贵族土地，屠戮贵族，罢黜整批大贵族家族以前存在过的旧制度。以舒斯基为代表，旧贵族重新在国内占据首要地位。"旧贵族利用他们的沙皇在文告中的言辞，郑重宣布否认刚刚生效的制度，并许诺实行'真实的裁判'对攻击以前各届政府的'一切暴政'和不公正予以

---

① 《俄国史教程》，第44—45页。参看《大贵族杜马》，第367页。

撤销"①。在这种情形之下,沙皇舒斯基的文告只是约许在国家管理事务上实行《瓦拉穆术士的谈话》的作者追求的理想。在文告里是任何运动概念都看不出的。因此。舒斯基的登基,不能说是我国政治历史的新时代。

克柳切夫斯基认为,由于约许对臣民实行"真实的裁判",舒斯基否认了沙皇的特权,即伊凡四世所说的"我们对于自己的奴隶有赏赐和处死的自由"的特权。他仿佛是从奴隶主转变为对臣民依法进行统治的守法沙皇了②。果真如此,到华西里·舒斯基的登基便真正是我国政治史的一个新时代了。然而事情并非如此。莫斯科的沙皇就在后来也仍旧是奴隶们的皇帝。奥列阿里在米哈伊尔·费奥多罗维奇及阿列克谢·米海伊洛维奇朝代访问莫斯科,他说俄国的国家制度是:"君主统治与暴君"("Monarchia dominica et despotica"),并对此定义解释如下:"国王,即沙皇或大公,继承王位,一人管理整个国家,他的所有臣民,自贵族王公以至普通百姓,自市民以至农民,都是他的奴仆和奴隶。他像主人对待仆役那样对待他们。"③这恰好就是赫尔贝尔斯坦和弗莱彻关于莫斯科国王对其臣民的态度说法。的确奥列阿里认为俄国政府是一个实行暴政的政府④

---

① C.Φ.普拉托诺夫:《混乱时期史纲》,第3版,第286—287页。关于沙皇在教堂里许诺不通过缙绅会议不做任何举动的报道,普拉托诺夫教授说是一种误解:编年史家完全误解了沙皇的言论,所记与文告原文不符(见同书,第286页)。

② 《俄国史教程》,第46页。按照克柳切夫斯基的意见,舒斯基的文告按其内容还放弃了雷帝的祖先所说的"我中意谁,便叫谁做王公"的特权。但是这些话是就王位继承问题而发的。然而舒伊斯基的文告却并未涉及这一问题。

③ 《到莫斯科、并经莫斯科和波斯返国游记》,圣彼得堡,1906年,第223页。

④ 同上书,第223页。

应该同意，莫斯科的君主可能是暴君，而且过去就有过一些暴君——的确，他们不是暴君又是什么呢！但是波丹已非常公正地指出：东方的世袭君主制度——莫斯科国便是这种世袭君主制国家——可能距离暴君制度很远，但完全保存其主要特征：即臣民不仅无权处理其自身，而且无权处理其财产。世袭君主制所以在莫斯科建立起来，不是因为莫斯科君主偏爱暴政，而是因为它是大俄罗斯的历史，尤其是经济发展条件的自然政治结果。当然，居民的无权，使暴政的倾向非常易于发生。随着旧朝代的结束，争夺莫斯科王位的人们都认为公开放弃暴君派头对己有利。然而他们即使愿意，也不能改变莫斯科国的内部关系。他们就会意识到以"自然法则"为基础的政体的优点，也不可能将这个国家从世袭君主制改变为国王制（在这里再用一下波丹的名词）。但在当时的条件下，他们不可能产生这种意识。马斯克维奇的对话者关于莫斯科的不自由的利益的见解表明，莫斯科人是很能适应世袭君主制的内部条件的。的确在图申诺的代表同西吉兹蒙德国王就选举弗拉基拉夫王子即莫斯科王位的问题缔结的条约里，已经看出了对于莫斯科的不自由的某种不同态度。根据克柳切夫斯基的意见，在这个条约里，已表现出以前在我国很少看到的人身自由观念。然而根据同一历史学家的意见，就在这里，这一观念也不过表示一切人都应依法审判，非经审判不得对任何人加以处罚而已。在这种形式下，这一观念仍然不是反对世袭君主制，而只是反对暴君制度。克柳切夫斯基承认，图申诺的使者在规定等级权利时，很少表现自由思想和公正态度。他说："条约责成根据功绩而维护和扩大僧侣界、杜马议员和官吏、首都及城市贵族和大贵族子弟，以及部分商人等的权利和优越地位。但对于'庄稼汉、农民',国王仍不允许他们自罗斯迁到立陶宛,或从立陶宛迁到罗斯,也不允许在各级俄罗斯人之间、即在土地所有者之间转移。奴隶仍旧处于对主人的旧时依附地位,国王绝不给予自由。"①这是可以理解的:对于奴隶和"农民庄稼汉",波兰—立陶宛的贵族也是既未表现公正,也未表示自由思想的。条约就是这样规定的:"奴隶和农奴"必须像过去那样"为大贵族和地主"服务。这就是说,地主也像大贵族一样不愿改善奴隶的地位:我们刚刚看到,对于"农民庄稼汉",规定了一个双边条约:他们不得自罗斯迁往立陶宛,也不得从立陶宛迁往罗斯②。最能说明当时莫斯科关系的,是条约中关于僧侣界和军职人员的条款。对于僧侣,条约允许其财产不受侵犯。"所有以前莫斯科公爵的财产,大贵族及各种人等的财产,教会以及整个寺院的财产,都予以维护,对它们不加任何侵犯",等等③。这是僧侣们的一个老要求。在朝代更替的时候,实现这一要求当然比较容易。对于军职人员,条约允许国王将予以礼遇和爱护。但礼遇和爱护并不就是承认某些明确的政治权利。西吉兹蒙德代表他的儿子允许保存军职人员的旧有优越地位:"至于薪水,货币租赋、封地和故乡,凡属前此所有者,往后也有;国王的仁慈,爱护和慷慨将对每人

---

① 《俄国史教程》,第 3 卷,第 50 页。

② 关于禁止农民迁徙问题,我们在普拉托诺夫教授的著作里看到下述重要意见:"这一条还不足以证明莫斯科在 1610 年已经消灭了农民的迁徙。这一要求只能表示谈判双方消灭迁徙的愿望,而不是表明一个已成的事实。"(《俄国史讲义》,第 6 版,第 258 页。)

③ 《混乱时代史纲》,第 47 页。

论功行赏。"①这不能不使莫斯科的军职人员高兴。但这没有为他们造成任何新的特权。不错,条约约许"对高级人物不得无辜贬压,对低级人物实行论功提升。"但这一许诺难道不就是普拉托诺夫教授所指出的:它不曾给"莫斯科贵族氏族"以任何等级的优待和特权,而且还说要对军职人员按照本人功绩予以提升! 显然,这后一让步是同任何贵族特权的赏赐没有任何共同之处的。相反,这一让步表明"出身贫贱的"军职人员要完成其在雷帝时代开始及在戈东诺夫时代继续着的意图。普拉托诺夫教授说:"从二月条约的这些条款里,可以感觉到皇帝直辖区和戈东诺夫体制的精神,以及与日常生活中新事物相结合的政府措施的新气象。"②但是在这种政府措施的新气象里,是没有政治自由的地位的。此外,皇帝直辖区精神是完全不利于自由的。

毫无疑义,2月4日条约,对沙皇的权力作出某种限制。例如,条约规定,新国王只能在取得大贵族和"全国"的同意时,才能改变法律和审判习惯。这是一个重大的限制。然而就在这里也无论如何不能同意普拉托诺夫教授的意见,以为这一限制的"目的不是要改造以前的政治制度,而是相反,要保存和巩固'久远以来的好习惯',使其不受那些不习惯于莫斯科关系的当局的可能破坏"③。当若干年后,一个俄国出身的人当选为沙皇时,对他的不信任减少了,因而对于限制他的权力问题,如果一般地注意,也不怎样注意了。据克柳切夫斯基教授确认,在1613年的会议上,人

---

① 《混乱时期史纲》,第48页。

② 同上书,第403页。

③ 《俄国史讲义》,第6版,第259页。

民中一些有识之士是宁愿复古的①。

　　无论如何,莫斯科人在混乱时代同波兰—立陶宛贵族的不断来往,对他们不是没有影响的。在 1610 年 2 月 4 日(14 日)条约的一项经济性质重于政治性质的要求里,波兰—立陶宛的影响表现得最为明显。这个条约第 11 条规定,"那些故乡及领地,任何人都不得将其夺去:死者若无后裔,则为其亲属所有。"②事实上,这一要求的实现是可能成为莫斯科国历史的一个重要时代的。它最低限度可以保护居民最高阶层的财产权,因而可以创造一种社会基础,即这些阶层的政治权利在适当情况下所能依靠的唯一基础。波丹会说,这一要求的实现,可使莫斯科的君主制度从世袭君主制转变为皇帝专制制。可是这一要求并未实现。混乱时代使名门大贵族受到致命的打击,因为他们比所有其他阶级都更愿保持其"故乡及领地"的不受侵犯的。领有封地贵族暂时还能同任意处理臣民土地的世袭君主制相处得很好。他们显然由于这一缘故,对 1610 年 2 月 4 日条约的这一条款,并不重视。

　　在同一条款里,有些段落是很有意义的和重要的新事:"为了求学,莫斯科的任何人都可以自由地到其他信奉基督教的国家去,但伊斯兰教及异教国家除外。国王不得没收他的故乡及领地。"③但值得注意的是,当莫斯科的大贵族在舒斯基退位以后同西吉兹蒙德联合时,这一要求在同西吉兹蒙德签订的条约里却消失了。关于这一情况,克柳切夫斯基教授指出:"当权的贵族与中等官宦

---

　①　《俄国史教程》,第 3 卷,第 85 页。

　②　同上书,第 48 页。

　③　《混乱时期史纲》,第 18—19 页。

阶级相比,与其亲近的执行机关相比,已处于更低的认识水平。"[1]
他还可以说:当最高的社会阶级或阶层被社会地位比他们低的人
们赶上的时候,则后者距离战胜"最高贵族"之期已不远了。莫斯
科的贵族将2月4日条约中关于对非贵族出身的人们论功提升,
以及关于"对从外国归来的莫斯科王公及大贵族氏族子弟不得压
抑和贬黜"等条文,均于删除,真是徒劳无功啊!"王公氏族"已被
莫斯科世袭专制的发展过程铁定地推到次要地位上去了。在混乱
时期之后,普通贵族已断然成为统治等级了,——当然,假如在世
袭君主制下能有这样的等级,因为在世袭君主制下,贵族也是国王
的奴隶!

---

① 《俄国史教程》,第3卷,第52页。

第六章　混乱时代后的莫斯科罗斯社会生活和社会情绪

I

我在前一章所指出的现象,用事物的客观力量很好地说明。

莫斯科人在恢复其被混乱时代所破坏的生活秩序时,不能随心所欲地以这样或那样的性质加于他们的相互经济关系。这种关系在东北罗斯——也如在任何时候和任何地方一样——是由生产力的状况来决定的。至于生产力的状况,则混乱时代不是把它变好了,而只是把它变得更坏。可耕地的面积缩小了,农民贫困化了。农民支撑着整个社会政治大厦,农民贫困化自然带来了官宦阶级的贫困化,并延缓商工业活动的发展。如果我们考虑到当时西欧各国生产力迅速的增长,那么我们便必然要得出结论:在混乱时代以后,若与西方比较,莫斯科罗斯是比以前更加落后得多的国家。不仅这样,十七世纪的莫斯科罗斯在经济方面极大地落后于西欧邻国,却同这些邻国进行了长期的战争[①]。因此,它不得不将

---

① "国家的外交政策,迫使人民的力量越来越陷于紧张状态。只要简括地举出新朝代最初三个沙皇所进行的各次战争,便可看出这种紧张状态的程度……如果计算一下所有这些战争的延续期间,便可看出,在不过七十年中(1613—1682),便有三十年是战争年代,有时还同时同几个敌国作战。"(克柳切夫斯基:《俄国史教程》,第 3 卷,第 161 页。)

其资金和力量的越来越大部分，用来支持自卫机关[1]。在一个仍然进行拓殖的国家里，这必然要使所有人民阶层，特别是劳动群众更加受到奴役，直接或间接地为国家服务。换言之，社会必然要按照混乱时代以前的方向发展。这种发展的速度在经常增长，其结果也愈来愈加显著。到十七世纪末，负担赋役的群众在各类业主之间的分布情况如下：

商人及耕种官地的农户……………	92,000	10.4%
教会、高级僧正及寺院 ……………	118,000	13.3%
皇室……………………………	83,000	9.3%
大贵族 ………………………	88,000	10.0%
贵族………………………………	507,000	57.0%
	888,000	100.0%

克柳切夫斯基在列出这一表式时指出，在城市及乡村负担赋役的群众中，只有十分之一（10.4%）保持了当时的自由（更正确些说，就是直接受国家的奴役），而差不多十分之九的负担赋役的群众，都处于对教堂、宫廷和军人的奴隶依附地位。这位历史学者又说："期待这样形成的国家机体能在政治、经济、社会和道德方面合乎愿望的发展，是不公正的。"[2]

关于发展的合乎愿望问题姑且不谈，我只想指出，由于国家机体仍然按照以前的方向"发展"，在这种机体里是不可能产生什么

---

[1]　克柳切夫斯基说："战争终于耗尽了国库。我们在尽可能将同类的军队作出比较时，便看到从1631年起，由国库负担的武装力量，差不多增加到两倍半（在半个世纪内）。"（同上书，第275及278页。）

[2]　《俄国史教程》，第3卷，第299及300页。

新的政治趋向和观点的。学者们有时谈到混乱时代的教育意义。
不能不同意的,是这种意义不是不重要的。混乱迫使莫斯科人发
挥首创精神。然而他们的这种被逼出来的首创精神,却最明显地
表现于恢复和巩固"世袭君主制",而这种君主制的最主要特点则
是在十六世纪下半叶就确定了的。同样,混乱把莫斯科国的人们
变为比以前更加要求严格的人。史学家把十七世纪称为人民骚动
的时代,这不是偶然的。但是我们往后便又看到,——而且这是不
言而喻的,——十七世纪的人民骚动的性质是同进行骚动的人民
群众所反对的社会政治关系的性质完全符合的。骚动的过程虽然
时常很尖锐,但这个过程却不曾产生新的政治认识。社会意识只
有在社会存在发生变革的地方,才会改变。

II

　　关于米哈伊尔当选为国王时曾否使他发表限制权力的诏书,
直到现在还是一个争论未决的问题。更正确不过地说发表过。十
七世纪的莫斯科人都相信这个诏书的存在。科托希欣——他所写
的关于俄国的书,我们很快就要详加研究,——说:"像在伊凡·华
西列维奇沙皇以后获选登基的历代沙皇一样,他们都须发表一篇
诏书,表示他们不残忍和不作伪,不经过审判或无罪不杀任何人,
对任何事情不与大贵族和杜马议员共同商量便不去设想,不通报
他们便不秘密地和公开地做任何事情。"①这是很明确的。同样明

_____

　　① 科托希欣:《论阿列克谢·米海伊洛维奇统治时期的俄罗斯》,圣彼得堡,1884
年,第141—142页。

确的是科托希欣的下述记载:"但现在的沙皇(即阿列克谢·米海
伊洛维奇——著者)却于即位后不发表任何诏书,而这种诏书以前
的沙皇是都发表过的;人们也不去问他,因为都把他看作一个比别
的沙皇沉默得多的人。"由此可见,最少十七世纪的某些莫斯科人
相信,米海伊尔沙皇曾发表限制权力的"诏书",而阿列克谢沙皇则
没有重申"诏书"。某些外国作家的证词,也与此完全符合。不过
不完全明白的是,新的沙皇到底承担了哪些限制权力的义务。固
然,科托希欣在这个问题上也作过完全明确的指示。按照他的说
法,承担的义务便是:沙皇约许不残忍,不经过审判不处死任何人,
以及在一切事情上同大贵族和杜马议员磋商。但在这里,科托希
欣的记载引起了某些怀疑。Л. Н. 米柳科夫说:"在选新沙皇时,
情况怎样呢? 大贵族是软弱无力的,他们不可能以任何义务加于
沙皇:他们自己同哥萨克人一样,成为……'全国'的仇恨对象,而
当时缙绅会议上自己军队代表及自己的代表则是无所不能的。"①
如果大贵族软弱无力,他们怎能迫使新沙皇限制其权力呢? 更可
能的是:"全国"以军队或一般地以其代表们为代表,发表了限制权
力的诏书。但当时不可理解,为什么对沙皇权力的限制不是有利
于他们自己——即不是有利于"俄国的全体官员",——而只是有
利于大贵族及杜马议员呢? 因此,不得不假定,科托希欣说得不正
确,按照限制权力的诏书的真正意义,新获选的沙皇必须同"全国"
的代表,例如,同缙绅会议磋商。但这里又产生了新的困难:按照
这后一假定,为什么米海伊尔对"全国"承担的责任,如克柳切夫斯

---

① 《俄国文化史概论》,第 3 卷,第 1 辑,第 86 页。

基所说,在正式的文件里看不出来呢?为什么当时不以为应使沙皇阿列克谢发表这一限制权力的诏书呢?难道只是因为人们认为他是一个"沉默的"人吗?姑且假定,事实上只是由于这一缘故。但那就必须说明,是谁决定、谁有权来决定,由于阿列克谢"沉默",所以不必要他发表这一诏书呢?似乎能够作出决定的只有缙绅会议,因为根据我们最后的假定,限制权力的责任是沙皇向这个会议提出的。然而我们没有看到任何指示足以证明缙绅会议曾作出这一决定。因此,克柳切夫斯基设想,限制米哈伊尔权力的诏书,是在缙绅选举会议幕后进行的宫廷秘密交易的结果。大贵族巨室在公开的政治舞台上是软弱无力的,但他们善于搞各种可能的阴谋,他们能够在米哈伊尔的道路上设置重重障碍。"而且就米哈伊尔的拥护者说,这种偶然或不干不净地获得的政权,只不过是他们随时都可咬碎的一块骨头。双方的共同利益,要求他们防止过去不幸遭遇的重演,当时沙皇或用他的名义横行一时的人,曾把大贵族当作奴隶一样处置。"①交易是为了防止大贵族再受沙皇的横暴摧残。因此,它是秘密的。这种协议不便向缙绅会议公开,因为"全国"可能由于这种协议,把沙皇看为他们早已仇恨的大贵族的工具。克柳切夫斯基说,米哈伊尔朝最初几年,完全证实了他的假设。"那时人们都看到和传说着当政的人们如何胡作非为,他们'鄙视'国王不得不对其近臣的行为,不闻不问。"②此外,还可补充一则足以证明克柳切夫斯基的假设的报道:据说,Ф. И. 舍列梅捷

---

① 克柳切夫斯基:《俄国史教程》,第3卷,第96—97页。

② 《俄国史教程》,第3卷,第97页。

夫曾写信到波兰告诉戈利岑公爵，"据说米沙（米哈伊尔小名）·罗曼诺夫年轻，尚不懂事，我们可以操纵他。"对于这种"可以操纵的"王位候选人，是不难使其承担有利于大贵族的责任的。然而由于这种责任是秘密的，所以要在"全国"面前为它辩护，那就不仅困难，而且简直不可能。但是在一个衰微的国家里从事恢复旧国家制度的艰难事业，向"全国"发出呼吁是绝对必要的。在米哈伊尔朝代，"全国"的代表时常举行会议。正是他们才使最高当局有可能将那种利用幕后阴谋从他那里拿到的限制权力的诏书的意义，一笔勾销。在不大受"操纵"的斐拉列特·尼基季奇从波兰回国后，最高当局立即使用了这种可能。由于限制权力的诏书的意义实际上已被勾销，所以阿列克谢没有予以重申，那就毫不足怪了。

III

然而前来出席会议的"全国"代表，如果有充分理由憎恶大贵族的寡头政治，那他们是不能不相信自己的。为什么他们不想取得限制权力的诏书，以谋取"全民多数"的利益呢？如果他们是由于某种瞬息间的原因而忽略了在 1613 年初取得这一诏书的机会，那他们为什么后来也从未设法改正这一错误呢？答案在于前述莫斯科社会制度的发展过程。在确定不移的经济必然性以越来越快的速度导致国内一切力量的间接或直接奴役的地方，就是最温和的政治自由思想，也是不能产生的。

1613 年的选举会议，实质上是一次立宪会议。但是，正如克柳切夫斯基所说，这一立宪会议在选出沙皇以后变为筹备委员会，其任务是采取各种预备性措施，以待正式政府的成立。筹备委员会的这一作用使这次会议处于对最高当局的从属地位。由于这一作用，它后来只不过是扮演着一个"请愿者"的角色。除了请愿之外，它从来没有前进一步。克柳切夫斯基指出：做人民意志的代表者是一回事，而做人民的诉愿和愿望的代言人则是另一回事。这是容易同意的。但是必须记住缙绅会议进行活动的具体条件。1619 年召集了"善良有识"的当选人士参加会议，他们的任务就是要将各地的需要通报中央政府。这些"善良有识"的代表的首要工作，是采取措施使逃亡者回到原处。这就是说，在莫斯科集会的俄国当选人士承认，恢复过去劳动群众所遭受的那种不自由，是国家的最迫切需要，而这种不自由的压迫，乃是莫斯科罗斯在混乱时期经历的种种骚动的最深刻原因。但是随着这种不自由的恢复和扩大，随着陷于这样那样形式的奴隶从属地位的居民数目的增加，地方代表们的社会基础也缩小了。农奴是不派代表出席会议的。因此，在会议上发挥主要影响的，是以剥削被奴役的农村居民劳动为生的阶级，即贵族。而贵族亦处于对中央政府的完全从属地位，因为在当时的条件下，他们只有利用中央政府的帮助，才能使那些用自己的劳动好歹养活他们的农奴们服从。由此看来，农民的社会不自由，决定了贵族的政治不自由。关于这一点，同一克柳切夫斯基卓越地指出："统治着的地主阶级，他们由于特权而脱离了其余的社会，他们全神贯注于农奴占有制的垃圾，因享受白给的劳动而变得软弱无力，他们对国家利益的感觉钝化了，对社会活动的毅力也衰退了。贵族的庄园压迫农村，又不与城外的工商业区来往，自然不能制服首都的官府，使缙绅会议具有国家思想和意志的独立传导者的意义。"①

　　不要以为一般贵族对于他们的地位已经心满意足了。他们是很穷的②。他们本身也为国家做奴隶服务,他们从主要由于他们的努力并为了他们的利益而建立和支撑起来的制度方面,也吃了不少苦头。在1642年为讨论是否接受顿河哥萨克夺自土耳其的亚速夫一地而召开的会议上,许多县的贵族代表沉痛地抱怨说:"我们由于莫斯科的官僚贿误、由于谎言和不公正裁判而受到的祸害,更有甚于土耳其和克里米亚的回教徒。"③但是这一等级愈穷,他们愈是强烈地感觉到和更深刻地意识到他们对中央政府的从属地位,因为这个政府赏给他们的只是"一些零碎的小块土地"。他们愈是深刻地意识到这一种从属地位,他们便愈少反对派的倾向,愈加除了官员的奴隶地位这个纯粹东方的概念之外,再也不能发展其他政治概念。十六世纪的缙绅会议,官宦阶级的代表是应召参加了。这些会议是政府同其本身的官员的会议。混乱时代的事变所造成的社会政治需要,把这种由"所有官员"代表组成的缙绅会议推上了历史舞台。在十七世纪的会议上,莫斯科政府是同所有用自己的努力把政府恢复起来的"地方"协商的。但是愈来愈多的莫斯科国居民,因陷于各式各样领主的农奴依附地位,不再向会议派出他们的代表,所以官宦阶级选出的代表,便在会议的集会上

---

　　① 《俄国史教程》,第3卷,第244页。
　　② "县级贵族的封地一般很小,而且人烟极为稀少。"在某些南部的县里,"许多贵族完全无地,而是一些只有庄园而没有农民和光棍……还有连庄园也没有的空地。……有些贵族抛弃了他们的世袭领地和封地,参加哥萨克,到大贵族家里卖身为奴,或到寺院里去做职员。"(克柳切夫斯基同书,第111页)
　　③ 索洛维约夫:《俄国史》,第2卷,第1256—1258页。

发挥了越来越大的主导作用。只是这一情况就足以把十七世纪的
会议逐渐转变为政府同其本身官员的会议，也就是把它恢复到十
六世纪的旧形式上去。既然它回到了旧的形式，莫斯科政府便可
轻而易举地用别种会议来代替它了。莫斯科政府开始召集来自个
别居民各阶层的"专家"会议，按照政府的意见，这些人是更愿解决
在某种个别情况下应予研讨的问题的。莫斯科罗斯人民代表制的
中央机关，就这样奄奄一息，寿终正寝了。在十七世纪下半期，直
到费多尔沙皇死前，会议没有召开。克柳切夫斯基认为，缙绅会议
的观念虽然在统治阶层和特权阶层中业已逐渐熄灭，但在商工业
人士中却仍在保持着，他们还怀着公民责任感。他想起莫斯科商
界人士如何提示政府，由于使用铜币失败所引起的危机，必须召集
缙绅会议。但他迅即补充说，莫斯科的"小客人和小小商人（他们
这样自称！）人微言轻，不足以使社会关系趋于平衡。这一负担着
非常沉重的国家赋役的阶层的代表，在会议上是面对着军职人员
的大多数、面对着大贵族官僚的政府的。"[1]显然，他们的声音——
并不高亢和坚决的声音，是不能改善莫斯科罗斯的人民代表的命
运的。莫斯科的"小客人和小小商人"在 1662 年恭请召开的缙绅
会议，就这样没有召集。

IV

　　我想以上所述，足以充分说明那些决定政府当局和人民代表
之间的关系的经济和社会条件，因而也足以充分说明十七世纪莫

---

　　[1] 《俄国史》，第 2 卷，第 367 页。

斯科国政治思想的发展过程。我国的一些学者都想把俄国的缙绅会议同西欧各国的人民代表制相提并论。但是他们的比拟并不都是正确的。例如,按照克柳切夫斯基的意见,我国"人民代表制的产生并不是为了限制政权,而是为了获得和巩固政权：这就是它与西欧代表制的区别。"①但是在哪一个西欧国家里,人民代表制的产生是为了限制国王的权力呢？任何地方,人民代表制的产生都是为了协助国王来管理国家的。在协助的过程中,它便巩固了国王政权。这一观点应用于第三等级的代表制,尤为正确。法国菲利普(外号漂亮的)在召集三级代表会议时所以邀请第三等级的代表,完全不是为了要同他们分权。他是想在同邦尼法奇八世教皇的斗争中求得他们的支持。1302年的三级代表会议——这按时间是法国的第一次缙绅会议——表示希望国王维护其国家的"最高自由",不承认(在世俗权力方面)除上帝之外还有任何比他更高的主宰。对国王表示这样的愿望,无疑地意味着有助于他的权力的巩固。三级会议后来遂成为巩固国王权力的工具。它是第三等级同世俗当局和教会当局斗争的舞台。然而如所周知,这一斗争创造了君主专制制度,使法国国王终于有可能不召集三级代表议会,并在非常长的时期中(1614—1789)利用了这种可能。从自己方面说,这些国王所以召集人民代表,每每只有一个目的：向他们的忠实臣民进行勒索(traire de l'argent)。克柳切夫斯基说,缙绅会议并不是政治力量,而是政府的工具。在某种意义上,此语也完全适用于法国的三级会议。同样可以说,法国三级会议同克柳

———————————

① 《俄国史》,第2卷,第272页。

切夫斯基所说的俄国缙绅会议一样,只有用请愿的形式提出立法措施,而最高行政当局对于所提问题,则保有决定之权①。这里的类同之处是无可争辩的。但历史环境的差别,使法国的等级人民代表制对法王的态度,同莫斯科国缙绅会议对沙皇的态度,极为不同,虽然法国的等级代表会议也是法王的非常重要工具,有力地促进了法王最高权力的巩固与扩大。我已经不只一次指出,莫斯科的沙皇在同大贵族的斗争中,主要依靠领有封地的贵族,而法国国王在同封建主的斗争中的主要支持,则来自第三等级。这个等级在最初的作用是很小的。这可从以下事实中得到充分证明:即他们的代表只能在国王面前跪着说话,而最高等级的代表则可以站着说。但是随着经济的发展、第三等级在法国社会生活中的作用迅速增加了。而随着在社会生活中作用的增加,他们的政治自觉也发展了。他们的代表过去谦虚地把自己看作"微末小人",现在却愈来愈加感到他们是人了。这时,在问题涉及国王同封建主的斗争时,他们仍旧支持国王。但是他们一方面在这一斗争中甘为国王的"工具",同时在国家管理方面当问题涉及全民利益时,他们又力图给国王的权力设置一定的界限("限制"这一权力)。因此,法国三级会议席上时常听到一些为出席莫斯科国缙绅会议的"善良有识之士"所不能想象的演说。

① 当英国议会用法案来代替请愿时,法国三级会议的代表却继续呈递其请愿书,给政府以不理睬各种法令的权利。俄国的情况,亦复如此。俄国沙皇或杜马直接颁布的新法律和国家的"总裁决",可以成年累月地不生效。(马克西姆·科瓦列夫斯基:《俄罗斯的政治制度》,巴黎,1903 年,第 98 页)

试举一例：

在 1484 年三级会议 2 月 28 日庄严的大会上，卢昂的代表马塞伦在表示国王应注意减轻法国人民的捐税重担后，认为必补充声明："国王这样做，并不是给他的人民以恩赐，而只是履行公正的职责：如说恩赐，那是滥用词句。"只有人，才知道这种语言，而"微末的小人"，其说法又当不同。马塞伦在继续他的演说时大声疾呼："在君主专制下，人民仍是其财产的最高主人，在人民全体都反对时，是不能剥夺他们的财产的。人民是自由的：他们不是奴隶，而是国王治下的臣民。"[1]我们在这里又一次看到我们所熟知的波丹关于奴隶和臣民的差别的见解。奴隶只有在其主人的同意下才能支配其财产，而臣民则仍然是他所领有的一切的最高所有者，不得他们的同意，国王是不能没收他们的财产的。参加缙绅会议的，是莫斯科国国王的奴隶，而在三级会议上发言的，则是法国国王的臣民。

在马塞伦发表上述演说的会议的前夕，第三等级的代表同企图促使他们让步的国王顾问们举行了会商。他们对这些顾问说："任何人在看到人民的代表受人民的委托，从事人民的事业并发誓给予支持以后，用全力捍卫这一事业的时候，都不应感到奇怪或愤怒。"他们声明，他们首先把自己看作人民的受委托人[2]，"假如他们抛弃了人民的事业，压制住自身良心的呼喊，那他们就不得不负可怕的责任。"[3]这又是人的语言，而不是"微末小人"的语言。当时法国统

---

①　G. 毕科：《三级会议史》，第 2 版，第 1 卷，第 378—379 页。

②　同一马塞伦在其拉丁文的三级代表会议日记里用的是"人民代诉人"（"Procuratores populi"）一词。

③　G. 毕科：《三级会议史》，第 377 页。

治阶层的代表之一被这种高贵的语言激怒了,大声叫唤说,他是懂得恶棍的,"不要对这种人闪现自由的方式,他们需要的是压迫。"第三等级的代表向国王的顾问们所发表的结束语,是极为值得一提的:"在国王惠然接待我们的那天,我们的演说家将痛快淋漓地用理性的武器打败我们的敌人,使所有的人都明白,国王不得违背三级会议的一致意见而侵犯其臣民的财产。"读者不应忘记,我在这里所摘录的,是十五世纪而不是十八世纪末的法国代表的演说。

V

此外,读者应该记住,在法国,不仅第三等级的代表善于用人的语言来说话。法国的封建主也从来不愿扮演奴隶的角色。假如"最信奉基督教"的法国国王在同他们的斗争中曾依靠第三等级,那么,他们在同国王的斗争中也企图——在这种企图不要求他们放弃其特权的地方——预先取得第三等级的同情。作为一例,可以指出他们在路易十一世时领导参加公共福利同盟(Ligue du Bien Publique)。路易十一世说,"如果我们同意增加他们的养老金,准许他们像过去那样压迫他们的仆从,那他们就不会想到公共的福利。"[①]姑且假定,路易十一世对于封建主的爱民思想是了解得相当精辟入微的,但无论封建主脑子里的公共福利思想是怎样产生的,然而重要的是,他们有时确实想到这点。在图尔举行的同一三级会议(1484 年),布尔冈贵族的代表菲利普·波(Seigneur de la Roche 拉罗谢的领主)这样说过:"按诸历史,有主权的人民

---

① G.毕科,见前书,第 1 卷,第 331 页,注释。

(le peuple souverain)用自己的选举来立国王,而且他们要选举才德超过他人的人做国王。事实上,人民是为了自身的利益而选择主人(Maitre)的。所以要授主人以大权,不是为了使他们牺牲人民以致富,而是为了使国家富裕和改善人民的地位。如果他们有时倒行逆施,那他们的行为便同暴君一样,便同那些不保护自己的羊群、却如恶狼一般吃掉它们的牧人没有差别。……谁不知道而且谁不在反复申说,国事就是人民的事?既然这样,那人民又怎能不关怀国事呢?低贱的谄媚之徒怎能以专制之权授予只是通过人民而存在的主人呢?人民有管理自己事务的双重权利:因为他们是这种事务的主人,又因为说到底他们经常是坏政府的牺牲品。"

我在摘录这段话时,禁不住再次问问自己,应否提醒读者,我所摘录的这篇演说不是在法国大革命时发表的,而是发表于大革命前三百多年,而在演说里却极大地表现了政治要求的严格性和人民尊严的自觉性。当然,类同并不是等同。菲利普·波所以认为必须提出人民的主权,实质上是因为查理八世年事尚幼,最高权力已落入摄政委员会手中,关于这个委员会的人选发生了争论:血缘的亲王们企图在委员会里取得主导作用;而菲利普·波和在这一问题上与他志同道合的代表们,却想使该委员会通过会议选入该委员会的人士服从三级代表会议的影响。在成年的国王的朝代里,人民自主(Самодержавие)之说,也许不是那么坚决的。一位贵族代表作出的人民定义,也是很有特色的:"我称之为人民的,不仅是低等级的人们,而是居住在国内的所有等级的人们。"在大革命时期,人民一词是指除特权者外(moins les privilégiés)的居民总和。菲利普·波当然要反对这样的定义。这是完全可以理解的。但是值得注意的是——也许对于那些记得莫斯科的政治关系的人们，这甚至是值得奇怪的，——在十五世纪末，竟然有一位法国贵族的代表，能够在三级会议发表演说，——尽管是由于特殊的情况，——热烈和智慧地维护人民自主的原则，对十八世纪和十九世纪的政治著作起了这样巨大作用。

下述情况同样值得注意。菲利普·波指出，在法国没有任何一种法律规定（在国王年幼时）国事的管理，应该属于全体血缘亲王或其中某一亲王。波说："因此，这一切都应明确规定，并毫不动摇地付诸实施。我们这样做，是为了不留任何不明确的东西。我们不将国家的幸福置于少数人的专横独断之下；因为谁能向我们保证国王将永远是善良和公正的呢？ 在这种情形之下以及在任何情况之下，必须作出硬性的规则并确定行为的规范。"[1]如果相信科托希欣的话，则莫斯科人虽然对阿列克谢·米海伊洛维奇王朝极尽"勒索"之能事，却不曾认为必须对年轻沙皇的"沉默"习惯，作出"硬性的规则并确定行为的规范"。

菲利普·波承认，人民没有统治权。他说："但是应该了解，人民有权经过他们的代表管理国家。"[2]在十七世纪成为统治阶层的莫斯科贵族，却从来没有提高到这种政治思想上来。

VI

俄国历史过程的特点，不在于它的绝对特殊性。但是如果将

---

① G.毕科：《三级会议史》，第2卷，第5—6页。
② 同上书，第6—7页。

它同西欧各国——例如法国的历史过程加以比较，而看不到它的相对特殊性，那就是瞎子了。

从质的分析观点看，水的化学成分和过氧化氢的化学成分是一样的。这两种物体都是由氢和氧合成的。但从量的分析观点看，则两者之间却有无可疑义的差别：过氧化氢（H_2O_2）所含的氧要比水（H_2O）多。这种量的差别便说明了两者的特性的差别，即两者之间的质的差别。我们在历史上也可看到完全相似的现象。从质的分析观点看，莫斯科国的社会成分同法兰西帝国的社会成分是相同的：在这两个国家里都有农民、商业和工业居民、贵族、僧侣，最后还有君主。但量的分析却在两国的社会成分里发现很大的差别：由于莫斯科国在经济上大大落后于法国，所以前者的工商等级所起的作用，要比后者的工商等级所起的作用小得多。莫斯科的君主在同封建地主的斗争中所依靠的主要是领有封地的普通贵族，而法国君主在同封建主的斗争中所依靠的则是第三等级。大俄罗斯的地理环境对于生产力发展的促进作用，也远远不及法国。这一重要情况，一方面决定了这两个国家居民的社会成分的量的差别，同时又造成了两国社会成分的相互关系的非常重大的差别。莫斯科国是一个在自然经济条件居于主导地位的情况下、拓殖过程拖延甚久的国家。这一过程特别持久的必然结果，是劳动群众对私人和国家的奴隶依附地位。在被奴役的劳动群众里，不仅有农村居民，而且有城市居民。商人是不能成为私有主的奴隶的。1649 年的法令对于那些用所谓抵押的方法承担奴隶义务的商人，威胁要处以笞刑和流放西伯利亚。但是克柳切夫斯基说得好，用笞刑来维持的人身自由，其本身便变为一种对国家的义务。他说："这一法令不曾以自由的名义取消人身的不自由,而是以国家利益的名义把人身自由转变为不自由。"①由此看来,除了极少的例外,这样或那样的奴隶依附制度业已推行到莫斯科国的所有劳动人民之中了。最后,莫斯科国发展的历史环境,决定它不得不把越来越多的资金用来同西方邻国进行斗争以保卫其自身的生存,这些国家在经济发展的过程中越来越超过了它。这后一种情况更加深了压在居民身上的奴隶依附地位的压迫。然而相反,尽人皆知,自中世纪开始,法国的奴隶数目,却是经常减少着的。据兰博说,在诺曼底,在十二世纪时已无农奴制的痕迹。在法国其他地区,农奴制消失得慢些。但就是在那些地方,农奴(serfs)的数目也是不断减少的。1315 年路易十世准许国王领地的农奴赎买自由。这当然不足以说明国王的大公无私,却无可争辩地证明在当时的法国,货币经济已取得巨大的成就。至于三级会议,则自十五世纪末,农民便已参加选举第三等级派性议会的代表了。他们同样参加制定给代表们的委托书(cahiers)。因此,我们看到,如果在莫斯科罗斯,经济发展的过程越来越缩小了人民代表制这一政治建筑物的社会基础,那么,法国的这一过程却相反地经常扩大了这一基础。这种代表制在法国和莫斯科罗斯的意义,远远不同,这便毫不足怪了。

当然,我们在这里所看到的差别,也不是绝对的,而只是相对的,不是质的,而只是量的。我在前面已经指出,法国的三级会议也只能向国王叩头陈述他们的需要。最后决定权是属于最高当局的。会议的召集和解散,都取决于最高当局。所以最高当局曾长

---

① 《俄国史教程》,第 3 卷,第 185—186 页。

期不召集会议。

　　情况便是如此。但在这种问题上，必须比在任何其他问题上更加记住，量的差别是要转变为质的差别的。尽管法国的三级会议归根到底也只有恳求的权利，但是法国的居民通过他们的代表在会议上说出了他们的需要，毕竟比莫斯科罗斯的居民更能影响其本国的立法。法兰西王国的居民认为他们是自己国王的臣民，而莫斯科国的居民则自称为沙皇的奴隶。而且不是所有的人，只是身居高位的人，才有权使用这样的称呼。下层阶级的人们则称为沙皇的孤儿。索洛维约夫写道："可以理解，无论是无依无靠的孤儿或是奴隶，在他们的身上是找不出力量和独立性的。"[1]这在事实上也是如此。前来出席缙绅会议的官吏奴隶和工商界孤儿的代表，都既未显示力量，也未表现独立性。和他们不同，出席三级会议的法国国王臣民的代表，则不只一次表现了力量和独立性。索洛维约夫在同一著作中说，无依无靠的孤儿和奴隶是不能有自己的意见的。但这不尽然。孤儿和奴隶都有自己的意见，只不过这种意见符合他们的屈辱地位，从未发展成为比较广泛的政治思想。这就是为什么在莫斯科国的缙绅会议上，听不到在法国三级会议上所发表的那些关于国家元首职责和人民权利的演说的原故。我重说一遍，量的差别是要转变为质的差别的。

VII

　　克柳切夫斯基在他的著作里写道："试一读各等级代表在会议

---

　　① 《俄国史》，第3卷，第804页。

上(1642年的缙绅会议上——著者)提出的文件,便可感到他们在一道都无事可做,他们没有共同的事业,而只有利益的冲突。每个阶级只为自己着想,而把他人除外,只知道自己的迫切需要和他人的不公正的优越。显然,各等级政治上的隔绝,使他们在习惯上相互疏远,在这种情况下自不能不导致他们在会议的共同活动上的分离。"①

在法国三级会议上,利益的敌对导致各等级精神上相互疏远。这种疏远有时强烈妨碍他们共同政治活动。像在俄国一样,法国中央政府善于利用这一点。但在指出这种类似点时,不应忘记我们现已深知的那一重要差别。如果莫斯科国由于劳动群众的被奴役,参加会议的每一等级,除了他们眼前的需要之外,再也什么都看不见,那么,在法国,甚至特权等级的代表,也都在某些情况下,对于共同的国家利益,具有明确的认识。

至于工商等级的代表,对于整个劳动居民的利益,则是常常表现出广泛的认识的。在1614年三级会议一次会议上,工商等级中的一人对于法国人民竟能满足对他们提出的所有要求,向国王表示惊异。"人民必须向陛下,也向整个僧侣、贵族和第三等级供应食物。如果穷人不工作,则属于教会的什一税和大地产、属于贵族的美好土地和巨额封建财产,属于第三等级的房屋、地租和遗产,有何意义呢?其次,谁给陛下资金去维护国王的尊严,满足帝国内外的迫切需要呢?如果不是农民,谁给您以征召军队的资金呢?"这位代表——商界领袖米龙——后来在说明贫苦农民受军人掠夺

---

① 《俄国史教程》,第3卷,第264页。

的不幸境遇时说，在萨拉秦人①入侵时，法国人民也不曾受到这么大的痛苦啊！② 从外表看，这同我国贵族抱怨莫斯科官僚对他们的摧残更有甚于土耳其人和鞑靼人，完全相同。但是第一，莫斯科军职人员只关切本等级的利益，而这位巴黎的"客人"米龙所说的却是农民；第二，莫斯科贵族仅仅发出怨言，而法国的商界领袖却威胁说："如果陛下不采取措施（反对米龙所指出的恶行。——著者），则绝望的贫民便会想到，士兵不是别人，而是武装的农民，种葡萄的农民一旦手里拿起火枪，便不再是铁砧，而变为铁锤了。"③

　　米龙的这种发人深思的见解，表现出法国"客人"代表"己见"的巨大广度。他们对于其委托人的迫切需要，并没有忘记。当然没有！但是他们在政治上的发展达到的高度，可以看到这种需要同法国整个劳动居民的根本需要在当时确已实际存在的联系。特别值得指出，在同一个三级会议（1614 年）的会议上，第三等级的代表要求采取措施完全废除法国农奴制的残余④。由于这种要求，可以说尽管第三等级的代表同特权等级的代表很少"共同的事业"，——同他们发生了激烈的争论——但表明他们能够了解其本身的"事业"和法国整个劳动居民的"事业"的共同性。而这一点是最为重要的。这就是说，国王的一位顾问的担忧不是没有根据的，他在 1484 年同第三等级的代表会谈后大叫：在恶棍面前，不应闪现自由的形象！显然，这种迷人的形象早就在有教养的法国资产阶级面前闪现了。

---

① 萨拉秦人是古历史学家对阿拉伯游牧民族的称呼。——校者
② G.毕科：《三级会议史》，第 4 卷，第 244 页。
③ 同上。
④ 《三级会议史》，第 5 卷，第 2—3 页。

发展的过程早就准备让资产阶级在反对"旧制度"的全民运动中充任领导者的角色,在下一世纪里,它便扮演了这一角色。

VIII

现在我请读者同我一道回到十六世纪的莫斯科,并且想起根据这一世纪的一位政论家——《瓦拉穆术士谈话》附录的作者,附属的标题为《关于同一谈话的另一传说》——的意见,沙皇应依靠莫斯科国的所有社会力量进行统治。为此,必须召集"意见一致的全国会议",即缙绅会议。为使会议真正具有全国性,按照这位政论家的意见,必须"从所有的城市和县市推选既非高官,又不骄傲逞能的人们"。这就是说,《另一传说》的作者要求莫斯科国的全体居民都有广泛的代表出席缙绅会议。但是这一要求似乎无法实行,因为奴隶依附的压迫普及于劳动群众愈来愈重了。这种情况的发生并不是由于"骄傲逞能",而是由于确定不移的经济原因。毫无疑义,"骄傲逞能"在极大的程度上是莫斯科国中央政权的特点。但它是结果,而不是原因。这种特点的产生是由于工商界居民太软弱,不能坚决维护代表制的思想,而官宦等级也不再重视这一思想。随着农民的奴隶制的确立,一般贵族将大贵族吸收到自己方面,遂成为统治阶级。"但是他们不经过缙绅会议便找到了更方便的方法——即直接向最高当局提出集体申请——来实现他们的利益,而连续不断地包围着软弱沙皇的大贵族与一般贵族集团更为这种方法提供了方便。"[1]我国缙绅会议的历史不像法国三级

---

[1]　克柳切夫斯基:《俄国史教程》,第3卷,第273页。

会议历史那样富有戏剧性的事件(至于英国人民代表制的历史,就更不用说了),这是毫不足怪的。十六世纪的某些莫斯科人就能想到在全民代表制的基础上召集代表会议的好处,这一事实表明,在莫斯科人的头脑里是能够产生一些在西欧社会意识发展史中具有巨大意义的政治思想。但是我国的社会存在是不利于这种思想的比较重大发展的。因此,这种思想未及开花,便已凋谢。由于同一原因,这种思想经常是很模糊的。这里只有一个例外:即关于君权无限的思想在十六世纪已获得完全明确的性质。雷帝在给库尔布斯基的信中写道:"我可以自由地赏赐我的奴隶,也可以自由地杀死他们。"不能比这说得更明确了。这种君权无限的思想是没有任何空想的成分的。它是完全符合社会发展过程的。由于这种思想既没有空想的成分,又完全符合社会发展的过程,所以在莫斯科国的范围内,它怎样也不能碰到与它对立的人民自主思想,然而这人民自主的思想在西方,甚至在君主制的法国却是不时与它发生敌对的冲突的。奴隶一点也不能设想用任何法律规范来限制社会最高阶级的权利的。我已说过,大贵族从某些莫斯科国王那里取得的权力限制文书,是没有任何政治内容的。这个估计是同克柳切夫斯基的权威意见背道而驰的:他认为,舒斯基的信誓旦旦的诏书,在我国政治思想史上开辟了一个新的时代。但是,如我前面所指出,我们在这位历史学者的著作中还看到以下一些段落:"沙皇的权力是受到以前同它一同行动的大贵族建议的限制的。但这种限制只在审判事务上、在对个别人的关系上约束了沙皇。"[①]如果

① 《俄国史教程》,第65页。

限制仅适用于沙皇对个别人的关系,则沙皇在国家事务上的权力,仍旧是无限的。

IX

克柳切夫斯基在另一地方说:"舒斯基虽然表面上限制了自己的权力,而在正式的诏书里却写作'专制君主',作为天然的莫斯科国王称呼自己。"他说,这是由于莫斯科思维的顽固不化。然而尽管莫斯科的思维确实顽固透顶,却不能不承认在这个问题上,它是表现得很彻底的。舒斯基承担的某些义务仅涉及审判案件,但他仍旧是一个同"天然"的莫斯科国王一样的专制君主。在天然的莫斯科君主费多尔·伊万诺维奇即位时,季奥尼西大主教在这一大典上发表训词,规劝沙皇"要相信神圣的教堂和真诚的寺院;要服从他大主教和所有圣地朝拜者,因为对圣徒的尊敬,就是对基督本身的尊敬;要亲爱和尊重自己的同胞;要赏赐大贵族和显贵并按其父名予以尊重;要对所有公爵和其子嗣,对大贵族的子女和所有战士,亲切接待和表示仁慈;要保护所有东正教的基督徒,从心里关怀和照顾他们;要勇敢地支持被欺侮的人,不要用法庭和法典来凌辱他们;不要听信谄媚的言辞和空幻的谣言;不要听诽谤者的话,不要相信恶人;要师法哲学家或智者,因为上帝安息在他们身上,就像安息在教堂的祭坛上一样;要无偿地分封官爵,因为受贿者买官的事是有的,等等。"①这一切都是很好的规劝,然而这一切都是向专制君主提出的规劝。它们同限制权力的思想是没有任何共同

---

① 索洛维约夫:《俄国史》,第 2 卷,第 510 页。

之处的。任何人都会理解，为什么大主教认为应在费多尔·伊凡诺维奇即位时提出这些规劝：这是因为新沙皇的已故父亲没有服从他的神父，没有爱惜和赏赐大贵族和显贵，没有保护东正教的基督徒，没有支持被侮辱的人们，而相反地却自己用一切方法凌辱他的奴隶和孤儿（即凌辱贵族和工商业界——译者），听信谄媚言辞和诽谤者，相信恶人等等。官宦等级是无论怎样也不喜欢沙皇专制的这种办法的。尽人皆知，就是奴隶也宁愿有好主人，而不愿有恶主人。季奥尼西大主教认为他在道义上有规劝费多尔·伊凡诺维奇做一个好主人的责任。伊凡雷帝给了他的臣民一个明显的政治教训，其意义就是：一件事是无限制的君主（哪怕是在东方意义上的君主），而另一件事是残酷的暴君。官宦等级的上层在长期中为这一教训付出了惨重的代价，才认为必须提请新的沙皇注意无限制的君主和暴君之间的差别。某些沙皇甚至向这个阶层签字证明他们领会了这一差别①。然而善良主人的奴隶也还是奴隶。莫斯科国的军职人员虽然从他们的沙皇那里取得了限制权力的诏书，却丝毫没有摆脱其对这些沙皇的奴隶从属地位。这就是为什么实际上这种诏书甚至在审判事务上也没有带来任何改变的缘故。就令我们假定，大贵族使米哈伊尔承担较有内容的义务，那也要知道正是从克柳切夫斯基那里，我们听到这种义务是在什么情况下产生的。作为在选举的缙绅会议幕后进行的阴谋的结果，这

---

①　"我华西里·伊凡诺维奇全俄皇帝和大公兹向全体东正教基督徒宣誓，我将实行真正公正的审判，无罪不对任何人加以贬压，不因仇敌而对任何人加以任何谎言，而且避免对任何人施加暴力。"在读到华西里·舒斯基诏书的这些话的时候，可以设想，这些话全部是从大主教季奥尼西的训词中抄来的。

种义务可能在比较长时期内影响国家管理的过程,但完全没有改变国家的制度。莫斯科罗斯虽然有了诏书,也仍旧是一个世袭君主制国家,同时居民的传播诏书也愈来愈加巩固了最高政权的世袭性质。莫斯科人无怪乎对马斯克维奇说,他们宁愿要他们的政治无权,而不愿要波兰的自由。他们感觉到,他们不可能有别的政治制度,以为不自由乃是一种自然的,甚至是一种值得嘉许的事情。瓦拉穆长老在给"全俄沙皇华西里·伊凡诺维奇的告密信"中叙述他同格里戈里·奥特列皮耶夫旅行立陶宛的情况时说,他们住在基辅－佩车尔寺院里,他不满意他的同伴想脱去僧侣的法衣。佩车尔的修士大主祭叶里谢和整个寺院的兄弟在听过他的不满后答复他说:"这里是立陶宛,谁愿意信仰什么,便可信仰什么。"他们不知为什么——也许是由于觉得他对天主的过分的莫斯科式的热情吧——不允许瓦拉穆再住在这个寺院,所以他去到奥斯特罗格,奥特列皮耶夫也到了那里。他在这里又全神贯注于挽救他的同伴的灵魂,因为他的同伴开始在学校里用拉丁文和波兰文学习路德的书信,成为东正教基督信仰的叛徒和罪人。由于忘记了立陶宛是"一个自由的国家",他又实行告密——这次是向瓦西里·奥斯特罗什斯基公爵本人告密。然而这次的告密也未产生热心的长老根据他的莫斯科经验的期待的结果。"瓦西里公爵和他的全体宫廷人士都对我说:在这个国家里,谁愿意信仰什么,便可信仰什么。——而且公爵对我说:'我的儿子雅内希公爵生于基督教信仰中,但保持波兰人的信仰,我也管不住他'。"[①]在得到这种答复后,瓦拉

———————

① 《混乱时代的古文献》(古文献委员会出版的《俄国历史丛书》,圣彼得堡,1891年,第 13 卷,第 19—22 页)。

穆怎样也不能怀疑在世界上是有比较自由的国家的。然而无论从什么地方都看不出,这位饱经世故的长老虽然毫不怀疑"自由"国家的存在,却一刻也不曾想过应否给莫斯科人增加"自由"的问题:"自由的"国家是一回事,而莫斯科国又是一回事;在自由的国家里,"谁愿意信仰什么,便可信仰什么",而在莫斯科国却只能,而且必须用鞭笞、监狱和类似的硬性论证和坚决措施以迫使人们挽救他们的灵魂。在"自由的"国家里,甚至路德的书信也是每人都可学习的,而在莫斯科,在被指控为信仰异教的威胁下,这却是不行呀!"自由的"国家不能指挥莫斯科呀!

X

十七世纪莫斯科居民政治认识之低,可从当时的一些政治案件中得到说明。这些案件的发生通常都是由于"酒醉"后不在意地对国王说了"不妥当的话"。在米哈伊尔朝代的初期,在这种"不妥当的话"里,有时(的确是极稀罕地)听到某种自混乱时代流传下来的非常简单的政治内容。一位市民被人请去喝酒为国王米哈伊尔·费多罗维奇祝福,他问道:"季米特里·伊凡诺维奇皇帝还活着吗?"沙皇的军官压制他,但他克制不住,喊道:"立陶宛人也没有这样干过。"但是后来,在这类谈话中,就连这种最简单的政治内容也看不见了。有人说:"我的胡须同沙皇的一模一样",因此被控。这个可怜的人显然要受到"无情鞭笞"的威胁,但是为什么他会想起沙皇的胡须呢? 御前侍臣和军官 H.C.苏巴金在他的密报里详细地解释了这一心理之谜。他审问过的大贵族之子谢尔盖耶夫供称:"去年,135 年(即 1627 年——著者),我到安托什克·普洛特

尼科夫家里谈天,喝醉了酒。有一名监狱的看守先卡教我学狗叫,
我对他发火说:'你这家伙凭什么向我汪汪叫?'我要把你的胡子拔
掉。先卡也发火说:'不许拔我的胡子,我是国王的人,我的胡子也
是国王的。'除这些话外,别的我没有听到。"其他证人也都证明了
这一供词①。由此可见,先卡的"贼行"不在于他胆敢将他的胡子
同莫斯科国王的胡子相提并论,而只在于他宣布了他的胡子是沙
皇的私产。你们看到,这里并没有任何危害莫斯科政治制度的东
西。我还可以说,这里是没有任何"贼行"的!不幸的先卡宣布(尽
管是在酒醉之中)他整个地、包括胡须在内,都属于沙皇,这仅表明
他明确地了解莫斯科世袭君主制的社会基础和他对这个基础的坚
定不移的忠诚而已。还有另一例子:"141 年(即 1633 年——著
者)11 月 6 日,戴脚镣的犯人彼得·列赞措夫来到看守所说,11 月
5 日晚上,班长伊万科·拉斯波平来站岗,他对我做各种恶狗叫
声。我对他说:你为什么对我汪汪叫,我要把你打得叩头求饶。这
个拉斯波平翘起手指对我发火说:你倒像是一个国王啦!"②当然
在这种场合里翘起手指是一种颇为不敬的姿态。但这丝毫不能表
明拉斯波平的政治认识有任何威胁莫斯科的政治制度的地方。我
再说两个颇有意义的例子。在 157 年(即 1649 年——著者)复活
节,"大贵族之子"伊万·巴什科夫同圣阿凡那西和圣吉里尔教堂

---

①　H.诺沃姆别尔格斯基:《国王言行录》,1911 年,第 1 卷,第 49—50 页。

②　《国王言行录》,1911 年,第 1 卷,第 78 页。很奇怪,关于这个案件,收到沙皇
的命令,规定应无情地处以笞刑的不是伊万科·拉斯波平,而是士兵费尔克·卡拉奇
尼科夫。同时,从案情中可以看出,卡拉奇尼科夫在此前不久受过这密告拉斯波平的
列赞措夫的陷害。用沙皇的名义写这份命令的莫斯科成员,把事情搞错了,——也许
是由于"不在意"的缘故吧!

的职员涅日丹诺夫吵架。他大声喝问这个职员："你是谁的？"职员答道："我是国王的，是圣阿凡那西和圣吉里尔教堂的职员。"这职员反问他："你是谁的呢？"伊凡·巴什科夫说："我是国王的奴隶，我们的国王、全俄罗斯的沙皇和大公阿列克谢·米哈伊洛维奇比阿凡那西和吉里尔更高贵。"这职员对他说："国王是人间的上帝，他还要向阿凡那西和吉里尔祈祷呢！"这一政教权力之争以斗殴而结束。莫斯科在审理了这个案件后，完全不偏不倚地决定："对大贵族之子处以无情的鞭笞，使其以后不再说这种话；对教堂的职员也以同一理由同样处以鞭笞。"①在148年（即1640年），密肖夫斯克的哥萨克阿尔巴托夫、伊萨耶夫、菲里波夫和尼基伏洛夫等控告商人布列斯廷，说他讲过："大公真糊涂，养了你们这些哥萨克。"布列斯廷承认他说错了，但举出下述减轻罪责的情况："孤儿我因纵酒神志癫狂，我这病是密肖夫斯克全城都知道的。"莫斯科命令密肖夫斯克省长"鞭笞病夫布列斯廷，使他不敢再说这种贼话"。②

　　值得注意的是，在这种完全"无害的"案件上，被控的主要是下层居民。在军职人员中，难道只有"大贵族的子弟"才漫不经心地说了这种"不得体的"话？未必可以假定，在他们之上的官宦阶层更少"醉酒"。也许他们的酒喝得很有节制，或者他们不喜欢相互告密？但无论如何，十七世纪莫斯科国的政治案件，并不说明其中含有比较严重的政治反对派的萌芽。

---

　①　《国王言行录》，1911年，第1卷，第553—555页。
　②　同上书，第498—499页。

XI

　　这一结论可从混乱时代的大量古籍的研究中得到证实。不用说,这些古籍的作者都是从道德宗教的观点观察历史事件的。他们认为,混乱时代的灾难是上帝对罪恶的惩罚。《关于虔诚的俄罗斯的内乱故事》一书写道:"上帝自己说:跌倒了难道不能再站起来? 或者离开了难道不能再返回来?"又写道:"上帝惩罚我们,时而发生饥馑,时而发生火灾,时而发生反神明的现象如内战以及其他类似的事情,因为自大人物至最卑贱的人们都恶贯满盈了。你们向我求援,我却要向你们发出呼吁。"①另一些作家则主要用个别人,如鲍利斯·戈东诺夫的罪过来解释混乱时代的种种悲惨事件。但总的说来,他们的历史观,按照孔德的说法,应属于思想发展的神学阶段②。当然,道德宗教观点并不排除政治的同情或反感。这种同情和反感在关于混乱时代的传说里,也是屡见不鲜的。例如,有些传说赞美舒斯基,而另外一些传说则不喜欢他。对这一沙皇的不同态度表明,有些传说的作者同情大贵族的倾向,另外一些传说的作者则浸透了对一般贵族等级的社会政治企图的同情。

---

　　①　《俄国历史丛书》,第 13 卷,第 250 页。

　　②　M.科兹洛维奇指出,阿弗拉米·帕利岑所写的著名传说的标题,就是以说明作者的观点和方法(《俄国自觉史》,第 3 版,第 75 页)。此语信然。请看帕利岑的标题是怎样写的:"历史:纪念真正的以往氏族,不忘行善,以便〈圣经〉给我们展现的奇术,全体人类永远铭记玛利亚的不朽事业,如何完成对圣西尔格伊的诺言,坚守你的寺院。——现在任何成年人都能耳闻我们公正的上帝为了人们纵容罪恶而惩罚整个俄罗斯,整个斯拉夫的言论都在愤怒,俄罗斯遍地都是火和剑。"(《俄国历史丛书》,第 13 卷,第 473 页)

但是对于克尔图亚拉认为有一篇传说的作者是君主专制的敌人，却是碍难同意的。这位尊敬的学者说，他所指的这个作者是"拥护舒斯基，而反对鲍利斯和季米特里伪君的。"①这是完全正确的。但是，反对鲍利斯，在这里只表明这一传说的作者憎恨其继续了伊凡雷帝敌视大贵族的社会政策而已。至于谈到君主专制，则不应忽视作者在谈到他所完全拥护的舒斯基时，不加任何保留地称他为"全俄专制君主"，说他是从万能的上帝那里接受王权的。同时，他还说，正直和虔诚的舒斯基与以往的沙皇本是"同根"②。如所周知，舒斯基本人便竭力指出他出身于以往沙皇的氏族。但是可以理解，他所以指出这点，断然不是为了减少他的专制君主的权利。我们的作者是很知道沙皇发誓遵守的限制王权的诏书的，他将这一诏书收进他的传说。但如他认为诏书是一种限制新沙皇权力的文件，又如他本人是反对君主专制的，那他当然要将诏书列入他所说的上帝赐予东正教基督徒的那些欢乐之内。然而他只是叙述了三大欢乐：第一，渎犯上帝的叛教者、异教徒格里什卡（格里戈里的昵称）。奥特列皮耶夫的崩溃；第二，雨和太阳热预兆丰年；第三，季米特里王子的势力自乌格利奇转移到莫斯科。最后，作者在说明他称之为真正的牧人而不是佣人的舒斯基的统治时，说这位沙皇"现在还像保护眼珠一样地尊重东正教的基督信仰，教导任何人走上拯救之路，使他们在死后都有生命种子的继承人，而不是使我们归于毁灭，离开死者的道路，误入歧途"。就说这些吧！作者

---

① 《俄国文学史教程》，圣彼得堡，1911 年，第 1 编，第 2 册，第 730 页。

② 《俄国历史丛书》，第 13 卷，第 60 和 62 页。

对于舒斯基的拯救灵魂的政策，是深为感奋的。他慨然说："这一切都应感谢创造了我们的上帝。阿门！"①但这只是证明他本人的虔敬心情，而并不证明他反对君主专制。

在我们所研究的全部传说中，也许在政治方面最有内容的是高级官员伊凡·季莫费耶夫的《编年史》。当然，这位官员也是站在道德宗教观点上立言的。但是在他的传说里，比别人的传说更明确地说明了上帝据以惩罚莫斯科国的那些罪恶，实质上应理解为社会政治方面的错误。在没有错误的时候，一切都很顺利；但在犯了错误的时候，国家就人心不安了。可是，季莫费耶夫觉得由于犯错误而停止了的顺利过程，究竟情况怎样呢？

"正如亚当在他犯了使他难堪的罪行之前那样，大家对一切都很顺从，情况与前亦很相似。近来，我们的专制君主在其国中拥有我等庶众，我等世代皆为其奴……许多世纪以来，直到如今，从不敢反抗，按照圣书，应当做忠顺于自己统治者的奴隶，对之唯命是从……像鱼似的缄口不言，尽心竭力、温顺地忍受对奴隶的压制，诚惶诚恐地服从。由于恐惧，建树甚微，无以与上帝相埒。"

那么，是什么东西破坏了莫斯科的田园生活？很难读下去。

"统治者们愿意听信别人对他们说的谗言恶语。这也像人类始祖夏娃在远古听信阿谀奉承的诱惑者——毒蛇一样。但夏娃很快就得到恶果——她和她的丈夫被赶出了天堂——伊甸园。对人进谗言和恶语这种弊病的结果犹如稗草和荆棘，它们在王国里到处丛生、壮大和成倍地增长。像小麦穗那样的成长，它明显地有着

---

① 《俄国历史丛书》，第13卷，第60—61页。

优势。通过谗言恶语来杀人，也和用利刃杀人一样。但这博得了听信谗言的人——统治者的宠爱，因而吹捧它是真理。只有在收割了这些苦果，把它们捆成禾捆，放进粮仓以后，才恍然大悟：这种苦果的危害极大。"

莫斯科人在他们的"统领者"是善良主人的时候，都是这些"统领者"的忠实奴隶。但是这些主人逐渐丧失了自己的善良了。他们开始听从各种谄媚者和告密者的话。告密者散布恶行，这便产生了混乱时代。这仍旧是我们所熟知的莫斯科人的观点：奴隶制的存在是自然的，甚至是合乎上帝的心意的。但坏在奴隶主并不总是善良的。当他们变坏了的时候，他们便违犯了上帝的意旨。这时上帝便由于国家"统领者"的罪过而惩罚整个国家。这一切都非常简单。

法国贵族菲利普·波——他的议论，前已叙述——认为必须将他从伟人和智者那里听到的有关三级会议权力的见解，向他的同志——代表们报告。但是为了领会我们在莫斯科官员伊凡·季莫费耶夫著作中所看到的那种观点，是不需要智者和伟人的帮助的。莫斯科人的头脑是能够不费丝毫气力地领悟这种观点的。

季莫费耶夫关于应该如何写历史的观点，也是值得注意的。他说，关于现在的（当今"Первосущие"）沙皇，不宜"尽写坏的，就令他到处都有过错。但是难道不能只把那些应该阐明的光荣、荣誉和颂扬写给未来的信徒作为纪念"？[①] 史学家不应谴责"统领者"，因为他们的蠢事将由上帝一人来裁判。的确，季莫费耶夫本人并没有经常遵守这个办法。而且在写伊凡四世的功业时，也很

---

① 《俄国历史丛书》，第13卷，第300页。

难遵守它。但是十七世纪的莫斯科官员所想出的这个办法,却在后来不无成就地被采用了,而且直到现在还为许多俄国历史——有时不仅是俄国历史——教科书的编者所采用……。

XII

根据以上所述,无论如何不应以为十七世纪的莫斯科国居民已满足于自己的悲惨命运。在这个世纪里,它的劳动居民常常发生强烈的骚动。但是我们很快就可看到,他们在这种骚动里,一如在醉后争论中一样,表现了同样的政治不开通。尽人皆知,沙皇奴隶——永恒的和残酷的繁重苦役,并没有给他们带来多少欢乐。伊凡·戈里岑公爵有一次对波兰公使说:"俄国人不能同波兰国王的人一道服役,因为波兰人的情况太美好了。只要同他们一道服役一个夏天,那么在次年夏天,俄国的优秀人员的一半便不见了。"①毫无疑义,公爵的话是说得太过分了。不能假定,莫斯科的贵族是这样容易接受波兰的诱惑的。但他这样说不是没有用意的。显然,随着时间的流逝,在莫斯科国的军职人员中真正开始流传一种思想,以为为波兰国王服役要比为莫斯科国王服役容易得多和适意得多。虽然如此,他们在社会关系中过于脆弱,在政治关系中过于不开通,所以他们不能设想将任何两方的"自由"移植到莫斯科的土壤上来。在戈东诺夫时,非名门出身的军职人员说道:"大小都靠国王的赏赐而生活。"在主要靠贵族的努力而建立起来的新朝代里,这一原则在国家管理上终于取得了胜利,当然能够在实质上反对这一原则的并

---

①　索洛维约夫:《俄国史》,第 2 卷,第 1381 页。

不是莫斯科的军职人员。贵族作为一个获得领地的等级,对莫斯科的土壤上逐步建立起来的东方专制制度的巩固,是极为关心的。

就其社会及政治地位而言,大贵族是在任何时候都不能同情这一原则的。他们长期抵制这一原则的实行。但大贵族的抵制是消极的,在莫斯科国的大贵族当中,政治思想从来都不发达①。在新朝代的选举中,大贵族的最高阶层就不敢公开提出他们的政治要求,而只是搞些幕后阴谋。阴谋的结果便是米哈伊尔的限制权力的诏书。但诏书仍旧是一张白纸。它不能够挽回无法挽回的东西。当沙克洛维特劝说特种常备军请求索菲娅女皇即位时,他对他们说:不要害怕大贵族,"这是一棵凋谢和枯萎的树"②。然而莫斯科的大贵族虽然丧失了权势,却没有丧失获取权势的愿望。在费多尔·阿列克谢耶维奇朝代,他们的最高代表力图通过新的幕后阴谋,在国家中取得权势地位。"议员大贵族"制定了一个方案。根据这个方案,在诺夫戈罗德、喀山、阿斯特拉汗、西伯利亚等地设置"永久性的"沙皇的总督,其人选应是出身"巨族的大贵族",并予以各该地区的封号。这一方案还约许适当扩大僧侣等级最高代表的权力。软弱的费多尔·阿列克谢耶维奇行将就木,"答应了这件事情"。但是这一新的幕后阴谋因与另一幕后阴谋冲突而成为泡影。约金姆总主教劝说沙皇不要履行

---

①　"甚至这个圈子的优秀代表人物如瓦斯西安·科索戈,别林森-别克列米舍夫,库尔布斯基公爵及《瓦拉穆术士的谈话》的作者等,他们能够在国内想到并在国外看到他们的一般同胞所想不到和看不到的许多东西,也不过是偶尔显露一些关于一般人民幸福和国家制度的不明确和不确定的思想萌芽而已。"(克柳切夫斯基:《大贵族杜马》,第 4 版,第 305 页)

②　克柳切夫斯基在引述他的这句话时,再恰当不过地提请读者注意:这话是一位因功受奖的高级官员说的。(克柳切夫斯基:《大贵族杜马》,第 4 版,第 388 页)

其对"议会的教唆者"所作的这一诺言；按照他的说法，这些"教唆者"的意图有削弱"君主专制制度"和破坏"政权统一"的危险①。莫斯科的僧侣并没有受大贵族的诱惑，他们是君主专制政权的最可靠支柱之一。的确，总主教夸大了危险。在莫斯科的条件下，"议会的教唆者"是不会给"君主专制"带来严重危害的。垂危的费多尔可能给予他们的东西，也可由他的继位者，特别是像彼得这样精干的继位者所轻而易举地夺回。但有一点是完全正确的：这种不可撤换的总督制，一般说来，既同专制制度不相协调，也同波丹所说世袭专制制度及奥列阿里所谓"monarchia dominica et despotica"（君主统治与暴君）不相适合。约金姆总主教在反对"议会教唆者"的斗争中，表明他能够从历史提供的前提中作出正确的结论。但我们知道，莫斯科人的政治思维在一切其他方面都不明确和不彻底，而在其致力于保卫最高当局的无限权力时，却是既明确又彻底的。

XIII

克柳切夫斯基说，十七世纪是我国历史的人民变乱时代。当时，特别是在阿列克谢朝代，变乱确乎很多②。但我们从这些变乱

---

① 索洛维约夫《俄国史》，第3卷，第880—881页；参阅克柳切夫斯基《俄国史教程》，第3卷，第104页。

② "1648年，莫斯科、乌斯丘格、科兹洛夫、索尔维契戈德斯克、托木斯克等城市的变乱；1649年，莫斯科的抵押人准备新暴动，但被及时防止；1650年，普斯科夫及诺夫戈罗德的暴动；1662年，在莫斯科因铜币问题引起的新骚动；最后，1670—1671年，拉津在伏尔加河东南一带的大规模起义，这次起义发生在顿河哥萨克中，但自与他们所唤起的普通老百姓反对最高阶级的运动会合后，更获得了纯粹的社会性质。"（克柳切夫斯基：《俄国史教程》，第3卷，第308—309页）

中关于人民群众的政治情绪了解了一些什么呢？克柳切夫斯基回答说：“这些变乱明显地暴露出被官方仪式和教会训词精心粉饰的普通人民对当局的态度；再没有任何虔敬的心情和普通的礼貌，不仅对政府如此，就是对最高权力的代表，也是如此。”[①]这是不能同意的。事变所说明的，并不是这样。

1648 年 5 月莫斯科人民一方面要求交出莫罗佐夫和特拉汉诺托夫，同时却声明他们所抱怨的不是沙皇，而是那些“盗用”他的名义的人们。在人们捧着十字架圣像游行的时候，阿列克谢·米哈伊洛维奇噙着眼泪劝导愤怒的莫斯科人不要坚持交出他曾约许交出的莫罗佐夫，人民报以“国王万岁！上帝和国王的意旨万岁！”的欢呼。这种声明和欢呼是表示莫斯科居民对最高政权的代表不仅没有虔敬的心情，而且对他完全没有礼貌么？完全不是！无论如何，这些话表示他们对沙皇是抱着完全信任的态度的。当信仰宗教的人们高喊：“上帝和国王的意旨万岁！”的时候，这表示他们对于国王的态度有着对上帝的那种虔敬因素。甚至在诺夫戈罗德和普斯科夫发生骚动的时候，不满意上级命令的商人也反复说：“国王不知此事。”从这里可以再次看到：变民是相信沙皇的。的确，后来在他们当中很快便开始发出其他的言论。他们开始说：“国王不关怀我们了。”但是他们在竭力抵制沙皇的军政长官的命令时，还是约许“全体一致拥护国王”的。他们继续把他看为整个国家

---

① 　克柳切夫斯基：《俄国史教程》，第 3 卷，第 309 页。

的化身①。在秘密送到莫斯科交给大贵族罗曼诺夫的公文里,普斯科夫人向莫斯科政府提出的是非常缓和的要求:他们请求往后军政长官和政府大员同地方首脑和选出的人员按照真实情况,而不要根据贿赂和诺言进行审判,并免除普斯科夫人到莫斯科受审的义务②。

由此看来,"变乱时代"在我们面前提出的仍是我们在研究莫斯科国最高等级的思想状况时所看到的那种社会及心理现象。心怀不满的人们所争取的不是社会政治制度的改变,而只是一些对特定的社会阶级或阶层略减艰难的国家管理方法。历史学家认为,在阿列克谢·米哈伊洛维奇朝代,人民骚动所以层出不穷,是因为混乱时代教训了莫斯科人民不要再消极地服从政府当局。很可能,他们的解释是对的。而如果他们是对的,那么,莫斯科人民甚至在放弃了对当局的消极服从以后,虽略为违反世袭专制制度的要求也全然不曾提出,这一事实,便更加值得注意了。

XIV

有些外国作家说混乱时代是一种悲剧(tragedia moscvitica)。他们虽然这样说,却未必完全理解这一说法是多么恰当。"巨大的纷争"充满了悲剧。这种悲剧在于人民怵于当时的条件,其不满虽

---

①　普斯科夫在"妖言"盛行的时候,有人因商业事务到过一处外国城市,说"那里在城门上贴着一张图画,上面画着一位女皇(瑞典女皇——著者)栩栩如生地坐着,手拿着宝剑,而在她的脚下,则俯首屈身,立着正直的国王阿列克谢·米哈伊洛维奇。"(索洛维约夫,见前书,第1545页)这张招贴似乎是表示由于大贵族的"背叛"而使莫斯科国有陷于某种臣属地位的危险。

②　索洛维约夫:同上书,第1544页。

然极大地动摇了莫斯科的社会政治制度,却没有客观的可能用某种新的、对他们少些麻烦的制度来代替这一制度。革除这一沉重压迫着一切人们的旧制度的客观可能的缺乏,在主观上表现为参加骚动的人们没有提出任何新的社会政治要求。按照克柳切夫斯基的说法,他们所追求的只是个人的利益,而不是阶层的保障。所以,当官宦阶级,商人以及部分北部特种国家土地的农民不能忍受"立陶宛人"和俄国"盗贼"的暴行,实行恢复社会政治秩序的时候,他们所恢复的——而且必然要恢复的——是旧的秩序,即由于对其不满而引起混乱的那种秩序。当时的莫斯科人没有别的出路。这种没有出路的悲剧,可从下述"生活现象"中得到最好说明。

米哈伊尔沙皇的政府曾派遣一个叫安德列·奥布拉兹佐夫的人到白湖收税。那里有时还发生立陶宛人的侵袭。税收交得很慢,为此奥布拉兹佐夫受到用沙皇的名义给他发出的警告。但他不认为他有任何过错,因为他觉得他已尽了一切人事与欠税现象作斗争。

他写道:"国王,我并未讨好商人,也未宽展期限。只要没有立陶宛人入侵的消息,我是无情地追索他们应向国王交纳的各种租税的,我把他们打得死去活来。但现在,不能逼商人向您交税了。国王,您可以随便,但我,您的奴隶,眼看着立陶宛人来了,却要日以继夜地同商人守卫城塞,派遣他们出去巡逻。"①

请看吧! 当立陶宛掠夺者进袭的时候,商人在其军政长官的率领下对他们进行反击,"日以继夜地"努力守卫。他们没有

---

①　索洛维约夫:《俄国史》,第2卷,第1322页。

别的办法,因为立陶宛的掠夺者在莫斯科的"盗贼"们的帮助下,正在夺去他们的财产和生命。而只要他们驱逐了立陶宛人,平定了莫斯科的"盗贼",当地的军政长官便在衙门里召开会议,把刚刚经过共同努力抢救出来的财产从他们手中夺去,以充实国库。而且根据这一长官的自供,他是这样热诚为沙皇服务,将某些商人打得死去活来。怎么办?起来反抗这位过于勤奋努力的官员吗?混乱时代向莫斯科人表明,归根到底,要作到这一点,并不像他们在美好的旧时代里所想象的那样困难。但是这个混乱时代使他们得出一种可悲的信念,即他们虽然驱逐了一个沙皇的军政大员,却不能冒很大的风险,成为更残酷的掠夺者的牺牲品。两害相权,宁取其轻。然而他们在选择了"轻害"之后,又发现虽然轻些,但在绝对的意义上,毕竟还是很重的。他们没有错:奥布拉兹佐夫之流的官僚主义的努力,不可能给他们任何好的东西。客观的条件既然使他们不能用自己的力量去消除,或者哪怕只是减少一些"害",那他们就只有从外面寻求帮助了。于是,他们便求助于给他们派来奥布拉兹佐夫之流的同一莫斯科。这似乎奇怪,但这都是事实:他们希望"国王不知道"这些军职人员的行为。这里他们错了。例如,莫斯科对于这个十分努力的军政长官奥布拉兹佐夫的杀人行径,是完全知道的。然而不应怀疑,政府虽奴役劳动群众,却也关心消除这种滥施的凌辱,因为凌辱的结果将使劳动群众完全丧失负担赋役的能力。政府为此采取的办法很少达到目的。但是它采取了办法,从而在人民中支持了一种对政府有利的思想,以为中央当局关怀人民的幸福。

1620 年莫斯科发布下列公文：

"我们获悉：军政长官和官吏在各城市不照我们的指示办事，对寺院、官员、商人以及各县过往人等施加暴行，造成巨大损失，收取巨额罚款，索取大量礼品，贿赂和伙食费。伟大的国王同太上皇商议后，同大贵族一道决定：向各城市军政长官及官吏发布我们的文告，命令他们不得实行暴行和罚款，不得索取礼品、贿赂和伙食费。倘有军政长官不按我们的指示办事，将命令加倍赔偿并予以处罚。"①

当地劳动人民只要看到哪怕是一件公文的这种内容，便会每次在沙皇的臣仆作出某种加重人民负担的决定时发问："这是否按照国王的指示办事呢？"非常自然，他们每次都会设想、他们所受的压迫，是违反国王的指示的。

有些学者以为十七世纪的莫斯科政府完全不关心农奴制农民的命运，这可错了。在这里，政府也是保持了它的通常政策的。它在一贯扩大地主对农民劳动的权利的时候，也在可能范围内表示关切，使农民不致完全破产。科托希欣断然说，在给大贵族或其他官员分发有居民的土地时，规定他们不得过分增加其新领臣民的工作和租税负担，"以期这样便不致驱使庄稼人离开领地或封地，也不致使他们陷于贫困"。凡玩忽这一规定的领主，政府以给予严厉惩罚相威胁。这位作者又说："对于这样的地主和封主，他们从沙皇领得的领地和封地，将被收回还给沙皇，至于他们通过暴力和掠夺所获租税，则将命其交还农民。往后对于有过这种行为的人，永远不发给领地和封地。"不仅如此。国家不仅力图使地主所属农

---

①　索洛维约夫：《俄国史》，第 2 卷，第 1324 页。

民免于贫困。在科托希欣的著作里直接写道:"如果有人胆敢对其封地购买的庄稼人实行这种恶习,则将他的这些农民无偿没收,并无偿地发给他的善良亲属,而不发给这种使农民破产的人。"①根据这些有意义的证词,可以断言,无论十七世纪莫斯科国农民的地位多么恶劣,但领主对他们的权力,还没有完整到"开明的"十八世纪所逐渐达到的程度。但在这里对我们说来,重要的只是问题的社会心理方面。非常明显,农民不可能不知道上述那种规定的存在。同样明显,这种规定对于他们的心理应该产生怎样的影响。农民担负着农奴依附性的沉重枷锁,他们聊以自慰的思想是:他们在莫斯科有保护人能够在极端贫困时,立即前来帮助他们,而且往后也许还要完全解放他们。当波索什科夫后来写道,地主不是农民的永恒主人时,他——本人便属于农民等级——所反映的就是这个思想。我们知道,这个思想直到 1861 年,甚至更久,一直不曾离开农民的头脑,因为他们觉得 2 月 19 日给予的"自由",并不是"真正的"自由②。

XV

莫斯科政府表述其对赋役群众的关怀的文书,是写得很精巧的。当时的官僚还没有学会用同中文一样难懂的俄文来说话。上面引用的文告继续写道:"我们通告你们,我们对你们慈悲为怀,希望你们在上帝的保佑和我们的宽厚照顾下,生活于宁静安逸之中,

---

① 科托希欣:见前书,第 161 页。
② 1861 年农奴解放,2 月 19 日为颁布解放农奴命令的日期。——译者

免受大的灾祸与凌辱，亲近你们，不交罚款以及其他任何捐税，你们在一切事情上可望得到我们沙皇的慈悲。"不难想象，中央政府对人民的这种态度，会在人民中造成什么印象。这样的态度使他们以为国王并不知道他的军政人员在压迫他们的那种信念，牢不可破。

在对城市发布的文告里，说沙皇命令所属官吏保卫这些城市不受大贵族和任何人的压迫。当然，商人怎样也不会相信官吏认真保护他们去抵抗大贵族的巧取豪夺：他们对于这种"芝麻绿豆官"的习性，是太了解了。然而如果中央当局的美好决定是由于官吏的过错而未获执行，则人民为此只能归过于官吏，而更加寄希望于国王。这就是为什么莫斯科国的劳动居民虽然反对沙皇的臣仆，却丝毫不顾反对沙皇的缘故。这一点奥列阿里已看出来[①]。也许，比奥列阿里看得更明白的是"盗贼成性的"哥萨克人，他们是当时的造反专家。他们确实对中央政权的最高代表，是没有虔敬之忧的。斯捷潘·拉辛向一名由阿斯特拉汗军政长官派来见他的官员说："告诉你的长官，我不怕他，也不怕在他上面的人。"他还夸口说，他将攻占莫斯科，把"在上面"，即在王宫里的所有文件都烧掉。但拉辛在准备去伏尔加河上游时却宣布，他只是反对大贵族；他的战友们对沙皇的士兵说："你们是为叛逆者，而不是为国王作

----

① "的确，俄国人，特别是普通老百姓，虽然身为奴隶，受着沉重压迫，但是出于对他们的统治者的爱戴，是能够忍受各种痛苦的。但一旦超过了限度，那他们也可说是 Patientia saepe laesa fit tandem furor（忍无可忍就要造反）。……在这种情形之下，结果总是酿成危险的变乱。不过，这危险与其说是反对国家元首，毋宁说是反对下级官吏的"。（奥列阿里：《莫斯科游记》，第200—201页）

战,但我们却是为国王作战。"在拉辛的部队里,"便有一个冒充皇太子阿列克谢的僭王马克沁·奥西波夫"①。由此可见,"盗贼成性"的哥萨克是怎样理解赋役群众对国王的态度的。

克柳切夫斯基说,在混乱时期,冒名行骗成为俄国政治思维的一种刻板的形式,一切社会不满都体现于这一形式之中②。拉辛的战友的上述策略使我们相信,就在十七世纪下半期,冒名行骗仍不失为这样的形式。但它在下一世纪里起了什么作用呢? 这一点我们大家根据普加乔夫起义的历史便知道了。

但是,为什么俄国的政治思维体现在冒名行骗这个形式上呢? 就是因为政治思维的极端不发达。莫斯科国的赋役群众虽然遭受沙皇臣仆的压迫,并且时常起来反对他们,但仍旧信仰沙皇是他们的天然保护者。这一思想后来在俄国广泛传播,远远超过了大俄罗斯的范围。只有这种广泛传播才能解释发生在十九世纪七十年代下半期南俄"造反派"斯特凡诺维奇和杰伊奇的著名奇吉陵图谋③。

就力图限制官宦等级的欲望于一定范围之内的中央政权而言,问题是要不过分减少直接用于满足国家需要的那部分赋役人

---

① 索洛维约夫:《俄国史》,第 3 卷,第 303—315 页。

② 克柳切夫斯基:《俄国史教程》,第 3 卷,第 46—47 页。

③ 1683 年夏,有一名修道士约瑟夫,在顿河一带散发"盗贼的"信件,其中用沙皇伊凡·阿列克谢维奇的名义写的那封信说,他命令哥萨克开到莫斯科去,因为大贵族不听他的话,对他没有应有的尊重,"写了其他许多不能说的猥亵的言辞,对总主教和主教也都写了许多猥亵的言辞。"(索洛维约夫:《俄国史》,第 3 卷,第 931 页)人民的心理使十九世纪的南俄"造反派"想到利用沙皇亚历山大二世的伪造文告这一鼓动方式,这就我们所研究的问题而言,是同十七世纪的鼓动家适应这种心理,伪造沙皇伊凡五世的假文告,完全相似的。

民的剩余劳动。在这方面,中央政府的利益是同劳动群众的利益相接近的,因为劳动群众也常常颇为坚决地要求"一切属于国王"。这完全符合东方专制国家的社会关系的性质,那里的劳动群众命定地要困于无可奈何的农奴制从属地位,最多只能在各种不同的这一从属地位之间选择,他们往往宁愿从属于中央政权。但是反对军职人员横行霸道的斗争,有时甚至在十七世纪也使劳动群众发生一种思想,以为自治比"官僚主义的因循"对他们更为有利得多,这时在人民的愿望和东方君主专制的意向之间,便暴露出尖锐的矛盾。起义的普斯科夫人,无论所提要求多么温和,都遭到莫斯科政府的断然拒绝。阿列克谢·米哈伊洛维奇答复他们说:"我们的奴隶和孤儿从来不对我们伟大的国王发出指示,你们在现在的变乱之前,原应叩头恳求,至今惶恐不安,你们是不能自治的。"最沉默的沙皇对于人民参加国家管理问题,是有其自己的、完全明确的观点的。他说:"在我们祖先的时候,从来没有庄稼汉同大贵族、侍臣和军政长官一道参加审判事务的事情,往后也不许有。"①谦虚的普斯科夫请愿者,他们如果有幸看到沙皇,可能要反驳说,甚至阿列克谢·米哈伊洛维奇的最严厉的"祖先"——伊凡四世——也认为必须允许庄稼汉参加审判事务啊!但是自伊凡雷帝以来,莫斯科河桥下的水滚滚流逝,世袭君主专制的国家在发展过程中已远远超过它所特有的社会政治关系了。在十六世纪为凶残的暴君所允许的事情,在十七世纪却甚至最沉默的"统治者"也不允许了:事物的客观逻辑是如此稀罕地以国王的个人特性为转移的。

---

① 索洛维约夫:《俄国史》,第 2 卷,第 1544 页。

XVI

根据克柳切夫斯基的意见，在莫斯科，"社会不像在东方专制国家那样，是一种没有差别的人群。在东方专制国家，人人平等是以人人无权为基础的。莫斯科社会是经过分解，分化为阶级，这些阶级在封地时代便已形成。"[①]但是同这一意见相反，任何一个东方专制国家的社会都不曾是一种没有差别的人群。在每一个东方专制国家，社会都多少经过分解；在每一个东方专制国家里，社会都分为阶级。所有这些阶级都有一个共同的特点，即尽管分解和分化了，它们的居民却由于在对国王——对神圣的汗、对法老、对沙赫、对苏丹等等——的关系上无权，而相互平等。而这恰好是莫斯科国的特点。毫不足怪，它的居民的那些为东方君主专制国家所特有的政治概念，是同它的内部关系的东方特性相适应的。

谈到克柳切夫斯基所说的人民运动中的"礼貌"问题，最好是阐明一下，所谓"礼貌"应该怎样理解。无可争议，莫斯科的"变民"在 1648 年 5 月抓住沙皇坐骑的笼头，要求他撤换列昂季·普列谢夫的职务，是"没有礼貌"的。同样，1662 年 7 月，骚动的劳动人民于到达科洛明斯克时，妨碍当时正在庆祝女儿诞生的阿列克谢·米哈伊洛维奇做完弥撒，抓住他的纽扣，要求他处置叛逆，也是"没有礼貌"的。最后，最"没有礼貌"的是，他们在回答沙皇的诺言时，竟然怀疑地问道："靠得住吗？"而且只是在迫使沙皇向天发誓，并给叛逆以严厉惩罚时，才安静下来。国王的孤儿绝不可能学会当

---

① 《俄国史教程》，第 3 卷，第 66 页。

时沙皇奴隶的彬彬有礼的宫廷风度。但这并不妨碍他们成为无限制的沙皇权力的最热情拥护者和最坚决保护者。

此外，还应考虑下列一点。莫斯科"变民"在十七世纪的表现，同十六世纪的"变民"完全一样。1547 年 4 月，他们打死国舅 M. B. 格林斯基，其后又到沃罗比耶沃村去见幼主，要求他交出他所窝藏的外祖母安娜·格林斯卡娅公爵夫人和她的儿子。这也是很"不礼貌"的。值得指出，这次在沙皇郊外行宫前的示威行动，是用后来在科洛明斯克对付前来会见沙皇阿列克谢的"变民"的同一办法结束的：根据伊凡的命令，用武力驱散了示威的"变民"。唯一的差别是：示威的群众在科洛明斯克所付代价，比在沃罗比耶沃所付者多。但是那些抓住沙皇阿列克谢的纽扣，说他还很愚蠢，只知听从大贵族意见的"变民"，如果听说官宦阶级企图限制国王的权力，那他们是会出于最真诚的愤慨，群起反对官宦阶级的。官宦阶级深深知道这一点。他们对沙皇的奴颜婢膝的礼貌态度，在很大程度上便是受了这种人民情绪的影响。这种情绪还解释了一个值得注意的现象，即大贵族从沙皇手中取得某种限制沙皇权力的文告的企图，实际上并未获得任何结果。索洛维约夫说："必须一读出自市民手笔的关于混乱时代和米哈伊尔·费奥多罗维奇朝代的普斯科夫传说，方可了解城市人民对于大贵族争取保障自己利益的文告的行为，多么感到厌恶。"[①]然而，实行骚动的，正是这些城市人民；也正是他们，在十七世纪四十年代末和五十年代初的"骚动时期"，表现得"没有礼貌"。

---

① 索洛维约夫：《俄国史》，第 2 卷，第 1293 页。

　　至于对"神的虔敬",大家都知道,这种虔敬在不同的文化发展阶段上,具有不同的形式。例如,它没有妨碍野蛮人在愤怒的时刻对他们的神采取很不礼貌的态度。但是不能根据愤怒的野蛮人有时会毒打他们的神,便断定他们认为自己能够没有神的帮助。相反,野蛮人所以愤怒就是因为他们看到没有神助便不能保护自己:毒打的目的,是为了激发神的善意。

　　"骚乱时期"丝毫没有动摇——无论在城厢或在农村——莫斯科人民对最高当局的传统态度。为了动摇这种态度,只是在"变民"中散布沙皇由于软弱无能和没有经验而纵容军职人员的流言,是不够的。我们往后便可看到,这种态度在分裂运动的影响下有所动摇。但动摇得很不多。实质上,这种态度就在那时也没有改变其本质。

　　法国劳动人民在反对其所憎恨的盐税时,高呼"不收盐税的皇帝万岁!"(Vive le roi sans gabelle!)他们由于长期受到巴黎官僚的折磨,愤恨他们,便认为"坏的不是皇帝,而是他的大臣",而聊以自慰。在他们用这种想法来安慰自己的时候,也许会以为在法国,劳动人民对最高当局的看法,也同莫斯科国劳动人民对最高当局的看法一样吧!的确,无论法国或莫斯科国,劳动人民对于最高当局的观感,是从相同的心理因素构成的。然而由于我们知道的这两个国家社会成分和社会政治结构上的差别,同样的心理因素在法国和莫斯科罗斯所结合的政治观念,甚至初看起来仿佛相同,却还是不同的。在缙绅会议上济济一堂,沾沾自喜的莫斯科人,从来没有提高到在法国三级会议代表演说中时常看到的那种特性。他们不曾说,勤恳的奴隶是一回事,而忠实的臣民又是一回事。与此相符，法国劳动群众也更易于达到这样的理解，认为如果有坏的部长，这即使不应归罪于国王个人，也应归罪于君主专制这个制度。关于这一点，十八世纪末的各次事件，是指点得非常明确的。

第七章 转向西方

I

在混乱时代以后的 3 年中,莫斯科国的内部关系愈来愈多地呈现出东方大专制国家所特有的那种性质。社会存在的这种发展过程,必然要影响于社会意识的发展过程。我们在事实上也相信,当时莫斯科人的政治概念是具有明显的东方色彩的。但在这同一时期,莫斯科国最初是非常缓慢地,后来却越来越迅速地转向西方①。这种转向也不能不影响于俄国社会思想的发展过程。如所周知,一个国家在思想发展方面的对立影响的斗争,总是要给这个方面增添一些相当大的紧张因素。我们马上就可看到,十七世纪莫斯科罗斯的社会思想史就不是没有这种因素的。然而为了更好地阐明在思想发展方面的两种对立影响斗争的社会历史条件,最好再次探讨一下,为什么莫斯科罗斯恰好在其内部关系的性质比任何时候更为接近东方,而且仍在继续接近东方的时候,即为什么在它看来应该愈加对西方不感兴趣的时候,却开始转向西方。

不久以前,我国著名史学家米·尼·波克罗夫斯基再次提

---

① "罗斯从东方走向西方"……(索洛维约夫:《俄国史》,第 3 卷,第 798 页)。

出——虽然措辞不同——这一重要问题。他断言,他的许多先行者在这个问题上都抱着一种不恰当的方法论观点:"俄国因为终于认识到教育的利益,而开始向西方学习。俄国人开始到外国去(这时经常传说着一些笑话,表明他们当时是多么可笑),外国人也开始来到莫斯科——由于问题在于教育,所以外国人中以医生、药剂师、艺术家以及各种技师为主;逐渐开始了"文化交流",在彼得时这曾顺利地使莫斯科的野人剃去自然长在下巴的胡须,而增加了大量头发,蓬松起伏,俨若假发。他们同时建造了舰队,最初开办初级学校,后来开办科学院,在这以后,前来俄国的,就不仅是药剂师和医师,而且有欧洲科学界的名人了。"[①]

波克罗夫斯基预防人们责备他是进行讽刺,所以建议他的读者读读已故布里克涅尔的大量著作,因为在他的著作里,"大量的——有时是很珍贵的——实际材料,便是根据这一观点汇集起来的"。他还说:甚至索洛维约夫"也距离这种幼稚的学究气不很远"。

现在且对波克罗夫斯基的这一初步评语,作些研究。这种认为一个国家所以向另一国家学习,只是由于认识到教育的利益的观点,应该说是一种什么观点呢?这是一种典型的十八世纪启蒙学者的观点,是历史唯心主义的观点。所以,许多研究俄国欧化问题的作家,都是唯心论者。这是完全正确的。特别是说布里克涅尔到老还是抱住唯心主义观点不放,也是正确的;可以说,他的唯

---

① 波克罗夫斯基:《俄国古代史》,第 3 卷,第 76—77 页。

心主义观点时常是"幼稚的学究气"的观点①。不过,我们即将看到,布里克涅尔自己在说明俄国欧化的过程时,并未能经常成为一个彻底的唯心论者。至于索洛维约夫,虽然对历史唯心主义时常作出很大贡献,但恰恰在俄国欧化问题上,与波克罗夫斯基所见相反,远远离开了启蒙学者的"幼稚的学究气"。

他写道:"俄国人民经过在八百年的东向运动之后,开始急剧地转向西方;经济和道德的破产要求转向,要求给人民生活以新的道路。"②这几句话已充分明确地表明,索洛维约夫是根据俄国人民的经济需要,求得其从东方转向西方的最深刻原因的。用一个民族的经济需要来解释其历史的最重要转折时代,是没有历史唯心主义错误的。当然,他也提到莫斯科国的道德破产。但这也是无可否认的。此外,请注意,索洛维约夫指出"经济的破产",先于

---

① 试举一例:布里克涅尔说,在鞑靼人入侵后,俄国社会政治关系开始呈现出东方的性质(orientalischer Charakter des Staats)。但是他用鞑靼化(Tatarisierung)一词来表示这种接近,却是完全错误的。他称鞑靼人为"草原骑士",即游牧部落。因此,如果俄国"鞑靼化"了,则居民的职业及其相互关系便应愈来愈加同游牧民族所特有的那种职业和相互关系相类似了。然而我们所看到的却是完全另一种情况。不错,东北罗斯从鞑靼人因袭了某些语词和习惯。但这种因袭只是表面的。大俄罗斯国的内部生活所模仿的不是游牧部落的生活,而是东方大农业专制国家的生活。这些专制国家也都遭受"草原骑士"的折磨,而且在"文化"方面也都从他们那里有所因袭。然而毫无疑义,所有东方专制国家同"草原骑士"冲突的影响下,都愈来愈加发展了距离游牧部落所特有的那些社会政治关系愈来愈远的社会政治关系。布里克涅尔所以没有看到这一情况,就是因为他虽然想用"文化"发展过程来解释历史的过程,但他对文化发展的动因的一般观点,却仍旧是纯粹唯心主义的。他是这样推论的:鞑靼人是一个未开化的民族;由于他们的入侵,罗斯便比以前更不开化了。这就是说,罗斯是"鞑靼化"了。按照历史唯物主义的观点,——布里克涅尔显然对于历史唯物主义是一无所知的——游牧部落对于农业民族的内部关系发展过程的影响,是要复杂得多的。

② 《俄国史》,第3卷,第803页。

道德的破产的。我们据此可以断言,他在研究俄国的欧化过程时,是接近于不是意识决定存在,而是存在决定意识这一历史观的。很可能,他自己并不明确知道他在多大程度上接近于这一历史观。而且我们也没有根据认为他是了解历史唯物主义的理论的。但是无论如何,在他尽管是不自觉地抛弃了唯心主义而接近于唯物主义观点的地方,责备他犯了唯心主义的错误,那是不公平的。

II

的确,米·尼·波克罗夫斯基自己也承认,俄国史学家很快便不再满足于将莫斯科罗斯比作一个中等学校的班级,而感到不得不"在莫斯科的土壤上探求欧化的具体明确的根源"。但他认为这些探求也都非常失败。"变革的客观需要第一次被说成是军事－财政的需要。俄国必须成为欧洲,因为不这样它便经不起同欧洲国家的竞争:这样可以简略地归结出新公式。留心的读者已可看出,在这个公式里还留下了什么奇切林—索洛维约夫式的形而上学。预先假定俄国为了某种目的而必须存在,这便是世界过程的目的之一。但是在我们不知道这个世界过程的计划,甚至在我们有重大的根据来怀疑这个计划的存在的时候,任何解释都是浮在天空的。任何解释都有如同义字的反复。俄国安然无恙,因为它能够成为欧洲,而它所以成为欧洲是为了要安然无恙:鸦片能催眠,因为它具有催眠力,如果它没有这种催眠力,它便不是鸦片了。"[①]

老实说,尊敬的学者的这种推论,对我是没有什么说服力的。

[①] 《俄国史》,第3卷,第78页。

他完全正确地指出我们有重大的根据来怀疑任何世界过程计划的存在，但不能据此便断定，用军事财政的需要来解释俄国的欧化，是"浮在天空"。这是不够的。史学家们在这个问题上所犯的逻辑错误，并不是什么同义字的反复。根据波克罗夫斯基所说的情况，他们的错误是所谓循环论证（circulus vitiosus）。如果他们说："俄国安然无恙是因为它能够成为欧洲，而它所以成为欧洲是因为它安然无恙。"我们便可以责备他们犯了这一逻辑错误，——与同义词反复有实质性差别的错误。然而根据我们作者的说法，他们的推论完全不是这样。他们说："俄国安然无恙是因为它能够成为欧洲，而它所以成为欧洲，是为了要安然无恙。"这两句话在这里用一个语气词"而"连接起来，就内容说，其远非循环论证是同下面的两句话完全一样的："焦万尼安然无恙，因为他在地震以前便离开了米新那，而他所以离开米新那是为了要安然无恙。"换言之，焦万尼预知灾难的到来，因为害怕罹难而离开了米新那。如果我是这样说的，那读者便可以问我：焦万尼是否真正预知地震的发生呢？在那样的条件下，他能否预知地震的发生呢？这是一个事实的问题，必须对事情详加研究，才能解答。研究的结果可能暴露出我的错误，也许焦万尼离开米新那是由于其他目的，在他离开米新那的时候，一般不可能预知地震的发生。然而就令我在事实方面犯了错误，读者也完全不能说我的错误是违反逻辑。那些用军事—财政的需要来解释俄国欧化的史学家，也是没有犯违反逻辑的错误的。这里也只能提出事实问题：是否出现过这种需要呢？是否有了这种需要便足以使莫斯科罗斯转向西方呢？

我们现在便研究这些问题。但是预先必须指出以下情况。

按照波克罗夫斯基的说法,索洛维约夫和奇切林都想用"模糊的形而上学"把自己从"幼稚的学究气"中解救出来。毫无疑义,一个史学家如果说俄国的存在是世界过程的目的之一,那他便是陷进了"模糊的形而上学"。但索洛维约夫并没有说过这样的话。他只是指出,莫斯科罗斯因为想保持其生存,才学习西欧的技术。我在这里一般地没有看到形而上学,特别是没有看到模糊的形而上学。当然,关于事实,这里可能有可疑之处。可以设问:莫斯科罗斯确切地需要保持其生存么? 这个问题是可以简单地解答的,除了一般的理由之外,还可举出一切共知的情况。试一回忆混乱时代——顺便指出,这个时代是同我们在这里所研究的俄国欧化过程开始的时期很接近的,下诺夫戈罗德的军人和地方人士在致各城市的文告里便写了下面的内容:

"许多假基督徒利用基督的话起来了。我们全国都受到他们的诱惑变得一团慌乱。内讧在俄罗斯国爆发了,而且持续了不少时间。反对我们自救的强盗——波兰人和立陶宛人,看到我们之间的这种内讧,妄图摧残莫斯科国,而且上帝也让他们干出这种毒辣的阴谋。莫斯科国的所有城市休戚相关,在看到他们悖于真理的时候,发誓自强,——我们所有东正教的基督徒要团结相爱,不发动过去的那种内讧,把敌人从莫斯科国清除出去,等等等等"①。

我们看到,撰写和散发这一文告的人士是坚信"俄国必须为了某种目的而存在",成为一个独立国家的。不难猜想,究竟为了什么目的。为了使俄国居民——即那些撰写这一文告,散发它或同

---

① 索洛维约夫:《俄国史》,第 2 卷,第 1012 页。

情它的人们——不致受外国人的压迫和本国"盗贼"的摧残。既然
他们有了这种出于最自然的生存愿望的信念,则我们为了说明俄
国文化发展过程中的军事—财政需要的意义,便没有任何必要去
求助于"世界过程的目的",——事实上,这种目的根本就不仅是令
人怀疑的。很可能,绝大多数莫斯科人——甚至那些出力恢复莫
斯科国的阶级,——他们对于这个国家必须存在的信念,只是在特
殊情况下才变得明确,而在通常情况下,这种信念仍旧超出了他们
的意识的范围。但是在他们之中的少数人中——即那些统治着国
家的人们中——这种信念就在普通情况下也是明确的:因为他们
的事情,就是要同国内外对国家有威胁的各种危险进行斗争。

III

我们知道,伊凡三世已邀请外国专家来俄国。如果我们说,他
这样做是出于对教育的偏爱,那我们就是犯了米·尼·波克罗夫
斯基所讥笑的那种方法论错误。但我们不那样说,因为我们从俄
国史学家那里知道,他这位大公对教育的偏爱是由于哪些"具体和
明显"的需要。例如,由于俄国史学家,我们才知道,最初伊凡三世
派当地石匠在莫斯科建造乌斯彭斯克大教堂,但是这些石匠手艺
不高明,建筑物在开始接拱顶时便倒塌了。于是,大公根据他的妻
子索菲娅的建议,求助于威尼斯。从威尼斯聘来的亚里士多德·
费奥拉文蒂(或费奥拉万蒂)顺利地建成了大教堂。这件事向我们
明确地表明,意大利专家应召来到莫斯科,并非由于莫斯科居民对
教育的不明确爱好,而是由于莫斯科的统治者有"具体和明显"的
需要。学者们为了说明莫斯科大公求助于外国人而指出这种需

要,难道是犯了形而上学的错误吗?唯一可能的答复是:在这种情形下,他们的方法是同形而上学的方法直接对立的。

其次,费奥拉文蒂不仅建造了乌斯彭斯克大教堂;他还在莫斯科铸造了货币和大炮。他的这种活动同样满足了国家需要,指出这种需要是毫无形而上学之处的。在这里,一切都是再"具体"和"明显"不过的了。莫斯科国需要石造的建筑物和大炮;它需要铸币;最后,它的"统治者"有时需要医药帮助。于是,莫斯科政府从外国招聘"聪明的"石匠,"慈善的"药剂师,善于"攻占城市和大炮射击"的专家,等等。为要招聘外国专家,只需要一种先决条件:即政府相信外国的专家比莫斯科的"更聪明",外国的药剂师比莫斯科的"更慈善"。在这一点上,政府是不难相信的:它在这方面从生活里获得了许多明显的教训,并为此付出了重大的代价——特别在军事方面。在伊凡雷帝的朝代里,莫斯科罗斯在东方及东南方获得许多很重大的胜利,但是当伊凡四世与西方邻国较量时,他却一败涂地。难道他不能懂得他的失败是由于西方军事技术优于莫斯科的军事技术吗?我不这样想。

波兰国王西吉兹蒙德—奥古斯特写信给英国女王伊丽莎白说:"莫斯科的国王由于取得了运到纳尔瓦的物品而每天都增加其实力,因为运到纳尔瓦的不仅是商品,而且是他前此所未知的武器。他们运到那里的不仅是艺术制品,而且艺术家也来到了,他利用他们得到了战胜一切人的手段。陛下并非不知这一敌人的力量和他用以加诸本国臣民之上的权力。我们迄今所以能够打败他,只是由于他没有教育,不懂技艺。但如纳尔瓦继续通航,则前途如何,殊难逆料。"

　　我们是否说,西吉兹蒙德－奥古斯特感受到和表达了这种担忧,便是陷于"模糊的形而上学"呢? 我们说,相反:他在这里表现为一个灵敏的实践家。但是我们要补充一句:莫斯科国王在这方面的灵敏度也不亚于他。如果他担心莫斯科国王在学到西方技术后会变得过于强大,那么,从莫斯科国王方面说,他是懂得了学习技术实为增加其强大程度所必需。索洛维约夫和其他同一流派的史学家所指出的也就是这一点。由于他们指出了这一点,他们便与形而上学风马牛不相及了。

　　在彼得取得政权以前,军事需要即已引起改革的思想,这是可从费多尔·阿列克谢维奇统治时发给戈利岑大公的指令里明显看出的,这个指令为索洛维约夫所引用:"伟大的国王知悉,在以往的军事冲突中,敌军在与国王的军队战斗时,显示了一些新的军事设想,他们想借此搜索,压倒国王的军队。对于敌人新想出的狡猾办法,必须在军人中加以研究并作出最好的安排,使他们在与敌人作战时有适当的戒备与防卫;过去的军事安排,凡在战斗中显得不利者,应加改善;其在对敌作战中显得适当者,则不要改变。"①

　　在写这一指令的时候,莫斯科人必已深切了解,西方的"敌国"能够在军事上教给他们某些新东西。他们密切注视西方。但情况使他们与中国发生冲突,1687 年 10 月,侍臣 Φ.戈洛温在与中国谈判阿尔巴金问题时接到下述命令:"切实侦察和研究中国作战人员的情况,他们的战斗力如何,人数多少,民兵及部队编制如何,他们用的是野战战术还是水战战术,或是攻陷城市及要塞的战术,他

---

① 《俄国史》,第 3 卷,第 876 页。

们最欢喜和最习惯于哪种战术,他们在军事行动上同哪一民族相类似。"①对于当时的"军事需要"的态度,可说是不能更审慎了。

由于"军事需要"这一莫斯科罗斯改革的根源具有重大意义,所以克柳切夫斯基说彼得改革,就其最初的设想而言,实质上是为了改造军队和扩充国家的财政收入,而只是逐渐地扩大了它的纲领,并"搅动了"俄国生活的全部陈腐霉菌,"激发了所有社会阶级"②,这个思想,是具有巨大的科学价值的。按照这个思想,可以明显地看出,彼得改革虽然从历史唯心主义的观点看,乃是一种非常幸运的偶然性,但它始终受着社会政治生活客观逻辑的支配。这个思想是同形而上学没有任何共同之处的。

IV

在 1639 年用沙皇米哈伊尔的名义发给亚当·奥列阿里的文书里,我们读道:"我们获悉你对天文、地理、天体运行、土地测量及其他许多必需的技艺才智,很有造诣和素养,而我们,伟大的国王就需要这样的专家。"如果考虑到在这次正式承认"天文"、"地理"等科学的重要性以前两年,根据同一国王的指令,曾从拉丁文翻译了宇宙学著作,我们似乎会得出一种论断,以为莫斯科的统治者是由于对教育的抽象爱好而招请西方专家的。然而事实上,情况并非如此。他们所以要招请外国专家,是因为他们适合于满足伟大国王的某些实际需要;而在同他们有了更切近的认识之后,更可了

---

① 索洛维约夫:《俄国史》,第 3 卷,第 1029 页。
② 克柳切夫斯基:《俄国史教程》,第 4 卷,第 291—292 页。

解他们所以比莫斯科人更"伶俐",乃是因为他们具有一定的科学知识。莫斯科的统治者对这一点的了解是极端迟钝的,而且他们关于科学的概念也极为模糊,以致把科学的名称都曲解了。但是他们毕竟多少了解一些东西,所以开始谈论天文学,并命令翻译宇宙学。这距离采取认真的措施在莫斯科国普及自然科学认识,还是很远的①。但关于这一点,现在不感兴趣。对于我们,在这里以及在克柳切夫斯基关于彼得大帝改革的见解里,重要的是指出了不是意识决定存在,而是存在决定意识:一定的具体需要迫使莫斯科的统治者求助于外国专家,而同这些专家的更切近的认识使他们相信——如果相信了的话——莫斯科国同样需要理论知识。我们应该感谢像索洛维约夫这样的一些学者,是他们指出了这一点的。为什么要在他们背离形而上学的地方,责备他们陷于形而上学呢?

如果由于指出军事—财政需要,便以形而上学相责难,那就应最低限度同样对历史唯物主义的两位奠基人之一,即恩格斯加以同样的责难。请看他关于克里米亚战争对我国内部生活的影响是怎样说的:

"战争证明,甚至根据纯粹的军事观点,俄国也需要铁道和大工业。因此,政府开始关切资本家阶级的繁殖。……新的大资产阶级在铁道特权、保护关税及其他优越待遇的温室环境中得到尽力的培养。所有这一切既在城市也在农村引起了最完全的社会革

---

① 在米哈伊尔朝代,曾正式承认伟大的国王需要懂得天文的专家。但在"百项决议集宗教会议"上,沙皇却说天文学是一种"异教徒的智慧"。莫斯科的奥勃洛莫夫(冈察洛夫小说中主角,指委靡不振。——校者)特性,毕竟前进了,虽然前进得非常缓慢。

命,在这种革命之下,思想运动一经开始便不可阻遏。年轻的资产阶级的出现在自由主义的立宪运动中得到反映,无产阶级的产生在通常称为虚无主义的运动中得到反映。"

恩格斯在这里所使用的方法,恰恰就是索洛维约夫、克柳切夫斯基和其他俄国学者在力图对彼得一世的改革作社会学解释时所使用的方法。

历史的过程用唯物主义来解释,要比用唯心主义来解释好得不可计量。为求表达得更明确些,应该说,历史过程的科学解释,只有在学者自觉或不自觉地站到唯物主义的立场上时,才有可能。然而历史唯物主义者的眼界不能只限于经济。它不仅看到,而且一定要看到整个"上层建筑","上层建筑"在经济基础上产生,又经常对经济基础发生或大或小的强烈反影响。如果唯物主义者不愿考虑这种反影响,那他便违背了他自己的方法:从自己的眼界里取消"上层建筑",并不等于从经济基础解释"上层建筑"的产生和"上层建筑"对于经济基础的反影响。

V

我们不知道有这样的文明社会,它们可以不与邻邦发生接触。每一个文明社会都有一定的历史环境,这种环境必然影响于它的发展。每一个文明社会的历史环境都是互不相同的。这便给历史运动的过程带来多样化的因素。这便在很大的程度上解释了何以没有,也不可能有两个发展过程完全相同的社会。某一社会对另一社会的影响——它们之间的"相互影响"——并不是"模糊不清的形而上学者"的虚构,而是一个普通的历史事实。社会学家所要解决的问题不是有无这种相互影响,——这是无可怀疑的——而是这种影响首先通过什么途径发挥出来。以"见解"为社会发展主要动力的彻底唯心主义者认为,某一社会首先是通过自己的观念("教育")来影响另一社会的;这就他们的观点而言,是完全正确的。彻底的唯物主义者丝毫不否认各国人民之间的相互思想影响。但是,根据他们的科学信念,思想影响的途径是由各国人民物质需要所制约的各种国际交往准备出来的。物质需要促使他们相互交换其经济活动的产品。人种学证明,这种交换在很低的经济发展阶段即已发生。但是,除了交换——交换本身在某些时候是时常与掠夺相结合的——物质需要也可引起社会之间(部落、城市、人民之间)的军事冲突①。这种军事冲突逐渐产生一定的军事组织,其性质取决于这个社会所达到的经济发展程度。军事组织一经产生,便使一部分社会劳动脱离其原始的使命:为直接满足社会成员物质需要和为制造生产资料而生产各种产品。如果这个社会同处于更高发展阶段,因而具有更完善的军事技术的民族发生冲突,则在完全失败和丧失独立的威胁下,这个社会便不得不掌握这种更完善的军事技术。这种掌握的可能性以及其或多或少的特殊进程和掌握过程的速度,取决于落后社会的经济及在这种经济

①　"你们是否同邻近的部落打仗呢?——斯坦利曾问赤道非洲一个部落的代表。这位代表答道:不打,不过有时我们的小伙子到邻近部落的森林去打猎。有时我们的邻人也到我们森林中来。这时我们便打起来了,不到他们打胜或我们打胜不止。"(斯坦利:《在非洲的愚昧中》,(*Stanley, Dans les ténèbres de l'Afrique.*)巴黎,1890 年,第 2 卷,第 91 页)"所有的非洲战争都是为了达到两种目的之一抢夺牲畜或劫夺俘虏。"(白尔敦:《东非大湖旅行记》,(*Burton Voyage aux grands lacs de l'Afrique Orientale.*)巴黎,1862 年,第 666 页)俘虏以奴隶身份为主人工作或被出卖。

的基础上成长起来的社会政治关系。但更完善的军事技术是在更高的经济发展阶段上产生的。因此就会掌握了更完善的军事技术,而落后国家的政治代表也会感到必须注意国内提倡一些生产和建立一些制度,这种生产和制度,若在其他条件下,是会完全不需要,或只有小得多的需要的。换言之,如果落后的国家没有一个由于更高的经济发展而具有更强大的军事技术的邻邦,其经济政策便不会采取这样的姿态。统治者开始创办工厂,采取发展贸易和工艺的措施,——总之,促进国家生产力的发展。因此,一个社会在一定的经济基础上产生的军事需要,在一定历史条件下,对这个基础的继续发展是有其巨大影响的。这一情况可在某些西方国家里看得很明显。普鲁士政府在同被革命的风暴振兴起来的法国进行较量、惨遭失败后,便实行许多改革,大大促进了这个国家的进一步经济发展。在莫斯科罗斯,也可看到同样的情况,只不过程度更大而已①。

在类似的情况下,落后国家的政府必然起着或大或小的进步作用,这种作用使它能在一定时间内得到国内先进思想界的同情。只有彼得改革的进步意义才能解释别林斯基赞美彼得的观点,把

---

① "彼得需要钱,必须开辟国家收入的新财源。对充实国库的关怀,沉重地压迫着他,使他想到只有根本改善国民经济,才能提高国家财政收入。彼得认为发展民族工业和贸易便是达到这种改善的途径。所以他利用他的整个经济政策来促进贸易和工业的发展。"(普拉托诺夫:《俄国史讲义》,第488页)波克罗夫斯基却恰好把下述见解说成是历史唯心主义:"因为问题涉及教育,所以在外国人中,将医生、药剂师、艺术家和各式各样的技术人员提到首要地位(着重点是著者所加)。"这里的"因为……所以"使我感到惊异。历史唯心主义提到首要地位的不是技术、医学、药房,而是人们的"见解",即他们的一般宇宙观。药房和技术则是有着强烈的唯物主义气味的。

他看作"使我们重获生命"的"神"。落后国家先进思想家和其政府的分歧,只是在政府完全放弃了进步作用以后——有时是在相当长久以后——才开始的。如果我们不懂得这一历史辩证法,我们便对俄国社会思想史的整整一个时期不能理解。

波克罗夫斯基对于史学家一方面指出军事财政需要为彼得改革的原因,同时却不曾适当注意十七世纪莫斯科国民经济状况,表示不满。这一责备不是没有根据的。必须承认,直到现在,俄国(而且不只俄国)史学家都未充分注意研究经济关系的发展。直到现在,在他们的见解里每每对精确的政治经济知识表现出非常值得惋惜的匮乏。波克罗夫斯基以为,不预先研究十七世纪莫斯科国的经济,便不能理解彼得改革。这当然是正确的。但他本人也很难说完全精确地说明了这方面的情况。试举一例:

他写道:"罗曼诺夫家族的几个最早的沙皇,实际上垄断了所有最贵重的市场销售物产。长期住在俄国的柯林斯说:'沙皇是本国的第一商人。'沙皇垄断的清单给我们提供了俄国输出贸易集中的一幅很有意义的图景,这种贸易为土著商业资本主义的成长建立了基础。"[①]这幅图景的确是很有意义的。但它完全不是以证明莫斯科商业资本主义的蓬勃发展状况。沙皇为本国的第一商人,这一情况指明俄国的经济发展程度很低及其社会关系与东方专制国家的社会关系的接近[②]。在古埃及,国家元首也是第一商人。

① 波克罗夫斯基:《俄国史》,第 3 卷,第 91 页。
② 莫斯科国的经济落后一方面使俄国商人对外国商人处于极为不利的地位,同时又巩固了莫斯科商人等级观点中的民族主义色彩,这一点我们在下文就可看到。

关于十七世纪莫斯科罗斯的经济不发达，波克罗夫斯基并未充分明显地加以说明[①]。他说，十七世纪的商业资本主义对于莫斯科国的外交政策和国内政策都有极大的影响。这是对的[②]。但他却未必充分注意到这种影响是在怎样的社会政治关系之下发生的[③]。正由于他对于这种关系没有充分注意，所以他认为我们前此所述财政需要，是一种"形而上学"的东西。事实上，完全可以理解，这种需要在一个以国王为第一商人的国家的往后发展中，起了巨大作用。沙皇垄断本身是满足莫斯科国财政需要的一种手段，而这种需要的产生又是由于军事需要。由此可见，莫斯科政府的"商业资本主义"同军事财政需要有着密切的因果依存关系，将两

[①]　他自己就公正地指出，在这种情形下，图廿-巴拉诺夫斯基所引述的基勒布格尔的意见，以为俄国人从上层到下层都爱好商业，是什么也不能证明的（波克罗夫斯基：《俄国史》，第3卷，第79页）。他还可补充说，根据外国旅行家的证词，中国的城市居民是向来喜欢经商的。"他们是真正天生的商人"，——埃·科尔洪在谈到中国城市居民时说：——"在生活的一切场合里，甚至在最少涉及商业的场合里，他们，如果可以这样说，也想的是钱"……（引自埃利泽和奥·列克柳：《中国帝国》，第520—521页）。但是，尽人皆知，商业的爱好并没有妨碍中国人在"商业资本主义"方面远远落后于西欧。基勒布格尔说，莫斯科的商店在大多数情形下都是既小又窄，卖主在里面很难转身。在爱好商业的中国，大多数商店的情况直到最近也是这样。"商业爱好"本身什么也不能证明，还可从这样的事实中明显看出：即某些勉强达到中级野蛮状态的非洲部落，也是爱好商业的。

[②]　波克罗夫斯基：《俄国史》，第3卷，第101页。

[③]　这种影响怎样巨大，可从下述事实中看出。荷兰人安德列·温尼乌斯于1632年获得在土拉附近建造工厂的租让权；为了保证工厂对工人的需要，遂指定宫廷所属的一整个乡区为这些工厂提供工人。西方的工厂工业是在完全不同的生产关系下产生的。顺便指出，土拉的工厂是在同波兰作战以前建立的，其创办人有廉价向莫斯科政府提供大炮、圆形炮弹、武器及各种铁的义务。由此可见，政府在支持温尼乌斯的企业时追求何种目的。

者对立起来是没有根据的[①]。

VI

无可争论,这一军事财政需要决定了在莫斯科国占上风的那种教育的影响。

以前,俄国书生都以认识自己对东正教的忠诚为满足。"不懂雄辩学、修辞学和哲学,但胸有基督智慧"。可是在十七世纪,莫斯科的东正教维护者却碰到一个可以用来识别"胸有基督智慧"的人们的准则问题。他们看到,莫斯科教会的礼仪与希腊教会的礼仪有许多不同。希腊教会不只一次对此提出责难。在尼空就任总主教职位以前不久,雅典教会的僧侣便宣布莫斯科用二指画十字为异教,烧毁了莫斯科的祈祷仪式书,甚至由于过度的宗教热情,要烧死保存这种书的僧侣——塞尔维亚人达马斯金。不仅如此。在斯拉夫文本的祷告和祈祷礼仪书里,发现了与希腊文本不同之处。为了决定这些偏差是否可以准许,为了研究清楚教会礼仪问题,必须求助于神学,而神学又依靠"雄辩学、修辞学和哲学"等辅助科学。总之,必须学习[②]。对于教育的

---

① 沙皇的贸易垄断不仅为莫斯科国的经济落后所产生,而且支持了这种落后。普斯科夫的编年史家抱怨 1636 年剥夺了普斯科夫人经营亚麻贸易的权利。"派来的莫斯科客人,奉命按照莫斯科规定的价格为国王收购,寺院和所有的人都受到很大亏损,货币奇劣,价格不自由,收购不受欢迎,一切都很可悲,说不出的仇恨,到处受到约束,谁也不敢买卖。"(索洛维约夫:《俄国史》,第 2 卷,第 1340 页)

② 我们前已知悉的加济主教派西·李加里德说,异教——即分裂派的运动——所以在崇奉基督的俄国泛滥,是由于缺乏国民学校和图书馆。他还说,如果有人问他:"教会和国家的支柱是什么?"那他会回答说:"第一是学校,第二是学校,第三还是学校。"莫斯科僧侣们的无知,是在"百项决议集"的宗教会议上就被公认的。

需要的认识，必然因当时历史环境的作用而加强。在十七世纪，东正教的莫斯科国家积极参加了东南罗斯反对天主教波兰的斗争。如果说军人用武器作斗争，那么，东正教的僧侣们便不免要同天主教进行思想斗争了。这一斗争在西部罗斯早就开始了；尽管莫斯科人对于西部罗斯东正教的主张的精微奥妙不感兴趣，但在十七世纪中叶，他们已不能对之抱着漠不关心的态度了。最后，如果莫斯科的牧师想要防止他的精神羊群受"异教"的侵害，而这"异教"的代表者又是政府招聘到莫斯科的外国人，那他们在这里也是不能没有"雄辩学、修辞学和哲学"的。所以我们看到，莫斯科在招聘西欧造炮专家和采矿师的同时，还召集了一些有学问的希腊人和西俄人，责成他们教育莫斯科的青年人。在十七世纪三十年代，菲拉列特总主教便在楚多沃修道院设立了一所学校，称为总主教学校。四十年代末，大贵族勒季谢夫在安德列耶夫修道院设立了一所学校，交给西俄的有学识僧侣主管。1679 年设立了一所学校，称为埃林—希腊学校，后来改称斯拉夫—拉丁学校，再后又改称为斯拉夫—希腊—拉丁学院。在这所学院里，讲授文法、诗歌、修辞学、雄辩学、哲学、神学、宗教法和民法。学院的章程草案是莫斯科教育史上声名赫赫的西俄人西梅翁·波洛茨基写的。

在希腊教育家和西俄教育家之间时常发生不协调和竞争。在建立学校的时候，关于学校应接近哪个类型：是接近希腊类型还是接近西俄类型问题有许多争论。

换句话说，在为了满足道德及宗教需要而进行的学校教育事业上，也发生了东方（希腊）影响和西方（基辅）影响的斗争。但是这种在同一思想领域里发生的两种影响的斗争,若与在性质上完全不同的两种知识部门——即技术部门和文学—神学部门——之间发生的两种影响的斗争相比,其历史意义是微不足道的。尽管莫斯科的僧侣极端需要充实他们的知识,但在当时的历史条件下,甚至本领不高的大炮技师和采矿人员也比最有学问的神学家和最慷慨激昂的"雄辩家"对莫斯科无比重要①。莫斯科显然意识到这一点。克柳切夫斯基说:"基辅的学者所得到的奖偿,不及德国雇佣军官所得到的优厚。"②我国为什么归根到底取得断然胜利的不是希腊的影响,也不是基辅的影响,而是西方国家的影响——尽管在莫斯科,人们由于天真糊涂,真正相信西方国家的基督居民是"非基督的",——这是完全可以理解的。

关于"异教"影响战胜东正教影响的社会学原因,索洛维约夫作了很好的说明:

"首先,必须摆脱经济不富裕状态,必须增加财富和加强力量——通过发展商业和各种企业来增加财富;必须获得海洋——而要获得海洋便须手中握有武器;必须放弃旧的打算,免除用礼品名义到克里米亚向鞑靼人交纳贡赋,为此必须掌握作战艺术,学会建造和驾驶船舶,建筑要塞。为了发展商业和增加财富,必须学会

---

① 叶皮法尼伊·斯拉维涅茨基在他的一次布道中对东正教听众叫嚷:"要把我们心地残酷的硬化粉碎,要对发射器摆脱我们旧的罪恶,要把我们的聪明耗尽不结果实的田地,扼杀者的罪恶使我们的灵魂发出恶臭,要抛弃热情,我们要从灵魂的死亡中解放。……"在当时教会修辞班上这也许是漂亮的,但从国家需要的观点来看,这也许不值得好好地写。

② 《俄国史教程》,第3卷,第356页。

敷设道路,开凿运河——必须学会一切艺术和工艺"①。

借写这几行的机会,我想再说一次,不能不作重大保留便将索洛维约夫算作历史唯心主义者和模糊的"形而上学者"。但是关于这一点,已经谈够了。

---

① 索洛维约夫:《俄国史》,第 2 卷,第 805 页。

第八章 初期的西方派与启蒙思想家

1. 伊·安·赫沃罗斯季宁公爵

I

"非基督"的影响虽然在莫斯科国胜利了，但这种影响也是有其重要特色的：波兰的影响就其整个性质而言，是同"德国"影响大不相同的。彼得时"德国"影响排斥了波兰影响；但在彼得改革前的时期，波兰影响在莫斯科是颇为强大的。1671年一位西俄罗斯人（拉·巴拉诺维奇）在一封给沙皇的信中说："沙皇陛下的高级官员会议并不鄙弃波兰文，人们欣然阅读波兰文的书。"次年，在莫斯科曾试图——虽然结果没有成功——出售波兰文书籍①。沙皇费多尔·阿列克谢维奇精通波兰文。在莫斯科贵族的宅邸里出现了波兰用具。

波兰文、波兰书和波兰产品为波兰思想敷设了道路——虽然是一条非常狭窄的，隐隐约约的小路。我们已经读过马斯克维奇关于莫斯科人在同他谈话时坚决维护其政治制度特点的报道。一

------

① 米柳科夫：《俄国文化史概论》。

般说来,波兰影响从来不曾动摇十七世纪莫斯科人对东罗斯政治制度和社会生活的优越性的信念。但是没有一条通则没有例外。混乱时代同波兰人密切交往的结果,最少使个别莫斯科人开始对上述政治制度和上述社会生活抱着否定的态度[①]。出身于雅罗斯拉夫公爵氏族的赫沃罗斯季宁,便是这种罕见的,因而更为值得注意的例外之一。

赫沃罗斯季宁公爵曾在第一个伪第米特里沙皇的宫廷里充任总管御膳的近臣。根据某些史料,他同这位伪君有可耻的关系。人们还说,他在那时便表现傲慢。但我们不去研究那些攻击,而只是指出波兰影响使他对莫斯科人的宗教观念在某种程度上抱着自由主义的态度。后来,米哈伊尔沙皇和斐拉列特总主教给他的训令指责他在"免去教衔"时便受了异教的传染。现在不能断定,赫沃罗斯季宁的宗教自由思想在那时达到何种程度。可能,在当时大批来到东罗斯首都的波兰人中,就有些人善于向这位年轻,而且一般认为很有才干的人说明:信仰东正教的莫斯科人把天主教徒当作"非基督徒",乃是一个严重的错误。只要他传染上了这一信念,他便可被他的同胞们称为异教徒了。在"免去教衔"的情况下,

---

① 莫斯科人认为他们比外国人高尚得多。但十七世纪同西方的接触,动摇了这种傲慢的心理。不仅赫沃罗斯季宁一人对于自己的同胞作了轻蔑的评价。1634年华西里·伊兹迈洛夫——他是同舍依内伊一道在斯摩棱斯克附近指挥莫斯科战役的军政长官伊兹迈洛夫的儿子——曾被指控颂扬立陶宛王,因为他说:"我们莫斯科可怜孱弱,怎能同这样伟大的国王作战呢!"加弗里尔·巴金也受到同样的指控,因为他"在莫扎依斯克时曾颂扬立陶宛王和立陶宛人,而鄙视俄国人,说后者可怜孱弱"。(索洛维约夫:《俄国史》,第2卷,第1207—1208页)值得注意的是:莫斯科人是由于同西方邻邦交战失败,才想到自己的"可怜孱弱"的。

这样的异教不仅不危险,而且也许在宫廷生涯的意义上其至是有利的。但在舒斯基的时候,这种异教使赫沃罗斯季宁受到迫害:他被发配到约瑟夫修道院去忏悔。他去那里待了多久,不详。似乎很快他就返回莫斯科,因为据他自己说,他是赫尔摩根总主教和大贵族政府冲突的目睹者。1613 年初他在姆岑斯克任军政长官,有了这个名位,他必然要"想到"他的敌人。次年,他担任诺沃西尔警备部队长官。在弗拉季斯拉夫会同小俄罗斯的统帅萨盖达奇内进攻莫斯科的时候,他在佩雷雅斯拉夫尔"牵制了契尔克斯人的队伍",因此获得沙皇的银杯奖和一件价值一百六十卢布的皮大衣。那时他已是一名御前大臣。但是他显然仍受波兰酵母的影响:他没有忘记他的"异教"。此外,他给他的同代人的印象,仍旧是一个激烈和"傲慢"的人。他的一个远亲谢·伊·沙霍夫斯科伊公爵便曾这样批评他。沙霍夫斯科伊说,赫沃罗斯季宁是一个"像法利赛人①一般傲慢的人"。我们从这一同代人那里获悉他与赫沃罗斯季宁的一次争论。争论的问题是第六次全国会议,赫沃罗斯季宁谈话的语调,严重地得罪了对方。沙霍夫斯科伊公爵写信给他说:"昨天在你家里责骂了我,同时却过分自夸,大言不惭,高傲自大,像法利赛人那样,以为自己在神学教条上超过一切人。我们贫乏无知,也不可能完全不懂神学和祖籍,而你却为了我的某种小小成语,争吵不休,狂怒暴跳,极其凶残。"对此,沙霍夫斯科伊很通情达理地指出,"好丈夫为虚荣所征服或向朋友凶残暴戾,都是没有用

① 法利赛人,古犹太的宗教政治派别,他们对早期基督教团作过无情的斗争,因此在新约里面被贬为伪善者。——校者

处的"。此外,他还说:赫沃罗斯季宁"自幼就有这种高傲自负的习惯"。值得注意的是,他说有一个叫扎布洛茨基的人,是赫沃罗斯季宁的这种恶劣爱好的"主要怂恿者",这个人刚刚转入东正教,而且根据普拉托诺夫教授的可靠推测,是一个波兰人①。

II

对于赫沃罗斯季宁的这种特殊性格,莫斯科政府并没有忽视。它开始迫害他,"拿走了"他的"拉丁"神像和书籍,用现时的话说,便是对他进行了搜查。但是,如果相信前述训令,那时他的"异教"已达相当广泛的范围。他不仅自己不去教堂,而且"殴打和折磨"去教堂的自己人。(自由思想家却保持着大贵族的专横暴虐!)现在他对于神的侍者言多诽谤,否认死者可以复活。这似乎意味着赫沃罗斯季宁最少否定了基督教义的某些部分。但是一个在以宗教的赞许来决定道德意义的环境中培养出来的人,当他作出这种否定的时候应有何种感受呢? 当宗教成为道德的基础的时候,对宗教的怀疑便会时常引起对道德规范的怀疑。道德如果没有自己的立足点,一旦失去了宗教的支持,便会摇摇欲坠。根据给赫沃罗斯季宁传达的训令,可以断言,他在不再期望死者复活以后,是喝得酩酊大醉的。也许,事实上,他并不曾变成训令所说的那样一个醉汉。后来,他断然说,酗酒是同他的性格格格不入的。但是如果假定,在其立足的基础发生动摇的时候,这位自由思想的雅罗斯拉

---

①　《关于十七世纪混乱时代的古代罗斯传说和纪事》,圣彼得堡,1913 年,第 2版,第 232—237 页。

夫公爵后裔，一时以酒为友，这在心理上也不是不可能的①。当他感到他由于相信新观点而完全处于孤立状态时，这种可能就更大了。他的思想批判工作，不仅限于宗教方面。以前他便高傲地鄙视他的同胞，现在他更用最轻蔑的态度批判他们。他责备他们对信仰问题的不合理态度，还说他们在地上种的是黑麦，而生活却靠谎言。他针对他们，"用诗的体裁写了许多责备性的言论"。由此可见，也许赫沃罗斯季宁有时虽然滥饮了烈性的酒，但这并没有妨碍他对于亲近的人们，可能也对他本人，提出严格的道德要求。因此，就令他立足的基础动摇了，但这种动摇却不是在谈到最重要的道德问题时发生的。训令的作者还向他提出另一责备，说他称莫斯科沙皇为俄国的专制君主。他们认为这是对沙皇尊号的贬称②。然而很可能，这里有一种比"贬称"的意愿更为严重的东西。如果莫斯科的居民在同马斯克维奇争论时通常都表示拥护自己的沙皇制度，那么，赫沃罗斯季宁公爵当时既已同其他莫斯科人不完

---

　　① 不过不应忽视，纵酒本身"在莫斯科"并不认为是恶行（"饮酒是罗斯的欢乐"）。训令的作者对赫沃罗斯季宁的指控，主要地不是说他"不断喝酒"，而是说他在1622年整个狂欢周里"沉醉不醒"和在复活节前夜喝得酩酊大醉。与此同时，还指控他不出席早祷和午祷，并不按规定提前开斋。值得注意的是，对尼空提出的指控，也与沙皇和总主教这两位至尊在给赫沃罗斯季宁的训词里提出的，很相类似。在费多尔·阿列克谢耶维奇的朝代里，曾密告前总主教"在晋见阿列克谢沙皇后，在整个大斋日，喝得大醉，而且醉后无故折磨所有的人"。……还有一个指控似乎涉及两性道德方面："有一个20岁的姑娘带着她的兄弟见他求医，尼空把她灌醉，这姑娘因醉而死。"（索洛维约夫：《俄国史》，第3卷，第819页）这是什么？是当时流行的一种密告形式呢，还是道德的缺陷真正表现于这种密告所指的行为呢？

　　② "在你的信里，不恰当地称呼了国王，把国王称为俄国的专制君主。但专制君主是一个希腊词，意为领主或统领，而不是沙皇和君主。然而你，赫沃罗斯季宁是一个莫斯科的贵族，你不应该这样称呼国王。"（索洛维约夫：《俄国史》，第2卷，第1373页）

全相同，而且爱好波兰的概念，是可能相反地宁取波兰贵族的自由，并以谴责的方式称莫斯科的君主制度为专制制度，而不必作出贬低沙皇尊号的近乎儿戏的行为的。训令的作者——而且毫无疑问，不只是这些作者——认为对莫斯科政治现实的这种态度是"傲慢和失礼"。然而在这位莫斯科人头脑中的思想批判工作一经开始，便必然使他同其敌视"异教"的同胞们极难"相处"。可是在当时的莫斯科，敌视"异教"的人们形成了一种社会环境。因此，赫沃罗斯季宁只能或者孤芳自赏、或者飘然远离莫斯科国；至于可疑的纵酒消愁，我在这里就不提了。训令说，赫沃罗斯季宁有去立陶宛的意图。如果他真有这种意图，则以赫沃罗斯季宁公爵为代表，我们便看到第一个莫斯科人由于同其周围的社会环境的分歧而想到要离开自己的国家了。库尔布斯基也曾逃离莫斯科国。但他的离去，并非由于他在道德观念上没有同在社会地位上与他相近的莫斯科人接近的可能。他可能同很多当时的大贵族都有非常密切的来往，这没有瞒过伊凡四世。库尔布斯基虽然属于历史注定归于政治灭亡的社会阶层，但他在莫斯科不可能感到道德上的孤独。赫沃罗斯季宁的情况却非如此。尽管他由于受到波兰观念的影响，不赞同莫斯科的专制制度，但他所以决定——如果真是决定了的话——去立陶宛，却很难说是由于害怕他会因自己的政治自由思想而受迫害。我们马上便可看到，对于政治问题本身，他是不大注意的。他只觉得生活于宇宙观上同他格格不入的人们当中，是太痛苦了。克柳切夫斯基在论及赫沃罗斯季宁时说："他是一个对冷酷的拜占廷教会仪节以及浸透了这种仪节的整个俄国生活，抱着深刻反感的天主教式的特殊俄国自由思想者，是恰达也夫的精神远祖。"①

克柳切夫斯基的话不完全正确。即令他是正确的,那也要注意到恰达也夫的悲观主义,只不过是俄国的西方派在反对俄国的停滞的斗争中感到完全无能为力时所表现的那种失望情绪的最显著的典型之一,而这种失望情绪,便是在最勇敢和最热情的西方派中,也每每浸透了他们的心灵。

III

赫沃罗斯季宁没有去立陶宛。1622 年底或 1623 年初,他被再次发配"受管教",——这次是被发配到基里洛夫修道院的,这里他必须在一位"善良"的长老的监督下生活。总主教命令:"他不得一天不遵守修道院单人房间的规则,任何一次唱歌都不得缺席。"在基里洛夫修道院——也像以前在约瑟夫修道院一样,我们的自由思想者没有待多久。1624 年 1 月,在他具结放弃"异教"后,释放了他。一年多后,在 1625 年 2 月 28 日,他便死了。但他死时的本名不叫伊凡,而改称约瑟夫,因为他死前不久成为托罗伊泽-谢尔吉也夫修道院的一名修道士,死后便葬在这里。他死后留下了一些著作,在某种意义上,都是非常值得注意的著作。著作之一为关于混乱时代的传说,其标题为:《俄国莫斯科时代及沙皇和神父的传说。简要的摘录,历史判断,为热爱宗教的人们修改和宣读而作。编者伊凡公爵,即伊凡·安德列耶维奇·赫沃罗斯季宁公爵》②。《传说》是为爱好

---

① 《俄国史教程》,第 3 卷,第 312 页。

② 这部著作刊载在我在前面时常引用的《俄国历史丛书》,第 13 卷里,古文献研究委员会出版,第 552—557 页。

宗教虔诚的读者而作的。这一事实引起一个问题，即这位因"异教"而招致同代人不满的作者所说的是哪种宗教虔诚呢？原来，我们在这一著作中所看到的是当时莫斯科人的最普通宗教虔诚。赫沃罗斯季宁很高兴俄国虽然过去相信多神教，是所有国家中最无宗教虔诚的国家，却相反地信仰基督教后变为最有宗教虔诚的国家了。他说："现在国内有许多笃信宗教和遵守教规的人们，但在这以前，许多人是不虔诚和不信神的，他们同异教思想者生活在一道，——然而现在俄国不仅在农村，而且在许多城市里，都有耶稣的统一的神甫和统一的信徒了，他们思想一致，且都赞美圣父、圣子和圣灵的神圣三位一体。"[①]《传说》对于莫斯科的神圣事物表示高度崇敬，而且热烈赞扬了赫尔摩根总主教，虽然据作者自称，他受过这位总主教很厉害的折磨。此外，如果再补叙一点，那就是在《传说》里，没有称斐拉列特为总主教，而只是称他为罗斯托夫的主教，则普拉托诺夫教授关于《传说》可能写于斐拉列特就任总主教以前的推测，便是完全可信的了。但是由于赫沃罗斯季宁在《传说》里提到他担任梁赞军政长官的职务，这是 1618 年和 1619 年初的事情，则又应同普拉托诺夫教授一道，假定《传说》写于 1619 年上半年，其目的是为赫沃罗斯季宁作自我表白。普拉托诺夫说："斐拉列特·尼基季奇在这一年从波兰回国。当然在莫斯科，人们都知道他性格专横恶劣，所以赫沃罗斯季宁可能担心他会对他的过去进行追究。使斐拉特把他看为一个信仰东正教的人和一个爱国志士，这对他是非常重要的。赫沃罗斯季宁因此选择了写作的

---

① 《俄国历史丛书》，第 3 卷，第 530 页。

道路,这并不是不可能的。"①既然这样,则《传说》中充满了普通的
宗教虔诚,应该说是非常适当的。在这种情形之下要问:赫沃罗斯
季宁在著作里将自己装扮为一个东正教信徒和一个爱国志士是否
出于真诚呢? 在解决这个问题时,必须记住,赫沃罗斯季宁在我们
即将进行研究的另一著作里,说指控他相信异教是毫无根据的。
他的这一见解,是不能从字面上去理解的,因为这是他写完《传说》
以后开始的时期写的,根据普拉托诺夫教授的说法,他在这一时期
并没有掩饰他的"异教"观点。但在这一时期(1621—1622 年),他
对东正教信仰的改变也许不曾达到他的同代人眼中那样大的程
度。至于赫沃罗斯季宁在免去教衔时期所表现的自由思想,如上
所述,则只能限于一般否定以天主教徒为"非基督徒"的旧莫斯科
观点,并与这种否定相适应,对天主教的形式及天主教的祈祷仪式
采取尊重的态度。如果我们同意这一切——我们显然完全有根据
同意,——那就可以断定,尽管赫沃罗斯季宁在《传说》里当然尽力
强调,乃至夸大了他的虔诚心情,但他毕竟远远不是在对问题缺乏
批判态度时可能对他怀疑的那样虚伪。无论如何,《传说》为说明
这位优秀人物的思想状态,提供了大量即使不是直接的、也是间接
的资料。

IV

我在前面已经指出,十七世纪莫斯科人关于混乱时代的传说,
证明其作者的政治发展水平是很低的。这一意见应该同样适用于

---

① 普拉托诺夫《混乱时代历史文物》,第 256—257 页。

赫沃罗斯季宁的《传说》。尽管他由于接受了波兰影响而不可能成为莫斯科旧政治制度的拥护者，但他关于混乱时代的叙述，却没有对政治作认真思考的痕迹。他关于舒斯基即位的叙述，看来给了他一个最恰当的机会来表达——就令是不明确的表达，也可用讽示的办法——其对限制沙皇权力问题的观点。然而他却没有利用这一机会。舒斯基的誓词使他大发感叹："必须向全世界、向所有生活在他的王国的人们发誓！啊，可怜！啊，不幸！沙皇只不过贪图短暂地活在这个世界上，便对天发誓了，没有人要求他这样作，他是自愿发誓的。啊，这是权力欲，而不是对神的爱！"①只有在假定这位爱好西方习惯的赫沃罗斯季宁对政治的理解，并不比旧生活方式的辩护者高明多少的条件下，我们对于这种感叹之词才能有所理解。要知道在他以后，俄国也还有不少西方派人士在政治问题上仍旧是很幼稚的。

　　不要以为他在受到舒斯基的迫害以后，曾想不顾一切地谴责后者。因为尽管他认为赫尔摩根是他的不幸的主要罪人，而赞扬赫尔摩根的就是他。也许可以反驳说，在米哈伊尔王朝和在斐拉列特任总主教时，攻击舒斯基不会给赫沃罗斯季宁造成任何危险，而攻击赫尔摩根却意味着不能达到他写《传说》一书所追求的目的，即自我辩解。但我已说过，我虽然承认这一著作的辩护性质，却不承认其作者是一个伪君子。

　　一个颇有意义的细节：这位雅罗斯拉夫公爵的贵胄后裔，曾严

------

① 《俄国历史丛书》，第 8 卷，第 542 页。

厉谴责大贵族在王位虚悬期间的行为①。

最后,试一回忆这样的事实:赫沃罗斯季宁在《传说》里——也就是按照普拉托诺夫教授的假设,在 1619 年上半期——便认为鲍利斯·戈东诺夫"仇恨谄媚制造奴隶,将劳动者提高为自由人"的政策,是他的朝代的弊政②。

这一评价所以值得注意,是因为他在另一著作(《告发异教徒》)里,谈到了他因奴隶的告密而遭受折磨。这一著作可能是他在做了修道士后,根据旧事回忆而写为诗的。

> 可是我的奴隶已成为我的对方,
>
> 他们的辱骂伤害了我的灵魂,
>
> 要塞和篱栅已经撤除
>
> 他们一同对我进行了诽谤!
>
> 他们的非法仇恨何其凶恶,
>
> 竟要置我于死地。
>
> 他们的族系本来恶劣,
>
> 对我更是极尽毒辣;
>
> 他们创造种种条件,
>
> 使我哭泣,
>
> 使我受辱③。

如果相信这篇怨言,则在我们面前便会出现下述生活现象。这位

---

① 《俄国历史丛书》,第 8 卷,第 553 页。

② 同上书,第 532 页。

③ 见《新发现的十七世纪反对异教徒的论争著作》,圣彼得堡,1907 年,第 79—80页。这些著作经沙瓦教授发现,并由他主编作序出版。

爱好西方习俗的莫斯科贵族官员发表了——而且据沙霍夫斯基证明，还是猛烈和激动地发表了在当时堪称勇敢的宗教观点。他不去教堂，而且一般地反对拜占廷的仪式，尽管在莫斯科人的眼里，这种仪式就是宗教虔诚的本质。他不仅自己不去教堂，不仅自己反对这一仪式，而且要他的"奴隶"不再将这种仪式同宗教混同一物。由于我们这位西方派仍旧是一名奴隶主，所以他用命令乃至殴打向他的奴隶灌输宗教自由思想。然而他的奴隶却是遵守最少从戈东诺夫时期以来在莫斯科建立的习惯的：他们赶忙告发了他们的主人，这位主人遂因相信异教被发配到修道院，人们在那里对他的"信仰进行了残酷的惩罚"。部分地由于"惩罚"，部分地由于西方影响并未深入他的灵魂，所以这位主人仍旧回到了东正教的怀抱，甚至作了修道士。然而尽管现在对东正教的虔诚心情业已控制了他，也许对于他的那些处于自由状态的亲近人们的罪恶，他可加以宽恕，但对于他的"奴隶"的背叛，却是耿耿于怀的。他生而好辩，所以用两个小写字同意刺伤他们。他在叙述他们对他的羞辱以后，慨然写道：

> 主啊！请审判他们，
>
> 也把我同他们一道进行审判吧！
>
> 请衡量一下我的情感，
>
> 也看看他们的暴行吧！
>
> 我的面包养大了他们，
>
> 而我的仁慈却换来了他们的凶狠。
>
> 光荣属于主人[①]，

---

① 应该是老爷。

比最甜蜜的百合花更美①。

V

最使公爵-修道士痛苦的是他认为他的"奴隶"忘恩负义：他用面包养活了他们，对他们慈善，而他们却告发了他。赫沃罗斯季宁以往的自由思想没有使他看到这样一条真理，即不是主人"养活"他的"奴隶"，而相反，是奴隶"养活"他们的主人。波兰的贵族也远远没有认识这一真理，尽管他们的影响使他倾向于自由思想。赫沃罗斯季宁可能在作修道士时想起他怎样企图给他的"奴隶"灌输开明的宗教观点，以及他的企图——应该相信，这种企图并不经常具有战斗的性质——怎样以失败而告终。他坚决相信，不应有这种企图。

> 不要向猪猡撒黄金，
>
> 也不要弄脏了你的两脚。

后来他一再重谈"奴隶"的背叛，再次用"诗"来辱骂他们。

> 他们给我制造了恶意的流言，
>
> 说我从奴隶征收了许多捐税。
>
> 他们不想想基督的教训，
>
> 我也逃不了他们的罗织。

我们的伊凡公爵为了解释"奴隶"的这种恶劣行径，写了整篇的心理特写。在他的笔下，"奴隶"的心理形象是不受人喜爱的：

> 他们不畏惧天上的上帝，

---

① 《新发现的十七世纪反对异教徒的论争著作》，圣彼得堡，1907年，第80页。

这上帝给所有的人以大量的福利。

他们的言词有如蛛网，

他们的凶狠有如罪恶的陷阱。

我一人统治着他们，

统治着我的叛逆，

我被安置为他们的主人，

上帝给我比给他们更多的光荣。

但我孤弱无力，

他们用誓言玷污了灵魂，

为了他们的自由，

想逃避做主人的奴隶。

应该想到，"奴隶"曾发誓证明他们对赫沃罗斯季宁的异教思想的指控是正确的。赫沃罗斯季宁方面则相信这种指控是不正确的，因而自然认为他们发誓是以誓言进行犯罪。所以他说：他们玷污了自己的灵魂，他们的话是"蛛网"。但是为什么他们要玷污他们的灵魂呢？据赫沃罗斯季宁说，是因为他们不满意他做了统治他们的主人，就是说，他们受到奴隶依附地位的压迫。他们在告发他的时候，希望"逃避做主人的奴隶"，也就是希望从政府获得自由。不能不承认，这是一个极为可以设想的解释。在莫斯科国经济落后所创造的社会政治环境里，劳动阶级对于所处地位的不满，必然要表现为赫沃罗斯季宁公爵所痛斥的那种背叛行为。谁要是懂得现时我国"黑帮"中民主主义分子的心理，他便知道，这些分子也在进行阶级斗争，不过由于他们的极端不开朗，所以斗争的方式是野蛮的，完全不恰当的和恶劣的。现在我们看到，这种心理是从什么历史条件里产生的了①。

赫沃罗斯季宁对"异教徒"的驳斥,就其本身而言,是没有多少意义的。但是根据作者的气质,这些反驳写得很激昂,有时还表现出机智。例如,他在指责罗马教会为金钱而出卖对灵魂的挽救时,讽刺地质问它,为什么不向魔鬼出卖对罪恶的宽恕呢?

他对罗马教皇曾作如下的训诫:

> 啊,骄傲的教皇! 放弃你的淫乱吧,
>
> 甚至把你的画室向全世界展出吧!
>
> 在什么地方彼得曾命令毁灭他的信徒群众,
>
> 而且对虔诚的信徒和歹恶的信徒一视同仁呢?
>
> 你为什么向荡妇征收贡品,
>
> 显然她们的淫荡是出于你的命令?
>
> 你为什么同犹太人——基督的凶手和神的敌人
>
> 一同举行节日的庆祝呢?
>
> 使徒们的誓词会毁灭你,
>
> 他们的神圣诫词会置你于死,
>
> 你为什么不读读福音书的成语呢?

这是相当乏味的。但是当这位可怜的公爵违反他的气质而担任一个虔诚的东正教布道者的角色时,他就显得更加乏味了。例如:

> 谁背离了东正教的信仰,

---

① 我在另一地方说过,"黑帮"这一陈旧的莫斯科名词,现在在我国使用得不恰当。但在这一名词已被通用的情况下,甚至不同意这一名词的人也不得不使用它了。

他便不再与神共命运。

这种人的灵魂是僵死的，

他自己也是一个卑鄙的罪恶的牺牲品[1]。

赫沃罗斯季宁到死都没有放弃其以为自己比周围环境优越的高傲意识，也没有改变他对这一环境的愚昧无知的沉痛惋惜。这甚至通过他关于真正信仰的乏味的虔诚空谈，也都呼之欲出，所以不禁要问：是否他以他那种仿佛剃度为僧来代替他那没有成功的出国，即借为僧来摆脱那种由欺世盗名的人们组成的社会环境呢？他是否未脱虎穴，又落龙潭呢？

2. 沃·阿·奥尔金–纳晓金

赫沃罗斯季宁公爵只不过梦想逃离莫斯科国，而奥尔金–纳晓金却事实上逃到外国了。

事情发生在阿列克谢·米哈伊洛维奇时期——1660 年 2 月。著名的莫斯科外交家阿·拉·奥尔金–纳晓金的儿子沃因·纳晓金负着重要使命奉派去到他父亲的任所，但他却乘机"叛变"了。这件事情发生得如此突然，如此不符合这位青年逃亡者的社会地位，所以虔诚的莫斯科人只能用人类宿敌的阴谋来解释这一意外。阿列克谢·米哈伊洛维奇在给纳晓金的父亲的信中正面断定事情的发生，是由于"撒旦本人以至所有恶魔"的作弄，他们"用凶狠恶臭的阴风"，从父亲手中夺去了"这位善良温顺的儿子"。然而史学

---

[1]　索洛维约夫：《俄国史》，第60页和54页。

家对这一事件的解释,却是简单得多。请看索洛维约夫对于这一
事件是怎样说的:

"沃因·纳晓金早就以聪明能干的青年人见称。在父亲离去
期间,曾接任其在扎列维契-第米特里城的职位,担任国外通信,向
父亲传送信息和向莫斯科的沙皇本人传送信息。但在从事这种活
动之中,这位青年的头脑和心灵却别有抱负。他的父亲反对莫斯
科制度的惯常越轨行为和关于其他国家做法不同,而且作得更好
的经常谈论,早就养成他景仰西方。由于想使儿子受到教育,父亲
在他的身边安置了一些被俘的波兰人,这些教师力图加强他对外
国人的爱慕,对本国人的憎恶,用关于波兰自由的故事去激励他。
在此期间,他去过莫斯科,但在这里终于使他痛苦不堪,于是,他在
从国王取得往见父亲的使命以后,不去立窝尼亚,而去国外,去革
但斯克,见了波兰国王,波兰国王最初送他见了皇帝,后来将他送
到法国。"[①]

纳晓金的父亲谴责莫斯科的制度,说其他国家的做法不同,而
且作得更好。他已经懂得西方文明的价值。但他以为,莫斯科人
在抄袭西方的同时,能够保持其旧莫斯科生活方式的主要特征。
但纳晓金本人却已被旧的莫斯科生活压迫到极点了。他在莫斯科
感到窒息,感到痛苦不堪。索洛维约夫似乎为此责怪他的波兰教
师,仿佛他们力图使他们的学生加强对外国人的爱慕,以及用波兰
自由的故事来激励他。但是青年纳晓金的波兰教师,并不需要故
意促使纳晓金憎恶本国的生活。当时的莫斯科制度和习俗已给自

---

① 索洛维约夫:《俄国史》,第3卷,第67页。

身作了说明。敏感热情的青年只要对给他描绘的西方文明景象有了向往之情，便会感到莫斯科"窒息"的沉重冲击。这时，出国愿望的形成，便是完全自然的事了。

阿列克谢·米哈伊洛维奇坚决要求引渡这位逃亡者。他训令纳晓金的父亲要想方设法关怀自己的儿子，"以便捕获儿子后带来见他，为此约许发给5千、6千乃至1万卢布。如果这样尚不能捕获，如果纳晓金的父亲认为必要，那就将他的儿子就地歼灭，因为伟大的国王放他到父亲那里去时，是让他带了许多关于公事的指示和公报的"。最沉默的沙皇对奉派带着这个训令到老纳晓金那里去的人说，"关于他（即小纳晓金——著者）已死的消息，要在听过父亲的话以后说，而且要酌量他的情况，说得机巧"①。

我不知道，这位最沉默的沙皇的主张，是怎样传达给悲伤的老纳晓金的，以及他曾否协助——如果他想到公家的需要——杀害他的儿子。我以为即令在当时的莫斯科，也不是每个做父母的都会这样做的。

像赫沃罗斯季宁公爵和沃因·纳晓金这样的人，都在莫斯科"感到厌恶"，而向往着国外。但是对于西欧的生活，他们也是难以适应的。他们的不幸，难以忍受的大不幸，在于他们在莫斯科境界的两面，都是外国人。此外，俄国的逃亡者由于同旧关系的决裂，其经济状况必然很糟：并不是任何人都在立陶宛有封地的。被迫的闲散和令人苦闷的地位不定，使他们在过去所烧毁的事物面前

---

① 索洛维约夫：《俄国史》，第3卷，第69页。

低头。年轻的奥尔金－纳晓金忏悔了自己的"背叛",得到了宽大。
1665 年 8 月底,他收到文书,用沙皇的名义说:"来禀收到,我们仁
慈地宽恕你,相信你不负我们崇高的仁慈……获得自由。"但是他
必须居住在父亲的村庄里。而且在那里,他也很快受到干扰。
1666 年 9 月,他在"严密监管"下被发配到 40 年前在墙壁上写着
"伊凡公爵"的同一基里洛夫修道院。修道院当局必须监督他每天
去教堂。不知道他是否像赫沃罗斯季宁一样在信仰上受到残酷折
磨,但次年 1 月,阿列克谢·米哈伊洛维奇便指令解除对纳晓金的
监管,将他释放到莫斯科。这次释放他,是因为他的父亲老纳晓金
在同波兰签订安德鲁索夫和约上立了功。但是当这位有功的使臣
想再次为他的儿子谋取一个外交职业时,却未能成功。纳晓金被
送回农村,不过,也不是永久的。最后,这位过去的流亡者在外省
一处边远地区作了一名地方官员①。

可惜我们总也无法知道,他在请求宽恕和根据自己的意愿和
根据上峰的命令从国外回到莫斯科,从莫斯科回到父亲的村庄,从
村庄去到修道院,从修道院再次回到村庄,最后担任地方官员时是
怎样反复思考和反复感受。无论如何,毫无疑问,这位当时少有的
有学识的人,是经历过长期痛苦的心灵悲剧的。我们可以把他看
作莫斯科从东方转向西方的最早牺牲者之一。他在莫斯科所身受
和驱使他逃往国外的"痛苦心情",就是后来许多俄国西方派所不
得不身受的那种痛苦心情。可以说,天才的教授 B.C. 佩切林在

---

① 见维塔里·爱因戈仁:《沃因·奥尔金-纳晓金传记的片断》,载《欧洲通报》
1897 年 2 月号,第 883—887 页。

十九世纪逃离莫斯科时所走的道路,是沃因·纳晓金在十七世纪首先开辟的①。不过佩切林是死在外国。

---

①　请读者原谅我谈得太远了,但我不禁想起佩切林在 1837 年 3 月 23 日写给斯特罗加诺夫伯爵——当时莫斯科教育区的督学——一封信中下列数语:"……您要我回莫斯科。……唉!伯爵,你自己虽然并不愿意,但你却给我作过多少坏事啊!当我看到这种恶劣的牛马生活,这些卑鄙的东西,……这些在身上找不出创造主的痕迹的人们的时候,当我看到这一切的时候,我是会死去的!……我对自己说,你将不得不堕落到你现在所蔑视的这些人的水平;你将要在他们的社会的污浊中厮混;你将像他们一样变为一名满怀善意的老教授,满身铜臭,挂着小十字架,充满一切肮脏的东西!那时,我的心将笼罩着深切失望和不可救治的悲哀。自杀的念头将像黑云一般在我思想上飘荡。……"你们看到,佩切林在莫斯科也是"痛苦不堪"的!

第九章 初期的西方派与启蒙思想家(续)

3．格·卡·科托希欣

在沃因·阿·纳晓金以后数年，即 1644 年底，外交事务衙门的秘书格·卡·科托希欣逃亡外国。我在前面谈到米哈伊尔获选即位，发表限制君权的诏书和莫斯科政府对农奴的某种关怀时，曾提过他。如果说科托希欣的出走，完全是由于理想的动机，那是未免过于牵强的。1663 年 7 月，有一位名叫艾伯尔斯的人，受瑞典政府的派遣来到莫斯科，从科托希欣那里获得某些保密的外交情报，为此给了他一笔报酬（40 卢布）。因此，摆在我们面前的是一件无可争辩的叛国事实。在十九世纪，莫斯科的斯拉夫派严厉地谴责了科托希欣的这一行为。当然，西方派怎样也不能同意他的背叛。虽然根据某些学者的正确意见，莫斯科的官僚阶层一般在道德上都是可疑的，都是乐于出卖受贿的；然而不应忘记，艾伯尔斯在其送给瑞典王的报告里说科托希欣虽出生在俄国，而他在情感上却是一个善良的瑞典人。这仿佛是说，艾伯尔斯并没有单纯地把他看作一个只是贪图财富的间谍。还有一件值得注意的事实是，更早以前，科托希欣与一名伊凡戈罗德（纳尔瓦）商人库·奥夫钦尼科夫相识，这商人是瑞典人。后来，在逃到国外后，据科托希欣自己说，他看到奥夫钦尼科夫"刚毅勇敢，忠心耿耿服务于他的国王陛下"。没有理由去假设，奥夫钦尼科夫对瑞典的忠心耿耿是在科托希欣逃亡以后才产生的。很可能，这种忠诚在这位瑞典籍的俄罗斯人同莫斯科的秘书初次见面时，便已存在。由于奥夫钦尼科夫没有任何必要将他对瑞典的同情掩盖起来，所以，也许他的影响曾促使科托希欣自己产生为瑞典服务的意愿。科托希欣是在瑞典外交官的直接影响下产生这种"意愿"，当然也是可能的，因为他从1659年起便同这些外交官发生接触。最后，还可回忆一下，就在他同瑞典人发生外交接触时，他遇到一次不幸事件，无论当时莫斯科人多么能够忍辱负重，这件事仍使他深感痛楚：由于他无意写错了国王的尊号，因而受到笞刑。在向西方的转变（尽管只是胆小和迟缓的转变）业已开始的时候，笞刑是可能在某些莫斯科人的头脑里引起批判的思想的。不巧得很，不幸的秘书在饱尝莫斯科笞杖之后的同一1660年，两度奉派携带外交文件前往雷瓦尔瑞典外交代表团。科托希欣目睹瑞典人的比较柔和的道德风尚，而他的脊背对于莫斯科笞杖的冷酷无情则记忆犹新，他是可能得出一些不利于祖国的结论的。次年中期，他参加卡尔季斯和约的签订，再次与瑞典人来往。回到莫斯科后，他又遭受了一次新的不幸。在他出国期间，他的房屋及全部家私均被没收。他在自传[①]里写

---

　　① 《阿列克谢·米哈伊洛维奇朝的俄国》，圣彼得堡，1884年，第3版，第18—19页。

道："这一切都是为了处分我的父亲的过错。他是莫斯科一处修道院的会计，杜马贵族议员普罗科菲·叶利扎罗夫迫害他，造谣诽谤说他仿佛滥用了交他保管的修道院公款。但此事未经证实，因为搜查以后，发现我的父亲只缺少了五枚铜币。……尽管如此，无论我从卡尔季斯回来后怎样请求，却未发还我的财产。"这样的事故也是能够造成不利于莫斯科制度的思想的。此事以后不久，科托希欣又被派为信使，也是到瑞典。瑞典人很好地接待了他，并赠给他两个银质大酒杯，价值三百零四个达勒尔。天知道，这算什么贵重的赠品！但是尽人皆知，宁住小屋，勿害大病。在瑞典，科托希欣得到两只大银杯的赠品，虽然并不怎么贵重；而在莫斯科却受了笞刑，遭到破产。后来他自己说，为瑞典服务的意向，便是在这次斯德哥尔摩之行时产生的。既然他有了这种意愿，则他将国家机密出卖给艾伯尔斯，便事实上是他对瑞典的真正同情的反映了。重说一遍，背叛终究是背叛；但我所指出的情况说明了造成背叛意向的条件。

在科托希欣逃出俄国以前发生的一个情况，也是值得深切注意的。人都知道，那时（1664年）俄国与波兰作战。科托希欣必须参军，受沙皇军政长官的指挥。按照莫斯科的旧习惯，军政长官们无不相互激烈争吵，并向莫斯科密告进行相互攻讦的。尤利·多尔戈鲁基公爵劝诱科托希欣支持他对切尔卡斯基公爵的密告。由于这样或那样的原因，科托希欣拒绝他的劝诱，因而当然引起了多尔戈鲁基公爵的不满。这时他离开祖国的意愿，终于形成。关于这个问题，他说：

"在这种困难情况下，可惜我没有同切尔卡斯基公爵一道回到

莫斯科,尤其使我痛心的是我为沙皇服务的失败:我的忠诚和努力
所得到的报酬是在我的父亲无辜受辱之下失去了房子和我的全部
财产。考虑到我如果回到多尔戈鲁基那里去参军,完全可能,我所
得到的将是仇恨、折磨和拷打。由于我没有执行他陷害切尔卡斯
基的愿望,我决定离开我的祖国,我在祖国是没有任何希望的。"[①]

　　科托希欣经过波兰、抵达瑞典,在这里被接纳担任公职。瑞典
人是能够重视他的卓越才能的。但是在瑞典,他也不走运。1667
年8月,他不幸与醉后嫉妒他同其妻子要好的房东发生斗殴。科
托希欣用短剑致命地刺伤了他的对手,因而被判处死刑。为他作
传的瑞典人巴尔克古津坚决地说,他的罪行不是预谋的。他称科
托希欣是无比聪明的大丈夫[②]。

　　出于对叛徒的蔑视,斯拉夫派忘记了问问自己:为什么这位
"无比聪明的大丈夫"在莫斯科住不下去呢? 为什么莫斯科不能为
他的丰富才能找到用武之地呢?

II

　　科托希欣所写关于俄国的著作,包含着许多足以说明十七世
纪莫斯科国情况的重要资料。从俄国社会思想史的观点看,他的
著作很重要,它是一部人事文件,说明彼得前莫斯科对于一个多少
了解西欧社会生活,且不属于社会上层的有才干的俄国人所造成
的印象。

---

　　① 《阿列克谢·米哈伊洛维奇朝的俄国》,圣彼得堡,1884年,第3版,第20—21
页。请注意,他没有提到笞刑。他可能觉得向瑞典承认他受过这种处分是可耻的。

　　② 《阿列克谢·米哈伊洛维奇朝的俄国》,圣彼得堡,1884年,第3版,第25页。

伊凡·赫沃罗斯季宁公爵指责莫斯科人缺乏诚实。科托希欣则谴责他们"本性"粗鲁,并且解释这是由于他们"不畏神"。他报道政府在莫斯科沙皇殡葬日从监狱释放罪犯一事时慨叹道:

"参加那次殡葬的人们真不幸,因为殡葬在夜间举行,参加的是大批莫斯科人和从城市和县区来的人。然而莫斯科人生性就不畏神,抢劫街头男女衣服,把人打死。那天的一些暗探,像通常在沙皇殡葬时那样,打死打伤了一百多人。"[①]

科托希欣对于那些"不是由于才智,而是由于出身大家族"而获得高贵称号的大贵族的著名评价,更是惟妙惟肖。这种大贵族在国王的杜马开会时,"摸摸自己的大胡子",不发一言,"因为他们丝毫不通世事,而且每每是目不识丁"[②]。

科托希欣对于莫斯科人不学习,是碍难苟同的。他希望不仅男人,就是女人,也要读书。他在谈到莫斯科接待波兰王的使臣时指出,这些使臣未被引见女皇,借口是她有病。实则她当时健康如常。对此,他提出一个问题:为什么要这样办呢?答复是:

"莫斯科国的女性未学文化,没有这种习惯,而且头脑简单,辞令既不利落,态度也很腼腆。"[③]莫斯科女性的不伶俐和不适当的"腼腆",迫使我们的作家考虑:这些不逗人喜爱的特质,是从哪里来的呢?他解释说,这是由于莫斯科上流社会妇女的深闺禁闭。"由于她们自幼年到出嫁,都在父亲那里生活于隐秘安静之中,除最亲近者外,外人见不到她们,她们也见不到外人。因此,可以想

---

① 《阿列克谢·米哈伊洛维奇朝的俄国》,圣彼得堡,1884年,第3版,第23页。
② 同上书,第26—27页。
③ 《阿列克谢·米哈伊洛维奇朝的俄国》,圣彼得堡,1884年,第3版,第63页。

见,她们怎能成为更聪明、更勇敢的人呢! 就在出嫁以后,她们也很少见人。"因此,皇后不便接待波兰的使节,便毫不足怪了:"如果那时沙皇命令波兰使臣去外交使团晋见他的皇后,而皇后在听了使团的话后不能作出任何回答,那岂不要使沙皇本人难堪吗!"①

　　为科托希欣的书第一版而作的序言,把他的前述见解说成是罪恶。序言写道:"彼得大帝以前,皇室妇女不参加宫廷和其他公众典礼,其原因不是教育的缺乏,而是自古以来的崇高习惯使然。"作为证明,序言的作者提出索菲娅·阿列克谢耶夫娜皇后,"她的聪明才智,不仅受到俄国人,而且受到外国人的特殊赞扬"②。但是,第一,科托希欣所说的不是莫斯科妇女的聪明,而主要是她们的教育。第二,谁都知道,索菲娅皇后乃是一个罕见的例外。而且就是这个例外,也是在科托希欣出国以后才出现的。

　　这位天才的秘书在参加外交使团的时候,看到莫斯科使臣的愚蠢行为,定会不只一次感到难堪和遗憾。他写道,在同外国的代表会谈时,他们是按照莫斯科给他们的指令说话的。他们的这些言辞,都由秘书记录下来。但除事实上说过的话外,也记了许多别的话,暴露出"使臣的欺骗才能",其目的就是为了"向沙皇骗取荣誉和俸禄"。于是,科托希欣又提出一个问题:"为什么他们要这样办呢?"他的答案仍是:他们是由于没有学识,才这样办的。

　　"俄罗斯国的人以自己的门第而高傲自大,没有做任何事情的

---

①　《阿列克谢·米哈伊洛维奇朝的俄国》,第63页。

②　同上书,第35页。

习惯，因为他们在本国未受良好教育，而且除了傲慢、无耻、仇恨和谎言之外，什么也学不会。他们由于无知说了许多相反的话，或由于草率而反复多变，后来又在一些言辞里时常颠倒错乱，把意思弄反了，这时便将过错推诿给翻译人员，仿佛是翻译的失误。"①

科托希欣是为了使外国人了解俄国而写他的书的。他常常害怕他所写的关于莫斯科生活缺点的报道不能取信于西方的读者。于是他便向读者保证他所写的正确。例如，他在谈了莫斯科外交使臣的无知后，附带作了如下说明：

"聪明的读者！请在读本书时不要感到惊奇。这一切都是真实的，因为这个国家不将自己的子女送到外国学习科学和习俗，害怕他们在知道外国的信仰、习俗和良好的自由以后，会废弃自己的信仰，接受别的信仰，再也不想回到自己的家园和亲人那里去了。"②

III

鲍利斯·戈东诺夫派到外国学习科学的青年，都永远留住在外国。科托希欣想必听到这一情况。此外，他根据自身的经验也知道，在对西方的"自由"有了某种理解之后，多么难于忍受莫斯科的笞杖。库尔布斯基责备莫斯科的沙皇，说他剥夺了他的臣民自由出国的权利。科托希欣对于缺乏这一权利，也是不高兴的。他写道：

"关于莫斯科人出国问题，除奉沙皇的命令和接洽商务者外，

---

① 《阿列克谢·米哈伊洛维奇朝的俄国》，圣彼得堡，1884年，第3版，第58页。
② 同上。

其他的人无论为了什么事情,都不准派出。至于商人虽可到外国经商,但他们必须提出贵族的保证书,严格担保他们的商品和人员将不留在国外,而全部回国。无论何人,不管是公爵或大贵族或别的人,其本人或其子嗣兄弟,未经叩请国王允准,无论为了什么事情出国,均以叛国论罪,其世袭领地或封地庄园及人员,均没收归沙皇所有,如系本人出国,则遗留的亲属将受拷打,查询他们是否知道出国亲属的想法。如果有人送他的儿子,兄弟或侄辈出国,则家主将受拷打,查问他为什么送他们出国,是否带动军人反对莫斯科国,想要控制国家,或学习其他某种盗贼主意[①]。"

　　叛国归叛国,而事实却是科托希欣提出了一付完全正确的——尽管自然是很凄凉的——莫斯科生活的景象。我想,斯拉夫派深刻地意识到这一点,因此他们特别愤怒地批评了科托希欣。在斯拉夫派感到极为亲切的莫斯科国里,是连一点"自由"的迹象也没有的。应该假定,如果由科托希欣写出莫斯科国所需要的改革,那他一定会将比较完全的迁徙自由,摆在首要地位。这一要求也许是他的政治自由思想的极限。严格地说,在政治方面,他的批判思想——同赫沃罗斯季宁的思想一样——是很迟钝无力的,是几乎完全保持了莫斯科的呆板笨拙的。当然,他不赞同伊凡四世的残暴,不称他为雷帝,而称他为傲帝。按照他的说法,伊凡傲帝是在"愤怒和仇恨的心情之下用暴君的习惯"来统治国家的[②]。但是丝毫不反对东方"世袭"君主专制的许多莫斯科人,也都谴责伊

---

① 《阿列克谢·米哈伊洛维奇朝的俄国》,圣彼得堡,1884年,第3版,第58—59页。

② 同上书,第1页。

凡"傲帝"的暴政的。科托希欣论米哈伊尔的限制权力"诏书"的命运一文,完全不足以证明他的政治思维的明确性。他只满足于以下的说法,在阿列克谢即位时,由于性格"沉默",遂未恢复限制权力的"诏书"。他没有问问自己,这位权力无限的统治者的沉默性格,是否对被统治者提供了充分的保证。此外,他不觉得应该阐明,从国家元首及其臣民之间的相互政治义务的观点说,限制沙皇统治的权力意味着什么。他珍惜"良好的自由"。但他还不懂得,这种自由必须用一定的政治制度来保障。

最后,他的政治思维的呆板性,还有一种表现。为了解释为什么阿列克谢沙皇称为专制君主,他说这是因为不曾从他那里拿到限制权力的诏书。但他自己又说,米哈伊尔沙皇虽然颁发了限制权力的诏书,却仍署名为专制君主。看来,他不难看到,既然如此,则"诏书"同这种尊号并无任何关系。但他对于这类问题是很少注意的。

他虽然不很懂得一定政治规范的意义,但他却深刻看到莫斯科的不自由极大地阻碍了国内生产力的发展:他在这方面是一位真正的西方派。他写道:"莫斯科国不出产金银。虽然根据史书所记,俄国产金银,然而不能勘探,即使勘探了,也为数不多。此外,莫斯科人不搞实业。但在外国,出产金银地方的人们,都会从事勘探。人们不愿参加这种事业,因为为此必须开办工厂,花费很多钱。他们就会显示出自己的理想,但后来无论如何也不开办这种企业和工厂,便把事情丢开了。"[1]

情况就是如此。当莫斯科政府认为将某一市民的财产"抄没

---

[1]　《阿列克谢·米哈伊洛维奇朝的俄国》,圣彼得堡,1844 年,第 3 版,第 111 页。

归沙皇"为好事时,市民是不能从法律上保护这种财产的。这就自然既不能促进莫斯科居民进取精神的发展,也无助于吸收外国资本向本国投资。

阿·尼·佩平正确指出,如果将科托希欣说成是组织严密的莫斯科制度的唯一的恶意否定者,那是错误的。就对这一制度的否定态度而言,这位天才的秘书是有其先行者的。在前一章里,读者已经熟知科托希欣的两位先行者了。

4. 尤里·克里扎尼奇

I

赫沃罗斯季宁、纳晓金和科托希欣是当时在莫斯科刚刚产生的俄国社会思想西方派的代表。尤里·克里扎尼奇则是当时同样新出现的一个斯拉夫派——更正确地说,泛斯拉夫主义派。但是,不要以为克里扎尼奇的泛斯拉夫主义同我国晚近的泛斯拉夫主义或斯拉夫派有很多共同之处。

克里扎尼奇不是莫斯科国的宫廷居民[①]。用他的话说,他是在热爱斯拉夫民族的俄皇的仁慈庇荫下,前来定居的。他愿意定居在所有大斯拉夫部属中唯一未受外国人影响的人民之中:他认为波兰人已完全屈从于外国影响。他打算在莫斯科编写斯拉夫语语法和词汇,写一部俄国史。最后,他显然希望进入宫廷,而且由

---

① 他于 1617 年生于克罗地亚;就学于维也纳天主教神学进修院;1646—1650 年居于莫斯科国,1660 年再次来此;次年被流放到托波尔斯克,在这里住到 1676 年;死于 1680 年以后。

于他的渊博知识,希望成为一名沙皇的顾问。他写了很多东西;但在这里,重要的是他在讨论政治的未完成之作(《政治杜马》)①。

很难说,克里扎尼奇在抵莫斯科前对俄国生活是怎样看法的。但是我们明显看到,他对莫斯科的印象并不算好。

作为斯拉夫主义的顽强辩护士和"德国人"的不可调和的敌人,他辛辣地谴责外国旅行家关于莫斯科人民写了种种"可耻的谎言"。下面就是他所举的一个可恶的例子,可惜这样的例子到现在仍未过时:"鲍利斯,就算你走遍全世界,你也不能在任何地方找到像这里、即罗斯所看到的那种极为令人厌恶的、卑鄙和可怕的酗酒行为。"②莫斯科人的"笨拙"、"不可靠"及由此而产生的多疑,也使克里扎尼奇深为不快③。总之,他看到莫斯科人有非常多的"缺陷"。但是我们的泛斯拉夫主义者引以自慰的是,他以为他们所看到的莫斯科人民的重大缺点,并非与生俱来,亦非来自信仰,而是由于"恶劣的法律"。人们说,"俄罗斯人"除非受到鞭笞便什么好事也作不成。"德国人"说,这是俄罗斯人的牲畜本性④。克里扎

---

① 这一著作由别索诺夫发现,并经略加删节,刊登在 1859 年度《俄国谈话》杂志的若干期的附录里。

② 克里扎尼奇在这一著作的一些地方,用鲍利斯——一个不懂科学的莫斯科居民和知识丰富、表达作者观点的赫尔沃伊两人对话的形式来叙述他的观点。

③ "我们的智力迟钝,手足笨拙。"不过,他的这点意见是指整个斯拉夫人的。俄国人、波兰人和整个斯拉夫人无论在海上或陆地都不作"远程贸易"。"我们的商人不学算术,因此外国商人可以随时无情地玩弄和欺骗我们。"(克里扎尼奇用自己臆造的方言写文章,这种方言是各种不同的斯拉夫语言的奇特的、有时很难理解的混合体。)

④ 克里扎尼奇无疑是指奥列阿里下述数语:"同样,由于俄国人本性残酷无情,他们似乎生来就是为了作奴隶,所以对于他们,必须经常加以残酷严峻的压迫和强制,采取刑拷和殴打的办法,经常强迫他们工作"(《游记》,第 149—195 页)。

尼奇对此愤然怒斥，说"这是一纸谎言"！如果许多俄国人的行为良好，不是由于诚心向善，而是由于害怕惩罚，则这种情况的原因，乃在于莫斯科的"残酷占有制"：由于这种占有制，俄国人才感到生活本身令人感到"坏透"了。如果德国人或任何其他民族也陷入这种条件，他们也会产生相似的、或更坏的缺点。按照克里扎尼奇的意见，莫斯科国一切恶的主要根源，就是"残酷的占有制"。在较为温和的制度之下，这个国家的人口会比当时要多一倍。"残酷的占有制"比自然灾害更能妨碍人口的繁殖①。克里扎尼奇关于"残酷占有制"的后果的这些见解，同孟德斯鸠的一句名言很相类似："一个国家并不是由于土地肥沃，而是由于自由，才被认为是文明的。"克里扎尼奇大概在这个问题上是完全同意《法的精神》作者的，尽管在自由这一概念的含义上，他显然与孟德斯鸠不能保持一致。

莫斯科没有公正的法庭，这也使克里扎尼奇深感不快。他认为这是因为官吏的报酬太少。但他虽然理解这一祸害的原因，却仍不能容忍按照他的说法，当时的情形是：负有保护私有财产之责的一些机关的代表，仿佛都在对盗贼说："弟兄们，随便偷罢，抢罢，分给我一部分，你们便可得到宽恕！"因此，使克里扎尼奇感到奇怪的，不是莫斯科有许多盗贼，而是"正直的人们"还能在那里生活。

由于相信"俄国人"的最大不幸在于他们国家所特有的那种"残酷的占有制"和"恶劣的法律"，克里扎尼奇拟订了一整套改革

---

①　"瘟疫、灾荒和战争不能造成长期的荒芜，经过不多年的时间，这种土地上又住满了居民。"

方案。

克柳切夫斯基说,在读他所拟订的改革方案时,你会不禁慨叹:"这就是彼得大帝的方案啊!甚至缺点和矛盾也都相同。"[①]的确,相同,也很不相同。事实上,克里扎尼奇的方案在许多方面是同彼得的方案相仿佛的。像彼得一样,他认为发展国家的生产力,具有重大意义。他说,在贫穷的国家里,国王也是穷的。不仅如此,他还希望政府能关切人民的最低层。"在平民众多而富裕的地方,国王和统治者,乃至显贵也会是富有和强盛的。"这位克罗地亚的学者的这一意见,与政治经济学中的重农学派创始人魁奈所说的"农民穷,则王国穷;王国穷,则国王亦穷",是很相似的。这个思想,我们在彼得的同时代人、农民波索什科夫所著《论贫富》一书中,亦曾读到。波索什科夫书中的这一思想,给我国某些作家以所谓根据,夸耀说西欧经济科学的一个最伟大发现是先在俄国作出的。只有完全不了解政治经济学史和西欧国家的经济政策,才会说出这种毫无价值的空话。"在劳动居民穷的国家,其国王亦穷"——这一发现,是远在斯拉夫作家有所理解以前,已由"外国人"作出的。而且无可怀疑,外国的理论家,也是在实践家、即在那些以充实国库为职责和利益的人们有了这一发现以后,才知道这一发现的。克里扎尼奇本人对于政府为什么要关心劳动群众的福利解释如下:"皇帝[②]、统治者和显贵所以关心平民,是为了以后能够永远掠夺他们。"这里说得很明显,他也认为问题主要不是为了

---

① 《俄国史教程》,第 3 卷,第 325—326 页。

② 克里扎尼奇随处都称国王为皇帝,他认为这个称号比沙皇要崇高得多。

平民,而是为了能够"掠夺"①。后来,"劳动人民的贫困造成国家
的贫困"这个定理,已不再符合经济的实际情况了。社会主义者说
得正确,劳动群众的物质情况,恰恰是在富有的国家最为恶劣。我
们看到,克里扎尼奇本人便不得不在他的著作里指出这一似乎反
常的现象。但是在他的时代里,资本主义的发展,刚巧已开始通过
其自身的过程,推翻上述定理。因此,欧洲的许多理论家和实践家
才不断承认它和复述它。"塞尔维亚人尤里·伊凡尼奇"——莫斯
科人当时是这样称呼克里扎尼奇的——便是从他们那里抄袭了这
一定理的。但是无论如何,他坚决主张发展莫斯科的生产力,在这
方面,他同彼得确乎是一致的。关于怎样的国家才能说是富国的
问题,他解答说,凡是金银多、矿产多的国家,便是富国;其衣着材
料和食物充沛者更富;而"手工制品"发达、海上贸易繁荣者,则富
强甲于天下。我们"在英国和布拉班"(即尼德兰——著者)就看到
这种情况。就这点说,留学荷兰的彼得,也会完全与他同意的。

II

　　但是越是往后,重要的差别便开始出现了。彼得喜欢"外国
人",并吸收他们来到他的国家;而克里扎尼奇则对他们感到不能
忍受,他主张"下逐客令",并"封锁边境"。他说,俄国人民需要一

---

　　① 1726 年秋,缅希科夫、奥斯特曼、马卡罗夫和沃尔科夫在回答给最高机密会
议员所提的问题时,提出一份报告,在其他意见中,我们在这里读到下述意见:"因为军
队是极为需要的,没有军队国家就不能保持其存在,所以对于农民,必须给予关怀,因
为士兵与农民血肉相连,没有农民,便没有军队。"(索洛维约夫:《俄国史》,第 4 卷,第
887 页。)由此可以再明显不过地看出,为什么官僚们对于"平民",要表示关切——而且
真正是表示关切的。

种"非常善良的法律",禁止莫斯科国王的臣民在外国流浪,取缔
"任何外国人"前来俄国"东探西望"。这样的法律对俄国人民是有
利的。他极为重视这种"封锁",认为这是莫斯科罗斯的"根本支柱
和基础",可同东正教信仰、君主制度、国家完整和民族独立,相提
并论。克里扎尼奇在这方面不仅远远落后于科托希欣,而且落后
于库尔布斯基;读者记得,库尔布斯基曾为"封锁边境"而责备伊凡
四世。克里扎尼奇的这种"封锁边境"的主张,是同他对发展俄国
生产力的关怀直接发生尖锐的矛盾;因为他曾建议,为了发展生产
力,不惜支付巨额工资从外国招聘优良手工业者来俄国训练俄国
人的。同样,克里扎尼奇把大规模贸易看为发展国家财富的必要
条件的观点,也同他的另一观点不一致,按照这种观点,商人乃"游
手好闲和浪费粮食之辈",因此政府对于他们,可以比对其他任何
阶级的居民,更不客气。这样的矛盾出现在像他这样一个有学识
的人的身上,是很奇怪的。也许,这部分地是由于我们所看到的他
的主要著作,尚未完全定稿。如果克里扎尼奇对于他的著作作了
最后修订,也许他能够使他的叙述不致使我们感到相互不一致、或
至少很难一致。[1] 然而即使如此,他的"封锁边境"的主张和他对
商人的尖刻评论,也无论如何使他的方案和彼得的计划很难完全
一致。此外,还应考虑到——这当然是最主要的——克里扎尼奇

---

[1]　我所以用这种可能性来解决克里扎尼奇的上述矛盾,是因为我假定他的用语
并不都能准确地符合他的思想。例如,"封锁边境"可能归根到底只是表示他的一个表
达得极端不准确的信念,以为必须实行保护关税,以利民族工业的发展。他是确实有
过这一信念的。作为例证,我可以指出《论手工业》一书第二篇。(见《俄国谈话》,1859
年第 1 期附录,第 34 页),克里扎尼奇在那里提出的见解,与后来弗里德里希·李斯特
所见者相同。

对于莫斯科社会生活的最主要特点的态度,是同彼得完全不同的。

他写道,皇帝是上帝的全权代理人和"活的法律";他的权力是无限的,他的行为不受人间法庭的裁判;最后,国内所有的一切,都为皇帝所有。读者在看到他的这种观点时,会以为就是伊凡雷帝,也丝毫不会反对他的政治学说的。可是,读者很快就会相信,在克里扎尼奇看来,雷帝的君主制度乃是最凶恶的暴政,而他这位君主制度的坚决拥护者则是暴政的不可调和敌人。对于莫斯科人鲍利斯提出的"何谓暴君"问题,西斯拉夫人赫尔沃伊在一次对话中激动地答道:"暴君是人民的盗贼,既不害怕法庭,也不害怕犯罪。他是无法无天的刽子手。他这种人是人的否定,是衣冠楚楚的魔鬼。他可以好话说尽……却并非出自心愿。用我们的话说,暴君就是杀人魔王。"暴君是狼,而皇帝则应该是牧人。皇帝的光荣高于天下一切光荣,而暴君则是"对皇帝的最大羞辱"。克里扎尼奇指伊凡雷帝的最残酷的"杀人魔王"。他的行为引起上苍的"恶报"[①]。我们的"塞尔维亚人"深信,吕里克王朝的灭亡,乃是上帝对伊凡·华西里维奇沙皇"杀人魔王"的惩罚。当然,对于伊凡四世的残暴的这种坚决谴责,并无任何新颖之处。我们已经看到,莫斯科想从国王手中获取限制权力诏书的一切企图,都是由于他们希望预防这种残酷暴行的重演。然而克里扎尼奇却不仅是仇恨"杀人的暴政"。他对于君权无限的见解,是同在莫斯科国居民中流行的见解,大不相同的。无怪乎他说,善良的沙皇即使在"凶恶的法律之下,也不会是贪求无厌的"。特别值得指出的是,这一君主专制的

---

① 他是"整个残酷占有制的祸首"。

坚决拥护者一方面断言,甚至他所仇恨的"杀人魔王"也比"庶民统治"要好一些①,同时又认为必须对皇帝的权力规定一定的界限。他说,无限的权力是违反上帝和自然的规律的。上帝授予权力是为了创造,而不是为了破坏。自然"告诉"我们,"不是皇帝设定帝国,而是帝国设定皇帝",——"这句话我们不妨反复多说几次,因为皇帝必须在思想上多多想到它"。

根据这位塞尔维亚人克里扎尼奇的学说,皇帝的权力有三种来源。它可能来自继承,来自征服、或授自人民②。由于征服者显然只能在被征服者还不及他强大时进行统治,所以实质上,只有两种合法的权力来源。但就继承说,谁也不能传授超过他本人所有的东西。因此,皇帝的权力不能合法地超出其"选民"所规定的界限。"选民"也不能给皇帝以随心所欲作好作坏的权利:诸如"出卖、割让、劫掠、破坏"等等。尽管国王一经选出便不受人间法庭的裁判,但他如违反其臣民的自然权利,那还是对神、对自然有罪的。这同波丹所说的"世袭君主专制"和欧洲君主专制之间的差别,很相类似;我想读者对此是很了解的。

固然,每人对于神和自然的意志,见仁见智,解释互有不同,因此,在提到这种意志时,对于那种恰恰需要明确的东西,却并不都有明确指示。但是克里扎尼奇的思想,通过他的推理过程,得到了适当的补充。

---

① 就是说,一个人的暴政总比人民的暴政要好一些。
② 关于召请大公的历史传说,克里扎尼奇认为是一种愚蠢的神话。他的见解是:所以召请大公,似乎是由于人民饱受内乱之苦。可是在这种情形之下,为什么所召请的不是一个大公,而是整整三个大公呢?斯拉夫人不会做出这种蠢事。

他引述以色列的先知者萨穆伊尔的言论(在引述时使用了他自造的斯拉夫语文):"你的儿子想作皇帝:他建立骑兵,弓箭兵,指派了军政长官;他想占有你的庄稼地和葡萄园,发给他的臣仆;他想占有你的男女奴隶和牲畜,由他使用;他想以什一税的名目实行征税,发给他的臣仆。你也将成为他的奴隶。"这些话很容易被解释为赞成独夫专制的言论。但是,在我们作家那里,这些话却具有完全不同的意义。

他说:"以色列人当时由于不满意萨穆伊尔的审判和预言,由于不满意上帝派来的这一神职人员,遂请求上帝指派一个皇帝。上帝因此震怒,便将皇帝加于他们的负担告诉他们。"萨穆伊尔所列举的一些未来皇帝的可能举动,如掠夺臣民所属的庄稼地、葡萄园、牲畜等等,就克里扎尼奇看来,都是显然错误的。他提到阿哈夫,据圣经说,这阿哈夫曾想方设法要购买纳伏迪的葡萄园。如果以色列的皇帝有权夺去其臣民的财产,那他在纳伏迪拒绝自愿让出他的葡萄园后,必然要用强力夺去他所喜欢的这座葡萄园了。但是阿哈夫没有这样做,"因为他没有这种权利",他只好按照他的妻子的主张,提出伪证,同纳伏迪打官司。

在叙述了阿哈夫的作法后,克里扎尼奇用外交辞令说,他不知道,当今的皇帝在这种情形之下,会怎样办的。当然,他不能不知道,莫斯科的国王是不同他的奴隶和孤儿进行诉讼的,只要他觉得有用或喜欢,他会毫不客气地将他们的财产据为己有。关于这点,他认为最好是不去提及。不过,对于土耳其的苏丹或波斯的沙赫,——简言之,对于东方的专制君主——他是毋须客气的。他直截了当地说,他们掠夺自己的臣民。而且他们不仅掠夺臣民,还要杀害其子女，"仿佛这是依法办理"，命令人们承认其正确。克里扎尼奇说，我们不应仿效他们。

这一切都写得很明确。这一切表明我们的作家愿望莫斯科国欧化，想迫使它放弃东方专制制度所特有的习俗，尤其重要的是，放弃东方专制制度所特有的制度。

III

毫无疑义，克里扎尼奇的理想是法兰西王国。他率直地说，最光荣和幸福的，是不仅工商业发达，而且"法律良好的国家，我们在法兰西王国所见，就是如此"[1]。由于他对法国政治制度的这种偏好，所以他对于神和自然规律的解释，同波丹在他以前所作的解释，旨意完全相同。彼得大帝是不承认这种解释的。他用了全部精神力量来维护"世袭君主制度"，或在这里用克里扎尼奇的话说，就是维护"残酷的占有制"[2]。

克里扎尼奇的改革方案，写在他的一篇假想的莫斯科沙皇告全国居民书里。首先，沙皇声明他的国家迄今还没有"良好的法律"，他愿意弥补这一缺陷。他说："我们愿意给各地各级人民以适当自由，使所有的人各得其所，各安其命运。"

---

①　前述年度《俄国谈话》，第 1 期，第 7 页，着重点是著者加的。

②　"伊凡雷帝的理论根据，如果撇开他本人的和暂时的影响不说，在于俄国历史的久远传说。东北俄罗斯的政治生活，在伊凡以前已在许多条件的影响之下形成，这些条件在更早以前就已成立，在彼得改革以后没有全部失效，就在我们的时代也未完全消失。"（《塔季谢夫及其时代》，波波夫著，莫斯科，第 67 页）1861 年，当波波夫这一著作出版时，这种议论便需修正，这不仅是因为在雷帝以前，东北罗斯的政治生活还只倾向于采取那种在他以后毫无重大改变地存在到"我们时代"的形式。

沙皇说，他审阅了各国——希腊、法国、西班牙、德国、波兰——的法律，从那里挑选了各种适合的法律，决定将其"慷慨地赐予"本国臣民。在谈及这些适合的法律的内容之前，请先注意考察一下克里扎尼奇的立法空想的形式方面。

大家都知道，1649 年初，法典编制工作结束。莫斯科政府在制定这部法典时研究了各国的法律。除莫斯科钦定法律汇编之外，它还参考了主导法典①的第 2 卷，那里收进了希腊历代皇帝的法典和法律；以及 1588 年的立陶宛条例。由此可见，按照他的空想，克里扎尼奇是想使沙皇在立法工作上大体上采取莫斯科政府那样的行动。克里扎尼奇甚至没有忘记希腊的法律。然而事实上，他所向往的不是希腊的法律，特别不是波兰的法律，也不是德国的政治制度。前已谈过，克里扎尼奇所最倾心的是法国的君主制度。因此，毫不奇怪，在他的著作中引证的，主要是法国人，也许还有西班牙人，因为这些国家的最高等级具有"适当的自由"②。

我们的作家所草拟的"自由"方案，主要地涉及最高阶级。

僧侣将免除受官厅和人间法庭的管辖。此外，他们免除"工作和捐税等负担"。官宦等级分为三等。第一等的高贵人士，称为公

①　原名 номокайн 的拜占庭法律汇编，包括有关宗教的一切法规和一般的法律，自 13 世纪末叶起在罗斯宗教法庭采用，并加以补充。——校者

②　他在另一地方对臣民说，（这次是用拉丁文）："Quas autem et Quales uobis dabimus libertates? Nempe liberalissimas. Dabimus einim nobis omnes pene illas libertates，quibus gaudent quicunque Europae Populi：quantum cas non reseire Potuimus，et quantum expedit Saluti ac felici statui huius regni et totius populi."（然而我要给你们什么自由和怎样的自由呢？当然，是最宽大的自由。要知道，我要给你们欧洲任何一个民族所享有的几乎所有那些自由，只要我能以知道它们，只要这有助于这个王国的幸福和繁荣。）

爵。他们每人统治一个设防的城市和一座碉堡。沙皇"看来",这
种公爵只要十二名就够了。第二等的公职人员,称为大贵族,第三
等人,"不够"称为大贵族儿女者,称为大贵族侄儿。所有这三等
人,统称为忠实的臣仆、大贵族人士或侄辈,但不得称为奴隶①。
对属于以上各等公职人员,不得用简称,如"波尔科"、"弗拉得科",
而要用全称,如"波尔科"应称为鲍利斯,"弗拉得科"应称为弗拉季
米尔。对于他们,沙皇应禁止其叩头及地,"只能对唯一的上帝和
圣像行这种礼,而对人则不可行。"公职人员既不再是奴隶,便永远
免除了"鞭刑、笞刑和侮辱性的惩罚如刺面、割鼻、割耳、断手等"。
对他们的惩罚将是:监禁、革职和流放等等。沙皇允许免除他们负
担任何奴隶劳动和义务。

　　按照克里扎尼奇的意见,所有这些"自由"不仅无损于皇帝的
权力,而且对它有利。在制度良好的西方国家,无论人民或军队都
不许可自己受辱。在这些国家里,最高政权要比土耳其巩固些,因
为土耳其没有自由,国王受制于"简单的特种常备步兵的愚蠢无礼
行为"。在克里扎尼奇草拟他的改革方案时,在所有莫斯科人的头
脑里,"变乱时代"所造成的印象,记忆犹新。因此,他说他所设计
的"自由"方案,在某种程度上是反对人民起义的保证。

　　沙皇仿照西方国家的先例,规定保持公爵和统治者的财产的
完整:"你们的世袭领地和封地,不得分割。"②

　　在克里扎尼奇的方案里,城市获有一定的自治权。手工业者

─────────

　　①　读者记得:波丹说过,在"世袭君主专制"国家,军职人员是国王的奴隶,而在欧
洲的君主国家里,却无此事。

　　②　不过,在莫斯科国,对于封地,也是只有在政府同意下,才能分割的。

组织行会，免除为国家作强迫的工作①。但是，——这一点必须指出，——给予工商业阶级的权利，要比给予公职人员的权利少得多。我们的作家认为不能永远地（in perpetuum）给商人以自由，在给商人以自由时，"要用临时赏赐的名义，这种自由随时都可取消"。由于认为商人是"耗费粮食和游手好闲之辈"，克里扎尼奇自然认为对于他们没有讲客气的必要。在他的方案里，沙皇说："这种人的家财都是从商业中赚来的。这种利益（无论它是多么巨大），我们业已宣布、现在再次宣布，应该属于我们。"②这同克里扎尼奇谴责阿哈夫对待纳伏迪的行为，仿佛是极端矛盾的。但是，在皇帝宣布商业利益应该"属于我们"的时候，他只不过想说皇帝保有将获利最大的商业部门收为他的垄断的权利而已。我们已听波克罗夫斯基说过，在十七世纪的莫斯科国，沙皇已广泛使用了这一权利。克里扎尼奇对此表示完全赞同，他说商业是件好事，如果经商不是为了个人的利益，而是为了全体人民的利益，那更是一件光荣的事业，甚至是一件"直接由皇帝经营的"事业。由此可见，在他的眼光里，沙皇对商业的垄断，是满足人民需要——实质上即满足国家需要的一种手段。但是他认为所以必须采取这种满足国家需要的手段，是同莫斯科国的经济不发达有因果关系的。他说，如果国王的臣民有充分的力量用自己的资金来举办大规模的商业企业，这些国王是不经营商业的。但是这些国王对商业的利益，却是很关心的："为了保护自己的及其臣民的商业活动，法国皇帝仍然

---

① "对于手工业者，任何人都不得加以侮辱，任何人都不得驱使他们从事强迫的工作。"克里扎尼奇主张对于那些学习某种精巧技艺的奴隶子弟，给予自由。

② 《俄国谈话》，第1期，第65页。

经常在察列格勒派出高级使臣,英国亦派出公使。至于西班牙和葡萄牙的皇帝,则为了保护其臣民的商业活动,更派出军队巡逻海上,护送商船。"①

IV

这些关于法、英、西、葡各国国王关怀其臣民商业利益的引述,表明克里扎尼奇虽对商人作过上述尖刻的批评("耗费粮食的游手好闲之辈"),但这并没有妨碍他理解商业在文明国家经济生活中的重大意义。虽然如此,他在所拟方案里分给商人的自由,却无可争议地比他给予公职人员的,要少得多。他的方案给予农民的自由更少。克里扎尼奇说,"无知的平民是不能给予自由的"。他们必须准备"按照皇帝的一切命令和需要,交纳贡赋,承担重负"。读者看到,这并不是什么值得羡慕的遭遇。然而克里扎尼奇却说:所有欧洲国家最低阶级的情况,都是这样。当他谈到这一情况时,他对理论史做了非常重要的观察,实际上与他自己提出的,且亦为读者所熟知的一条通则:即"在平民众多富有的地方,其国王和统治者以至大贵族,也都富有强盛",是大相径庭的。现在我们从他那里获悉,尽管富有的人们在富有的国家里生活得优裕些和富足些,但农民及从事手工业的城市贫民的情况,却并不比在贫穷的莫斯科国好多少。根据克里扎尼奇解释,这是由于在某些西方国家——例如在瑞士,多石的土壤对农民劳动的报酬要坏得多;这还由于在富有各国,大部分居民并不是为自己播种粮食,因此,"他们

_____

① 《俄国谈话》,第1期,第10—11页。

的生活很苦"。他说,在外国的某些地方,人们所吃的粮食,更像泥土,而不像是真正的粮食。但在罗斯,最穷的居民,也能吃到好粮食、鱼和肉,即令喝不到啤酒,至少也能喝到用果汁制成的清凉饮料克瓦斯。这种有利于莫斯科罗斯的评语,可能是出于克里扎尼奇讨好莫斯科当局的愿望,因为克里扎尼奇的著作,本来就是为当权者写的。不能不承认,克里扎尼奇对于大俄罗斯人民的经济状况,是粉饰过头了。但在他所描绘的情景里,也还是有其真实之处的。在自然经济处于主导地位的国家里,其居民是比在商品经济高度发达的国家里,更易于取得粮食、肉类等重要生活必需品的①。我们现在知道,西欧的社会劳动分工带来了劳动群众的穷困化。因此,我重复说,上述以莫斯科罗斯与西方相对立,是有其无可争辩的真理的。克里扎尼奇按时间说,是在书本上提出这一对立的第一位作家,虽然他的书是预定给少数俄国人看的。这种对立为一个问题的提出提供了充分的逻辑根据,这个问题就是:那些关心俄国生产力发展的人们是否犯了反人民的错误呢?在克里扎尼奇本人那里,没有发生这个问题,而且无论根据那个时代的条件、无论根据他本人的情绪的特点,都不可能发生这个问题:克里扎尼奇是一个狂热的大斯拉夫主义者和专制制度的坚决拥护者,

---

① 阿弗拉米·帕利岑说,在混乱时代,"收集了无数抢夺来的各种粮食,而当地居民并未因此陷于穷困。农地上谷垛林立,谷场上堆满了麦秸、草垛,和全俄骚动十四年来的干草垛。他们吃的是旧时劳动的产品。早先收获和播种的东西被揉碎了,被铲除了"。(《俄国历史丛书》,第13卷,第481页。)当然,在先进的西方各国,情况与此完全不同。固然,莫斯科国的商品经济,在十七世纪亦曾取得相当大的进展。但一切都是相对的。同西方相比,莫斯科罗斯那时仍然是一个落后的自然经济国家,这是无可争议的。

他并不怎样爱人民。然而十分重视劳动群众利益的十九世纪俄国知识界，却不得不几乎用尽他们的最大部分智力来解决这一"可憎的问题"。

克里扎尼奇还说："在某些附近的国家里"，大贵族和军人可以不受处罚地欺侮农民。这似乎是暗示波兰。无论这一暗示本身有多么正确，但不可能假设，克里扎尼奇不知道莫斯科国的农民由于最高等级的暴行而遭受了多么惨重的苦难。因此，他在这里又写了一种照例明确的事情。

受到"自由"赏赐的莫斯科沙皇臣民，向沙皇宣誓效忠。克里扎尼奇慎重地为他们写了长篇誓词。皇帝也宣誓遵守其臣民的权利："我们和我们的后代将一定在即皇帝位前宣誓保持我们赐予你们——我们的忠诚臣民——的一切自由不变。"[①]。

这第二篇誓词是完全不符合莫斯科世袭君主制的精神的。当 1654 年 1 月波格丹·梅利赫尼茨基带着誓词加入莫斯科国籍的时候，他请求沙皇的使臣——大贵族布士尔林代表沙皇宣誓将不侵犯小俄罗斯人民的自由，但从他那里得到的答复是："在莫斯科国，国王的臣民曾向以前的伟大国王宣誓，他们亦曾向伟大的国王阿列克谢·米哈伊洛维奇宣誓尽忠、正直并做好事；至于代表国王宣誓，这是从来不曾有过的事情，将来也不会有的。你，盖特曼，不应谈起这种事情，因为任何臣民都必须向自己的国王宣誓。"

---

① 着重点是原文就有的。《十七世纪中叶的俄罗斯国》，1859 年度《俄国言论》，第 4 辑，附录。

V

П. 别索诺夫责备克里扎尼奇想把基本民族基础的稳定性看作因循守旧、发展障碍,想要克服其坚韧不拔的精神,并对这些基础本身进行改造①。的确,他"想要"! 读者已经看到,克里扎尼奇所拟订的改革计划就是为了将莫斯科国从一个东方的君主专制国家转变为一个西欧(法国)式的无限制的君主专制国家。现在已可指出,克里扎尼奇维护正教,但他指的是罗马天主教,而不是希腊—俄国的宗教;在他看来,这种宗教不过是一个"教派"。同样,克里扎尼奇关于俄国民族的概念,也同十九世纪莫斯科的"官方"和非官方的斯拉夫派的概念不同。这些斯拉夫派谈到民族,便是指大俄罗斯族及其主要在俄国历史的莫斯科时期发展和巩固起来的生活特点和社会政治观点。而克里扎尼奇则时常把这些特点看为"不伦不类",贬低俄国民族并从根本上破坏俄国民族的幸福。他很高兴地向莫斯科国的人指出,应该以小俄罗斯人和白俄罗斯人为仿效的榜样。这表明,他的俄国民族观,要比俄国晚近的斯拉夫派和我国现时的乌克兰派的观点宽阔得多。

晚近的斯拉夫派在读到克里扎尼奇的下面一段话时,是只会向他鼓掌称快的:"任何民族和国家的最大危害,莫过于人们轻视或完全抛弃其祖国的美德、法律、制度和语言,而接受外国的道德、别人的语言,想把自己变为外国人。"他们对于他的"下逐客令"的倾向,当然也很赞赏。然而非常明显的是,如果莫斯科罗斯实现了

---

① 《克里扎尼奇文集序》,前述年度《俄国谈话》,第 1 期,附录,第 24 页。

我们反复研究过的这位十七世纪的克罗地亚泛斯拉夫主义者的
改革方案,则那些使十九世纪莫斯科斯拉夫派深为珍惜的根本
"基础",便在俄国所剩无几了。就其对莫斯科国的社会政治制
度的态度而言,克里扎尼奇是一个西化派,而彼得一世——他的
改革为西化派所极度称颂,亦为斯拉夫派所极端反对——按照
斯拉夫派一词在十九世纪所包涵的意义而言,则是一个纯种的
斯拉夫派了。

　　使克里扎尼奇与彼得接近的,除前述对发展生产力的关怀之
外,还有对"游手好闲之辈"的憎恨。这种接近达到了这样的程度,
以致克里扎尼奇不管多么坚决主张按照法国的形式改造莫斯科国
的政治制度,却仍在所拟方案里保存了这个国家的奴役性质。在
他的改革方案里,最高阶级应负担强迫公职。这个通则的例外是
准许公爵于服完公职若干年后退休。克里扎尼奇方案中的这一规
定,部分地预示了在下一世纪一切俄国贵族逐步为自己争得的"自
由"。

　　克柳切夫斯基说,"科托希欣的著作,在上一世纪(即十九世
纪——著者)四十年代被一位俄国教授在乌普萨拉大学图书馆发
现以前,在俄国谁也不曾读过。克里扎尼奇的著作仅流传于'上
层',于宫廷之中,于阿列克谢和费多尔等沙皇之间;其抄本亦保存
在索菲娅女皇的权臣梅德韦杰夫及戈利岑公爵手中。似乎在费多
尔沙皇时,还打算将它付印"①。不过,只是打算,却并未印出。类
似的事实决定了那些无疑是俄国知识界鼻祖的人们在当时莫斯科

---

① 《俄国史教程》,第3卷,第328—329页。

可能发挥的影响的范围。这种范围是极为狭小的①。当时俄国"知识界"的鼻祖,不可能设想会对社会生活有何直接影响:他们没有听众,而这却是发挥这种影响的必须条件。所能设想的只是间接影响。间接影响的最有效形式,是通过最高当局。权力无限的君主,只要他愿意,是能够根据理性的指示来改造其人民的生活的。这就是对于社会发展的真正原因没有认识的人们的想法。因此,他们以为,问题只不过在于某一权力无限的君主是否愿意扮演改造者的角色。最早的莫斯科西方派觉得这是极不可能的,所以他们既然在国内感到不可克服的"厌恶",便逃往国外、或打算逃往国外,而不想在修道院之外求得逃出这种一团糟的现实的补救办法。但是克里扎尼奇相信可能自上而下实行根本改革,所以他勇敢地向莫斯科的国王发出呼吁:"啊,沙皇! 你手中握有神奇的权标(Чудотворный Мойсеев Прут即 Жезл),你可以用它来创造奇迹。"莫斯科的国王可以借助权标"轻易地改正错误,镇压邪恶,找出人民事业中的污泥浊水"。

在本书的往后叙述里,我们将看到,俄国知识界对于"权标"的希望有时消失了,有时又以新的力量重新复活。我们在赫尔岑的某些国外著作里和在尼·孔·米哈伊洛夫斯基的某些公开论文里,也看到这种对权标的希望,这并不奇怪。

前面说过,克里扎尼奇相当长期地被流放到西伯利亚。爱作

①　1648 年,由基辅米哈伊洛夫修道院院长纳法奈尔编辑,由沙皇的神父斯特凡·沃尼法季耶夫出版的论文集《论信仰》,在最初两月中便发行了八百册。(B.A.克尔图亚拉:《俄国文学史教程》,第 1 部分,第 2 册,第 814 页。)可见,莫斯科并不拒绝阅读其所能得到的出版物。

历史比拟的读者，也许要指出，从这方面说，坚决相信"权标"的"塞尔维亚人克里扎尼奇"的命运，是大量俄国"知识界"的未来命运的典型。

但这只是顺便一提。我想最好是做另一种比拟。

别林斯基在他所著《俄国文学的思想与札记》一文中写道，俄国文学"为各种等级的内部接近奠定基础，形成舆论的范畴，在社会上造成某种特殊的阶级，这个阶级与普通的中间等级不同，在于它的构成不仅有商人和小市民，并且有通过教育——这种教育在我国完全集中在对文学的爱好上——而相互接近的所有等级的人们"①。

按照别林斯基的说法，文学"在社会上造成的特殊阶级"，便是以十七世纪在我们面前表现为其鼻祖的伊·安·赫沃罗斯季宁、沃因·阿·奥尔金-纳晓金，乃至克里扎尼奇一类人们的俄国知识界，虽然克里扎尼奇本来不是俄国人。实际上，知识界在我国从来不曾构成一个完整的社会阶级，而且在任何地方都不可能构成这样的阶级。他们只不过是一个薄薄社会阶层；但是这个薄薄的阶层却在俄国教育史中起过重要的作用。别林斯基说，通过教育而相互接近的所有等级的人们，都属于这个阶层，这话是正确的。但是正确的思想却被他叙述在一个不正确的观点里：按照他的说法，俄国文学所造成的"阶级"，其构成不仅有商人和小市民，还有……等等。这样说，则商人和小市民便仿佛是这个"阶级"的核心了。然而在十七世纪，我们在知识界的鼻祖当中，却完全没有看到有人

---

① 《文集》，第 12 卷，莫斯科，1882 年，第 243 页。

出身于商人和小市民。在其后的两个世纪里,商人和小市民虽曾有代表置身于知识界的行列,但直到十九世纪六十年代出现非贵族出身的知识界时止,他们在知识界中只占少数①。这就是俄国知识界同法国知识界的差别:别林斯基称为中间等级,而法国则称为第三等级的那个等级的人们,早就占了多数。这是可以理解的。我们已经知道,法国君主政权在反对封建主的斗争中主要就是依靠第三等级。两种历史过程的这一相对差别,不仅解释了我所指出的俄国和法国知识界在成分上的差别。我们往下便可看到,这一为俄国历史过程的相对特殊性所制约的俄国知识界社会成分的相对特殊性,怎样影响了俄国社会思想的往后发展过程。

---

①　尽人皆知,商人代表直到现在还是非常少的。

第十章 初期的西方派与启蒙思想家（续完）

5.瓦·瓦·戈利岑

I

　　奥尔金-纳晓金、赫沃罗斯季宁、科托希欣都没有在他们周围的环境里为他们的丰富精神力量找到用武之地。因此，他们每人对当时的莫斯科，反正都感到"憎恶"。瓦·瓦戈利岑公爵的命运却不同。他无疑地是一位坚决的西方派。但是他的环境却使他能够最低限度试图改变他周围的丑恶现实。因此，"憎恶"便很难说是他的情绪的主导特点。作为一位改革家，他必须同大量的实际阻碍进行顽强的斗争。大家都知道，斗争对于坚强的性格只能是一种锻炼。但戈利岑公爵未必具有很坚强的性格。此外，莫斯科国的政治制度也使这位名门大贵族只能采取一种斗争形式：即利用宫廷阴谋进行斗争。宫廷阴谋使他在好些年里获得了几乎全部权力，但也为他预备了一个很悲惨的下场。我国有人当时说过，他在这方面，并不是落后一人。在他以后，还在俄罗斯出现过采用同样武器的改革家，然而他们的结局都不比戈利岑好多少。每一种情况都有其客观的逻辑。

戈利岑博览群书,勤奋学习。他垮台后,彼得一世的政府在按照莫斯科的旧习惯,把失宠被黜官员财产"没收上交国王"时,在他们藏书里发现下列一些书籍:修士司祭安东尼·鲁萨科夫斯基编写的虔诚国王颂、印制本——向国王陛下称谢书、手抄本——对研究院的委托、手抄本——论公民生活和有关一般人民的一切事务的整顿(当然,这本书引起了改革家的注意——著者)[①]。遗嘱,或希腊皇帝华西里给他的儿子列夫·菲洛索夫的遗训。奥龙达皇后如何接近其亲族,而他们的婆母和她的公主如何杀害她。刊印的文法书:用波兰文写的。罗弗·路多尔夫著作的手抄本——总主教米列奇助祭著作的译本、阿尔科兰·马赫麦托夫波兰文书简刊印本的译本、马吉隆女皇史一书中的波兰文书简、论出使各国的使臣、四部德文书、四卷手抄本——论喜剧、各年历书八卷、手抄本——论法或尚武的荷兰典章、德语歌词、波兰语和拉丁语文法、波兰文字史、马医概述、德文本鱼类及兽类概述、法律大全、家谱、枪操操法、尤里·谢尔宾手抄本、基辅编年史、索洛韦的呈文、论军事制度、德文土地测量学[②]。

　　戈利岑的藏书使人想起波兰影响在莫斯科国同"德国"影响进

---

　　① 这是波兰人安·弗·莫得德列乌斯(莫德日夫斯基)(1503—1589)的著作《De emandanda republica》的俄文译本,其一部分于 1551 年在克拉科夫出版,全书于 1554 年在巴塞尔出版。这一著作当时在许多方面都很出色。作者主张人人在法律面前平等,坚决反对教权扩张。关于他,请参阅古姆普洛维奇著《Geschichte der Staacstheorien》(《国家理论史》),因斯布鲁克,1903,第 163—174 页。俄译本可能于 1678 年出版,请参阅乌·阿·索博列夫斯基著《莫斯科俄罗斯的翻译出版物》,圣彼得堡,1903,第 160 页。

　　② 索洛维约夫:《俄国史》,第 3 卷,第 1051—1052 页。

行较量,而且胜过"德国"影响的过渡时期。人人知道,波兰影响的到来,先于西俄影响。戈利岑欣然赞助了基辅的学者。当关于圣餐转化的时间问题爆发争论时,他——这时已是索苏娅女皇的宠臣——坚决站在西俄神学方面而反对希腊神学①。这是毫不奇怪的。这位坚决的西方派同当时的希腊人是毫无通融余地的。波兰的影响促使他研究波兰文和拉丁文。我们在他的藏书里便看到这两种文字的文法书和一些波兰文书籍。他对拉丁文也很精通,曾用拉丁文同外国使臣进行谈判。但是他的藏书的书目尚不足以表示他的思想兴趣的渊博。德-拉-内维尔说,戈利岑曾用拉丁文谈论欧洲发生的一切事情,"特别是关于英国革命"(et surtout de la révolution d'Angleterre)②。不是偶然的,在这位开明公爵的藏书里,收藏了《论公民生活和有关一般人民的一切事务的整顿》一书的手抄本。

德-拉-内维尔在描写戈利岑公爵给他的接待时说,可以想象,仿佛是置身于某一意大利国王的宫廷中。据他说,戈利岑的宅邸,是欧洲最华丽的宅邸之一。"它遍处饰以黄铜,装了极为富丽的帷幕和极为有趣的绘画"③。索洛维约夫引述在政府没收戈利岑的财产时关于这一宅邸描写和关于藏书的描写。"在宅邸的大厅,顶板上画满了油画,正中画着一轮烫金的太阳,光芒四射;太阳周围,

---

① 索洛维约夫:《俄国史》,第 3 卷,第 1048—1050 页。同时请参阅 A. K. 博罗兹金教授在《俄国宗教争论》论文集(1907 年)中关于西尔维斯特尔·梅德韦武夫一文。波罗兹丁教授所指出的,实质上是梅德韦杰夫对索菲娅的态度,而支持索菲娅的却是戈利岑。外国人甚至认为戈利岑是耶稣会派的拥护者,有些外国人甚至说他想改信天主教。

② 德-拉-内维尔:《莫斯科的奇妙关系和新闻》(De la Neuvillo:《Relation curieuse et nouvelle de Moscovie》),海牙,1699,第 14—16 页。

③ 同上书,第 177—178 页。

天空上飘着黄色彩带,画着灿烂的群星。三根铁杆从太阳处吊下
五只白色骨质大吊灯,每只吊灯上各有八只小灯。每只吊灯价值
一百卢布。太阳的另一方面是一轮银光闪闪的月亮。顶板周围,
画着二十座雕刻涂金的男女先知者的神像①。四边挂着四张德国
板画,每张价值 5 卢布。"此外,戈利岑的大厅还装饰了好些镜子和
基辅大公弗拉季米尔、伊凡雷帝、费多尔·伊凡诺维奇、米哈伊
尔·费多罗维奇、阿列克谢·米哈伊洛维奇,伊凡和彼得·阿列克
谢维奇等亲王和沙皇的画像。还有四张不认识的皇室人员的画
像。但最好还是让沙皇的司书来说吧:"在这个大厅里,有 46 扇玻
璃窗,玻璃都镶了金属边框。在卧室里,在木质涂金的框架里,装
有德文土地测量图,贴在麻布上;还有四面镜子;两座阿拉伯人面
石像;一张德式胡桃木床,玲珑透剔地雕刻了人、鸟花草图像。在
胡桃木床上面,正中装有一面圆镜,价值 150 卢布。九张包着金色
皮革的靠椅,沙发均用丝绒包装。"总之,在戈利岑公爵的宅邸里,
幼稚的莫斯科人员会感到惊奇的。例如,除以上各节外,他们还在

---

① 可能,德-拉-内维尔称为戈利岑居宅的"非常有趣的图画"装饰的,便是这些
先知者的神像。莫斯科的司书所看到的只是人像,而不是艺术作品。不过,那时不只
戈利岑一人用艺术作品来装饰自己的住宅。扎别林说:"画、板画、地图及其他物品,不
仅为宫廷所有,而且进入了(尽管罕见)大贵族宅邸。然而著名的马特韦耶夫⋯⋯以及
同样著名的戈利岑,在这方面,并不算是唯一的特殊例外。除某些人外,在他们的同代
人中,我们还可指出尼·伊·罗曼诺夫:他爱好音乐,穿德国服装,至少是穿着这种服
装去打猎。总的说,在十七世纪,大贵族的生活已开始在许多方面改变了以往状态。
早期大贵族的先例,对后代是不无影响的。"甚至尼空也有"二百七十印张的法国书,一
大张印制的挂图,一大张宇宙分图和一大张宇宙全图"。在十七世纪八十年代,阿凡纳
西·兹韦列夫为国王雕刻了各种法国雕刻。(《十六和十七世纪俄国沙皇的家庭生
活》,第 1 卷,莫斯科,1872 年,第 177 和 180 页)

记录里描写了"德国妇人骑在马上，而钟表却装在马内"，或"在 3 个胡桃木制的德国人像正中，装着玻璃管，管上铜色标记，刻着德文，管下玻璃器皿内装有水银(是否晴雨计？——著者)"[①]。

II

戈利岑居室的豪华陈设，有力地证明了他的欧洲嗜好。但陈设是一种外表。且看这位开明公爵的改造计划如何罢！

在费多尔·阿列克谢维奇朝代，他便"受命"主管军事，改善沙皇军队的体制和管理。同他一道经办这件事情的，有选任御前大臣，宫廷事务总管、大贵族、居民、城市贵族和大贵族子弟，还有骑兵和步兵部队的将军和上校。这个索洛维约夫用现代名词称为委员会的工作，于 1682 年 1 月废除了按门第规定官阶的制度。可以设想，军事委员会活动获得这一成果，不是没有戈利岑的影响的；戈利岑对于莫斯科军队的改造想得很多，自然懂得这种按门第规定官阶的制度对军事的危害甚大。

所有的事实表明，他倾注全部精力以谋取权力，甚至不惜为此而违背良心。但是他没有旧式大贵族显贵的野心。如果相信德－拉－内维尔的话，他"很鄙视'有权势的人'(les grands)，因为他们无能"，而只是为有才干的人行方便，因此莫斯科的贵族门第(familles patriciennes)对他都很仇恨。他向贵族家庭证明，必须教育他们的子弟，为此应将他们送进波兰学校，或延聘波兰家庭教师。德－拉－内维尔在说明戈利岑的广泛计划时，说他想"使荒原人烟稠密，使

---

①　索洛维约夫《俄国史》，第 3 卷，第 1050—1051 页。

低级野蛮人发财致富,使他们成为人;想将懦夫变为勇士,使牧人的茅舍变为石筑的殿堂"。这一切确乎许诺甚多,可惜太不明确。

德-拉-内维尔在谈到这位西方派公爵的"解放农民"的意愿时[①],(affranchir les paysans)他的大吹大擂的词令的不明确性,尤为令人遗憾。关于这一意愿,克柳切夫斯基很正确地说过:解决农民问题的主张,只是在戈利岑死后一个半世纪才回到俄国当局的头脑中来[②]。波克罗夫斯基认为,戈利岑只是想更明确地规定农民的义务,而不是想解放他们。现在很难确定,事实上当时究竟怎样。德-拉-内维尔说:

"由于这位公爵的意愿是想使这个国家与其他国家并驾齐驱,所以他命令向他提供关于所有欧洲国家及其政府的叙述。首先,他想解放农民,将他们为沙皇耕种的土地发给他们支配。为此,他们将逐年交纳赋税;按照他的计算,这种赋税将增加这些国王(即当时在位的彼得和伊凡——著者)的收入一半以上。"[③]

克柳切夫斯基以为,由于按照戈利岑的计划,贵族仍须服军役,所以农民为了他们的土地而交纳的赋税,应增加贵族的货币薪给,并"成为地主因土地归农民而损失的收入的补偿"。对谁的土地的补偿呢? 德-拉-内维尔所说的不是地主的土地,而是"农民为国王耕作的"土地。很奇怪,克柳切夫斯基没有注意及此。根据德-拉-

---

　①　可以认为戈利岑的改善农民处境的思想,是受了高贵的莫德日夫斯基的影响而产生的。莫德日夫斯基在前述著作里,严厉抨击地主,说"他们像对待奴隶一般对待农民,使他们处于不自由的处境。"(古姆普洛维奇:见前书,第 169—172 页。)

　②　《俄国史教程》,第 3 卷,460 页。

　③　德-拉-内维尔:见前书,第 215 页。

内维尔的话的准确含义，可以假定，戈利岑所要解放的，——也可以说，所要规定和转算为货币义务的，——是皇室所属地区的农民。如果同意这一假定，则十七世纪末的最先进莫斯科西方派之一，在掌握权力以后，其所梦想实现的改革，是多少同法国在 1315 年根据国王路易十世指示所实行的改革相类似的。我们知道，这位国王曾阐述他所实行的措施的理由是："根据自然法则，凡人应生而自由"。(Selon le droit de nature chacun doit naitre franc)。根据德-拉-内维尔的札记，看不出这位读过"关于公民生活"的书和关怀英国革命的莫斯科西方派公爵，是否想到这一理由。然而事实是，他的意愿没有实现。由于经济条件的差别，法国在十四世纪初便已顺利实行的那种措施的思想，对于十七世纪末的莫斯科，却是为时尚早。

III

假定戈利岑所设想的农民改革只适用于皇室所属地区——也许还适用于耕种国有土地的农民——那也还要考虑到德-拉-内维尔的如下论述：

"他还想使贵族能够旅游，使他们去别的国家学习军事；因为他想把农民大军转变为良好的士兵，而农民参加战争，则其土地便会荒芜。他不想实行这种于国无益的兵役①，所以打算对农民征课不重的货币人头税。"(au lieu de ce service inutile à l'Etat, imposer sur chaque tête une somme raisonnable)

这些话的颠倒错乱，达到极点。将无数有服兵役义务的应募兵

----

① 戈利岑说，当时的所谓"负有纳税义务"的农民和奴隶，都是些劣等的军人。

员变为良好的士兵，便是要使他们得到良好的军事训练。而用不重
的货币人头税来代替于国无益的兵役，便是要免除他们服役。两者
相互矛盾。根据德-拉-内维尔的其他解释和克柳切夫斯基的想法，
则戈利岑的打算是完全取消用负有纳税义务的新兵和奴隶来补充
莫斯科部队的，所以对于所谓将农民大军"转变"为良好士兵，应理
解为用贵族部队来代替这种农民大军。从免除兵役的农民那里获
得的货币租税，应该用来供养贵族部队。不能不承认，戈利岑的这
种计谋是行不通的，它同当时莫斯科的军事需要是背道而驰的。

德-拉-内维尔在谈到戈利岑想用货币税来代替强迫农民耕种
沙皇土地时，仍然照常自相矛盾地补充说："他还想实行酒及其他
消费品的买卖(et autres vertes et denrèes)，引起这些人民的致富
希望，从而使他们成为爱好劳动的和灵敏的人(industrieux)。"[1]如
果想到当时的酒是由沙皇垄断的（"царев кабак"），则这些不明确
的言辞就会变得略为明白一些。德-拉-内维尔大概是想说，戈利
岑打算给莫斯科国的臣民以工业活动的自由，借此引起他们的经
济进取心。索菲娅女皇的这位优秀宠臣，一般很注重莫斯科国的
工业发展及其同西欧和东方各国增进商业往来。他敷设了公路，
建立了莫斯科和托波尔斯克之间的正规驿站[2]。他还向中国派出
专使，调整莫斯科人同这一遥远国家的贸易。

就令局部地使莫斯科人的商工业活动解脱其国家所特有的
"残酷占有制"所加于他们的无数严厉束缚，那也将给他们带来巨

---

① 《俄国史教程》，第 215 页。
② 同上书，第 221—223 页。德-拉-内维尔认为莫斯科国公路上的里程标杆，是
戈利岑命令树立的，这也不无意义。

大的利益。戈利岑明确地看出了大俄罗斯国民经济生活中的主要
祸害。然而即使不说他本人地位的特点,就是这种国民经济生活
的"特殊性"也足以使他的计划不能实现。由于这种"特殊性",便
不得不牺牲长远,然而同样重要的需要,以满足当前的国家需要。
"军事财政需要"促使莫斯科的统治者在同西方接近的精神上进行
改革。政府开始注意国家生产力的发展。然而为了取得这种发
展,政府——主要以彼得为代表——却不得不采取一系列归根到
底极大地阻碍了生产力发展的措施,尽管所以采取这些措施本是
为了加快生产力发展的。例如,彼得为了刺激商人的进取精神,极
度地压制了农民的工商业活动。其实,——如本书《绪论》所
述,——莫斯科罗斯的城乡分工,远远没有达到先进西欧各国业已
达到的水平。迁徙自由的完全缺乏,妨碍了俄国城市的发展,却是
造成了农村手工业的巨大发展。彼得为了商人的利益所采行,且
为其继位者所支持的那些措施,不能不非常不利地影响于这种手
工业的命运:这些措施把这种手工业维持在长期保持的原始不发
达状态,这种原始不发达状态就在今天,也还局部地保持未变。这
当然极大地妨碍了大俄罗斯族的经济发展过程[①]。

---

①　地主军队的建立,其本身便对城市的命运产生了不利的影响。我在本书《绪
论》里引述克柳切夫斯基的见解时,业已指出这一点。现在再引索洛维约夫的以下非
常有意义的意见:"古代城市居民有重要意义的,即是他们派出自己的部队参加作战,
在王公混战时代,战争的结局在很多方面取决于这种部队。甚至在伊凡三世统治公国
之初,莫斯科部队由特殊的长官率领出发,参加作战。但是后来大量地主部队的建立,
使政府可以不再需要城市的部队;城市居民不再参加部队,而变成一个完全无武装的
等级,变成老粗,同完全的人们,即同武装的汉子相比,只能是半个人;因为按照当时的
理解,只有有武装的人,只有军人,才是完全的人,才是享有完全权利的人。"(《俄国
史》,第 3 卷,第 657 页)

如果戈利岑能够略为减轻"残酷占有制"的束缚,那他就会大大便利了莫斯科人的经济活动。但是可以设想,他对于莫斯科改革家由于他们的落后国家的社会政治"特殊性"而必然陷入的那种处境的矛盾性,是多少有些模糊的感受的。他希望莫斯科的国家经济,完全采取货币性质。这需要很多钱。为了筹得必须的钱,他打算对俄国毛皮商品行销国外,实行国家垄断[①]。同时,我们看到,他本人也懂得,国家垄断并不能促进私人进取心的发展;所以毋怪乎他想实行酒类及其他消费品的自由买卖了。像在他以后的彼得一样,他不得不在自己的改造计划里考虑特定的经济现实。

IV

克柳切夫斯基说:"戈利岑公爵的私人关系甚至使他不能对他的改造意图进行实际的筹划;他把自己的命运同索菲娅女皇连在一道,同她一道垮台,而不曾参加彼得的改革活动,虽然他是他的最接近的先行者,可能成为他的一位即令不是最好的助手,也是一位好助手。他的计划,在立法中反映得很弱。"[②]

已故教授还可说得更重一些。戈利岑掌权时期的立法,部分地是同他的改造意图背道而驰的。据德-拉-内维尔证明,他想给莫斯科人以信仰自由,然而在他那时,分裂教派却遭受了残酷迫害。同样,没有采取任何实际措施来改善农奴制农民的命运。克柳切夫斯基对此作了再好不过地解释说:"女皇政府在还未能用特

---

① 《俄国史》,第 3 卷,第 218 页。
② 同上。

种常备部队和哥萨克来吓唬贵族的时候,是用贵族来吓唬骄狂的特种常备部队的,所以不能为农奴作任何事情。"①至于斯拉夫派所谓罗斯没有过阶级斗争,这种意见就是最起码的批评也经不住的。然而无可争论的是,莫斯科国由于它的那种"特殊性",因而甚至作为进步源泉的阶级斗争,也常常成为停滞的根源。

如果说索菲娅女皇由于不得不依靠贵族来反对特种常备部队,又不得不依靠特种常备部队来反对贵族,其处境确乎是困难的,那么,她的开明的情人为了自保不得不将其很大一部分智力和注意力用于各种宫廷阴谋,其处境就更困难了。显然,甚至他同索菲娅的爱情关系,一方面使他取得了国家的巨大权力,同时也给他造成不少的困难。女皇热爱他②。而他,据德-拉-内维尔说,所以同她要好,则只是由于想提高自己的地位。(il n'aimait que par rapport à sa fortune)索菲娅深受同他这种非法的,但尽人皆知的关系的痛苦,想嫁给他。为此,他必须事先使他的妻子去当修女;而他,据德-拉-内维尔说,又不愿这样做。但他终于让步了,征得了他的妻子的同意进修道院。这一件家庭闹剧,已足使这位"皇帝大印和国家外交大事的监护人"——现在对戈利岑的称呼——付出很高的代价。但与此同时,还发生了一场使他受到致命伤害的

---

① 《俄国史》,第3卷,第218页。

② 她在第二次克里米亚战争时给他的信中写道:"你给我的信都全部完整地收到。从彼列科比发来的公文于11日星期五到达。我从沃兹德维日斯基徒步去取的。刚刚走近谢尔格伊修道院大门,就收到战报。我记不得是怎样走进去的,边走边读,真不知怎样感谢主和圣母的这一恩德和仁慈的圣徒谢尔格伊!我亲爱的爷,你函示送往修道院事,均已照办;我自己曾沿整个修道院徒步徘徊。"(索洛维约夫:《俄国史》,第3卷,第1022—1023页)这里的真挚情感,是不能有所怀疑的。

同彼得一派的斗争。索菲娅坚决相信她的事业的胜利,但戈利岑却是怀疑的;他在那时不能不看到,事情的结局迫在眉睫。他能不能保持严肃的改造活动所必须的那种精神的平静吗?

彼得的胜利,使他身感失宠被黜的莫斯科公职人员的可怕屈辱地位。这位按照欧洲方式教养起来的公爵,不得不用沙皇奴隶的卑鄙语言来说话了。他在流放途中写给出身雅罗斯拉夫尔世系的沙皇的呈文中说:"费吉尔·沙克洛维特伊从来不是我华斯卡[①]的好友。"这次旅途中,他从雅伦斯克再次写信给国王说:"我们这些不幸的人(即他和他一家——著者)受尽苦难,接近末日;但是对于您国王陛下,没有怨言。车子将我们,您的奴隶,送到托特马,未到市内,就在苏洪河畔,我的妻儿和家仆所乘的车子坠入水中;妻子和我们的几个小孩勉强被从河里拖了出来,久久失去知觉。"他从普斯托塞尔斯克又一次写信给国王:"我们在途中受尽折磨,像讨饭一样的漂泊无依;一切必需品都没有了,什么都吃光用尽了。"[②]

不用说,对于一位多年居住在欧洲最华丽的宫室之一的人来说,落到这种极度贫困地步,是很艰苦的。但是当你读他的呈文时,对于伟大的戈利岑——德-拉-内维尔曾这样称呼他——未能沉默无言地忍受落到他身上的这一切巨大苦难,从而未能避免一再把自己称为沙皇的奴隶瓦斯卡的屈辱必要,你是会感到惋惜的。

---

①　华斯卡(Васька)为戈利岑本名华西里(Василий)的卑称,习称家畜猫、狗、牛、羊为华斯卡。——译者

②　索洛维约夫:《俄国史》,第 3 卷,第 1079—1080 页。

V

索菲娅的宠臣是这样一些俄国西方派的鼻祖，他们为了实现其改革计划，都力图通过这样那样的途径，对最高当局发生个人的影响。他们的努力很少产生良好的结果。这些人往往是在没有结果，但按照他们的处境却在无法避免的阴谋上耗尽很大一部分精力之后垮台的。一些企图从下而上实现社会改革的西方派，有时对于从上而下改造俄国的希望，抱着严厉谴责的态度。车尔尼雪夫斯基在其为 M. 科尔弗男爵所著《斯佩兰斯基生平》一书的出版而写的论文《俄国改革家》（1861 年）中，对于斯佩兰斯基怎么能如此长期坚信其事业的成功可能，亦即怎么能如此长期坚持改革，表示惊奇。"我们说，像他这样绝顶聪明的人竟然这样愚蠢地欺骗自己，这是令人感到惊奇的。然而这种惊奇应该不仅指自斯佩兰斯基回国到亚历山大·帕夫洛维奇逝世的那些希望空抛的年代。在他以前担任国务秘书时，他便应同样明显地看到他的希望的毫无根据。那时只要将他的意图的性质和规模同他想使用的手段的素质一道进行考虑，他便会承认他是一个梦想家。显然，他在这方面生来就是特别健忘的。"车尔尼雪夫斯基说斯佩兰斯基的健忘，是由于他的急于求成。他将他比作一个急于想发财的人，虽然知道买彩票是一种倾家荡产的赌博，却还是买了好些彩票。按照他的意见，斯佩兰斯基像是一个多情种子，甚至看不见所爱妇女的显著缺陷。他还说："所有这种人都是可笑的，他们自欺事小，但如果在大事上自欺，那他们就可能危及社会。他们在错误的道路上兴奋地奔忙，仿佛取得了某种成就，因而使许多人受到迷惑，从这种虚构的成就中产生走这条错误道路的思想。就这方面说，斯佩兰斯基的活动，可以说是有害的。"[1]

车尔尼雪夫斯基在这个问题上的观点，是一种政论家的观点。根据史学家的观点，对于斯佩兰斯基这种人的活动的看法，却不是经常同十九世纪六十年代俄国先进的非贵族出身知识分子的思想家相同的。史学家不能不问问自己，在斯佩兰斯基的那个时代，是否真有"许多人"会在其他条件下受到他的"兴奋的奔忙"的迷惑呢？他的失败是否促成十二月党人产生必须使用完全不同的改革方式的思想的一种历史条件呢？至于戈利岑公爵，在他那时的莫斯科，他是不能使任何人迷失正确道路的。此外，他的广泛改革方案虽然完全没有实行，但他掌权的那些年代，即索菲娅统治的年代，毕竟对于莫斯科国不是没有好处的。克柳切夫斯基便指出彼得的追随者库拉金对于那些年代的非常好的评价：

"索菲娅女皇统治开始，励精图治，审判公正，人民满意，所以在俄罗斯国家，从来没有过这样英明的统治。在她统治的七年之中，全国大为富裕繁荣，商业及各种工艺都增多了，科学开始恢复拉丁文和希腊文，……那时人民富裕，欢欣鼓舞。"克柳切夫斯基将库拉金的证词同德-拉-内维尔的报道作了对照。据内维尔报道，莫斯科在戈利岑统治期间建造了三千多幢石头房屋[2]。由此可见，这位西方派公爵的努力，并不是完全没有结果的。

德-拉-内维尔说："由于戈利岑的垮台，莫斯科失去了一切。"

---

① 《车尔尼雪夫斯基全集》，第 8 卷，第 318—319 页。
② 克柳切夫斯基：《俄国史教程》，第 3 卷，第 461—462 页。

在戈利岑垮台的时候,他必然是这样看的①。现在我们知道,结果
并不是这样。在戈利岑的改造意图之后,接踵而来的是彼得的果
断改造行动。但是克柳切夫斯基所指出的事实仍可成立:即以戈
利岑为代表,沙皇改革家向远方放逐了一位可能在改革方面成为
他的最得力助手的人物。人们不禁在心里闪现一种思想:如果他
们两人能够言归于好,那岂不要好得多吗? 但是他们两个都是在
特定环境条件下行动的,在这种条件下,宫廷阴谋起了巨大作用;
阴谋的结果便是索菲娅派同彼得派的斗争。每一种情况都有其自
己的客观逻辑②。

---

① 德-拉-内维尔是在彼得派击败戈利岑和索菲娅以前不久,以波兰国王使臣的
身份到达莫斯科的。

② 阿·兰博在《俄国史》(*Histoire de la Russie*)(第 5 版,第 350 页)称索菲娅为
"一个拜占廷人",并把她同企图"成为一个欧洲人"的彼得相对立。但是像索菲娅一
样,彼得也是出生、受教育和活动于"拜占廷"环境之中的。

第十一章　对西方影响的
民族主义反动

I

　　1655年沃洛戈德的僧侣们向主教提出一个问题：可否认白俄罗斯人进教堂和可否到他们那里去举行宗教仪式？主教感到他无力解答这一重大问题，就向总主教求教。总主教尼空是这样回答的："如果有人未真诚受过洗礼，未真正洗透，这种人要重受洗礼，但死者要重新安葬。"[①]

　　这一事实使我们对于莫斯科人的意识在其东方生活影响下所达到的那种惊人局限性，有了一种测量的尺度。如果这些僧侣所问的是：一个东正教的大俄罗斯神父能否安葬一个东正教的白俄罗斯人，应否只是根据这位白俄罗斯人也许在受洗礼时只是浇了水，而不曾浸入水中，便认为他不是耶稣信徒，那就是再往前走——或更正确地说：再往后退，都没有余地了。[②] 大俄罗斯人不但用中国

---

　　① 索洛维约夫：《俄国史》，第3卷，第737页。

　　② 这是对 E.戈卢宾斯基先生所说的俄国人——更确切说，大俄罗斯人——在蒙古入侵以后，"开始把自己看为仿佛是欧洲的中国"（《俄国教会史》，第1卷上半册，莫斯科，1901年，第461页）的无数可能说明之一。以下还有两个说明："我国的亲王和沙皇在正式接待外国使臣之后，通常都要洗洗在接待时同使臣握过的手，认为经过这样的

的长城来隔绝德国人和波兰人,甚至用它来隔绝自己的白俄罗斯和小俄罗斯同胞,从而大大妨碍了他们的国王自莫斯科地位提高以来所提出的目标——俄国国家统一的实现。像使西罗斯人畏惧的"残酷占有制"一样,宗教上的排他性也是同这一目标极相矛盾的。较有远见的莫斯科国统治者懂得这种排他性的危害,力图部分地加以削弱。我们已经知道,国家的迫切需要迫使这些统治者招聘西方的手工业者,技师和医生前来莫斯科。莫斯科的僧侣等级是不欢喜这种事情的。当鲍利斯·戈东诺夫想要建立学校,由外国人给俄国青年教授各国外文时,僧侣们认为这对宗教有害。他们说:"他们的辽阔国家在道德风尚、宗教和语言方面是统一的,如果语言多了,国内就会发生混乱。"[①] 不过,僧侣等级的抵制,在莫斯科国从来未能具有重大意义。在鲍利斯·戈东诺夫的朝代里,在莫斯科本地已经开始模仿外国的习俗。有些莫斯科人,不顾莫斯科的僧侣在丹尼尔主教时(1522—1539 年)便将一条虚构的圣徒规则写进《主要法典》中,说什么"如有人剃了胡须死去,就不

接触,手已弄脏。……在掌舵人中有这样一条规则:如果船舰上挂上一艘拉丁人的轻便渔船,那就得嘲弄一番,并做祷告……等等。"(A.察列夫斯基:《波索什科夫及其著作》,莫斯科,1883 年,第 144 页)

　　[①]　索洛维约夫:《俄国史》,第 2 卷,第 724 页。正是僧侣的这种抵制,促使鲍利斯把一批青年送到国外——送到律贝克、法国、奥国、英国。这批青年再也没有回国。值得注意的是,莫斯科政府尽管为混乱时代而深感焦虑,却未忘记这批"孩子"。1617 年 7 月,它在派遣使臣去英国时,命令他们"坚决要求,并采取一切办法,使英国政府将在戈东诺夫时代送去留学的孩子们找到并交出。"的确,它叮咛使臣:"对于这些交出的孩子,必须收到自己身边,予以最大的爱护,不使他们感到任何的困难和匮乏,不要因为这些事情而疏远他们,要在一切方面安慰他们。"(索洛维约夫:《俄国史》,同上卷,第 1178—1179 页)当然,将他们带回莫斯科后,对他们是可以施行笞刑的。英国政府没有交出俄国孩子,宣称它在国内不使任何人失去自由。

要安葬它,并将他算做异教徒"等等,而仍然穿上外国服装,剃去胡须。阿弗拉米·帕利岑甚至在他所写的传说里相信,鲍利斯"纵容亚美尼亚和拉丁异教徒的追随者,而且喜欢像妇女般剃光胡须:由于他的爱好,所以老小男子都学样"[1]。僧侣们怨声载道,但他们牢记着"明哲保身"的谚语,不想同最高当局坚决论争。旧事物的拥护者求助于总主教(约夫),对他说:"神甫呵!你看到了这一切,为何沉默不言呢?"但约夫不想破除缄默:"在看到耶稣的葡萄园里种了坏种子而无能为力的时候,那就只有望着唯一的主、上帝,用眼泪来浇灌这块坏地。"[2]总之,莫斯科人的思想迟钝,善于让步,虽然让得很慢,而且是出于明显的实际需要:在实际需要的压力下,他们克服了同外国人接近的畏惧心理。他们甚至常常向西方人——这当然完全出乎这些人的意外——宣读教令,说信仰是一码事,而实际交往是另一码事。伊凡四世的大贵族对开明的英国女皇伊丽莎白的使臣说:"信仰不妨碍友谊,贵国女皇同我们国王的信仰不一样,然而我们的国王愿与贵国女皇越过其他国王而相亲相爱。"[3]不幸的是,同西欧人的交往并不经常对莫斯科人有利。莫斯科人由于落后而成为更为先进国家居民的剥削对象。因此,

---

① 《俄国历史丛书》,第 13 卷,第 487—488 页。马克西姆·格列克也反对剃胡须,尽管他信宗教不完全是信宗教仪式。他在写给伊凡·华西里维奇的论剃胡须的信里说,"髭和须是上帝好心想出的一种最聪明的小玩意儿,它不仅可使男子有别于女性,而且使我们的面目端庄美观。"他说,"有人"剪了山羊的胡须,"山羊受不了这种苦恼……便拼命以头触地自杀。"马克西姆据此教训说:"我们都了解,一个不会说话的动物,对于须饰尚且敬重和爱护呵!"(B. 日马金:《丹尼尔主教及其著作》,莫斯科,1881年,附录,第 83—84 页)

② 《约夫总主教传》,手抄本,录自索洛维约夫:《俄国史》,第 2 卷,第 726 页。

③ 索洛维约夫:《俄国史》,第 2 卷,第 298—299 页。

对"拉丁人,对路德派和加尔文派"的不信任,由于同宗教仿佛毫不相干的原因,而得到支持和加强。

II

这种情况,我们现在在十六世纪的古籍中还可读到。读者已经知道的《瓦拉穆术士的谈话》,便这样写道:

"沙皇和亲王在修道院和所有各处用温和的(原文如此!)威胁规定,不得剃须,不得对他们的尊严有任何危害,要在脸上划完整的十字,要是所有各处对所有人整年地举行忏悔和斋戒祈祷,要使十二岁以上的男女向主和神父忏悔。"[1]

由于《谈话》的作者很可能是一位俗人,所以他对于外表和心内的虔诚的关怀,包括画十字和剃胡须等等在内,可能显得过分。但是就在这《谈话》里,我们已可看到一种明确的证据,说明这种关怀是由于作者——也许作者并不知道——的纯粹俗人出身。

我们在那里读道:"基督教徒真不幸,他们迷恋异教徒的港口和冠戴(шлыки)[2]并使用这种冠戴,相信异教徒的美妙并把这种美妙移植到本国,向他们寻求帮助,想靠他们和他们的勇敢精神来捍卫以色列的[3]的城市和地区[4]。这样的人不是奴隶,而应称为敌人,因为抛弃上帝的帮助而希望从异教徒得到支援,后来必然要受

---

[1]　《古籍委员会研究年鉴》,第10辑,第24页。

[2]　在另一抄本上为сиртыки。

[3]　在另一抄本为基督教的。

[4]　在其他多数抄本上为国家。

他们的凌辱和为他们做奴隶，而自己的城市亦将为他们所占领。"[1]

莫斯科的大公们早就欢喜录用个别从外国来的人担任公职。这些外国来人，是莫斯科公职人员的竞争者。因此莫斯科官宦阶级某一阶层的思想代表，便预断那些想利用"异教徒"来捍卫自己的基督徒，必将遭到不幸。这种思想代表预言，基督徒将受外国人的"凌辱和奴役"。由于思想的自然结合，对于阻塞其仕途的外国人的不满，遂在莫斯科公职人员中产生了对外国"港口"、"冠戴"等等的憎恨[2]。

商业使各种部落和民族接近。他们一方面相互交换产品，同时也交换思想。根据马克思的正确指示：商品高于任何宗教、政治、民族和语言的限制。但如在交换过程中，一方对另一方具有巨大优势，则其暂时的后果便可能在弱者一方出现宗教和民族局限性的强化。我们在莫斯科商业阶层的范例中就看到了这种情况。

莫斯科国在十六世纪时就不能没有西欧的商品。由于需要这种商品，莫斯科当局给外国商人以重大的优惠待遇。例如，在鲍利斯·戈东诺夫时，就有一些在伊凡雷帝时迁来莫斯科的黎巴嫩商人，从沙皇的国库里借得 300 卢布和 400 卢布无限期的无息贷款。对于其中两人，鲍利斯颁发给莫斯科最佳商人称号的奖状；他们不同莫斯科商人一道担负任何徭役，他们被豁免了任何捐税和义务[3]。不难理解，莫斯科商人对此不会高兴，因为他们必须负担很

---

[1]　《古籍委员会研究年鉴》，第 10 辑，第 22—23 页。
[2]　别尔森便对马克西姆·格列克说过："凡改变其习俗的国家，必不能久存。"
[3]　索洛维约夫：《俄国史》，第 2 卷，第 720 页。

多徭役和赋税。英国的商业公司在费多尔·伊凡诺维奇时取得一些特殊权利,这也使莫斯科国的商工业居民不高兴[1]。据科斯托马罗夫说,像同东北方外国人的贸易有利于俄国人一样,十六世纪同俄国人的贸易亦有利于英国人。"英国人占据了通商路线,任意提高其产品的价格,而降低俄国产品的价格,他们对俄国人民采取轻视态度,从而引起了对他们的不满。"[2]在这种不满的基础上,自然要发展各种反对外国"没有良心的人"的成见。

混乱时代以后,这一不满并没有消失;因为引起不满的原因没有消除。在米哈伊尔沙皇时,外国商人又想获得各种特权。当时,英国人想获得通过伏尔加河进入波斯的权利。由于需要金钱,莫斯科政府本想同意他们的这一请求;但它觉得必须同一些莫斯科的客人进行磋商。沙皇和总主教询问他们:"如果给英国客人一条通往波斯的道路,这是否会给莫斯科的客人和商人造成妨碍和损失呢?"莫斯科的商人和客人一方面感谢伟大国王的仁慈,并预先请求原谅他们将坦率地陈述他们的见解,同时大致表示:"如果向英国人征收关税,则国库获利必巨,但商人的事业将瘫痪,因为他们竞争不过英国人。"[3]每当莫斯科人获得可能公开发表他们对西欧(不只是英国)商人在俄国经商的意见时,都提到这种"竞争不过"。莫斯科商人担心会陷于对他们的可怕竞争者的依附地位。

---

[1]　有趣的是,伊凡四世也与英国商人打交道,赞扬他们是商业上的好汉。这一事实鲜明地说明了他对莫斯科"商业资本主义"的态度。

[2]　科斯托马罗夫:《历史专题著作和研究》,第 20 卷,《十六世纪和十七世纪莫斯科国商业概述》,第 22 页。

[3]　索洛维约夫:《俄国史》,第 2 卷,第 1175—1176 页。

当荷兰公使范－克伦在费多尔·阿列克谢维奇朝代的初期请求准许荷兰人在俄国同波斯人做生意，并准许波斯人经由俄国将生丝运到荷兰时，莫斯科的商人又表示害怕外国人将把他们全部"逐出商业"，并控制各行各业。他们还提出东印度为例，说荷兰人在那里"占有了金矿和银矿，以及其他一切行业，因此现在获得了巨大财富，而那里的居民却陷于贫困"[①]。

莫斯科商人对于荷兰人的殖民地政策给东印度土著人民带来的后果，是估计得完全正确的。因此，莫斯科居民的极端局限性，并未妨碍他们在涉及其已意识到的切身利益问题上，具有远见。但由此也可看到，莫斯科的"商业资本主义"在同西方的商业资本主义发生冲突时，感到自己是多么软弱无力。

III

由于不能"束紧腰带"同西欧人作经济斗争，莫斯科商人对西欧人抱着憎恶的情感，这种憎恶很自然地扩展到所有西欧人的风俗、习惯，乃至外表[②]。科斯托马罗夫说："俄国商人以及一般俄国人，同有学识的人类仍然没有联系，这便造成他们性格的孤僻，无知和对所有外人的敌视。"[③]我们看到，——部分地由于这位史学

---

① 《俄国史》，第 3 卷，第 886 页。

② 莫斯科商人 1646 年，向沙皇控诉"英籍德国人"。在控诉书里除其他许多理由外，写了下述可笑的意见："他们的证书写明，证书是根据他们向卡洛斯王提出的呈文发给的。但他们、英国人、商人都对卡洛斯王不驯服，脱离了他，同他斗争了四年。"（索洛维约夫：《俄国史》，第 2 卷，第 1507—1508 页）这种从君主专制制度方面找出的理由，后来在俄罗斯商人的申请书里，亦常常出现。

③ 同上书，第 180 页。

家的指点，——对所有外人敌视的根源，在于莫斯科国的经济落后，这种敌视便是被剥削者对于剥削者的憎恶情感。但是无论如何，随着莫斯科国同西方国家贸易往来的日益频繁，这种对所有外人的敌视，在若干时期内是必然会加强的。正如在彼得以前和彼得以后很久，俄国商人也都暴露出保守的情绪而不接受欧化，尽管实际上他们所从事的事业，归根到底必将破坏莫斯科旧生活的基础。这种保守情绪，直到现在还在为现代资本主义胜利引起信教式的恐惧的外省城市很大一部分小市民的"黑帮"观点中暴露出来。

莫斯科国劳动群众的"无知"，更有甚于上层阶级。然而就在这里，反对外国人的成见，也远远不仅是由于"无知"①。人民群众预感到，转向西方将使其业已无法忍受的重担更为增加。此外，在十七世纪莫斯科国大量涌现的供职的外人，他们瞧不起莫斯科人，当然最鄙视的是劳动群众，而劳动群众的代表——如"负有纳税义务"的劳动人民和奴隶——却受他们的统辖。因此，劳动群众厌恶外国人，是毫不足怪的。普斯科夫的变民（гилеьщиики）在给阿列克谢·米哈伊洛维奇的呈文中表示："在以前历代君王时，在伊凡，华西里耶维奇时，外国人没有当什么官。"在同一呈文里，他们对那些赞扬"德国信仰"的人提出指责。在普斯科夫和诺夫戈罗德，由于两地发展的历史条件，其反对"德国信仰"的成见，要比在莫斯科弱得不可计量。这两个城市共和国在十四及十五世纪中产生的异

---

① "无知"本身，在这种事情上是什么也解释不了的。无论所谓野蛮人有多么无知，他们只是在外国人压迫他们时，才对外国人开始发生敌意的。

教,同"德国信仰"有着密切的联系。阿列克谢·米哈伊洛维奇答复普斯科夫人说:"一些沙皇、皇后和马格努斯王,以及许多外国人,都为沙皇伊凡·华西里维奇和我的父亲服务。"[①]这是事实。民族主义的反动不能消除十七世纪莫斯科罗斯招聘供职的外人的需要,这也是完全无可怀疑的。然而这种需要愈是显著,民族主义的反动也暴露得愈加强烈。既然莫斯科人所特有的局限性,如前所述,业已发展到使他们怀疑应否将信仰东正教的白俄罗斯人也算做"异教徒"的地步,则民族主义的反动分子对于学者们从西部罗斯,甚至从希腊来到莫斯科,自不能不表示愤慨。1650 年对若干民族主义反动代表的审讯摘录,是保存下来了。据克柳切夫斯基说,这些代表都是莫斯科的青年学生。他们共四人:卢奇卡·戈洛索夫(后来任职到相当地位),斯捷潘·阿利亚比耶夫、伊凡·扎谢茨基和布拉戈维申斯克大教堂的低级职员科斯特卡(康士坦丁·伊凡诺夫)。他们愤恨著名的沙皇侍臣勒季谢夫在距莫斯科不远的地方建造了一座修道院,住进了 30 名小俄罗斯僧侣,他们必须向愿学者讲授斯拉夫和希腊文法、修辞学和哲学。勒季谢夫本人同这批小俄罗斯学者整夜长谈。但是莫斯科的"青年学生"抱怨说:"请看,他们向基辅人学希腊文,而在那种文字里便有异教。"根据斯捷潘·阿利亚比耶夫的供词,可以看出,他开始向长老阿先尼·格列克学拉丁文,但在这位长老被流放到苏洛夫基后,便停止了学习,连识字课本都撕毁了。因为他的亲人以及戈洛索夫和扎谢茨基都对他说:"不要再学拉丁文了,这不好——但什么不好,他

---

① 索洛维约夫:《俄国史》,第 2 卷,第 1544 页。

们没有说。"勒季谢夫要求戈洛索夫本人向基辅僧侣学拉丁文,但遭拒绝。他向前述布拉戈维申斯克大教堂的低级职员君士坦丁·伊凡诺夫说:"请告诉你的大司祭,我不愿向基辅的长老学习,他们这些长老不善良,我在他们身上看不到德行。现在我因为害怕勒季谢夫,所以迷惑他,但往后怎样也不想学了,谁要是学会拉丁文,他便走入歧途。"这一被迫学习的青年学生,对于比较有学识的莫斯科人前往基辅完成学业,也是反对的。同一戈洛索夫对他的朋友君士坦丁·伊凡诺夫说:"又请提醒大司祭①佩尔菲利·泽尔卡尔尼科夫和伊凡·奥泽罗夫都到基辅学习了,通行证书是勒季谢夫搞到的。他们去向基辅的长老学完拉丁文课程,学完后就回国,那时他们将会有大麻烦。"这个教堂低级职员科斯特克(君士坦丁·伊凡诺夫)也是不赞成这种旅行的。他答复自己的朋友说:"福马教士对我说:你看,怎么办? 我的忏悔者伊凡·奥泽罗夫和佩尔菲利·泽尔卡尔尼科夫都在请求去基辅学习了。我(即君士坦丁·伊凡诺夫。——著者)对他说:看在上帝的分上,别让他们去罢! 上帝会怪你的。但福马说,我是乐于把他们留下不走的,但他们哭哭啼啼地要求,不听我的话,怎样也阻挡不住。"

福马教士的这后一答复,为我们提供了一种新的、更令人欣喜的特点,以说明当时"莫斯科青年学生"的情况。虽说在他们当中,有像斯捷潘·阿里亚比耶夫和卢奇卡·戈洛索夫这样的人——而且这种人很可能占大多数——由于害怕陷于异教而不愿学习,但

---

① 当时,布拉戈维申斯克大教堂的大司祭,是沙皇的神父斯特凡·韦尼法捷耶夫。

是在他们当中也还有这样一些人,他们"不断地哭哭啼啼"要求让他们到基辅完成其在莫斯科业已开始的学业,这对于国家的进一步发展,是值得庆幸的。这后一类人,是有完全充分的理由哭着请求准许他们去基辅的。他们毫不敬重他们的虔诚的莫斯科教师,说"他们都在胡扯,他们言之无物,听起来对自己毫无好处。他们只是在教,但他们自己也不知道在教什么"①。这些急于求知的青年人同样在母亲莫斯科感到"憎恶";像奥尔丁金-纳晓金一样,他们力图脱离她。可惜这样的人暂时还极少。

IV

由于转向西方而产生的民族主义反动,随着西方影响的滋长而不断增加。可以设想,克里扎尼奇在宣传他的"逐客"主张时,是局部地受了当时在莫斯科广泛传播的情绪的影响。我所以说"局部地",是因为克里扎尼奇在抵达莫斯科前,便已对"德国人"相当憎恶。在莫斯科,克里扎尼奇听到各方面对"德国人"横行霸道(现在我国民族主义也会这样说的)的怨言,只能更加巩固他对"德国人"的憎恨,因而终于倾向于"逐客"。民族主义的反动还表现于教派分裂运动。我想就此多说几句。旧仪派的分裂运动,是十七世纪莫斯科生活中最鲜明的民族主义的反动表现。分裂运动的著名领袖阿瓦库姆大司祭叹道:"啊! 可怜的俄罗斯,你为什么想要拉丁习俗和德国式举止啊!"另一分裂派领袖拉扎尔神父向阿列克

①　克柳切夫斯基:《俄国史教程》,第 3 卷,第 365 页。参阅索洛维约夫:《俄国史》,第 2 卷,第 1525—1526 页。

谢·米哈伊洛维奇发出呼吁："高贵的沙皇呀！你体验体验这是什么时代：你有聪明的哲学家，他们议论天上的神和地上的人物，用俄尺来测量星宿的尾长。上帝说这种人是伪君子，因为他们没有料到时代。国王呀！你养活了各式各样的人，这难道有什么值得欣赏的吗？……古法是上帝赐予的楷模：坚守祖法，便可得到上帝赐予的一切幸福；乱了祖法，便要受到一切恶报。沙皇你应告诫自己的高贵子女，要他们永远坚守祖法呀！"旧信仰的第三个辩护人，东正教助祭费多尔曾为旧罗斯的末日而哭泣。他说："已经没有别的退路，最后的罗斯尽于此矣！……"[①]就是尼空总主教，尽管在分裂派的眼光里，他是一个危险的革新派，但他也没有摆脱民族主义反动的影响。据阿列普的主教保罗说，在莫斯科的一些画家开始采用西方艺术家的作画方法时，莫斯科的达官显贵向他们购买新式圣像。尼空没收了这些圣像，并发布命令说，以后凡画这种圣像者，将受最严厉惩办。根据沙皇阿列克谢·米哈伊洛维奇的指示，这种圣像均被收集起来，埋入土中；而按照新画派的精神画了这种圣像的人们，则被革出教门[②]。在反对西方的事业中所表现的这种热情，便是最倔强的分裂派领袖，也是望尘莫及的[③]。

---

①　《А.П.夏波夫文集》，第 1 卷，1906 年，第 219—220 页。

②　《А.П.夏波夫文集》，第 1 卷，第 204 页，注解。

③　卡普捷列夫教授说：尼空像他的敌人分裂派领袖一样，也是对西方科学抱着敌视态度的。李加里德有一次在同他谈话时引证了物理学。尼空愤然反驳他说："你不用上帝的圣书来作答，圣徒和圣父是命令我们用这种书来进行训诫和作出解答的。但你用来作解答的却是物理学，胡桃叶以及其他可笑的谎言。"按照卡普捷列夫教授的说法，总而言之，尼空"对于各种现象的理解，他的判断的方法和性格，都同他的敌人——旧仪派极为相似，所以常常几乎不能把他的见解同反对他的改革的敌人的见解加以区分"。（《尼空总主教和阿列克谢·米哈伊洛维奇沙皇》，第 2 卷，第 358 页。）

后来在分裂运动中表现的情绪，在尼空还不过是诺夫戈罗德的主教、对俄国教会的命运尚无影响时，便已几乎完全形成。那时便已在教徒之间传播着种种论文集，谈论反基督徒和计算反基督徒出现的时间。在尼空的前任——约瑟夫总主教时期印行的《论信仰》一书，说到"自上帝的儿子的化身出现一千年后，罗马脱离了东方的教会。595 年时，成千的小俄罗斯居民接近罗马天主教教堂。这是基督教徒第二次脱离教会。为了防止这种情况，我们现在写明：希望在 1666 年到来时，我们不再受以往那些罪恶的折磨"①。大家知道，1666 年在莫斯科举行了俄国僧侣会议；会议通过了尼空的革新办法，采取了严厉措施来惩办不知悔改的分裂派（大司祭阿瓦库姆、神甫拉扎尔、助祭费多尔）。这似乎是证实了刚刚所说的预言，因此以这个预言为内容的书，当然在拥护旧信仰的人们的眼光里，具有很大的威信。

再说一次：革新派的敌人，在十七世纪不仅有分裂派。1690 年 2 月，即在彼得实际上掌握了政权的时候，应邀出席为庆祝皇太子阿列克谢·彼得洛维奇诞生而举行的宴会的总主教约基姆，要求不要请外国人赴宴，而且这个要求获得成功。他在死前写了一篇遗嘱，对万恶的外国异教徒发表了一整套愤慨议论：

这个高级僧侣天真地问道："他们能对东正教的军队有什么帮助呢？他们只能引起神的压抑。在东正教徒祈祷的时候，异教徒在睡觉；基督徒向圣母和所有圣徒请求帮助，而异教徒却嘲笑所有这一切；基督徒实行斋戒，而异教徒却从来不这样做。狼在指挥着

---

① 《夏波夫文集》，第 210—211 页。

羔羊啦！由于上帝的恩赐，在虔诚人们的俄国，有许多精于军事的人才。我再次提醒：不准异教徒在任何地方建造罗马的教堂和德国路德教的教堂，不准鞑靼人在任何地方建造清真寺，不要实行拉丁人和外国人的风俗习惯，不要按照外国方式改变服装。"①等等。

然而尽管如此，反对转向西方的民族主义反动，表现得最明显的仍是分裂派，这是毫无疑义的。

---

① 索洛维约夫：《俄国史》，第 3 卷，第 1095 页。

第十二章　作为社会思想表现之一的分裂运动

分裂运动的正式发生，是对莫斯科罗斯的特点的最好说明。人所共知，它的发生是由于宗教仪式和某些祈祷仪式书籍的修订。创议进行这种修订的是尼空总主教。尼空认为，莫斯科所规定的宗教仪式与东方教会的旧仪式不相符合。他错了。莫斯科的仪式，比尼空用来否定它的那种仪式，和十七世纪东正教希腊人中居于统治地位的那种仪式，历史更为悠久。最初，基督徒是用一个手指画十字的，后来在东方用"两指"代替"一指"；这两指仪式又从东方传到罗斯。但是往后希腊人画十字已不用两指，而用三指；而莫斯科人却仍沿用"两指"。根据一切事实可以看出，这些历史事实是尼空所不知道的。这也毫不足怪，因为尼空不懂希腊文，而且一般没有作这种历史考证的学识。但是应该指出，几位希腊的总主教，虽然主持了1667年的莫斯科宗教会议，并同意处分那些接受俄国旧仪式的人们，然而他们并不知道他们本国的教会史。不过也可能，他们知道这一历史，但想尽力忘掉它。正如卡普捷列夫教授所说，他们"过分醉心于先入的偏见，一心想谴责无知的俄国人企图在教会生活中摆脱当时希腊人的监护和对希腊人的服从；一心想通过谴责和贬低俄国离开希腊教会生活而独立自主的整个时期,以提高这些总主教公开夸耀的'极端典雅的希腊人'的地位,在俄国舆论中恢复'希腊人美丽堂皇'的印象,同时增加俄国政府送给东方总主教讲坛的赏赐"①。

　　把保持俄国仪式的人们革出教门,势必在那些由于对事物的态度比较温和、只是在非实质性问题上发生分歧的地方,造成分裂运动。这便使卡普捷列夫的下述意见更为可信:"我国旧仪派分裂运动的正式发生,完全是由于两位东方总主教在宗教会议上的影响,而不应归咎于俄国的主教,俄国的主教在1667年宗教会议上讨论俄国仪式时,只是消极服从两位世界总主教和其他希腊人的影响,认为这些人在解决教会问题上,比他们更有权威和更有学问。"②当然,如果在莫斯科的教会里没有"残酷的占有制",则希腊的主教们也不能给俄国带来那么多的危害,而这种"残酷占有制"的产生,却不能归咎于希腊人。但无论如何,希腊人的过错,无疑地是很大的。

　　卡普捷列夫教授认为,俄国教会正式分裂的主要罪人,(除两位东方总主教派西·亚历山大里斯基和马卡里·安季奥希斯基外)是潘西·李加里德和雅典的伊维尔修士大司祭季奥尼西③。我在前面的一章里,已谈到李加里德的非常可疑的品德。现在我不得不补充指出,可惜在东正教的希腊人中,品德非常可疑的,其实不仅他一人。卡普捷列夫教授以为,莫斯科人虽然承认具有科

---

　　①　卡普捷列夫:《尼空总主教和阿列克谢·米哈伊洛维奇沙皇》,第2卷,第528页。

　　②　《尼空总主教和阿列克谢·米哈伊洛维奇沙皇》,第2卷,第527页。

　　③　同上书,第531页。

学知识的希腊人在教会问题上是权威,可是同时对于他们的品德缺点,也是了解得相当明确的。他写道:"俄国人不能不看到,希腊人来到莫斯科,首先和主要地是为了个人发财,获得莫斯科政府和一般所有俄国人的施舍。俄国人看到,希腊人为了发财,不择手段,甚至不排除使用最为可疑的手段,他们只要获得好报酬,不惜干出任何勾当。"[1]两位东方总主教本人在莫斯科的行为就不是完全无可非议的。他们竟然出卖免罪符,每张卖一卢布,按现时货币计算,约为20卢布。价格可说还可以,但莫斯科人抱怨起来了。保存下来的一个不知名人士在上国王的呈文中说:"巴勒斯坦的总主教来到你的国家,他们在这里、在莫斯科国出售免去过去罪恶的证书,往后犯罪也不算罪;这种免罪证书,花一卢布就可购得。他们有什么真话和真理呢? 他们之中没有完美的人,而是无赖透顶。难道他们一百人中有一人打扮成穷人吗?"[2]的确,他们是无赖。然而我们的僧侣还是承认了这些无赖汉的权威,由此可见,一度极端自负的莫斯科国官方神学,在当时条件下,是多么感到自己的软弱无能! 至于世俗统治者,他们无疑地有自己的打算。我在前面[3]说过,阿列克谢·米哈伊洛维奇在同尼空冲突时,向东方总主教求助。我还指出:这位最沉默的沙皇的希望没有落空:什么勾当都干得出来的希腊人,热烈地支持了他,……当然,不是没有报酬的。

---

① 《尼空总主教和阿列克谢·米哈伊洛维奇沙皇》,第2卷,第541页。

② 同上书,第541—542页,注解。

③ 请参阅《宗教当局和世俗当局的斗争》一章。

II

卡普捷列夫教授断言,在两位东方总主教领导下的 1667 年宗教会议,对俄国旧仪式所作坚决谴责,是"完全"出于误会[①]。这看来完全正确。但不能同意这位天才和勇敢的学者所说我国旧仪派的分裂,"就其本身实质而言,没有比较巩固和长期存在的任何真正基础。"既然它存在了数百年,而且直到现在还是足够"巩固"地存在着,怎能说它"没有"存在的真正基础呢?卡普捷列夫教授以为,"整个分裂运动存在的真正基础,是斗争双方的误会和缺乏了解"[②]。当然,在莫斯科总是有许多各式各样的缺乏了解和误会的!但是为什么这种误会和这种缺乏了解,竟然如此深刻地动摇了莫斯科国的社会生活呢?我们的作家解答说:"尼空的改革愈是坚决地指出俄国教会旧事物在某些方面站不住脚,必须根据当代希腊的——全世界的方式加以改变,则改革的敌人便愈是坚决和强硬地抓住旧事物不放,便愈是果敢地在他们之间确立起一种信念,认为对俄国旧事物采取任何批判的态度,无论于教会或于国家,都是一种致命的严重罪行。"然而问题却在于莫斯科人为什么这样坚固地抓住旧事物不放呢?卡普捷列夫教授引用名言说:"坚持至死,仿佛愉快;不要预设永久界限;给我们立下规矩;垂之久远。"他就此申述道:"这就是东正教大司祭阿瓦库姆所提出,并为其全体追随者所信守的根本原则。"接着在下文里,他重申:"尼空

---

① 《尼空总主教和阿列克谢·米哈伊洛维奇沙皇》,第 2 卷,第 529 页。
② 同上书,第 532 页。

敌人对群众的吸引力和魅力,在于他们是维护遭到尼空践踏的祖国神圣旧事物的战士和捍卫者,是拥护现在称为俄国特殊性的战士,而这种特殊性却受到外国新事物的致命入侵的威胁。"①这仍然是什么也不能解释。为什么人民群众这样需要"俄国的特殊性"呢?为什么在他们的眼光里,旧事物变成"神圣的"呢?

我在前一章里,指出莫斯科罗斯转向西方在其居民中引起巨大民族主义反动的一般历史条件。现在对这些条件加以更仔细的研究。

最初的分裂派领袖,都是来自莫斯科的僧侣等级。什么原因促使他们反对尼空革新呢?

夏波夫说:分裂运动是从对严峻的尼空的民主反对派中产生的,低级的僧侣都称尼空为第二教皇。夏波夫认为,对尼空总主教的敌视,是早期分裂运动的基本原则。他说:"僧侣教权和宗教民主,这就是分裂运动何以从低级僧侣中产生的第一个最初的直接原因。"②我们往下便可看到,这种说法需要某些修正,但它比纯然理性地指出误会和无知云云,毕竟是具体得多的。

其次,为什么劳动群众对于莫斯科低级僧侣发动的分裂派说教,如此欣然响应呢?为了解答这一问题,夏波夫从一位过去的书吏、旧仪派分子多库金所写的"令人愤恨的信"里抄了很长一段话。的确,这封信所说的是彼得时代,但这丝毫不能减少其作为人事证件,对阐明人民群众分裂运动的心理的意义。下面便是信中一段:

---

① 《尼空总主教和阿列克谢·米哈伊洛维奇沙皇》,第 2 卷,第 533 页。
② 全集,第 1 卷,第 217 页。

"请看罢！我们……这些生息在这块土地上的东正教基督徒，怎样被剥夺了自由生活，从一处房屋被驱逐到另一处，从一个地方被驱逐到另一地方，从一个城市被驱逐到另一个城市，我们受侮辱、欺凌；我们的房屋、商业、农业，以及手工业和以前所有的作业，……我们的一切生活需用财物，无论在城市和乡村，虽有法律规定，却均被剥夺。"

这一段话令人信服地证明，劳动群众的分裂倾向，是由他们的困苦处境引起的。然而不仅如此。往下我们还可看到更明确的说明：

"我们事业中到处都最需要的木材被禁用，渔业、商业和作坊有许多被没收，灾难遍地，由于赋税繁重而负债累累、饥饿使人瘦弱，许多人因此死亡，房屋和低级教区都荒废了，神圣的教堂倒塌了，木工和石匠被驱逐出去了。……"

我们在这里看到一系列非常明确的怨言。每一种怨言都可引用彼得的相应压制人民的命令来解释。因此完全可以看出，构成人民中分裂运动的基础的，不仅是误会，也不仅是无知。这一运动无疑地是以人民对其不断恶化的处境的不满为基础的①。这一无

---

①　这就是为什么 П.斯米尔诺夫先生犯了严重错误的缘故，他断言，似乎文献表明，构成分裂运动的基础的，只是宗教的意图，似乎任何一种文献也"没有一句反对国家生活的语句，没有一点反对社会制度压迫的暗示，没有一声关于经济制度的慨叹"。（《十七世纪分裂运动的内部问题，根据新发现的手抄本和刊印本古代文献对分裂运动初期史的研究》，圣彼得堡，1898 年，第 128—129 页）。在这种文献中，是有"暗示"和"慨叹"的。夏波夫关于分裂运动的观点，要比斯米尔诺夫这样的学者正确得多。但夏波夫从相反的方向犯了错误：他把"慨叹"和"暗示"看作自觉的民主主义抗议的表现，然而在当时，并没有、也不可能有这样的抗议。

可争辩的情况给为数颇多的学者和政论家提供理由，把在十九世纪六十年代及七十年代俄国民主主义思想史中起过重大作用的分裂运动，加以理想化。

III

夏波夫说："崇奉旧信仰的人们，同多库金一道，在彼得时大声疾呼，反对剥夺自由生活，许多人因此跑去参加分裂运动。……在老早以前，全国的人，包括关厢客商人和农民，都享有完全的日常生活自由权，都可以按照自己的意志而生活。……后来出现了对意志的最初限制，把居住地点及对国家的赋役加以固定；农民被固定于农村地区，商人被固定于商业地区，——全国的人经常逃避赋役，力图生活于优待和自由之中，而不愿负担赋役；强者对国王的指令也不服从，……自动地迁往有优待和自由的商工业市镇……。而到了十七世纪下半期和彼得朝代，由于人民普遍被奴役和负担着对国家的义务，就连自由的商工业市镇也变为国王的市镇和公家的市镇了，自由流浪阶级被消灭了，这自然要引起所有这些游荡的人们和自由市镇的反抗。"①受政府迫害的流浪人们逃进森林和草原，迁居边境地区，在那里建立新的市镇。然而这些市镇已是分裂派的市镇了。劳动群众在维护其旧时自由的时候，遇到了力求在教会制度上实行民主的来自僧侣等级的最初分裂派领袖，心甘情愿地请他们在反对莫斯科中央集权派的农奴制实践的社会抗议中，充任思想家的角色。

---

① 《地方自治和分裂运动》，载《夏波夫文集》，第 1 卷，第 485—487 页。

夏波夫的这些议论是一个大纲,所有其他"把分裂运动理想化的人们"[①]都根据这个大纲作了或多或少的热心和天才的发挥。现在很容易看出,这个大纲并不充实。

在西欧的先进国家中,"宗教民主"表现于一定的政治倾向,成为积极思想工作的推动力。对于北俄"民主"中产生的宗教运动,也差不多可以这样说。科斯托马罗夫曾请他的读者注意,所谓"斯特利果尔尼克派"[②]的宗教抗议运动,不仅触及信仰的字句,而且触及信仰的实质。他们的宗教思想没有停留在一个地方。如同一位史学家所说,他们甚至发展到纯粹的自然神论,不仅否定了教会的传说,而且否定了圣徒的传说[③]。犹太化的异端也表现出很大的自由思想和强烈的前进倾向。科斯托马罗夫以为他们当中有些人甚至达到了唯物主义[④]。一般地说,按照当时的标准,他们的特点是很有学识,而不仅注意圣经著作。约瑟夫·沃洛茨基攻击他们致力于"许多神话创作",并非偶然[⑤]。戈卢宾斯基认为"斯特利果尔尼克派"的异端,同我国现在的分裂派——反教仪派[⑥]非常相似。然而即令有无可争辩的相似之处,也还是有实质性的差别的:

---

① 这是 И.哈尔拉莫夫的用语。见《事业》杂志,1881 年 8—9 月份刊登的他的论文《把分裂运动理想化的人们》。

② 十四世纪在俄国发生的一种宗教形式的反封建压迫运动。——译者

③ 《历史专题著作与研究》,第 8 卷,第 422—425 页。

④ 《北俄的民主》,第 426 页。

⑤ 参阅戈卢宾斯基:《俄国教会史》,第 2 卷,上册,第 579 页注解。另参阅博齐亚诺夫斯基:《十四—十五世纪的俄国自由思想家》——见《新言论》,1896 年第 3 辑,第 168 页。

⑥ 反教仪派(Беспоповщина)为分裂派的一个支派,它与教仪派(Поповщина)这个旧仪派的支派相反,不承议司祭、神甫、教士及教堂仪式。——译者

反教仪派在过去和现在死啃字句,并不亚于教仪派,然而"斯特利果尔尼克派"及其后的犹太化异端,却是很不重视字句的。

同时,普斯科夫和诺夫戈罗德的异教徒都不害怕与西方接近,而且相反地,愿意同西方接近。这也是可以理解的:他们的宗教观点是在西方的明显及强烈影响之下产生的。

最后,就在莫斯科,我们也看到(在马特维·巴什金和费奥多西·科索伊的著作里)批判思想的辛勤著作,这种著作同呆板地信赖旧教仪和旧字句,是毫无共同之处的。对于旧仪派,——我们在前面已经看到,对于尼空本人也一样,——怎样画圣像问题也具有头等重要的意义。而费奥多西·科索伊,在他们出现以前一百年,便断言圣像也是偶像:"给它们画了眼、鼻、唇、手、足,但它们什么也不能作,不能动。"他否认一切基督教会的制度,认为耶稣也是"常人"[①]。根据这位卓越人物的学说,基督教不是要人遵守仪式,而是要实行耶稣关于对人仁爱的戒律。但如将他的观点同旧仪派的观点加以对照,则最足惊人的是在他的观点里完全没有民族的排他性。他说,在上帝那里,所有的人都一样:"鞑靼人也好,德国人也好,以及说其他语言的人也好"[②],都是一样。

为什么在十七世纪的莫斯科罗斯,宗教的激情和人民的不满只是表现为对死板字句的盲目依从呢?莫斯科的僧侣在维护旧仪式的时候,大声疾呼:"规矩前定,永世不变。"当他们为"神圣"的旧

---

① 见僧人季诺维伊著:《关于新学说答客问》,喀山,1863 年,第 358 及 430、510 等页。

② 戈卢宾斯基,书见前,莫斯科,1900 年,第 2 卷,上册,第 828 页;另参阅 826—827,329—330 页。

事物而死的时候,他们便表明他们的"宗教民主"不但与思想停滞共处得极好,而且加强了这种停滞。莫斯科的宗教民主的这一特点,是从哪里来的呢?对于这一个很有意义的问题,夏波夫和其他"把分裂运动理想化的人们"是很少去研究的。而即令他们研究了,他们对这一问题的解答也是从唯理论的精神出发的。例如:

最热衷于"把分裂运动理想化的人们"之一——说得更正确些,他们当中最热衷的一人——И.尤佐夫写道:"我国渴求精神生活的人们,可惜只有一条出路:分裂运动。……任何感到'精神饥荒'的农民,除了用分裂运动来消除折磨他的精神饥荒之外,别无其他出路。所有其他道路,对他说来,都是不通的。"①

这话归根到底就是说,由于人民完全没有其他的知识来源,才胡乱抓住了分裂运动。这同我在上面引录的卡普捷列夫教授的意见,以为分裂运动的根源在于误会和无知,是很相仿佛的。

尤佐夫在另一处从一份用参加同一信仰②的分裂派名义写的呈文里,抄了一些很长的引文。其中有一段对我们很有意义。这一段所说的是对分裂派实行革出教门处分问题。

使我们在这里感到兴趣的这段呈文摘录里说:"这一处分是违反教会本身、即违反人民、违反教会的主体和宗教捍卫者,而由俄国教会的大法师一人作出的。由于大法师一人并不就是本义上的教会。所以,这种处分不仅不是圣徒的教会作出的,甚至也不是俄

---

① 《俄国脱离国教的人们——旧教派和精神的基督徒》,圣彼得堡,1881年,第110页。

② 东正教中保存一切旧仪式的教派——译者

国教会作出的。因此，这个处分由于不是教会的处分，所以是无效的。"①我不打算去分析呈文作者关于俄国旧仪式拥护者是根据谁的创议而受到诅咒的见解，不打算分析这一见解有多少符合历史的真实情况。上述卡普捷列夫教授的意见，可以说是把问题说透彻了。但是必须指出，事实上，某些分裂派分子即令不是经常都尊重教会的民主，但在写呈文这一时代，却是尊重的②。在他们的眼光里，人民是笃信宗教的保护者教会的主体。当他们更进一步发挥他们的观点时写道："在俄国教会里，由谁来讨论教义及信仰问题呢？根据圣徒的先例，应该共同讨论。但在全俄罗斯的教会里，有些什么会议呢？东正教最高会议在军官指挥下，只能研究外表上的事务，"等等时③，对于他们的这种观点，是不能不表示同意的。

呈文的作者随后写道：圣徒的教会"从来不以为仪式应该是教条式的一成不变和全世界都应一模一样；每一局部的教会，均应按其独立的程度，适应时间、地点和人民精神，规定其职称和章程，习惯和仪式"④。尤佐夫没有声明，这段话的着重点是谁加的。我以为是他加的。但无论是谁对"适应时间、地点和人民精神"一语加了着重点，对这句话是值得加以研究的。

为什么用两指画十字，顺着太阳的方向从东到西行走，对上帝的加重赞美，称极世主为耶稣等等，在莫斯科符合"时间、地点和人

---

① 《俄国脱离国教的人们—旧教派和精神的基督徒》，第 54 页。
② 谁都知道，"饭一教"的成立日期为 1800 年底。
③ 尤佐夫：同上书，第 55 页。
④ 同上书，第 54 页。

民精神"呢？关于这个问题，无论呈文的作者或尤佐夫本人，都未谈到。如果有人认真地向他提出这一问题，他一定会重说一遍："我国的分裂运动是渴求精神生活的人们的唯一出路。"然而这个答复完全不算什么答复。一种分裂运动与另一种分裂运动不同；一种异教也与另一种异教有别。我们知道，"异教徒"认为北俄的民主是宗教学说的灵魂，而他们在莫斯科国却愿为字句而死。科学的任务便是要指出制约着社会意识的这些实质差别的社会生活特性。

IV

在解决这一任务以前，我们且对旧仪派的心理作一仔细研究。毫无疑问，最初的分裂派领袖，对于尼空的专横独断，是极为愤恨的。大司祭阿瓦库姆在其上阿列克谢·米哈伊洛维奇的呈文里就说过："教会中分裂运动的发生，就是由于争权。"但阿瓦库姆对尼空活动最为不满的是什么呢？是尼空的仪式革新。他关于他本人及其友人——同他一样出名的分裂派领袖、喀山的大司祭涅罗诺夫——写道："我们思考过，彼此聚在一起，现在看到仿佛冬日将临，心已僵冻，两脚开始颤抖起来了。涅罗诺夫将教堂交我照管，他自己却一人藏到丘多沃去了，在帐篷里祈祷了一星期，在那里倾听圣像的声音。"这种可怕的道德震动，就是由尼空的下述命令引起的："根据圣徒和圣父的遗教，不必在教堂里下跪，只要弯腰鞠躬，再就是用三个手指画十字就行了。"涅罗诺夫在丘多夫听到圣像的声音宣布："苦难的时刻就要到来了，你们要毫不松懈地接受苦难。"像阿瓦库姆和他的朋友这样的人，是不怕受苦受难的。他们立即行动起来了。"我们和丹尼尔①从圣经里作了关于用手指画十字和下跪的一些摘录,送给国王。我们写了很多。"②这是实话。但是"关于下跪,用手指画十字以及其他仪式"写了很多,而关于"宗教民主",在分裂派领袖的著作里虽曾出现,却是出现得很少的。

在大司祭阿瓦库姆那里,有一名忏悔者——少女安娜。狡猾的恶魔有一次对她恶作剧,让她笔直地站着,打盹,然后在昏睡中倒在木床上。她睡了三天,在第四天神智清醒过来,大哭一阵之后,向她的神甫说:

"当我瞌睡躺下的时候,有两位天使向我走来,她们扶起我,亲切地带领我向前走去,在左边,听到啜泣和嚎啕的哭声,还有令人感动的教堂乐曲声;后来,她们把我带到一个敞亮的地方——红光十分夺目,并且给我指点了多处红色住室和厅堂。一处最红的大厅有说不出的美丽,比其余的所有大厅更红、也更大,他们把我带了进去,……又扶住我再从大厅走出来,对我说:'你知道这是谁的厅堂吗?'我说:'不知道,请让我进去罢。'她们回答说:'这是大司祭阿瓦库姆神甫的厅堂。你要听他的话,好好生活,听他指点你在祈祷时怎样用手指画十字,怎样鞠躬。不要在任何事情上反对他,你将同他住在这里。'③

我们看到,两位天使自己虽然认为怎样用手指画十字和鞠躬具有决定性意义,同时却完全忘记了"教权主义和宗教民主"。这

---

① 科斯特罗马的大司祭。
② 《大司祭阿瓦库姆自传》,第2版,圣彼得堡,1904年,第7页。
③ 同上书,第26页。

就是说,就令僧侣界的分裂运动以"低层教会的宗教民主"为其出发点,然而在其行动纲领里,分裂运动却除了同任何民主都无任何共同之处的旧仪式外,几乎没有找到余地。

此外,夏波夫过分夸大了反对尼空的低层僧侣的民主主义。伊凡·涅罗诺夫、阿瓦库姆、丹尼尔、洛金以及整个早期分裂派领袖的小团体,尽管就其本身的见解而言是非常卓越的,但完全不曾反对在尼空就任总主教以前时期统治着莫斯科教会的那种制度,而这种制度也是没有民主的。他们只是反对祈祷仪式中的某些混乱。在尼空就任总主教一职以前,参加这一小团体的宗教热心家可以顺当地向教会当局请求改正各种教会混乱状况,甚至可将这种混乱状况报告国王。严峻的尼空则严格地约束住他的属下,所以这种自由很快就完全消失了。阿瓦库姆说他"在就任总主教后,连朋友也不能向十字架一吐这种毒物"。[1] 根据这些话,不难确定"毒物"的化学成分。主要的不幸不在于莫科科的总主教对教会有了巨大的权力,"人民"没有参加教会的管理,而在于统治教会的巨大权力掌握在认为毋须同"朋友们"共同商议的严峻尼空的手中[2]。教权主义反对派使人想起在军职人员中,特别是在大贵族之间不时出现的反对派。军职人员丝毫不反对莫斯科国的制度,但是他们有时不满意某些个别固执和"虚伪"的国王所实行的国家管理体制。当然,对于像伊凡四世这样暴君的行为感到伤心的军职人员,毕竟是比反对暴虐的总主教的僧侣们,更能讲求实际的。

---

① 《大司祭阿瓦库姆自传》,第 2 版,圣彼得堡,1904 年,第 7 页。

② 尼空的前任是比较"单纯一些"。但是对于这位前任,阿瓦库姆,涅罗诺夫和他们的朋友,却扮演了不很尊重旧宗教仪式的维新派的角色。历史的讽刺就是这样。

他们争得了限制国王权力的诏书,诏书的内容不是关于同国王来往的礼仪方面,而是涉及密切关联我们尘世痛苦的国王可能的行为:如不经过法庭审判的处决,财产被没收等等。但是,尽管军职人员比较实际得多,然而他们的要求并未立即表现出比较成熟的政治思想。我们在低级僧侣的要求里,也未看到这种思想。

V

初期分裂派领袖的民主主义是多么使人怀疑,可从阿瓦库姆的下述议论中证明:"你知道吗? 尼空是非常恶劣的。教会所受灾难,都是从他那里来的。但愿有一个善良的沙皇,像很久以前安曼的阿尔塔克谢尔克斯愿意毁灭马尔多赫和犹太人那样,将他吊死在高高的树上。亲爱的沙皇伊凡·华西列维奇会很快就对这条狗发出命令的。否则就不堪设想啊! 仁爱的人,现在的人,由于同他亲近而被剥夺了智慧。"[1]

阿瓦库姆愤然斥责对分裂派的迫害。他慷慨激昂地说:"真奇怪! 他们怎么不愿了解:怎能用火、鞭笞和绞刑架来建立信仰呢! 哪一位圣徒这样教导过? 我不知道。我的耶稣没有教导我们的圣徒用火、鞭笞和绞刑架去推行信仰。"[2]这些话说得既正确、又很有才气。但是"我的耶稣"未必同意伊凡·华西列维奇下这样的"命令",而我们的大司祭却很盼望阿列克谢·米哈伊洛维奇不要仿效这位"亲爱的沙皇"的榜样。他天真地写信给最沉默的国王说:"请

---

①　卡普捷列夫,见前书,第Ⅰ卷,第381—382页。

②　《大司祭阿瓦库姆的生平》,第22页。

你不要再这样折磨我们吧！拘捕那些毁灭你的灵魂的异教徒,烧死他们这些恶狗,拉丁人和犹太人,释放我们这些自己人吧！那就好了。"①那是再好没有了！当然,"我的耶稣"不曾命令用火、鞭笞和绞刑架来实行迫害。但是虔诚的大司祭一定以为,只有对旧仪派施用火刑、笞刑和绞刑,才是坏事,而对于"拉丁人和犹太人,"这却是容许的,甚至是必要的。在这里,我们看到一种足以说明早期分裂领袖的"民主"的新特点。

当阿瓦库姆深信沙皇阿列克谢不会完全否定尼空所实行的教会改革时,他便对这位沙皇非常不尊重了。他写道:"兽有两角。两种权力标志着:其一是胜利者……尼空,另一是帮凶阿列克谢……,他虽仁慈,但用双角触及教会,并擦掉了教会的章程,"等等。又写道:"许多经常遭到不幸的人们,却在一生中搞出些古古怪怪的勾当,像山羊一般,满山蹦跳,追风逐云,俨若权力的标志,寻找圣徒所在,想把他们吞没,带进地狱。"

在对阿列克谢·米哈伊洛维奇沙皇失望以后,阿瓦库姆开始寄希望于他的皇位继承人。他对一度向他所爱戴的米哈伊洛维奇写道:"你的儿子在你以后将依靠耶稣,在即将召开的第六次宗教会议上,开释所有受折磨的信徒。君士坦丁·布拉达特伊就诅咒过他的父亲的折磨者异教徒,并按照耶稣的教旨赐给所有受折磨的信徒以生命。"阿瓦库姆愿意将"亲爱的沙皇"伊凡·华西列维奇所享受的全部权力交给君士坦丁·布拉达特伊。

阿瓦库姆由于对阿列克谢·米哈伊洛维奇的不满,坚信这有

---

① 卡普捷列夫:见前书,第 I 卷,第 382 页。

罪的沙皇将在地狱受苦难："你为什么在这里背叛了耶稣、将无比纯洁的圣母圣像从供桌上拆除了，亲切地维护其他的异端，而火烧笃信宗教的信徒呢？你自己将受上帝的火燎，而那些由于信仰而受过火燎的人们，则将在那里活着。"①

库尔布斯基公爵在他那时也只能用上天的审判来吓唬沙皇。

一个值得注意的事实：约瑟夫·沃洛茨基是拥护莫斯科国王的无限权力的最彻底思想家，……因为这些沙皇同意不侵犯教会的财产；在他的学生中，前面顺便提到的丹尼尔主教便居于最突出的地位。丹尼尔在所写大量著作中，不断引述沃洛茨基的观点。所以这位保守到极点的作家，受到旧仪派的最大尊敬。他们将他的著作同圣父的著作等量齐观。按照他们自己的观点，他们是正确的。

Б.日马金说："旧仪派对于丹尼尔主教个人和著作的长期向往，不仅是由于他们对于在他的著作里得到肯定的某些个别观点和宗教仪式特点的同情，而是由于在分裂派和当时一般以丹尼尔主教为引导人和战士的所有派别之间，在过去和现在都存在着一致性和密切联系。"②

VI

我说过：异教与异教不同，分裂与分别有别。这对旧仪派的分裂而言，也是正确的。"教仪派"是一码事，"反教仪派"是另一码

---

① 卡普捷列夫：见前书，第360页。
② 《丹尼尔主教》，第761，762页。

事。"反教仪派"在同官方教会的斗争中比"教仪派"要坚决得多。在十八世纪下半期,"反教仪派"中能够产生像"逃亡派"这样的极端宗派。按照年代顺序,这个宗派远远超出本章的范围。但我有可能时还是要在这里提到它,因为正是由于它的极端倾向,它比所有其他"反教仪派"的宗派,更能表明旧仪派的思想境界的极端狭隘。另一方面,旧仪派极少前进,所以它的思想代表在随后的一百年中,仍旧在实质上保持着他们在十七世纪所保持的那些观点。

反教仪派对尼空提出了以下的指责:

"1. 给耶稣之名附加调子,理解为神灵,也理解为人类……

2. 完成了(代替开始了)叶凡赫尔圣诗分段。——保罗·萨莫萨特和拉丁异教。

3. 教导了救世主用洒水行洗礼——路德异教。

4. 像马尼赫伊、叶尔林、拉丁和奥里根那样,教导关于仁爱的孕育。

5. 在阿利路亚(赞美上帝)歌中加上第三个阿拉赫。——拉丁异教。

6. 在描写叶弗夫罗伊姆生平的歌中,加上异于上帝的崇拜偶像的东西。

7. 对以前神圣的大祭实行祈祷,在三一节下跪。——拉丁和斯拉钦异教。

8. 把耶稣受难像画在两部分十字架上。——路德和拉丁异教。"

这样的指责达 24 条。引用其余各条是枯燥而无益的。只要说的是所有各条就其内部性质说就像上面刚刚引证过的。正像刚刚引证的各条,其余任何指责都对无论什么样的民主也没有丝毫关系。

但是我据以引述这些指责的资料,却不仅是反对尼空。资料里还有其他一百条指责,说明居于统治地位的教会在这一总主教以后的情况。在这一百条对官方东正教的指责中,只有一条如果加以适当解释,可能获得社会意义。这一条指责说:

"驱逐和杀死不接受新办法的人,——以下就是对这类的指责:

"在《权标》一书中,将耶稣解释为圣父、圣子、圣灵三位一体和两个自然。

"剃须和对圣季米特里及格奥尔吉的诽谤。

"祈祷时用四块圣饼。

"在三角板上用拉丁文写'上帝'这个词。

"不保持斋戒制,准许自己——即僧侣食鱼、俗人食肉。

"在唱阿利路亚①时不鞠躬",等等等等。

这些指责的思想所重视的是字面,而不是精神。这是很明白的。但除这些表明只是注重字面的指责外,还有一些指责表明,像教仪派一样,反教仪派也是因为莫斯科转向西方而引起的民族主义反动的结果之一。兹就这种指责略举数例:

"饮酒进餐时奏乐、跳舞和鼓掌。

"进教堂,甚至登祭坛时,油头粉面。

"(按照马尼教的学说)编写日历。

---

① 阿里路亚(Аллилуия)为对上帝的赞美词。——译者

"将主的年代缩短 8 年（拉丁），在 1 月 1 日庆祝新年。

"学天文学，按照卑鄙的书籍和习俗去相信星宿的运转。

"在喜剧里，男扮女装，女扮男装。"①

无论你想怎样把分裂运动理想化，在这些指责里也不可能找出任何进步的东西。

某些反教仪的宗派拒绝为沙皇做祈祷，这同政治反对派仿佛有所类似。这一拒绝的无可争辩的事实使夏波夫对十七世纪莫斯科国的社会发展过程产生如下想法：

"由此观之，在 1613 年缙绅会议上表示全民同意之后，竟然在莫斯科和所有地区发生了十七世纪俄国人所说的那种'巨大反复'；这是令人吃惊，百思不解和意义重大的。在十七世纪二十年代根据全国的同意选出了沙皇，而自十七世纪九十年代起便产生了全国人民群众到处反对这一同意，开始不承认沙皇，否定沙皇了，……古代俄罗斯便这样完结了。"②

这位史学家的结论，在这里无限度地超越了可能充作结论根据的历史事实。"反教仪派"的同意，虽然拒绝为俄国最高权力的元首做祈祷，但并不曾"否定"沙皇这个制度，而只是"否定"了"不虔诚的"沙皇：这种沙皇迫害正当的信仰，因此为他做祈祷，在祈祷里称他为"虔诚的"沙皇，便是犯罪。甚至像逃亡派（又称云游派）这样一个极端的宗派，也完全信守了这种主张。但是就令他们有

<hr>

① 见《反东正教论文集》，摘自 1853 年 9 月从萨伏瓦提·彼特罗夫的菲力普教派教师处没收的书中。《关于分裂派的政府通报汇编》，编者：ф.克尔西也夫，第 4 辑，伦敦，1862 年，第 191—197 页。

② 《文集》，第 1 卷，第 470 页。

了这种主张，也完全不能使我们相信，由于他们，"古代俄罗斯便完结了。"

逃亡派（云游派）奥西普·谢苗诺夫在审讯时说："自从抛弃信仰的尼空总主教以来，便开始了反基督的统治，这种统治的代表者便是你们的皇帝老爷。……如果想承认国王的权力，那便是对上帝的欺骗。"①这话听来是极端急进的。但谢苗诺夫接着又说："我在《年代记》一书中读过，圣父们都曾命令向狄奥克列齐亚努斯皇帝纳贡，只要他不压迫他们，否则不承认他的权力。我也将向你们的国王纳贡，只要他不禁止我们宣扬真正的信仰。"②另一云游派多美季安·费奥凡诺夫在 1848 年 3 月 12 日审讯时说：

"我不认为大俄罗斯教会的书是圣经。我只相信在虔诚的沙皇统治时期所印行的书。我相信宗教会议和由 7 个全国宗教会议建立的圣徒教堂。我认为沙皇的权力是必要的，这只是因为没有一个国家能够没有沙皇。至于命令将云游派和基督徒关进监狱的沙皇，我不认为是沙皇，而认为是折磨者。圣经证明，谁抛弃了信仰和思想模糊，他便是反基督徒；而自尼空时期以来，所有信仰他的学说的人，都是东正教的背教者。"③

费奥凡诺夫相信没有一个国家能够没有沙皇而生活。这是他

---

①　克尔西耶夫：见前书，第 285 页。

②　同上书，同页。这些供词是由官员写成，而由谢苗诺夫签名的。也许可以怀疑，这些供词由于是在那种条件下作出的，是否完全可信。但是我们看到，被审问的人是不害怕慷慨陈词的。至于官员，他们通常都是倾向于夸大，而不是减轻受审人观点的急进精神。用加重点印出的语句，想必是出于官员之手，而不是由于谢苗诺夫的强调。

③　同上书，第 287 页。

的观点的政治方面。但沙皇背弃了真正的信仰,他成为反基督徒。因此,他不再是沙皇。这样,在费奥凡诺夫的头脑里,莫斯科罗斯遗传下来的政治保守主义,由于种种因宗教理由而引起的对当时当地沙皇的否定态度,是变得更加复杂了。结果得出了一种综合的见解,这种见解,同我们在大司祭阿瓦库姆著作中所看到的,是极相仿佛的。但是无论阿瓦库姆的宗教宣传,无论刚刚引述的云游派费奥凡诺夫的观点,都不曾宣布古代俄罗斯的终结。

VII

逃亡派这一前已说到的极端派的创始人。叶夫菲米,称沙皇米哈伊尔·费多罗维奇"为一光辉虔诚和维护耶稣戒律的好沙皇"。他认为应该为这样的沙皇祈祷。按照他的意见,如果为彼得及其继位者祈祷,那是犯罪。对他们不应服从;服从他们就是听命于恶魔。然而所以不应服从他们,只是由于他们的渎神行为,而不是出于任何政治动机。①

很奇怪,夏波夫一方面认为十七世纪的那些极端分裂宗派否定了沙皇,同时却忘记了他在同一著作中不过几页以前所写的下列一段话:

"所以,正如在十七世纪的群众民主很容易被摆弄为自封沙皇

---

① 见叶夫菲米1787年给莫斯科长老的信的摘录,载《克尔谢耶夫文集》,第4卷,第252—256页。在这里必须同意斯米尔诺夫先生的意见。他说,拒绝为沙皇做祈祷,在逻辑上是从相信反基督的朝代业已到来的信念中产生的:"事实上,可以为不信教的沙皇祈祷,而且按照圣徒的指示祈祷,但不能为反基督徒或为其不寻常的器皿祈祷,因为这甚至是犯罪的。"(《分裂运动的内部问题》,第105页)

的游戏,同样弗拉基米尔省、穆罗姆县、斯塔罗杜布乡的一个普通农民伊凡·季莫菲伊奇·苏斯洛夫也成为一名宗教的自封人物。他根据神人同形说的观点,自封为耶稣－上帝。从那时起,便有了好几个自封的耶稣了。"[1]

自封的沙皇所以在罗斯出现,不是因为俄国人民"否定了"沙皇,而相反地是因为他们像费奥凡诺夫一样,认为任何国家都需要沙皇的权力。这种观点是任何民主主义的象征意义也没有的。完全一样,自封耶稣在俄国存在这一事实,也无任何民主主义的迹象。这种自封的耶稣只不过是对自封的沙皇的一种臆想的补充而已。无论是自封的沙皇,或是自封的耶稣,他们所以能够出现,这本身便证明古代罗斯不是终结了,而是生命持久。不过,自封的耶稣都是在那些已与本义上的旧仪派不同的旧教派中产生的。

旧信仰——教仪派和反教仪派——不只是在字面上反对当权者。这是可从叶夫菲米的下述见解中明显看出的:

"第一次全国普查时,第一个皇帝清查了所有的人们,并将他们划分为各种不同的级别,……这个内容难道不是明显反基督的吗?……他们将土地、森林、水域分段划界,甚至我也成为他们的遗产,从这些地方要求垂死的人们纳贡,……尤其是向荒原派出那个自己统治的招致灭亡的人们,寻找那些默默地工作着的人们,他们过去信仰沙皇,尊敬沙皇,向沙皇交纳所需要的东西,接受沙皇的祝福,现在却对他们实行掠夺,折磨,置他们于死地。"[2]

---

[1] 《文集》,第1卷,第464页。

[2] "给莫斯科长老的信",见《克尔谢耶夫文集》,第4卷,第260—261页。

叶夫菲米不仅不满意彼得将人民分为各种不同的级别。使他感到气愤的是将土地、森林、水域分段划界。在反对这种划分时，叶夫菲米甚至作出了一些共产主义的结论。他说："我的所有乃来自魔鬼；一切由上帝创造的，都应属于你们。"他认为私有制（"我的地产"）的建立，是由于道德败坏："为此而开始了欺骗，不公正的测量，狂乱的衡量制度，在任何东西里都掺假；而产生了指天发誓、贪财、仇恨、妒忌、敌意、斗殴、兽性的相互攻讦，演成掠夺性的欺凌。所有这一切都是为了财产的查封和划分。皇帝对某人多分些，某人少分些，某人什么也不分。只有手工制品才有自由。"[①]

这些结论和见解，证明他是一位禀赋敦厚的人物[②]。这些结论和见解又证明大俄罗斯族在天然秉赋上完全不亚于其他族，在有利的条件之下，同样能够从事我们在西欧所看到的那种勇敢的思想活动。但是社会条件不曾在莫斯科国为社会意识的发展留下任何余地。因此，每当形势要求莫斯科人讨论他们本身所造成的社会政治制度的时候，他们总是表现得极端无能为力。黑格尔在说明中国的法律和道德概念时说，中国人以为道德要求，不是发自自己的良心，而是得自外来的命令。他解释这是由于在中国专制制度所特有的社会政治条件之下，个性不能发展。但是，像在专制制度的中国一样，在莫斯科的"世袭君主制"之下，个性也在同样的程度上完全没有发展的可能。外国旅行家——在这里也可将对俄国人非常抱有好感的斯拉夫人克里扎尼奇算在内，——对于莫斯

---

① 《克尔谢耶夫文集》，第4卷，第262页。

② 这位逃兵没有受过任何教育。

科人的道德的描写,是同黑格尔在所著历史哲学中同样根据外国旅行家的议论对于中国道德的描写,一模一样的。都知道,在文化发展的长期过程中,道德甚至法律,都是由于宗教而受到尊崇的。当然,莫斯科国的情况也是如此。然而如果莫斯科人以为道德的要求不是发自自己的良心,而是得自外来的命令,则使这种要求受到尊崇的宗教自然也在他们的观念里成为一些死板的——即未经个别思想家的著作赋予灵感的——教条和仪式了。因此,莫斯科人在用道德和宗教的名义起来反对什么的时候,必然要依靠死板的教条,最多——即当他们抗议达到极点的时候——也只是"为字义而死"。这就可以解释为什么用两指画十字,顺着太阳的方向由东向西行走,用深沉的"阿利路亚"歌赞美上帝,以及其他旧约的细微末节,在莫斯科国都是"适合时间、地点及人民精神"的了。①

由于莫斯科国转向西方而引起的民族主义反动,必然使那些不满意这一转向的莫斯科人更加加强其对各种陈腐仪式的不可思议的拥护。

在大部分"彼得堡时期",俄国的劳动居民仍旧处于他们在彼得改革前所处的同样条件。唯一的差别就是这些条件变得更艰难,更不利于个性的发展。因此,人民群众的心理状态在实质上毫无改变。这一情况使我得以在研究十七世纪旧仪派的心理时,引证十八及十九世纪旧仪派的观点。这也使我在往后的叙述中只是对于旧仪派,作为人民情绪的一种表现,约略一提。

---

　　①　见前面摘录的瓯一教呈文。

VIII

反教仪派的极端代表也受了民族主义反动的影响。旧的莫斯科罗斯仍然继续生活在他们当中。甚至像叶夫菲米这样无疑地很有天才的人，一方面反对社会不平等和彼得一世加于俄国人民的不堪负荷的重担，同时却在他的正确和勇敢的结论里堆积了大量拙劣的废物，使这些结论丧失了实际的意义。按照他的意见，彼得的罪过不仅在于他使劳动群众陷于极端艰难的处境。这位第一皇帝的不可饶恕的罪过在于他"决心确立叶林和拉丁以及其他异教的法律，诸如：剃胡须、穿德式服装、留发及结发辫、打花结、戴领带、头上及发辫上扑粉、用鼻孔吸烟和用嘴唇吸烟，和狗用同一器皿吃东西，"等等。因为彼得彻底消灭了虔诚的习俗，所以发生了"谚语"所说的"将发生大饥荒。"①最后的这些话，明显地表明叶夫菲米虽然是从现实的事实出发，却立即陷入民族主义反动的阴暗范围。他听说，彼得时人民情况很艰苦："曾发生大饥荒"。必须找出这一现象的原因。神学的思想方法，加上反动的民族主义，立即提醒他，大饥荒的原因在于剃胡须、穿德国式服装、用鼻孔吸烟和嘴唇吸烟等等等等。然而由于用了这种解释，叶夫菲米便完全不可能同他完全正确叙明的社会罪恶，进行卓有成效的斗争。

科斯托马罗夫说，分裂运动虽然既不完善，也不正确，但却是

---

① 克尔谢耶夫：同前书，第265页。——很难决定是谁在这里给"用鼻孔吸烟"和"将发生大饥荒"加了重点。

一种特殊的人民自我教育机关①。这一定义,如果将其构成部分
重加编排,也许可以接受。我以为应该说:分裂运动虽然是一种特
殊的人民自我教育机关,但却是既不完善、也不正确。当然,"不正
确"和"不完善"等词,可能引起误会。但在这里,应该怎样去理解
它们,却是显而易见的。

　　社会存在决定社会意识。社会存在的前进活动,引起社会意
识的向前发展;而且不仅引起这种发展,它自身以后的发展过程亦
将由其引起。为了社会存在的进步,最重要的是使这种"人民自我
教育机关"臻于"完善"和"正确"。而任何这种机关愈是符合于目
的,也就是说人民愈是能通过它更好地理解社会现象的因果联系,
那它也就愈加正确和完善。毋须说明,为什么如此:为了同社会祸
害进行斗争,必须正确理解祸害的原因。我们刚才看到,旧仪派的
意识形态,不仅不曾便利人民去理解其艰难处境的真正原因,而且
直接妨碍人民去理解它。因此,就令分裂运动也算是一个人民自
我教育的机关,然而这个机关的极端不正确和不完善,却使它同时
成为人民停滞,而完全不是成为科斯托马罗夫所说的那种人民进
步的机关。

　　科斯托马罗夫还说:

　　"我们不同意早在我国流传,并且成为所谓老生常谈的意见,
似乎分裂运动就是旧罗斯。否。分裂运动是一种新现象,是同旧
罗斯格格不入的。"

　　他对这一思想曾加解释说:在分裂运动里,人民群众破天荒第

————————————

　　①　《分裂派的分裂史》,——《欧洲通报》,1871 年 4 月,第 500 页。

一次表现了一种独特的活动。然而在旧仪派之前，罗斯便有过斯特里戈尔尼克派①和犹太派等宗派。这两个宗派都是比旧仪派的分裂运动正确得多和完善得多的人民思想进步机关。的确，它们虽然也是产生在俄国，但是在莫斯科国的境界之外。也可以说，它们主要是一些西北罗斯共和国的最高阶级的思想成果。但是就在莫斯科，费阿多西·科索伊的异教，在思想内容方面甚至比反教仪派的旧仪派，有价值得多。十八世纪的逃兵叶夫菲米亚远远赶不上十六世纪的逃亡奴隶费阿多西，科索伊。莫斯科"世袭君主制"的基础愈是扩大和巩固，则社会条件对于人民群众的思想活动愈是不利。所以在大部分人民群众相当广泛和极为热烈地参加维护旧信仰的斗争时，他们立即暴露出受到莫斯科国社会政治关系制约的社会自觉性的惊人软弱。因此，不能像科斯托马罗夫那样，认为分裂运动是一种同旧罗斯格格不入的现象。正是旧莫斯科罗斯，在这一现象里比在任何其他现象里，更完善，更突出，更鲜明地表现了它的精神本质。

IX

当夏波夫断言，在国家压迫下的农民和商人曾竭尽全力来"解脱重压"，求得"自由生活"时，他说出了一句纯粹的真理。当他写道，农民和商人的这种企求时常使他们"不听从国王的命令"，这也一点不错。但是这种对自由的企求，在什么地方才能实现呢？夏

---

① 斯特里戈尔尼克派（Стригольничество）为十四世纪古代罗斯主要发生在新城和普斯科夫商人中的一种宗派运动。它否定教会的教阶制度，要求教会改革。——译者

波夫对这个问题,作了解答。

我们在他的著作里看到他指出一个有趣的事实,即在十八世纪上半期的"教师"名册里,常常在宗教学校学生的名字上面写着"经常逃亡"(Semper fugitiosus)等字。这几个字可以用来很好地说明俄国人民中的全部反抗分子。他们当中的每一个都是一种特殊的逃亡者。我们的作者又说:"任何级别的人们,特别是纳税的农奴和服役人员,都不断在世界上奔跑。这些逃亡者结成各种团体、宗派和帮伙"①。特别值得注意的是,极端旧仪派获得了我们已经知道的云游派或逃亡派的称呼。

　　　　我遁踪于阴暗的森林,

　　　　与野兽结伴为伍。

　　　　我将生息在这里;

　　　　这里空气纯净喜人,

　　　　又可听到吱吱鸟语;

　　　　这里和风习习,

　　　　流水淙淙。②

在被奴役中住不下去的俄国劳动群众的精力充沛的代表人物,就是这样歌颂阴暗的森林的。他们还创作了许多动人的诗篇献给"美丽的荒原"。

　　　　由于忧愤和悲伤,

　　　　我徘徊在美丽的荒原上。

―――――――――

①　《夏波夫文集》,第1卷,第532页。

②　同上书,第550—551页。

> 你美丽的荒原呵!
>
> 是我的第二个慈母。
>
> 请收养我吧,荒原,
>
> 我罪过累累,
>
> 热泪奔流! ……①

逃亡者在"荒原"里觉得很自在,因为那里没有大贵族、贡税、义务、官吏,没有莫斯科的笞杖和彼得堡的长鞭。当然,他们在那里必须忍受许多物质上的匮乏。荒原——慈母预先就告诉了逃亡者:

> 我这里是一片荒原,
>
> 没有甜蜜的食物;
>
> 我这里是一片荒原,
>
> 没有蜜酿的琼浆玉液! ……

但这不是什么巨大的不幸,何况美丽的荒原还有许多各式各样的天然资源。正如这同一慈母所说,不幸在于:

> 我这里是一片荒原,
>
> 你没有和谁可以交谈,
>
> 这里没有人语声。

谈到这里,"荒原"所指的实质上就是来到这里的"青年",将无人一同"纵情玩乐"。但是,从历史的角度说,问题比这严重得多。在荒原里不仅无人可共玩乐,而且无人可与之交流思想,这就促使逃亡者的思想停止了发展。伟大的社会政治思想不是在荒原里,

---

① 《夏波夫文集》,第1卷,第532页。

而是在大的文化中心里产生和发展起来的。在这种文化中心里产生的社会矛盾,乃是思想进步的最强大的推动力。

尤佐夫写道:"我国的旧信仰派所以群起维护旧事物,并非由于它是旧事物,而是由于它仿佛比新实行的制度更符合人民的需要。"[1]这当然如此,但是试问什么人只是因为旧事物(或新事物)是旧的(或新的)而去维护它呢?任何时候,任何地方,人们所以重视旧事物(或新事物),都只是因为他们承认这种事物比新事物(或旧事物)更符合他们的需要。在莫斯科国也是一样。正如论述民族主义反动一章所阐明,这个国家的很大一部分人民,在分裂运动出现以前便是反对由于转向西方而引起的新条件的。我们还知道,分裂运动本身便是民族主义反动的一种表现。最后,我们知道,这种反动不是没有原因的。它是由于转向西方所造成的新的生活条件这样或那样地破坏了人民中各种不同阶级的比较重大的利益。不幸的是,这种利益迫使莫斯科国的反对派思想不去向前看,而是朝后看。

这种思想以不满于莫斯科君权无限扩张和供职外人出现于罗斯的大贵族为代表,而向后看;这种思想以反对尼空独断专横的低级僧侣们为代表,而向后看;这种思想以受到外国商人竞争排挤的商界人士为代表,而向后看;[2]最后,这种思想以本义上的劳动群众为代表,而向后看。反对派思想经常朝后

---

[1]　《俄国脱离国教的人们》,第50页,并参阅第22页。

[2]　甚至竭力把分裂运动理想化的夏波夫,也是承认这一点的。他说:"人民群众的民族意识几乎完全浸透了旧事物的精神,不是朝前,而是朝后看的,朝十六世纪和十七世纪的传说看的。"(《文集》,第1卷,第221页)

看,而不向前看,乃是由于社会关系的不发达,便反对派的代表不可能为自己的国家拟订出一条前进的——而不是倒退的——运动的道路。

X

但是社会关系的不发达还有一种后果,即莫斯科国社会思想的反对派对于国内往后的思想发展,仍旧没有产生任何结果。"把分裂运动理想化的人们"说:"对新事物抱着批评态度的守旧派,不能不对自己的旧观点采取同样的批评方法,——从这里便有了继续发展的可能。"① 这种见解只能说服那些保持唯心史观的学者。如果人们从来不是仅仅由于旧事物(或新事物)是旧的(或新的)而维护旧事物(或新事物),则他们同样永远不会仅只因为批评就是批评而对旧事物或新事物(在这种场合里都是一样)进行批评。如果莫斯科国的劳动群众对新事物采取了批评态度,那也完全不能从此断言,他们一定会由于尝到甜头,便对旧事物也采取批评的态度。人们在思想方面"继续发展的可能",总是有的。然而只有在有了必要的社会条件的时候,这种可能才能转化为现实。可是随着莫斯科国所特有的社会政治制度的形成,这种条件是越来越少了。因此,宗教反对派虽然在十六世纪就突出了科索伊,而在下一世纪却只能提出大司祭阿瓦库姆及其他与他相似的热衷于"古代信仰"的人物了。

在先进的西方各国,不满意的分子集中于城市,而在莫斯科

---

① 尤佐夫:同前书,同上页。

国,他们却是去荒原里拯救自己的灵魂。这就是为什么旧事物在莫斯科国无论在社会关系方面或在思想方面都比西方先进国家无比活跃的秘密[1]。

先进西方各国的不满分子由于集中在文化的中心,除了比较彻底地改造社会政治制度之外,别无其他改善他们的命运的手段。社会发展的客观力量,驱使他们同社会政治制度作斗争,也就迫使他们的思想对这种制度进行批判。社会斗争愈是尖锐,不满分子的批判思想便愈是深刻地看清了旧制度的基础。莫斯科国情况却不是这样。劳动群众的境况愈是艰难,其精力最充沛的分子便愈是受到逃往"美丽荒原"的诱惑。他们在那里是集结为哥萨克集团,还是建立起分裂派的隐修院,——这就要由情况来决定了。然而无论如何,他们既然奔向边疆,便没有理由考虑改善那种压迫他们的社会制度的手段。他们只要相信这个制度在压迫着他们就够了。既然压迫,那就应该"分散开了"——这就是人民思想在那种历史和地理条件下所得出的极端结论。这个结论是不包含任何进步东西的。

劳动人民既然有了"分散开"的愿望,他们当然非常愿意听从那些向他们证明在旧的地方不能希望发生任何好事的人们的意见。有时是勇敢善良的青年作出这样的证明,邀请受尽捐税折磨

---

[1]　旧仪式的宣扬者宣称:"活着的人在城市里不能拯救灵魂。"(П.斯米尔诺夫:《十七世纪分裂运动的内部问题》,第 101 页。)斯拉夫派也按照自己的方式(在十九世纪!)强调了同样的意思,——例如 И.С.阿克萨科夫便喜欢将"乡村"同城市对立起来,民粹派便认为城市的工人,在文化的意义上,是"俄国'不正确的'经济发展"的其为有害,而不是有利的产物。

的从事工商业的人们在哥萨克的队伍里遨游无际草原和河流的广阔天地。有时,是一些号召东正教徒为"古代信仰"而斗争的长老,坚决主张离开那些住惯了的地方。这些长老除了指出反基督徒业已即位并已罗织东正教的基督徒之外,再也提不出其他更动听的理由。反基督徒既已即位,则"分散开"便不仅是为了他们的物质利益,而且为拯救灵魂所必需。

由此可见,除了前面所述各点外,这便是使首次从低级僧侣中分化出来的分裂派领袖的宣传易于为人民意识所接受的那些社会存在条件。

哈尔拉莫夫在八十年代就写过:"云游派对于反基督的形象深感震惊,并用这种形象来恐吓群众。他们在指出这一特殊的灾祸并说明这是魔鬼——反基督徒造成的时候,搅乱群众的思想,把群众的思想从现实的范围推入幻想的范围;他们离开群众齐心协力摆脱生活重压的企图,而使人民的思想进入另一范围——即个人德行的范围,他们把个性突出到首要地位,遮盖了社会及社会思想问题。"[1]

Mufatis mutandis(加以相应程度的改变)——除了少数例外,这些话也可适用于基督教的所有宗派:他们的一切宣传往往是把人的思想从现实范围推入幻想范围,因而阻碍人的思想的发展。然而主张其信徒"为字面而死"和逃向荒原的那种说教,比所有其他说教更能阻碍人的思想发展。这种宣传愈是成功,便愈是有助

---

[1] 《云游派·分裂运动史纲》,载《俄国思想》,1884 年,第 5 期,第 127 页。

于保持旧制度原封不动①。

在迁移到"荒原"之后,不可能满足于"空气纯净喜人"和"莺歌鸟语"。必须生活。为了争取生存的斗争,逃亡者联合起来,逐渐形成相当大的村落。在若干时期之内,国家是不能对这些村落严加打击的。但是村落居民的相互关系的形成,归根到底还是采取了在旧住处按照主导的生产方式而制定的那种模式。差别只在于"荒原"的天然财富和国家压迫的鞭长莫及,有助于移民在"新地方"达到高得多的繁荣程度而已。当然,这好得很。然而在西方各国——包括西罗斯在内——的条件下,更高度的繁荣,带来了同这种生产方式相适应的社会矛盾的更迅速发展,而这种社会矛盾又加速了社会思想的运动。可是在美丽的慈母——荒原里,情况却非如此。的确,在移民之间产生了财产不平等,出现了穷人和富人。守旧派的企业家几乎是像通过同"外人"(换言之,同尼空派的人们)进行商业和工业往还那样,通过对自己的志同道合的伙伴们的剥削,赚得了有时是很大的资

---

① 已故 И.哈尔拉莫夫当时最明确地指出了地理环境对我国人民思想发展的不良影响。他写道:"当我国辽阔的平原到达绝望的时候,当对于整整一千年来经常积累的不满打开了可供使用的空地的门户时,我国人口的增长和密集过程,进行得非常慢,非常不明显,这是可以理解的。在人民的意识和思想里,除了悄然离去垦殖之外,不可能产生任何其他反对社会灾祸的斗争。而且就是对于使人们悄然逃避的灾祸,也只是有所感觉。人们所以逃避苦难,只是因为知道那里很艰难。至于为什么会有这种艰难,以及这种艰难和不便主要是从哪里产生的,——对此几乎不去思考"(文见前载《俄国思想》,1884 年,第 2 期,第 197 页)。可惜,哈尔拉莫夫不懂唯物史观,因此他所提出的深刻、正确思想,在他的著作里不曾获得适当的发挥;而在同"把分裂运动理想化的人们"进行论争时,他自己也终于倾向了唯心主义的观点。如果将 Г.И.乌斯片斯基对俄国人民的"整个生活"的埋怨之词同他论述地理条件在俄国社会思想发展过程中的意义的见解作一比较,那会是很有意义的。

本①。然而贫苦人却愿意追随他们，认为他们是虔诚地"爱耶稣"者。所以，从这方面说，分裂运动倒也是一个思想进步"未完成"的机关。它阻碍了思想进步，而不是促进了这一进步。

社会存在不曾给那些有时——尽管极其少见——在反教仪派中产生的进步思想因素以任何有成效发展的可能。云游派创始人的共产主义观点，一直处于萌芽状态。这些观点实质上是非常不明确的，甚至"把分裂运动理想化"的最狂热分子也不想承认其为完全共产主义的观点。尤佐夫认为，在叶夫菲米的学说里，共产主义只适用于不动产②。果真如此，——而这是非常可能的——则叶夫菲米只对事实上存在于"荒原"的情况，给予宗教的批准，因为在那里，土地，森林及其他能够进行经营的地方，都不是任何人的私产。

无论如何，云游派是不能不尊重实际的经济关系的。他们当中也有许多商人和实业家，是完全不愿咒骂"我的，你的"等词汇

---

① "分裂派的富人，特别在十八世纪后半期，掌握了许多商业和工业部门，控制了地方工业产品的贸易，并由此而控制了很大一部分当地居民。贫苦的农民处于对商业分裂派分子的这种无可避免的依附地位，有时被迫参加分裂运动，以免失去小康的生存资料。他们或受雇为富有分裂派分子的工人，或向他们出售自己的产品，以求在这两种场合里，同分裂派分子一样享受优待，……因而同意分裂运动"（《夏波夫文集》，第1卷，第319页）。"阉割派教徒一经站稳脚跟（至于富户更不用说），便使用雇佣劳动"（《奥列克明斯克的阉割派教徒——历史生活概述》，圣彼得堡1895年，第28页）。"的确，对于雇佣工人，阉割派教徒比城里人和农民给了更高的工资和更好的饭食，但是从他们身上榨取了所有膏脂"（同上书，第21页）。

② "Γ.罗佐夫说：在云游派创始人叶夫菲米的基本思想里，有共产主义思想。但对此是碍难同意的。逃亡派对于他们的领袖在这个问题上的言论，不是这样解释的。根据大多数云游派的意见，这些言论只不过涉及地产、渔业、制盐业等"（《俄国脱离国教的人们》，第116页）。

的。这些商人和实业家在云游派里构成一个"俗人"或"居民"，逃亡派的特殊阶层。按照夏波夫的说法，对于他们，逃往荒原只是一种表面文章。他们的真正任务是窝藏，即为真正的逃亡派建立秘密的避难所。这些真正的逃亡派是不能没有这种秘密的避难所的，所以他们不得不同他们的富有同道们做交易。然而这种无法避免的交易乃是对"反基督徒"精神的一种非常重大让步。此外，必须指出，最少在十九世纪，云游派普遍出现于大俄罗斯的工业省份，在这些地方，资本的力量比俄国任何其他地方都要强大，这里虽有很多的森林，但"美丽的荒原"很快就失去了它的旧时的性质了。

XI

但是不要离题太远了，我们还是重新回到莫斯科罗斯罢。

夏波夫断言，分裂派体现了斯捷潘·拉辛的精神[1]。但这是不确切的。拉津如果要说他的思想方式，他对于阿瓦库姆、伊凡·涅罗诺夫、尼基塔·普斯托斯维亚特及其他热衷于旧信仰的人们所热切关怀的仪式问题，是并不重视的。当他占领阿斯特拉汗时，当地居民以他为榜样，在斋戒日吃牛肉，喝牛奶，而且殴打那些反对这样做的人们[2]。在切尔卡斯克的教堂被烧毁时，拉辛拒绝对教堂的重建作任何捐助。他问道："要教堂干什么？要神甫干什么？要举行结婚礼，还是怎样呵？难道双双站在树旁，围着它跳舞

---

[1]　《夏波夫文集》，第 1 卷，第 170 页。

[2]　科斯托马罗夫：《历史专题论文》，第 2 卷，第 303 页。

不是一样吗？这就是结婚仪式了！"关于这个问题，科斯托马罗夫说："拉辛已成为宗教本身的敌人，因为宗教是不保护造反和杀人行为的。"①要说这位著名的哥萨克领袖在任何时候，出于任何动机是一位自觉的宗教敌人，那是很可怀疑的。如果事实上他否定了神甫和教堂的需要，主张在结婚时只要围着"树丛"跳舞就行了，则在这里应该看到的主要不是对"宗教的仇视"，而是那种"鲁莽的"好汉精神的表现，由于这种精神，甚至对于好汉自己在灵魂深处仍旧尊重的东西，也是毫不吝惜的。在这种情形之下，能够表现这种勇敢行为的善良好汉，不可能信奉分裂运动，这是完全无可争议的。拉辛和他的亲近追随者对于莫斯科饱读经卷之士所热切关怀的问题毫无兴趣，是可从他们所犯的重大策略错误中看出的；当然，如果他们更了解莫斯科国内的情况，他们是不会犯这种错误的：这就是他们曾想将尼空总主教吸收到他们一边。尽管尼空正如所应预料，"不曾受这种盗贼的诱惑"，然而他们却散布谣言，说尼空同他们坐在一条船上。尼空前此不久在同世俗当局的斗争中遭到惨重失败。由于他已成为世俗当局的牺牲者，所以哥萨克觉得他是在人民中进行鼓动的一个适当的工具。但是他们忽视了劳动群众中的反对派分子更倾向于反对尼空，而不愿支持他。斐尔索夫教授早就指出，拉辛对宗教的漠不关心，是他这一重大错误的根源②。哥萨克们对宗教仪式问题的不关心，还可从下述事实中得到更好的证明：这就是他们在伏尔加河冒充尼空派时，许诺索洛

---

① 科斯托马罗夫：《历史专题论文》，第 2 卷，第 284 页。
② 《拉辛起义是人民生活中的社会心理现象》，沃尔夫出版社，第 41—42 页。

韦茨的长老们在反对尼空新制的斗争中,给予支持。他们对这些长老说:"兄弟们,要维护真正的信仰,不要用三指画十字,这是反基督的标记呀!"当时的人们便已懂得,"拉辛的工作人员"说这些话是不真诚的。果然,这些工作人员在参加索洛韦茨修道院时,"解除了一些僧人和逃亡者的职务,把自己的弟兄法德杰伊克·科热夫尼科夫和伊瓦什科·萨拉法诺夫推选为院长,教导不仅不要服从教会,而且不认为沙皇是国王。"①一百年后,普加乔夫和普加乔夫派的人们,在宣传鼓动方面却显示出他们能够无比地更重视分裂运动,认为它是人民不满的表现之一。

　　劳动群众由于信从"造反"情绪而追随拉辛的"助手"。在莫斯科国,农村居民——像在任何时候、任何地方一样——是比城市居民更为消极的。因此,在城市里,"造反"情绪在 1648—1650 年和 1662 年就已表现出来;而在农村,只是在 1670—1671 年才表现出来②。在农村里,这种情绪比城市更不可靠。当时不具备条件,足以为新社会制度的确立创造客观可能,从而保证反对旧社会政治关系的人民运动取得胜利。我在前面已经指出,哥萨克不得不重视追随他们的群众的君主制信念。除了前面提到的那些事例之外,现在补叙同一拉辛虽然不怕对僧侣和教堂的圣礼仪式实行嘲笑,却于逗留阿斯特拉汗时,在皇太子费多尔的命名日,拜访了主教。人民群众把拉辛视为他们所仇恨的一切恶人的征服者,在莫斯科国的所有地区都准备用面包和盐来欢迎他们自己的这位"父

---

　　①　科斯托马罗夫:见前书,第 337 页。

　　②　科斯托马罗夫说:"整个十七世纪下半期,都是对拉辛时代的准备。"(见前书,第 212 页)

亲",对于他的希望超过了对于他们自己。这就是为什么他们在哥萨克出现的地方精神振奋,勃然兴起,而在哥萨克不得不让他们自力谋求生路的时候,则引领承受旧时压制的缘故①。然而领导不满意的人民的哥萨克,其本身便是旧事物对新事物的反抗,而不是新事物对旧事物的反抗。按照这种情况,当时已经有了一些受过欧式训练的兵团的沙皇部队,在军事上比毕生戎马的哥萨克要精练得多。但是,尽管如此,拉辛的造反,是一种比旧仪式派分裂运动具有无可比拟地更丰富的生命力的社会现象。这种造反的参加者所坚持的是人间的——尽管当然是业已过时的——理想,而分裂运动所企求的却是"天上的耶路撒冷"。俄国人民运动的心理,尚未经过充分的研究。但是,如果我们说,人民群众倾向于分裂运动,是同他们对于可能用自己的力量战胜占统治地位的罪恶的信念成反比例的;因此,分裂运动是在人民遭到巨大失败以后传播得特别顺利的,那也未必错误罢! 很可能,这里发生了我们迄今仍在我国知识界中看到的那种社会心理过程,我国知识界正是在反动派胜利和社会力量衰落的黑暗时代,最热衷于"宗教的探求"。

---

　　① 这也就解释了长期存在于人民群众的一种奇谈,认为拉辛不是被杀,而是躲起来了,他"会回来,一定会回来"(参阅科斯托马罗夫:见前书,第380页)。

普列汉诺夫文集

第 9 卷

俄国社会思想史
（中卷）

孙静工 译

商务印书馆
The Commercial Press
创于1897

Г. В. ПЛЕХАНОВ

ИСТОРИЯ РУССКОЙ

ОБЩЕСТВЕННОЙ МЫСЛИ

Госудрственное издательство

Москва   1925   Ленинград

根据苏联国家出版社莫斯科–列宁格勒 1925 年版译出

目　　录

第三部分　彼得改革后的
俄国社会思想运动

第一章　改革对俄国社会思想
发展过程的直接影响

　　彼得改革极大地增进了莫斯科人同西欧居民的来往。

　　这一情况至少对于那些不得不参加改革的俄罗斯人的思想方式，要增加一些新的因素。

　　对于我们祖先的思想方式增加一些新的因素，我称之为彼得改革对俄国社会思想发展过程的直接影响。

　　自然，俄国的欧化过程并不仅仅限于这一影响。

　　与西方往来的增加，逐渐在俄国社会制度中造成比较深刻的变革，这种变革又在社会意识方面引起某些改变。因存在方面的预先变革而引起的意识方面的这些改变，我认为是同一改革的间接影响。

　　我们下面便可看到，彼得改革的间接影响来得颇为迅速。但间接影响的暴露却不像直接影响那么早，这是完全可以理解的。

　　我们也确信，直接影响只是，而且只能是随着暴露稍迟、但却深刻得多的间接影响的巩固，而趋于巩固。

一

在彼得前的美好旧时代里，当莫斯科人偶尔跑到先进的西方国家的时候，他们对于那里的比较丰富的文化异彩，纯朴地感到奇怪。阿弗拉米主教曾与伊西多尔总主教一道前往参加佛罗伦萨的教堂集会，他在结束其关于报喜节①神秘剧演出的叙述时写道：

"在佛罗伦萨所见极为奇怪，其出品亦极新颖，我们的笨拙头脑不及一一领悟，亦不能一一笔录。今兹所述，不过其小焉者也，许多事迹，当未述及"②。

莫斯科国家的思想发展条件如此，其居民实际上很难"容纳"他们在稀少的西方旅行中所看到的东西。这些宽袍长须的旅行家，因无认真观察比较先进国家的生活的素养，只是注意一些无关重要的小事，而对于重要现象，则反淡然置之。对于他们，完全可以说是只见树木，不见森林了。其实，他们不仅在命运将他们送到西方时如此。谁要是因为"头脑笨拙"不能从个别提高到一般，他便不由自主地迷失在个别之中。以下作为例证，从 1456 年《徒步朝圣苦行僧瓦尔索诺菲的圣城耶路撒冷巡礼》一书中，摘录数段：

"神圣的教堂巍峨雄伟，悬挂着耶稣复活神像，在大门前，在教堂各门前增建的副祭坛呈高大的圆形，筑有石墙。墙上有木架，上

---

① 耶稣教节日，传说天使于这一天告知圣母，谓将生耶稣。——译者
② 引自《И.С.吉洪拉沃夫文集》第 1 卷，第 276 页：《古代俄国文学》。

面盖着木板,钉着铅板,建有圆形拱门,其状如钵。"

又如:"这一圣地有十字架,长 10 指尺[①],周围 17 指尺,圣石为大理石,颜色分蓝、黑、白不等。"

再如:"通达天主十字架,有两个石砌阶梯,那里神圣女王叶连娜三个十字架,强盗两个十字架,其一宽 3 俄尺,有 30 级。"[②]

瓦尔索诺菲僧侣对于他所看到的建筑物的一切细节,都描写得如此详细,他的旅行记在现代考古家看来自是一个颇有价值的材料[③]。但是,这一精细的人虽然准确地测量了阶梯的长度和石墙的高度,却对他所看到的教堂的建筑学特点,无一语道及。固然,他对于外观,不是毫不关心的。关于耶路撒冷复活教堂的钟楼,他说:"极大极好。"但言尽于此。他不谈钟楼的风格,却赶忙指出钟楼建筑所用材料和钟楼的情况:"石料,运自南方国家"[④]。

瓦尔索诺菲在旅行圣地时所具备的一般知识,是极端贫乏的。奉彼得之命到外国去学习"航海"和其他科学的莫斯科军职人员,其思想储备也同样是贫乏的。但如果以为他们当中没有一人超过瓦尔索诺菲的思想水平,那会是一个错误。例外是有的。在 17 世纪,西欧的概念已开始注入某些莫斯科人的头脑。这一点我们在上面已经看到了。但个别的例外不能推翻一般的常规。而一般的常规则是:彼得一世的供职官员,对于他们面前展开的西欧社会精神生活情景,毫无认真判断的素养。Π.佩卡尔斯基在谈到 Π.A.

---

①　每指尺约合 9 英寸。——译者
②　引自《吉洪拉沃夫文集》第 1 卷,第 284、285 和 286 页。
③　关于这一点,参阅《吉洪拉沃夫文集》同卷,第 283、284 页。
④　同上书,第 289 页。

托尔斯泰的日记时写道:

"在他的日记里,也像当时俄国人关于欧洲的所有记述一样,最主要的是时详时略地描写途中所见城市,村落、庙宇、教堂,各式各样建筑物及其颜色等等。可以立刻看出,旅行家最注意的是教堂的各种仪式、奇迹、服装以及其他物象。他津津乐道在天主教堂中所见的一切,甚至教堂神职人员的服装,他们的外衣是用什么材料缝制的,是什么颜色,在复活节放几响礼炮,做礼拜时有多少人朗诵福音书,有多少市民参加仪式,神像前点了多少灯等等,无不录入。"

按照佩卡尔斯基的说法,托尔斯泰对途中所见纪念建筑物,也是用特殊的观点去观察的。"他更感兴趣的是建筑物的外观,而不是引起这些建筑物的营造的事件"[1]。

所有这一切都很与僧侣瓦尔索诺菲相似。但托尔斯泰在出国时已有某些知识,他的眼界也比同代的大多数军职人员更为广阔。

当时的另一莫斯科旅行家——《彼得大帝陛下巡幸记》的不知名作者,更是远远不及托尔斯泰。他真是不曾超出他所描述的现象的外观。这自然是不足为怪的。为要使自己的思想超越现象与事件的外观,莫斯科人必须事先受过一定的教育,而这种教育却正是他们在本国所没有的。上述《巡幸记》的作者到达鹿特丹后指出,他看到"一位名人学者的铜像,手中的书也像人像一样是铜铸的。敲击 12 下,书页便翻转。这名人的名字叫埃拉兹穆斯"[2]。

读者以为这位莫斯科官员知道《愚昧的颂歌》一书的作者吗?

---

[1] 佩卡尔斯基:《彼得大帝时代的俄国科学与文学》第 1 卷,第 146 页。

[2] 同上。

在到达鹿特丹前,他一定什么也不知道。但到了那里,看到他的铜像以后,他只听说埃拉兹穆斯以博学而负盛名。这是很不多的!因此,很自然,在谈到埃拉兹穆斯时,他"只能描写铸像的外观"。同样不足为奇的是,他在科隆时,写了这样的一些话:"在科隆的市集上,看到两头的婴儿;也是在科隆,在药房里看到两俄丈长的鳄鱼。从科隆骑马溯江而上"等等①。这些瓦尔索诺菲的杂记少些宗教气味,但同样是细微末节,同样缺乏任何一般理解。

呆板迟钝的莫斯科思想,是向来就不愿求得这种理解的。此外,还须补充说明:在彼得改革时期,莫斯科罗斯所需要的不是一般思想,——例如18世纪的法国感到真正需要的思想——而是技术知识。由于历史的必要而奉沙皇之命去到外国的俄国人,必须获得的,就是这种知识,请看1697年初发给出国旅行的御前大臣的训令,提出一些什么要求吧:

"一、熟习绘图或地图,指南针及其他航海标记;二、掌握船舶,包括作战和普通航行中的船舶的知识,熟习一切器具及工具,如船帆、缆绳,以及服役船舶和其他船舶上的桨橹。三、尽可能于作战期间出海,不能出海者每次了解战时动作;无论是否看到作战情况,均须取得所属长官的签字和盖印证书,证明未亏职守;四、谁想往后回国获得大量赏赐,便应学好以上训令的各项规定,知悉他们经受训练的船舶的制造"②。

主要的事情是获得一定技术知识。莫斯科军职人员对于这一

---

① 《祖国杂记》,1846年,第8卷,《科学与艺术》篇,第136—137页。

② 佩卡尔斯基:《科学与文学》第1卷,第146页。

主要事情做得怎样呢？相当坏。

这里，必须承认一种足以减轻他们的责任的情况，即他们在外国的"学习"，时常是一场很艰苦的考验。请看其中一人——请注意他是一个出身显赫门第的人——在1711年写到国内的一封信："现在报告我的生活。我的生活是极为艰苦和困难的。第一，贫穷，更加别离。我决定学习最深奥的科学：尽管我整天饿着肚皮学习，但无收获。因为我不通语言，也不懂科学。"

彼得向来都是很节俭的。他将官员派到国外，又不肯给他们钱花。同时，他的亲近辅臣还要将他规定的为数很少的旅费，想方设法去削减。彼得最亲近的辅臣之一，费奥凡·普罗科支维奇对于高级僧正臣仆的评语，是人所共知的。他说：他们"通常都像是贪馋的畜牲"，只要可能，便像鞑靼人那样无耻地掠夺。人所尽知，像畜牲那样贪馋的，实在不只是高级僧正臣仆。彼得的辅臣纹丝不动地保存了一切莫斯科的积习，随时盗窃公款。因此，留学外国的俄国军职官员有时真正穷困达于极点。科农·佐托夫有一次报告内阁秘书马卡罗夫：海军学校许多俄国学员因为快要饿死，决意"做奴隶去"。这是脱离贫困的真正莫斯科方式。佐托夫也完全按照莫斯科的方式去取缔饥饿的海校学员的这种罪恶意图。他写道："我用最严厉的惩罚去吓唬他们。"

莫斯科是善于使用严刑峻罚的。彼得更将这一本领发展到了顶峰。然而在饿着肚子的时候，谁还有心思去歌唱呢！

还有一个原因使莫斯科人在学习技术知识上遇到不少困难。同一佐托夫在1717年上书沙皇："总管第特里先生请我到他那里，并将俄国学员在土伦的无耻行为通知我：他们时常互斗，恶言相骂,其粗鄙超过此间最下流的人。因此,他们的佩剑已被没收。"一月后,佐托夫又向彼得提出新控告:"海军学校学员格列博夫用佩剑刺伤另一学员巴里亚京斯基,因而被捕。海军中将先生不知如何处理此事。因为在他们那里(法国),类似的事情从未发生,尽管他们也有刺伤,但只是正直地在面对面的决斗时。"1718 年,侨居伦敦的俄国侨民 Φ.韦谢洛夫斯基报告:"最近派来的工艺学徒不受管束,他们不愿见工长,不愿在合同上签字,而只是无理地要求回莫斯科。"①

在这种条件下,莫斯科人虽欲学得纯粹技术知识,也是很困难的。佛克罗迪说:他们的出国,并未收到任何实效。他说,彼得本人很快就确信,莫斯科人回国时所具备的知识,与出国前并无多大差异②。克柳切夫斯基很同意佛克罗迪的这一意见。他说:"彼得想使贵族成为欧洲军事和航海技术的苗圃,但他很快便发觉技术知识很难灌输到这一等级,俄国贵族很少,也很难成为工程师或船长,而且他们所学到的知识在国内也很难实用。缅希科夫曾同彼得一道在沙尔坦爬横桁,学习制作杠杆,但在本国却成为一名陆地的省长。"③

毫无疑义,这里有很多正确的意见。莫斯科国的以往情况,是一目了然的。克里扎尼奇抱怨过:"我们的思想是迟钝的,手是笨

---

① 索洛维约夫:《俄国史》第 4 卷,第 230 页。

② 《约翰·高特利·福克洛特和奥托·普里亚笔下的彼得大帝统治下的俄国》,里斯特·赫尔曼博士编,莱比锡 1872 年版,第 102 页。(Russland unter Peter dem Grossen nach den handschriftlichen Berichten Iohann Gottlieb Vockerodt's und Otto. Pleyers,Herausgegeben Von Dr. Ernst Herrmann. Leipzig,1872,P.102.)

③ 《俄国史教程》第 4 卷,第 314 页。

拙的。具有迟钝的,也就是不开通的思想和笨拙的手的人们,自难做出比他们先进得多的西欧居民所能轻易做到的事情。"克里扎尼奇虽然强烈反对外国旅行家对莫斯科国居民的轻蔑批评,但他也不得不承认,只有强制才能驱使他们做点好事,他完全正确地解释这是由于莫斯科所特有的"严酷的占有制"。这种占有制已使莫斯科人这样道德堕落,以致他们显然更无比地倾向于消极抵抗改革,而不是倾向于积极促进改革。他们被迫为进步工作,然而如所周知,在被迫为进步工作的条件下,代价是很高的。莫斯科人促进进步的工作,一般说来,是坏到极点,以致国家不得不为了他们的工作,付出非常高的代价[①]。任何社会政治情况,都有其自己的逻辑。

另一方面,也不应夸大克柳切夫斯基所作判断的消极意义。无论如何,应该记住,克柳切夫斯基对于他的判断也附有某种保留。他补充说,莫斯科人留学外国,毕竟是留下了一定痕迹。他说:"强迫教育没有提供很大的科学知识的储备,但无论如何,却教训了贵族去认识学习的过程,刺激他们的知识欲。贵族毕竟学到了一点东西,虽然所学并未达到原来派遣他们的目的。"[②]

读者已经知道,在当时的历史条件下,还谈不上学到本义上的"科学认识",而只是领悟一些技术知识而已。至于这种技术知识,无论其积储量是多么小,还是提供了由浅入深的可能。克柳切夫斯基虽然批评安娜女皇的外交政策,却对彼得死后留下的军队,仍

---

① 关于莫斯科罗斯为改革付出多么昂贵的代价,米柳科夫的著作《17 世纪头 25 年的俄国国家经济和彼得大帝的改革》(圣彼得堡 1892 年版),作了最好的论证。

② 《俄国史教程》第 4 卷,第 314 页。

称之为优秀的军队。事实上，这一军队若与以前构成莫斯科君主的武力的无组织的乌合之众相比，也确乎是优秀的。比较优秀的彼得军队，仅就组织一项而言，也是需要具有相当技术知识的。除陆军外，还建立了海军舰队。按照费奥凡·普罗科波维奇的说法，这是"一种我们前所未见的东西"。不要以为，当时只有在俄国供职的外国人，才有技术知识。除了外国人，彼得时期就有一批具有技术知识的俄国人：例如，可以举出阿列克谢·济宾，——公认为有相当水平的工程师和水手；谢明·阿拉别尔杰耶夫，颇为熟悉"航海"科学和地质学；费多尔·萨莫伊洛夫，在荷兰学习航海事务，成绩甚佳；列夫·伊斯梅洛夫，一度服务于丹麦军队；著名的瓦·尼·塔季谢夫，矿学知识极为渊博。缅希科夫本人——顺便指出，按出身，他不属于贵族等级——不仅是一位陆地上的省长：如所周知，他在战场上的指挥也不是没有成绩的。甚至大贵族，他们一般说来是最反对彼得改革的，其中某些代表人物甚至比军职阶级的所有其他阶层，更有学习外洋"巧技"的能力。据说，老戈利岑公爵便是一名很好的将军。德·利里亚公爵称他为俄国的英雄，说他聪明、勇敢、精通兵法，且为部队所爱戴。西班牙的公使推崇他，说他若生长在不野蛮的国度，就会是一个真正的伟人[①]。我们在下面的某一章里将看到，同西方往来的增加，对于莫斯科的军职人员。特别是对于出身名门的官员的政治观点，也发生一些影

---

①　必须承认，这位戈利岑就是在国内，也表现出无可置疑的伟大，虽然不是表现在这里所说的范围。他是"少数达官显贵之一，有勇气在 1718 年拒绝彼得大帝之命，不在处死皇太子阿列克谢·彼得罗维奇的判决书上签字"。（A.科尔萨科夫：《安娜·约安诺夫娜女皇登极记》，第 10 页，喀山 1880 年版）

响。现在看一看问题的另一方面。

二

旧莫斯科的奥勃洛莫夫①式人物笨拙地、艰难地、长吁短叹，转向西方。但无论如何，总算是转了。的确，他们依旧不大喜欢外国人，但还是逐渐接受了外国人的一些习俗。莫斯科罗斯的欧化，虽极迟缓，但还是一直向前发展的。长时期中，欧化差不多完全限于最高的军职阶级。可是，在这一阶级之中，欧化的某些结果，在18世纪的最初几十年中即已显然可见。

像任何地方任何时候一样，在类似的情况下，首先发生变化的是外观。佛克罗迪就认为，即使在最有利于反动势力的条件下，俄国人民先进部分也不可能放弃西欧的服装和剃胡须的习惯。他断言，俄国人民的先进部分再也不会恢复闺禁妇女和某种朴素现实的结婚风俗②。无论他对于欧化的俄国人抱着多么怀疑的态度，但他却承认由于同外国人交往的日益频繁。上等社会的人物，甚至许多普通的居民（"ja Sogar viele unter der Bürgerschaft"）也都学会了比较礼貌的态度③。

对于佛克罗迪的这些意见，可引用一些有趣的人的文件。

著名大贵族阿尔塔蒙·谢尔盖耶维奇的儿子安德烈·阿尔塔

---

① 冈察洛夫小说《奥勃洛莫夫》主角，此处指萎靡不振之人。——校者

② 《彼得大帝统治下的俄国》（Russland unter Peter dem Grossen），第106—107页。

③ 同上书，第107页。

蒙维奇,于 1705 年到达巴黎,关于法国道德风尚记录了如下的观感:"这一民族的最为值得赞扬的制度是,他们的子女不是由于父母或教师的因循守旧和残酷无情,不是由于善意的尖刻言辞责罚,更不是由于毒打,而养成了正直的意志和勇敢的精神。"

他对于法国妇女不是像通常莫斯科国的最高阶级中那样受围禁,同样愉快地感到惊异。他说:"法国的女性在同男性的诚实交往中,绝未发生不体面的事端。男子汉也是仁爱备至、彬彬有礼。特别是名门闺秀,相互间日有来往,他们有音乐,端庄地自弹自唱,不仅法国老爷中的特殊官吏,而且外国人也能自由前往,同她们娱乐,既真诚,又欢快。"①

A.A.马特韦耶夫儿时便受到良好教育。所以非常自然,他能看到许多不及他文明的同代人所忽略的现象。П.А.托尔斯泰到波兰后,亦对妇女的道德风尚作过同样的评语。他写道:"元老院的议员们领着他们的妻小,穿戴阔绰,遍游城市各处,并不以此为不名誉。"②

也许,妇女界的影响比所有其他影响更能促使那些不得不在某种程度上参加彼得改革的俄国人,即令不在道德风尚上,也在举止态度上,有所软化。一般说来,人们开始认为,学习有礼貌的态度已属必要。大家都知道,1708 年起我国非宗教内容的书籍已根据彼得的命令改用新字模,即所谓"民用字模"印行了。用"民用字模"印行的第一部书是《几何学·斯拉夫土地测量制》。这是完全

---

① 佩卡尔斯基:《马特韦耶夫伯爵 1705 年巴黎游记》,《同时代人》(*Современник*)杂志,1865 年,第 57 卷,第 61 页。

② 《П.А.托尔斯泰旅行日记》,《俄国档案》,1888 年,第 1 卷,第 193 页。

符合俄国在改革时期所特别需要的知识的性质的①。但据克柳切夫斯基指出,用新字模印刷的第二本书,已不是什么技术指南,而是一本名称别致的书:《各种贺词的德文写法举例:即统治者致统治者和亲友之间的问候和道歉信简款式,德译俄》等等。这本尺牍大全的印行,表明彼得急于要将欧洲的礼节与风俗告诉他的"奴隶"。佩卡尔斯基在引述这部尺牍大全中一封信的内容,将其文字与彼得前的莫斯科罗斯文字加以比较时,指出:

"这封信的文字艰深到可笑的地步。每一词组都几乎是日耳曼式的。但信中未提下跪,没有像俄国书信中那样对受信人过分夸张的比喻和捧上天的赞扬,也没有写信人的自我菲薄——这一切都消失了"。请读者注意信例中用了"您"的称呼来代替旧莫斯科的"你"。但是人们对于这种礼貌要求很不习惯,根据这位学者的意见,19世纪末的莫斯科人谈话和写信时,通常还是把"您"和"你"混用②。

信例要求的文字"客套",在俄国是从德文翻译过来的。德国人又是从法国人那里学到手的,而法国人则学自意大利人。16世纪时意大利在这方面及其他许多方面给整个其他西欧提供格调③。这是必然的,因为意大利城市文化的发展,比其他西欧各国

---

① 这部书的第二个标题准确地规定了该书的实际用途:量度的方式或数学的原则,借此简易和新颖的方法,迅速进行土地测量及由此产生的其他工艺。佩卡尔斯基,同上书,第2卷,第173页。在过去,研究几何学被看为罪过。笃信宗教的人们说,对几何学的任何爱好,"都是对神和天主的渎犯。……"

② 《П.А.托尔斯泰旅行日记》,第182页。

③ 布克哈德:《文艺复兴时期的意大利文明》(Burklardt, *La civilisation en Italie au temps de la Renaissance*),1885年,巴黎,第2版,第185页。

为早。当俄罗斯人认为必须掌握礼节时，他们自然不能满足于一部尺牍大全：食欲是在吃的时候到来的（l'appétit vient en man-geant）。因此，在1717年又遵照彼得的命令，出版了一部新书：《青年的诚实守法镜①或生活礼节指南》。这部书教育俄罗斯青年如何走路（不要垂头丧气，目光下垂），如何看人（不要侧目而视，要和颜悦色，文雅专注），遇见朋友时如何打招呼（三步外脱帽），如何围桌而坐（不要以手倚桌，不要修指甲或用刀剔牙），以及如何吐痰（不要吐在身边，而要吐到别处）。在社会学家看来，这部文集（《守法镜》《不同作家的论文集》）为了强调其对青少年的良好劝告而提出的理由，是很有意义的。例如，吃食物时不要像猪那样吧嗒作响，不要在食物未吞下前说话，因为这是农民的行为。一个受过良好教育的青年首先要注意不去模仿庄稼汉。对于下层阶级的人们，特别是对于男女仆人，《守法镜》是极为轻视的。它主张：

"不要同自己的或别人的仆人过多来往：如果他们是勤奋的，就爱他们，但不要在任何时候都相信他们，因为他们笨拙无知（无头脑），没有分寸，却想在有机会时超过自己的主人。他在离开之后，会把交他办理的事情向全世界宣扬。因此，必须注意谈论他人时，不让男女仆人在场，也不要指名道姓，而要旁敲侧击，暗示，使他们无法知道，因为这种人是会故意无中生有，加油添醋的。……青年人相互间应该用外语交谈，借以养成说外语的习惯，特别是在需要谈些秘密的事情时，绝不可让男女仆人知道，也不可让无知的

---

① 守法镜（Зерцало）为帝俄官厅陈设品，上面贴有彼得大帝关于守法的谕旨。——译者

饶舌者探悉。因为每一个商人都要夸耀自己的商品,尽可能将它卖掉"①。

在莫里哀的剧作《可笑的女才子》里,高尔希白斯认为情人与所爱者结婚,这种行为是正当的。他的女儿玛格德伦却对此感叹说:

"好爸爸,您的话是极端资产阶级的。您这样说使我害臊。您应该学习优雅的礼貌啊!"

17世纪法国贵族认为自己是风度优雅的人,不愿使自己的举止态度同受资产阶级教育的人相似。莫里哀所挖苦嘲笑的著名女才子只不过是把这一点发挥到荒谬绝伦的地步,从而把贵族意图的极端荒谬可笑同资产阶级人士区别开来。玛格德伦完全不是贵族,她是一个十足的资本家的女儿,莫里哀说这个资本家是一个"好资本家"。但她模仿贵族,因此也以资产阶级的举止态度为可耻。

贵族对资产阶级礼节的向往,是客观社会关系的表现,即贵族的特权地位的主观表现。在莫斯科罗斯,由于社会关系的比较不发达,特权者的自然倾向与非特权者的差别,在表现上亦有所不同:那里的军职人员以与"庄稼汉—短工"相似为可耻。佩卡尔斯基保持一种见解,认为我们在这里所涉及的《忠诚的守法镜》是从德文翻译过来的。但值得指出,这本书在说明反面理由时,所举的不是资产阶级,而是农民和仆人。对于俄国青年"小贵族",这些理由比资产阶级的理由更易于理解。还更易于使俄罗斯人理解的是

---

① 佩卡尔斯基:《马特韦耶夫伯爵1705年巴黎游记》第2卷,第382—383页。

上述《守法镜》主张在谈话时应注意不使仆役在旁。赫沃罗斯季宁的《逃走曲主题》就已痛苦地抱怨"奴隶"的叛变。热忱的改革家彼得在血腥镇压对他稍有不满的军职阶级代表人物时，丝毫不曾轻视"奴隶"的告密。由于这种不满是易于发作的，所以聪明的人暗示他们在当着仆役说话时，要极端小心，或者……宁可用一种外国语言相互交谈。……莫斯科军职人员在学习外语"生词"时，是很有耐心的。对于他们，苦功是学问的根本，而当他们掌握了某种外文时，鉴于上述情况，他们应该承认，学问的果实是甜的，因而法国谚语"不幸对某些事情是有益的"(à quelque chose malheur est bon)，可见是正确的。

《忠诚的守法镜》有很多论到仆役的地方。书中主张应使他们诚惶诚恐，凡犯过错两次以上者，应不予宽恕。"如能使家仆诚惶诚恐，则对他便会规规矩矩，殷勤服侍。因为奴隶就其品德而言，是无知固执，倨傲无耻的，所以，对他们应该制服和贬抑。"

由于不懂《守法镜》一书的德文原文，因而对译文是否准确，无从查证。但是可以肯定地说，原文中绝无 Solaven 一词，而只有"Hausknechte"或"Diener"等词。但俄文译文中统做"奴隶"。这是同我国当时的社会制度相适合的。

毛病仅在于"奴隶"一字与原文不符。原文说，仆役于第三次犯错误时应受到驱逐出屋的处罚。许多俄罗斯的"奴隶"一定不反对这一处罚，而他们的主人却相反，完全不愿实行这种处罚；当"奴隶"从家中逃走时，他们倒要设法捕捉回来。《忠诚守法镜》关于奴隶行为的下述意见，也是不完全适合俄国情况的。《守法镜》解释说："对仆役不应忍耐，听任他们啰啰嗦嗦，或像狗一样乱叫，因为仆役总是想得到比主人更多的权利的,对此不要纵容。没有比贫穷、自傲(贫穷和自傲是不大能结合在一起的。——著者)、厚颜无耻和令人憎恶的仆役更肮脏的东西。"所以俗话才说:"魔鬼以贫穷的自傲为乐。"充塞军职人员门庭的"奴隶"是"厚颜无耻"的,这当然是完全可能的。但说他们想得到比主人更多的权利,则是完全不可思议的。这样的意图,只有雇用仆人(他们并无法律根据害怕主人拳击),才会表现出来——如果真有这种表现的话。

俄国读者是否看出《守法镜》中所说的仆役,并不是俄国仆役。如果知道这一点,那会是很有意义的。然而他们的家庭实践比《守法镜》中所阐述的理论更能符合俄国条件,这大概是无可置疑的。

《守法镜》一书获得很大成功。在彼得朝代,它一连出了三版[1]。

三

这样,先进的俄罗斯人是学会了在社会上守礼节,对妇女"讲赞语"了。他们当中有许多人一定在学习礼节上比学习"航海学"更有兴趣。文学反映社会风俗的变迁。17 世纪上半期某些俄国小说的主角,谈吐间所用语言,仍然在很大程度上保持着旧莫斯科的粗鲁笨拙,但这种语言似乎也变得非常讲究,有时夸张甜蜜了。这些老爷们中间有谁谈恋爱,这就意味着他"被爱神的箭射伤了"。他们一经坠入情网,便很快惊喜若狂,也就是失去理性了。如果

---

[1] 佩卡尔斯基:《彼得大帝时代的俄国科学与文学》第 2 卷,第 383 页。

K.佐托夫向彼得告密，说海军学校中的俄国学员在土伦互斗，并用最卑鄙的恶言相骂，因此他们的佩剑已被没收，那么，小说中的角色的表现却是有教养多了。"骑士"季格纳诺尔生"骑士"亚历山大的气，颇有侠义精神地对他说："你这骗子，来，同我决斗去！"在合适或不合适的时候，这些有教养的"骑士"都用歌唱来抒发他们的柔情。例如，俄罗斯贵族亚历山大爱上了少女埃列奥诺拉，却不望得到她的爱，便出城找到一处凉爽舒适的地方，唱起以下满怀激情的"咏叹调"：

"里勒市啊，我现在看到你的非凡的美丽[①]：城门光耀夺目，在里面，各种复制品精巧瑰丽！可为什么你要同我斗争呢？

最坚固的城墙围绕四周，建筑物绮丽无比，你手持大军刀！我和你同受创伤！

今天教长给了她赞美，我的勇气消失了，悲哀郁积，我把箭矢抛弃！

啊！埃列奥诺拉姑娘呀！你是最珍贵的发光宝石，满腔愤怒和怨气！请帮助我等待吧——我看到命运现在控制了我，不幸向我进袭！我行将死去，搭救我怎来得及？"等等[②]。

埃列奥诺拉方面，也责备自己的冷淡使亚历山大害了重病，因而痛哭流涕地唱道：

---

① 事情发生在里勒市。

② B.B.西波夫斯基：《17—18 世纪的俄国小说集》第 1 卷，1905 年版，《俄罗斯贵族亚历山大传记》，第 155、132、135 页。

"命运,埃列奥诺拉啊,你毁灭了自己,你给自己的青春带来了悲哀! 病引起了骄傲的回答,现在却更增添甜蜜!

可怜的骄傲给了你什么好处? 你最尊重的又是什么啊! 你因何失去了健康,陷于痛苦!

爱人呀! 来吧! 消除你痛苦,不要枉然死去! 快来帮助我呀! 展开双臂吧,除了教长,还能把希望寄托于谁?"[①]

由于我国社会活动的不很发展,俄国知识分子在小组中讨论男女间的合理关系时,要比西欧知识分子显得更为慎重。但这个在法国影响之下产生的问题,其在法国国内,也仅于 19 世纪才被提出。而在我现在所说的这个时期,就是在西方也未提出。像亚历山大这样的"俄国骑士"只是在这样的意义上注意这个问题,即他们力图尽可能增加他们的"情场奇遇"。上面所说的"贵族亚历山大"只想多遇到一些少女或妇人,"结识他们,然后带走"。他是一个十足的女性玩弄者。

事情不仅在于鄙俗。我们没有任何根据期待当时的俄罗斯"骑士"在学会了某些多愁善感的陈词滥调的同时,完全摆脱其旧时的笨拙。他们的炽烈爱情的特点是讲求原始的实际。当少女季尔罗应亚历山大的邀请来到他的寓所时,他兴高采烈地扑上去迎接她,一句闲话不说,便告诉她:"我希望得到实惠。"[②]他在争取到她在信中承认爱他以后,便兴冲冲地以为"收到了许以实惠的信"。

---

① B.B.西波夫斯基:《17—18 世纪的俄国小说集》第 1 卷,1905 年版,《俄罗斯贵族亚历山大传记》,第 133 页。

② 同上,第 151 页。

可是同这部小说的另一角色贵族弗拉基米尔相比，亚历山大还不失为一位绅士。弗拉基米尔在对女人的关系上更显得是一个卑鄙的坏蛋和最凶恶的野兽①。他将某一丹麦男爵的见解详告亚历山大。这个男爵断然宣称，我们大家的爱只是为了取乐。至于他怎样理解在爱中"取乐"，这可从他的如下歌词中窥见："不要给（所爱的妇人——著者）以意志的自由：时常打她耳光，让她像奴隶般站在你的面前，经常不断地诚惶诚恐！"

我同意，当小说的作者要丹麦人唱这首歌的时候，他的诗意更多地表现了他在本国所见，而不是他对西欧道德风尚的理解。将妇女完全看为奴隶，并且用打耳光来对付她，是同旧时代的莫斯科人的概念和习俗相符合的。

这部小说中的角色不但喜欢玩弄女性，而且爱好奢华，俄罗斯水兵华西里·科里奥特斯科伊②到达奥国后，"租了一所部长官邸，装饰富丽，月付租金 50 金卢布……。他雇用了 50 名仆人，给他们做了金边制服，衣着阔绰，像这样的制服，就是在奥国宫廷里也是没有的"③。爱好奢华的陈设，同样比学习"航海"学或地质学更为容易。

但是，应该说句公平的话。前述小说所以值得称道，还在于其中的主角确信学问之可贵。例如，小说在记述水兵华西里·科里

① B.B.西波夫斯基：《17—18 世纪的俄国小说集》第 1 卷，1905 年版，《俄罗斯贵族亚历山大传记》，第 166、168 页。

② 《俄罗斯水兵华西里·科里奥特斯科伊和佛罗伦萨的美丽公主伊拉克丽娅的故事》一书的主人翁。见西波夫斯基：《17—18 世纪的俄国小说集》同版。

③ 同上书，第 118 页。

奥特斯科伊时,说他"由于科学和服务"受过很大的光荣,因为他很熟悉海洋科学,知道海上岛屿的位置,知道海洋的深浅、急流、风向、天上星球,以及气流。由于这种科学知识,他做过船长,所有的老水手都很推崇他。

贵族亚历山大于成年时向他的父母说了以下傲慢,但却有特色的话:

"现在全世界的习惯是教育自己的子女,然后派他们出国学习各种光荣的事物,因此,我,您的奴隶,决心请求您允许我出国旅行。我知道,您的热情和慈爱当然不主张我们分离。但我仍恳求您不要把我等闲看待,因为您如留住我,是会给我造成永远的耻辱的,那样,我怎能称为贵族,又怎能受到赞扬呢? 不仅不配受到赞扬,而且不配称为贵族啊! 请发发慈悲,不要让我受到永远的耻辱吧!"

最后,《王子阿尔希拉邦传记》一书的作者写道:"德国国王弗里德里克极爱王后玛丽亚·克鲁斯季娜,生一子,生后便命名为阿尔希拉邦。阿尔希拉邦于 5 岁时被送到学院学习各种语文和工具,在学院待到 16 岁。"[①]这第三部小说所写的可能是 18 世纪中期的事情。但小说所表现的却纯粹是彼得的科学观:学习科学就是要学习各种语文和"工具"。阿尔希拉邦自 5 岁至 16 岁都在学习,而在"相当学好了各种语文和工具"的时候,却参军服役。这又是完全符合彼得改革所形成的习惯。

根据其他资料,可以看出小说文学正确地反映了当时业已开始的学习观的改变。在"伊·波索什科夫文集"第 1 卷里,收入一

---

① 　B.B.西波夫斯基:《17—18 世纪的俄国小说集》,第 90、109、123 页。

篇《父亲对出国留学的青年儿子的训词》①。显然，波索什科夫不是这篇训词的作者，但在这里，这对我们没有任何意义。重要的是这篇训词的内容。训词的无名作者是这样教训他的儿子的：

"由于在知与不知之间有巨大和艰难的间隔，因此要珍惜你青年时代的时间。出于父母的关怀，我劝你不要把任何一点钟浪费在徒劳无益的、不需要的事情或玩乐上。要知道，时间是最可宝贵的，时间的每个部分、一点钟或一天，都是一去永不复返的。谁不浪费时间，谁就不仅会有光彩的世界，而且会达到未来的永久幸福。为此，必须不虚掷任何一天或一点钟，而尽可能规规矩矩地把它花在学习科学上"。

在儿子的学科选择上，父亲所写的训词，也是完全站在他的时代的观点上的。他说：

"为了便于迅速获得科学知识，我劝你学德文，否则学纯粹的法文，开始时用你所选学的语文学算术，以及数学，入了门径和基础后，便学几何学、建筑学、筑城学、地理学、海陆绘画学、指南针以及太阳和主要行星的运行"②。

为什么要学数学、建筑学等等的理由，也是值得注意的。所以要学这些科学，并不是为了使自己"当工程师或舰长"，而是为了能够监督外籍官员。"如果接受某种工程委托的外籍官员要对伟大君主的城市进行危害……，那你就能够用你胸中这些科学知识……去了解实况……从而取得伟大国王和君主的赞赏，获得光

---

① М.П.波戈金出版。

② 《伊·波索什科夫文集》第1卷，第207—208页，莫斯科，1842年。

荣;而这些外国人亦将由于害怕你而不敢为所欲为"[1]。

在《瓦拉穆术士的谈话》里,业已看到对外籍官员的不信任。随着外籍官员来俄者日众,这种不信任势必增加。这对我国社会生活和思想的进一步发展过程,是有其影响的。

彼得改革不仅教会了先进俄国人尊重科学和"工具"。它也在他们面前展开了一个他们前此几乎完全不知道的新世界。莫斯科国的居民历来就不是什么株守家园、不肯出门的人;相反,他们情愿去到"新的地方",——他们的这种意愿是如此强烈,以致不得不将他们固定在原来的住处。尽管有些住在距离立陶宛边境不远的军职人员和农民,有时离开立陶宛罗斯,想在西方找一栖身之所,但一般说来,他们是宁愿去东方的。他们的思想意境也是倾向东方的。我希望读者还记得,16 世纪的莫斯科政论家佩列斯韦托夫屡次把土耳其当作模范。《瓦拉穆术士的谈话》的作者本来想说:"在别的国家",却失误(Lapsus linguae)地说:"在别的汗国。"彼得改革时起,情况改变了。先进俄罗斯人的眼界是转向西方了。我们熟识的俄国水兵华西里·科里奥特斯科伊出生于"俄罗斯欧洲"。他在旅行荷兰、英国和法国后,仍旧扬帆回到"俄罗斯欧洲"。美丽的佛罗伦萨国公主伊拉克丽娅在向他谈到她的不幸时,告诉他曾有"俄国商人乘船从欧洲"怎样来到她的国家。由此可见,俄国似乎已主要地被看为"欧洲"了[2]。

华西里·科里奥特斯科伊也不放过机会告诉公主,他就出生

---

① 《伊·波索什科夫文集》第 1 卷,第 208 页。

② B.B.西波夫斯基:《17—18 世纪的俄国小说集》,第 108、110、115 页。

于"俄罗斯欧洲"。同时,他在谈到他的旅行时,造成一种印象,似乎他这位贵族水兵在西方感到非常舒适,而且一切人对他都很敬重:

"我奉派到荷兰学科学,在那里受到荷兰商人的敬重,荷兰商人将商品交到船上,从那里运到英、法,再从英、法回国,获利甚丰,所受敬重超出名门子弟"[①]。

在彼得改革的直接影响下产生的小说,其中的角色大部分都不懂地理,而将西欧城市和国家的名称肆意歪曲。但这绝不妨碍他们怡然自得地相信,整个欧洲都对他们的功绩发生了强烈的兴趣。"俄罗斯的骑士"亚历山大由于受到一名英国高级海军军官的侮辱,高傲自信地向英国国王说:"我希望,而且您也已经知道,整个欧洲将支持愤怒和胜利的骑士。"[②]这自然是可笑的。但这却值得注意,因为这是那一过渡时期的象征。

最后,我还要指出小说中新人物的两个性格特征:

这些先生们虽然热中研究恋爱学,虽然时常使人感到"惊奇",而且频繁地唱出感人的情歌,但却有时表现出非常残酷。我在上面已多次提到的贵族海员科里奥特斯科伊先生,便曾命令对偶然落在他的手中的佛罗伦萨海军将官,施加"暴君式的酷刑",因为这位将官有一次想将他溺死海中:他"命令将这位将官吊在皇军面前,活活剥皮"[③]。这很适合伊凡雷帝的胃口,但可惜,这同伟大改

---

① B.B.西波夫斯基:《17—18世纪的俄国小说集》,第116页。

② 《17—18世纪的俄国小说集》,第160页。"愤怒和胜利的骑士"就是我国的贵族海员亚历山大。

③ 同上书,第128页。

革家的习惯也相去不很远。

第一，"骑士们"继续用旧眼光看待臣民对君主的关系。当奥国皇帝请水兵华西里·科里奥特斯科伊与他同席就餐时，他"恭敬地"回答说：

"伟大的皇帝，看来我不应坐下，因为我是您的奴隶，我不应同陛下一道坐下，而只应站在陛下的面前。"

这位皇帝反驳说：

"您干吗推辞呢？因为我看您很聪明，才真心赏识您；就令是我的臣民，只要我赏识他，命令他坐下，他便得听话；而您却是来我这儿做客的，请坐下吧！"

水兵华西里·科里奥特斯科伊完全是按照旧莫斯科方式表达其对奥皇的敬重的。

阿凡纳西·弗拉西耶夫被伪君季米特里派往克拉科夫，代表沙皇参加玛琳娜·姆尼舍克的订婚礼。在请他同皇帝同桌吃饭时他不肯吃，因为在这样高贵人物面前，奴隶吃饭是不礼貌的，他只要恭敬地站着，看他们吃就行了。午宴时，他坐在皇帝的未婚妻旁，不停地当心别让自己的衣服碰到她的衣裙。在行订婚礼时、他同玛琳娜握手之前，先将自己的手包着。

读者会同意，可爱的水兵华西里·科里奥特斯科伊很像阿凡纳西·弗拉西耶夫。他在同奥国皇帝谈话时，自称为皇帝的奴隶，纯朴地以为这是对皇室大人物应有的礼貌。他毫不理解，奴隶是一回事，而臣民则是另一回事。但我们知道，彼得也禁止俄罗斯人用自卑的名称——如万卡、先卡等等向他写呈文，然而他的臣民却仍旧是他的奴隶。因此，关于水兵华西里·科里奥特斯科伊的小说,在这里也是忠于它的时代精神的。

彼得改革没有消除莫斯科"世袭君主制"的基础。它在相当长时期内更加扩大和巩固了这些基础。因此,军职阶级对最高当局的态度不仅保持了旧的性质,而且更加突出了它。但是西方的榜样对于军职人员——特别是对于最高级的军职人员——的思想,在这里也不是完全没有影响的。这在彼得死后不过几年工夫,便相当明显地表露出来了。然而这是后话。

四

帕夫洛夫-西尔万斯基公正地指出:彼得及其亲近的辅臣,并不像有些人根据伊·波索什科夫的话(波索什科夫说过"他〔改革家〕在山上连同自己不过十人往上拉,而山下则有成百万人往下拉,他的事业怎能顺利进行呢?")所想象的那样孤独。现在已很难有人会反对帕夫洛夫-西尔万斯基的这一见解了。对于那些仍然怀疑这一见解的正确性的人们,可请他们看看我刚刚提过的已故学者的极为详尽的著作《彼得同代人关于改革方案的记述》(圣彼得堡 1897 年版)。这部著作很明显地表明,彼得的许多改革计划都是从他的辅臣那里得来的。可是,在帕夫洛夫-西尔万斯基以前,П. Н. 米柳科夫在前引著作《18 世纪头 25 年的俄国国家经济和彼得大帝的改革》中,表示了同一思想。П. Н. 米柳科夫断言,在彼得改革中,皇帝个人的创举,其范围之狭小远远超过一般假定。他说:"问题是由生活提出,而由多少有些学问的人表述的;皇帝有时抓住这种表述的主要思想,或者——也许,更常见的是——

抓住其实用的结论;至于在实行过程中关于业已提出、表述和批准的主张的各种细节的必要讨论,则由皇帝交给政府和提出倡议的顾问负责,结果制成命令。"①这一结论无论对于史学家或社会学家,都是很重要的②。但是毕竟最有意义的还是看看改革时期在命令制成以后所发生的事情。

彼得的命令几乎经常要求人民作出巨大牺牲③。这一情况在人民中引起了巨大不满。此外,这些命令还破坏了许多旧的习惯,牵涉到许多根深蒂固的成见。这更加剧了彼得命令所引起的不满。甚至军职阶级,他们同莫斯科居民的其他阶级相比,对改革虽是较少敌意的,但也怨声载道,进行抵抗。固然,他们的抵抗经常是消极的。贵族不曾像哥萨克那样实行变乱。然而就是消极抵抗也对这一改革危害很多。彼得和那些向他提出改革计划或同他一道制定其所设想的计划的同代人,经常都是少数。波索什科夫的话不是完全不对的。愿意"在山下"往下拉的人是比"在山上"往上拉的人,多得不可比拟④。我们假定彼得有无限的权力,而且很乐于非常广泛地使用这一权力:对于暴乱者,"竭尽"杀戮之能事,对于消极抵抗者,处以残酷的拷打和苦役。他的命令满篇都是威胁。

---

① B.B.西波夫斯基:《17—18 世纪的俄国小说集》,第 514、587、588 页。

② 特别是对于那些研究"个人在历史中的作用"的人们。

③ 正是 П.И.米柳科夫比所有其他人更有说服力地对此作了证明。

④ 帕夫洛夫-西尔万斯基自己说过:甚至彼得的最亲近辅臣也不经常像他本人那样热衷于改革。在他死后,新政府保存了全部最主要的新政,但在支持许多新政方面和进一步发展,却既无力量,也乏热诚。(见《枢密院对彼得大帝改革的评议》一文,载《往事回忆》论文集,圣彼得堡 1909 年版,第 3 页。另参阅他的论文《枢密院成员对彼得改革的意见》,载《全集》第 2 卷,第 373—404 页。)

一位外国作家公正地说：他的命令是用鞭子写的。然而皇帝和他的辅臣无论多么坚信刑罚的挽救能力，却不能不认识到为了改造俄国，只靠绞死暴乱者和鞭打折磨或放逐"工厂缺勤者"是不行的。他们力图使国内的舆论站到自己方面来。改革的敌人不仅口头上埋怨，而且写出了大量"暗中传递的书信"和其他书面抗议。彼得不愿在文字上向敌人屈服，因此他的命令不仅用屠杀和无情惩罚进行威胁，而且除此之外，还进行了说服。就这方面说，命令不愧是一种不寻常的政论家著作。

尤其不寻常的是 1702 年颁布的关于号召外国人前来俄国的命令。这一命令长篇大论地谈到改革的意义和利益。命令写道："所有在我们的最高当局管辖下的国土都知道，我自即位以来，一切努力与意图都是要使国家的管理能够增进全体臣民的福利，使他们能够更好、更幸福地生活。直到现在，我都在尽力保持国内的安宁，保卫国家不受外来侵犯，竭尽所能改善和扩大贸易。为了达到这一目的，我不得不在管理上实行某些必要的和符合国家利益的改革，以期我国臣民能够更方便地学习迄今所不知道的知识，从而能够更技巧地进行商业事务。我为了增进对外贸易，业已发布必要的命令，成立各种皇家机关，而且往后还决意这样做。由于目前的情况未能符合我的愿望，我国臣民还未能完全安静地享受其劳动的成果，所以我还想用其他办法来保证我国边境不受敌人侵犯，保全我国的权利和财产，并像一个基督教君主所应做的那样维护基督教的安宁。为要达成这些善良的目的，我特别要努力建立最好的军队，使其成为国家的支柱，这个军队不仅要由训练有素的人员组成，而且要有良好的制度和纪律。为使这件事做得完善，应敦请外国人士前来我国。凡能有助于实行这一目标,能对此有所贡献,具有有益技艺者。无论在我国服务或留居我国,都无不可。本文告及其下列条款,应到处宣布,印刷后公布全欧。"①

　　另一例子。彼得在颁布关于贵族领地不可分割的命令(即所谓长子继承制命令,虽然这一名称是不正确的)时,对于这一命令的好处解释说:

　　"如果把不动产总是留给一个儿子,而把动产留给其他儿子,则国家收入更易整顿,因为就令收得少,从一个大户收税也更为满意;而且这时只有一户,而不是五户,这使所属臣民得到益处,而不是使他们破产。第二个理由是:门第不致衰落,它将通过荣耀的高大房屋而显得不可动摇。第三个理由是:其他儿子不致游手好闲,因为他们将不得不通过服公职、学习、经商及其他途径赚得面包。这一切他们是为了生存而做的,但对国家亦有益处"②。

　　又如《宗教规程》。这不只是一个规程。这同样是一篇政论家的著作,政论家表现出显著的辩论爱好与才能。在关于僧侣和寺院的命令里(这篇命令部分地补充了《宗教规程》),政论因素属于主导地位。命令包含着自古代犹太人以来的整个僧侣史:

　　"犹太人就曾有官,像僧侣那样的官,表面上很讨厌(《俄国史》第4章),但根据誓约,他们都是暂时的,而不是永久的"。基督教徒也提到僧侣的官职,认为他们的产生原是出于良好的目的,但后来却"给社会带来危害"。在非斯拉夫人之间造成迷惑。命令的作

---

　　① 录自索洛维约夫:《俄国史》第3卷,第1344页。
　　② 同上书,第4卷,第151页。

者说：这显然是正确的。"我们将在这里予以证明"。他们事实上
也尽力作了证明。

彼得对于僧侣的看法，一如他对所有其他事情的看法，是从国
家利益出发的。但他认为僧侣利少而害则很多。彼得引述拜占庭
在某一时期的历史，认为当时一些希腊皇帝"在放弃其称号以后，
开始伪善"，屈服于"某些骗子"的影响。骗子们逃避劳动，力图兼
"别人的劳动"而生活。他们在从黑海甚至到查尔-戈罗德（帝王
城）这一条全长不过 30 俄里的运河沿岸，就建造了庙宇 300 余座；
至于其他各处，庙宇的数目更多，而且"都有巨额收入"。这些"坏
疽"完全削弱了拜占庭帝国的军事力量。"由于其他疏忽和这一原
因，导致了巨大灾难；当土耳其人包围查尔-戈罗德时，能找到的战
士，不到 6 000 人"。

如果相信命令的作者，则庙宇给俄罗斯国家带来的利益，不比
它们带给拜占庭的多。"因为现时僧侣的生活是兼其他章程得来
的收入来维持的，为害殊为不少。他们大部分都是不劳而食的人。
游手好闲是一切罪恶的根源，许多分裂教派的迷信和扰乱治安的
歹徒由此产生，这是人所共见的。"

彼得对于游手好闲和僧侣迷信，尤为不能容忍，因为僧侣在我
国都是来自农民，而农民当然应该工作，而不应该夸夸其谈。农民
在获得僧侣称号后并不放弃世俗福利；相反，却比以前享受得更
多。"因为房屋是既属于他自己，又属于国家和地主，成为三重贡
品，在庙宇里，一切都是现成的；而自由的农民工作着，只有三分之
一的收成归农民自己。"同时，他们既不学习，又不读圣经。结果，
他们对社会完全没有任何"利益"。旧谚语说得好："他们对神、对

人都一无是处"。彼得禁止农奴剃度为僧,只有取得地主的"放行证"者除外。然而就是在这种情形下,也规定必须审查姓名,年龄,为何剃度,地主为何解放了他,是否识字等等。不识字的农民,庙宇是不收容的①。

　　这一命令是由彼得会同费奥凡·普罗科波维奇制定的②。由此可见,就在以政论家的姿态出现时,彼得也不孤独。1714 年的命令,即所谓关于长子继承制的命令,我在上面已经略有摘录,其论点也不完全属于彼得一人。据 П.Н.米柳科夫的最令人信服的证明,其最主要论点都是彼得从费奥多尔·萨尔特科夫的一部著作中抄来的③。毫无疑问,彼得在政论方面的最积极助手是费奥凡·普罗科波维奇,这人可称为改革时期的最多产和最有天才的政论家。

　　普罗科波维奇的说教,从各方面为彼得改革进行了广泛的、不懈的辩护。例如,莫斯科的呆板思维,对于彼得及其军职人员的出国,是不能苟同的。因此,普罗科波维奇认为必须论述出国旅行的益处。在"1717 年 10 月 23 日的演讲词"里,他说:"如河之流,其行愈远,愈能汇集百川而愈益波澜壮阔,力量雄伟。同样,聪明的人亦可于旅行中获益至大。所获何益呢?是体力吗?否,体力因旅途艰苦反易减弱。是财富吗?否,除商人外,他人旅行都须花

---

　　① 《宗教规程》,莫斯科版,第 117 页。

　　② 这一命令的全文,见 П.奇斯托维奇:《费奥凡·普罗科波维奇及其时代》附录,圣彼得堡 1808 年版,第 709—718 页。

　　③ 关于从英、法、德及其他欧洲君主专制国家法制局挑选出的若干章程的报告(参阅《彼得大帝时期的俄国国家经济》,第 536 页)。

钱。然则是什么收获呢？是个人及社会的共同财富，即艺术。光荣的诗人叶林斯基·奥米尔在《奥德赛》一书的篇首，对小说中长篇歌颂的希腊英雄奥德赛作了简短的赞扬不是徒然的。赞扬虽短，但伟大，内容虽简，但益处很多。"①

按照普罗科波维奇的说法，旅行一般地增进旅行者的智力，特别是提高旅行者的政治思想。"勇敢的河便是最好，最生动和正直的政治学校。"但是，如果普罗科波维奇不同时从军事的观点来观察旅行的益处问题，那他就不是彼得的辅臣了。他以为根据这一观点，彼得的旅行甚至是最有益处的。

"特别是军事，虽说困难，在旅行中也可学得很多。地图是行军时用得很多的，但总不及亲眼看到国家、城市和人民那样便于进行考虑。在地图上看不到什么样的堡垒，也不知道何处有希望，何处有危险，不知道人民有何技艺，人民心境如何。地图上看不出何处便于进军，何处对通过、渡河、扎营、交战等等有困难之处。只有旅行才能对这一切了如指掌，在自己的记忆里绘成活的地图。所以，一个人对于一个国家，除非高飞远眺，是不能有所认识的"②。

五

最珍贵的新政之一是海军，海军建设引起了强烈反对。普罗

---

① 《奥德赛》相传为荷马所作古希腊史诗，记述特洛伊战争中一名战士奥德赛的游历和奇遇。这里引来比喻和赞颂彼得的国外旅行。——译者

② 费奥凡·普罗科波维奇：《言论与训词、颂词和祝词》第 1 卷，圣彼得堡 1760 年版，第 207—208 页。

科波维奇认为必须挺身而出,拥护海军。1720 年 9 月 8 日在彼得堡的《颂扬俄罗斯海军、颂扬俄罗斯兵船击败瑞典舰队 7 月 27 日取得的胜利的演说词》里,他把航海问题提到哲学和历史的高度。

这篇演说词把航海当作上帝为了对人类进行文明教育而选择的一种手段,是完全同他的宗教宇宙观相符合的。

"圣明的创世主认为人类是彼此友爱的,所以不喜欢世界上所有各国都生产一切生活必需的果实,因为那时这些居民对那些居民,那些居民对这些居民,都注意下面情况,即是彼此无互助的要求。创世主将世界分为不同的国家以后,原期望彼此之间能够互助,能够友爱联合。但是因为人类不能在陆路交通上远近相接,所以伟大的上帝便创造了水上交通工具,使所有国家能够相互往来。由此可见,海上船舰是多么需要。由此可见,不爱船舰就是不爱自身的幸福。那样,上帝也就对我们的幸福不再关心了"。

不过,普罗科波维奇认为不必对海军的一般利益多所发挥,因为任何"通情达理的人"对此都能理解。他迅即转而考察海军对俄罗斯国家的利益问题。按照他的说法,在一个毗连许多海洋的国家里,没有海军是可耻的。"我们从海上举目远眺,只见客人来来往往,而自己却于此道一窍不通。"因此,我们的海域并不属于我们。此外,一个没有海军的国家,是没有足够的力量抵御外侮的。

"尼罗河上的陆地动物是很难对付鳄鱼的。同样,俄罗斯呀!如果你不按照上帝的仁慈意旨、唤起建设海军的奋起精神,你就很难在你的海域里对付敌人!"[1]这样,海军的建设,归根到底也是上

---

[1] 费奥凡·普罗科波维奇:《言论与训词、颂词和祝词》第 2 卷,第 52、53、54、56 页。

帝的意旨了。所以,费奥凡·普罗科波维奇自然要请他的听众为俄国海军的产生,为俄国海员的胜利而感谢上帝了:

"我们颂扬给我们光荣的上帝,感谢给我们欢乐的上帝:他的事业就是俄罗斯舰队,他的仁慈就是俄罗斯海军巨大的力量和战果,他使我们的国王蔑视小船小舰,他使沙皇的心灵热衷于舰队的建造,他决定恢复和扩大我们的海域,他预示用海军武装起来的海域的强大和胜利。让我们感谢上帝,现在感谢,永远感谢"①。

如所周知,彼得于1709年初向戈利岑公爵询问:"在僧侣中有无从兄弟寺院来的可疑人物?"他得到的答复是:"我在整个基辅找到一人,他就是从兄弟寺院来的一名官员,但他对我们都很体谅。"这个官员就是费奥凡·普罗科波维奇。他同彼得接近以前,就已对改革抱着"体谅"的态度,值得注意的是,他于1705年在学生时代写的"悲喜剧",也是以改革、即以在俄国实行基督教为主题的。"悲喜剧"的名称是:《弗拉基米尔,斯拉夫俄罗斯各国公爵和国王从不信教的黑暗到圣灵带来福音的光明》。后来,Н.И.格涅季奇发现,在这一悲喜剧里有一些在那个时代连窃窃私语都不敢表述的思想。事实上,许多人觉得《悲喜剧》是过于勇敢的,是充满了反对僧侣的尖刻议论的。彼得死后,马克尔·拉德舍夫斯基密告费奥凡·普罗科波维奇"把东正教的主教、司祭称为术士和法利赛人(伪善者),……把俄罗斯的神甫称为伪善者和笨拙的术士,把修道士称为黑衣庄稼汉和蛆虫。他想把僧侣和修道士尽行消灭。"费奥凡·普罗科波维奇不得不为自己辩护了。他说,他所攻击的不是所有整个

---

① 费奥凡·普罗科波维奇:《言论与训词、颂词和祝词》第2卷,第59页。

神甫,而只是他们当中的一大部分,因为这些人用不着,也不配有这种称号,他们在道德上是堕落的[①]。彼得在世时,普罗科波维奇可以不怕告密,因为彼得大帝本人也讨厌"寄生虫",在他的眼光里,对改革的同情不能不是一个大的功绩。彼得死后,时代就不同了。

但不要以为普罗科波维奇对彼得改革表示拥护,在当时的俄国僧侣界是一个例外。颇多出生于小俄罗斯的僧侣也都对改革抱着"体谅"的态度。他们当中有些人一般拥护改革,特别是拥护海军的,可以说他们很内行(Ex Professo)。我现在引用几句加夫里尔·布任斯基的话,他是 1719 年被任命为海军总修士祭司的。他在布道时说,没有海军的国家仿佛是一只想单翼而飞的鸟。他还热烈地描绘了商人给国家带来的"非言辞所能表达"的利益。他说"任何一个王国不能没有商业而自足"。海军另一修士祭司揭发了彼得改革的主要敌人——分裂教派,并把《尤斯特·李普西伊从历史学家著作中收集的拉丁文政治训词和例证》译成俄文[②]。

总主教职地方视导斯特凡·亚沃尔斯基,对彼得的许多措施是不同意的。太子阿列克谢把他当作自己的同党,不是没有理由的。但是我国当时的神权完全屈从于俗权,所以亚沃尔斯基也不得不勉强按照自己的方式维护"皇帝的意志"。就热诚拥护海军而言,他并不亚于普罗科波维奇。他在这里,似乎并不虚伪。

他将彼得比作诺亚,他觉得诺亚是第一个海上能手和海军将

---

① 参阅《H.C.吉洪拉沃夫文集》第 2 卷,第 152 页的论文《费奥凡·普罗科波维奇的悲喜剧弗拉基米尔》。

② 关于这本书,请参阅佩卡尔斯基:《彼得大帝时期的俄国科学与文学》第 1 卷,第 218、219、492—494 页。

才。俄国因为有了一位新诺亚,比以前无可比拟地居于更有利地位。以前"俄罗斯人不知道任何地方的消息,别国的道德风俗和政治,都一无所知,因而不得不忍受别国的辱骂责备和许多使人苦恼的事,像无知的婴孩和少年一般,除家中事外别无所见"。现在上帝用彼得的钥匙打开了俄国的大门,俄国可以通过这个大门而与世界其他部分交往了。海军不仅在教育的意义上,而且在发财致富的意义上,也大有益处。"有了海军,可以了解世界上发生的事情,看到各国,看到各国的政治形势,城市的美丽,以及各阶层人士的道德风尚的不同和许多前所未见的奇怪现象。有了海船,可以迅速增加财富。一个孤零的城市(彼得堡)只有亏空,有了海船和码头,它就可以弥补亏空了。你的大篷车队要到中华帝国去吗?小事情:一艘海船就比得上一个车队,而且海船不用马,不要饲料,没有损失,不折车轮,也不用很多仆役"①。

所有这些政府的政论家的出发点,就是要迫使俄罗斯人的行为适合他们的利益的需要。彼得在他的各种命令里不断重复了这一观点。在 1723 年的命令里,他说:"我们的人民如像儿童,不曾学习,不懂字母,当教师强迫他们学习的时候,最初觉得苦恼,但在后来学成之后,才知感激,才知现在的一切事情不都是强迫做成的吗?从此听到许多感激之声,从此产生了效果。"②

然而只有对服从的人,才可强迫。尽管俄罗斯人本来就没有抗拒最高政权的习惯,但政府的政论家却都异口同声、向他们反复

---

① 录自 П.莫罗佐夫:《作家费奥凡·普罗科波维奇》,第 86 页。
② 索洛维约夫:《俄国史》第 4 卷,第 782—783 页。

强调不服从的害处。传教师在指出不服从的害处时,总要强调不服从地上政权是坚决不允许的,而且是会受到天上政权的严厉惩罚的。天主教的神甫在论及不服从世俗政权的害处时,还不时附带说明,而在这里却连附带说明的影子也看不到。

六

西欧的开明专制理论家时常表示他们深信"强迫"的必要。人们也把我们的彼得称为开明的专制君主。这自然也是正确的。但在谈到彼得的开明专制时,任何时候都不要忘记我已多次指出的特点,这个特点使东方君主专制国家的专制同西欧国家的专制有所区别。东方的专制君主有权任意处理其臣民的财产,而在西欧的君主专制下,国王则只能在法律或习惯规定的范围内处理其臣民的财产。在这里无须重复说明,这一差别的产生完全不是由于西欧君主在道德方面优于东方君主,而只是由于两处社会力量对比的悬殊。但事实仍旧是事实:彼得在完成其改革的过程中取得了东方专制君主的无限权力,而且广泛地使用了这一权力。他力图发展俄罗斯的生产力,一开始便使俄罗斯的一切现有力量完全受制于国家。他在第一次出国旅行时,便雇用了许多外国采矿技师。回国后,他继续大力关怀欧俄和西伯利亚的矿业发展。为了保证其发展采矿事业的各项措施的成功,他在1700年便已授权每人在全国范围内,不顾土地所有者的意向而找矿。那些在自己的土地上发现矿石的地主,有权申请在这些土地上设厂。如果他们不愿或无力行使这一权力,则将这一权力授予任何愿意创办新事业并具有必要资本的人，"务使上帝赐予的地下宝藏不致白白留下。"凡隐匿矿床或阻碍他人建厂者，处以肉刑和死刑。无论莫斯科国家的居民对于最高当局肆无忌惮地处置他们的财产是多么习以为常，但是对于彼得因关怀矿业的发展而对他们的产权实行新的侵犯，毕竟最少引起了他们的消极抵抗。由于没有公开反抗沙皇命令的可能，土地所有者便迁怒于采矿师。彼得"获悉采矿师在找矿石和矿藏中受到重大侮辱和干扰"。因此，他于1722年命令贝格委员会对此进行调查。彼得为了发展俄国采珠事业而采取的措施，也是值得注意的。1716年的命令要求无论何人都不得妨碍韦利亚舍夫船长和他所派出的人员采珠。韦利亚舍夫有权雇用熟悉这一业务的任何人。如果这种人不愿受雇，他可强迫他们工作，每人每月发给三卢布，同时严格监督他们，使其勤奋工作。

因为建造军舰需用优质木材，彼得事实上将森林变为国家财产。当时有许多禁林，虽业主亦不得侵犯。凡砍伐造船所用树木者，规定处以死刑。但后来彼得认为必须减轻这一刑罚。对于砍伐柞木者，只是……割其鼻，并流放服苦役。最后，这一刑罚也觉得——您应同意，不是毫无理由啊！——过于残酷，便用货币罚款来代替：砍伐柞木一株，罚款15卢布，砍伐其他树木，罚款10卢布。但对于累犯者则仍保留鼻刑及苦役。

私人的渔业所有权，也为了国家利益予以剥夺。

1722年5月命令将以前由国有牧场饲养的细毛绵羊，按照村庄的数目，分发给世袭领地的领主。甚至不愿接受这种绵羊的人们，也必须接受。换句话说，为了发展呢绒生产，照管细毛绵羊也成为加给居民的一种实物贡赋。

为了这一同新建军队的需要密切相关的事业的利益,不仅将绵羊,而且将牧工也都发给许多领地所有人。对于牧工,不问其愿否为某一领主工作,一如对于采珠工,不问其愿否接受韦利亚舍夫船长的雇用。国内的劳动居民视同国家的私产。研究工艺也成为一种义务,而且也是为了"国家的利益"。1712 年命令全国各省从铁工、木工中选择精于业务的青年 315 人,教他们制作枪身、枪机及枪托。此外,每省应派出两人学习制鞍工艺,以备军用。凡熟悉某项工艺者均应于接到政府要求后立即前往参加国家工作。1709 年派到彼得堡从事城市建筑者达 4 万人,石匠及制砖工人尚不在内。1711 年又要求从各省派出技工,从事军舰制造工程等等。

彼得对于劳动居民的观点,从下文可以最明显地看出。他在 1702 年 9 月命令舍列梅捷夫"购买一批里夫兰农民,将他们送到俄国,在粮食歉收地区落户,以便通过他们,教育俄国人更好地耕耘土地"。这一办法获得了意外的良好结果。在有了大量俘虏的情况下,购买"芬兰人"已无必要。舍列梅捷夫答复沙皇说:"陛下命令购买发送芬兰人和拉脱维亚人,托陛下宏福,无须购买。可以发送的不只 1000,但运输困难。"然而尽管困难,还是向莫斯科发送了男女共 600 人①。

为了欧化俄国,彼得使居民在对国家关系上的无权地位,达到逻辑的极端,而这正是东方专制的特点。沙皇——改革家一方面对劳动居民("对国王的孤儿")不讲客气,同时也认为对军职人员

———————

① 见《同代人》杂志(1847 年,第 4 卷)中的论文《彼得大帝时期的国家经济》,第 90、91 页。我所引用的其他这类例子,也都是从这里摘录的。

（"对皇帝的奴仆"）没有客气的必要。学习各种技术知识（研究"航海"学和"工具"）也成为多如牛毛的实物贡赋之一，即成为贵族的实物贡赋。我们已经知道，贵族对于这一义务是执行得很坏的。但毕竟还在一定程度上（尽管不是在很大的程度上）执行了。国家元首对贵族的器重，也是按照他们对自己的义务的执行程度和他们对本职的修养程度而定的。彼得不断教诲贵族，他们只有通过服役才能成为"高贵"，而有别于"卑贱"，即有别于普通人民。然而如果只有服务才能使贵族成为"高贵"，则将贵族的权利授予任何服役有功的人，也是完全自然的了。彼得便是这样作的。根据1721年1月16日命令，凡服役到尉官职称的人，都为世袭贵族。彼得在次年一月制定著名的"官阶表"时解释说：出身高贵门第的人，在其对国家和祖国立功以前，不得到任何官阶。前此数年，——1714年2月——规定出身"贵族门第"的军职人员，凡未在近卫军中通过士兵服役，"不通晓士兵基础知识者"。均禁止晋升为军官。1716年军事章程规定，"俄国贵族除在近卫军服役外。不得以其他方式留任军官"。因此，近卫军部队主要为贵族部队。在完全由"贵族子弟"组成的近卫军团队里[①]，有300名列兵具有公爵爵位。克柳切夫斯基说："贵族近卫军军人像士兵一样住在营房里，领取士兵的口粮、执行一切列兵的工作。"[②]同时，贵族列兵时常由服役有功而出身"最卑贱"的人指挥。这样，门第在官阶面前是瞠乎其后了。这是完全符合莫斯科国家的社会政治发展过程

---

① 1719年编成的所谓御前部队（Лейб-регименте），补充了两个近卫步兵团，后来改称骑兵近卫部队。

② 《俄国史教程》第4卷，第105、106页。

的,这个过程至少自伊凡雷帝以来即已明确:近卫军的建立,就是
为了迫使门第退到功绩的后面去。在使俄罗斯欧化的时候,彼得
在这里也把那种使俄国接近东方专制的特点,发展到了极端。由
于误解,人们有时将这一特点看为民主的象征。例如,在 M.Π.波
戈金的某些历史见解里,在库科利尼克的某些"文艺"作品里,便是
如此。事实上,这一特点同民主没有任何共同之处。这一特点占
优势的制度,是与民主制度直接对立的:在这种制度里,除一人外,
所有的人都被奴役;而在民主制度里,则所有人都自由,最少在法
律上(de jure)都自由。一切宪法,凡以比较多的特权者自由为其
特征的,则均处于这两个极端之间。

　　彼得使近卫军在成分上变为贵族的团队,从而使有军职的贵
族获得了一个前所未有的组织。根据克柳切夫斯基的意见,近卫
军在强有力的控制之下是当局的一种盲目工具,而在控制薄弱时,
便成为罗马式的禁卫军或土耳其式的亲兵①。事实上,在彼得的
几个继位者时期,近卫军时常起了禁卫军或亲兵的作用。但是发
挥这种作用并不妨碍他们仍旧成为剥削被奴役的农民劳动的地
主。他们以这种地主的身份提出某些要求,虽专制皇帝亦不能不
予考虑。这些要求的实现在一定程度上逐渐破坏了俄罗斯居民所

―――――――――――――――

　　①　罗马的禁卫军(Praetorian)最初为罗马军队总司令的护兵,后来在奥加斯丁皇
帝时改编为皇室禁卫军,人数达九千。其成分为上层小地主,其投军的目的是要借军
籍以巩固其本身地位。他们获得了很多特权。一世纪中叶,他们对政治有特殊影响,
开始造成各种政变,推翻某一皇帝而立另一皇帝。君士坦丁一世即位后,将其解散。
　　土耳其的亲兵(janizary)(亦称近卫军)为土耳其的陆军常备军,士兵的给养不是靠
薪水,而是靠劫掠畜业和手工业。他们最初是苏丹的盲目工具,后亦干涉政治,参加宫
廷政变。1826 年改革后解散。――译者

特有的无权平等。贵族逐渐变为特权等级。而由于近卫军的组织无疑地促进了所提要求的实现,所以我们得出结论:彼得通过军队的改革促进了军职阶级的等级特权的发展。同时,不应忘记,在彼得的继位者时期,扮演禁卫军或亲兵角色的贵族,由中央政权本身坚决促使其与西欧人作某些接近的。毫不足怪,在安娜·伊凡诺夫娜即位时,禁卫军或亲兵对西方各种政治概念的认识,是彼得改革前罗斯军职人员所从未有过的。

贵族根据沙皇的命令而获得的知识,从来就不广泛。他们自10 岁到 15 岁必须学算术,初级几何学和神学。15 岁以后,停止强迫教育,开始强制服兵役。政府一方面关心军职人员不要荒废学业,同时又一样关心不使学业妨碍服役。1723 年 10 月 17 日的命令禁止官员子弟在 15 岁后留在学校,"使他们不致用学习的名义而逃避兵役"。不过,当时的贵族虽然喜欢逃避兵役,却不习惯在学校里逃避它。在应当学习的时候,他们的代表情愿说"不知下落",正如在必须将他们送去服兵役时一样。

有时他们向某一学校报名,避免进入他们觉得比较困难的另一学校。某次,许多贵族不愿进入数理学校而向莫斯科神学院报名,"彼得命令将神学爱好者送到彼得堡进海军学校,强迫他们在莫伊克打钉子,以示惩罚"[①]。

当然,情况只能是这样。在这种前此几乎没有教育的社会环境里,怎能有对教育的强烈爱好呢? 尽管在那时的俄罗斯,彼得不算孤立,然而就以许多在他的庇荫下的"小学生"而论,史学家的下

---

① 克柳切夫斯基:《俄国史教程》第 4 卷,第 104 页。

列严格批评也是适用的：

"改革的助手并非出于自愿。这些人并不是从心里真诚拥护改革的。与其说他们是拥护改革，不如说他们是攀附改革，因为改革给他们以有利的地位……效忠彼得并不就是效忠俄罗斯。祖国的概念对于他的臣仆还太高深，不符合他们的文明程度。最接近彼得的人们不是改革事业的活动家，而是彼得个人的宫廷仆役……他们是在这个横征暴敛的警察国家教育出来的真正儿女，这个国家充满了彼得的专横独断，对法律和人的个性的蔑视，充满了道德情操的衰退……"①

更正确地说：在莫斯科的世袭君主专制国家，个人比在西方横征暴敛的警察国家更少受到尊重，而法律则更多地受到蔑视。世袭君主专制这块土壤，是完全不适宜于发展教育的。但是，如果在彼得前的时期，我们在莫斯科看到个别人真诚倾慕西方的习俗和西方的科学，那么自然应该期待，在彼得和彼得以后的时期里，这种人即便是例外，也应成为更常见的例外了。事实上，自彼得改革以来，我们看到在罗斯不断出现西方启蒙运动的拥护者。俄国的社会思想就是在这种人中发展起来的。彼得的最亲密辅臣之一，即我在上文多次引述过的费奥凡·普罗科波维奇本人就是这种人，他把这种人称为"学术侍从"②。

---

① 克柳切夫斯基：《俄国史教程》第 4 卷，第 333—336 页。
② 普罗科波维奇在写给 A.坎捷米尔的一首诗中写道：
　　而你突然开始走上光荣的道路，
　　巨著便如水般涌流；
　　勇敢的笔横扫邪恶，
　　指向不爱学术侍从的人们等等。

"学术侍从"的成员在许多方面都是很值得注意的,甚至是非常卓越的。现在对他们当中的某些人,作些进一步研究。

第二章 "学术侍从"和君主专制

莫斯科使彼得前的西方派——赫沃罗斯季宁、B.奥尔丁-纳晓金,甚至科托希欣感到"厌恶"。厌恶是一种折磨人的感觉。为了从这种感觉中解脱出来,有些人逃往外国,另外一些人削发为僧,这是一种真正"孤独的灵魂"("Einsame Geister")。他们不得不将一切希望寄托在周围的人们的同情上。他们同样不能设想,政府会用严刑的威胁来迫使俄国人学习西方风俗和西方知识的时候到来了。他们没有理由去相信莫斯科君主的启蒙意图。因此,他们"不仅出于恐惧,而且出于良心",不想为君主服务。他们很少考虑政治问题,而且不大懂这些问题。但他们的情绪都不是,也不可能是莫斯科君主专制的积极拥护者的情绪。也许读者没有忘记,在给赫沃罗斯季宁的一份圣旨里,责备他用"专制君主"一词而不用"沙皇"一词。我在谈到这一圣旨事件时指出,圣旨的作者未必正确地了解为什么赫沃罗斯季宁要称莫斯科沙皇为专制君主。他们以为——或最低限度傲慢地装腔作势,以为赫沃罗斯季宁所以这样说,似乎是由于单纯的无知,而不了解"专制君主"一词的意义。所以,他们责备他贬低了沙皇的尊称。但是,很可能赫沃罗斯季宁使用"专制君主"一词,是为了通过它表达他自己对漫无限制的沙皇权力的否定态度。泛斯拉夫主义者尤里·克里扎尼奇将他在西方形成的信念带到莫斯科,认为臣民是一回事,而奴隶又是一回事,他对无限制权力也是反对的。克里扎尼奇激烈攻击了在莫斯科国家建立起来的"严酷占有制"。但我们知道,同一克里扎尼奇将莫斯科君主的广泛权力视为改造罗斯的一切可能方法中最强有力的一种。他赞叹道:"啊!沙皇,你手里拿着创造奇迹的摩西权杖,可用它创造最好的奇迹。"克里扎尼奇命中注定不能看到莫斯科土地上的"最好奇迹"。相反,他自己却成为"严酷的占有制"的牺牲者。但在彼得时期,克里扎尼奇的遗言是在某种程度上实现了,沙皇利用"摩西权杖"开始一个又一个地创造奇迹。现在冒着受迫害的危险的,不是那些对旧莫斯科秩序感到"厌恶"的人,而是那些在看到西欧秩序和习俗感到"厌恶"的人了。这就是说,我国西方派的地位有了重大变化。他们已无须逃亡外国或在庙宇中求一栖身之所:在他们面前展开了祖国进行卓有成效的实际活动的可能。在他们的眼光里,俄罗斯是再生了,是同具有他们所高度珍爱的文化的西方接近了。我们知道,现在俄罗斯的改造过程很久不曾触动,甚至在某些方面还巩固了旧社会政治制度的基础。我们同样知道,俄罗斯的欧化很久都是极端表面的。但是,在彼得的同代人看来,事情却显得完全不同。在当时的俄国人中,谁都不曾提出社会政治生活的根本问题。至于次要的、派生的社会生活特点,则无论彼得改革的敌人或拥护者,都认为已改变到不能认识的程度了。他们都将这种改变归功于国王。彼得改革活动的一贯拥护者费奥凡·普罗科波维奇说,俄罗斯是彼得的塑像。他称第一个俄国皇帝为俄国无数幸福和欢乐的创造者,为使本国起死回生的恩人。这完全不是虚伪之词。他在彼得葬礼时发表的著名悼词,当然有许多浮夸:俄国的僧侣界辩才向来就少不了浮夸,现在也少不了它。例如,普罗科波维奇说,彼得既是俄国的沙皇、雅非特和所罗门,又是俄国教会的大卫和君士坦丁。这都属于浮夸。有些浮夸的习惯完全是由于不恰当地文字游戏。例如说彼得在俄国所看到的是弱小的力量,而留下的却是"金刚石般"的力量。然而当布道者发挥其以浮夸的方式表达的思想时,我们感觉他是完全真诚地歌颂彼得事业的伟大的。

按照他的说法,彼得"看到军队在国内为害,在战场上不坚强,深受敌人痛骂,因而建立了对祖国有益,使敌人丧胆的声威赫赫的光荣军队。这种军队保卫祖国,光复失地,并以所获的土地扩大和增添了新的省份。当叛乱者对我们进行破坏时,它歼灭歹徒,摧毁其灵魂,从而堵塞嫉妒之口,使关于自己的光荣的宣传,遍及世界"。对于这些话,他的听众是不能不表示同意的。

当他为了证明称呼已故沙皇为俄罗斯所罗门是正确的,说彼得的"各式各样哲学艺术,他的行为对许多臣民的影响,他所创导的各种前所未闻的学说,技巧和技能,以及他所建立的官阶层次,民事制度,诚实的生活方式,优良的风尚及道德规章,都使祖国的外貌发生了明显变化,从里到外都非往昔可比,我们耳目为之一新,感到惊奇。这一切岂不足以证明这一称呼?"①等等的时候,他们——最少是同情彼得改革的听众——也不能不对他表示同意。

为了估计彼得改革的某些最直接后果对俄国人的影响力量,必须追溯莫斯科人在 17 世纪下半期用什么眼光来看待自己。他们将本国的力量同西欧各国的力量进行比较时,总是苦笑着说:莫

---

① 《言论集》第 2 卷,第 129 和 130 页。

斯科的"可怜虫"是难望取胜的。纳尔瓦[①]表明,莫斯科人对自己的这种鄙视该有多么正确。但是波尔塔瓦[②]及其以前的各次胜利却给他们以可喜的根据,认为"可怜虫"时代业已一去不复返了,从今以后,俄罗斯能够同任何西欧国家胜利地战斗了。对于这一改变的认识,提高了他们的自尊心,使他们的民族骄傲感得到满足。

在皇太子彼得·彼得罗维奇的生日发表的颂词里,费奥凡·普罗科波维奇很鲜明地表达了当时俄国西方派的这种心情。

他在这篇颂词里回忆了"外国人过去怎样看待俄罗斯";不过声明,这"不是羞辱"。他说:"过去在政治上被想象为野蛮人,在高傲自大者面前受蔑视,在聪明人面前是愚昧汉,在掠夺者面前是鱼肉,在所有人面前是懒汉,受所有人的辱骂。"彼得迫使外国人尊重俄罗斯,"现在,我们圣明的皇帝不仅使自己,而且使整个俄罗斯民族变得勇敢、智慧、酷爱正义,使祖国改变旧习,讲述新知识了。以前厌恶我们笨拙的,现在却渴求同我们和好了。以前侮辱我们的,现在却颂扬我们了。以前威胁我们的,现在却害怕我们了,担心我们了。以前轻视我们的,现在却不惜为我们效劳了。"

在陶醉于改变其对俄国态度的外国人给予俄国的光荣时,普罗科波维奇是表现得相当天真。他说:

"许多欧洲王室的元首不仅自愿同彼得皇帝结盟,而且不以向皇帝陛下伸出右手感到耻辱。"

---

① 纳尔瓦在爱沙尼亚境内,曾几度为俄国与瑞典交战战场,1558—1581 年属俄国,1700 年俄国战败,遂归瑞典。但在 1704 年夏为俄国夺回。——译者

② 波尔塔瓦在乌克兰境内。查理十二世的军队曾与彼得的军队在此处交战。结果瑞军大败。——译者

这种几乎为现时所不能理解的天真表明,普罗科波维奇虽然很以改革后的俄罗斯为骄傲,——满怀激情地称之为"光明、美好、强大、亲者爱、仇者怕的"俄罗斯①——但他仍旧认为俄罗斯比开明的西方国家低得不可计量。

为了提高到同这些国家一样的水平,俄罗斯必须完全同它们一样开明。普罗科波维奇和他的朋友都是满怀信心的启蒙学者。然而由于他们把俄罗斯推广启蒙之功,完全归于彼得,所以,很自然,他们对于沙皇——改造者是抱着真诚的敬仰态度的。《学术侍从》的另一成员,Б.Н.塔季谢夫断言,"彼得大帝在自己祖国疆域内找到启蒙运动的方式,为人民开拓了道路",关于他自己,他是这样说:

"我所有的一切,我的官阶、荣誉、财产以及凌驾于一切之上的智慧,都是皇帝陛下赐予的。因为假如他不把我送到外国,不在重要职务上使用我,不鼓励我,那我便不能得到这一切。我对皇帝陛下的感激与尊崇虽然不过是所罗门庙堂宝库中的两枚希腊辅币,或投进大海中的两滴水,但我的感激和尊崇的愿望,却是漫无涯际,大于所罗门的宝库,大于流水滔滔的鄂毕河"②。

"学术侍从"的一名"有角的先知者"安季奥赫·坎捷米尔在所写《彼得颂》中,同样热烈赞颂彼得:

"彼得! 当我这样称呼您的时候,

这称呼本身便有不足:

---

① 《言论集》第 1 卷,第 114—115 页。

② 《俄国史》第 1 卷,第 1 篇,莫斯科 1768 年版,第 14 页(序言)。

　　它没有包括您的智慧、勇敢、偶尔愤怒，

　　安详、谨慎、仁爱、热心、欢快可亲，

　　审判公正、规章严谨，

　　对友人忠诚。

　　一切颂扬当之无愧，

　　总之，可以称为十全十美"。

　　18 世纪上半期的俄国西方派对彼得就是抱着这种态度的。我们下文还可看到，在西方派的阵营里，这个态度直到不久以前，仍未改变。为了了解俄国社会思想的发展过程，这一点是必须记住的。因此，我现在便从 19 世纪俄国社会思想中略举二三例。

　　别林斯基于 1847 年 11 月 22 日致 К.Д.加维林书中说：

　　"就我而言，彼得是我的哲学，我的宗教，我的一切有关俄罗斯的启示。他是愿意做点事业，成为多少有用的人的大大小小人物的榜样"[1]。

　　在他临死以前，他还向他的"信仰宗教的友人"（М.А.巴枯宁）证明，——这一点可从他在 1848 年 2 月 15 日写给 П.В.安年科夫的信中看出，——"俄国需要一个新的彼得大帝"[2]。

　　Н.Г.车尔尼雪夫斯基在其写作生活的初期，是完全赞同别林斯基对彼得的那一观点的。在其所著《俄国文学的果戈理时期》第四篇里，我们看到以下很有意义的一段：

---

　　[1]　同年，在《对 1847 年俄国文学的看法》一文中，他对俄国文学的起源，提出如下见解："像在现代俄国所有一切生动、美好和合理的东西一样，我国文学也是彼得大帝改革的结果。"

　　[2]　别林斯基：《书信集》第 3 卷，圣彼得堡 1914 年版，第 300、339 页。

"对我们来说,爱国主义者的理想——彼得大帝;最崇高的爱国主义,——造福祖国的热烈和无限的愿望,鼓舞了这位伟人的一生,指挥了他的全部活动。"

车尔尼雪夫斯基所以拿彼得作例子,部分地可能是为了应付书报检查机关。如果不是为了对付检查机关,他也许或选择别的例子。他本来是要说,直到现在,先进俄国人的任务在于将更文明的民族所得到的知识传播于祖国,而不在于独立地谋取这些知识。但是,第一,任何书报检查机关都没有强迫他对彼得用上面摘录的那种颂扬之词进行评价。第二,他将同代俄国启蒙学者的任务与彼得改革直接地密切联系起来,认为"当我们还不能同最有成就的民族在教育上并驾齐驱以前,我们每人都有另一(即在'纯科学'范围以外的)更加深入人心的工作,这就是竭尽所能,促进彼得大帝业已开创的事业的继续发展",这些话显然不是为了对付检查机关的。

对彼得的向往,在西方派营垒中促使以下观点的传播:即我国的伟大改革只能从上而下地进行。别林斯基便曾同意这一观点,而且在这一观点的影响下倾向于承认斯拉夫派关于俄国历史发展过程完全特殊性的理论。我们可以看到,别林斯基和他的信徒不可能将这种概念同他们从当时欧洲先进作家那里抄袭来的其他社会观点,结成一个严密的整体。这种概念使我国 19 世纪启蒙学者的社会政治信念(Credo)陷于矛盾。

18 世纪上半期的启蒙学者的情况与此不同。《学术侍从》的社会政治信念要简单得多。在他们的社会政治信念里,没有不能在逻辑上同"俄国的一切伟大事业都须从上而下"的信念相协调的成分。因此,当他们不仅毫无保留地颂扬彼得个人和活动,又顽固地维护君主专制的观念时他们是完全忠实于自己的。普罗科波维奇、塔季谢夫和坎捷米尔可说是俄国君主专制制度的最早思想的代表。

1. 普罗科波维奇

作为一个神职人员,普罗科波维奇是精通经文的。他引述使徒彼得的话:"任何人都应服从主的创造:服从沙皇,服从公爵,因为他们是主派来的。恶行应受报复,善行应受表扬。这是上帝的意旨:要由行善的人去制服狂徒的无知。"当然,他也没有忘记使徒帕维尔("各族人民的教师")的话:"任何人都应服从现存政权,没有一个政权不是受命于上帝,现在的政权自亦定命于上帝。"①

为了对使徒所要求的服从政权不致发生任何怀疑,普罗科波维奇解释说:"服从不应由于畏惧,而应本乎良心。"接着,他请听众注意使徒帕维尔如何努力维护沙皇的权力:"仿佛是沙皇亲自派帕维尔来布道的,他竭力地反复进行规劝。"但基督教徒不要以为帕维尔想讨好当局:"这不是徒劳无益的老生常谈,应该凭着自己的智慧去学习;这不是逢迎谄媚,也不是讨好别人;而是宣扬耶稣的良好工具,使敏感的勇敢基督教徒从事创造;所有的人都不要消极无所作为,而要反复努力。我祝祷任何人判断,沙皇的最忠诚大臣

---

① "在复活节前一周发表的演说:论沙皇的权力和光荣受命于上帝,人人都应尊重沙皇,服从沙皇,作恶者应予抵制。"(见《言论集》第1卷,第249—250页)

能够决定什么是伟大?"①

　　原来,沙皇的最忠诚的大臣也能决定其他事物。显然,普罗科波维奇本人是这样想的,因为他不满足于圣书的论点,还提出一些自然法则的论点来为沙皇权力辩护。值得指出,彼得时代的最优秀政治家先引证了自然法则,然后引证圣书;所以热衷于东正教的人们认为他是一个没有希望的神学家,并非偶然。

　　他说:"首先问问我们的自然本身,它关于这一点对我们说些什么:因为除圣书外,在自然本身还有上帝规定的法则。"自然法则要求我们敬畏上帝,保护自己的生命,己所不欲勿施于人,尊敬父母等等,我们的良心证明这些法则的存在。但是,还有一个法则规定我们服从现存政权,它也属于自然法则。此外,还有一个最主要的法则:"由于一方面,自然要求我们爱自己,并且要求己所不欲勿施于人,另一方面,又须使破坏法律的恶行不致贸然发生,所以任何时候,任何地方都必须有法律的守卫者、保护者和强有力的捍卫者,而这就是统治权。"②

　　这并不很有说服力,因为它需要"法律的守卫者、保护者和强有力的捍卫者",尚远非需要一个由历代莫斯科沙皇传给第一任全俄罗斯皇帝,并由后者进一步加强的专制君主制。普罗科波维奇说,任何人如果失去法律守卫者和捍卫者的保护,都会很快懂得没有政权的生活,是多么不好。对这一点也是可以反驳的:因为政权不一样,而且政权带来的利益并不能证明君主专制的优点。普罗

---

①　《言论集》第1卷,第250—251页。

②　《言论集》,第245、246页。

科波维奇这个人,无疑是很聪明的;他也可能多少有些不安地意识到这一论点的薄弱。所以他觉得必须用他的威第乌德(第一个普鲁士和瑞士统治者)轶事来加强这一论点。人民在未受威第乌德统治以前,深受外侮和内乱的痛苦,遂向他请教怎么办。威第乌德对他们说:"如果你们不比自己的蜜蜂傻,你们便可好好生活。"当然,人民不理解他的话,所以他解释说:"蜜蜂是一种不能言语的小动物,尚有自己的皇帝,而你们是人却没有。"现在大家都明白了。人民非常喜欢威第乌德的意思,立即请他做国王。这一幼稚的故事,也是完全没有说服力的。但是这一善于辞令的布道者以这一故事为满足,略加说明后,便赶忙回头重复说:整个世界都证明政权是多么必要。此后他认为问题完全解决了。他宣布:"大家都知道,伊玛目①是自然授予的最高权力,却开始犯过错了。"至此,他只有从自然权力转到神学上去。他从一个范围转到另一范围的理由是:自然法则是自然的创造者,即上帝写在人们心坎上的。而上帝的意旨则应用我上面指出的圣书来解释。

普罗科波维奇从教会史中举出一些例子,指出基督教徒认为他们甚至必须服从异教的皇帝。对于基督教皇帝,那就更应该服从了。但他觉得彼得的世俗臣民比僧侣更愿服从。所以,他认为必须讨论宗教当局和世俗当局的关系问题。

有些人——按照普罗科波维奇的说法,这种人为数不少——以为神职人员或僧侣不一定要服从沙皇。我们的布道者坚决反对这种意见。他大声疾呼:"这是刺,更多地是硬刺,但蛇有信子,教

---

① 伊玛目为某些伊斯兰教国家元首或伊斯兰教教长。——译者

皇则有灵魂。"[1]

普罗科波维奇坚决主张,——而且这是他的得意见解之一——僧侣界不应成为国中之国。他们有自己的特殊事业,一如军人、文官、医生以及各种艺人各有专业。由于有其特殊事业,僧侣遂成为国家的特殊官员。但像其他所有官员一样,他们必须服从"最高政权"。这一点可用以下圣书为证:"上帝派摩西到以色列,经常要他去见法老,又要艾伦去帮助他……以色列教士总是服从以色列皇帝的;主自己(即耶稣)甚至向当局纳贡"等等[2]。

僧侣的极大多数,特别是大俄罗斯的僧侣,都是反对彼得改革的。彼得及其同道者担心僧侣会驱使人民公开抵抗改革。他们还不知道,我国宗教当局完全没有可能,因而也完全不愿意同世俗政权作坚决斗争。僧侣在其反对改革中没有超过总主教地方视导有时在其布道中偶发怨言的范围。我国僧侣对政治当局没有,也不可能有"教皇"的观点。实际上,他们早就不过是国家的一种特殊官员,即"国王的祈祷官"。但是由于彼得的活动比以前历代皇帝的活动更鲜明地表现了俄国皇帝尽力使"祈祷官"完全服从的意图,所以很自然,在他的统治下,心怀不满的"大胡子"(彼得用语)是比以前更多了。对于这些不满分子,不仅在坚决果断的彼得朝代,就在不及他坚决果断的以后各朝代,也都轻而易举地收拾了。然而很有意义的是:就"学术侍从"而言,他们不仅以普罗科波维奇为代表,而是都无条件地谴责了"大胡子"的任何反抗活动。

---

[1] 《言论集》,第 257 页。

[2] 同上书,第 258 页。

这种"侍从"的"学问"同莫斯科教会栋梁的学问,是根本不同的。大胡子顶好不过是一些有知识的书呆子,即不过是在宗教文献方面具有某些渊博的知识。至于比较重要的科学或哲学教育,他们是完全谈不上的。但普罗科波维奇、塔季谢夫、坎捷米尔这类人则是学识渊博的。如所周知,普罗科波维奇曾在罗马研究政治、历史和哲学。一位丹麦旅行家冯-加文在普罗科维奇死前数月与他相识,对他作了如下有意义的评价:

"这个优秀人物,就其学识而言,几乎没有人及得上他,特别是在俄国宗教界更无人及得上他。他除历史、神学、哲学外,还精通数学,而且对这门科学有无法形容的爱好。他通晓各种欧洲语言,而且能用两种欧洲语言谈话,但在俄国,他除俄语外,不愿说任何外语,只是在万不得已时才用拉丁文,而他的拉丁文是不亚于任何科学院的院士的。他对所有外国文学家,乃至一般外国人,都很有礼貌和谦虚。由于他的死,许多极为有益的事业一定要停止了"①。

另一外国人里白尔——天主教僧侣,按理他对于屡次在布道和著作中猛烈批评天主教的普罗科波维奇,是应有成见的——说:"如果对他要有什么指责,那就要指责他的宗教信仰,假如他真有宗教信仰的话。他的图书馆可供学者使用,比皇家图书馆和托罗伊茨修道院图书馆优越很多,按其藏书之丰富,在俄罗斯这个书籍

---

① 录自 Π.莫罗佐夫:《当作作家的费奥凡·普罗科波维奇》,第393页。(参阅Π.奇斯托维奇:《普罗科波维奇及其时代》,第627、628页。)莫罗佐夫改正了冯-加文的一处证词,指出普罗科波维奇只懂意大利文和波兰文。

贫乏的国家里,实无与伦比。"①

我们看到,西班牙僧侣里白尔不相信普罗科波维奇是有任何宗教信仰的。而俄国僧侣们亦责备他对新教徒的不可宽恕地软弱。无论如何,有一点是无可怀疑的:普罗科波维奇的宇宙观在极大程度上摆脱了莫斯科"书呆子"所高度重视的拜占庭色彩。在他的宇宙观里有强烈的世俗因素,就是这种因素引起了"大胡子"的不满。曾经流传一个笑话,说有一个主教向彼得揭发了普罗科波维奇对音乐的罪恶爱好。

根据主教的密报,普罗科波维奇不仅本人欣赏音乐,而且用它来邀请外国部长("非基督徒")。彼得对密报人说:"好吧,神甫,我们一道到他那儿去,看看是否真是这样。"他们到了犯戒人的寓所,确实听到音乐之声。欲知后事如何,请听保留这一笑话的人的叙述吧:

"皇帝同主教一道走进集会场所。恰好主人这时手里拿着酒杯,但是看到皇上驾到,便示意音乐停奏,举手大声说,这个新郎深夜驾临,很看得起奴臣。彻夜打扮他,而垂头丧气打扮是不该的。最仁慈的皇帝万岁! 立时,所有在座的人都端起酒杯,恭祝皇帝陛下健康。皇帝向随从的主教说,'你如愿意,可以留下,如不愿意,可乘车回家。至于我,则决定同这伙可爱的人们逗留一会儿'"②。

告密的主教,将彼得留在费奥凡·普罗科波维奇和他的外国客人("这伙可爱的人们")中间,自己回家。他一定是怪可怜相的。

---

① 莫罗佐夫:同前书,第393页。

② 戈利科夫:《彼得大帝的事业》第15卷,第212页;录自奇斯托维奇:见前书,第628—629页。

普罗科波维奇亦曾做到高级神职。他最初做过普斯科夫的主教，后来又任诺夫戈罗德的主教。但是由于教育和习惯，毫无疑问，他在宗教的环境里是感到很不舒服的。仅这一点，已足使他在彼得同僧侣反对派的斗争中，站到彼得方面。

在"学术侍从"的其他成员的观点里，世俗因素比在普罗科波维奇的观点里更为强烈。我们马上便可看到，塔季谢夫对僧侣是抱有强烈成见的。有些人怀疑他相信"无神论"。同他保有友好关系的普罗科波维奇，也常常对他恶言攻击某些圣书，感到为难①。在对僧侣保持这种态度的情况下，"学术侍从"不愿把僧侣看为高于其他国家官员，这是非常可以理解的。

较难理解的是：普罗科波维奇虽然学识渊博，却只能提出很少有说服力的理由来为君主专制辩护。我在这里不再说他所写的《论沙皇的权力和光荣》以及其他言论，而只提出他维护专制的一个见解。这个见解包含着所有其他见解的本质。

这个见解是普罗科波维奇在彼得死后发表的，要点如下："俄国人民的本性就是如此，他们只能保持君主专制，如果接受其他任何统治制度，也完全不能维持完整和善良。"②

这个见解之缺乏理论内容，同莫斯科人17世纪初在波兰人马斯克维奇面前坚持专制的优越性时所举理由，毫无二致。然

① 同塔季谢夫的一次争论，给予普罗科波维奇论据，写了《论所罗门的、王后的歌中之歌的书》(奇斯托维奇：引文集见前，第613—614页)。

② 这个见解原是普罗科波维奇在叙述枢密院成员的"儿戏"时说的。我们下文在论及这个"儿戏"时还将回到这一叙述。这篇叙述文载亚济科夫所译《杜克·利里伊斯基和别尔维克斯基的札记》一书(圣彼得堡1848年版)的附录里。我引的普罗科波维奇见解，见该书第919页。

而这个见解正因为极端缺乏理论内容，才能大有教益。它的内容贫乏表明，推动普罗科波维奇去维护君主专制的，不是西方的科学，而是当时的俄国实际。这个实际使"学术侍从"深信，他们的启蒙活动的最可靠支柱，是具有启蒙倾向的君主的援助。从这种君主手中夺去创造奇迹的权杖，是不符合"学术侍从"的利益的。

当然，这里的问题不仅在于启蒙意图。彼得一世时，"门第"向功绩（"官阶"）让步。在彼得二世时，门第企图恢复其业已丧失的若干阵地。当时，"学术侍从"的处境是非常困难的。普罗科波维奇的诗——更确切地说，只在某种程度上是诗——《牧人在连绵阴雨中哭泣》，便是这时写的。不错，这首诗表达了我国启蒙学者当时的心情。普罗科波维奇抱怨说：

> 我能够等到晴朗的美好的日子吗？
>
> 我能得到明朗天空的最厚的恩赐吗？
>
> 到处都看不见光明，
>
> 到处都是阴雨连绵。
>
> 没有希望，没有我的幸福，
>
> 多么可怜！①
>
> 哪怕出现一点点欢乐，

---

① 作为一个小俄罗斯人，普罗科波维奇发出"多么可怜"的呼声。"牧人"一词当时似乎是我国神职人员用来表示教会的牧师的。佩卡尔斯基（见《科学与文学》第1卷，第368、370页）引用了瓦尔戴市的一位神甫米海伊尔献给彼得一世的颂诗，其署名为"瓦尔戴的牧人米海伊尔"。这位学者指出，普沃尔斯基在写给彼得的信里所用签名都是"斯捷凡——梁赞的牧人"。

哪怕是挥手示意，

也仿佛是对羊群的一种恩典，

不过欺骗……

在这种情况之下，就只有希望将来有一个善于适当使用"权杖"的人重新登极了。因此，完全可以理解，普罗科波维奇和他的同道必然要用一切力量来抵制任何截短这一创造奇迹的"权杖"的企图。

甚至18世纪下半期的法国启蒙思想家，在同俄国很不相同的历史环境中受到教育，也都对"权杖"寄予很大希望。在整个这一世纪里，对开明专制的信仰都是很强烈、很广泛的。伏尔泰是善于向国王——"哲学家"说些漂亮的恭维话的。甚至生来就不肯同皇帝交朋友的狄德罗，也会说这种话。

但是我们知道，俄国的专制制度同西欧的专制制度大不相同。由于彼得改革不仅不曾消灭俄国社会政治制度的特点，而且相反，把这种特点发展到了极端，所以俄国的开明专制制度拥护者不得不同那些与启蒙运动毫无共同之处的统治方法，实行妥协。彼得说："我们是全面的新人。"但在统治上，他都保留了许多旧事物，而且是最旧的事物！如果凶残的罗莫达诺夫斯基，用他自己的话说，曾在普列奥布拉任斯基衙门进行血洗[1]，这是完全按照彼得朝代的精神去做的。费奥凡·普罗科波维奇非常了解沙皇的血腥镇压，但却如莫罗佐夫所出色地指出，"听之任之"。俄国"权杖"崇拜者不仅必须与血腥镇压妥协。镇压前有告密；镇压过程中又产生

---

① 普列奥布拉任斯基衙门为彼得第一的秘密警察机关。——校者

新的告密。由于任何情况都有其内部逻辑,所以"学术侍从"的领袖自己,也不得不实行告密,在刑拷室里进行审理。我们的"牧人"在旧教会党派斗争中,特别在季林的黑暗时代,表明他不仅有一条毛茸茸的狐狸尾巴,而且有一口极为锋利的狼牙。一位晚近的传教士在回忆那个时代时说道:"神甫和僧侣像苍蝇般被镇压、被杀害、被革职。水陆交通,川流不息,——驶向何处,又为什么呢?原来是将神甫、僧侣和笃信宗教的人们运往鄂霍次克、堪察加、奥伦堡……那是一个黑暗的年代!"这段晚近的传教士的话,我是从莫罗佐夫那里抄录的。莫罗佐夫补充说:"这一黑暗年代的主要活动家是普罗科波维奇。"①莫罗佐夫认为普罗科波维奇是主角,无疑地是指教会管理范围。但是,为了说明"学术侍从"的领袖的特性,只要指出他在这个范围里起过放逐和残酷镇压的主导作用,也就够了。

当然,受到开明"牧人"强烈迫害的"笃信宗教人士",如果能够利用放逐和刑拷来达到他们自己的目的,他们无论对于放逐和刑拷,都是完全不会反对的。他们不仅完全不反对,而且事实上也采用过这些手段来同一个普罗科波维奇进行斗争。他们又迫使他度过许多艰苦的时光。然而他们是停滞派,而普罗科波维奇及其"学术侍从"则是企求前进,是想推广启蒙运动的啊!

莫罗佐夫很好地解释说:普罗科波维奇的恶劣举动,是他的地位的严格逻辑指使他干的。

"普罗科波维奇认为,俄国的进一步发展,只有按照他为之鞠

---

① 莫罗佐夫:《当作作家的费奥凡·普罗科波维奇》,第357页。

躬尽瘁和彼得所亲自规定的方向,才有可能,因而这种发展是从政府出发的。普罗科波维奇是政府的绝对拥护者,哪怕是一个比龙的政府。他在这一时期的一切议论都显然是三段论法的发挥:彼得大帝的措施以人民的福利为目的,这些措施未被取消,相反,为政府所保持;因此,俄国才能昌盛。只有"狂徒"才能作相反的议论,这种"狂徒"是国家之敌,应予消灭。普罗科波维奇所担任的官方政论家的角色,——这个角色他至死都未放弃,——不许可有其他的推理方式。只要想想,在他的活动的最顺利时代,他没有一篇文章不是奉最高当局之命发表的,除了官方宣传之外,什么别的宣传都谈不到;至于"交流思想"也只是在普列奥布拉任斯基衙门以内才有,——只要想想这些,就可理解为什么普罗科波维奇不能有其他的议论了。"①

我现在请读者研究一下普罗科波维奇的敌人斯捷潘·亚沃尔斯基在 1708 年发表的言论中的一段。

我在前面已经引证过这一言论。亚沃尔斯基正是以彼得改革的辩护人的身份发言的。但我们在这里注意的是,亚沃尔斯基虽然不同意彼得的许多做法,但坚决按照自己的方式防止俄国出现任何反抗国王政权的思想。

他向俄罗斯大声疾呼:"将各种各样商品装上船,去各国买卖发财吧!只是我的母亲,要保护我的美丽的天堂,要当心那些爬行的化身为大蛇的恶魔,即叛乱分子,他们会像天堂的恶魔教唆作恶在大意人的耳边低声说你们没有什么死亡,但仿佛会生病,正如你

---

① 莫罗佐夫:《当作作家的费奥凡·普罗科波维奇》,第 360 页。

们希望最高政权那样。美丽的天堂,要当心这种蛇蝎,不要听信这种丧尽天良的人,不管他们说些什么。谎言就是谎言。迷惑人的蛇终将灭亡,受迷惑的人亦将坠入陷阱。但你,我的天堂,再要听信他们,就会带来巨大灾祸。像对待家仆那样对待外人,就可免于这种灾祸了。"①

这段话无论在形式上或内容上都同普罗科波维奇对沙皇政权的敌人。同那些批评彼得这个"舌头发痒的暴君"的人,具有完全一样的价值。这就是说,"学术侍从"的领袖在政治方面一步也未超越他的死敌亚沃尔斯基的观点,而亚沃尔斯基是倾向于保守的,他赞同改革是附有重大保留的。

也可以说:我们的开明西方派在政治方面一步也未超过佩列斯韦托夫。读者记得,佩列斯韦托夫也是东方的无限制君主专制的坚决拥护者。但佩列斯韦托夫提出了解放奴隶问题。他叙述在拜占庭的君士坦丁皇帝统治下,最好的人都被奴役而丧失自由,因此他们在对敌的顽强战斗中遭到失败,及至获得自由,他们便都成为勇敢的战士。普罗科波维奇面前从未提出这种社会问题。显然,他对为俄国改造付出重大代价的人民群众的地位,当不及枢密院的某些设计人或成员来得注意,这些人对农民的极度贫困感到不安,尽管所持的理由是"没有农民,就没有士兵"。

---

① 录自莫罗佐夫:《当作作家的费奥凡·普罗科波维奇》,第36—38页。

2.瓦西里·尼基季奇·塔季谢夫①

普罗科波维奇虽与塔季谢夫保持着友好关系,但对他关于《歌中之歌》一书的尖刻、勇敢指责②,却是极为恼怒的。"非凡的""第一神甫"关于这书的评论,是为了反对"不学无术和缺乏理性的有识之士对该书的轻率批评"(普罗科波维奇的原话)而作的。这话很使人气愤,但用来评论瓦西里·尼基季奇·塔季谢夫却是不公正的。

非常可能,塔季谢夫在神学上是"不学无术"。但任何时候、任何地方,他都不是"缺乏理性"的。"理性"是他的思维的主要特点。这里有他的长处,也有他的弱点。此外,像普罗科波维奇一样,他是当时最有学问的人物之一。在他的大量藏书里,有霍布斯的利维坦,洛克的《论民政管理》和马基雅维利、笛卡尔、牛顿、伽利略等的著作③。他熟悉培尔的著作④。在俄国历史、地理和俄国法学方面,他作过独立的研究。他一般地对当时的哲学和政治学著作,甚为通晓⑤。正因为如此,他也许对神学是"不学无术",但他的宇宙

---

① 生于 1680 年,卒于 1750 年。

② 指责所罗门写了上述的书,"沉溺于同未婚妻埃及公主的淫欲",因此书中只是谈论"肉体的恩情"。

③ H.波波夫:《塔季谢夫及其时代》,1861 年,第 433 页。

④ 同上书,464 页。

⑤ 固然,塔季谢夫说他"不懂哲学"。但这无疑地是一种过分的谦虚。在哲学家中,他恐怕是最尊敬基督徒沃尔夫的了。在有关"社会、制度、政府及统治者和臣民职责等问题上",他是信奉沃尔夫的。对于马基雅维利、霍布斯和洛克的政治学说,他的态度是否定的。

观与普罗科波维奇相比,却有极大的优点:即完全没有经院哲学的
糟粕,并且有完全世俗的性质。

　　他的观点的这一方面,使他成为在彼得改革直接影响下成长
的那种人物的一个最堪瞩目的代表。

　　在莫斯科罗斯,教育具有"宗教的"特性,除极少数外,概为僧
侣等级所垄断,而僧侣是不常、不愿和很少读书的[1]。彼得改革无
论如何使一个新的社会阶级参加学习,强迫他们学得属于人世,而
不属于天堂生活的知识,迫使他左右的优秀活动家坚信必须经常
热烈地多多学习。"学术侍从"热情地坚持这一信念,把精力主要
用在世俗科学上。就这一点说,所有通晓西方教育的改革派的意
见,都是一致的。萨尔特科夫建议彼得在初级教育时用"世界通史
和各国史"来代替神学书籍,并把这些史书译成俄文[2]。

　　塔季谢夫在所著《两个友人关于科学与学校利益的诗话》(写
于1733年,其后又进一步修改)中是从"儿童的真正乐趣是智慧"
这一原理出发的。而为使儿童有智慧,他们就得先学习。我们在
《谈话》里看到塔季谢夫坚决认为必须学到手的那些知识的整个广
泛纲要。塔季谢夫虽然是"彼得的小学生",主要是——不说完全

---

　　[1] "我国彼得前的旧知识,可以用它本身确定的那些话极其真实地说明就是书本
知识。即在博览群书意义上的书本知识。这种书本知识的主要性质是'宗教的'、'教
会的',因为书字在古代仅指圣书和一般教会的书籍。随后,特别在17世纪末期。书
本知识则包括某些别的科目,如历史(年表)、地理(宇宙志)著作,中世纪小说;但这不
足以改变书本知识的一般方向。因为这不是科学,而是些没有联系的片段,充满中世
纪传说的资料。"И.扎别林:《俄国古代教育的性质》,《祖国札记》,1858年,第2卷,第
12—18页。

　　[2] 帕夫洛夫-西尔万斯基:《改革方案》,第21页。

是——从"利益"的观点看待科学的①。但其所提出的纲要,仅就范围广泛一点而论,已可使人了解彼得时代的知识分子和莫斯科罗斯的食古不化的人们之间,该有多么大的距离。这一纲要的另一同样值得注意的地方是,它最明显不过地表现出对科学和教育的纯粹世俗观点。塔季谢夫的榜样表明,彼得改革结束了神学成分在俄国最有学识的人们的宇宙观中的主导地位。

不妨指出,塔季谢夫一般说来,对于僧侣是没有好感的。他认为这一阶层对社会发展过程的影响,与其说是有益,不如说是有害。例如,他断言罗斯自从基督教传播以来,就有许多学校甚至教授希腊文和拉丁文。但鞑靼人的压迫,一方面削弱了国王的权力,同时却增加了僧侣们的重要性,而僧侣"为了获得巨额收入和巨大权力,宁愿使人民愚昧无知并保持迷信;他们为此将学校和教会里的所有学习中断或放弃了"②。他在另一地方驳斥了以为科学破坏信仰的意见,认为只有愚昧无知和不知"真正哲学为何物"的人,或"凶恶狡猾的教会执事人员",为了本阶级的利益,力图"使人民不受教育,不识任何真理,而只是盲目地、奴颜婢膝地信仰他们的

---

① 为什么要学地理呢?"地理学不仅指明地理位置,以便在战争或其他意外事故时了解国家的一切险要地区和通道,而且指明人民的风俗习惯及气候与土地的特性,物产及财富,何者丰余,何者缺乏。首先研究本国,然后研究常与往来的外国,以确定其能否给我们以援助和他们对我们有无侵略的危险。至于国家管理,必须非常仔细了解,必须通晓一切,而不应如盲人论色,盲加推断,"……应否知道物理呢?应当。"了解物的自然特性,是非常有益的。知道它们的构成,据以探讨其产生和变化,从而预断其未来发展,以利于避免危害,"等等。(《关于科学和学校的利益的谈话》,波波夫序言和注释,莫斯科1887年版,第81—82页。)

② 波波夫:《塔季谢夫及其时代》,第514页。

神话和命令"①。塔季谢夫在这里,也许部分地出于慎重小心,补充说道:"特别是罗马天主教僧侣强烈地敌视教育;罗马的主教比所有的人都更为突出,更加努力使人民处于愚昧和迷信之中。"②

对僧侣的这些指责是值得深切注意的。我们在本书第 1 卷已经看到,莫斯科罗斯即已存在军职人员为一方和僧侣为另一方的对立。对立的根源是土地问题。这在当时的莫斯科国家是一个最重要的经济问题,因而也是一个最紧迫的政治问题。僧侣力图保持并扩大其地产。相反,军职人员则渴望将这种地产转交国王支配,因为国王以大片土地赏赐其"臣奴"。这一对立也传到了彼得罗斯。人们从这个罗斯军职人员积极支持政府一切限制教会政治影响,特别是限制教会财产权利的措施中,可以一目了然地看出这一对立。但这一对立在"彼得的小学生们"的情绪中,却表现得最为明显。

我们的作者很注意寺院收入的使用问题。他高度赞扬彼得责令各省以及各州县市开办学校,由寺院出钱维持其开支的命令。用他的话说,各寺院都有不少"超过教会需要的"收入。将这种收入用来维持学校开支,是完全足够的,而且"将这种无用的收入用来表示尊敬上帝和谋取全国的利益,上帝亦将引以为快"③。

伊凡三世就已欣赏"将寺院土地收归莫斯科国王,上帝亦将引以为快"的见解,他未能实现这一崇敬上帝的见解。以他为代表的国家被迫与僧侣妥协。这个国家暂时放弃了插手寺院地产的意

---

① 《谈话》,第 58 页。

② 同上书,第 58 页。

③ 《谈话》,第 154 页及第 243 页,《俄国史》第 2 卷注解,第 425 页。

图,但对教会的财产事务进行了有计划的更积极的干涉,从而充分补偿了这一意图的教案。在彼得及其以后时期,中央政权对教会财产事务的干涉,达到了威胁的地步。但在彼得时期,事情也远未达到最后的决裂。彼得虽不反对为了"表示尊敬上帝"而剥夺僧侣,但只是在叶卡捷琳娜二世时期,这件事才有可能。僧侣是中央政权的极为有用的工具,就是像彼得一世这样中央政权专制的代表人物,也不能完全忽视其利益和情绪。贵族也不愿同他们完全决裂。只有法国的革命资产阶级,才能实行这种决裂——然亦不过在很短时期内。因此,就是最憎恶僧侣的有学识的俄国贵族代表人物,当他们还保持着他们的等级观点时,也不曾在国家和教会的关系问题上超过新教的观点。我们在塔季谢夫著作中也看到这种新教观点。

塔季谢夫完全承认"圣书的论断是无可怀疑的"。他毫不怀疑,人是由两种"属性",即灵魂和肉体构成的。他根据灵魂本质论,证明灵魂不死:"灵魂的本质是精神,精神无体,亦无各个部分,因此,是不可分割的;而既然不可分割,便是不死。"[1]下面我们便可看到,塔季谢夫是由于力图摆脱18世纪法国解放哲学的极端结论,而作出这一论点的。直到18世纪末,一切倾向于同神学妥协的思想家,都认为这一论点是颠扑不破的,而这种思想家,特别在德国,占大多数。

如果要在这里确定这一论点的理论价值,那是不适当的。但是为了说明塔季谢夫的宇宙观,必须指出:所谓人有两种"属性"的

---

① 《谈话》,第7页。

见解,是他同样接受的两种科学分类之一的基础。他说:"哲学家根据上述属性,将科学严格分为精神的神学和物质的哲学。"[1]因此,"神学"是有其特殊范围的。塔季谢夫竭力避免涉猎这一范围。但他更努力防止"物质的"哲学范围受"神学的"侵犯。甚至他的伦理学也不以宗教规定为依据,而是依据"自然法则,这个法则在创造亚当时即已深入我们所有人的心中"[2]。自然法则在"一切方面,特别在最主要方面都是与成文法相适合的;成文法由上帝责成先知者公布,后来更由耶稣救世主加以补充和阐释"[3]。为了对此作出证明,塔季谢夫将自然法则的基本原理同成文法的基本原则进行比较。他说:"自然法则的基础是合理地自爱,这同成文法的原理是非常符合的。因为一切善行都是从合理地自爱产生的;而一切恶行则都是从不合理的自爱或自尊中产生的。"[4]塔季谢夫企图将整个伦理学建筑在合理的自爱的基础上。在我们面前表现为一个典型的 18 世纪"启蒙思想家",即德国人所说的启蒙者(Aufklärer)。不过,就这方面说,18 世纪的启蒙思想家是同其他各世纪的启蒙思想家没有任何差别的。按照赛诺芬的说法,苏格拉底也是以合理的利己主义作为道德的基础的。我国 19 世纪 60 年代的启蒙思想家车尔尼雪夫斯基·杜勃罗留波夫·皮萨列夫亦莫不如此。

　　按照塔季谢夫的意见,我们也应该根据合理利己主义的考

---

① 《谈话》,第 76 页。

② 同上书,第 20 页。

③ 同上书,第 20—21 页。

④ 同上书,第 22 页。

虑来爱上帝。他说:"我虽然只敬重宇宙中很少的东西,但必须承认,我是上帝创造的,我的一切都是上帝所赐予,所以,我必须像爱父亲、爱最大的善人那样尽力爱上帝。我愿望永远增加我的幸福。既然知道,除了上帝,任何人都不能给我幸福,所以为此,我为了合理地自爱,必须像贷款那样(Sic! 原文如此!)预先爱上帝"[1]。

应该承认,这几乎是可笑的。但是只有社会学才能为伦理学提供正确的根据,而启蒙思想家却很少能够运用社会学的观点来说明人与人之间的相互关系问题。我们将不责备塔季谢夫不是社会学者,而应注意他的观点的重点。

他由于竭力保护"物质"哲学范围不受神学的侵犯,所以对于宗教界的无知粗人长期以来加于科学和思想界人物的种种迫害,是从心里感到愤慨的。苏格拉底曾被诽谤为异教徒和无神论者,并被判处死刑,但后来不仅异教徒推崇他是全希腊的最大哲人,而且基督教的传教师也赞颂他……而且"毫不怀疑应该营救他"[2]。尤其使他愤慨的是一些来自基督教徒的攻击和迫害。他写道:"尤其可怕的是看到科学和思想界人物无辜地受到罗马教皇的诽谤和诅咒,如维吉尔主教由于发表地圆说;哥白尼由于写了地球绕着太阳,月亮绕着地球运行;笛卡尔由于反对亚里士多德的哲学,主张一切要由存在来证明而不能用空洞的三段论法来推断;普芬杜尔弗由于解释自然法则而多少亵渎了教皇的规律,或大主教的法规

---

① 《谈话》,第 22 页,着重点是著者加的。

② 同上书,第 48 页。

(canonicus)，他们被诅咒，被宣布为骗子，他们的书被禁止使用，但后来，罗马教皇自己却承认所有这些书不仅是有益的，而且是正确的"①。

塔季谢夫是坚决主张信仰自由的。他猛烈抨击对分裂派教徒的迫害，虽然他也认为他们是"狂妄的"。他信守对知识和社会生活问题的功利主义观点，证明宗教纠纷给国家带来巨大危害，并且警告说，这种纠纷都是野心勃勃的神甫和一味迷信的伪善者造成的；至于"聪明人之间，则不会发生，因为聪明人是不会过问别人的信仰的。路德也罢，喀尔文也罢，对于他们都一样，就是异教徒同他们同住一个城市，或同他们进行交易，也是一样，因为他们所要看的不是信仰，而是商品，是举止和道德"②。

这些话虽伏尔泰亦当同意！不过，这并不足怪。塔季谢夫不是随便读了比埃尔·培尔的著作的，培尔是信仰自由的既坚决又有才干的宣传家。如所周知，培尔曾证明，如果一国之内，居民保持不同的宗教观点，这对国家不仅无害，甚至是有益的；社会甚至完全无宗教而存在（无神论者的社会）。塔季谢夫也许对于后一论点是不同意的，因为他在"精神"方面在我们面前表现为一个信仰上帝的基督徒，而基督徒必须变为培尔，才会没有反对无神论者的偏见。我们刚刚看到，塔季谢夫距离根本统一宗教信仰必要性的思想是多么遥远。

在塔季谢夫的时代，人类的伟大任务——按照费尔巴哈的说

---

① 《谈话》，第49页。
② 同上书，第71页。

法，——是理解伦理学对宗教的独立性①。不能不承认，塔季谢夫
对这一独立性的理解，是颇有修养的。不过这里必须指出以下情
况：

从《谈话》中可以看出，不是一些"死守迷信的伪善者"对新学
说的传播者进行了诽谤。我们在《谈话》中读道："伊壁鸠鲁生活在
纪元前450年，由于他否认偶像崇拜、否认对偶像的希望，由于他
认为地球不是像别家所说的为上帝所创造，而是产生于不可见的
力量或合理的原因，由于他从斯多噶派②学习通过体力的支持取
得精神的满足，所以许多人狂热地诽谤他，仿佛他宣扬生物是独立
发展起来的，因而称他为无神论者。"③

关于伊壁鸠鲁的生平，塔季谢夫搞错了：伊壁鸠鲁生于纪元前
342年或341年，死于纪元前272或270年。此外，伊壁鸠鲁虽然
不是无神论者，但在他的宇宙体系里给予上帝的地位，却是微不足
道的，而且在一定的意义上，他也"宣扬生物是独立发展起来的"。
然而这些不确切的地方在这里并不重要。的确，甚至一些有学问
的、在一定程度上没有迷信的人们，也都对伊壁鸠鲁多所诽谤。研
究哲学思想史的作家在多数情形下，对他一如对其他唯物主义者，
也都抱着不公正的态度。塔季谢夫虽然不是唯物主义者，但他却

———————————

① L.Feuerbach's Sämmtliche Werk. Fünfter Band（Pierre Bayle），Stuttgart，
1905，S. 910。另参阅319：Bayle's Bedeutung für die Philosophie liegt hauptsächlich
in Seinem negativen Verhältnis zur Theologie。《费尔巴赫全集》第5卷（比埃尔·培
尔），斯图加特，第905，910页。另参阅第319页《培尔对于哲学的意义主要在于他对神
学的态度》。

② 在另一抄本里，"从斯多噶派"为"从历史学家"。

③ 《谈话》，第48页。

认为必须为伊壁鸠鲁进行辩护，这是不能不加以赞扬的。这一值得赞扬的公正态度，也许是由于他在欧洲启蒙事业中是一个崭新的人物，当来不及学会尊重文明世界的惯常谎言。而现时的俄国唯物主义的敌人，对于这种谎言，却是相当重视的。

很有意义的是，塔季谢夫一方面宣扬信仰自由，同时又坚决主张政府对游手好闲，浪费时间的人们，采取严厉措施。问题是他除了按照《精神》和"物质"两个范围来划分知识之外，还将学问分为下列五个部分：(1)必要的，(2)有益的，(3)讲究时髦或娱乐的，(4)猎奇或徒劳无益的，(5)有害的。他认为有害的学问包括各种法术：(1)尸卜术，(2)气卜术，(3)火卜术，(4)水卜术等等。他称为俄国的最著名的法术是阴谋和批判、解梦、"魔法"、占卜等。关于这些有害的学问，他写道：

"这种坏学问虽然没有任何完整的内容，而且根据许多哲学家的见解，对于醉心于这种学问的精神错乱的人们。处以死刑亦不为过，但由于他们抛弃有益的东西，浪费时间，欺骗别人，所以必须处以体刑"[①]。

对浪费时间处以体刑！在这一要求里，彼得的忠实学生跃然纸上，因为彼得愿意甚至使尼姑在拯救自己的灵魂时，同时做某种手工活。

塔季谢夫认为，在人民信仰问题上着魔似地大喊大叫的善男信女，都是骗子。他幸灾乐祸地提及同一彼得，挖苦他"用残酷的肉刑驱逐了所有这些魔鬼，所以现在，尤其在碰到有理性的官长的

---

① 《谈话》，第85页。

地方,这种大喊大叫大概是听不到了"①。

塔季谢夫的《谈话》所涉猎的范围,比它的标题要广泛得多。这几乎是一部百科全书。书中阐述了这一卓越人物的整个宇宙观。但《谈话》的极大部分还是用来证明一个看来极为简单和明显的真理:即学习是必要和有益的。现在要将这一长篇累牍的证明一一列举,是未免有些枯燥了。但如为此责备塔季谢夫,却是不公正的。像整个"学术侍从"一样,他不得不同那些狂呼学术的害处的坚决老顽固进行残酷斗争。坎捷米尔在他的第一篇讽刺作品里不是对那些"诽谤学习"的人们力予抨击吗!

老顽固们提出了各式各样反对学问的理由。理由之一是:学问不但破坏对宗教当局,而且破坏对政治当局的尊重。由于完全明白的原因,塔季谢夫认为必须对政治方面的理由仔细分析。

他断定:"从来没有任何暴乱是由有理性的人们发动的,暴乱一如邪说,都是由野心勃勃的狡黠之徒,在虚伪的笃信上帝的掩饰之下发动的,这种掩饰是卑鄙无耻的。"为了证明这一点,他指出我国的暴徒如博洛特尼科夫,拉津弓箭手和"平民",他们都是"最卑贱"和无知的。不错,在外国,叛乱分子中也有克伦威尔这样有学问的人,但他也接受了"现有的天真和笃信宗教的方式",所以当他夺取了政权的时候,他便摧残了学校,驱散了教师和学生,因为"没

---

① 《谈话》,第 85 页。尽人皆知,在我国尽管"有理性的长官"多所努力,但是大喊大叫的善男信女却仍然没有敛迹。卡拉姆金便命令他所指派的村长:"向我的领地的胡喊乱叫的人们宣告,他们必须安分守己,停止叫喊,否则就命令你用树条将他们赤身抽打:因为他们的行为是欺骗和作伪。"(П.斯米尔诺夫斯基:《19 世纪俄国文学史》第 2 卷,圣彼得堡 1899 年,第 90 页。)

有学者,他更易于遮盖他的野心"。明智的君主所以关怀臣民的教育,是因为在科学昌明的地方,没有暴乱。[①]

第一次英国革命把无特权群众的社会政治要求,体现在宗教的形式上。仅此一端就足以使 17 世纪的启蒙学者把它看为一种可能危害他们事业的运动。例如,结集在霍尔巴赫周围并代表第三等级革命要求的法国启蒙思想家,对它便是这样看待的。塔季谢夫除了像许多启蒙思想家一样对于在宗教旗帜下进行的社会运动极不信任外,还坚决认为任何革命运动都是有害的。毫不奇怪,在他看来,克伦威尔是一个道道地地的恶人。"学术侍从"对于君主专制,是无限忠诚的。我们完全可以说塔季谢夫是他们推举出来拥护专制制度的主要理论家。

关于哪种政体方可称为最好政体问题,他答复说,须视环境而定。"小的"和不受敌人侵略的国家,适于采行民主制度(《правиться общенародно》)。"大的"但没有别国侵略危险的国家,可实行贵族政体。"至于大的和有外患的国家,如无大权独揽的君主,势必不能保持完整"[②]。

俄国的一切成就都应归功于君主专制。俄国只是在有了"大权独揽的专制制度"的时候,才繁荣起来。在采邑分封时代,贵族的势力增强了,俄国便为鞑靼人和立陶宛人所征服。俄国地位的改善,只是由于"缔造了君主制度"的伊凡三世及其子侄的统治。但在混乱时代,大贵族给舒伊斯基制定了"某些有害于国家的法

---

① 《谈话》,第 65—66 页。

② 《谈话》,第 137—138 页。参阅波波夫的《塔季谢夫及其时代》,第 116—117页。

律",及至舒伊斯基退位,又建立了"所谓民主政体"。这一情况使俄国趋于破产,"更有甚于鞑靼人的入侵"。只是由于选出了大权独揽和世袭的君主,才结束了这一混乱,恢复了"以前的适当秩序"①。

费奥凡·普罗科波维奇也说:"俄国人的本性就是如此:只有君主专制制度才能维持,如果采行任何其他制度,便不能保持其完整和幸福。"②我还必须说:"学术侍从"曾经多么激烈地反对枢密院成员企图限制安娜·伊凡诺夫娜女皇的权力。他们以为君主的无限制权力是俄国启蒙过程的最可靠保证,从而成为这种权力的自觉的和彻底的拥护者。塔季谢夫完全真诚地劝诫他的儿子:"要流尽最后一滴血来保卫君主的权力和荣誉,任何时候都不要听信那些吹嘘别国的自由和设法降低君主权力的人们,因为这会给国家带来极大灾害"③。

这样看来,塔季谢夫在政治上是不容许任何"破坏"倾向的。在社会关系方面,他也坚决反对这种倾向。显然,他既是地主,又是一个受过彼得一世的严格教育的人,对于犯有任何过错的农奴是处置得颇为严峻的。他给他的管家写道:"对于犯了错误的人,有的是监狱。"他还要求他的农民不要浪费时间——这也使我们想起"彼得小学生"的气质。由于农民在冬天不下地劳动,所以他规

---

① 《谈话》,第138—139页。波波夫:《塔季谢夫及其时代》,第118页。

② 请参阅他关于枢密院成员的阴谋的记述,这篇记述载在《杜克·利里伊斯基和别尔维克斯基札记》的附录里。亚济科夫译自法文。圣彼得堡1845年版。

③ 见《塔季谢夫遗嘱》,由"喀山考古、历史、民族学会"会员安德烈·奥斯特罗夫斯基审定出版,喀山1885年版,第15页。

定他们学习各式各样"工艺":打铁、造车、制木桶、养羊、制造陶器、养马、弹毛、成衣、制鞋等等,农民必须有所事事[1]。他说明这一规定的理由是:"他的农民学了这些'工艺',可以在冬天不从事繁重工作时获得利益。"但是,他当然这时也不曾忘记他本身的地主利益。他命令:"五岁至十岁的农民子女——请注意男女两性都在内——都必须学习写读。"一般说来,他是主张向人民传播知识的,指出这是国家,特别是军事的需要。他的这些指示是很有头脑的。《谈话》中关于这一问题的有关部分,现在我国蒙昧主义者时常反复阅读也是有益的。但这里他像过去一样仍旧是一个"贵族"。他当然要使贵族学生同"卑贱者"隔离。在他看来,贵族子弟与仆役及"奴隶子弟"来往,在道德方面是很有害的[2]。

按照他的说法,彼得创办的科学院所以不很能教育贵族子弟,原因之一在于贵族子弟同"卑贱者"子弟在学院里混杂不分,"同卑贱者相处而不鄙视其父母的态度,最能损害礼貌和品行。"他还责备学院缺少"许多贵族需要的学科如:击剑、骑马、跳舞、绘画等等"。因此,他认为"应该为贵族子弟另建学校",并对安娜女皇创办"中等武备学校",特表赞赏[3]。

在"论人口调查"一文里,塔季谢夫抱怨我国对于贵族和"卑贱者"不作任何区分。由于缺乏一种规定最高等级的权利和优越地

---

① 见他的《农村经济札记》,谢列布里亚科夫汇编,载《俄罗斯皇家莫斯科历史和古物学会年鉴》第 12 卷,莫斯科 1852 年版。

② 见《谈话》,第 154 及 109 页。我们看到,我国 19 世纪的知识分子却相反地认为这种混杂大有好处(如赫尔岑、波博雷金等等)。

③ 《谈话》,第 112 页。

位的法律,所以"一切领有乡村、市镇、具有书吏、牧师、奴隶、购得或用其他方式获得领地的人们,都被尊为贵族,想要徽章就拿徽章,并按财富而受尊重。这是任何地方都不行的"。塔季谢夫认为,这一情况将给社会道德带来可悲的后果。"当看到我国只是尊重财富和豪奢生活的时候,任何人便会只要不择手段地发财,一旦发了财便不难获得官阶、荣誉和收入,傲慢自大,竞相效尤,而不知这对自己和祖国都是破坏。此理尽人皆知"[①]。

塔季谢夫说,彼得一世准备结束这一泛滥现象,甚至颁布了一些法律,在供职方面给贵族等级以某种特权;但在他以后,由于"负有执行和监督之责的人们的愚昧无知和怨恨心理,一切都被淡然忘却了。"

这是非常值得注意的。一般贵族在同大贵族的斗争中反对门阀,而倾向于一种思想,认为官宦在社会等级中的地位只应取决于他的功绩。彼得一世当然是赞成贵族的这一倾向的。他按照自己的方式支持了这一倾向,迫使门阀向官职让步。彼得的小学生们也不能不同情贵族的这一倾向。我们下文就可看到,他们的同情甚至在文艺作品中也有表现(如坎捷米尔的第二篇讽刺作品)。但是由于贵族本身也已成为特权等级,所以在他们中间必然在争取颁布法律、规定贵族等级和"卑贱者"的差别方面,要出现,而且实际上已经出现对立的倾向。由于彼得的小学生们是属于贵族等级的。他们自亦不能没有本阶级的这一倾向。从这里便产生了塔季谢夫的见解和概念的非常显著的两重性。

---

① 波波夫:《塔季谢夫和他的时代》,第771—772页。

我们的满怀信心的启蒙学者仍然是一个不少信心的"贵族阶级"思想代表。但是构成他的宇宙观的基础的理论,乃是西欧启蒙学者的理论,它代表了第三等级的解放意图,因而在一定程度上对于"旧的秩序"是敌视的。理论之一便是自然法则和自然宗教的理论——即一般"自然法则"的理论;我们已经看到,我们的作者是坚持了这一理论的。怎样解决这一矛盾呢?必须注意,上述理论只是逐渐达到其极端的逻辑结论,即在实践上的革命结论的。因此,就在西欧,也常有许多毫无革命意向的人接受并传播了这种理论。这种人在德国特别多,而当时的德国是远远落后于法国和英国的。例如普芬杜尔弗(塔季谢夫曾大量引用其著作)便是富于保守情绪的。他是君主专制的坚决拥护者。也许由于这一缘故。他才喜欢彼得。的确,甚至18世纪下半期的法国启蒙思想家都欣然将希望寄托于君主(《les princes èclairés》)。然而普芬杜尔弗不仅是一个君主专制的拥护者。他甚至甘心同法国启蒙思想家所强烈谴责,而且事实上怎样也不能用自然法则来维护的制度,相妥协。例如,奴隶制度问题:普芬杜尔弗认为它是从契约中产生的。他说:"奴隶制是从契约中产生的"("nam perpetua illa obligatio compensatur perpetua alimantorum certitubine")。对于这一见解,一个彻底的"自然法则"拥护者会反驳说:即使说,一个人可以终身把自己的自由给个别人,那他也断然无权牺牲其子孙后代的自由。普芬杜尔弗只要不放弃自然法则的观点,对于这种反驳是怎样也无法应付的。

但不管普芬杜尔弗怎样应付,无疑的是,只有像他这样的不彻底的启蒙理论拥护者才适宜于充任我国欧化贵族思想代表的教师,因为彻底的拥护者会要极为迅速而明确地发觉俄国的社会政治制度是多么不符合在西欧同"旧秩序"斗争中产生的自然法则的要求的。

法国第三等级的解放运动要比德国强烈得多。因此,法国的启蒙思想家要比德国的勇敢得多,彻底得多。至于俄国的启蒙学者,如在19世纪所表现,他们是追随法国的还是德国的启蒙思想家,则视其对俄国实际的态度而互有不同。如果他们是同俄国实际的基础相妥协的,他们便比较倾向于德国人;而如果他们想反对这一基础,他们便开始倒向法国人。这一通则的表面例外,只是证实这一通则(如伏尔泰对俄国比较开明人士的影响)。甚至某些个别人物(如拉季谢夫、别林斯基)也是在其情绪急进时期倾向法国人,而在同"实际"妥协时(如别林斯基),或最低限度在同"实际"的斗争中感到厌倦时(如拉季谢夫),则是倾向德国人的。但这在下文再说。

现在且看塔季谢夫是怎样对待"自然规律"的。

他是这样论断的:"只有自然的意志才是必需的和有益的,别的幸福都不能与它相比。"这几乎是一个革命的号召。但是他的这一几乎革命的论点,却附有极重要的保留条件。意志只能在人们合理地使用它时,才能给人们带来利益。然而这却不是所有人都能做到的。儿童为了自己的利益必须服从父母。君权是从父权产生的,对于君主的权力,臣民必须服从。最后,仆役也是受着不自由的约束的,他必须服从自己主人。但君权和父权是自然所创造的,而主人对仆役的权力,则是从契约产生的:"例如,某人想求得衣食和住所,或无力抵御敌人,而另一人则富有这一切……,这时两人协商,某人同意为另一人服务并服从其意志,而另一人则相应地允许供应衣食和住所,并保护其不受凌辱,经过这种协商,那人便受另一人的支配,而丧失其自由了。"[①]

塔季谢夫在这里有许多地方同普芬杜尔弗相接近。但在君权起源问题上,他的观点却与普芬杜尔弗有所不同。德国作家认为君权是从契约产生的,而俄国作家则宣布君权一如父权,是自然所创造的制度。这个差别是从哪里来的呢? 显然,塔季谢夫觉得契约论不能成为俄国君主权力的理论根据。不能不同意,在某种情形下,这一理论是不足以作为依据的:因为它包含着法国革命家后来作出的一些非常极端的结论。可是,根据"自然规律"的观点,这一理论也不能用来证明仆役世世代代成为主人奴隶的正确。然而塔季谢夫却正是把它用于这一目的的。我们的作家在草拟契约提要,规定"某人"必须服役,"另一人"必须为这人提供衣食和保护时,补充说道:"从这种契约产生了奴隶或仆役的不自由。"从历史观点说,他是正确的。卖身的奴隶制是以这种"契约"为基础的。然而问题在于启蒙思想家如果是彻底的,便不应满足于对这种依附性作出历史的解释,而应或者谴责它,或者作出理智的结论为它辩护。

特别值得注意的是,塔季谢夫虽然在《谈话》中散布"奴隶约束"的必要,却无一语提及农民对地主的农奴依附。他仿佛意识到,甚至这种依附的历史起源也不能完全用契约来解释。不仅如此,他一般地否认——我重复指出,是在《谈话》里——"奴隶制或

---

① 《谈话》,第139—141页。

奴隶地位"的合理性,尽管他也把农奴的子弟称为"奴隶子弟"(见前)。奴隶制或奴隶地位是暴力的结果,而暴力却没有创造权利。塔季谢夫断言:"由于人类按照自然有自卫和自保的自由,所以只要有解放的机会,他便不能再忍受其自由的被剥夺。"[1]从这里应该得出的逻辑结论是:如果社会上的低贱阶级是被高贵阶级用暴力置于不自由地位,那他们便有起来反对他们的奴役者的自然权利。当然,塔季谢夫在这里也附有条件:"这里也要有理智。如果我被强盗掳去或做了敌人的俘虏,冒失地用自己的小到无比的力量去进行报复和解放自己,那我就是自趋灭亡。"这当然又是正确的。但是我们关切的问题不是要阐明在什么条件下被奴役的人们才适宜于进行暴动反对他们的奴隶主,而是要阐明应否承认这种暴动为合理。对于这个问题,塔季谢夫已经给了我们一个断然肯定的答复。

请不要以为他哪怕在理论上是反对农奴制度的。在另一地方,他坚决表示拥护农奴制。但是不善于利用"自然规律"来证明农奴制度的正确,便将问题转到另一领域。他求助于政治。他说:"农民和奴隶的'自由',在其他国家是有益的。这种'自由'在伊凡雷帝时,特别是在放荡的领主压迫自己的农民时,亦曾在我国带来益处是可能的。但它同我国的君主专制的政体是不相适合的,而且改变这一根深蒂固的不自由习俗,也不无危险。"

塔季谢夫的例子向我们表明,彼得改革在大罗斯所创造的,虽是相当了解西方各国社会政治秩序的开明贵族,怎样在理论上将

---

[1] 《谈话》,第141页。

自己的地主利益和君主专制的利益统一起来。

尽管对于他们所说的国家安全，无论是他们自己或是中央政权的代表人物都长期深信不疑，但是这毕竟未能使他们在逻辑上根据"自然规律"的观点证明农奴制的正确。塔季谢夫结结巴巴谈到的困难，仍旧没有消除。何况他的困难还不只是一端。

俄国贵族的欧化思想家们为了解释和证明其等级特权地位的正确，不得不利用一些并不适合于这一目的学说，因为这些学说就其起源而言乃是反对现状的。当然，可以说，在西方也有一些比"自然规律"论更为保守的学说。但是，第一，西方的保守学说同解放运动过程中产生的学说相比，是过于软弱了；第二，主要的是，当时有一个重要的社会政治条件，妨碍彼得的小学生们去掌握西欧保守派的学说。这个条件是：这些保守派所拥护的一些最高阶级的政治要求，是俄国中央政权，特别是像伊凡四世和彼得一世这样的代表人物连听都不愿听的。由于西欧资产阶级同世俗贵族和宗教贵族斗争中，在某一时期支持君主专制制度，所以他们的思想代表提出的理论——只要这种理论内部所包含的可怕结论尚未为法国革命所暴露出来——便显得更为适合俄国政治制度了。

然而这种理论虽然暂时可能显得更加适合俄国的政治条件，但是毕竟无论如何不能从其中提出多少重大的逻辑理由来支持像我国农奴制度那样的"独特的"制度。这就是说，我国贵族的开明思想代表的地位，归根到底，还是很不利的。正以此故，他们后来同那些自觉地拥护——虽然常常都在青年时代——西方革命学说的人们的斗争，殊少成效。

我们现在回到塔季谢夫的观点上来。如果不指出他对农民的关切,这种关切几乎在他的《经济杂记》的每一页上都有表露,那我们对于他作为俄国贵族思想代表的评论,就是不完全的。他吩咐给他的农民不仅要设立监狱,而且要设立学校和浴室[1]。他的管家和领班必须严格监督,"务使每一农民夫妇有两匹耕马,两头犍牛,五只牡绵羊,十只山羊,两头猪,两对老鹅,十对老鸡,愿多养者亦可,但不得少于上列数目"。对于农民老年者及病人,设有慈善堂,由"贵族出资"供养。地主的关怀甚至推广到他的农民的家常用具。每一农民必须有"盆、碟、刀、叉、锅、匙,盐碟、茶杯、桌布、手巾、橱柜或小桌,铁锅铲和铁桶"。农民因本身懈怠而没有这一切用具,应当严厉处分:应将他送到认真的户主那里做雇农,户主有权无偿地使用他们的劳力和土地,为此缴纳赋税。"懒汉"未得到"好评"以前,将继续处于这一状态。

不用说:从塔季谢夫对他的农民的这种关怀里,可以看出,"贵族"—奴隶主是知道这种"经过洗礼的财产"的价值,而且是善于使用他们的劳动力的。他严格命令他的管家注意"在夏季工作时,使农民不能丝毫懒怠和远离休息"[2]。但他至少使他的农奴得到经济上的满足,而这却是许许多多奴隶主所未能做到的。

然而最值得注意的是塔季谢夫对妇女的态度。他的态度的特点已从他主张他的男女两性农奴都须学习文化中部分地表现出来。但这一态度最明显地表现在他对他的儿子瓦西利亚·尼基季

---

① "两座男女浴室,每星期六午餐后轮流烧水。"《年鉴》,第20页。

② 同上。

奇的下述训词中："必须记住,妻子不是你的奴隶,而是你的伴侣和助手,她在一切事情上不应对你虚伪,你对她也应如此。"①

塔季谢夫虽然努力执行国家职务,但对宫内官员却不愿"侍候",而且很不信任。他不主张他的儿子去找"宫内差事",因为"在那里,虚伪、野心、谄媚、嫉妒和仇恨几乎超越了所有的德行,有些人不顾一切地寻求自己的幸福,殊不知残害无辜,自己也将因受到上帝的审判而灭亡"②。

大贵族别尔先·别克列米舍夫对马克西姆·格列克说:"改变自己的习俗的国家,必不能长久存在"。这就是莫斯科罗斯的观点。"彼得的小学生们"为自己制定了另一观点。他们在有关俄国社会政治生活的基础问题上,虽然仍旧是保守派,但同意改变本国的习俗。塔季谢夫甚至有一套完整的进化论。就令他也不曾期待将来会有一个黄金时代,但想必同意圣西门的观点,认为无论如何不应妨碍我们后面的那个时代。他说:"至于过去各国人民的科学和智慧,我们试看古代人的行为,便可同样说他们像单个人一样,如果幼年不怎么样,在青年时期又很少作为,则在成年时期就很难显得有用了。"③

18世纪的法国启蒙思想家时常将社会发展过程比拟于"单个人"的发展过程。这种比拟法从他们那里传到19世纪上半期的空想社会主义者。圣西门喜欢使用这一方法,他企图利用它来证明

---

①　《精神》,第13页。

②　同上书,第20页。

③　《谈话》,第38页。

他的人类智力发展三阶段的规律①。因此,就其思想方法而言,塔季谢夫在这里,一如其在"自然规律"的议论中,在我们面前表现为启蒙思想家②。

最后,他在对历史运动的主要原因的一般观点上,也是一个启蒙思想家。他用"思想的启蒙"来解释这一运动。什么叫思想的启蒙呢?这就是知识的积累和传播。对于这一问题,18世纪上半期的俄国启蒙思想家的答案,是同法国启蒙学者的答案不尽相同的,尤其是在这一世纪的下半期。

法国启蒙思想家对宗教是持否定态度的。因此,在他们的眼光里,宗教观念同科学认识是没有任何共同之处的。按照他们的说法,启蒙的成就应该动摇宗教信仰,并缩小其范围。塔季谢夫的看法却与此不同。我们已经看到,他是尊重宗教权利的。他的历史哲学曾以大量篇幅论及宗教观念的发展是一种启蒙的手段。他说:"第一次思想启蒙是文字的出现;另一次是耶稣的降临和耶稣教义的出现;第三次是印书的发明。"③塔季谢夫在写完这一段话后,仿佛想起了教会关于新约和旧约关系的理论,所以赶忙补充说:"我这样想,因为它便于将文字出现和摩西定律以前的时期,比

---

① 关于这个问题的更详细说明,请参阅我所著《一元论历史观的发展问题》。

② 按年代顺序说,他是第一个俄国启蒙学思想家。

③ 参阅他的《俄国史》《绪论》,第Ⅰ卷,第一篇,莫斯科1768年版。"我体会,全世界的思想启蒙有三个最重大的方法。第一,文字的发明,通过文字可将写下的东西永远保存记忆,并将我们的意见传播远方;第二,耶稣救世主降临人间,因而打开了对创世主的认识和有生之物对上帝,对自己和对近亲的责任的认识;第三,通过印书的发明和所有人对书的自由使用,获得了世界的非常重大启蒙,因为有了书,科学便自由地发展了,有用的书也增加了"(第28页)。

拟于人类幼年时期。"①

　　按照列尔赫博士的证明,塔季谢夫对宗教有特殊的见解,因而许多人不承认他为东正教教徒②。在其《遗嘱》中,我们的作者轻蔑地推脱了说他是无神论者和异教徒的指责。我上面说过,他的观点的世俗因素占有绝对优势,这使他的观点同彼得时代前的俄国饱读经卷的书呆子的宇宙观,大相径庭,但他毕竟未同宗教决裂。现在我们看到,塔季谢夫在历史哲学方面也是倾向同宗教妥协的。我们的开明贵族思想代表在这方面是信从把宗教看为"教育人类"为神圣工具的德国启蒙思想家的,而不是信从把宗教看为人类理性成就的最主要障碍之一的极端法国启蒙思想家的。

　　不过,这两种启蒙思想家之间的差别,只是在谈到公开的宗教时,才感觉到。至于对多神教的起源的观点,18 世纪的温和启蒙思想家却是同极端启蒙思想家相接近的。例如,塔季谢夫在谈到皮法戈尔的"灵魂转移论"时说,就是狄德罗本人也不难表示同意。他说:"皮法戈尔为了阻止人们做坏事,使人行善并过笃信宗教的生活,才想出灵魂是根据每人的情况而自一人转移于另一人。"③宗教的信条多半是由有权势的人物想出来的,其目的是为了剥削,有时又是为了"约束"同部族的人们。这一观点的实质,甚至 19 世纪的某些优秀空想社会主义者也从 18 世纪的启蒙学者那里学会

---

　　① 《谈话》,第 38 页。参阅别斯图热夫—留明的论文:《瓦西里·尼基季奇·塔季谢夫》,见《古代和近代俄罗斯》一书,1875 年,第 2 卷,第 261 页。塔季谢夫认为,直到近代,四分之一的成年人都未接触到印刷的书。

　　② 《古代和近代俄罗斯》第 2 卷,第 261 页。

　　③ 《俄国史》第 2 卷,第 383 页。他在这里是以瓦尔赫的哲学词典为依据的。

了。圣西门的"新基督教"和卡贝的"真正基督教"都是由此产生的。

"摩西定律的发现"和"基督的降临",无论如何是一个"神奇"的现象,即特殊的现象。而在正常的历史过程中,起主要作用的是知识的积累和传播。在知识的积累和传播过程中,有许多事情取决于人民的"勤奋",以及统治者的关怀——塔季谢夫如果不想到这后一点,那他就不是18世纪的启蒙思想家了。"因为一个人,除由于懒惰(自然有其不可能性),自己的玩忽,特别是父母不加管教外,其能勤奋求学者,必可比别人多所收获。同样,在社会方面,一个民族或国家由于自身的努力,在许多时候更由于当局建立学校,而获得更多成就"。例如,科学在英国便是"通过亨利八世和伊丽莎白的工作和劳力"而繁荣起来的。而在法国,则是通过亨利四世和路易十四的努力和工作而繁荣起来的①。

就其思维方法而言——请读者注意,这里所指的是思维方法,而不是个别的观点——塔季谢夫仿佛是我国许多启蒙思想家的领袖,在我国著述界曾长期起过权威性的和富有成果的作用。如果说他是这种启蒙思想家的第一个卓越代表,则车尔尼

---

① 《谈话》,第121页。塔季谢夫在另一地方断然说:"所有的行为,其发生都是由于智或愚。"但他补充说:不能将愚"看为独特的实体"。(原文如此!)这个词仅仅表示智力的不足或贫乏,"一如凝冻物主要是由于缺少热,而不是一种独特的实体或物质"。塔季谢夫称智力为一种"主要的自然行为,或灵魂的力量"。他把开明的智力称为理智。他说"智力的可贵,有如天体或地球上物体的光,照亮整个可见的世界。同样,学习以及我们对事物就其想象中的特性作努力的考验,使思想概念和推理的界限开明起来。"(《俄国史》第1卷,第1篇,绪论,第26—27页)。这里说到"行为",因为"历史"一词"就是指我们的活动和行为"。(《俄国史》,第1页。)

雪夫斯基和杜勃罗留波夫便是他们的最先进、最伟大和最优秀的代表了。在他们以后，这类启蒙思想家便开始迅速地庸俗化和趋于衰落了。

至于塔季谢夫的专门著作，权威的专家索洛维约夫早就对它们作了评价。下面便是他对作为史学家的塔季谢夫的评语：

"塔季谢夫的功绩在于他是以应有态度开始工作的第一人：他收集材料，批判这些材料，综合编年史资料，为这些资料作地理、民族志和年代先后的注释，指出许多可供下面研究的重要问题，收集古代和近代作家关于我国在取得俄罗斯国名以后的古代国势的资料。总之，为本国同胞研究俄国历史指出了方法和途径……更不用说，我们必须归功于塔季谢夫的，是他保存了从这些编年史摘录中取得的资料，没有他，这些资料是可能永远遗失的。而这些资料对于科学研究的重要性，是一天比一天地显著了"[1]。

塔季谢夫同样为俄国法学史作了不少贡献。根据索洛维约夫的意见，他在这方面也是古代文献的第一个出版者和阐释者。他曾筹备出版俄国《司法判例汇编》、《伊凡雷帝法典》并附论文。索洛维约夫认为塔季谢夫对《法典》的注释，是解释我国古代法律名词的第一次尝试。

最后，这一卓越的人物还是俄国地理学早期著作的作者[2]。

由于这一切，索洛维约夫"在早期的俄国科学史著作中"把塔

---

[1]　《索洛维约夫全集》，第 1346—1347 页，《18 世纪的俄国史学家》。参阅 H.H. 米柳科夫：《俄国历史思想的主要流派》，莫斯科 1897 年版，第 15—23 页。

[2]　A.H.佩平指出，塔季谢夫最早认为，为了史料研究的目的，必须研究"民族生活及其特点、道德风尚和传说等等"。（《俄国文学史》第 3 卷，第 336 页。）

季谢夫与罗蒙诺索夫并列,给予最荣誉的地位[1]。

像所有"彼得的小学生们"一样,塔季谢夫参加过各式各样的实际活动:他做过采矿工程师,又当过炮兵和行政官员。他聪明、勤奋地任职,但如上所述,他不喜欢奉承别人。他在安娜朝代,因不见容于比龙而受审判,受尽法院拖延之苦,几至丧失生命。他是否像他自己所想象的那样在职务上毫无过失,这不是我们所要研究的事情。那时,先进人物对于实际活动的看法,是完全和现在不同的……

3. 安·季·坎捷米尔

塔季谢夫除了注意许多其他问题外,也不忽视俄国语文的纯洁问题。塔季谢夫懂得,无论如何不能不借用他国文字。他警告说:"但是,引用一些为我国文字所已有和以我国文字为更易理解的词汇,并加以使用,却是非常无益的。"[2]这是一条神圣的真理,可惜它常常为俄国作家,甚至属于民主阵营的作家所忘记。这些作家应该记住:无论在我国或全世界,劳动群众是不学外文的。

但是对于文学本身,塔季谢夫是没有兴趣的。在"学术侍从"中,在文学方面,安·季·坎捷米尔公爵是专家。

他的讽刺作品,我们在学校里就已读过,在这个意义上,可称为古典之作。但他所写的,不只是讽刺作品。他还写"歌"、"信"、

---

① 《索洛维约夫全集》,第 1350 页。

② 《谈话》,第 95—96 页。

各种小诗,有时甚至不合适地写了一些像我在上面所引录的作品,如《彼得颂》和《献给全俄罗斯最信仰上帝的女皇和专制女君安娜·约安诺夫娜的祝词》等①。此外,他还曾努力译诗(阿纳克里昂、戈拉茨②)和散文(芳腾尼尔和孟德斯鸠)。最后,流传到我们手里的还有他的11封论及自然与人的哲学的信——尽管都是很坏的抄本。在这一切作品中,可以找到许多对俄国社会思想史极有意义的材料。

像塔季谢夫一样,坎捷米尔在开始时不仅写作,而且做过官。几乎所有俄国作家,在他以后很久,都是如此:无怪乎他们都出身于官宦阶层。也许,坎捷米尔因为是一个对文学抱有巨大兴趣的人,所以他更喜爱写他的那些艰深沉闷的诗和翻译外国著作,而不喜欢书写公文。但是,如果真是那样,那他想必不只一次暗地责备他的弱点。在这些以余暇从事"著述"的官宦人员的眼里,公务比写作重要。坎捷米尔在其写于1743年——那时他准备出版他的诗试作——的一封信《关于我的诗》里,毫不掩饰地表明了这种观点。为了防止人们攻击他从事这种既不适合他的官职,又不适合他的年龄的工作,我们的官僚讽刺家说(我重复指出,他在这里也是用诗):

……徒劳

您尽管劝导和用您的文章明确地通报,

说什么——

---

① 唉!这也是诗!
② Гораций 戈拉茨,拉丁文为 Horatius 或译贺拉斯,霍拉蒂乌斯。——校者

> 青年时代的成果您不曾伤害分毫；
>
> 对于我——
>
> 一小时对付应办的要务不算少，
>
> 我的职务总能给我余暇逍遥。……

坎捷米尔确乎是进行过徒劳的劝导，而且通报过那些不曾领略文学善恶的认识成果的正式官吏。但所有担任过索然无味的公职的俄国作家，都经常感到他们处于不能不照料重大公务的窘境，他们每每由于无聊的欢娱而忘记公务的利益。他们的上司一有机会便暗示他们辜负了他的信任，时常要他们在公职和"著述"之间作出选择。俄国文学和俄国社会思想发展的幸运是，这些人们当中的才华杰出之士在内心里对文学的嗜好，不无成就地抵制了他们的高官厚爵的威风，有时甚至使他们对文学采取了完全不同的看法。这一点，我们在坎捷米尔那里亦将看到。

大家知道，他原籍不是"俄国"。此外，他很年轻时（22 岁）便离开俄国并客死在国外，那里的社会环境是同当时的俄国不同的。但是早年的印象是很有力量的，他还是完全理解和保持了当时俄国贵族的概念，——当然，是在这一阶层的开明部分里所形成的概念。例如，坎捷米尔所重视的西方文明，就没有在他的心灵里引起对农民的奴隶依附的正确性的任何怀疑。他认为这种依附是一种完全自然的事情。有时，他甚至用牧歌式的眼光来看待它。

他在酬答普罗科波维奇的诗《牧人为阴雨连绵哭泣》时，这样描写他的损失：

> 我的山羊为数不多，

你知道：

这是我的牧业的萌芽

　并不贪多求大。

但就是这些，

　叶戈尔和他的朋友也把它攥走①。

叶戈尔是罗斯托夫的大主教格奥尔吉·达什科夫，是属于同普罗科波维奇和坎捷米尔敌对的派系的；而小山羊则是农奴。这些小山羊事实上不是由达什科夫，而是由枢密院成员从我们的诗人那里"攥走"的，因为是枢密院决定将老公爵德·坎捷米尔遗留的庄园交给次子君士坦丁·坎捷米尔的②。

当然，从成文法的观点看来，"小山羊"的奴隶依附是完全合法的。但是青年的坎捷米尔对于"自然规律"是有很明确的了解的。他在其第一篇讽刺作品的某一注释里说："自然规律是自然本身给我们规定的法则，这种法则是经常必需的；没有它，任何社会都站不住脚。"似乎对于"小山羊"的奴隶依附问题，也应从这一"自然本身给我们规定的""经常必需的法则"的观点来观察。可是在坎捷米尔的著作里，却看不出这种观察的任何比较深刻迹象。就这方面说，他的宇宙观几乎没有受到批评。我说"几乎没有受到批评"，因为在他的著作中，还是可以看到批评的若干影响的。在他的第二篇讽刺作品（《道德败坏的贵族的妒忌和傲慢》）里，他奋起反对虐待仆役，甚至说过"仆役的肉体同你是一样的"。但是，承认农奴

---

①　Epodos Consolatoria（慰问式的长短句抒情诗）。

②　当时所谓（不正确的）长子继承法依然有效。德·坎捷米尔公爵请政府决定究竟他的哪一个儿子应该领有他的庄园。

的肉体同贵族的肉体一样,并不曾使坎捷米尔怀疑农奴制的在道德上的不正当。他甚至不反对主人对仆役实行肉刑,而只是要求肉刑用得适当和非出恶意。他在前述讽刺作品的 290 行的注释里写道:"对犯了罪过的人,也应慈悲对待,就令必须加以惩罚,必须不怀恶意,而是要被惩罚者改恶从善,并通过他的范例阻止他人作恶,而不是要满足自己对那些没有防御的人们实行伤害的愿望。"

当然,作者主张这样实行惩罚,要比绝大多数农奴主较为人道一些。然而就是这位人道主义的作者,对于占有农奴的事实,也是完全迁就的。对于他想添进一缕人道气质的那种权利的非人道基础,他并没有起来反对。

为了就坎捷米尔对"小山羊"的态度问题作一结束,我补充指出,在他不认为必须用牧歌式的语言来写作的地方,他总是把这些"小山羊"描绘为很笨拙和粗暴的生物。他在一篇讨论自然和人的书简里谈到智慧对躯体的控制的时候,指出这种控制"不仅是普遍的",而且是自然的,因为一个简单的没有想象力的(原文如此!)庄稼汉,其转动本身躯体的能力,并不亚于精于解剖术的哲学家①。在另一地方,他说,在人民当中产生的古罗马喜剧,最初也是像我们的农村歌舞一样粗野和丑恶②。他并且解释为什么这种喜剧不能不是粗野和丑恶的原因:"不难看出:那些由于自然的运动在毫无艺术素养和毫无事前思考的庄稼汉中产生的诗作,该是多么

---

① 《德·坎捷米尔公爵的著作,书简和译文选》,П.А.叶弗列莫夫编辑出版,圣彼得堡 1868 年版,第 2 卷,第 61 页。

② 同上书,第 1 卷,第 529 页,注解。

粗野。"①

已故 B.斯托尤宁不承认坎捷米尔是任何一个派系的特殊拥护者。他写道:"我们只能称他是科学的拥护者,我们正是在这里看到他与彼得大帝时代的密切联系。"②这不正确。坎捷米尔以及整个"学术侍从"就从政治观点说,也是属于一定派系的:否则他便不能同彼得时代发生联系。即令抛开他的政治观点不说,也应看到这位作者无论多么重视科学的利益,而他的宇宙观却经常带有他的时代所特有的社会关系的深刻痕迹。坎捷米尔事实上很重视教育的利益。这位重要的外交家③公开表示同意一个严肃认真的人只宜于在"公余之暇"研究文学,同时却只是在临死之前两三天才失去了读书的兴趣,并且在失去了这一兴趣之后,才完全自觉地决定准备后事。在这方面,他同塔季谢夫一样,直到生命的最后一息,都是俄国欧化贵族的思想代表。正因为如此,他的宇宙观才对俄国社会思想史家具有意义。坎捷米尔的例子也许比塔季谢夫的例子更明确地表明了俄国特权等级的开明思

---

① 《德·坎捷米尔公爵的著作,书简和译文选》第 1 卷,第 528 页。他在这里补充说:"我们也有许多这样的诗,它们都是我国平民的虚构。"作为一例,他引用了一篇关于伊凡一世的民歌的头几句如下:

感怀旧岁月,

犹忆老时光,

在光荣的老沙皇

伊凡·瓦西里耶维奇的朝代,

君主多随和,

恩准结鸳鸯……等等。

读者也许会同意,坎捷米尔的"歌"如能同类似的"平民虚构"相仿佛,那就更为易读,更为悦耳了。

② 见他为坎捷米尔文集所写绪论,第 1 卷,第 45 页。

③ 他死于 1744 年 3 月 31 日,终年 35 岁,其时任机密顾问。

想代表怎样适应本国的条件把西方非特权人民在同那里的宗教贵族和世俗贵族斗争过程中逐步制定的思想，加以使用。

我在谈到塔季谢夫时，已请读者注意在这位改革时代的优秀人物的观点里，世俗成分远远超过神学的成分。对于坎捷米尔，也应这样说。他非常欢喜谈论道德问题。但他在谈论这一问题时，不是像莫斯科罗斯的道德家那样求助于圣徒的生活，而是求助于世俗的甚至多神教的作家，例如戈拉茨。但他的同代人，有些因为看到在他的观点里世俗因素压倒神学因素，便怀疑他是无神论者，这却是大错特错。他的无神论观点远远不及塔季谢夫。显然，他在幼年曾受宗教情绪的控制：他的第一篇公开发表的创作，便是《朴沙突尔交响曲》(1727 年)。直到盖棺之前，他还不断研究基本宗教问题。他所写的关于自然和人的信笺，是一种维护宗教信仰的尝试，而这种信仰当时在解放哲学的影响下在西方业已开始强烈动摇①。问题仅

---

① 顺便一提：这些信简是坎捷米尔单独一人住在矿泉时为某一俄国妇人写的。俄国作家在叙述自己的哲学观点时，总喜欢以妇女为对方，后来也是如此。

过早逝世的 Д.韦涅维季诺夫的哲学论文，便用了《致某伯爵夫人》的标题。恰达耶夫的《哲学书简》也是写给一位夫人的。姑且假定，这里少不了模仿。最少，坎捷米尔的《巴黎研究院秘书芳腾尼尔先生谈宇宙的多样性》(我们的作者是在 1730 年翻译的，并且作了注解)所勾画的是一位任何科学修养也没有(我们在坎捷米尔的译文中读道："这样的事情一点也未听说过")，却禀赋着天然才智的妇女。然而，模仿在这里也是一种颇有特色的现象。俄国贵族中欧化阶层的开明思想代表人物所模仿的，不是德国学究的陈腔滥调，而是掌握了法国贵族文化精华的世俗语调。老巴尔扎克(即让—路易·巴尔扎克)以"使教义摆脱教团和学究们的控制而文明走来"(de civiliser la doctrine en la depaysant des Colleges et la deliverant des mains des Pédants) 为己任。形势的逻辑早已在俄国的欧化贵族思想代表人物面前提出了同样的任务。可是，第一步总是艰难的。就是俄国的欧化贵族，论优雅，也远逊于法国贵族。这在文学上也有表现。在芳腾尼尔那里，有学问的对话人当然是称好学的然而没有学问的妇人为"您"的，而在坎捷米尔的译文里却称她为"你"。

仅在于他在这里,如像在道德问题上一样,所求助的不是僧侣作家,而是世俗作家。他虽坚持自己的宗教信仰,却不曾求助于神学和圣书,而是求助于哲学。

在当时的俄国,论述哲学问题的著作有多么困难,可从坎捷米尔为芳腾尼尔的著作所写序言和注解中窥见一斑。他说:"我们直到现在还缺少哲学书籍,因此,在谈话中必须对这种科学加以解释。"他完全可以说得更严重些:我们甚至没有一本为读者所理解的较好哲学词典。坎捷米尔必须从解释何谓哲学开始。他耐心勤恳地实行了一个不得不从基本知识开始的启蒙思想家的劳动。

他解释说:"哲学为希腊名词。俄文为 любомудрие(哲学之旧称)。这个一般名称所指的是对自然及超自然事物的切实和明确知识,这种知识是通过对这些事物的努力探讨而获得的。"接着,他说,哲学分为逻辑学、伦理学、物理学(原文如此!)和形而上学。对此,不出所料,他作了一些新的解释:

"逻辑学或名学,教导正确地探讨事物,并将已知的真理正确地向别人论证。"

"伦理学教导有良好的道德,也就是使人知道善恶,它是使人行善去恶的规范。"

"物理学或自然学,教导认识一切自然行为和事物的原因及条件。"

"形而上学或超自然学给我们以关于社会中(——著者)的存在和无形的存在的知识,这无形的存在便是灵魂、精神和神"①。

---

① 《全集》第2卷,第392—393页。着重点是坎捷米尔加的。总的说,坎捷米尔的散文,比诗好些。

斯托尤宁指出,芳腾尼尔著作的翻译可说是我国哲学文字发展中的第一步。如这位学者所指出,坎捷米尔常常非常妥当地处理了术语困难,尤足证明此语的正确。他已开始使用始基(元素)和中点(他解释说,"中点即中心")这样的名词。他把希腊文的观念译为俄文的概念等等。可怜的坎捷米尔啊!他不仅要告诉读者何谓体系或物质,而且要告诉他们,巴黎是法国的首都,"феатр"("剧院")为希腊字,意思是"喜剧演员站着表演的地方"。读者如需要类似的解释,当然更需要这样的注解,使他们知道,比方说,毕达哥拉斯"为意大利派的首脑,是纪元前586年末代罗马皇帝塔克文尼朝代的一位希腊哲学家",而亚里士多德则是逍遥派的"领袖","纪元前384年生于斯塔吉尔的马其顿市"。这些注释中,有一些现在对于我们仍有价值,因为借此可以了解坎捷米尔自己的一些哲学观点。现代的读者听到他对毕达哥拉斯哲学的下述评语是会感到兴趣的:"这种哲学是过分混乱的,由于这种哲学,他迷信魔法,把它看作某种不可理解的算术问题,认为它是许多自然行为的原因。"在古代希腊哲学家中,我们的作者显然对亚里士多德最为赞赏,说他在哲学上"成就最大",是"使这一科学取得相当地位,为之奠定基础并区分为不同部分"的第一人。坎捷米尔也像芳腾尼尔一样,指出了亚里士多德方法的弱点:"虽然如此,不可能将一切事物的力量和行为归因于单一因素,在一事的原因尚未了解以前,便说它是由某一内在的力量引起的。"

在新时代的思想家中,他在一条注释里特别称赞笛卡尔,说他"对古代亚里士多德的哲学多所修正,我们根据他和他以后的著作,更明白地理解了全部有生之物"。坎捷米尔认为笛卡尔的最大功绩,是他"在其哲学著作中使用了数理证明,即可靠的证明,对于一切事物的作用或作明白的解释,或竟承认其原因尚未理解"①。这是他在注释里的说法。但坎捷米尔在给科学院"院长"科尔弗男爵的一封信里,却请求改正其对芳腾尼尔的论笛卡尔一文译文的第36条注释的错误②。科尔弗男爵显然没有履行坎捷米尔的要求,因为论笛卡尔一文未经任何修正便印行了。最少,在叶夫列莫夫的版本里是如此。

坎捷米尔能够对笛卡尔的哲学写出一种按照他的说法,更适合于牛顿哲学的评语,似乎表明在他为芳腾尼尔的著作写注释时,他对哲学概念和方法的历史的观点,尚未完全形成和明确。不过,这是不足为奇的,因为他的哲学知识远远不及他的文学知识来得渊博。从一切方面都可看出,他同哲学理论的接触是通过第二手材料的。坎捷米尔也不自命为哲学专家。尽管论笛卡尔"一文"更适合于牛顿先生,但这一论文并不因此丧失其意义。坎捷米尔对哲学家所提的要求,就是明确解释一切事物的作用,或者直率地承认这种作用的原因不明,对于像坎捷米尔那样的启蒙思想家是一个重大特点。

然而最堪注意的是,坎捷米尔在谈到他用以维护其宗教信仰的理论主张时,却完全忘记了这一要求。他在这方面所不断采用的,正是他所说的构成亚里士多德方法的弱点的那种方法:"在一事的原因尚未了解以前,便说它是由内在的原因分出来的。"

他的论自然与人的书简,除了引述特种的"内在力量"之外,实

---

① 《全集》第2卷,第405页。

② 同上书,第327页。这封信是用法文写的,转译过来是:"论笛卡尔一文,其哲学概述应予删除,因为这一概述更适合于牛顿先生。"

质上别无见地。然而这也是可以理解的。就是在 18 世纪后半期的先进法国启蒙学者之间——甚至在法国大革命的活动家之间，也很少人有足够的勇气把这种"内在的力量"完全排除在他们的宇宙观之外。假如要求 18 世纪初期的俄国启蒙思想家具备这样的勇气，那便完全不公正了。

如所周知，牛顿是很会使用数理论证的，也是坚决不肯在科学研究上采用假说的，但终其一生仍然是一个宗教信徒。在宇宙观上，他未能摆脱"上帝的假设"。坎捷米尔并没有以此为伟大英国自然科学家的过错，相反！他自己也是相信上帝的，而且当他看到最开明的欧洲国家的最开明人物对上帝的信仰开始动摇时，更是特别重视那些维护上帝存在的哲学论点。他所认为最有说服力的论点，几乎就是最为脆弱的论点：即所谓物理神学的论点。坎捷米尔在其哲学书简中不断对此做过各式各样的叙述①。

---

① 不过，在谈到上帝存在的物理神学证明时，必须记住，一般说来，这种证明在 18 世纪流行一时。而这是有其原因的。温德尔班得说："科学严格要求对自然作因果的考察，这种证明似乎是从最高的观点调和了科学的要求和宗教情感的需要。"（见所著《新哲学史》第 1 卷，圣彼得堡 1908 年版，第 248 页。）他还正确地补充说："为了将历史的发现摆在自然的位置上，从而用科学理性的论据来消除宗教宣传，这种观点比所有其他观点都更有用处"（同上书）。根据旧概念的观点，甚至这一不彻底的观点也是骇人听闻的。我们知道，坎捷米尔曾被怀疑为无神论者。1757 年伊丽莎白女皇接到一份"关于反对信仰和伦理的书籍的报告"。在这份报告里，东正教最高宗教事务管理局请求明令取缔这种书籍，"以期无人再写作和出版这种谈论宇宙无情和一切违反宗教信仰以及触犯道德原则的书籍，如胆敢违犯，定严惩不贷。至于现时在许多人手中流传的坎捷米尔公爵所译芳腾尼尔论宇宙无情的书籍，亦请明令各地予以没收，送交最高宗教事务管理局"（《坎捷米尔文集》，第 2 卷，第 446 页）。彼得改革的拥护者 M.Π.阿弗拉莫夫认为坎捷米尔承认哥白尼的宇宙体系，是一大错误（奇斯托维奇：《全集》，第 692 页）。

为了说明他的思想过程,现在从他的第十封信中摘录一段颇长的论述。

他在这封信里总结了他以往的全部论述:

"这样,我们在所谓自然的创造之中,已充分看到神的痕迹,或者说活上帝的印记了;如果撇开所有的细节,便可立即看到有一只手支撑着地球的各个部分,支撑着天和地、星、植物、动物,掌握着我们的身体,我们的思想;一切都有秩序,都有准确的尺度、智慧和艺术,都有支配着我们的最高精神。这个精神是整个世界的灵魂,它始终无声无息,不为人所知觉,但是无所不能"①。

坎捷米尔接着说:"智慧是每个生物都有的,任何一个不伶俐的人"也都有的。如果"我们探究物理学的一切发明和论证,搜集任一生物和任一兽类的最内在部分,研究完善的力学的迫切技艺,则这种智慧便更足以令人惊异。"但这是没有必要的,因为就这样也已明白了解,"只有上帝才是万能的,才是主宰着我们的;人类的幸福取决于上帝;因此,我应该服从上帝的意志,尊重上帝对我的生命的神圣决定"②。

我们的作家——请注意这一点,——深知这种"证明"必将受到反驳,所以在随后的一封信里写道:"过去有一些哲学家,而且现在也许还有这种哲学家的模仿者,他们会对我说,所有这些关于在自然中看到艺术和智慧的谈论,只是一种诡辩,一种错误的判断。……他们会对我说,整个自然都有益于人类,而你却胡说它是

---

① 《全集》第 2 卷,第 81 页。
② 同上书,第 2 卷,第 81—82 页。

用艺术特意为人类创造的,难道你想欺骗自己,想寻求和发现并不存在的东西"①。

但是坎捷米尔对于这一反驳并没有加以深思。他只是反复重弹他的物理神学老调,而置这种反驳于不顾。他质问:"有一种人对哲学也许略知皮毛,却想被公认为哲学家,回到家里,便使人相信并且辩论,说他是由唯一意想不到的东西所造成,什么艺术和勤奋,都无补于居民生息的空间。对于这种人该怎么说呢?"等等②。

在这里,要揭穿他的"诡辩和错误论断"是毫无困难的。事实上,坎捷米尔为了证明他的物理神学论点的正确,事先便假定它是正确的③。但是我的任务不是要在这里同坎捷米尔展开争论。无论如何,他有一个功绩,即他在时间上是最早认真研究哲学问题的俄国作家之一。我的任务是要使读者能够对他的哲学观点有一个正确的概念。因此,我不准备批评,而只是叙述。

当然,坎捷米尔认为神的观念是与生俱来的。他说:"这一观念经常与我同在,而且实际上是与我同生的。"④同样易于理解的是他承认人有两种"本性",这两种"本性"的存在也是上帝存在的

---

① 《全集》第 2 卷,第 83 页。

② 同上。

③ 此外,斯宾诺莎即已发觉物理神学论点的弱点。"人类在自然界发现许多帮助他们达到目的的事物。因此,他们是从其本身利益的观点来观察自然的。他们在将事物作为手段的时候,不能不想到由他们自己去制造这些事物。但是由于通常他们都为自己制作各种手段,所以,他们必然要得出一种结论,认为有一个或几个生来就自由的自然统治者对他们关怀备至,为他们制作了一切。"(《伦理学》,引自 В.И.莫杰斯托夫的俄译本,第45页)。我们不知道,坎捷米尔是否听说斯宾诺莎的这些见解。不过,就令听说过,他也会认为它们不符合他的哲学探索,而予以摒弃。

④ 《伦理学》第 2 卷,第 76 页。

新证明："我的精神的本性与躯体迥然不同。谁能将这两种不同的实体结合在一起，并在一切行动中使其协调呢？这种结合不可能同最高实体的结合等量齐观，因为这最高的实体将两种优良品质结合起来，使其达到无限完美"①。

这段话写得拙劣②。但很显然，这里所表述的见解是同笛卡尔相一致的，因为笛卡尔的哲学在坎捷米尔的思想里留下了深刻的印记。

坎捷米尔的意志自由论必是从笛卡尔那里抄袭的。他写道："我的意志完全决定于我，如果我不想要我所应要的东西，那也不能责备任何人，而只能责备我。当我对某种东西有意图时，我又有自由放弃这一意图；而当我对某种东西无意图时，我还有自由发生这种意图。我在自己的意志方面是自由的。……我感到思考着的意志，能够转向适合的或敌对的对象，这样或那样的对象。至于我的意志的其他原因，一如意志本身，则是我所不知道的。"③

在这种意志自由观下，人们对于自身行为的责任问题，是解决得极端简单的。他说："当我想作恶的时候，我对自身事务的这种权力便使我犯罪而不值得宽恕；而当我有了善良的意志的时候，我便相反地受到夸奖。这便是受尊重和被鄙视的真正基础。这便使惩罚与奖赏正确。鼓励、惩罚、威胁和许诺，也都由此。这便是道

---

① 《伦理学》第 2 卷，第 79 页。

② 我们不应忘记，流传到我们手里的坎捷米尔哲学书简，是一种很拙劣的抄本。

③ 《伦理学》第 2 卷，第 79 页。斯宾诺莎说："人们所以自以为自由，是因为他们意识到自己的愿望和企求，至于引起他们这种愿望和企求的原因，由于他们不知道，所以他们做梦也不想到。（《伦理学》，第 44 页。）我们看到，坎捷米尔也是做梦也未想到这些原因的"。

德和我们生活中的直接秩序和规范的真正基础。"①

在俄国贵族等级的最早思想代表之一写了这段话后约 120 年,俄国无产阶级的最早思想代表人物之一车尔尼雪夫斯基向他的读者提示:当一人行为失当的时候,我们如果仔细探究他的生活环境,便可看到他的失当行为不是他的过错,而是他的不幸。我国 19 世纪 60 年代的所有启蒙思想家,对于他的这一见解,都表赞同。车尔尼雪夫斯基和其同道们的学说要比坎捷米尔的学说人道得多。凡百事物,都有自己的时代。如果希望彼得的"小学生们"能够提出仿佛可以动摇"直接秩序的基础"的观点,那是荒诞的。就在西欧,类似的观点,在坎捷米尔的时代也仅由最先进国家的社会生活发展过程从事准备而已。

在一封论述自然与人的信(即第四封信)里,对于莫勒修特后来称之为生命的循环的现象,有很清楚的表述。我们在信里读道:"食物虽无灵魂,却能使兽类获得生命力,然后自身也成为兽;其原躯体的各部分在不断变化中不知不觉地消失。如果没有食物,一匹马在 4 年中会只剩下灰尘和一堆残骸,而如果有了燕麦和干草,它便会是一匹膘肥体壮的大马了"②。如果"无灵魂的食物"能给野兽以生命力,如果燕麦和干草能够变为马,而马经过时间的流逝会成为"灰尘和残骸",那就是说,在有知觉的生物和无灵魂的物质之间,并不存在二元论者所想象的那种鸿沟。当然,笛卡尔的信徒会对我们说:像任何其他动物一样,马是没有知觉的。但在坎捷米

---

① 《伦理学》第 2 卷,第 80 页。

② 同上书,第 2 卷,第 46 页。

尔看来,这种说法是没有根据的。他断言,"牲畜在许多方面是缺乏理解的,但在某些事情上却是很有理解的(也就是有很大的理解力。——著者),因此,不能说这一机器(Машина)没有理性"①。照此说来,则在马的机器中理性是它吞食"无灵魂食物"的结果了。这怎能同坎捷米尔的摇摇晃晃的二元论相协调呢?

他仍旧利用创世主的假设来对付这一困难:"任何运动,凡消耗力量者都需要加强。因此,我们在悠闲或睡梦中得到安息。……谁确定这种休闲的间隙,谁为疲困的肢体安排必需的休息时间呢?"等等②。

物质,——坎捷米尔称之为卑鄙的物质,——其本身是富于惰性的。只有上帝的意志才使它发生运动。坎捷米尔还坚信"物质不能思想"③。但他假定在某一刹那,物质有可能思想,并且再次提出"间隙"的论点:"必须假定在某种程度上,这一物质是没有思想的(也就是说,是不具备意识的。——著者);而在进入另一情况(也就是达到另一运动的"程度"时。——著者),它虽然意识到自己,并且进行思考。谁选定物质运动的准确程度呢? 谁找到运动所通过的那部分路线呢? 谁找到任何部分都能接受的必需的准确尺度、大小和形状,以免其在轮转中失去平衡呢?"④

对于唯物主义,坎捷米尔自然是抱着完全轻视态度的。他写道:"伊壁鸠鲁派的所有哲学家,在自己的混乱中这样软弱无力,他

_____

① 《伦理学》,第 48—49 页,参阅同书第 53 页。

② 同上书,第 46 页。

③ 同上书,第 58 页。

④ 同上书,第 49 页。

们无论从哪方面都提不出明确的证明,他们承认原子是永恒的,但不知何所据而云然。"一般说来,"伊壁鸠鲁派自己用自己的原理暴露了他们自己的谬误"[①]。他显然除"伊壁鸠鲁派"外,对于其他唯物主义者是毫无所知的。而且就是对于"伊壁鸠鲁派",他的许多批评也是极端相互矛盾的。他在为所译戈拉茨书简有关伊奥尼亚诗人"米谟纳尔摩斯"的一段写注释时,在报道了诗人的生平和年代之后,补充说:"这位诗人极好渔色,……总之,荒淫无度,他的意见在他死后 300 年由哲学家伊壁鸠鲁,即伊壁鸠鲁派的领袖作了更多论证。"[②]对于伊壁鸠鲁的体系,不可能作出更坏(更不公正)的批评了。但戈拉茨也是自命为"伊壁鸠鲁派"的,而坎捷米尔对戈拉茨则是极端推崇的。所以,当他所倾慕的拉丁诗人去给米岑纳特的第一封信里暗示,信奉阿里斯提卜的学说,——在这里他是将阿里斯提卜的学说和伊壁鸠鲁的学说等量齐观的——就意味着使物受役于我,而不是使我受役于物的时候,坎捷米尔马上注释道:"当然,阿里斯提卜派和伊壁鸠鲁派的最大优点是:可以根据他们的科学去使用一切,而不使任何事物控制自己。"[③]他没有看到,类似的"科学"同劝人纵情"渔色和荒淫",是相去不可以道里计的。

再说一遍:坎捷米尔只是精通哲学史,而在论及个别哲学家时却是远远不能经常首尾相顾的。塔季谢夫的思想是更有逻辑性和

---

①　《伦理学》第 2 卷,第 88 页。

②　同上书,第 2 卷,第 434 页。请参阅同卷第 394 页上的注释。

③　同上书,第 1 卷,第 394—395 页。

更有根据的①。然而无论坎捷米尔与其哲学书简中提出的论点有
多么脆弱,但其值得重视,却不仅因为它们是俄国欧化思想界在哲
学和自然科学方面的初期成果,而且因为在坎捷米尔所力图解决
(尽管没有解决成功)的问题之中,有许多不断引起了车尔尼雪夫
斯基以及杜勃罗留波夫以前的俄国启蒙思想家的注意。例如,自
由与意志问题和刑法的理论基础问题都是。更有进者:车尔尼雪
夫斯基和杜勃罗留波夫——这是俄国启蒙思想家中最优秀和最高
贵的典型人物——也都常谈唯物主义。当然,他们对唯物主义的
理解的深透,为坎捷米尔所望尘莫及;此外,他们同坎捷米尔相反,
对唯物主义派——特别是对以他们的同代人费尔巴哈为代表的唯
物主义派领袖,抱有无限的同情。但这一差别是由许多情况造成
的,说明这些情况将是本书往后的最主要任务之一。

　　坎捷米尔的道德观后来引起人们攻击,说他不够严格和模棱
两可。例如,按照 A.Д.加拉霍夫的意见,坎捷米尔对严格的道德,
没有提出积极的绝对的要求,根据这种要求,一切半道德的行为都
会显得可笑……像他的性格一样,坎捷米尔的哲学是羞怯的、不勇
敢的;这种哲学宣扬善,却羞羞答答地怕伤害恶。加拉霍夫在说明
这一道德哲学时,将它比拟于戈拉茨的伊壁鸠鲁派道德,而戈

---

　　①　坎捷米尔在旅居巴黎期间,曾与皮埃尔·莫罗·德-莫佩杜伊甚为莫逆。莫佩
杜伊(1698—1759)写过许多关于哲学问题的文章。在同坎捷米尔结交时,其思想的博
大精深,为坎捷米尔(伏尔泰用不着嘲笑他)所望尘莫及。不得不令人奇怪的是:同莫
佩杜伊的频繁接谈,竟然对坎捷米尔的哲学概念如此没有影响! 这种影响之所以微不
足道,只能是由于我们这位启蒙思想家的头脑不易接受真正深刻的哲学问题。固然,
莫佩杜伊的主要著作是在坎捷米尔死后才出版问世的。可是著作的重要哲学理论,作
者总不会是在突然之间形成的吧!

拉茨,大家知道,乃是坎捷米尔所喜爱的作家之一。戈拉茨的全部实际哲学被归结为两三个观念,或两三个愿望:"宁静,适意的中庸之道,对未来的淡泊无忧——这就是他的需要。像戈拉茨这样的哲学家自然不会去关切社会的缺点;他对这些缺点只是嘲笑。像在坎捷米尔那里一样,他的讽刺作品的语气是平平稳稳的。这就是为什么他们之间的相同之处表现得如此明显。"

他们之间的相同之处确乎是明显的。然而这仅是表面上的相同。这里几乎比任何地方都应记住;两人所说虽同,其实并不相同。戈拉茨的"黄金式中庸之道"是在罗马由于共和国的衰败而流行起来的社会冷淡心理的结果。这是一种"颓废的"道德。坎捷米尔的"黄金式中庸之道"却完全出自另一来源。它所说明的不是某一制度的衰落,而只是彼得改革所产生的那一新社会集团的地位的某些确乎艰巨的特点;而这个集团则是必然要生长、要上升的,尽管它的成员不免遭受艰难痛苦的挫折。

彼得巢窝的幼雏们(小学生)是俄国知识分子的先驱。大家知道,他们原期在彼得的活动中实现他们的全部抱负,这位实行改革的沙皇死后,他们便都感到处境的相当困难,而在彼得二世时,更感到几乎没有希望了。在写于 1729 年的一篇讽刺诗里,20 岁的坎捷米尔回想起他觉得是某种黄金时代的改革岁月,抒发了辛酸的幽怨:

> 那样的时代没有持续到我们,
>
> 那时——
>
> 智慧主宰着一切
>
> 胜利的果实它也共享。

只要有它就能登峰造极。

黄金时代没有延续到我们这一代人，

骄傲、懒惰、财富战胜了智慧，

愚昧无知占据了科学的席位。

戴法冠、穿绣袍的人们傲慢地行走，

在红布幔的后面，勇敢的人群正在受审！

科学被剥夺、被缝进破布袋里，

家家户户，对它几乎都是诟骂相闻，

同它不愿结识，同它逃避友情，

它有如舰艇服役中的海上受难人。

在这种凄惨的时代里，年轻的启蒙学者怎么办呢？等待更好的未来，并在等待中记住：去恶有时就是为善。坎捷米尔事实上感到他只有如此。他决定照此建立自己的生活。

在听到这种言辞、看到这种事例的时候，

缄默啊，思想家！勿因不为人知而感到寂寞。

这样的生活尽管想起是沉痛的，却并无可畏惧，

谁能在自己的静寂的角落里默默地隐藏自己，

他便能探求美好的智慧，

隐晦自娱，暗自思考科学的利益；

不要追求，也不要阐述，

否则你得到的将是恶意的诽谤，

而不是你所期望的赞美。

这就是我们的作家所遵守的那个"黄金中庸之道"的各种规章的全部秘密。当时的俄国"小贵族"都必须服役。但在参加强制服

役的时候,可以夺取或大或小的功名。谁想升到某种品级,他应首先不择手段。而如果选择手段,他便应"不为人知地待着"。按照坎捷米尔的说法,只有安于小就的人才会待在那里不感寂寞。

为什么按照坎捷米尔的意见要安于小就呢?是为了能够相对地自由吗?但自由又有何用呢?自由是为了使自己从掌握美好智慧和考虑科学利益中秘密地自娱。我们应该公正地说,只有在道德上出类拔萃的人才能用这种方式来"自娱"。

坎捷米尔想认真地实行他给"他的思想家"所提出的规劝。他自己说,他的第一篇讽刺作品只是为了"消遣时间"才写的,毫末想到将它发表。那时,他感到自己差不多是完全孤独的。他继续写道:"但是,他的一位朋友偶然要求读了这首讽刺诗,读后告诉诺夫戈罗德主教费奥凡·普罗科波维奇,主教又到处为诗的作者吹嘘,不仅这样,还在归还这首诗时附致一篇对作者的赞扬诗(即我们所知道的《我不知道你这先知的牛是谁》一诗。——著者),并送给他《赫拉尔第论上帝和诗创作》一卷,作为赠礼。修士大司祭克罗默克也像这位主教一样,写了许多赞美诗人的题词……"[①],他因此受到鼓舞,而继续致力于讽刺诗的写作。坎捷米尔深信他的写作生涯能够得到同情,所以不再限于"掌握美好的智慧以秘密自娱",而开始走上那一"光荣的道路",按照普罗科波维奇的说法,"书卷的巨人在这光荣的道路上行走"。

普罗科波维奇不但口馋如狼,尾谲如狐,而且才智过人,知识

---

① 拉丁文诗:Ars est celebris stultitae genus...等等,参阅《坎捷米尔文集》第 1卷,第 23—24 页。

渊博。他非常知道,在当时的俄国,在这条道路上行走是不很方便的。但他断言,阿波罗要拥抱谁,谁便不应害怕"强手"。

　　　　唾弃他们的威胁吧,

　　　　你是非常愉快。

　　　　愉快,上帝给了你这样健全的头脑,

　　　　让全世界向你发怒吧,

　　　　你虽未得幸福也已够幸福了!

　　这话说得好极了。但我要提请读者注意,只有保持着坎捷米尔所珍视的那种中庸之道,才能在没有幸福的时候仍旧幸福。

　　在安娜女皇的朝代,《学术侍从》的地位略有改善,但也远非易事。主要的是,在她的统治下,如要晋升到某种官级,也只有利用各式各样的阴谋诡计。奇斯托维奇说得好,当时的权贵在混乱和阴谋中相互倾陷,一个推翻另一个,致使他们自己也都照样地遭到同一命运。不妨回忆那位"令人惊服的最高主教"普罗科波维奇的侦探活动吧!在这种情况之下,坎捷米尔的"黄金中庸之道"便是使他能够保持若干高贵的独立性的唯一手段了。

　　坎捷米尔的求知欲也推广到政治。他的外国传记作家文努蒂神甫说他很喜欢读博胥埃的《神圣的政治》(Politique sacrée)一书。这显然就是《摘自圣经祈祷文的政论》(La Politique tirée des propres paroles de l'écriture Sainte)一书。按照这位传记作家的说法,"俄国使者本人的政治,更多地从圣书哲学和人类利益出发,而不是从马基雅维利的著作和宫廷阴谋出发的。他认为政治应有一个目标——即对人民福利的关怀。人民之父的名称应该决定君主的义务。君主和人民的利益应该齐心协力地并进。如果君主可以用人民的鲜血来换取其本身的安全与宁静,流人民的鲜血来满足其个人的野心,那就等于破坏自然和管理的规律"①。坎捷米尔以为只有以这种准则为国家管理的基础的民族,才是幸福的。最后,我们从这篇传记中获悉,有一次,坎捷米尔在走出剧院时说:剧院里遇见一位部长,"我不明白,他怎能在签署了几十万人死刑判决书后,还若无其事地到剧院去。"那时,刚刚宣战②。

这一段话是从好的方面描绘了坎捷米尔的形象的。但是对他爱好博胥埃的政治,又应怎样评价呢?

像彼得的所有"小学生"一样,坎捷米尔生活在俄国,是君主专制制度的坚决拥护者。我们往后便可看到,他相当积极地参加了贵族对抗最高枢密院限制安娜女皇权力的活动。在他到达巴黎时(1738年9月),那里的启蒙思想家业已对"旧秩序"进行了激烈的攻击。政治问题在当时尚未以尖锐的形式提出,但先进思想界的反对情绪,都已相当明显地表现为他们对英国政制的巨大同情和对社会平等的强烈要求。孟德斯鸠于1729年访问英国,从那里写信说:"A Londres,liberté et egalité('在伦敦有自由和平等')。"其后十年,达仙逊侯爵,论证了必须消灭贵族的特权,他说:"les nobles ressemblent à ce que sont les frelons aux rucher"("贵族有如蜂房里的雄蜂")。我们这位"学术侍从"的成员对于当时在法国先进著作界发生的事情,不曾采取漠不关心的态度,这是可从他翻

---

① 《文集》第1卷,XCVIII页(斯托尤宁的序言)。

② 同上书,第XCIX页。大概,这里所说的是争取西班牙王位继承权的战争。可能,佛留里神甫签署了法国参加这一战争的决定,但似乎又不同意这一决定。

译了在 1721 年出版的孟德斯鸠的《信札》一事看出来的①。此外，他还翻译了芳腾尼尔的著作，芳腾尼尔也可说是法国启蒙著作界早期活动家之一②。但是，我们知道，坎捷米尔并未丧失其宗教信仰。他对君主专制的忠诚，也似乎保持完整：只有极端的君主专制制度的拥护者，才能热爱博胥埃的《政治》一书。

但这里有必要作重要的保留。博胥埃在所写《政治》一书中表现出他是法国君主专制制度的思想代表人物，而不是俄国沙皇制度的思想代表人物。因此，他一方面竭力坚持没有什么高于专制君主的人权，同时又对君主专制的政体同独断专横的政体的差别，作了精细的区分。在这种区分上，他同波丹是完全一致的。

他认为独断专横的政体有四大特征：

第一，服从君主的人民处于对君主的奴隶依附状态，他们是他的奴隶（sont nes esclaves，c'est-à-dire vraiment serfs）。在他们当中，没有自由人③。

第二，博胥埃认为区分独断专横政体与君主专制制度的第二特征是：在服从君主独断专横权力的国家里，没有私产。一切为君主所有（tout le fond appartient au prince）。

第三，这种国家都有一个特点，即在国家之内，君主不但对臣民的财产，而且对臣民的生命也能任意处置，像对待奴隶一般对待他们。

---

　　①　译文没有保存下来。

　　②　关于他的著作《神谕史》（*Histoire des Oracles*）（1887 年）兰逊说："一切反宗教的纯哲学论据，原则上都在芳腾尼尔的书中。"

　　③　《全集》第 24 卷，巴黎，1885 年，第 104、105 页。

最后,第四,在由君主独断专横统治的国家里,除这种独断专横之外,别无法律。

博胥埃把这种政体称为野蛮和丑恶(barbare et odieuse)的政体。按照他的说法,这种政体同法国道德相去甚远,因此在由专制君主统治的法国,没有立足的余地①。

在君主专制的国家里,臣民保有财产权及自由。因此,博胥埃说这种政体也是合法的(legitime)②。

这一说明,不但波丹、就是克里扎尼奇也可完全接受。有趣的是,博胥埃也提到克里扎尼奇提及的圣经故事所描绘的独断专横的政体的特征。故事叙述以色列国王没收一位不幸的纳乌费伊(克里扎尼奇按拉丁文发音称为纳布克)的葡萄园,由于他敢不肯放弃其祖先的遗产而被用石头砸死。按照一位法国著名主教的意见,上帝对于阿哈瓦和耶扎维勒所以给予严厉处分,就是因为他们胆敢任意处置其臣民的财产、荣誉和生命③。不能不再次抱歉的是,我们没有任何材料足以证明博胥埃的这一观点对坎捷米尔发生何种影响,因为坎捷米尔是不仅熟知法国的"合法"君主制度的……

坎捷米尔说,君主和人民的利益应该齐头并进,这是对博胥埃的"政治"一书的根本原理之一的复述。在原稿上,这一原理写的是:"只有社会的公敌才能将君主的利益同国家的利益分开"(il n'y a que les ennemis publics qui séparent l'intérêt du prince de

---

① 《博胥埃全集》第24卷,第105页。
② 同上书,第105—106页。
③ 同上书,第109页。克里扎尼奇也是这样想的。

l'intérêt de l'Etat)。① 但是我们还不能据此断定,俄国讽刺作家和外交家对于"合法"政体优于独断专横政体,已经作过深思熟虑。

1732 年 6 月,奥斯特曼伯爵要他查报在英国报刊上发表的一篇攻击俄国宫廷的论文的作者是谁,他复信道:"很难对这个城市里每日刊登的文章一一了解。……而且这样做,尊敬的伯爵,我敢说也无多大好处。因为这里的人民是自由的。……他们对于禁止说的话,倒反更加相信。"数年以后,他在给女皇的信中再次指出英国人热爱出版自由。"实在,英国人尊重出版自由,视为他们的自由的基础"②。孟德斯鸠在旅居英国的时候,很羡慕英国人民的自由,而坎捷米尔则仿佛对此漠不关心。在他的通信里,完全看不见对自由的同情。

由于这一情况,不禁令人想起侨居外国东正教庙宇的莫斯科僧侣对立陶宛的自由所采取的态度。他们在那里听说,"在立陶宛可以自由地从信仰一个宗教转而信仰另一宗教"。他们屡次提到这种自由,但完全不想将其介绍到莫斯科。于是又不禁产生一个问题:难道我国这位启蒙思想家竟然是同这些僧侣一模一样吗?

我们所掌握的他的传记材料,使我们能够——虽然还是不很明确——欣然对这一问题作出否定的答复。文努蒂神甫说:"他向往英国,那里的国会将国王的权力限制在一定限度之内,不许可它超越于法律之上,保障臣民不受独断专权的悲惨恶果

---

① 《博胥埃全集》第 24 卷,第 104 页。
② 《坎捷米尔文集》第 2 卷,第 97 页和第 99 页。

的祸害。"①

　　这段证词的不明确处,在于对英国宪法的赞扬同对法国专制制度理论家博胥埃的《政治》一书的爱好,是很难协调的。

　　不知道,在坎捷米尔的思想里这个矛盾是怎样解决的。我们的讽刺诗人对文努蒂神甫说过,早在 1730 年,他就能重视政治自由的利益,但他觉得在"现时的条件下,最好还是保持现存制度"。似乎他反对枢密院成员限制安娜女皇的权力,就是由于这一缘故。事实上,恐怕未必如此。更可靠的是,那时,像普罗科波维奇一样,坎捷米尔是俄国君主专制制度的绝对拥护者;而后来,他旅居外国,目睹西欧政治制度的优越性,于是为了使自己的良心得到安宁,才想出了所谓"现时条件"的机会主义见解。然而就在那时,他的政治观点仍旧是很不确定的,因此,他可以一方面同情法国的极端的君主专制,同时又赞扬英国的宪法。当时唯一肯定的东西,只有他对俄国君主制度的不满。当然,这一切都是假定。再说一遍,这里有许多不明确的地方。

　　对我国制度出言不逊的外国作家,给我们这位可怜的俄国启蒙思想家和外交家造成许多令人厌烦和毫无结果的麻烦。1738年初,他与一个名叫洛卡特里的人纠缠很久,据说他是《莫斯科通信》(Lettres moscovites)一书的作者,预言德国人在俄国的权力即将崩溃。他在向彼得堡写的报告中说:"我以局外人的方式向这里一位诚实的法律顾问打听,可否将他逮捕,并因写作前述著作而

―――――――――――――――

　　① B.斯托尤宁为《坎捷米尔文集》所写序言(1867 年版),第 LVI 页。文努蒂写的坎捷米尔传,附录在坎捷米尔讽刺诗集法文译本上。可惜,我未能在法国图书馆找到这一译本。

加以惩治。"结果是：无论如何不行。他事不论，这里的主要障碍是"英国人民的'自由'。"坎捷米尔出于对这一永恒障碍的怨恨，也许，又由于想安慰彼得堡政府，甚至坚决保证，英国人民会"在任何一天用无耻的流言蜚语来攻击他们的皇帝和大臣"。由于想不出其他惩治洛卡特里的办法，他建议"秘密派人对他进行任意审判，将其重打"。如果女皇"批准试用"这一"任意"处置的方式，坎捷米尔决心予以实行，尽管他认为必须采取新的办法，以求完全证明这一《莫斯科通信》的假定作者的罪过①。

这样，似乎坎捷米尔对于"合法的"君主制度和"独断专权的"君主制度之间的差别，仍然不很明白。但是，对于俄国社会思想史家来说，重要的是：俄国人在涉猎了西方政治著作之后，甚至从博胥埃这种保守派那里，也能抄袭一些在俄国视为完全荒谬的概念。

但是，即便说坎捷米尔保持了他的政治清白，那也不能设想，作为一个作家，他对他的同代人无话可说。在他和他的大多数读者之间，在教育和智力发展方面都有很大的差别，甚至有一条鸿沟。我们根据业已看到的他的外文书译本的部分注释，对此已可深信不疑；而如果从别的方面仔细研究他的讽刺诗的相当庞杂的内容，那就更可一目了然了。

他虽然认为官居一定品级、受人尊敬的上年纪的人，不应以文学，特别以诗为职业，但对祖国的责任感仍使他对此深为喜爱。他想通过文学活动为俄国谋利益。但是他很可能翻译阿纳克列昂著

---

① 《文集》第 II 卷，第 101—102 页。

作时不无犹豫,因为这些著作没有任何道德教义。无论如何,他事先便已表示,"尽管根据上述诗歌,必须承认阿纳克列昂也是一个对生活冷淡的醉汉,但在许多老作家中我们也看到反面的东西,为什么必须将他的行乐习惯看为评定他的著作的原因呢?"[①]他很欣赏他所翻译的戈拉茨通信,就是因为其内容有许多关于道德的教训。他说:"几乎信中的每一行都包含着某种有益于建立生活的规章。"[②]他写一些"小诗",也是因为他希望有助于生活的"建立"。他说:"我所写的一切,都是根据一个公民的职责而写的,一切可能有害于同胞的东西,都予删去"。但是"令人惊服的最高主教"普罗科波维奇也主张"先知的牛"应在文学生涯中追求这一目的,并且指示他:

> 你已在光荣的道路上开始行走,
>
> 这就是书卷的巨人走过的道路,
>
> 要挥动勇敢的笔横扫明显的罪恶,
>
> 要对憎恨"学术侍从"的群丑
>
>   和一切穷凶极恶的习俗摧毁不留。
>
> 祝愿人间发生善良的变革,……
>
> 普遍享受学术的成就。
>
> 至于作恶的混蛋,
>
> 要他们紧闭尊口!

关于文学活动的任务的这一高贵观点,是所有各国启蒙思想

---

① 《文集》第 1 卷,第 342 页。

② 同上书,第 1 卷,第 385 页。

家一致保持的^①。我国在 19 世纪 60 年代抱着这种高贵的心情致力于文学活动的启蒙思想家,如车尔尼雪夫斯基、杜勃罗留波夫、皮萨列夫等等,也都想给自己的同胞讲授一系列有利于"建立生活"的真理。这里的整个可能差别在于这一系列真理的内容。车尔尼雪夫斯基和杜勃罗留波夫对事物的看法是同坎捷米尔和塔季谢夫截然不同的。

　　以为文学不是有声望的人所应从事的事业的观点,是同以文学为建立人类"生活"的工具的观点是水火不容的。然而这两种观点却并存于坎捷米尔的头脑中,而且不仅是坎捷米尔一人的头脑中。初看来,这似乎有些奇怪。然而如果注意到坎捷米尔(塔季谢夫亦然)虽然接受了西欧启蒙思想家的学说,却不失其为官宦阶级的思想代表,则这种奇怪的感觉就消失了。由于他是这样一种思想代表人物,他便仍然像塔季谢夫一样,只能在某种颇为有限的程度上体验到这种学说。所以,他在生活、活动和概念上,都远远未能经常避免我们现在看来非常明显的矛盾。

---

　　① 关于这一观点在 18 世纪法国启蒙学者中流行到什么程度,有很多的记载。前不久出版的著作中,我可以指出 Φ.加弗的书:《18 世纪的法国戏剧》(*Le Drame en France au XVIII Siècle*),巴黎 1910 年版。特别值得注意的是该书第三部分从各方面阐述了启蒙思想对法国文艺作品,特别是戏剧的影响。

第三章 彼得改革对社会思想发展过程的直接影响

现在大家都知道,俄国人民不得不为彼得一世的改革付出重大的代价。下面我们还要谈谈人民群众对这位严厉的改革家所加于他们的新负担的反抗。但改革是由社会需要引起的,这种需要的成熟尽管慢,却是一往无前的。因此,人民不能只看到它的坏的方面。人民的某些代表,当然为数极少,却早就看出这种改革必将给俄国带来的利益,并对它采取同情的态度,有时是谨慎的同情,有时则发展到兴高采烈。现时只要指出波索什科夫和罗蒙诺索夫两人就够了,下面我们还须对很有意思的卡尔扎温一家人做些了解。

1.伊·季·波索什科夫

伊凡·季洪诺维奇·波索什科夫最优秀的著作《论贫富》一书于 1842 年由 М.П.波戈金出版。波戈金了解该书内容后,得出一个结论,说他有幸发现了一位俄国的自学成名的天才。"这位天才生于欧洲政治经济学形成前 50 年,然已洞察其规则"[①],在某些方

---

① 他生于 1652 年或 1653 年,死于 1726 年 2 月。

面是亚当·斯密的先行者[1]。

对于波索什科夫作为经济学家的这种观点,虽不完全,但已部分地为其他后学者如布里克纳尔所接受。此外,必须补充说,在上一世纪 40 年代,波索什科夫的某些实践计划是如此空前大胆,以致他的书只是由于尼古拉一世的批准,才获出版。后来才知道,他死于彼得罗巴夫洛夫斯克堡垒的监狱中。完全有可能,他关押在那里就是由于他的书。因此,他不仅获得了一个伟大理论家,而且获得了一个勇敢的革新派的荣誉。甚至 Н.П.帕夫洛夫-西尔万斯基也这样称呼他,而帕夫洛夫-西尔万斯基所有评论波索什科夫的作家中,要算是最善于深思熟虑的人。

然而事实上,波索什科夫是革新家,同时也是保守派。从理论的观点说,他的观点的价值,远远不如波戈金、布里克涅尔、米克拉舍夫斯基和帕夫洛夫-西尔万斯基思想的那样巨大。但所有这一切并不足以减少,而毋宁说是增加了他的著作活动在俄国社会思想史家眼目中的意义。

按照帕夫洛夫-西尔万斯基的说法,同西方派彼得及其近臣们相反,波索什科夫是一个典型的莫斯科进步人士。[2] 莫斯科进步人士一词应如何解释呢? 试研究之。

帕夫洛夫-西尔万斯基称波索什科夫的宇宙观为旧教会的宇

---

[1]　波戈金为《波索什科夫文集》第 1 卷所写序言。莫斯科 1842 年版,第 VIII 页。参阅同一史学家在《莫斯科人》(*Москвитянин*)杂志上的论文,1842 年,第 3 辑,第 101 页。

[2]　Н.П.帕夫洛夫-西尔万斯基,《文集》第 2 卷,第 61 页。《伊凡·季洪诺维奇·波索什科夫》一文。

宙观,还说:"这种宇宙观与极端的迷信有密切关系。"①他这话是完全正确的。任何读过他的《镜子、即对分裂教派想入非非的明显和共知的说明》(1708 年写完)和《父亲的遗教》(1719 年或 1720 年写完)的人,都会对此深信不疑。

著名的罗斯托夫主教德米特里,当时被公认为同分裂教派争论的权威,认为波索什科夫的《镜子》是对"分裂教派的最大揭发和羞辱"。按照他的观点,也许这是对的。然而波索什科夫的这一"畅销小册子"乃是在分裂教派宣传中表现出的同样狭隘眼光的产物,它是可以成为反对莫斯科旧秩序的最有力理由之一。波索什科夫不仅眼光短浅,而且出奇地偏执。他率直地说:"尼空总主教命令把腐败的教堂一把火烧掉,那他可做了一件好事。"②他警告统治教会的信徒:约安·兹拉陶斯特"从来不许可同正式的东正教徒的敌人产生友谊","如果还有人胆敢同他们一道进食,或发生任何其他交往,则照兹拉陶斯特的说法,便是远上帝而亲上帝的敌人。为了天主上帝,要厌弃所有宣扬邪门歪道和诽谤神明的人,并远远地逃避他们,因为他们是耶稣的敌人和反耶稣派的朋友;所有邪门歪道的宣扬者和诽谤者都来自魔鬼和反耶稣派的子孙"③。波索什科夫在《父亲的遗教》中也发表了同样的见解。他在那里写道:"我儿对这一切不应怀疑,对于上帝的敌人和离经叛道的人,应置之于死地;天主命令将不结善果的树概予砍伐烧毁。"莫斯科的

① Н.П.帕夫洛夫-西尔万斯基,《文集》第 2 卷,第 51 页。

② 《波索什科夫文集》第 2 卷,第 223 页,莫斯科 1863 年版。引文写法,全部抄用印稿,出版者在波索什科夫手稿上所作修改,概由他们负责。

③ 同上书,第 236 页。

"进步人士"不仅主张烧死分裂派,而且表述这一野蛮主张的形式,也是最为恶劣的。"如果他们的骨头留下了(在异教徒被烧死后。——著者),那就将其粉碎再烧,化为灰尘,并将这种灰粉倒进粪池或深潭里,使他们的徒子徒孙不能把它收集起来供奉"[1]。

　　读者看到,波索什科夫同西方派塔季谢夫的宽容异教的倾向(最少在理论上),该有多么大的距离。但是在这里必须注意,波索什科夫在性格上并不是一个残酷的人。他训诫他的儿子不但对人,就是对牲畜,也应温和。他在《遗教》中写道:"我儿骑马,应注意不要挤着别人(无论是穷人还是富人),也不要在路上溅起污泥,……你不仅要爱人类,而且要宽待牲畜。路上的家禽也不要伤害,……因为它们也是上帝创造的生物"[2]。不仅这样,波索什科夫还劝他的儿子尽可能爱惜植物的生命。"我儿对树木也应如此。看到树木,如无必要,不要叫人砍伐,因为上帝植树是为了满足人的需要,而不是为了作践,更不是为了嬉戏。"在别的条件下,这个人可能发展到认识其自身与整个自然的一体,而且在这种自觉的基础上形成一套行为准则,可是在莫斯科,他却成为……《镜子》和《遗教》的作者!

　　不难设想,波索什科夫是一个君主专制派:莫斯科国家是没有共和派的。但是难以想象的是,他的观点——不仅政治观点——怎样强烈地充满了世袭君主制的精神。按照他的说法,在外国,君主不像人民那样有权。"因此,他们的君主不能为所欲为,而他们

---

① 《父亲的遗教》,E.M.普里列扎耶夫编辑并作序。圣彼得堡1893年版,第280、194—195,295 等页。

② 《父亲的遗教》,第13页。

的臣民,特别是商人则是为所欲为的。"俄国的情形与此不同。"我国拥有最完整权力是君主,而不是贵族,尤其不是民主派"。俄国国王可以为所欲为,"正如上帝统治着整个世界,沙皇握有一切权力。"①根据这一政治理论,立即作出了经济结论,认为沙皇可以任意决定货币的价值。从这里已可明显看出,那些认为波索什科夫是一个深刻的理论家,以为他预见西欧经济学家某些发现的学者,是犯了很大的错误。思想的过程是同事物的过程相适应的。由于莫斯科国家在经济方面极为落后于西欧先进国家,所以它的"第一个经济学者"极为落后于西欧经济学者,便是很自然的了。

　　法国的社会政治在几百年内始终是向专制制度发展的,其政论家越来越多地倾向于承认国王对人民生活各个不同方面有干预的权力。但在那里逐渐形成的君主专制制度,并不具有"世袭的性质"②,因此,那里的观点也获得了迥然不同于莫斯科理论家的观点的特征。我们已经了解波丹和博胥埃。至于经济学说本身,则应注意法国在十四世纪便已产生许多作家,他们对于货币的观点要比波索什科夫正确得多。布里丹,特别是尼古拉·奥列兹姆③都是这样的作家。布里丹证明,国王虽然有时不但可以,而且必须

---

　　① 《文集》第 1 卷,第 231 和 254 页。在同集另一章(《论贫富》)里,他写道:"沙皇对自己人被法庭起诉,并不查核,但只要犯罪,便可将其全部财产没收。"(《文集》,第 73—74 页)法国君主制的坚决拥护者博胥埃对此无论如何不会同意,波丹对此也不会同意。

　　② 这里,我再次请读者回忆一下波丹的用语。

　　③ 或奥列姆,法文作 oresme。他生于 1320 年或 1325 年,卒于 1381 年。他的经济著作的拉丁文原稿的名称为:*De origine natura*,*jure et mutationibus monetarum*(《货币的起源、性质、法律和演变》),他自己把它译为法文,名称为 *Tractie de la invention des monnoies*(《货币的发明》)。

改变铸币的重量和名称，——例如，在用比以前更贵重的金属来铸造货币的时候——但他不能随意决定货币的价值。布里丹的学生——尼·奥列兹姆更坚决地反对国王在货币事务上为所欲为、按照他的学说，铸币虽有国王的肖像，但不是国王的私产。它属于全国，是国人的私产。任意改变它的重量，意味着损害国人的利益，因此就是犯罪行为。这种犯罪行为将给犯罪者带来损害，因为在国内出现劣币，便会迅速失去良币①。这样的见解，波索什科夫是想也不曾想到的。奥列兹姆反对国王损坏铸币的理由，在这里也是不无值得我们注意之处的。按照他的意见，"这种损坏可以颠覆国王的政权，因为异常高贵的法国国王从来不想实行暴政，而教皇权力限制派（原文如此——著者）的人民也不习惯于奴隶或服从，所以如果法王改变其美德，则毫无疑义，他将丧失他的王位。"……这样的见解也是波索什科夫从来不曾想到，也不可能想到的，原因是他不是出身、生活和思想在"教皇权力限制派"的王国，而是在世袭君主制的俄国。

他坚决谴责西方商人，据他说商人利用其对国家的影响，"用货币来计算商品，并在其上刻铸国王图像以代替证书，表明只有商品才是财富，而金银是用来换取商品的"。罗斯不是西方，"按照我们的单纯理解，货币不是由于国王的称号，而是由于商人的价格而发生效力，那是国王的不光荣，而不是他的光荣。"在这种单纯理解之下，要期望波索什科夫能在经济理论方面有所发现，那才奇怪

---

① 业已公正地指出：奥列兹姆的这一思想，后来在著名的格里沙姆法则（恶币驱逐良币说）里表述出来了。

呢。

加尼尔就已公正地说过，意大利经常是一个具有最劣等的铸币，同时却具有最优秀的货币著作的国家。如果在 14 世纪，它不曾产生像法国人奥列兹姆这样的经济问题作家，那么，在 15 世纪，意大利却出现了以第阿米得·卡拉法为代表的卓越财政学者。他的著作 *De regis et boni principis officio*①（国王与福利之主要障碍）的根本思想是：国王的财富受制约于其臣民的财富："Subditorum facultates Potentiae regiae fundamentum existimari oportet."这恰好是波索什科夫在 18 世纪初期所发挥的那一思想。卡拉法还指出，为了国家的经济兴盛，须有公正的裁判："Ubi aequum vigeat imperium,ibi florere urbes；Contra ubi vi agatur, ibi omnia in deterius ruere acceleriter evanescere."波索什科夫在所著《论贫富》一书中，也坚持同一观点。但这书于 1724 年写完，而卡拉法则卒于 1487 年。

意大利在 16 世纪提供了优秀的经济学家加斯帕雷·斯卡鲁菲和贝尔纳多·达万察蒂。斯卡鲁菲伯爵的重要著作 *Discorso sopra le monete e della vera proporzione fra l'oro e l'argento*（《铸币与金银间比例讲话》）于 1579 年写成，1582 年出版，为当时的文明世界（Zecca universale）所有各国提出了一个共同的铸币方案。17 世纪初（1613 年），安东尼奥·塞罗的优秀著作《各国金银

---

① 关于卡拉法的生平，请参阅扎·里卡–沙列里奥所写《意大利财政学说史》（*Storia delle doctrine Finanziarie in Italia*）一书，巴勒摩 1896 年版，第 47～56 页。书中所说卡拉法的拉丁文著作，即后来佚失的意大利文著作的译本。这一著作是根据那不勒斯的公主埃莱奥诺里（Eleonori）的命令而写作和出版的。

流斥原因简说》(*Breve Trattato delle cause che possono far ab-bondare i regni d'ora e d'argento*)一书出版。某些意大利作家称塞罗为政治经济学的创始人①这无疑是夸大其词。但无论如何,这位 17 世纪初期的意大利经济学者丝毫没有在理论上受教于波索什科夫,则是千真万确的。

最后,我们如果把《论贫富》一书中所阐述的观点同英国作家威廉·佩蒂和德莱·诺尔斯的观点相比,那我们又可看到思想的过程是多么依赖于事物的过程。英国在经济发展的道路上远远超过俄国,它在 17 世纪便有一些作家提出和正确解决了某些重要经济问题,而这些问题的存在,却是波索什科夫没有,而且不可能意料的。在这些问题之中,首先应该指出的是商品的交换价值问题②。

帕夫洛夫-西尔万斯基几乎以为波索什科夫阐明了真正的国家财富不在于国库的充实而在于人民的福利,看为波索什科夫的特殊功绩。但是,第一,这一思想远在波索什科夫以前已由克里扎尼奇提出过。第二,克里扎尼奇虽然提过这一思想,也不算是革新者,因为在他认为必须向莫斯科沙皇提出这一思想以前,这一思想在西欧经济著作中业已屡见不鲜。为了不回溯太远,我只说在 15世纪,英国人约翰·福尔德斯柯和那不勒斯人第阿米德·卡拉法

---

① 　参阅朱塞佩·佩基奥:《意大利公共经济史》(*Storia della Economia Publi ca in Italia di Giuseppe Pecchio*),都灵 1852 年版,第 52 页。

② 　帕夫洛夫-西尔万斯基,一如米克洛舍夫斯基,断言波索什科夫的书就其文字和思想而言都比德国重商主义者的著作更为丰富。但当时的德国经济著作极为落后,所以最好将它抛在一边,而只提法、意和英国的著作。

就已坚持这一思想。1613 年法国人孟克列迪安在其献给年轻的路易十三世和皇太后的《简明政治经济学》（*Traicté d'Economie Politique*）一书中说：“您的臣民的财富就是您的财富”（“la richesse de vos Sujets est votre”）。贵族沃班写道：“皇帝之于国家，如首脑之于躯体，因而深切关怀，不使租税夺去人民生存必需的资料”[1]。布阿吉尔贝尔在所著《法国详情》（《Le Détail de la France》）（1695 年）和《法国陈述书》（《Factum de la France》）（约 1706 年）等书中，也曾发表同样的见解。他断言：“臣民的财富是国王的财富的基础”（La richesse des sujets est lunique base de la richesse des Princes）[2]。

但布阿吉尔贝尔、沃班和他们的许多先行者虽然完全明白，国王关怀其臣民的福利，即所以保护国库的利益，但他们虽说出了这一真理，却无一人进一步指出国王之占有其国内劳动居民，一如中世纪封建主之占有其农奴。在他们的笔下，这一论点没有意义，因为它不符合法国的社会政治关系。的确，布阿吉尔贝尔在他的一篇著作中曾请求国王想想，“像在土耳其一样，一切土地都属于他，而所有的农民则不过是他的农场主”[3]。但是，这一请求全然不表示布阿吉尔贝尔曾想到法国在事实上很像土耳其，而只不过因为他需要某种明显的例子罢了。他知道，实际上法国国王并不占有

---

① 沃班的书《第十王朝》（*La dixième royale*）印行于 1707 年，但写作不晚于 1699 年。

② 《18 世纪的经济—财政》（*Economistes-Financiers du XVIII Siècles*）巴黎，1843 年（Guillaumin 版），第 272 页。

③ 同上书，第 243 页。

本国居民，而只是从他们那里获取管理和保卫国家所必需的资料而已。这一点在沃班的著作里看得更为明显。他说国家若无其臣民的拥护，就不能生存（se soutenir），而臣民要拥护国家，便必须具有一定程度的财力。然而当波索什科夫寻求理由以支持其农民的财富也是国家的财富这一思想时，他却首先提到农民属于国王。

他说："地主并不是农民的永恒占有者，因此，他们并不怎样怜惜农民。农民的直接占有者是全罗斯的国王，而地主的占有只是暂时的。因此，地主不应使他们破产。"①他提到这一点是很适当的，因为这符合莫斯科世袭君主制的社会制度。

波索什科夫还说："必须用沙皇的敕令来保护农民，使他们成为直属的农民，而不是贫苦的农民。"②这又是完全符合莫斯科旧制度的精神的。

我们回忆一下我在第一卷中所引科托希欣的话："在给大贵族和其他上列官员分发地产和世袭领地时，在特权证里写明：他们……应对其农民量力征税，农民能出多少便抽多少，而不要强迫，不要把庄稼汉从地产或世袭领地中驱赶出去，使他们陷于贫困。"使农民"陷于"贫困意味着破坏沙皇国库的利益。如果科托希欣的话是可信的，则"使农民破产"的领主的世袭领地和地产应被没收，并转赐给他们的亲属，"善良的人"③。我们不知道，这样的事情曾否时常发生；相反，应该认为是罕见的。但精通旧莫斯科生活的波索什科夫不能没有听说，就在彼得朝代，政府曾对农民表现

---

① 《文集》第 1 卷，第 183 页。

② 同上。

③ 同上书，第 1 卷，第 237 页。

某种关怀。他也不能不懂得,这种关怀实质上只是对国库利益的关怀。正因为如此,他虽向彼得建议限制地主对农民的剥夺,但丝毫没有改变其保守的思想形态。他的计划同旧莫斯科实际的精神并无矛盾。正以此故,他一方面提出这一计划,同时又赶忙指明:"农民的财富就是沙皇的财富。"

莫斯科政府只是在导致农民破产的领主过分明显地破坏了国库的利益时,才对他们加以处罚。这显然同经济理论是毫不相关的。

但旧莫斯科的实践,乃是官宦阶级的事情。由于"使农民破产的人们"往往就是那些为了国库的利益有时也采取一些办法防止农民破产的人们,所以这些办法之不坚决和不能达到目的,乃是毫不足怪的。波索什科夫不是"君主的奴隶"。就其出身而言,他是"君主的孤儿",而按照阶级地位,他是一个"商人"①。因此,他能够要求一些更坚决的办法。在旧莫斯科的实践只是发出颇为模糊,而且往往不见执行的威胁的地方,他坚决主张应有一定的标准。

为了不使地主把国家劫掠一空,波索什科夫建议"发布敕令,规定地主可从农民获取代役租和其他物品,规定农民应每周为地主工作和从事其他业务的日数,务使他们能够勉强地向国王交税,向地主付款,同时自己也能免于匮乏地生活"②。

法庭应对这种规定农民赋税和义务范围的敕令的执行,进行

---

① 在一个官方文件里,这样称呼他。

② 《文集》第 7 卷,第 183 页。

监督。任何地主都无权"超过规定数额"向农民征收任何东西。但地主保有监视农民行为的权利,"务使其不致游手好闲,而尽力工作以维持生活"①。如果农民竟然怠惰,则"不仅地主或其管家,而且乡村警察也可对他们进行监视并加以严惩"②。

"加以严惩"啊! 波索什科夫想要保护农民的经济利益,可是他未必有一天也想到不妨碍保护农民的背脊免受鞭笞啊! 甚至在他的那些对农民最为关怀的计划里,他也公然规定对农民实行残酷的体罚。例如,他指出农民深受抢劫的痛苦。强盗"毁坏了许多乡村,打死许多人民"。农民对强盗深为畏惧,不敢在同他们斗争中相互支援:"邻居耳闻目睹,却足不出户,不敢从强盗迫害中搭救邻人。"怎么办? 必须规定邻居相互支援。如果不去支援,就予以鞭笞。"由于邻居不支援而被抢劫,则对邻居加倍惩治"③。

还有一个例子更能说明农民和地主的关系问题,而且同这一问题有密切关联。波索什科夫一方面主张必须规定农民租税和义务的范围,同时又补充说:"农民对于地主征收的超额租税,必须报告,如果缄默(即不检举地主。——著者),则对这种农民应用笞刑,至于鞭笞的数目另订之。"④这又是完全符合旧莫斯科实践的精神的。

波索什科夫反对征收人头税(按字面为灵魂税。——译者),因灵魂是不可捉摸,不可理解,且无价值的。应该对他所说的"地

---

① 《文集》第 7 卷,第 185 页。
② 同上。
③ 同上书,第 174 页。
④ 《文集》,第 188 页。

上事物"征税①。既然在农村里,最大的"地上事物"为土地,所以地产应是课税的基础:"按照健全的理解,应对农户加以考察,……按其地产及在地产上播种的粮食征税。"②

为了对波索什科夫的这一建议作出评价,必须注意在我国,户税先于人头税,而户税曾造成我们的作者所明显描绘的弊端。在普查时,户数按门数计算。因此,地主便将若干农户并为一门。"大家都从一个门出入,其他的门则予关闭"③从这里便产生了波索什科夫所严厉指责的税赋不平衡。"普查人将农民的门算作户,尽管每个农舍为一户,但五六个甚至十个户也算作一个门。因此,这不合理,然而最不合理和完全错误的是给贫困和无力的农民造成委屈和破产"④。

波索什科夫因为知道这种情况,所以主张"按地产征税"。但如亚·拉波-丹尼列夫斯基所正确指出的,按照经济资料——即首先按照耕地面积对各户征税,可能产生按户平均土地的倾向⑤。这一倾向在《论贫富》一书中仿佛也透露过。波索什科夫在书中写道:"根据我的意见,如农民为一整户,便应给以相当土地,使他能常年种 4'切特维尔契'⑥的大麦,8'切特维尔契'的春麦,收割 20 垛干草。"⑦如果不实行重分土地——最少在整户,即在具有相当

---

① 《文集》,第 185 页。
② 同上书,第 186—187 页。
③ 同上书,第 186 页。
④ 同上书,第 186 页。
⑤ 《莫斯科国家的直接课税的组织》,第 260 页。
⑥ Четвертъ 为旧俄土地面积单位,等于 40 俄丈长×30 俄丈宽。——译者
⑦ 《莫斯科国家的直接课税的组织》,第 187 页。

数量生产资料的农民之间实行土地重分,则实现这一主张是不可能的。如果波索什科夫所指的是这种土地重分,那他便是第一个提出这一实际要求的俄国作家,这种要求在法国空想社会主义者的学说中找到某种理论根据而作了重大发挥,它在 19 世纪许多俄国政论家的纲领中占有崇高地位。然而平均土地的思想在波索什科夫那里没有得到进一步的发展。显然,他是满足于彻底实行按照土地面积征税的原则的。他说:"如果某一农民分得了土地,而不在土地上播种规定'切特维尔契'的大麦,则不应把它登记为一整户,而应登记为六分之一户等等。"① 这只是平均税赋,而不是平均土地份额。

波索什科夫坚决主张实行土地普查,甚至想到要用地籍清册。

所有这一切都证明他很聪明,而且洞悉当时的俄国生活。这位聪明人由于洞悉俄国生活、不曾忘记旧莫斯科管理制度的某些对人民不利的方面;而由于他自己是一个"国王的孤儿",却认为应保持和扩大这些方面。由于罗斯的农奴在波戈金时代比波索什科夫时代更为无权、所以毫不足怪,《论贫富》一书使 19 世纪 40 年代的许多"正派人"感到迷惑。但从这里尚不能断定波索什科夫是一个勇敢的革新派。但如果称他为进步人士,也应经常补充指出,他恰恰是一个莫斯科的进步人士;就是说,他虽然提出了某些真正对人民有利,因而在这个意义上是进步的要求,但他不是朝着未来,而是朝着过去看的。我们知道,这种情形不仅见于波索什科夫一人,其原因不是别的,而是我国当时社会政治关系的不发展。

---

① 《莫斯科国家的直接课税的组织》,第 187 页。

波索什科夫浸透了多少旧莫斯科的精神,可从他教训自己儿子应在教堂中如何举动一事中窥见一斑。他对于天堂也是按照东方专制的形式来想象的。他劝导:"对各种神像不应平等尊敬。对不寻常的上帝神像,要献大蜡烛,对圣母神像要献同样大或略小的蜡烛;而对于侍奉神像,则献以比献给救世主和圣母者为小的蜡烛。至于对庆祝用的神像,通常不能用大于献给救世主的蜡烛。但为了庆祝,可用相等的蜡烛,但在上帝信徒的神像前,切不可奉献比献给救世主者更大的蜡烛。"①

鞠躬也应有不同。波索什科夫教训说:"在上帝神像前应表示更大的尊敬,而与在其他神像前不同。"

最后,不应同样地吻一切神像:"对救世主应吻其鼻,对其他神像则应吻其手,而不应吻其鼻。"②在普通人民中,许多人对上帝神像都弯腰鞠躬,而对尼古拉圣像则稽首及地。波索什科夫为了天堂上的世袭君主制原则,对此进行了猛烈的谴责:"他们自己做不可理解的事,自己并不知道做了什么:为了使奴隶比主人还要尊敬,他们的理智怎样?"③

波索什科夫的同代人马特韦耶夫伯爵特别满意地指出,那里子女"受善意而尖锐的言辞责备,实比受鞭笞处罚更能养成正直的意志和勇敢的精神"④。但马特韦耶夫伯爵在莫斯科就已经受到西欧的温和影响。而波索什科夫则是一个莫斯科的进步分

① 《父亲的遗教》,第 89 页。
② 同上书,第 90 页(参阅第 95 页)。
③ 同上书,第 95 页。
④ 《同时代人》,1858 年,第 LVII 辑,第 25 页。

子,他是按照旧方式来思想的。他断言说:"古代的圣徒为了使人类免于灭亡,劝人对自己的子女加以无情的殴打。"[1]也许,事情真是如此。在《耶稣之子西拉和夫的绝顶智慧》一书中写道:"宠爱子女,也会使你害怕;同他嬉戏,也会使你忧愁;为了不因他而伤心和事后咬牙切齿,就不要对他溺爱。在幼年时不要给他以自由,要对他严加管束;直到青年时期,他虽倔强,但不改对你的服从。"[2]

　　波索什科夫未加批判地接受了这些"绝顶智慧的"教育规范,甚至增加了它的严厉程度。他以为,如果父亲溺爱他的子女,那是一个不可饶恕的弱点。他说:"对子女的教育,不可疏忽大意,要使他们深感畏惧。第一,要使他们敬畏上帝;第二,要使他们害怕你,连你的眼色都怕。如果对上帝和对你的恐惧增加了,他们便可成为好人;而如果生长于溺爱和纵容之中,则不会走上好人的道路,或成醉汉,或成荡子,或成爱胡闹的人或甚至是真正的盗贼。"[3]他深信,在我们俄国,大部分人都是"由于幼年时失学,亦即由于纵容"而导致毁灭的。

　　如果他的货币学说表明他的经济概念的幼稚,则他企图用"纵容"(他认为这就是莫斯科父母对子女的态度)来解释犯罪,便证明他的社会学观点是同样幼稚的。固然,在波索什科夫时代,社会学本身完全不曾存在。然而在圣经里,却已有一些地方指出,犯罪的产生不仅由于"纵容"。值得指出,波索什科夫所极为蔑视的路德

---

[1]　《父亲的遗教》,第44页。

[2]　《耶稣之子西拉和夫的绝顶智慧》第30章,第8—12页。

[3]　同上书,第43页。

对于犯罪原因的观察,便要广泛得多①。至于托马斯·莫尔,就更不用说了。他在《乌托邦》一书中,对于犯罪的原因业已发表一般正确的观点。但波索什科夫主要地只是记住了圣经中那些符合他的旧莫斯科社会生活观点的地方,而且在这种观点里又过于重视"笞刑"、鞭子,甚至绞刑架,以为这是把人们保持在美德轨道上的手段。

如果我不提他对外国人的憎恨,那对波索什科夫的观点的说明,便不算全面。他在 1701 年由于纳尔瓦战败的印象而写给大贵族 Ф.A.戈洛温的短简《论战事》中说道:

"阁下,我真是颇感奇怪和不理解的是:人们都说德国人聪明诚实,但他们教给我们的却尽是些谎言。……相信他们,那是非常危险的:他们对我们并非真诚关怀,因此,对于他们的教育,非常不该相信。我以为他们在一切事情上都欺骗我们,把我们当作傻瓜"②。

在《父亲的遗教》中,我们看到对外国人的同样充满不信任的批评:"我们什么也不要指望德国人,他们欺骗我们,而且赚我们的钱,但从来不对我们说真话。"③

在《论贫富》一书里,波索什科夫也对外国人采取不信任的态度。换句话说,在他整个自觉的生命过程中,他没有放弃其对外国

---

① 他说:"如果一个人生活舒适,那他不怕上帝,……另一方面,如果一个人生活恶劣……。"引自卡恩:《犯罪的经济原因》(У. Ф.Кан: *Les causes économiques de criminalité*),巴黎—里昂 1913 年版,第 28,38 页。这几乎是重复卡恩刚刚引录和指出的所罗门寓言的一些段落。

② 《文集》第 1 卷,第 272—273 页。

③ 《父亲的遗教》,第 47 页。

人的不信任和敌视态度。我们每人都读过,也许还谈论过彼得一世所开辟的《通向欧洲的窗户》一书。但在波索什科夫的著作里,我们却看到另一说法。在所写《论战事》短简中,他抱怨说:德国人"在我国各地开辟了窟窿",这种窟窿使他们能够清晰地看见"我国整个国家事务和工业"①。他认为邮政⋯⋯就是一个窟窿。"这个窟窿造成邮政,而这对国王有何利益却只有上帝知道,但由于这种邮政而在全国造成多少弊害,那是数不胜数的"②。波索什科夫想说服大贵族戈洛温,应该消灭邮政:"阁下,我以为最好是死死地堵塞这一窟窿,如果不能死死地堵塞,那就完全停止。我想,如果严格规定,外国函件如无官府证明不得输入,会是好事。"③

这很像是克里扎尼奇的《座右铭》。但《座右铭》不曾妨碍克里扎尼奇坚决主张改革。波索什科夫对外国人的不信任和敌视态度也不曾妨碍他拥护彼得。所以不曾妨碍,因为他能看出外国人优于俄国人的主要原因。

波索什科夫生于莫斯科附近的波克罗夫斯基村,这个村后来并入首都。由于邻近莫斯科,那里的许多农民完全不从事农业,其中部分人在郊区沙皇宫殿中谋生,部分人去莫斯科,也是在国王的宫殿里工作。1680—1681 年波克罗夫斯基村改建为工艺馆。这一情况可能对波索什科夫的得天独厚的气质,不无影响。在他的童年时期,这些皇室的作坊在外国人指导之下改造和扩建、普罗列扎耶夫伯爵说,波索什科夫儿时伴随他的父亲到莫斯科皇宫工作,

---

① 《文集》第 1 卷,第 273 页——着重点是我加的。

② 同上书,第 233 页。

③ 《文集》,第 274 页。

跑到这些作坊观看工艺。此语不无根据①。无论如何,他经常爱好这种工艺,——称之为艺术,——而且自己也知道几种手艺。在外国技术人员指导下的皇室作坊,确能将彼得前奥勃洛莫夫式生活中许多视为最新鲜的事物,教给机灵的青年。

在波索什科夫讨论世俗问题的著作里,对俄国生产力的发展表现出完全自觉的巨大关怀,对技术工作也很尊重。这可能是他从皇家作坊中所得印象的结果。他对游手好闲有强烈的憎恨——也许,他的性格的这一特点也是在同一印象的影响之下形成的,因为西方人是善于珍惜时间的。但是怎样才能发展俄国的生产力,并教令其居民不去游手好闲呢? 必须向外国人学习,这是无可避免的。所以波索什科夫虽然不信任外国人,而且憎恶他们,却写道,必须对从国外前来俄国的技师给予良好接待。他在《论贫富》一书中说:"外国技师来到俄国,只要他为人善良,且掌握我国前所未见的技术,就应给以住房。派十来个(或更多的)人向他学习,同他签订合同,要他尽力和无隐瞒地对这些学生施教。教授果能尽力,而且青出于蓝而胜于蓝,便应给以合同规定的报酬,并对其尽力和无隐瞒地教授学生颁发奖状,然后送其光荣回国。所望其他技师源源而来,罗斯的技艺亦将日益增进。"②彼得正是想增进俄罗斯的技艺的。因此,我们的作家不能不同情他的创举。然而莫斯科国家的经济生活,在其居民之中既未发展其对技术知识的重要性的认识,也未提高其珍惜时间的倾向。莫斯科人是不情愿向

---

① 《父亲的遗教》,序言,第 XXXV—XXXVI 页。

② 《文集》第 1 卷,第 145 页。

外国人学习的。因此，彼得认为对这种人，应强迫其去学习。显
然，根据他的那些观察，波索什科夫会作完全一样的主张。按照他
的意见，不强迫是不行的。

　　但是，彼得是国王，而波索什科夫则是"国王的孤儿"。作为孤
儿，他深知一个普通俄国人要去——更确切地说，被送去——向外
国人学习科学，会遇到多少灾难。毫不奇怪，在《论贫富》一书中，
在建议吸引外国技师前来俄国之后，他立即痛切地抱怨当局对俄
国"艺人"的待遇，过于恶劣。为了国家的利益，应该给他们以"充
足的饮食"，但他们忍受着极端的贫困。一位农民出身的作家说：
"在我们俄国当局中，对这件事有一种极不健康的见解，因为他们
瞧不起俄国人，所以不愿供养他们，使他们免于贫困。由于这种歧
视，遂迫使他们盗窃、撒谎，而疏于技艺。"①

　　这一观察——即俄国当局一般地瞧不起俄国人，特别是瞧不
起纳税等级，——可能在波索什科夫幼年参观"德国人领导下"的
皇家作坊时，便已有了。不言自明，这种情况不可能促使他对外国
人发生好感，何况外国人对于多少要依赖他们的"国王的孤儿"，又
是毫不客气的呢！我在本书第1卷里业已提请读者注意，在莫斯
科国家转向西方的时候，其居民的极大部分却加强了对外国人的
憎恨。波索什科夫的范例是这一指示的最好明证。他懂得必须向
外国人学习，但他又看到外国人对俄国人很少好感，而且用一切方
法剥削俄国人。因此，他愈是重视他们的科学，也愈是更不喜爱他
们，更不信任他们。我们在《论贫富》一书中读到："德国人从来不

---

① 《文集》第1卷，第145页。

教我们俭朴地生活,什么也不要白白地丢失",他在谈论商业政策时说道:"而只夸耀是他们、而不是我们怎样发现的财物。他们不仅为自己,而且为他们的其他同胞用各式各样的办法发财致富,却使我们愈加趋于贫困。因此,我们必须理智地考虑他们的一切事务,商业、军事及艺术事务都一样;他们口若悬河,但所说并非实话;必须用透彻的眼光①去看他们所作所为,而不要听信他们的言辞。"②

黄金旧时代在莫斯科饱读经文的学者,特别猛烈地谴责西欧居民中的"拉丁异端"。但是当波索什科夫攻击"德国人"时,他提出的最高和最后论点,是他们信奉路德的学说。在他的眼光里,路德是"异端中的异端"。莫斯科的进步分子要他的儿子相信,"马丁·路德准许他的弟子为所欲为,肆无忌惮,"就是说,马丁·路德鼓吹不道德③。几乎没有一种罪恶,他不曾拿来"攻击这个万恶的被革去教衔的神甫马丁·路德"。由于出身军职阶级的"彼得小学生",除了极少例外,大都比较愿意接近新教,而不愿意接近天主教,所以波索什科夫对路德派的这种凶恶攻击更具有特别意义。但是这些"小学生"较少受到波索什科夫经常关切的那种环境的折磨。"路德派"使俄国人——当然主要是普通的俄国人——成为他们经济剥削的对象。这使波索什科夫特别感到愤慨。"他们不以此为过错,而且欺骗我们,榨取财帛"。波索什科夫因此对他们极感愤怒,甚至以为"鞑靼人比他们好些",尽管鞑靼人"信仰回教"。

---

① 在另一抄本里,作"尖刻的眼光"。
② 《文集》第 1 卷,第 126—127 页,第 212 页。
③ 《父亲的遗教》,第 124 页。

鞑靼人又怎样！"路德派"比牲畜还不如，"因为牲畜虽不会说话，却总记得它是受谁的饲养；而他们却像只狼：狼无论怎样饲养，也只是向往森林。"不言自明，天主教徒对于在经济上依附他们的俄国人的剥削意图并不亚于新教徒，然而新教徒却占着更有权势的地位，他们在彼得改革时代以及改革以前的时代涌进俄罗斯的外国人中，为数较多。因此，思想家波索什科夫正是对"路德派"大轰大播，几乎忘记在世界上还存在着"罗马人"。

对"路德派"的攻击还暴露出波索什科夫观点的另一非常值得指出的特点。在攻击外国人剥削俄国人的意图时，他几乎是经常站在商人的观点上，而不是站在"农民"的观点上立论的，尽管他一度自称为农民。这是因为他就阶级地位而言，完全不是一个种田的农民。他在不同时期从事各种不同的"艺术"（即手工业），有时还同时领导几个工商企业。他在彼得堡有一幢住宅，在诺夫戈罗德有两处宅院。不迟于1718年，他以自己的名义购买了马特韦耶夫村和半个扎卡拉谢尼耶村，成为地主。1719年又将马林诺村和向贵族温斯基购买的几处荒地并入这一地产。读者看到，波索什科夫远非"穷困"（他自己的说法）。他虽曾建议彼得下令限制农民的租税和徭役，但我们却看不到他对农民有多大同情：他断言，农民主要是因为懒惰才贫困的。自然，"商人"是不能对农民有强烈的同情的，他们自己便又留了逃亡的农民。他的最完全和真诚的同情是在商人方面。他说："国家因军队而扩张领域，因商人而增加光彩。"①因此，应该认定他不是农民的思想代表，而是工商阶级

_____

① 《文集》第1卷，第112页。

的思想代表。他抱怨外国人对俄国人的剥削，其主要根源在于外国人的工商业权势。这一点是很容易令人确信的。例如，波索什科夫在建议堵塞窟窿时说道（请别忘记是在《论战事》的短简里说的！）：“邮政之设置是为了外国人（他们是了解俄国市场的情况的。——著者）经商而侮弄人，俄国人则血尽筋枯。”在《论贫富》一书中，他愤恨外国商人“带着他们的不值钱的东西”来到俄国，抬高其价格（“加倍、而其他商品甚至高于两倍的价格”），而对于我国“原料”商品却定价过低。必须采取哪些办法来改变他们和外国商人之间的形成的关系，使其有利于俄国商人，这就是波索什科夫所致力解决的最主要问题。他向彼得最坚决提出的那些措施，都与这个问题有密切的关系。不仅这样，他对彼得改革的同情，实质上是他对一个善于重视商人利益的沙皇的同情。彼得前外国人来到我国都给大贵族带来礼品，即使为此用去成百卢布，却赚得了巨额利润。“大贵族不是将商人藏在蛋壳里；他们有时以极低的代价就将整个商界出卖了”。现在，那个悲惨的时代过去了，“那时我国国王对于商业事务不闻不问，而由大贵族管理”。彼得“对此是事必躬亲的”，所以现在外国商人已不能为了剥削俄国人民而“逢迎”大贵族了。

我们在这里看到一种不胜枚举的情形，在这种情形之下，国王的奴隶和国王的孤儿之间的对抗有利于中央政权；孤儿希望中央政权把那种被军职阶级的自私自利和玩忽职责所严重败坏的事态改正过来[1]。我们还看到推动狭隘的民族主义者波索什科夫同情

———————————

[1]　《文集》第 1 卷，第 122 页。

彼得改革的动机之一,尽管这一改革是同大多数莫斯科民族主义者的意向背道而驰的。其次,波索什科夫再次回到他的所谓俄国货币的价值应由沙皇的意志来决定的主张,并且补充说:"我国君主的意志是自由的,我们获有某部分自由也是由于君主的意志"(第123页)。纳税等级所以拥护沙皇意志的无限性,便是希望通过它,自己也在同军职等级的斗争中获得部分自由。然而波索什科夫同情彼得的动机,尚不止此。

波索什科夫比彼得年长约20岁。在彼得开始其改革活动时,他的世界观业已形成。对我们更为重要的事实是:尽管在他的观点里保守主义居于主导地位,但是他的观点却从各方面浸透了认为当时现存制度不良的意识。这一点可从他在1704年前写的《关于改正一切弊端的报告》中看出。

他在这份报告中写道:"任何人若明察东正教俄国的生活,行为和事业,都不会在任何一件事情里看到健康的东西。在教堂里没有使直接秩序仪式化,甚至学习和唱歌、民事、农事、军事、审判、商务和艺术等等方面,……无论在任何事业和事物里,都无不有错。我们从头到脚都不完整,所以我们受到四邻各国的嘲笑与侮辱。他们把我们当作莫尔多瓦人,然而他们并非完全不对,因为我国到处都糟,都无秩序。"

当一个人得出这样一种悲哀的信念,认为他的国家一切都糟,一切都无秩序的时候,那他的头脑里就自然会产生一个问题,即事物的状态是否可以改变,或是完全没有希望呢?波索什科夫深信一切都是完全可以改变的。他断言:"由于上帝的帮助,一切毛病都可改正。所以只要我们坚定信仰,便能将罗斯改正过来。任何洪水都不能动摇她,更何况是谎言!这不是狼所能加害的。在宗教规章上,在军事、民事和农事上,现时一切不正之风都可改正,都可提倡真理。那时,大家都会感到惊奇。"①

外国人对俄国人的轻视,引起了波索什科夫对他们的强烈不信任和憎恶,但同时也在他的身上激发了强烈的民族自尊心,而这种自尊心是同野蛮人所特有的自负心理迥然不同的。他相信我国一切都糟和杂乱无章,而外国人同我们相比则生活得很好:这不能给这种自负心理以存在的余地,而只是有力地显示他尽快赶上业已超越我们的外国的愿望。"许多德国人在科学上比我们聪明,而由于上帝的恩德,我们的灵敏却并不亚于他们。他们辱骂我们是没有用的"。这些话是波索什科夫1701年写给戈洛温的《论战事》的节略中说的,还如我在前面所指出,抱怨德国通过邮政,挖开了通向欧洲的"窟窿"。他自己应该承认,没有这样那样的"窟窿"是不行的。

这一"莫斯科的进步人士"特别具有的彻底性,他并且用这种彻底性来观察其所愿望的改革。他认为首先应该实行一些能够把信仰建立起来的改革。同外国人交往的日益频繁,表明莫斯科人没有任何可能利用宗教工具来保卫东正教。波索什科夫是无条件地承认这一点的:"尽管儿童很少向我们问到信仰,但我们虽然年纪已这样大了,却不知道怎样回答;至于怎样揭开他们在信仰上的问题,我们想也不曾想过,因为我们不知道他们信了什么异教。"因此,必须学习是很显然的。但当问题涉及维护自己的信仰时,便必

① 帕夫洛夫-西尔万斯基翻印波索什科夫的《报告》,载《文集》,第2卷,第77—79页。

须学些能够有助于搞清楚宗教问题的东西。因此,在《父亲的遗教》的篇首,波索什科夫建议他的儿子:"在少年时代的初期,重于一切科学的是致力于书本学习,不但要学习斯拉夫文的书,而且希腊、拉丁乃至波兰文的书也要学习。因为有许多斯拉夫文所没有的书,都是用波兰文写的。用波兰文去研究科学比用其他语文更为方便。"彼得和他的"小学生们"都认为德文比波兰文和古代文字对我们更为需要。但他们是从世俗观点立论的,而波索什科夫对待科学,则是从希腊—拉丁—斯拉夫学派的纲领要求出发的:由他看来,最重要的是维护东正教。

然而外国人不仅在信仰对象的争论方面,显得优于俄国人。1700 年 11 月,查理十二世在纳尔瓦战役中给俄国人以迎头痛击。前已指出,纳尔瓦战役的悲惨结局,给波索什科以强烈印象。他在《关于改正一切错误的报告》里,直接指出了军事上的紊乱。而在写于 1701 年,亦即写于纳尔瓦战役以后的《论战事》一文中,更痛心地抱怨我国军队在数量上超过敌人时仍然吃了败仗。"我真是……大惑不解,这难道是显示力量或值得赞扬:我国大量部队开赴战场,而敌人却以少胜多,并有俘获。这不是我们的光荣,因为我们人数虽多,却抵挡不了少数敌人"[①]。由于对外国人的不信任,自然,波索什科夫会认为那些对俄国人进行军事教练的外国人是不真诚的。他提出关闭由德国人恶意开辟的"窟窿"的主张,便是和这一思想密切联系的。然而问题在于波索什科夫不只是提出这一反动的主张。他希望改革,相信俄国人能够胜利地同外国人

---

① 《文集》第 1 卷,第 278 页。

斗争。"我们……俄国人的手同外国人是一样的,……外国人并不是从天上来的,他们仿佛和我们是一样的人:技能加良好的训练,一切的人便都会有的。"①

波索什科夫在谈到"技能"时指出俄国人不会瞄准射击,并在这个问题上提出了一个重要见解。他说:"照我看来,排枪齐射只是好看,敌人对它并不害怕,而瞄准射击虽不好看,却能使敌人胆寒。"②150余年以后,我国一位军事学家对这一见解在理论上的正确性,作了如下说明:

"他不顾当时优秀战术家的意见,反对密集队形的盲目射击而主张士兵的单独发展。这个主张只是在不太久以前才不仅在我国,而且在整个欧洲开始实现"③。

篇幅的限制,使我不能在这里研究何种生活经验使"商人"波索什科夫能比当时的其他战术专家更正确地观察军事学的这一问题。由于不能不往下写去,我只好请读者注意射击需要枪支。而为了制造优良的枪支,必须有"艺术"的训练,这种"艺术"外国人知道的要比俄国人多得多。因此,很显然,波索什科夫无论对那通向欧洲的"窟窿"多么忧心忡忡,却还是不能不同意邀请外国"艺术家"来俄。他的思想过程在论大炮射击时说得最为明显。"在罗斯既无熟悉大炮射击的人,为使炮弹不致白白浪费,则虽以巨大代价

---

① 《文集》第 1 卷,第 282 页。

② 同上书,第 267 页。

③ 《军事论文集》,1859 年,第 4 辑,第 365 页(引自普里列扎耶夫为《父亲的遗教》所作绪论,第 XLV 页)。

亦须从外国获得这种人"①。

因此，没有外国人是不行的。但外国人能改正我们的一切错误吗？《论战事》一文业已表明，波索什科夫并不认为只要召请外国专家，便可万事大吉。

保卫俄国不受敌人侵犯，是君主的奴隶的责任，他们已组成了大批的骑兵。关于这种军队的缺点，某些贵族在 17 世纪便已明显看出。读者当能记忆，他们对莫斯科的"老弱残兵"曾作不好的批评。但贵族之鄙视其"同胞"的恶劣服役，是有许多理由的。波索什科夫没有这种理由，而他却不断坚持说贵族的军役是做得非常恶劣的。他们所关切的不是击毙敌人，而是更快地回家。他们在战场上亦远远没有表现出英雄气概；"在服役时，他们便注意何处可以作为作战时的躲避处所，他们整连整连地躲在树林中或山谷里，只要看到作战部队从战斗中回来，他们便装模作样，仿佛也是从战斗中返回营房"②。

在《论贫富》一书中有许多这种反对军职阶级的攻击。我们了解这些攻击后，便可看到波索什科夫虽然很坚持旧的莫斯科思想方式，但他不能不对彼得为取消贵族服兵役的旧方式而采取的措施，表示庆幸。

在军事上需要"技能和良好的训练"。良好的训练必须对贵族提出一些他们所不习惯尊重的要求。谁向他们提出呢？在莫斯科的社会政治秩序下，只有中央政权的代表才能提出。波索什科夫

---

① 《文集》第 1 卷，第 269 页。
② 同上书，第 287 页。

直截了当地发表了这种见解。为了改正这一切错误，"必须有伟大君主的意志和愿望"。彼得愈是坚决地表现出这种意志，我们这位"商人"便愈是同情他的各种措施。

贵族不仅保卫俄国，而且管理了俄国。波索什科夫相信，他们的保卫工作是做得非常坏的。他还看到，他们对俄国的管理也不很好。他们担任统治阶级的角色，表现得极为残暴专横。波索什科夫也身受其害。

他写道："德米特里·米海伊洛维奇·戈利岑公爵老爷有什么朝气和理性呢？我在过去的 1719 年，曾向他提出申请，请他准许我承包建造一所葡萄酒和白酒酿制厂。不知道他为什么命令将我拘禁起来。我被拘禁了整整一星期，寂寞无聊。我不知道何以拘禁这么久和为什么拘禁。"当然，怎能不寂寞呢！波索什科夫的被释放，也是由于同样任意处置。他请求一名警察向公爵说情。戈利岑听了警察的话，立即下令释放了他①。自然，这次释放不能免除他成为新的压迫的牺牲者。1721 年，涅维尔斯基少尉查封了他的地产，并将他驱逐出屋。波索什科夫的妻子受到这样惊吓，因此"在别人的院子里流浪了两个多星期。"同年，波列茨基上校对他"恶言诟骂"，说他是贼，"扬言要用佩剑戳死他"。波索什科夫向法院控告了他，但上校不承认普通法院的管辖权，说"我只受军事法庭的审判"②。贵族对待"商人"如此，对所属农民的压迫尤属不能忍受。至于他们怎样对待僧侣，亦可从我们的作者的下述言论中窥见一斑："贵族对

---

① 《文集》第 1 卷，第 48—49 页。

② 同上书，第 34—35 页。

农村僧侣极为蔑视,对待他们比对待奴隶还要坏。僧侣害怕他们,像奴隶般为他们做任何工作,比最低级的女奴还不如。"波索什科夫叙述贵族洪内科夫怎样打神甫的耳光,"从神甫的手中夺去十字架,将神甫从门口摔了出去,剥去僧衣,拖到污浊地方,打个半死不活",骂道:"你还把我当作波索什科夫呢?"神甫的过错是他在复活节日到地主家前,先带着圣像到住在教堂较近的波索什科夫家里。这一被毒打的教堂神职人员不敢控告洪内科夫①。概括地说,所有不属于"国家奴隶"的人们都要受"国家奴隶"(即贵族)的虐待。当有纳税义务的罗斯略为振作起来,转向西方,推戴波索什科夫为其思想代表时,他要求"真理",便毫不足怪了。他所制定的改革计划,完全不包含任何革命的或激进的主张。然而就是波索什科夫想出这种计划,以期对"国家奴隶"(贵族)的专横略加限制这一事实,已足使他们感到危险。波索什科夫自己也理解,他的计划不可能为军职阶级所喜爱。他的《论贫富》一书并不是什么预定公之于比较广泛公众的政论家著作,而是一份向沙皇提出的阐述国内各种"错误"的秘密报告。波索什科夫在送呈这份报告时,附函请求沙皇"不要将我的名字告诉那些仇视和妒忌我的人们,特别是那些诽谤者、嫉恨者和谎言爱好者,因为我不附和他们写作,却要使人相信我的孤陋之见,他们是不会让我再活多少时光,而会结束我的生命的"。结果确是如此。《论贫富》一书上写的日期是 1724 年 2 月 24 日,而在次年8 月 29 日,他便被捕,仿佛是因为他"犯了重大刑事罪"。所谓"刑事罪"的内容俱见如下事实:秘密审讯处讯问一位涉嫌费奥多西大主

---

① 《父亲的遗教》,第 283—284 页。

教案件的书记希什金,问他是否藏有《论贫富》一书①。波索什科夫是在狱中死去的(1726 年 2 月 1 日)②。

波索什科夫最同情商人。但我们在上面已经看到,他对于那些"臣民专权,特别是商人专权"的西方国家制度,却是非难的。他希望国王的权力也像上帝的权力那样无限。他愤恨贵族的行为,甚至说,"沙皇,特别是地主应该爱惜农民"。但从这一思想的往后发展中可以看出,这一思想实质上也是很有限的。

波索什科夫距离法国资产阶级思想代表所提出的要求很远:法国资产阶级要求主宰一切。他说:"沙皇对商人和农民应像对贵族和军人一样一视同仁,加以爱护,不使任何人陷于贫困,而使大家都能各尽己力,富裕起来。"③爱护农民便是要用敕令来确定他们的赋税和义务。至于商人,波索什科夫曾提醒彼得注意,德国是如何爱惜人民——特别是商人,并且抱怨"我国法官完全不爱惜人民"④。这种对我国"法官"的不满,决定了他的纲领的极大部分的内容。他要求公正的裁判;按照他的宇宙观的观点,用宗教理由来强调这一要求:"上帝即真理,他爱真理。"但是怎样在法庭里求得真理呢? 他解答说:"为了和睦的共同生活,我们的伟大君主应命令建立统一的法庭,无论农民或商人,贫或富,士兵或军官,团长或将军,都应受其裁判。应将法庭设立在近处,使任何低级的人都易

---

① 普里列扎耶夫:见书前,第 LXII 页。

② 很奇怪,A.A.基哲维突尔认为波索什科夫的被捕是彼得的过错。事实上,彼得殁于 1725 年 1 月 28 日,即在波索什科夫被捕前七个月。这个俄国纳税人的思想家,是在出身军职阶级的"彼得小学生"们的手下牺牲的。

③ 《文集》第 1 卷,第 189 页。

④ 同上书,第 71 页。

于对军职人员,也像对普通人一样提出控告。"①我们假定,这一主张是由于看到居民受到驻在他们"居宅"的驻军的侮辱而提出的。但波索什科夫相信,平等的法庭不仅应适用于小市民同他们的驻军发生冲突时。波索什科夫认为还须从世袭君主制中找出理由来为这一要求辩解。"沙皇是法官,又俨如上帝。⋯⋯因此,如像在上帝的法庭里一样,在君主的法庭里,任何人,无论贫富,无论强弱,都应受统一的法庭的制裁"②。非常值得指出,波索什科夫想到世界法庭的观念③。

新的、对一切人平等的法庭,必须有新的法律标准。波索什科夫证明,必须编制新的法典,因为所有法规都已陈腐,而且由于不公正的法官,都被歪曲。为了编制新法典,应召集由各级官吏选出的代表会议。他补充说:"我觉得,若能从农民中选出代表,亦非坏事。这种人在村长和乡村警察中都是有的。"为了证明这一主张的正确,他说:"我看到就在莫尔多瓦也有通情达理的人,那么,在农民中怎能没有通情达理的人呢?"④我们看到,塔季谢夫和坎捷米尔对"没有头脑的庄稼汉"是抱着轻视得多的观点的。

新法典将来写成后,应用"最响亮的声音向所有各族人民公告,⋯⋯务使无论高门第的贵族或低门第的人们,无论穷人或富人,⋯⋯以及农民,都不因这一法典而感到压抑或侮辱"⑤。

---

① 《文集》第1卷,第42页。

② 《文集》,第257页。

③ 《父亲的遗教》,第184—185页。

④ 《文集》第1卷,第76页。

⑤ 同上。

波索什科夫在写完这段话后,感到畏惧,遂附带声明说,不要以为他主张"人民会议"是要"减低"沙皇的权力。所以需要人民会议,唯一的目的只是为了求得最真实的真理,而不是为了限制"皇帝陛下的专制权力"。很明显,他的这一声明是完全出于至诚的。这位"莫斯科进步人士"的人民会议主张,只不过是他对旧事,即对缙绅会议的追怀而已①。此外,"人民会议"完全不剥夺中央政权按照自己的意愿最后决定问题的权力。因此,布里克涅尔以为波索什科夫谈到人民会议,实即提出同后来在法国由孟德斯鸠及其他启蒙思想家提出的主张相仿佛的政治要求,这是一个重大的荒诞的错误。波索什科夫在这里仍旧是一个"莫斯科的进步人士";就是说,他在制订改革计划时,不是朝前,而是朝后看,朝着那些由于莫斯科世袭君主制的社会关系的逻辑而愈来愈加陈腐的过去看。

军职阶级出身的"统治者"以不堪负荷的压迫加在整个负担税务的罗斯身上,这是任何人,只要他不为这一阶级的利益和成见所蒙蔽,都易于看出的②。不幸的是,看到了恶,并不就是指出了除恶的手段。姑且假定,俄国政府将根据新法典恩赐一个"人民会

---

① 关于当选代表参加 1648 年法典编制事,请参阅 B.H.拉特金:《古代罗斯的缙绅会议》,圣彼得堡1885 年版,第 4 章。

② 在俄国业已建立起来的社会政治秩序,极大地阻碍了俄国的经济发展,这不仅为波索什科夫一人所察觉。基勒布格尔写过:俄国人没有利用其国家的有利地位和其本身对商业的爱好,从可能获得的利益中获得十分之一的好处。他还将俄国人的商业活动比作被人的手紧紧握着的困鸟,"如果握得太紧,则鸟必死;但若松手,则鸟必将飞去,而给鸟的主人造成损失"。但他说,"俄国人从来没有获得过大的自由,他们经常受到压迫。"(*Kurzer unterricht*,见 Büching's Magazin für die neue Historie und Geographie,dritter Theil,Hamburg,1769,5.249)(《简明教程》,见《比欣新史地文库》第 3 卷,汉堡 1769 年版,第 249 页。)

议"。然而"统治者"却仍旧是从军职阶级中选出的，而这个阶级是同"不公正"结下不解之缘的。谁能有力量去阻止他们恢复过去的舞弊行为呢？这个问题的答案是不能在莫斯科的旧实践中找得的。因此，波索什科夫的答案不能令人满意。首先，他主张法官应热诚地祷告上帝。其次，如像佩列斯韦托夫一样，他主张用严刑峻法。"直截了当地大刀阔斧。如果不能建立公正的法庭，便再杀一百个法官：因为在我们罗斯，不公正已是非常根深蒂固了"①。然而惩办不公正法官的还将是同一军职阶级，法官便是从他们当中指派的呀！他们愿意严厉地对待这些法官吗？波索什科夫对此是极为怀疑的。为了对这一弊端略加补救，他主张指派低门第的人，而不是高门第的人充任法官，因为高门第的法官有更多的关系，足以保障他们不受惩罚。

如所共知，我国的小官小吏并不以高门第出身为其特点。然而同样周知的是，虽然如此，他们总是善于"违法犯禁"的。莫斯科国家的"不公正"的基本原因是其居民的完全无权。然而正是这一原因，波索什科夫在其关于司法问题的探讨里，毫未涉及。在他提出他的改革计划时所遵循的传说中，没有任何类似小市民的较为确定的权利的概念，而只有祷告上帝和对不公正的法官实行严刑峻法的宣传。

波索什科夫希望原告和被告都能自己保护自己的利益。他极为敌视"雇佣讼师"，因为他们强词夺理，足以泯灭真相，而使法官发生误解。但是由于他要求实行口头诉讼，所以他认为法官有对

---

① 《文集》第 1 卷，第 85—86 页。

"言辞笨拙"的诉讼者实行帮助的义务。

"统治者"所以能够压制劳动居民，还因为这种居民是不识字的。波索什科夫主张教农民子弟识字。这无疑地是一个进步措施。但那些以为波索什科夫要求对农民子弟实行普及教育的人们，显然是言过其实了。他说，"如果能使每一个小的村子有一个识字的人，那就不坏了"①。这句话的确切意思是说，甚至在一个小村子里，也应有一个识字的人。这还不是普及教育。的确，波索什科夫不是经常准确地表述了自己的思想的。此外，已故波戈金又认为必须改变他的正字法，因而给学者造成重大障碍，使他们无法认识波索什科夫的手稿。但无论如何，我们知道，东方专制国家居统治地位的社会政治秩序，远远不是经常排除对劳动群众推行识字教育的关怀。

现在从识字问题转到另一问题，这个问题虽同识字教育无直接关系，但极为波索什科夫所重视，并促使他拟订一种很值得注意的法律草案。

为了发展俄国的生产力，他主张发布命令，"拘捕流浪街头的穷人，教以纺织技艺，将他们交给公营工厂"。按照波索什科夫的意见，应授权私营企业家"收容男女流浪人，给予教育并在教好后永远领有他们，无论他们在被抓前是什么人"②。

这一愿望同西欧关于流浪人和穷人的决定很相像。英国根据1530年的法律，壮健的流浪人应受鞭笞，并迫使其宣誓愿意工作。

———————————

① 《文集》第1卷，第175—176页。
② 《文集》，第151页。

1547 年的法律规定,检举流浪汉的人可收流浪汉为奴。主人可迫使这种奴隶做最恶劣的工作。法国根据 1777 年敕令,凡无固定职业和生存资料的壮健男丁,都应判处苦役。查理五世为荷兰人制定的法条(1537 年),荷兰各市和各州的第一份告示以及 1649 年 6 月 25 日合众省的身份证,其内容也都与此相仿佛①。

在这一点上,波索什科夫的愿望,是与西方相符合的。当然,这里同样谈不上什么建立西欧的立法思想,因为波索什科夫在 18 世纪初期所企求的东西,英国在 16 世纪就已经有了。有趣的是,波索什科夫在这里放弃了旧的莫斯科观点,根据这一观点,乞丐是"教堂的美人、基督的兄弟、和平的祈祷者"②,而且促使他放弃这一观点的是对发展生产力的关怀③。这种关怀是不能经常符合旧莫斯科概念的。

然而不应以为,这种关怀能使波索什科夫在批评古老的莫斯科宇宙观上走得很远。作为一个专心致力于实际图谋的人,他不冒冒失失地自作聪明,而是一心只想俄国的迫切经济需要。政府所掌握的满足这种需要的手段,与 17 世纪各代沙皇所掌握者相同。波索什科夫认为,为了教育人民,国家必须在方法上干预人民的经济活动。在这方面,他是完全与西方的重商主义者相似的。但在他的方案里,国家干涉立即取得了旧莫斯科的特征。例如,在

---

① 卡尔·马克思:《资本论》第 1 卷,O.H.波波娃版,第 693—694 页(参看《马克思恩格斯全集》,中文版,第 23 卷,第 803—805 页)。

② 参阅 И.普雷绍夫:《神圣罗斯的乞丐》,莫斯科 1869 年版,第 58 页。

③ 在《父亲的遗教》里,波索什科夫对于贫困,发表了一种旧莫斯科观点(第 169 页)。"谁是上帝,他便领有天国和人间,一切归于上帝。而在人间,伟大的居留者则是贫困"等等。

《论贫富》一书里，他建议政府应迫使商人按真实的价格出售商品。试问商人如不执行这一要求，又该怎样呢？他的答复表示了旧莫斯科习惯："如获取超过真实价格的余额，则对每一超额戈比，处以10戈比或20戈比的罚款，并责以笞刑或鞭刑，以儆来兹"①。

对商人，由甲长、保长和警察进行监视。如果这些官员纵容商人不管怎样欺骗自己顾客，则对甲长处以10倍罚款，对保长处以50倍罚款，对警察处以100倍罚款，并施鞭刑②。

由于"欧洲居民"利用我国商人的不团结而无情地压迫他们，所以波索什科夫希望俄国人一律按照他们共同协商规定并经上级许可的价格，向外国人出售商品。这一主张的本身是非常实际的。奥尔金-纳晓金在担任普斯科夫省长时，便想出这一主张并力予实行③。不过，波索什科夫在想到这一主张时，还想到鞭刑。"凡未经上级许可，敢于向前来的外国人虽以一卢布的差价出售任何商品者，亦处以百倍罚款，并施鞭刑"④。

波索什科夫将鞭笞看作政府教育俄国人民的最可靠助手，这一观点是同彼得及其出身于军职阶级的"小学生们"完全一致的。

他深信外国人也同我们是一样的人，但他们的"社会"比较好些。所以，他对俄国的较好"社会"制度，进行了思考。在他提出的措施中，有些是值得非常重视的。然而就是这些措施，也都像彼得的教育敕令一样，是充满了鞭笞的威胁的。甚至对于力图改革的

---

① 《文集》第1卷，第117—118页。

② 同上书，第118页。

③ 克柳切夫斯基：《俄国史教程》，第Ⅱ卷，第449—450页。

④ 《文集》第1卷，第119页。

人们，旧莫斯科始终给他们打上了自己的烙印。

　　波索什科夫在提出发展俄国生产力的任务时，深信我们可以不用外国商品，而外国人却不能坚持在十年之内不用我国的商品。他写道："因此，我们应当统治他们，而他们则应奴颜婢膝地对待我们，在一切方面向我们低头，而不是骄傲自大。"①但是，他自己也很理解，事实上俄国人距离在经济上统治外国人还很远。因此，他在所写方案里，只是提出一些办法减弱我国对德国人的依赖。他知道德国人在科学上比我们先进。至于商业，他劝告乡亲们和睦相处，接受外国商品时要"慎重"，要根据共同协议，要得到上级的许可。此外，他主张完全禁止奢侈品的输入②。如果全部禁止为不可能，亦须规定只有高级人员才有权购买③。同样，不应向外国人购买"在俄国所能购得的商品，如盐、铁、针、玻璃器皿、松节油、儿童玩具等等。主要的事情是要制止德国人的妄想，不让他们从罗斯攫取财富。"在这一点上，波索什科夫也是同西欧的重商主义者相仿佛的，他们比他更早提出了同样的原则。但是为了使外国人不从某一国家攫取财富，这个国家必须尽可能自己制造从外国输入的商品，特别是注意生产那些在外国用本国原料制造的商品。波索什科夫完全自觉地保卫这一规则。他写道："必须想方设法在罗斯开办亚麻及大麻制造业，用俄国原材料制造毛织品、绒布、细

---

　　①　《文集》第1卷，第122页。

　　②　"我们不需要用锦缎来装饰自己，我们需要的是良好的法律，学校教育和基督的真理"。《文集》第1卷，第127页。

　　③　波索什科夫主张，任何官级都应有自己的规格。他甚至在每一等级之内，——例如，在商人等级之内，——都划分出各种特殊的"官级"，这些"官级"应按照自己的富有程度而享受或高或低的奢侈生活方式。

竹布、帆布等等，这都是非常必需的。此外，原料出产地应是原料制造地。"①波索什科夫再次想到夺取国外市场："我希望，我们能为整个欧洲制造布匹，在他们现时价格之下，可以向他们更廉价出售。"②然而实际生活也再次提醒他，必须首先学会自立。他承认，"我们很难开办这些工厂"。既然很难，政府便应负责创办。波索什科夫说："为了国家的富庶，必须在开办之初，由国库出资在地面广阔和麦产及食品价廉的城市建厂……向它们征税，使人们发财，国库增收"③。当然，不应不支持私人企业家。"对于资力单薄的企业家，应由市政机关或皇帝陛下指定的机关贷款，使任何事业都得到扩充"④。最后，必须尽最大努力去勘察俄国的天然富源。波索什科夫认为这种富源是很丰富的。"我不知道，有什么在我国不能找到；不过我们不了解，因为我们没有去过外国，也没有看到或听到在这种地方找到了什么。而外国人即使知道，也不愿给我们公开"⑤。

简而言之，波索什科夫制定了整个经济政策纲领。这一纲领包含着适应当时俄国社会政治条件的一切主要重商主义要求。这个纲领由一位"商人"提出来，是非常有意义的。当然，当时一切注意经济政策的人都是重商主义者。彼得本人便是坚定不移的重商主义者。但在彼得的辅臣中未必有谁能像波索什科夫提出这样严

---

① 《文集》第 1 卷，第 148—149 页。

② 同上。

③ 《文集》，第 150—151 页。

④ 同上书，第 1 卷，第 152—153 页。

⑤ 同上。

谨周密的经济纲领。布里克涅尔说,在彼得的"小学生"中,没有一人像波索什科夫那样可以称做经济学作家的[①]。这话是公允的。布里克涅尔的错误仅在于他将一些先进的观点强加给波索什科夫,而在当时的社会政治条件下,他却断然不能想到这样的观点。波索什科夫在经济理论上没有任何发现。至于经济实践,即经济政策,他只提出了许多欧洲重商主义在他以前很早就已拟订的要求;不过,他使这些要求具备一种适合俄国世袭专制制度的社会政治条件的形式而已。布里克涅尔说,无论温尼乌斯、库尔巴托夫、亨宁、基里洛夫、塔季谢夫都不能写出《论贫富》这样的著作。他也是对的。但他之所以对,却完全不在于他所设想的意义上。

　　像塔季谢夫这样的人,如果愿意对经济概念作深刻思考,一定能比波索什科夫表现更多的才能。毫无疑义,他的思想力量超越了波索什科夫(至于所受教育,自然更不用说了)。但是关于"真理",即关于《论贫富》一书以大量篇幅进行论述的国家管理和司法,则塔季谢夫的"贵族观点"可能会妨碍他看到"商人"波索什科夫所看出的许多问题。波索什科夫的著作的最大优点,在于他因本身的地位,不愿避而不看军职阶级加于罗斯劳动人民和商人的"不堪忍受的压迫"。由于从这种罗斯的观点看待我国当时的秩序,我们的莫斯科进步分子(即在主要方面的保守分子)所作的考察使他下狱,直到亚历山大二世的改革时代止,还被我国的官僚指为危险思想。

---

　　① 《伊凡·波索什科夫》,第1篇,《经济学家波索什科夫》,圣彼得堡1876年版,第67页。

我们知道，波索什科夫不曾动摇莫斯科国家的任何旧基础，而只是想巩固这种基础，从有利于劳动人民方面扩大它。但他不是"国王的奴隶"，而是"国王的孤儿"，这一事实既对他的思想发展过程又对他的计划的命运，起了很大的消极影响。他的社会地位使他不能像彼得的"小学生"们一样在同样的规模上学到欧洲的知识。他终其一生都是一个旧莫斯科式的自学者。这种自学者在想到某种他以为可能有利于整个国家的方策时，必须克服难以置信的大量障碍，才能使它达到当权者的耳目。波戈金提过一件波索什科夫口述的故事，说他不知费了多少心机，才得一见内阁秘书马卡罗夫。波索什科夫说："我在1718年写了一篇关于新货币的报告，为了送达这篇报告，我去会见阿·瓦·马卡罗夫先生。由于门禁森严，未能向大人递交这一报告，后来他到矿泉疗养去了。报告遂仍留在我处。当时我注意到他的马车夫库里耶夫①，马卡罗夫是常到他家去的。我请他适时地将报告转交。至于他曾否将报告转交，则无从知悉"②。

关于这件事，已故历史学家感叹道："马卡罗夫的马车夫竟然成为我国政治家属望的庇护人！"事实确是如此。这一事实证明，如不属于"贵族等级"，那些支持彼得改革的人们要对彼得有所帮助，该是多么困难。我在前面已经指出，就令彼得想使"门第"向"官"和"功绩"让路，但这一愿望的实际意义也只限于军职阶级范围，而对于其他阶级的人们，通向功绩的道路，几乎是完

---

　① 据出版人的推测，库里耶夫（Кypieв）应是库尔耶夫（Кypъeв）。

　② 《文集》第1卷，第251页。

全关闭的。

彼得改革是由贵族的力量完成的。以波索什科夫为代表,我们论述了一个同情这一改革,却无法积极参加这一改革的人物。他对改革的努力不得不处于同情的旁观者,而不是积极参加者的地位,使他对改革的结果的判断,不陷于夸大。必须承认,他对改革的结果的评价,是有许许多多悲观论调的。

波索什科夫写道:"我们都看到,我们的伟大国王……是多么兢兢业业,但没有任何成就,因为合他的心意的帮手不多:他不过十来个人往上拉,而拖后腿的人却是以百万计。这样,他的事业怎能顺利呢?"①

必须指出,这段时常被人引用的评语,在波索什科夫的本意,是指彼得力图在俄国实行公正裁判而言。然而就是缩小到这一比较狭小的范围,这一评语也再一次表明,在"革新后的"俄国,并不是一切都一帆风顺。因此,这一评语实际上使波索什科夫有利地区别于那些无条件的讴歌派。可惜,甚至罗蒙诺索夫也是这种无条件讴歌派之一。

2. 米哈依尔·瓦西里耶维奇·罗蒙诺索夫

俄国是一个君主专制的贵族国家,这一事实决定了我国的启蒙过程和各种不同阶级和启蒙运动的接近程度。贵族,——特别是他们当中"靠近皇帝"的代表人物,只要有可能,是比较易于满足

---

① 《文集》第1卷,第95页。

其对知识的需要的。在 18 世纪的俄国,他们甚至有学习的义务,其未能尽到这一义务者,要受处分①。相反,负担赋役的罗斯,虽然处于彼得改革前的愚昧状态,却必须为贵族的教育供应资金。固然,政府曾被迫不只是吸收贵族子弟入学,因为有教育的贵族不敷国家的巨额需要。但是,甚至课堂座位,非贵族出身的子弟也不能与贵族同坐。当在莫斯科设立大学时,在那里开办了两所中学为大学准备学员:其一是为贵族开办的,另一是为非贵族出身的学生开办的。在彼得堡,科学院只附设一所中学,根据 1750 年发布的规章,"在中学就学的贵族和名门官吏的子弟,应坐在特定的书桌上,而非名门出身的子弟均应另行分开"②。根据这一切,可以看到贵族是很重视这些差别的。我们知道,开明的塔季谢夫便很关切使贵族等级在学习上"与下等人隔开"。

最后,必须记住,在那些好不容易才进入中学和大学的幸运儿中,无数奴隶的子弟是不在内的。

由此看来,涅克拉索夫在所写《学生》一诗中对我们祖国的情况,是说得过于乐观了:

> 那自然不是没有天才。
>
> 那边陲也尚未毁灭,
>
> 人民中涌现出来,
>
> 多少光荣的人,你也知道……

---

①　由于这样或那样的原因得以接近皇帝的人,不仅有使自己受教育,而且有"指挥"教育事业的可能。基里尔·拉祖莫夫斯基年方 18 岁,便被任为科学院院长。

②　B.H.卡拉什:《学校和教育史论文集》,莫斯科 1902 年版,第 96 页。

俄国的"自然"不是没有天才的,这一点是毫无疑义的。但可惜,来自俄国"人民"中的有天才的人们,却常常被剥夺了发挥其精神力量和成为"光荣的人"的可能。社会政治制度堵塞了俄国人民群众获得知识的道路。达到如此程度这是当然的,产生过一种传说,据说涅克拉索夫在同一诗中所提到的"阿尔汉格尔斯克庄稼汉,只是由于使用欺骗的手法,才能进入学校"。

据说,罗蒙诺索夫为求进入斯拉夫—希腊—拉丁学院,曾冒充神甫之子(据另一消息,则是冒充贵族子弟),因为这所学院只收录贵族和僧侣的子弟。后来,他怕由于谎言受罚,似曾向普罗科波维奇坦白其事。普罗科波维奇对他说:"没有什么可怕的,就令要响起大钟宣布你是冒名,我也是你的辩护人。"

从事实方面说,这个掌故是可疑的。但是这假设即使不真,也想得巧妙(Se non è vero, e ben trovato)。它还是有其真理的。不错,普罗科波维奇是"学术侍从"中的一员,他们应比任何人都同情俄国教育事业的成就。但掌故忘记了一件事,即这位"学术侍从"也是完全没有摆脱等级偏见的。掌故完全正确地描述了那些向往光明,却不幸并非出身于比较有特权的等级的天才青年的极端困难地位。由于这种极端困难的地位,产生了一个问题:农民的出身未能妨碍青年的罗蒙诺索夫成为 18 世纪最优秀的俄国学者,这又是怎样一回事呢?

当然,这是由于"自然"赋予他巨大的才能。然而只有才能是不够的,还须争取把才能使用于事业的可能。这天才的农民青年又从何处获得这种可能呢?

这里首先应该提起罗蒙诺索夫自己后来不无自豪地谈到的那

种"高贵的倔强精神",这种精神实际上是他的最大特性。他在给И.И.舒瓦洛夫的信里,对他在斯帕斯克学校(即上述莫斯科学院)的生活,作如下叙述:

"我在斯巴斯克学校读书时,从所有各方面都有种种强大压力,阻止我学习科学。这种压力按我当时的年龄,几乎具有不可克服的力量。一方面,父亲除我之外没有子女,说我是独生子,却抛弃了他……另一方面,不可言喻的贫困:我每天只有3分铜币的薪饷,不够维持一天生活,为购买面包、汽水、纸笔、鞋袜等等用度。我这样生活了5年,但未放弃科学。一方面,人们来信,说当地的一些好人,很了解我的父亲,愿将他们的女儿嫁给我,并且当面向我提出,另一方面,学校的一些小孩大喊大叫,指手画脚地指着我说:'请看,这糊涂虫20岁了,还来学拉丁文。'"

还有什么好说的呢! 当时,年轻的"阿尔汉格尔斯克庄稼汉"表现了许多"高贵的倔强精神"。但这是什么也解释不了的。仍旧不能理解的是:在农民群众的当时情况下,一个农民的儿子;哪怕是很有天才的,怎能进学校呢?

为了理解这一点,我们必须注意到罗蒙诺索夫出生于俄国北部,那里的农民生活老早与罗斯国家的其他各部不尽相同。不能说,北部完全没有大地产:北部有不少庙宇领有土地,支配着那些服从他们的农民的劳动力。但这只是半个灾难。更苦恼的另一半灾难,则是北部所没有的:北部没有封地的土地占有制,这一事实对当地居民的性格和习惯,不能没有良好影响。此外,他们还从"大诺夫戈罗德王"时代便过着很流动的生活方式,比莫斯科各基本州的居民在性格上更具独立性,性格上的独立带来更高的文化。罗蒙诺索夫在家乡时便学会读书。他的母亲虽是一位东正教教堂助祭的女儿，但他没有向她学习，因为她死得太早了。他的父亲受继母的唆使，时常责备他在书本上浪费时间，然而同村的人却不都是这样轻视学习的。据说，农民舒布内曾教他识字，并劝他去莫斯科。他从同村另一农民赫里斯托福尔·杜金那里读到西米昂·波洛茨基的圣诗改编，斯莫特里茨基的文法和马格尼茨基的数学。莫斯科近郊的农民波索什科夫，梦想不使一个乡村没有识字的人。这一梦想在丹尼索夫卡已成现实。这一事实极大地便利了这位天才的农民儿童迈步走向知识的世界。

在学会读书以前，青年的罗蒙诺索夫便习惯于旅行并遭受了劳动人民旅行时所遭遇的痛苦。他的父亲从事海上渔业，在出海时，常常带着儿子。有些学者认为，北部自然界的宏伟景象首先在这位天才青年的精神里引起了后来他不时反复提到的上帝万能的思想。这当然是可能的，虽然我们往后便可看到，这一思想可能有其另一来源。但似乎无可争论的是：罗蒙诺索夫早年那些充满困难和惊险的旅行，锻炼了他的性格，使他具有那种“高贵的倔强精神”。我认为更可能的是，如果罗蒙诺索夫出生在俄国中部的某一地主村庄，他也许不能跟随他的父亲越出地主的庄园或地主耕地而到更远的地方去，那样，离家到莫斯科去的想法——就令罗蒙诺索夫这样想过，——也会使他感到过于困难，甚至不可能。最后，即使他毕竟去了，而禁止学校录取农奴子弟的规章，也许会成为他走向上等社会的最大障碍。

从此我们看到，这位阿尔汉格尔庄稼汉之所以聪明伟大，不只是由于他和上帝的意志。

对他非常有利的情况是：他是一个阿尔汗格尔斯克庄稼汉，一个没有带着农奴制锁链的滨海地区的庄稼汉。

现在从另一方面对问题加以考察。在没有军职阶级的地方，不可能发生同这个阶级的斗争，因此也不可能发生由于阶级斗争而产生的情绪。在混乱时代，当博洛特尼科夫发动农民和奴隶起来斗争时，滨海地区的居民不但没有闻风而起，追随他们；相反，却支持了瓦西里沙皇的莫斯科政府。而且后来他们的努力更促成被动乱所动摇的莫斯科国家的社会制度的恢复。在鼓舞着他们的独立性里，没有任何反抗的因素，没有任何推动人们去"震撼"任何旧制度"基础"的东西。

在罗蒙诺索夫的观点里，也没有任何类似震撼旧制度基础的倾向。他在故乡度过的少年时代，在他的心灵里留下了丰富的印象。但这些印象的产生主要是由于大自然的景色和为生存而同大自然进行的斗争。人与人在社会上的相互关系、即社会阶级之间的相互关系，从来没有引起他像波索什科夫那样的注意。罗蒙诺索夫所特有的"高贵倔强精神"，使他在一些有学问的非贵族出身的知识界——不妨回忆可怜的特列季亚科夫斯基吧！——向各式各样"恩人"摇尾乞怜的时候，能够保持自己的尊严。诚然，罗蒙诺索夫也曾不得不寻求舒瓦洛夫政府的庇护：因为那时没有庇护人是不行的。但在寻求庇护时，他是善于保持自己的高贵的独立性的。当他怀疑这一舒瓦洛夫对他意存侮辱时，他给他写了一封信说："我不但不愿在贵族大人席前或任何地方权贵面前做傻瓜；即使在上帝面前，我也不愿。上帝给我以理智，暂时还不致将这理智夺回。"①这段话所表现的"倔强精神",难道能说不是"高贵的倔强精神"吗?然而罗蒙诺索夫的这种个人独立精神,却能与他的那种几乎完全——如果不说完完全全——漠视社会制度的根本问题的态度,泰然并存。布里奇指出,罗蒙诺索夫没有看到彼得改革的阴暗面。他还可以说得更重些:罗蒙诺索夫就连当时俄国社会制度的阴暗面也并没有看到。就这点说,这位非常有天才和博学多闻的滨海居民,远远不及莫斯科近郊的"商人"——自学学者波索什科夫,因为波索什科夫孜孜不倦地在社会关系方面寻求他所能理会的"真理"。

看来,学校禁止收录农奴子弟是应该引起罗蒙诺索夫的最坚决谴责的。因为根据自己的经验。他知道,负担沉重的罗斯子弟是多么难得进入学校的。他同样很知道,当时在西方已不存在教育事业方面的等级壁垒。他在分析 1747 年的学院章程时写道:"在其他西欧国家中充满了各种身份的学者,但无一人被禁止在大学学习,无论他是什么人。在大学里,学习最好的,便是最受尊敬的学生。至于他是何人子弟,那是不需要考虑的。而在俄国,学者很少。贵族没有勇气去打乱官阶,规定交纳人头税的人们禁止进入学院学习。也许,规章的作者以为国家为了养成一名有学问的俄罗斯人,每年要损失 40 阿尔盾(人头税。——著者)②,这对国家是一个巨大负担……"但罗蒙诺索夫在批评章程的作者时,没有说——而波索什科夫却一定会说——应该准许"按规定交纳人头

---

① 比利亚尔斯基院士收集的《罗蒙诺索夫传记资料》,第 487 页。

② 阿尔盾(Алтынь)为俄国旧铜币 3 戈比。——译者

税的人们"在他们所愿意的地方学习。他不曾想得这么远，他只想为人民中较富裕的阶层争得某些宽容。"那些交纳人头税，财力充足的人们想自费将其子弟送去学习，那有什么过错呢？为什么暗中将他们全部排斥，而不将城厢工商界的好人（原文如此。——著者）同地主的农奴加以区分呢？"

这是什么意思？是否罗蒙诺索夫不希望从当局方面争取到全胜，而只想略有所获呢？或者在这位高傲的滨海居民的心里，"城关工商业界的好人"要比地主的农奴更为亲切呢？很可能，两者兼而有之。

Г.苏霍普柳耶夫不久前写道，罗蒙诺索夫在其《论俄罗斯民族的繁殖和保存》一文中，"实质上是要求限制贵族对所属农奴的权力的"[①]。这个要求具有怎样的性质，可从文中论及农民逃亡的章节中看出：

边境地区的农奴逃往国外，因而就国家来说，他们已不存在，而变成罗蒙诺索夫所形象地表述的"活死人"。政府增加了边境的警戒。罗蒙诺索夫认为这一措施不能达到目的，因为——仍然用他的形象说法——这样大的漏洞殊非强力所能堵塞。所以只有实行温和的办法。

罗蒙诺索夫说："逃亡大都由于地主的压迫和募兵，因此，我觉得最好对于毗连波兰的居民，减少其租赋，取消募兵，将其分摊到全国。"[②]

---

①　《罗蒙诺索夫关于人口政策的观点》，载《罗蒙诺索夫文选》，1911 年版，第 193页。

②　见《在莫斯科大学俄国文学爱好者协会上的谈话》，第 85—86 页，莫斯科 1871年版。

在整篇文章中,这是作者谈到农奴境况的唯一地方。但是我们看到,他不是从实质方面论及这一问题,而是由于农民逃亡减少了国家的人口,所以顺便一提。值得注意的是罗蒙诺索夫并无意提出任何限制地主权利的方案,哪怕这种限制只限于边境地区。他只是主张在这种地区减轻租赋的压迫和募兵的负担。这是谨慎得无以复加的。的确,他曾约许在关于教育及关于改正人民习俗的文章里提出其他"办法"。但我们不曾看到这篇文章。我们没有任何根据去假定,在这篇文章里,罗蒙诺索夫对于国家在农奴问题上的任务,发表过更广泛的观点。

《莫斯科人》杂志编辑部早在 40 年代初便于发表论罗斯民族之繁殖一文时,作了如下按语:"伟大的学者和文学家没有放过任何一个国家及民族问题而不予以注意! 他在一切问题上都用过心思,在一切问题上都有自己的主张和建议。"①这话很对! 罗蒙诺索夫的思想兴趣的博大,是不能不令人惊叹的。他把论罗斯民族的繁殖一文送给舒瓦洛夫时,还给他写了一封信,说他还有许多"谋求增加公共利益"的文章,这些文章可以分为如下各部分:

1)论民族的繁殖等(即我们业已知道的那一篇);

2)论消灭游手好闲现象;

3)论整顿道德风尚及大规模国民教育;

4)论改造农业;

5)论改进及发展手工业及技艺;

---

① 《莫斯科人》,1842 年,第 1 辑,《俄国文学史料》,第 126 页,注释。此处刊印的罗蒙诺索夫文章有删节。

6)论商业的最大利益；

7)论改善国家经济；

8)论在长期和平时期如何保持军事技术。

他怎样有时间考虑所有这些问题呢？普希金称他为我国的第一所大学，是很中肯的。可是这个大学的各系并非都同样勤奋和同样成功地工作。罗蒙诺索夫的志向是自然科学。在这方面他是很深刻和有独到之处的。相反，在社会问题上，他却没有很好的探索，因此，他那"谋求增加公共利益"的思想既不深刻，也无创见。

凡是留心一读论民族繁殖一文的人，都会肯定地说，罗蒙诺索夫的这种文章，对于我国社会制度的基础，不可能提出批评的见解。我们已经看到，他曾多么表面地解决了俄国边境农奴的处境问题。现在再看他对另一更为重大问题的解决。

在他提出的农民问题解决方案里有下列一段话："为了宗教的分裂，许多俄国农民逃往魏特卡，可否在现时战争情况下使逃亡者回来呢？"①

似乎罗蒙诺索夫曾建议政府利用战争状态强迫居留在魏特卡的俄国农民回来。必须认清，这"实质上"并不是一个取缔分裂教派的逃亡者的很聪明办法。罗蒙诺索夫应能提出别的办法。然而问题就在这里：他对这种问题是理解得非常差的②。

苏霍普柳耶夫在对罗蒙诺索夫文中的观点作出评价时，指出该文作者是似乎由赫里斯季安·沃尔夫首先创导的幸福哲学的坚

---

①　《谈话》第3辑，第85页。文章的写作日期为1761年11月1日，即七年战争时期。

②　《莫斯科论文集》，第209页。

定信徒。苏霍普柳耶夫解释说："协助达到公共幸福,以自然法则
为名义使用警察措施给所有人以福利,乃是国家政权的职责和权
利,这就是沃尔夫的信念。像沃尔夫一样,罗蒙诺索夫也是企求达
到公共幸福的,他深信自然法则的意旨是不可动摇的,对政府活动
的万能,寄予过分的希望。"[①]

　　根据苏霍普柳耶夫这段言论,可以想到,幸福哲学如果变成制
度,必然会保持警察国家的观点。这是一个极大的,甚至非常可笑
的误解[②]。不错,沃尔夫是警察国家的拥护者,而且在这方面一如
许多其他方面,罗蒙诺索夫是与他亦步亦趋的。否则,我们的伟大
学者就不会建议使用军事力量去强迫逃亡的分裂派教徒回国。如
果他的社会观点越出了警察国家的范围,他也不致仅仅从国家利
益的观点看待农民的处境。

　　由开明的专制君主领导的警察国家,既是沃尔夫,也是罗蒙诺
索夫的理想。在罗蒙诺索夫为谋民族的保存和繁殖而提出的那些
措施方案中,可以看出他对关怀民族的开明当局的坚定不移的信
任。罗蒙诺索夫并用前不久的彼得一世朝代为例,强调了这一信
任。

---

　　①　罗蒙诺索夫暗示我国行政当局所使用过的手段。1733—1734 年,政府曾利用
我国军队驻在波兰领土,强迫逃往波兰的俄国农民回国,这些军队驻在波兰是为了支
持奥古斯特三世为候选人,而不顾大量合法选民所明白表示的意愿。关于改善边境农
民的命运的主张,也是在罗蒙诺索夫想到以前,早就有人提过的。1735 年,斯摩棱斯克
省省长 A.布图尔林即向女皇政府提出这一主张,并使它具有一种真正可笑的形式(索
洛维耶夫:《俄国史》第 4 卷,第 1435 页)。

　　②　必须再补充一点:即沃尔夫并不是苏霍普柳耶夫所想象的那种幸福哲学的绝
对拥护者。

他承认在改正他所指出的缺点的道路上,确有许多障碍,但不应因此感到为难。这些障碍不比"强制剃胡须,穿着德国式服装,有礼貌地同异教信徒交往,取消贵族制,总主教制以及特种正规军,而代之以具有最高政府权力的参政院,最神圣的东正教最高会议,新的常备军等更为危险;也不比将首都迁到荒僻地区,将新年改到另一月份等更为危险。俄罗斯人是善于随机应变的"①。

他据以表示其对俄国人民善于随机应变的信心的最称心的理由,也是很有意思的。罗蒙诺索夫认为我国的斋戒及随之而来的开斋,给人民的健康带来了很大伤害。"肠胃消化不良,长期习进营养缺乏的食物,如突然将油荤生冷食物进入业已紧缩和弱化的肠道,则由于缺乏必要的急需汁液,未煮熟的食物浸入血管,凝结起来,血液循环阻断,灵魂遂从狭窄的躯体飘然飞逝"。他引用教堂记载作为证明,他说根据这些记载,可以看出一年中哪个时光,教士用以煮蜜粥的蜂蜜最多②。斋戒的习俗产生于热带,这种气候使一定程度的停食对健康无所伤害。我国的气候却是完全不同的。此外,我们应该记住,上帝宁愿"我们有纯洁的良心,而不是要我们把坏鱼装进肚子。一个欺凌亲友的恶人,哪怕他不仅实行普通的斋戒,而是在 7 周之中吃些木片、砖石、韧皮、白土和木炭,而且在此期间大都以首倒立,而不是跪地礼拜,他也得不到上帝的宽恕"③。对于这一见解,所有的启蒙思想家亦必同声赞许。

罗蒙诺索夫在文章的其余部分,也表现为启蒙学者。例如,他

①　《论罗斯民族之繁殖》一文,第 81 页。

②　按当时习俗,蜜粥是在葬礼后用以招待宾客。——译者

③　《论罗斯民族之繁殖》,第 81 页。

反对在冬天把婴孩放在冷水中受洗礼的习俗。他主张"由当局强迫经常用夏天的温水进行洗礼,以求温度的均衡"。他还不满意我国人民不懂助产技术和儿科疾病的治疗。此外,他认为"强迫的"和"不对等的婚姻"是民族繁殖的巨大障碍。他所谓"不对等的婚姻"是指结婚者年龄相差太大。他以为未婚妻的年龄不应大过未婚夫2岁,而未婚夫亦不应大过未婚妻15岁。"强迫的"结婚是违反男女一方或双方意志的婚姻。罗蒙诺索夫说:"无爱情则无多子女。"①

还须指出,他反对男女青年削发出家。他主张"男子在50岁前,妇女在45岁前不得戴僧帽"。

最后,他希望政府设立育婴堂,收容私生子。

所有这些——从某一点看来是非常合理的——方案的出发点,都是为了谋求国家的利益,居民本身的利益则未为罗蒙诺索夫所顾及。而且就是对国家利益的关怀,也只是使他提出一些丝毫不能改变罗斯业已建立的社会关系的措施。

罗蒙诺索夫关于斋戒问题的自由见解和对胡须的嘲笑,可能使僧侣们感到不满,但在社会意义上,他始终是一个完全的、当然也是一个十分真诚的保守主义者。

沃尔夫也是一个保守主义者,虽然新教正统派和虔信派都仇恨他。然而我们如果以为我们这位天才的滨海居民的保守主义是由于受了沃尔夫的影响,那我们就错了。他身上有许多独立因素,使他不能不加批评地屈从于任何影响。但如假定,罗蒙诺索夫所

---

① 《论罗斯民族之繁殖》,第84页。

以因袭沃尔夫的保守世界观，就是因为他自己没有任何批判我国当时社会制度的意向，则是较有根据的。

与法国启蒙思想家不同，德国的启蒙思想家是充满了妥协精神的。沃尔夫的观点，应视为经过全面周到的考虑，想从启蒙哲学中排除一切足以与德国实际生活发生任何比较严重冲突的成分的企图。但是为求避免这一冲突，解放哲学必须宣扬宗教与科学之间的和平；莱布尼茨宣扬过这种和平，他为了从理论上证明这种和平的正确，在这件没有希望的事情上耗费了许许多多精力。沃尔夫也许比莱布尼茨更热情地表示支持这种和平。他坚称《新旧约全书》中的逸事，是全然不违背理性的。他在神学中长篇大论地从物理神学观点论证了上帝的存在。在所有这一切方面，罗蒙诺索夫坚决地同他的老师亦步亦趋。在所写《晨起默念上帝》一诗结束时，他向上帝说：

创世主啊，

请用你的智慧的光辉

　驱除笼罩着我的黑暗吧！

无论在你面前出现什么情况，

你始终在教导着创造。

我看到你所创造的生灵，

赞美你，不朽的皇帝。

我们假定，伏尔泰本人也乐于从物理神学的观点证明上帝的存在，而且常常赞美创造主，指出他所创造的"生灵"。伏尔泰是一个自然神论者。然而这位瓦尔涅的长老却毕生都在企求"消灭无耻之徒"（"écraser l'infame"），但罗蒙诺索夫却像沃尔夫一样,从来不曾致力于这一目标。他关于斋戒的合理见解,可能不为僧侣所乐闻,但实际上这种见解并不包含任何有害于教会的东西。

罗蒙诺索夫对教会的态度,不是一个无条件的保守派,这只是因为他的理想开明君主——彼得第一本人不是这样的人。彼得毫不客气地用他的铁腕来对付俄国僧侣。但他虽然完全使教会服从中央的权力,却不容许对教会的教条作任何攻击。罗蒙诺索夫对于这些教条,也是从来不曾攻击,从来不曾怀疑的。

在这里,他也是不愿动摇任何基础的。他表示坚决相信,科学真理和宗教信仰"是一对同胞姊妹,是同一至尊至上父母的两个女儿",两者永远不致发生分裂,谁也不能因为某种虚荣和为了显示才智而挑起两者之间的仇恨。他是否需要在幼年时代看到北方自然界的宏伟景象,才能在成年时形成这种信念呢?否。这一信念当时已为德国启蒙思想家所赞同,虽然他们从来没有到过北方。为了形成这一信念,只要不存在当时法国使科学与宗教时常发生强烈争吵的那种反对派情绪就够了。罗蒙诺索夫正好没有这种情绪。

他的诗作《晨起默念上帝》浸透了诚挚的感情。这是可用诗的精神来证明的,这种精神不可争辩地包含在默念之中。罗蒙诺索夫在他的这种创作里所表现的诗人灵感,要比在所作各篇颂歌中,多得不可计量。然而只是在他不从这样那样神话的观点,而从他所熟知的当代自然科学的观点看待宇宙的时候,他才成为一位无可怀疑的诗人,一位理解深刻的诗人。他放声高叫:

当一个普通人能够如此高高地飞翔,

使我们的肉眼能够近而观察太阳，

那时所有的国家都将向永恒的温暖海洋开放。

那里热浪奔流，

无边无岸；

那里旋风翻滚，

战斗了无数世纪的时光；

那里的石头像水一般沸腾，

那里的热雨淅沥喧嚷。

　　这里的文字不用说是很艰涩的，就像那时最佳诗作的文字，也往往都很艰涩一样。但在这里，宇宙诗的气息，却像在"薄暮默念上帝"一诗中一样，可以使人感受得到。"薄暮默念上帝"一诗写道：

白天藏起了它的脸；

大地上覆盖着昏暗的夜，

山上升起了黑影；

亮光离开了我们，

展现出布满星群的深渊。

星群数不清，

渊深不可测。

·············

智者向我们开口说：

那里有许多不同的光明，

那里有无数的太阳在燃烧，

那里的人民历史悠久，等等。

奇怪的是，普希金虽具有极为精湛的批评能力，而且总的说，对罗蒙诺索夫的诗创作曾作非常正确的评论，但对他的诗创作的这一方面，却没有注意。如果像他自己所说，灵感是心灵对最生动的印象的感染，那就应该承认，正是关于宇宙的科学概念，使罗蒙诺索夫的心灵感染了他从自然界景象中得到的最生动印象。

罗蒙诺索夫是启蒙运动的热烈拥护者，他对于那种"注意推行必要的事业，以期各种知识得以传播于国内，精通高深科学的人才和艺术家和工艺家得以日益增加"的君主，自不能不倍加崇敬①。只是他对于第一位俄国皇帝的颂扬失于过分夸大，使现时的读者感到不快。例如，"如果要找出一个像我们所理解的上帝那样的人，则除彼得一世以外，是再也找不到了"②。似乎，这已是赞扬到无以复加了，然而罗蒙诺索夫的意思还不只于此。

我们在同一颂词中读道："由于对祖国的伟大功绩，彼得被称为国父。"然而对于他，这一尊称还嫌不够。"请问，对于他生育出我国最为仁慈的女皇，这女皇英勇地登上王位，征服强敌，绥靖欧洲，嘉惠本国臣民，又应当给他什么尊称呢?"③

"国父"这一尊称对彼得还嫌不够，因为他"生育了"伊丽莎白女皇！这甚至从罗蒙诺索夫本人的修辞观点看，也已过火，因为按照他的修辞观点，"颂词的风格，特别在结尾时，应优雅而堂皇，含

---

①　《罗蒙诺索夫文集》，科学院版，第 4 卷，第 368 页。
②　同上书，第 368 页（献给彼得的颂词）。
③　《文集》第 4 卷，第 390 页。我到处保持了原文的正字法。

蓄而悦意"①。应该直截了当地说，罗蒙诺索夫的颂词的风格，是不能使人感到"悦意"的。它不但使我们想起小普里尼献给特拉扬（Траян）的颂词，我国一些学者指出这就是罗蒙诺索夫所选择的典型；而且使我们想起 5 世纪罗马崩溃时代的演说家献给当时罗马领主的那些颂词。当你不期然地想起这种不利于对这个"阿尔汉格尔斯庄稼汉"的比较时，你是会感到不快的。当然，伊丽莎白朝代使若干人能在饱尝比龙的暴政以后松一口气。但是，现在我们知道，我国的一般情况就在伊丽莎白统治时期，也很少得到改善。这一点是许多善于观察的同代人都明显看到的②。难道最能观察入微的罗蒙诺索夫就看不见？如果看见了，他的喜悦又从何处产生呢？他又怎能歌颂他的时代的幸福呢？也许可以说，愿意向当权者献颂歌的，不只他一人。但这不是答案。罗蒙诺索夫以其罕见的才识，站得比他的环境高得多，是能够略为离开这个环境的旧习俗的。他不是以当时其他非贵族出身的知识分子在与"恩人"接谈时所不习用的言辞同舒瓦洛夫谈话吗？谜底在于舒瓦洛夫是一回事，而彼得和他的"女儿"又是一回事。为了写出我们在上面提到的致舒瓦洛夫书，只要具备个人独立性的精神和"高贵的倔强精神"就够了。而为了看出彼得改革和伊丽莎白朝代的黑暗面，则需要具有对重大的社会现象进行思考的意愿；然而这种意愿

---

①　《文集》第 3 卷，第 70 页。

②　荷兰公使于 1757 年写道："俄国社会呈现出一幅衰败和混乱的景象，公民社会的一切联系陷于崩溃。女皇只是看到舒瓦洛夫一人（这里所指的显然是 И.И.舒瓦洛夫。——著者），也只听他一人的话，对什么都不关心，而且继续保持其习惯的生活方式。她简直是听任她的国家毁灭。"见《百年前的俄国宫廷》，第 70 页。

却是罗蒙诺索夫所从来没有过的。他是一个博学的自然科学家，在政治方面仍旧保持着天真的稚气①。

罗蒙诺索夫提出一种见解，认为思想家能够在俄国找到比任何其他地方都更安全的庇护所。为了证实这一见解，他申述俄国由于"女皇的高瞻远瞩"，似乎享有特殊的安定，又指出俄国幅员辽阔，因而地理特点亦属多种多样。例如，"太阳的运行，整整一半都是在女皇陛下的广阔国土上完成的，这里可以在同一刹那之间看到每一星球的升起和降落，"——罗蒙诺索夫问道："研究天文地理，难道还有比这更方便的地方吗？"②毋须证明，从文化史的观点看，这种论点是软弱无力的③。但是值得注意的是，我们几乎是第一次看到这样一种思想，以为俄国的位置使他具有逐渐超过西欧国家的特殊优点。这一思想后来时常被人提及。梦想实行这样或那样的社会政治改革的我国革新家们对这种思想尤为重视，尽管这种思想并不是他们的特殊所有物。罗蒙诺索夫全然不想对这一思想作任何哲学—历史的论证。但是我们往后即将看到，方-维津却利用一些甚至在 19 世纪也为一切唯心史观的拥护者所信服的理由来维护它。

凡读过《论贫富》一书的人，都会感到波索什科夫对负担沉重

---

①   罗蒙诺索夫在歌颂伊丽莎白前，还曾歌颂其他前朝皇帝，如在攻克霍亭颂歌中歌颂了安娜女皇和其他一些人。在 1741 年 11 月政变后，他却完全心安理得地忘记了这件事，这就非常天真幼稚了。

②   《文集》第 4 卷，第 268 页。

③   罗蒙诺索夫所提出的地理论点，使人想起果戈理对俄国的赞词（见《死魂灵》第一篇）："你本身既是无边无垠，在这里你怎能不产生无限的思想？既然有英雄用武之地，这里怎能没有英雄？"

的罗斯的苦难,是多么痛心疾首。这种心情是在罗蒙诺索夫的任何著作中都看不到的。他爱俄国和俄国人民,这是毫无疑问的。但他的童年印象,却与波索什科夫有所不同。他不是想通过改正重大的社会"错误",而是想通过教育的普及来服务俄国的。他的思想在这个方向上作了不懈的努力。甚至他对彼得的女儿的过分颂扬,也最少是部分地为了尽可能使她对教育事业多些照顾。在1747 年 11 月 26 日女皇即位周年大典时,罗蒙诺索夫的颂词把她捧到天上,同时却提出了一个广泛的启蒙活动纲领。

他说:"我们不仅满意女皇陛下的恩赐,而且在发现自然界的秘密和在研究绝顶智慧的造物主的奇迹中,享受安宁;在向学生传授教言时,欣然感到我们劳动的成果。不仅学生得到陛下的巨大援助,毋须为自己的需要操心,而只要努力学业,则公共福利,亦皆齐备。在彼得所教育的俄国,没有一处使科学得不到成果,没有一人不能享受科学的利益。"[①]

在这样一般的形式上,——即通过普及科学以谋取祖国的福利,——就是所有各国的启蒙思想家为自己提出的纲领。但在每一个别国家之内,由于社会政治情况的影响,其具体措施,互有差异。我国 18 世纪上半期的启蒙思想家,在社会改革方面没有对纲领提出任何愿望。在这方面,罗蒙诺索夫用他自己的话说,时常由于出身农民而受人奚落,但也许是他们当中的最典型代表。他热情地教育了本国的居民,但从来不敢教育女皇的政府。同这位彼得堡的启蒙思想家相比,莫斯科的进步分子波索什科夫要求改正

---

① 《文集》第 4 卷,第 266 页。

错误并因此瘐死狱中,真可算是一个不安分的人了。然而,就是罗蒙诺索夫亦曾引起当局的不满。

俄国只是在不久以前才走上西欧教育的道路。政府邀请了一些外国学者来到俄国。但是请来的学者并不都是无私地爱好科学,而且也并不都是真正的学者。他们鄙视俄国人,力图使俄国人屈从他们,把教育变成他们的垄断事业。像波索什科夫一样,罗蒙诺索夫看到了外国商人的这种剥削意图;而且也像波索什科夫一样,力图使俄国人摆脱对外国的屈服。这种意图在他思想发展那种过程中,不能对其世界观引起民族主义的反应,但却给他许多烦恼。他虽然心情平静地看待地主所加于农奴的压迫,但发自内心地证明外国人对俄国的教育事业是抱有野心,又无善意。由于激动和不能自制,他有时以为他为教育事业而进行的斗争的结局,将是"体刑",甚至"死罪"。假如这两种刑罚他都逃躲过了,唯一的原因便是因为他是"饱学"之士。

在前面引录的献给伊丽莎白的颂词中,他用女皇的名义号召"俄罗斯青年"为俄国的利益而学习:

"我愿见俄罗斯学院由俄罗斯的子弟组成;尽快在科学上臻于完善吧!这是祖国的利益与光荣,这是我们父母的意愿,这是我的意愿的要求。"

然后,他又用同一女皇的名义向俄国青年学生指出了一系列有待解决的任务。

"我们祖先的事业尚无记述,彼得的伟大光荣尚无应有的歌颂。努力丰富你们的智能,美化俄罗斯的语言吧"。这是未来的历史家和文学家的课题。至于未来的技术家亦有其迫切的业务,"在我的广阔大国中,蕴藏着不可估价的宝藏,它们是自然的赐予,但迄未开发,只是等待着技术人才。你们应该以极大的努力去认识自然的事物,你们应竭尽全力以报答我的恩典"①。

俄国人应该学会自力更生,在科学和技术上成为独立的工作人员——这个思想,罗蒙诺索夫是念念不忘的。在 1747 年献给伊丽莎白的颂歌里,有著名的一段:

啊,您,

祖国从内心期待着您,

　愿望看到

外国怎样称道您的幸福岁月!

勇敢些吧,

今天受到鼓舞的人们,

用满腔的热情向您表明:

俄罗斯的大地能够产生自己的柏拉图,

　也能够产生才思敏捷的牛顿。

在这同一颂诗里,重弹了罗蒙诺索夫所同样重视,而且无疑地为波索什科夫所热烈赞同的思想:即俄国人学好科学知识,应该促进俄国生产力的发展:

这科学艺术的女神,

献出了里菲山巅的矿场。

你代代继承,

在这里寻找金银。

---

① 《文集》第 4 卷,第 269 页。

> 深位矿压碎在山岩的裂罅里，
>
> 俄国人随手便可获得。
>
> 贵重金属从山中采出，
>
> 自然将它们藏在那里，
>
> 白天的星体使它们闪闪发光，
>
> 强烈地阻挡人们的目光观望。……

罗蒙诺索夫在患着致命的病症的时候，还对派遣俄国大学毕业生出国，极表关怀。总之，必须看到他对科学和教育问题的重视，远远超过"学术侍从"。坎捷米尔以为执行公务比从事文学活动更为重要。而在罗蒙诺索夫看来，执行公务便是要为俄国科学和俄国教育孜孜不倦地工作。读者当能同意，这位"阿尔汉格尔斯克的庄稼汉"的观点的这一特点，是值得大加赞扬的。

我的计划不包括对罗蒙诺索夫的文学著作作出评价。虽然如此，我却不得不指出他喜欢写"宇宙诗"的倾向①。现在让我想到别林斯基的评语。他指出罗蒙诺索夫的诗，在当时是非常好的；在他的同代人中，谁也没有写过这样好的诗。别林斯基又说：杰尔扎温只是在这位伟大先驱者之后前进了很小的一步，而这也只是就他的最佳作品而言；至于他的较差作品，则远不及罗蒙诺索夫②。但是，我们知道，文学从来不是罗蒙诺索夫的主要志趣。

史学从来不仅不是罗蒙诺索夫的主要志向，而且一般说来，也

---

①　焦尔丹诺·布鲁诺极喜欢写宇宙诗。但与罗蒙诺索夫不同，他是一个泛神论者，这使他的宇宙灵感具有一种特殊的形式。

②　参阅《别林斯基文集》第7篇论术尔扎温的著作一文，莫斯科1883年版，第87页。

不是他认真从事的一门学问,虽然他认为俄国学者必须记述伊丽莎白的祖先,特别是彼得一世的事业。当伊丽莎白亲自向他表示"愿意看到一部用他的笔调写成的俄国史"时,他按照他平素的习惯、努力研究了各种资料。但是他研究资料的结果,却未产生任何优秀的东西。他的思想并未对现在或过去的社会生活,有何深切了解。他不了解史学家的任务;索洛维约夫说,他是从纯粹文学的观点去研究历史的,因而在俄国历史科学中造成一种文学流派,这个流派在他以后长期支配了俄国历史科学[①]。罗蒙诺索夫认为他应该"揭开"俄罗斯民族的"古代"和我国历代君主的光荣事业。因此,他所著《俄国古代史》便成为一种新的颂词。不过,按照索洛维约夫的说法,在这部史书里还是可以找到一些关于斯拉夫人历史的个别问题的正确的,甚至精彩的意见[②]。

　　罗蒙诺索夫在致力于历史研究时,对于有学识的外国人对俄国和俄国人民的高傲的、使他痛心的看法,不曾一刻或忘。他想好好地粉饰我国历史、希望"任何人都能从俄罗斯的古代传说中看到可与希腊及罗马媲美的事业与英雄,而再无理由使我们在他们面前相形见绌"。我想,波索什科夫在这里也会完全理解和完全同意罗蒙诺索夫的。罗蒙诺索夫将俄国与罗马史作了比较,他发觉两者之间,用他自己的话说,有着确乎不大的"相似之处"。罗马王时代("领地")相当于最早的俄罗斯大公割据专制时代。共和国时期("共和制")类似"我国之划分为不同的大公国和自由市,在某种形

---

　　① 《索洛维约夫文集》,第 1391 页。另参阅 П.Н.米柳科夫:《主要流派》,第 24 页。

　　② 同上书,第 1355 页。

式上构成一种共和政权"。最后，帝国时期，罗蒙诺索夫认为"相当
于莫斯科君主的专制制度"。唯一的差别在于罗马国家由于共和
制而兴盛起来，但由于君主专制而趋于衰落；而俄国则相反，各种
意义不同的自由使它濒于极度的破坏，但君主专制却使它昌盛，巩
固和获得光荣。读者看到，在这种历史比较里，有许多幼稚的东
西，而很少有启发性的东西。索洛维约夫很正当地称之为奇谈怪
论。

　　按照罗蒙诺索夫的说法，彼得把俄国提高到光荣的顶峰。在
这种观点之下，他自然要把以后的全部希望寄托于俄国君主的开
明活动。罗蒙诺索夫同"学术侍从"一样，认为在我国，进步活动的
倡导只能属于政府。许多俄国进步人士，都在他以后长期地这样
设想。

　　再说一次：罗蒙诺索夫的主要志趣是自然科学，就在女皇要求
他用适当的"笔调"编写俄国历史时，他也不愿放弃这方面的研究。
在19世纪我国自然科学家都把许多极端重要的发明归功于罗蒙
诺索夫。例如，他们说罗蒙诺索夫是对煤的形成和琥珀的产生提
出正确观点的第一人。柳比莫夫教授断言，罗蒙诺索夫在研究大
气电时所构成的理论，也许超过了所有同代人在这一问题上的见
解。但是在他的所有物理理论中，最重要的是他否认热素论，而将
热当作一种特殊运动形态的学说。如果专家们能够对罗蒙诺索夫
的自然科学功绩重新作出批评的估计，那将是一件大好事。然而
就在现在也很明显，罗蒙诺索夫确乎是一位异常卓越的自然科学
家。他的同代人之一、著名科学家艾勒写道："罗蒙诺索夫关于物
理及化学的一切记述，不但好，而且极好，因为他对最奇异的、完全

未曾研究过的,且为最伟大的天才所不能解释的问题,作了极为认真严肃的记述,所以我完全相信他的解释的正确。"

不过,罗蒙诺索夫的自然科学贡献问题,应由俄国自然科学史家来研究。在俄国社会思想史和我们祖国欧化史中,当以研究罗蒙诺索夫的学术著作所遭遇的骤然看来不完全可以理解的命运问题,更为合适。

布利奇提过这一问题,他忧郁地指出:这些著作对我国科学发展过程,没有发生影响,它们只是在 1865 年(即罗蒙诺索夫死后百年)举行罗蒙诺索夫纪念时,才引起俄国自然科学家的注意。布利奇问道:"为什么现代欧洲科学没有利用他的天才发明呢? 为什么同罗蒙诺索夫走着同一道路的俄国学者不会注意他的著作呢? 研究这些著作岂不可以一下子就给他们提供正确的科学概念,而避免对欧洲的拙劣旧调重弹进行艰巨和不必要的研究吗?"①

在探讨这个问题以前,不妨先说几点一般性意见。

试想有两个国家,其文化发展的程度各不相同。落后的国家向先进的国家学习,逐渐在各种不同的科学和文学领域里涌现出自己的人物。某些人物可能具有特殊的才能。但是一般说来,落后国家在若干时期之内还将必然成就不大,因而先进国家的知识界对之完全没有,或者很少有兴趣。例如,德国在十三年战争以后,远远落后于其他西欧国家,故在整个 18 世纪,特别是在该世纪上半期,必须向这些国家学习许多东西。因此,德国的哲学和文学

---

① C.A.文格罗夫出版的论文集《俄国诗》中的论文《米哈伊尔·瓦西里耶维奇·罗蒙诺索夫》,圣彼得堡 1893 年版,第 94 页。

虽已获得巨大成就,却仍为这些国家的知识界所不甚知悉。另一例子是,当俄国文学中已有第一流天才从事写作时,西欧(包括德国)的读者却完全不知道俄国文学。不仅如此。落后国家的优秀人物如未在先进国家中得到承认,亦不能在本国得到承认,他们的同胞会对"土生土长的"力量抱着相当大的不信任(《我们哪能比得上啊!》)。不能否认,俄国人只是在西欧对俄国文学表示折服以后,才重视其文学的巨大意义的①。我不问这是好还是坏? 我只是说:过去如此,将来也会是如此。由于非常明白的社会心理原因,过去如此,将来也会是如此。如果我们注意到这一原因,我们便会明白,为什么(如布利奇所设问)罗蒙诺索夫的学术活动不曾对西方科学的发展过程发生影响? 为什么这种活动甚至很少引起与他走在同一条道路上的俄国学者的注意? 他是第一个俄国人,既不曾在国外,也不曾在国内取得理应属于他这样一个具有罕见的才能的人的影响。然而论其遭遇,如俄国古话所说,他"在其同类中,并非最后一人"。

像书籍一样,卓越的思想家也是有其命运的。不能说,他们的命运是他们"自作自受"的。他们的命运是由他们的祖国在人类文化发展过程中所起的作用来决定的。

然而这还不是一切。罗蒙诺索夫的自然科学著作是很出色的;但他远远没有能够为自然科学尽其力之所能。他的生活环境迫使他分散了自己的精力。他必须在那些预定的喜庆场合,在各种极为隆重的集会上发表散文和诗;还有各种颂歌、祝词以及"题

---

① 我们不久前才确信,多亏凯尔文勋爵,我国的列别杰夫才成为物理学的伟人。

词",都占用了他的不少时间,更不用说;他的一些重要职务,也都妨碍他全力以赴地从事他认为重于一切的事业。但他不仅是学者,他同时是教育家。他曾写信给舒瓦洛夫说:"我的唯一愿望就是要使大学成为我们所热望的潮流,从这里能够产生无数罗蒙诺索夫。"

尽人皆知,他为莫斯科大学的建立尽力奔走,并为整顿该校的教学工作,作了许多贡献。其后不久,罗蒙诺索夫又要求对彼得堡大学进行根本改造,这个大学当时附属于科学院,苟延残喘,很难维持下去。他主张这所大学应脱离科学院而成为一个独立的机构。他的这一主张,直到亚历山大一世时才得到实现。但是教育机关必须有教科书和教材。于是,罗蒙诺索夫着手编订。他写了《修辞学简明教程》(1744 年)、《雄辩学简明教程》(1748 年)、《俄语语法》(1755 年)、《论宗教书在俄文中的用处》[①]。这一切不足以概括他的教育活动,但任何人都能理解,这一切需要很多的时间,而在其他条件下,这些时间是可以用于自然科学的。在罗蒙诺索夫

---

①　他对于俄文的意见如何,下面一段话里表现出来:"罗马皇帝查理五世常说:西班牙文宜用来同上帝接谈,法文宜用来同朋友接谈,德文宜用来与敌人接谈,意大利文宜用来与女性接谈。但他如知道俄文的精巧,他当然会补充说,用所有这些语文来谈话都是不适当的,因为他会发现在俄文里有西班牙文的华丽,法文的生动,德文的严谨,意大利文的温柔,此外,还有希腊文和拉丁文的丰富和在表达上的简洁。这一切的详尽论证,需要在别的地方和其他场合去做,我对俄文的长期琢磨,使我对此深信不疑。西塞罗的雄辩,维琪尔的华丽,奥维德的口才,都不会在俄文里丧失其优点。最精微的哲学想象和判断,宇宙结构及人类交往中的多种多样的自然特性和变迁,都在俄文中有适当表达词汇。如果对某事未能准确表达,则其责任不在于俄国文字,而在于对俄文没有掌握充分的技巧"。《文集》第 4 卷,第 10 页,见献给保罗·彼得罗维奇大公的《语法》一书。这段话很像屠格涅夫对俄文的热情评语。罗蒙诺索夫不像屠格涅夫说得那样简洁,但却是同样真诚。

的身上,教育家与学者发生矛盾,从而妨碍他充分发挥他的天才的
科学智能。然而罗蒙诺索夫不能放弃他的教育家的活动。他对祖
国的热爱不允许他放弃。

我国社会思想史中的主要人物是启蒙思想家。其中某些人物
具有巨大的理论力量。但是实在说,启蒙活动差不多经常使他们
脱离"纯科学"的研究。他们自己也很知道这点。在俄国启蒙思想
家中居有极为光荣地位的车尔尼雪夫斯基对于先进俄国人到底应
该怎样为祖国服务问题,提出以下值得注意的观点。

他在《俄国文学的果戈理时代概论》中写道:"德、法、英等国的
许多伟大人物所致力的目标,虽与其祖国的福利无直接关系,却享
有自己的荣誉。例如,……许多伟大学者、诗人、艺术家所注意的
只是服务于纯科学或纯艺术,而不是某种特殊的祖国需要。"这种
情形在俄国是不可能的。"将来在我国,也如在其他国家,会有专
门为科学与艺术的利益而工作的思想家和艺术家,但在我们还未
能在学识上与最先进国家并驾齐驱的时候,我们每人都有另一更
急切的事情要办,这就是尽其力之所及,促进彼得一世所开创的事
业的继续发展①。这一事业迄今仍在要求,而且可能将长期要求
祖国的所有最有禀赋的思想和道德力量去全力以赴。"②

这一见解不但对罗蒙诺索夫的命运,而且对许多俄国其他启
蒙思想家,包括车尔尼雪夫斯基本人的命运,在很多方面作出了解
释。每当怀疑某一特别有天才的俄国人何以没有在"纯"科学方面

---

① 即在俄国传播西欧科学及哲学的丰硕成就的启蒙思想家的活动。

② 《车尔尼雪夫斯基文集》第 2 卷,圣彼得堡 1906 年版,第 120—122 页。

作出应有的贡献时,想起这些见解是可大有教益的:时常会发现,这是因为他除了从事"纯"理论的研究外,还须承担其比这种研究更为迫切的任务。

3. 农民的控诉——农民及哥萨克的骚动

在施特林写的罗蒙诺索夫颂大纲里,关于罗蒙诺索夫的"性格"提出了以下意见:"生活方式与平民相同,热爱科学,力求发明";"粗暴,对下级和家人甚严,求显达,鄙视同侪"①。

这只是在大纲里写出的一些简括意见,还没有发挥成文。假如施特林写成了他的罗蒙诺索夫颂,则这些简括的意见可能会得到相应的发挥,我们也就可以更加明白这一天才的滨海居民到底怎样鄙视"同侪",又到底在什么意义上欲求显达。罗蒙诺索夫的同事们,在官阶上与他相等,在才能上却是与他不相等的。他们不了解他,并时常妨碍他为俄国启蒙事业而工作。他怎能不鄙视他们呢?至于求显达,即在官阶上求升迁,这对于一个力求服务祖国,而由于出身卑贱,没有达官显贵的支持便不能实现这种高贵意图的人,乃是很自然的事情。他升迁得愈高,便可愈加不需要这种庇护。由此观之,求显达的愿望也可能是出自最理想的动机。当然,这种愿望的根子也可能部分地在于虚荣心。环境的影响总是很强的,罗蒙诺索夫生活的环境是习于按官阶的高下来评论人的。

①　见《吉洪拉沃夫文集》第 3 卷,第 2 部分,关于罗蒙诺索夫的第 2 篇论文。第 30—31 页。

尽管他的"生活方式与平民相同",尽管他的性格"粗暴",但他还是变成官宦阶级的一员了。罗蒙诺索夫服务于"学术"机关,死时却是一名五等文官,甚至是一名地主:伊丽莎白为了酬劳他的一篇颂词,把科罗瓦多庄园赏赐给他。他同人民的关系割断了。在他以后很久,有学问的非贵族出身知识分子同人民群众格格不入,而人民也不以为他们同真正的"老爷"有何差别。后来,有学识的非贵族出身的知识分子和附和着他们的"悔悟贵族"开始痛感其自身脱离人民,而渴求找到与人民接近的道路。但在罗蒙诺索夫时代,任何人对此都没有何设想。有学问的非贵族出身的知识分子都比较热情地在不同部门服务。贵族毫无悔悟之意。至于劳动群众,则无人予以关心,让他们按照自己的方式去理解彼得改革所造成的对他们说来的新环境。的确,"在俄罗斯的深处",几乎还是一切照旧。但是改革给人民增加了新的负担,而前此只是勒紧农奴制的绳索。因此,人民比在阿列克谢·米海伊洛维奇朝代时,更频繁、更响亮地发出了愤怨之声。在触目惊心的普列奥布拉任斯基司令部档案里,保存着许多有趣的人事文件,明白显示出当时的人民情绪。例如,我们在档案里看到农民有如下怨言:"自从上帝派他(彼得。——著者)来到王国,我们就看不到光明的日子;给村社增加负担,交纳卢布,出大车,使我们农民弟兄得不到休息。"没有丈夫在身边的活寡妇,士兵的妻子也跟着说:"他算什么沙皇!他使农民家业衰败,把我们的丈夫抓去当兵,使我们和孩子们孤苦伶仃,永世悲啼。"奴隶在这方面也不亚于农民。其中一人说:"假如他(彼得)长此活着,我们就会被他消灭。我奇怪,他为什么还不退位。他迟早会众叛亲离,孤家寡人……他算什么沙皇?他是村社的敌人；不管他在莫斯科怎样手舞足蹈，他终将会人头落地。"①

　　人民的不满是从哪里产生的呢？我在前面一章里摘录的拉林·多库金的那一篇"令人愤懑的信"，对此作了明确的说明：

　　"我们到处需用的木材被禁止使用，许多渔业、商业和作坊被夺走，遍地都是灾祸，严刑拷打逼交巨额不堪负担的租税，……许多人因此枉死，家业荡然无存，神圣的教堂长年失修，木石结构腐朽倒塌，……对从异教民族来的人，像亲人一般慷慨接待，对他们大事赏赐；而对穷苦的基督教徒，则严刑追偿租税，使其饥饿而死。大家彻底破产"②。

　　索洛维约夫公正地指出，在阿列克谢·米海伊洛维奇朝代，人民爱护沙皇，将一切过错推在大贵族身上，但现在，人民对于沙皇却已开始作出非常不尊敬的评论了。然而必须看到这种对沙皇态度的改变，丝毫不意味着人民的政治概念的变革。在许多人民群众代表的心目中，彼得并不是真正的沙皇，就是说，不是莫斯科国家中央政权的主要代表所应表现的那种沙皇。对于彼得这样的沙皇可以大发怨言，而对沙皇制度则丝毫不丧失尊敬。另一种假定，以为彼得并非沙皇出身，则这种怨言，更是可以容许的了。根据同一普列奥布任斯基司令部的材料，村妇们洗衣时议论：

　　"他是什么沙皇！他是德国女人的私生子，是换来的。纳塔利娅·基里洛夫娜皇后临死时对他说过：你不是我的儿子，你是换来的。"

_____

　　①　引自索洛维约夫：《俄国史》第 3 卷，第 1368—1369 页。
　　②　这封信载叶西波夫所著《十八世纪的分裂派事件》，1861 年版，第 182—184 页。文字仍照叶西波夫书中原样。

　　有时,关于"调换"沙皇的事情,在民间有另外一种说法。人们虽承认彼得是阿列克谢·米海伊洛维奇的亲生儿子,但又说彼得在旅居外国时已经死去,代替他回到俄国的是一个德国鬼子。无论对这件事情在民间是怎样说法,但结果总是认定统治俄国的是一个"换来的"沙皇,一个冒名顶替的沙皇。只要在旁边没有沙皇的暗探,人们是可以信口雌黄的。

　　顿河一带的人们时常想起双重政权时代。据说,伊凡·阿列克谢维奇沙皇仍然健在,现住耶路撒冷,"因此,大贵族肆行盗窃"。"他爱老百姓",而彼得则爱大贵族。由此可见,这里群众的想象是将一个沙皇同另一个沙皇对立起来的;但这里群众的思想也未涉及沙皇制度本身。

　　如果"调换"之说可以解释彼得之倾向于德国人,即可以解释彼得何以坚决实行这种加重人民负担的转向西方,那它当然不能解除与这一转向有关的新的压迫。农民的骚乱遍及各地。彼得看到了这种骚乱的原因何在。他用其惯常的残酷手段去镇压农民,同时采取了某些措施,以减轻农民的悲惨遭遇。1719 年他下令各省省长:

　　"由于有些无用的人将他们自己的乡村弄到衰败不堪的地步,他们酗酒、生活反常,不但不顾及乡村的需要,或对乡村加以保护,而且实行破坏,将各种不堪的负担加于农民,殴打他们,折磨他们,致使他们相率逃亡,十室九空,而对国家税赋,积欠日增。为此,特责成省长和地方官员严加监督,不使这种破坏现象发生。"

　　这一命令是同莫斯科旧规章的精神相适合的,科托希欣提过这种规章,波索什科夫也因此写了他的限制农民对地主的义务的立法草案。这个规章过去是没有认真执行的。也许,彼得要用他的铁的毅力求其准确实施吧！但结果却非如此。彼得规定将那些破坏农村的地主交给他们的近亲和亲戚去改造;这些近亲和亲戚负责管理这些乡村,直到这些破坏农村的地主改造好为止。可以肯定说,这种办法是谁也改造不了的。无论如何,这种办法不能提高农民群众的普遍极低的福利水平。农奴的处境每况愈下。彼得自己在一次上谕中说:"俄国过去有一种习俗,现在也还有:小贵族零卖农民和家仆,愿购者像购买牲畜一般购买。这是举世所无的事情。特别是地主出卖他人子女,使其背离父母,号啕痛哭。"热情的改革家有什么办法来停止这种号啕痛哭呢？他命令"停止这种人口买卖"①。

但他自己并不相信这种买卖可能停止:他的改革便是以较前更重的农民群众的被奴役为基础的。所以,在发布关于停止买卖人口的命令以后,立即作了如下补充:"如果此事不能完全停止,也应按照需要整族或整家出卖,而不得零卖。"②尽人皆知,在 1861 年废除农奴制前,农奴仍是像牲畜一般零卖的。

农奴制的逻辑,比彼得的钢铁意志更有力量。然而农奴制的沉重锁链,不仅在地主和庙宇的土地上压迫农民。国家也已习惯于将农民看为自己的活财产,当然,彼得也不能放弃这一习惯。他认为他是统治着一切纳税群众的全权主人,因而完全按照自己的意志去支配他们的劳动力。如果他在这里承认任何人的任何权

---

① 索洛维约夫:《俄国史》第 4 卷,第 172 页。

② 同上。

利,那也不过是地主的权利。下述命令明确地表明这点:

"德米特里·舒列伊尼科夫因所属农民伊凡·伏明及妻儿被带到城市做铁工,应发给他35卢布"[①]。地主因获得金钱而感到满意;但对他的农民,却不问其是否愿意去城市做铁工。当然,这个农民不是例外。当时,有成批奴隶被"驱逐"到城市工作或到皇室经营的事业中做任何工作。由于他们在这种奴隶劳动中生活得极为恶劣,所以,他们自然要不断发出怨言,并且按照他们的旧习惯,从逃亡中寻求解救。许多农民逃到波兰,但更多的人逃到东南部的"美好荒原",在那里,莫斯科国家纳税人口中的一切不满分子,获得了广阔的天地。

农民之外,还有工商业者。他们也都不得不负担各式各样"不堪的压迫",如捐税及强迫义务等。他们必须交纳人头税、店铺税、旅馆税、工作地点及其他代役地点税、浴室使用费、过桥税、营业性澡堂税,等等。不仅这样。他们除经常性劳役外,还有特别劳役,除当地义务外,还有"外出"义务。1727年彼得堡的商人请求豁免所有这些义务,因为这使他们陷于极度贫困。在莫斯科,由于这种义务而陷于破产者不仅有许多商店,而且有整个市镇。同样的控诉也发自其他地区。这些控诉受到了重视[②]。当然,商人善于逃亡并不亚于农民。逃亡的商人也选择了东南方向。在彼得朝代,那里积聚了不少"燃料",最初在阿斯特拉罕(1705年),后来在顿河(1708年)爆发成燎原大火。

---

① 索洛维约夫:《俄国史》第4卷,第172页。

② A.A.基哲维突尔:《18世纪的俄国关厢公社》,莫斯科1903年版,第174—175页。

我们知道那些被认定为阿斯特拉罕起义"主谋者"的姓名和出身。他们当中有两个西伯利亚人，一个雅罗斯拉夫尔人，一个莫斯科人，三个下戈罗德人，两个巴甫洛夫人和若干阿斯特拉罕居民。换言之，参加起义的不仅是当地的居民，而且是从整个伏尔加河一带汇集起来的人们。参加起义队伍的，还有许多特种常备军的弓箭手和士兵。弓箭手没有忘记彼得怎样对付他们。他们抱怨说："由于在莫斯科的国王是换来的，所以他们遭到毁灭，他们的服装改换了，且须负担村社义务。"对瑞典的战争使他们希望这"换来的"沙皇不能再摧残他们。他们当中的某些煽动家散布谣言，说莫斯科已为四个中坚大贵族所控制，他们想将莫斯科国家分裂为四个部分。这种谣言所以能够产生，表明就在心怀不满的纳税群众中，也坚信国家统一的必要。按照这种群众的意见，只有他们所仇恨的大贵族，才会想分裂国家。但是他们极为重视其统一的这个国家，却对他们吸尽最后的一滴血，因而驱使他们逃亡、起义甚至与外国人——如巴什基尔人——联合，而这些外国人则是宁愿破坏他们的国家统一，而不愿保持其统一的。阿斯特拉罕的居民和居留在阿斯特拉罕的下属军职人员，曾将勒热夫斯基省长及其他长官所加于他们的凌辱，编写为表册，这个表册是很长、很长的。

"勒热夫斯基缴去特种兵弓箭手的武器，而粮饷则扣压不发。澡堂须纳税 1 卢布 15 戈比，冰窖纳税 10 戈比，住户每间房纳税 20 戈比，利斧纳税 4 戈比，快刀纳税 2 戈比，造纸每磅征税 4 戈比，酿酒和用马力酿酒征税 15 戈比；士兵和步兵弓箭手纳税 10 戈比，幼年出征瑞典者的寡妇或妻儿无力付税，则将他们禁闭，并拷打追索，许多小院被出卖，儿女被抵押；官府向军职人员和市区居民查问不动产买契,其因瘟疫或火灾遗失此项买契者,征税两三倍;渔场、盐场或其他手工场由包税人每船计征 1 卢布,2 卢布至 3、5 卢布不等,小船减征半卢布。勒热夫斯基在承包税捐方面,同官吏是同伙。……他派人……走冰雪道路去砍木柴,许多军职人员因寒冻而死和随木筏漂浮沉没以及被俘……他命令书吏主管农奴事务,超过规定横征暴敛,并将超征金钱收进私囊。有关这种征税情况,他们(具禀人)向莫斯科和喀山呈报,但未获指示。他们想就上述各种凌辱从阿斯特拉罕送出呈文,亦未获放行……"①

这远远不能包括一切,但已抄得太长了,我宁愿止于此处。凡属知道各省省长怎样在所属地区作威作福的人,都不难相信可怜的阿斯特拉罕人民怎样受勒热夫斯基的鱼肉,虽然他们可能对勒热夫斯基的恶行,有时不免过于渲染。如果他们拒绝服从自己的顶头省长,其唯一原因便是因为任何忍耐有时都有限度。看来,他们应该说:"我们所以起义,是因为我们已经受了许许多多折磨,只要我们的处境得到改善,我们就乐于服从合法的当局。"但是关于阿斯特拉罕人身受其省长的凌辱的长篇叙述,却开头便说:"内乱是由剃须和穿德国服装引起的,"而其近因则由于谣传阿斯特拉罕人将在 7 年之内禁止结婚,他们的女儿和姊妹将嫁给德国人为妻。在他们致喀山人的文书中说,他们"将拥护旧俗",我们在阿斯特拉罕已开始拥护基督教和剃须(即实际上反对剃须。——著者),并且主张穿德式服装和吸烟。在文书中写道,省长和长官都膜拜木制神像,"而且强迫我们膜拜"。起义者称这种神像为"木工雕作的

---

① 索洛维约夫:《俄国史》第 3 卷,第 1384—1385 页。

木质面孔,外国和俄国官长在面孔上装饰假发,不使皱裂"①。这里不能不提出来反对勒热夫斯基及其左右的事实,是完全没有根据的。显然,无论是这一凶恶的行政长官或其他同样凶恶的官吏都不曾膜拜这种"神",而且不曾要求别人去膜拜。然而为什么阿尔汉格尔斯克起义的真实原因——而且确乎是充分的原因,竟然在其领导人的叙述(也可能在他们的想象)里部分地同可笑的乌有之事,部分地同一些不可能对居民有何危害之事(如剃须及德式服装),混为一谈呢?②

　　至于德式服装问题,由于当时的边区寻求自由的英俊善良青年,都是愿穿什么就穿什么,所以更加值得注意。顿河的哥萨克说,他们当中"有些人爱穿契尔克斯式或加尔梅克式的长袍和靴子,另一些人习惯穿俄国老式长袍,喜欢什么,便穿什么,他们哥萨克之间在这件事上是没有纠纷,也不相互耻笑的。"这好极了! 爱穿什么,便穿什么! 难道阿斯特拉罕人另有看法? 如果没有,如果他们也不特别拥护某种"习惯"的服装,那么,他们为什么对于德式服装会感到那样愤慨呢?

　　第一,由于爱好便穿一种服装是一回事,而由于命令便穿一种服装则是另一回事。顿河的哥萨克说,他们任何人都可自由地接

---

　　① 索洛维约夫:《俄国史》第3卷,第1383页。
　　② 阿斯特拉罕起义的积极参加者之一曾在普列奥布拉任斯基司令部供认,他与其他起义者决定到莫斯科去,"到莫斯科后,将一切德国人,无分男女全部打死,同时找到国王,叩头请求保持旧信仰,不穿德式服装,不剃胡须。但是国王没有命令停止穿德式服装,也没有命令停止剃胡须,却将他打育要死。"(叶西波夫:《分裂派事件》第1卷,第130页。)的确,这位被告后来宣称这一切都是捏造,但其他证人的供词却使人相信这里的捏造成分是很少的。

受他所喜爱的"习惯"。他们骄傲地宣称:"他们比其他民族受到国
王的重视(原文如此!),到现在还未接到关于胡须和服装的命令。"
第二,阿斯特拉罕的省长勒热夫斯基虽然不曾膜拜木雕神像,但很
尊敬黄金。他善于利用沙皇关于德式服装的命令,捞取一笔收入,
这时他行动敏捷有力,正是莫斯科国家官吏在这种场合里所经常
具备的特点。

阿斯特拉罕斯克的居民写道:"省长由于贪财,对于德式服装
事,不曾给以时限,在许多节日和星期天派出上尉格拉祖诺夫和阿
斯特拉罕人叶夫列伊诺夫到教堂和大街上撕毁男人和妇女所穿俄
国服装,将他们仿佛赤裸裸地暴露于大庭广众面前。大小胡须都
被连肉拔除。"在这种条件下,人们自不得不起来"支持剃胡须和穿
德式服装",即如在前面所指出,对两者都反对了。

当然,对于勒热夫斯基所采取的凶猛手段(连肉拔除大小胡
须)和德国人的剃胡须的习惯,是必须加以区分的。但阿斯特拉罕
人没有实行严格的逻辑思维的习惯,而且德国人(剃胡须便是仿效
他们)对俄国人的态度,也增加了他们的愤恨。据阿斯特拉罕人
说,派来治理当地居民的外国人对他们的压迫,比原来的俄国官吏
更为沉重。"季维格涅伊(德文尼)上校同外国官吏一道强力抢走
官宦的家人去做勤务兵,迫使他们做最肮脏的工作,用棍子打他们
的面颊,有人求情,便将这人也打成残废。他们命令这些人和他们
的妻儿过早地制作德式服装,致使他们出卖住房,将圣像拿去抵
押,他们的胡须也被剃去和用力揪掉"①。

---

① 索洛维约夫:《俄国史》第3卷,第1385—1386页。

勒热夫斯基认为不需要保护阿斯特拉罕的居民,使其不受外国人的压迫。顺便一提:他曾指派外国人充当这些居民的长官,而这些外国人是最能效法他的教育方法的。^① 波索什科夫抱怨说:我国的统治者视俄国人如草芥,使他们饱受外国人的侮辱。读者可以看出,他的话是正确的。所以正确,因为官吏轻视俄国人,使他们受到外国人的侮辱,加剧了民族主义的反感,这种反感乃是俄国转向西方的后果之一。这种民族主义的反感还使俄国纳税人民对同胞穿着契尔克斯式或加尔梅克式服装安之若素,而对于他们穿着德式长衣则认为是一种罪过。在普通俄国人的头脑里,德式服装的概念是同他们陷于对德国人的相当艰苦的依赖时所身受的困苦、烦恼和侮辱等概念相交织的。而由于在莫斯科国家,宗教不仅对社会制度,而且对一切习俗都有制裁作用,所以毫不奇怪,这两种概念的交织,又在其居民中产生另一种概念的交织:即德国习俗的概念与罪恶的概念的交织。这后一概念的交织一经产生,便在一切反正都反对彼得新政的俄国人的思想中把违背教规问题——即把笃信宗教的论点,放到首要地位。阿斯特拉罕人由于力求取得其他城市的支援,也把它放在首要的地位,他们说:"我们已开始拥护基督教信仰,主张剃胡须,主张穿德式服装。"

在一定条件下,上述各种概念的交织是完全无可避免的。我们在研究旧仪派的分裂时,即已对此深信不疑。那时,我们还深

---

① 当然,阿斯特拉罕人对外国人加于他们的侮辱的怨言,也许同样不免夸大。但在这些怨言里,是有许多非常明显的实话。大贵族戈洛温在莫斯科研究了阿斯特拉罕人的控诉,极感震动,因而决定请求沙皇无条件地宽大参加起义的人们(索洛维约夫:《俄国史》第3卷,第1386页)。

信,莫斯科人由于心理上的错误竟以接受西方习俗为违犯教规,这种错误对往后的社会思想发展过程,是非常不利的。怀疑外国人膜拜偶像,并不等于阐明了他们在有关工商业的一切方面优于俄国人的原因;同样,揭发军职阶级爱好德式服装,也完全不等于理解了俄国社会生活中大量"不公正"的原因所在。

这种偏差的不利,在阿斯特拉罕骚乱时也已暴露出来。阿斯特拉罕人在反对勒热夫斯基和其他长官对他们的侮辱时,赶忙宣布他们是为"拥护"剃须和为"拥护"德式服装而斗争。能够支援他们的主要是顿河哥萨克。但是顿河哥萨克并未接到关于穿德式服装和剃须的"上谕"。他们直率地说,他们在此事上得到国王的优待,认为他们不必仿效"其他民族"(参阅前文)。因此,他们没有理由把阿斯特拉罕人的事情当作自己的事情。当然,国家政权并不曾放过他们。顿河的哥萨克是有理由对沙皇的命令和官吏的暴行提出控诉的。然而阿斯特拉罕人的宣言对于有关顿河哥萨克的切身利益的问题,却一字不提。这样,笃信宗教的论点在这里便不曾促进具有反对派情绪的居民力量的团结,而是分裂了这个力量。

在伏尔加河一带,我们也看到同样的情形。阿斯特拉罕人派遣伊凡·多罗费耶夫带领军队前往该处。多罗费耶夫到达察里津后号召该地居民起义"拥护剃须"等等。但居民答道:

"你们来信,要我们同你们联合;但我们不愿同你们联合。你们在阿斯特拉罕同谁一起想的,你们就自己干吧……你们还给我们来信说,仿佛你们是拥护东正教的基督信仰的;而我们,感谢上帝,在察里津市都是基督教徒,我们没有任何分裂,也不膜拜木雕偶像。"木雕偶像问题遮盖了对政府不满的真正原因。此外,顿河人的榜样对察里津的居民发生影响。他们写信给多罗费耶夫说：
"顿河的哥萨克从各路来到我们这里，他们不愿参加你们的团体，
他们拒绝了你们。"①

　　捷尔斯克和格列宾斯克的哥萨克很注意笃信宗教的论点，但
他们都无多大力量。他们抱歉说，他们不能援助阿斯特拉罕人：
"我们向真正的上帝发誓，我们不可能给你们派出军队。你们知
道，我们人数不多，且同蒙古汗国不和，我们不能像以往那样因汗
国的入侵而使妻女蒙受损失。"②

　　如果阿列克谢·米海伊洛维奇能镇压"吉列夫叛乱"，那么，他
的儿子领有欧式训练的军队，就更能轻而易举地芟平他们。陆军
元帅舍列梅捷夫不费多大气力就结束了阿斯特拉罕人的起义。对
于起义者，照例给予残酷的镇压。但是残酷的镇压没有解除人民
不满的原因。两年以后，彼得不得不去平定顿河起义人民，他们曾
认为不必"参加阿斯特拉罕人的团体"。

　　顿河的哥萨克没有接到关于剃胡须和德式服装的"上谕"。他
们为此表示感激。但是对于彼得禁止他们接纳成批涌到顿河的逃
亡者，他们是深为不满的。对于这一老问题，不可能有中间的解决
办法。必须求得一种或者有利于俄国国家，或者有利于顿河军队
地区的解决。任何解决只能依靠力量。这里顿河军队地区的利益
是与不能安居在俄国国家范围内的所有大批纳税人民的代表的利
益相符合的。

---

①　索洛维约夫：《俄国史》第 3 卷，第 1382 页。
②　同上书，第 1381 页。

　　一贯采取严刑峻法的彼得用苦役和死刑来威胁藏匿逃亡者的顿河人民。但威胁不曾，也不可能达到目的。哥萨克继续收容逃亡者。为使逃亡者重回原籍，彼得在 1707 年派遣多尔戈鲁基公爵带领军队前往。这便成为起义的信号。哥萨克部队长官孔德拉季·布拉温夜袭多尔戈鲁基，杀了他，歼灭了他的整支部队。

　　布拉温向哥萨克谈到他自己："我是刚直的拉津，不是那无头脑、把自己的脑袋丢掉了的拉津，我将领导你们。"他同其他地区的哥萨克，包括查波罗什的哥萨克在内，取得了联络。像对于一个哥萨克一样，对于他最重要的是旧的哥萨克的自由。他在历次文告里命令"无条件地收容所有从罗斯逃来的人"。可是，他所以想起拉津，却非偶然。斯捷潘·季莫费伊奇·拉津的经验表明：在适当的条件下，俄国的纳税居民都会欣然支持反对"莫斯科"的哥萨克。布拉温请求所有老百姓团结一致并保证他不会给他们造成任何凌辱，因为他"同他们无仇无怨"，而只是要对公爵、大贵族、高利贷者和德国人，报仇雪恨。这一思想在另一哥萨克"领袖"戈拉戈的一封"动人的信里"说得更为强烈。"我们同老百姓无仇无恨，我们只是要对大贵族和为非作恶的人，报仇雪恨。至于你们，穷哥儿们，请大家从各城各市联袂而来吧！骑马步行，赤脚露体都无不可。来吧，不要害怕！你们会得到马匹、武器、衣服和薪饷。"毫无疑问，这一号召对老百姓造成印象。当唐波夫的省长由于害怕业已出现在所辖县区的哥萨克的袭击而部署防务，号召郊区人民进入市区（城堡）时，他们说："我们在城里干什么！这不关我们的事！"就在这个唐波夫县里，有些乡村的居民"倾向盗贼"，也就是建立了哥萨克制度。这一情况，在科兹洛夫县，也照样发生。布拉温的事业，在顿河进行得更为顺利。猎人从四面八方汇集到他的麾下,哥萨克市镇一个又一个地归附他。1708 年 5 月他占领了车尔卡斯克。在伏尔加河一带,布拉温所部攻克了察里津。卡梅申的居民将军官、团部书吏和盐官投入水中,纷纷投效。总之,在拉津时代发生的事情,又开始重演。这使哥萨克和老百姓兴高采烈,而政府则坐卧不安。彼得在给缅希科夫的信中说:"布拉温的盗行与时俱增。"他在派遣 B.B.多尔戈鲁基公爵——即被布拉温击毙的 Ю.B.多尔戈鲁基公爵的兄弟——去进攻起义者的时候,劝他读些旧"书",了解阿列克谢·米海伊洛维奇的政府当年怎样平定拉津的起义。然而他过于夸大了危险,说斗争双方的力量,是过于悬殊。

B.B.多尔戈鲁基在给彼得的一封信里,用下列语句抱怨高级军职人员怠于职守:"奉令同我一道前来的朝廷官员,不仅不向我报到,并且他们的名册也没有送来。而他们都是年轻和富有的人,因此才能服务军中;可是他们却擅离职守。……陛下,他们是对付这批盗匪所必需的。您知道顿河哥萨克的情况,他们不是正规部队,朝廷的官员是很能对付他们的。朝廷的官员同瑞典人作战无能,但对付这种人,则是很能胜任的。"[①]

他的这段话很好地说明了一方面政府力量和另一方面起义者力量的对比。甚至不能用于对瑞典作战的部队,也能保卫俄罗斯国家的现存制度,使不受顿河"非正规部队"和逃往顿河的纳税人的侵袭。布拉温是被战败了,他不愿活着被彼得俘获而用枪自杀了。起义的人们被平定了,一些倔强的哥萨克在涅克拉索夫的率

---

① 索洛维约夫:《俄国史》第 3 卷,第 1459—1464 页。

领下逃往库班。哥萨克终于安静下来了。

　　拉津对信仰问题是不甚了解的,为了吸引不满分子,他把自己说成是尼空大主教的信徒。布拉温却显然深知许多不满分子极端珍惜"往昔的安宁"。他宣称自己是这种安宁的保卫者,尽管他自己也许并不珍惜它,而且看来并不了解旧信仰的真正要求。他在文告中约许对"用自己的旗帜和美妙的奇迹去引导人们接受叶林的信仰,并引诱其抛弃真正基督教信仰"的人们,进行斗争。笃信宗教的论点,未必对信仰旧宗教的人们造成了充分确定的印象。

　　布拉温信徒的社会政治要求,也没有产生确定的印象。在他的一封"动人的信"里,包含着如下的纲领:"好长官、工商业者和一切老百姓,相互不应造成仇恨,不要无故打人,不许抢劫和破坏,其胆敢无故侮辱或打人者,处以死刑。"[①]波索什科夫对于犯了这种过错的人,会以为加以严厉的体罚就够了,而哥萨克却表现得更为坚决。但纲领的要求只是不准任何人无故打人、抢劫和破坏,这不过是一系列良好的愿望而已。至于当时需要和可能建立怎样的制度才能保护负担沉重的罗斯免于"无故的"破坏、抢劫和殴打呢,这一点波索什科夫不知道,整个苦难深重的罗斯也仍旧不了解。在布拉温或戈拉戈看来,这个问题可以简单地解决:即在俄国实行哥萨克制度。我们已经看到,乡村和城郊的纳税居民奋起反对沙皇安置的长官时,不反对参加哥萨克。但是吸收了哥萨克制度,只不过暂时消除俄国那些驱使老百姓起义的社会"弊端"而已;在一定经济条件下的社会劳动分工,仍将再使劳动群众受奴役。在这种

---

　　①　索洛维约夫:《俄国史》第3卷,第1454页。

情形下，他们因被奴役而承担的某些最繁重、最有侮辱性的后果，也许要消失，这当然对他们有好处。然而这也不过是梦想而已。社会力量的对比，事先便已决定任何破坏罗斯已建立的社会政治制度的企图，必将归于失败。"非正规的哥萨克"部队是经不起同政府军队的较为严重的冲突的。至于俄罗斯国家的"老百姓"，布拉温和戈拉戈虽力图号召他们起义，也很难期待他们给予重大军事支援。身受残酷压迫的人民，对彼得极为不满，而且很高兴地听说彼得不是真沙皇。这种情况，我们前此业已看到。但值得注意的是，甚至布拉温及其战友也没有决心反对沙皇政权。他们虽然击毙了 IO.B.多尔戈鲁基，但又辩解说，他的行为"没有违反国王的命令"。在布里温的一篇文告里更直率地说，他愿意维护基督教信仰，"拥护笃信上帝的沙皇"。罗斯的纳税人民的绝大多数无论身受怎样的考验，对自己的命运无论怎样不满，但都不愿意支持沙皇的敌人。像拉津在他以前和普加乔夫在他以后都重视这种情绪一样，布拉温对它也是重视的。

　　纳税群众的防备自己——这里在人间——不受殴打、抢劫和破产的完全自然愿望，转化（当然，不是完全地）为维护旧信仰的幻想。他们的这种自然愿望愈是不能实现，则他们的幻想便愈是牢不可破。分裂派在彼得统治时期便获得了许多新的信徒[1]。分裂

---

①　1718 年，分裂派的叛徒皮季里姆报告彼得说，"分裂派在各城市达 20 余万人，其人数正在日益增多：在巴拉汗斯克，尤里耶夫斯克和波沃尔斯克等县，超过 2 万人。"（叶西波夫：《分裂派事件》，第 2 卷，第 219 页）实际上，根据皮季里姆的报告，他们的数目比这还要多（同上书，第 200 页）。

派重复了当时的一种常见的怨言,说彼得"不爱人民而爱德国人"①。他们解释说,这是由于彼得是"换来的"。不仅如此,他们还宣称彼得是反基督徒。"抄书吏"格里戈里·塔利茨基呼吁东正教徒不要服从反基督的国王,不给他纳税。不要纳税,不要服从国王! 这听起来是很激烈的。但这没有必要,因为国王是反基督徒,他的末日已经到来。这就是说,在通常的时候,如果不出现反基督徒这种可怕的事情,则应心甘情愿地服从国王并向他纳税。人民群众甚至在作出极端的结论时,也表明他们完全未能放弃在莫斯科国家发展的历史条件下所形成和巩固起来的社会政治观念。这一值得注意的社会心理现象,为民粹派的理论家所完全忽视,我在论分裂运动的产生及其一般特点的一章里,已作详细探讨。我在那一章里就已指明,分裂派在反对反基督徒时,主要是用业经人民尝试的旧办法:即自中央地区逃往边境地区,逃往"美好的荒原"。然而在这里,人民思想的进一步发展,却是受到极端的阻滞的。我不愿意重复,在这里只提出几个新的例子②,以证明我在那一章里所说之不谬,这些例子都是彼得时代的事情。

分裂派教师库兹马·安德烈耶夫曾在普列奥布拉任斯基司令部受到残酷的公爵 Φ.Ю.罗莫达诺夫斯基的审讯。他供述,自幼即与他的父亲(一个寺院的农民)和兄弟数人住在莫斯科。最初,他贫苦无靠,靠乞讨度日。后来,他找到某些职业:夏季为人修补铜锡用具,冬季在莫斯科河经营"各种雪橇"。但他们并不经常住

---

① 分裂派说:"我们的国王,其状如兽,戴着像狗毛一般的假发。"

② 叶西波夫:《分裂派事件》第1卷,第60页。

在城里，"他们去克尔任斯克的森林，住在荒野里去挽救自己的灵魂，因为在莫斯科信仰改换了，已开始按照新版经书不正确地举行仪式；弥撒用 5 个圣饼，而根据旧版圣礼记，则应用 7 个圣饼，是减少了等等。"[1]

同一案件的另一分裂派分子尼基塔·尼基福罗夫亦供述如下：

他是舒伊市的商人，由于注意到圣书中关于荒野居民的记载而逃到克尔任斯克森林的巴拉汗斯克县，以挽救自己的灵魂。"他识字，在森林里建造了一间房，与逃来的一位老人费阿多尔·安德烈耶夫住在一道"[2]。

伊凡·安德烈耶夫由于另一分裂派案件而被审讯，供述如下：

"以前，他是布拉戈维辛斯克郊区大主教领地的家仆。在下诺夫戈罗德，这一孤独贫农的儿子与其父同住，研读圣书。父死，伊凡年甫 20 岁便离开这一郊区，在各处城市和乡村流浪，而居住在下诺伏戈罗德城外的荒地克尔任斯克，……"[3]

这样的例子可以举出许多。但它们大都彼此相似，故不必浪费篇幅和时间。我们最好看看文件，它们使我们能够判断这些不满意其周围的现实而寻求"新城市"的人们的思想趋向。

普列奥布拉任斯基司令部将从克尔任斯克荒地居民那里抄没的手稿，编成书目如下：

(1)《圣僧传略》，(2)隐居的圣僧传记，(3)论宗教信仰笔记 2

---

① 叶西波夫：《分裂派事件》，第 594 页。

② 同上书，第 603 页。

③ 同上书，第 2 卷，第 61 页。

册,(4)淫僧记,(5)信条抄本一册,(6)撒莫沙尔主教叶夫谢维,笔记3册,(7)12月18日阿朋多克(?)的讲话,(8)圣徒阿列克谢的生平,(9)论可怕的基督审判,(10)向俗人布道,(11)齐赫文斯克的圣母节,(12)隐僧忏悔录,(13)神甫向一切昏睡中人说教,(14)3月24日演辞,勿简单地宽恕罪恶,(15)圣母的教规,复活节和圣母节的祭祷歌,附白天及午夜赞美歌,(16)论忏悔和布道……

书目远不止此,但我所列举的这一部分,已可使我们充分了解这些"荒地"的逃亡者在寻求"新城市"中所找到的是怎样的精神食粮了。他们在那里所能阅读的只是一些讨论宗教信仰及祭神仪式的资料;"耶路撒冷的天堂"吸引了他们的全部注意力。而且就从这方面说,分裂派教师们的眼界也是极端狭隘的。阿弗拉姆·伊凡诺夫神甫参加分裂派时,同意按照"分裂派的信仰"作弥撒,但被迫按下列誓词宣誓:"第一,所有反对全球7大教堂的异教徒,都应受诅咒。第二,所有的异教徒都应受诅咒,既否定他们和他们的戒律,也否定同他们一道的人们,并按照异教徒的传说,剃胡须并穿戴异教的服装"①。在这样的道路上是不能前进的,只有原地踏步。

旧仪派的分裂运动,是对莫斯科国家转向西方的一种反抗。但在彼得朝代,我国产生另外一种与彼得改革有直接因果关系的分裂。我所指的是总主教职地方视导斯特凡·亚沃尔斯基终其一生顽强,然而并不英勇地反对到底的"新哲学家"。他们的最显赫的人是德米特里·叶夫多基莫维奇·特韦里季诺夫。

---

① 叶西波夫:《分裂派事件》,第619—620页。

在 17 世纪 90 年代初,特韦尔斯克的"普通城郊居民"特韦里季诺夫带着几个亲属来到莫斯科。那时,他穷困不堪。为了寻求工作,他求助于在莫斯科住满了整个德侨村的外国人。结果,他终于在第一家莫斯科的私人药房里找到了一个职位。他聪明而好学,"开始向医师和药剂师探求科学知识"。但是,当时的实用医学不能满足他的精神要求。同时,由于很大一部分莫斯科居民对于居留在德侨村的外国人的宗教观点,都抱着敌视的态度,所以他对新教很感兴趣,并愿求得理解。在这件事上,立陶宛罗斯的宗教文献给他以部分帮助。1562 年他在涅斯维日获得一本白俄罗斯文的《路德教义问答,即为普通人写的俄文远古基督教圣书》。此外,他还获得了 1628 年在斯德哥尔摩出版的《路德教义》及《祈祷文》。这两本书对于他都有很大影响。关于白俄罗斯文的书,他说其中所写是"任何人都应理解"的真理,而路德的祈祷文则为他所"极为赞誉,并加以亲吻"。他开始按照新教的习俗,努力读圣经,而且作了许多摘要①。现在很难说,他曾否变为一个完全真诚的路德派的信徒。然而无可争议的是,他的宗教概念是同东正教教会的理论完全分歧的。他反对崇拜圣像和斋戒,否认教会的传说,认为教会的教阶制度没有必要。所有这些新的观点,对他说来都是深刻的信念。人们说他自称为圣徒、为真理的说教者。而值得指出的是,这位圣徒的说教,获得莫斯科先进居民中某些人的同情。在他的信徒之中,人们历历称道的有鞋匠米哈伊尔·车帕鲁,钟表匠亚

---

① 他不仅读了圣经的斯拉夫语文译本,而且读了拉丁文本,他的拉丁文是靠自学和"不正确的教学"学得的。

科夫·伊万诺夫，蔬菜商安德烈·亚历山大罗夫，理发师福穆·伊万诺夫，锅炉村服役人尼基图·马尔丁诺夫，以及该村前服役人米哈伊尔·安德烈耶夫·科索伊。

米哈伊尔·科索伊曾参加1682年特种常备兵弓箭手的起义，因此被流放到西伯利亚。10年后，他回到莫斯科，行迹秘密，由于害怕被察觉，遂周旋于外国人中。外国人的影响，使他能够接受特韦里季诺夫的新宗教观点。一位学识渊博的"博士"给他以强烈的印象。关于特韦里季诺夫，他说："这才是真正的总主教呢！"

请读者恕我说几句离题的话。当1908年发现木星的第八个卫星时，发觉在它的运动中有一个值得注意的特点。这卫星距离自己的星球太远了，所以自己的星球对它的吸引力仅略大于太阳的吸引力。因此，太阳在这卫星的运动中所造成的摄动很大，而卫星绕木星运行的轨道则经常改变。结果，每一新的周转都有新的轨道和新的周期。

当我们想起米哈伊尔·科索伊的精神发展过程时，这一从天体力学观点看来很有意义的现象，便会不期然而然的进入脑际。他在1682年与弓箭兵一同起义，那时莫斯科的旧事物曾对他和绝大部分弓箭兵有吸引力。为了将他变为"古代宗教"的拥护者，使他决心"为其牺牲"，也许不大费事。但是环境——他自西伯利亚秘密逃回后在莫斯科的秘密逗留——使他脱离旧影响而接受了新影响。于是，他便反对旧概念而赞扬特韦里季诺夫的宗教自由思想。然而他的思想运动的新轨道是完全不确定的。他欣赏特韦里季诺夫否定教会的教阶制等思想，这使他得出一个意外的结论，认为应当使这位教会教阶制的敌人，成为总主教。显然，他的思想时常再度陷进旧影响的范围。然而米哈伊尔·科索伊大约不止一人。我们有一切理由设想，由于某种情况而在那一过渡时代受到西方影响的小部分劳动人民中，个别人对新宇宙观不甚了解，时而对这一文化，时而又对另一文化的吸引力，轮流地俯首听命者，绝非例外。

"旧信仰"的拥护者，把彼得看为一个面目行为都很可怕可憎的人，而特韦里季诺夫却热烈同情彼得的改革。H.C.吉洪拉沃夫说："像列温、塔列茨基、多库金和一系列类似他们的旧信仰者在圣书中寻章摘句，揭发新流派的污点，证明彼得为反基督徒一样，特韦里季诺夫亦在他的笔记里自圣经中摘录了所有他觉得足以证明俄国社会，特别是宗教界必须实行新的根本改造的语句。"①他认为彼得曾给他的臣民以信仰自由。他说："感谢上帝，现在在莫斯科，谁愿信仰什么，便可信仰什么。"他自己与旧仪派相反，是坚决拥护信仰自由的。他说，可以在一切信仰中得救，而对于旧仪派则责备说："只有你们才有理性——你们是用火和鞭笞来进行威胁的。"

特韦里季诺夫的友人说他是一个"颇通政治的人"。也许，他们所以对他有这种评价，是指他待人接物的"政治"态度。人们都说他在这方面是很高明的。至于本义上的政治，他显然并无任何兴趣。他的批评思想几乎在任何时候都未超出宗教范围。但在这一范围以内，他却是想得非常勇敢的（就他的时代和环境而言）。

---

① 参阅《吉洪拉沃夫文集》第 2 卷，第 161 页论文：《18 世纪初期的莫斯科自由思想家和斯特凡·亚沃尔斯基》。所有关于特韦里季诺夫的资料都引自这篇论文。

再加上他欢喜宣传说教,所以不能不引起宗教界对他的愤恨。况且在当时,要被人指为可怕的异教徒,是毋须接受很多新思潮的。亚沃尔斯基说他"Contra ordiem ecclesiasticum ejusque potestatem et decorum"("反对礼仪礼节排场")。这已经很够了。但特韦里季诺夫所证明的一件主要事情,是"僧侣们必须自食其力,好似保罗创造"。这样,他便重新提出了关于教会财产的老问题,并对此作了否定的解决。宗教界由于以彼得为代表的世俗政权业已非常粗暴地对待教会财产,所以对他必然更加怨恨。特韦里季诺夫马上被指责为罪恶多端的异教徒了。

彼得在 1702 年的诏书中说:"我们受命于最高权力,不愿强制规定人们的信仰,而乐于让每个基督徒负责关心其自身灵魂的解救。"然而事实上,分裂派在他的统治下,特别是在其统治的后期,遭受残酷的迫害。不仅那些称他为反基督徒的人们认为给他纳税和对他服从是太不应当。特韦里季诺夫是竭尽心力同情他的改革的,也因其宗教自由思想而备受痛苦。如果不是亚沃尔斯基同财政机关的冲突,他的遭遇就会完全不堪设想。在特韦里季诺夫的"反神伙友"[①]中有一名财政监督,由于他的努力和职务联系,彼得命令将案件移送参政院处理。在参政员中,有些人不很愿意支持亚沃尔斯基的要求,因为亚沃尔斯基强调"世俗权力是一回事,而宗教权力则是另一回事"。他们没有放弃让亚沃尔斯基感到他的要求的完全没有根据的机会,而彼得则在这件事上欣然给他们以支持。在沙皇的盛怒之下,这位大主教教职地方视导一方面请求

---

① 亚沃尔斯基这样称呼特韦里季诺夫及其信徒。

沙皇的宽恕,同时却不曾停止对其牺牲者的迫害。特韦里季诺夫
的案件使他备受折磨,拖延很久。他于 1713 年被捕并被亚沃尔斯
基革除教籍,历时 5 年,才被释放,直到 1723 年才争得"宽大"并
"允许恢复教籍",而这也主要是因为倔强的亚沃尔斯基大主教职
地方视导在这时业已身故。应该补充说:就在这时,如果他不放弃
他的新宗教观点,他还是不会得到"宽大和恢复教籍"的。

　　彼得坚决支持他的财政监督和亚沃尔斯基发生冲突。他很巧
妙地使亚沃尔斯基记取一句谚语:"人人都要安分守己。"①但信仰
自由本身,在他看来并无价值,即使有,也是非常之小。他认为,为
了信仰自由是不需要激怒亚沃尔斯基及其信徒的。特韦里季诺夫
对彼得是没有正确的认识的。

---

　　①　关于这点,参阅《告洪拉沃夫文集》第 1 卷,第 113 页。

第四章　彼得最近继位者统治下的贵族政治情绪——枢密院成员的策划——一般贵族反对这一策划——"学术侍从"对这一策划的态度

与西方往来的日益频繁,在俄国人面前展开了前此为他们所不能理解的欧洲生活的一些方面。我们已经看到在彼得时期,若干最有见识的俄国旅行家对先进西方各国公民充分享受"自由、生活于无恐惧、无凌辱、无苛捐重税之中",感到非常惊奇。① 莫斯科的居民对于这种生活,是毫不了解的。然而这种生活必然会引起他们当中一些智力较高的人们的兴趣。他们去到西方,有可能不只是学习"航海"一事。1712 年费奥多尔·萨尔特科夫从英国上书彼得说:"报告陛下,……我在这里利用空闲时间尽力选辑英国及其他西欧国家的管理章程。"萨尔特科夫是根据沙皇具有需要西欧方式的愿望而办这件事情的。同时,他从西欧国家"管理章程"中所选择的,其实只是"适合于君主专制制度,而不是适合于共和

---

① 　参阅前引 П.А.托尔斯泰的旅行日记。

国和议会制度的东西"①。与彼得共事，只能如此。但他在为沙皇
选择适合于专制制度的东西的时候，在工作过程中也曾了解更自
由的国家的"章程"，因而也许在他的脑子里产生了为什么不将这
类章程移到罗斯问题。帕夫洛夫-西尔万斯基说萨尔特科夫是一
个极端西方派，并引证了他的原话："俄罗斯的人民与其国家人民
一样具有同样的感觉与见解，只不过不准许他们去管这种事情而
已。"②从这种信念出发，是可以设想出一系列不完全适合于君主
专制的改革的。事实上，萨尔特科夫确曾向彼得提出了一些"建
议"，其精神全然不符合莫斯科沙皇的政治口味和传统。

　　他想在俄国建立有权威的贵族政治。他建议保存贵族等级的
土地占有特权，并按照所领土地的多寡册封各种贵族头衔，如诸
侯、侯爵、伯爵、男爵、绅士等等。为了支持贵族等级，他还计划实
行长子继承制③。

　　必须指出，萨尔特科夫在同情贵族制度方面，并不孤独。B.Л.多
尔戈鲁基在青年时代随从叔父 Я.Ф.多尔戈鲁基公爵到法国，待了整
整13年；此外，他还长期居住丹麦和波兰，回国时对西欧的贵族政治
抱有强烈的同情。Д.M.戈利岑公爵对西欧贵族政治的同情，亦不后
人；按照 Д.A.科尔萨科夫的说法，他"是古老的莫斯科大贵族体制和
欧洲思想的幸运结合，他代表了这种大贵族的优异方面"④。西班牙

----

①　帕夫洛夫-西尔万斯基：《彼得大帝同代人札记中的改革方案》，圣彼得堡1897
年版，第18页。

②　帕夫洛夫-西尔万斯基：《彼得大帝同代人札记中的改革方案》，第22页。

③　同上书，第25—26页。彼得实现了萨尔特科夫的长子继承制主张，但按照自
己的意思作了修改，去掉了这个主张的等级性质。

④　《安娜女皇的登基》，喀山1880年版，第34页。

大使德-利里阿公爵认为戈利岑说过:"我们何必要革新,难道我们不能像我们祖先那样生活,不让外国人来到我国把新的法律强加给我们吗?"如果戈利岑公爵对于革新曾作这种评价,那也毫无疑义,应将其当作"弦外之音"(cum grano salis)。完全可以理解,这位出身名门的人物是不愿屈从于在俄国服务的外国人的。彼得的改革自然要引起他的不满,因为它使门第在官阶面前退让。然而戈利岑不可能希望在彼得改革前形成的莫斯科旧生活的恢复,这是完全明显的。莫斯科门第最高的贵族也都是沙皇的"奴隶",都不得不顺从地忍受与此相当的待遇。就凭这一点,这位开明的公爵也是不能与这种生活妥协的。无怪乎他要攻读洛克、格罗茨、马基雅维利和其他政治作家的书了。西方的影响唤起了他对自身的人类尊严的自觉。他梦想使俄国的贵族家族也能在国家生活中获得像瑞典贵族那样的重要性。当情况使他有可能试图实现他以前只能梦想的东西的时候,戈利岑却犯了许多重大错误,这些错误使我们明确地了解到,在政治策略问题上,就是那时最开明的俄国活动家,也都极端无能。然而便是他的这种错误,也比彼得前罗斯的大贵族,表现出更为广阔得多的政治眼光。

除了那些由于西方影响而唤起,加强并形成其贵族政治意图的各门人物之外,还有一些身居最高级官职的"人物",他们虽然实际上只求尽快博得赞赏而加官晋爵,却也不知不觉地将西欧国家人物的地位同俄国"国王奴隶"的地位比较,从而在心灵深处认为前者优于后者。例如,在彼得时便已升迁到参政院检察长职位的亚古任斯基伯爵,便是这种人。他对于自己个人目的之尊重高于世上一切。为了达到这种目的,他愿与任何人结伙,愿干任何勾当。然而我们看到,在适当情形下,他也能向那些在他看来能够决定俄国军职阶级今后命运的人物求助,向他们概叹说:"我的爷们啊,多给我们一点自由吧!"

俄国人政治观点的扩大与明朗化,不仅由于他们到更为自由的西欧国家的旅行日益频繁。改革以来,他们开始欣然阅读西方的政治著作。根据彼得的命令,翻译了普芬杜尔夫著《欧洲史概论》一书。这本书简明地叙述了西欧各国当时的政治制度。但这本书并不是教育"国王奴隶"的唯一教材。在 18 世纪初期,在俄国业已流传着《欧洲各国政治简述》一书的手抄本。本书的作者倾向无限制的君主制度。他特别喜爱讨论那些从以前的代表制转换为君主专制的国家的历史时期(如 1682 年的丹麦,1680 年的瑞典);波兰的国家制度受到作者的强烈攻击,而对于完全受制于国会的英皇地位,则倍加怜悯与惋惜[1]。

自然,在这方面同情他的不仅有"学术侍从",我们已经看到,他们是完全拥护专制制度的。当时从莫斯科贵族中产生的"俄罗斯小贵族",热情地帮助伊凡雷帝去贬抑大贵族而建立无限制的沙皇政权,是既不喜欢英国的贵族制度,也不喜欢波兰的政治上无政府状态的。П.А.托尔斯泰在其游记里显然一方面满意地写过威尼斯公民经常生活于"无恐惧、无凌辱、无重税"之中,同时却在同一游记里严厉地批评波兰人,说他们不能"无吵闹、无殴斗地干成任何一件国家大事"[2]。贵族所以拥护君主专制,部分地是由于从祖先遗传下来的习惯:读者当能记得,在彼得改革影响之下产生的

①　Д.А.科尔萨科夫:《皇帝登极》,第 286 页。

②　《俄国档案》,1888 年,第 1 卷,第 196 页。

小说,其主人翁是完全保持着莫斯科人的政治观点的。此外,俄罗斯小贵族所以决心维护无限制的君主专制,还由于他们都处于名门贵族和农奴之间的中间地位。他们担心,一旦名门贵族成为局势的主人,他们会受到比无限制国王更甚的压迫。同时,他们还害怕官宦阶级反对国王的运动将引起农民反对官宦阶级的运动。然而尽管如此,就是那些宣扬专制制度的政治著作和论述,只要它们能向俄国读者介绍一些西欧国家的比较自由的制度,也能扩大俄国读者的政治观点。试举同一《西欧各国政治简述》为例。

该书的作者无论多么严厉地攻击了英国宪法,但他毕竟告诉了俄国人:若无下院的同意,便不向国王纳税。他在描写威尼斯的参议院时对参议员的威力作了这样的说明:"人们有时谈到的古罗马的元老的情况,现在可以适用于威尼斯的参议员,他们虽然不是皇帝,但他们所受到的尊敬却不亚于皇帝。"他对于荷兰国的仿佛不得已的赞扬,同样值得注意。他在描绘了荷兰的物质幸福情景之后说:"荷兰国用许多鲜血换得了自由,他们尊重自由甚于其他财富。"他还赞扬了瑞士:"瑞士的军事力量,至为光荣,很难找到一个力量能够超过它的民族。三百年前为保卫家园和自由而英勇作战时,表现如此,现在他们仍在反对入侵,完全保持了这种自由。"[①]西欧的社会生活有一种特点,俄国人在谈到它时难免常常使用"自由"一词。由于俄国读者认识了这一特点,所以他们的理解便超过了美好旧时代的莫斯科政治观念的水平。这一点,我们在科托希欣和其他17世纪的西方派的身上业已看到。至于那些

① 参阅 Д.А.科尔萨科夫:《皇帝登极》,第286—293页。

读过格罗茨、托马兹、洛克或博卡里尼等作家著作的人,他们的认识水平比旧莫斯科认识的水平更高,那就更毋庸解说了。这些作家的著作曾被译成俄文,流传在我国当时的知识界中。

　　彼得改革使俄国人更能看到"其他各国人民"怎样生活,了解其思想代表人物想的是什么。这是毫无疑问的。但在谈到这一点时,必须经常记住:能够了解西方先进各国人民的社会生活和社会思想的俄国人,几乎都完全属于官宦阶级。就这方面说,这一阶级的有才之士,比来自民间的有才之士有着无比优越的条件。有些人能够读到洛克、马基雅维利、霍布斯,最少也能读到托马兹和普芬杜尔弗等人的著作,而另一些人则除《圣僧传》《淫僧记》和某一阿朋多克"关于修辞学"的"言论"等书外,极少获得其他精神食粮。因此,很自然,有些人的思想多少有所前进,而另一些人的思想,除个别人外,则是在旧莫斯科习俗和"古代宗教信仰"的迷魂阵里踏步不前。

　　西方生活和西方著作的教育影响,由于罗斯完成的各种事变所造成的印象,而益趋巩固。在彼得统治下,军职人员生活不易。彼得要求他们工作、工作、再工作。但他们都看到,以彼得为代表,坐在皇位上的确乎是一个勤俭的当家人和不倦的工作者。彼得的这一功绩,谁也不能,并且看来谁也不打算抹杀。在他的最近的继位者的统治下,军职人员所看到的却是另外一种景象。叶卡捷琳娜一世扮演着女统治者的角色,却同她的丈夫完全不一样。据克柳切夫斯基说,她"很少从事她不很了解的事情,生活漫无秩序,虽然身体多病,且肥胖过头,却习惯于与亲友饮宴,坐到次晨 5 时方始休息。于是,行政管理松弛。据一位大使说,所有的人都只想盗窃贪污,她在临死前一年,竟任意挥霍到 650 万卢布。当不满分子在幕后的秘密集会上为失宠的亲王欢呼的时候,秘密警察每天都在绞杀说话不当心的人们"[1]。"失宠的亲王"登位(1727 年 5 月)以后,事情更不如前。这一教养极坏的孩子的全部时间,都用在同所喜欢的人们枯燥无味的娱乐上。在叶卡捷琳娜一世时,是缅希科夫当权,现在的全权代理人则是阿列克谢·多尔戈鲁基公爵和他的儿子伊凡。西班牙公使德-利里亚公爵向本国朝廷报告说:

"在莫斯科,大家都不满地谈论着沙皇的生活方式,并将过错归罪于他周围的人。爱国的人们,看到国王每天早晨衣冠不整地同宠臣的父亲——阿列克谢·多尔戈鲁基坐着雪橇到莫斯科近郊去,同值班的高级侍卫整天留在那里,像小孩子一般玩耍,而对于皇帝所应知道的事情,一窍不通,都感到失望"[2]。

> 看到了,——有眼睛的人
>
> 为祖国而伤心……

当军职阶级开始比以前更加认识到他们在国内的重要性时,对统治者行为的不满产生了,并且开始强化起来了。彼得大帝建立的军事力量的新组织,也是军职阶级力量的新组织。彼得死后,这种重新组织起来的军职阶级力量,特别是近卫军,立即由事变的过程推上俄国历史舞台:彼得的皇后是在近卫军的帮助下即皇帝位的。近卫军大声疾呼,如果大贵族起来反对她,他们将击碎大贵族的脑袋。此后在整个历史时期中,统治者的个人命运都取决于

---

[1] 《俄国史教程》第 4 卷,第 346 页。

[2] 《寄到西班牙的关于俄国的信,第十八世纪》第 2 卷,第 146 页。

近卫军的情绪和宫廷内部阴谋的进程。

潘丘利泽夫在所著《近卫军史》中指出，近卫军的补充方式，经常"同居民群众保有密切联系"①。假如像潘丘利泽夫那样，将"居民"理解为军职阶级，则所指完全正确。此外，他还应指出，近卫军既然同军职阶级保持密切联系，那它自然就是军职阶级保护其自身利益的工具。不这样是不可能的。然而近卫军不是由具有一定程度的有知识的人组成的团体。它虽然保护贵族利益，却不可能是贵族中先进部分的理想的代表。它的观点是多数人的观点，因而它在保护贵族的等级利益时，只能使用能够为"居民群众"所能理解的手段。因此，近卫军在 18 世纪俄国政治舞台上的表演，给我们提供了判断我国小贵族的政治觉悟的丰富资料。

彼得大帝决定，俄国国王自己指定继承人。他的死，使他未能按照这个决定行事。他的 14 岁的孙儿也在死时无遗嘱。这两件对皇室不利的偶然情况，却对军职阶级有利，因为它们在 1695 年和 1730 年给军职阶级（至少以近卫军为代表）以进行坚决政治行动的理由。

彼得二世死后，发生了一个问题，即是否要尊重叶卡捷琳娜的遗嘱。按照这个遗嘱，如果第二个俄国皇帝无嗣而死，则皇位应传给戈利什廷斯基亲王的妻子，彼得的女儿安娜家族。根据彼得法律的确切含义，叶卡捷琳娜一世仅有权指定其直接的继位者。因此，在彼得二世死后，她的遗嘱没有法律效力，应该选出新的国王。

同皇位最接近的是枢密院，其成员很快便相互取得协议。彼

---

①　潘丘利泽夫：《近卫军史》，圣彼得堡 1899 年版，第 1 卷，第 179 页。

得二世临终的当晚,他们选出了伊凡·阿列克谢维奇的女儿库尔良德大公的遗孀安娜为皇帝,他们希望这一既不富有,又几乎孤独的妇人会比皇族其他成员更容易接受他们所制定的选举条件(《Кондиции》)。用戈利岑公爵的话说,这些条件的总的意思,就是"要对他们宽容些",或如他当时所解释,就是要"增加他们的自由"。

过去参加选举瓦西里·舒斯基的大贵族,曾企图增加他们的自由。在选举米哈伊尔·罗曼诺夫时,名门贵族亦曾提出同样的愿望。然而现在,彼得改革后,由于西方的影响,大贵族增加自由的愿望采取了更为确定的性质。给安娜·伊凡诺夫娜提出的"条件"更准确地表达了"条件"起草人向新女皇的要求。她必须签字承担下列义务:

"兹立约最坚决地承诺,我的最大关怀和努力将不仅在于希腊东正教的内容,而且将尽一切可能促其传播;同时,在接受俄罗斯王位后,将终身不结婚,无论生前或死后不指定继位人。此外,还承诺接受忠谏,维护国家的完整与福利,永远保持业已建立的枢密院由8人组成,不经该院同意,1)不向任何人发动战争。2)不媾和。3)不加重我忠实臣民的任何捐税。4)对于国家及陆海军上校以上的重大官职,绝不封赐,甚至对任何贵族案件亦不裁决;近卫军及其他部队都归枢密院统辖。5)对贵族的生命、财产和荣誉,不经审判不得剥夺。6)不赏赐世袭领地和村庄。7)无论俄国人或外国人均不得充任宫廷官职。8)不使用国家收支款项,对于全体忠心臣民,均予爱护"。

根据这些条件,安娜对于她的未来权力的极端有限,是完全清楚的。"条件"还明白指出，如果违反上述条件，她将受到什么威胁："如破坏这些承诺，则将被剥夺俄国王位。"

她签署了所有这些条件：以一个库尔良德大公的贫穷寡孀的地位，换得全罗斯女皇的地位，尽管其权力很小，但她毕竟什么也不曾损失，却赚得了很多东西。

枢密院成员的主要鼓舞者是前面业已不仅一次提到的 Д.М.戈利岑公爵。他认为安娜在米塔瓦签署的条件应成为新的、更广泛得多的政治改革的起点。戈利岑决定——不过，显然不是很快地决定——赋予参政院以一定的政治作用，并建立两个新的机关：由 200 名议员组成的贵族院和城市代表院，后者的任务是保卫商人等级和全体无特权、非贵族的罗斯的利益[1]。但是，按照某种德国说法，戈利岑是打如意算盘，所以他的计划不一定能实现。

在彼得二世死亡的时候，枢密院由 5 人组成。他们是国务总理 Г.И.戈洛夫金，副总理奥斯特曼，А.Г.多尔戈鲁基公爵，В.А.多尔戈鲁基公爵和 Д.М.戈利岑公爵。枢密院成员迅即加聘 3 人予以充实：陆军元帅 М.М.戈利岑公爵，陆军元帅 В.В.多尔戈鲁基公爵和西伯利亚省长 М.В.多尔戈鲁基公爵。这样，枢密院便

---

① 戈利岑代表枢密院、参政院、僧侣、将军团以及"全体俄国人民、全体僧俗官员"起草的效忠安娜誓词草案第十二节写道："对商人等级应予救济，不使遭受侮辱，他们在城市里应有自由，任何人都不得将商品卖到一个人手里，商人的捐税应予减轻，任何其他官员都不得对商人进行干扰。"（科尔萨科夫：《皇帝登极》，第 187—188 页）我认为，指出这里所表达的对垄断的害处的认识和对"商业自由"的认识，是有益处的。同样，关于禁止"任何其他官员"对商人进行干扰的许诺，也是值得注意的。俄国商人在彼得以前便争取这一禁令，而且我们往后还可看到，他们在臭名远扬的叶卡捷琳娜制法委员会时代，也没有停止争取这一禁令。

有了8名成员,而且安娜必须永远保持这个数目。在当时组成这个院的8人中,戈罗夫金和外国人奥斯特曼两人都不是贵族,而其他6人则均为最显赫的贵族门第。这个情况在一定程度上赋予这一企图掌握全部权力的中央机关以贵族制度的特性。但是,必须说明,俄国的贵族——如果仅就其在18世纪存在而言——不只是由两个公爵家族:即戈利岑家族和多尔戈鲁基家族组成。特鲁别茨基、博里亚京斯基、车尔卡斯基公爵、穆辛-普希金伯爵以及其他若干人都完全有根据地算是"世代相传的贵族"。枢密院成员要将该院永远限于8人,从而在许多其他贵胄家族中引起不满。对枢密院成员心怀不满的贵族,于是竭尽所能,力图防止这一策划的实现。

　　改革后的俄国名门贵族已在一定程度上领会了西欧贵族的政治观点和意图。但是,到了实现这些观点,达成这些意图时,便又重复了莫斯科罗斯的常见现象:即我国的大贵族不能以联合的力量去反对国王的独断专横,而是囿于氏族或小派系的目的,相互攻讦,因而在实质上使这种专横的权力易于取得胜利。多尔戈鲁基家族和戈利岑家族虽然崇尚欧化,却都未能摆脱这一怪异的大贵族的积习。他们虽然认为采取公开步骤,使俄国在政治上欧化的时机业已成熟,但他们又将自己的策划建立在过于狭隘的基础上,使其成为一种极欠考虑的宫廷阴谋(普罗科波维奇称之为"儿戏")。反对枢密院成员的"儿戏"的,不仅是受到他们排挤的贵族。各种爱慕荣华的官员,如前已提及的亚库任斯基,也都起来反对。他在彼得二世死后,向枢密院成员发出前已引录的请求:"我的爷们啊!请多给我们一点自由吧!"可见,他已知道,"自由"比"不自由"要好得多。但他是从个人的观点看待争取自由的斗争问题的。在增聘入枢密院失望以后，他立即开始效忠君主专制制度的既勇敢，又灵巧的阴谋。以他为代表，"官员"向业已夺得政权的"家族"要求让步；得不到这种让步，便同那些"家族"进行暗中的，却是无情的斗争。这也使 Д.М.戈利岑家族所密谋的事业，减少了成功的希望。

　　然而，现在一如彼得大帝逝世以后，事情的成败归根到底取决于近卫军，即取决于有组织的贵族。潘丘利泽夫在所著《近卫军史》中认为必须提请他的读者注意，18 世纪我国一切国家政变的参加者都是自觉地奔向自己的目的的。试看他的话有多少正确性。

　　普罗科波维奇在描述枢密院成员的"儿戏"时，对它在贵族中所造成的印象作如下说明。

　　大家都说："如果按照这些老爷们（即枢密院成员们。——著者）的意愿去做，为所欲为，则整个祖国亦将陷于大灾大难之中。老爷们自身不能协调；他们有多少人，就几乎有多少个相互诟骂的头面人物，罗斯现在出现了一种尖酸刻薄的人物，这种人物在以前许多公国分崩离析、贫穷困苦时亦曾有过。"①这里容我有些夸张。但普罗科波维奇的证词，得到了波兰-沙克逊大使 У.Л.列福特在 1 月 26 日（新历 2 月 6 日）所写密报的证明：

　　"达官显贵所制定的新管理形式，在小贵族中引起不安。在他们中间可以听到这样的议论：显贵的大官们主张限制君主独裁制

_____

①　杜克·利里伊斯基公爵的《儿戏》等等（附录），第 199 页。

和君主专制,其权力应由枢密院来节制。枢密院逐步将政权夺到自己手中。但是谁能担保将来不会出现象枢密院成员那么多的暴君来代替一个国王,他们的压迫不会增加对我们奴役呢? 我们没有枢密院所必须遵守的法律,如果由该院的成员颁行法律,那他们就可以随时取消法律,那时俄国便要开始出现无政府状态了"①。

一般贵族帮助莫斯科的历代国王镇压大贵族。现在,当两个大贵族家族要利用彼得二世之死以取得对国内局势的决定性影响时,一般贵族由于有了比较明确的政治觉悟,自不能成为大贵族的驯服工具。满腹经纶的 Д.М.戈利岑直到不能采取任何重大步骤来吸引贵族支持枢密院时,才明白这一点,这就应该说是奇怪了。

小贵族是无条件地拥护君主专制的。但这一阶级的上层和中层则准备提出他们的条件。这两个阶层都企图或多或少地减轻其对国家和国王的从属性。他们想将贵族的强制服役限制于一定的期限,保障其自身和其财产不受最高当局的任意侵犯。最后,并对国家管理过程取得合法影响。不满意枢密院成员的贵族,在各式各样小组中起草了将近 10 种方案,签名者达 1 000 余人。这些方案为我们审查俄国贵族欧化部分在当时的"思想轮廓"提供了极好的资料。

瓦·尼·塔季谢夫起草的计划要求取消枢密院,其叙述最为完整和最有系统。计划认为必须"帮助女皇陛下"建立"上政府"或参政院(由 21 个"成员"组成),其活动由"下政府"(由 100"成员"

---

① 《俄国历史学会文集》第 4 卷,第 347 页。参阅科尔萨科夫:《皇帝登极》,第 92—93 页。

组成)补充,"下政府"的任务实质上是主管国内经济事务。上政府和下政府出缺时,其递补人选由这两个机关的联席会议决定①。联席会议还应选举省长、副省长及军队的主要司令官。

计划还规定了新法律的制定程序。"如女皇陛下命令制定某种法律,应即迅交各委员会详细审议,数日后,每一共同制定或由某人单独制定的法律草案,应在会议上向上政府宣读,在充分讨论后,呈请女皇陛下批准"②。

不明确的是,通过这种程序制定的法律草案,女皇是否必须批准。然而,很显然,立法的倡议权应属于女皇。

其次,计划还要求限制贵族服役期间为 20 年,豁免其充当水兵和手工艺者,取消彼得制定的长子继承法,并通报"真正贵族"周知。世袭老贵族规定登记入特别册书,以有别于新贵族,新贵族是由士兵、骠骑兵、独院小地主③和书吏出身的。贵族门第之取得,应由氏族的古老性或赏赐特权证书决定。

政治拘捕问题亦未被忘记。计划规定在政治拘捕时应有警察代表在场以保护被捕者的零星什物。同时为了对审讯是否公正,进行监督,规定指派两名参政院成员参加秘密审讯办公室。

由《论科学与学校之利益》一书作者起草的计划,不能不对贵族的教育表示关怀。它指出必须在所有城市开办学校,并保证其

---

① 计划禁止从一个家族选举两人参加上政府,因为"如果父子、兄弟、叔侄、岳父和女婿参加同一政府,实等于一人兼有两票,这是非常混乱的"。显然,计划起草人不愿重见枢密院成员遴选时所发生的引起普遍不满的现象。

② 科尔萨科夫:《皇帝登极》,第 159、160、161 页。

③ 独院小地主是俄国农奴时代低级官吏后裔出身的小地主,土地不多,可蓄农奴,与农民同赋役。

校舍与年度经费。塔季谢夫如果不对商人等级有所设想，那他就不是"彼得的小学生"了。他所提出的计划建议豁免商人向军队提供宿营房屋，采取措施使商人免受压迫①，并"设法繁荣纺织业和商业"②。

为了讨论这些建议，须由"全体贵族选出至少100名适当人员"。在这一草案上签字的人（共249人），请求枢密院"通过宫廷承宣官在当天或明天向贵族宣布会议的召开，并指定开会的地点"③。

其他计划都没有写得这样详细。它们的某些细节，有时很重要的细节，都同刚刚研究过的草案有所不同。它们的大多数都不取消枢密院，而是同它妥协，只坚持枢密院的人数应予扩充。有一个计划对"名门权贵"的权利，提出了颇大的要求，认为他们应在军职阶级中构成一个特殊阶层，以别于普通贵族，并比普通贵族具有更大的政治重要性④。有些计划谈到"不堪税捐压迫的农业"——也就是谈到农民，希望减轻租税负担⑤。关于国家管理，他们都主张应由"全社会"参加，唯一的分歧仅在于政府的成员问题。根据某些草案，"最高会议"应由枢密院、参政院、将军团⑥和贵族组成；而另一些草案则排除了参政院，部分地还排除了枢密院（在最高会议选举时，应自行选聘议员）。在一份草案里甚至说："往后为了改

---

① 我们从波索什科夫那里获悉，商人所受军职阶级的压迫是多种多样的。

② 科尔萨科夫：《皇帝登极》，第161页。

③ 同上书，第162页。计划是在2月5日送到枢密院的。

④ 同上书，第165页。

⑤ 同上书，第174页。

⑥ 即前四级的大官。

弦更张,维护国家的利益,应设想议会,并由社会建立之。"①值得
注意的是,正是在这紧急时刻,某些俄国贵族反而不提波兰的和立
陶宛——俄罗斯小贵族的议会。

　　所有这些差别并不妨碍这些计划草案保持其完全的贵族性
质,且其存在本身足以证明,在当时的俄国贵族之中,确有一个阶
层完全不想无条件地恢复旧的政治秩序。这一阶层以斥责枢密院
成员的排他性,是希望利用安娜的可能让步,以消除或者哪怕只是
减轻军职阶级对国王的从属地位。如此说来,Φ.萨尔特科夫的话
并不完全错误,他写道:"俄国人民具有如其他各国人民同样的感
觉和判断,只要让他们管理这种事情就行了。"彼得改革曾"指挥"
我国军职阶级的某些人去争取一定的政治权利。但当时的环境在
迫使他们去争取这种权利上虽是充分有利,而在使他们的意图变
成现实上,却是不够有利的。

　　我们在前面已经引述过的近卫军史学家说:"贵族们已经觉悟
到,无论是农奴制在地区上的推广或其内部的发展,都只有在最高
政权的协助之下,才有可能。"②这未必完全如此。贵族的等级本
能也许在这里比等级觉悟起着更大的作用。但无论如何,贵族自
求解放的企图,必因其维持,甚至加强农民的奴役地位的企图而趋
于减弱,则是毫无疑问的。此外,大多数贵族在政治上都非常落
后,所以对于君主专制的优点,从来不曾怀疑。这种旧式的落后贵
族在近卫军里也占大多数,然而整个事变的结局,都归根到底要取

---

①　科尔萨科夫:《皇帝登极》,第170页(着重点是我加的。——著者)。

②　潘丘利泽夫:《近卫军史》第2卷,第221页。

决于他们。因此,近卫军显得完全不愿支持任何立宪意图,便毫不足怪了。

革新派的力量弱于保守派的力量。然而问题尚不止于此。革新派相互之间怎样也不能协调,从而更加削弱了自身的力量,而使保守派易于取得胜利。在这里,责任几乎应该完全落在"名门权贵"身上。他们好久不能懂得,最少也一定要对贵族中最有影响的阶层做些让步,这样便可将他们拉到自己方面来。但当他们终于懂得这个道理时,他们的错误要改正也不可能了。

П.Н.米柳科夫认为,枢密院成员并无任何寡头政治的目的。为了证明这一点,他引述了亨利·费克的一段话。这亨利·费克是彼得大帝的著名助手,对共和制很感兴趣,并提出种种建议来帮助枢密院的成员。他说:"俄罗斯帝国现在开始同瑞典和波兰并驾齐驱了;俄罗斯人现在是聪明的,所以像缅希科夫和多尔戈鲁基那样的宠臣不可能再有了,那样的宠臣是一切罪恶之源。"[1]但这段话非常不确定,所以什么也未证明。同样,米柳科夫所引录的 Д.М.戈利岑的话,说"从今以后,将出现一个幸福的、繁荣的俄国"云云,也无说服力。比较明确的是另一戈利岑,陆军元帅米哈伊尔·米哈伊洛维奇·戈利岑的评语。他说,我国将不会再有任意的杀戮、流放、没收,新政府将减少不必要的支出,取缔过分的课税,给商业以自由,保障每人的财产,建立银行以降低高利。可是这一切只是从一个枢密院成员,因而是从一个对政变最感兴趣的人那里

---

[1] 参阅《俄国知识界史纲》中的论文:《枢密院成员和贵族》,第 20 页,圣彼得堡1902 年版。

发出的单纯诺言。问题在于到底用什么办法，也就是到底要有怎样的政治制度才能保证枢密院成员们及其支持者所热烈宣扬的诺言的实现。然而对于这一问题，枢密院成员除了明确表示不愿满足贵族中开明部分的政治要求之外，什么别的答复也没有给。Π. H.米柳科夫对立宪党的政治要求作如下叙述：

"立宪党以为，新的国家制度应由专门的立宪会议来制定，这个会议的社会成分应比枢密院更为广泛。未来制度的立法权不应成为某一统治团体的垄断，而应是'全民'政府所有"①。

枢密院成员对于这些要求的态度怎样呢？他们的态度是：

"他（即 Д.M.戈利岑。——著者）已将他对贵族的让步写进他所起草的誓词里，这篇誓词将于女皇到达时向她呈交。誓词16条中的第一条规定枢密院的职责，所用语句与提交该院的某一计划草案所用相同。按照这个规定，枢密院的存在，并不是为了会议本身的任何权力，而是为了谋取更好的国家利益，更好地帮助女皇陛下管理国家"。戈利岑复述了那一计划草案的漂亮词句，"'不是由个人指挥法律，而是由法律指挥个人'。同样，关于选举枢密院成员候选人的誓词，也是从那一计划草案中抄来的。誓词规定，候选人应选自'主要家族，将军团和贵族中忠于社会的人士'，但从同一家族，不得选出两人以上。这在事情的本质上，并无任何让步。候选人的选举不是在枢密院、参政院和将军团全体会议上举行，而是交给枢密院和参政院办理。为了解决最重大的问题，戈利岑同

---

① 《俄国知识界史纲》中的论文：《枢密院成员和贵族》，圣彼得堡1902年版，第3页。

意召开人数较为广泛的会议,但其所采取的形式,却使这种让步失去任何真正意义"①。

参政院、将军团、部务委员会官员,知名的贵族,在宗教事务上还有东正教最高会议成员及最高僧正,都只有发言权。固然誓词的其他各点,对于贵族的一些次要又次要的要求,曾予满足,但如米柳科夫所指出,这些让步不可能带来协调,因为贵族不能从这些条条里看到主要的东西:即由他们的代表参加制定新制度和享受国家政权的最高权利②。

当米柳科夫说,贵族的要求也是很狭隘的,因为他们所谓应该保证其参加政权的"全民",实际上只是这批贵族时,是不能不同意他的意见的。我在上面就已指出,所有向枢密院提出的抗议,性质上都完全是贵族的。不过狭隘的程度各有不同。那些以贵族这个概念来包容"全民"这个概念的人,其政治眼光固然是狭隘的,然而有些人甚至认为以贵族的全民这个狭隘概念还未免流于广泛,则其政治眼光的狭小,就更等而下之了。同时,如果想想枢密院的成员既不愿与贵族分享政权,又竟然同名门贵族相互敌对,致使他们的许多代表成为不满分子的领袖,则人们在当时和在现在,为什么和在什么意义上指责戈利岑及其同道同情寡头政治,便完全可以理解了。

现在谈谈普罗科波维奇。按照他的说法,多尔戈鲁基之流不愿为人民,而只是为自己谋利益。他们企图即使不能获得沙皇的

---

① П.Н.米柳科夫:同前书,第36—37页。着重点是米柳科夫加的。
② 同上书,第37—38页。

全部权力，也力图获得一部分权力。普罗科波维奇称他们这种意图为诡计，因而这样断言："这种诡计所以并不神秘，因为他们不想实行人民统治（这样的统治通常称为自由共和国），而是使8人会议具有极端的统治力量，这种少数统治者的统治方式，不能称之为当选者的统治，希腊的贵族政治；……难道希腊人把寡头政治称为苛政或暴政吗？"[①]

普罗科波维奇是枢密院成员的不可调和的敌人。他幸灾乐祸地传播他们的错误。这是显然的。然而同样显然的是，枢密院力图将权力转移到"少数统治者"的手中。

普罗科波维奇还说，当时大家都认为"如果照这些老爷们（即枢密院成员们。——著者）的意愿去做，不顾一切，整个祖国亦将陷于极度灾难"[②]。这当然是言过其实，不是大家都这样说的。我们所知道的科兹洛夫旅长的报道，说他从莫斯科来到喀山，兴奋地对当地居民说，安娜女皇如果破坏条件，她便会被立即送回库尔良地亚，她现在就是一只最坏的鼻烟盒也不能从国王的宝库里拿出来，她不能再以村庄和金钱作为赏赐，不能将其亲戚引进宫廷，并且最妙的是：现在我们国家的管理已开始比任何时候都有秩序，等等。这就是说，当时仍然有人并不因为权力集中于8人组成的枢密院而感到愤慨。然而事实上，大多数贵族对于这种权力的集中是极为担忧的。要消除这种担忧的心情，只有对贵族"全民"中的立宪派的政治要求，立即作出让步。而这又为戈利岑所不乐意。

---

① 《杜克·利里伊斯基公爵的札记》（附录，第196页）。
② 同上书，第199页。

米柳科夫说,那篇誓词是戈利岑对让步的最后答复,是让步的最后界限,而且实质上,它并不是没有满足贵族的要求。这种特殊的"多数主义"尤其令人感到惊奇,因为如果说,俄国的大贵族在17世纪已是一株"冻坏了的树",那么,现在在1730年,限制最高权力的倡议甚至不是由整个树。——彼得的改革带来了比以前好到不可计量的贵族军事力量的组织,已使这株"冻坏了的树"更加凋落了,——而是由树的两个分支提出的。这两个分支的政治力量有多么弱,可从以下事实明显看出:即枢密院成员经常把"条件"说成是安娜的志愿步骤,甚至大家提议称新女皇为专制君主时,他们也未稍加反对。

所以事实上,枢密院成员是希望以幕后阴谋的方式战胜君主专制的。他们的希望没有得逞。枢密院成员愈来愈加没有出路。多尔戈鲁基的大贵族"多数主义"的毛病,看来不像 Д.М.戈利岑那样厉害。他终于明白了这一点。他同意增加枢密院成员的人数,并由贵族的人选去研究社会需要,"使人民知道,他们愿意开始注意人民事业的利益"。但是已经迟了,立宪党业已同专制君主派实行妥协了。

君主立宪派于2月23日在博里亚京斯基公爵的私邸开会,决定请安娜取消枢密院,恢复旧的政治制度。同时,立宪派又在 A.М.切尔卡斯基公爵的私邸讨论了当时的局势。不知道,在他们这次集会上到底谈了一些什么。但是,应该说,立宪派当时并不很相信他们的愿望有实现的可能。当塔季谢夫带着在博里亚京斯基家里的保守派会议上起草的请愿书并建议他们签字时,他们并没有严词拒绝。塔季谢夫的建议得到 A.Д.康捷米尔的热烈支持,对到会的人们发生了强烈影响。部分人当时就在请求恢复君主专制制度的要求上签了名。其后,康捷米尔和马特韦耶夫伯爵又出去征求新的签名。第二天一整天都花在这一鼓动工作上;傍晚,政变业已准备就绪,并将达成的协议通知了安娜。她所要做的,只是撕毁枢密院成员所制定并由她签字的"条件"了。2月25日午夜4时,这件事亦告完成。

当然,在这件事上也不免有些节外生枝。

2月25日晨,切尔卡斯基公爵带着同党,尤苏波夫公爵率领近卫军军官在克里姆林宫的接待室里会合。他们请求女皇接见。当然,女皇立即接见了。于是,塔季谢夫向安娜宣读了请愿书。请愿书首先对她"在枢密院所起草的各项条件上签字,表示感激"。请愿书写道:"不仅我们,而且我们的子孙后代亦将永远对您感恩不尽,我们由衷地用我们的言论来表达对您的尊敬。"但是,这份感恩的请愿书同时表示了某些"疑虑",为了消除这些"疑虑",它请求女皇允准将军团、军官和贵族由每一家族选出1至2人举行会议,以便研究各种情况,制定国家管理的形式[1]。

安娜感到困惑,其原因是:前一天,她在接到关于"协议"的通知时,原期他们请求恢复君主专制,而他们却要求她召开立宪会议。在这种情况之下,每一分钟都是宝贵的。安娜的妹妹叶卡捷琳娜(梅克林堡公爵夫人)拿着笔跑到她的身边,坚决主张:"立即签字!"安娜签了"照准",并邀请贵族立即在宫里另一大厅里讨论他们的请愿书。贵族遵照办理。

---

[1]　科尔萨科夫:《皇帝登极》,第274页。

这样,类似立宪会议第一次会议或临时安排的立宪会议开始了。

会议开得不很久。为了再次感谢安娜接受了他们的请求,请愿者相互磋商后,决定向她提出新的请求,请她不再服从枢密院提出的"条件"。然而他们刚刚还对女皇签署了那些"条件",约许其子孙后代将永远感激啊！这新的请愿书写道:"兹以至诚请求最仁慈的女皇接受您的光荣可敬的祖先过去有过的那种专制君主统治权,而将枢密院送给皇帝陛下的条件,予以销毁。"

凡事往往开始难。立宪会议的第一次会也成为最后一次会议,会议本身自愿如此。经过一番曲折(第一请愿书),贵族恰好走到前一天所协议和女皇所期待的地方(第二请愿书)。这一曲折谁需要,而且为什么需要呢?

要解答这个问题是不很容易的。显然,塔季谢夫、康捷米尔·马特韦耶夫等都为君主专制制度做过宣传鼓动工作,但没有说服所有立宪派,其中保持立宪派倾向的那一部分贵族,遂决定于2月25日试图孤注一掷。他们的政治观点已表达在第一请愿书中。这是可以理解的。不能理解的只是这请愿书何以恰恰由塔季谢夫宣读。塔季谢夫在1730年的作用,下文将予仔细研究。然而第一请愿书恰恰由他宣读,这一情况对于请愿书的命运,是不能有何影响的。这一请愿书的命运是颇为奇特的,因为那些在请愿书上签了字的人们,忽又认为必须请求恢复君主专制。但是,必须记住,贵族主张限制皇帝权力的,只占少数。其大多数则对这一意图或不置可否,或持反对态度。贵族大多数敌视立宪的情绪,明显地表现在近卫军的行动上。在宣读第一次请愿书时,近卫军军官喊道:

"女皇,我们是陛下的忠实奴隶。……但我们不能容忍陛下的奸臣。只要陛下下命令,我们便可将他们的脑袋砍下摆在陛下的脚下"①。在这种叫喊之下,贵族自不能在自己的第一次立宪会议上显示其巨大的政治自信。他们怎样也不能对抗近卫军的"利用武器来批评",而感到自己如在陷阱,因为拥护安娜的志愿参加者,已将宫中的一切出口占据了。

为了逃出陷阱,请愿者不得不放弃限制君主专制的主张,而请求恢复旧的政治秩序。然而他们虽然提出这一请求,却并没有放弃其他要求。由康捷米尔宣读的第二请愿书在要求恢复君主权力之后,提出了以下意见:

"最忠诚臣民请求陛下像在彼得大帝时那样,设立一个主持行政事务的参政院。以代替枢密院和高级参政院,并充实其人数为21席,在主持行政事务的参政院成员、省长和长官出缺时,贵族可以入选"②。

请愿书于结束时表示希望有公正的法庭,减轻税负,使"我们"即贵族根据陛下的真正整顿,能够宁静和安全地生活于幸福和富裕之中。

新请愿书中下列语句,亦非毫无意义:"同时,最忠实的臣民请求按照最仁慈的陛下签署的文件,现在就把将来的我国政府形式予以确定。"我国政府的形式问题似乎已在恢复君主专制的请求里,完全解决了。但也许落在陷阱里的请愿者在把这几句话写进

---

① 科尔萨科夫:《皇帝登极》,第 274 页。

② 同上书,第 275 页。

第二请愿书时,是为了安慰他们自己(或他们的那些等在宫墙外面的同志们)的立宪良心罢。无论如何,尽人皆知,获得了全部权力的新女皇,其真正整顿,却不曾给任何立宪梦想以余地。在安娜朝代里,任何类似的梦想都受到了惩罚。只要持有前述"条件"一纸,便可被控国事罪。甚至近卫军也有自由思想的嫌疑。新成立了两个近卫团——伊兹迈洛夫团和近卫军骑兵团,安娜的狂热走狗受命担任两团的指挥官。近卫军重骑兵最初曾受政府赏赐,后来亦受刑拷,因为他们当中的大多数虽要求恢复君主专制,但也有些人在某些立宪方案上签了名。政府密切注意那些受过刑拷的人,特别是不愿他们留在莫斯科。[①] 尽管如此,对贵族还是作了一些让步,使他们相信在君主专制之下,也能满足贵族最普遍的愿望。安娜在取消枢密院后,按照贵族的愿望,恢复了参政院,其权力与彼得所建立的相同;准许以投票方式选举军官,取消长子继承制,限制贵族的强迫服役期为 25 年[②],建立贵族中级军校,毕业后直接派为军官,等等。米柳科夫甚至认为,为了完成当年彼得一世所设想的新"法典",采行一种与塔季谢夫计划草案相类似的制度;这一法典的条文"应在由贵族代表和僧侣及商人中有识之士组成的委员会里讨论,然后在该委员会和参政院的联席会议上审查,最后送呈女皇批准"。因此,米柳科夫总结说,1730 年的那些政治方案的思想和愿望对于安娜女皇立法的影响,是毋庸置疑的。就这方面说,1730 年的政变(即政变的企图。——著者)已小规模地作出了

---

① 1831 年 9 月向他们公布了一道上谕,不许他们在莫斯科闲逛。(潘丘利泽夫:《近卫军史》第 1 卷,第 220 页及第 221 页。)

② 不过,这一让步后来又被收回。

著名的叶卡捷琳娜委员会大规模作成的事业①。然而非常值得注意的是，贵族愈是得到解放，其在立法和行政上的影响愈是得到巩固，则其对限制国王权力问题的兴趣，愈益减少。往后我们可以看到，这一普遍情况的例外——无论是虚构的，还是真实的——都只能在事实上证明这一普遍情况。因此，另一学者 Д.А.科尔萨科夫的意见，是完全正确的：他断言贵族在安娜的统治下取得某些利益之后，离开他们在 1730 年所企求的增加自身重要性的思想，便愈来愈远了。"他们的理想缩小了，所以 1767 年著名叶卡捷琳娜委员会上的贵族声明，比 1730 年的贵族观点，要低得不可计量"②。

枢密院的"儿戏"遭受完全失败后，Д.М.戈利岑向朋友说："宴会是准备好了，可是客人没有口福。我知道，我会成为它的牺牲品！好吧，我在为祖国受难，我已接近我的生涯的末日了，但那些迫使我哭的人们将要比我哭得更厉害啊！"

这一刚直的大贵族的"多数派"，在宴会的准备上没有显示出政治的艺术。我们知道，责备他有寡头政治的倾向，不是没有根据的。但最好是说他有小派别的倾向。可是应该说句公道话。科尔萨科夫就说过：安娜的胜利同样造成了寡头政治，并且不是俄国式的，而是外国式的寡头政治。"比伦奇政时期"便是对俄国未能结束其旧政治制度的残酷惩罚。当然，俄国在这里是无罪而受过，但社会生活的客观逻辑是不承认任何轻松的环境的。

---

① 《俄国知识界史》，第 51 页，另参阅科尔萨科夫：《皇帝登极》，第 298—299 页。

② 《皇帝登极》，第 302 页。

彼得的改革启发了军职阶级若干人（小部分人）的政治观点，却未能改变俄国政治力量的对比，因此亦不能直接造成我国政治制度的改变。相反，彼得改革的直接后果之一却是这一制度的持续巩固。甚至先进俄国人的求知意图亦在很大程度上有助于它的巩固。如果说，开明的贵族不能不认识到西方的"自由"优于旧俄罗斯的不自由，而另一方面，我们业已看到，因彼得改革而形成的"学术侍从"却完全同情君主专制。他们在1730年以事实证明了这点。普罗科波维奇、康捷米尔和塔季谢夫便竭尽所能支持安娜。当然，可以设想，塔季谢夫自己也不知道他到底想要什么：他虽然在理论上拥护君主专制，却写了立宪方案；他在写好这个方案以后，于2月23日晚到切尔卡斯基公爵的私邸去策动立宪派同阴谋恢复君主专制的党派妥协；最后，还是他，在策动立宪派恢复君主专制后，复于2月25日晨向安娜宣读了要求立宪的请愿书。怎样多的矛盾啊！但是这些矛盾都是由于他怀疑安娜——一个"缺少法律知识"的"妇道人家"——有能力像一个专制君主那样治理国家。他的这种怀疑向我们说明了为什么他一方面起草立宪方案[①]，同时又认为必须坚决驳斥君主专制的敌人。

他同这些人的争论，对于说明当时一般有知识的贵族的"思想面貌"（умоначертание）特别是对于说明"学术侍从"中开明人士的思想方式，是颇为重要的。

反对他的人说："将统治全体人民的大权交给一人，不能没有危险，因为无论这人如何英明、公正、温和，但不能没有过错，不能

---

① 由切尔卡斯基公爵署名的著名方案。

在一切事情上全无缺点。特别是如果这人放荡不羁，任性非为，则对于无辜，必致发生无礼和不公正的暴行和愚弄。"

为了反驳这种责难，塔季谢夫提出了我们前此已经知道的理由：即君权起源于父母之权。一切家长有兴趣的，就是要关怀他们的家人。塔季谢夫论断说："如果有这样的傻瓜，既不了解自己的利益，又不懂得智者的劝告而为非作歹，则可把这视为上帝的惩罚。"

此外，反对他的人还指出，宠臣仇视和迫害对国家作出真正贡献的人，"而为自己贪婪地敛聚财产"。

对于这一责难，塔季谢夫解答说，宠臣在共和国里为数更多，他并且引述希腊和罗马的历史，说那里"某些重臣相互倾轧造成很大的破坏，我们最怕的就是这种事，而这种事却在君主专制国难以找到"。塔季谢夫断言，必须将"明理和忠诚的"宠臣与"暴恶的"宠臣加以区分。明理和忠诚的宠臣，"应受到永远的崇敬和感激"；塔季谢夫说，B.B.戈利岑便是这样一种宠臣。

君主专制的敌人还控诉秘密审讯处。他们说，这种审讯处使我们在"明理的各国人民"面前感到羞辱，受到痛斥；此外，它还败坏了我们的国家。因为"一言不慎，便遭杀戮，拷打并使无辜者子女的财产被抄没"。然而塔季谢夫对于秘密审讯处并不感到愤慨。他证明，只要将这种事情交给笃信上帝的人去办，便无任何危害。"至于恶人和渎神的人是不会长久得意的，他们会销声匿迹的"[①]。前已述及，塔季谢夫所起草的宪法草案，没有废除秘密审讯处，而

---

　① 科尔萨科夫：《皇帝登极》，第151—155页。

只是改造它,从参政院指派两名代表参加。

塔季谢夫的所有这些论点证明他的政治"思想面貌"是有很大的局限性的。他的这些论点所反对的那些人,毫无疑问,都具有更为广阔的政治观点和更高度的自尊心。然而塔季谢夫是那时最有学识的俄国人之一,在学问上,他比他的许多论敌——即令不是全体论敌,都要优越。而且,就我们所知,他是完全不愿在最高当局面前卑躬屈膝的。但这里的问题究竟何在呢?

我们试想普罗科波维奇和康捷米尔,这两人都比塔季谢夫更彻底地拥护君主专制,而且按照当时俄国的标准,也都是非常有学问的人。姑且假定,关于普罗科波维奇,我们不能肯定地说他反对枢密院成员和立宪派的"儿戏",不是由于——最少部分地不是由于某种个人利益。况且,他又是属于僧侣等级的,而僧侣等级是与官宦阶级对立的。但是我们却没有任何根据去怀疑当时还很年轻的康捷米尔的诚意。这里的问题不在于诚意,也不在于知识的渊博,而在于对君主专制的看法,即能否将君主专制看成俄国的进一步开明的最可靠保证。热烈颂扬彼得启蒙活动的"学术侍从"便是开明君主专制的热情拥护者。

这样看来,我们在这里看到一种离奇古怪的现象:俄国启蒙运动的辩证法,恰恰使那些学识最为渊博,看来似乎应该比任何别人都更热烈地拥护政治自由思想的人士,却反而放弃了这一思想。换言之,学识在俄国竟然成为特殊的政治蒙昧主义的一个来源。

与这相似的某种离奇现象,我们在西方亦曾看到:西方的启蒙思想家也信仰开明的君主专制,或——在这一场合里说得更准确些——专制制度。但在西方,这一现象要短促得多。而在我国,就是在 19 世纪，也还在进步人士中长期没有消除的一种信念，以为政府应该，而且可以走在"社会"的前面。这是俄国社会思想发展的相对特点之一，其根源在于我国历史过程的相对特点。

第五章　文艺作品中的社会思想

I

俄国文学史家对于彼得改革后时期在艺术创作方面的初期作家的态度,不经常是公正的。直到现在,我国还颇为广泛地流传着一种观点,以为最初,我国文艺作品的特点是完全或几乎完全缺乏内容。例如,就在不久以前,有一位学者断言:

"新生的世俗文学无疑地必须首先熟悉形式。康捷米尔在这方面奠定了端绪。他的讽刺诗往往完全脱离了生活和现代实际,这是它们的主要缺点。然而重要的是,由于他,某种文学形式才为人们所公认。既然有了形式,则文学在其进一步发展中,就会为这种形式取得生动的内容了"。

这段话无论从理论的观点或从实践的观点说,都是不正确的。

一般说来,形式是与内容密切联系着的。诚然,在有些时代,形式比较强烈地脱离了内容。然而,这是特殊的时代。在这样的时代里,不是形式落后于内容,就是内容落后于形式。但是必须记住:内容落后于形式,不是在文学刚刚开始发展的时候,而是文学业已趋于衰落的时候——这种衰落常常是由于其爱好和意图在文学中获得表现的那一社会阶级或阶层的衰落的结果。例如,当代的颓废派、未来派以及其他相似的文学现象,就都是由资产阶级的某些阶层的精神衰落引起的。顺便一提，文学的衰落经常表现于人们对形式的重视开始远远超过于对内容的重视。可是内容与形式是极为密切地联系着的，所以对内容的轻视，便迅速地在最初带来美的损失，而随后更使形式完全丑化。为了举例，我将再次提出文学中的颓废派和未来派，或许还有绘画中的立体派。但在文学（或艺术）刚刚开始发展的那些时代里所发生的现象，是同我们在衰落时代所看到的现象完全相反的。那时，不是内容落后于形式，而是相反——形式落后于内容。这一点在康捷米尔的那些仿佛完全没有内容而且脱离生活的讽刺诗里，是表现得再明显不过了。这些讽刺诗里所包含的思想，有一些直到现在还完全保持其意义（如关于教育的思想）。然而这些思想的表达形式，却使现在阅读康捷米尔的创作，不能不费相当大的气力。就在康捷米尔以后，文学必须作出长期的巨大的努力，使自己真正成为优美，也就是说，要为它所处理的内容找到适当的形式，这种内容在每一特定的时期，都是由俄国的社会关系决定的。

别林斯基在其"同现实妥协"时期，如所周知，是不大喜欢讽刺作品的。但在晚年，他对讽刺作品的态度便迥然不同了。这时他满意地，也可以说是骄傲地指出：以讽刺作品开始的我国文学，对于我国社会甚至是实际道德观点的生动来源；以康捷米尔为代表，讽刺文学曾向愚昧、偏见、争讼、诽谤、刁难、贿赂、盗窃公款等等，无情地宣战，它看到这种种现象在旧社会里不是缺陷，而是一种生活的规则，一种道德的信念。别林斯基对康捷米尔由讽刺作品的这一评价，是同实际情况毫不矛盾的。试问，如果这种讽刺作品没有内容而且脱离生活,它怎能成为任何人的道德观念的来源,它怎能向社会的缺陷宣战呢?

以为制定形式是我国文学在 18 世纪,乃至部分地在 19 世纪的特殊事业,这个思想在我国为车尔尼雪夫斯基所坚决和明确地提出。但车尔尼雪夫斯基的这一思想尚不曾获得我在上面引述的这位学者所赋予的那种一般意义。第一,车尔尼雪夫斯基恰恰是把那种按照他的说法,"经常构成我国文学的最生动,或更确切地说,唯一生动方面"的"讽刺方向"作为例外的。第二,讽刺作品以外的一切,他说都是缺乏内容的毛病,这不仅在 18 世纪,而且在 19 世纪——直到果戈理出现以前,都是如此。车尔尼雪夫斯基断言,许多他的同代人业已不满意普希金的诗的内容。他补充说:"但在普希金的诗里,其内容比他的战友们的诗的内容加在一起,还要多一百倍。"在这后一类人的诗里,几乎完全没有内容:"在他们的诗里,形式几乎就是一切,在形式里面几乎什么也找不出。"①

对于这一观点,我们当代的学者是很难同意的,且亦不可能表示同意。所以不可能,因为我们现在已不能满足于启蒙思想家的观点;我们是从另一角度去观察社会及文学的发展过程的。

车尔尼雪夫斯基认为把文艺作品中的讽刺方向称为批评的方向,会是更为正确的。他确定批评的方向是一种"在仔细研究和再现生活现象时,深刻意识到所研究的现象是否符合理性和高尚情操的标准"的方向②。

---

① 《车尔尼雪夫斯基全集》第 2 卷,第 13 页。关于普希金的战友,车尔尼雪夫斯基所指的是亚济科夫、科兹洛夫等。

② 同上书,第 12 页。注第 1 条。

他深信在果戈理出现以前,我国文艺界的活动家对于这一是否符合问题的意识,是非常不发达的。因此,他才说直到果戈理时代为止,这种文学几乎是完全没有内容的,果戈理破天荒地引起我们对自身的认识。

像所有启蒙思想家一样,他过分将他和他的同道们所信奉的"理性及高尚情操的标准"理解为绝对的东西。他忘记了这种标准是随着时间及空间条件的变异而变异的。由于他自己的理性和高尚情操在许多方面同前此各时代的文学家的理性和高尚情操有很大的差别,所以他以为就这些文学家而言,形式几乎就是一切,除了形式之外,他们几乎什么也没有。

这是唯理主义的观点。现时我们最好不从唯理主义的观点、而从历史的观点来考察社会发展现象。

在上面不止一次指出:在彼得时代以后,最早的文学活动家,在一定的意义上,都是热情的启蒙学者。塔季谢夫写《论科学与学校之利益》一书,康捷米尔的第一篇讽刺文为"对诽谤者理论"的讽刺,绝不是偶然的。康捷米尔在为这篇讽刺作品所写的序言里说:"讽刺作品可以说是这样一种作品,它用风趣的笔法来讥笑不良的言行,力图借此改正人类的道德风尚。因此,它的用意是同任何其他劝善的著作相同的。"完全可以理解,他对讽刺作品的任务既然抱着这样的观点,则他自不能对自己的讽刺作品的内容淡然置之。但同时应该记住:在我国文学发展的初期,劝善的成分,业已有力地渗透到那些同道德毫无直接关系的部门。

II

在为同一讽刺作品写的序言里,康捷米尔承认:"我在写我的作品(讽刺作品——著者)时,特别仿效的是戈拉茨和法国人波厄洛,从他们那里因袭了许多东西,将其收进我国习俗。"这里寥寥数语已对我国第一位讽刺作家的活动,作了正确估计。他"仿效"了戈拉茨和法国人波厄洛,而且不只是仿效他们:他在一切发现有好东西的地方,都把它收集起来。但他在仿效外国作家的同时,还将所因袭的东西"收进"俄国"习俗"。他究竟怎样做到这一点,可从他的第 5 篇讽刺作品的写作经过中看出,其经过叙述于该篇注解中。

我们在注解中读道:"诗人出国之前,模仿波厄洛的第 8 篇讽刺作品写过一篇讽刺诗。后来,发觉(他的讽刺诗——著者)几乎都是用法国讽刺作家的词句组成的,便选出诗中一小部分写成这篇讽刺作品。"但第五篇讽刺诗是康捷米尔的最长的讽刺作品之一。他从波厄洛那里抄来的"诗的一小部分",几乎完全消化在他自己所写的诗中。而这篇他自写的诗是同俄国的社会生活有着显著的直接关系的。凡读过他的第五篇讽刺作品的人,想必不会忘记其中关于在节日里,人们普遍酒醉如泥的美妙描写的:

> ……人们尚未午膳,
>
> 太阳尚未升到顶空,
>
> 街道上几乎挤满了躺着的躯体。
>
> 我最初望去,

还以为是你们害了时疫，

但闻去却无尸体的恶臭。

这时我看到，

另外一些人踩着这些躯体，

有的人举着手，

有的人面孔绯红，

　　艰难地抬起头。

软弱的两腿不能起立，

一句话：

都已烂醉如泥。

　　如果不是已经太长，我倒愿意继续抄下去。这里使人吃惊的不是脱离生活，而相反是对于最丑陋的人民"习俗"之一的现实主义的再现。同样，他描写的商人典型——很用心地遵守一切教会礼节，同时却最丧尽天良地欺骗自己的主顾，也是直接取材于生活的。这一膜拜上帝的商人（他经营伏特加酒）对于责备他欺骗主顾解答说：

此外，商品到店，

我已花费很多。

你知否——

馈赠法官、执事、书吏要花费多少？

写文告、统治我和给我指示的就是他们。

你知否——

为了得到这些指示，

仅仅鞋子要跑破多少？

你知否——

白白喝酒的又有多少？

先卡和伊凡、差官和他们的仆从

他们都要抱着酒瓶睡觉啊！

所有这些贪官、所有这些警察人员，他们甚至要"抱着酒瓶睡觉"；这也都不是从波厄洛的讽刺作品中抄来的，而是直接取材于俄国生活。然而在康捷米尔的第五篇讽刺作品里，可能最好的是关于一位宠臣的描写。我很愿向读者提一提这一段出色的描写：

马卡尔昨天在人民看来还是一个糊涂虫，

只好用他去砍柴和挑水。

谁也看不出他有丝毫脑筋，

他那恶劣的心地装满了黑炭。

命运向这同一马卡尔微笑了，

今天他已成为宠臣，

一切都得心应手，

变得正直、高贵和多能。

一切聪明都奇迹般在他身上轮番出现，

国家应期待他作出多么大的贡献！

当时看过不少这类宠臣的俄国人民，应该承认这一照片是完全与原样相符的……

他们不能不承认，康捷米尔关于这类宠臣的命运的描写也是惟妙惟肖的。

……马卡尔很快就滑倒了，

他滑到冰窖里去了。

　　　　他的光明的日子来得很快，

　　　　也同样消逝得很快。

　　　　他突然回复了当年的愚蠢，

　　　　在黑貂之中，

　　　　羞辱、悲伤地度着贫困的余生。

　　　　谁要迫不及待地爬上他的位置，

　　　　同样的劫运亦将等着他们。

　　　　然而人们却要相互倾轧，

　　　　轮流地赶上同样的劫运。

　　的确，当时的情况就是如此：胜利者迫不及待地享受自己的胜利，在彼得堡过着奢侈的生活；而失败者则被放逐到西伯利亚，在黑貂之间度过余年。康捷米尔用嘲笑的方式痛斥贪婪虚荣之辈的无情相互倾轧，这一事实再一次证明他的讽刺作品是多么接近我国当时的社会生活。

　　假如我们将他的第五篇讽刺作品与他在写作中所模仿的波厄洛的第八篇讽刺作品作一比较，不再提前面说过的俄国讽刺作家从法国作家那里所作小量直接抄袭，则我们便可得出如下的结论：

　　在形式上，波厄洛的作品无比地高于康捷米尔的作品，但就其直接取自生活的具体内容而言，它却比康捷米尔的作品贫乏。

　　这一结论，若用以审查可惜直到现在还在我国异常流行的关于 18 世纪俄国文学的意见，也许是不无补益的。

　　因为篇幅所限，我不能详细地在这里研究康捷米尔的其他讽刺作品的内容。我只想说：就令这第五篇讽刺作品的内容最为丰富，而作者的其他讽刺作品，也无任何一篇是脱离生活的。

甚至以第六篇讽刺作品而论,它所写的是一个抽象的题目《论真正的幸福》。

康捷米尔在这篇讽刺诗里证明了中庸之道的优点:

只有这种人才能终身幸福,

他安于微末,

看破尘世浮华,

他摆脱了使他人痛苦,

使希望破灭,

使德行的道路必然堵塞的种种思虑,

他知道在宁静中默默地生活。

也许,初看来,很可能这种关于中庸的优点的议论必然要在抽象概念的范围里兜圈子。然而并非如此。康捷米尔所以得出中庸优点的信念,不是通过抽象的思考,而是通过对他在第五篇讽刺诗里所惟妙惟肖地描写的社会生活的密切的观察的结果。《论真正的幸福》这篇讽刺作品的道德观,乃是他从对这种生活的观察中得出的逻辑结论。

研究康捷米尔道德观的学者未能经常注意到这一点,因而他们对于这一道德观的判断犯了很大的错误。我在另一地方已经谈到这一点,但对此值得再谈一谈。

按照加拉霍夫的意见,康捷米尔的道德哲学一如他的性格,是羞怯的、不勇敢的。"它宣扬善,但羞答答地怕伤害了恶。这不是一个完全不可侵犯的道德,这是半道德,近乎冷淡无情、漠不关心。"康捷米尔这样喜欢戈拉茨,并非偶然,因为戈拉茨也只是"企求宁静和舒适的中庸之道,而对未来则漠不关心,'要求不高'"。

按照加拉霍夫的说法,则康捷米尔一如戈拉茨(请参阅第 108 及其后各页),并不追究社会的缺点,而"只是对它们加以嘲笑"。

但是讽刺作家要用什么方式去追究社会缺点呢? 他就是"只有"对之加以嘲笑啊! 他一般地除了嘲笑的武器之外,是没有别的武器的。而且问题全然不在于他是否追究社会缺点,或者"只有"对之加以嘲笑:而在于他是怎样嘲笑的。按照讽刺作家的情绪,他的嘲笑采用极不相同的格调。如果我们仔细听听康捷米尔的格调,那我们就可发现,它全然不像加拉霍夫所说的那样"平静"。受过康捷米尔嘲笑的同代人都怨恨康捷米尔,这不是没有原因的。而且岂止他的同代人而已! 甚至客观的历史学者索洛维约夫对康捷米尔评论宗教界时所用语调,也碍难苟同,这位可敬的学者埋怨说,"康捷米尔谈到妒忌一定是妒忌大教堂的教士的,……康捷米尔甚至对于牧师念祈祷文时仓皇失措,不知道该唱什么",也要责备,他还嘲笑"牧师家庭的食欲"等等①。

读者会同意,类似的嘲笑,这种"平静"的讽刺家语调,都能引起对他的严重迫害。然而康捷米尔是不能用其他的、真正"平静"的语调来写作的。他在第四篇讽刺诗《致我的缪斯(诗神)》中谈到自己时说:

……我知道,

当我写颂词时,

缪斯呀,——

当我想要败坏你的道德标准时,

---

① C.M.索洛维约夫:《俄国史》第 4 卷,第 1496—1497 页。

不论我咬断多少指甲

流出多少汗水，

也难以写出两句小诗，

就令它们不成熟

生硬

逆耳，

就令它们在字面上仿佛是

引导到神圣的生活。

你的精神懈怠，

你的言辞梗塞在齿缝里，

无情趣

无力量

不美丽

不新奇。

但当我看到对道德的危害时，

智慧便自然出现，

笔下的诗迅速流动。

我感到那时游泳在自己的水中，

我不想使自己的读者张口打欠。

我像是司令官在敏捷，愉快地赶取胜利，

又像是牧师在葬礼后急忙去享受丰富的午餐。

别林斯基对于康捷米尔作为诗人，是评价不高的。他说，康捷米尔在所写讽刺作品里，表现为政论家，"热情和机智地"论述了道德问题。这一论断是比加拉霍夫的评语更为公允的。显而易见，凡是热情地批评社会缺点的人，他们离开漠不关心显然是很远的。

将康捷米尔的讽刺作品的格调同戈拉茨的讽刺作品的格调等量齐观，是没有根据的，因为在康捷米尔的作品里洋溢着愤慨，或至少是强烈不满的格调；而在戈拉茨作品里则只有取乐的笑语调子。正如我在上面所指出，是的，康捷米尔是不能用戈拉茨的格调来写作的，因为在"学术侍从"时代的俄国情况，是与奥古斯特时代的罗马情况极不相同的。这个时代的罗马人实际上成为对旧的共和制度的道德标准丧失信心的冷淡人；而"学术侍从"则坚决信奉自己的理想。虽然这种理想完全不是共和制的。其实，康捷米尔与戈拉茨的相似处，仅仅在于他们都倾向于"黄金的中庸之道"。然而这一倾向，即使是在戈拉茨身上，也不值得加拉霍夫——而且不只是加拉霍夫一人——那样无条件地非难；至于康捷米尔的这一倾向更无疑地是一种高得多的道德概念的标志。只要考虑到历史的条件，对此是能深信不疑的。

III

由于罗马共和制度的逐渐崩溃，普遍对公共福利抱着漠不关心的态度，伴之而来的贪图发财，竞求粗野的物质享受：戈拉茨便是这种情况的一个明证，他在给米岑纳特①的第一封信里抱怨说，大家同声呼喊：

---

①　古罗马政治家兼作家，奥古斯特皇帝亲密顾问之一。他曾庇护诗人维琪尔、戈拉茨等的诗人团体，利用其有利于帝国的创作并给以物质援助。其名遂成为维护科学文艺之代表。——译者

Cives，O Cives! quaerenda pecunia primum est；

Virtus post nummos.

公民们，公民们！ 你们要首先捞钱；

德行在其次。

在罗马社会的这种情绪之下，"黄金的中庸之道"的宣传，遂作为对漫无节制的金钱欲的反动而产生。当然，这种反动应始终没有力量，因为它丝毫没有改变当时造成轻视罗马德行的那些社会关系。的确，这种反动没有提出任何社会变革的目标。由于觉得自己无能为力——这是完全自然的，——它遂陷入怀疑主义。我们不可能赞美它，但也不能忘记：任何人只要能够进行这种宣传，便证明他不可能在道德上堕落到当时绝大多数罗马人那样的程度。

我们已经知道，康捷米尔翻译了给米岑纳特的第一封信里引起我们注意的那一段，译文如下：

公民们！ 公民们！

你们首先要努力捞钱，

德行在其次……

康捷米尔很高兴戈拉茨本人经常说，而且努力证明"德行在其次"（"Virtue post nummos"）这个规则是没有根据的①。我们的讽刺家也曾向他的同代人"经常说，而且努力证明"同样的事情。在发财致富和竞求粗野的物质享受的欲望也已发展到无限度的地步的社会里，——虽然这种发展的原因不与罗马相同，——他号召要

---

① 《康捷米尔全集》第 1 卷，第 400 页，第 76 首诗的注解。

实行中庸之道。

M.谢尔巴托夫公爵在说明安娜女皇时代俄国统治阶级的道德状况时,在其论述俄国道德之败坏一书中说:当时流行的,是对神和人的职责抱着轻视的态度①,"妒忌、虚荣、贪财、奢侈、偏私、谄媚、逢迎,每人都想借此增进自己的地位,满足自己的意愿。"

虽然这一说明的语调可能使人怀疑其正确性,但不能不承认其很接近真实。统治阶级的最高层——即拥挤在皇帝左右,支配着全国命运的那一批人——事实上对"神和人的职责"是抱着完全蔑视的态度的②。这时在这充满着"妒忌、虚荣、贪财、奢侈、偏私、谄媚、逢迎"的环境里,出现了一个宣传完全不同理想的人,他断言幸福完全不在那些道德和智力都不发达的大多数人所追求的地方:

> 在自己的土地上,
>
> 造一处小小的居室,
>
> 给我的中庸意志以所需要的东西:
>
> 中等的娱乐,不匮乏、粮食也不多。
>
> 在这里——
>
> 我能够按照自己的习惯
>
> 邀集朋友,
>
> 在余暇时祛除苦闷的压迫。
>
> 在这里——

①　当时义务我们称为职责。

②　在安娜的继位者——彼得二世及叶卡捷琳娜一世的朝代里,这批人也很少记得这种职责,但问题并没有因此而变得缓和些。

> 远离喧嚣，
>
> 用所有其他的时间去阅读古拉丁及希腊文，
>
> 探求事物的活动和原因，
>
> 学习他人的典型，
>
> 了解道德风尚中的利弊和善恶。
>
> 我的一切愿望尽在于此。

这种理想没有任何急进的东西。这真正是"黄金的中庸之道"的理想。但康捷米尔的中庸和莫尔恰林①的中庸及精细，是没有任何共同之处的。他主张不要卑躬屈膝，而要保持人的尊严，不要逢迎那些可能利用的人，而要从事学习，"研究事物的活动和原因"。在当时的社会里，宣扬这种中庸之道的人，可谓真正的"生活的导师"。诚然，造成我国统治阶级上层的极端堕落的俄国社会关系，并没有因为康捷米尔的宣传而有任何改变。这种宣传的影响所以很弱，其原因之一便是他的读者范围是不大的。他的讽刺作品很久仍是手抄本。只是在1743年，他才准备把它出版。但那时也仍然没有出版。所以直到19年后，在1762年，当法文及德文译本在国外出版后，它才初次与俄国读者见面。然而康捷米尔讽刺作品的直接影响尽管很小，但这种影响却并不违反历史的运动，而是顺应着这个运动的方向的。能够爱好科学和为了科学的利益而轻视低级生活幸福的人，其数目在俄罗斯虽然增加得很慢，但毕竟是增加了的；而且由于这种人数的增加，康捷米尔所致力的那种理

---

① 莫尔恰林为格利鲍耶陀夫喜剧《聪明误》中的讽刺作家，他体现着伪善、卑躬、阿谀谄媚和趋炎附势，其形象已成为普通名词。——校者

想的影响也增加了。可以毫不荒诞地说,既然随着时间的推移,甚至非常中庸的加拉霍夫也认为康捷米尔的理想不够严格,——就是说,既然欧化的俄国人的道德概念已有很大的进步,则这种进步的发生就不是没有康捷米尔的影响的。

IV

Habent sua fata Scriptores![①] 康捷米尔命运多舛。一些观点距离急进主义再远不过的学者,都责备他的中庸之道。这本身就不免有些奇怪。然而也许更奇怪的是责难康捷米尔几乎成为一种习尚,现在有些人甚至不肯费事去重新审查他的"案子",却纷纷对他进行攻击。不言而喻,这是一种不可饶恕的失误。

例如,И.Я.波尔菲里耶夫断言,康捷米尔为了逃避斗争,迫害或不愉快的事情,"主张在选择真理和谬误时也要保持中庸;甚至允许作恶,如果不遭迫害便不能为善"。

为了证明所言不误,他首先引录了康捷米尔的第二篇讽刺诗的一小段,外加第七篇讽刺诗的更小一段:

试先研究这最后一段。原诗如下:

> 不能为善吗?
>
> 那就作恶吧,但不要伤害自己人;
>
> 最好是避免任何过错,
>
> 不可以吗?
>
> 那就克制些,当心子女众目睽睽!

---

① 拉丁文,书有书的命运(书的命运是由读者对它的看法而决定的)。——校者

波尔菲里耶夫惯于重复当时对康捷米尔的流行攻击,没有看出在他所引录的这几行诗里,所说的不是成年人应有何种理想,而是成年人应该怎样教育自己的子女。康捷米尔对他们说:如果你们自己是有过错的,那就应当最少不让子女看到你的过错,不让他们模仿坏榜样。他详细地解释了他的意思:

当你等待客人到来的时候,

一个仆人打扫庭院和门廊,

另一个擦洗和收拾全部房屋,

再一个准备餐具器皿,

你自己监督巡查,

叫喊、不安、害怕客人,

会看出最小的垃圾

会察觉最细微的尘垢。

但你却不注意子女的目光,

这目光绝不怕发现你的可耻行为。

子女毕竟比客人更亲,

你应该更多地爱护他们。

由此看来,老人所劝告的是:不要让天真的子女看到你的可耻行为①,而文学史家却说这位随和的讽刺诗人的理想包括可耻行为!这哪里有公理?然而问题还不只此。

我们的严格的学者不知为什么在这个问题上没有看到,康捷

---

① 在以"不能为善吗?"这句开头的那首诗的附注里写道:"如果你难于控制你的欲念,弃绝恶行,至少,你也应该使自己的恶行不为子女所看见;如果你要作恶,那也不要危害自己的子女呀!"这里所说的是坏榜样的道德危害,是再明白也没有了。

米尔是"彼得的小学生"之一,这些小学生完全有理由——我几乎要说:"有责任"——担心旧莫斯科罗斯对新的改革后的罗斯的影响,在同一讽刺诗——我再说一次,这首诗所说的不是理想,而是教育。——康捷米尔以敬爱的情感指出彼得大帝:

> ……他跋涉远方,
>
> 将自身作为榜样,
>
> 从异地获得莫斯科寻不到的东西,
>
> 一人兼备道德和艺术的荣光。

最后——最后,但不是最不重要(last not last)——我们的热情的彼得崇拜者,是一个18世纪的人物,这个世纪一般正确地认为教育具有重大意义,而在教育的过程中,榜样最为重要。在同一讽刺诗里,我们读道:

> 我们将我们所有的最大部分
>
> 　都归功于自然,
>
> 但如果我们愿作深刻的研究,
>
> 　那我们就会发现只有教育才是事情的根本。

这乃是洛克的思想。康捷米尔的教育观点差不多完全来自洛克①。榜样在他的眼光里有多大的意义,可从以下诗句中看出:

> 榜样的教导比什么都有力量,
>
> 就是牲畜也能教它向父母学样。
>
> 鹰雏很快就会高飞,

---

① 　参阅洛克:《关于教育的若干思考》(*Some Thoughts Concerning Education*),《洛克文集》第4卷,第32节,伦敦1767年版,第15页。

> 小狗会在院内捉弄小鸡，
>
> 山羊头顶头地顶撞，
>
> 小鸭孵化出来就会游水，
>
> 它们未受思想的教导，
>
> 它们也没有听到这方面的劝告，
>
> 对它们不能给予这一切，
>
> 它们只会模拟仿效……

模仿作恶的父母，意味着练习行恶。因此，而且只有因此，康捷米尔才希望坏父母至少也要将自己的"耻辱"向子女隐蔽。对于这种愿望能有什么可以非难呢？

И.Я.波尔菲里耶夫还谴责康捷米尔在第二篇讽刺作品里所表示的一种意见，认为我们不必要经常说出真实：

> 谁能经常说出真实，
>
> 固然是选择了最好的道路；
>
> 但若将真实闭而不宣，
>
> 也不能成为罪过。
>
> 可就是不敢用谎言去掩盖真实：
>
> 谁能保持这一中庸之道，
>
> 他便幸福……

在波尔菲里耶夫之前，就有人①斥责过这一意见认为它是能够达到严格的道德规范的人所不应有的。但在这一问题上，对康捷米尔的责备也是没有根据的。可以像黑格尔那样严厉地批判康

---

① 特别是加拉霍夫。

德的伦理学说。但谁也不能说康德在其实际的道德要求上不够严格。然而严格的康德是会完全同意康捷米尔的。他的这句话是人所共知的："即使你所说的一切都应该是真实的，然而凡人也不一定要公开地把任何真实都说出来。"①

康德由于什么情况写了这些话，这对我们也是有意义的。德皇弗里德里希·威廉二世在一件上谕里，对康德在《纯理性范围的宗教》一书中所发表的关于宗教信仰的观点，表示不满。当然，康德不能放弃这一观点。但他认为他在伦理上往后不应再发表这一观点。他回复皇帝说：他往后"不再将任何涉及宗教的论述公开发表"。直到思想较为自由的新皇帝即位为止，他神圣地履行了这一诺言。

我想，法国的启蒙思想家若处在康德的地位，表现会有不同。他们会认为自己有权散播自己的宗教观点，尽管皇帝极端反对这种观点，亦所不顾。试问可否从这里得出结论，认为法国启蒙思想家的道德标准要比康尼兹堡哲学家的道德标准更为严格——或者如果愿意的话，——更不严格呢？我想不可。我们在这里所能说的只是一点，即在政治方面，康德的情绪与法国启蒙思想家不同：法国启蒙思想家的反对派情绪，是同他格格不入的。

莫利耶罗夫·阿利舍斯特要求人们应在任何地方和任何时候都将所想的一切，全部吐露出来。

Je veux que l'on soit homme et qu'en toute rencontre Le

① 请参阅库诺·费舍尔：《新哲学史》第 4 卷：《伊曼努尔·康德》。（圣彼得堡 1901 年版，第 97 页。）

*fond de notre coeur dans nos discour se montre, que ce soit lui qui parle, et que nos sentiments Ne se masquent jamais sous de vains Compliments.*①

他的朋友菲轮反对说:

> *Il est bien des endroits ou la pleine franchise,*
>
> *Deviendrait ridicule et serait pen permise;*
>
> *Et parfois, n'en déplaise á votre austère honneur,*
>
> *Il est bon de cacher ce qu'on a dans le coeur.*②

两人谁对? 都对。必须诚实,这是对的。但完全的坦率往往是不许可的,甚至是可笑的,这也是对的。用什么来解决这一矛盾呢? 不是用道理,而是用伦理的嗅觉;这种嗅觉会教导我们,何时应说实话,何时可以,而且应该把真话藏在心里。这里,一切取决于条件。而且不仅取决于对话者的个人生活条件,同时也取决于时代的条件。19 世纪时,俄国也出现过一些俄国的阿利舍斯特:试一回忆巴扎罗夫及其笨拙的、然而无限度的诚实吧! 但当巴扎罗夫式的人物出现时,那些在过去由于康捷米尔主张不要在任何时候都把所想的一切和盘托出而责备他主张实行道德上的折中主义的人们,有许多人想必要对他们感到愤慨的。

---

① 应该做一个大丈夫,经常说出心底的话。愿人们说由衷的话,任何时候都不要用空洞的恭维来遮盖我们的意见。

② 完全的坦率时常是可笑和不允许的;无论你们的严肃的诚实品德对此多么不满,有时却仍以藏起你心底的话为好。有趣的是,阿利舍斯特本人也没有立即决定对奥龙特的十四行诗表示其否定态度。更为值得指出的是,如皇帝命令他说这诗为好诗,他就说这是好诗。由此看来,在这种特殊条件下,他比康德还要走得远些,康德只不过同意缄默而已。

无论当时的情况怎样,无可置疑的是在康捷米尔时代,巴扎罗夫之流的诚实是完全不可思议的。

历史发展过程,保证阿利舍斯特能够避免同他的腐朽的同代人发生任何交往①。同样,巴扎罗夫之流也可以像恰茨基在他们之前那样对自己说:"逢迎可恶",而把自己的精力用到自然科学上去。康捷米尔时代的欧化贵族就连这种有限的自由也没有享受。像他们整个等级一样,他们必须服役。而谁去服役,他便必须——如不服侍人就可以避免,——走康捷米尔的"黄金中庸之道",比康德更要热衷得多地实行"三缄其口"的艺术。

V

别林斯基说:无论苏马罗科夫②的才华怎样,他对"芝麻绿豆官"(指受贿的小官吏)的攻击,却在任何时候都是值得俄国文学史家的称颂的。

对于这一见解,只有一点可以反驳,即苏马罗科夫(1718—1777年)之值得称颂,不只是由于他对"芝麻绿豆官"的攻击。

俄国文学史家赞赏他对一般作家,特别是对诗人所提出的那些要求:

写诗不像许多人想象的那样容易,

不知者仅在音韵上努力。

不要让音韵役使我们的意境,

---

① 参阅他在第6幕第1场中的独白。

② 俄罗斯古典主义代表人物之一。在悲剧《霍烈夫》等作品中,提出公民与天职、服务社会、为国家利益作自我牺牲的意见。——校者

　　　　音韵应成为我们的奴隶。

在同一书简(《论诗作》)的另一地方,他重复地说:

　　　　诗不是突然从理智中流出,

　　　　无知者提不出明晰意境。

在这一书简的末尾,我们看到一些真正金玉之言:

　　　　戏剧也罢,牧歌或颂歌也罢,

　　　　一切都值得赞赏:

　　　　作家呀,

　　　　只给头脑以教育,

　　　　便可性灵所至,

　　　　　挥笔成章……

不要以为在他的眼光里,教育是成功的诗作的充分条件。他断言在缺乏热情的条件下,"诗作"仍是冷冰冰的,而无论作者在诗里多么深化了思想。大家知道,他劝那些想写恋歌的人先恋爱①。自然,并非一切好的悲歌都归功于不能不承认是过于英雄的方法中产生的。但是这一劝告是好的,因为它向我们表明苏马罗科夫是多么重视情感的。

　　苏马罗科夫对俄国文学的巨大贡献在于他所表示的一种坚定信念,认为

　　　　我国优美的文字能够表达一切。

　　他在全部文学生涯中一贯保持了这一信念,而且像他善于保

---

　　① 既然你想写,
　　　那首先你应恋爱。

持俄文的纯洁那样，很关心俄文的纯洁①。

有些学者，如 H.布利奇等，认为苏马罗科夫的讽刺作品比康捷米尔的讽刺作品更有内容，这是很大的错误。相反，苏马罗科夫的作品在内容上比康捷米尔的作品更为贫乏。但作者的讽刺诗《对变化无常的世界的合唱》，都包含着不少对官吏的非常有趣，而且真正严厉的攻击。作为一个讽刺文学家，苏马罗科夫给自己提出的目标，比同"芝麻绿豆官"作斗争更要广泛得多。早在第一篇讽刺作品里（《彼伊特及其友人》），他就说：

> 我无论住在什么地方——
>
> 　在莫斯科②，在森林或在田野，
>
> 也无论我是穷还是富，
>
> 我再也不忍受，
>
> 　对卑鄙的事物不去揭发。
>
> …………
>
> …………
>
> 只要我不因衰老或死去而凋落，
>
> 我将不停地写作以反对罪恶。

---

① 我国的文字甜蜜、纯洁、丰富和华美，
　但我们对它的美好宝库所贡献的却很贫乏。
　为求我们不因对它的无知而受辱，
　我们应将整个的宝库略事修理。
　我们不应大家都竞竞于韵律，
　而善于写得正确却为人人所必须。
（参阅《小寓言》《文字的损坏》）。
② 苏马罗科夫在其讽刺诗中，把莫斯科这一专有名词用了小写字母。

至于他认为哪些社会和伦理现象属于罪恶,我在上面提到的《对变化无常的世界的合唱》说得最明确。

山雀自海外飞来,大家问它外国的"礼节"是怎样的。它答道:那里一切都变化了:军官公正,官吏不受贿赂,商人不欺骗,醉汉不在街上走,在街上不打人,演说家不胡说八道,诗人不写歪诗,然而也许我们最感兴趣的是:

> 那里不剥农民的皮,
>
> 不将村庄作赌注,
>
> 不向海外贩卖人口。

由于苏马罗科夫大家都知道是农奴制的坚决拥护者,所以"变化无常的"海外"礼节"的这最后三点特别值得注意。有些学者不无惊奇地问自己:他的这种奴隶主的信念怎能同他对坏地主的凶恶攻击相协调呢?但实在说,这里并不需要什么协调。任何以某一阶级(或阶层)服从另一阶级(或阶层)为基础的社会制度的真诚思想代表,任何时候对于滥用统治阶级所享有的特殊权利,都是竭力反对的。他们愈是真诚地相信这种特权的存在为其共同利益所必需,便愈是积极地反对滥用这种特权。只有当现存社会制度接近死亡,而这个制度的思想代表又开始怀疑这个制度的合理性时,才会产生掩饰这种特权的被滥用以逃避世人耳目的虚伪愿望。苏马罗科夫是完全没有这种怀疑的。因此他才能毫不自相矛盾地既维护农奴制,又同时严词斥责非人道的地主。他相信地主的利益同他的农奴的利益是一致的。按照他的意见,农村的"幸福"不仅在于地主一人的富有,而且在于全体居民普遍富有。所以他说,地主作为所属国民的"首脑",应该连小手指也加以保全,"因为人

体的首脑和小手指是痛痒相关的"。① 贪得无厌的地主不是房屋
的建造者,而是房屋的破坏者。而国家所需要的却是房屋建造者,
因为这可以增加富裕。房屋破坏者不仅危害被他剥皮的农民,而
且危害整个国家。苏马罗科夫的见解便是如此。他的意见对房屋
建造者有多么推崇,便对"房屋破坏者"有多么憎恶。凶狠和贪得
无厌的地主的行为,是"违反道德及政治准则的"。他是"自然界的
恶魔",而且——苏马罗科夫在这里是代表 18 世纪的人说话
的,——是"一个对自然史或对一切科学都愚昧无知之辈,是一个
不通文理的畜生"②。

无论以苏马罗科夫为代表,还是以康捷米尔为代表我们是把
他们作为俄国贵族的欧化部分的思想家的。这位贵族步兵学校的
出身名门的学生,对于贵族等级是要求得很严的。但是他从来没
有想到,贵族也会抛弃贵族的观点。他的第七篇讽刺诗包括整个
他深信应为每一诚实人所必须遵守的生活准则要点:

> 遇事要勤恳,
>
> 诺言要遵守,
>
> 须慎重以对敌,
>
> 愿欣然而友好!
>
> 凡人有过,
>
> 要宽恕而不报复,

---

① 见《论房屋建造》一文。

② 传说,苏马罗科夫不能漠不关心地听到"有人当他的面把人叫做下流坯子。他
非常懊丧地离座而起,拿起帽子走了,有时不再回到这个屋里。"见布利奇:《苏马罗科
夫和他那个时代的评论》,第 92 页。

> 对人不谄媚也不吹捧，
>
> 对任何人不卑躬屈膝也不妄自尊大，
>
> 　不攻击也不怯懦。
>
> 戒浮夸，
>
> 戒虚伪，
>
> 为祖国之子孙，
>
> 矢志尽忠于国君！

不用说，如果苏马罗科夫时代的贵族彻底遵守这些准则，他们在道德的发展上必然前进甚多。讽刺家以为贵族若要在这方面有所前进，是不必反对当时理所当然的事，不必使自己的头脑超出贵族的眼界的。苏马罗科夫的头脑便从来不曾超出这一范围[①]。

不错，有时在他的讽刺诗里，也听到一种仿佛革命的语调。例如，在谈到"贵族门第"时，他质问：

> 我们所以为贵族是否因为
>
> 人们在工作，
>
> 而我们却由于是贵族
>
> 　便吞没他们劳动的果实？
>
> 贵族同庄稼汉有何差异？
>
> 他们彼此都是土地上的有灵魂的躯体。

他对这一问题的答复，从表面看，仿佛充满了追求社会平等的

[①]　他在上叶卡捷琳娜二世奏章中写道："我是祖国的子孙和成员，根据理性我所愿望的不是要推翻古代的法律而确定新的法律，而是要在有可能时修改它们。在没有法律，或法律不详细或不明确的地方，则制定、修改或解释它们。"按照现时一些国家的说法，这是一种典型的自由主义的保守派的主张。

意图。

> 我是尊贵的。
>
> 也求得自己的光荣。
>
> 但我如不适宜于担任任何职务，
>
> 我的祖先虽是贵族，
>
> 我也不算高贵。

但这不应使我们受到迷惑。苏马罗科夫的语文，在这里比他的思想要前进得多。

康捷米尔亦曾以同样急进的精神发表意见。在所写《道德败坏的贵族的妒忌和骄横》这篇讽刺诗中，菲拉列特向叶夫根尼说：

> 亚当不曾生出贵族，
>
> 他的两个孩子：
>
> > 一个开垦花园，
> >
> > 一个放牧咩咩的羊群。
>
> 诺亚的方舟拯救了所有平等的普通农民，
>
> 只要他们道德美好。
>
> 我们都是来自这些人们，
>
> > 一个早些，
>
> 我们由她得到井、犁，
>
> > 另一个较迟。

从这首诗里，似乎应该得出一种结论，认为必须消灭贵族的特权。但是我国当时的讽刺作家，是不愿从这里得出这样的结论的。菲拉列特赶忙告诉他的对话者说，他知道贵族"非常重要"，"贵族身上有许多好处"。苏马罗科夫尊称贵族为"祖国的第一等成员"。

他也许不能想象，如果祖国没有贵族，怎么能够存在。

苏马罗科夫的社会政治理想最明确地表现在他的下列诗句
里：

> 命运指示女皇胜利，
>
> 英明地拥有这个帝国；
>
> 我们只有在她统治的时日，
>
> 为了社会的福利，
>
> 求光荣于劳动。

这里以为，"我们"求得光荣的物质可能，是由农民的农奴劳动
巩固地保证的。在康捷米尔和苏马罗科夫的讽刺作品中碰到的种
种外表上急进的冗长词句，只不过表示享受特权的祖国"第一等"
成员，不应安于祖先的成就，他们应该用他们自己的劳动和他们自
己的光荣来支持他们的"贵族地位"而已。

康捷米尔笔下的菲拉列特非常明确地说出了这一思想：

> 如不用自己的手为自己劳动，
>
> 去继承祖先用劳动取得的光荣，
>
> 空有一个头衔
>
> 也是完全无用。
>
> 册封证书已经发霉
>
> 并被蛀虫咬坏，
>
> 只有德行才算高贵：
>
> 我们贵族的儿女就是证人。

苏马罗科夫也同样说：

> 贵族这头衔，

我们世代相传，

试问：

为什么给我们以贵族身份？

既然我的祖先为社会利益生活在人间，

他便给自己取得了报偿，

为我付了定金。

苏马罗科夫同一讽刺诗(《论贵族》)对贵族所说的一些章句，特别值得注意。他向贵族提出忠告：

你的头中如果没有脑筋，

那你还是种田或砍树去吧；

你同下层人无大差别，

祖先的头衔不能使你变得伟大！

这里所写的是贵族的整个空想："下贱"人种田砍树，这不仅在法律上(de jure)如此，而且在事实上(de facts)也是如此；下贱人被剥夺了某些权利，不仅是因为他们的阶层出身，而且是因为——这是最主要的——他们的愚蠢。同时，享受崇高社会地位的贵族所以得到"光荣"，不仅是由于他们祖先的功绩(这些功绩只是一种"完全")，而且是由于他们自身的才干。换言之，苏马罗科夫希望"贵族"能在这字的词源意义上成为贵族，就是说，希望贵族等级由本国最优秀的人们组成。他觉得这是可能的。这一事实表明他是多么幼稚又多么坚决地保持了他的贵族观点。

像在康捷米尔的作品里一样，苏马罗科夫的作品对于那些不愿用自己的劳动去争取光荣的贵族的猛烈攻击，部分地是"门阀"和"功绩"之间的斗争在文学上的表现。这个在莫斯科罗斯时期便已开始的斗争，直到彼得改革以后都没有停止，而且我们看到，也不可能停止。但在彼得改革以后，由于新的因素，即由于"彼得的小学生"的西欧启蒙倾向，这个斗争更为复杂化了。

　　启蒙派不能与"门阀人物"的懒惰的蒙昧主义妥协，这些人物把门第抬得比知识高得多。的确，不是所有门第人物都有这种蒙昧主义。他们中间，有些人也是极为重视教育的。而我们的讽刺作家的矛头，也不是针对着他们的。在康捷米尔的诗里，菲拉列特作保留的声明说：

　　　　我知道，

　　　　每当儿孙们在道德上有所成就的时候，

　　　　有时会不公道地把祖宗的功绩忘怀，

　　　　但我们如果只是依靠他们[1]，

　　　　我们的头脑将可怜地在迷惘中徘徊。

　　他的恶狠狠的攻击只是对准那些游手好闲的贵族而发的，他们逃避劳动、不愿学习，而只爱好西欧时装，熟知：

　　　　燕尾服的后襟

　　　　不应软而应硬，

　　　　长半俄尺……等等。

　　苏马罗科夫的讽刺作品也是针对游手好闲、无所事事的名门贵族而写的。对于这类人的攻击是有一定的社会意义的。如果军职阶级的思想家不攻击各式各样的"旷废职守"的人们，那才是咄咄怪事。但是同"旷废职守"者的斗争却未能扩大我们的讽刺作家

---

[1]　指祖宗。

的眼界,也没有发表他们更广泛的思想。对于当时的社会制度,他们的思想仍旧是保守的,尽管在表达的形式上是激烈的。

词句的激烈本身,是西欧影响的结果。康捷米尔和苏马罗科夫讽刺作品中对"贵族门第"的观点,很像朱昧那尔[1]和——如就年代顺序更接近的来源而论——波厄洛的观点。

法国的讽刺作家在所写第五篇讽刺诗《真正的贵族》中向丹约侯爵说:

> 丹约啊!
>
> 贵族并不是神话中的喷火兽,
>
> 他出身自有许多半神的氏族,
>
> 他像你一样走着他们祖先的道路。
>
> 然而我却不耐烦看到这些花花公子,
>
> 他们娇生惯养就凭着他们是空洞的名门贵族,
>
> 无耻地利用别人的功劳而自命崇高。

波厄洛比康捷米尔和苏马罗科更加措辞严峻。他说,如果有人举止下流,即令他是希腊神话中海尔库力士的苗裔,他也要毫不客气地称他为:

> 下流胚、骗子,
>
> 叛逆、欺诈者、狡猾的撒谎者,
>
> 患着狂犬病的疯子,
>
> 名树的枯枝。

---

① 朱昧那尔,捷齐姆·尤尼(纪元60年代至127年),罗马大讽刺诗人,诗中反映了图拉真和亚德里安统治时期罗马奴隶社会没落情形,揭露了帝制暴政和贵族恶习。——校者

波厄洛很高兴地回想起法律对人人平等的幸福时期：

　　生活在平等的法律之下，

　　人人都很满意；

　　只有根据自己的功劳，

　　才可得到贵族和国王的称号。

波厄洛是资产阶级出身的法国知识分子，这种知识分子毫无反对旧秩序之意，而且用各种形式歌颂了它的光荣。但在他的时代里，这种秩序尚未衰老。尽管如此，在波厄洛的笔下，关于真正贵族门第问题的议论却与俄国贵族出身的讽刺作家的作品，意义不尽相同。

法国君主专制制度由于得到第三等级的支持，战胜了封建贵族。俄国这个制度依靠军职阶级，粉碎了大贵族反对派。这是一个很大的差别。法国第三等级需要完全消灭任何特权。而俄国的军职阶级虽然反对大贵族的特权地位，但他们又力图把自己变为特权等级。

正是在18世纪，当我国讽刺作品产生的时候，军职阶级的这一意图已在颇为广泛的程度上实现了。因此，这个阶级的思想代表人物怎样也不能使其对门阀的攻击达到法国第三等级思想家所告诉他们的那种广泛范围。当然，波厄洛本人并不是一个革命家。他只是怀念那个人人在法律面前平等的黄金时代。但在他以后大约五六十年，法国启蒙思想家却宣布必须恢复那个曾经存在于社会平等的黄金时代的公正社会制度。在法国的土壤上，关于过去的怅惜感叹颇为迅速地转变为关于未来的实际纲领。我国作家要能领会这一纲领，便必须先抛弃贵族等级的观点。康捷米尔和苏马罗科夫都还未能做到这一点。

对教育万能的幼稚信仰,阻碍我国18世纪上半期的文学家去设想社会政治改革。苏马罗科夫说:"无知是谎言的来源;游手好闲为无知的神殿奠定基础;精神错乱建造了这神殿;没有受过教育的力量——这种力量有时与偏见混杂不分,使它趋于巩固。"只要推广教育,甚至连法庭中的不公正亦可根除。但教育是要由中央政权来推广的。

像塔季谢夫一样,苏马罗科夫也希望妇女能受教育。在《向变化无常的世界的合唱》中,山雀说:

> 在海外无人胡说:
>
> 女子无才便是德,
>
> 只要她脸儿红润、
>
> 　裙儿雪白。

VI

苏马罗科夫是一个接触了西欧教育的18世纪的典型俄国贵族。他对最高政权的历史意义和当时任务的看法,是同塔季谢夫完全相同的。他在寓言《松明一束》中写道:

> 无可惊讶:
>
> 俄国在压迫下光荣已衰落,
>
> 长期不再昌盛强大。
>
> 当时在欧洲,
>
> 还没有建成这样伟大的国家,
>
> 那里一国之内,

　　诸侯众多，

　　仇恨永结①。

现时，鞑靼人决心归服俄国了，而以前他们却给"罗斯各方"带来了威胁。直到约安（显然是指约安三世）为止，情况都是如此。

　　没有可靠的森林、牧场和耕地，

　　直到俄罗斯出现了约安，

　　他在克里姆林，

　　建造了华美的宫殿②。

苏马罗科夫谈到他的时代时，总是把最高政权描绘为俄国文明和真理的源泉。如果说他勇敢地奋起同罪恶作斗争，那么支持他这种勇气的则是希望得到女皇的支持。

　　当我向人民宣扬真理，

　　用讽刺教育了一些人们的时候，

　　诚实的人们看到我对世界的贡献，

　　反对游手好闲增加了对我的友谊。

　　无知怎样也不能把我搅乱，

　　俄国的智慧女神将保卫我，

　　她为了净化她的人民的道德，

　　作出了不少光荣不朽的贡献。

在同一讽刺诗的另一地方，他叹道：

　　让骗子去践踏真实和法律吧！

---

① 寓言《松明一束》。

② 指《大贵族会议》。

我会找到真理给我保卫，

纵令我将死于致命的罗网，

女皇也将庇护我的子孙后代。

他既对最高政权抱着这样的态度，则他乐于用颇为庄严的颂歌来颂扬这个政权，便是可以理解的了。我们现在不能太多地引用这类"诗"作了。不说这种作品的文字拙劣，它们的无穷逢迎阿谀的内容也使我们不愿多作接触。使我们很怀疑的是这种"古怪的诗风"似乎控制了颂歌作家。当我们读到特列季亚科夫斯基说安娜是"女皇之极峰"时，我们不禁轻蔑地耸起肩膀。他为同一安娜登极而作的奉承诗，也同样给我们以不快之感：

天空都在闪耀着无比高贵的面容，

太阳的万丈光芒照耀着我们；

　大地上果实累累；

　我们呼吸着健康的空气，

　正义的精神花开遍地；

　恩泽施于我辈，

我们个个欢乐，像河流的闪光

一切罪恶都在地狱中灭亡！

如此等等，谄媚到令人窒息！读到这种文学作品，使人感到这是对文学的莫大侮辱。

如果以为这种颂歌之作是多灾多难的瓦西里·基里洛维奇·苏马罗科夫一人所独有的过错，那是很不公平的。我在关于罗蒙诺索夫的一章里，就已指出，这位天才的"阿尔汉格尔斯克庄稼汉"也有同样的错误。自然，苏马罗科夫也未能免于这一错误，他在伊

丽莎白女皇生辰献给她的颂歌,极尽谄媚奉承之能事:

> 你使我们的时代充分享受快乐,
>
> 俄罗斯因你而万代繁荣,
>
> 你使我们生出新的力量,
>
> 世界因有你而灿烂华光,
>
> 这时的冰冻毫不足畏,
>
> 我们认为大地上盛开着玫瑰,
>
> 我们认为果实将压满枝头,
>
> 河水与河岸交击成欢,
>
> 那冰结的水流呀,
>
> 忘却在我们的脚下……

现时任何人都会说:不体面!然而史学家应该记住,有许多条件足以减轻这些不体面的文学作品的过错。我们的颂歌作者漫无限制地阿谀逢迎。这很遗憾,是无可争辩的。但是,第一,在颂歌中的阿谀词,乃是当时习惯所要求。这是一种可恶的习惯。但当时的读者和听众都知道,在颂词中的过分吹捧应该打个折扣去听(cum grano salis)。而且重要的是,——这一点我特请读者注意,——颂歌作者之崇拜君主政权,"不仅是由于恐惧,而且是出自良心"。他们希望君主政权,而且只是希望君主政权倡导俄国的进步运动。他们怎能不在自己的颂歌里赞扬和歌颂它呢?

最后,还须说明一点。我国在 19 世纪长期保持一种颂扬当局的习惯,这与其说是为了赞扬他们已经做过的事情,毋宁说是为了表达按照颂扬者的意见对他们所能作和应作的事情的愿望。在我国 18 世纪的颂歌作者中,似乎只有特列季亚科夫斯基一人不允许自己在赞扬当局的仿佛无限明智的借口下，向当局提出忠告。我们已经知道，罗蒙诺索夫的颂歌便包含了关于俄国教育的一系列方案。在苏马罗科夫的充满逢迎之词的颂歌里也充满了大量良好的实际建议。

在 1763 年 11 月叶卡捷琳娜二世的命名日，他"歌唱"道：

> 我看到俄罗斯的巍峨城市，
>
> 又看到赏心悦目的果树园。
>
> 好像是伊甸园或彼得的花园：
>
> 人们开阔了新的河流，
>
> 全俄的道路焕然一新。
>
> 山岳涌出黄金，
>
> 海洋翻腾着金色的浪花，
>
> 草原的村庄
>
> 也覆盖着许多地区的荒地。

这实际上是一篇关于国民经济领域的训示。再看关于国内政策方面的训示吧：

苏马罗科夫在 1771 年 6 月 29 日皇太子保罗命名日写的颂歌里，一方面向全世界颂扬崇高的命名者的德行，同时告诉后者，像他这样的君主应该：

> 不把虚构与法律搅混，
>
> 理智用真实来装饰，
>
> 不要听信妻室的闲言，
>
> 不要宽纵伪善者的无礼，
>
> 不要服从迷信，

迷信但能软弱心意。

不仅如此,在这篇极尽阿谀的颂歌里还说:

当君主实行暴力的时候,

他便是人民的敌人而不是皇帝。

狮虎能噬人,

但那最微末的动物——蛇,

并不因被轻视而变小。

当它爬着咬了谁的时候,

才知道它便是那条蛇……

…………

昏君是一个卑鄙偶像,

又是一个海上的无能舵手,

在他的墓碑上写着:他是毒物。

他的国家将灭亡,

他的光荣要完结。

不再见颂扬,

灵魂归地狱。

英明皇帝垂千古,

不因盖棺便休止;

光辉日月皇帝号,

此号便是民父母。

我不知道,这样的训示对于那些身居高位的读者发生怎样的影响,因为训示本是写给他们看的。我想,差不多什么影响也没有。但这些训示应有助于阐明普通人(尽管他出身于贵族)的社会

政治概念,这是显而易见的。这种充满阿谀之词的颂歌是很难使
当时比较开明的读者受到迷惑的,因为他们理解,这不过是一种空
洞的形式。18世纪后半期的讽刺文学已开始尖刻地嘲笑这种颂
歌作者的阿谀辞藻①。另一回事是同一些颂歌作者对当局所作的
忠谏。这些谏言表达了当时先进俄国人士的政治观点。对于这些
谏言,想必谁也不曾嘲笑。相反,像讽刺作家一样,颂歌作者在提
出这些谏言的时候,在公众读者面前,是表现为启蒙思想家的。

VII

但我国的戏剧文学却比祝词、颂歌、赞词对读者有更大得多的
教育作用。H.布利奇说得对,舞台表演是一种高尚的娱乐,这种
娱乐是莫斯科罗斯的那种粗野娱乐所望尘莫及的。同一布利奇又
说:"不仅在宫廷,……而且在有思想的同代人中,都把剧院看为一
种教育手段",②这是完全自然的。

关于喜剧怎样能够教育观众,这是毋须多谈的。不言自明;完全
同讽刺一样,通过嘲笑。至于悲剧的教育作用,则是较难于理解的。

我国18世纪的悲剧是不很出色的。例如,我们在本章里将要
专门研究的,苏马罗科夫的悲剧,我刚才引录过的这位学者称之为
"粉饰过当,但取材颇有价值的稀少的石印本③"。不禁要问,这种

---

① H.C.吉洪拉沃夫在论述 E.И.科斯托罗夫一文中指出,颂歌诗人们 1769 年《合
著》(смесь)怎样成功地表现"普通人有道德么? 其次,我不知道诗人用抒情音调歌颂德
行,而我从来没有读到对他写的农民以及弱者有称赞的颂歌"。(《吉洪拉沃夫文集》第
3 卷,第 1 分册,第 188 页。)

② 《苏马罗科夫》,第 26 页。

③ 《苏马罗科夫》,第 152 页。

稀少的石印本哪里来的教育作用呢？它的演出怎能成为高尚的娱乐呢？

苏马罗科夫的悲剧用以教育观众的不是它的美学价值。这种价值是微不足道的。他的悲剧的教育意义在于演员道白中所表达的道德和政治观点。至于这些观点，则自然时常是由一些角色说出的，而我们如果从心理可能的观点去判断，那是怎样也预料不到他们会有这种观点的。然而 H.布利奇却断言，"一般说来，这些悲剧中的道德观点都好似被歪曲的，因为它们都远远不像是我国的观点"等等，这是完全不正确的①。实际上，有许多这种观点直到现在还很同我们的观点相似，而且毫无歪曲之处。

试举最重要的观点之一关于一般责任，特别是对祖国的责任的观点为例。这是我们常常在苏马罗科夫悲剧角色的独白里听到的。且看其在那里的色调如何。

舒斯基公爵的女儿克谢尼娅受到僭王季米特里的死的威胁，公爵对女儿说：②

　　为了祖国的城市，

　　女公爵呀，死吧！

同样，诺夫戈罗德市行政长官戈斯托梅斯尔教训他的女儿伊利梅娜说：③

　　在责任说话，

　　或应表达对人民的爱的地方，

---

① 同上书，第 146 页。

② 《僭王季米特里》，第 5 幕最后一场。

③ 《西纳夫和特鲁沃尔》，第 3 幕第 1 场。

那里没有情人，

那里便没有父亲，

那里也没有亲族。

谁能负起自己的责任，

纵受灾祸，

亦所安心。

哈姆雷特表示过一种信念，认为：

无论是被俘，

无论是自由，

……高贵的心，

都应是正大光明①。

我们在温柔的奥费利娅那里也听到：

我不愿拿耻辱

去寻求光荣。

私情和责任的斗争是苏马罗科夫的悲剧《霍列夫》的第一个（在时间上）"情感的高潮"。

俄国公爵基伊的兄弟——霍列夫，爱上了被基伊推翻的前公爵扎夫洛赫的女儿奥斯涅利达。她以俘虏的身份住在基辅，也对霍列夫表示相爱。但他是她的父亲的死敌，所以她认为不应该顺从自己的感情。她在第1章第3场里承认爱他，但否定任何同他结婚的想法，因为这是道德所不允许的。

---

① 《哈姆雷特》，第1幕第2场。（这里指的是苏马罗科夫所写的《哈姆雷特》一剧，而不是莎士比亚所写的。——译者）

我的公爵呀,

不要再抱着这种希望吧!

命运要我受这苦难,

命运已把我你永远分开,

爱情空自将我们连在一起。

斯涅利达怎能同这样一个人结婚:

他的哥哥推翻了我父亲的王位,

无耻地把我同胞的尸骨堆积成堆,

扎夫洛霍夫野兽般坐上王位,

同胞们遭受无情的屠戮和摧毁,

我们的碧血染红了整个城市,

奥斯涅利达也被俘成为奴隶。

皮龙啊!

你为什么免我于一死?

你留给我生命,

可你怎能使我感到光荣?

或者你是为了使我更艰难地忍受压迫?

我与其存活在这沉重的不自由中,

眼看强盗坐在我父亲的王位上,

倒不如就此死去!

在奥斯涅利达的心中,爱情与责任感斗争着,这同在柯尔涅尔那里,希曼娜心中的爱情与责任感斗争着一样。而无论在这里或者那里,斗争的心理过程是没有任何被歪曲之处的。无论在希曼娜或奥斯涅利达那里,责任感都战胜了爱情。这丝毫并不证明歪曲。

霍列夫的心情也丝毫没有被歪曲。在他那里也进行着同样的情感的斗争："责任感驱使他去同逼近基辅的敌人作战。但这敌人是他所钟爱的女孩的父亲。因此，霍列夫不仅动摇，而且感到剧痛。这时，道德上的折磨使他发生深沉的思考，这些思考对于我们的时代也不是没有意义的。"基伊对他说：

　　拿起武器吧，

　　你的责任在召唤，

　　战场上的光荣，

　　期待你以胜利。

霍列夫回答说，他早就学会了不害怕敌人并忍受疆场上的痛苦，但他不能不想到战争的牺牲：

　　但贪婪的死神吞噬了多少战士啊！

　　寡妇怎能赞美她的丈夫

　　　倒在敌人的血泊里

　　　勇敢地手握刀剑长眠？

　　唉！多少死于刀剑的父亲、丈夫和子弟成为禽兽的食料，

　　多少灵魂被抓进了地狱！

怎么办呢？难道这一战士会想到任何时候都不应用暴力去对抗罪恶？否。他只是要确定自卫和对别人进行侵略之间的区别。他不认为对扎夫洛赫作战是正义的，因为扎夫洛赫只是想把他的女儿从俘虏中解放出来。霍列夫说：

　　当责任要我们作凶死的牺牲的时候，

　　我们就去死，

　　但现在并没有这一要求。

　　当非死不能拯救人民的时候，

　　我们将一齐跳下深渊，

　　我将首先跳下。

　　但现在人民和王位都未受到威胁啊，

　　而给我们剑又只是为了自卫。

　　他不只是举出了这一卓越的差别，他痛苦地认识到扎夫洛赫的合理要求可能导致可怕的流血，因而想起人们一般在军事冲突中带来大量不必要的残忍：

　　当我们出于责任而与敌人作战

　　并且不区分自卫与报复的时候，

　　我们彼此本来都在流血，

　　我们貌似勇敢，

　　却比恶兽还要凶狠；

　　低贱的阿谀给恶行以什么名义？

　　杀人抢劫被称为英雄，

　　我们结束了战争，

　　　报复已获胜，

　　眼看贫苦人痛哭悲啼，

　　却不怜悯。

　　结果，在霍列夫那里，责任对爱情也占了上风。当刚刚要实行自杀的奥斯涅利达要求他给她以逃到父亲那里的可能时，——必须指出，她的父亲也是反对她同霍列夫结婚的，而且已在进攻基辅，——他拒绝了。按照他的意见，在这种情况下，他的这种行为将是叛变,而叛变的行为是奥斯涅利达本人也不会赞同的。

> ……你想想,考虑一下,
>
> 我能这样恢复你的自由吗?
>
> 那时全城将对我有什么议论?
>
> 你自己也将说些什么?
>
> ………………
>
> 奥斯涅利达能够爱一个叛逆吗?

不,应该公正!应该给我国18世纪文学以应有的地位。是时候了,应该否定那种在我国流行的以为这时期的文学无内容的意见。它是有内容的,当然,是它自己特有的调子。

旧莫斯科罗斯的居民,如果不能逃往"美丽的荒原",必须负担这样那样的赋税,如果不能借口"不知下落"而躲避,便必须为皇帝服务。但他们是很少想起他们对祖国的"责任"的,也极少想到一旦与别国居民发生敌对冲突,应如何自处的。他们完全心安理得地从事烧毁、掠夺,甚至对与他们同血统、同宗教的立陶宛罗斯的城市和村庄,也用各种方法夷为废墟。彼得改革后产生的文学很快就看出了从旧时代遗留下来的概念的贫乏,并想方设法予以补充。一切文学部门,就是人所共见的颂歌也不排除在外,都曾致力于此①。讽刺作品的影响完全可能比所有其他各类文学的影响更大。然而一般悲剧,特别是苏马罗科夫的悲剧还是作了不少贡献②。这就是文学

---

① 只有我所引录过的那类故事才是例外。但这完全是一种特殊的文学。

② 苏马罗科夫的学生克尼亚日宁所写悲剧,应认为差不多是我国18世纪上半期的最有思想的悲剧。

在罗斯欧化的伟大事业中的伟大功绩。

VIII

在国家的利益要求死的时候，一般的死者应该忘记他本身的利益、悲剧就是这样教导的。至于登上王位的人物，悲剧则要求他们首先尊重法律。我们已经知道的俄国公爵基伊的兄弟霍列夫就说：

> 那些创造了法律的人，
>
> 对于自己的法律自己也要服从。

他又详细举出了一个统治者应有的品质：

> 君主应多深谋远虑，
>
> 如果他想戴上王冠不受诋毁；
>
> 如果他想光荣不朽，
>
> 他应是公正而慈悲①。

上面提到的女公爵克谢尼娅祷告上帝：

> 让我们看看一个在位君主，
>
> 　服从真理
>
> 　弃绝非法的意志吧！
>
> 暴君只以他的意愿为法律，
>
> 真理已经泯灭了！
>
> 　但公正的沙皇
>
> 　为了他们的光荣不朽，

---

① 苏马罗科夫：《哈姆雷特》，第 5 幕第 1 场。

应在臣民幸福的基础上

　　建立各式法律规章①。

我们感到惊奇的是，这位对政治表示了深切兴趣的少女，竟要求信仰自由，要求统治当局对臣民采取宽容的态度。

世界上只有这样有皇帝身份的男子是幸福的：

他不使我们的灵魂受到束缚，

他把社会利益看得高于自己，

他由于宽容而美化了沙皇的高位，

他给臣民以平安的时日，

只是对恶行奋战不息②。

严厉，但公正的公爵基伊在解释他为什么一点也不担心他的臣民会叛变时，指出了他对臣民的态度。他向大贵族斯塔尔韦尔赫说：

试想，叛徒能搞出什么名堂？

在无数人民中许多人真心矢忠于我，

难道他能引起他们的愤恨？

我的统治建立在仁爱之上，

人民自然地对我崇敬。

他们视我为慈父，

由衷地对我忠诚③。

戈斯托梅斯尔的女儿伊利梅娜劝告西纳夫公爵说：

———————

① 《僭王季米特里》，第2幕第1场。

② 《霍列夫》，第2幕第1场。

③ 《西纳夫和特鲁沃尔》，第2幕第6场。

> 你已开始慷慨无私地统治这个国家，
>
> 人民显得平安幸福；
>
> 自然所以产生了你，
>
> 就是要使你的智慧臻于真理，
>
> 要你揩去哭泣着的奴隶们的眼泪①。

这措辞是多么值得注意啊！臣民是统治者的子女。但同时他们又是他的奴隶。不仅伊尔梅娜一人这样说。在同一幕的第 1 场里，西纳夫从他的兄弟特鲁沃尔那里也听到这样的劝告：

> 啊，公爵呀！
>
> 对于你的奴隶，你的亲爱的子女，
>
> 不要用别的方式去统治啊！

在《哈姆雷特》一剧里，波洛尼所宣扬的是毫无掩饰的独裁制度。

> 谁来宽恕皇帝？
>
> 人民掌握在皇帝的手中。
>
> 皇帝是上帝，不是从属国家的人，
>
> 谁穿上了王袍、戴上了王冠，
>
> 他便是全部真理、权力，
>
> 对他说来，
>
> 没有法律。

但赫尔特鲁达完全以伊尔梅娜——即苏马罗科夫本人的精神反对他的这种意见：

---

① 同上，第 2 幕第 5 场。

聪明公正的皇帝不应这样，

英明的皇帝应在各方面成为榜样，

他比所有臣民更遵守真理，

在真理的基础上建立所有的法律。

应永远铭记：

人的一生都是短暂的，

皇帝也是这样的人。

殷勤的奴隶都是他的子女，

从他的节杖里流出无穷的欢乐。

皇帝遵守真理，从他的节杖里流出快乐，然而他的子女——臣民，却仍是他的奴隶！这是当时（先进的！）俄国意识形态的一个很重要的特点。或许，可以说像 18 世纪的所有先进作家一样，苏马罗科夫是开明的专制制度的拥护者。然而问题就在这里：他的悲剧所说的，实质上就是开明的专制制度的一种，除称之为开明的君主独裁制外，便无其他名称。

俄国的悲剧是模仿法国悲剧的。然而我们往后便可看到，法国悲剧里没有把独裁制（哪怕是开明的独裁制）理想化。而且就是无限制君权制的以前坚决拥护者波修埃，也认为必须声明臣民对君主的奴隶式服从，是同法国道德相抵触的。这是完全可以理解的。

在这一问题上，思想的秩序也是同事物的秩序相符合的。罗蒙诺索夫说："因为我国的诗创作是刚刚才开始的，所以不适宜的东西不应吸取，好的东西不应抛弃。应该注意仿效什么，仿效谁。"比他更早一些时候，Φ.沙尔特科夫在英国研究欧洲各国的"规章制度"时,也只是挑选了"适合于君主专制的东西,而不是选择了适合于共和制或议会制的东西",以备本国之用。我国 18 世纪的文艺作品也是这样。它也是力求不吸收不适用的东西的。它从西欧社会政治思想的丰富宝库中,仅仅选择了"适合君主制度,而不曾选择适合共和制或议会制的东西"。而且对于"君主专制"这一概念,它也赋予本国的色调。思想的秩序取决于事物的秩序。

尊重法律,对自己的子女——奴隶应该"宽容",保护被欺凌的人,……这些要求同上"十字架请愿书"的人们对莫斯科君主提出的要求有何区别?任何区别也没有。这一点应该记住。

彼得改革没有变更了臣民对俄国君主所提要求的范围,而臣民因种种缘故是和"俄国现实"不妥协的。彼得改革不能改变它,因为改革的直接政治后果是使社会力量的变动无损而有利于中央政权。唯一的差别是,"十字架请愿书"的要求是由一个业已衰朽的社会阶层——大贵族提出的,而对开明的独裁制发出的关于尊重法律和对臣民采取"宽容"态度的谏言,则是来自俄国拥护西方启蒙运动的阶层。这个阶层命定要成长和巩固起来,尽管这种成长和巩固的过程是迟缓的,有时还要使其中的贵族门第的代表失望。

苏马罗科夫在所写《哈姆雷特》一剧中,通过赫尔特鲁达之口提醒君主要注意人生是短暂的,也就是要注意死后对恶行的责任,但赫尔特鲁达只是顺便提到这一问题。而僭王季米特里——也是完全意外地!——却详细地谈了这个问题。他梦见他在地狱中受折磨的可怕情景:

莫斯科周围的美好地方消失了,

> 地狱从深渊中向我张开大口，
>
> 在地狱里我看到阴森的台阶①，
>
> 在地狱里我看到悲惨的情景。
>
> 在地狱里我也在火焰中燃烧……

针对这种可怕的情景，还是这一残酷的暴君把仁慈的皇帝享受天堂幸福的极为美好情景与之对立：

> 我再仰望天空，
>
> 看见了天堂的村落，
>
> 在那里——
>
> 自然界的仁慈皇帝无限优美，
>
> 天使向他们飞洒天堂的玫瑰……

这种对比的目的是很明显的：使统治者知所警惕，向他们提出警告，让他们知道他们本身的利益——并且不是暂时的，而是永久的利益！——要求他们尊重法律，表现"宽容"或（完全一样）"仁慈"。我们试一回忆库尔布斯基曾用阴间的审判来恐吓伊凡，那我们便可相信，彼得改革在这一最后论据（ultima ratio）的意义上，也没有在神圣罗斯引起任何直接的改变，因为罗斯居民在他们的君主表现得过于不"宽容"时，就曾诉之于这一论据。

我还想指出苏马罗科夫悲剧的另一特点。像 18 世纪的法国悲剧一样，他的悲剧也攻击天主教。有些地方，这种攻击还是很激烈的。对于僭王季米特里关于俄国不愿服从罗马教皇的神圣性的意见，他的心腹之臣帕尔缅反驳说：

> 我认为人与我有如兄弟，
>
> 伪教士为了向愚民宣扬他们的伪神圣，

为了谋取私利而使他们的神话受到崇敬，

　　却散布了堕落荒淫。

．．．．．．．．．．．

英国、荷兰和德国半壁，

　　都已卸除这一重负；

整个欧洲完全排除以往恐惧的时期，

　　很快就要到来，

这过分傲慢的僧侣

　　把自己看得与凡人完全不同，

　　愚民对他像上帝般崇敬，

也将从宝座上推翻下来。

　　僭王季米特里认为这种言论是"大胆"的。但这种"大胆"却由于一种情况而趋于缓和，即苏马罗科夫剧中的主角虽激烈地攻击西方的教会，但对东方的教会却是极为尊敬的。在同一悲剧（《僭王季米特里》）里，格奥尔吉·加里茨公爵祷告上帝，请不要让天主教战胜东正教：

啊，上帝！

请为罗斯排除这一灾难吧！

　　妙极了，无论在苏马罗科夫的讽刺作品或"寓言"里，都看不到对俄国宗教界的攻击，而这在康捷米尔那里却是屡见不鲜的。这是因康捷米尔的情绪同彼得大帝的情绪要接近得多，而彼得一世是很看不起"大胡子"的。在苏马罗科夫的时代，当局对这种大胡子的态度要"宽容"得多。而大胡子方面就连过去对彼得改造活动的那种消极反对态度，也完全放弃了。像阿尔谢尼·马齐耶维奇那样的反对派行动只是例外,不能算数,它只能证明常规的正确。

无论苏马罗科夫的政治思想的界限由于时代的条件,是多么狭隘,但其发表在诗,特别是在悲剧中者,都完全没有曲解当时俄国人的概念,而只是澄清了这些概念,因为它毕竟向统治当局提出了若干同莫斯科独裁制的规则相违反的要求,这个规则就是:我们可以随心所欲地屠杀或赏赐我的奴隶。谁也不会说,像苏马罗科夫剧中一位主角(姆斯季斯拉夫公爵)关于高贵的那种见解,对于苏马罗科夫的同代人的政治发展,是毫无补益的:

> 啊! 高贵是我们光荣的唯一来源,
>
> 法规便建立在这个真理上面,
>
> 你是英勇行为和公共福利之母,
>
> 唯有你才有力量把沙皇的高位支撑。
>
> 沙皇没有你便对人民大为怨怒,
>
> 你的节杖便成为反对自由的利剑。……

第六章 叶卡捷琳娜二世时代社会力量的相互斗争

I

关于俄国经济发展在 18 世纪下半期达到了多么高的水平问题,在我国学术界的著作中有两种意见。一种意见以切丘林先生为其最显著的代表,另一种意见则是由 E.B.塔尔列提出的。

按照切丘林的说法,"必须承认,在整个(18——著者)世纪里,我国经济的向前发展是极为微弱的"。在国家的经济活动中,没有形成任何新的东西,它仍然停留在很低的经济水平上①。

与此相反,塔尔列则断言在叶卡捷琳娜二世朝代,甚至同欧洲大陆的最先进国家,如法国相比,俄国也全然不是一个落后的国家。关于自然经济在这个时代独特统治的"神话",应予否定。在叶卡捷琳娜二世朝代的末期,我国的工厂和作坊"完全不是温室中的植物,而制造工业亦已大有发展,即令不是俄国输出的主要项目,无论如何也使俄国——根据外国人屡次的论断,——成为一个

---

① 切丘林:《女皇叶卡捷琳娜二世朝代俄国财政史》,圣彼得堡 1906 年版,第 374、376、378 页。

经济上不依赖邻国的国家"①。

　　这两种相反的意见中的每一种意见,都有它的极端性,因此要求作重要改正。

　　当然,18世纪后半期的俄国早已不是一个"仅有"自然经济的国家。我们知道,在大俄罗斯的黑土地带,当时还盛行地主对农奴剥削的代役租制度。自然,农民是用货币来偿付代役租的。耕种国家土地的农民和(教会财产收归国有后)经济农民向国家缴纳的代役税也都是用货币交付的②。这一切要求出外营生和相当大规模的货币交换。观察俄国生活的外国人早就指出,19世纪初期的俄国农民不仅从事农业,而且有很大一部分同时从事其他手工业。这位观察家说,曾看到整个农村全部由手工业者,即实际上由家庭手工业者组成。属于这类农村的有梅德韦季茨克和基姆雷村,这里几乎完全住着鞋匠。在莫斯科和特韦尔省,有许多织布工,在下戈罗德省,整个村子从事制铁;在通航河流的两岸,大力地发展着造船业。在莫斯科罗斯时期就已大有发展的手工业,18世纪下半期发展得更为迅速。同时,大规模工业亦大有进展——不过,主要是在数量方面。在叶卡捷琳娜登位时,共有984座工厂和作坊(矿场除外),而在她统治的末期,这个数字增为3161个。

---

　　①　见他的报告:《叶卡捷琳娜朝代的俄国是否经济落后的国家?》这个报告于1909年10月作于彼得堡大学历史学会,载《现代世界》1910年5月号。

　　②　的确,也有例外。1794年按每口征70戈比的人头税,提高到一卢布,就中增加额30戈比,在维亚特省和托波尔省均以半数征收粮食(В.И.谢梅夫斯基:《叶卡捷琳娜二世朝代的农民》,圣彼得堡1901年版,第676页)。但是,我们看到,这种例外是很少的。

切丘林先生没有说,当时的俄国居统治地位的,只有自然经济。但是,应该承认他的意见是同塔尔列的意见直接对立的,因为他否认俄国国民经济的向前发展。这是他的不对。向前的发展无疑是有的。真理在塔尔列这边,因为他承认这种发展。但当这一有才华的学者断言,叶卡捷琳娜的俄国即使同法国相比,也不是一个落后国家的时候,他又太偏到相反的方面去了。

按照他的说法,在叶卡捷琳娜二世朝代的末期,我国的制造工业已经发展到即使它不是我国输出的主要项目,但无论如何也使俄国——根据外国人的屡次论断——成为一个在经济上不依赖于邻国的国家了[①]。

这是错误的。首先,外国的评论,远不如我们尊敬的史学家所感到的那样肯定。

例如比申,这是他在报告中不只一次引证的一个外国人。根据塔尔列先生所引述的比申的说法,世界上没有一个民族比俄国人更欢喜商业。但如我在我的《思想史》第 1 卷里所指出,许多外国旅行家也对中国人作过同样的评语。旅行家的这种评语,能否证明人们说中国与西欧相比在经济上是落后的等等,是犯了错误呢? 显然不能。其次,比申承认俄国人不但善于经商,而且善于经营制造工业。同时,他还指出了俄国自彼得大帝以来所取得的成就。他以为这些成就表明,俄国人以前所缺少的是(更先进的外国

---

① 《现代世界》,1910 年 5 月,第 28 页。着重点是塔尔列加的。

人)指导①。

塔尔列完全正确地指出:比申夸奖了某些俄国工厂出品并认为亚麻织品在俄国是最好的。此外,应该补充说,根据也是这个比申的意见,当时俄国出产的"只有粗亚麻布,还不会纺织细亚麻布和大麻纱。"他在这一般情况中只知道一个例外,即雅罗斯拉夫尔的纺织厂纺织和漂白了很好的细纱②。既然按照他的意见,亚麻布在俄国为最好,则在他看来,其他俄国制造工业部门,应该是较落后了。因此,毫不奇怪,他对俄国同西方各国的关系作了如下的判断:

"由此可见,俄国人还不能没有外国制造业和工厂的援助"③。

我们看到,与塔尔列相反。比申根本不以为俄国是一个能够成为经济上不依赖邻国的国家。

塔尔列还指点斯托尔赫。但斯托尔赫同比申并无分歧。他同样不认为俄国可以对本国产品感到满意。为求不再依赖外国人,按照他的意见,俄国还需要大约 100 年④。

---

① 我手头使用的书籍中有比申写的《世界地理》法文译本。书中写道:"On voit que les russes ont de la capacité pour les arts et les métiers et qu'il ne leur manquait que d'être guidés"(*Géographie universelle*, traduite de l'allemand de Büsching. Strassburg, 1783, t. II l-e partie, Contenant l'Empire de Russie, p.47)(我们发现,俄国人在工艺方面有能力,他们只是缺乏指导〔《世界地理》,比申译自法文,1983 年斯特拉斯堡版,第 2 卷,第一编,内容包括俄罗斯帝国,第 47 页〕)。

② 同上书,第 48 页。

③ 同上书,第 49 页。

④ 《十八世纪末俄国历史统计概况》第 3 卷,第 46—47 页。*Historisch-Statistisches Gemäld des Russischen Reichs am Ende des achtzehnten Jahrhunderts*, 3Theil, pp. 46—47)。参阅第 259、260、280、287、299、305 等页。斯托尔赫在第 305—306 页上论及我国制铁工业时,甚至谈到我国对其他民族的工业的"可耻依赖"。

　　比申所引用的关于俄国贸易情况数字只是强调他的信念,即俄国尚不能没有外国工厂和制造业的援助。他说,俄国有许多"有用的商品"①,可以"让给"开始对这种商品有需求的国家。接着,他列举了这些"有用的商品",原来它们都是人民劳动的原料产品②。

　　比申断言,我国主要城市之间道路,都是很好的(sont très bons)。这一意外的评语虽然由于他提出的另一种意见,说它们特别是冬季好(surtout en hiver)③而分量有所减轻,但就是在这一减轻的形式上,它也仍可以证明比申是一个大乐观主义者,他全然不愿对我国当时的经济状况作不好的批评。然而他的乐观主义却没有妨碍他注意到我们这"庞大的帝国总共仅有数百座城市,而且这些城市大多数是木筑的"④。他还说:德国人会很容易地把这种建造很差的城市"看作大村庄"⑤。他对俄国城市的可怜相毫不感到奇怪,因为他知道,"俄国的资产者也是农民出身的新人"⑥。

　　假如将比申对俄国经济状况的所有这些评语拿来同他对法国工业的描写加以对照,我们定会承认,他觉得法国的状况完全不同。他说"无数的"法国工厂和制造厂,在各方面都是赫赫有名的,

---

　　①　见法文译本:*Marchandises Utiles*(《有用商品》)。

　　②　同上书,第49—50页。参阅 Büschings-Magazin(《毕尔申哥杂志》),第9卷,第210—225页的较为详细的货单。必须指出,塔尔列所发现的卡隆札记证明,法国向俄国输入了制造工业的成品,而输出的则是原料。

　　③　同上书,第14页。

　　④　同上书,第15页。

　　⑤　这句话的原文是:Les bourgeois russes sont nouveaux et sortent des paysans,同上书,第28页。

法国的玻璃制品和镜子比威尼斯的还要好①。他指出，与俄国的输出品不同，法国输出品是大量制造工业的成品②。

II

塔尔列还曾欣然引证帕拉斯。实在说，我们从这位当然是极为认真的学者那里了解的有关俄国植物的知识，实较关于俄国经济发展水平的知识要多得多。虽然如此，当帕拉斯谈到他足迹所到的俄国地区的经济发展时，读者一定会从他的记述里得出一种大大落后的沉重印象。

塔尔列认为，帕拉斯对于阿尔扎马斯的批评具有重大意义。他说，阿尔扎马斯虽然很不清洁、外貌也不好看，但"帕拉斯觉得它非常安静幸福和人口稠密，而且它的繁荣就是由于制造工业的发展。他甚至举出这个城市来证明工厂和制造业对于整个国家的巨大利益"③。

事情就是这样。阿尔扎马斯确曾给帕拉斯以强烈印象。但是为什么呢？为了回答这个问题，必须了解这位旅行家关于阿尔扎马斯的工业到底说了一些什么。

他写道："在阿尔扎马斯只制造普通的皮革；不过那里有若干

---

① *Géographie Universelle*（《世界地理》），第 IV 册，第 47、52、54 页。必须指出，这种制品是法国人从威尼斯学来的。

② 同上书，第 55—56 页。1788 年由托诺赞收集并经莫罗·德·热涅斯引用的数字（见《法国工业统计》*Statistique de l'industrie de la France*，巴黎，1856 年，第 149、165、191、234 页）无疑地表明，法国工业实际上在当时已处于较高的发展水平，而对俄国工业还不能这样说。

③ 《现代世界》，1910 年 5 月，第 24 页。

厂也制作黑色软革。……那里只制作普通的肥皂",……染坊"几乎只是出厂所谓染色土布,这种布大都由普通妇女买去①。除染色土布外。它们还制造土黄布,也是在这种妇女中推销的。这一点必须记住"。

在斯托尔赫那里,我们也随处看到他指出,俄国工业只是供应低质量的产品。高级产品,按照他的描写,都是从国外输入的②。

当然,我国制造业如果是为了满足人民的需要的工作,是能有广阔销路的。但在当时条件下却非如此。事实上,这种需要的范围一方面因为农民的贫穷,同时由于农民自己也制作了所需用品的很大部分,而大受限制。斯托尔赫曾断然肯定这一点③。所以,这样看来,自然经济在我国虽非居于"独特的"统治地位,但毕竟还是很普遍的。

如所周知,对于经济学者,重要的不仅是生产什么,而尤其是怎样生产,即用什么劳动工具和在什么生产关系之下生产。但在这个场合里,阿尔扎马斯的工厂所生产的到底是什么,无疑地也有重大意义。我们看到,它们几乎完全是为了满足国内市场上"普通人民"的需求而生产。这种需求由于俄国农民用其自己的经济的产品满足了最大部分的需要而受到极大限制。此外,这种需求是简朴的,所以易于用手工业制品来满足。但手工业是一种落后的工业。它的生产技术在我国直到现在还是原始的。当然促使商品生产转变为资本主义生产的内在逻辑,对于手工业也不例外;但这

---

① 见《帕拉斯游记》的法文译本(1783年巴黎版),第1卷,第71—72页。
② 例如同上书第3卷第250页(以及其他各页)上关于呢绒业的估计。
③ 同上书,第2卷,第117页。

种转变在手工业里是完成得极为迟缓的。转变的迟缓在这里是落后的结果，同时又是巩固落后的原因。甚至在逐渐从手工业中产生的比较大的企业里，也经常留有这种落后的深刻印记。帕拉斯在阿尔扎马斯看到的那些企业，是都留有这一印记的。我们听他说过，这些企业只是制造低级或中级质量的产品。现在应该补充：按照这位旅行家的说法，这些企业的技术也是极为落后的①。

在谈到 18 世纪俄国的经济制度时，一刻也不能忘记，我国当时农奴制整个地居统治地位。根据第 3 次人口普查（1762—1766 年）的数字，地主所属农民占大罗斯和西伯利亚全部农民人口之52.9％。这个比率差不多到该世纪末都无变动②。农奴禁止用自己的名字购买住房和店铺。他们只能在得到地主批准时才能借钱。农奴经商，甚至暂时离开地主的领地，必须得到批准。当然，经济强于法律。地主本身的利益促使他们准许其农奴从事一切可能的工商业活动。某些农奴甚至发了大财③。不难想到，农奴制的锁链使工商业的成就遇到多么大的限制。农奴制极端妨碍了我国自由工人阶级的产生。我们以后研究臭名昭著的制法委员会的城市代表向叶卡捷琳娜二世的政府提出的请愿书时，便可明显地看到自由人工的缺乏怎样妨碍了我国商工阶层的自觉心的发展。现在已可指出，凡在没有自由工人阶级的地方，也必没有资本主义

---

① 《帕拉斯游记》，第 72 页。阿尔扎马斯的钾碱工厂建造得很好，但它们都属于公家（《帕拉斯游记》，第 89—90 页）。

② 根据第 4 次人口普查，这个比率为 53.3％，但根据第 5 次普查，则为 53.1％。

③ 见 В.И.谢梅夫斯基：《女皇叶卡捷琳娜二世朝代的农民》第 1 卷，第 332、333、334 页。

的生产关系(在较发达的形式上),而在没有这种生产关系的地方,其经济的落后,盖属必然。

也许有人要反驳我,难道法国不也是只有革命才排除了各种阻碍资本主义发展的法律残余吗?

这的确是如此。但尽人皆知,量的差别会转化为质的差别。法国居民历来都比莫斯科国家和罗斯帝国的居民少受束缚。这是波丹、克里扎尼奇和其他许多人都给我们指出的。18 世纪法国的"旧秩序"虽然对第三等级极尽束缚之能事,但毕竟远远不及俄国的"严峻占有制"和"吃人制度",这种制度在彼得改革后的猖獗并不亚于彼得改革之前,它既已在我国经济落后的基础上产生,便随着时间的推移自身也成为这种落后的最主要来源之一。如果在这种情况之下,叶卡捷琳娜的俄国会赶上——更不要说超过!——与其同代的法国,那就是咄咄怪事了。

还是在莫斯科国家时期,农民便宁可作"国王"的奴隶而不愿做地主的奴隶。各种名称的"国王"农民,虽然比地主的农民生活得略微好一点,但不能说"国王"的农民——耕种国有土地的农民,"公有"农民,无论怎样称呼他们都好——仍然是多少有些自由的农民。关于"公有"农民的状况,斯佩兰斯基于 1826 年写道:"全国的县警察局长还都是那些地主,唯一的差别是他们可以更换,对他们有某些管束"①。变其可变(Mutatis mutandis),对 18 世纪来说,这也是完全公正的。"公有"农民所以受官吏的奴役,其唯一原

---

① 谢梅夫斯基:《18 世纪和 19 世纪上半期的俄国农民问题》,圣彼得堡 1883 年版,第 1 卷,第 193 页,注释②。

因是因为他们这种无权的短工，早就是国家的奴隶。在祖布左夫县的国有农民给他们的出席制法委员会的代表的委托书里，有下列几句意义深长的话：

"按照我们国有农民的状况，我们不仅为名门贵族，且亦为最微末的官吏所鄙视，……当一人仰承别人鼻息，别人要怎样欺侮便怎样欺侮的时候，难道不会难受！"对他们侮辱得特别厉害的是"军职人员"，波索什科夫就已对这种军人表示辛辣的控诉了。

国家把这种无保障的、手足都受束缚的劳动群众完全看做自己的私产。国家根据自己的裁定，将这些"公有"的农民任意迁移，将他们发给地主，将他们派到工厂及作坊去。国家对"公有"农民的奴役愈是无边无际，他们当中的经济前进运动便愈是困难。图甘-巴拉诺夫斯基在所著《农奴工厂》一文中说，俄国的社会制度使18世纪产生的制造业能够获得所需的工人。他认为这是我国当时的制造业对西方制造业的一个重要优点，因为西方制造业很难获得充分数目的（自由）工人[1]。但是谁都知道，曾经为取得这种"优点"付出了多么大的代价啊！

农奴劳动总是要比雇佣劳动生产效能少些。这一点，也是熟悉俄国人民经济活动的外国人所不曾忽略的[2]。

塔尔列恰好对于那些仅能很肤浅地了解俄国工业状况的外国人的证词，也没有忽视。这方面他是对的。在这个问题上，就是外国旅行家一瞬息间的印象，也对我们不无重要性。既然这样，那就

---

① 《伟大的改革》（纪念册），第 3 卷，第 142、143 页。

② 例如，列维克在《俄国史》（*Histoire de Russie*，巴黎 1792 年版，第 IV 卷）里指出俄国农奴生产者在工作中缺乏精细认真。

很可惜,塔尔列不曾注意狄德罗关于俄国经济进一步发展的条件的议论。自然,狄德罗主要是一位哲学家——就这个词在 18 世纪法国的意义说。他在政治经济学方面是弱的。但在这个范围里,他完全不是一个瞎子。所以当他在向叶卡捷琳娜提出的建议里坚持必须发展俄国的生产力和增加产业工人的数目时我们就会感到我们的祖国给这位天才的法国人的印象是一个经济极端落后的国家的印象了[①]。

同时,可以明显看出,他很理解农奴制关系的统治,对于俄国经济的发展是一个多么强大的阻碍。

再说一遍:像切丘林的意见一样,塔尔列的意见也是一种极端。真理在这两种意见的中间。但我并不认为真理同这两种意见的距离是相等的。塔尔列是太偏了,可能真理同他的意见的距离要比同切丘林的意见的距离来得更远一些。

III

"如果私人能够了解国王的思想,普通人能够理解天才者的计划,那么,我就看到陛下正在悄悄地致力于建立第三等级。"

狄德罗这样向叶卡捷琳娜二世说过[②]。然而他错了;只是因为事实上爱慕虚荣的女皇在我国采取培养"中等人"的措施,不是"悄悄地",而是大喊大叫。其实,她也很难"悄悄地"采取这种措

---

① Maurice Tourneux:*Diderot et Catherine II*(《狄德罗与叶卡捷琳娜二世》),巴黎 1899 年版,第 284、288 等页。彼得堡给予狄德罗的印象是很有意思的(第 284—285 页)。

② 《狄德罗与叶卡捷琳娜二世》,第 183 页。

施。所有由于某种原因愿望叶卡捷琳娜取得成功或其臣民得到幸福的人们，都对这种措施发生兴趣，并力争其实行。非常有名的修福元夫人——在她的客厅里对当时时髦政治经济问题多所议论，——很亲切地提到北方的西米拉米达①，说她没有第三等级是不行的。俄国驻法国宫廷的公使 Д.А.戈利岑公爵在其给副首相 А.М.戈利岑公爵的信里，也以不同的词句说了同一意思。这些信叶卡捷琳娜都很仔细地看过，信中讨论了承认农奴的私有财产权的利益。

Д.А.戈利岑写道："私有权是形成第三等级所必要的。没有它，科学和艺术永远不能繁荣。"

在"沃龙佐夫公爵档案"里，印有《关于法国贵族的自由和第三等级的利益的简要说明》一书，所论亦属于 18 世纪。"说明"显然暗示俄国说：

"任何大国无论其如何强大，如无第三等级，皆不得谓为完善，这一点是必须明确地看到的。在这种国家里，奴隶的恐惧代替了鼓励；贵族所制定的严厉制度，苛求无度，是没有效力的，因为没有其他鼓励的动因。对于一个被剥夺了希望，不可能有进取心的人民，还能要求什么呢？但是对于有第三等级的国家，这种话就不能说了。在那里，第三等级的人只要他应该得到，便没有不能得到的地位。第三等级是伟大人物的学校，在这个等级里教育着各种善良的臣民，国王在必要时可从他们当中找到具有各种才能的人"②。

---

① 传说中的亚述女皇，希腊文学作品说她曾建造空中花园。——译者

② 《沃龙佐夫公爵档案》，莫斯科 1882 年版，第 24 卷，第 322 页。

为了使祖国趋于"完善",《说明》的作者认为必须"在俄国建立第三等级"。基于这一目的,他主张"对所有著名的商人和光荣的艺术家出售解放"。一切"艺术"都应分为各种行会,而且每一行会都应为其全体会员购买解放。此外,必须把所有受过高等教育并取得必要证书的人们从奴隶依附地位中解放出来。

《说明》的作者说:"当每人都能按其才能各司其职的时候,则大家便可与其他已获解放的人们无形地组成一个第三等级的集团。"国库可从这一集团的产生中获得利益:"第三等级一经成立,其地位因解放而提高,从而在商业或工业中巩固地站住了脚,便更能偿付国家的租税,按照以前那样偿付,或如认为应当,也可改变租税的数目[1]。"

我们已经知道,国库利益的论点早就注定要在俄国政论家的议论中占一重要地位。

这种关于"中等人"可给国家带来利益的意见,表明对于第三等级在西欧社会发展史中的非常重要的作用,已有相当深刻的理解。而对于在俄国培植第三等级的关怀,更显示出人们业已意识到这一等级在我国的发展是非常微弱的。叶卡捷琳娜答像前述修福元夫人的信,也明确地表明对这后一种情况的理解。信中说:"我再次答应您,夫人,我将对此关怀,但在俄国建立第三等级对我该有多难啊!"

顺便说一句:一个学者在讨论我们在这里所考虑的问题,即叶卡捷琳娜朝代的俄国是否一个经济落后的国家问题时,对于当时

---

[1]　同上书,第323页。

的活动家——无论是俄国的,还是外国的——的这些意见,是不能不加注意的。

关于当时俄国的工业状况。我们已经知道的数字证明那时的活动家的意见是正确的。此外,我们还有一些统计数字更能证明他们的意见是有根有据的。

第一次人口普查表明,属于商工等级的居民(商人、行会会员及小市民)不及纳税居民的3%(2.9%)。1769年即约半世纪后,这两类居民的比率仍旧是商工等级仅占俄国本部纳税居民之1/34。这当然不是说,俄国的经济没有任何进展。在将近半世纪里,为出卖而进行的生产扩大了,手工业发展了,制造工业的数目增加了。这一切虽然进展得很慢,但还是进展了。这一切无疑地引起了俄国生产者在社会生产过程中的相互关系的某些改变。那些利于保持过去情况的人们甚至开始表示为未来担忧①。但是当时在上述关系上所完成的改革还过于微小,不足以比较显著地影响俄国的社会政治制度。这一制度的基本特征仍旧是取决于贵族和农民这两个主要社会力量的对比。贵族不仅没有丧失其在国家中的统治地位;相反,他们的等级优势恰恰是在18世纪下半期才形成并终于巩固起来的。这一情况自然对农民阶层的地位有不利的影响。当贵族争取解除其对国家的强制服务时,农民也希望国家解除其对贵族的强制服务。这同旧莫斯科国家的内部关系的逻辑是完全符合的。但在新的俄罗斯国家。在"彼得堡时期"的国家里,却是另一种逻辑居主导地位。最高等级利用贵族近卫军也积极参加了的宫廷政变来

---

① 因为贵族的地产在我国在18世纪下半期已开始负债累累了。

准备摆脱强制服役,现在却开始把领有人烟稠密的地产看作一种与服务国家毫无因果联系的"贵族"权利。他们竭尽全力地为自己巩固这一权利,而剥夺其他等级的这一权利。的确,他们在这方面的努力,早在他们得到解放自己以前便几乎获得完全胜利。如果彼得一世时曾允许商人为工厂和作坊购买有居民的土地,那么,在伊丽莎白时则根据1746年的法令,规定"以后商人……高级僧正和寺庙执事、大贵族等,拨给商人行会的农民,以及哥萨克,驿站车夫和其他交纳人头税的平民知识分子,都在全国范围内禁止购买人口和有地和无地农民(除根据法律和命令准许保有大庄园,世袭领地和农奴者外),并不得写这种地契"。

叶卡捷琳娜二世即位时,购买带有农奴的土地的权利,几乎完全属于世袭贵族。几乎只有他们才有购买无地农奴的权利①。

这样一来,能够成为农奴制的主体的人们的范围,是缩小了。与这一过程相平行,能够成为农奴制对象的人们的范围,则扩大了。

第一次人口普查时,登记归各种人名下的,也就是登记为奴隶的有:1)被自由释放和过去为奴隶的人们,他们自由地生活着,但不适宜于服兵役;2)不能记忆其血统关系由十岁以下幼年(登记为收养人的奴隶);3)地主村庄中的被遗弃者和私生子;4)无实际职位的神职人员的子女,以及多余的教堂低级职员及其子女(登记为他们居住处所的世袭领主的奴隶)。第二次人口普查时,根据塔季谢夫的见证,许多教堂执司亦依附地主为奴隶,前自地主村庄征调入伍,退伍后回归故乡的退伍士兵的子女,亦登记属于地主。最

---

① 见 В.И.谢梅夫斯基:《女皇叶卡捷琳娜二世朝代的农民》第1卷,第1—4页。

后,农奴数目的增加还由于俘虏的被奴役,东方异族人之被购买,以及变民之被发配为奴①。叶卡捷琳娜二世取消了若干奴隶的来源。例如,在她的朝代里,已不准将被遗弃者、乞丐、教堂职司子弟等等登录为奴②。由于保持着自由,所有这些穷人都变成"中等人"了。假定这就是叶卡捷琳娜关怀在我国建立第三等级的诺言的实行,那么,这同一女皇由于 1783 年的敕令却在小俄罗斯和自由居民的乌克兰奴化了大量农民③。不仅如此,在 18 世纪,地主"对于他们的奴隶的已经很大的权力,是更为加强了"。

　　1726 年农民被剥夺了自由从事手工艺的权利。次年,他们丧失了不经地主同意而从军的权利。1732 年政府准许地主得将所属农民从一县迁到另一县。1741 年伊丽莎白即位后,命令不要带领农奴去宣誓,从而(根据我国一位学者的正确意见)断绝了中央

---

　　①　《女皇叶卡捷琳娜二世朝代的农民》第 1 卷,第 616—617 页。
　　②　同上书,第 15 页。
　　③　在 A.托尔斯泰伯爵的著作里,我们看到伏尔泰和狄德罗崇敬地写信给叶卡捷琳娜说,在她的朝代里,秩序之康盛,令人惊异:

　　　　您是人民的母亲,
　　　　人民只需要您
　　　　快点给自由,
　　　　快点给自由!
　　她反驳说:
　　　　"Messieurs, vous me comblez",(先生们,你们满足我)
　　　　而且立即使乌克兰人
　　　　被束缚于土地。
事情就是这样。叶卡捷琳娜给她的宠臣赏赐了近 100 000 纳税人口。奥尔洛夫家族得到 25 500 口、Г.波将金——21 540 口,扎瓦多夫斯基——8 700 口,佐里奇——13 000 口,П.Л.祖博夫——13 600 口,鲁缅采夫-扎杜纳伊斯基——约 20 000 口、Н.И.帕宁——8 400 口。(谢梅夫斯基:见前书,第 1 卷,绪论,第 24 页。)

政权同数百万地主所属农民的直接联系。1747 年地主获准出卖所属农奴去当新兵,但须负担义务,——国库在这里没有忘记其本身的利益,——为被出卖的农奴交纳人头税。1760 年伊丽莎白在拓殖西伯利亚的姿态下——又是公家的利益!——准许地主发配所属农民到那里定居。根据 1765 年的敕令,伏尔泰和狄德罗的自由女通信者不仅进一步肯定了这一许可,而且作了补充,给地主权力发配所属农民到那里去作苦工,而且可以随意将他们召回。由此看来,公家的利益现在是退居奴隶主利益之后了。在赏赐地主以这种难予置信的权利的同时,还禁止农民向女皇呈送请愿书。如果说这种禁令也适用于贵族及官僚,但 1767 年的敕令却只是指的农奴。根据这一敕令,对于呈送"法所不容的反对地主的请愿书,特别是呈给女皇陛下亲收的请愿书",农奴应受笞刑,并流放到涅尔琴斯克(尼布楚)服苦役,抵消地主应送的新兵。这样,农民寻求法律保护以对付地主压迫的最后可能,也被剥夺了。应该看到,政府对 1767 年敕令的重大意义是深为了解的:它命令在一月内每逢星期日和假日,都要在教堂里宣读这一敕令[1]。

这一切同 18 世纪的启蒙哲学是自相矛盾的,当然为地主们所乐意。然而叶卡捷琳娜还要自称为启蒙哲学的拥护者呢!

叶卡捷琳娜二世在其统治的最后年代,看来力图使自己和别人相信俄国农奴的状况并不像心怀恶意的人们所说的那样坏。她对拉季谢夫写的《从彼得堡到莫斯科旅行记》一书愤怒地批评说:"比我国好地主所属农民的命运更好的,全世界再也没有了。"然而

---

[1] 谢梅夫斯基:《女皇叶卡捷琳娜二世朝代的农民》,第 375、376 页。

她最初对这一问题却有不同见解,不只一次考虑对俄国的农奴制,即使不予以消灭,也应作某种限制。这里的证明是她的敕令和她促使自由经济学会提出一个易于引起当时俄国贵族误解的问题:"何者对社会更为有利?——使农民获得土地私有权或者仅仅让其获得动产私有权?农民对这两种财产的权利应达到何种程度?"这一问题完全等于问:地主对于他的"神圣私产"的权利应达到何种程度?促使研究这样的问题,意味着动摇(尽管只是理论上)农民及其地主之间业已确立的关系。叶卡捷琳娜自己承认,她在敕令里剽窃了"会长孟德斯鸠"(岂止孟德斯鸠一人!),最初本不反对略为改变这种关系,以求有利于农民的。如果她很快放弃了这一主张,那是由于贵族的反对。这位极端现实,而且同样自私的谢米拉米达由于过去多亏近卫军而取得王位,觉得采取这种可能引起实际上掌握着整个国家命运的等级的巨大不满的措施,是很不聪明的。她以讥讽的口吻批评拉季谢夫的书:"他想说服地主去解放农民呢,可这谁也不愿听啊!"这"谁也不愿听"的信念,很快就在她的心里成熟了,并且决定了她以后对农民的态度[①]。由此可见,她是很轻易地放弃了改善农奴命运的意图的。

IV

自由经济学会在叶卡捷琳娜二世的倡议下提出的问题,在俄

---

① 已故季佳京很正确地说,叶卡捷琳娜是在"刚刚起草上谕的时候",发布这份反对农民的残酷敕令的。对于胆敢反对地主的农民,规定"拷问是谁给他们书写和捏造请愿书的"。对于这一情况,同一季佳京痛苦地提到,叶卡捷琳娜在《上谕》里还漂亮地表示反对拷打呢!——见《俄国法学史论文集》,圣彼得堡1896年版,第363页。

国贵族及其思想代表的眼里,完全不是当前就要解决的问题。

　　对于这个问题,从俄国作家中只收到七个答案,就中只有一个答案获准参加评选。此外,这个答案的作者 A.Я.波列诺夫曾留学外国,受西方思想的影响,在很大程度上抛弃了俄国贵族的观点。他写这个答案所用语言,为奉派审查参加评选著作的自由经济学会委员会所不喜欢,当然也大概为女皇本人所不欣赏。这个委员会的若干委员认为在波列诺夫的答案里"有许多过分的,并且按照当地的情况,有失体统的措辞"。当然是如此!例如,波列诺夫写道,几乎被剥夺了全部"做人的资格"的俄国农奴,甚至不能衡量自身的不幸的程度。按照他的说法,从来没有比我国农民更贫困的人,"他们没有任何法律的保护,不但在涉及财产上,而且在生活上遭受各种各样的侮辱,忍受不断的蛮横无礼、刑拷和暴力;因此,他们毫无例外地陷入这种对于他们和对于整个社会都充满灾难的状况。我们现在实际上就看到他们处于这种状况之中。"根据波列诺夫的意见,农奴制和一般奴隶制的产生是由于"战争的暴力作用",因为人是不会自愿地遭受这种"极为残酷的命运的"。这个意见本身并不包含任何在俄国欧化贵族中闻所未闻的东西。塔季谢夫便很了解,要从"自然法"的观点来为奴隶制度辩解,是很困难的。但事情坏在波列诺夫不慎将"战争的残酷法则"与他对农民贫困状况的描写直接联系起来。更坏的是,——即对于具有奴隶主思想方式的读者更不称心的是:他向读者提示了农民暴动的可能。他写道:"许多优秀人士不是毫无理由地断言,最终的压迫对于社会不仅是有害的,而且是有危险的"。他并且指出了斯巴达奴隶以及罗马奴隶和波兰哥萨克的起义。毫不奇怪,人们要强迫他重写他的答案,删去那些不顺眼的过于鲜明的色彩了。

但不应以为波列诺夫的实际建议有何革命的性质。他并没有提及完全消灭农奴制依附。他只是要求拨给农民足够的一块土地作为世袭财产,用法律保护农民的动产,准确地决定他们对地主的义务,给他们以对地主的压迫提出控诉的权利。此外,对于农民控诉,应由地方自治会的贵族法庭作出最后的裁定,而这种裁定,如В.И.谢梅夫斯基所正确指出,是不会使农民感到满意的。波列诺夫还主张在解决农民问题时应特别慎重。他自己在这里便是以保守派的语言立论的:过分快的改变是危险的,因为"许多事例证明在这种情形下,疯狂的低贱人民是一发而不可收拾的"。总而言之,波列诺夫的改良方案是完全不具有强迫性质的:它请求政府在新的基础上安排宫廷所属农民的生活,用自己的榜样去影响地主①。

这看来颇为天真。然而就在这修改得很缓和的形式上,波列诺夫的答案也未付印。尽管叶卡捷琳娜二世的政府极为需要有知识的人才,可是波列诺夫本人在职务上也未获得出路。这也是可以理解的。

波列诺夫草拟了一个很和缓的计划。但是他的很和缓的计划理论根据,却证明他的思想方式,实际上"按照当地的情况是有失体统的"。前面已指出,波列诺夫在很大程度上抛弃了贵族的观点。他久居西方,开始像那里的有觉悟的第三等级代表人物那样

---

① В.И.谢梅夫斯基:《18世纪和19世纪上半期的俄国农民问题》,圣彼得堡1888年版,第1卷,第51—53页和第81—87页。

思考。他们也有些害怕"低贱人民的疯狂",也主张在社会政治改革方面要慎重。但俄国贵族的思想代表人物还是永远不会同他们达成协议的。第三等级的理论家反对俄国贵族视为至理的东西:即农奴制的神圣不可侵犯。谢梅夫斯基引述波列诺夫的意见:不应盲目模仿西方。然而这一意见在贵族思想代表看来,也不足以抬高他的地位。法国启蒙思想家也从来不曾宣传要一个国家去盲目地模仿另一个更先进的国家。例如,他们对英国的制度和风俗,就有许多不同意的地方。但是他们一方面反对盲目模仿,同时却提出了一些原则,根据这些原则,应该予以谴责的就不只是农奴制了。波列诺夫也引用了这些原则。他写道,应该"只是立足于健全的思考和爱人类的准则,并且任何时候都不要忽视全民的利益"[①]。但在立足于健全的思考并注意到全民利益以后,那会很容易想出一些结论,按照这些结论,我国当时的整个社会秩序就会破裂。这一点,贵族的思想代表是感觉到了的。

为了贵族思想形态的利益,最好是"立足于"这样一种思考,其出发点应为深信保持地主对农民的权力的必要。

我在前面论文艺作品一章里,已经指出苏马罗科夫的这种信念是极为强烈的。这位把谎言当作真诚揭发的人,大声疾呼地申讨"茅屋破坏者",辛辣地讽刺地主不要进行"人口买卖"和"剥农民的皮",迫不及待地回答了自由经济学会提出的问题。他在答案中写道:"金丝雀觉得最好不要笼,狗觉得最好不要锁,但金丝雀会飞掉,狗会咬人。所以,对农民必须有笼,对贵族必须有锁。"因此,有

---

①　谢梅夫斯基:《18 世纪和 19 世纪上半期的俄国农民问题》,第 84 页。

待解决的问题是为了"公共利益"何者更为需要。当然,苏马罗科夫认为为了公共利益,鸟要有笼,狗要有锁,农民要有农奴制的奴役。他在对叶卡捷琳娜二世的"上谕"的评语里,也表示了同一信念。评语之一说:"不应把俄国农奴变为自由人;那样,穷地主将无厨子、车夫和仆人。他们将要讨好仆人,让他们闲着,以期不致没有仆人和服从他们的农民;在地主和农民之间将发生可怕的分歧,为了平息这种分歧需要许多部队,国内将发生不断的内乱。同现时地主安居他们的世袭领地里相反,他们的领地将变为对他们最危险的住处,因为他们要依附农民,而不是农民依附他们。"

我想波列诺夫在"立足于健全的思考"之后,可以毫无困难地驳斥苏马罗科夫的论点。叶卡捷琳娜本人便毫不费力地在理论上对付了这些论点。对于苏马罗科夫所谓农民的自由将使地主居住在自己的村庄里有危险,而现在他们却是安居在那里等等,她很机智地作了简短然而有说服力的评语:"也有部分地主是被自己人杀掉的。"①尽管苏马罗科夫的信只是送到了自由经济学会,而且根据谢梅夫斯基的说法,并没有得到结果,然而他对地主和农民的关系的观点却是绝大多数俄罗斯贵族的观点。

在自由经济学会的档案里,谢梅夫斯基还发现了两份俄国人对该学会所提问题的未付印的答案。尊敬的学者对这两份答案极为轻视。其中一份,谢梅夫斯基说是一个叫斯捷潘诺夫的人写的,此人曾在制法委员会谈论这个问题,其值得注意之处实不仅由于它的作者在谈到农民时的那种不友好态度。另一份出自御前马厩

---

① 谢梅夫斯基:《18世纪和19世纪上半期的俄国农民问题》,第48、43、44页。

长 C.亚历山大罗夫的手笔,尽管文理不通,却证明其作者的比较自由的思想。据谢梅夫斯基推测,亚历山大罗夫主张给农民以世世领有其土地之权,条件是负担一些法定义务。我们有一切理由设想,自由经济学会的大多数成员认为这种办法是有害和危险的新事物。

V

苏马罗科夫理解,对于锁上链条的狗或关在笼子里的金丝雀,是说不上什么"幸福"的。但他和他的数不清的思想同道,却天真地相信农民的"幸福"就是要以被奴役为条件。他们自相矛盾,但他们显然并未察觉。他们的阶层的观点使他们不能对这一问题作逻辑的思考。这种无能的程度,可以波洛托夫为例说明。波洛托夫的著名札记包含着大量足以说明 18 世纪俄国贵族心理状态的宝贵材料。

1772 年波洛托夫在旅行中被迫住在雷瑟·戈拉的一处独院小地主村庄。他是一个善于观察的人,又是一个农村好业主,所以乘机注意这些自由的——最少免于地主压迫的农民的生活。但他在这里所看到的一切仅是引起他的愤慨和嘲笑。第一,使他深感不快的是这个村子的建筑没有任何计划。"那里是一户,这里是另一户,有些五户挤作一团,还有些十户连在一道。有些房屋都朝那边,有些朝这边,有些朝后,有些朝前,还有些朝旁侧"。个别农户的建筑物他也看不上眼。"他们的院子真正不配称为院子。到处堆着箩筐等编织物,没有板棚,没有鸡笼,而且这些编织物都已弄坏,有的横放,有的歪歪倒倒,等等"。总之,我们这位精细的地主看出这些独院小地主缺少经营能力。假定说,由于这样那样的原因,情况局部地确是如此,尽管波洛托夫告诉我们,仿佛这些坏业主都储存了大量粮食,还有用木条盖顶的房屋,就是说,都有他的农奴村子所没有的这些东西。试问,他想用什么办法为这富有和自由的村子整顿秩序呢? 很简单:剥夺其自由,用荆条抽打他们。

"看到这一切,深感愤慨! 我对自己说:'啊,塔拉来伊,塔拉来伊![1] 下流东西! 谁也不来鞭打你们,使你们变得聪明些,把建设和生活搞得有秩序些。你们粮食成堆[2],却生活得那么坏,那么穷,又那么乱!'这就是无人统领、虚有的幸福和宝贵的自由的后果。你们的剩余和你们的金钱只是用去上酒店和填满包税商的口袋,而对国家,你们却只有惭愧!"[3]

当波洛托夫偶然展望自己的情况时,他认为应该感谢上苍赐给他奴隶劳动者。"差不多 600 名像我一样的男女听从我的命令"。他虔诚地沉思:"他们大家都以自己的劳动和汗水养活我,给我以饮食、衣着,为我取暖,使我安逸,努力给我成千种娱乐。这难道不是我的利益,难道我不应为此感谢上帝?"[4]

利益的确是很大的,实际上为此可以感谢创业主。但是必须补充:我们的笃信上帝的作者却时常在自己的札记中谈到"下贱人"——即那些给他饮食、衣着等等,与他"一样的男女"的愚蠢、粗

---

①　塔拉来伊(Талалай)显然是一种地方语,表示轻视之意。

②　就是说,他们的经济并不怎么坏啊!

③　《安德列·波洛托夫的生平和奇遇,他本人为其后代而作》,圣彼得堡 1872 年版,第 III 卷,第 79—80 页。

④　《安德列·波洛托夫的生平和奇遇,他本人为其后代而作》,第 103 页。

野和包藏祸心啊！

波洛托夫是一个有学识的人。他通晓多种外文，对哲学有兴趣，甚至还写过一些著作，不过这些著作主要是出于误会而被称为哲学著作。姑且假定，他在哲学上是信从《克鲁兹》的学说的。他同他的老师克鲁兹一样，都觉得沃尔夫过于勇猛，而法国的百科全书派则简直是"人类的恶魔及败类。"当他知道他的一位友人读了"著名的无神论者爱尔维修"的著作时，他气得发抖。然而这仅是证明俄国贵族的彻底思想代表人物，事实上是不能同第三等级（当然是欧洲先进国家的第三等级）的思想代表人物妥协的。至于我们这位自由"塔拉来伊"的揭发者，毕竟还应承认是彼得改革，即俄国同西方精神接近的成果之一。波洛托夫比他同代的许许多多俄国贵族要开明得多。如果这一自命开明的人认为农奴制是整顿劳动群众的生活秩序的最可靠手段，那就可以想到贵族的不开明部分，那些既不读书、又除了本身幸福之外不问他事的贵族等级的无数代表的观点，该是怎样的了！

18 世纪的我国贵族，一有机会都要宣扬农奴制不可侵犯的教条。贵族派到制法委员会的代表，连废除农奴制的念头都不许有。更有甚者：他们甚至一点也不愿听取限制地主对农民的权力的话。请看几个例子：

在 1768 年 4 月 29 日的制法委员会议上，乌格利奇市的代表苏霍普鲁德斯基说：农民的逃亡有时是由地主对农奴的压迫，因此，"他认为应对于这一详细的限制（限制地主的专横。——著者）办法，进行讨论"。奥博扬市的贵族代表 M.格拉佐夫对此所作答复，却证明地主本身的利益足以促使他们关怀所属农民的福利。

至于限制地主对农民的权力,他"通知"(按照日记的用语):"绝顶明智的国王彼得大帝已使地主对所属农民的全面负责合法化,而且女帝陛下,现时顺利地统治着国家的绝顶明智的叶卡捷琳娜女皇,愿对此加以确认。"这就是说,地主对农民的全面负责排除了限制他们对农民的权力作任何限制的可能[①]。

苏霍普鲁德斯基的意见表达得颇不肯定。喀山省的外籍人及独院小地主代表基片斯基为农民发言,说得比他肯定。在5月2日的会议上,他写了一份书面意见,建议用法律规定农民的义务。"他把这些义务分为三类:第一,偿付国家的捐税;第二,为地主的工作;第三,为维持本身的生活及车马"。那位奥博扬的代表格拉佐夫抨击他的建议,在下次会议上断然声称这种工作分配是敌视贵族的荣誉和安宁的[②]。

贵族的"安宁"受到他们本等级的一位代表科兹洛夫县的贵族代表格里戈里·科罗宾的发言的更强烈破坏。在5月5日的会议上,他重复了苏霍普鲁德斯基的发言,也认为农民逃亡是由地主的压迫(他说:"管理")引起的,并建议用法律保障农民的财产权。他的这一发言引起很大的惊慌。M.M.舍尔巴托夫公爵——这可说是当时贵族思想代表中最聪明最有学识的一员了,——反对他,暗示尊敬的会议:应注意科罗宾的"仁爱和雄辩"可能造成"危害"。

---

①　《俄国皇家历史学会集刊》第32卷,第49页。参阅该卷附录(第390—391页)中的格拉佐夫所提书面意见。

②　着重点是我画的。见《俄国皇家历史学会集刊》,第400、402页。在该卷的序言里,B.谢尔盖耶维奇说:为他们(农奴——著者)的利益而首先发言的功绩,属于宗教法庭的官吏和独院小地主(见序言第X页)。

另一贵族代表讥讽地评论科罗宾的"造福国家"的值得夸奖的意愿,还说,这种意愿必然要成为一种"单调的梦想"。还有一名贵族代表说,科罗宾企图"求得轻佻的人们的赞扬"。我们已经熟悉的奥博扬的贵族代表格拉佐夫揭发说,科罗宾代表科兹洛夫的贵族,但并不是该市贵族会议选举出来的,而是由一位真正的科兹洛夫市的代表委托出席的①。尽管这一揭发没有剥夺科罗宾的代表权,但这件事对于我们却在两方面具有重要意义:

第一,格拉佐夫关于科罗宾的"代表权"的侦查表明,贵族的代表对于农民的辩护人想方设法进行折磨的愿望,该有多么强烈。

第二,格拉佐夫的揭发自然引起了一个问题:科兹洛夫的贵族如果知道科罗宾的思想方式,还会选他当代表吗?格拉佐夫断言不会。他引述科兹洛夫的贵族曾请原来的那位代表——即将其代表权委托科罗宾的那位代表,——在委员会里要求"保持地主应有的特权"。也许格拉佐夫的这一引述所指示的是科兹洛夫贵族的委托书,事实上这份委托书的作者保留农奴制的意图,是无可怀疑的。

在委托书里无一语道及限制地主对农民的权力,但是说应阻止"卑贱的人们""对高贵和有功的贵族提出控告"②。这已足使我们同意格拉佐夫的意见:科罗宾确乎没有表达他在委员会里所代表的贵族的观点。他在贵族当中仿佛是一名叛逆。无怪乎他在委员会的另一次会议上,发言保卫农民的利益说:"自由有益。"然而

---

① 《俄国皇家历史学会集刊》,第 470 页。

② 《俄国皇家历史学会集刊》第 68 卷,第 420 页。

科兹洛夫贵族的想法却与此完全不同①。

VI

但他究竟希求什么呢？他的要求又是什么呢？实质上，他的要求很少。像 B.基片斯基一样，科罗宾只是想对农民的权利给予法律保障。而且就在这里，他也不彻底。

他说："必须用法律来规定，地主对其农民的财产都有哪些权力。我们所作的庄严誓言，贵族本身的利益，农民的好日子和粮食耕作的增加，都对我们提出了这一要求。"②

这样，农业的需要，地主本身的利益和代表所作的誓言，都要求对农奴的财产权加以法律保障。按照科罗宾的方案，农民必须向地主缴纳"适度"的贡赋，缴纳时可用货币或"产品"或"两者兼用"。同时，地主对农民的需索，应求"不使庄稼汉抛弃其房屋和经济"。但科罗宾的方案对于农民的人身保障有何主张？什么也没有。地主对农民的权力，"仍然像现在这样完整无缺。农民仍旧是地主的奴隶"③。这是一种显著的不彻底性，贵族的辩护者自然很快就觉察到了。舍尔巴托夫讥讽地表示他很奇怪，为什么科罗宾如此关怀农民的财产，同时却不肯"致力于解除农民可能因被惩罚

---

① "科兹洛夫贵族的委托书不是由贵族阿列克谢·格里戈里耶夫的儿子弗罗洛夫签名，因为他不识字，而是由少尉伊佐西姆·列梅佐夫，伊凡诺夫的儿子根据他的请求而签名（第 421 页），那里还有两个类似的情况。对于不识字的剥削他人'灵魂'的人，自由有何益处呢？"

② 同上书，第 32 卷，第 408 页。

③ 《俄国皇家历史学会集刊》，第 410 页。科罗宾在报告中常说："农民，即奴隶"；或"奴隶，即农民"。

而受到的压迫"。按照舍尔巴托夫的意见,统治着农民身体的人,也就是统治着农民财产的人。这话是再正确也没有了。然而值得注意的是,甚至科罗宾的不彻底方案也在贵族代表中引起如此强烈的骚动:这是因为方案接触到一个贵族深信为了不破坏"公共的幸福",谁也不应接触的问题。

也许更为值得注意的是,这种不彻底性并不是科罗宾一人的失误。农民利益的另一贵族辩护者——叶卡捷琳娜省的贵族代表雅科夫·科泽尔斯基也犯了同样的错误。

像科罗宾的意见一样,他的意见是:法律应准确规定农民对地主和对国家的义务的范围。在某些方面,科泽尔斯基的要求比科兹洛夫的代表的要求,要确定一些①。但科泽尔斯基也认为农民应像过去那样"忠于"自己的地主,并处于地主"监督"之下。由此可见,农民对地主的人身依附,是一个门坎,便是最先进、最倾向劳动群众的贵族代表,也会在它上面绊倒。这真是一个很典型的现象!

某些贵族代表坚决反对限制地主对农民的权力的企图,所提理由之一是:只有在"有限统治权"的国家,才给"低级世系以相当的自由"。这是发言反对科罗宾的代表普罗塔索夫说的。其他的一些代表则提出农民的愚昧为理由。例如,在讨论贵族权利时,谢尔巴托夫公爵娓娓动听地就这个问题发言说,俄国人民还需要受教育,而这种教育,他们仅能从地主那里获得。根据我国民族"思想状况"的特点而提出的理由,也起了相当重要作用。提出这一理

---

① 同上书,第 32 卷,第 495 页。

由的代表认为俄罗斯"思想状况"的特点在于我们的祖国一般地不适宜于采用自由制度。这些老爷们觉得,俄罗斯是一个真正"幸福的"国家!

VII

地主不仅维护他们自己对农民生命财产的权力。他们的"思想状况"一般地同农民自由的概念不能相容,哪怕这种自由很有限,哪怕这种农民并不是地主所属的农民。在这方面,温格恩-斯捷恩贝格所草拟的"国有农民"方案的某一部分的命运,是颇有教益的。

这一涉及"各种农民"的部分,附有多罗戈布日贵族雷德万斯基的注解,他在注释中表现为全俄罗斯农奴制的一个既彻底,又明显的思想代表。

根据温格恩-斯捷恩贝格的方案,自由的[①]农民完全保持其权利——"他们完全是自由人"——他们最少可以在本省的范围内从一处迁移到另一处。

方案的这一地方,同雷德万斯基的"思想状况"发生了矛盾。他在注释中写道:"他们的自由仅仅在于他们可以从一处迁移至他处。我的意见是,这个自由毫无好处,而是毁坏人民的好日子,因为为了使农业转于繁荣,必须尽力把他们直接束缚于土地上[②]。

其次,温格恩-斯德恩贝格的方案承认国有农民有权出卖并抵

---

① 当时在小俄罗斯、芬兰和属于俄国的某些波罗的海岛屿上的农民,还是自由的。

② 《俄国皇家历史学会集刊》第36卷,第254页。

押所种土地,"就像它们是自己的财产一样"。

这一买卖自由,受到一项决定的限制,即国有农民的土地只能出卖和抵押给同"类"的农民。但雷德万斯基对于这一限制也不满意。他证明:国有农民使用的是公地;这种农民从来没有自己的土地,也从来没有把土地留作遗产,出卖和抵押是从来就不允许的,而且在各个时期都有命令制止。因此,他们的土地不是世袭的,也不是以契据为根据的[①],而是发给他们来维持生活和繁荣农业的[②]。

同意民粹派观点和坚信公社土地所有制的优越性的读者,也许要说,雷德万斯基在这个问题上坚持了一件好事,因为他想在国有农民中防止私有制度的产生。我不想同这种读者进行争论,只请他对雷德万斯基的理由的可以嘉许的逻辑性,给以应有评价。

在温格恩-斯德恩贝格的方案里,国有农民能够进行借贷。但多罗戈布什的代表对此竭力反对。

他写道:"农民相互借钱超过五卢布时,依法应予禁止;就是5卢布的借款也须得到长官的允许,借以禁止挥霍无度。"[③]

温格恩-斯德恩贝格想给国有农民以使用自己的森林,就像使

---

① 显然,这里所指的土地,不是由于房地产买卖契约而取得的土地。

② 《俄国皇家历史学会集刊》,第 249 页。应该承认,早在莫斯科国家里便已对国有农民的土地牢固地确立了雷德万斯基所说的那一观点。但实际上,俄国若干地方农民直到 18 世纪中叶还支配着所使用的土地,就像支配自己的土地一样。1754 年的土地清丈办法剥夺了农民的这一权利。(参阅《俄国皇家历史学会集刊》第 123 卷的序言,第 3、4、14、15 页。)雷德万斯基便是按照这个企图使国家对农民的剥夺达到极点的办法的精神发言的。与他相比,温格恩-斯德恩贝格便是一个自由主义的人了。

③ 《俄国皇家历史学会集刊》,第 250 页。

用真正的私产那样的权利,只是对于适合军舰制造厂使用的森林,应为国家的利益而予以保护。不用说,懂得逻辑的雷德万斯基对于这个问题也要从自己的观点去观察一下。他反驳说,国有农民都使用"国王的"森林,因此,他同意承认农民只有一定的森林使用权,但完全不是森林的所有权[①]。

雷德万斯基的观点在其同温格恩-斯德恩贝格关于对分制佃农问题的争论上得到极端的表现。温格恩-斯德恩贝格给国有农民以使用对分制佃农并给他们以土地的权利。雷德万斯基则断定,这种权利是同我们生活的全部制度相违反的。他写道:

"在国王权力统治下的对分制佃农,不仅国有农民,就是贵族也不能领有。每个为祖国利益着想的人,都应设法迫使这种"浪荡(原文如此!——译者)人民有永久的居留处所,强迫他们成为业主,有自己的房屋,把自己的后代留在一个宜于从事粮食耕种的地方。"

委员会(在这个问题上是分组委员会或专题委员会)的委员,自不难同意雷德万斯基的意见,在他们当中也流行着同样的农奴制概念。所以,在专题委员会关于国有农民类别审查的最后方案规定:

"国有农民为仅仅属于(原文如此!——译者)国家的农民,他们领有国家发给他们世世代代永远占有、借以维持其本身生活的土地。"[②]

---

① 同上集刊,第 250、251、252 页。
② 《俄国皇家历史学会集刊》,第 273、367 页。

　　我们知道,混乱时期①以后,莫斯科国家的军职人员首先关切的是把农民束缚于土地并建立对他们的统治。在叶卡捷琳娜的制法委员会里,也可看到业已变为"贵族"的军职等级的这一企图,他们用一切方法保卫其对农民的权力,他们甚至想把那些尚未落到他们手中的农民群众也完全束缚于土地,并宣布这部分农民为国有财产("只是属于国家"),不仅剥夺他们迁移的自由和对土地及森林的所有权,而且剥夺他们自由支配其动产的权利。

　　最后的结果,贵族派到制法委员会的代表只同意了两种有利于农奴的措施:即禁止单个出卖农奴和对过分压迫所属农民的所有的财产加以监护。实际上,就是他们这种零碎微薄的让步允诺,也无任何结果:零卖农奴和"野蛮地主"对他们的疯狂压迫,直到19世纪消灭农奴制前仍在继续。

　　我们已经看到,贵族等级在制法委员会里尽力贯彻了将"公家"农民完全固定给国家的思想。但他们更感兴趣的是把帝国的全部农民都交给地主统治。当教会领地"还俗"把大约一百万农民男丁"解放"的时候②,军职等级想将这些劳动力占为己有的旧梦,很自然地在他们当中复活了。贵族的思想家证明,"还俗"使前寺庙农民的福利大受危害。为求补救,他们当然除了将前寺庙领地出租或出卖给贵族作为私产之外,是找不到其他办法的。

　　某些贵族委托书的作者,早就提出了这种建议。克拉皮文县的贵族提议将还俗地产的农民以每口(男丁)30卢布的价格出卖,

———————————

① 指16世纪末17世纪初俄国长年战争变乱迭起的时期。——校者
② 18世纪70年代初,他们计为991 761口男丁。

他们认为这将使公家增加收入，使"整个社会受益"。开明和善辩的谢尔巴托夫公爵对农民丁口的价格估计得高一些。他在 1787 年写道，应将所有国有村庄的经济村庄①出卖，"每口 80 卢布。"为了方便贵族做成这一交易，他宽宏大量地给贵族以仅付所获地产售价一部分的权利。

时机未到，这些方案未获实现。叶卡捷琳娜二世宁愿使经济农民照旧处于对国家的直接农奴依附地位。同时，由于将几十万农民拨给同样属于贵族等级的庞臣，她有一切理由相信，为了"取悦"于这一等级，她已仁至义尽。但在保罗时又将 5 万农民从经济委员会管辖下划拨给俄国骑兵最高军官团的地产，在亚历山大一世时将诺夫戈罗德省的几个经济乡区变为军屯区。前已指出，教会农民的"解放"只是表明他们以前是教会的财产，现在都成为国家的财产而已。因此，国家权力的最高代表随心所欲地支配了这种财产，便是完全自然的了。

VIII

В.И.谢梅夫斯基说，我国贵族担心"在教会管辖的农民解放后，会发生地主所属农民的解放"②。他认为贵族政论家所以对经济农民的命运安排抱着否定的态度，便是由于这一缘故。然而他们的否定态度，究其实只是由于前述贵族想把以前的教会领地占为己有的倾向。如果他们真是害怕"解放"将波及地主的农民，那

---

① 前寺庙领地的农民被称为经济农民，因为他们是由"经济委员会"管辖的。

② 谢梅夫斯基：《女皇叶卡捷琳娜二世朝代的农民》，圣彼得堡 1901 年版，第 2 卷，第 274 页。

这种害怕也并不大。当然,如果教会领地还俗的措施要在贵族中引起怨言,叶卡捷琳娜是不会决心实行这一措施的。但就我们对改革过程所知,贵族相反都支持了它。只是由于有了贵族的支持,所以叶卡捷琳娜才能够对宗教界的反对,充耳不闻,不加理睬。

在彼得后的俄罗斯,伊丽莎白的政府就已注意到教会财产的还俗问题,那时教会权利的最热烈保卫者是阿尔谢尼·马齐耶维奇[①]。他于1758年受宗教界的委托去彼得堡,想就政府所设想的措施提出反对意见。人们对此行,寄予很大希望。有的宗教界人士对他说:"那里将很好地接待您这新去的显圣者,心甘情愿地听信一切。因为对您,不仅在我们这里,而且在那里也都有好感。"[②]如所周知,这一希望并未实现。彼得堡对于马齐耶维奇并无好感。那里不喜欢他谈论教会权利时的语调。事情发展到东正教最高会议对于这新来的显圣者的"过于大胆和渎犯女皇陛下上谕的行为",给予警告处分[③]。但马齐耶维奇所受警告处分并未能使他安静下来。当教会财产还俗案送到叶卡捷琳娜二世的铁腕里的时候,这位罗斯托夫的主教还再次表示抗争。这时他就表现得非常笨拙和很不机智了。

在查封教会财产时,发生——这本在意料之中——许多不正当行为。查封常常由军官进行,这是理所当然的。最后,神职人员很不高兴军队代表所表现的放肆态度,这也是完全自然的。但马齐耶维奇是怎样表达宗教界的这种完全自然的不满呢?

---

① 德米特里神甫在罗斯托夫主教讲座的继任人。

② 比利巴索夫:《叶卡捷琳娜二世传》,伦敦1895年版,第2卷,第230页。

③ Н.И.巴尔索夫:《1762—1763年的罗斯托夫主教马齐耶维奇》,《俄国旧闻》,第14卷,第751页。

他写道："这样,指定的军官一定要遍处走进祭坛,有时还要接触神器,而这却是自古以来的东正教法律……教规所禁止的。"

这种理由是很难说动女皇的,她当时还同伏尔泰保持通讯联系啊!

其次,罗斯托夫主教断言,由于寺庙的财产被收归国库,罗斯以往对宗教的诚笃信仰,荡然无存。"在许多人的记忆中,仅仅引为遗憾的是,在这样一个古老而笃信宗教的国家,这样一个世界上的光荣尊贵的国家里,忽然不是由于鞑靼人,更不是由于外国的敌人,而是由于本国人,致使教会和宗教信仰,消灭殆尽"[①]。

这也想得很笨拙。这样的理由只能激怒叶卡捷琳娜,而断然不能使她放弃自己的计划。

马齐耶维奇的理由,在理论方面是贫乏得惊人,对于流传在俄国欧化人民中的观念的总和,毫无补充。如果它毕竟可能、而且应该引起俄国社会思想史家的注意的话,那仅是因为它的贫乏表明宗教当局在与世俗当局冲突中的地位是极为脆弱的[②]。

叶卡捷琳娜放弃了改善地主所属农民的命运的任何主张,只是因为她害怕贵族。她在即位之后,开始也有些害怕僧侣的。因此,她撤销了彼得三世在 1762 年 3 月 21 日颁布的关于建立经济

---

① 巴尔索夫:《1762—1763 年的罗斯托夫主教马齐耶维奇》,第 745 页。

② 除笃信宗教这一条理由以外,马齐耶维奇没有忘记僧侣等级的经济利益这一条理由。他在第二次"报告"里指出,夺走僧侣等级的农民,将迫使僧侣等级去用雇佣劳动。而这是同我国经济生活的条件不相适合的。我们"不是英国"。被解放的农民将以过高的价格出卖劳动力,要求"为一点小事付出两倍及三倍的工钱"。当然,如果问题涉及贵族自己的农民,他们会觉得这一理由是完全有说服力的;但既然这个理由是提出来保护僧侣等级的利益的,显然,它没有对贵族造成任何印象。

委员会掌管寺庙财产的上谕。但很快她看出了僧侣的虚弱无力，遂以其特有的毅力，断然剥夺了他们。

巴尔索夫断言，除德米特里·谢切诺夫外，俄国僧侣的所有最主要代表都支持马齐耶维奇[1]。果真如此，则东正教最高会议——按照比利巴索夫先生的说法，——向叶卡捷琳娜出卖了马齐耶维奇，便更有意义了。"东正教最高会议于 3 月 12 日收到马齐耶维奇的报告，听完之后于 3 月 13 日决定：罗斯托夫主教的报告全部是对女皇陛下的侮辱，为此，他应受最严厉的申斥"[2]。但最高宗教机关这时不想单独举动。它将马齐耶维奇移交"最高当局审查，由女皇陛下从宽发落。"

叶卡捷琳娜对此答复说：她在阿尔谢尼·马齐耶维奇的报告里看到他"对圣经和圣书的许多语句作了歪曲和令人气愤的解释"[3]。因此，伏尔泰的这位笃信宗教的女通信者"为了确保其忠实臣民的永久安宁"（也为推脱她对所愿望的事情结局的责任。——著者），便适当地决定将马齐耶维奇移送同一东正教最高会议的法庭审判！

---

[1]　巴尔索夫：《俄国旧闻》第 15 卷，第 737 页。

[2]　比利巴索夫：《叶卡捷琳娜二世传》第 2 卷，第 230 页。必须指出，叶卡捷琳娜在即位以后撤销彼得三世关于成立经济委员会的上谕时，于 1762 年 8 月提出保证说："我们没有没收教会地产的意图和愿望，而只有上帝给我们的权力，为了上帝，制定关于更好地使用这种地产的法律。"这话既表明笃信宗教，又说明语意双关。也许，巴尔索夫是对的。他断言当阿尔谢尼·马齐耶维奇表示反对教会地产还俗时，——次年，叶卡捷琳娜便实行了这一还俗措施——他绝没想到同女皇的意向发生分歧。就女皇说，这一事实也是极为值得注意的：即她在 1762 年 8 月 12 日发布命令取消彼得三世关于剥夺教会领地的上谕，这个命令是"受阿尔谢尼·马齐耶维奇的指使而写的"。（巴尔索夫）

[3]　比利巴索夫：《叶卡捷琳娜二世传》第 2 卷，第 239 页。

阿尔谢尼·马齐耶维奇被判处剥夺僧帽和教职,遣送到辽远的寺庙"去接受严格监督"。叶卡捷琳娜禁止给他纸墨,使他"不能书面或口头地将软弱单纯的人们引入歧途"[①]。

此外,还须补充指出,这位罗斯托夫的主教在法庭上态度很谦和。他声明,他没有在"报告"里对最高当局散布任何侮辱之词的任何意图,如果毕竟"有了某种对女皇陛下的侮辱",他将"最训服和最忠诚地匍匐在女皇陛下之前,请求饶恕和宽大"[②]。尼空的态度却不完全是这样[③]。

僧侣屈服了。有远见的女皇早就料到他们不能不屈服。由于料到这一点,她认为有必要向他们说出些真理,这种真理对他们可能是辛辣的,而为了使他能够了解俄国社会力量的对比,却是很有益的。

她在给东正教最高会议的文告中说:"你们是圣徒的后继者。上帝命令圣徒向人们灌输对财富的轻视,圣徒都是很贫穷的。他们的王国不在这个世界——你们懂得我的意思吗?我是从你们的嘴里听到这一真理的。你们怎能,又怎敢不破坏你们的职责,不感到良心的谴责而占有无数的财富,获得无限的领地,使你们强大到可与沙皇匹敌呢?你们是有知识的:你们不能不看到所有这些财产都是从国家掠夺来的,你们如果不是对国家不公正,便不能领有

---

① 　同上书,第245页。

② 　巴尔索夫:《俄国旧闻》,第244页。

③ 　其他俄国牧师的态度比罗斯托夫的主教还要谦和。他毕竟比他们所有的人都要勇敢些。马齐耶维奇据他自己在《自传》(《18世纪》第2卷,第361页)中说,生于"波兰国"弗拉基米尔-沃伦斯克。也许,他对世俗政权保持独立的——诚然很软弱的——态度,是由于他从波兰所得到的印象。

这些财产"。如果僧侣牧师真正对女皇怀着他们所说的那种忠诚情感,那他们便应立即将他所不应占有的全部财产还给国家。叶卡捷琳娜还极尽讥讽地说,他们如不是更多地沉溺于尘世幸福的关怀,便可更方便地致力于本地区教徒群众的教育。他们的全部职责就在这里:"你们只应从事于训导人们尽忠职守,在他们心灵中重新燃起对善行的记忆。……最后,告诫他们,用来世的惩罚威胁他们,唤起他们对上帝的信仰和爱戴,用永恒的幸福的许诺来鼓舞亲近的人们,用热情的祈祷和救世主的箴言来振奋他们的心灵",等等①。

世俗当局对宗教当局的这种充满智慧的嘲弄的有力说词,显然大大促进了把僧侣等级的领地剥夺归公问题的解决。东正教最高会议理解女皇的意思,不仅同意财产还俗,不仅"出卖"了马齐耶维奇,而且自己对他作了严厉的判决。

IX

劳动群众比僧侣显得更难妥协。套在农民脖子上的农奴制的绞索拉得愈紧,被奴役者的不满便愈增加。现仍保存的非常有意义的古代文献(手稿),动人地表达了人民群众的情感和部分认识。文献由 H.C.洪吉拉沃夫在《创举》论文集中出版,标题为《上世纪的农奴泪》。其中确乎可以听到沉痛的哭泣。开篇便看到这样的诗句:

啊,我们奴隶真痛苦,

---

① 比利巴索夫,见前书,第 2 卷,第 246、247 页。

　　老爷使我们一贫如洗。

　　只要老爷一发怒，

　　祖传财产便夺走。

　　请问生活在今世，

　　可有什么比这遭遇更苦？

　　若说我们的生活，

　　生命之权不操于我，

　　走遍天涯和海角，

　　生活再找不到比这里更苦！

　　像苏马罗科夫和波洛托夫一类的贵族思想家，都相信农奴制不仅对贵族，而且对农民也是有利的，《农奴泪》的作者虽然只是略通文化，却显然不同意这一意见。他叹道：

　　难道没有老爷

　　我们便找不到粮食？

　　他表示，森林和土地都是为穷人创造的，并且完全正确地指出，老爷对农奴的权力增加极大。按照他的说法，这个权力像涅瓦河中的流水一样增加。当然，他对于禁止农奴控告自己的主人，是完全有理由感到十分痛心的：

　　大贵族把仆人像阉马一般处死，

　　却不准听信奴隶的控诉；

　　不公正的法庭制订命令，

　　暴虐地用鞭子折磨我们。

　　《农奴泪》也许是在召开制法委员会时写的。作者颇知这一委员会的成分，所以控诉：

> 现在他们为自己的利益而改变法律，
>
> 代表就是不选奴隶，
>
> 据说奴隶还能够在那里说点什么，
>
> 还是给他们以折磨我们至死的自由权利。

对于彼得后的罗斯，农奴作家所指示的外国对我国制度的责难，是非常有意义的：

> 所有的国家都在唾骂我们，
>
> 都为我们的愚蠢而惊异；
>
> 说这样的蠢人，
>
> 都在我们俄国产生。

但关于其他国家的指示并不妨碍这位识字的农奴对沙皇政权的社会作用保持旧莫斯科的看法。他愿意为沙皇服务。不过值得注意的是，他不愿以农民的身份，而愿以士兵的身份为沙皇服务。他的这一愿望表示出一种特殊的革命情绪。他写道：

> 唉，弟兄们！
>
> 如果有一天我们能随心所愿，
>
> 我们既不要土地，也不要田野；
>
> 弟兄们，
>
> 我们要去当兵，
>
> 相互友爱，
>
> 把一切谎言揭穿，
>
> 把万恶的老爷连根除尽！

在这些对老爷的猛烈攻击之后，再读《农奴泪》的作者在一些仿佛保护他所说的受外国"浪人"欺侮的俄国贵族的诗句，是会感到有些奇怪的。后来这些"浪人"放进俄国，是想让他们开化俄国，但他们却压迫了俄国。

　　这些浪人放进俄国的时候，

　　许诺给我们更好的管理。

　　但他们规定俄国贵族同独院小地主联成一气

　　而我们不幸的人们却是各自分立。

　　由于老爷们凶相毕露，

　　我们的想法落空了。

　　在作者——人民群众的思想代表——的心灵里，对贵族的愤恨更因对外国人的憎恶而趋于复杂。这种憎恨在莫斯科罗斯就已浓烈，在 18 世纪更受对比伦派恐怖的特别强烈支持。结果产生了一种真正意外的情况。《农奴泪》的作者一方面揭发外国浪人，同时却变为俄国贵族的辩护士。显然，作者为了反对这些"浪人"，不惜同俄国出生的"老爷"共同行动。怎样行动呢？作者的梦想在这里是同当时的俄国实际亦步亦趋。18 世纪时常发生的宫廷政变都是利用军事力量来完成的。所以《农奴泪》中便说到最好是当兵去。但宫廷政变是贵族近卫军的事情。近卫军虽然讨厌外国浪人，但不仅毫不反对俄国贵族的特权，而且力求其巩固和扩大。《农奴泪》的作者懂得，人民群众不能期待贵族的军事力量作出什么好事。所以他才梦想由农奴组成这一力量。他梦想人民出身的军事力量将结束谎言，连根铲除万恶的老爷。

　　不过，我们的作者也许自己就不很相信实现这种梦想的可能。他的《农奴泪》遂以真正的哭泣情调而结束：

　　我们天上的主啊！

让我们长眠在你天堂的土地上吧！

你是我们的创世主，

请给穷人一个末日吧[①]！

农奴诗人的希望最后寄托于一死！人们处于这种情绪时，是很少同其压迫者进行真正斗争的意向的。但在18世纪60年代，被压迫的人民群众并非处于这种情绪。他们没有丧失"在这里，在人间"改善自己命运的希望。相反，如前所述，他们的希望曾因取消贵族的强迫服务这一事实而得到支持。

还在彼得三世时，农民骚动便已开始。政府赶忙宣布，农民应照旧服从地主，但这毫不济事。农民造反遍处爆发。装备有土炮的部队被派出镇压造反的农民，好些地方发生了农民同军队的真正战争。自然，彼得三世的逊位和叶卡捷琳娜二世的即位，都未能使农奴群众平定下来。新女皇感到不能不重申彼得三世对这些群众的反对意见。新女皇于1762年7月3日的敕令中写道："由于国家的幸福要求所有的人和每一个人都能保持其可靠的财产和公正的权利，任何人都不得越出其职责的范围，所以我们决意保持地主的财产和领地不受侵犯，农民对他们应保持必要的服从。"然而写这种敕令要比实行它容易得多。

农民的骚动继续着，他们使叶卡捷琳娜的政府惊惶失措，遂于1763年10月由军事委员会制订了一系列规章，为派往镇压不训服农民的部队官长所必须遵守。除造反外，叶卡捷琳娜于驳斥苏

---

① 见《创举》(*Почин*)，载《俄罗斯语文爱好者学会1895年度论文集》，第10—14页。

马罗科夫的反对意见时所暗示的农奴击毙地主的事件，亦为当时的一面可怕旗帜，在 1764—1769 年中，仅在一个莫斯科省便击毙了 21 名地主和 9 名女地主。此外，还发生了五起未遂的暗杀事件。暗杀次数最多的是 1767 年，即制法委员会开始活动的那一年。完全可以理解，贵族代表在委员会的会议上不能对这一"日常发生的现象"保持缄默。塞尔维亚贵族代表斯特罗加诺夫伯爵说："对于地主被自己的农民杀死的悲惨景象，我们不能不感到恐怖"[1]。总之，委员会的召开一开始便使人民中骚动强化。显然，农奴们以为委员会将提出他们的悲惨命运问题。但是由于被剥夺了派出自己的代表参加委员会的权利，——《农奴泪》的作者对此表示不满，——他们只有"造反"才能引起委员会对他们的注意。

后来，在人民群众中渗透了仿佛另一种情绪。1770—1773 年间，农民骚动即使没有完全停止也开始大为罕见了。В.И.谢梅夫斯基说："农民是在忍耐地等待着。"[2] 等待什么呢？这位尊敬的学者以为，农民是在等候委员会关于他们的即使不是自由，也最少是减轻奴隶状况的指令。无论怎样，我们知道，1770—1773 年间的宁静是暴风雨前的宁静，这一暴风雨激发了俄国的整个纳税人民。

X

为了对"普加乔夫起义"的来源和心理状态有所理解，必须看到农奴制压迫的经常加重总是同租税压迫的增加同时发生的。

---

[1]　谢梅夫斯基：《叶卡捷琳娜二世朝代的农民》第 1 卷，第 414 页。

[2]　《叶卡捷琳娜二世朝代的农民》，第 443 页。

"财政以及一般经济问题是叶卡捷琳娜朝代的最薄弱、也最暗淡的方面"[1]。国库经常感到金钱的缺乏。国家支出的增加,远远超过国家生产力的增加。根据切丘林的计算,每一纳税人所付税额在叶卡捷琳娜朝代末期要比初期多一倍半[2]。只有在彼得一世朝代,我国的租税负担才达到这种程度。

叶卡捷琳娜政府愈是在财政方面捉襟见肘,便愈少可能去打破那些束缚纳税人民和阻碍经济活动的桎梏。城市代表在制法委员会里明确地指出,商工阶层对国家的强制服务严重地影响了他们的经济状况。在"皇城圣彼得堡"居民的委托书中,我们看到:

"本城商人由于逐日都有各种公家服役而疲于奔命,他们离开自己的商业,根据多年的计算,濒于完全破产。为此,恳求最仁慈的皇帝陛下永远废除这种公家服役。"[3]

苏兹达尔人抱怨说:"我们商人由于公家支应而遭受不堪忍受的惨重破产,因为必须是每两三年中有一年寸步不离地从事这种服役。在这种情形下,商人必然落后,任何商业业务均被剥夺。"[4]

类似的怨言,数不胜数。也许在灵魂深处,女皇也承认这种怨言是有根据的。她在上谕(第317款)中正确地说道:"商业在受到压迫的地方必将迁离,而在其安宁不受破坏的地方则将落户。"但是满足城市居民的请求,比在这篇上谕里写明"俄国是一个欧洲大

---

① Н.Д.切丘林:《女皇叶卡捷琳娜二世朝代的俄国财政史》,圣彼得堡1906年版,第380页。

② 切丘林:《女皇叶卡捷琳娜二世朝代的俄国财政史》,第378页。这个计算的根据是:国家支出增加了3.3倍,而人口增加不及2倍。

③ 《俄国历史学会集刊》第107卷,第219—220页。

④ 同上,第18页。

国"要困难得多。为了执行城市代表的要求,国家必须——当然要在事实上,而不是在口头上——欧化其对纳税群众的态度,就是说,必须不再把他们看作自己的私产。

然而我国18世纪下半期的立法,却对此未作任何严肃的暗示。

如果构成商工业上层的商人也受到束缚,则城市小市民的情况,就更坏了。他们的情况往往是无法忍受的。为了减轻痛苦,他们采用早为俄国人所尝试过的手段:像在莫斯科国家的美好旧时光一样,他们同农奴一样"分散走向四面八方",实行"逃亡"。诺夫戈罗德省省长西韦尔斯写道:"流浪者的人数激增,监狱都被他们填满了。"然而流浪者人数的增加意味着燃料数量的增加。H.H.斐尔索夫说得对:城市居民低层的艰难处境和不满,可以解释为什么普加乔夫那么轻而易举地获得了他所夺取的大多数城市。

H.H.斐尔索夫接着说:"人民的社会底层对自身情况的普遍不满,在普加乔夫起义前不久,在瘟疫时期的莫斯科暴动里,就已突出地表现出来了,这次暴动不能不说是普加乔夫起义的前奏,正如1662年的莫斯科暴动是拉津起义的序幕一样。"①

情况正是这样。但出乎意料的是,普加乔夫起义的城市序幕比拉津起义的前奏在各方面都要弱些。第一,在阿列克谢·米哈伊洛维奇的朝代里,举行暴动的不仅有莫斯科。第二,1771年的莫斯科瘟疫暴动及其"圣母蜡炬"荒诞集会,完全没有比较明确的思想内容,完全没有比较确定的社会政治要求。

---

① 《普加乔夫起义,社会心理分析》,第170—171页。

像在阿列克谢·米哈伊洛维奇时期一样，叶卡捷琳娜二世时期的人民运动的领导人都是哥萨克。但其间亦有值得注意的差别。拉津的"帮手"是顿河哥萨克居民中的不安分子，而支持普加乔夫的却主要是雅伊克(乌拉尔)的哥萨克，同时顿河的哥萨克还帮助过恢复秩序的人。这就是说，在拉津起义以后的一百年中，国家大大地扩充了它的保守影响的范围。

但无论如何，在起义者旗帜上写的要求，都是由哥萨克人制定的。试一窥其内容。

普加乔夫"赏赐"其拥护者以"土地、海洋、森林、十字架、蓄胡须以及一切自由"[1]。换言之，他约许将他们从一切表示贵族国家压迫的事物中解放出来。他在他的一件"命令"中写道："对于我们的忠实臣民，只要他们记得他们给我们的誓言，我们将以慈悲和关切的心情给以自由，不要求向国家交纳人头税及其他赋税，不招募新兵；这一切国库可以自给，至于我们的由自愿投军者所组成的军队，为数将是很大的。此外，俄国贵族将不得以大量的工作和租税去压迫农民，所以每人都将重享规定的自由。"[2]

这就是在拉津的旗帜之下起义的居民所奋力以求的那个纲领。当然，在这个纲领的新版本里，也有某些新的细微差别。现在比以前更着重地谈到贵族对农民的压迫。这是可以理解的：因为从普加乔夫运动到拉津运动的这段时间里，上述贵族对农民的压迫是显然增强了，贵族获得了不少等级特权。但总的说来，纲领的

---

① 他的原话。见 H.杜布罗温：《普加乔夫及其同谋者——叶卡捷琳娜二世朝代史中的一段插曲——1773 至 1774 年》，根据未刊行的资料，1884 年，第 3 卷，第 103 页。

② H.杜布罗温：《普加乔夫及其同谋者》第 3 卷，第 53 页。

内容没有改变。像一百年前一样,现在它仍包含着很大一部分所谓《母亲——荒原》的乌托邦主义,即国王的孤儿的乌托邦主义:国王的孤儿不是在城市中心地区,而是在经济极端落后的边陲地区寻求解除其灾难的途径。普加乔夫扮演着合法国王的角色,许诺解除其"子弟们"的任何租税负担,幼稚地以为"国库可以自给"。当然,这种幼稚的许诺所以发出,部分地是为了说漂亮话。事实上,无论是普加乔夫及其同谋者,或是接受他们的宣言的那些被奴役的居民,他们主要力求达到当前的目的,而并不问问自己,他们的成就较诸遥远的后果将会怎样。他们彼此都无进行理论思考的任何意愿。尽管普加乔夫和他的"子弟们"都坚决反对当时的社会政治制度,但他们自己也浸透了莫斯科国家土壤上形成的那些农奴关系的精神,这也是显然可见的。

例如,农奴们举行集会并派遣代表晋见僭称皇帝,请求将他们从地主那里解放出来,把他们变为自由农民。普加乔夫欣然同意做这件事。但在他的脑子里,"自由的农民"一词又同什么观念联系在一起呢? 对此,他的一篇文告作了答复:

"现用签名的上谕,以君主和慈父的仁爱,恩准所有以前属于地主的农民和臣民成为我们王位的忠实奴隶,赐予古代十字架和祈祷文"[1]云云。

这样,在普加乔夫的观念里,农民的自由等于对"我们王位"的"奴隶"依附。这恰好就是波索什科夫在《论贫富》一书中所发表的那种观点,认为地主并不是农民的永恒领主,他们的领主是沙

---

[1]　Н.杜布罗温:《普加乔夫及其同谋者》第 3 卷,第 112 页。

皇。派代表晋见普加乔夫,请求把他们变为自由人的农民,也都完全同意这一观点。对于他们,成为自由人就是改变领主。

必须记住,普加乔夫坚持把沙皇看作奴隶主的观点。在他开始他的事业之初,当他刚刚看到雅伊克的哥萨克的时候,他同他们当中一些人进行了如下谈话:

"——是呀,孩子们,上帝命令我在 12 年跋涉之后同你们见面啦,这期间我可吃过多少苦头啊!"……——他说。

"——可是,老兄,老谈过去干吗,你最好把你的沙皇标记拿给我们看看。"——哥萨克卡拉瓦耶夫打断他的话说。

"——你是我的奴隶,但你却向我下命令啊,"——普加乔夫勇敢地说,生气地看了一看卡拉瓦耶夫。

哥萨克们感到不好意思,开始向他道歉。

"——老兄,我们干的是哥萨克的事业,请不要发火,我们可不会说话呀!"——希加耶夫说。[①]

谁会说话,他便应永远记住,甚至哥萨克也"应成为"沙皇的忠实奴隶,并且应该按照这一情况同他谈话。

如果这些专门反对国家压迫的人们要求普加乔夫出示他的"沙皇标记",那只是由于他们以为沙皇是某种超人。幻想的标记应是沙皇个人的超人品质特性的证明。在这方面,他们是像小孩一般轻信的。当普加乔夫用刀子割开他的衬衣,亮出他的胸膛,指着遍体鳞伤的时候,他们——这些有阅历、而且当然看过遍体鳞伤的人——都胆怯了。其中一人"吓得手脚发抖。"

---

① 这一情景是杜布罗温的书中说的(见前书,第 1 卷,第 206 页)。

普加乔夫当即看出他所造成的印象,认为最好加强这一印象。

那么,我的朋友,你们什么时候在一个普通人身上看过这样的标记呢?

——没有,亲爱的国王,没有见过。——哥萨克们回答。

——现在请留意,我的朋友,怎样识别沙皇,——普加乔夫继续说,一面将头发掠到左额。

哥萨克们在所指之处看到一种仿佛由于瘰疬病造成的斑痕,但到底是什么标记,却看不清。

——那是什么,老兄,是鹰吗?——希加耶夫将普加乔夫的头发分开,问他。

——不是,我的朋友,这是沙皇的皇徽。——普加乔夫回答。

——是否一切沙皇生下来便有这种皇徽,还是后来由于上帝的意旨才做出来的呢?

——这不关你的事,我的朋友,普通人是不应当管这种事的。

这些话说完后,所有的哥萨克都害怕了,便不敢在提任何问题了①。

后来,普加乔夫受审时供认:"我的一切坏事都是通过雅伊克的哥萨克做出来的,因为他们确切知道我不是皇帝,而是顿河的哥萨克。"(1774年12月5日供词)事实上,雅伊克的哥萨克很快就猜到普加乔夫是一名僭王。哥萨克们怎能不看出在他们面前的是一名哥萨克——尽管是一名顿河的哥萨克呢?他们猜到这一点,却仍有意识地支持了他的冒充行为。

就是那个看到普加乔夫胸膛的"沙皇标记"时手脚发抖的米亚

---

① 杜布罗温:《普加乔夫及其同谋者》,第207页。

斯尼科夫后来说:"我们用烂泥塑造一名公爵。即使他不能占领莫斯科王国,我们也要在雅伊克建立自己的王国①。但是,第一,这是后来说的。第二,雅伊克的哥萨克因为没有"公爵"他们便没有成功的希望,所以觉得必须"用烂泥塑造一名公爵"。他们立一名逃亡的哥萨克为真正沙皇的事实,丝毫没有改变哥萨克关于何谓真正沙皇以及沙皇权力无边等等概念。这一事实更不能在农民的概念里引起什么改变:农民,用鄙视农民的哥萨克的话说,是无知之辈,他们是不怀疑这种欺骗的。农民需要一个沙皇。当然,他们愿要一个仁慈的沙皇,而不愿要一个不仁慈的沙皇。由于普加乔夫比叶卡捷琳娜二世仁慈得多,所以他们欣然站在他这一边。但他们虽是站在他这一边,并请求他解放他们,而他们自己却仍旧服从自莫斯科国家遗留下来的传说,自愿地和迅速地扮演了国王的孤儿和忠诚的奴隶的角色。下面便是一个不坏的例子。

阿拉特尔县阿尔费列夫村的村长在1774年7月23日写给普加乔夫"彼得·费多罗维奇阁下"的申请书里,请求给他们以办事的根据,因为皇上派到他从村里的部队什么规定也未宣布。

这些解放后的村庄的代表写道:"现在在我们的领地里有地主的粮食、马匹和牲口,请您皇上对此发布命令;又在您的部队到达后对地主房屋里剩余的物资(显然是经过部队掠夺以后的东西。——著者)如何处理,也请您伟大的国王下令。"

此外,村长还恭敬地报告普加乔夫,在他们的领地里,有许多

---

① 哥萨克戈尔希科夫在1774年5月8日的供词。引自杜布罗温:《普加乔夫及其同谋者》,第220—221页。

贫民不但无力交税,而且"请求您伟大的国王以慈悲为怀,命令将地主的粮食的一部分发放我们,以便维持生活和进行播种。为此,我们,您的孤儿,应永远祷祝上帝保佑伟大的国王万寿无疆"。

在同一份申请书里,参加起义的阿尔费列夫村的国王孤儿对上塔雷津村的国王孤儿(以前与他们同属一个地主)提出控诉:"这些农民过去是付代役租的,而我们则在他们的土地上为地主种粮食,他们的剩余土地已归地主。现在这些农民却不将我们为地主种的粮食发给我们,但他们是不应该得到这些粮食的,这些粮食应归我们。关于这件事,请求您伟大的国王作一决定。"①

对于两个邻村之间的这种细微的争议尚不能用自己的力量解决的农民,当然除了从一个领主转归另一个领主,从地主转归沙皇之外,是不能,也不希望从普加乔夫起义里期待什么的。

但他们已以此为满足了。他们经常宁愿处于对沙皇的奴隶依附地位,而不愿处于对地主的奴隶依附地位,并在一切可能的地方宣布自己是普加乔夫的拥护者。在伊谢特省,"自称班长马特维·叶夫谢维耶夫带着仅仅六名暴动者于1月31日来到捷琴斯克村,受到人民群众和举着圣像的神父们的欢迎,教堂钟声齐响,歌声四起"②。

边境地区的情况就是这样。在俄罗斯中部,国家的秩序比较稳固,农民没有公开起义反对地主。但在那里,他们也是焦急地等待解放者的。他们那里的情绪怎样,可从以下情况中看出。

---

① 《普加乔夫及其同谋者》第3卷,第113—114页。
② 《普加乔夫及其同谋者》第2卷,第361页。

A.波洛托夫,当时做过一处宫廷直辖州的总管,奉命从所属农民中挑选一队骑兵,用长矛武装他们,将他们派到科罗姆纳去保卫社会的安宁。出发之前,他"好心"地发表了一篇适当的临别赠言。他在发表这篇赠言以后走向一名初入伍的骑兵,这人仪表堂堂,活泼麻利,对他说:

"好样的,打起仗来,你总可以一敌十啰!"

使演说家大吃一惊的是,这一个初入伍的骑兵,却"恶意地笑了一声"回答道:

"是呀,我怎会去打自己的弟兄呢! 而像您这样的大贵族,我将断然用这长矛撂倒十来个的。"

当时的情况是这样,这些话没有给这位勇士立即带来惩罚。被吓呆了的长官只是对他大叫一声:"你胡说些什么!",但随即赶紧说:"好嘛,好嘛,兄弟! 干吧,干吧,也许你办不到啊,那时我们再看吧!"①

XI

普加乔夫在占领奔萨时向商人说:"好吧! 商人先生,现在你们和所有城市居民都可称为我的哥萨克了。我不会向你们征收人头税,也不征兵。我已命令无偿地把公家的盐发给你们,每人三

---

① 《安德烈·波洛托夫的生平和奇遇》第 3 卷,第 40—41 页。事实上,这事并未作到。起义没有蔓延到中部各省。而这位勇敢的骑兵却饱受灾难。波洛托夫洋洋得意地说:"只要他在任何事情上表现不驯服,就要惩罚他。我就会记住他这些话,并为此给他处罚。"(《普加乔夫及其同谋者》,同页)。

磅,往后谁愿意做盐生意就做①,各人各自谋生计好了。"不能说,这是一种很确定的"经济政策"。此外,奔萨市居民的富有部分有一切理由为他们的财产担忧,因为普加乔夫的部队进城时抢劫,并从监牢里释放了所有戴脚镣手铐的犯人。但是国家对于我们商工业阶层的压迫既是如此之大,以致这一阶层甚至准备同普加乔夫军队对居民财产的极端"自由的"态度妥协。奔萨的居民隆重地到市郊欢迎普加乔夫,市长请他赴宴②。

居民大为欢乐,甚至使指挥城防的少校格拉西莫夫感到困惑。他后来在侦审时供认:"我诚恳地承认,我自己在这种情形下思想也动摇了,以为普加乔夫真是国王,他占领了许多城市和要塞,所到之处,所有无知的人都毫不怀疑地紧跟着他。"③

在奔萨发生的情况,在许多其他城市也发生了。普加乔夫的极不明确的经济政策,在城市居民看来,却有一个优点,即它许诺解除居民对国家的强迫服役和贵族及"小官吏"对他们的无数侮辱。商人参加哥萨克,正是表示这种压迫和侮辱的解除。当奥萨市的督军自愿向普加乔夫的一位战友——自称为车尔尼雪夫伯爵的扎鲁宾投降时,后者命令他按照哥萨克的式样剪发。

他说:"从现在起,你是哥萨克,而不是督军了。你倒是吸满了民脂民膏哟!"④

---

① 当时实行盐专卖。

② 普加乔夫自然没有拒绝赴宴。在宴席上,"他的食物主要是他命令带来的盛在一个深底盘子里的捣碎的蒜,加醋,加盐后吃"。

③ 杜布罗温:《普加乔夫及其同谋者》第3卷,第164、165、166页。

④ 同上书,第2卷,第201页。

在谈到商工阶层对普加乔夫的态度时,指出以下情况是很重要的。

商工阶层无时不表示反对给贵族和农民以商工业活动的自由。他们要求这一活动由他们一手包办。我们即将看到,制法委员会的商界代表极为坚决地为他们的这一要求辩护。但是这同一阶层却不反对将他们列名为哥萨克,尽管这将立即剥夺他们获取任何垄断的可能。这一矛盾是从什么地方产生的呢?

当地主或农民从事商工业活动时,他们仍旧豁免了那种落在商人身上构成沉重压迫的强迫服务。同样,他们也不履行许多其他落在商工阶层身上的义务。这使他们处于更为有利的地位,能够胜利地同录入纳税名册的商人和工业家进行竞争。为了反对这一祸害,商人和工业家除了要求给他们以经营工商业的独特权利外,别无他法。要求这一独特权利,这是国家服务和义务的阶层组织的自然结果。哥萨克的"自由"废除了这种阶层组织,从而在工商业者的心目中,垄断也失去了吸引力。他们当时是不难同意"各自谋生"的规则的。

不过,并不是所有的城市都像奔萨那样欣然地接待普加乔夫。有些城市竭力抵抗他。但这是例外。这种例外是由于各种不同的地方原因,就中害怕异族人,可能起了重大作用。

普加乔夫军队里有许多来自东部东南部边区的异族人:如巴什基尔人、卡尔梅克人、吉尔吉斯-哈萨克人等。俄罗斯国家及其军职等级极其残酷地压迫他们,所以他们早就积累了许多不满[1]

---

① 对于自己的灾难,他们也像俄国居民一样,不责备中央政权,而归罪于官僚。巴什基尔人谈论叶卡捷琳娜二世时说:"她是裁判公正的,但她的公正裁判未出宫廷,也没有到达我们这里。"(杜布罗温:《普加乔夫及其同谋者》第1卷,第257页)

但这些大自然的子孙一方面同普加乔夫的俄国拥护者联合，同时又在他们的新同盟者和旧压迫者之间不作任何区分。他们袭击一切落到他们手下的人，烧毁饲料干草，勒死牲口，掠夺并俘虏一些地方的已经准备起来反对彼得堡政府的俄国居民。普加乔夫的哥萨克时常不得不与异族人作真正的战斗。乌拉尔的工厂居民热烈同情造反，并且积极参加造反，但在一些地方却被迫采取认真的军事措施来反对异族人的入侵。因此，某些东部及东南部城市的商工阶层拒绝转向普加乔夫一边去，这是可以理解的了。

但我重复说，这一切都是例外。俄国的纳税群众已有一部分人在追随着普加乔夫，还有一部分人准备追随他。站在贵族一边的只有僧侣，他们的深刻保守主义迫使他们忘记由于僧侣领地的还俗而不久前加诸于他们的侮辱。教会的雄辩家轰击"一切疯狂的自由爱好者"，说他们扰乱居民心灵的安宁，激怒"国家官员"①。但"疯狂的自由爱好者"，在他们自己人中，即在饱受高级僧正压迫的农村神甫和教堂低级人员中，也是有的②。

贵族们惊惶万状！在运动波及的地方，这种恐惧几乎使他们的力量趋于瘫痪。普加乔夫起义的最积极镇压者之一，著名的米赫尔逊于 1774 年 8 月 1 日报告晓尔巴托夫公爵："在萨沙兰斯

---

① 参阅喀山的主教对他的教区的教徒们的训词（杜布罗温：《普加乔夫及其同谋者》第 2 卷，第 154—155 页）。

② 我们在前面已经知道的马齐耶维奇主教曾用浸在热焦油里的一端系着铁丝钩的绳索，鞭打神父。他斥责他的属员，用猥亵的话骂他们。乌斯久日的主教瓦尔拉姆，残酷地折磨他的全体教徒。ДМ.谢切诺夫将一名神甫在监牢里戴着镣铐关了六年，把他打得死去活来，敲诈他的钱财，毁坏他的房屋，等等。（杜布罗温：《普加乔夫及其同谋者》第 1 卷，第 361 页。）

克……没有一个贵族想到自卫,他们像绵羊一样逃往森林。"高贵的贵族防务搞得极糟。将一切希望寄托于女皇部队。假如自叶卡捷琳娜二世即位到普加乔夫起义的这些年代表明,女皇多么需要贵族的支持,那么,普加乔夫的造反便表明,贵族是多么需要女皇的强大政权。贵族是没有忘记这一教训的……

贵族愈是在普加乔夫造反期间感到痛苦,便愈是在造反停息以后兴高采烈。起义的镇压者之一向女皇写道:"我们所渴望的时刻来到了,在这个时刻,陛下的智慧,俄国的安宁和伟大叶卡捷琳娜的臣民的幸福,达到了顶峰。"普加乔夫被押到莫斯科,这里为他和他的同谋者预备了一处单独的住处。被战败的僭王于1774年11月4日到达这里。沃尔孔斯基公爵报告叶卡捷琳娜:"在复活节大门附近,乘坐轿式马车的人们和妇女拥挤不堪,通行困难。"根据波洛托夫的证言,"整个莫斯科都为普加乔夫一人忙碌"[1]。普加乔夫是1775年1月10日在莫斯科被处决的。贵族们将这一血腥事件视为狂欢的节日。"由于普加乔夫的起义最主要是反对他们的,所以又将当时的这一事件和情景称为贵族对其共同敌人和凶手的胜利"[2]。

彼得堡贵族的狂欢不亚于莫斯科。彼得堡接到普加乔夫被俘的消息后,贵族们弹冠相庆,而"俄罗斯的拉辛[3]"——苏马罗科夫更写了一篇颂诗。诗里对普加乔夫说:

强盗,你抛下了剑,

---

① 《安德烈·波洛托夫的生平和奇遇》第3卷,第486页。

② 同上,第488页。

③ 拉辛,让(1839—1899)法国诗人,古典主义伟大剧作家之一。——校者

现在落到我们手里。

为了给无辜的苦难复仇，

烧死你也不足以抵罪。

你能否想象

用怎么样的痛苦来打击

才配得上你造成的永恒灾难！

你的凶恶无与伦比，

像这样的非人凶恶，

世界上还没有先例！

在普加乔夫被押送到莫斯科前，因他的被俘而欢欣鼓舞的苏马罗科夫写了《献给新比尔斯克市》一诗[①]。作者一方面歌颂这个城市抵抗了 17 世纪的拉津，现在又将"今日之拉津"关在牢房里；同时，对后者极尽辱骂之能事，主要的是对这一贵族的危险敌人的被战败，表示狂热的庆祝。

在残暴的时日过去以后，

在伏尔加河的地平线上，

红色的太阳快乐地自海面升起。

顿河·雅伊克河同伏尔加河节拍相符地汹涌欢腾，

还有里海也与伏尔加河同表欢乐。

那里的人民对叶卡捷琳娜说：

啊！臣民的慈母呀！

你从凶手那里拯救了我们。

---

① 普加乔夫被押解到莫斯科前，在新比尔斯克滞留了一些时候。

　　她答道：

　　我永远像现在一样准备着

　　搭救你们这些孤儿。

　　另一位俄国大文学家，不过当时尚不大有名的 Г.Р.杰尔扎温，以军官的身份，为镇压普加乔夫的起义而努力。

　　贵族们是长期记得僭称彼得·费多罗维奇皇帝（普加乔夫）的。而且不仅是贵族。据说海军大将 А.С.希什科夫当时常说保罗所以将大量公家村庄发给他的仆人，更多地是出于恐惧，而不是出于慷慨。他似乎以为"将公家的农民拨给贵族可以减少人民不安的危险"[①]。Se non e vero，e ben trovato!（这假设虽说不真，却是想得很巧！）

　　实际上，普加乔夫的起义对于贵族的危险，并不像贵族所想象的那么利害。人民中参加运动的各式各样分子的共同力量，要比叶卡捷琳娜二世政府的力量薄弱得多。普加乔夫和他的同谋者的军事艺术，同其敌人的很不高明的军事科学相比，也大有逊色。他的部队是经不起同正规部队的真正作战的。这一切我们现在都很知道。但当时的贵族是不知道，也不可能知道这一点的。另一方面，贵族明显看到他们的利益同纳税群众的利益有着多么大的分歧，这些群众又是怀着多么大的怨恨。因此，他们有充分的理由为自己的命运感到战栗。贵族等级因被奴役群众的起义而引起的这种战战兢兢的心情，深深地刻印在他们的等级意识里。这种心情

---

　　① 《希什科夫海军上将札记、意见和通信》，Н.基谢列夫和 Ю.萨马林合著，柏林1870 年版，第 1 卷，第 22 页。

最终地巩固了他们同君主专制制度的联合。

那么,被奴役的群众呢? 他们长期地安静下来了。帕宁在1774 年 10 月底写道:"整个无知的人们现在对合法政权的卑躬屈节的服从,确乎为前所未有。"[1]残酷的镇压与饥馑同时发生。同一个帕宁写道:他在沃龙温什,下戈罗德及喀山等省所到之处,居民"除滨藜、橛子,在一些地方除了藓苔之外,别无其他粮食"[2]。

普加乔夫起义以后,在叶卡捷琳娜二世朝代里,农民骚动比在她以前要少得多[3]。人民将以前所有的能量储备消耗殆尽,长期无力实行有效的抗争。在紧接着普加乔夫起义的时期里,人民的不满开始主要表现在宗教的寻求。这在任何时候都是如此。人们在丧失了在人间求得过得去的生活和存在的希望之后,开始探求通向天堂的道路。例如,我们在 19 世纪 80 年代就看到这种情况,其时在我国知识分子中间很快地传播着 Л.托尔斯泰伯爵的学说。在同现代更接近的年代里,我们也看到这一情况。

分裂派在普加乔夫起义之后大大地加强了对人民群众的影响。它并不主张什么不以暴力反对罪恶的学说。读者记得,东正教的大司祭阿瓦库姆怎样热情地劝告沙皇用残酷的暴力铲除出现在俄国教会中的新事物。普加乔夫运动得到了分裂派的大力支

---

① 杜布罗温:《普加乔夫及其同谋者》第 3 卷,第 318 页。

② 杜布罗温:《普加乔夫及其同谋者》第 3 卷,第 321 页。

③ 在 1762—1772 年间,地主所属农民的骚动共 40 起,但自 1774 年到保罗一世即位,即在 22 年中,只有 20 起。(谢梅夫斯基:《叶卡捷琳娜二世统治下的农民》第 1 卷,第 441—456 页。)

持。普加乔夫没有重犯拉津的同谋者的巨大策略错误,后者想叫
人民相信,他们是拥护尼空总主教的。相反,普加乔夫准许纳税居
民佩带十字架——老式八角十字架——和"蓄胡须。"他自己也用
分裂派的语言来谈话,也许他是同意他们的观点的①。传说似乎
雅伊克的哥萨克宣布,彼得·费多罗维奇(普加乔夫)命令拆毁现
有的教堂,并建造七顶式教堂,不用三个手指划十字,而用两个手
指。人们甚至说,这种宣示带有种种威胁:"如果有人不照此划十
字,则父亲(沙皇——著者)将砍断手指。"②这都是普加乔夫的敌
人传说的,也许是出于他们的捏造。但在这里,我们也有权说:这
假设虽不真实,却是很巧(Se non è vero, a ben trovato!)。旧仪
派绝不同意信仰自由,一般说来,它没有给人民的意识添进任何新
鲜的东西。

人民追随普加乔夫,期望从自己身上卸除地主国家的压迫,这
样或那样,在这种或那种程度上恢复在这个国家完全形成和巩固
以前就已存在的旧秩序。他们不是朝前看——朝 18 世纪下半期
法国第三等级所注视的方向看,——而是朝后看,朝已逝的旧时代
的黑暗深处看。就这方面说,他们的举动同他们一度痛恨的大贵
族完全一样。库尔布斯基在揭发伊凡四世时不也是朝后看,而不
朝前看吗! 分裂派请人民为往昔的宗教信仰而死,也是朝后看的。

---

① 他在告顿河哥萨克的宣言里写道:"在我们统治期间,已经查明由于……贵族
的罪过,古代圣父留传的基督法律均被违反,并受到谩骂。代之而起的是由于他们的
恶意有害的阴谋,根据德国风俗而制订的其他法律以及最渎神的剃胡须及在划十字及
其他狂暴行为方面的早期基督信仰,通行俄国,"等等。(杜布罗温:《普加乔夫及其同
谋者》第 3 卷,第 225 页。)我们看到,在普加乔夫的运动里,也有反对彼得改革的因素。

② 杜布罗温:《普加乔夫及其同谋者》第 2 卷,第 81、109 页。

这是一种历史的必然性，这种必然性根源于我们熟习的俄国历史过程的相对特点。我们知道，这种必然性在彼得改革后并未消失。只是经过漫长的时期以后，只是在 19 世纪下半期，同彼得的名字相联系的改革的深远后果，在人民群众中导致了有觉悟的分子出现，他们在争取美好未来的斗争中，能够使自己的思想视线不是朝后，而是朝前看，不是朝那些抱怨暴君的大贵族和为旧信仰而死的分裂派看，而是朝整个文明世界的劳动群众的有觉悟的阶层看。

普列汉诺夫文集
第10卷

俄国社会思想史

（下卷）

孙静工　译

商务印书馆
The Commercial Press
创于1897

Г. В. ПЛЕХАНОВ

ИСТОРИЯ РУССКОЙ

ОБЩЕСТВЕННОЙ МЫСЛИ

Госудрственное издательство

Москва   1925   Ленинград

根据苏联国家出版社莫斯科-列宁格勒 1925 年版译出

目　　录

第三部分　彼得改革后的
俄国社会思想运动(续)

第七章　18世纪的西方社会思想
及其对俄国的影响(续)

I

　　温斯基在他的《回忆录》中说,仅仅法国人,他们对我国学术的促进作用,要比整个欧洲加在一起,还要大得多。这最少对我国18世纪的先进社会思想来说,是完全正确的。我国先进社会思想从法国影响中得到的教益,要比从其余整个欧洲影响中得到的多得多。实在说,当时,其余整个欧洲也都处于法国的有力影响之下[①]。因此,我们必须对那时先进法国人的意图、观点和爱好,作一些较为深入的了解。

　　我在提到法国启蒙思想家时,不只一次说过:他们是第三等级

　　[①]　意大利人贝卡里亚说,他"在一切方面都得助于法国书";科西嘉人曾请卢梭为他们写一部宪法,波兰人也请他写宪法,等等。

同僧侣贵族和世俗贵族斗争的思想代表人物。但是,就社会成分
说,第三等级并不是铁板一块。属于这一等级的,既有后来成为资
产阶级的那些社会成分,又有后来成为无产阶级的那些社会成分。
当时在第三等级的内部,业已存在和逐步发展着各种经济矛盾。
这些矛盾决定了下一世纪的社会生活和社会思想的进程。很自
然,这些矛盾,在当时尽管还不很发展,但对法国启蒙思想家的全
部观点——当然,首先是经济和政治观点,却不能不发生影响。实
际情况,也正是这样。

　　18 世纪的法国,对经济科学作出了巨大贡献。马克思推崇法
国重农学派,不是偶然的。但是,重农学派把资本主义生产关系看
为由自然界本身决定的。在他们看来,资本主义制度是文明社会
的《自然的和必不可少的制度》。他们教导说,在这种社会里,只有
农业劳动才创造纯收入。这种纯收入就是剩余价值。到底哪种劳
动创造剩余价值? 这个问题对于他们,是全部政治经济学的根本
问题。他们对于这个问题作了大量研究。马克思说:"在资产阶级
眼光的范围内分析资本"的功绩,属于重农学派①。

　　资本主义制度的特点是:生产资料不属于劳动者,劳动者所有
的只是本身的劳动力,因而不得不在市场上把这种劳动力出售;生
产资料属于企业家;企业家购买劳动力,迫使劳动者把它使用出
来。企业家和工人组成了发达的资本主义社会的两个最主要阶
级。除这两个阶级外,还有一个地主阶级。这个阶级有些地方,也

---

　　① 　卡尔·马克思:《剩余价值学说史》,第 1 卷,斯特列尔斯基译,普列汉诺夫校订
并作序。第 35 页。

扮演着企业家的角色。就是这样一个由地主、企业家和雇佣工人构成的社会,按照重农学派的学说,乃是一种自然的制度。这个学派的鼻祖魁奈证明,如果在法国建立这样的制度,则利莫大焉。诚然,在他认为农业劳动是唯一能够创造"纯收入"的劳动时,他所说明的,主要是——如果不说纯粹是——农业范围的资本主义生产关系。不过,这是细节,完全不足以减少重农学派的资产阶级思想体系的特性①。

如果我们从经济学家转而看看当时一般称为哲学家②的作家,我们就可看到,他们都是把资本主义关系看作自然的生产关系的。例如,伏尔泰在所著《L'homme aux quarante ècus》(有 40 个银币的人)里虽曾机智地嘲笑重农学派的单一税要求,却在自己所著《哲学词典》(*Dictionnaire philosophique*)中十分坚定地说:

"人类就其现状而言,其存在是不能没有大量一无所有的有用

---

①　魁奈提出如下论点:"农民穷,则王国穷;王国穷,则国王穷。"这个论点使人想起俄国波索什科夫关于"农民的财富是沙皇的财富"的见解。由于波索什科夫的见解写在魁奈之前,所以在俄国,人们都跟着波戈金说,波索什科夫预告了最伟大的西方经济学家的发现。我在本书第二卷(第三章)对于这个意见作了仔细分析,现在只是补充说明,波索什科夫怎样也没有想支持魁奈所宣扬的那种经济制度。按照魁奈的观点,农民的财富必须以先有富足的农场主为前提,农民是在他们那里从事雇佣劳动的。这一论点,在魁奈的论文《农场主》(*Les fermiers*)和《谷物》(*Les grains*)里,都明确提出和详细论证。在这两篇论文的第 1 篇里,他写道:"农人愈富,则他所增加的土地生产力和国力就愈大。而由贫穷的农场主耕作土地,则只会使国家受损失。"(《Encyclopédie》,《百科全书》,第 14 卷,第 49 页,瑞士版。)在这两篇论文的第 2 篇里,他声明:"所谓富有的农场主,不是指亲自耕作自己的土地的农民,而是指领导企业,并以自己的聪明和财力支持企业的企业家。"(《百科全书》,第 16 卷,第 447 页。)因此,魁奈的上述论点可以表述如下:王国穷则国王穷;农民穷则王国穷;而农民在成为独立的业主的地方,都穷。显然,波索什科夫没有,也不能提出类似的见解。

②　不过,人们也称重农学派为哲学家:"les philosophes économistes."。

的人们的,因为富人显然不会抛弃自己的土地去耕种你的土地;而如果你需要一双鞋子,则缝制它的,决不会是多少有些社会地位的人们①。因此,平等是一种最自然的东西,同时又是一种最难实现的东西。"

　　换言之,没有什么比权利平等更自然,也没有什么比经济平等的要求更不现实。这是法国启蒙思想家的共同观点。排除经济平等的资产阶级制度,达到这样 à l'ordre du jour(议事日程)的阶段,甚至那些在理论上欣赏共产主义制度的作家,也都认为这个制度在现时条件下是完全不可能的②。

　　从这方面说,实质上,各式各样先进作家之间的差别,在于一部分人认为经济不平等不仅是不可避免的,而且是有益的,从而力图揭示其有利于国民经济的优点,——魁奈及其门徒就是这样主张的;另一部分人则将这种不平等作为一种必要的邪恶而加以容忍,一方面指明它的有害后果,同时力图设想出一些能够减轻这些后果的措施。属于这后一类的作家,有霍尔巴赫和爱尔维修③。

---

　　① 伏尔泰说:"un maitre de requètes."。(一个行政法院的查案官)

　　② 马布利写了整整一本书来捍卫"财产公有这一令人愉快的观念",以反对重农学派。但是他也声明:私有制的弊病,现在业已过于根深蒂固,不可铲除。(参阅他所著《Doutes proposès aux philosophes économistes sur l'ordre naturel et essentiel des sociétés politiques》A la Haye,1768,p.15 et 24《就政治社会的自然根本秩序向经济哲学家质疑》,海牙 1768 年,第 15 及 24 页。)卢梭也是这样想的,尽管他认为文明社会生活的一切消极方面,都是由于人与人之间的原始平等的消失而产生的。

　　③ 我们在霍尔巴赫的著作里,看到一种后来为圣西门所详细发挥的思想。他说:政府以及所有正直的人们,必须经常关怀尽可能更多居民的福利,而不要为了某一阶级将他们牺牲。(《Système Social》etc Lomdres,1673,t. 3,p. 74)《社会体系》,1673 年版,第 3 卷,第 74 页。)爱尔维修认为,为了人类的幸福,必须减少一些人的财富,而增加另一些人的财富(参阅他的《全集》,巴黎版1848年,第2卷,第430—431页)。更详

经济平等不可能的信念，从启蒙思想家流传到大革命的活动家。除了极少数的例外（巴贝夫及其同志），甚至最极端的革命派也认为经济平等是一种既不可能实现，又有害于他们事业的空想而加以否定。

不仅这样。18世纪启蒙思想家关于经济平等不可能的信念，更为19世纪空想社会主义者所继承。他们与共产主义者相反，也只是要减弱这种不平等，而不是取消它。

II

事物的自然秩序统治于一切地方，只要在这些地方它未为这样或那样的特殊情况所破坏。伏尔泰认为，甚至在"野蛮"社会，也存在着他坚信为文明国家所需要的经济关系。"我们的法律是谁制定的呢？"——在他的一篇著作里，野蛮人问道。"是社会利益制定的"，——野蛮人回答。"我想借此说明：那些占有椰子和老玉米的人们，禁止外人染指他们的这些东西；而那些没有这些东西的人们则必须工作，才能取得食用这些东西的若干部分的权利。我在我国和贵国所看到的一切都表明，其他法律精神都是不存在的（暗指孟德斯鸠的《法的精神》(*Esprit des lois*)）"。

自然的"法的精神"不仅应该决定公民权利，而且应该决定政治权利。伏尔泰也许会大吃一惊，如果对他说，"他的"弗尔尼庄园

细地关于霍尔巴赫和爱尔维修，请参阅我的著作《Beiträgc Zur Geschichte des Material-ismus—Holbach, Helvetius, Marx》，Stuttgart 1895（《论唯物主义史——霍尔巴赫、爱尔维修、马克思》，斯徒加特1895年版），载全集第18卷。这里再补充一点，即霍尔巴赫和爱尔维修在阐述其关于财产不平等的危害的观点时，从来不曾从资本主义关系中举例说明。这是当时先进法国作家的思想方式的特点。

中的农民,甚至他的仆人,都应像他这位开明的弗尔尼庄园的地主以及其他"上流社会"的人们一样,享有同样的政治权利。

狄德罗在他的《百科全书》里,表示支持代议制。但是,他只承认有产者的选举权。他说:"私有财产创造公民。任何在国内有财产的人,都会关切国家的幸福。"(C'est la propriété qui fait le citoyen;tout homme qui possède dans l'état,est intéressé au bien de l'état.)由于在当时的国家里存在着若干具有一定政治特权的等级,所以狄德罗觉得必须说明:这些特权不应扩大到代表权上去。"无论某种相对的关系使人们处于怎样的地位,人们是作为私有主而取得代表权的。"[①]这就是说,政治权利应取决于人的阶级地位,而不应取决于他对这个或那个等级的隶属关系。当时,狄德罗在启蒙思想家中是一个极端分子[②]。

尽人皆知,后来法国立宪会议只承认适合一定财产要求的"积极公民"才有选举权。这表明,参加立宪会议的大多数代表都同意以财产为选举权来源的观点。

法国启蒙思想家由于是以第三等级思想家的身份发言,所以在这个等级的富有分子的利益与无产者的利益相矛盾时,他们是维护富有者的利益的。他们的思想解放斗争是在"资产阶级世界观范围之内"的斗争。这是无可争辩的。但是,如果说他们在一切时候,一切地方都是有意识地维护资产阶级的利己主义的利益,那也是极端错误的。

---

① 《百科全书》,第 28 卷,第 366 页。

② 卢梭对这些问题的看法不同。但是他的观点在许多方面是同启蒙思想家的观点有分歧的。

马克思在《路易·波拿巴雾月十八日政变记》一书中精辟地指出:"不应该认为,所有的民主派(资产阶级民主派。——普列汉诺夫注)代表人物都是小店主或小店主的崇拜人。按照他们所受的教育和个人的地位来说,他们可能和小店主相隔天壤。使他们成为小资产阶级代表人物的,是下面这样一种情况:他们的思想不能超出小资产者的生活所越不出的界限,因此他们在理论上得出的任务和作出的决定,也就是他们的物质利益和社会地位在实际生活上引导他们得出的任务和作出的决定。"①

此外,马克思还补充说:"一个阶级的政治代表和著作方面的代表人物同所代表的阶级间的关系,都是如此。"②法国启蒙思想家和大小资产阶级之间的关系,也是如此。启蒙思想家的改良意图没有超过资产阶级生产关系和与这种关系相适应的社会环境的范围。但是,资产阶级生产方式所特有的矛盾,当时暴露得还不显著。因此,与之相适应的社会环境,当然要显得比现时好得不可计量。可以进一步说,当启蒙思想家维护私有者的权利时,他们所考虑的不是剥削者,而是被剥削者。

试举一例,卢梭在他所著《爱弥儿》一书中说:私有观念甚至应在自由观念之前灌输给儿童。根据这点(此处原书有脱落——译者)……但请注意一读《爱弥儿》第2卷的有关地方,就可看到,这种攻击是完全没有根据的。应该怎样给儿童灌输私有观念呢?按照卢梭的意见,应该给儿童讲明,物品是用自己的

---

① 《马克思恩格斯全集》中文版,第8卷,第152页。——校者
② 同上。

劳动将其生产出来的人们的财产。请看,这全然不是资本主义的财产观念。在资本主义社会里,如拉萨尔所精辟地表述,财产是一种异化的东西(Eigenthum ist Fremdenthum),因为富人的收入不是由他自己的劳动,而是由他人的劳动,雇佣工人的劳动创造的。但是在资本主义生产关系尚未居于统治地位的社会里,私有财产的主要基础是私有者的劳动。因此,珍视劳动群众利益的人们坚定不移地、热情地维护私有财产。然而劳动群众之受剥削,并不仅是通过雇佣。在前资本主义时代,劳动群众往往处于对统治阶层的法律附属地位,他们必须将其劳动产品的或大或小部分交纳给这个统治阶层。在这种情况下,"私有者"观念可能有双重意义。"私有者"既可以是那些有权向生产者征收一定贡赋的人们;又可能是那些必须交付这种贡赋的人们,即生产者。当建立在这种基础上的社会秩序趋于崩溃时,统治阶层的思想代表人物将贡赋收受者理解为私有主,而被统治阶层的思想代表人物则认为私有主是那些交纳贡赋的人们。在这后一阶层的思想代表人物捍卫私有权时,他们所维护的是被剥削阶级的利益,而不是剥削阶级的利益。18世纪法国第三等级思想代表的情况,就是如此。在当时的法国,资本主义关系尚未成为统治的关系;同时,某些对生产者的旧的、封建的剥削形式,仍然继续存在①。

剥削观念本身是随着生产方式的改变而改变的。我在另一地方说过,法国空想社会主义者只知道两种以剥削他人劳动为基础

---

① 这就是为什么他们的著作能在心理上充满那样高贵的热情。

的收入：地租和资本利息，而企业家的收入，在他们看来，则是劳动者报酬的一种形式。这一点必须记住，才能对法国启蒙思想家，最少是对他们的左翼的思想方式有所理解。

我指出了卢梭在许多方面与启蒙思想家有分歧。但在这个场合中，卢梭的观点，却是与启蒙思想家完全一致的①。我所以特别引述卢梭的话，唯一的原因在于我觉得他的范例是最明显不过的。

毋庸争论，当人们不超出资产阶级世界观的范围——在这里应该说，当人们没有客观的可能，因而也就没有主观的、心理的可能超出资产阶级世界观的范围，——而维护被剥削者的利益时，他们必然要陷于矛盾之中。法国启蒙思想家，特别是那些属于温和派的启蒙思想家，都陷进了这种矛盾。例如，怀疑论者的伏尔泰尽管同天主教进行过残酷的斗争，却竟然说什么生前作恶，死后报应，这同他的灵魂哲学观点是水火不相容的；而他所以这样说，主要是为了教训劳动群众。他经常坚决否定唯物论，而他所以这样做，不仅是因为他未能摆脱唯灵论的物质观，而且是因为他对于唯物主义宣传给社会安宁带来的有害后果（les Conséquences dangereuses），深感恐惧②。他未能理解唯灵论观点的没有根据，也是因为这同一种（只是不自觉的）恐惧的缘故。对他说来，从资产阶级社会观点看来是有益的东西，比在理论意义上属于真理的东西更为重要。也许可以称他为现代实用

---

①　参阅爱尔维修的《论人》(De l'Homme)第10编，第7章。

②　详请参阅 Y.Ж.白里西埃：《Voltaire philosophe》，Paris 1908，pp.173—175。（《伏尔泰哲学》，巴黎1908年版，第173—175页。）

主义者的先驱。不过,对他有利的是,在他和现代实用主义者之间,是有着很大差别的。

在伏尔泰的时代,资产阶级制度不仅没有陈腐,而是相反,取得了越来越多的生命力,越来越广泛地扩展了对全体人民群众有利的方面。一定的社会政治制度,只要它没有度过自己这一发展阶段,——如恩格斯在与杜林争论中所正确地指出,——即使在这个制度下注定要遭受不幸的人们,也会兴高采烈地欢迎它。如果某一作家以这个新秩序的思想代表人物的身份发言,有时虽是更多地以利益的考虑而较少以理论真理的要求为指导,但归根到底,这并不妨碍他为进步事业服务。因为他心目中的利益,说到底乃是社会利益。然而当代的实用主义者,他们生活在资产阶级生产方式业已过时,业已成为"旧秩序"的时代,已经不能援引这一有利情况,而这一情况的重大意义,则是任何一个科学地认识社会思想史的学者所必须承认的。

III

黑格尔称法国启蒙哲学的时代为光辉的日出(ein herrlicher Sonnenaufgang)。这个时代所以具有这种特性,是因为它把一切旧信仰、旧传说、旧制度都召唤到理性的法庭之前,予以审判。尽管理性在对于这一切作出裁判时没有越出"资产阶级世界观"的范围。但是在当时,这个范围是这样广阔,用同一个黑格尔的话说,它使世界渗透了精神的热情。启蒙思想家是一切使用这样或那样方法去镇压旧秩序的人们的辩护士。为了深信这一点,必须对当时的,比方说,戏剧创作,予以追述。

哲学占领了舞台,将它转变为传播解放思想的一种最有效的手段。我在前面已经不只一次指出,启蒙思想家曾同君主专制妥协。但是,他们只是在一定条件下实行妥协。这个条件就是:君主专制必须为启蒙事业服务。伏尔泰的诽谤者们直到现在还时常攻击他曾给登位的国王献了无数颂词。但是第一,他们没有看到,伏尔泰所以奉承这些权贵,是因为他希望推动他们去同他所仇恨的偏见和制度作斗争。第二,他们忘记了他在所写悲剧里,曾给掌权者以怎样的教训。冯腾(А. Фонтен)将科尔尼勒(Корнель)所写的《奥狄浦斯》同伏尔泰所写的《奥狄浦斯》①加以比较,绝妙地说明了法国知识界情绪的改变。我们在科尔尼勒的作品里看到最能说明17世纪法国特点的语句:

> 人民为君主而死,
>
> 死得光荣。

相反,在伏尔泰的剧作里,奥狄浦斯却说道:

> 君主为国家而亡,
>
> 算得尽责。

这是在君主对待臣民的关系的观点上的一个大变革。同时,在关于王权的法律基础的认识上,也发生了与此不相上下的变革。在《米洛卜》里,伏尔泰通过波里逢迪的口宣布:

---

① 奥狄浦斯,古希腊神话中特维城王子,其父深信自己将被儿子所杀的预言,把他弃在野地。他长大之后,偶然杀了一个人,以后做了特维城的王,娶了该城王后。后来才知道被他杀死的是父亲,所娶的是母亲。他就把自己的双眼弄瞎以赎大罪。他曾猜出怪物所出的三个题,因此他的名字成了很有智慧会解决难题的人的代名词。——译者

> 君主的第一件事是做个幸福的士兵,
>
> 只要对国家有利,
>
> 就毋须恪守祖训。

关于国王,他的布洛迪说道:

> 背叛祖先,
>
> 他废止了我们的誓言;
>
> 依靠罗马法,
>
> 他就敢于做个不忠祖训的人。
>
> 罗马不再是奴隶,
>
> 他已独自成为叛徒。

对于天主教的僧侣,伏尔泰奉承的言论就更少了,当时谁都了解,他在下面所宣告的,主要是对这种僧侣的抨击:

> 我们的神父
>
> 不是虚无恐怖者所想象的那样,
>
> 我们的轻信
>
> 反把他们装扮成有才能的人。

至于他的《穆罕默德》就更不用说了。他在这里表达了当时统治于启蒙思想家之间的宗教起源观点。然而伏尔泰不是一人,追随着他的有许许多多作家,这些人虽然没有他那样大的天才,却都同意他的观点。在马蒙泰尔的剧作(*La mort d'Hercules*《黑尔库力士之死》)里,第扬尼拉由于先知者宣布泽列拉要求以人作为供奉,向第姆逢特慨叹道:

> 你敢对我揭穿一个丑恶的神话吗?
>
> 嗯,一个相当凶狠的骗子

　　正在他们的庙里，

把灵魂交给上帝

　　就以上帝的口气说话。

你听到他的可怕的怒声吗？

现在剩下一条七头蛇

　　需要制伏，

七头蛇就是过错，

　　大胆地埋葬它吧！

　　这同伏尔泰的《ecrasons linfâme！》(раздвитегадину！ 不宽容！)简直是一模一样。

　　但是法国的古典悲剧,在其鼎盛时期,是贵族社会的概念和趣味的最鲜明表现。它已不完全符合与贵族进行斗争的第三等级的心理了。资产阶级的戏剧是这个等级的解放努力在文学上的成果,它的创作者之一便是著名的《百科全书》主编狄德罗。如果说,资产阶级戏剧没有显示出艺术的美,但它毫无疑问,对于传播解放思想,却大有贡献。它的创作,本来就是为了宣传这种思想的。当时的悲剧就凭如下这一点,已不能满足资产阶级思想家的需要:即按照旧的规章,只有位高望重的人物,才能成为悲剧的主角。梅西埃(S.Mercier)在 1770 年 7 月 10 日给汤玛的信中说道:"都以为悲剧应由国王来演,都把外表的伟大当作实际的伟大。诗人⋯⋯使人们的认识走入歧途,——我敢说,他欺骗了我们。我想,应该向他们指明:勇敢、豪迈和德行都属于社会上的愚昧阶级(aux classes obscures de la société),每一个人,只要他完成了从他的社会地位中产生的义务,他就可以希望成为同代人和后代人心目中的英雄。人就是一切,刺激因素是无足轻重的。"①

　　天主教的僧侣坚称,人的本性遭到亚当和夏娃的罪恶行为的破坏。启蒙思想家对这个问题的观点却完全不同。他们当中有些人以为,人就其本性而言不恶,亦不善,他是随着自己发展的环境而变恶或变善的。另一些人则同意卢梭的意见,认为自然使人为善,人只是在社会里变坏的。无论如何,这两种人都坚决反对教会的观点。曾是最著名的资产阶级戏剧理论家之一的梅西埃说:"诗人应该相信,人生来就善……如果我认为他生而恶,我就会折断我的笔,让墨水在我的墨水瓶中干掉。你是谁,敢断言人是生而恶?魔鬼,谁教育你的?人们真正是生来就亲如兄弟哟!一切铺天盖地的巨大迫害,一切巨大的罪恶,都是为幽灵而作的。人们在想象中都充满了幽灵,并因幽魂而激动。"

　　所谓"幽灵",应理解为宗教迷信;而所谓为幽灵而作的罪恶,则应理解为像巴托罗缪之夜②那样的血腥历史事件和一般宗教迫害。因此,梅西埃的愤激言辞,在这里是直接地、坚决地指向僧侣的。但是在18世纪的自由主义剧作家中,无论是他或别人,都毫不认为人类的本性只是在宗教"幽灵"的影响之下变坏的。资产阶级的戏剧对于那些并不包含什么"幽灵"的社会制度,对最高等级的任何特权,都提出了抗议。剧作家们将这些特权看为歪曲人性

---

　　①　Sébastien Mercier sa vie, son ocuvre, son temps, par Léon Béclard, Paris 1903,pp.790—791.(《塞巴斯蒂安·梅西埃其生平、著作与其时代》,巴黎 1903 年版,第790—791 页。)

　　②　巴托罗缪之夜,指 1572 年 8 月 24 日的前夜,巴黎天主教徒对新教徒的大屠杀。——校者

的根本原因。同时,特权的占有者被描写得比特权的受害者更坏(当然,这同实际情况是并不矛盾的)。格弗说:"在 1760 到 1790 年间,存在着两种关于人性的相反偏见:如果出现了两个出身不同的子女,那就可以相信,贵族子女会秉承种种可笑的姿态,种种巨大的缺陷乃至下流的恶行,而青年的平民知识分子却显示着最善良和最高贵的情操。"①

子女是在家庭中受教育的。毫无疑问,当时的资产阶级家庭是一个比贵族家庭更为健康的社会机体。因此,毫不奇怪,资产阶级的戏剧要对这两种不同的家庭关系,予以不一样的评价。它在描写贵族家庭时,总是迫使夫妇相互间不守贞操,迫使子女在没有道德规范中成长,模仿恶言恶行;而与此相反,对于资产阶级或农民家庭,则描写得既和睦,又幸福,其家庭成员之间,笼罩着相互眷恋的感情②。

我们在绘画中也看到同样的情形:格勒兹用画笔高度赞扬小市民和农民的道德。这引起了狄德罗和他的写作同人的热烈称许③。

至于喜剧,谁不知道莫里哀的《贵族中的小市民》一剧?这位小市民的学习优雅的贵族礼貌的可笑努力,现在还使我们心旷神怡。梅西埃责备莫里哀不该通过若尔当去嘲笑"简单而纯洁的诚

----

① 《18世纪的法国戏剧》(*Le Drama en France au XVIII secle*),巴黎 1910 年版,第 364 页。

② 同上书,第 36 页。

③ 关于格勒兹在这方面的艺术活动,请参阅 Louis Hanteconur Greuze,Paris,1913(路易·汉德逊:《格勒兹》,巴黎 1913 年版)。

实性格",和"侮辱国家最受尊敬的等级,或者说得更正确些,侮辱那个构成国家的等级——资产阶级"①。所以,如果 17 世纪的法国喜剧给世界奉献了若尔当,那么,在下一世纪,它便会贡献出万德尔克——父亲,这个角色不但不使观众发笑,而且由于行为高贵,使他们深受感动,此外,他还几乎是令人鼓舞地宣扬了商业的道德优点②。

狄德罗由于非常明显的心理原因,一方面为西登的剧本感到高兴,同时却抱怨法国喜剧对仆人的不公正。后来,鲍马舍在所写剧本《塞维尔的理发师》(1775)和《费加罗的婚礼》(1784)里,为仆人进行了报复。他给仆人安排了比显赫贵族好得不可计量的角色,而且通过费加罗的唇舌宣称,如果按照对仆人的要求来判断,那就会找不出有多少主人配坐在主人的位置上。这虽是一句戏言,却是非常辛辣的。机智而欢快的费加罗还善于发表严肃的议论;而当他严肃地发表议论时,他的话往往带有威胁。

这种威胁,由梅西埃的《L'indigent》(《穷人》)一剧中的贫苦织布工约哲尔说出来时,显得更为响亮。约哲尔和他的妹妹住在一小间陋室里,他们拼命工作,想勉强度过艰难的岁月,此外他们还想把他们的父亲从监狱里赎出来。父亲入狱是因为他被当局指定出席纳税会议——即著名的"taile"("人头税")——但他不愿查封穷苦的欠税人的财产。雇佣他们劳动的承包商付给他们的报酬很少,而生活费用却很昂贵,所以约哲尔愤然写道:"我所以穷,只

---

① 格弗:见前书,第 91 页。

② 万德尔克父子——西登所作剧本 Le philosophie sans le savoir《没有学习的哲学家》(1765)中的角色。

是因为富人太多了。"("Je ne suis pauvre que parce qu'il y a trop de riches.")

　　路易十四不能容忍荷兰的绘画。这是可以理解的。这同他的继位者不喜欢资产阶级戏剧一样是可以理解的。尤其值得奇怪的是,特权社会对于第三等级思想代表的文学艺术倾向,不曾给予更猛烈的反击;就是对于他们的社会政治学说,也不曾给予有力的反击,而这种学说的逻辑结论,则是推翻旧秩序。贵族社会对于经常存在于社会生活的现象和社会意识的作品之间的关系,是很不理解的。

　　像格勒兹的绘画一样,资产阶级的戏剧获得了很大的成功。1769 年某一法国剧院的经理想演出《哈姆雷特》,他将这个打算通知了坐在剧院大厅里的观众。可是观众却高喊:"Point d'Hamlet! Le pére de famille!"("不要哈姆雷特! 要一家之主!")[①]

IV

　　引起文学艺术新趋向的社会原因,造成了在总体上构成 18 世纪哲学的各种思想在法国的广泛传播。就其理论内容说,这个哲学是对等级君主制全盛时代风靡法国的唯心主义形而上学的直接和无情的否定。在这个意义上,就是在它的拥护者认为自己是唯物主义的敌人的时候,它也是唯物主义的。任何时候都坚决反对唯物主义的伏尔泰就曾像一个唯物主义者那样高谈阔论。每当他

---

　　① 格弗,见前书,176 页,附录。狄德罗的剧本《Le pére de famille》("一家之主")在艺术成就上并不出色。

不满足于对一切学派的思想家发出俏皮轻薄的怀疑主义的批评和对《形而上学者》加以恶毒的嘲讽时,他总是不辞辛劳地严肃考虑一切哲学的根本问题:主观和客观,意识和存在的关系问题。他说:"我即身体,所以我思维;此外,我一无所知。"如果这是怀疑论,那也显然是这样一种怀疑论,这种怀疑论对于唯物主义者关于物质能够不要其他非物质实体的帮助而感觉和思维的学说,是不适用的。

如果他一方面接受唯物主义的前提,同时却否定唯物主义的结论,则他们这种不彻底性,如前所说,部分地是由于他尚未能摆脱长期以来蒙受的唯灵论概念的影响,部分地是由于我称之为他的实用主义的东西,也就是他不愿意支持在他看来有害于社会安宁的哲学真理。

伏尔泰所害怕的东西,很可能曾使许多第三等级的思想家害怕。作为结构严紧的体系的唯物主义,从来没有在他们的心里占有统治地位。只有一些最勇敢的人们才公开和彻底地坚持它。因此,这些大胆的人们能够从唯物主义的理论前提中得出在当时自然科学的社会科学条件下所能合理作出的一切结论。

必须记住,实际上,这些结论不仅具有理论意义。马克思在上世纪40年代就已指出了唯物主义和社会主义的密切联系。他正确地指出,如果人是从外界得到一切感觉、知识等等,那就应该这样建立他周围的外部世界,使他能够从那里取得应该得到的印象;如果正确理解的个人利益是一切道德的基础,那就应该使个别人的利益与人类的利益相符合;最后,如果人的自由不在于消极地逃避这样或那样行为,而在于积极地表现自己的个性,那就必须消灭反社会的犯罪根源，并在社会里为每一个别人的活动提供天地。

那种使个别人的利益符合全人类，最低限度，符合他的同胞的利益的社会组织，应该是怎样的社会组织呢？在回答这个问题时，社会主义者是同18世纪法国启蒙思想家有分歧的。可是，就在社会主义者营垒之内，也在这个问题上长期未能一致：不同的社会主义学派作出了不同的答案。尽管这样，完全无可争议的是，每一个社会主义学派在作出自己的特殊答案时，不仅在法国，而且在英国，无不以18世纪法国唯物论的结论为依靠，尽管在依靠的同时，对于它的"无神"论和仿佛不道德的学说，有时又予以批驳。

法国唯物论者虽然没有从自己的理论中作出——在当时的条件下怎样也不可能作出——社会主义的结论，但是他们毕竟按照理性的要求，力图改造人们周围的"世界"——即社会关系。轰动一时，而且实际上也很优秀的著作《自然体系》(*Systéme de la Nature*)——人们称之为唯物主义的圣经——明确地说明，这一著作的作者都是些多么热情和勇敢的改革家。该书第2卷第24章对于我们在这里所讨论的问题，最有启发。这章的题目是"自然法典简编"("Abrègé du Code de la Nature")①。

《自然体系》②的作者从错误的东西不会对人们有益、有害的东西不会成为真理这个论点出发，猛烈地反对一切《幽灵》，因为"幽灵"使人类陷于谬误，而谬误又产生一切社会的恶。作者粉碎旧"偶像"。所以要这样做，是为了使人们认识真理，不再忍受拖着

----

① 我们在下面就又看到，这一章对于俄国读者也有强烈印象。

② 尽人皆知，这部书是由整个霍尔巴赫一组人写的，天才的狄德罗也参加了这个小组。

锁链的奴隶的悲惨贫困生活。作者驳斥旧道德,其唯一目的就是
为了将道德科学建立在坚强的人性基础上。他们有时几乎很接近
于共产主义。例如,他们用自然的名义对人们说:"自己享受,也让
别人享受我给予所有我的子女们共同使用(que jai mis en com-
mun)的财富罢!"他们大声疾呼,反对掠夺同胞,反对饱食终日、百
无聊赖的富人。按照他们的意见,只有符合自然法典的社会制度
才是公正的。我们已经知道,为了使法国社会政治制度符合法国
启蒙思想家所理解的那些自然法典,必须完全革除旧的秩序。把
它们革除是对最大多数法国人有利的。因此,《自然法典》的作者
完全有权把自己看为人民的辩护士。

　　关于爱尔维修,情况也是这样。他的著作为俄国思想界,例
如,拉季谢夫的莱比锡同学们所热烈传诵。尽管爱尔维修也将资
产阶级所有制看为人类社会存在的自然和必要条件,但是在他的
著作里,没有一个地方想证明,有产阶级的利益,在他看来,比人民
的利益更为贵重。相反,爱尔维修坚定地反复说明:"人民的福利
是最高的法律"("Salus populi suprema lex"),他认为民主的宪法
是最符合人民福利的。按照他的意见,贵族等级统治的社会,是怎
样也不能在其成员之间促进正义感和公民责任感的发展的①。他
是一切特权的敌人,认为任何一种特权都是以不正义为基础②。

V

　　启蒙思想家着手出版其著名《百科全书》,开始了一件具有巨

----

① 《全集》,巴黎1918年版,第2卷,第236—237页。
② 同上书,第3卷,第308页。

大社会意义的著述事业。狄德罗所草拟的《百科全书》出版通告，就已发出了可以说是民粹派的民主呼声。通告写道：“《自由艺术》界专搞自由艺术，已经搞得够多了。现在是他们应该注意一下《机械》艺术的时候了；现在是应该结束对占国家大多数的手工业者、短工以及一般靠双手劳动过活的人们由于陈腐的偏见而采取的轻视态度的时候了。如果说他们是不幸的，那么，整个国家也都同他们一道不幸。”狄德罗向短工和手工业者发出呼吁，指出他们“所以认为自己应受蔑视，只是因为别人蔑视他们”，然而他们对自己是应有更高的估价的①。法国的知识界还从来没有用这样的言辞向本国劳动人民发出呼吁②。

为了避免重大误解，我在这里必须附带说明：不要将事情夸大，以为法国启蒙思想家有意识地准备了18世纪末爆发的革命风暴。保守派顽固地拿这一点来攻击他们。可是，保守派错了。

---

①　*Diderot* par Joseph Reinach，Paris 1894，pp.43—44.(约瑟夫·赖纳赫：《狄德罗》，巴黎1894年版，第43—44页。)狄德罗在另一地方(《百科全书》第Ⅲ卷《艺术》条)对轻视机械艺术的人们进行了抨击。他说，这种偏见是那些寄食于愚昧无知的渺小暴君之门的寄生虫和说教者在城市中散布的。狄德罗说到这一切时服从于一种情感，就是在这种情感的影响下，法国史学家们后来完成了历史科学的整个变革。奥古斯丁·梯也尔在1818年写道：“当野蛮人在欧洲到处横行的时候，我们当中有谁听说过那种为人类保存工业艺术和劳动习惯的人们呢？这种人经常受着征服者和统治者的压迫和掠夺，过着艰苦的生活，从劳动中得到的报酬只是这样一种认识，即他们的行为是光明正大的，他们为自己的儿女，为全世界拯救了文明。我们就是那些受尽征服者无情摧残践踏的农奴、纳贡者、资产者的后代。我们赞美了一切，研究了一切，只是对他们所完成的事业，没有赞美，没有研究。”狄德罗的祖先也是那些受尽征服者和征服者后裔压迫的纳贡者和资产者。

②　这里所引述的狄德罗的言论，使我们想起革命时期所传唱的一篇歌词。歌词写道：“Les grands ne nous paraisoent grauds que parce que nous sommes à genoux；levons nous!”(大人物显得伟大，只因为我们是跪在地下，让我们站起来吧!)

当时,曾有某些新思想的启蒙思想家(伏尔泰、卢梭等等),看出了人民已无法忍耐,也许会起来反对他们的压迫者。但是,他们既不拥护革命的行动方式,所以对于日益接近的革命爆发,他们感到害怕,而不是欢迎。他们从心坎深处宁愿和平的改革,而不要暴力的革命。革命观念宣传家们的这种和平倾向,无论在文学或在艺术上,都有鲜明表现。用典型来表现第三等级意向的资产阶级戏剧,完全没有战斗的主题。这样的主题在绘画,例如在格勒兹的画里,也是没有的。尽管启蒙思想家把第三等级的地位摆得比特权等级高得不可计量,他们在一致赞扬这第三等级的德行时,从不放弃机会突出贵族的恶行,但是他们对于贵族,仍然没有丧失希望,以为后者终将认识到自己特权地位的不当,从而力图至少也大大减轻特权地位对人民群众的有害后果。不是偶然,他们断言:"La raison finit toujours par avoir raison."(理性到头来总是有理的)。事实上,他们对于国王也抱有这种希望。他们以为,国王应该懂得,对于他们,统治自由幸福的臣民,要比统治被奴役的不幸臣民,舒服得多。在法国,这种希望在路易十六即位和杜阁改革开始时,曾活跃一时。但是杜阁当权不久,随着他的下台而来的是公开的反动。不言而喻,这不能不使启蒙思想家感到沉痛。他们的观点里浸进了沉重的悲观情绪。这一情况在当时尤为不可避免,因为前此在路易十五统治的最后几年,某些最敏感、最急躁的启蒙思想家,由于对法国政府完全失望,已开始极端悲观地看待法国。爱尔维修在我已不只一次提过的他的著作《论人》(这本书在他死后才出版)的序言里说道,他的国家业已完全陷于专制制度的压制之下而无法摆脱,因此它所能希望的只是外国占领罢了。由此可见,

"失败主义"——读者会原谅我用了这个野蛮的名词，非常可惜的是，这个名词在我国已是很常用的了——并不像某些天真的"革新派"所想象的那样新奇。不难看出，爱尔维修的这种独特的"失败主义"是从什么地方来的。它是由两种心理原因造成的：即对法国政府的完全失望，以及对法国人民能够用自己的力量击败君主独裁制度的毫无信心①。应该同意，无论对君主制的失望或对人民的无信心，在当时都是有充分的心理原因的。

关于第一点是毋须证明的；至于第二点，我想指明：人民群众当时尚未表明他们对解放思想的理解和对这种思想的同情。这就可以解释，为什么启蒙思想家有时会对他们发出尖锐的批评。现在的反动派就是利用这类批评来证明启蒙思想家意图的所谓反人民性质。在法国知识分子中，早就有不少人以其政治见解的渊博和其热情维护人民利益的决心而出类拔萃。我在本书第一卷里摘录了商界领袖罗伯特·米龙在 1614 年国会演说的片段。在这些演说里已经发出了革命的语调。但国会的会场却被政府用一种难以置信的借口，说什么要用会场来举行舞剧演出啊，而被关闭了。议会的代表被遣散回家。法国的工人群众对此漠不关心。他们毫不理解，政府所代表的统治者给了他们多么蛮横的侮辱。1789年，他们对于国会会场被关闭，采取了完全不同的态度。Tempora mutantur！（形势变了！）但是在爱尔维修写他的《论人》一书序言时，他不可能知道 1789 年的事件会怎样发展（顺便指出，他不曾活

---

① 爱尔维修这样谈到法国人："Nulle crise salutaire ne leur neudra la liberté."（任何单纯的危机都不会给他们带来自由）。

到 1789 年),正如其他启蒙思想家也都对此未能预见一样。他们只能根据过去进行判断。

的确,在 18 世纪中叶,法国人民已开始逐渐觉悟起来了,逐渐变得更敏感,而且最主要地,逐渐变得更没有耐性了。这种情况在巴黎暴露得最早。1750—1751 年间,在巴黎,由于警察的无耻横暴,发生了异常重大的骚乱。参加骚乱的人们甚至说,要到凡尔赛去烧毁"用人民血汗"建造的皇室城堡。这些骚乱像一道道闪光,向人们昭示着暴风雨的来临。在 18 世纪后半期,类似的现象愈来愈多。但是最值得注意的是,巴黎的人民虽然反对行政当局,甚至严厉谴责国王本人,但在当时却全然不拒绝君主专制制度。在 1757 年的骚乱中,曾出现威胁处死国王的宣言。但是对路易十五除威胁外,还提出要奥尔良公爵即位①。在这以后很久,人民的思想也没有超出更换皇帝的范围。

这样,人民的情绪是不能促使启蒙思想家放弃其将改良的愿望寄托于"开明君主"善良意志的旧习惯的。保持了这个习惯,他们可以毫不背叛自己而交结他们觉得在当时多少有些善良愿望、多少能够实现他们的解放要求——哪怕只是其很小的一部分——的君主。

实际上,启蒙思想家的解放要求不是由国王,而是由号称制宪会议的法国国民议会实现的。它是可以理解的:因为,只有革命才能实行本质上革命的要求。但是由于启蒙思想家在提出具有革命

————————

① 参阅马尔西勒·罗弗的一篇有意义的文章:《Les mouvements populaires》(《人民运动》),载论文集(*La vie parisienne au XVIII siècle*),Paris,1914(《18 世纪巴黎人的生活》,巴黎 1914 年版)。

性质的要求时,企求和希望用和平的方法,联合"开明君主"去实现它们;另一方面,由于国王有时不得不反对特权等级的某些完全陈旧的封建奢望,所以有些国王便觉得同先进的法国哲学家们交游,是不无益处的。于是他们给启蒙思想家写些殷勤亲切的信,邀请他们作客,送给他们皮大衣,发给他们养老金,听取他们的颂词,甚至——尽管远非那么愿意,——忠告。

这一切在最初的革命风暴爆发之后,就改变了。甚至在革命前几年,在百科全书派影响之下发动起来革命的青年法国人,也都越来越多地表露出不同的情绪。他们兴高采烈地读着普鲁塔克的书,倾慕古代共和派。这种情绪的改变,在文学和艺术中都有表现。在先进等级中风靡一时的资产阶级戏剧和格勒兹绘画,现在已不能使他们满足了。他们现在所珍视的,与其说是在这些戏剧和绘画中所表现的资产阶级的家室美德,不如说是政治战士的光明正大的忘我精神。为了表现这种光明正大的忘我精神,试图重新复活古典悲剧①。这时,在绘画方面,格勒兹的地位与大卫相比,也大有逊色了。

要有新的雀儿,才会唱新的歌。不过关于这一点,以后再说。

VI

18世纪法国哲学所注意的主要问题是:根据理性的观点,人与人之间的关系应该是怎样的关系;也就是说,所注意的主要问题

①　参阅谢涅为所写悲剧《Charles IX ou l'école des rois》(《查理九世或保皇派》)而作的序,这个剧本是献给"法兰西国家"的,在1789年11月4日演出。序写于1788年8月22日,就是说,在革命之前就已写成。

是社会制度问题。由于这一缘故,它才被称为解放哲学。

如果看看 17 世纪,则情形完全两样。按照笛卡儿的意见,同中世纪的哲学相比,新哲学的主要优点,在于它能够使我们成为"自然的主人和占有者"(maitres et possesseurs de la nature)①。笛卡儿对于社会制度问题,是很不注意的。我们在英国所看到的情形,也完全是这样。培根·费鲁拉姆斯基所看到的新哲学的主要任务,同笛卡儿所看到的,完全一样。他说:"Tantum possumus quantum scimus",所注意的也同样不是社会制度,而是增加人对自然的权力。

增加人对自然的权力,意味着增加人所支配的生产力。由此可见,在新哲学史中,曾有这样一个时期,在这个时期内,新哲学认为自己的主要任务是促进生产力的发展,换言之,促进技术知识的积累。这是对于哲学任务的功利主义观点。因此,可以说,17 世纪的欧洲思想家,在关于哲学的任务的看法上,是同 18 世纪的启蒙思想家一样的功利主义者。在这里,所有的差别在于功利主义的性质。

在培根和笛卡儿时代,先进欧洲社会的经济发展过程使增加生产力的需要变得特别突出。伟大的思想家们对于这一社会需要的反应是,给哲学以新的方向,这个方向曾对自然科学,并经过自然科学对技术,发生异常有利的影响。生产力的发展极大地影响了先进欧洲社会的内部关系。由于这种发展,第三等级在这种社会的生活里开始发挥前所不能比拟的、更为重要的作用。而由于

---

① 《Discours de la méthode》6-e parti(《方法论》,第六部分)。

旧的社会关系同他们的这种新的、重要得多的作用不相适应,所以他们便想把这些关系消灭掉。第三等级思想家所制定的18世纪解放哲学,表现了这个意向。他们所期待于新哲学的,已不是增加生产力,而是改造社会,使其适合生产力已经达到的水平。

现在看看俄国。前已指出,彼得卵翼下的小学生们主要是从直接和实际效用的观点来看待启蒙运动的。他们向西欧学习的首要目的,是为了在本国增加各种技术知识的储备。请回忆一下塔季谢夫关于科学与理论的利益的议论罢!

彼得改革给俄国生产力的发展以异常巨大的推动。如果说,改革后,俄国的生产力比改革前要发展得快得多,但是它毕竟还没有快到能使废除旧的社会制度成为18世纪俄国面临的问题。著名的叶卡捷琳娜新法典起草委员会再明显不过地表明,当时在俄国存在的那种《中等人》——俄国的工商界并未受到法国解放哲学的触动,并不想要建立新的社会秩序。这种人是保守的,其一部分甚至是反动的:他们请求恢复旧秩序的一些方面,因为这些方面的崩溃(部分地是由于贵族特权的增加),对于他们的利益带来危害。至于贵族等级,他们的有学识的代表虽然很热情地阅读伏尔泰和其他流行的启蒙思想家的著作,但是作为等级,他们却未能笃信解放哲学的灵魂:即致力消灭一切等级特权,从而把劳动群众置于新的更自由的生存条件之下。贵族不仅情愿保存农奴制,而且如我们所了解,很成功地争得了这种制度的扩大。当时的贵族近卫军是能够轻而易举地迅速击败希图解放农奴的政府的。不言而喻,农民对于农奴制的沉重桎梏,是刻骨仇恨的,他们屡次企图摧毁它。但是,他们的企图本身,表明他们的力量是多么微弱,他们距离建立真正新秩序的意图有多么远。

从这一切得出的结论是:在 18 世纪下半期,接触西方影响的俄国人虽然大大减少了从直接和实际(技术)效用的观点看待启蒙运动的倾向,但是,在他们那里,还不可能对宣称必须进行根本社会改造的哲学理论,发生认真的兴趣。

VII

直到现在,人们还常说:虽然当时的俄国社会,不愿实行法国解放哲学的实际要求,因而也不曾对它发生认真的兴趣,但是当时在俄国,却有个别的人物极为认真地对待它,决心用一切办法促成它的实际结论的实行。在这种人物之中,叶卡捷琳娜二世被推到首位。这位女王的相当浩繁的文学著作,被认为是她真诚愿望将略通文理的俄国小市民提到 18 世纪先进概念和意图的高度的证明。在这里,她的著名的"敕令"赢得了最多的赞颂。

叶利谢耶夫伯爵在《敕令》刊布一百周年纪念时,在激进派的《祖国记事》报上写道:"《敕令》公布之日是我们真正开始欧洲生活,从内部靠拢欧洲文化之日。在这一天,俄国人第一次获得称为公民的权利。"按照一位现代学者的说法,在《敕令》里,"充满了孟德斯鸠、贝卡里亚、狄德罗等伟大思想家和高贵心灵的精神,后来许多代人都受到他们的影响。"[1]

对于这种极尽颂扬的评价,已到批判地对待的时候了。无

---

[1] Н.Д.切丘林:《俄国立法文献——叶卡捷琳娜女王二世的敕令》,1907 年版。序言,第 11、6 页。

可争辩,在叶卡捷琳娜二世时,在俄国已经开始出现一些人物——暂时还只是个别人物!——能够热爱当代的先进解放意图,并为其实行献出自己的力量。尽人皆知,他们因为具有这种能力而付出了多么大的代价。然而叶卡捷琳娜本人却不在这种人物之列。尽管她欢喜法国启蒙思想家的某些观点和写作方法,——特别是伏尔泰的方法,但她从来没有认真地热爱解放哲学。叶卡捷琳娜把自己称为(也可能她真是这样想的)伏尔泰的学生。但正如米柳科夫所出色地指出:"她的伏尔泰精神散发着更多的轻薄的摄政王时代、而不是路易十六时代的气味。"[①]她在即位以前很久写的札记里,谈到她不受成见的约束。这是对的。她是没有成见的。毋庸置疑,伏尔泰对于陈腐概念的天才嘲笑,帮助她摆脱这种成见。但是,尽管摆脱了旧概念的影响,叶卡捷琳娜却一点也没有接受新概念的影响。像奥地利的约瑟夫二世和普鲁士的腓特烈二世一样,当新的法国哲学答应给她利益时,她便是这个哲学的拥护者;而只要哲学家们敢于向她提出这样或那样的实际要求,与她的利益背道而驰,她便傲慢地付之一笑。列举这种例子并不费事。

在狄德罗盘桓彼得堡期间,叶卡捷琳娜时常同他谈到她所召集的法典起草委员会,当然,她没有放弃机会为她的《敕令》的自由主义而吹嘘。这位伟大的百科全书编纂人的一段札记表明,他的徒骛虚名的对话者把自己说成是一个未为她的人民所理解的人物,似乎人民对于召集法典起草委员会所给予人民的

---

① 《俄国文化史纲》,圣彼得堡1908年版,第2辑,第398页。

恩德,未能予以重视。狄德罗注意地听取了他的殷勤的对话者
的谈话,却按照自己的意见对事情作了解释。也许,读者还记
得,克里扎尼奇一度认为俄国人民性格的一切缺点,都是由于
"严厉的控制"所产生的。狄德罗也得出了同样的结论。他断
定,俄国社会生活的万恶之源在于奴隶制度,而铲除这个祸害的
最可靠手段则是自由。请注意哟!——自由,不仅是民事的自
由,而且是政治的自由!在他看来,开明君主的任务就是要在自
己的臣民之中发展自由爱好,养成他们用自己的力量去安排自
己的事业的习惯。狄德罗在理论上是天才,但在实践上却是幼
稚的,他很认真地要求叶卡捷琳娜注意在"公正和开明的君主独
裁制"中隐藏着巨大的危险。这位爱好自由的哲学家表示坚信:
在这种君主独裁制的长期影响下,人民会陷入"甜蜜的,却是致
命的梦境"。(un sommeil doux mais c'est un sommeil de mort)[①]
为了抵制自己的开明君主独裁制的麻痹作用,自由主义的女王
必须把她的法典起草委员会变成常设的委员会,并正式将她的
一部分立法权力移交给它。为了促使她采取这一"异常慷慨的措
施"(acte bien généreux),狄德罗要她相信,"倒霉的不是那些增加
了人民权力的国家,而是那些国王权力变得没有限制的国家。"[②]
叶卡捷琳娜亲切注意地听取了他的意见,这使他高兴。她也读了
他的短简。但是,不用说,关于所谓无限制的君主权力的"倒霉",
她是坚持自己的看法的。某次,在对他的种种解放计划进行了争

---

①   Maurice Tourneux, Diderot et Cathérine II(莫里斯·图尔努:《狄德罗和叶卡
捷琳娜二世》),巴黎 1899 年版,第 144 页。

②   同上书,第 150 页。

论之后,她对他说,他忘记了地位的差别,"您是在纸上谈兵,纸是什么都能忍受的;而我,一个不幸的女王,却是在同人皮打交道,人皮是要敏感得多啊!"①可是,狄德罗没有丧失说服她的希望。离开彼得堡,在回巴黎途中,他在海牙停留了相当长的时间,在那里,很无礼貌地(用他自己的话说),手里拿着笔,读完了叶卡捷琳娜的《敕令》,说得简单些,就是在《敕令》上写了他的反对意见。就中第一条说:"除了人民,没有,也不可能有真正的国王。"

在一条反驳意见中说:一部写得好的法典应该这样开始:

"我们,人民,和我们,人民的国王共同宣誓忠于法律。按照法律,我们都受同一法庭审判。如果我们国王破坏法律,因而成为人民的敌人,则人民完全可以不再信守效忠的誓言,而仇视我们,追究我们,废除我们,甚至在必要时判处我们的死刑。"

请看,这已经够激烈的了。但是,狄德罗并不以此为满足。他直截了当地、尖锐地说明了他对俄国政治制度的看法。他写道:"叶卡捷琳娜毫无疑问具有君主独裁制权力(est une despote)。她是想保持这一权力并将其传给她的继位者,还是想截断它呢?如果她想保持它,那就让她随心所欲地草拟她的《法典》罢,她是不需要国人通过的。而如果她想放弃它,那就要把她的否定意见写进文件。"②

狄德罗不知道为什么没有将他的反驳意见寄给叶卡捷琳娜。可能因为他知道:骆驼穿过针眼是千难万难的。这些意见是在他

---

① 她后来将她的这一看法转告了塞究尔(Ségur)。

② 图尔努:《狄德罗和叶卡捷琳娜二世》,第563—564页。

死后才到达叶卡捷琳娜手里的。毋须补述,这位"伏尔泰的女弟子"丝毫没有同意这些意见。在给格里姆(М.Гримм)的信中,她评价这些意见是"真正的空谈,对事物无知,不慎重,无洞察力"。她补充说:"如果我的《敕令》适合狄德罗的胃口,那它就将一切都颠倒了。"①从那以后,在她同格里姆的通讯里,就很少看到这位鲁莽哲学家的名字了。

这一事例,显示了在 18 世纪先进法国哲学家和他们同代的"开明君主"之间的思想分歧。启蒙思想家中的优秀代表人物决心支持君主的专制权力,因为希望他们尽快地利用这一权力去解放自己的臣民,也就是去消灭专制权力。而"开明"君主则相反,他们讨好启蒙哲学家,是因为想在他们的帮助下更加巩固这个权力,消灭一切使这一权力受到约束的旧制度。在这样的思想分歧之下,要达成协议是不可能的。他们相互之间尽管恭维备至,然而恭维愈多,对于双方的活动却愈少发生重大影响。

VIII

叶卡捷琳娜为了给自己的《敕令》辩护,反对忘恩负义的百科全书派的粗暴批评,在给格里姆的同一书简中写道:"我断言,我的《敕令》不仅是好的,而且甚至是卓越的,极合时宜的,因为贯穿其存在的 18 年,它不仅未产生任何的恶,而且一切由它引起的,有口皆碑的善,都来自它所确定的原则。"②

---

① 图尔努:《狄德罗和叶卡捷琳娜二世》,第 519—520 页。
② 同上书,第 320 页。

　　叶卡捷琳娜自己也承认,《敕令》中确定的原则,都是从法国启蒙思想家那里抄袭得来的。既然这些原则都是"好的,甚至是卓越的",那么,这就不是对她,而是对法国解放哲学的颂扬了。叶卡捷琳娜的荣誉,只是实施了这些"好的,甚至是卓越的原则"罢了。她是很了解这一点的。在给若弗莲夫人的信中,她写道:"请您告诉达朗贝,我很快就给他寄去笔记。他会从那里看到,天才作家的著作,只要愿意加以应用,就能产生多好的效果。我希望他会满意这一著作,虽然它是一位新手写的,但其在实践中的执行,却是由我负责的。"这里所说的就是那个《敕令》。尽管叶卡捷琳娜对《敕令》所根据的原则的实行,作出了保证,但是她深切知道,就在那时,她的实践已与原则分歧。"天才作家的著作"要求自由,而叶卡捷琳娜却在即位之际,就发布了1762年7月3日诏书,庄严承担保持地主对农民权力不受侵犯的义务。她甚至超出限度地履行了这个义务,因为她不仅保持了农奴制,而且大大地扩大了它的范围。

　　这一情况是达朗贝所不能知道的,正如他不能知道叶卡捷琳娜的自由主义《敕令》很快就被禁止——当然是在她的同意之下被禁止的——一样。1767年9月24日参政院的命令规定,向最高机关分发《敕令》57份;同时说明,《敕令》的内容仅供出席者参考,不仅对于外人,就是对于办公室人员,也都不准分发,不准抄录,不准阅读。与切丘林的意见相反,"统治着"劳动群众的,无论如何,不是启蒙思想家,而是他们的对立面:汉日希之流,斯科季平之流,普罗斯塔科娃之流。

　　在方-维津的剧作里,普罗斯塔科娃对于贵族不能随便鞭打他的仆役的思想,表示愤慨。她质问:"给我们发布的所谓贵族自由的诏书有何用处?"关于这个问题,斯塔罗杜姆幽默地指出:"这真是个解释诏书的能手!"在这里,援引有关贵族自由的诏书是不合适的。可是,这位开明的女王有先见之明,她还发布了大量的其他诏书,完全确认贵族有鞭打其仆役的"自由"。因此,普罗斯塔科娃并不像方-维津所暗示的那样的大错而特错①。

叶卡捷琳娜由于是在俄国生活条件之外受到教育的,所以对于统治着当时俄国的劳动剥削形式,自不能有何偏好。她是不反对减轻这种剥削形式的。但是,她从来没有对这一点费劲。同时,她很快就考虑到,这不为贵族所乐意,而她的一贯守则,则是避免不必要的惹祸。彼得三世被推翻不久,法国公使布列特勒评论她道:"很奇怪,这位一向号称勇敢的女王,在需要解决任何足以引起国内矛盾的极小问题时,却是那样优柔寡断。"她在新的位置上巩固起来之后,虽然年复一年地增加了自信,但是,对于她的贵族近卫军怎样也不会让她超越的界限,她都从来不曾忘记。她在同狄德罗谈话中提到的那张以极大的敏感为特点的人皮,是贵族的皮,而不是农民的皮。

每当提出改善农奴命运这个"该死的问题"时,贵族的皮确乎表现了巨大的敏感。这在极大的程度上解释了叶卡捷琳娜在理论和实践之间的显著矛盾。叶卡捷琳娜不是一个能让自身的实际利

---

① "在《纨绔子弟》初次上演那年(1782),整个农业人口的一半以上(53%),都登记为贵族所有"——克柳切夫斯基在所写《方-维津的"纨绔子弟"》一文(见《随笔和演词合编》,莫斯科 1913 年版,第 304 页)中,很恰当地指出了这一点。

益去为理论而冒险的人[①]。

狄德罗以为她会为了对人民进行政治和道德教育而自愿放弃其无限的权力。他又是大错特错了。权力对于她像空气一样必要；为了权力，她可以无所不为。用布列特勒的话说，"伏尔泰的女弟子"只要看到哪怕是极小的危险，足以使她丧失她敢于夺取的东西，她的自由主义的本能，便会立即销声匿迹。

例如，在《敕令》里，叶卡捷琳娜追随贝卡里亚和其他启蒙思想家，谴责刑讯。毫无疑问，她发表对刑讯的理论谴责，远在制定《敕令》之前。但在处理古列夫和赫鲁晓夫等对她阴谋反叛案件时，她却违反先进的理论，甚至违反侦查委员会的决定，命令对被告人进行刑讯。"1762年10月6日，根据女王陛下的上谕，对彼德·赫鲁晓夫，违反审讯及对质所获真相，进行笞刑拷问"。西门·古里耶夫也受同样的刑拷[②]。孟德斯鸠，贝卡里亚和狄德罗，他们的伟大思想和高贵心肠，断然不会同意笞刑。然而开明的女王哪管他们！

人们断言，叶卡捷琳娜在其统治的末期，特别是在法国革命的影响下，有很大的变化。的确，法国革命迫使她放弃以前乐于使用

---

　　① 叶卡捷琳娜即位后，慷慨地奖赏了她的支持者，给他们分发了农奴和金钱。呼吁她"迅即登上俄国王位，借以挽救祖国于危难"的40人，获奖52万6千卢布及18000名农奴。在废黜彼得三世的上谕里，把事情说成这样，仿佛这些人是以被忠实臣民选出的人民身份来谒见她的。这样，对"当选者"的奖赏，就是将他们的"选民"的一部分发给他们做奴隶。对于选民，新女王也未忘记。她给他们的奖赏是降低盐价，每普特10戈比，比利巴索夫说得好："必须吃掉一普特盐，才能感觉到女王的10戈比的恩惠。"（见《叶卡捷琳娜二世传》，第2卷第92页。）

　　② B.A.比利巴索夫：《叶卡捷琳娜二世传》，伦敦1895年版，第2卷，第174页。

的自由主义辞藻。但是说她对其过去的观点业已失望,却是完全错误的。如果她有过什么失望,那不过是她已不能得心应手地把自己装扮为自由主义——有时甚至是"共和派"观点的坚决拥护者,同时却一贯力图巩固和扩大自己的权力而已。M.M.谢尔巴托夫公爵论及她时写道:"使她最为苦恼的是,当她听到关于某些案件的法律决定违反她的意志的报告时,她脱口而出地回答:'难道我不能不顾法律而执行我的意志吗?'"她所以变成这样,全然不是由于任何失望的影响。她从来就是这样,无限的权力追求,——用谢尔巴托夫公爵的话说,独断专横的倾向使她成为这样。

她在 1762 年 10 月 19 日上谕中宣布:"秘密侦讯办公厅从现在起永远废除。"她的臣民热烈欢迎了废除可怕的侦讯机关。然而庄严宣布的改革,却只限于名称的改换而已①。

伏尔泰的女弟子对方-维津所提的问题:为什么过去打诨者,弄臣,小丑都无官衔,而现在却都有,而且有很大的官衔等等的答复,是人所共知的。她的答复是:"我们的祖先并不都识字。"这不明确。但是答复的下文却较明确:"这个问题是从自由谈论中产生的。我们的祖先是没有这个问题的。"方-维津很懂得这些话的意思,因而决定"取消他准备提出的其他问题,以免给他人以发表鲁莽的自由谈论的借口"。也许可以说,叶卡捷琳娜在作出这个答复时,已是感到失望了。但是,根据她对自由谈论的批评,草拟一篇她自己称之为"关于缄默"的上谕,这篇上谕约莫于 20 年前发

---

① 叶卡捷琳娜统治下,秘密侦讯办公厅改称秘密审讯处,其主持人为笃信宗教的舍什科夫斯基,此人于审讯被告——甚至"知名人士"时,曾用棍棒打击下巴,以致牙齿碎裂,甚至脱落。

布了。

这篇于 1763 年 6 月 4 日在莫斯科街道的咚咚鼓声中宣读的上谕,通告全国说,在叶卡捷琳娜的臣民当中,有一些"道德和思想败坏的人"竟然议论与他们全然无关的事情。仁慈的女王劝告这种人缄默,专心致力于他们自己的事情。"如果我们这种慈母般的告诫和关怀不能对这些堕落腐化分子的心灵发生作用,不能使其走上真正幸福(原文如此!)的道路,那么,这种无知之徒中的任何一人都会懂得,我们那时将依法严惩,罪犯们将无可幸免地感受到我们雷霆之怒的严重后果,因为他们破坏安宁,蔑视我国陛下的意志。"①

这一严厉的"缄默"要求,是由于希特罗夫案件引起了纷纷议论,而向俄国小市民发出的。希特罗夫认为必须用一切方法来反对女王与奥尔洛夫伯爵结婚。

叶卡捷琳娜长篇累牍地谈到国民教育的必要,可是实际上,她为国民教育很少尽力。为了普及教育事业,她聘请了包括著名的塞尔维亚人扬科维奇-德-米里耶沃(即米里耶夫)在内的各式人物。但她没有邀请热情无私、主动自愿为这一事业工作的诺维科夫。对她说来,诺维科夫是一个过于独立自主的人物。

方-维津向《真事和谎言的作者》问道:"什么是我们的民族特性呢?""作者"(即叶卡捷琳娜)答道:"我们的民族特性在于对一切事物的深刻而敏捷的理解,在于模范的服从,在于具有创世主给予人类的一切德行。"

---

① 比利巴索夫,见前书,第 267—268 页。参阅索洛维约夫:《俄国史》,第 5 卷,第 1457 页。上谕在帝国所有城市中公布。

伏尔泰女弟子的这个答复,在很大程度上预示了尼古拉一世所赞许的那种民族特性理解,而尼古拉一世却是对任何哲学都是没有兴趣的。

不要以为叶卡捷琳娜是由于受某种偶发的情绪的影响而这样回答方-维津的。否。她经常要求她的臣民"模范地"服从。至于她对这种服从怎样理解,可从她所说的皇太子费微的故事中看出。费微按照父王的命令,勤勤恳恳地给干枯的树枝浇水。对于嘲笑他的这种毫无意义举动的人们他驳斥道:"只有下命令的人,才能发表议论,而我们的事情,则是服从,驯服无怨地执行命令,不发议论。"

这就是叶卡捷琳娜所愿望的模范臣民!

如果我们注意到理论对于叶卡捷琳娜只是达到个人目的手段,则她的理论与实践的矛盾就毫不足怪了。

图马诺夫说得好:"她的政府措施的主要动机是个人虚荣,而不是考虑社会和国家利益的任何见解。"即使某些措施给国家带来某种好处,那也只是由于她"希望不仅使俄国,而且使整个欧洲对她表示热烈的称颂。总之,叶卡捷琳娜的所有哄传一时的堂皇创举,几乎从未贯彻始终。它们都失败得很快,就像它们开始得很仓促一样"①。

---

① 《18世纪下半期俄国文学的影响》,载《俄国语文分离论文集》(*Влияние Русской Литературы второй половины XVIII века*) в (*Сборнике отделения русск. языка и словесности*),帝国科学院出版,第75卷,第9页杰尔扎温的评语:"她更多地按照政治或她的意志,而不是根据神圣的真理来管理国家和一般司法",《全集》,科学院版,第6卷,第626—627页。我们为了对杰尔扎温表示尊敬,有权补充,他的这个严格的评语是在他写了颂扬叶卡捷琳娜的颂诗以后作的。他自己说过,当他写这些颂诗时,他还不知道女王的性格。

在叶卡捷琳娜的性格里,有许多使她同文艺复兴时期的意大利暴君相接近的特点:她同他们都一样有才华,一样没有"陈腐观念",一样能够关切文化的成就,一样精力充沛,一样冷静自制,一样冷酷无情,一样追求权力,一样丝毫不择手段。谈论她的什么理想和失望,是同谈论某一路易·莫罗或某一恺撒·波尔吉亚的理想和失望,毫无两样。

IX

了解18世纪先进启蒙思想家的意图的俄国人,都看到叶卡捷琳娜的理论和她的实践之间的矛盾,并为此感到恼怒。可是这样的人,毕竟是很少的。最大多数的人看不到这种矛盾,即使看到了,也不认为必须把它消除。他们都满足了。

卡拉姆津后来写道:"如果将我们所知道的一切俄国时代加以比较,我们当中几乎任何人都会说,叶卡捷琳娜时代是俄国公民的最幸福的时代,我们当中几乎任何人都愿意生活在那个时代,而不是别的时代。"①

当然,这里所谓俄国公民,自应理解为俄国贵族。如果说,那时劳动群众的情况是很艰苦的,那么,贵族却比过去任何时候都确实生活得好些。叶卡捷琳娜的理论与实践之间的矛盾虽然很大,但为地主所喜爱,因为这意味着农奴制的保持和扩大。至于"独断专横",那也必须记住,无论她是多么爱好它,但是,作为一个善于知人和极有分寸的妇女,叶卡捷琳娜处事面面俱到,既

────────────

① 见札记《论古代和近代俄国》。

使狼吃得饱,又使羊过得不坏。她完满无缺地保持了专制权力,但对待贵族的态度,却与以前的皇帝或女王不同。在安娜女王时,切尔卡斯基公爵抱怨说:"现在活着危险,对所有人都随便无端猜疑。"在叶卡捷琳娜的统治下,随便猜疑没有了。谁对女王不违反她的意旨,谁遵守关于"缄默"的上谕不干预同他无关的事情,谁就可以平安无事。叶卡捷琳娜是善于矫揉造作的。同以前各个朝代相比,甚至与伊丽莎白朝代相比,她的统治也显得——仍然是对贵族而言——既温和又宽大[1]。颂诗作者热情地歌颂了这一变化:

> 欢乐的泪河,
>
> 　从心灵深处奔流!
>
> 啊,温良的天使,
>
> 　和平的天使,
>
> 您身披紫红色的霞光,
>
> 　手持权杖,
>
> 从无际的天边下降,
>
> 人民幸福无疆!
>
> 在那里——

---

[1]　M.M.波果斯洛夫斯基说:"整个国家的社会制度,从上到下,都打上了农奴制的烙印,因为所有的社会阶级都被奴役了。安娜和伊丽莎白时代的皇宫,按照西方样式安排陈设,以外国式的豪华富丽而令人惊叹。在俄国社会中,它成为西欧情调的传导处所,而究其实,它不过是一处广阔的地主庄园。这两位女王都是18世纪的典型俄国地主——农奴主。"(见《18世纪上半期俄国贵族的生活和道德风尚》,《科学论坛》,莫斯科1904年,第6卷,第37—38页。)在这里,叶卡捷琳娜可以完全不放弃她的无限制的权力,而轻易地扮演一个自由主义的角色。

接谈时，

可以低声细语；

午宴上，

不祝福万寿沙皇；

不害怕杀头遭殃。

在那里——

女王的名字错写了可以刮去，

女王的肖像

也可以不慎落在地上。

在那里——

不流行丑角式的婚姻，

不使用峻法和酷刑，

达官们不吹胡子瞪眼，

公爵们不老母鸡似地咯咯有声，

宠儿不哈哈大笑，

煤烟不污损颜面。

⋯⋯

耻辱啊，

把伟大的人物讹传为

可怕,可憎⋯⋯

卡拉姆津在前引札记里更简短地表达了同一个思想。他写道:"叶卡捷琳娜使君主专制清除了暴政的杂质。"谢尔巴托夫公爵有好多保留地接受此说。他比大部分贵族等级要求严格得多。大部分贵族等级认为他们事实上已摆脱暴政。最高当局对他们的态度的改变,是官宦等级逐步解放的自然结果①。然而正是这一情况使对这一改变的精神需要,变得迫不及待。

正好,法国解放哲学对于俄国官宦等级的解放事业可以大有裨益。这个哲学在已将消除——哪怕只是部分地消除——"暴虐统治"问题提到日程上来的一切地方,都是有利的精神武器。俄国贵族的思想代表人物尽管拒绝了法国启蒙思想家所有不与他们的特权协调的观点,然而对于那些可以用来"从君主制中清除暴君杂质"的观点,反而是欣然接受的。例如,他们很欣赏孟德斯鸠关于欧洲君主向臣民发出呼吁和亚洲暴君靠恐怖而统治之间的差别的议论。孟德斯鸠在确定这一差别时,发表了我们所熟知的波丹的观点②。可是,当波丹写成他的著作时,俄国的官宦等级还看不到欧洲的政治文献,所以当孟德斯鸠复述波丹的思想时,这个思想便深为这个等级的欧化分子所爱好。由于这个思想复述在《敕令》中,所以俄国贵族对于《敕令》大加赞扬,而且不能不大加赞扬。

《敕令》指出土耳其各国对臣民的财产、生命和荣誉很少注意,而且以"温和的国家"与之对立:指明在"温和的国家里,最下等的公民的财产与荣誉,也都受到尊重"③。俄国的欧化贵族深信,叶

---

① 对官宦等级人物的态度改变,从以下情况中已可看出:这就是叶卡捷琳娜把她推翻彼得三世说成是对饱受暴政灾难的俄国人的真正悲天悯人的丰功伟绩。她在1762年7月7日上谕中写道:"大权在握的君主,独断专横,不以爱人类的善良品质来限制自己,这是一种巨大的罪恶,是造成许多灾难后果的直接原因。"因此,她必须表明:她虽取得君主权力,却善于克制自己。

② 像波丹一样,孟德斯鸠(见《法的精神》1,XV;章 VI)说,"莫斯科人"是一个受制于君主独裁制的民族。

③ 《敕令》,第113、114章。

卡捷琳娜所谓下等的公民,绝不是农奴;所以对于将"土耳其各国"与"温和的国家"相对立,他们只能拍手称快。这种对立等于约许在俄国实行这些"温和的国家"所特有的政治体制①。

《敕令》说,在温和的国家里,"不伤害任何人的生命,除非祖国反对他。然而祖国是不伤害任何人的,祖国首先给他们以一切自卫的手段。"②事情不能再好了。俄国官宦阶级不是在俄国历史的莫斯科时期就已梦想这种温和的政治体制吗! 在某些沙皇所颁发的证书里,所谈的就是国家管理体制而不是政体。证书里所说的最高当局的权力,仍旧是漫无限制的:只是采取措施避免滥用这些权力罢了。以往,由于官宦阶级的不同阶层之间的冲突,即新兴贵族和大贵族之间的冲突,这种措施方案是不能实现的。但在现在,大贵族已不再是新兴贵族的威胁了,官宦阶级已可使用其各个阶层的联合力量去争取某些让步。他们感觉到这一点;他们愿望取得让步,因而对于女王自由主义言论中的一切让步暗示,都热烈表示欢迎。

叶卡捷琳娜装腔作势地承认,她在《敕令》里"剽窃"了孟德斯鸠。但是,不要以为她在"剽窃"时不是小心谨慎的。她在一切方面都有分寸,而且从来不忘记自己。

柳特什说得对,孟德斯鸠是有限制的等级君主制的拥护者,而

---

① "地主的仆役都无私产,他们所有的财物,都属于主人。在18世纪,还有什么比贵族的财产、动产和不动产更无保障和更不稳固的呢? 他们的财产是每分钟都可以被没收的。"(博戈斯洛夫斯基:见前书,第41页。)

② 《敕令》,第114章。

"叶卡捷琳娜则信奉所谓合法的,但是官僚制的君主制理想"①。
这里有着巨大差别。然而俄国贵族的政治要求并不苛刻。他们准
备满足于"合法性"。

X

喜剧《啊,时间!》的作者在给《绘画》杂志出版人(诺维科夫)
的信中,对于这一喜剧所引起的社会评论,作了有趣的"注释"。
剧中人之一受到殴打。剧作者(叶卡捷琳娜)承认:"我听说,某
些评论家对于剧中猥亵地安排菲尔利弗留什科夫先生由于说了
些下流话(由于多次不如约偿付赌债——著者)而受到鞭挞,有
所议论。他们说:'怎么! 贵族竟因不名誉的事情而受鞭挞?'"②
叶卡捷琳娜为了辩解,援引刑法典说:'批评家先生可从刑法典
中看到,人们由于下流的言论和游手好闲,会受到怎样的处分。'
但是,这样的援引不能使贵族满意,因为他们的新的意图已非旧
法律的范围所能包括。叶卡捷琳娜懂得,在这样的情形下,必须
让步,也可以让步。在颁发给贵族的特权证书里,她豁免了对他
们的体罚。

对贵族施用笞刑,——尽管只是由于不名誉的事故,——毫无
疑问,是与贵族荣誉的概念不相称的。但这一概念在俄国贵族庸
人的头脑中缩小到什么程度,可从以下一个例子中看出:

卢金写的喜剧《慈爱的阔人》,其主角多布洛舍尔多夫——一

---

① 《十八世纪俄国的总结》论文集(Сборник (*Итоги XVIII века в России*)),莫斯
科 1910 年版,第 16 页。

② 《画家》,1772 年,第 1 部,第 7 章,着重点见原稿。

个轻率的,但并不凶恶的人——在谈到他的仆人华西里时说道:
"尽管他是一个好的庄稼汉,却仍存留着凝结于他们那类人身上的
仇恨和恶意。"后来,他相信,在忠于他的华西里的心灵里,既无仇
恨,也无恶意,又赞叹道:"至于你,我在你身上看到了在你们同类
人中所罕见的品德。不要怜惜我罢! 请揭露,控诉,斥责,制止我
的傲慢和骄横罢!"激动的老爷甚至想给自己的农奴以自由,而当
农奴表示拒绝时,老爷的惊异是无限的:"啊! 这样善良的人真少
见哟! 你的德行使我惊奇。"

　　这样的恭维比辱骂还要难受。为什么激动的多布洛舍尔多夫
甚至在想恭维他的奴仆时也使奴仆难受呢? 涅泽列诺夫教授对这
一点的解释是:利用剧中主角发言的卢金,是一位"受了欧洲教育"
的人。这是毫无道理的。这位笃信宗教的学者对于法国解放哲学
(虽然,他对这个哲学是毫无所知的)的"坏的方面"作过长期不懈,
但是很不成功的揭露;然而他并不了解,当多布洛舍尔多夫——或
者,也可说当卢金——谈论德行时,他所提出的观念,显然也是从
"受过欧洲教育的人",即孟德斯鸠那里抄袭过来的。可是,两人的
话虽一样,意义却并不一样。孟德斯鸠所谓德行,是指激励贵族服
务国家的那种立功意图①。他全然不是把这种意图拿来与非特权
等级的"缺乏荣誉感",或其他类似的"僵化"品质相对立,而是拿来
与他认为是东方君主独裁制国家居民所特有的对荣誉和功业漠不

---

　　① 孟德斯鸠说:"La nature de l'honneur est de demander des préférences et des
distinctions。"(人的天性是要求特惠与荣誉)(见《法的精神》VII 第 1.111 章。)

关心相对立①。因此,很显然,在多布洛舍尔多夫(卢金)的头脑
里,那种毫无疑问是从"受过欧洲教育的人"那里抄袭来的荣誉观
念,却有着与当时的欧洲教育风马牛不相及的特征。如果说,在俄
国,贵族的荣誉观念是以农奴仆役的屈辱观念为补充,则其来源不
是别的,而是由于人民的被奴役。卢金不满意俄国作家为剧院写
出了一些"不表现我们的德行"的剧本,在这个场合里,给自己的主
角提示的"恰恰是表现我们的生活"的议论②。

　　如果法国思想解放的著作受到了资产阶级眼界范围的限
制,——当时,在18世纪,资产阶级的眼界要比现在广阔得不可计
量——那么,俄国的这种著作却为贵族的眼界所局限,同时,由于
农奴制的存在,这个眼界在当时比现在还要狭隘。因此,就在俄国
欧化贵族所能接受的这一极小部分西欧解放学说里,也可看出带
有我国乡土风味的大量"残暴"杂物。

　　与贵族—君主制的俄国,社会力量的对比使地主对农民的"残
暴"和最高当局对地主的"残暴",并行不悖。贵族的解放过程不能
使统治阶层限制君主的权力。农奴主感到这一点,因为在提要求
时,很是拘谨的。他们——就其绝大多数说,——都满足于叶卡捷
琳娜给他们作出的微小让步,而并不要求重大让步。当叶卡捷琳
娜命令俄国居民在向最高当局上书时签名不称奴隶而称臣民时,
书报上发出了一片欢呼声。此前不久在所写《农奴颂》中为农奴制

---

　　① 他说:"Les hommes y étant tous esclaves, on n'y pent se préférer à rien。"(既
然人在这一点上全是奴隶,对这一点我们也只可最不喜欢。)

　　② 请回忆法国启蒙思想家怎样责备法国的旧喜剧对仆役的不公道。(参阅本书
前第一章)

之推行于小俄罗斯而痛心疾首,眼泪滂沱的卡普尼斯特,现在为"俄国消灭了奴隶称呼"而欢喜欲狂。他的喜悦的心情竟然如此热烈,似乎可以设想,俄国真正变成自由的国家了。

啊! 这一天——

比胜利之日还要光明灿烂,

从天上——

女王下降到人间!

不自由的沉重枷锁,

已被砍断。

俄罗斯呀,

你现在自由啦!

欢呼罢,永远欢呼罢,

欢呼叶卡捷琳娜福寿无疆!

她重新给了你生命,

上帝的慈悲,你应看见,

在未来的全部时间里,

幸福与自由将紧紧相连!

"奴隶的称呼"在某种意义上,是与俄国名门贵族的权利、自由和财产特权状况相对立的。因此,新兴贵族为这一称呼的取消而欢乐,是有根据的。科斯特罗夫,如所共知,是经济农民出身①,他比卡普尼斯特"歌唱"得更为响亮:

已昭告:

————————————

① 1764 年前教会、修道院所属的农奴。——校者

再不是奴隶，

而是祖国的子孙，

是英雄，

是缪斯①的爱好者

是值得称赞的公民。

用全力履行自己的职责哟，

对于我亲切的不是称呼，

而是您对我的慈爱的心！

已昭告：

崇善去恶，

做一个善良的人，

从今后叫我做母亲……

请原谅罢，女神，

我这里泪落满襟，

您的神圣的言辞

盛情心领！

啊！用欢乐的眼泪……向您问讯：

你的神殿在何处？

你的祭坛、神香何处寻？

它们深藏在俄国人的心灵！②

不用说，不一定要做了贵族才会对自己免除了屈辱的奴隶称

---

① 希腊神话中司文艺美术科学的女神之一，给诗人灵感的诗神。——校者
② 《叶卡捷琳娜二世女王即位全民欢庆节日书简》。

呼而感到满意。但是如果只是保持着俄国当时的贵族概念,那就会易于忽视"在俄国消灭奴隶称呼"并不曾使俄国农民摆脱奴隶地位。对于平民知识分子科斯特罗夫似应期待对这一改革采取更多的怀疑态度,可是,统治阶层的礼赞欢呼,也感染了他。

XI

由于法国解放哲学促使俄国君主制清除"暴政的杂质",所以对于它的影响——无论其范围多么狭小,应该承认是卓有成效的。对于这一点,就是像涅泽列诺夫教授那样的学者,他们尽管讨厌法国启蒙思想家,也都不能否认。但是,只要问题涉及这一哲学对于18世纪俄国人的道德影响,情况就会迥然不同。除对解放哲学不甚了了却公然仇视这种哲学的涅泽列诺夫教授外,许多其他学者也大都认为这一哲学以其"坏的方面"对俄国社会施加了坏的影响。这个问题是值得细心探讨的。

看来这里没有什么可以争论:既然这一哲学有其"坏"方面,——请问哪个哲学没有坏的方面?——则很自然,在其所渗透的一切国家里,它都会由于这些"坏"方面而产生坏影响。不幸的只是,这种简单的见解,由于内容贫乏而极端简陋,是什么也说明不了的。

毫无疑义,法国解放哲学也像任何其他哲学一样,是有其"坏的"方面的。但是,试问这些"坏的"方面都是些什么呢?只有下工夫对它作过研究的人,才能对此作出较为严肃的回答。然而在谈论解放哲学的人们当中,却有许多人并没有下过工夫。因此,他们对于这一哲学的所有各个方面,既包括好的,也包括"坏的",都一直茫然无知。在对问题采取这种态度的情形下,要胡诌些经不起任何轻微批评的东西,自属轻而易举的事了。

关于法国18世纪哲学,在我国是更多地用德文文献资料进行研究的。我国学者迄今还常常引用著名的赫尔曼·赫特纳(Herman Hettner)的著作,以他为这一哲学的真正权威。但是,第一,他对法国18世纪哲学的了解是很肤浅的;第二,他缺少一个历史学者在同革命时代作家打交道时所必需的思想勇气。赫特纳能够用来与法国唯物主义者的无畏逻辑相对立的,往往只是一种市侩的愤怒。在法国唯物主义者企图解决新的理论课题的地方,他看到的却是不道德的宣传。对18世纪法国唯物主义的否定态度,从他那里传授给许多俄国学者。我们有一切根据设想,当已故佩平批评《自然体系》的唯物主义是"粗鲁的"唯物主义时,他是师法赫特纳的;而佩平却毫无疑问是我国一位最严肃认真的文学史家。佩平尚且如此,则从涅泽列诺夫教授那里还能希望什么呢?既然决心不加批评地重复对解放哲学极端代表人物的学说的否定意见,那就可以轻而易举地在它里面发现任何数量"恶的方面",而且把许多同它毫无因果联系的东西,强加给它。

在为叶弗列莫夫主编出版的方-维津文集写的序言里,皮亚特科夫斯基正当地指出,18世纪的俄国作家,往往不善于对法国启蒙思想家的学说,作些深入的思考。他还说:

"如果我们在那时的文艺活动家身上极少看到彻底性,但在日常生活中,法国的影响却产生了《旅长》一剧中的大量旅长子弟,——伊瓦努什卡之流,他们胡诌一些关于婚姻和对父母态度的不可理解的词句,说这些词句是从熟悉法国思想家的流行观点的人士中听到的。伊瓦努什卡之流关于尊敬父母的谈论,用喜剧的形式表达了爱尔维修的思想。"

这里的话,句句皆错。何谓法国影响?法国贵族社会发挥的是一种影响,而法国百科全书派和一般第三等级的思想代表的影响,却完全是另一回事。在巴黎逗留过若干时日的伊瓦努什卡所接受的是什么影响呢?他说(见《旅长》,第1幕,第3场):"书呆子以为……脑袋必须从内部、而不能从外表进行修饰。全是废话!鬼才会看见什么东西藏在内部,而外表却是人所共见的。"解放哲学的拥护者难道会说出这种话?不会。他们的见解完全不同。如果荒唐的伊瓦努什卡能够抄袭法国人的论点来反对从内部修饰脑袋——对于这一点完全可以怀疑,因为这里的荒唐达到夸张的程度,令人难以置信,——那么,难道这种论点只能从与哲学素无渊源的法国上流社会的那些虚伪无聊之辈中抄袭得来①!伊瓦努什卡的婚姻观点也是从法国上流社会抄袭得来的。他承认,固定的妻子使他"产生恐惧",因而发誓,如果他的未来的妻子是固定的,他要同她离婚。这里摆在我们面前的,就是在法国贵族中广泛流传的那种偏见,尼维尔-第拉-肖塞(Нивелль-дела-Шоссэ)在1735年所写剧本《流行的偏见》中即已对这种偏见表示反对。启蒙思想家是一点也不赞成这种偏见的。如在前章所述,他们是乐于用资产阶级家庭关系的稳定性来同贵族家庭的动荡相对立的。由此可

①　刊登在诺维科夫主编的《晚霞》中的一首诗《北方的拜兰节》里,通过年轻的花花公子说道:"贵族生来就与哲学无缘。"伊瓦努什卡无条件地与他有同感。

见,这里完全谈不上什么伊瓦努什卡的偏见是从"熟悉法国思想家的流行观点"的人士中听到的[①]。

关于儿女对父母的关系问题,伊瓦努什卡在与他的父亲争论时是这样说的:"既然狗崽仔不定规要孝顺生它的那只老狗,难道我就应该对您有任何孝顺?"[②]

在亚里斯托凡的喜剧《云》里,斐吉皮得在同他的父亲斯特里卜西亚得争论时,也发表了同样的意见。其相似之逼真,不禁使人发生这样的疑问:即方-维津在这里是否效法亚里斯托凡呢?——特别因为他,如所周知,一般说来,是大量抄袭外国作家的。但是,无论如何,当皮亚特科夫斯基说"伊瓦努什卡关于孝顺父母的议论是以喜剧的形式表述爱尔维修的思想"时,他是大错特错了。这些议论之不能反映爱尔维修的唯物主义思想,正如斐吉皮得的主张并不表述苏格拉底的唯心主义思想一样。

XII

但是,必须看到,由于承认法国唯物论的"粗鲁",关于18世纪解放哲学的"坏的方面"问题,就意外单纯地解决了。这个哲学的所有接近"自然体系"粗鲁理论的东西,都是坏的。由于这种著作在当时的俄国获得了许多读者,所以,为什么法国哲学能够对俄国人发生坏的影响,也就完全明白了:这就是因为它在俄国人之间传

---

① 刊登在诺维科夫同一刊物里的另一首诗里,劝告趋慕时髦的人,按照贵族的风习,在结婚后立即与妻子离异。诺维科夫的同事们比皮亚特科夫斯基更懂得这类问题。

② 《旅长》第3幕,第1场。

播了粗鲁的唯物论原则。我们知道,伏尔泰没有放弃同唯物主义者的论争。然而就是在他的哲学学说里,也易于发现极为明显的唯物主义影响的痕迹①。因此,他的学说也必然会动摇俄国读者大众的道德观念。涅泽列诺夫在贯彻这个结论方面比其他俄国学者更为勇敢。他几乎将 18 世纪俄国文学中所有他不喜爱的东西,都归罪于解放哲学——特别是唯物主义。在他的眼光里,整个法国哲学都是极为丑恶的。按照他的意见,在法国哲学里,"邪恶的原理遮盖了真理的光辉"②。

涅泽列诺夫教授断言,法国解放哲学促使俄国文学传播肉欲、轻浮和对生活邪恶的姑息。毋庸解释,一种哲学,当它本身就是第三等级同旧秩序的生活邪恶斗争的思想表现时,是不可能对生活中的邪恶采取姑息态度的。同样,任何人都会同意,著名的《百科全书》完全不能说是轻浮的文学遗产。把讥讽当作轻佻,等于把学究气混同于深思。这正如马克思正确地说,正是嘲笑可笑事物的人,才会认真地对待可笑事物。

————————————

①　解放哲学的毫不妥协和极为彻底的敌人约瑟夫·第－麦斯特尔建议对所有虽非唯物主义者,但却"过于"推崇物质并损害"真理原则"的名誉的哲学家都给以唯物论者("Matérialiens")的称呼。(《Examen de la Philosophie de Bacon》.Bruxelles 1844,t.1,p.263《培根哲学的考验》,布鲁塞尔 1844 年版,第 1 卷,第 263 页。)伏尔泰很推崇物质,因此无疑地属于唯物论者(matérialiens)。

②　见《叶卡捷琳娜时代的文学流派》,第 46 页。无情地攻击理性时代的涅泽列诺夫教授,也指责它……不尊重理性啦！我不是开玩笑。他于阐述载在诺维科夫出版的某一定期刊物上的一篇教育论文的内容时,赞扬论文作者不同意当代的一些观点,因为按照这些观点,智慧是一种无关宏旨的存在,其发展应放在最不重要的地位上(《杂志出版家——诺维科夫》,圣彼得堡 1875 年版,第 329 页)。下面我还要对这种令人惊奇的概念混淆,进行分析。

关于肉欲的指责,情况却不是这样。实际上,乍看来仿佛涅泽列诺夫和其他同意他的观点的学者——他们是多不胜数的——并非完全不对。在伏尔泰的长篇小说和狄德罗的某些短篇故事里,无疑地有些如果不是肉欲,也是接近肉欲的成分。这种成分是从哪里渗透进伟大法国启蒙思想家的这些著作中呢?

狄德罗在逗留彼得堡期间为叶卡捷琳娜写的一篇札记里,开玩笑地说,如果他一旦成为君主,他会颁布哪些法律。他在这篇札记里还说,他决不反对在"德尼皇帝"①的臣民之中传播奢侈豪华,因为这是臣民经济昌盛的成果。他预见到卫道之士会要反对,所以提问:这种奢侈豪华对人民的道德风尚会有怎样的影响呢? 对于这个问题他作了一个绝妙的回答。他说:"犯罪会停止(plus de crimes),可是会发生许多被神学称为淫佚和极尽丑恶的过失。"在这些过失中,他把肉欲的享受,放在首要的地位②。

这算什么? 是宣传淫乱吗? 不尽然。"德尼皇帝"希望在他的国家里,停止犯罪。很显然,如果他的愿望得以实现,则道德风尚的收获,会是非常多的。这样,这位想象中的哲学家皇帝愿与神学所说的致命罪恶和过失实行妥协,又意味着什么呢? 意味着对基督教道德的抗议。如此而已,岂有他哉!

在基督教道德里,有许多与古代道德水火不容的禁欲主义成分。作为对这种成分的反动,在第三等级的思想代表人物的世俗道德里,出现了肉欲成分。然而不是任何肉欲都应受到指责。基

---

① 狄德罗的全称为德尼·狄德罗,这里所说"德尼皇帝",即作者自称。——译者
② 图儿努:见前书,第238—239页。

督教道德中的禁欲成分是对肉体的自然的不可抑压的权利的否定。对于这种否定的否定,正好是这些权利的恢复,它是健全的道德的必要条件之一。任何人,只要他认为反对基督教道德的禁欲成分便是致命的罪过,都一定会觉得法国启蒙思想家的学说是充满了不道德的。这里的问题决定于观点。谁要是对法国解放哲学由于它否定禁欲主义而加以指责,他便不应忘记,完全相似的否定,渗透了文艺复兴时代以来的西欧一切先进文化倾向。例如,文艺复兴时代的全部艺术史,都是用健康的肉欲所表现的审美观念,与在病态的基督教禁欲主义基础上成长的观念进行斗争的历史。

方-维津在从国外寄给帕宁伯爵的一封信中指出:"就我所知,现代哲学家(即启蒙思想家。——著者)的整个体系,就是要使人们无论信仰什么宗教,都有德行。"方-维津在这里给启蒙思想家的哲学理论规定了一种过于狭隘的内容:不能将这个理论的内容全部归结为宣布道德不决定于宗教的独立性。但事实上,这个理论是坚决宣布了这一独立性的。这是它的最主要特点之一。完全可以理解,这个特点是怎样形成的。一个同政教两界贵族进行不妥协斗争的等级,其思想代表人物如果不力图结束人民对僧侣的道德从属关系,是不算彻底的。同样可以理解的是,在这种从属关系里教育成长的人们,都会觉得启蒙思想家的世俗道德是宣传不道德。学者在当时的文学著作中发现对解放哲学家提出道德败坏的攻击时,一定要考虑到这一心理现象。

XIII

在研究 18 世纪的俄国文化时,尤其需要这样的小心谨慎。在彼得改革前的罗斯，道德是听命于宗教的。彼得改革不可能立即结束道德条规对宗教教条，乃至对仪式的这种从属关系。我们知道，"学术侍从"对于这类问题的态度就已远远不够彻底；至于分裂派对于西方影响的反应，就更不用提了。

即使在塔季谢夫的思想里，世俗的因素居于统治地位，然而就是塔季谢夫，也毕竟未同宗教决裂。至于康捷米尔，尽管他常常乐于谈论道德，他不像莫斯科的学究们那样引述圣者传，而是引述世俗的，甚至多神论的思想家；然而宗教对于他的头脑却保持了巨大的权力。对于法国启蒙思想家在同僧侣等级斗争中开始达到的结论，他是望而生畏的[1]。完全可能，在康捷米尔看来，狄德罗也是一位对于道德非常危险的无神论者。然而塔季谢夫和康捷米尔都是当时最先进的人物啊！在比他们落后的人们中间，莫斯科的道德服从宗教的习惯，一定会在更大的程度上得到保全。而且，不仅在 18 世纪上半期如此。诚然，在叶卡捷琳娜时代，俄国贵族的欧化阶层，确曾以巨大的猎奇心理倾听法国启蒙思想家的反宗教宣传。对于这种宣传的爱好，甚至多多少少成为一时风尚。但是在这种时麾爱好后面往往发生怎样的反应，是可从洛普欣的例子中看出的。

他曾短期间爱好唯物主义，甚至为了进行宣传，还翻译过霍尔巴赫的《自然体系》第 2 篇最后一章[2]。但是他刚刚译完，便感到

---

① 见前书，卷二，第 84 页。

② 这一章题为"Abrégé du Code de la Nature"（"自然法典概要"），洛普欣译为《自然规章》。

沉痛的后悔,一夜没睡,将他的无神论的手稿焚毁了[①]。

方-维津在青年时期醉心自由思想,但他很快恢复了宗教信仰;根据他的"真诚坦白",他回忆同自由思想者的交往,不能不感到害怕。

如所周知,他后来瘫痪了。人们传说,有一次他坐在莫斯科大学教堂里对学生说:"以我为鉴罢,我是因自由思想而受惩罚的。"这种传言可能失实,但是这里丝毫没有什么不可思议之处:把疾病当作惩罚的观点,是方-维津青年时期所反对的观点之一。

那些不再把宗教看作道德的必要基础的人们,洛普欣和方-维津自然会认为是不道德的人们。但是,如果我们不加批判地接受他们对这种人的评价,那就犯了很大的错误。方-维津在其《真诚坦白》里谈到他结识一位"公爵,青年作家",这位作家带领他同一批在"渎神及亵渎活动中"混日子的无神论者相会。在渎神及亵渎行为中混时间,意味着浪费时间,也就是做一个没有真正职业的人。我们如果相信方-维津,那就会得出这样的结论,即他的这位自由思想传导者的特点,纵然不是道德败坏,无论如何也是空虚无聊。另一方面,这同一方-维津在忏悔以前写的一封致亲友书里,却把这位公爵描绘为具有严肃理论兴趣的人物[②]。此外,根据其

---

① 塔特利娜(П.Н.Татлина)有类似的经历。伏尔泰的著作给了她最强烈的印象。她说:"但是旧的概念没有在新事物面前退却,读完伏尔泰的著作之后,我感到这样害怕,想把它投到火里烧毁。可是这些书都不是我的。"塔特利娜与洛普欣不同,她克服了自己的恐惧,更智地对待了危险的作者。用她自己的话说,她的意境进入了一个新的发展阶段。

② 这里所指的是科兹洛夫斯基,莫斯科大学的学生,后来在普列奥布拉任斯基团服役,在切斯明斯克战役中阵亡。

他证明,他原来还是一个非常有道德的人。《叶利谢伊》的作者马伊科夫喜爱这一青年伏尔泰信徒的"开明思想和高贵品格"①。方-维津在恢复其童年的信仰以后,认为不仅俄国的"伏尔泰信徒",而且所有先进的法国人,都是不道德的。他在 1778 年 9 月 18/29 日从亚亨发给帕宁伯爵的信中写道:"达朗贝之流和狄德罗之流,就其本质说,同我每天在林荫道上所看到的江湖骗子,完全一样,他们都为金钱而欺骗人民。在江湖骗子和哲学家之间的唯一差别,仅在于后者除了爱财如命,还兼而无比地追求虚荣。"你们会同意,这些证人的供词是不足为信的。可是这样的证人还有不少呢! 无论在当时的文艺作品或在关于他的回忆录里,都充满了对伏尔泰信徒的否定态度。西波夫斯基说得对,这种情况使我们深信,整个地说,俄国社会几乎都是敌视他们的②。这就是说,整个地说,俄国社会甚至对于有关他们的完全不符事实的传说,也都欣然信从。

假定我们的证人的证词,值得更多的信任。赫尔岑本人便认识很多俄国伏尔泰的信徒。他说,他所遇到的一些老年人,"即使不是共济会会员,也是伏尔泰的信徒或唯物主义者。"然而这位当然值得重视的证人也认为在彼得堡,与在法国相反,18 世纪哲学是多少有些有害的影响的。按照他的意见,这一差别的形成,是由

①　参阅纹格罗夫论文集《俄国的诗》第 268 页,Л.Н.马伊科夫为 В.И.马伊科夫文集所写的序言。

②　参阅论文集:《18—19 世纪俄国思想史纲》《俄国的伏尔泰学派》——(Из истории русской мысли XVIII—XIX в.в.)《往事余音》——《Голос минувшего》,1914 年版,第 1 卷,第 125 页。

于在法国,新学说在使人们摆脱旧的成见的同时,还给人们灌输了更高的道德意向,"使他们成为革命者";而在俄国,新学说徒然破坏了束缚着半野蛮人性的最后纽带,没有用任何东西去代替旧信仰和旧道德观念。俄国的伏尔泰的信徒竞相响应生活享受的号召,但是在他们灵魂里听不到呼吁人们夺取伟大再生的庄严警钟[①]。

对于这些证词是不能置之不理的。我在前面谈到赫沃罗斯季宁公爵时就已指出,挂着宗教的拐杖才能行走的道德,在被夺去这些拐杖时是要倒塌的[②]。某些欧化的俄国人利用新学说作为麻痹自己的良心的手段,也就是替自己的不道德行为作自我辩解,有时还要在人前作为替自己辩解的手段。这样的假定是没有什么不可信的。很可能,在俄国重演了法国在百科全书派时代以前很久就发生过的事情。有些法国自由派习惯于将自己头脑中有关道德戒条的概念同他们对于宗教和教堂的概念联系起来,出于对僧侣等级的憎恶而破坏这些戒条。一位法国学者说:"他们由于反宗教而道德败坏。"[③]温斯基说:在他的俄国同代人之间流行着不遵守斋戒,不履行教堂规定的仪式,"对僧侣和教规发出自由评论"。官宦阶级和僧侣的冲突,在莫斯科罗斯时代就已经存在。如果在当时,这种冲突能够促使官宦们吸收宗教异端的理论,那么,在彼得后的

---

① 伊斯坎德尔:《俄国革命思想的发展》(A. Iskander: *Du développement des idées révolutionnaires en Russie*),巴黎 1851 年版,第 46—48 页。

② 见前第 1 卷,第 267 页。

③ 路易·杜克罗:《百科全书派》(Louis Ducros, *Les encyclopédistes*),巴黎 1900 年版,第 22—23 页。

俄国,这种冲突就能够促使某些为数很少的贵族对一般宗教采取
否定的态度。既然对一般宗教采取了这种态度,那么,在俄国就必
然要出现由于反宗教而产生的道德败坏。

　　但是这种道德败坏通常仍是异常表面的:我们在这里所看到
的,与其说是罪恶的真正爱好者,不如说是"罪恶的夸大者"。我们
知道,"罪恶的夸大者"往往比罪恶的告发者表现出无可比拟的更
高情操①。18 世纪俄国统治阶级所特有的"道德败坏"——如谢尔
巴托夫所鲜明描述②——并不是由于百科全书派的影响。它在文
化不高的叶卡捷琳娜一世的宫廷里,就已经使人强烈感到。就是
那些法国启蒙思想家,尽管人们都将道德败坏归罪于他们,然而就
是他们也曾提出一些共知的意见,有助于了解道德败坏的根源。
爱尔维修很不错地阐明了奴隶制一方面与专制独裁制度;另一
方面与某些道德沦丧的因果联系③。

　　还须考虑到,那些在俄国揭发"伏尔泰的信徒"道德败坏的人
们,往往本身就在道德上极为可疑的。只要提出捷普洛夫就够了:
重新回到笃信宗教的道路上的方-维津,同他有过一次关于信仰的
富有教益的谈话。尽人皆知,罗蒙诺索夫从这个坏透了的"书吏和

---

　　① 在亚历山大时代,普希金便一度做过"罪恶的夸大者",但这并不妨碍他成为一
个比他的严厉的告发者和惩罚者高贵得不可比拟的人物。赫沃罗斯季宁公爵抱怨莫
斯科国家的居民,"在地面上种的是黑麦,而生活却靠谎言",尽管也许他并非不"夸
大",甚至在道德观念上还多少有些摇摆不定,但在道德上他却比他的同代人要高尚得
多。

　　② 难道只有谢尔巴托夫一人谈到这点? 方-维津在 1773 年写给他的妹妹的一封
信里,也说道:"关于这里的道德沦丧,是毋须描述了。我对上帝别无请求,只请求让我
光荣地离开这个地狱。"见《方-维津文集》,第 403 页。

　　③ 《论精神》(De l'Esprit)第 III 篇,第 XVIII—XXI 章,《论人》第 X 编,第 IX 章。

滑头"那里,曾经得到多少东西。

在俄国贵族的狭小眼界范围内,在不同的社会条件下发展起来的学说,有时是会采取荒谬的形式的。这是很自然的。法国解放哲学的俄国追随者,是很不讨人喜欢的。他们有时简直令人发笑。但是在他们中间也有些真正悲剧性的人物。如果他们的灵魂听不到号召人类争取再生的警钟,那他们也由于这种充耳不闻而首先付出了代价;而他们所以会充耳不闻,并不是由于他们的过失。他们的理解一直是很片面的,然而尽管他们的理解很片面,但他们毕竟比他们周围的人们要高出得多。他们厌恶这个环境,正如青年的奥尔金-纳晓金和赫沃罗斯季宁的《杜克斯》厌恶改革前的莫斯科一样。他们同样遭受着沉重的精神痛苦。但他们当中也有许多人没有受到这种痛苦。1793年,雅罗斯拉夫尔的一个富有地主奥波琴宁决定自杀,在遗嘱中写道:"死不过是从存在转变为完全的死灭……我是没有任何截断自己的存在的理由的。就我的境况说,未来对于我是一个逍遥自在和美好如意的存在。然而这种存在是会转瞬即逝的。"这篇遗嘱似乎可以使人假定,我们通过奥波琴宁看到一种人,这种人由于丧失对死后存在的信仰而失去了生的意志。也许从这里可以得出结论,认为新哲学未能锻炼欧化俄国人的毅力,相反,由于他们缺少掌握某些科学真理的素养而削弱了这种毅力。但是请读读奥波琴宁处理他的书籍的遗言罢,你们便可看到,事情并非如此。

他写道:"书,我的心爱的书呀! 我不知道留给何人。我相信这里谁也不需要它们。……它们是我的唯一宝藏。在我的一生,只有它们哺育了我。最后,如果没有它们,我的生命便会陷于无限的悲痛,我就会早已轻蔑地离开了这个世界。"

我们在这里看到的是一种由于精神孤独而造成的自杀,这种精神孤独难道不就是精神痛苦的最可怕形式吗!自杀者正是这样说的:"最后,对俄国生活的真正憎恶,这就是迫使我主动决定自己命运的真正动力。"

古罗马的斯多噶派哲学家就是这样割断他们的血管,以免看到奴隶制度和道德沦丧的。很可能,奥波琴宁周围的谎言与罪恶的黑暗王国,很有可能把他看为道德败坏的典型。

人们说,在我国 18 世纪自由思想家的面孔上,有着某种潦倒沉沦和精神分裂的烙印。这是否由于他们在或大或小的程度上都遭遇过导致奥波琴宁死亡的悲剧呢?

我国的自由思想家没有听清楚唤醒他的同代文明人类的钟声:"俄国的伏尔泰的信徒"对于政治往往是完全漠不关心的。但是宗教的自由思想,——当然,只要不是简单的盲目模仿——由于推动了思维活动,在一定程度上为政治的自由思想铺平了道路。西波夫斯基写道:"如果 18 世纪主要是无神论的世纪,那么,20 世纪初期和亚历山大一世王朝初年和 20 年代,在我国思想史中便是自由主义——主要是政治自由主义——的时代了。值得注意的是,这些自由主义者——空想家已经没有以往的祖传信仰:政治自由主义和宗教自由主义并行不悖。"①

这里需要略加限制:并非所有亚历山大时代的自由主义者都是宗教的自由思想家。已故帕甫洛夫-西尔万斯基令人信服地指

---

① 论文见前,《往事余音》,1914 年,第 1 卷,第 126—127 页。

出,他们当中的许多人通过18世纪哲学,亦即通过唯物主义,确乎达到了政治的自由思想。按照他的正确见解,19世纪20年代的典型的先进思想代表人物,是"受过启蒙时代法国著作教育的政治家和唯物论者"①。

不仅这样。我们很快看到,就在18世纪,那些由于先进政治观点(不是由于误会)而受到迫害的人们,也都是受过法国解放哲学的教育的。

更有进者:我们在前面已经看到,第三等级的这种意识形态,甚至在俄国官宦阶级的解放过程中,就已经是一种异常有用的武器了。如果此外还再补充指明,叶卡捷琳娜时代文学所吸收的人道主义的崇高的、尊贵的一切,也都应归功于这一意识形态,那就不难理解,当时法国影响的积极方面在多么大的程度上比消极影响更为重要了②。

B.B.西波夫斯基在我所引用的论文里提出了不少资料,有助于对这种富有成效的影响作出正确的估计。但是他也"从法国史学家莫里逊"那里抄袭了关于伏尔泰学派的极端偏颇的——在消

---

① 见他的优秀论文《20年代的唯物论者》,首次载在杂志《往事余音》(1907年6月),其后收进他的论文集第2卷。

② 赫尔岑同受过18世纪法国哲学教育的老年人的会见,可能发生在他一生中的什么时候呢? 很显然,主要发生在他的青年时期。但他在青年时期的一些年月里,爱好过神秘主义。老一代的"伏尔泰的信徒"的观点,自然应使他激怒。他的一位被称为化学家的表弟,显然是一个合乎18世纪标准的唯物主义者。赫尔岑(在《往事寻思》中)直截了当地说:"他的唯物主义使我愤慨。"但是值得提出的是,从赫尔岑本人的谈论中可以看到,这位"化学家"对待他的农奴的态度,要比其他农奴主好些。后来,赫尔岑完全摆脱了神秘主义。但是旧的印象在他关于法国哲学对叶卡捷琳娜时代俄国的影响的评价上,仍然留下了痕迹。

极的意义上——评价。顺便指出,他所引述的史学家实际上不是
莫里逊(Morisson),而是诺里逊(Jean-Felix Nourisson)[①]。这个
史学家是现时的一个保守派,而保守派对伟大的18世纪启蒙思想
家在欧洲思想发展史中的革命作用,是不能轻予宽恕的[②]。我国
的"伏尔泰的信徒"真倒霉哟!

XIV

法国启蒙哲学教导:就其本性而言,人非善,亦非恶,他是在社
会环境的影响下变善或变恶的。从这里自然而然地得出的结论
是:必须使这个环境成为尽可能更合理,也就是尽可能更符合人民
的利益。因此,旧的秩序被确认为不合理,必须予以革除。诚然,
卢梭和他的思想同道者们并不完全是这样说的。他们无条件地认
为人性本善。但这在实际上也可得出同样的结论:即为了预防,或
最少,减弱被歪曲了的人性,必须断然革除社会制度的缺点。

这一结论在法国是符合第三等级的情绪的,他们迅速着手在
实际上实施。我们知道,俄国当时还没有这样的等级,还不能使先
进法国人关于人性的学说符合他们的情绪。因此,这一学说虽被
移植到俄国土壤,却不能不经受实质性的改变。我们实际上看到
的就是这种情况。

如果人成为好或坏取决于他们所受的影响,那就很显然,人性

---

① 见他的著作《伏尔泰和伏尔泰学派》(*Voltaire et le Voltairianisme*),巴黎,P.
Lethilleux(勒提勒克斯)(avant-propos,前言标明为1896年)。

② 诺里逊关于卢梭也写过同样仇视的著作《卢梭和卢梭学派》(*J.-J.Rousseau et
le rousseauisme*),巴黎1903年版。

是由教育决定的。18世纪的法国人,赋予教育以巨大的意义。爱尔维修写道:"教育万能"(L'éducation peut tout)。在俄国,叶卡捷琳娜和那些负有使命执行她的观点的社会活动家,都非常乐于复述这个思想。别茨基写道:"显然,一切恶与善的根源在于教育。"我们看到,这同法国启蒙思想家所说的,完全一模一样。但是下面就产生一个问题:为了使年青一代受到良好教育,需要一些什么呢?

根据别茨基的意见,要达到这一目的,除了选择直接的根本的手段以外,别无他途。就是说,首先以教育的方法产生所谓新的良种,或新的父母,他们能够将获得的直接和根本教育移植到自己的子女心中;他们的子女又将这一切传授给自己的子女,就这样,在未来的岁月里,代代相传。基于这一目的,叶卡捷琳娜二世的政府,开办了各式各样的——虽然,为数不多的——教育机构。

关于我在上面刚刚引述的别茨基的教育观点,卡拉什指出:"一目了然,在这段愤激的议论里,新的理论既有其强的方面,也有其弱的方面。对于公共幸福的真诚预望,提高祖国道德水平的爱国意图,这是一方面;而另一方面,则是方法的天真,幼稚的乐观主义。似乎建立新的良种会是那样容易。"①

对于这种观点是不能同意的。别茨基的愤激之谈,远远不是什么既有强的方面,又有弱的方面的新理论。在它里面,恰恰没有强的方面。

法国启蒙思想家丝毫不认为建立人的新良种,是像别茨基所

---

① 卡拉什:《学校和教育简史》,莫斯科1902年版,第134页。

描绘的那样轻而易举的事情。为了证明可以援引同一爱尔维修的
见解。

他写道:有两种教育:第一,儿童教育(Celle de l'enfance);第
二,青少年教育(Celle de l'adolescence)。第一种教育是由学校给
的;第二种教育是由青少年周围的社会生活给的,或按照我们的哲
学家的说法,是由政府的形式和人民的习俗给的;而后者又决定于
政治制度。如果第二种教育与第一种相抵触,那它就会完全破坏
它的影响。

"假定我从童年起就给我的儿子灌输对祖国的爱,教导他将自
己的幸福同善良的,即同对大多数人有益的行为联系起来。但是
如果我的儿子在走进人间之后看到爱国者生活在受轻视、贫困和
压迫之中;如果他知道,善良的公民受到权贵和富有人们的敌视,
在城市里只有很坏的声誉,此外有德行的公民被剥夺了进入宫廷
的途径(这一恩典、荣誉和无疑地构成真正幸福的财富的来源),那
就可以稳操胜算地打赌:他会把我看成一个无知的浮夸者和草率
的狂人;他会蔑视我,这种蔑视也推广到我的为人;他会沉湎于政
府形式和同胞的道德风尚所促使流传的一切罪恶。"①

按照爱尔维修的意见,在君主专制的土耳其,是谈不上任何好
教育的。的确,有些专制统治者十二分热烈地赞扬哲人的中庸之
道和古代英雄的高尚品德。但是这种赞扬是谁也欺骗不了的;因
为尽人皆知,这些统治者说的是一回事,而做的又是一回事。在他

---

① 《爱尔维修全集》,巴黎 1818 年版,第 2 卷,第 595—596 页。

们统治的国家里,也不能对学校和家庭教育,抱有任何希望①。

　　如果我们考虑到叶卡捷琳娜二世就是那种言行不一的统治者中的一个,那我们就会明白,爱尔维修对于别茨基所谓在当时的俄国可能建立人的新良种的欢快自信,是断然不会同意的。根据爱尔维修的理论,任何认真的道德教育改革,必须以同样认真的法律和政体改革为前提②。既然对于当时俄国国家制度的改革不可能抱有任何希望,所以爱尔维修不仅不会为别茨基的乐观主义所感染,相反,他会对俄国情况表示完全悲观的观点。试回想,他甚至对于法国的情况也是用悲观的观点去看待的。当然,不是所有法国启蒙思想家都像他那样彻底。思想的不彻底,使人有时甚至在理论上预示着暗淡结论的地方,也怀着光明的希望。但无论如何,所有法国启蒙思想家都以政治社会改革为教育改革的必要的先决条件,这是无可争议的。

XV

　　我们已经看到,在别茨基关于建立人的新良种的种种议论里,毫未提到国家改革的必要。在当时俄国的最大多数启蒙思想家的议论里,也都毫未提到这一必要。他们谈到教育时,总是仅仅注意到家庭和学校教育。爱尔维修可能说,他们说的只是儿童教育,而未提青少年教育。然而即使他们不提青少年教育,儿童也不会因此就不逐渐变为青年,而青年的性格也不会不在他们周围的社会

---

① 《爱尔维修全集》,第596—597页。
② 《爱尔维修全集》,巴黎1818年版,第2卷,第598页。

环境的影响下形成。俄国的启蒙思想家不能否认从法国哲学家的人性理论中得出的结论的正确性,按照这个结论,人的性格只能在社会环境良好的地方,才会成为良好的。他们还同意一个观点:只有社会环境的组织本身能够说服个人相信他们的个人利益和整体利益的一致性时,这个社会环境才是好的。按照法国哲学家的理论,这样的社会环境就是在文明世界的最先进国家里,也还不曾存在。问题就是要经过社会和政治改革建立这种环境。企求实行这一改革,这就是法国解放哲学的革命实质。

就其最大多数而言,俄国启蒙思想家是不同意这种企求的。他们还未认识到,俄国现实需要根本改造。试问他们怎么能够希望俄国居民周围的社会环境会使他相信他的个人利益同整体利益的一致呢? 对于这个问题,方-维津在所写《纨绔子弟》一剧第5幕第1场里,作了答复。

普拉夫金在这里发表意见说,人的成为不幸是由于自己的罪过,是自己堕落的结果,但他愿意知道使人们变为善良的办法。斯塔罗杜姆细想普拉夫金的话,对于这一点表示了下列坚决信念。

"它们(即办法。——著者)掌握在君主的手里。只要人们看到:没有善良的品德,谁也不能成长为人;任何卑贱的服务,任何金钱,都不能买得因功绩而受到的奖赏;人们是被选择去任职的,职位不是人们攘夺得来的,——那时,任何人都会感到品德优良的利益,任何人都会变得善良。"

大家都看到,问题的解决在斯塔罗杜姆的脑子里要比在法国哲学家的脑子里简单得不可计量。如果法国哲学家们向开明君主发出呼吁,那他们所期待和要求于君主的,便是认真的改革(例如,狄德罗向叶卡捷琳娜所提建议,便是如此)。这种改革,必须将公民的个人利益与国家的总利益联系起来。但斯塔罗杜姆的要求却缓和得多。他的愿望只是要君主不将他的那些没有"高尚品德"的仆人列入"人"的范围。君主只要坚决遵守这一完美的规章,那时任何人都会成为善良的:因为任何人都会感到做一个善良的人,是有利的。斯塔罗杜姆深信,君主是能够很顺利地遵守上述规章的。他说:"请相信我,我的朋友,在君主想到,在他知道什么是他的真正光荣的地方,人类的权利就不会不归还人类,在那里,所有的人都会很快感到,每一个人必须按照合法的途径去寻求自己的幸福和利益。"

在斯塔罗杜姆的头脑里,法国启蒙思想家的观点完全丧失了革命的内容,而获得了保守的性质。这些观点,在斯塔罗杜姆的对话者普拉夫金——剧作者对他也非常欢喜——的头脑里,也获得了同样的性质。普拉夫金说:"真是的,任何身份的人都必须有适当的教育。"同我们在爱尔维修著作里所看到的相反,教育在这里不仅不以根本社会改革为前提,而倒是完全适应于现存的事物秩序。

当方-维津想要出版(1788 年)《诚实人的朋友或斯塔罗杜姆》杂志时,他在《给斯塔罗杜姆的信》里这样解释他为什么选择了这个名称:"我必须承认,为了我的喜剧《纨绔子弟》的成功,我应感谢您这个脚色。我根据您同普拉夫金,米龙和苏菲的谈话,编写了整整几场戏。观众直到现在还愉快地观赏着它们。"观众对这几场戏,甚至比对方-维津表现出无疑的巨大讽刺天才的那几场戏,还更乐于观赏。这表明大部分欧化的俄国人是同意斯塔罗杜姆和普拉夫金的观点的。既然如此,则俄国当时的一般文学著作,特别是讽刺作品,除开少数例外,无不以宣扬"高尚品德"为特点,便不足为怪了。1769—1779 年间的讽刺杂志,对于当时俄国社会生活的某些个别现象,曾群起而攻之,——有时还攻击得相当勇敢。它们显然不怀疑,这些现象同当时事物秩序的最深刻基础,具有不可分割的联系。试为举例说明:

一些最好的讽刺杂志曾对残酷无情的地主发动攻击。在诺维科夫的《雄蜂》里,塑造了一个叫别兹拉苏德的人物。他坚决相信农民不是人,而只是农民。当他看到他的农民"按照东方的方式"向他跪拜时,他想:"我是主人,他们是我的奴隶。把他们创造出来,就是为了使他们忍受任何穷困,日夜工作,完整地交纳租赋以执行我的意志。他们记住我和他们的身份,应该对我望而生畏。"此外,关于农民,他还说过:"诚惶诚恐地把你的粮食送来。"①

涅多乌姆伯爵夫人的情况也不比别兹拉苏德好一些。"只要有人在他面前提到小市民或农民,他会立即打寒战,发哆嗦。他不用流行的语汇,给他们以下流的名称,但究应怎样称呼他们,却是他 50 年白白虚度的生命中所未能想出来的。"②

在同一年的《雄蜂》杂志第 26 页和第 30 页上,刊登了一名村长给地主的《复文》和地主给农民的命令,对于当时的农民情况,作了极好的描述。按照讽刺作家的安排,村长将在村会上实行体罚和对一名在给地主的呈文里称地主为父而不称为老爷的农民罚款 5 卢布等等,向地主报告。村长在报告里补充道:"他说他是由于

---

① 《雄蜂》(*Трутень*),1769 年,第 24 页。着重点见原文。
② 《雄蜂》,第 23 页。

糊涂才这样称呼的,以后他再不敢称呼您老爷为父亲了。"①

在同一个诺维科夫的《绘画》里,刊登了《И＊＊＊Т＊＊＊两地游记》的出色片段。作者在总结他的旅行印象时写道:"在农民的形象里,我到处看到了贫困和奴役。荒芜的土地,粮食的歉收,都向我表示,这些地方的地主对土地没有热情。那些用薄板支架起来、上面盖着禾秆的小小茅舍,院子围着篱笆,不多的存粮,极少数的牛马,往往都证明贫穷户是多么贫困,然而整个国家的财富和伟大却是由这一切构成的。"②这些片段是同拉季谢夫的著名《从彼得堡到莫斯科游记》极相仿佛的。我们知道,这些片段当时在读者中造成强烈的印象。人们对诺维科夫说,"我们的许多贵族对贵刊第五印张(即刊登了这些片段的印张——著者)表示不满。"与此相反,另外一些读者却"因为同一印张而表扬了诺维科夫"③。但是《游记》的续篇,没有发表。这显然是由于当局采取措施,取缔了它的刊行。

诺维科夫辩解说,《游记》的作者所攻击的,不是整个"贵族团体",而只是那些滥用权力的贵族。对此,当时就很少人相信,现在也很少人相信。

有些学者断言,诺维科夫反对的是整个农奴制,而不仅是地主的滥用权力④。诺维科夫可能在灵魂深处确乎谴责农奴制本身。

---

① 《雄蜂》,第 24 页。

② 《绘画》,1772 年度,着重点见原文。

③ 同上,第 13 页。

④ 参阅涅泽列诺夫:《诺维科夫——1769 至 1774 年间的杂志出版家》,1875 年,第 153 页等。

但是在刊物上他却只是谴责了坏地主。人们说,这种情况的发生,是由于我国众所熟知的"种种不能由编辑部门做主的情节"。这也是可能的,但这却未获证明。不仅如此,我们有理由设想,诺维科夫不仅在变成神秘主义者之后,就是在出版《雄蜂》、《绘画》和《钱包》时期,也没有在原则上谴责农奴制。我们不要因为在这些杂志上时常看到关于"农民也是人"的议论而陷于错误。谢涅卡不是也曾写过:奴隶也像他的主人一样是人吗?① 然而对于作为社会制度的奴隶制,他却从未表示反对。此外,那些认为诺维科夫对农奴制进行原则谴责的学者,都忽视了一件刊载在《钱包》第 6 页(1774年度)上的异常重要的文件。我所指的是独幕喜剧《民间歌舞》。

在这个喜剧里,似乎是为了教训坏地主而描绘了一个好主人托尔斯托苏姆,把他描绘为"一个父亲而不是一个老爷"。这个好主人的臣民之一说:"看到他的农民,心里真高兴";又说,"如果好主人的农民贫困了,那他就得责备自己,或者他是一个懒汉,要不然就是一个酒鬼。"显然,这远远不是对农奴制的原则谴责。然而这还不是一切。好主人托尔斯托苏姆的同一忠实奴仆还发表了下述非常有教益,同时也很能说明问题的见解:"忠诚的奴仆不仅要讨好主人,而且有时还要恭恭敬敬地向主人报告他的不对的地方。善良的主人从来不为此发怒,有时虽然生气,但不会持久;后来就自己承认不对了。这种情形,我在向老主人作报告时经历过很多次;为此,他豁免了我的一切,并给我赏赐。"

请注意,喜剧《民间歌舞》是预定演给来自人民的观众看的,按

---

① 　见他给洛皮里伊的一封著名的信。信里指出:必须人道地对待奴隶。

照《钱包》杂志出版者的意见,它应该给这种观众带来益处。然而上述见解的"益处",难道不就是保护农奴制本身吗!

托尔斯托苏姆的另一农奴,他的儿子的仆人华西里说,农民都很爱老地主,"由于他的缘故,也都爱青年的地主,尽管他对农民还未做过任何好事。"但这同一华西里在同他的年轻主人一道纵酒狂欢时,很害怕事情会为老地主所知道。"无论他对我们多么仁慈,只是我的背脊将为此受到惩罚;在这种饮宴之后,我的剧烈的醉后头痛,就是一年也忘记不了。"从这里可以看到,理想的地主托尔斯托苏姆关心他的农奴的良好道德品质,是不惜实行非常严厉的体罚的。

诚然,前面研讨的喜剧不是诺维科夫写的。谢缅尼科夫认为,喜剧很可能是公爵夫人达什科娃根据叶卡捷琳娜的旨意写的[①]。但是,诺维科夫不仅出版了它,并且在它的篇首写了一些完全同情的意见。如果他不同意送给他发表的这篇喜剧的根本思想,他会采取这种行动吗?毫无疑义,这个根本思想,就是要说明地主应该,而且也能够关心自己的农奴;而农奴则应该,而且也能够真诚地爱自己的地主。这同农民解放的思想,是没有任何共同之处的。

诺维科夫在出版《雄蜂》、《绘画》及《钱包》时期,是最先进的俄国人物之一,这是绝对毋庸争论的。但是,这一在当时异常先进的人物的观点,是多么温和,可以从他对出版自由问题的态度中看出。同他的所有欧化的同代人一样,诺维科夫赞扬叶卡捷琳娜给了自己的臣民以思想和言论自由。作为一个新闻工作者,他十分

————————

①　《1769—1774年间的俄国讽刺杂志》,圣彼得堡1914年版,第58页。

内行地(Ex professo)注意尽可能扩大这种自由的范围。但他却从未想到可以完全取消书报检查。按照他的意见,国家的安定和公民的安全,都要求"禁止出版反驳神圣法律,反对君主专制和祖国的书籍。这种著作都是有毒的和有诱惑性的,它们能够危害青年的灵魂,纵容恶行"。写这种书的人不配称为作家,或照诺维科夫的说法,不配称为创作者,而应被指为"有害的败类"。为了预防这种"败类"对社会的有害影响,政府必须检查新出版的书。而且诺维科夫认为,在新书检查中,精神检查应起首要作用①。如果我们考虑到,诺维科夫在俄国讽刺杂志出版人中,可能是一个最有主见,也想必是一个最光明正大的人,那我们就可相信,当时我国讽刺作家的要求,事实上是非常低的。尽管如此,他们当中的优秀人物在自己的写作道路上,还是遇到了种种不可克服的阻碍。

如所周知,按照时间顺序,第一个讽刺杂志是《万有》(1764年)。它是按照叶卡捷琳娜的意旨并在她本人的领导之下,由科济茨基出版的。在这本杂志的某期,刊登了一篇对报刊的热情颂词:"啊!报刊!自然,是上帝自己启发了那个发明你的人!由于你,保存了人类伟业的记述;由于你,人类的思想从东方飞向西方,从日中飞到午夜;你消灭危害人类的偏见,真理由你而发现;由于你,沙皇和大臣们从事例中学会保卫祖国,统帅们学会军事艺术,法官们学会探求真情实况。你极大地促进着人类的福祉!"然而,在这件事情上,也像在所有其他事情上一样,叶卡捷琳娜的实践是同她的理论背道而驰的。

---

① 《绘画》,1772年,第20页。

叶卡捷琳娜所以要由她自己领导《万有》杂志,所以要鼓励其他定期刊物的出版,显然是抱着一种希望,以为俄国的定期刊物会只限于热情歌颂新女王。然而无论俄国新闻界人士的社会意图多么温和,他们毕竟对于自己的任务有了严肃得多的理解。他们认为他们有权进行批判,然而叶卡捷琳娜却认为他们必须歌颂。从这里,自然要产生分歧,严重地影响了讽刺刊物的命运。

在 1769 年度的《雄蜂》第 2 页上,刊登了一位将军给他的逃避兵役的侄儿的一封信。这位关心子侄的伯父大惑不解地问道:"你为什么讨厌服役呢? 如果你以为根据现时的命令,服役没有好处,我的朋友,那你可错了。的确,就现在说,是今不如昔;但是即使这样,经过 10 年,还是可以赚得一个好好的庄园的。可往年是多富有啊,你自己去核计罢,现时的各种敕令夺走了我们的多少粮食呀!"

叶卡捷琳娜认为这封信得罪了她。于是,她御用的《万有》杂志,立即开展了一个反对《雄蜂》的运动。

"伏尔泰的女弟子"的杂志证明:法院和法官并不像前引一信作者所想象的那样坏,尽管有时官吏会在事实上受贿;但是在这种事情上有罪的,与其说是他们,不如说是行贿者自己。《万有》杂志写道:"还有一点要问,如果他们周围少一些引诱者,那么,对他们的控诉是否会少一些呢?"这一意外的、真正别出心裁的意见,受到其他杂志的坚决反击。

在《杂俎》杂志里刊登了一封信,尖刻地挖苦"祖母"[①]对刀笔吏的维护。祖母说过,最好是少打官司,多用和平方式解决问题。

---

① 当时这样称呼杂志《万有》,因为它的出版要比所有其他杂志为早。

《杂俎》反驳说,这是人所共知的事情,谁也不会因为小事去打官司。如果大家都是有良心的,如果大家都遵守法律,那就既不需要法院,也不需要法官。但实际上非有法院不可,所以必须设法使刀笔吏严格履行自己的职责。一封写给《杂俎》编者的信写道:"请求你们拒绝祖母的意见,因为她现在说的是简单的神话,从而表现其智力的昏庸。"①《地狱通信》要求祖母想想受到人们尊敬的古代讽刺作家,提醒她:讽刺作品的存在就是为了嘲笑罪恶。这个意见是针对《万有》主张对人类的弱点必须抱着仁爱和宽恕的态度而发的。祖母不断宣扬说:"善良的作家很少谈论罪恶,以免由于某种事例而侮辱了人类,但应运用其他教范,通过各种品德完美的人,也就是通过既高尚又正直的人,来描写对信仰和法律的坚决维护,歌颂热爱国王,热爱社会的祖国儿女,描写爱好和平的公民,真诚的朋友,圣礼的护卫者",等等等等②。

这里几乎是第一次在俄国文学中提出了我们所熟知的一种保守派理论,以为最好是提出正面的人物,而不是提出反面的人物。这一理论后来多次被人们重复,"伏尔泰女弟子"的喉舌也断言,作家们所以习于描绘事物的消极方面,是由于在他们的心里缺少善·心。《万有》杂志在答复《雄蜂》杂志第5页发表文章,对它进行反驳的一位"真理爱好者"时,写道:"他的良心不懂得宽容在什么地方是必需的;他的智力可能不理解这种道德教导。应该假定,他是想用笞杖去制止一切的。无论如何,在将他交给公众审判时,我们

---

① 　《杂俎》杂志,第11页。

② 　《万有》杂志,1769年,《闹钟》杂志新版,莫斯科1893年,第48页。

会劝他治病,使他不再拿起纸来胡乱涂鸦。"①事实上,这位"真理爱好者"是最不需要治疗的,因为他对事物的观点毫无残酷之处。当他说,残酷的不是那些反对违法乱禁的人,而是那些同违法乱禁实行妥协的人时,他是完全正确的。他写道:"许多缺少良心的人从来不明确指出罪恶,并不是更为仁爱。他们说,普通的人都良心脆弱,必须用仁爱来包含罪恶;因此,他们将罪恶缝在仁爱的长衣内。然而这种人的仁爱,应该更合适地称之为爱罪恶。照我的意见,改正罪恶的人比那些宽恕,(或用俄国话说)纵容罪恶的人,是有着更多的仁爱之心的。"②

女王的御用刊物有意纵容罪恶,这是洞若观火的。然而这种情况的发生,完全不是因为这个刊物接受了"唯物主义或否定论"的影响(如机灵的涅泽列诺夫所想象的那样③),而是完全另有原因。

叶卡捷琳娜在登极后三星期,发布了一个关于《贿赂》的上谕,用极为鲜明的色调描绘了俄国社会生活中这一根深蒂固的积弊,语调之尖锐激烈,也许为她那个时代的一切讽刺刊物所罕见④。

---

①　《万有》杂志,第 39 页。

②　《雄蜂》,第 5 页。

③　《叶卡捷琳娜时代的文学流派》,第 78—80 页。

④　"我们早已听到,现在更从事实本身看到,在我们的国家里,贿赂现象增长到了什么程度,几乎在最小的政府职位上,神圣的作用(法庭)都传染了这种祸害。谁要谋得职位,谁就得付钱;谁要辩诬,谁就得用钱;谁要对人进行诬陷,则所有狡猾的诉讼都靠礼物来支持。许多审讯人员本应在自己的神圣职位上进行公正裁判,却相反将它转变为市场,辜负了我们授予他的无私和不徇情的法官称号,似乎他的收入是为了补益家庭,而不是为了对上帝,对我们和对祖国有所服务。由于贿赂而对正确的告密进行诬陷,破坏国家收入,有时还使贫者暴富,而富者变贫。"(比利巴索夫:《叶卡捷琳娜二世传记》,第 2 卷,第 19 页。)

但是,这个上谕正因为是在新女王登基以后不久发布的,所以它是对以往朝代的指责;而在这位女王即位后五年开始出版的讽刺刊物,对于受贿者发出的攻击,则只能理解为对她本人的指责了。叶卡捷琳娜便是这样理解的。她无限度地追求虚荣,希望她的臣民真正信服颂歌作者的保证,说自她即位以后我国业已形成普遍幸福。后来,在《俄罗斯语言爱好者的对话》(1783 年)里,她把那些认为在俄国尚未肃清贿赂现象的人们嘲笑为陈腐的怪人。她以《真事和谎言》作者的名义,提出作者祖父的一位老友为类似的怪人之一。这位老人欢喜读书。但是,第一,其弱点是无批判地接受写书人所说的一切;第二,关于事物的思想和概念在 40 年前是怎样,现在也还是那样,虽然事物在实质上变化甚剧……他直到现在还抱怨督军和他的属员的不公平,然而这种不公平已经在任何地方都没有了。这样,叶卡捷琳娜想使《对话》一书的读者相信,只有落后的人们才会抱怨行政机关和法庭的不公正。她关于这位她所不满意的老人写道:"当时这种人号和机灵和博学,但在现在,由于事物改变了,思想开展了,他的概念也就落后了,而他却囿于这种概念,没有前进,他谈论现在正如在 40 年前谈论当时一样。"

事实上,在《对话》出版时,就已经没有督军,也没有督军的办事机构①。然而贪官污吏的数目,却并未因此而有所减少。这一点是尽人皆知的。可是叶卡捷琳娜却对此听都不听。她的自满自负真是达到无以复加的地步了。她用《真事和谎言》作者的祖父的

———————————

① 以前督军为一府之长。但自有了省的建制以后,省直接划分为县,府的建制取消。

名义,坚决强调:"请记住我的话:所有现时的罪恶都没有什么关系,它们有如奔流着的涨水。但水一旦达到以前的界限和堤岸,便会重新比以前更自然地流去。"

方-维津过分颂扬叶卡捷琳娜的文学天才,当他劝她——其实是劝《真事和谎言》的那个作者——用讽刺作家的鞭子鞭打昧良心的法官时,她代那个作者说:"在'真事和谎言'里不包含使人厌恶的下贱东西,在那里严格排除了不具备欢乐的精神和不合乎我的祖先爱好的一切,强烈的悲剧使人产生索然无味之感,尤其是产生痛苦和眼泪。抨击讼棍和贪污,这不是我们的事情,我们连文法都不甚了解,哪能写出什么教训呢!"

叶卡捷琳娜喜欢具有"欢乐精神"的著作,而不喜欢讽刺作品的"下贱"和"索然无味"。但是既然完全不要讽刺作品又不可能,所以叶卡捷琳娜对讽刺作品提出了第一,我们都知道的要求,即仿佛对有罪恶的人应抱着人道主义的态度,第二,——这是对第一要求的完全自然的补充,——她希望讽刺作品不要牵涉个人。与此相反,诺维科夫在他的最初的讽刺刊物上,便证明必须"指名道姓地批判"。这又是一个异常重要的分歧。

1769—1774年间,这位最优秀的讽刺杂志的出版者对于"不顾情面的批判"是怎样理解的呢?

我想,这最好用事例来说明。

在1769年度《雄蜂》杂志第25页上,讲了一个叫普罗拉兹的人的故事,他是一个卸任"官吏和挥霍游荡的人"。他欠了一个商人的钱。请看他怎样想法赖债的。

"碰巧他们两人一同作客。商人有些喝醉了,普罗拉兹有意激怒他，说不给他还钱。如果他要控告他，那他就什么也得不到。商人把普罗拉兹痛骂了一顿、而普罗拉兹什么也没有回骂，只说请大家注意听着，次日便向法院递了呈文。最后，他没有还债就将他的借据取了回来，上面说明钱已收到，而且这笔钱是为了在来年冬天给妻子购买皮大衣的。普罗拉兹清偿了债务，而商人却由于把懒汉骂作骗子，丢失了钱财。"

诺维科夫深信，嘲笑罪恶，比往往只能引起索然无味之感的训诫，更能减少罪恶的作用。但是如果讽刺作家仅限于一般地嘲笑某种罪恶，那么，在染有这种罪恶的人们中，便会没有一人将这种嘲笑算在自己的账上：任何人都会以为这是指的别人。因此必须给以暗示，使某一犯了罪过的人由于这种暗示而理解到作者所说的就是他，而不是任何与他相近的人。"真理爱好者"在描述前面所说的官吏普罗拉兹的行为时写道："我断言对人而发的批评更能改正罪恶。"但是就这样，也要做得十分谨慎。必须使对某一人，对某一犯了罪恶的人所发的暗示，不为大家所了解。"不然的话，如果把这人写得这样明显，以致所有的读者都知道是他，那时，这犯有罪恶的人便不会改正，而会除了旧恶之外，增加新恶，亦即增加仇恨。"

从这种实在说是很幼稚的意见里，可以看出诺维科夫和他的思想同道们所谓"指名道姓的批判"只是单纯地揭发个别人的不道德行为。官吏普罗拉兹的例子和在《雄蜂》、《绘画》等杂志上看到的许多其他例子证明，"指名道姓的批判"主要是要暴露"掌握权力和滥用权力"的人们。"真理爱好者"要求对被揭发者保持慎重态度，也许不只是表示他们担心为大家所了解的暗示会产生过于强烈的心理作用,而且表示他们害怕被揭发的达官大吏会进行报复。

讽刺作品在其发展的初期到处都是"不顾情面的批判"。但是,无论其最初的步子或其进一步的发展,都依据社会条件的不同,而取得了不同的形式。众所周知,阿里斯托凡的喜剧,也是"不顾情面的批判"。但他生活在民主制的雅典共和国,享有极大的言论自由,不怕对犯有恶行的人提出指名道姓的批评。相反,在叶卡捷琳娜的俄罗斯,对于当权的达官大吏的哪怕是极为小心的暴露,也会给揭发者带来巨大的麻烦。像女王一样,达官显贵们都认为一般描写罪恶,比"指名道姓的批评"好,而且比具有"逗笑精神"的著作则差得多。当然,讽刺杂志自应招来发自他们的巨大不快。

由于讽刺作家(如果不辜负这个称号)是很难用"逗笑的精神"来写作的,所以完全可以理解,俄国讽刺—暴露作家的处境,很快就变得十分艰难。1769—1774年间讽刺杂志在许多场合里由于不由自主的情况,一个又一个地停闭了。不言而喻,它们的消失,不能使它们所代表的社会需要得到满足。因此,由于对讽刺作品的需求没有消失,遂不时出现了新的讽刺刊物。但是它们所遇到的困难,并未随着时间的消逝而减少。相反,由于伏尔泰的女弟子愈来愈加明白法国新理论的实际意义,这种困难是愈来愈多了。当革命的风暴在法国勃然兴起时,事情变得完全不可收拾。这时,俄国一些作家受到凶残的迫害。诺维科夫和拉季谢夫的命运,是人所共知的。至于女王的不满,波及当时还很年轻的克雷洛夫,这一事实却不是那样为人所知的。

XVI

克雷洛夫后来说道:"我的一篇在印刷所里业已排好了字的小说,被女王叶卡捷琳娜要去了。手稿没有归还,就此丢失了。"[①]克雷洛夫甚至似乎被抓去"关了禁闭",并且被禁闭的,还不只是一人,而是一批人。事情发生在 1792 年,其时,他同德米特里耶夫斯基、普拉维利希科夫、克鲁申等人出版了讽刺杂志《观众》[②]。这整个事情的经过,迄今尚未完全弄清楚。可靠的是,克雷洛夫并未马上被制服。次年,他同克鲁申着手出版新杂志《圣彼得堡的信使》。尽管《信使》上的讽刺作品远远不像《观众》上的讽刺作品那样色彩鲜明和勇敢无畏,但这新的杂志也使它的出版者遭受迫害。克鲁申在杂志的第三部分写了一篇关于克尼亚日宁的悲剧——《瓦丁》的研究。如所周知,这篇文章极为女王所不满。《信使》的出版受到申斥。结果,克雷洛夫逃避到一处乡村,而克鲁申则远游国外[③]。从那以后,克雷洛夫长期停止了写作。而当他重新拿起笔来的时候,他对讽刺作品,已无兴趣。他只是偶尔写些寓言,尽力避免激怒有产者当局,始终记住了:最好是紧闭牙关。

B.B.卡拉什说:"俄国的生活挫折了克雷洛夫这一俄国最伟大的讽刺作家,把他的讽刺禀赋限制在狭隘的轨道上,而不让其正确

---

①　见卡拉什编辑出版的《克雷洛夫全集》第 1 卷附录:传略,XLII 页。

②　卡拉姆金在 1793 年 1 月 3 日给德米特里耶夫斯基的信中问道:"我听说,《观众》的出版人似曾被捕'关禁闭',这是真的吗? 为什么呢?"

③　《克雷洛夫的杂志出版活动和他的讽刺作品》,前引《克雷洛夫全集》,第 2 卷,第 301 页。

发展,甚至在许多方面歪曲了它。……真正的克雷洛夫,就其对俄国文学可能作出的贡献说,最多地,尽管也并不是完全地,显现在他的讽刺文章里。这就是这些文章的巨大历史和文学意义。"①

我们业已看到,俄国现实生活的不良条件非常独特地改变了从法国启蒙思想家那里抄袭来的人性论。这种改变也影响了俄国讽刺作家的观点。我们已经知道,方-维津通过斯塔罗杜姆发表了改正俄国道德风尚的意见。在克雷洛夫同拉赫马尼诺夫在 1789 年合办的讽刺刊物《神灵的通讯》里(按照卡拉什的正确评价,这个刊物给我们恢复了诺维科夫式的讽刺作品的最好传统和传说),发表了一篇《魔术师马利库尔姆尔克给安姆彼多克洛》的信,信内写了如下颇有特色的见解:

马利库尔姆尔克说:"在古代哲人所提出的全部证明中,没有一项证明比一位学者提出的所谓大部分人都是凶恶和堕落更为明确和逼真。"当然,这一悲观的意见只适用于"现代的人",所以许多法国启蒙思想家也可能会同意这个意见。不过,他们会补充说,凶恶和堕落,主要盛行于特权等级之中,为了改正道德,必须废除特权。俄国的作者②却有不同的见解。在他的心目中,"堕落的最深刻原因不是社会制度,而是人的欲望"③。

这个见解的本身是值得批评的。然而最值得注意的却是从这里得出的关于讽刺作家的任务的结论。

马利库尔姆尔克继续说:"现代,有许多这样的人,他们陷于非

---

① 《克雷洛夫全集》,第 2 卷,第 301 页。

② 可能就是克雷洛夫本人。

③ 《克雷洛夫全集》,第 3 卷,第 196—197 页。

常重大的灾难,或陷于完全破产,他们不了解,或不重视我在这封信开头所提出的定则。"(即关于人的凶恶和堕落的意见。——著者)讽制作家必须警告他的读者,——特别是缺乏经验的青年,——使他们不致陷入给他们撒下的罗网。

"轻佻是缺乏经验的青年人的通病;因此,必须时常告诫他们,毫无戒心地进入社会,希望在社会里找到公平和正直,等于不带地图和指南针而漂洋过海,盼望经常遇到顺风,盼望在停泊的任何海岸,都可找到平静的码头。"

在这些意见里,已可看出后来使克雷洛夫对任何社会问题抱着漠不关心的态度的那种悲观主义的萌芽①。

可是问题在于,这一悲观主义并不是我们未来的伟大寓言作家的个人特点。我在谈到俄国伏尔泰门徒时,即已指出,在18世纪后半期,在俄国优秀人物中间,随地都可看到一些悲剧性的人物,他们认为他们的处境几乎是或完全是绝望的。毫无疑问,当时这样的人要比同一世纪的前半期多得多。这似乎是不可理解的:在这样一个产生了大量极为令人喜悦的希望的朝代里,哪里来的悲观主义呢?对于这个问题的回答,必须从我在上面已经多次指出的叶卡捷琳娜的理论和她的实践之间的矛盾中去找。

理论产生了令人喜悦的希望,而实践却使这些希望归于破灭。当然,不是在所有人那里,因为大多数人是满足于叶卡捷琳娜的活动的,而只是在要求严格又极为敏感的人们那里。这些人在数量

---

① 按照格涅季奇(Гнедич)的意见,克雷洛夫在晚年属于这样一类人,他们相信眼前的事情,"既然同意现存的秩序是与罪恶相关联的,但又用一种思想聊以自慰,以为要建立其他的秩序,是不可能的。"(见《克雷洛夫全集》,传略,第108页。)

上是微不足道的少数。但是这微不足道的少数,却走在前列。他们为俄国社会思想探求新的道路,因此,他们感到的失望,是当时俄国社会心理中一个极堪重视的事实。

克里扎尼奇将他的进步希望,寄托于自上而下的广泛改革。他把君主制看为"摩西权杖",能够从不毛的峭岩里,找到欢畅的源泉。"彼得卵翼下的小学生"更相信"摩西权杖"的神奇力量。"学术侍从"不只是由于恐惧,而且是赤胆忠心地为君主制服务的。彼得一世以后掌握最高权力的人们的行为,似乎应使先进的俄国人大大减少其对君主制的进步意义了。但是先进的俄国人,却习惯于将彼得继承人的恶行,看为偶然的例外,而不是看为一般的通则。他们期待着,以为就在今天或明天,这些例外会成为痛苦的回忆,而一般通则会终于显示富有成果的力量。当叶卡捷琳娜二世即位时,他们以为,现在"摩西权杖"会比彼得一世时还要工作得好些。然而,当他们看到这个权杖有两端,其用以打击过于热衷的启蒙思想家的一端,要比用以对付过于愚钝的守旧派的一端坚决有力得多的时候,在他们的心灵里产生了种种为彼得时代先进人物所未曾有过的疑惑:18世纪后半期的"学术侍从"——我所指的是当时的知识界的最先进部分——开始逐渐丧失其对君主制的信仰。

我不是说已经丧失,而只是说开始丧失,而且只是逐渐丧失。这种丧失是一个长期过程,它包括19世纪的一部分,有时加强,有时减弱。完全可以理解,各种不同的思想家都屡次经历了这一过程,他们在这一过程的影响下得出了种种极为不同的结论。我们很快便可看到,这一过程怎样影响于他们当中某些最显赫人物的世界观和情绪。在这里只要指出,这个过程在这一世纪里,不只是已经开始,而且在文学著作中已经有所表现。

XVII

方-维津(1744—1792年)

1

克雷洛夫禀赋了巨大的讽刺才能。但是,这种才能没有得到完全的发挥。在18世纪下半期,方-维津是我国最大的讽刺天才。

В.Г.别林斯基用不多的话卓越地阐明了方-维津的著作生涯的真正意义。他指出,《旅长》和《纨绔子弟》不能称为喜剧(就这个字的艺术意义说),它们更多地是俄国讽刺作品力求成为喜剧的努力的成果。但是,别林斯基的这个评语,并不妨碍他确认这些喜剧虽然不是真正的艺术作品,却毕竟是优秀的文学创作,是"当时社会生活的宝贵史篇"。此外,还应补充,当时的我国社会生活可从方-维津本人的思想发展过程中得到颇为鲜明的说明。

我在上面已经说过,我国当时的启蒙思想家的工作——就其本身来说是异常有益和光荣的——是在贵族眼界的范围内完成的。他们当中只有不多的人抛弃了贵族的观点,而比较坚决地转到当时西欧先进启蒙思想家所保持的第三等级的观点上来。拉季谢夫便是这不多的人们当中的最优秀人物。

然而如果只有不多的人能够达成从一种观点到另一种进步得多的观点的转变,那么,在其生命过程的一定时期不断动摇于这两种观点之间的人们,却是为数颇多了。对于某些人,——尽管不是对于所有的人,——这种动摇是一个极为艰难,有时简直是极为悲剧性的过程。在动摇,并且由于动摇而饱受折磨的人们当中,最突出的要算诺维科夫了。方-维津也属于这一类型。

　　他自己以恐惧的心情回忆他接受自由思想者科兹洛夫斯基公爵的影响时期。我已说过,对于在方-维津的《真诚坦白》中看到的关于科兹洛夫斯基公爵及其小组的评价,应该批判地对待①。但是,到底是关于这个小组的哪些回忆,引起了我们的讽刺作家的恐惧心情呢? 确定这一点是很有意义的。

　　按照他的说法,科兹洛夫斯基公爵的小组,热衷于渎神言论和亵渎活动。我们的讽制作家写道:"对于渎神言论,我从来没有参加。当我听到无神论者的咒骂时,我直哆嗦;至于渎神行为,我却起过不是最小的作用。……那时,我写了一篇致舒米洛夫的信,其中某些诗作表明我在当时的错误认识。"②

　　这封《信》里有许多饶有趣味的东西。但是信里所表明的"错误认识",并不像方-维津在恢复其旧时信仰以后所感到的那样重大。所谓"错误的认识"全部包含在《信》的最末一行:

　　"我自己也不知道,这世界是为什么而创造的!"

　　这里很少可怕之处。我们看到的只不过是怀疑论的最低发展阶段而已。显然,方-维津的怀疑论是由于直接间接接触伏尔泰的著作而引起的。如所周知,这位费尔涅教长的怀疑论世界观并不

---

　　①　对于我在前面引述的有利于科兹洛夫斯基公爵的证词,还可补记远非自由思想者诺维科夫的评价。在所著《俄国作家传记辞典试编》里,诺维科夫说:"科兹洛夫斯基公爵由于对语言科学的极大爱好,他的最大愿望就是通过他的著作所获得的智慧,增进启蒙作用。"

　　②　《方-维津文集》,版本同前,第542页。

是法国启蒙思想家的观点的最极端表现。在法国启蒙思想家当中,有好些勇敢得多和彻底得多的思想家。当然,从方-维津的家庭所坚决维护和他自己在脱离科兹洛夫斯基小组后所恢复的那些旧概念的观点看来,对于创造世界的真正目的的任何怀疑,都是可怕的罪过。在伏尔泰的怀疑论和对美好旧时光的天真信仰之间,有一个很广阔的距离。所以,毫不奇怪,方-维津在倒退到他的笃信宗教的祖先所遗传的思想方式,走完这一距离之后,便感到他是一个逃出了致命危险的人了①。

值得指出,方-维津虽然同伏尔泰一样,拒绝解答世界是为什么而创造的问题,但在这封《信》里,对于涉及人类相互关系的一切方面,却比伏尔泰还要怀疑得多。他在《信》②里称呼的人物之一——他的农奴凡尼卡的说辞,毫无疑问,表达了自己的主人的思想:

> 四顾环宇,
>
> 我到处看到的只是蠢事。
>
> 我还察觉——
>
> 世界长期靠谎言生活,
>
> 再没有这样的神仙,
>
> 能使世界充满真理!
>
> 教士尽力欺骗人民,
>
> 宫廷的仆役——贵族的主人,他们

---

① 他说,他的父母都是笃信上帝的。他刚一识字,他们就强迫他读教会的书。

② 信的全称是《给我的仆役舒米洛夫、凡尼卡、彼得鲁什卡的信》。

相互欺骗,而达官显贵,他们

又往往欺骗君主!

任何人都想塞饱自己的腰包,

说的是福利,

干的却是欺骗。

伏尔泰尽管是一个怀疑论者,但他相信,将来理性会在人们的相互关系中占优势,虽说他的未来的理性胜利,不能与他的崇拜者和传记作者,例如,康多尔塞(Кондорсэ)的那种洋溢的光明希望相结合。这就是说,在伏尔泰那里,怀疑论与颇大一部分乐观主义和睦相处。但在《给仆役的信》里,完全没有乐观主义。人们都是贪婪、狡猾,惯于欺骗。他们的相互关系是不合理的。方-维津尖刻地嘲笑了这一切。但是,这一切永远不变吗?难道不能希望将来文明的人类会变得更合理些?会更好地安排自己的命运?对于这个问题,没有答案;显然,在《给仆役的信》的作者那里,就连这个问题也未产生。这同我们在伏尔泰那里看到的情形,是有重大差别的。当然,这种差别是由于社会条件的不同。

在法国业已成长了一种可为启蒙思想家自觉或不自觉地依靠的力量,而在俄国,这种力量暂时却还没有。这就是为什么法国启蒙思想家有培养欢乐希望的心理可能,——虽然我们知道,当他们看到可悲的现实的时候,他们也常常变得消极(如爱尔维修),——而他们的俄国追随者要感染这种乐观情绪,却是困难得多了。

但是,毫无疑问,任何正常的人,特别是一个愿望积极参加社会生活的人,是很难带着《给仆役的信》中所表达的那种对人类关系的极端悲观的观点生活下去的。正如黑格尔在所著《精神现象

学》中说过：怀疑论能够导致忧郁的情绪(das unglückliche Be-
wusstsein)。这种情形，我们从那些往往自愿结束生命的俄国"伏
尔泰门徒"的事例中，也可看到。然而不言自喻，自杀并不是摆脱
忧郁情绪的唯一手段。而且这个手段，一般地就其性质而言，只能
为个别人所选择。其他的人则用各式各样的古怪行为来解闷；最
后，第三类的人则及时到童年信仰的平静滩头，从而顺利地摆脱了
忧郁的情绪。可能，这类人要比所有其他的人多得多。

2

方-维津在其宗教自由思想的不很长久的年代里，在上述这封
《信》里，询问他的一名仆役，为什么他们注定要在"沉睡"中度过一
生。那时使他感到奇怪的，——如果不说愤慨的，——是在世界上
竟然有人在奴役中度过一生，而且方-维津觉得，他们甚至毫不怀
疑他们应该"永世成为奴仆"。他对此感到奇怪，——这一事实表
明了他所受到的"伏尔泰主义"的影响。的确，在这一方面，也如像
在所有其他方面一样，"伏尔泰主义"对他的影响是并不很大的。
在《信》里，他粗暴地嘲笑了他的农奴仆人。他虽然想说明，他的仆
人之一对于创世的目的问题，曾经有所考虑，但是写道：

"他的怀疑触动了根本，

他愁眉苦脸，浑身打着寒噤！"

我们看到，自由思想没有使他了解法国启蒙思想家具有的对
仆役的人道主义态度。但是自由思想毕竟使他对于农奴制的优越
性发生某种动摇。在他结束其宗教自由思想之后，他的这种动摇
也似乎结束了。他开始坚信不疑地重复着农奴主关于俄国农民的

奴隶地位的益处等等流行议论。他在 1778 年 3 月 20/31 日从巴黎写给帕宁伯爵的信里说:"我参观过兰格多克,普罗万斯,多芬内,里昂,波尔贡,沙姆畔等省。前两省在这里,在全国被认为是粮产最丰裕和最富有的地方。如将我国最好地区的农民同那里的农民相比,我发现我国农民的情况,公平地说,是比较最幸福的了。"同一封信的下文表明,他在这里所指的只是农民的经济地位,而忘记了法律地位。

当时法国农民的经济情况是很坏的。方-维津也许没有过分夸大地说:"在这个果实累累的边区,在每一个邮站,我的马车经常被穷人包围着,他们时常向我们乞讨的不是钱,而是问我们是否带有一块面包。"在懂得本身利害关系的明智的俄国地主那里,农民当时在经济上是生活得好一些。但是,明智的地主当时是否很多呢?在讽刺杂志上刊登的一些论文——可以设想,方-维津是不会不知道这些论文的——使我们有根据断定,他们是不多的。这些论文证明,在俄国先进人物看来,甚至俄国农奴的经济情况也是阴森暗淡的。不仅这样。无论当时法国农民怎样穷困,但他们的绝大多数早已摆脱了对地主的人身依附,这就是他们的地位同俄国的"神圣所有制"相比的极大优越性。然而,在方-维津的眼光里,这一优越性是没有任何价值的。

不过,这只是根据他的通讯而言。其他的一些资料则对此产生疑义。

谢梅夫斯基认为我在前面提到的《法国贵族自由和第三等级利益简释》一文,是方-维津写的。尽管该文作者实质上也是完全站在贵族的观点上,但他是 18 世纪俄国欧化人物中的一员。这种人物为在俄国建立"诚实和开明的市民阶层"而钻营奔走。按照他的见解,市民阶层是"社会的灵魂"。他懂得(尽管是部分地),第三等级在一个以生产者被奴役为基础的国家里,是很难发展的。他的研究的结论是:"在俄国应使 1)贵族完全自由,2)第三等级完全解放,3)从事农业的人民虽不完全自由,但最低限度,在他们(农民——著者)将来成为能使农村或主人的作坊趋于完善的农民或艺人时,应有自由的希望。"①

对谢梅夫斯基所说上述见解出自方-维津手笔的假设有利的事实是:最低限度,他有时关切这一见解中所涉及的社会问题。

在他所翻译的作品中,有一部的标题是:《经商的贵族与军人贵族的对立,或关于贵族经营商业是否对国家幸福有利的两种见解》。收进这部译本的两位法国人的著作,都写于 1756 年,其时经济问题引起了法国读者的深切注意。第一篇著作的作者,坚决主张贵族从事商业。这一职业一点也不降低最高等级的地位,却能改善它的物质状况,并给法国生产力的发展以新的推动。这位法国作者逐一分析了妨碍贵族经营商业的种种偏见,而且为了给商业辩护,有时讲些粗野的语言。值得指出,这位法国的商业辩护士,像俄国见解的作者一样(谢梅夫斯基认为这种见解出自方-维津的手笔),也将商人称为一切社会集团的灵魂。同时,关于法国贵族过去对人民的态度,他是这样描写的:

"首先,法国贵族不努力从事他们农村土地的耕耘;他们有的是听从命令的奴隶。人民摆脱了这种桎梏,而取得了某种自由。

---

① 《沃龙佐夫公爵的档案》,第 XXVI 卷,第 324 页。

现在贵族想收获粮食,那就得雇用工人并用金钱迫使他们工作。"①

接着又说,为了种好自己的田地,贵族需要金钱,而向他们提供金钱的是商业。总之,法国作者把自己表现为浸透了第三等级新意图的作家,他们深切了解以雇佣工人劳动为基础的资本主义生产关系,要比生产者受法律奴役为基础的封建关系高超不知多少。他甚至对英国革命表示——虽然不是直截了当地,而是躲躲闪闪地——同情,以为这个革命以"受咒骂的""不公平的统治者"克伦威尔为代表,注意商业,就像注意"生命之树"那样②。这一切都是如此明显,读者是不能不一目了然的。如果方-维津在读到这种见解之后仍然认为必须将其译成俄文,那就不能不得出结论,认为这种见解的趋向,并没有使他感到害怕。

不仅如此。还可设想,法国作家关于贵族经商给国家带来巨大利益的见解,对于方-维津主要喜剧中的那一好发议论的主角——斯塔罗杜姆的性格,也不是没有影响的。

事实上,斯塔罗杜姆的发家致富,不是通过军职,而是通过在西伯利亚的某种工业经营(可能是开采金矿),"他在那里赚了金钱而不用良心去换取金钱,不从事卑鄙的勾当,不掠夺祖国;他在那里向土地要钱,而土地比人公正,不讲情面,只是诚实地、慷慨地给劳动以报酬。"③

当然,斯塔罗杜姆对社会生活的观点,同先进的启蒙思想家的

---

① 《方-维津文集》,第 600 页及第 579—580 页。
② 同上书,第 581 页,着重点见原书。
③ 《纨绔子弟》,第 3 幕,第 2 场。

观点是很少共同之处的。我已指明,法国哲学家关于社会制度对于个人行为的影响的学说,在他那里取得了怎样独特的形式。最后,他直截了当地表明,他害怕现时的哲人在根除偏见的同时,会从根本上,用他的话说,收回德行。如果甚至保守的斯塔罗杜姆,其性格的颇为重要的特点之一,确乎是来源于我在上面引用过的那部讨论贵族经商的著作的爱好自由的作者,则这一著作在我们的讽刺作家的头脑里留下重大影响,就是显而易见的了。

既然如此,那就完全不可理解,方-维津怎能说服他的尊贵的通讯人,要他相信俄国的制度优于法国制度和一般西欧制度了。但他却恰恰是要他相信这一点,这是从他在 1778 年 9 月 18/29 日给他的信的下述一段里可以看出的:

"诉讼的事情在法国也同在我国一样不幸,唯一的差别是,在我国诉讼的花费不像法国那样漫无限制。……在法国,断案以前必须作好许多烦琐的手续,……而在我国,最少这是一个优点,动作要灵敏得多。只要有某一与宠臣有瓜连的半个贵族出来过问,案件立即出现转机而接近了了结。"这真是一个可疑的优点! 可是,即使对于这一优点不加怀疑,方-维津也应记得,偏袒是"独断专横"的产物,任何一个宠臣总是有"做坏事的巨大权力和可能的"。

在写给帕宁的另一封信里,方-维津"真诚地坦白"(这是他的原话)说:"如果在我的理性健全的年轻同胞当中,有人因为在俄国看到舞弊和混乱而发生愤慨,并在心里开始与俄国离异,那么,为了使他热爱祖国,除了更快地将他送到法国之外,别无更可靠的方法。在了解了这个国家的情况之后,对现实不满的俄国人即使相信,那些谈论法国的"完善"的人是在撒谎;无论在俄国的生活有时是多么坏,但是,如果心安理得地,如果用理性统治想象,而不用想象统治理性,则在那里,可以像在任何其他国家一样幸福。"①看来,作出这样的结论的人,从精神状态说,是不可能图谋政治改革的。

彼得时代的俄国官吏去到外国,——到威尼斯或巴黎,——都迅速看出在西欧各国,要比在俄国有更多的自由。方-维津也看出了这一点,因为毕竟他比17世纪和18世纪初期的俄国人更有观察外国生活的素养。但是,在他总结他对这一生活的观察时,却出现了意义深长的保守主义的保留。

他写道:"在研究法兰西民族的状况时,我学会了区别法律上的自由和实际上的自由。我国人民没有第一种自由,而后一种自由则享受很多。与此相反,法国人虽享有法律上的自由,却生活在真正的奴隶制度之下。"按照他的正确的意见,法国人的实际被奴役是由于"国王虽受法律的限制,却掌握着践踏法律的一切力量"。从逻辑上说,按照宪法草案序言的精神,由于国王对法律的践踏,应该作出结论,确认必须制定"根本法",以结束国王的专横。但是方-维津避开了这个结论。他满足于对法国秩序的笼统谴责,并提出一种叫人感到欢喜的思想,以为俄国人民大量"享受着"即使不是法律上的自由,也是实际上的自由。他在其他信里断言,俄国秩序全然不像它的不公正的诽谤者所说的那样坏,可是一般地说,"铃鼓总是远方的好听。"

---

① 就是在这封信里,方-维津断言,"在较好地区"的俄国农民,要比法国农民容易生活。

别林斯基赞扬了方-维津的国外通信,因为,照他的说法,信里精辟地指出了法国旧秩序的缺点。他认为这些信比卡拉姆津的《俄国旅行家通信》高。然而方-维津虽是比卡拉姆津更确切地指出了当时法国秩序的某些弱点,可是,对于这样或那样致力于根本改革这一秩序的一切,他却是视而不见,听而不闻。他在这里比卡拉姆津显得还要目光短浅。的确,他的艺术嗅觉不时提醒他,在法国发生着某种在其他欧洲大陆国家暂时还不存在,或暂时还很微弱的新运动。但是他对这一新运动的模糊认识,只是增加了他对法国的反感。由于对这一运动的否定态度,他甚至相信在法国,"人们的生活和享受并非真正的幸福,而且对幸福,并无最低的认识。"①前此数月,他在一封写给亲属的长信里,坚决表示:"在俄国,各州府的贵族要比这里好得无法形容;此外,这里的空谈有着较好的外表。"对于这种说法,俄国的斯科季平之流和普罗斯塔科夫之流,是会欣然同意的。

根据方-维津的书简判断,他对很少受到解放运动波及的德国,比对法国要喜爱得多。他给妹妹的信中写道:"说真的,德国人比法国人单纯,但无可比拟地更值得敬重。我千百倍地宁愿同德国人住在一道,而不愿同法国人住在一道。"但在地球上,绝对的东西是没有的。如果住在德国比住在法国要好得多,那么,住在俄国又要比住在德国适意得多。方-维津在给他的亲属的信中写道:"一般地,我可以公正地说,从彼得堡到纽伦堡,我们祖国的包袱是越来越重了。这里的一切,一般比我们差:人、马、土地,必需食物

---

① 从巴黎寄给妹妹的信,1778 年 4 月(原信未写明日期)。

的储藏,总之,我们的一切,都要好些,我们的人也比德国人多。无论别人怎样说,这种信念总是牢固地扎根在我的心里。"①

在这一切里,没有自由思想的痕迹。是啊,自由思想有什么意义呢?"法律上的自由"有什么用处呢? 如果"在人们的心坎里,没有第一条法律,没有人们之间的第一种联系——即善良的信仰,任何政治方面的改革又有什么用处呢?"②

方-维津在结束了宗教自由思想,回到他的童年信仰以后,仿佛还保持了,最少是有时还保持了感染政治自由思想的能力。但在他第一次国外旅行期间(我所摘录的那些书信就是那时写的),他连政治自由思想也放弃了。这是有其不可争辩的逻辑的。合乎逻辑的是,方-维津既然拒绝了法国启蒙思想家的宗教和政治观点,便同时放弃了他们的所有社会政治改革计划的出发点:以前他同他们一道,都是从这样的一个观点出发的,即人们的行为决定于社会制度;现在他却以为制度无关重要,重要的是善良的信仰了。如果彻底地发挥他的这一新观点,他便应得出这样的论点,即天国就在我们的心中。可是,他的彻底性没有保持多久。

他在 1777 年翻译了《马尔库·阿弗列里约赞词》一书。这本书是法国研究院院士汤玛斯写的,而且用这样的想法粉饰,例如:

"自由是人的首要权利,是服从统一的法律的权利,除了这种统一的法律之外,别无什么可以害怕的东西。害怕说出自由这个名词的奴隶多么可怜呀! 谈论法律有罪的国家多么可怜呀!"

---

① 1778 年 8 月 29 日,9 月 9 日的信。
② 1778 年 1 月 15/26 日给帕宁的信。

又如:

"永远仁慈的自然,按照自由和平等的精神创造了人。暴政的出现,造成人的弱点和不幸。这时,少数人占有了一切,等等。"

按照一位学者的意见,如果方-维津通过他的译文发展并补充了他自己所谓更好的政治制度的思想,则通过同一译文,他也否定了他自己的所谓政治改革无用的思想。

不用说,在《马尔库·阿弗列里约赞词》里,过于细腻的学院式的雄辩是多于对自由和平等的坚强的爱。但是作为《赞词》的基础的思想,毕竟与我们的讽刺作家在其国外来信中所表述的那种箴言,是极其矛盾的。

同一学者又认为,"1785 年 8 月,方-维津患脑溢血,这结束了他自童年以来所坚持的自由思想的意图。"的确,方-维津为波将金逝世(即 1791 年)而作的《论虚度的人生》一文表明,疾病造成了他心灵的完全悲观情绪。他在文中坚决谴责了他以前"对理性的狂烈向往"。但是,我们看到,关于"对理性的向往",他在 70 年代第一次出国旅行时,便已经几乎是像患脑溢血后一样坚决批驳过。此外,在他为他的——未经警察批准的——杂志《诚实人之友或斯塔罗杜姆》所写的文章中,有一篇在 1788 年 2 月刊登的莫斯科来信,这封信表明,方-维津在病中有时还受到政治自由思想的冲击。

这封来信谈到在俄国妨碍辩才取得成就的原因,是方-维津用斯塔罗杜姆的名义写的。他说:我们缺少演说家并不是由于我们禀赋的弱点,而是由于缺少"使辩才能够表现的机会"。在其他政治条件之下,情况就会完全不同。"我们的大主教加夫里尔,萨穆伊尔,普拉东就是我们的迪洛特逊和布尔达鲁;耶拉根就其职位编写的各种意见和主张也充分证明：如果我们有了讨论法律和租税的讲坛，如果我们有了判断掌握国家政柄的部长们的行为的场所，俄国的辩才会发挥多么大的力量。"①

在这里不提出普拉东、加夫里尔、萨穆伊尔以及……耶拉根的辩才实际上有多大的问题，但是不能不看到，疾病缠身的方-维津在这里仍旧是完全根据政治自由思想的精神立言的。按照这种精神立言，须以一定的"对理性的向往"为前提。

这就是最主要的东西。方-维津的观点是彻头彻尾地互不协调和自相矛盾的。他能够几乎同时发表直接相反的意见。这一点对于社会思想史的重要性，不仅因为方-维津在俄国 18 世纪文学中占有重要地位，而且因为 18 世纪后期的许多有学识的俄国人，都在这方面同他相似。

但是，必须记住，在我们的讽刺作家的世界观里，保守主义几乎经常占着优势。叶卡捷琳娜看错了，她抱怨说："我活得别扭！就连方-维津也想教训我怎样统治国家。"

方-维津不能够给她造成任何真正的政治麻烦。说到底，他在实践上保持了斯塔罗杜姆所表示的那种欢快的信念，即君主掌握着使人们幸福的手段。这个手段就是：只对确切达到"善良操行"要求的官吏，才按照职务，给予好处。就这点说，他也与他的许多开明同胞所见略同。

1784 年 3 月，病危的 Н.И.帕宁伯爵(方-维津自 1769 年起即在他的领导下工作)向他口授了自己的政治遗嘱。这篇遗嘱包含

---

① 《方-维津文集》，第 248—249 页。

以下的内容：

"授予国王最高权力,是为了谋求其臣民的一致幸福……没有必要的国家法律,则无论国家的状况或国王的地位,都不巩固。……没有公正温和的神圣品质,而实行侮辱、强暴和苛政的任何政权,都不是神授的政权,而是人授的政权。这种政权纵容人的不幸,向实力让步,贬低人类的尊严。处于这种毁灭状态的民族,会找到各种手段,用加于他们的同样权力,摧毁镣铐,是否出乱子是心甘情愿的。……国王与臣民之间的义务,都是……自愿的。"简言之,Н.И.帕宁伯爵的遗嘱,是以"法律上的自由"的优越性这个思想为基础的,而这一思想,方-维津在其从国外寄给 Н.И.帕宁伯爵的兄弟——П.И.帕宁伯爵的书简里,已予批驳了。必须记住,П.И.帕宁是完全同意他的哥哥的观点的。我们往后还将对这些观点进行探讨。这里只要说明,从 П.И.帕宁伯爵为庆祝保罗·彼得洛维奇亲王即皇帝位而写给亲王的信中可以看出,方-维津是完全赞同帕宁兄弟的政治倾向的。这怎么能同前面摘录的他的国外通讯相调和呢？

不仅如此。在方-维津按照 Н.И.帕宁伯爵口授写成的政治遗嘱的一个地方,谈到"一些人成为另一些人的私产的国家",即存在着农奴制的国家；在评价这种国家的时候,发出了近乎鄙视的遗憾。而在 П.И.帕宁伯爵所写的遗嘱"补充"里,更要求关于农民对地主的"义务",作出法律规定[①]。这同方-维津所谓俄国农奴的

---

① 参阅 E.C.舒米戈尔斯基:《保罗一世皇帝》,圣彼得堡 1907 年版,第 53 页,附录第 4、7、12、17 页。

令人羡慕的命运的意见,怎能协调呢?我们是否有权假定,方-维津的晚年,在社会政治方面又传染了某种自由思想呢?我们没有任何根据这样假定。

3

康捷米尔抨击了"诽谤者的言论"。方-维津也抨击了以普罗斯塔科夫之流和斯科季宁之流为代表的诽谤者。康捷米尔写了讽刺作品《品质恶劣的贵族的骄傲和妒忌》,方-维津也不放弃机会去触动"品质恶劣的贵族"。苏马罗科夫暴露了"芝麻绿豆小贪官",方-维津对于这种小贪官也不宽容①。康捷米尔(在第一篇讽刺文里)挖苦了梅多尔,因为他力言用于印书的纸张太多,所以没有什么东西可以用来卷发。在康捷米尔的第二篇讽刺文里,菲拉列特申斥叶夫根尼只关心外表,所以长年在外国旅行,除了完备的时髦知识之外,什么也不曾得到。叶卡捷琳娜时代的讽刺作家,还将各式各样的讲究穿着的男女,绑在耻辱的柱上②。总之,讽刺作品所涉及的问题的范围,在整个 18 世纪,没有改变。

所以这样,有两种原因:第一,叶卡捷琳娜的无比虚荣心,不允许设想在她的光荣的王朝里,能有任何比较沉重的社会溃疡,所以

---

①　参阅杂志《斯塔罗杜姆》资料中的七等文官弗兹亚特金给皇帝陛下的天才信简。《旅长》一剧中的女文官说(第 1 幕,第 7 场),她的丈夫是在"关于贿赂"的上谕发表后辞职的,因为他相信,他在委员会里再没有什么可干的了。顺便指出,对于上谕的这种援引,除了嘲笑贪婪的官吏之外,还巧妙地恭维了叶卡捷琳娜。

②　有时,仿佛他们在嘲笑贪官时有意模仿康捷米尔。(作为例子,可以指出 1772 年度的《绘画》杂志第一部分,第 3 页和第 4 页。)但在康捷米尔那里,没有猪仔、猪猡等等一类的粗犷语汇,而这种语汇,甚至在诺维科夫那里都可大量看到。

她极度压制了讽刺作家的揭发活动。我们知道,当时的讽刺刊物都是寿命不长的。第二,叶卡捷琳娜时代的讽刺作家,仍然用该世纪上半期讽刺作家的眼光来看待俄国社会政治生活的最主要基础:他们都嘲笑旧事物的辩护士,而在对这些最主要基础的态度上,却仍旧是从旧事物中继承下来的现秩序的拥护者。他们的暴露式的眼界,极大地受到他们本身的保守主义的限制。

　　然而生活是不会停留在一个地方的。彼得改革的后果显露出来了,因而讽刺作品所涉及的问题范围,即使没有扩大,但对其中某些问题的态度,却部分地改变了。

　　梅多尔和叶夫根尼使康捷米尔感到愤慨的是,他们对启蒙事业的利益漠不关心,而把时间——彼得卵翼下的真诚小学生总是非常珍惜时间的——耗费在时髦的琐事上。康捷米尔从未想到责备他们轻视俄国和俄国的习惯。在他那时候,有多得无可比拟的理由为相反的极端担心:这就是对西方和对西欧生活方式的轻视。因此,对他说来,维护俄国启蒙事业的利益,意味着同守旧的俄国人的民族特殊论进行斗争。在 18 世纪下半期,情况已变。那时谈不上恢复彼得前的旧事物了。俄国的统治阶层业已与彼得改革完全妥协。不过,他们按照自己的方式同它妥协,是很自然的。

　　俄国统治阶层利用彼得改革来巩固和扩大其对劳动群众的统治和摆脱义务兵役。摆脱义务兵役可给他们以空余时间。他们把这种时间部分地用来安排他们的经济事业。然而系统的坚持劳动,从来不合乎这一阶层的习惯。他们的某些代表人物分散到农村,与其说是从事农村经济,不如说是从事狩猎和纵酒狂欢。至于他们的另一些代表人物住在首都继续服务公职,但全然不像对各式娱乐那样热衷于业务。在首都的贵族中，孳生出大批讲究服饰的男女，为讽刺作品提供了大量的"人证"①。这些贵族等级的上流社会分子，迷恋外国时装和习惯，不仅达到了像康捷米尔笔下的梅多尔一样可笑的极度，而且轻视自己的祖国。讽刺作家就是这样证明的。

方-维津在《旅长》一剧中迫使伊万努什卡（伊万的小名）向他所追求的顾问夫人说：

"我的一切不幸只在于你是一个俄国妇人。"她用同样的精神回答说："当然，我的天使，这是我的可怕的毁灭！"

既已决心模仿外国人，俄国的贵族等级很快懂得，最好的模仿样板是法国贵族，因为他们最雅致（"人情味"），而且欧洲大陆所有文明国家的贵族都在模仿他们。在18世纪下半期，按照外国方式教育青年，意味着给他们以法国教育。那些由于轻视俄国而受到我国讽刺作家抨击的花花公子，力求尽可能更多地模仿法国人。

在《旅长》一剧中，伊万努什卡对他的父亲说：

"我亲爱的父亲，听说您要给我讨个俄国女人？"

他的父亲问他："是啊，难道你想讨个法国人？"

他答道："我的躯壳生在俄国，这是对的，但我的灵魂属于法兰西王国。"

---

①　叶卡捷琳娜时代讽刺刊物的成就，在很大程度上，是由于它们对"纨绔子弟"的抨击。在一封写给《绘画》杂志出版人的信里（《绘画》，1772年，第二部分，第12页），有一个叫胡里亚科夫的人说：对于诺维科夫的这一刊物，不分男女"交相""不断"赞扬，他们说："多么聪明的绘画！他对于现时装模作样的彼得堡时髦男女的腐败习俗作了这样色彩鲜明的针砭！除了他，迄今更无别人作过这样生动的描写。他真是一个正直和聪明的人啊！"云云。当时的讽刺作品大量讽刺"纨绔子弟"。

　　为了向喜剧的观众们解释,伊万努什卡对法国人的这种可笑的偏爱是从哪里产生的,方-维津觉得必须由伊万努什卡本人来说明。这一年轻的糊涂虫在去法国之前,曾在法国马车夫的宿舍里学习,马车夫给他灌输了对法国的爱和对俄国的冷淡。他说:"如果我就学于一个爱国的俄国人,也许我就不是这样了。"

　　在这里,如果回忆一下别林斯基的卓越评论,会是有益的。他说,方-维津的戏剧创作,与其说是本义上的喜剧,不如说是使俄国讽刺作品变成喜剧的努力的成果。在这些作品里,除了喜剧的成分外,还有许许多多漫画的成分。漫画的生命在于它对其所描绘的实际生活特征,作有意识的夸张。因此,必须有保留地(Cum grano Salis)接受我们在方-维津的喜剧里和其他讽刺作家的作品里所看到的当时俄国生活的画面。实际上,我们的时髦男女也许并不曾像《旅长》一剧中的伊万努什卡那样表现出对俄国的无限轻视,也不曾像他那样迷恋顾问的夫人。但是类似的轻视,毕竟在极大的程度上是他们的特点,这也毕竟是无可疑义的。追求时髦的俄国人,由于极端迷恋法国人,甚至不加批评地对待那些不成体统的法国男女,这是完全可以理解的。

　　叶卡捷琳娜时代的讽刺作家不断地嘲笑了俄国人对法国人的轻信态度。诺维科夫在他的讽刺刊物里把这种轻信当作巨大的社会恶行来抨击。按照他的意见,在所有外国人中,只有法国人才是尽力利用了轻信的俄国人民的。在他所出版的《钱包》里,有一个法国人指出俄国人的极端淳朴,说"他们过于相信诚实,而不能区分真诚和狡猾;同时非常值得指出,尽管德国人和英国人不欺骗他们,而是公平诚实地对待他们,但他们却不喜爱他们,也不接受他们的风俗习惯。如果这些人想欺骗他们，那是怎样也欺骗不了的。与此相反，俄国人的心灵深处都是向法国人敞开的"[①]。在克雷洛夫的作品里，一个迁居俄国的法国时髦女人告诉她的从法国逃亡出来的刑事犯兄弟说，美国人对于最初到达美国的英国人，远不及俄国人对于法国人的尊重："英国人用武器征服了美国人，而我们却用机灵巧计征服了俄国人。"[②]

在我国讽刺作品反对法国对俄国影响的坚决攻击中，可以很明晰地听到一个被侮辱的民族情感的呼声。被侮辱的民族情感一定要引起，而且实际上已经引起俄国作家把俄国和俄国人民的性格理想化的企图。这一企图，可以部分地解释我在前面指出的方－维津在其国外通讯中一般贬低西欧的秩序，特别是贬低法国的秩序，而对俄国秩序则过分地加以赞扬。这一企图使诺维科夫得出一种自我宽慰的意见，以为"俄国人都崇尚德行"[③]。他们以前尤其富于德行："我们祖先的德行更百倍于我们。我们的土地不曾培育既不喜欢德行，又不热爱祖国的极端邪恶的恶魔。"[④]

这种对俄国民族性格和俄国旧事物的理想化，是后来构成斯拉夫主义的因素之一。米柳科夫认为，对采纳新文化的反感，以及为了故意中伤新文化而颂扬古代的单纯道德风尚，在当时并不是什么新的东西，因为这种情况，我们在彼得朝代及其继位者时代，

---

① 《钱包》(Кошелек)，第 3 页，《德国人和法国人的谈话》，续篇。

② 《地精＊佐尔给魔法师马利库勒莫尔克的信》，见《克雷洛夫文集》，第 3 卷，第 139—140 页，《灵魂通信》。

　＊地精(гном)，西欧神话中身量很小的守护地下宝物者。——校者

③ 见《俄国人和法国人的谈话》，《钱包》杂志，第 2 页。

④ 同上。

就已看过了。这是正常的。然而问题在于彼得时代反对采纳新文化的人们所颂扬的是彼得前的罗斯，反对的是彼得改革，而在 18世纪下半期，他们所颂扬的却是彼得时代。

诺维科夫在所著《俄国作家历史辞典试编》里，认为费奥凡·普罗科波维奇的特殊功绩在于他是"彼得大帝的光荣事业的捍卫者和颂扬者"。在方-维津的著作里，对彼得时代的理想化，更为显著。他的斯塔罗杜姆说：

"我的父亲按照当时的方式教育我，我不感到要对自己进行再教育。他是为彼得大帝工作的。那时都把人称为你，而不是称为你们；那时还未曾使人们沾染一种习惯，使任何人都认为自己代表许多人。而在现在，就是许多人也抵不上一个人。"……"那个时代的宫廷官吏都是军人，虽然军人并不都是宫廷官吏。父亲给我的教育是那个时代的最好教育。那时教育的方式很少，而且还不善于将外国的思想硬塞进空洞的头脑。"①

正是由于那时在俄国"教育的方式很少"，所以彼得才尽力想将外国的思想——即西欧的思想塞进俄国人的头脑。这就是他的改革的意义。由于忽略了这一点，方-维津犯了一个很大的错误。的确，彼得所极端重视的那种"外国思想"，同叶卡捷琳娜时代贵族出身的"空洞头脑"所极端推崇的那种外国思想，是迥然不同的。它在衣冠楚楚的"纨绔子弟"的头脑里，是断然不存在的。但是，如上所述，"纨绔子弟"之出现于俄罗斯，乃是彼得改革的逻辑结果。几乎是完全用贵族的力量完成的改革，扩大了这一等级的权利；而

---

① 《纨绔子弟》，第 3 幕，第 1 场。

由于为这个等级保证了一定的空闲时间，便在这个等级的某些部分造成了对上流社会的娱乐和外国时装的极端爱好。如果由于某种奇迹，俄国重新回到叶卡捷琳娜朝代的斯塔罗杜姆之流所颂扬的彼得一世时代，社会生活的客观逻辑，也会重新迫使俄国遭受彼得改革的全部后果；而贵族的法国狂，便是这种后果之一。可是对于这种逻辑，尊敬的斯塔罗杜姆之流是一窍不通的。同样，他们也不懂，只有前进的，怎样也不倒退的运动，才能使俄国摆脱这种法国狂。

在 1741 年的政变将最高权力移交叶卡捷琳娜时，她郑重宣布将按照她的父亲的精神进行统治。这一诺言掩盖了她自身缺乏任何确定的政治纲领。同样，我们的讽刺作家所以要把彼得时代的旧事物理想化，只是因为他们对于怎样反对他们所指出的社会缺点，以及彼得改革的内在逻辑会使俄国走向何处，全然没有明确认识。

俄国"纨绔子弟"所想仿效的法国方式，是属于法国上流社会的。当时这个社会的主要成分是特权等级的成员（贵族和高级僧侣）。法国第三等级的运动，其目的在于反对贵族和僧侣等级；运动的思想代表人物就是所谓"百科全书派"。"百科全书派"不仅不迷恋法国贵族社会的生活方式、嗜好和习惯，恰恰相反，他们猛烈地谴责这一切。对贵族习惯、嗜好和生活方式的反动，在法国文学和法国艺术的一切新流派里，都跃然纸上。这种反动产生了格勒兹的绘画和狄德罗的伤感主义戏剧。18 世纪末，这种反动的最新成就，是旧秩序的被废除，贵族一切特权的被消灭。但在欧洲大陆的所有国家里，只有法国能够产生这种成就。德国刚刚开始的第三等级的运动,没有超出列辛(Lessing)所完成的文学改革的范围,这一改革既是对当时贵族所特有的迷恋法国文学概念的抗议,又是对他们膜拜法国道德的指责。但是,必须记住,列辛之完成文学改革,也是模仿英、法两国第三等级的思想代表,特别是模仿狄德罗的。他对狄德罗是非常推崇的。因此,他对法国狂的抗议并不是对法国解放思想的抗议。列辛没有走得像18世纪先进法国人那样远,但他毕竟同他们走在同一条道路上。然而,我国法国影响的敌人,却也是法国先进哲学的敌人。

诺维科夫在其所出版的讽刺刊物里,往往这样表示,似乎在他看来,当时的法国自由思想家同"卷发学院"的教授们毫无二致。几年之后,在为所出版的《俄国古迹讲述》一书写的序言里,他猛烈抨击那些他所谓感染了"法国自然体系的书籍的毒害,传染了香粉、香膏、纸牌、游手好闲,表面装饰和无益打扮等恶习的人们"①。所谓"自然体系的书籍"自然应了解为法国唯物主义者的著作。所以,结果是霍尔巴赫和狄德罗应对上流社会轻薄少年的游手好闲,对他们的香粉、香膏和纸牌负责!不能比这种概念混淆走得更远了!然而这种混淆,不仅为诺维科夫一人所独有,在方-维津的例子上,表现得尤为明显。方-维津在把彼得时代理想化的同时,也对法国的新思想鼓吹者(对所谓"学术界的撒谎者")进行了猛烈的攻击。

我在上面已经说过,方-维津之过分赞扬俄国社会生活而贬低法国社会生活,部分地是出于对俄国上流社会的法国狂的反动。现在,我补充指出,将俄国欧化贵族的这样那样缺点的责任,诿诸

① 见涅泽列诺夫:《Н.И.诺维科夫》,第220—221页。

法国第三等级的思想代表人物,只能是俄国社会关系不发达的结果,这种不发达妨碍俄国讽刺作家去了解西欧社会生活和思想生活的现象。

米柳科夫说得完全公允:由于西欧文化仅仅为贵族等级所享有,所以对于他们的外表文明的攻击,就同对他们的特权地位的攻击交织在一起。可以补充说:从西方无神论作家那里抄袭得来的进步思想,其内容就是对贵族等级的特权地位的攻击,而把彼得时代旧事物加以理想化的笃信宗教的人们所攻击的,正是这些无神论作家。正因为把旧事物理想化的人们所厌恶的,是勇敢的革新家,所以尽管他们从这些革新家那里抄袭了进步思想,但他们并没有好好吸收它;同时,他们对贵族等级特权地位的攻击,由于同对这个等级的文明外表的攻击交织在一起,所以,不能不是极端无力和极端表面化的。此外,这种进步思想有时完全被冲淡了,而为一种毫无意义的宣扬——即利用都会中的道德败坏来宣扬外省贵族的"纯朴"道德——所代替。

然而,尽管对彼得时代旧事物的理想化在理论上毫无内容,尽管讽刺作家对贵族等级的外表文明的攻击在内容上贫乏无力,但是应该承认,这两者在当时都是值得注意的旗帜:它们表示,俄国在彼得改革的基础上应对西方采取什么态度问题,业已产生。在本书往后的一章里,我们将看到,为了解决这一重大问题,或者,——如果在这里可以使用我国在下一世纪 70 年代和 80 年代流行的表达方式——为了寻求我们的进步方式,18 世纪已经作过值得重视的努力。我们将在这一章里看到,方-维津在这个问题上就发表过后来在 19 世纪风靡一时的思想。

第八章 社会思想在不同社会成分相互斗争影响下的运动

法典委员会

I

彼得改革所产生的各种不同的，往往互不协调的新意图，在臭名远扬的叶卡捷琳娜"新法典编制委员会"里亦有表现。但是，这一委员会表明，我国当时的客观实际，对于那些不符合彼得时代以前的旧事物和不符合迄今仍没有动摇的国家制度基础的法典的实施，是多么不利。

一部分人民把派遣代表参加这个委员会看为一种对国家的可憎的徭役。对这部分人说来，问题是尽快地摆脱这种徭役。在穆罗姆贵族给他们的代表的委托书中说："我们出席会议，根据我们全体穆罗姆贵族的共同意见，决不承认任何负担和需索。"[①]在特维尔县，有一个地主借口彼得三世的敕令曾豁免贵族的任何强制服役，而拒绝参加代表的选举。工商阶层尚未免除强制服役。因此，在1766年12月14日上谕到达后，某些城市的市议会认为有权采取坚决措施，取缔逃避立法工作的任何企图。在浦季夫里，市

---

① П.库德里亚舍夫：《人民对叶卡捷琳娜委员会选举的态度》。《欧洲通报》，1909年，12月，第516—541页。

议会命令市长库尔久莫夫："你要到浦季夫里的所有商人家中去，不要遗漏一户，向每人宣布，要他们准时出席。""万一他们由于不服从而没有报到"，市长应即刻上报。在卡尔戈波尔，市长奉命每周巡查，明晰地宣读上谕文件及附件，务期家喻户晓。在卡辛，阿尔汉格尔斯克，梁赞省彼列亚斯拉夫勒市，市议会命令，在12月14日上谕颁布后，任何商人都不得在选举前擅自离城。在其他城市，离城的商人必须书面保证在一定期限内归来。在卡西莫夫，责成市长对第一级和第三级商人中的40名，处以罚金，"不得疏漏"，因为他们经过多次通知仍不出席选举。对于无力偿付罚金的逃避者，决定处以"笞刑，使其不敢再犯"。这一切都是按照彼得改革前的莫斯科制度精神办理的。对于那些与当地生活素无联系，并且不愿被选而被选为代表的选举人，也按照这一精神对待。在当时莫斯科省波里梭格列布斯克镇，商人叶波尔金被选为代表，他虽然在文件上属于当地社会，但却住在维堡市。他在收到代表证书和选民委托书后，向相应的主管当局说，他在波里梭格列布斯克镇既无房屋，又无商店，此外，他本人已经病了三个星期，并提出医生诊断书作为证明。开始了一个整个的诉讼过程，官司打到参政院，参政院的裁决认为，叶波尔金在当选时，在该镇尚有房屋，而且身体健康，后来才生了不大的病，所以他无权拒绝充任代表的义务。维堡省省长遂将这一强迫被选的人送到莫斯科参加委员会的工作。

从现时的欧洲人的眼光看来，更令人啼笑皆非的是库尔斯克的代表伊凡·斯科尔尼亚科夫的命运。他住在涅仁，托词有病。就是情绪乐观的参政院也不得不承认，对于一个代表，这病——"头脑糊涂"，是大病。可是严厉的库尔斯克市议会不考虑他的托词。根据省长的命令,为了惩罚他的"一周逃避",斯科尔尼亚科夫由小俄罗斯委员会押送到库尔斯克。监禁过斯科尔尼亚科夫的涅仁市议会,认为他们是"依法"办事。

在叶尼塞斯克,当地居民有意推举一个受到普遍憎恶的人沙莫伊洛夫为代表。当选人抗议说,他是被恶意地选出来的。然而这没有用。他不得不服从自己的痛苦的遭遇。沙莫伊洛夫甚至参加了修改代表委托书。法国谚语说得好:胃口在要吃东西的时候才会来。选民们在签署委托书时还担心,选出沙莫伊洛夫不仅会给当选人,而且会给选民自己带来麻烦。然而,困难总算是消除了,沙莫伊洛夫到了莫斯科,据说,还成为委员会的一名干员[①]。

如果旧莫斯科的传说,最少在俄罗斯国家某部分居民中尚且记忆犹新[②],那么,它在这个国家的行政官吏中,就更为根深蒂固了。叶卡捷琳娜说,她要使代表的选举成为"自由的",要防止对选举施加行政压力。但是,我们深知,女皇的实践同她的理论分歧得多么厉害。实际上,行政当局只要觉得有益,便毫不迟疑地压制选举。他们极为关切的是使选举"充分安静无声地"进行,任何"喧哗"都被他们看为犯罪。如果在大俄罗斯很少发生具有政治意义的"喧哗",那么,在西部边区,事情就迥然不同了。这些边区有其在完全不同的历史条件下取得的权利,它们根本不愿放弃这些权

---

① 这段历史最初是由沙什科夫叙述的,参阅弗洛罗夫斯基伯爵的著作:《1767—1774 年立法委员会的组成》,《新俄罗斯大学回忆录》第 10 卷,敖德萨,1915 年,第 407 页。我所举出的其他情况,在这里亦有记载。

② 不过,必须指出,甚至在某些西欧民主国家里,当选人也无权不履行人民责成他们的政治义务。例如,14 世纪的佛罗伦萨便是如此(见佩林:《佛罗伦萨的文明》(F. T.Perrens, *La civilisation florentine*),巴黎 1893 年版,第 49 页)。

利。那里的居民担心委员会会取消这些权利，因而宁愿完全不派代表到莫斯科去。在波罗的海东部的一些城市和小俄罗斯的一些地方，便是如此。而当边区人民确信逃避派遣代表已不可能时，他们便在拟订他们的委托书时，首先请求保持迄今仍存在的特权和恢复已被中央政权取消的特权①。不言而喻，行政当局只能把这种意向和愿望看为"任性"，看为对决心为臣民造福的女皇的"忘恩负义"。小俄罗斯的总督鲁缅采夫从小俄罗斯写给叶卡捷琳娜的报告说：

"新法典草案没有引起对皇帝陛下的德意的感激，没有改变他们的倾向和意见。许多人酷爱为所欲为，甚至认为任何皇上的上谕都是破坏他们的权利和自由的。他们所有人的意见都是一样：'我们为什么要参加委员会呢？我们的法律已是够好的了，而如果去作代表，那就只有请求确认我们的权利和特权。'他们'经常灌输到普通人民（这种人是真正善良的）头脑中的建议的用语，是自由和权利'，把这视为必须一致寻求的根本。"②

像鲁缅采夫一样，叶卡捷琳娜决定，这种"任性"必须结束。她回答鲁缅采夫说："我希望你会采取措施，逐步使那些不认识自己社会利益的人们，终于认识这种利益。"

由于她早在塔勒兰（Талейран）之前便已实行一个信条：我们应该利用言辞来掩饰我们的思想，所以，在这里也立即建议避免

---

①　利夫梁德的贵族请求确认他们的特权，费波尔格的贵族申请保持瑞典贵族在征服该省时所享有的特权。（原文如此！）见《俄国皇家历史学会论文集》，第68卷，第66、67、91页。

②　索洛维约夫：《俄国史》，第6卷，第315页。

"强制或严峻的训诫"。这一保留没有瞒过鲁缅采夫。在其后所写的一份报告里,他对他的爱好自由的元首说,他已经"没有耐心再去劝导这些撒谎者",他"直接采取了命令的语调"。如所预料,她答复他说,他所使用的命令语调,是"非常得体的"①。问题并不限于"语调"。在涅仁团队,选民由于不满意他们的代表谢列茨基拒绝接受一份要求恢复贵族自由以及黑特曼(Гейтман)②政权的委托书,选出另一名新代表来代替谢列茨基③。于是,行政当局将"破坏秩序的主谋者"移送法庭:军人移送军事法庭,非军人移送民事法庭查办。

他们的罪名是他们"公然破坏代表谢列茨基的权限",而谢列茨基"自当选之日起即已处于女皇陛下的保护之下"。民事法庭给被告判处终身流放,军事法庭处刑更重:在 36 名被告中,33 人判处死刑,其余 3 人判处流放!参政院将流放改判为 16 年监禁,褫夺一切官衔。死刑判决没有执行。不知道当时给他们改判为了什么罪;但在 1770 年,当仁慈的叶卡捷琳娜认为可以宽恕他们的时候,赦免的消息他们是在监狱里得到的④。

贵族对中央政府的反对情绪,比小俄罗斯人民的其他阶层表现得尤为剧烈。我们在前面看到,甚至鲁缅采夫也觉得,小俄罗斯

---

　　① 索洛维约夫:《俄国史》,第 6 卷,第 317 页。

　　② 乌克兰 1654—1764 年间的政权;查坡洛什哥萨克公选的首领;波兰 16—17 世纪的统帅均称 Гейтман。——校者

　　③ 他对选民说:"我不能带着你们的委托书到莫斯科去,因为我不好意思把它拿给人看",——尽管前此他自己也同意委托书的内容。

　　④ 更详细的情况,参阅我在前面引用过的库德里亚舍夫的论文《居民对"叶卡捷琳娜委员会"选举的态度》,第 532、533 等页。

的"普通人民"是"真正善良的"①。然而善良的小俄罗斯人民,也有不少不满的理由。哈尔科夫省②米日里奇镇的居民过去是镇的哥萨克军人,后来变为纳税居民,他们自然愿意恢复旧秩序。在一次选举大会上,有一个名叫格林金科的人感叹地说:"谁规定了这个税额,他将永世不得超生。"他被捕了,并被移送法院。有些选民企图释放他,他们也被捕,并按法典第 1 条和第 8 条,以密谋危害国王健康,阴谋反对国王的刑律审判。苏麦省当局决定公开对所有被告(共 23 人)实行鞭挞。事实上,仿佛只有格林金科受了鞭刑,还有选民费特洛克受了笞杖。然而,这就是非常"严峻的劝导"啊! 假定费特洛克饱尝笞杖滋味,是因为他企图强力释放格林金科,但格林金科的受罪,只不过是因为他过于激烈地表达了他对新事物秩序的观点而已。这就是说,"自由的"选民,在给应该谋求"每一个人和所有人的幸福"③的代表提出委托书时,是没有自由公开说出他们所想说的一切和心里感到痛苦的一切的。

---

　　① 库德里亚舍夫说:在小俄罗斯,在委员会开会时,"滋生了不满的情绪和分离运动的暗潮"(《欧洲通报》,1909,第 2 卷,第 106 页)。不满情绪很多,这是毫无疑问的,至于说它有着"分离主义的性质",却是很可怀疑的,特别是,小俄罗斯贵族所不满的是政府拒绝使他们在权利上与大俄罗斯的贵族平等。造成这一不满的原因,叶卡捷琳娜二世在 80 年代已予消除。用叶菲缅科的话说,这时,"小俄罗斯贵族的多年苦恼结束了,通向一直不能到达的殿堂的大门,已给他们打开了。"(A.叶菲缅科论文集《南俄罗斯》,第 1 卷,第 191 页,《小俄罗斯贵族及其命运》一文。)小俄罗斯贵族不满之缺少政治内容,可从下列事例中看出,而这种事例远非仅有的一次:在波尔塔瓦领导法典委员会选举的科丘别伊"费了很大力气才好不容易说服官吏同城市居民开会"。(见《欧洲通报》,第 2 卷,第 113 页,库德里亚舍夫前引论文。)

　　② 哈尔科夫本不属于小俄罗斯,而属于新斯洛波德省,但其居民无论在当时或现在,都是小俄罗斯人。

　　③ 在代表纪念章上的题词。

按照关于选举的上谕附件的规定,代表永远免除死刑,拷打,体罚和财产被没收;凡是侮辱代表的人,应受双倍的"侮辱"。然而在这里,实践又与理论分歧。哈尔科夫省代表普洛科普·库克向居民需索钱财,许诺在与选举同时举行的土地清丈中,给这些居民帮忙。库克被控敲诈,被剥夺了代表称号,并被处以鞭挞。这样看来,仁慈的女皇所给予代表的特权,其实不过是说,在没有预先剥夺他们的崇高的代表称号时,不能对他们的"肉体"进行处罚罢了①。

行政当局非常不喜欢代表们同他们的选民有书信往还。有些代表向外省写信。按照行政当局的意见,这些信可能表现出不服从。叶卡捷琳娜认为应该给他们提出严重警告,"使他们往后更慎重地使用纸笔"。代表杰尼索夫、莫列涅兹和莫罗兹②。由于同他们的选民有过仿佛令人愤慨的通信,都被开除了。不过,这类细节,就是现时的俄国读者,也不会觉得奇怪的。

II

库德里亚舍夫说:"居民对选举的态度,一般说来,是善意的和颇为自觉的。"他指出,在一些地方,选民坚决支持当选人,有时对他们实行经常的监督。

---

① 库克辩护说,他只是接受了自愿的、法律所允许的赠品。无论如何,有理由设想当地的地主夸大了他的过错,因为他们相信,他妨碍他们和睦地划分当地农民的土地。这类地主之一——百人长科瓦列夫斯基——建议撤销库克的代表职位,因为他是"一个阴森的令人厌恶的庄稼汉,他会在委员会里放出任何毒素"。(库德里亚舍夫:见前文,《欧洲通报》,第2卷,第120页。)

② 弗洛罗夫斯基,见前书,第573页。

实际上,尽管无论在行政当局对选民和当选者的态度上,或在选民和当选者对自己的责任的观点上,都还保持了很多彼得前的旧事物,但我们还是看到,这次叶卡捷琳娜委员会的选举,要比前此历代君主召集的类似委员会的选举,具有更多自觉性和严肃认真精神[1]。

这一点是不容否认的。但对此也不容夸大。事实是,在选民总数中,只有很小一部分人积极参加了选举。这一事实,库德里亚舍夫伯爵也曾指出。的确,这在一定程度上是因为许许多多贵族选民,由于在军中服役,不住在自己的领地上。库德里亚舍夫伯爵举出了关于当时莫斯科省若干县的一些有趣的统计数字:

业　　主

	总人数	住在县内人数	出席选举人数	送来意见人数
戈罗霍韦茨克县	63	7	6	4
瓦洛科拉姆斯克县	60	15	6	10
兹维尼戈罗德县	80	2	—	51[2]

在工商阶层的人们中,大概有些人——也许甚至为数颇多的人——由于经营自己的商务,或由于执行国家的强制义务,暂时离境,而没有参加选举。

---

[1]　1766年12月14日发布的关于召集新法典编制委员会的上谕,按其先后次序,是第5次。在彼得一世时,即已开始设置立法委员会。最初,政府以为只要使用政府官吏,即可竣事。政府很快看到希望落空,便着手从贵族中,随后(在彼得二世时)又从商人中,再后(在安娜女皇和叶卡捷琳娜时)更从僧侣中,召集“善良有识之士”。就我所知,叶卡捷琳娜二世尽管十分爱好同她的国外通讯人谈论召集委员会的事情,却谁也没有被告知,她这次所实行的主意,完全不是什么新东西。

[2]　《欧洲通报》,第12卷,第541页,文见前。贵族选民有权不亲自参加选举,而书面投票。

库德里亚舍夫还指出一个当然很不方便的情况,即委员会的选举,指定在道路泥泞的春季进行。但是,第一,我们知道,市议会曾"恭敬地"——也是成功地——请求省长改变对居民不便的选举期限[①]。这一办法可以最少在一些地方部分地避免由于春天道路泥泞而造成的无可争辩的困难。第二,选民暂时离境,无论是自愿的(由于私事)或是强迫的(由于国家义务),都很难完全解释为什么在彼得堡亲自参加选举的选民人数只达到居民总数的15%,而在莫斯科为数更少,只占选民的10%[②]。

为了避免误会,请注意不愿亲自参加选举,并不表示选民对选举的结果漠不关心。我们知道,选举法允许贵族书面投票或提出他们的"意见"。我们看到,在当时的莫斯科省,许多贵族选民行使了这一权利。同样的权利——这是不符合法定的选举程式的——亦曾授予两个首都的选民。为数颇多的首都房产主,可能不愿意,或者因故不能出席选举大会。但是,贵族,比方说,兹韦尼戈罗德县的贵族,当他们在较远的地方服役时,觉得必须向故乡寄回他们的选举"意见",这就表明他们对立法委员会的命运颇为关心。而如果彼得堡或莫斯科的房地产主不亲自参加选举大会,却只是送出一封"信任信",那就显然表示他们的选举热情是异常有限的。

在彼得堡和莫斯科,在选举复选人时,出席了许多达官显贵,

---

① 弗洛罗夫斯基:见前书,第379,380页。

② 弗洛罗夫斯基,见前书,第356页;另请参阅库德里亚舍夫:《欧洲通报》,第12卷,第543页,前引论文。当然,选民暂时离开他们的经常住处,同样既不能解释我在上面所引述的穆罗姆贵族关于他们没有任何麻烦和需要的声明,也不能解释季米特洛夫斯克市居民关于他们不申请任何"改善"的声明,根据他们城市的情况,没有任何共同的需要可以提出等等(见库德里亚舍夫:《欧洲通报》,第12卷,第541页,同文)。

对于这一值得注意的现象,也应在同样的意义上去理解。这一情况甚至使领导这两个都会选举的警察总监奇切林有些着急,他"劝告选民不要在委托书里""从有能力的、和知道城市需要的各种身份的居民中,选出复选人"①。

由于这一切,如果说不是"一般地"所有居民,而只是其中某一部分、而且是比较小的一部分,在叶卡捷琳娜二世王朝比在以前对选举表现了更认真、更自觉的态度,那我们就更接近真理了。

这一部分居民精力最充沛,也最活跃。他们的当选人,应该说是在委员会里享有代表权的所有居民的需要的表达者,是这些居民的意图的体现者。

尽人皆知,农村居民在委员会里的代表是很少的。在选举条例里只提到独院小地主,务农的士兵,多年公职官宦,耕种国家土地和缴纳皮毛实物税的农民。12 月 19 日上谕颁布后,除这些成分外,增加了某些其他成分。同年 12 月 19 日,参政院通过决议,给经济农民以代表权。其后不久,叶卡捷琳娜命令也吸收那些编入工厂的农民参加选举②。关于是否给予宫廷农民以代表权问题发生了,但同一开始就否定了地主农民的代表权一样,对于这个问题的解决也是否定的③。

任何特定阶级、等级或阶层的最活跃部分,通常都是它的最文

---

①　库德里亚舍夫:同前书,第 543 页。

②　弗洛罗夫斯基(《立法委员会的构成》)引录了这个决议的原文。这样看来,库德里亚舍夫认为工厂农民没有代表权是错误了。下文我们将看到工厂农民的某些委托书。

③　值得注意的是,在地主领地里的芬兰农民与俄国农民不同,他们在委员会里有代表(弗洛罗夫斯基:同上书,第 425、426 页)。

明的部分。这里的情况也是如此。可惜当时俄国居民的最文明部分,也是不大文明的。博奇卡列夫编制的表格,表明选民中文盲的人数[①]。

省　　别	贵　族			城市居民		
	选民总数	文　盲	文盲对选民总数的百分比	选民总数	文盲	文盲对选民总数的百分比
奥伦堡	185	111	60	—	—	—
阿尔汉格戈罗德	331	93	28.03	—	—	—
莫斯科	1756	314	17.88	4646	1543	33.17
诺夫戈罗德	977	141	14.33	69	3	4.35
涅什戈罗德	130	15	11.54	680	331	48.97
诺沃罗西斯克	309	33	10.65	—	—	—
斯摩棱斯克	206	19	9.22	30	—	0
别尔戈罗德	510	43	8.44	1401	441	31.41
沃龙涅什	553	45	8.14	1471	813	55.27
小俄罗斯	884	53	5.99	521	383	73.51
彼得堡	41	2	1.88	100	—	0
斯洛坡乌克兰	254	11	4.33	—	—	—
喀山	205	2	0.97	82	13	15.85
基辅	111	—	0	183	93	50.82
阿斯特拉罕	—	—	—	682	372	54.54
爱司特兰	165	—	0	—	—	—
里弗兰德	171	—	0	—	—	—
西伯利亚	65			—	—	—
伊尔库斯克	39	—	0	63	—	0
维堡	3	—	0	—	—	—

---

① 参阅博奇卡列夫根据1915年,1,2,3,4,5月份《俄国旧闻》刊登的立法委员会资料而写的著作:《叶卡捷琳娜二世王朝初期俄国社会的文化需要》,本表载2月份。

当俄国讽刺作家嘲笑俄国的极度法国狂时,在莫斯科省这个大俄罗斯的中心,在属于"贵胄等级"的选民中,却有大约 18% 的文盲! 至于在奥伦堡省,这种文盲选民竟达到半数以上,就更不用说了。文盲贵族可能不比塔拉斯·斯科季宁或米托罗凡·普罗斯塔科夫更易于接受一般西方影响,特别是接受解放哲学的影响。然而由于他们集居在外省,这就使我们能够正确估计我国讽刺作品所时常描绘的那种城市生活与农村生活的对立,以及他们在作这种描绘时毫不掩盖其对后一种生活的同情①。

无论在大俄罗斯或小俄罗斯,工商阶层的文盲更为普遍。如果小俄罗斯省的贵族选民中,文盲只占 6%,那么,城市选民中文盲便占 73.51%。基辅省的文盲选民占选民总数的 50.83%;在沃龙涅什省占 55.27%;在莫斯科省占 33.17%;等等。彼得堡省仿佛是一个出色的、甚至奇特的例外,其文盲选民在贵族选民中仅占 4.88%,而在城市选民中更下降为零。但是,那里列入城市选民数字中的人数比较不多。所以,更慎重的是,对于他们之中有没有文盲,不作任何结论。

无论个别情况如何,不容怀疑的是,俄国工商阶层,整个地说,在当时是比贵族等级更缺少文化的;当这些非常缺少文化的人们的代表不得不考虑彼得改革所引起的各项矛盾时,他们便显得不能广泛地照顾本等级的需要,不能提出结构严谨的、没有矛盾的整套要求了。

———————————

① 必须记住,这里所说的全然不是农民和其他阶层的对立。

III

"要求"一词,也许是不适当的。谢列耶维奇说道:"尽管城市居民的申请是合法的,但是他们总离不开一种思想,以为这些申请会为女皇所不赞成;因此,在委托书的结尾,他们总是请求惠予最大的宽恕,如果委托书的内容有什么过当的地方。"作为例证,他从梁赞省佩雷亚斯拉夫尔公民的委托书里摘录了一段话,我们在那里读到:"如果在我们这些请求里有什么是不适当的东西,我们最诚恳地请求皇帝陛下宽恕,对我们这些最忠诚的奴隶宽容,不把这看成犯罪。"[1]这就是莫斯科罗斯的具呈人的语言!具呈人不是要求,而只是提出请求。18世纪的俄国城市居民对中央政权的态度,同彼得改革前的城市居民,并无二致。然而在代表们送给叶卡捷琳娜委员会的言论里,有时却发出了前所未闻的语调。彼得改革毕竟还是有其影响的!

必须指出,城市代表对彼得改革是深为同情的。苏兹达尔市的委托书包含了对彼得活动的整篇颂辞。委托书的编者热烈歌颂这位改革家对商业的"慈父般关怀"。他们说,彼得一世"以自己的崇高地位,不惜向精于商务的人民敏锐地考察有益的办法、艺术和工作,以便将这一切教育自己的臣民",等等。他们对于彼得一世在实行有利于商业的改革时所追求的目的的看法,也是值得注意的。按照他们的说法,他"这样做的意图,是要使俄国商人积财如山,不仅(原文如此!)堪与欧洲商人并驾齐驱,而且超越他们,因为

---

① 《俄国皇家历史学会文集》,第93卷,序,第9页。

如在欧洲国家中所见,国家有多么需要商业,他是确切知道的"①。

往昔笃信宗教的人们对西方的那种笨拙的仇恨心理,在这里一点也没有了。然而这种心理,甚至波索什科夫也有过。在苏兹达尔市的委托书里,后面的几行还谈到"幸福的欧洲商人",在他们面前,贫穷中在苟且偷安的俄国商人,感到羞愧。

在委员会的第 62 次会议上,巴尔纳乌尔市代表卡雷舍夫的发言,对彼得一世作了更为热烈的颂扬。他指出,彼得改革前的俄罗斯"不为世人所知",由于贫穷妨碍它养活军队,因而不能自卫抗敌。但现在由于彼得改革,俄国已有强大的部队,"只要看看这个部队的样子,就足以使胆敢来犯的敌人惶恐和战栗"。

按照卡雷舍夫的意见,彼得改革的根本意义,在于它"开辟了港埠,增加了同各种前所未闻的各国人民的贸易"。请看,他们主要是从商业的观点来估价彼得的改革活动的。军事的理由只不过是为了加强这一观点罢了。应该看到,代表卡雷舍夫一般地认为商业在人类历史上具有非常重大的作用。他断言,腓尼基和梯尔,卡尔伐根和罗马,英国和荷兰,"其光荣都归功于商业"②。

不仅这样。卡雷舍夫在确认商业在文化发展过程中的这种重大作用时,还引证了叶卡捷琳娜《敕令》中的语句:"在受到排斥的地方,商业凋零;而在安宁不受破坏的地方,商业建立起来了。"③有理由设想,他对彼得改革的巨大利益和对商业的重大意义的信念,都是同自由的必要性的认识相联系的。尤其值得注意的是,这

---

① 《俄国皇家历史学会文集》,第 107 卷,第 18 页。
② 同上书,第 8 卷,第 275—276 页。
③ 同上书,第 275 页。

个认识不只是他一人表示过。喀琅施塔得代表雷布尼科夫在与谢尔巴托夫公爵争辩时,将俄国商人的情况与西欧商人情况作了比较,指出:"俄国商人阶层没有应有的自由。"①

根据这一切判断,使城市代表懂得自由的意义的,不是这个或那个思想家,也不是他们所引述的西方影响,而是俄国社会生活的痛苦经验。涅什戈罗德的公民抱怨警察"给商业造成巨大障碍"。这就是为什么他们在他们的委托书的第一条里便请求"将现有涅什戈罗德警察局撤销,并将警察职务划归涅什戈罗德省的议会管辖"②。北首都的公民提出申请,请求"任何人都不应在自己的住宅里遭受任何暴力侵扰;如果必须将谁送到法院或抓往何处,应先给他发出传票,如果他在传票到达后未及前往,也不能在住宅里或室内强力(原文如此!)逮捕,而应在住宅外或室外逮捕。刑事犯除外"③。

莫斯科公民在给他们的代表戈利岑公爵的委托书里,也提出了同样的申请:他们希望警察保卫公民不遭受任何强力行动,并不得从自己方面对法院使用暴力。"如果需要将谁送到法院,任何时候都不得将他从自有的住宅(如果他有这样的住宅的话),或租用的住宅里将其逮捕。刑事案罪犯除外"④。叶皮凡选民,请求"不得将城市居民——平民知识分子本人和他们的子女,因任何案件捕进市议会或市政自治机关,并不得在这些地方将他们监禁"。

---

① 《俄国皇家历史学会文集》,第 8 卷,第 176 页。
② 同上书,第 134 卷,第 3、4 页。
③ 同上书,第 107 卷,第 218 页。
④ 同上书,第 93 卷,第 128 页。

　　他们不像在其他委托书里一样把刑事案件作为例外，而只是把票据案件作为例外，"但必须将拘留时间和审判地点通知"①。

　　但苏兹达尔公民的话，比所有其他人都要激烈："当所有的财产都从手中被夺走了的时候，号称商人是没有任何好处（原文如此！）和幸福的。……值得称赞的商业流通，其繁荣不是由于别的，而是由于自由的意志和对营业的不阻扰。"②

　　除这些权利要求外，还请求改进诉讼程序。彼得堡的居民希望"下令按照其他欧洲城市的样子（请读者注意这点！——著者），建立市政自治机关或市法院；为了最快地约束和根绝密告谗言，因循贻误，争讼纷纭，钻营奔走，请在现时法院下建立口头法庭，以便公民和居民毫无差别地在这里审理一切相互间的争议和委屈"③。莫斯科人也提出了同样的请求，而且——这一点也应该记住——也引证西欧说："为了在公民之间更好地遵守秩序和处理发生在小市民之间的事故，最诚恳地请求在这里，按照欧洲城市的样子，建立市法院（原文如此！）。为了使一切人和每一人都能迅速约束和根绝密告谗言和因循贻误，我们认为有必要建立口头法庭，以便所有的人，无论其职位和官级如何，都能在发生争议和委屈时，利用不偏不倚的法庭。"④

　　在委员会开会时，城市的代表也请求设置口头法庭⑤。

----

① 《俄国皇家历史学会文集》，第 107 卷，第 12 页。
② 同上书，第 107 卷，第 15 页。
③ 同上书，第 107 卷，第 217 页。
④ 同上书，第 93 卷，第 126 页。
⑤ 同上书，第 93 卷，第 134 页。参阅前面引用过的博奇卡列夫论文，见《俄国旧闻》3 月号，1895 年，第 574 页。

再说一遍,彼得改革对于商工阶层没有白白过去。这个阶层的不识字或不大识字的群众开始意识到学习的必要。莫斯科的商人在他们的委托书里最诚恳地请求设置学校,"使不仅靠父母抚养的富商子弟,而且使靠本地商人养活的幼年孤儿,都能在这里学习各种语文、会计,以及为商业所必需的科学和知识"[1]。值得注意的是,我们的市民在这里也引述了西欧情况。阿尔汉格尔斯克的居民在他们的委托书里说,由于无知,"商业上没有熟练的批发商,而开明的欧洲却到处都是这种商人,所以经常获得高利。因此,可以将我国商业比喻为这样的制造厂,其原料虽好,而工具失修,不能臻于完善"[2]。

贵族代表也在委员会里指出教育的利益。但他们是从国家职务需要的观点看待教育的。例如卡卢加的贵族,希望他们的子女由于受了教育,"在往后履行他们担任的职务时,不负所学"。按照别廖夫人的意见,学校所以需要,是为了"使贵族争得光荣,比其他人更能优秀地执行女皇陛下的军事职务"[3]。至于商人的代表,他们几乎只是强调商工业的需要。里亚斯克市居民力争责成市议会"尽一切努力来教育子女,使他们除熟悉法律和书写之外,还学习数学、会计、航海、几何以及其他有关商业的科学。他们的子女如果不懂得高等科学,那就叫他们按其志愿,学习手工工艺,不让任何人不懂科学而游手好闲,墨守成规"[4]。

---

① 博奇卡列夫论文,见《俄国旧闻》2 月号,第 336 页。

② 同上,3 月号,第 565 页。

③ 同上,3 月号,第 565 页。

④ 同上,3 月号,第 574 页。

有些城市的委托书编者，想到必须实行强迫教育。维亚兹玛市的居民幻想"没有一个商人或行会人员的子女不识字，没有一个人靠乞讨过活"。沃洛格达选民希望"对穷困商人的幼年孤儿，因才施教，虽非按其志愿，而是出于真正照顾"。阿尔汉格尔市委托书编者，请求"规定男女两性子女一律学习识字和教义，违者重罚。"里亚斯克商人，建议对不送子女入学的父母"处以罚款，并将罚款用来维持学校；此外，这些子女由于父母的纵容，未经主任教师同意或在放假前擅离学校，根据 1714 年的训令，不得结婚"。

不过，远非所有城市选民都表达了他们对学习的利益的认识。下面的数字表明在 1767 年的选举里，有哪些省份表明了这个认识，以及提出学校问题的委托书在整个城市委托书中所占的百分比[①]。

省　　别	提出学校问题的委托书数	它们对全部委托书的百分比
斯摩棱斯克	1	20
阿尔汉格尔斯克	3	15
沃龙涅什	2	12.5
诺夫戈洛德	2	10
喀山	1	6.05
莫斯科	2	3.43

此外，城市选民的教育意图受到了等级界限的限制。

在 1768 年 5 月 2 日的会议上，农民士兵的代表伊凡·热列布措夫提出"意见"，认为必须在农村设立学校，以教育那里的儿童"识字，轮流学习教会的书和法律书"。在同年 5 月 5 日会议上，奔

---

① 《俄国皇家历史学会文集》，第 32 卷，第 398、412 页。

萨市的代表斯杰潘·柳巴夫采夫表示反对。他认为农民,按其情况,除识字外,不需要学习其他科学,而识字就是没有学校也可学到手。学校将使青年人离开农业①。

俄国手工业的大力发展,实际上使相当多一部分农民参加商工阶层,因而同任何地方相比,商人受到的教育更少,因而把人民群众留在愚昧之中。显然,来自同一省份——不过不是来自城市居民,而是来自农民士兵——的一位代表 Er.谢利瓦诺夫在发言反对柳巴夫采夫时,就想要他注意这一点。他提到方言教育重要性的叶卡捷琳娜《敕令》,同时指出,商人中有两个阶层:其一,由于学习而变得有了文化;另一则来自农民,没有学习的可能。从这里得出的最正确的结论很明显:如要对整个商人等级进行教育,那也就教育了农民。士兵代表的另一个意思,也是无可辩驳的:他认为教育不危害农业,而相反,给农业带来利益。

批评柳巴夫采夫观点的,除奔萨市的代表谢利瓦诺夫外,还有谢尔佩伊斯克的贵族代表斯特罗加诺夫伯爵,他认为教育对农民亦有益处,因为只有教育才使人有别于牲畜,同时,他还向我们阐明我们"对神,对国君,对社会"的责任。伯爵希望,在农民受到教育的时候,他们就不会对自己的地主表现出野蛮粗暴②。公平的读者会同意,农民士兵——也就是农民——的代表,对于教育的观点要比商人和贵族代表的观点既广阔得不可计量,而等级利己主义的成分也最少。

---

① 《俄国皇家历史学会文集》,第 32 卷,第 398、412 页。

② 同上书,第 457 页。

IV

我们知道,城市代表坚决指出了自由对于发展"商业"的重大意义。人们如果只是知道商人对于自由的这些颂歌,就会责备已故索洛维约夫的不公正,因为他说:在法律委员会里传遍了贵族、商人和僧侣们的和睦的、极为悲哀的"奴隶"呼声! 根据商人对自由的歌颂,似乎应该假定,商人代表,相反地,曾和睦地叫喊:"自由万岁!"但是,已故的历史家是对的。

就说我们所知道的喀琅施塔得代表雷布尼科夫的意见,认为俄国商人没有必要的自由罢。这个意思是以反驳谢尔巴托夫公爵的形式提出的。谢尔巴托夫公爵竭力反对城市代表申请准许商人购买奴隶。他说:"我们看到,在整个欧洲,没有人有奴隶,但谁也不说这样过不去,谁也不抱怨没有劲儿了。怎么能说,商人没有奴隶,就过不去了呢?"[1]雷布尼科夫想得对:如果承认俄国商工阶层的地位与西欧的地位相同,则这一论断是无可反驳的。所以,他赶忙指出,事情并非完全如此:与西欧不同,俄国商人被剥夺了自由,他们也没有"充分的特权,在官方征召时服役,这事涉及成千成万的人"。他对谢尔巴托夫公爵的这个答复大为城市代表所欣赏,他们当中许多人"同意他的意见"[2]。

同样,我在上面引录过的苏兹达尔委托书也歌颂彼得,因为彼得准许商人"适度地按照机器和炉窑的数目,购买农民",送进工厂

---

① 《俄国皇家历史学会文集》,第 8 卷,第 108—109 页。
② 同上书,第 176—177 页。

和作坊①。

许多其他城市，如莫沙尔斯克、阿尔扎马斯、托姆斯克、涅希、西尔白伊等等，都曾申请给商人以购买"奴隶"的权利②。

简括些说：西方的秩序是好的，自由也是好东西，但俄国不是西方。俄国商人等级自己没有自由，却又不能没有奴隶劳动。他们最恳切地请求将他们从对国家的义务兵役中解放出来，从束缚商工业活动的警察桎梏中解放出来，但又与此同时请求准许他们购买"奴隶"。彼得一世比任何其他国王都更懂得工业和商业的需要。他进行了伟大的改革。但是他的改革没有取消工厂和作坊工人的奴隶劳动，相反，它破天荒第一次使这种劳动得到广泛采用。

城市选民和当选人的见解就是如此。索洛维约夫是对的！这就使我们对于当时俄国商人的西方化的范围，有了明确概念：从西方秩序中应该抄袭那些增加商人的身价和自由的东西，同时完全忽视那些这样或那样，从这方面或那方面保障工人人身自由的东西③。

这种商人的西方化，与贵族的西方化极为相似。俄国贵族等级也是不反对颂扬西方的，因为西方贵族保有一些为俄国所没有的特权。它同时又害怕与西方接触，因为西方各国的居民享有人身自由。然而这里有着重大差别。

---

① 《俄国皇家历史学会文集》，第 107 卷，第 17 页。

② 几乎所有参加投票的商人代表都提到必须允许他们购买奴隶——农民和家仆都要。（波列诺夫：《俄国皇家历史学会文集》第 8 卷序言，第 24 页。）

③ 不要忘记，关于自由对商业的意义，城市代表是在某种程度上取得主管当局的允许下传播的——这一意义，在叶卡捷琳娜的《敕令》里亦曾谈到。

如果城市的委托书充满了对彼得一世的歌颂，那么，随后在18世纪下半期，贵族思想家却对他开始采取一种颇为慎重的态度，因为他的官制级别表使门第的重要性退居于官衔之下，而且他全然无意豁免贵族的义务兵役。在立法委员会召开之际，业已从彼得一世历届继位者取得一系列特权的俄国贵族，竭力奉承叶卡捷琳娜二世，希望她不要拒绝执行他们那些不影响她本身权力的愿望。伏尔泰的女弟子非常乐意地迎合了他们的这些愿望。但是贵族的要求愈是增多，他们便愈是同其他阶层的利益和权利相矛盾。其他阶层不能不反对他们。可是，工业阶层的代表一方面吞吞吐吐地、毫无系统地表示反对贵族的要求，但在最主要的方面，却没有表现为革新者，而是表现为守旧者，更确切些说，表现为力图恢复旧事物的反动派。

谢尔盖耶维奇完全正确地指出：自远古到18世纪，所有自由的人都能蓄奴。法律禁止寺院和显贵购买世袭领地，但不禁止任何人购买人。在进行第一次人口普查时，曾允许商人和城市工商业者保有奴仆。只是在18世纪中叶，政府对这一问题的态度，才有所改变。在进行第二次人口普查时，根据参政院1746年命令，只允许在第一次普查时业已保有奴仆的工商业者，保有奴仆。

城市工商业者在第一次人口普查后购买的奴仆，从他们那里划拨出去，按照他们的意愿，拨给城市工商业及行会或者地主。剥夺商人购买奴隶的权利的制度，是经过这种实质上非法的命令确立起来的①。

---

① 参阅谢尔盖耶维奇为《俄国皇家历史学会文集》第93卷所写《序》，第8页。

　　商人力图恢复这一权利。在 18 世纪 60 年代初——可以说，就在法典委员会召开前夕——科斯特罗马、科洛姆纳、梁赞省佩雷亚斯拉夫尔市、土拉、特维尔、诺夫戈罗德、新托尔日克、托罗彼茨、卡尔戈波尔、沃洛格达、辛比尔斯克、察列沃科克沙伊斯克，以及维亚兹马的商人，都曾向商业委员会提出申请，请求许可他们领有奴隶[①]。出席立法委员会的城市代表在一同高喊"要奴隶!"的时候，只不过是重复着以前商人提出的恢复旧日权利的主张罢了。

　　但是领有奴隶的权利，是不能同领有有住民的庄园的权利等量齐观的。在莫斯科罗斯，只有军职人员才享有这后一权利。在属于商工阶层的人们中，只有参加首都商会的人们以及被选为地方长官的那些市镇工商业者，才享有这一权利[②]。彼得一世给商人们的这一权利以全新的面貌。1721 年 1 月 18 日上谕允许所有商人为工厂和作坊购买有住民的乡村，"其条件是这些乡村永远不能脱离这些作坊"。不仅如此，彼得政府还按照莫斯科的旧习惯，将俄国和俄国人看为沙皇的私有财产，往往将国家的工厂连同在厂里工作的工人，一同交给私人经营。彼得的继位者有时也这样办。在安娜王朝，由于当时最大工厂主的要求，发布上谕，规定所有当时在厂里的工人和他们的家属，都永远属于他们的领主[③]。如果这一上谕完全符合彼得一世的经济政策的性质，那么他的历届继位者的其他上谕所追求的，却是直接相反的目的了。例如，同

　　① 参阅拉波－丹尼列夫斯基的很有教益的著作:《俄国商工业公司》，圣彼得堡 1889 年版，第 64 页。

　　② 见克柳切夫斯基:《俄国阶层史》，莫斯科 1913 年版，第 198 页。

　　③ 拉波-丹尼列夫斯基:《俄国商工业公司》，第 63 页。

一安娜女皇的政府在《关于所有工厂的总上谕》里，要求企业家使用雇佣工人的劳动。彼得一世的继任者在发给新工厂开办证书时，也都提出这一要求。最后，在 1762 年 3 月 29 日发布的上谕里，规定工厂应限于"根据身份证、按照商定的工资，使用自由的雇佣工人"[①]。拉波·丹尼列夫斯基说：这一上谕的结果，看来在 1763—1765 年编制清册时即已显示出来，清册表明在我国已有些工厂只是使用雇佣劳动。这位学者完全否定图甘－巴拉诺夫斯基所说我国 18 世纪的大规模生产是奴隶生产而不是资本主义生产的意见。根据 18 世纪 60 年代资料的分析，他断言当时雇佣工人占大多数私营工厂工人总数的 33％[②]。当然，这一情况是应该注意的。

但是，第一，在"自由雇佣的工厂及作坊工人"（他们的数目占33％）之中，毫无疑问，有许多是依附领主和宫廷的工人，就是说，仍然有许多是奴隶[③]。

第二，即使我们假设一种不可能的情况，即假定在工厂和作坊中从事生产的依附地主和宫廷的奴隶的百分比等于零，那我们也不能避开一个问题：即对于那种使用 67％ "不自由人"（按照彼得时代的说法）的生产，应该怎样称呼呢？称它为奴隶式生产比称它为资本主义生产要合适得多，这难道不是显而易见的吗？[④]

[①]　拉波·丹尼列夫斯基：《俄国商工业公司》，第 67 页。

[②]　同上书，第 67—68 页。

[③]　在拉波－丹尼列夫斯基所引用的表里，"自由雇佣工人"一栏用了两个词为标题，即"自由工人和雇佣工人"——这是否因为并非所有雇佣工人都是自由工人呢？

[④]　拉波·丹尼列夫斯基自己也说，只有很少数贫穷和规模不大的工厂才完全使用雇佣劳动。（同书，第 67 页）

第三,说我国18世纪的大规模生产是奴隶式生产,并不就是说这种生产完全不使用雇佣劳动。

雇佣劳动当时在俄国并不是什么不为人知的现象。这一点是显而易见的。然而我国大规模工业的基础仍旧是奴隶式的,这一点除统计数字外,还为另一事实所证明:这就是,如法典委员会城市代表发言所表示,人们认为对于企业家,雇佣劳动不及奴隶劳动有利。然而在资本主义生产下,事情并非如此,这是在资本主义生产条件下"工作的"企业家们所熟知的。

V

我国当时的商人在谋求恢复购买奴隶的权利时,不是向前看,而是向后看。有趣的是,他们在将彼得时代理想化方面,同我们的讽刺作家——方-维津以及别的一些人——志同道合,尽管他们所走的道路是全然不同的。他们的代表所以颂扬彼得时代,不仅因为彼得一世准许商人"参照机器和炉窑的数目"购买奴隶,而彼得的继位者却逐渐剥夺了他们的这一权利。彼得试图按照西欧的方式改造我国的城市管理机构。1718年6月,他决定"在所有城市里建立市议会,并提供良好的章程,按照里加和雷瓦尔的规则进行"。的确,严厉的改革家虽坚定、无情地使个别阶层的利益服从国家,却从未忘记用他自己的、本国的内容充实西方的形式。按照他的设想,新的城市机关必须"促进伟大国王的利益和幸福",也就是必须服务于国家的需要。他很少关心城市自治:他一般地不了解自治。而在其后的各个朝代,就连彼得一世为实行城市自治而实行的那些为数极为罕见的措施,也都部分地被取消,部分地被破坏了。毫不奇怪,我们在从城市派到法典委员会的代表们的委托书里,除看到对这位君主的理想化外,还看到对他的继位者的迹近讽刺的态度。苏兹达尔市的委托书抱怨说:"我们感到最为不幸和痛哭不已(原文如此)的是,他们(商人——著者)未能按照绝顶明智的国王的意向,达到他所期望的境地。"有时,城市委托书的编者直截了当地用彼得的语言,更确切地说,用总市长办事章程的语言说话。他们的西方化来源于彼得的经济政策,而且很少超越彼得为他的西方化所规定的范围。

有时,对于叶卡捷琳娜时代商人的西方化,这种范围甚至显得过于广阔。

但是,当时我国商人也有不满意彼得改革的方面:这就是警察对城市的态度。在总市长办事章程里(城市委托书的编者和城市代表都往往用章程的语言说话)宣布警察"为市民及一切善良秩序的灵魂,为人们舒适和安全的基本支柱"。俄国居民有理由对这种关于警察的颂扬观点,采取某种怀疑态度。他们根据自己亲身的经验知道,这一"人们舒适和安全的基本支柱"时常给公民造成巨大的不舒适,特别是威胁着公民的安全。因此,商人以其最有觉悟的代表为喉舌,"以欧洲城市为根据",在委员会里请求使警察完全服从城市管理机关。为了形成这一愿望,必须,哪怕是短期地,停止向后看,而将自己的眼光朝向前方。然而由于商人在提出这一申请时,毫未放弃其恢复过去购买奴隶的权利的意图,所以,他们在悄悄地向前看了一眼之后,又开始凝神地朝后看。于是,他们的进步的愿望,立即被他们的反动追求所麻痹而归于消失。由于这一原因,可以说,他们已不善于对他们本身的申诉作出总结,因而从很广泛的前提里作出了极为狭隘的结论。例如,巴尔纳乌尔市的代表卡雷舍夫在委员会的第 62 次会议上关于"商业"在人类发展史上的伟大意义作了长篇演讲之后,提出申请:1)请求对恰克图海关征收的关税,加以改变;2)请求减轻西伯利亚商人所负担的义务;3)请求坚决重申和遵守规定,使其他城市的商人不得贩卖和零售商品,以免西伯利亚商人破产;4)请求重申取缔收受和进行贿赂①。这就是他们的全部请求。实在说,为了这些,并无必要提出腓尼基、梯尔、卡法甘和罗马,也毋须谈论商业给英国和荷兰带来的光荣。

莫萨耳的委托书警告说:"俄国商人与其他欧洲城市的市民阶层相比,是受到极度鄙视的",原因在于对他们"规定了人头税"②。也许,这一解释是近乎真实的。人头税是国家奴役非特权等级的多种结果之一,因而也是标志之一。但也只是多种结果和标志之一而已。为了将俄国商人提高到西方"市民"的法律水平,只解除他们缴纳人头税的义务,是不够的;为了达到这个水平,必须完全解放他们,并使他们取得"其他欧洲城市"第三等级已经取得的权利。

然而莫萨耳的商人,显然没有想到这点,所以,情愿满足于解除他们的人头税。

岂止莫萨耳商人如此! 尔热夫市的市民申诉说:"由于商人缴纳人头税,由于对他们的侮辱只处以极小处罚,他们不仅受到高等

---

① 《俄国皇家历史学会文集》第 8 卷,第 280—282 页。
② 同上书,第 107 卷,第 33—34 页。

贵族,而且受到最下级官吏的鄙视"①。

"侮辱"这个概念是彼得堡俄罗斯从莫斯科罗斯因袭过来的。克柳切夫斯基说:"最初这个用语是指法律对某种官阶赋以何种意义,表示国家对不同社会官员给国家带来的比较贡献的评价的。用以表示这种官员荣誉评价的最明显的形式,是对侮辱,即对以行为,特别是'以不成体统的言论'侮辱别人的处罚。对侮辱的处罚,按被侮辱一方和进行侮辱一方的官级不同而采取甚为悬殊的方式"②。尔热夫市的市民由于对商人的侮辱只受到"极小惩罚"而感到痛苦,他们完全支持了旧的莫斯科概念。而由于支持这一概念,他们便不可能提出比较激进的要求。所以,尔热夫人表示,必须对侮辱商人荣誉,加重处罚。

但是,不言而喻,在当时俄国的条件下,只是转到彼得堡时期产生的概念的立场上,还是不足以产生比较激进的要求的。例如,谢尔佩伊斯克的代表请求给第一级的工厂主和商人赏赐佩剑的权利,这将使他们能够"比其他商人"获得更高荣誉③。这一谢尔佩伊斯克的欧化分子,其愿望的谦虚,真是无以复加了!

为了替自己辩解,当时的商人可能说,他们所以提出这种完全适合莫斯科罗斯的愿望,是有完全充足的理由的:旧莫斯科的实际,尽管经过彼得改革,仍然在许多方面是不可动摇的。彼得堡的公民申诉说:"本市的公民由于每年的选举公役,已是精疲力竭,他们多年抛弃了自己的商业,特别是生产。"这一完全有根有据的申

---

① 《俄国皇家历史学会文集》,第 107 卷,第 413 页。
② 《俄国等级史》,第 196 页。
③ 《俄国皇家历史学会文集》,第 8 卷,第 95 页。

诉,在其他城市的委托书里和城市代表的意见书里,也比比皆是。就在彼得改革之后,行政当局和贵族等级对在国家奴役下的商人亦曾加以残酷压制和贬抑。对于这一情况,波索什科夫就已表示不满,商人在整个 18 世纪,更是怨声不绝[①]。1745 年莫斯科参政院办公室收到申诉,指控莫斯科警察局长纳希切金对小商人组织袭击,使用警察队伍毁坏了大量窝棚和小商店[②]。萨拉托夫委托书的编者说,他们的警察局长随意支配公民的劳动和时间。其至城市里的市议会对于市民的态度,也是非常粗暴。莫斯科的总督萨尔特科夫伯爵在叶卡捷琳娜二世王朝就已报告,奥尔洛夫市议会主席对商人实行了"巨大压迫,掠夺,导致死亡"。他抢劫了一个名叫库兹尼佐夫的工厂,残酷地殴打工人。为了敉平骚乱,军事当局认为必须遍布密集的哨兵,但是哨兵刚刚撤走,"骚乱者(即市议会主席的拥护者——著者)便像以前一样在市内到处骚扰,成群结队,手持实弹的枪械和棍棒,打死和打伤反对他们的人"。当人们处于这种条件之下时,他们像溺水者抓住稻草一般,抓住所有可以抓到的东西:诸如"处罚侮辱",争取佩剑的权利等等。

VI

为了对城市代表在法典委员会提出的各种愿望作出公正的评价,必须确切了解这些愿望所自产生的历史环境。奇怪的是,甚至

---

①　莫萨尔商人的委托书里写道,由于商人缴纳人头税,因而所有的人,"特别是贵族",都称呼他们为庄稼汉。他们说,"我国有这些缴纳人头税的庄稼汉。如果对他们加以重压,也不会受到大的处罚。"

②　季佳京(Дитятин):《俄国城市制度和管理》,第 354 页。

我们的一些深切了解当时我国商工阶层所享受的权利很小而所负担的义务很重的学者，也未能经常做到这一点[1]。例如，已故季佳京便责备城市代表希求"为商人保证从事商业与手工业的特殊等级权利"[2]。

可能以为，商人谋求垄断。可是，这是没有的事情。垄断家企图将新人排斥于他们的范围之外。与此相反，18 世纪的俄国商人却申请将所有在罗斯从事商业和手工业的人们都列入他们的阶层。苏兹达尔的委托书满意地提到彼得一世"曾命令将从事商业的农民永远列入商界"。下戈罗德的代表在委托书中请求将所有从事商业和流入下戈罗德各市镇的农民，列入下戈罗德的商界[3]。托姆斯克市的商人甚至请求给农民以参加商工界的便利。他们希望农民能够登记为商人，"不要通知原主管机关将他们除名，而只是通知他们登记的机关"[4]。这段话文理不通顺，但意思很明白。

下戈罗德代表为了说明上述将农民登记为商人的请求，提出一种理由，认为这些农民当中的一些人都有一两万卢布甚至更多的资本，却享受很大的优待，因为"他们除了向国家交纳正式赋税

---

[1]　季佳京：《俄国城京制度和管理》，第 371—372 页。

[2]　同上书，第 498 页。

[3]　《俄国皇家历史学会文集》，第 134 卷，第 5 页——商人的商业与农民的商业密切关联。在法典委员会召集前数年，商业委员会委员之一说："商人由于缺少资本，如无农民商业的帮助，总是不能维持的。他们经常在内地城市贸易中与富有农民保持商业联系。据说，现时最明显的是，下戈罗德市议会不仅不妨碍农民经商，而且由于该会是由贫穷商人组成的，还自动寻找和邀请农民经商，并按照商业情况，向每人征收足够的税款，他们就是靠这种税款来维持开支和交付贡赋的。（拉波·丹尼列夫斯基：见前书，第 103 页。）

[4]　同上书，第 320 页。

和向地主缴付代役租税以外,没有任何负担,不知道匮乏,不付住宿费用,也不知道警察干扰。"当时所有的商人都是这样说的。对于他们,问题实在不在于商业权利,而在于履行商人对国家的义务。对于所有愿意同他们一道分担这种义务的人,他们都愿意给予所有属于他们这个阶层的权利。

在法典委员会时期,市镇仍旧像在 17 世纪时一样,是一个负担赋税和劳役的公社。像任何这种公社一样,它必须交纳一定的货币税和负担一定的实物税,它关心的不是减少公社社员的数目,而是尽可能更多的增加这个数目。城市委托书的编者和城市的代表所以请求禁止不属于商工界、因而不负担市镇租税和劳役的人们经营商业,就是为了求得这个数目的增加①。

谢尔盖耶维奇在谈到商界的等级意向时指出,例如,柳比姆市的委托书虽然反对农民经营商业,但毫不反对将他们登记为商人,而且,在这种情形下,给他们以与老商人相等的权利。这位学者还指出,罗斯托夫的市民散布将农民登记为商人获得巨大利益的说法,"因为商人的商业发展了,则国库收入增多"②。

我国商人在坚决提出将从事商工业的农民转入商工阶层的愿望时,也如像在几乎所有其他事情上一样,是保持着旧莫斯科传统的立场的。1649 年法典禁止不交纳国税,不服国家兵役的各色人

---

① 与此相同,15 世纪的佛罗伦萨小资产阶级也力争对居住该市并从事工艺的外国人与该市市民相等地征收捐税,因为不这样,该市市民便抵挡不住他们的竞争。佩林:《佛罗伦萨的文明》,第 88 页。(Perrens, La civilisation florentine, p.88.)

② 《俄国皇家历史学会文集》第 93 卷序,第 3—4 页。

等经营商工业[1]。

18世纪的彼得堡政府，并不急于撤销这一禁令。根据1755年商业章程，所有从事商业的人——哪怕是在市镇以外的区域，都须登记并交付赋税、负担劳役[2]。为了激励城市及市镇居民抗拒这一莫斯科旧传统，必须预先从他们颈上解脱国家赋役的沉重枷锁。他们在叶卡捷琳娜委员会里热烈请求解除他们的这一沉重枷锁。但是，只要这一枷锁还压在他们的颈上，他们便只得不由自主地设法不使任何一个商人规避把它戴上。

VII

我在本书第1卷已指出，把农民固定在土地上，阻碍他们转入城市，妨碍了我国城乡之间的劳动分工，造成了手工业在乡村的广泛发展。这种工业的发展过程有其自己的逻辑，它同市镇公社工业发展的逻辑，是不尽相同的。这里时常发生许多矛盾，这种矛盾在法典委员会里亦有表现。农村公社的代表表示，由于禁止农民经营商工业，国家不仅给农民，而且也给自己造成巨大损失。赫雷诺夫县的耕种国家土地的农民，抱怨商人妨碍他们出卖产品和从

---

① "莫斯科各市镇的主教，总主教，领主，僧侣，大贵族，侍臣，杜马（议会）议员，近亲和各级人士，以及居住市镇的商人和手工业者，任何从事商工业和开设店铺的人们，——所有这些市镇及在其中居住的人们，除奴隶外，都须永远不变地为国王服劳役，交赋税，服兵役。至于奴隶，均将于查询时告知，将他们交给那些支配他们的人们带到他们的宅邸。其父母为市镇商人的奴隶或来自皇室领有州县的奴隶，得在市镇居住。往后，除在皇家领有的市镇外，无论在任何莫斯科的市镇，都不得留居。"（《阿列克谢·米海伊洛维奇沙皇1649年法典汇编》，莫斯科大学出版，莫斯科1907年版，第134页，以及第136、137、138页。）

② 参阅基哲维特尔：《18世纪俄国市镇公社》，莫斯科1903年版，第17页。

事手工业。独院小地主也反对商人强求只对负担商人赋役的人们,才给予经营商业的权利。叶列茨克省的独院小地主代表说:"我们应该注意到,在广阔的俄罗斯国家里,商人阶层与其他阶层相比,为数较少;此外,俄国商人由于具备有教养人的特性(这一独院小地主多么善于粉饰门面——著者),同外国进行着商业交易;并为此从本国同胞中雇用了大量店员。考虑到这一切,我们认为俄国商人不可能参加任何小商小贩经营,尽管他不只一次进行过这种尝试。"①

最后,在这个问题上,农民坚决自愿地支持了贵族。

农民和贵族的团结一致,是一种极为罕见的现象。根据在有关商业权利问题争论中所显示的这种团结一致,可以看出,这一权利问题该有多么复杂,它所牵涉的利益又是多么错综复杂。

唯独商工阶层享有经营工商业的权利,对于农村手工业者是一个带来巨大打击的威胁。此外,这还使向市场输送农产品的所有农民,处于极端困难的境地。这是可以理解的。但手工业者与手工业者各有不同。赫雷诺夫县的农民抱怨商人妨碍他们出售产品和经营手工业,他们在委托书中承认,他们当中的一些人抛弃农业而只是从事"皮革业"。② 读者会同意,只是从事手工业而抛弃农业的乡村居民,在经济活动上表现为城市居民。如果我们的事实上的城市居民,比法律上的城市居民(市镇居民)负担较轻的赋役,则后者自然要呼吁他们遵守制度,要求"平等"。我们所考察的

---

① 《俄国皇家历史学会文集》,第 8 卷,第 86 页。
② 同上书,第 115 卷,第 229—230 页。

商工阶层的要求，最多的就是这种"平等"愿望。

阿斯特拉罕市的代表坚决表示，如果将"经商的农民"（原文如此！）改为商人，后者不会感到委屈，相反，会获得好处。他像托姆斯克代表一样请求说："可否命令对于一切独院小地主，经济农民以及地主，农民，凡资本充足，从事商业又不属于农业者，一律依法登记为商人。"①在对他的这一提议进行辩论时，他极为确切地解释说，他的意思就是指这些既已脱离农业，又以经商为生的农民。对于有些人（请注意：不是商界代表）未必诚实地认为"新来的商人"会排挤老商人等等，他反驳说，俄国幅员广阔，所有的商人——无论新旧——"只要有钱"，只要依法经商，都会有充足的天地。有趣的是，这个以"从莫斯科罗斯因袭得来的法律规定为凭借"的人，两次引录了叶卡捷琳娜的《上谕》②：因为在《上谕》里写道，"所有既非贵族又不种地，而从事于艺术、科学、航海以及商工业的人们，都属于中间一类。"显而易见，经商的农民正好属于这一类。

阿尔汉格尔戈罗德的耕种国家土地农民的代表丘布洛夫认为，无论如何，不能禁止农民"参加商业经济"。他的理由说明了问题的又一方面。他说："如果禁止农民经营小量丝织品或其他为农民所必需的商品的贸易，那就不仅给农民，而且也给商人带来危害。"③

这话是包含着重大真理的。1764 年有个城市的商人向商业委员会抱怨《上谕》禁止农民之间发生债务关系。他们坦率地说，

---

① 《俄国皇家历史学会文集》，第 32 卷，第 458—459 页。
② 同上书，第 8 卷，第 97 页。
③ 同上。

商人有时是通过农民进行商业活动的[1]。可能,丘普罗夫代表在谈到丝织品的贸易时,也是指的这一现象。但是由于农民参加丝织品的贸易——顺便指出,丝织品的原料并不是俄国农民经济的产品——所以他们便成为商人,因而当然应该负担所有加于商人的义务。

拉波·丹尼列夫斯基认为农民宁愿在事实上参加商人阶级而不履行加于他们的义务[2]。很可能事情真是如此。如果商工阶层群起反对这一倾向,那也不能为此责备他们。

至于贵族,他们毫不谴责经营商业的农民的这种贪婪倾向,这是毫不足怪的。从事商工业的依附地主的农民,愈是能够规避加于商工阶层的义务,便愈是能够向他们的主人支付更高的租赋。此外,所有从事商工业的农民(这就是说,也包括依附地主的农民在内),如果自由地,甚至强制地转入商工业阶层,那将是对神圣的农奴制的破坏。

最后,商人不仅是同农民的倾向进行了斗争。他们希望所有一切从事商工业活动的人们,无论他们属于哪个阶层,都必须选择:或者放弃这种活动,或者一同负担商人的义务[3]。贵族怎样也不喜欢这种选择,因为当时他们已经有了不少工厂和作坊。

地主先生们不仅猛烈反对商人把商工业活动转变为他们这阶层(我每次指出的广义的阶层)的独特权利的企图。他们自己还企

---

　① 　拉波·丹尼列夫斯基:《俄国商工业公司》,第 103 页。

　② 　同上书,第 104 页,——前已指出,下戈罗德商人同市郊农民保有密切联系。

　③ 　例如,彼得堡的委托书就抱怨对于居住首都的外国商人,豁免了俄国商工阶层所负担的义务。

图剥夺商人经营某些工厂和作坊工业部门的权利。雅罗斯拉夫尔的贵族在他们的委托书中表示，"使用亚麻、大麻纤维及其他经济作物进行制造的工厂，均应为贵族所有"。但是，由于在这类工厂里商人投入了大量资本（这是雅罗斯拉夫尔贵族委托书原文的用语。——著者），所以又主张，已有的商营工厂，仍归原厂主所有，"但须向贵族缴纳若干数目不大，对他们不为沉重的款项"；至于新建工厂的权利，则只是给予贵族①。

贵族对于农民经营工业权利的维护，同大公无私多么风马牛不相及，从以下所述可以概见：

在同一雅罗斯拉夫尔委托书里，提出了禁止商人向农民就地（逐户）购买粮食的请求。按照委托书的说法，"他们这样购买粮食，实使农民陷于破产，因为商人时常向农民预付价款，最后迫使他们按半价出售粮食。"任何人都承认，这种现象是可能的，甚至是可靠的。

但是，如果农民不能在自己的家里向商人出售粮食，那么，他们在什么地方出售呢？在城市吗？可是，在那儿等待着他们的是更令人愤恨的、更无可避免的违法舞弊行为。或者，也许他们应该在乡村里寻找别的不属于商人阶层的收购者？委托书的编者以为——的确，这样的收购者应是贵族。他们丝毫不掩盖他们提出禁止商人就地向农民收购粮食的请求的目的。他们写道，这是"为了使贵族能够进行粮食贸易"②。这是非常朴素的，也是非常有意

---

① 《俄国皇家历史学会文集》，第 4 卷，第 301 页。

② 同上书，第 301—320 页。

义的。不过,这一朴素的供词并不完全。为了使它完整,应该写明:这是为了使仅仅一个贵族能够从购买农民粮食中榨取利益。

VIII

城市代表对于彼得一世允许商人"参照机器和炉窑的数目"购买农民,备极赞颂;而被派到作坊的农民却用最暗淡的色调,描绘了他们的处境。

被强制为作坊工作的农村距离这些作坊常达 500 俄里! 这对于农民极为不便,所以他们宁愿派出雇佣工人来代替他们自己,尽管他们付给雇工的工钱,要比他们从作坊主人所得的多得多。"我们农民为作坊工作所得工钱极为微薄,夏天每日 5 戈比,冬天每日 4 戈比;而我们付给雇工的,却是每日 6 到 7 戈比。"农民砍伐木材,每沙绳(等于 1.134 米。——译者)工钱 25 戈比,而他们付给自由雇工的工钱却为 30 戈比以上。农民采煤,每 20 沙绳一堆所得工钱为 3 卢布 40 戈比,而雇工进行同样的工作,他们要付给 12 到 13 卢布[①]。这样看来,派给作坊的农民,也就是,不自由的农民,他们付给自由工人的工钱,占后者为了自己的劳动在作坊所领工钱的很大部分。拉波·丹尼列夫斯基也会同意,这种离奇的现象所以可能,只是因为在我国的国民经济关系里居统治地位的是农奴制。

不言而喻,派给作坊的农民,在这种离奇的经济里,是看不出

---

① 《俄国皇家历史学会文集》,第 115 卷,苏里卡姆县派给作坊的耕种国有土地农民的委托书。

任何美好的东西的。他们梦想恢复他们以前的那种耕种国有土地农民的地位，或如他们所说，注销他们同作坊的关系。

如果，耕种国有土地农民的一部分，抱怨政府将他们派给作坊以后，迫使他们用自己的金钱促进俄国雇佣劳动的发展，那么，他们当中的另一部分，则由于政府的各种土地命令而感到委屈。

1754 年的土地清丈训令，剥夺了农民（"自由"农）自由支配自己土地的权利。往后不得将这种土地出卖或抵押。甚至土地继承权，也被废除。农民死后，他的土地不得在子女之间分配，而应交给所在的村，作为国有土地。谢尔盖耶维奇称这种政府训令为最古老的纯社会主义立法的尝试[1]。我在本著的历史绪论里[2]业已指出，这些训令与社会主义毫不相干，它们不过是彻底贯彻了莫斯科时期政府对待劳动群众的原则而已。按照这一原则，生产者和他们所有的生产资料——土地也包括在内——都为国王的私产。我举出了一些例子，证明俄国农民对于这些实行奴隶占有制的原则，并不总是驯服的。现在，我还要指出，我国北部某些耕种国有土地农民怎样在他们的委托书里反驳 1754 年土地清丈训令里的这些命令的。

乌斯丘格县雅格雷日乡的农民，关于他们因被剥夺了出卖土地的权利而感到的困难作如下描述：

他们说，许多人由于这一困难而陷于"贫困"。最重要的是"一些人没有子女，而本人又因生病或年老不能管理家务和耕种土地，

---

[1] 《俄国皇家历史学会文集》，第 123 卷，第 14 页。

[2] 参阅本著第 1 卷。

土地又不能出卖——由于这一切,他们所在的村子,陷于极度贫困和土地荒芜,派在村里的农奴又为本乡其他地方所支配,因此发生社会穷困和不堪的负担"①。

委托书的一些作者凭经验知道,在政府的眼里,根据国家利益,也就是根据国库的利益而提出的理由,最为重要。所以对于问题的这一方面,他们认为必须加以注意。

他们说:"与此相反,在耕种国有土地农民之间转卖不动产,如果予以批准,那会带来社会利益。(原文如此!)因为,像以前那样,将文契写明的不动产从一人转给另一人,则其后代便会为了国家利益,满怀希望地,努力使耕地和干草场处于最好状态,这是一种不小的社会利益。"②

谢尔盖耶维奇认为在召集法典委员会时代,尚无土地重分的事。他说,土地重分只是在后来才发生的,并且不是自发地,而是由于 1871 年的政府指令。这个指令规定"将土地及一切可用农地,在农民之间按人口分配为课税单位面积,从此以后,这便成为人头税和一切劳役的基础。"③

但问题在于这一指令只是政府在很长时期内所实行的土地政策的最后一步。这一政策对于农民的思想不会没有影响。如果农民有了这种土地而由于某种缘故不能耕种,因而想要将其出卖,如果这样的农民对于取缔自由转让农民不动产的禁令感到不满,那么,另一部分农民由于某种原因未能取得足够的土地份额,他们在

---

① 《俄国皇家历史学会文集》,第 123 卷,第 129 页。
② 同上。
③ 同上书,序,第 15 页。

法典委员会召集时代,便形成一种观点,以为政府应该无偿没收被出卖的农民土地,并在无地农民中进行分配。这部分农民深切领会政府土地政策的意义,认为既然所有农民都要向政府交纳赋税,那他们就有权从政府获得充分的土地保证。在这个基础上,在耕种国家土地的农民和宫廷农民之间,产生了很大的摩擦,这种摩擦显著地表现在圣诞墓地农民和宫廷所属希莫涅夫乡农民的委托书里。

委托书写道,在这个乡里,"已开垦的"土地不足,而由于"上帝保佑",人口增多,所以勤劳的业主要在森林里开拓新地,并在原有耕地上施上厩肥;而"其他地区的寄生虫"则不关心自己的经济,因而"陷于贫困,无力偿付租税"。

于是,这些所谓"陷于贫困"的农民,如圣诞墓地农民委托书所说,便请求将已由勤劳业主开垦和施肥的土地,按人口实行分配。委托书最坚决地谴责了这一请求:

"如果准许这些浪费者和懒汉按人口分得那些经过巨大劳动和亏损开垦出来的施过粪肥的土地,则每一男丁所得将略多于10俄亩,既不足以维持生活,而且往后也再不会有人愿意这样辛勤努力地增加粮食生产和扩充耕地。这种损失实无意义,因为勤奋者努力耕耘,而懒汉则坐享其成,以后还会将土地荒废。"[1]

卡尔戈波尔的农民也发表同样的意见。

他们在委托书里报告委员会,"在农民中间有许多人无力占有自己的土地,因而也无力偿付人头税"。他们的贫穷可能造成赋税

---

[1] 《俄国皇家历史学会文集》,第123卷,第123—124页。

的停收,也可能增加富有业主的负担。因此,卡尔戈波尔的农民,
"表示渴望按照成规准许在他们之间出卖和互换农村土地。"①

"按照成规"! 这就是在委员会里享有代表权的那部分农民的
意图。他们毫不想到在远景上他们可能陷于一个耕畜的境地:有
相当温饱的饲料,成为国家的财产,成为国家的能说话的工具(in-
strumentum vocale)。

商人力争为自己的作坊和工厂取得购买奴隶的权利,对于政
府将一个又一个等级特权给予贵族的政策,深为不满。我们知道,
他们也希望恢复旧事物,使事情"按照成规"发展下去。

甚至讽刺作家也习于将"成规"理想化——将彼得一世时代理
想化。

这就是 18 世纪的情形。我们在 17 世纪和 16 世纪也看到同样
情况:试回忆库尔布斯基和一般大贵族反对派罢;回忆分裂运动罢。

当一个国家的心怀不满的人民不把眼光朝前看,而朝后看,不
看未来,而看过去的时候,这就意味着,在现在,足以成为前进的反
对派运动基础的客观实际还没有形成。

事实上,18 世纪俄罗斯的经济落后,在所有送到叶卡捷琳娜
委员会的委托书里,都显得惊心触目。如果将这些委托书同 1789
年法国选民的"Cashiers"加以比较,这种落后就尤为突出了。

IX

当时在俄国唯一不向后看,而向前看的阶层,是贵族。然而贵

---

① 引自 8 月 20 日会议日记,《俄国皇家历史学会文集》,第 4 卷,第 72 页。

族向前看到的，除了给他们以特权，对商人阶层加以某些抑制和进一步加强农民的奴隶依附之外，别的什么也没有。

布里克涅尔在评价谢尔巴托夫公爵这位法典委员会委员的发言时，写道：尽管这位雅罗斯拉夫尔贵族的代表，在委员会里没有起到像米拉波在 1789 年法国国民议会上所发挥的那种作用，"但是他在那里表现为自由主义原则的拥护者，人道主义的辩护人，高尚的思想家、慈善家"①。

我们完全不知道谢尔巴托夫的慈善家活动。我们也没有权利怀疑他的高尚品质和人道主义。

不仅如此。我们有根据说他是一个能够高尚地理解他对祖国的义务的人②。然而布里克涅尔将他比拟为米拉波，却是极度幼稚的。著名的法国雄辩家，代表了第三等级结束法国贵族特权的趋向；而谢尔巴托夫却最强烈地支持了巩固和大俄国贵族特权的意图。

他在为这种特权辩解时，有时确实表达了一些人道主义观点。例如，现代的读者，在读到他的关于商人的工厂中工人情况的演说时，也不能不为之心情激动。他认为这种情况"无论在生活方面或道德方面，都是极为恶劣的"。但是，不无奇怪的是，他严厉揭发了商人阶层企业家的冷酷无情，却仅仅顺便一提商营企业工人的极

---

① 见他的论文：《1767 年大委员会委员——谢尔巴托夫》（《历史通报》，1881 年 10 月，第 245 页）。

② 他在同波尔京内伊争论时问道："为什么我从幼年时代便不断地写着，认为每一公民都应尽其力所能及为祖国谋利益呢？"（《俄罗斯史学家谢尔巴托夫公爵致友人书》，莫斯科 1789 年版，第 140 页。）

为恶劣的生活,而长篇大论地专谈这些工人的酗酒和道德堕落。按照他的说法,这一切危害大众,造成乡村的秩序混乱。然而在他开始描绘贵族工厂的奴隶工人的情况时,一切暗淡的色彩立即从他的笔下消失了,留下的是一片光明。

他说:"贵族开办的工厂使农民不懈地热爱劳动。他们从主人那里获得充分的工资,他们从主人的利润里得到自己的福利。人们可能要反驳我,以为许多主人是不给自己农民足够的报酬的。但我不认为有这样心肠冷酷的人,对于在他们统治下为他们创造利润的人们,剥夺其应得的报酬。"①

当对于被剥削者的同情采取这种片面性质的时候,无论表达这一同情的个人有多么真诚,这种同情仍是值得怀疑的。阶层的偏见和私心,能使最高贵的情感受到歪曲。如果谢尔巴托夫公爵证明,必须将所有依附于工厂的人们重新登记,禁止工厂主继续购买工人而满足于已有的人数及其后代;如果,照他的意见,必须开导工厂主,尽力把工厂所属工人"逐渐解放为自由人",那么,他对于任何人想向贵族工厂推行这些办法,便应首先加以猛烈抨击了。他反对商人购买奴隶的斗争不过是为了想使这一权利成为贵族阶层独享的特权而已。

在热烈维护这一特权时,他提出了一个微妙的问题:"平等的人占有平等的人为奴,这合适吗?"他的答复是:不合适。他甚至以充满愤慨的心情,回顾了古代。那时,人"像牲畜般被买卖"。但在这里,他默默暗示,在"本质"上同农民平等的只是商人,而不是贵

---

① 《俄国皇家历史学会文集》,第8卷,第58页。

族。因此，只有商人才不适宜于将农民变为奴隶。毋须补充，米拉波是很难承认这种完全建立在可笑的贵族成见与口味基础上，向"人类"发出呼吁的使人信服的论据的。

我在前面说过，商人高度赞扬彼得一世的活动，而贵族则对此颇为慎重。这一情况是这样显著，以致谢尔巴托夫也认为必须予以阐释。

他在 9 月 12 日会议上声明，他虽然也愿意撤销某些彼得的法律，但这完全不是因为他对伟大改革家的"德政"缺乏充分的敬重。"时间的情况以及各种场合迫使他为了我国的福祉制定了一些法律，而这些法律现在在我们的最仁慈女皇的幸福大国里，由于道德风尚的变化，不仅无益，而且可能有害"[1]。

在彼得适应变动的时间条件而颁布的法律中，准许工厂主为工厂和作坊购买奴隶的法律，便是其中的一种。我们知道，谢尔巴托夫是反对这一法律的。但是按照这位雄辩的公爵和他的同道者的意见，在这类法律中，准许任何人经过服役取得军官官衔，成为贵族的法律，最为重要。他说，根据当时的条件，通过服役取得军官衔的人们的这一优越性，确为迫使贵族参加军役所必需；但在现在，当我们看到，俄国贵族爱祖国，爱光荣，对国王竭智尽忠，业已充分爱好服役，爱好科学时，这种权利，使这一等级比任何其他由于某种情况不能取得军官衔的等级处于优越地位，似应予以废除[2]。

---

① 《俄国皇家历史学会文集》，第 4 卷，第 149—150 页。
② 同上书，第 150 页。

　　像任何时候一样,谢尔巴托夫在谋求废除这一法律时,没有忽略用道德方面的理由作为根据。在这里,他的出发点是从孟德斯鸠那里抄袭的贵族光荣论。他说:"最自然的理性教导我们,……光荣和荣誉在贵族等级中影响最大。"因此,贵族世系愈老,光荣和荣誉对他的成员的影响愈大,也愈强。……他们当中的每一人自从出生之后,便听到他们祖先的高贵事业,看到他们的形象,追忆并赞扬他们的名望。这预决了他们自己争取光荣功业的志愿。相反,由于服役年久而取得官衔的人们的子弟,在自己的周围看不到任何足以发展他们的荣誉感的东西,"他们祖先的名字,早已湮没无闻"。

　　因此,老贵族世系由于他们的道德品质的关系,岂不是高于新贵族吗?是的!谢尔巴托夫认为必须请委员会注意那些不利于道德发展的条件,而人们则是在这种条件之下追求官衔的。出身下贱的人们唯官衔是求。他们知道,"这取决于指挥官的权力。于是,不惜百般阿谀逢迎,使用卑鄙手段,以求取得他的青睐。这当然要加害于他们自己和他们的上级的道德品质。"他们在获得军官官衔,并连带获得贵族称号之后,便再没有高尚的动机,而只是想到发财致富。为了达到这一目的,新贵族也是不择手段的。"只要能更快地达到所希望的结果,便不顾一切;所有贪污贿赂、掠夺以及任何类似的恶行,由此产生。"

　　巴尔纳乌尔市的代表卡雷科夫说:英国和荷兰的光荣应归功于商业。谢尔巴托夫却有其贵族的文化史观。他向委员会保证:"哪里有贵族,哪里就有贵族的臣民;哪里有贵族的臣民,哪里就有农业、制造业,因而也就有财富;而哪里有财富,哪里就会产生科学和艺术。"

姑且假定，事情确是这样。但是，当亚当耕田，夏娃织布的时候，并未听到有什么贵族。请问贵族是从哪里来的呢？

按照谢尔巴托夫的理论，贵族的产生是由于"在人民中出现了一些特别英勇的人"。由于这些英勇的人们的后裔也是特别英勇的，所以人民和国王便决定给他们以世袭贵族的称号，以示崇敬。

这一理论虽然毫无疑问极为符合老贵族世系的自尊心，却有一个弱点，即新贵族也可以它为凭借。何谓英勇？英勇就是对国家的贡献。难道现在除贵族外，更无他人能有这种贡献？西伯利亚的军职人员——通过叶尼塞斯克的代表萨莫伊洛夫之口——请求使他们的权利与俄罗斯贵族的权利平等。他们所说的正是这种贡献。是的，谢尔巴托夫是不承认他们的贡献的。皮毛牲畜实物税的征收，以及其他与此相似的服役，都"不够重要"。至于祖先的伟大业绩，即征服西伯利亚，公爵认为并没有什么特殊的英勇。尽人皆知，俄罗斯的军队是战无不胜的。任何士兵都应该是英勇的。而胜利的获得则是由军事长官的才智。谢尔巴托夫从这里得出结论，认为"征服西伯利亚的勇敢战士，不是由于他们自己，而是在指挥官的指挥下，才取得这一胜利的，而这些指挥官在当时便已受到国王的赏赐；还有那些追随指挥官的人们，也都各有报酬，如获得土地，安静的住所，以及薪给等"[1]。

雅罗斯拉夫尔代表的论点，在这里也不是无可非难的。为老贵族世系建立基础的人们，由于他们的英勇，也曾受到薪给、安静

----

[1]　《俄国皇家历史学会文集》，第4卷，第160页。

的住所、土地等等报酬。为什么还要给他们的后裔什么优待呢？如果城市的代表不是向后看，而是向前看，如果他们不是反动派，而是革新派，那他们便会立即给谢尔巴托夫的议论以反驳。但他们却宁愿满足于恢复他们等级在往古时期的利益①。至于代表，由于他们的选民是新贵族或刚刚申请贵族称号的人们，所以他们的要求，就其性质说，不能够从原则上反对贵族的世袭特权。他们只能摆出谢尔巴托夫也都承认的情况，认为就是最高贵的家族，也有过并不高贵的时候。我们所熟悉的德聂伯长枪团代表科泽尔斯基同若干其他代表一道，竭力强调了这一点。他说："如果俄罗斯贵族的祖先是通过对其忠诚和德行、功绩的赏赐，而不是通过世系的高贵，取得了自己的爵位，那么，他们的后裔便不应蔑视和鄙薄军官的职称。②"这一反驳，尽管很谦逊，却触到了谢尔巴托夫公爵的痛处；于是，他对科泽尔斯基进行了极强烈的反击。他高声说道：

"德聂伯长枪团代表的意见认为，所有俄罗斯古代贵族家庭都来源于低级世系；又认为现在这些古代贵族，由于傲慢，不愿让应该取得这种称号的人们取得这种称号。我很奇怪，这位代表先生用卑下的出身来责备古代俄罗斯家族。然而不仅仅一个俄国，而且整个世界都是相反的情况的见证。为了驳倒他的言论，我只要指出一些历史的事件就够了。俄罗斯贵族的一部分以吕里克大公为始祖，后来，按世系沿袭，又以弗拉基米尔大公为始祖，其他外迁

---

① 的确，在 10 月 2 日的会议上，鲁兹市代表 И.斯米尔诺夫建议完全取消世袭贵族制，而只保留本身贵族制。但只有一个普吉弗尔的代表同意他的意见。

② 《俄国皇家历史学会文集》，第 4 卷，第 187 页。

的贵胄则起源于受冤的首领。许多家族,其世系虽非来自领主人物,但都出身于贵胄人物,这种人物投奔到俄罗斯大公那里服军役,历时数百年,以对祖国的重大贡献而声名显赫。以我们这些代表为代表而集会起来的俄罗斯,怎能对这些历时数世纪不断作出贡献的人物提出责难呢!"①

通过自己代表而集合起来的俄罗斯,有权向这位俄国史作者指出:他对俄国贵胄等级历史的引述,就令可能适用于大贵族世系,而对于委员会里讨论的一般贵族则是完全不适用的。

此外,为了回答高贵公爵对旧贵族世系出身"卑下"之说的愤愤不满,通过这些代表而集合起来的俄罗斯,可以给他提供一位代表——加佳茨克、米尔戈罗德和波尔塔瓦等团队的代表——莫托尼斯的言论:"我毫不感到卑下! 农民,市民,贵族,他们当中的任何人,都因自己的劳动,自己的善良的教养和高尚的品德而光荣和高贵。只有那些品质恶劣,违法乱禁的人,才是卑下的……。"

卑下一词在当时已不再是低级一词的同义语,而具有侮辱的意义。我们看到,它最少使委员会的某些成员发生反感。如果谢尔巴托夫在特别需要避免使用它时没有避免,那只是表明他的大贵族的傲慢而已。

他提出了如下纲领:

(1)除非根据唯一的女皇权力,任何平民知识界都不能取得官衔和贵族权利。

(2)贵族,只要有了这个名称,便比任何其他职称有服务祖国

---

① 《俄国皇家历史学会文集》,第 4 卷,第 192—193 页。

的优先权利,而且他们应按照他们的服务和服务的优先权利,取得与他们这个历来热爱祖国的等级相当的恩典。

(3)贵族未被剥夺贵族称号前,不得由刽子手进行惩罚。

(4)我在前面一再提及,由于贵族出身高贵,举止高尚,对他们的下流谩骂应为法律所禁止。

(5)领有乡村的权利,责成贵族使用它来为祖国服务,这是他在祖国将他派在任何地方使用时维持生活的首要方式。此外,我认为应对这一个等级给予使用和出卖其家庭产品及其他产品的权利。关于这些产品,毋须在这里一一指出①。

第一条说明门阀想排斥官吏。不言而喻,官吏不会同意这一条。但其余四条都完全符合他们的利益:既然官吏能够获得贵族的特权,他们自当乐于保持和扩大这种特权。因此,在法典委员会里,门阀和官吏之间的斗争只是围绕着第一条进行。

谢尔巴托夫的贵族意图,受到很多贵族代表的同情支持。他的学识和气魄扩大了他的影响范围。谢尔巴托夫为答复科泽尔斯基而发表的演说,造成了特别强烈的印象。按照会议日记的说法,他的演说,"始终精神异常激动,讲完之后,余音缭绕"②。

然而雄辩的演说家未能用"精神激动"来改变早已形成的不利于门阀的力量对比。

在委员会里,大多数都站在官吏方面。叶卡捷琳娜自己不愿在门阀面前贬低官吏,后来用特权证书满足了贵族的许多愿望。

---

① 《俄国皇家历史学会文集》,第 4 卷,第 152—153 页。
② 同上书,第 193 页。

这样,谢尔巴托夫和他的支持者并未取得实际的成功[①]。

<h2 style="text-align:center">X</h2>

我国史学家屡次提出叶卡捷琳娜委员会的失败原因问题。不能不承认,在某种意义上,委员会的召集没有导致任何显著的成果。根据普拉托诺夫教授的意见,"委员会不仅不曾完成它的全部事业,不仅不曾制定出任何一部分法典,甚至在历时一年半的两百次会议中,连代表们的委托书都未念完"。天真的史学家认为它的失败是由于缺乏准备工作,由于表面上的事务组织的不踏实和不确切,由于领导者的无能。然而他也承认,委员会虽未造成法制的一般改革,而对于叶卡捷琳娜往后的立法活动,还是发挥了重大影响[②]。叶卡捷琳娜说:委员会使她对于整个帝国有了认识和了解。这是实话。叶卡捷琳娜在研究代表们的意见时,看出了哪些要求可以不予满足,哪些意见为了自己的利益必须满足。她完全轻视委员会里为数无多的农民代表的要求;但她在 1785 年发给贵族和城市的特权状,却是对贵族和城市代表请求的直接正面答复。在这个意义上,必须承认委员会的召集,导致了(虽然不是迅速地)颇为重大的实际结果。

出于不可抑制的无限虚荣,叶卡捷琳娜二世关于她的这个委

---

① 商人们力争,任何从事商工业活动的人都必须列为商人等级。旧贵族希望,贵族等级的大门只是在特殊的情形下才为官宦打开。从这里可以看出,商人的意图,虽如一些学者所指出,也浸透了等级的精神,但在这种意图里,没有贵族意图所特具的那种排他性。

② 《俄国史讲义》,第 6 版,第 595—597 页。

员会,曾向全世界(urbi et orbi)大事宣扬。在她的这种大事宣扬的影响下,有些人以为法典委员会可起到在任何时候和任何地方都未起过的像立宪会议那样的空前作用,它将在开明女皇的赞许下把法国解放哲学的原则体现到俄国生活中去。在专制政权的青睐下活动的立宪会议,这本身就是一种可笑的空想。而如果想到当时俄国的社会关系,这种空想就变得更为可笑了。姑且假定我国的城市代表曾在委员会里伤心地抱怨警察,但在莫斯科国家的缙绅会议上,"受宠爱的"俄国人,也同样伤心地抱怨过不可忍受的莫斯科国家的官僚主义的因循。然而这种抱怨同根本社会改革的距离,却不啻天壤。又假定我国"中等人"在追述彼得改革时,羡慕西方的"幸福的"商人,提请政府注意商业多么需要自由。但是他们却不仅不设法铲除我国国民经济的奴隶制基础,却竭尽所能去巩固这个基础,想按照往昔的范围去恢复它。强大的法国革命思想运动,还没有触动他们。他们在委员会里的代表只是艰难地想到一些以一般原则为基础的意见。他们在理论方面既无提高习惯,也没有这种愿望。他们的思想仍旧局限于狭隘的实际。齐赫文市的代表 C.索洛多夫尼科夫在对谢尔巴托夫公爵的一次发言进行答辩时指出,公爵"很少采用过去的法令为根据,他的这些意见是用他特别得自神授的智慧的推理来加强的"。在齐赫文市代表的嘴里,这就算是责备! 这种责备,明显地说明了商人思想的保守特性。然而更加值得注意的是,许多来自城市的代表,竟然"表示同意"索洛多夫尼科夫的意见![①]

---

① 《俄国皇家历史学会文集》,第 8 卷,第 152—155 页。

贵族代表对于理论思维的习惯,在委员会里显得略胜一筹。但是我们看到,贵族的实际意图,是同先进法国哲学的结论直接对立的。在我国社会经济发展的当时阶段上,这些结论只能为极少数人所理解。不言自明,这对于这极少数人,只能是更坏……

第九章　18世纪下半期俄国对西方的态度问题

I

如果某一位古代作家——比方说，西塞罗——在文艺复兴时代复活了，在他的头脑里会自然而然地发生一个问题：欧洲的新兴民族吸收古代文化的努力会造成什么结果呢？当法国和其他先进国家的思想家看到自彼得一世以来人们力图将西欧启蒙运动的成果移植到俄国的时候，他们的头脑里也会产生同样的问题。不言而喻，西方的思想家是按照他们对于文化发展动力的观点的一般特点来解决这个问题的。

18世纪的启蒙思想家认为，某一民族所特有的思想形式——即他们所说的"Opinion"（见解）——是这个民族历史发展的主要原因，是比所有其他原因更为深刻的原因。这一唯心主义的历史观在伏尔泰的著名论文《Essai sur les moeurs et l'esprit des nations》（《民族风俗与精神论》）里表现得最为完整和明显①。

由于认为"见解"是进步的主要动力，伏尔泰以为伟大的人物——特别是那些具有政治权力的人物——是最有影响的进步代

---

① 该论文最后定稿于1769年刊行。

表人物。甚至可以说，这些人物——《Essai sur les moeurs》将密诺斯（Минос）①、扎列夫克、摩西、穆罕默德等，都列为这种人物——在伏尔泰的眼光里，不仅是最有影响的"见解"的代表人物，而且是这种"见解"的创造者。伟大的人物在历史舞台上扮演着宗教学说奠基人、道德导师、立法者，总之，扮演着人民群众领导者的角色，他们指挥历史朝着这个或那个方向发展。

如果伏尔泰不曾保持一种信念，认为伟大人物的工作，只有在他们利用其聪明才智和权力来推广启蒙运动的情形下，才能取得丰硕成果，那他就不是启蒙思想家了②。他对彼得一世，因其所完成的改革，而备极赞扬。当然，这些赞颂之词并不都是为了想对当时俄国教育权力的代表者说的恭维话。

俄国对西方的态度问题实际上包括两个问题：1）俄国能否——如果能，那又在什么程度上——吸收西欧的文明？2）这种吸收是否需要？这两个为 19 世纪我国知识界所极为注重的问题，在 18 世纪就已提出。

如所共知，卢梭对于文明给人类带来的好处持有特殊见解。他在所著《Contract Social》（《社会契约论》）③一书中提出一种奇特的思想，以为在彼得一世时，俄国民族尚未成熟到可以吸收文明成果的程度，因此，不应教它文明，而应教它养成军事行动的习惯。

---

① 希腊神话中克里特岛王，为宙斯与欧罗巴之子，死后成为阴间审判官之一。——校者

② 伏尔泰说："J'appelle, grands hommes tous ceux qui ont excellé dans l'utile ou l'agréable. Les Saccageurs de provinces ne sont que héros."（我把一切因有益或因令人喜爱而出众的人称作大人物。外省的掠夺者不过是一些英雄罢了。）

③ 卢梭：《社会契约论》，第 2 册，第 8 章。

由于彼得采取了相反的行动,所以卢梭的结论是:俄国人永远不会成为真正的文明人(les Russes ne seront jamais vraiment policés)。

费尔涅伊的教长坚决和尖锐地反驳了卢梭的这一思想。按照他的说法,叶卡捷琳娜二世和俄国人民所取得的惊人成就,"充分证明彼得大帝是立足在巩固、坚实的基础上"。不仅如此,伏尔泰认为继穆罕默德之后,彼得是一个以其改革活动的最大成就而著称于世的立法者①。

《Essai sur les moeurs》(《风俗论》)的作者虽然认为彼得的活动是卓有成果的,但这并不妨碍他把这看为罕见的历史偶然性。在莫斯科出现彼得大帝这样的沙皇,其可能性是不大的。但是,他毕竟出现了。按照伏尔泰的意见,一般说来,人类历史中的巨大成就只是命运的偶然赏赐。在自然界生产出那个发明耕犁的人和那个创造纺织工艺的人之前,必须经过数量惊人的不同环境和时代。同样,现在在非洲有许多辽阔的国家,需要沙皇彼得。也许,他将在百万年后在那里出现,因为,伏尔泰补充说,一切都出现在遥远的未来②。

我们探讨他的这些想法。

如果像他在反驳卢梭时所说,彼得一世是立足在特别巩固和坚实的基础上的,则很明显,他所完成的改革是由莫斯科国家以往的发展过程所完全准备好了的。如果事情真是这样,则同样明显

---

① 《Histoire de Russie》(《俄国史》),见《Oeuvres comp'ètes de Voltaire》(《伏尔泰全集》),第5卷,第67页。参阅1757和1758年伏尔泰给舒瓦洛夫的信。

② 《Anecdotes sur Pierre le Grand》(《彼得大帝传》),《全集》,第5卷,第139页。

的是,沙皇改革家出现在莫斯科的可能性,完全不像伏尔泰所说,是不大的。与此相反,如果事实上,这种可能性是不大的,那么,那种按照同一伏尔泰的说法、彼得大帝所赖以完成其改革的异常巩固和坚实的基础,又是从哪里来的呢?《彼得大帝传》的作者没有看出他自己的这一矛盾。

伏尔泰关于彼得大帝赖以建造其改革大厦的特别巩固基础的论断,显然是出于他对这一改革的同情。这对于一个启蒙思想家,特别是对于一个充任这一改革的史学家角色的启蒙思想家,是完全可以理解的。另一方面,毫无疑问的是,18世纪的启蒙思想家,对于准备伟大人物出现并决定其创举成败的历史条件,是很少有分析的习惯的。

根据历史唯心主义的观点,社会前进运动是有意识的人类活动的结果。而有意识的人们的活动,如谢林所正确地指出,又是自由的,因而是不能加以科学分析的。只有对于必然的过程,才能进行这种分析。在没有必然性的地方,就没有规律性,因而就只能求助于偶然性。我们看到,伏尔泰就是照此行事的,他把沙皇改革家的出现解释为极端罕见的偶然性①。他在谈到彼得时所陷入的矛盾,虽然完全不能用他的唯心史观来解决,却是完全可以用它来解释的。

这种唯心史观包含着许多悲观成分。如果进步人士的希望只能预期在历史偶然性中实现,又如果幸福的历史偶然性是一种极

---

① 根据他在《风俗论》中所述,可以明显看出,按照伏尔泰的看法,在莫斯科国家的生活里,完全没有可以用来解释彼得出现的条件。

端罕见的事情——试回忆伏尔泰所说的"百万年"——那么,进步的事业便是一种很少希望的事业了。任何熟悉18世纪启蒙著作的人都知道,就是在最乐观的启蒙思想家的见解里,也时常听到悲观主义的论调。也许不可理解,既然进步人士只能寄希望于历史上极为罕见的幸运的偶然性,那他们又从哪里来的乐观情绪呢?这种情绪首先是因为18世纪启蒙思想家所特有的那种对理性的不可抗拒力量的抽象信仰。就是这位唠叨什么在历史上一切都出现在遥远未来的伏尔泰,就曾令人快慰地说:"La raison finit toujours par avoir raison"("归根到底,理性终将是正确的")。此外,启蒙思想家虽认为伟大的人物可惜在历史上出现得过于稀少,但他们另一方面,又赋予这种人物以完成有益的社会改革的几乎无限能力。他们时常说,立法者是万能的。既然立法者是万能的,尽管伟大的进步立法者在历史上很少出现,但理性的观念毕竟还是有实现的希望的。当启蒙著作在整个欧洲获得极为巨大成功的时候,当启蒙思想家觉得理性终将真正地是正确的时候,在这样的时代里,就更可以期待理性观念的胜利了。

掌握立法权力的进步人士,可以随心所欲地作出有利于进步的一切:这只不过是立法者万能这一一般理论原则的一个特殊情况。但是无论启蒙思想家怎样坚信他们这一般理论原则的正确,他们却懂得,如果在欧洲,比方说在法国,出现一个愿将解放哲学的要求付诸实行的皇帝,他就会遭到特权等级的强烈抵抗。这一点他们是看得很清楚的。由此可见,在问题涉及先进国家时,对于这一立法者万能的一般理论原则,必须加以重要的修正。但是如果提出的是落后国家问题,则启蒙思想家觉得这一修正没有任何必要。他们很满足于这一点。

试举一例。狄德罗在其献给叶卡捷琳娜二世的著作《Essai historique sur la Police》(《政治史随笔》)中说,在法国永远不会有新法典,因为法国现有的法制是同私人的利益密切联系着的。"谁要想推翻这一巨大的怪物,他便会动摇所有的财产关系(toutes les propriétés)⋯⋯坏制度,特别是旧制度是实行好制度的几乎不可克服的障碍。"[①]俄国的情况完全不同。俄国"幸运的是,您皇帝陛下是无所不能的;更幸运的是,陛下除了做好事外,别无所求"[②]。狄德罗以为在俄国没有那样的旧制度,特别是坏制度,足以妨碍叶卡捷琳娜实现她在《敕令》中所叙述,或如她自己的说法,实现她从法国启蒙思想家那里,更精确地说——从法国启蒙思想家中最温和人士那里"剽窃"来的真理。学识渊博的狄德罗对于俄国没有不可克服的障碍以实现最优良立法意图,慨叹道:"什么也未作过的人民是多么幸福啊!"("Qu'un peuple est heureux lorsqu'il n'y a rien de fait chez lui!")[③]

我们知道,事实上,我国曾有许许多多制度,妨碍叶卡捷琳娜实现法国启蒙思想家的要求,⋯⋯就令她认真地想实现这些要求。但是,狄德罗和许多与他同代的外国进步人士关于俄国的落后使俄国能够轻而易举地实现理性的实际要求的主张,曾经获得一些人们的赞同,这些生活和活动在俄国的人们,显然应该看到,以往

---

① M.Tourneux:《Diderot et Catherine II》(图尔内斯:《狄德罗与叶卡捷琳娜二世》),第95、96页。

② 同上书,第106页。

③ 同上书,第95页。

的发展过程确曾在我国"做过"许多事情,尽管这些事情并不符合
进步人士的意愿。叶卡捷琳娜写信给伏尔泰说:"我应该给我的人
民说句公道话:这是能使优良种子迅速生长的土壤;但是我们同样
需要一些公认为真理的原则。"我们在这里看到的,只不过是西方
启蒙思想家乐道的所谓在落后的国家里,理性易于取得伟大实际
胜利的命题的变调而已。当然,在谈到叶卡捷琳娜时,我们完全有
权不相信她的诚意。此外,她本人又是一个在俄国的外国妇女。
但是在这个问题上,同意她,更正确些,同意被她"剽窃"过的西方
启蒙思想家的,却有许许多多当时俄国知识界的代表人物。

方-维津在 1778 年 1 月 25 日和 2 月 5 日从莫彼利埃发给布
尔加科夫的信中写道:"如果这里的人们比我们更早地开始生活,
那么,我们最少在开始生活时,能够给自己选择自己所愿望的形
式,避免在这里业已根深蒂固的种种不便和罪恶。Nous Commen
çons et ils finissent(我们的开始和他们的终点)。我想,正在出生
的人,总比正在死亡的人幸福。"①

方-维津在这里是作为唯心主义者进行思考的。他深信落后
的人民至少在选择其以后的发展"形式"时,主要地,如果不是唯一
地,以自己的"见解"为依归。他的这个思考包含着两个相互对立
的观点,这两种观点在 19 世纪的俄国,时常发生深刻的冲突。所
谓我们出生在西方死亡的时刻,这个思想在舍维列夫的夸夸其谈
里获得了突出的发展。他说,俄国同西欧交往是同腐烂的尸体打
交道。至于所谓俄国人民似乎具有选择任何"形式"的幸福的可

---

① 方-维津的著作、书简等等,圣彼得堡 1866 年版,第 272—273 页。

能，则对这一点，我国西方派最少也同斯拉夫派一样，都曾时常指出。如果阿克萨科夫赞扬过俄国的幸福的落后，那么，我们的主观主义者(H.K.米哈伊洛夫斯基)和民粹派(A.И.赫尔岑，70 年代的土地自由派，尤佐夫，B.B.以及其他的人们)，则力求证明俄国可能——而且鉴于西欧的可悲经验，应该——避免资本主义的发展形式，立即跃进到社会主义的发展形式。由此可见，《旅长》和《纨绔子弟》等剧的作者，在我国思想发展史上所以值得注意，又在于他是我国作家中的第一人，提出了 18 世纪俄国知识界从同代法国启蒙思想家那里吸收的一种理论错误的一般"进步公式"形式。

II

这一错误的根子在于唯心主义的历史观。但法国启蒙思想家虽然在历史过程的解释上是唯心主义者，而他们宇宙观的理论基础，却更为接近唯物主义者。他们当中有些人曾经不无成就地致力于研究和传播唯物主义学说。18 世纪法国唯物主义的著作，从一定的范围看来，完全应该认为是经典的著作。完全可以理解，18 世纪启蒙观点同唯物主义的密切接近，就是对于他们的一般浸透了唯心主义精神的历史观点，也应发生一定的影响。

当时的法国唯物主义者断言，人们的整个心理活动都不过是感觉的变态(sensations transformées)。由于他们——正因为他们是唯物主义者——毫不怀疑感觉是人们周围的物质环境作用于有生命的机体的结果，所以他们很自然要把道德情感、美的爱好、科学概念，简言之，人们的"见解"，都看为这种作用的结果。他们事实上就是这样看的。他们在自己的著作里不厌其烦地反复说，人的观点和情感都决定于：第一，地理环境；第二，社会环境。然而坚持这一点意味着从根本上否定历史唯心主义的根本定理，因为按照这个定理，"宇宙是受制于见解的。"或多或少地明显染上唯物主义色彩的启蒙思想家，其一般宇宙观，是同他们的唯心主义历史观背道而驰的。

　　由于无力解除这一根本矛盾，甚至很少看到这一根本矛盾，他们无可避免地陷入于许多次要的矛盾。在这里，对这些次要的矛盾进行探讨，当然不是地方①。但是对于渗透法国启蒙思想家历史观和影响俄国社会思想发展的某些唯物主义成分，在这里却不能置之不理。

　　首先，我要指出，法国理论家们——例如，波丹，以及在他之后的孟德斯鸠——从某些古典作家那里抄袭的一种观点，用气候的影响来解释某一民族的性格及其所特有的社会制度的最主要特点：在一种气候之下，只能出现辽阔的君主独裁制国家；在另一种气候之下，只能出现类似古希腊那样的共和国，等等。

　　这个观点无疑地具有唯物主义的性质。它同历史唯心主义的根本原理是直接对立的：如果在气候的影响下，雅典人珍视政治自由，而东方民族则认为君主独裁制比较好，那就很明显，"见解"不仅不统治宇宙，它本身也取决于纯自然的原因②。但这一唯物主义的原理，只不过是想在历史过程的解释中增加必然性概念，因而也是增加规律性概念的最初的、完全不成功的尝试而已。

---

　　① 关于这些矛盾，我在所著《一元论历史观问题》《18 世纪法国唯物主义》）一书里已指出（见《普列汉诺夫全集》第 7 卷）。

　　② 通过当时极端幼稚地理解的某些生理过程来决定。

在本书结论中业已说过,地理环境对人类社会的发展是有巨大影响的,但地理环境对人类社会发展的影响,不是由于它这样或那样决定生理的过程,而人们的社会政治观点又仿佛为这种生理过程所决定;而是由于它给予一定社会所支配的生产力发展以或多或少的自由。生产力的状况是由社会关系的性质决定的。一定的社会关系一经产生,便按照它本身的规律发展。因此,社会的人不是直接地依赖于"气候"——像我所分析的那派人所想象的那样——而只是间接地依赖于它:"气候"通过在生产力基础上产生的社会关系而影响于人,这种生产力发展的快慢,则因一定地理环境的特点的影响而有所不同。

"气候"决定论者完全忽视了这一点,所以他们虽是提出这一理论来代替历史唯心主义,却又马上回到历史唯心主义上去了。

姑且假定,古希腊人的政治自由爱好确乎是"气候"对于产生在他们机体内的生理过程的影响的结果。既然承认了这一点,则古希腊共和国的政治制度便是"见解",即由于"气候"影响而产生的政治观点和意图的直接结果了。这样,仍旧是我们所熟悉的历史唯心主义取代了唯物主义。在极为倾向于历史唯心主义的启蒙思想家的眼光里,历史唯心主义的回潮,并无损于"气候"的历史作用理论。但是这个理论有着启蒙思想家也能看到的缺陷:它并未解释恰恰需要解释的东西:历史发展过程。

伏尔泰在批评孟德斯鸠时说过,在地理环境未经任何重大改变的情况下,随着时间的推移,社会政治制度却可能发生重大改变。当他从这里作出结论,认为这种改变不能用"气候"的影响来解释时,他是完全正确的。他在作出这一结论和拒绝"气候"决定论后,提出的仍是我们所熟知的那个唯心主义理论,把"见解"作为历史发展的最深刻的原因。但在所著《风俗论》里,我们却看到他很有意义地指出某些技术发明的巨大历史意义。例如,按照他的说法,火药改变了世界上的一切(a tout changé dans le monde)。然而火药的作用不是"见解"的作用。这是属于另一现象范畴的原因的作用,我们称这一范畴为社会生产力的增长。类似的观点在其他法国启蒙思想家的著作中,更为常见。爱尔维修作过极有意义的努力,想用社会关系的发展过程来解释社会心理的发展过程,而社会关系的发展过程又由社会的人在争取生存的斗争中所使用的手段的改变来解释。总之,这一卓越的努力并未成功。根据当时的条件,也不可能别样。但同用"气候"的作用来解释各国人民的历史命运相比,它无论如何是具有无可比拟的更多科学内容的。它是马克思和恩格斯在 19 世纪下半期所达到的唯物主义历史观的异常值得注意的萌芽。它的卓越还在于它对第三等级在西欧社会发展过程中的作用的正确理解。这一理解就其本身而论,是毫无足怪之处的,因为启蒙思想家就是这个等级的思想代表人物:我们知道在《百科全书》的出版通告里,曾用怎样的一些前所未闻的措辞谈论劳动群众。但在这里,对于我们重要的是上述理解的存在,曾帮助法国启蒙思想家认识开始欧化的俄国对西方先进国家的态度问题。作为一例,我想指出雷纳尔。他的风行一时的著作《Histoire philosophique et politique des Etablissements et du Commerce des Européens dans les deux lndes》(《欧洲人在东西印度的殖民和商业的哲学政治史》),曾为先进俄国知识界所热烈传诵。

根据雷纳尔的意见，文化发展过程受商业发展过程的制约。他断言"向其他民族传播文明的民族，是商业民族"。可是从事商业的就是第三等级。在第三等级不发达的国家里，没有技术，没有道德，也没有教育。在俄国没有第三等级。这是俄国不同于西欧先进国家的最主要区别。只要在这个国家还未出现第三等级，彼得的改革便只能收到很小的效果。雷纳尔说："俄国宫廷虽然到处召请名人，但其启迪本国人民的努力，将是徒劳无益的。这些异国的植物将枯萎，就像外国花卉枯萎在我国的暖房里一样。在彼得堡建造学院和学校没有用处，派遣俄国青年向罗马和巴黎的最好行家学习也没有用处。这些青年在旅行回国后，适应他们在寻求生活手段时所处的不良条件，将不得不把他们的才能闲置起来（abandonner）。"①

任何时候，任何地方，都必须从头开始。在这种场合下，只有在俄国发展生产力，才是这个头。而为了开这个头，必须逐渐消灭农奴制。雷纳尔继续写道："学会种田，学会制革，学会制造毛织品，在你们那里就会出现富有的家庭。在这些家庭里将出生一些子弟，他们不耐烦从事他们父辈的繁重职业，他们将进行思考，进行争论，创作诗歌（雷纳尔说：'音节的排列'），模仿自然，那时，你们将有诗人、哲学家、雄辩家、雕刻家和绘画家。他们的作品将成为手中有余财的人们的必需品。这些人将购买它们。"②这样，俄国第三等级的产生将自然而然地带来艺术、科学和一般教育在俄

---

①　《一元论历史观问题》，第176页。

②　同上书，第177页。

国的发展。

前已说过,雷纳尔认为逐渐消灭农奴制是我国发展生产力的必要条件。现在再说一点。他认为问题是要一般地消灭那种,用他的话说,压制着我国全体人民的压迫。雷纳尔描绘了俄国普遍受奴役的暗淡情景,大声疾呼,不预先改变俄国的政府形式(la forme du gouvernement),就不可能使俄国人民获得幸福[①]。

在他的这种推论过程里,只有一件事情没有说明白:即在这样一个大家都被奴役、又没有第三等级的国家里——而没有第三等级就不可能设想有教育,因而也不可能设想会出现致力于争取政治自由的人物——谁能改变现存的政治制度呢?这个问题在当时的俄国社会生活条件下,是不能获得认真的答案的。而且不仅是在当时条件下不可能获得。我们在往后各卷里就可看到,19世纪的俄国自由思想家多么长期不懈地、惨淡痛苦地致力于这个问题的解决。可是,启蒙思想家毫不费力地用向"开明君主"发出呼吁的办法,把这个问题解决了。他们以为,在俄国和在任何其他君主独裁制的国家里,会出现这样的君主,开明到愿意利用他的君主独裁制权力来消灭君主独裁制制度。他们有时觉得叶卡捷琳娜二世愿意扮演这样君主的角色。尽人皆知,善良的狄德罗怎样劝导她扮演这样的角色。显然,雷纳尔也对她寄予巨大希望[②]。此外,当他说不预先改变我国政府形式,就不可能使俄国人获得幸福时,他所指的与其说是政治制度,不如说是我国的管理方式。他极力主

---

① 《一元论历史观问题》,第168页。

② 有一种报道说,在《雷纳尔文集》第3版里,有许多页是狄德罗写的。

张缓和这种方式,但总的说,他对叶卡捷琳娜二世的开明君主独裁制是满意的。他的这种向君主独裁制转而向掌握君主独裁制权力的女皇发出的呼吁,使他离开在宣传第三等级对启蒙事业发展的作用时所保持的立场,而转到 18 世纪作家所习见的纯粹历史唯心主义哲学立场上去了。

III

在马克思 1845 年春写的关于费尔巴哈哲学的批判里,有一处值得一提,这对于评价我在前面所叙述的雷纳尔的观点,不无补益。

马克思写道:"人是环境和教育的产物,因而认为改变了的人是另一种环境和改变了的教育的产物,这种学说忘记了,环境正是由人来改变的,而教育者本人一定是受教育的。因此,这种学说必然会把社会分成两部分,其中一部分高出于社会之上。"①作为例证,马克思指出了欧文的学说,这个学说就其理论基础说,确乎是完全唯物主义的。但著名的英国空想社会主义者的唯物主义,正好是同唯心史观和平共处的 18 世纪唯物主义。同极大多数空想社会主义者一样,欧文希望与他同代的文明国家的政府了解其真正利益,愿意从事共产主义社会的组织,并教育其臣民在这个社会里生活和活动。他忽视了"教育者本人一定是受教育的",而他所呼吁的统治者自己,就是在断然不能使他们成为共产主义的朋友

---

① 请参阅我所翻译的恩格斯的著名小册子《路德维希·费尔巴哈》(《全集》,第 8 卷)。(引文录自《马克思恩格斯全集》,第 3 卷,1960 年中文版,第 4 页。)

的社会条件下受教育的。

更早以前,他的导师们,即法国唯物主义者和一般启蒙思想家,就犯过这一错误。我们现在看到,雷纳尔在论及西欧启蒙运动在彼得改革后的俄国的可能命运时,也犯了这个错误。这个错误从法国启蒙思想家那里直接传到先进的俄国知识界。方-维津说过,俄国可以选择任何"形式",也是重复这一错误。在我国,只有那些在论及我国的未来时避免了历史唯心主义的任何影响的唯物主义者,才避免了这一错误。马克思的若干(不是全体)"俄国学生",就是这样的唯物主义者。但远在他们之前,别林斯基在他的一封著名的信笺里,也表现为这样的唯物主义者。他在信中断言,俄国只有在资产阶级得到发展时,才能在进步的道路上迈出真正的一步。别林斯基从来没有想到要求尼古拉一世的政府自觉地服务于一种经济政策,促进俄国资本主义的发展,最后把俄国从政治停滞的死胡同里拖出来。然而雷纳尔却要求叶卡捷琳娜二世的政府做到这一点。这就是在他们两人之间的巨大差别。但如抛开这一差别,则应承认,无论是在雷纳尔的观点或别林斯基的观点里,以及在马克思的"俄国学生"的相应观点里,都有许多共同的东西。雷纳尔也好,别林斯基也好,马克思的"俄国学生"也好,他们都认为,俄国进步的未来命运同俄国经济发展的前景有着最密切的因果联系。而这就是说:

主观主义者和合法民粹派分子方-维津以为俄国可以不模仿西方而选择往后发展的"任何形式",他的见解是同在很大程度上为启蒙学者宇宙观所特有的唯心主义成分相一致的。在这种唯心主义成分的影响下，狄德罗——在前面引录的书简里——为俄国的落后感到高兴，而雷纳尔则将俄国进步的全部未来，寄托于女王的开明专制。与此相反，别林斯基和马克思的"俄国学生"断言，俄国的进步事业，只有当俄国资本主义获得发展时，才会取得巩固的基础。他们的见解是以启蒙思想家所特有的唯物主义成分相一致的。在这种唯物主义成分的影响下，"百科全书派"说人的感情和观点决定于他的周围的环境，而同一个雷纳尔则写道：在一个没有第三等级的国家里企图传播西欧的启蒙运动，是不会有结果的，因为第三等级是近代西欧社会的最主要特点。

雷纳尔的多卷头的著作给 18 世纪最后四分之一年代的先进俄国人士留下了深刻的印象。《从彼得堡到莫斯科旅行记》的作者，仔细地读过他的著作。拉季谢夫用下述语句所表达的情绪，当然也是受了雷纳尔的影响。他说："环顾四周，我的灵魂因人类的苦难而感到创痛。我审视自己的内心，认为人的灾难是来自人，而且往往只是由于人不正视他周围的事物。"从这些话里已可看出，雷纳尔给予拉季谢夫的最强烈印象，不是他关于俄国启蒙运动前途的可能命运的唯物主义见解，而是他关于被压迫人类的灾难的一般性的，实在说，未免强词夺理的意见①。总之，以第三等级的发展为观念和知识进步运动的必要先决条件的思想，并未能在 18 世纪的俄国先进著作中移植成功，风行起来。

不言而喻，这个思想并非为俄国读者所不了解。我们知道，叶卡捷琳娜自己便曾约许若弗莲夫人在俄国着手培养第三等级。她

---

① 　雷纳尔自称这些主张是 hors d'oeuvre'om（插曲）。

在《敕令》(第 317 条)里"剽窃"法国启蒙思想家的话,宣称"在受到
压抑的地方,商业便会离去;而在不受干扰的地方,它会建立起
来"①。可是,我们塞米拉米达②的立法活动却主要是以保护贵族
等级的利益,而无论怎样也不是以保障自由在俄国的未来胜利为
指导。

我国对自由抱有幻想的人们,当时在社会历史思想方面,都是
唯心主义者,但在我国当时知识界的右翼——更确切说,在他们的
中派里,我们却看到一位有一定唯物主义倾向的作家。这便是波
尔京(1735—1792)。他从法国作家那里因袭了关于"气候"对于社
会政治关系的决定影响的唯物主义学说。

IV

科亚洛维奇说,把波尔京称为斯拉夫派的先驱,不是没有某种
根据的③。这样的称呼,确乎有些根据。在这位作者所写《列克勒
尔克评注》一书里,我们看到一些在斯拉夫派理论中占有重要地位
的思想。现在我把它们指出。

波尔京写道:"按照其他欧洲国家的情况来判断俄国,等于用
矮个子的尺寸为高大汉子缝制衣衫。欧洲各国在许多特点上彼此
相同;了解半个欧洲,便可按照这一半来判断另一半,一般说,错误
不会多。但是对于俄国,不能用这种方式判断,因为它同它们毫不

---

① 前章表明,这后一思想,商人等级的代表在立法委员会里,有时也不反对跟着
她反复提到。

② 传说中的亚述女王,许多次远征及建造"空中花园",都归功于她。——校者

③ 《俄国自觉史》,第 3 版,第 129 页。

相像,特别是在谈到它的四境的地理位置时。"①

读者可以自己看到,这是斯拉夫派的最主要原理之一。这一原理,在 19 世纪的俄国,曾反复为人们所称道,甚至西方派人士——如别林斯基——也吸收了它。值得注意的是,波尔京从这个一般理论原则里作出了某些实际结论,这些结论也为斯拉夫派所时常提出。

波尔京既然认定俄国丝毫不像西方各国,所以,对于彼得改革,自不会同情地看待。当然,他没有谴责它,因为他极为谨慎。此外,他很努力阅读《贝伊尔词典》,所以下不了这个决心。但在他关于这一改革的议论里,仍然可以听到不赞同的语调。举例如下:

列克勒尔克在他的著作中说:莫斯科政府禁止外国学者来俄国,也禁止俄国学者去外国学习。对此,波尔京反驳说,对于外国学者来俄国,从来不曾禁止;至于俄国人出国,则加以禁止是有充分理由的:因为要从国外旅行获得益处,必须"具有成熟的理智和对祖国法律及道德的坚定信念。对于思想不可靠,行为不检点的青年,不准出国,这是出于明智的预防,使他们不受有害的新事物的传染"。

波尔京断言,以后的经验完全证实了旧莫斯科国家的顾虑的正确。

"自从我们向外国派出自己的青年一代,并委托外国对他们进行教育以来,我们的道德风尚完全改变了;由于臆想的所谓教育,

---

① 波尔京少将著:《列克勒尔克的俄国古代和近代史注释》,圣彼得堡 1788 年版,第 2 卷,第 152—153 页。

在我们的心灵里灌输了种种为我们祖先所不知道的新成见、新嗜好、新弱点、新念头;我们对祖国的爱熄灭了,对祖国信仰、习惯等等的依恋消失了;就这样,我们把旧有的东西忘掉了,而新的东西并未接受过来,我们既不像自己,又未取得所企求的变化。"[①]

波尔京认为俄国道德风尚所以在西方教育影响之下遭到破坏,是由于对改革事业操之过急,"想把需要若干世纪才能完成的事情,在若干年内完成,把我国启蒙运动的大厦建筑在沙滩上,而不建在事先建立起来的可靠的基础上。"[②]

波尔京对于什么是我国启蒙事业的可靠基础,没有作出说明。他只是说:"必须从良好的教育开始,而以旅行结束";又说,叶卡捷琳娜二世"正在采取最有效的手段以纠正危害"[③]。这种对于庇护过他并为他所极力赞颂的叶卡捷琳娜的阿谀之词,表明这位身受百科全书派教育的特殊斯塔罗杜姆式人物的观点,是多么缺乏斯拉夫派的气息[④]。

所谓彼得式的改革,需要"若干世纪"才能完成的意见,使我们明确了解那种使他与我国 19 世纪斯拉夫派极相近似的保守主义气质。还有一点使他与斯拉夫派近似的是,他不赞成彼得将首都从莫斯科迁到彼得堡。波尔京写道,将彼得堡指定为俄国首都,是贵族等级和整个俄国人民所不乐意的。照他的意见,这有其根本

---

① 波尔京少将著:《列克勒尔克的俄国古代和近代史注释》,第 2 卷,第 252—253 页。

② 同上。

③ 同上。

④ 同上。

原因："彼得堡距离国家的中心遥远，气候严寒，土壤贫瘠，地势低洼且多沼泽，粮食及食物昂贵而且必须从数千俄里之外运送，距离一般官宦家乡过远等等。"①

任何人都会同意，这些理由有许多是正确的。我国19世纪的西方派，时常在《彼得堡和莫斯科》问题上写文章，也深知迁都彼得堡的不便。但在西方派的眼光里，这些不便可由下述情况补偿而有余：这就是新首都——这个开向欧洲之窗——其精神气氛要比保守的莫斯科的精神气氛更有利于俄国的进一步欧化。在他们的头脑里，没有产生将政府迁回大俄罗斯首都的问题。相反，斯拉夫派高喊：是回家的时候了（请回忆阿克萨科夫的话）！就这点说，波尔京也是他们的先驱。

他认为在考虑到他所列举的所有这些情况的时候，"纵使不去预测未来，也会在头脑里产生一种想法，以为或迟或早终将放弃彼得堡而将首都迁回原处，或迁到比两者都更有利的另一地方。这个吞没全部国家财富的深渊，是任何时候都填不满的，这将在某一时候迫使人们设法停止白白浪费资财和劳动。如果将这一切使用在莫斯科，它将会是多么好啊！"②

将首都从彼得堡迁到莫斯科的思想，斯拉夫派预期在现时实现。波尔京则预定它将实现在更为比较遥远的未来。但这不是主要的差别。主要的差别在于他欣然同意往后将首都不迁到莫斯科，而迁到另一"比两者更为有利"的地方。波尔京虽然有时也维

---

① 《列克勒尔克的俄国古史和近代史注释》，第1卷，第549页。

② 同上。

护我们的旧莫斯科生活,但是他对于这种生活没有19世纪所有一连串斯拉夫派所特具的那种特殊的原则性的癖好,由于这种癖好,莫斯科成为他们心目中与西方对抗的某种俄国"原则"的象征。正因为波尔京对于这种"原则"没有原则性的癖好,所以称他为我国斯拉夫派的先驱,不能不有重大保留。

克柳切夫斯基感到这种保留的必要,所以称波尔京为"斯拉夫派的某种旁系先驱"。他还提到,为什么只能说波尔京同斯拉夫派的接近是侧面的。按照他的很恰当的说法,《列克勒尔克的俄国古代和近代史注释》的作者在考虑俄国的历史命运时,是手持着他心爱的贝伊尔词典发言的①。此外,还应该补充一点:波尔京在发表他的意见时,还念念不忘伏尔泰的《风俗论》。可以理解,对于他的爱好贝伊尔·伏尔泰和一般法国启蒙思想家著作,斯拉夫派是怎样也不会赞成的②。他们的思想习惯,完全是另外一套。他们不喜欢18世纪全部有识之士,特别是波尔京所特有的那种理性。尤其是波尔京总想将他对历史过程的解释建立在唯物主义的基础上,而斯拉夫派则是一些彻头彻尾的唯心主义者。最后——最后,但不是最不重要的——他完全不把斯拉夫人与其他欧洲民族对立起来,而斯拉夫派却是极为重视这一对立的。他甚至说,当然,斯拉夫人也是我们的祖先之一,但他们已完全与俄罗斯人——他这样称呼吕里克大公的同部落人——融合了,因此在我们的血管里几乎没有了点滴纯粹的斯拉夫血液。这样,按照他的意见,如果俄

---

① 《随笔和演词》,莫斯科1913年版,第175页。重点是著者加的。

② 甚至《百科全书》的译本他都勤奋地读过。

国同西方毫无相似之处，这也全然不是由于我们的部落特点。这一点也是可以理解的，因为在他看来，主要的事情在于气候，而不在于种族。

波尔京在《列克勒尔克的俄国古代和近代史注释》里说，"某些爱走极端的人赋予气候以适当的能量，以为人和国家的一切变革都是由于气候；另一些人则相反，剥夺了气候的一切，以为它毫无力量和作用"①。他认为孟德斯鸠是前一种人，而属于第二种人的，他不完全有根据地举出了"爱尔维修"。至于他自己，他自称是保持中间道路，就是说，"虽亦认为气候在人类的建立和形成中堪称首要的原因，但并不否认对此起着促进作用的其他原因"。但是根据他的进一步的解释，他似乎更接近的是气候决定论的极端派，而不是"爱尔维修"。他断言，气候对"我们的身体和道德风尚发生主要影响；其他原因，如教育、政治体制、榜样等等，则是次要的、附属的：它们只是促进或更恰当些，阻碍气候的作用"②。

为了说服读者相信气候的重大作用，我们的作者举出了一些有时不很可信的例证。植物从一种气候移植于另一种气候，便发生种变。长毛羊从吉尔吉斯草原移到俄罗斯后，也取得另一种"特性"。阿拉伯人（应是黑人。——著者）移居欧洲后，成为白人，而欧洲人移居非洲，"几代后变为黑色(!)，并且整个面形也变得同当地居民一样"。从这一切得出的结论是：气候的改变使植物和动物的机体发生极为重大改变。由于肉体和灵魂是"密切结合着的"，

---

① 《列克勒尔克的俄国古代和近代史注释》，第 1 卷，第 5 页。
② 同上书，第 6、11 页。

所以一切建立、形成和改变肉体的东西,都对灵魂发生同样的作用①。

"同样的作用"一语在这里显然不是说迁居非洲的欧洲人如果皮肤变黑,其灵魂亦将从白色变为黑色。但这句话应该怎样理解呢? 显然,波尔京自己也感到,他的话极不明确。他力图用一些新的例证来阐明和加强他的意思;不过这一次,这些例证部分地是从古代作家那里抄袭得来的。他跟着维特鲁维说:在南方各国,"人们由于血量小,所以胆小,但是由于空气清洁,却思想活泼而敏捷;至于北方各国,住民思想迟钝,但作战却有能力,既坚强、勇敢,又无畏"②。

尽管这种结论和见解的弱点,是很容易发现的;但我们姑且假定,事情就是这样。在这里,理论的主要课题在于阐明:由"清洁的空气"造成的南方民族的更为活泼和敏捷的思维,怎样影响他们的社会发展过程? 而北方民族的"思想迟钝"和勇敢同北方国家社会制度及历史的因果联系,又表现在哪里? 但是这一任务是气候决定论者永远不能解决的。原因很明白:因为对于这种实际上并不存在的现象联系,是不可能作出科学的说明的。波尔京可能正因此才表示支持中间道路,因为他相信这个课题是无法解决的。然而他的"中间道路"也是走不通的。

第一,"孟德斯鸠"本人从来没有用气候来解释人和国家的一切变化。他完全不是像波尔京所说的那样极端;事实上,他更多地

① 《列克勒尔克的俄国古代和近代史注释》,第6、7页。
② 同上书,第7、8页。

诉诸"次要的或附带的"原因,而不是更多地诉诸气候。

第二,波尔京总是认为气候对于身体和道德发挥主要影响。所以,他在考虑各个民族的历史命运时,必然要首先提到气候。例如,由于他认为俄国同西方国家毫无相似之处,所以对于俄国的独特发展,他便只能用俄国人身体和道德在俄国气候影响下的特殊变化来解释。可是,我再次提出,这是不可能的。波尔京甚至不曾企图在他的理论思想劳动中对这方面有所考虑。他满足于"次要的和附带的原因",而且就是在这里,他也表现出极大的折中主义和极大的思想含糊。

如果气候对于身体和道德有着主要影响,则很显然,像"教育"和"政体"这样重要的民族生活方面就都应由气候的影响来决定了:由于气候影响而向某一方向发生形态改变的身体和道德,以其特点来制约某一政体和某些教育方式,而在这些身体和道德由于气候影响向另一方向改变时,它们便必然要造成另一种国家制度和另一种教育了。谁不承认政体和教育同气候的因果联系,他便不应承认气候的影响是主要的,亦即主导的影响。而如果他仍旧承认这一点,那他就会同自己发生矛盾。波尔京便陷入了这种矛盾。如在这种情况下所常见,他的这一根本矛盾表现于大量所谓"次要的或附带的"原因。

这一点从我们作者就其对俄国关系上论述"自由"的议论中看得最为清楚。

V

无论列克勒尔克多么轻率,但他还是正确地指出了当时俄国生活的某些最可悲的现象。他对劳动群众的被奴役和政府的横暴,进行了坚决的谴责,这些谴责的确并非经常表述得很聪明,并且总是说得很尖锐。在他的史论的一个地方,无疑地说出了一种为当时先进的法国自然神论者所共有的思想,即认为自由是人类从神取得的最宝贵的禀赋。波尔京不想反驳这个思想;如他所说,尽管他是能够作出一些有限的批评的。但他认为必须提出一个问题:

"是否在任何情况下,在任何时候,任何民族,都适宜于同样的自由,或者与此不同,应有某种例外,某些条件、规定和规章呢?"

对于这个问题他回答道:欧洲各国人民能够于己无害地接受的那种自由对我们并不"适宜"。"我国农民不能忍受普鲁士的自由;德国的自由不会使他们的情况改善;法国自由将使他们饿死;英国的自由会把他们推向死亡的深渊"①。

我国当时没有自由,而有农奴制。波尔京不愿人们把他看作奴隶制的"辩护者",所以承认必须限制地主对农民的权力,但又立即声明,这只是在相当遥远的未来,无论如何只有在俄国农奴"成熟"到能享有自由以后,才有可能②。这样一来,在那最美好的时候到来之前,农奴制便是最"适宜于"俄国农民的"自由"形式了。为什么会这样呢?

这一离奇的现象也应由气候的影响来解释,难道不明显吗?但是,我们如果要从我们的作者那里寻求这样的答案,那是徒然的。相反,我们在他那里看到这样一些定论,按照这些定论,则适宜于俄

---

① 《列克勒尔克的俄国古代和近代史注释》,第2卷,第234—235页。

② 同上书,第236页。

国人民的不是奴隶地位,而恰恰是自由。他自己说——而这确乎是
同他的气候决定论相一致的——"所有古代北方民族都认为自由是
最重要的幸福,而奴隶制度则认为自由是人类的最卑鄙和最羞辱的
状况。"①他认为我国人民属于北方民族。因此,古代罗斯居民也应
受到气候的良好影响。波尔京自己说,在最早的几个大公时期,我
国"只有俘虏才是奴隶;而其他国家官吏,则是自由的"②。这一从自
由到被奴役的过渡,是怎样发生的呢? 根据波尔京的理论,由于次
要原因的影响,气候的作用有时"显得无能为力"。他就是利用这种
次要原因的影响来解释"为什么我国现时的道德同我们祖宗的道德
毫无相似之处"③。这就是说,必须用次要的原因来解释俄国农民在
吕里克、奥列格和伊戈尔时期的极端珍视自由,而在 18 世纪反倒不
能"忍受"自由的利益这一历史离奇现象的。

　　波尔京说:导致气候作用不能发挥的次要原因,是"多种多样
的。例如,同前此不知的异民族的来往,外国食物和辛辣块根对血
液的影响,生活方式,习俗,服装的改变(即仿佛是变化的。——著
者),教育,工艺等等都是"④。

　　哪些工艺,同其他民族的哪些交往,哪些教育和服装改变,哪
些"辛辣的块根"夺去了俄国农民对自由的爱好而造成他们的奴隶
地位呢? 对于这些无可避免的问题,波尔京没有答复。他只限于

---

①　《列克勒尔克的俄国古代和近代史注释》,第 2 卷,第 242 页。

②　同上书,第 241—242 页。

③　同上书,第 9 页。

④　同上书,同页。——我只指出,Comme de raison(似乎的理由),我对波尔京的
说法未加改变。

单纯地叙述事实:某时我国农民是自由的;某时他们的自由受到限制;最后,某时他们完全同奴隶一样。他所指出的事实是正确的。当时,他几乎是俄国农奴制度史的最渊博学者①。但是在这里,他对历史现象的因果联系毫未探讨。这部分地是因为,不管他怎样声明,他毫无疑问是农奴制的"辩护者"。他担心探讨农奴制产生的原因,会得出种种为贵族所极不乐闻的见解。但在更大的程度上,这说明他的理论的无能:波尔京不能对俄罗斯农民受奴役的产生过程,找出与他的气候决定论相符合的解释。

在人民被奴役的基础上,在俄国成长了外国人几乎一致称之为君主独裁制的国家制度。波尔京不喜欢这个名称。他力图证明这个名称不适合于我国政治制度。我们很快便可看到,他取得了多大的成功。暂时我们只是指出,波尔京由于未弄明白那些消灭我国农民群众自由的种种原因,所以不能理解那些在我国导致无限制的君主专制出现的种种历史根源。

我们已经知道,他认为在俄罗斯,最低限度在最早的几个瓦兰大公时期,所有"国家官吏"都是自由的。这个意见他发表过不只一次。例如,他在同勒克勒尔克争论某次枢密院成员阴谋时说道:"在吕里克之前和在吕里克时期以及在吕里克以后,在鞑靼人入侵之前,俄国人民是自由的。大公和封侯的权力,是有节制的,或者是同大贵族及人民的权力融合在一起的。"②当然,这里他也未能

---

①　在《列克勒尔克的俄国古代和近代史注释》第2卷里,他提出的某些见解可能使克柳切夫斯基注意到他的农奴发展史理论。波尔京对于俄国经济生活也是很熟悉的。

②　同上书,第472页,又参阅第422页。

避免自相矛盾。我们从他的著作的另一地方了解到："所有的国家都是从君主制政体或君主专制开始的,这种制度是在所有其他政体中最自然,也最方便的一种。"他去那里完全按照这第二种观点,叙述了俄国历史。他写道："诺夫戈罗德人花费了几个世纪才达到人民政体,而且是经过了强烈和残酷的动荡才达到的。"①奇怪的是,他不仅没有看出这一矛盾,而且以为将君主专制作为国家发展的最自然起点的思想,是他在《列克勒尔克的俄国古代和近代史注释》一书中就已提出过和论证过的②。然而不管他在那里怎样说,毕竟很显然的是,所谓俄国人民早期自由的思想,是既更为符合历史真实,也更为符合波尔京的气候决定论的:因为按照这一理论,北方民族是爱好自由的。现在要问:为什么俄国人民放弃了自由而建立了无限制的君主专制呢?

由于按照波尔京的说法,俄国人民在鞑靼入侵前是自由的,所以应该假定,这一入侵便是那种克制了北方气候对俄国人民的自然影响的次要原因了。试问俄国在鞑靼人统治下有过哪些变化呢?

波尔京说:"所有编年史和鞑靼人的公文都证明",蒙古征服者只是经过自己的官吏收集贡赋,而让俄国居民按照自己的法律和习惯进行管理。如果事情真是这样,则鞑靼人压迫的直接影响是不能用来解释俄国无限制的君主专制制度的产生的。剩下的只有

---

①　《波尔京少将对舍尔巴托夫大公爵所著俄国史第一卷的评注》圣彼得堡 1793 年版,第 1 卷,第 3 页。

②　他指的是《注释》第 2 卷,第 477 页。但那里论述的完全不是历史发展的出发点,那完全是从抽象的观点考察专制政体的优越性。稍前(在第 472 页),才是我所引录的关于俄国人民在最初几位大公时期享有自由的地方。参阅《列克勒尔克的俄国古代和近代史注释》,第 2 卷。

求助于鞑靼人的间接影响了,也就是只有注意了解罗斯的新的社会政治需要和新的社会政治力量的结合,这种需要和结合在鞑靼人压迫下产生,必然导致俄国大公们权力的逐步加强。可是,在这方面,我们在波尔京那里完全没有找到有成效的指示。相反,按照他的见解,鞑靼人的压迫在我国削弱了"上级的权力"①。

不能想象,在自由的俄国人民中间削弱上级权力的历史现象,怎能导致君主的无限制权力的产生和巩固。波尔京的俄罗斯国家历史哲学,在实质上并未超过塔季谢夫,后者的历史研究对他有重大影响②。他未能在提出我国政治制度问题时联系我国气候,或哪怕只是联系最重大的"次要"社会原因,所以当他不得不从列克勒尔克的攻击下保卫这一制度时,便抛弃了历史现象的规律性观点,而退入抽象思考范围,讨论究竟哪种政治制度优于其他政治制度。根据所谓"个别人的才智比许多人的才智更便于开始和完成重要的和伟大的事业";"没有一长制便不可能有必要的准则";"专制制度的弊病是暂时的,易于治疗的,而共和国的弊病则是严重的,不可治疗的",等等理由,他断言"君主制政体介于君主独裁制和共和国的中间,是自由的最可靠避难所"③。

VI

无论我们怎样看待这一结论,完全显然的是,波尔京是用纯理

---

① 《列克勒尔克的俄国古代和近代史注释》,第1卷,第316页。

② 不过,这也是不公允的:塔季谢夫关于《君主独裁制》的优越性的见解从来不是像波尔京的相应论点那样抽象。

③ 《列克勒尔克的俄国古代和近代史注释》,第2卷,第477、478页。

性主义的方法得出这一结论的。这就是我为什么不能同意米柳科夫所谓摈弃这一方法是波尔京在俄国历史哲学方面的主要功绩的缘故。

米柳科夫称波尔京为最早的和完整的俄国历史有机论的代表人物[①]。但《列克勒尔克注释》的作者是不配享有这一美名的。无论对于一般历史,特别是对于俄国历史,他都不曾,也不可能抱有这种观点。他的功绩仅在于他不满意历史唯心主义,因而企图——只是企图——制定一种对历史的"有机观点",并为此求助于(萌芽状态的)历史唯物主义在当时一个变种。可惜他所选择的是一个在本质上毫无前途的变种。由于这一失败的选择,波尔京的历史观点就连在18世纪业已达到的那种相对的——实质上远不完整的——严密性,都未达到;那时对于根据唯物主义观点正确解释历史的已有萌芽,还是态度比较慎重的。就这点说,波尔京的拙劣平庸的尝试,该是同爱尔维修的卓越尝试多么不同![②]

另一不少受到尊敬的俄国学者发表过下述意想不到的见解:"如果断定与波尔京同代的俄国思想家比黑格尔更早就懂得存在的合理性,我担心那会是冤枉了他们;但关于活着的人们,由于自己的不合理会使他们本身及其后裔的存在受到损害,这却倒是波尔京不只一次明确、坚决地表示过的。"[③]

---

① 《俄国历史思想主要流派》,第 I 卷,第 36 页。

② 关于这一尝试,请参阅我的著作《Beiträge zur Geschichte des Materialismus.—Holbach,Helvetius,Marx》(论唯物主义历史家——霍尔巴赫、爱尔法修、马克思)。(全集,第 8 卷。)

③ 《波尔京》——《克柳切夫斯基的随笔和演词集》,莫斯科 1913 年版,第 184 页。

关于活人会因自己的不合理行为而损害其自身以及其后代的生活,这是一种任何时候,任何地方,谁也不怀疑的真理。因此,承认这一点并不是什么科学的或政论的贡献。

其次,已故教授不敢断言与波尔京同时代的俄国思想家在黑格尔之先便有了关于存在或更确切点说,关于真实的合理性的理解,这是正确的。关于真实的合理性的理论须以一元论历史观为前提,而这一历史观却为 18 世纪俄国人所完全缺乏。我们刚才恰好在波尔京的例子中看到这一点。

如果黑格尔的一元论同波尔京的历史观点相距不能更远,但它毕竟还能帮助我们去了解波尔京的历史观点。

西斯蒙第在他所著《意大利共和国史》一书中写道:政府是民族性格的最真实原因。按照他的意见,这一理论原则是他研究历史所得出的最主要的结论之一。这一原则在 18 世纪的历史和政论文献中,几乎获得普遍的承认。

另一方面,这一世纪的作家很少怀疑任何特定国家的国家制度——从而它的政府的特性——都为其居民的道德,亦即居民的性格所制约。这一矛盾的结论,初看来是绝对荒谬,但在进一步考察下,却是正确的,尽管只在一定的、很有限的意义上正确。毫无疑义,在任何特定民族的性格和它的政府之间,存在着相互作用。由于这一相互作用是在实际上存在的,所以它完全应该为科学承认。对此作出卓越阐明的,正是黑格尔。但是一元论者黑格尔对此还有所补充:他认为科学不能满足于理解相互作用。为了使这一相互作用不将我们带进无出路的矛盾,科学分析应该更深入一层:它应该对它认为是无可争辩的真理的那些社会生活方面的产生,作出说明。这种说明只有在一元论历史观的条件下才能取得或多或少的成功。折中论只是满足于对相互作用的理解,但这不曾妨碍他们对于社会生活的某一方面赋予或多或少的意义①。

波尔京创立一元论(唯物主义)历史观的尝试,没有成功。我们已经知道,他自称为"中间道路"派。但他的折中主义比他所愿意、所意识到的,走得更远。他所理解——虽然是折中主义地理解——的气候决定论,没有给他以解决"政府形式(和法律)取决于道德,道德又取决于法律(政府的形式)"这一二律背反的理论可能。因此,他以为必须将这一二律背反转变为科学分析的工具。

由于满足于对相互作用的折中主义理解,他与 18 世纪许多其他作家相反,赋予道德的意义要比赋予法律的意义大得多。他写道:"使法律适合道德,要比使道德适合法律更方便些。"后者不用暴力是作不成的。梭伦在给雅典人制定法律时说:"我所颁布的法律虽不是在可能制定的法律中最好的,但在适合雅典人的法律中,却是最好的;这就是说,他能够制定更好的法律,但这样的法律会不适合雅典人的道德,因而对他们会是不方便的、不适当的。"②按照米柳科夫的意见,波尔京所以将塔季谢夫所收集的全部俄国法制史的资料汇集成为一个整体,就是这个意思。可以进一步说,波尔京对于俄国历史的整个"有机"观点,也在于此。不难看出,这一观点"有机地"包含着这一学者在满足于相互作用观点时所不能避免的一切矛盾。

---

① 这个问题在我的历史一元论里(见《全集》,第 7 卷),有更详细的探讨。

② 《列克勒尔克的俄国古代和近代史注释》,第 1 卷,第 316 页,参阅第 317 页。

波尔京在反驳列克勒尔克时写道,"部落的性格取决于他们所生活的社会状况和他们相互之间已有的政治决定"[①]。我们如果将这一原理同我们的作者以前所说的法律(即决定)取决于道德(即部落的性格)的原理并列考察,则结果在他那里——也如在 18 世纪大多数启蒙思想家那里一样——道德取决于法律,法律又取决于道德。这里的折中主义是如此明显,因此谈不上什么对历史过程的"有机"观点。

波尔京对于列克勒尔克著作的评语是很严厉的:"你无论写什么,都是无用的废话,废话不能使思想得到锻炼。"[②]这一严厉的评语是接近真实的。总之,列克勒尔克的俄国史,写得是很失败的。波尔京对于俄国历史和俄国生活的学识,都是这位法国作家所望尘莫及的。在他的"注释"里,是有许多异常宝贵的细节的。但是他关于俄国历史过程的哲学见解,却是完全要不得的。它同样"不能使思想得到锻炼"。我已经说过,波尔京遭受失败的主要原因,在这里是由于他的出发点的完全错误。

如果波尔京坚持说,使法律适合道德要比使道德适合法律更为容易,那是由于他的思想方式的保守性质。他不喜欢彼得改革,是由于这一改革的极端进取性。他责备这种进取性,因而提醒叶卡捷琳娜不要急于实行认真的改革,特别是不要急于改变农民的

---

① 《列克勒尔克的俄国古代和近代史注释》,第 2 卷,第 423 页,参阅第 158、159 页。在第 1 卷里(第 430—431 页),波尔京完全赞同地引述了赖纳尔的意见,认为被剥夺了自由自决权利的人民,会变得同他们的君主一样。他也承认,"在不同的君主统治下,俄国人的性格也不相同。"

② 同上书,第 1 卷,第 432 页。

生活。从法律必须适合道德,而不是相反这一原理出发,可以轻而易举地借口农民的思想落后,即借口农奴制所产生的"道德",而无限期地推迟农民的解放。农奴制的"辩护者"在任何时候,任何地方都不愿意理解,他们以这种道德为反对农民解放的借口,是在无出路的逻辑圈子之内兜圈子。

VII

波尔京是奴隶制度的"辩护者",这是不能有任何怀疑的。像方-维津一样,他坚决说,尽管有农奴制,俄国农民的情况还是不像西方那样难以忍受。俄国农民没有西方农民所交纳的那些赋税的概念,而安然享用自己劳动的果实。他同意的是"诚然,地主所属农民的情况,不都相同,他们当中的某些人,由于他们主人的冷酷无情和麻木不仁,负担着沉重的、难以忍受的租税和劳务,但他们当中很大一部分,还是生活得丰裕和平静,并不认为他们的景况是不能忍受的"[1]。稍后,他说:"我国农民的很大一部分,抱着过分的愿望,而由于满足这种愿望的能力的增加,过分讲究服装……"[2]

波尔京所使用的将俄国人民的情况与西欧各国人民群众情况相比较的手法,是值得注意的,因为克柳切夫斯基在我们的作者的探讨里看出了历史比较法的萌芽[3]。

这里有一个很好的例子:波尔京想证明我国劳动人民比法国

---

[1] 《列克勒尔克的俄国古代和近代史注释》,第 223—224 页。

[2] 《随笔和演词》,第 186 页。

[3] 《列克勒尔克的俄国古代和近代史注释》,第 1 卷,第 234—235 页。

劳动人民更好地满足了自己的物质需要。为此,他引录了梅西埃在其名著《巴黎的情景》(*Tableau de Paris*)中关于巴黎劳动人民的贫困和巴黎石匠用餐的简陋小酒店的描写。抱有极端反对派情绪的梅西埃,当然在这里是不惜尽力夸张的。结果在他的笔下形成了一幅极端悲惨的图景。波尔京便将他用完全另一种笔调写出的俄国工人生活概貌,摆在这幅悲惨图景的旁边,进行比较。

波尔京问道:"我国劳动人民的食物是否像他们那样呢? 我国种地,砍材,从事类似粗笨劳动的最穷苦人民,每日获得 35 到 40 戈比的工钱,每日两次吃很好的牛肉菜汤,加油的稀粥,在星期天还要吃馅儿饼,油煎饼以及类似的食物,与其说是吃得饱,不如说是吃得美。至于木匠、石匠以及其他类似的手工业者,他们生活得比这些人还要好得多,那就更不用说了。巴黎的中等人比我国所有住在自由地区的一般手工业者和农民,都要吃得坏些。"①

这样比较的结果,得出了一种可喜的结论:"在我国,一切都相反。"②的确,是相反③。

下面几行最能说明波尔京对于当时俄国农奴制的态度。

"不能说,有些人不应对那些不幸遭受残酷地主迫害的奴隶表

---

① 《列克勒尔克的俄国古代和近代史注释》,第 1 卷,第 234—235 页。

② 同上书,第 235 页。

③ 那些多少不用成见的眼光看待农奴制的俄国人,却对于俄国农民的境况有着完全不同的评价。波列诺夫写道:"我没有看到像我国农民这样极端贫苦的人。他们毫无法律保障,他们不仅在言论上,而且连生命也遭受一切可能的迫害,他们受凌辱,忍受无休止的横暴行为、折磨、强暴;因此必然要陷入极端贫困的境地,我们现在实际上就看到他们属于这种境况。"(《俄国农民的奴隶境况札记》,参阅《俄国档案》,1865 年版,第 298 页。)

示不满;但总的说,特别是就耕种国家土地的农民说,却没有这种达官贵人的诡辩、高傲和残酷。经过经验检证的真实表明,俄国农民并不认为他们的境况是不幸的,是可称为奴隶的;特别是那些生活富裕、满足和安宁的农民,更是如此。他们对于更好的境况是连想都不想的。对于不了解的事物,是不会去希求的;人类的幸福,是由想象决定的"①。

俄国人民对于他们在北方气候影响下应该珍视的自由,"连想都不想"。"次要的原因"在我国历史过程中的作用竟然这么巨大!可是,如果俄国农民竟然对于自由产生了某种想法,那又怎样呢?那是很坏的! 波尔京痛心地说:

"自从那种所谓教育的微弱光照,从教养很坏的老爷那里反射出来,稍微触及那些为他们服务的人们,奴隶们对他们的老爷的忠诚和热情,便显著地减少了。"使他十分得到宽慰的一种境况是,"这种教育尚未达到农村住民,也未将其有害影响推广到所有他们那里"②。看来,良好的教育在于同奴隶状态妥协!

我在前面一章里已提请读者注意,在当时俄国讽刺作家对法国狂的抨击里,时常听到保守的语调。波尔京猛烈谴责对外国风习的爱好,在他那里,这样的语调更为明显。应该记住,列克勒尔克所以激怒了他,不仅是由于前者关于俄国的轻率见解。他对列克勒尔克的厌恶还因为列克勒尔克爱好法制的新计划。他在批驳列克勒尔克时说:

---

① 《列克勒尔克的俄国古代和近代史注释》,第 2 卷,第 383 页,参阅第 451 页。
② 同上书,第 2 卷,第 241 页。

"在反对舞弊行为及摒弃罪恶时,必须注意不要减少德行的力量;矫枉过正,是许多朝代衰败的原因。改正风俗和道德,必须非常慎重。"①

在这里,他的语气甚至比斯塔罗杜姆与索菲娅谈话中②的语气,还要坚决得多。但在这里,他的议论的精神,同斯塔罗杜姆并无二致。以下的意见,我们甚至从斯塔罗杜姆那里也未听到:

"许多人都注意到,自从我们革除祖先的习惯而按照外国习惯生活以来,我们是变得更弱了,更易于生病了,这样的人是很少活到老年的。根据我的陋见,这种情况的主要原因是由于废弃了走去洗澡的习惯和采用法国式厨房。"③

对于这位贝伊尔和伏尔泰著作热情读者的这种唠叨,康捷米尔时代的斯塔罗杜姆之流一定会热烈赞同。这些斯塔罗杜姆之流可能也同意这位饱学深思的少将的经济观点。

波尔京反对在我国建造商船。他希望俄国永远不要同航运事业有关的"盈利",而"将用在船舶上的人们转用于适合我国国情、气候和地理位置的工艺和行业"④。哪些工艺和行业呢?他答道:"所有奢侈品都从外国供应,本国人从事生活所必需的行业:农民和军人都应是本国人。"也许是为了给这种经济政策以诱惑力吧,他特别指出,在斯巴达,"所有自由人都是军人,所有的奴隶都是农

---

① 《列克勒尔克的俄国古代和近代史注释》,第 2 卷,第 355 页。

② 《纨绔子弟》,第 4 幕,第 2 场。

③ 《列克勒尔克的俄国古代和近代史注释》,第 2 卷,第 369—370 页。

④ 同上书,第 2 卷,第 27 页。

民"①。

这种对于完全建立在农奴被奴役基础上的社会制度的极为同情的回忆，会使现时的读者感到惊讶。但是应该看到，就是在托尔斯泰伯爵所写的反拿破仑战争的天才长篇史诗里，出场的人物不也主要是博尔孔斯基公爵或罗斯托夫伯爵一类的俄国"自由人和怡然自得的卡拉塔耶夫一类的农奴吗？"

非常有趣的是，波尔京由于极端保守，极不欢喜辩论。他说："争论无助于改正恶习，消除误解，毫不能使对真理的认识有所成就，却更多地是将真理掩盖。争论易于转化为荒谬的巧辩，爱好争论的人是自作自受。……争论的结果怎样呢？它增加了意见分歧，而保卫谎言的技巧就像保卫真理那样得心应手。"②

由于在叶卡捷琳娜时代的比较有教养的俄国社会里，有不少像波尔京那样的斯塔罗杜姆，所以完全可以理解，远在《万有》杂志（1769 年）时期，就有类似他那样的反对争论的人物——用笔名"阿里斯塔赫·阿里斯塔霍维奇·普里米里切列夫"——劝导作家"在相互之间保持不破裂的友谊和永恒的和谐"。同样可以理解的是，当开明的女皇封闭杂志，禁止书籍出版，同对她过度忠心耿耿的责难者这一俄国实际"和解"时，在这个社会里，能够对她实行谴责的人物，就寥寥无几了。

VIII

农奴制"辩护者"波尔京，在俄国国家制度问题上，也表现为

---

① 《列克勒尔克的俄国古代和近代史注释》，第 2 卷，第 336、337 页。
② 同上书，第 354—365 页。

"辩护者"。在这里,他的辩护努力也像在那里一样,很少见成效。

他在绝对君主制优越性问题上的抽象议论,对于西方作家是不可能有说服力的,因为他们几乎经常在说,俄国的国家制度不像西欧各国的君主制,而像东方的大君主独裁制。

波尔京很好地意识到这一点。他从心坎里喜欢《风俗论》第4卷里的一些章节,因为伏尔泰在那里力图证明,土耳其政府远远不像欧洲人所想象的那样专横。波尔京在引录了伏尔泰的有关论点之后,胜利地总结说:"这样,如果土耳其和其他一些伏尔泰没有明确点名,而要由我们去领会的国家(这里所暗示的是法国。——著者),其政体不是专横的,那么,怎能说俄国的政体是专横的呢?"[①]事实上,如果国家制度的一切形式都相互类似,那就很明显,俄国的国家制度同西欧各国的制度并无差别。整个问题在于,我们能否在科学上使用这样的分析方法,离开所分析的现象的所有特征而进行抽象议论。伏尔泰著作中讨论土耳其政府特点的那一章(总计为 XCIII 章),应该说是写得最糟的一章。《风俗论》一书的机智而开明的作者,在这一章里谈得很肤浅。他的结论,就其科学价值说,远远不及波丹的相应结论[②]。在其他条件下,可能波尔京也会看出伏尔泰论点的不能令人满意。但他在这里所追求的不是科学的目的,而是纯粹辩护性的目的;因此,他不但没有改正伏尔泰,却把伏尔泰的已经过于简单化的思想,更进一步简单化了。

依靠伏尔泰,波尔京同时毫不迟疑地从俄国实际生活中提出

---

① 《列克勒尔克的俄国古代和近代史注释》,第 2 卷,第 466 页。

② 同时,伏尔泰提出的有利于土耳其制度的论点,包含着对法国实际生活的痛苦的暗示,这一点是波尔京所不曾忽视的。

他的论点。他写道："俄国贵族不比欧洲国家的贵族享受更少的自由、利益和优越；商人和农民的负担也比在欧洲国家小得不可比拟，怎能说俄国的政体是专横的呢？"[1]

我们的史学家属于俄国贵族的思想家，他们不但对于叶卡捷琳娜赐予他们这个等级的自由十分满意，而且——这一过失是隐瞒不了的——对于女皇奴役农民的政策，也是十分满意的。这就是为什么当这位无论如何不失为聪明博学的人物考虑俄国对西方的态度时，他的思考只能达到我们在方-维津的书简里业已看到的那套保守性的箴言，以为在西方，无论过去或现在，人们一点也不比俄国生活得好些。这一在实际意义上不能给人以慰藉的结论，在理论的意义上也是完全没有内容的。

列克勒尔克写道，我国的法典给丈夫以压迫妻子的残暴权力。波尔京说这个意见是无耻的、卑鄙的，因为在我国，夫妻关系不是由法典，而是由宗教法规决定的。可是，法国作家的错误并未减轻俄国妇女对丈夫的服从。从波尔京那里，关于这种服从，我们听到些什么呢？我们听到他说："古时，法国丈夫对妻子的权力并不小；根据波马诺阿罗夫的证明，习惯给丈夫以在空闲时殴打自己妻子的完全自由，但必须提防把妻子打死或致死。"[2]

列克勒尔克在谈到贵族杜马这一最高审判机关时，引述了伏尔泰的一个评语，说不是知识，而是官阶和出身使俄国人成为这一审判机关的成员。对于这点，波尔京也予以反驳。他质问："哪里

---

[1]　《列克勒尔克的俄国古代和近代史注释》，第 2 卷，第 466 页。

[2]　着重点是波尔京加的。

有这种只靠知识而取得席位的审判机关?"他断言,在任何时候,任何地方,"官阶、出身、财富和权势都重于知识、天才和能力"。对于这一论断,——其公式是"在任何地方,过去如此,将来亦然"——他用了一个聊以解嘲的猜测来补充,说"也许,在贵族的法庭里,偶尔亦有只因知识而入选的人,但毫无疑问,更多的人是由于财富、门第而取得了属于有知识者的席位"。为了使读者不至认为在这个问题上,我国的情况比西欧坏些,波尔京急忙补充说,"据说英国也有类似情况:即在议会选举时,有时对财产比对知识和能力更为重视。"①

再举一个很有意义的例子。波尔京在将法国同俄国比较时写道:

"路易十四并不总是限于企求他有权要求的东西,他的要求和愿望往往比这多得多。……他的愿望并不经常都以国家的利益和人民的幸福为依据,而是更多地建立在他的虚荣和古怪性格上。虽然如此,法国人并不称他为暴君。法国人梦寐以求的自由权利多少次遭到破坏和消灭,基本法律遭到践踏和贬抑,议会的全体议员被剥夺了席位和被放逐,然而法国人并不把他们的政体称为君主独裁的暴政。"

我们所熟知的辩护性的结论,是很明显的:尽管我国的政体可能有缺点,但不能把它称为暴政。波尔京劝列克勒尔克和他的"姑息者"去了解一下我国的法律,规章和国家不同等级的优越地位。他断言那时"他们自己就会证明,俄国的政体完全不是像他们——

---

① 《列克勒尔克的俄国古代和近代史注释》,第 1 卷,第 469—470 页。

部分地由于偏颇、部分地由于不了解——所想象的那样"①。为了加强说服力,波尔京再次引证麦尔西埃的反对派情绪,不用说,麦尔西埃对于法国的国家管理制度(任意拘捕等等),是强烈反对的。他激动地——对于这种激动的真实性是难以相信的——慨叹道:"这就是对于法国现状和法国政制的真实公正的描写。我们可千万不要出现这种情况啊!"②

如果像已故克柳切夫斯基所说,这样地将俄国同西方进行比较,也是历史比较法的萌芽,那么,一些毫无头脑的人们在争吵中所惯用的争论方式——对手之一由于被骂为笨蛋或贼而立即敏捷地反击说,"骂人的才是笨蛋或贼"——便应认为是心理比较法的萌芽了。具备波尔京那样素养的人,应能说些更为严肃的东西。

俄国对西方的态度问题,那时在我国已成为我国前进的可能方向和可能希望问题。这是在俄国知识界面前从未出现过的最重要、最头痛的问题。但在波尔京的笔下,这个问题转变为我国的民族自尊心问题,这种自尊心受到在文明发展道路上超越了我们的外国人的优越姿态的侮辱,他们过去用——现在仍然继续用这种姿态来评论俄国。当然,民族自尊心并不是不正当的。一个对外国人的蔑视态度安然妥协的民族,是不可能存在,也是完全不想要存在的。诺维科夫和其他讽刺作家反对法国狂的言论,部分地就是由于受到外国人侮辱的俄国民族的完全合法尊严感的启发。丧失了这种尊严的民族是不足取的! 但是,这种情感在寻找出路时,

---

① 《列克勒尔克的俄国古代和近代史注释》,第 2 卷,第 523 页。
② 同上书,第 2 卷,第 525 页。

经常同其他情感交织在一起,并且按其性质的不同,采取这样或那样的形式,取得这样或那样的社会心理意义。如果在我国讽刺作品里,对模仿外国的抨击,有时表现出保守的——如果不说是反动的——格调,那么,在波尔京那里,这种攻击却是有意识地、明目张胆地保守。

过于偏爱波尔京的克柳切夫斯基[①],在波尔京那里除了找到历史比较法的萌芽,还找到了某种世界主义思想的特殊发展,似乎这种思想是上世纪俄国爱国主义辩证法的"颇为意外、颇为灵活的结果"[②]。这个结果说明,"个别民族——俄国民族和其他民族——生活中出现的污点",是由于人类本性的一般不完善,而功业和英勇则是俄国民族性的特质[③]。可是,不难看出,这一"辩证"结果,首先同波尔京的一般历史观点不符合。

列克勒尔克认为,我国政府各部门都证明我国的野蛮和愚昧,等等。对此,波尔京反驳说:

"不应将人类所共有的弊病和苦难加于一个民族。请翻阅所有王朝,所有共和国的原始年代的历史吧,那时就可看到,他们在一切习惯、行为和活动上,都是相仿佛的。可以列举数以千计的例子来证明,在一切地方,人类无论过去和现在,除了构成他们性格特点的某些轻微特征之外,都是彼此类同的。"[④]

---

① 毋庸怀疑,克柳切夫斯基从波尔京那里抄袭了某些个别历史思想——例如,所谓俄国历史与西方历史的不同,在于它较少戏剧性情节,等等。可是,这里不是谈论这个问题的地方。

② 《随笔和演词》,第 186、187 页。

③ 同上书,第 187 页。

④ 《列克勒尔克的俄国古代和近代史注释》,第 1 卷,第 1 页。

接着,他举出了一些足以证实这一一般原理的历史事例。但后来又说,古代罗斯人的行为,完全不是像古代法国人这样野蛮和灭绝人性①。应该想到,俄国行为的这种相对平和,便是我国民族特性的"微弱特征"了。试问这种特征是在什么影响之下形成的呢?是在气候影响还是在什么其他"次要原因"影响之下形成的吗? 波尔京对于这种问题的科学合法性,甚至没有料到。

不仅这样。按照他的意见,任何一个民族的特性,主要是由气候决定的。但气候各有不同。因此,各民族的特性怎样也不能千篇一律。这一点早为古代作家所熟知,现代欧洲的某些作家,便是从他们那里抄袭了所谓气候影响决定论的。他们急切地指出,希腊人在他们的气候的影响下,爱好自由;而东方民族则对自由漠不关心。波尔京自己在引录维特鲁威的著作时,也力图向我们解释,各种不同的气候影响怎样造成各种不同民族在"精神力量"上的最重要差别。这样,人类又怎能在一切方面"彼此类同"呢? 这里存在着一个没有解决的矛盾,原因就在于我们的作者只顾追求其辩护性目的,而忘记了他自己提出的原理:气候特点对于各个民族的特性和历史命运具有决定作用。

IX

不过,还应说明一点:就令不保持确定的历史观点,也可以追求辩护性目的。如果不背起沉重的理论包袱,甚至可以更方便地

---

① 《列克勒尔克的俄国古代和近代史注释》,第 6 页。

参加文艺征讨。叶卡捷琳娜二世同法国神甫夏普①的争论最令人信服地证明了这一点。

克柳切夫斯基说,虽然对于她的聪明,谁也不曾否认——除了她的丈夫,因为他在这方面是无判断能力的——但她的聪明无论从深度或从亮度说,都无惊人之处②。才学高深的史学家完全可以说得更尖刻些:叶卡捷琳娜的思想虽很活跃,但却异常肤浅。每当她不小心接触到理论问题时,她总是无可奈何地陷进概念的混乱,其实运用这些概念,并不怎样困难。试回忆她的那个臭名远扬的《敕令》(《根本法》)第6章吧。

我们从她这个《敕令》知道,主宰着人类的有许多"东西":信仰、气候、由政府创制的规章、法律、往事的先例、道德、习惯等等都是。但如我们想了解:在这些"东西"之间有无因果联系,例如气候对道德、习惯有无决定性影响(波尔京是坚信这点的)等等,那我们就会听到一些真正奇谈怪论。

叶卡捷琳娜说:"自然和气候几乎是统治着所有野蛮民族;习惯统治着中国人;法律折磨着日本;道德风尚一度安排古希腊自由人的生活;当局创制的规章和古代道德风尚曾经统治罗马。"在这一团稀泥里,看不到对历史发展过程提出任何严谨观点的企图。本来,叶卡捷琳娜并不感到需要这种观点。她极端任性地对待所

---

① 《对于神甫夏普先生所著〈1761年奉王命前往西伯利亚旅行记〉这部印刷精致的坏书的消毒剂或批判》。该书记述俄国人的风俗习惯和这个大国的现状。(王家科学院,巴黎1763年版)。叶卡捷琳娜的这一著作的前两部分于1770年出版,已故巴尔捷涅夫在《十八世纪》第4卷中加以重印(莫斯科,1890年)。

② 《随笔和演词》,第324页。

有这些"东西"，将它们混作毫无秩序的一团。有时，她似乎对气候决定论发出嘲笑。例如，对于神甫夏普所说俄国人的神经汁粗糙以及这一生理现象可能产生的社会结果等等拙劣议论，她曾用完全恰当的幽默语调作出结论说，"看来，俄国人的缺乏天才，乃是土壤和气候的结果啊"①。但在《敕令》的第一章里，在关于俄国是否"欧洲大国"这个重要问题上，她却又求助于气候论了。叶卡捷琳娜断言，俄国是"欧洲大国"，并用下述方式证明她的意见："彼得大帝实行的变革所以易于取得成就，是因为当时的道德风尚同气候完全不相适合，这些道德风尚是由于各种不同民族的混合，由于对外国地区的征服而被带进我国的。彼得大帝在引进欧洲民族的欧洲习惯和道德风尚时，发现了他自己也不曾料到的便利。"

　　这里的结论是：彼得改革的成就是由于气候的作用。不要以为，叶卡捷琳娜真正愿意考虑地理环境对于各族人民历史发展的影响。她满足于当时的一些流行观点，认为这种发展，主要地——如果不说唯一地——是由于女皇的活动。在她所写的《关于俄国史的札记》里，有些段落在这方面非常值得注意。她在那里写道："大家知道，民族和民族语言是由于最高统治者的才智和勤奋而增进和扩充的。君主通情达理，致力于争得本国人民和语言的光荣，这个民族的语言便会繁荣。由于相反的原因，许多民族语言业已湮没无闻。"这就是说，甚至语言的历史也要用君主的活动来解释。很难说，叶卡捷琳娜是否真正相信立法权力是这样万能。她对农奴制的极端慎重态度，以及她坚决不愿制定不利于贵族的法律，都

---

① 《十八世纪》，第 4 卷，第 445 页。

证明在实践上,她从来没有忘记她的权力的实际界限。但在理论上,由于她对理论思维的能力非常有限,而且很少有这样的爱好,所以易于忘记这种界限。当然,她要使用一切力量来说服俄国人,要他们相信他们的"福祉"完全掌握在女皇的手中。为求达到这一目的,她不惜用一切方法来强奸一切理论。

她在给莫尔德维诺夫的一封信中写道:"经我同意和批准编写的历史或历史札记,除了歌颂国家,充作后代竞取的目标和借镜外,别无其他目的。任何其他不大辉煌的方向,都会是有害的。"①

这封信是在《消毒剂》一书问世以后 20 年写的。但是,当叶卡捷琳娜对神甫夏普进行文学征讨时,这种对"辉煌的方向"的最强烈的追求,无论在历史或政论方面,就已经是她的特点了。在那时和在其后,由她看来,"歌颂国家"是和歌颂女皇相一致的。神甫的主要错误,在于他对女皇叶卡捷琳娜所统治的国家,未加赞许。神甫的这个错误应由《消毒剂》一书来改正。

叶卡捷琳娜甚至过分热心地抓了这件事。

神甫夏普在描写下戈罗德时说,这个城市也像俄国的所有城市一样,是用木材建筑的。叶卡捷琳娜认为必须用下列报道对这一描写进行批评:

"这一城市于 1767 年被烧毁,后来按照正确的计划,用砖石改建。所有在女皇叶卡捷琳娜朝代遭受这种灾难的城市,都是这样。例如,特维尔已用 30 万卢布建成。"②

---

① 1790 年 10 月 4 日信。
② 《十八世纪》,第 4 卷,第 241 页。

这一报道的不真实是很难逃过俄国读者的注意的。但是愤怒的"伏尔泰女弟子"太不谨慎了。她认为应该和可以感到奇怪的是"有些献媚的人竟然建议彼得三世宣布贵族是自由的,仿佛贵族并不总是自由的一样"。如果相信这位历史中光彩方向的光彩女代表,则我国贵族以前是能够按照自己的意愿离开军职的,只不过彼得一世在纳尔瓦战役之后才看出不能不限制——显然只是暂时地——贵族的这一自由①。完全可能,叶卡捷琳娜那时已充分了解莫斯科国家内部生活的历史,从而知道她的大胆的论断是多么不符实际。但是……"任何其他不大辉煌的方向,都会是有害的"哟!

叶卡捷琳娜很了解俄国农民的极端艰难情况。她不只一次让她的近臣知道这一点。然而如果她在很了解这一情况之后,竟然颁发了一些加重这一情况的指令,则不言自明,她在需要反驳傲慢不恭的外国人时,是不能尊重真理的要求的。她写道:"普通俄国人的状况不仅不比许多外国为坏,而且在大多数情形下,甚至还要好些。人民应付的小额捐税较少,而且大都知道要付些什么:在义务上没有自由,但只要付清了,便可完全自由行动了。"②

由于波尔京很可能看过《消毒剂》一书,所以这位有学识的少将关于俄国农民的愉快认识来自何处,便很显然了。完全可能,方-维津也浏览过叶卡捷琳娜的论争著作。如果事实上确是如此,则他对俄国劳动人民比西方各国工人阶级生活得好些的欢快信

①　《十八世纪》,第315页。

②　同上书,第4卷,第328页。

念,也是从这里来的。无论如何,不能不承认,叶卡捷琳娜文学生涯的"辉煌方向"对于我国社会思想的发展过程,是有着重大影响的。许多贵族的思想代表,都喜欢这个方向。

叶卡捷琳娜不了解为什么夏普在谈到俄国时,"嘴里经常发出奴隶一词"。她以为唯一的解释是他的恶意,"总想用些最能贬低事物的词句"[1]。如果恶意不使法国神甫陷入迷途,那么,他就应该理解,不仅俄国农民,而且一般地,任何俄国小市民,也都在事实上比西欧国家的人民享有更多的自由。《消毒剂》的作者对此是坚信不疑的。

他相信"假如我们将每一个人的情况同许多其他欧洲国家的同样情况相比,那就不难证明,在俄国,公民(原文如此!)所受压迫最小,所付小额压榨最少;所负担的义务都很明确,而且他们所做的是近乎愿意(!)的事;政府只是对违法行为实行惩处;这些法律尽管为数很多,而且在某些场合里相互矛盾,但远远未到其他国家那种法令如毛的程度。……不难证明,我国法律,不管怎样,也是欧洲最简单,而且大都是最明确,最合理的法律。"[2]

出席法典委员会的代表们,对于他们的选民的福利远远不是这样有信心。他们羡慕西欧"幸福"居民的权利和优越地位。可是他们的怨言达不到神甫夏普,也不能成为他反对《消毒剂》作者的武器啊!《消毒剂》作者知道,外国人不了解俄国社会政治生活的细节,因而他就可以信口雌黄了。

---

[1]   《十八世纪》,第 4 卷,第 427 页。

[2]   同上书,第 328—329 页。

　　伶俐泼辣的叶卡捷琳娜没有放过转入进攻的机会。她很知道当时西方国家政体的弱点,坚决断定西方的生活比俄国坏。可以说她比所有斯塔罗杜姆之流,更早地使用了克柳切夫斯基称之为历史比较法萌芽的论争方式。

　　她答复法国人夏普说:"你们对我们没有什么可以攻击的,的确,你们不充军到西伯利亚,因为你们没有这样的地方;你们的加拿大被英国人夺去了,在红衣主教里舍尔时期,你们就丧失了它。但波尔多地区和奥隆沙漠难道不是你们的放逐处所? 至于非常委员会,巴士底监狱,夏托—特罗姆佩特以及类似的地方,神甫先生,你都喜欢吗? 据说,由于一种方便的发明,即用表格方式签署的 lettre de Cachet(密旨),这些地方总是填得满满的,这当然是对公民的充分保障啰;再小的阴谋,只要你有敌人,就可使整个家庭的幸福遭到浩劫。"①这些语句,对于明理和公正的俄国读者,是会造成其作者所难以预料的印象的。即令读者相信,法国真是没有什么可以责备我们的,那他还是会问问自己:这又有什么可喜的呢? 难道俄国"公民"由于当局的专横而被放逐到西伯利亚,其处境要比那些在波尔多受苦受难的专制政权的牺牲者好些? 难道那些关在俄国城堡牢狱中的人们,要比关在巴士底监狱里的犯人的日子好过些? 但是要使《消毒剂》的读者在头脑中产生这些问题,他们必须具有公正的情操,然而这种情操却不是当时俄国知识界的代表所常有的。社会生活给社会思想盖上了自己的烙印。农奴制在俄国国内关系中的统治,迫使那些利于维持这个制度的人们,从那

---

① 《十八世纪》,第 297 页。

些实际上毫无可供慰藉的见解里,找到慰藉。叶卡捷琳娜是深知人类的弱点的,当她采用那个多少有些冒险的历史比较法时,当然要有意识地寄希望于这一情况。

在《消毒剂》里最使人吃惊的,是它的作者的天真的,同时又是无边无际的自吹自擂。叶卡捷琳娜在驳斥夏普所说在俄国没有人敢于思想,专制制度在那里扼杀了聪明才智和一切感情时写道:

"我国政府远远没有压制聪明才智和一切情感,而只是从事于鼓励和奖掖聪明才智,赞助一切忠诚和有益于社会的情感。当俄国人很快就要亲眼看到一部受到一切对人类作出贡献的情感的驱使,又为女皇所亲手签署的著作——我所指的是为制定新法典而颁布的《敕令》——问世时,他们怎能不有所思考呢?"①

另一地方,在谈到《敕令》所依据的原则时,叶卡捷琳娜热情地颂扬了叶卡捷琳娜。她说:"这些原则引起欧洲,特别是有理智的人们的震惊,可惜,这样人的数目,在世界上不是很多。"②

她可以补充说,这些引起欧洲震惊的原则,按照她自己的说法,是从法国启蒙思想家那里"剽窃"得来的,而她自己则从来无意将其贯彻到俄国生活中去。当然,对这一点她没有补充。

由于对理论的疏忽大意和不拘泥于确定的历史观点,叶卡捷琳娜可以随心所欲地反复宣称:人在一切地方都是人。她欣然重复了这一般论点。但是在欣然重复这一论点时,她又认为为俄国民族性唱颂歌是有好处的。

---

① 《十八世纪》,第 4 卷,第 449 页。
② 同上书,第 239 页。

《学术侍从》觉得，彼得前的罗斯是迷信、愚笨、无知和停滞的黑暗王国。在叶卡捷琳娜二世时期，除对彼得时代的最强烈理想化外，在我国著述界产生了一种趋向，想将彼得卵翼下的小学生对莫斯科旧事物的严峻判决，予以复查。我们在诺维科夫那里已经见过这种趋向。现在指出，这个趋向在《消毒剂》里获得了最强烈的表现，它的作者极为欣然地重复着：人在一切地方都是人。

她在这里同她的"老师"伏尔泰完全决裂，对于夏普所说俄国在彼得登极以前都是处于愚昧无知之中，坚决予以反驳。她写道："我们以前说过，现在仍然要重复，在彼得朝代之前，我们同所有欧洲国家，也许除意大利外，都是并驾齐驱，步伐相同的。只是在这位皇帝死后的混乱时期，才推迟了我国的发展。"①

旧罗斯——混乱时期以前的罗斯——在教育上不比西方国家差，而在道德风尚上却把它们远远抛在后面。《消毒剂》的作者在这里写了一首真正的田园诗。

"离婚几乎是未见的事。子女对父母表现了极大的尊敬。"最使叶卡捷琳娜宽慰的是，仿佛在所有契约的后面都注明：违背自己诺言的一方，是可耻的。

她兴高采烈地说："这样，羞耻当时是人们对自己的最大约束。我想，没有一个国家能够为其道德风尚提出像这个公式那样有说服力的有利证据。这个公式只是在人们不再像以前那样生活，而道德风尚也不再是那么简单时，才被放弃。显然，这个变化可能发

_____

① 《十八世纪》，第 4 卷，第 424—425 页。参阅第 289 页。——但这并不妨碍她同时承认："彼得把自己的国家向外国人开放……他愿望他的臣民出国旅行……迫使他们自己花钱在欧洲所有国家学习"，——简言之，愿望他们启迪俄国。

生在混乱时期,混乱震荡了伊凡·瓦西利耶维奇皇帝以后的国家和家庭;在此以前,道德风尚都是很单纯的。"

　　在一个存在着严酷的刑事处分的国家里,却有这种非常优良的道德风尚,这会显得费解。但叶卡捷琳娜总是能够自圆其说的。她要人相信,肉刑用的树枝和鞭笞是从罗马传到我国的! 总的说,"所有这些可怕的东西,很不幸,都是我们从其他民族那里因袭的。"从这里完全自然地产生一种助长我国民族自尊心的结论,即不是俄国应该仿效西方民族,而是西方民族应该仿效俄国。叶卡捷琳娜建议:"让这些西方民族,如果他们有理性的话,以我们为榜样,根据女皇叶卡捷琳娜制定的《敕令》第十章改造他们的刑事法院吧! 这个《敕令》在巴黎和伊斯坦布尔是受到取缔的。"①

　　这样,彼得向西方学习,而叶卡捷琳娜则教育西方。

　　在我国19世纪的著作界,对旧俄生活的理想化有时是由于先进作家想为其民主纲领提供历史根据。因此——我顺便指出——封地市民会议时代的罗斯,比莫斯科大公和沙皇时代的俄罗斯在当时更加受到理想化。不言自明,叶卡捷琳娜怎样也不会向往那美好的旧时代的"自由",她对它既无好感,也无恶意。她甚至认为吕里克大公是一个没有丧失某种"开明"倾向的专制君主。驱使她把旧的俄国道德风尚理想化的,并不是什么民主的热潮。她的理想化的用意是为了歌颂俄国生活的那些导致俄国君主无限权力的形成和巩固的方面。叶卡捷琳娜写道:"在欧洲没有哪国人民能比

---

　　① 《十八世纪》,第4卷,第291页。我上面已经讲过,《敕令》是怎样在俄国也受到取缔的,叶卡捷琳娜事前不是不知道,也许就是由她发动的。

俄国人民更喜爱自己的国王,更依恋自己的君主。"①当然,整个文明世界都知道,俄国在18世纪过程中经历过多少次宫廷政变。这些政变使外国人对俄国人如何依恋君主,发生怀疑。但叶卡捷琳娜对此却不感到难为情。她写道:

"对此,我想说一件使许多人惊异的事情,即俄国除了在民族感到陷于衰败时,从未发生革命。我们的一些朝代是严酷的,但我们艰难度过的只是那些衰败的朝代。我们的政体,按其类型,是需要毅力的;如果没有毅力,则不满会普遍存在,因此,如果事情不好转,就会发生革命。"②

这就是说,由于俄国人民对君主的喜爱为欧洲所仅见,只要给"我国政体"以更多的毅力,就可保证不发生革命意图。叶卡捷琳娜是不缺少毅力的。她更善于为自己罗致有毅力的助手。因此,她只要对俄国人民的性格大加颂扬,并以从事这种性格的理想化为深谋远虑的国家事业,就万事大吉了。总之,我们的"女皇政论家"在按保守的方向热心实行这一理想化方面,是超过了所有与她同代的俄国作家的。

毋须说明,这种理想化,同叶卡捷琳娜驳斥丑化俄国制度的外国人的全部言论一样,对于俄国怎样能够和怎样应该对待西方的问题,是没有提出任何严肃、有效的答案的。

X

叶卡捷琳娜二世是从她的个人利益的观点来考虑俄国对西

---

① 《十八世纪》,第301页。

② 同上书,第4卷,第299页。

方——因而也是对彼得改革的态度问题的。这就是说,当她就这个问题发表意见时,她不是以理论的指示,而是以实际利害的见解为指导的。按照她的意见,她所写的都是对巩固她的权力、扩大她的光荣一向有益的东西。波尔京的观点不是个人的观点,而是等级的观点。因此,他的眼界要广阔得多。在这种眼界的范围内,局部地也有郑重考虑理论要求的地方。但是,我们已经看到,在贵族等级的利己主义与这种要求相矛盾的地方,他就不顾这些要求了。当等级利己主义的需要与理论的要求相抵触时,波尔京便从学者一变而为"辩护士"。

这是无可避免的。过去和现在,这一现象都反复出现在屈从于等级(或阶级)利己主义影响的一切学者和政论家身上。俄国贵族的思想代表不是这一一般规律的例外。我们知道,M.M.谢尔巴托夫公爵在法典委员会发言时,多么强烈地服从于贵族等级的利己主义需要。

18 世纪下半期,谢尔巴托夫公爵堪称是俄国贵族等级的最优秀思想代表了。但是,他的贵族思想意识亦有其特殊的色调。波尔京在门阀与官吏的斗争中站在后者一面,而谢尔巴托夫在委员会里却热烈地保卫了门阀。

他在这一斗争中所采取的立场,决定了他对彼得改革的态度。

作为贵族的思想代表,他一般地不能同意改革对官宦等级不利的方面和不利的后果。这里他有时很接近波尔京。例如,在他的政治小说《瑞典贵族 C 先生在奥菲尔游记》里,他暗示彼得将首都从莫斯科迁到彼得堡是犯了错误。他用以支持他的这一意见的论点,几乎同我们在波尔京那里所看到的完全一样。像波尔京一

样,他也希望这一错误将在往后得到改正。但这不过是一种次要的细节。下面才是具有首要意义的特点:

谢尔巴托夫虽也承认改革的历史必然性,赞同彼得建立了"有秩序的管理制度,促进了科学及军事艺术的认识",但对改革的急进性,其难受却不亚于波尔京。这是可以从他对彼得反对笃信上帝的丑恶表现的斗争的出色评价中,看得出来的。

请注意,精通当时西方先进著作的谢尔巴托夫,按其宗教观点,是自然神论者,而全然不是东正教的基督徒。过分相信宗教,在他看来,是一种能够带来极端有害后果的现象。例如,他把深入俄国王公心中的"过度笃信上帝的精神",看为造成鞑靼人征服俄国的条件之一。他写道:"由于屈从这种精神,王公们便会陷入迷信(原文如此!)和信鬼神,不再关心所谓尘世的和不能永存的一切,而只顾企求永恒的生命。"僧侣和一般宗教界人士用一切力量支持世俗当局的这种情绪而"钻进社会管理机关,他们到处排除了坚定慷慨的德行,而代之以僧侣精神"[1]。

如果在 18 世纪,"信鬼神"能给俄国带来这样可怕的危害,那就可以假定,我们的开明公爵会把取缔它看为俄国政府的首要职责之一了。然而谢尔巴托夫却并不同意彼得在这方面的措施。的确,他欣赏彼得对于"没有必要搞出的奇迹"、"斋戒期间不敢吃荤的迷信"、"未经证明的形象"等等,并未赏识,但他觉得沙皇改革家过早地实行了反对迷信的斗争。

谢尔巴托夫在他的著名论文《论对俄国道德风尚的危害》中问

---

[1] 《俄国古代史——谢尔巴托夫公爵著》,第 2 卷,第 574—575 页。

道:"他是在什么时候搞这一斗争的呢? 是在人民尚未经受教化的
时候搞的;这样,由于在未经教化的人民中取缔了迷信,他就取消
了他们对神圣法律的信仰。"①谢尔巴托夫将彼得的这种行为比作
园丁不适时地剪去树枝。不适时地剪除树枝,是要削弱树的成长
的。谢尔巴托夫继续说道:"这样,废除迷信,给信仰的最根本部分
带来危害;对地狱的奴隶式畏惧是消失了,但对上帝和对神圣法律
的爱也一同消失了;至于一时由信仰造成的道德风尚,由于缺乏其
他教化,便因丧失了这一支柱而趋于沦落。"

　　我们在这里看到的是斯塔罗杜姆思想的另一说法,按照这个
思想,现时的智者由于铲除成见,也就从根本上离开了德行。我们
已经知道,波尔京也是同意这一思想的。根据一切迹象,可以看
出,这个思想在当时的贵族思想代表中是极为流行的。他们不能
不认识,他们这个等级的越来越扩大和巩固的特权,同先进国家的
"现代智者"所争取的目标,是完全不相符合的。因此,他们在阅读
"现代智者"的著作,甚至部分地为这些著作所吸引时,也都反对其
中的实际要求,宣布这些要求有害于德行。在俄国贵族思想家的
这种情绪之下,他们不能不害怕彼得的某些——并不是全部——
改革方法所特具的急进性。他们所欣赏的一句谚语是:欲速则不
达(Тише едешь, дальше будещь)②。

---

　　①　《俄国旧闻》,1870年,第2卷,第3版,第25页。

　　②　站在道德风尚和法律相互作用的观点上,他们都认为道德风尚比法律具有更
大意义。然而他们的这一意向也与其说是由于理论的见解,不如说是由于实际的顾
虑。他们反复说:plus boni mores valent quant bonae leges(害怕政府对于改善农民生
活过于热心)。

　　如果谢尔巴托尔赞赏这一谚语不亚于波尔京,如果他对彼得改革的任务和过程的一般见解,是由与他同代的贵族的利益决定的,那么,作为这一等级的世袭门阀部分的思想代表,对于改革中一些未为反对门阀的贵族所注意,甚至为他们所赞同的方面,也都表示谴责。

　　他在法典委员会里就已证明,名门贵族是在良好的道德气氛中受教育的,只有这种气氛才能养成青年人的高贵自尊心和对祖国的无私服务。如果不美化旧贵族的道德风尚,是不可能抱有这种意见的。不仅如此。俄国的历史过程越来越使门阀给官僚让路。因此,门阀的思想代表自然要产生把过去理想化的倾向。然而彼得改革是不怜惜过去的。所以,门阀的思想代表就会承认改革的历史必要性,也对它比官吏的思想代表有更大的保留。

　　值得注意的是,谢尔巴托夫甚至把旧事物理想化时,也在我们面前表现为身受法国启蒙著作影响的作家。启蒙著作往往对原始民族的生活,极端美化。谢尔巴托夫也是这样看待原始民族的生活的。他关于这些民族说:"他们的法律无论好坏,他们都是严格遵守的;他们的义务是神圣的,几乎没有听说有人背叛自己的妻室或亲属;他们无比坚定。他们以毫无畏惧,视死如归为光荣。"最值得注意的是,这一农奴制的门阀辩护士,竟然认为原始社会的共产主义制度以及由于这一制度而决定的没有人剥削人的现象,是原始社会的优点之一。他继续说:"他们(即原始人民。——著者)的慷慨是值得称颂的,因为社会用自己的劳动获得的一切,都在社会里平均分配,我在任何地方也没有看到野蛮流浪的未开化的人民掠夺他们同胞的劳动果实,使自己的境况优于别人。"

谢尔巴托夫既然对原始共产主义社会抱有这种观点,但他又主张向"彼得大帝朝代以前的俄国道德风尚情况"过渡,这就使人感到有些奇怪了。对于彼得前的道德风尚无论谁是怎样想法,很显然的是,它们同原始的道德风尚是很少有共同之处的。但谢尔巴托夫以为旧的莫斯科生活所以同原始民族的幸福生活相仿佛,是因为在这种生活里没有"追求享受"的行为,而他觉得"追求享受"是败坏俄国道德风尚的主要原因。

在旧莫斯科由于没有"追求享受"的行为,所以"几乎每人都能按照自己的境况,没有匮乏地用自己的收入来生活,都能备有必需的一切,而不追求更高的欲望的东西,因为更好的东西,谁也不知道"。青年人受到畏惧上帝,顺从父母,尊敬本氏族老人等等教育。谢尔巴托夫愉快地描述青年人每逢假日早晨都来到长辈亲戚那里致敬,"像亲属和自己人那样照顾老年人"。他尤其津津有味地列举彼得前俄国达官显贵的"高贵自尊心的特征"。按照他的说法,就是最自专的君主也不得不尊重这种自尊心,不得不尊重旧习惯,"不仅对贵族的请求表示迁就,而且尊重高贵的门阀,超过别人"。

XI

彼得改革(谢尔巴托大说它是必要的,但也许是多余的变革),破坏了俄国习俗,使"追求享受"进入俄国人的心灵,导致旧世系的衰落,产生了对财富的普遍追求。为了供应无限度的开支,贵族开始巴结君主和显贵。"粗野不文明的行为由于道德风尚的影响是减少了,但代之而来的是阿谀和自私;是谄媚逢迎,玩忽真理,诽谤君主和其他恶行,这种恶行现在(1788 年——著者)遍及宫廷及达官显贵之家牢不可破"。①

按照谢尔巴托夫的意见,这一切就是彼得所实行的虽属"必要,但也许是多余的"改革的后果。他认为这些后果都是不足取的。因此,有时人们也称他为斯拉夫派的先行者。但是他的观点并不比波尔京的观点更与斯拉夫派的观点相似。使他和《列克勒尔克注释》一书作者同斯拉夫派相接近的,只是那种保守情绪,也许还有某些预期在未来才能实现的事情,如迁移首都——斯拉夫派说:首都应从彼得堡迁到莫斯科。

就其思想方式——当然不是就其实际意图——而言,谢尔巴托夫又同波尔京一样是法国启蒙思想家的学生。但波尔京试图在分析历史发展过程时使用科学的观点,吸收了某些法国启蒙思想家宇宙观中的唯物主义因素之一,而谢尔巴托夫则保持了历史唯心主义。

在他看来,历史发展的最深刻原因在于人们的观点及其道德风尚的改变。他在谈到原始共产主义社会——当这个社会引起他的注意时——保持了这个观点,在评价彼得改革时也是站在这个观点上。

就这点说,他又同波尔京相接近。波尔京未能制定唯物主义的历史观,结果只是停留在法律与道德风尚相互作用的概念上,并认为在这种相互作用中,道德风尚比法律具有更重要的意义。

_____

① 《俄国旧闻》,第 2 卷,第 20 页。

　　最后,谢尔巴托夫与波尔京相似,还在于他想把旧的俄国道德风尚理想化。就令不谈理想化的程度,谢尔巴托夫的心理动机,也同波尔京并无二致。

　　谢尔巴托夫在描述俄国道德风尚遭受破坏时,深切惋惜世袭名门贵族丧失了他们旧日的高贵自尊心。波尔京虽亦极为珍视贵族的称号,却对此并未表示惋惜。波尔京是官级制的拥护者和门阀的敌人,他对贵族的自尊心有不同的看法。在他关于这种自尊心的观念里,没有谢尔巴托夫显著强调的那种对政权保持独立性的因素。当然,谢尔巴托夫的这种独立感,也不是没有限度的①。一切都是相对的,我们的门阀思想家毕竟在这方面与官级思想家大不相同。

　　说俄国道德风尚是在"追求享受"的影响之下遭到破坏的,这就等于说,它们是由于变坏了而遭到破坏。某一社会的"追求享受",是这个社会的道德风尚的一个组成部分。谢尔巴托夫断言,"因果的科学是给理性带来最大满足的科学",他大概感到他在说明俄国道德风尚遭受破坏的过程时,过于含混地规定了这一过程的原因。像他的那些同时代人未能超越道德风尚和法律相互作用这一概念一样,他在未能利用"道德风尚"来解决问题之后,立即求助于政府的立法活动。他从这种活动里找到了贵

---

　　① 这种独立感不曾妨碍这位公爵最尊敬地请求叶卡捷琳娜由国库清偿他的债务。他在向女皇提出这一申请的信里,把她称为"集伟大君主品质和伟大哲学家品质于一身的女皇"(参阅 B.A.米亚科京(В.А.Мякотин)论文集第 2 版,第 110 页,《叶卡捷琳娜时代的贵族政论家》一文)。但在《论道德败坏》一文中,他却对同一女皇极端丑化。不错,论文是在 1788—1789 年中写的,而信则是在 1773 年写的。但谢尔巴托夫关于贵族等级丧失高贵自尊心的惋惜之词在立法委员会里就已经发表过了。

族道德败坏的两个原因。就中第一个原因，在彼得改革前的时代里，即已开始发生作用。

谢尔巴托夫说："按门第决定官阶制度的破坏（其实这既有害于为国家服务，也不利于非任何权利所能代替的名门世系），在贵族中消灭了高贵自尊心，因为从此受到尊敬的不是门第，而是官级、服务和功绩。而由于每人都在争官夺位，而不是任何人都能作出直接的功绩，所以因缺乏功绩而不择手段地阿谀逢迎国王和显贵的现象，比比皆是。"①

贵族自尊心消失的另一原因，同彼得的改革活动有直接的关系。这就是他往往迫使贵族同他们的奴隶一道服兵役。当过去的奴隶服务到担任官职时，他们时常成为自己的主人的长官，并对他们使用笞刑。此外，名门青年在参军进入士兵行列之后，长期脱离他们的亲属。谢尔巴托夫抱怨说："贵族世系因服兵役而分散，这是他们这类人从未见过的事情。"②

这一情况给高贵的贵族自尊心以致命的打击。我们的作者问道："那些从幼年即已战栗于长官鞭笞之下，除服役外别无他途可以争得尊敬的人们，他们得不到他们同类人的支持，没有联合和保护，孤零零地陷于强者之手，又怎能保持德行呢？"

不能不承认，谢尔巴托夫所指出的这两个原因，使他所描述的道德败坏过程更易为人所理解。原来道德败坏是名门世系无权的结果！不过还有一点——而且是最重要的一点——没有弄

---

① 《俄国旧闻》，第 2 卷，第 24 页。在法典委员会里，谢尔巴托夫便谈到这个问题。

② 《俄国旧闻》，第 2 卷，第 24 页。

明白:那种使名门世系丧失其全部重要性的社会力量对比,是怎样在俄国形成的呢?为了解决这个问题,谢尔巴托夫必须摆脱相互作用这一概念的限制,去发现那些既决定各种作用于法律的道德风尚,又决定各种影响于道德风尚的法律的更深刻的原因。然而不仅是他,就是当时比他深刻得多的作家,也都没有能做到这一点。他只限于将道德风尚与法律相互比较,作为两个平行的原因,两者之间没有共同的根源。我们在他那里读道:"我说过,追求享受和奢侈,能够在人们的心灵里发生这种作用;但是还有一些其他来自制度本身的原因,它们根除了坚定意志和良好道德风尚。"

我们不向谢尔巴托夫要求他所不能提供的东西,只是指出,何以他对根除了坚定意志和良好道德风尚的种种制度的回顾,在这里不曾追溯到费多尔·阿列克谢耶维奇以前。在另一地方,他认为贵族道德风尚的败坏发生在更久远的时代,即发生在伊凡雷帝时代。

这位沙皇对最显贵的大贵族的不信任,使他们不能为祖国服务,谢尔巴托夫说:"因为他不仅到处重视靼靼王子超过自己的俄国公爵和大贵族(他们的祖先服役几百年),甚至对于那些很难称为人类的西伯利亚的爵爷们,也重视超过对于自己的公爵和大贵族。贵族的心情沮丧了;适当的高贵自尊心被消灭了,对祖国的爱熄灭了;代之而来的是卑贱,奴颜婢膝,唯私利是图。"[①]

既然这样,则我国道德风尚的败坏,是在彼得改革以前很久就

_____

① 《俄国史》,第5卷,第3篇,第223页。

发生的了。同样显然的是,在对名门世系的态度上,彼得是忠于莫斯科国家的历史传统的;他的改革活动所以未能满足谢尔巴托夫,主要就是由于这一原因。门阀的思想代表是不能有别的看法的。如果说他是斯拉夫派的先驱,那无论如何也不是19世纪莫斯科的斯拉夫派的先驱①。

　　总结本章到此所说,必须承认,对于俄国是否乐于欧化问题,法国启蒙思想家一致作了肯定的答复。但卢梭不在内,因为他不是真正的启蒙思想家。

　　至于俄国能否完全吸收西欧文明,对于这个问题,他们的答案不是完全确定的。他们当中某些人看出了俄国社会制度同先进欧洲国家社会制度之间的巨大差别。他们虽是极为有理有据地认定第三等级是近代文化的主要代表,但又怀疑俄国启蒙事业的前途,因为俄国这一等级发展得很脆弱,或如他们所感到,完全缺乏这一等级。

　　对于这两个问题,当时的俄国作家却提出了不同的答案。他们当中某些人深信俄国是一个年轻的国家,可以选择任何"体制"。另外一些人由于考虑到俄国"道德风尚"的某些特点,由于认为道德风尚是社会发展的最稳定因素,则对此表示怀疑。至于俄国应否吸收西欧文化问题,他们的答复虽然是肯定的,但也附有重大保留。十分清楚,他们作出这种保留是由于受了等级利己主义的驱

---

　　① 参阅叶舍夫斯基的论文:《论俄国道德风尚的败坏(已出版的谢尔巴托夫公爵论文集)》《文哲学院》(Атеней)杂志*,1858年第3期。

　　* Атеней 古罗马最高学府,亚得里安皇帝(117—138年)朝所建立,教授哲学、修辞、文法和法律。——校者

使:他们正确地感到,完全吸收西欧文化,对于他们所代表的那个等级的特权,是有危险的。

XII

任何特定的等级(阶级),其思想方式总是有或大或小的差异。这种差异的出现是由于在这个等级的内部从来没有完全的利益一致。我们已经看到,我国门阀的思想家同官级的思想家便有分歧。但在等级思想方式的范围内,甚至由于年龄也可以产生颇为重大的差异:父与子之间的意见分歧,就是一个颇为常见的历史现象。

缺乏经验的青年人几乎经常比饱经世故的老年人对抽象观念表现了更大的爱好。这并不是说,属于最高等级的青年人不珍视他们的等级特权。极为常见的是,特定等级的青年成员珍视其等级特权,并不亚于老年。只是他们对于特权想得较少,因为他们一般是更多地抽象想象。这是从卡拉姆津(1766—1820)的例子中看得再明显不过了。

他在《俄国旅行家书简》中说:"所有关于俄国性格改变,关于俄国道德面貌丧失的可怜哭诉,或者不过是戏言,或者是由于缺乏深思。我们同留着大胡须的祖先不一样:这更好吗! 外表和内心的愚笨、无知、游手好闲、烦闷,这是他们应有的命运;而在我们面前,则展开着增进理智、取得高贵精神享受的一切途径。所有的民族特性在人类特性面前都化为乌有。主要的事情是成为人,而不是成为斯拉夫人。对人类良好的东西,对俄国人也不会坏。英国人或德国人为人类作出的有用、有益的发明,也都是我的,因为我是人!"

可能以为,这些话是对谢尔巴托夫关于俄国道德风尚在"需要但也许是多余的"彼得改革影响下遭受破坏的哭诉的答复。23 岁的卡拉姆津把这种哭诉称为可怜的哭诉,断然反对当时在俄国人关于彼得改革讨论中渗入的民族主义因素。我国 19 世纪 40 年代的西方派可能极为赞赏这一尖刻的议论。他们当然会在"英国人或德国人对人类作出的有用有益的发明,也都是我的,因为我是人"等语句下签字。

只有别林斯基,作为他们当中最精通我国文学史的人,也许会对"人类"这个概念,抱有某种怀疑。他是对的。

我所引录的这些片段,是卡拉姆津 1790 年 5 月在巴黎为答复法国的俄国史学家列维克而写的。按照列维克的意见,不能称彼得为天才,因为他虽然想启迪俄国,但只会模仿其他民族等等。就其本身而言,这个意见不算恰当。但是只要对它略加深思,便可看到,这位法国史学家对彼得改革的观点的深刻性,而且更为重要的是,他对俄国民族的态度的人道精神,远远超过了俄国旅行家。

列维克从责备彼得的模仿性开始,更进而责备彼得没有充分模仿其他民族。列维克说:"为了迫使俄国人模仿其他民族,那就必须将他们摆在与其他民族相等的条件下。为此必须给他们以自由。当俄国人取得了自由的时候,他们便会在工业方面与其他民族并驾齐驱,甚至超过他们。大权在握的彼得,是能够迫使贵族解放农民的。"但他没有做到这一点。彼得更加重了对俄国人的奴役。彼得一方面要求"他们模仿自由的人们,而当他希望他们在发展科学和艺术的道路上迅速前进时，却束缚了他们"①。这就是为什么他所愿望于俄国的成就，没有能够达到的缘故。列维克出色地写道："他的过于广阔的权力范围，妨碍他的愿望的实行，他可以利用奴隶的手来建造船舶，但不能使奴隶获得外国资本家的信任。"为了证明这一点，列维克举出了俄国商人索洛维约夫的例子。"这个商人被彼得派往荷兰经办商务，他在那里发了财，并且获得了荷兰商人的信任。但后来由于拒绝给彼得宫廷某些官员以贿赂，他们在皇帝面前诬陷他，遂被立即召回俄国。他的荷兰债权人的利益，因此受到重大损害，而俄国同荷兰刚刚开始的商务关系，亦告停歇。"②

　　列维克关于彼得一方面想启迪俄国人，同时又自己在某种程度上增加障碍，妨碍他们的自然才能的发展——这个思想是完全为卡拉姆津所不能理解的。他断言"各国人民的教育和启蒙道路，都是一样的"，"他们都是一个跟着另一个走"，而完全忽视了各国人民都是在不同的条件下走上这一道路的。在他那里，整个问题就是衣服和胡须问题。他说："彼得大帝要我们穿德国式服装，因为这方便些；又把我们的胡子剃掉，因为这样舒适些；长衣不灵便，妨碍走路。"等等。他似乎没有读过列维克的议论：即彼得从俄国人身上脱下长袍后，给他们戴上了新的锁链。

　　列维克的另一条使我们的旅行家大为震惊的意见是：没有彼得，俄国人也会在启蒙的道路上迈出根据彼得指示所迈出的步伐。

---

　　①　列维克全集：《俄国史，原始记事、真实地名和最优秀自然史家长编》，第9卷，巴黎，第531页及第542页。

　　②　同上书，巴黎，第543页。

卡拉姆金讥讽地诠释这一意见说:"这就是说,即令彼得没有教诲我们,我们也能学会的! 怎样学呢? 自己学吗? 可是国王曾经耗费多少精力来克服我们的顽固愚昧哟! 可见,俄国人是不愿意,无决心接受教育的。"

如果列维克承认俄国人是不愿意,也无决心接受教育的,那他就自陷于可笑的矛盾,因为他断言俄国人即令没有彼得也能过得去。然而问题就在于他完全不是这样想的。他表示反对卢梭,因为卢梭说俄国无意吸收文明。他在指出彼得的改革创举立即得到有才能的俄国人士的活动的支持时,说过:历史学者和政论家虽然乐于歌颂这位国王,但似乎又以诽谤俄国人民为乐。列维克假定,俄国人即令没有彼得,也能在启蒙方面取得同样的成就。这个假定是以这样一种信念为根据的,即在彼得改革开始以前,俄国已有强烈的启蒙愿望。当然,卡拉姆津可能认为这种信念是没有根据的。但无论如何,他应该对它加以考虑,并在反驳列维克时,更仔细地考察一下彼得改革开始前的俄国内部情况和社会需要。他没有这样做,而只是空洞地断定"如果按照事物的自然的,从容不迫的过程,就是两个世纪也很难作出我们的国王在 30 年内所作出的成就"。

个人活动与事物自然发展过程的对立,我们在以后各卷里还将不只一次看到。这种对立在理论上是完全站不住的。事物的自然过程不排除个人的作用,而是相反,以这种作用为前提,是经过它来完成的。对于历史学家和社会学家,整个问题在于阐明哪些社会条件造成某一个人的活动,哪些条件促进和妨碍这种活动。但这种对立,人们曾长期认为不仅在理论上是容许的,而且是寓意深刻的。然而当我们看到,争论的双方都承认这一对立为合情合理的时候,我们不禁要问:他们当中哪一方更接近于社会发展规律性的认识呢?

由于把人们的自觉活动看为他们的自由的,即无规律的活动,所以很明显,那些求助于事物自然发展过程的人们是更接近于社会过程的规律性认识的。求助于事物自发过程,这本身就是对规律的模糊认识的表现。因此,不能不承认,卡拉姆津在反驳列维克时表现出自己是一个比这位法国历史学者肤浅得多的思想家。

与方-维津、波尔京和谢尔巴托夫不同,年轻的卡拉姆津是无条件地拥护启蒙运动的。但他对启蒙运动的历史发展过程的看法,是极端抽象的。他在国外旅行回国数年后慨然写道:"一定要脱离愚昧的阴影,经过疑难、期望和迷误的幽暗途径,达到灿烂的真理;我们将达到无限美好的境地,不顾一切阻碍,并在其芬芳的怀抱里,享受天堂的幸福。"但怎样达到呢?卡拉姆津对此未加说明。有一点是没有疑义的:我们不能通过对真理的敌人进行实际斗争而投入这仙境真理女神的怀抱。社会斗争仍旧是一种他完全不能理解的现象。他在侨居日内瓦时写的一封信(1790年1月23日)中写道:

"在这个小国里,发生了纷争。多么奇怪的人们! 他们生活得既安宁又富裕,却还另有希求!"迁居巴黎后,由于那里发生了不可比拟的更尖锐的政治斗争,他在同年4月的一封信中写道:"当人们确信为了他们自己的幸福,需要德行的时候,那时,黄金时代就会到来,人们在一切政治体制下,都会享受和平幸福的生活。"在对历史发展过程的这种极端表面认识下,卡拉姆津会完全忽视他的俄国同代人的具体生活条件。但我们在某一特定时期所未看到的东西，并不都对我们毫无所谓。卡拉姆津极为珍视（尽管是不自觉地）那些他由于极端肤浅的历史发展观点而未能分析的社会制度。当法国革命使他感到政治风暴有时会彻头彻尾改变一定社会制度时，他开始以一个完全自觉的保守派的身份表态。这时他写道："革命解释观点：我们看到，国家制度即令有些局部或偶然的缺点，也是神圣不可侵犯的……现在，所有优秀有识之士都站在当局的旗帜之下，决心只是促进现行事物秩序的胜利，而不想标新立异。"

这些话的写作时代（1802 年）超出本篇的范围。暂时我们所研究的只是叶卡捷琳娜时代的卡拉姆津。在这里只要指出，卡拉姆津在反驳列维克时虽是无条件地赞扬了彼得改革，但是由于经验的教训，他在《古代和近代俄国札记》里却对这一改革进行了辛辣的批评。这样，他便从无限美好的真理女神的膜拜者和西方启蒙运动的讴歌者一变而为斯塔罗杜姆，断然否定了他自己的旧信条：对人类良好的东西，对俄国人不会坏。

第十章 专制政体问题
——帕宁兄弟,谢尔巴托夫, 克尼亚日宁,克列切托夫

波尔京引述先进法国作家,力图证明法国的君主专制制度和俄国的沙皇制度之间,没有任何差别。至于君主独裁制度,按照波尔京的说法,就在土耳其也不存在。为了证明这一点,他引述了当时法国最著名的作家——伏尔泰的一种表达很不恰当的意见。现在很难确切说出,波尔京的这种论点,对 18 世纪大多数俄国读者造成怎样的印象。但法国先进作家虽对叶卡捷琳娜说过许多恭维话,然而一有机会,他们都毫不掩饰地表示,法国的社会政治制度纵然有缺点,毕竟比存在于君主独裁俄国的制度要优越得多。我们已经知道,雷纳尔怎样尖刻地谴责这一制度。狄德罗天真地赞赏过那些"毫无作为"的国家的幸运,但也认为"俄国女皇是一个君主独裁的女皇",盖属定论;他问叶卡捷琳娜二世,她是否决心保持君主独裁制度,并将其传给她的继位者,或者,她愿意弃绝它?他在向女皇提出这一微妙问题的短简里,坚决表示,俄国比法国治理得坏些,并解释这是因为俄国毫无个人自由,而君主的权力则过于

巨大[1]。叶卡捷琳娜认为这一切不过是一堆废话,既无知,又无理,且不审慎。如果波尔京有机会读到狄德罗的这一短简,他也可能要嗤之以鼻。然而尖刻的评价,本身是无说服力的。实际上,就是彼得时代的官宦,去到西方国家,也都感到在那里生活,要比俄国自由得多。毫无疑问,俄国人从对西欧社会生活的观察和从西欧政治著作的研究中所得印象,都促进了俄国政治思想的觉醒。这一事实已为安娜·伊凡诺夫娜即位时所发生的事件所有力地证明。但这些事件也证明在我国所形成的社会关系,是不利于我国政治自由思想的发展的。第一,西方影响只能扩展到俄国人民中多少有些教养的部分,而我们在关于法典委员会的一章里看到,18世纪俄国所有各阶层中最有教养的贵族中,还有许多简直一字不识的人。第二,俄国政治思想的成就,受到农民和官宦等级间的对抗的极为强大阻力。官宦等级为求巩固和扩大其对农民的权力,不能不取得中央政权的支持。因此,他们不愿同后者进行斗争,限制其权力。后来,在亚历山大一世朝代,卡拉姆津在其给 И.И.巴赫京的长信中关于农民生活问题说:

"在君主制的国家,所有各个部门都应是君主制的。同样的原则必须贯彻到这一伟大整体的各个分支部分,使它们保持巩固的联系;因此,农村幸福之需要地主,正如一般臣民之需要国王。"[2]

---

① M.Tourneux,《Diderot et Catherine II》(图尔努:《狄德罗与叶卡捷琳娜二世》),第564、567页。另参阅谢梅夫斯基的论文:《论18世纪和19世纪最初25年俄国国家制度的改革》,见《往事》1906年第1卷,第9页。这篇论文是同一作者的《十二月党人的政治社会观点》一书的第1章。圣彼得堡1909年版。

② 《俄国旧闻》,1871年,第3卷,第338页。着重点是原书的。

　　如果同样的原则必须贯彻到国家整个的各个部分,如果地主应该是所属农村的君主,则俄国实际上就应该是一个君主制的国家了。卡拉姆津是对此坚信不疑的。18世纪的整个俄国贵族也是对此坚信不疑的。但君主的权力可以是无限制的,也可以是被限制于一定范围的。卡拉姆津在幼年就喜爱西方的先进思想,就是在成年时期,也不反对"用法律来限制农奴的义务,并将政治上的单一权力置于受理性和良心的驱使而制定的、不可违反的规约的保护之下"①。但我国叶卡捷琳娜时代的贵族绝大多数,对此却另有想法。他们坚持一种信念,以为在农奴制的农村,地主的权力仍应不受限制,因而对于帝国的"单一权力,也就乐于妥协了"。俄国社会关系的客观逻辑对于俄国人的主观逻辑的影响是这样强大,以致在18世纪下半期,俄国贵族在政治方面比安娜·伊凡诺夫娜即位时变得更为保守。爱好揽权的叶卡捷琳娜深深懂得贵族的这种情绪,她一方面出卖农民,让贵族对他们任意处置,同时断然决定在自己的政治权力方面,不作任何让步。

　　这种让步的问题,在她刚想篡夺政权时,不得不考虑。那时在接近宫廷的人士和彼得三世的近卫军中,由于彼得三世的野蛮古怪行为引起了暗中的不满,Н.И.帕宁伯爵曾同她谈到这一白痴皇帝被废黜的可能,主张在她的儿子保罗幼年时期,立她为摄政王。他同时希望限制年轻的国王的权力。大概,Е.Р.什达科娃公爵也有这个意思。В.А.比利巴索夫说,叶卡捷琳娜聚精会神地听取了帕宁的有利于保罗·彼得罗维奇的理由,但未承诺她自己将

---

　　①　这一切都是他本人的说法。

满足于充任摄政王。他的这个论断是以叶卡捷琳娜本人的谈话为根据的①。但她在这种情况下所说的话，是怎样也不能完全相信的。应该假定，她欣然承诺了帕宁所希求的一切，同时预先打定主意，一有可能，便违背自己的诺言。当这种可能真正出现，也就是当愤然反对彼得三世的近卫军欢呼宣布叶卡捷琳娜为专制君主时，她在 7 月 7 日的"详细"诏书里还是"最庄严地"允诺"使一些国家规定成为法律。按照这些规定，我们可爱祖国的政府，将使自己的权力有相当的界限，在子孙后代，每一国家职位亦将有其界限和法律"。那时，她还不知道帕宁的政治观点，在 6 月 28 日政变的参加者中流传到什么程度。所以，就是已经把政权篡夺到手后，她还是认为必须表示同意这个政权不得超出"相当的界限"。将权力纳入"相当的界限"，这就意味着限制它。然而叶卡捷琳娜是力求成为一个权力不受限制的君主的。为了消除这一矛盾，在"诏书"里顺便确定了彼得三世所错误地实行的独断专横政制和叶卡捷琳娜所约许的君主制的差别，叶卡捷琳娜将按照这种君主制的精神统治。由于叶卡捷琳娜已经掌握了不受限制的权力，所以帕宁兄弟和他们的同道者也不得不满足于这种 distinguo（杰出的）事了。但正因为如此，他们都更坚决地争取"诏书"所允诺的使国家制度合法化，因为这些制度虽仍旧使俄国成为君主制国家，但可使俄国摆脱独断专横。叶卡捷琳娜故作姿态，表示她没有忘记她的诺言。同年（1762 年）8 月，她在关于恢复为她受过苦难的别斯图热夫—留明伯爵的爵位的"诏书"里写道："任命他为皇帝的首席顾问和宫

---

① 《叶卡捷琳娜二世传记》，第 2 卷，第 3 页，以及该书注释 5。

廷中新成立的皇帝顾问委员会的首席成员,以示奖励。"

受命起草新的皇帝顾问委员会草案的 Н.И.帕宁,没有浪费时间。他的草案在 7 月里即已完成并呈送叶卡捷琳娜。可以看出,帕宁是前述独裁政制和君主制的差别作为草案的基础的。

草案第 4 节规定:"所有按照国家规制和君主专制的实质,属于本人照管和决定的事务,概括地说,所有属于专制君主亲自照管的国家兴革事宜都列为皇帝顾问委员会范围。"为使"仁慈的"君主在其伟大不懈的劳作中"少犯人类难免的错误",第 4 节所列各项事务分为 4 个部门,由专设的"国务秘书"领导。这些国务秘书,照草案的说法,应是"我们的活记录",他们向勤奋的君主提出有关国家事务进展的准确报告,每一秘书各在所属部门"分担我们所关怀的事务的一部分"。顾问委员会除星期六以及星期天和其他假日外,应每天集会,在女皇出席的情况下,讨论工作。除领导外交部、内政部、陆军部和海军部的 4 个国务秘书外,草案还任命了若干顾问委员会的成员。顾问的总数不得少于 6 人或至多 8 人。顾问委员会的最重要职责是:"在他们执行我们的命令时如果感到这些命令抵触国家法律或有损人民利益,他们有向我们提出报告的自由权。这当然还不是限制君主的权利。此外,在草案的第 8 节里断然写道,在委员会会议上,在各成员之间交换意见后,我们根据君主的命令通过最后的决议。"尽管如此,叶卡捷琳娜对于帕宁兄弟及其同道的这些实质上非常谦逊的愿望,还是感到不满。她怀疑按照草案起草人的主张,对独裁政制的限制将在事实上成为对君主制的限制。她的这种怀疑,可从草案附录报告的某些措辞中得到证实。

报告说到，整个国家的主要的、真正的关怀，的确都集中于君主一身。但 Н.И.帕宁立即补充说："君主除了在选拔出来的少数辅佐人员之间进行合理分工之外，别无他法可使政权发生有益作用。"叶卡捷琳娜完全不愿同任何人——甚至不愿同她的儿子，"分享"她刚刚获得的无限权力。所以，她虽然一般批准了帕宁的草案，甚至拟订了皇帝顾问委员会 8 名成员的名单，但她对草案正文提出了无数修正，极力对这件她不乐意的事情，进行拖延，——如比利巴索夫所说，对草案实行了"皇帝的拖延"。但是像世界上一切事物一样，拖延总有了结。在 1762 年 12 月，叶卡捷琳娜所能想到的一切修正，都做好了，剩下的只是签署成立顾问委员会的"诏书"了。叶卡捷琳娜在 12 月 28 日确实签署了这个"诏书"，但她没有把这份由她签署的"诏书"公布，而是撕裂了它。这样，Н.И.帕宁的一切努力，尽付东流。

II

由此可见，以叶卡捷琳娜二世为代表，俄国的君主政权在 18 世纪之内，又一次击退了一部分欧化官宦等级把它限制于一定范围的企图。С.Г.斯瓦季科夫指出，帕宁兄弟的愿望远不如 1730 年枢密院成员和贵族的要求①。这里所用的"远"字未必恰当。帕宁兄弟的草案是再谦逊不过了。但是应该指出，如果 1730 年枢密院成员的"发动"，在当时留在莫斯科的贵族代表中引起某种立宪风潮，那么，帕宁兄弟的意图，却似乎没有在有势力的贵族阶层中

---

① 《1700—1895 年间的俄国社会运动》，顿河罗斯托夫 1905 年版，第 23 页。

获得任何支持。女皇的亲信,采取了一切办法劝告她不作让步。炮兵总监维尔博阿在研究 Н.И.帕宁所拟草案时写道:

"我不知道这个长篇大论的草案是谁写的,但我觉得,似乎他是在保卫君主制的姿态下,用巧妙方式,表达其实行贵族政体的倾向。这一强制性的,依据国家法律成立的皇帝顾问委员会的有势力成员(特别如果他们是任性的,爱好功名利禄而又机灵的时候)极易于成长为分夺政权的人物①。叶卡捷琳娜正好有着同样的意见,所以在她确信帕宁兄弟一派的力量还很弱小时,决定不让步。这就是为什么建立皇帝顾问委员会的意图,在其仿佛很接近于实现时,却遭到了失败。"

经过这一失败,帕宁兄弟及其为数很少的同道们,不仅要对叶卡捷琳娜本人和她的无数宠臣的君主制,而且要对他们独断专横政权,俯首听命了。关于帕宁兄弟的小团体在保罗成年时阴谋推翻叶卡捷琳娜而立她的儿子(似乎他应先制定宪法)的消息,应该说是不可靠的。Е.С.舒戈尔斯基发现的文件表明,这个消息所说的"宪法"不过是 Н.И.帕宁给他的学生保罗的政治遗嘱。这个遗嘱一部分是口授的,一部分是根据 Н.И.帕宁的指示而写的,在 Н.И.帕宁死后,由方-维津交给 П.И.帕宁。П.И.帕宁不打算把他哥哥的遗嘱交给王位继承人,他在给保罗的信中写道,"因为不幸的是,根据我们祖国的可怕先例,只要对君主独裁制发出反对的议论(哪怕这种议论是以全部宗教法规和自然法律为根据的),便会给祖国儿女的整个世系,造成可怕的灾难。他认为更慎重的

---

① 比利巴索夫,书见前,第 2 卷,第 136—137 页。

是在继位人成为君主之前，将这一危险的文件保存在自己的手里。由于他不希望活过叶卡捷琳娜，所以他采取了相应的办法，在他死后将 Н.И.帕宁的遗嘱连同上述信件一同交给收信人，在这封信里，他已称保罗为全俄君主①"。

这一切使我们有理由设想，帕宁兄弟经过 1762 年 12 月的失败，已不想在叶卡捷琳娜二世的朝代实现他们的计划了。Н.И.帕宁的遗嘱开始就叙明了我在论方-维津的一章里所指出的思想，即认为"授予君主以最高权力只是为了谋求他的臣民的福利"，而君主在这一真理的启迪下自己懂得，一个"作恶的政权"是多么不完善。遗嘱的作者继续写道："直接的专权，只有在杜绝任何作恶时，才是真正伟大。"接着，Н.И.帕宁断言，在国内尚无根本国家法时，君主和国家的地位，仍然是不巩固的。

他说："没有君主和国家的共同力量所赖以确立的这个支柱，所有制定最有益的规定的意图，都是没有基础的。谁能维护它们的巩固性？谁能保证继位者不会在一小时内就将前朝的全部规定予以废除？谁能担保立法者自己由于受到掩盖真理的人们的纠缠和包围，不会在今天就毁坏昨天所创造的一切？"

Н.帕宁认为，在独断独行统治着的地方，是没有巩固的社会（"共同的"）联系的；"那里有国家，但无祖国；有臣民，但无公民；也没有那种用相互权利和义务的纽带将其成员联合起来的政治整体。"他的这个意见，是值得重视的。他对于"宠臣"统治所造成的社会道德风尚败坏的描写，也很不坏。按照 Н.И.帕宁的说法：

---

① 信写于杜金村，注明日期为 1784 年 10 月 1 日。

"滥用权力在这里达到难以置信的程度。在国家和国王、国王和宠臣之间，已经毫无差别。宠臣的专断决定一切。每一个人的财产和安全都动摇了。精神沮丧，心灵堕落，思想方式既低下又卑鄙。"可以看出，帕宁在这里是做了一幅写生画①。

为了避免发生上述一切，需要有些基本法律。但是帕宁不曾立即说明这些法律应该是怎样的法律，却长篇大论地讨论君主是多么需要保持公正和温良。他训导他的学生说："公正使君主受到尊敬；而温良则使君主受人爱戴。"就其政治意义说，这种训导是毫无内容的。但当 Н.И.帕宁转而为"自由人"下定义时，遗嘱的语调重新在政治上变得严肃起来了："自由的人是不仰承任何人鼻息的人；与此相反，专制君主的奴隶则对本身和财产，都不能处理；除君主的恩典和赏识外，对所领有的一切，都无任何其他权利。"从这里得出的结论是：政治自由同财产权有不可分割的联系。作者断言，不侵犯财产权，就不可能侵犯自由；相反，不侵犯自由也不可能侵犯财产。

所谓基本法律，按照他的理解，首先是对财产和自由作出"安排"的法律。他将"规定公共政权行使形式的法律"，也列入基本法律之内。

在谈过这些一般性观点之后，Н.И.帕宁请保罗对这个最辽

---

① 当时，最少在首都，对于宠臣的痛恨是极为强烈的。1774 年 3 月，П.И.帕宁伯爵为波将金晋爵事写信给 А.Б.库尔兹金公爵说："现时如果不是全体公众，也是公众的很大一部分，都极为痛恨和憎恶宠臣。所有接受这一称呼，或希图获致这一称呼的人们，除了让所有俄国人看到他们受到正义的裁判，成为老弓箭手射击的目标外，不能有其他希望。"（《俄国旧闻》，1873 年 9 月，第 342 页。）

阔,而按面积计算又为世界上人口最稀少的国家略加思考。这个国家只有两个城市:"就中一个城市里,大部分住着穷人;而在另一个城市里,大部分住着穷奢极欲的人。"这个国家的强盛和光荣引起全世界的注意。但这同一国家可以在几小时内陷于灭亡的边缘,"庄稼汉只是在人的面貌上有别于牲畜,谁也不能领导"。"这个国家给外国提供了沙皇,但其自己的皇位,却听命于兽性暴徒的乌合之众(原文如此!),他们保卫着沙皇权贵。"在这个国家里,虽有一切政治等级人物,但按照帕宁的意见,没有一人有任何优点;他们相互间的差别,只在于空洞的头衔。在这个国家里,本应只能因对国家有功而取得,因而应成为高贵灵魂的唯一目的的贵族身份,已在"尽情争宠的宠臣面前黯然失色"。贵族阶层名存实亡,他们卖身给掠夺祖国的无耻之徒。最后,帕宁还将这个国家里人奴役人,以及某一等级的人可以成为另一等级的人的原告和法官等等情况,列为这个辽阔的,但世界上人口相对地最稀少的国家的弱点。Н.И.帕宁完全正确地从这里得出结论:"因此,在这个国家里,每一个人都可以永远要么成为暴君要么成为牺牲品。"

这一关于两个等级的相互关系的卓越说明,是同帕宁关于在他所说的国家里所有等级的差别只在于空洞的头衔的意见,极相矛盾的。此外,这个说明使我们可以断定,他最少是反对当时统治着俄国的那种农奴对地主的依附形式的。

Н.И.帕宁所描写的国家、很同波丹所描写的封君采邑君主制相似。但是 Н.И.帕宁未能给这种国家以确定的名称。按照他的说法,它不是君主制,因为它没有基本法律;但它又不是君主独裁制,"因为一个民族从来不曾让君主独断专横地进行治理";又不能称它为贵族国家,原因是它的最高统治机关是一部没有灵魂的机器,是由君主的独断专横来推动的。最后,"一个使其人民在极端愚昧的黑暗中爬行,默默地负担着残酷奴隶制压迫的国家,是不像民主制的"。

由于我国的完全政治混乱,任何一个开明的有德行的君主,按照 Н.И.帕宁的说法,"都会利用确定不移的法律来保障公共的安宁"。

Н.И.帕宁的见解就是如此。可惜,死亡使他不能草拟他所希望的俄国宪法草案①。他未及完成的事业由 П.И.帕宁负责完成了。П.И.帕宁显然是完全同情他的哥哥的计划的。但是,这一著名的"平定普加乔夫起义的人物"所写的,却是一些不很明白的东西。

III

他起草了三种文件:1)对于帕宁伯爵部长死后遗留的意见的补充;2)在保罗依法登极后预定公布的两件诏书草案。

这第一个文件,只是明确地表明了一点:即"帕宁伯爵将军"完全不主张对异教的宽容。他的草案宣布东正教教会为俄国的统治教会,自不用说;但他还主张对吸收这个教会的教徒去信仰另一种宗教者,处以死刑。至于俄国各个不同等级的权利问题,则在有关的章节里,写得令人遗憾的简略。例如,在第 15 节写着:"关于贵族的权利",第 16 节写着"关于宗教界的权利",等等,直到第 19 节

---

① 他生于 1718 年,死于 1783 年 3 月 31 日。

（这一节本应谈到"农民的权利"的），都是如此。但是 П.И.帕宁究竟要求一些什么权利，——始终秘而未宣。

第一篇诏书最少比较详细地谈到最高等级。其第七点宣布高贵的贵族等级是国家的首要成员，是君主和国家抵御国内外敌人的支柱和防卫力量。但他们的优越地位只归结为一个权利：即"继承土地和臣民"的权利。关于贵族等级的政治权利，连提都不提，恰恰相反，贵族是君主和祖国的防卫力量这一事实，似乎表示作者对贵族业已获得的"自由"，对彼得三世业已给予他们和叶卡捷琳娜二世准备予以确认的免除强制兵役的自由，想要实行某种限制①。

最初，П.И.帕宁泛论贵族等级服兵役为道德上所必须。后来，为了准备根据，他在第 11 点里宣布，"以单一薪饷为生活来源"的贵族，非经父母允准，无权辞职。

第一篇诏书草案纵谈我国道德风尚的败坏，却完全不提基本法律。关于这种法律，П.И.帕宁准备在第 2 篇诏书草案里写，而这个草案，他在向君主提出时所用语调是最少信心的②。

但在第 2 篇诏书草案里，基本法律问题也是说得非常不确切的。读了这个草案，会以为最基本的基本法，是保卫专制君主权利的法律。

事实上，诏书第 1 条写道：

---

① 《诏书草案》是 П.И.帕宁在 1784 年写的，而叶卡捷琳娜发给贵族权利证书，则是 1785 年的事情。

② "如果可能，请在即位时首先只批准这里所写的七条，这便是为诏书提出的格式。"

"所有未经本条明文规定,未在我们往后为祖国提出的基本法条文以及国家政体中明确规定的一切,都无例外地在依法行使权力的君主及其后的全俄王位继承者的全部统治期间,予以保留,并确认为不可改变,不可侵犯。"

在其余的 6 条中,有 3 条专谈王位继承问题,其余 3 条重复我们所熟知的关于基本法的必要性的理由,不过,这些基本法的措辞,在这里也是扑朔迷离,不可捉摸,这位一股劲儿想要克服其长兄遗作缺陷的作者,怎样也无法把它写得明确。

Н.И.帕宁本人虽然真诚地仇视独断专横,并坚决地谴责了它,但他却无充分确定的政治思想方式。他不很明白,为了对独断专横加以限制并在我国建立西欧意义上的君主制度,到底需要一些什么。至于 П.И.帕宁,他虽同情其长兄的政治观点,却在政治思想上更少明确性。他在这方面可能更为胆小。不管怎样,这位"平定普加乔夫起义的人物",其政治创作结局是完全失败的①。

П.И.帕宁的失败使我们想起方-维津观点中的大量矛盾,这些矛盾我在专论他的一章里已予指出。方-维津碰巧做过 Н.И.帕宁的秘书。他根据后者的指示而写的那些论独断专横的危害的作品,是很欠思考的,这一方面是因为 Н.И.帕宁的不完全明确的政治思想,经不起逻辑的分析;另一方面是因为这位《纨袴子弟》的作者对于政治完全缺乏修养。这就是为什么他会在给一位帕宁的信中说俄国制度优于西欧政治制度,而根据另一位帕宁的指示起草

---

① 有关 Н.И.帕宁政治遗嘱的问题,请参阅舒米戈尔斯基所著《保罗一世皇帝》一书,第 53 页,及附录。

的文件，又宣布俄国是一个缺乏任何统治形式的国家①。

保罗在做了国王之后，当然立即看到了 П.И.帕宁的这一失败的著作。但当他还是王位继承人时，他便常常听到帕宁兄弟谈论基本法律问题。这是可以从他对于我国缺少基本法律，时常表示惋惜中看得出来的。有一次，他把从帕宁兄弟那里听到的东西，回敬帕宁兄弟。例如，1778 年秋，他在给 П.И.帕宁的便条中写道：

"国内的安宁取决于组成社会的每一个人的安宁。为使每一个人都得到安宁，必须制止对他本人和与他类似的人的折磨；除了依靠法律，还能依靠什么来制止呢？他们彼此连结，所以必须考虑公共安宁的这一基础"②。

这里一眼就可看出 Н.И.帕宁所津津乐道的一些思想。有趣的是，保罗没有说出所谓基本法律究竟是指哪些法律。似乎他这样作是出于慎重的考虑：他不允许自己"更多地谈到这一问题，因为这会使我不知不觉地接触到法律的稳固性和不可动摇性所赖以决定之点，断言每一个人及其世系的存在和状况永远不变"③。然

---

①　Н.И.帕宁不患那种寒酸的爱国主义的毛病，他没有夸耀俄国的秩序而贬低西欧秩序，这还可由下列事实来证明。某次，他在同他的学生保罗·彼得罗维奇共进午餐时提到托尔涅奥，并对这个城市作了不好的评价。亲王问道："那里的国王比我们坏些，还是好些？"Н.И.帕宁答道："国王吆，当然是我们的好些。但是，老兄，谈什么都不能拿来同自己比。可以认为那里的国王不好。这很好。但这并不是说我们都行。我们会在这种比拟中迷失方向的。"（《波罗申札记》，第 2 版，圣彼得堡，1887 年，第 175 页。）

②　科别科：《保罗·彼得罗维奇皇太子》（Кобеко: Цесаревич Павел Петрович），圣彼得堡 1887 年版，第 175 页。

③　同上书，第 175－176 页。

而可以设想,如果事情真是接触到这一非常重要之"点",则皇太子会比 Н.И.帕宁伯爵将军更加束手无策。后来,这位叶卡捷琳娜二世的太子非常令人信服地表示,他所重视的只是两个基本法律:1)直系继承皇位法,他是通过自己的沉痛经验才对这个法律有所理解的;2)关于一切人都须柔顺地服从他的君主意志的法律。这后一个法律,他在他的短促统治的整个过程中,都坚决贯彻执行。然而正是这一法律,在实践上取消了君主制和独断专横之间差别,而这一差别则是保罗的教养者 Н.И.帕宁在理论上规定的(不过并无充分根据),并且基本法律的要求,也是根据这一差别提出的。

1778 年秋,保罗将他豁免贵族服兵役的下述看法通知了 П.И.帕宁:

"自由当然是任何人的最宝贵的东西,但对它应有真正的理解,这种理解只有通过教育才能获得,又只有通过基本法律才能加以控制(使其为善)。由于没有基本法律,所以不可能有像样的教育,从而产生了对事物的种种不正确理解,产生了滥用权力以及种种怪事。"[①]

这种看法所以值得注意,因为第一,它重复了当时在欧化贵族中相当流行的所谓教育农民的思想,以为这是解放农民的先决条件。很显然,贵族所以保持这种思想,是因为他们并不想在他们的农奴村庄,颁布任何基本法律。

此外,保罗的看法的特点还在于它表明,在他的头脑里,所有的问题都归结为对他至关重要的兵役问题。

---

① 《保罗·彼得罗维奇皇太子》,第 179 页。

帕宁兄弟在说服王位继承人相信颁布基本法律的必要时,也许过于迁就了我刚刚指出的保罗的心理特点。最低限度,就 П.И.帕宁说,这一假定是完全可以成立的。

1778 年秋,保罗一方面不很合时宜地引述基本法律可能产生的利益,同时又在给 П.И.帕宁的信中,对俄国贵族滥用其豁免兵役的自由,表示不满。而在 1784 年秋,П.И.帕宁为了补充其长兄的政治遗嘱,在筹备保罗登极大典时,起草了一篇诏书草案,除了颇为含混地谈论基本法律的利益外,完全确定地提出必须收回贵族豁免服役的自由,或予以某种限制。因此,不禁要问:谁对谁更有影响? 是 П.И.帕宁对保罗,还是保罗对 П.И.帕宁?

这样,帕宁兄弟的政治反对派立场在实际意义上是极端脆弱的,在理论上也是殊少令人满意的。这一切都很显然。尽管这样,这种立场对于俄国解放思想的发展,却不是没有积极影响的。我们不要忘记,某些同代人,特别是后代人,都把它看得比实际上更有力,更活跃。

十二月党人 M.A.方-维津的父亲,对他谈过我在上面提到的所谓以推翻叶卡捷琳娜和拥立保罗为目的的密谋,以及保罗发誓要颁布宪法,等等。关于密谋的消息是不可信的。但是关于密谋的各种传说,却给十二月党人以模仿的榜样(虽然,这只是为数颇多的榜样之一)。我们知道,许多十二月党人读过 Д.И.方-维津所写的 Н.И.帕宁的政治遗嘱[1]。由于 M.A.方-维津从他的父亲那里听到的有关密谋的传说,那篇谦逊的遗嘱遂成为他们的完备

---

[1]　见谢梅夫斯基:《十二月党人的政治社会思想》,第 231 页。

的制宪法案的导言,似乎这个法案是参加密谋的人们所草拟,并经保罗签字的①。这当然可以增强他们的立宪意图。如果我们将亚历山大时期的这些活动家的观点拿来同帕宁兄弟的意图作一比较,则政治思想的继承性就会显得更加明显了。

IV

在叶卡捷琳娜时代的俄国贵族中,帕宁兄弟及其关于基本法律的巨大意义的观点,虽然是少见的,但毕竟不是独一无二的现象。我们所熟知的谢尔巴托夫公爵也想过这种法律,并称之为根本法。他认为"根本法律是君主制"②区别于独断专横或君主独裁制的必要特征,后者只是听凭自己一人的愿望,……而"破坏一切法律"。谢尔巴托夫一般说来,是可以成为一个非常天才的政论家的。关于独断专横或君主独裁制,他写过一些真正优秀的篇章。

按照他的说法,君主独裁制"毫无顾忌地……在一切方面扰乱每一公民的生活和安宁。只要碰上这一肮脏的东西,便会中毒,便会成为社会危害。君主独裁制甚至不能称为政体,因为它是一种折磨,除了独裁君主的愚笨的刚愎自用之外,别无任何法律和规章的。在专横的政体里,人民是为君主而创造的"。为了造福于自己的人民,专制君主必须首先消灭"独断专横"。谢尔巴托夫问道:"实际上如果人民只是在专制君主让他们享用自己的生命时才有生命,那么,怎样的法律才能加惠于这种人民呢?"

---

① 见方-维津:《俄国政治生活现象述评》,重印于《十二月党人丛书》,第5卷,莫斯科1907年版,第30页及以下各页。

② 他写道:"君主制必须有根本法律,必须保持一切已有的规定。"

谢尔巴托夫把呻吟在独断专横压迫下的人民比作在狂风恶浪中乘船航行的旅客,桅杆倒了,风帆和罗盘都没有了,"船仍在行驶,但制不住暴风的狂吼,不知道哪儿是浅滩,哪儿有暗礁,也不知道漂流的地点"。就令它达到了码头,这也只是一种幸运的偶然,而不是常规。独断专横的统治者不奖励有功,反而嫉妒有功的臣民。在封官时,他只是一意孤行,随心所欲。卡里古拉封他的马为执政官。谢尔巴托夫挖苦地说:"也许很多比马还不如的人,独断专横的君主也要任命他们为最高官吏罢!"在君主独裁制的国家里,德行不受尊敬,因为有德行的人本身便是对独裁君主的活针砭。在那里,理性被迫害,"因为它有害于专横独断,因为谁要探讨那些构成社会基础的外来道德风尚,他就会用聪明的眼光观察自己的情况。"谢尔巴托夫认为"君主独裁制"的危害已是这样明显,所以它不可能在开明的国家中存在,或最低限度,不可能在这些国家长期存在。"因为事实上,任何人只要考虑到自己对神圣的法律,对祖国,对自己,对家庭和亲属的义务,都会认为他的责任和幸福将驱使他去推翻这一没有任何巩固基础的偶像。"

这样,在建立了专横统治的国家里,居民不仅有权,而且有义务尽可能迅速地推翻它。在较为开明的人们看来,同它实行任何妥协迁就,都是不可想象的。但是,请问,在把它推翻以后,应该建立什么政治制度呢?

这位世袭名门贵族的思想家不可能是民主制的拥护者。这一点是不言自明的。不错,他承认,初看来民主制是一种最符合自然规律的政体。"既然人都是同样的父亲所生,难道他们不应求得在现社会中已被铲除的地位平等?"然而,谢尔巴托夫保证说,如果仔细考察,则民主制是一种最难使人满意的政体。它为不断的派系斗争敞开大门;在民主制下不可能保持国家机密;人民利用其政治权力拒付国家必需的税款;而且由于不能重视真正的功绩,把不值得尊重、但善于钻营的人提居高位。

看来,谢尔巴托夫出于对贵族世系的同情,是要以贵族制为最好的制度了。他的确承认贵族制有许多优点。他写道,例如在贵族政体下,国家事务的进行不是以一个人(君主)的专断,而是以国家最有聪明才智的人们的最健全的考虑为根据;阿谀奉承在这里不能得逞;军队不是由善于钻营的宫廷贵胄,而是由最老练的又最勇敢的指挥官来统领;青少年受到社会公德规章的教育。贵族制的这些优点,都是很重大的。但虽然如此,贵族制也有它很大的弊病。如果在贵族制里,事情是由大多数决定的,那就不应忘记,"多数并不经常都更优秀"。此外,由于在贵族制下无可避免的争论,事情办得很慢,这在战时是很危险的。个别的达官显贵由于追求私利,"力求永远保持爵位和财富"。总之,在贵族制下,易于发展过分的享受追求,给国家带来危害。

关于政治权力的起源问题,谢尔巴托夫和他的有教养的同时代人一样,都主张契约论:人们牺牲其原有自由的某一部分,是为了保证安宁地享受其余的部分。政治制度的进一步发展,按照谢尔巴托夫的意见,决定于我们现在称之为不同社会阶级力量的那些力量。君主制是从家长权力中产生的。同家长在重大事情上与他的长子和最聪明的儿子商量一样,君主在自己的周围设立一个"由他的人民中最明智、最博学的人们组成的"顾问委员会。委员会向他提出能够造福于国家的建议,劝阻他实行有害于国家或具有专横性质的措施。这种顾问委员会的存在和基本法律的存在，就是使君主政体区别于"独断专横"的两个最主要的特征。当君主消灭顾问委员会的权力时，他便成为暴君。反之，当顾问委员会剥夺君主的权力时，就产生了贵族政体。除前面所说贵族政体的优点和弱点外，还须补充指明，如我们的名门贵族思想家所承认，贵族总想压迫劳动群众。他说："卑贱的人民，在哪儿也不像在贵族政体下那样不幸。"有些古代作家在观察他们那个时代的社会生活时得出结论，认为卑贱阶级的人民同压迫他们的高贵阶级的斗争，使贵族制度为民主制度所代替。这一为 18 世纪许多作家所具有的观点，亦为谢尔巴托夫所赞同。他断言民主制的产生是人民遭受达官显贵"折磨"的结果。

由于对民主制毫不同情，谢尔巴托夫以为一个国家如果建立君主制度，为利至大。通过以上所说各节，不难了解，他对俄国建立起来的制度，是不会误解的。他坚决不承认它是君主制。他在《为我的思想和我过分勇敢地发表过的言论而辩》一文中写道："我指责我国政府的成分，说它是完全独断专横的政府成分，那里虽有成文法，但都屈从于国王和达官显贵的权力。"而且就是"这些成文法也都是在国王的办公室里撰写的，人民疾苦的真实情况完全不能渗透进去"①。因此，这些成文法也受到谢尔巴托夫的"指责"。他说："我指责我们的法律，因为它们的制定不惟未经人民的同意，而且未经主要政府的同意。我指责现已明白显示的事实，即在制

---

① 在同一论文的另一地方，他说："我指责女皇所写的法律，这些法律是在她的阴暗的办公室里写的，而她却想利用它们来达成不可能达成的愿望，医治她所不了解的创伤。"

定这些法律时,对于人民的状况、利益和需要,既不了解,又不关切。"

谢尔巴托夫将这种立法方式的责任不仅归之于国王,而且归之于他们的亲信顾问,这些人忙于从事宫廷阴谋,不愿了解国内真情实况和人民的需要。

在《致国家的达官显贵统治者书》中,谢尔巴托夫对于那些实际上掌握着俄国命运的人们,进行了严厉的谴责。

"我看到被你们践踏的人民,看到你们把法律变成具文;看到公民的生命财产化为乌有(原文如此!),看到你们的傲慢和残忍使人民丧失了朝气;公民的自由徒具虚名,甚至受害者也不敢提出申诉。"

达官显贵在社会阶梯中爬得很高。但社会地位的高低,不应在机械的意义上,而应如谢尔巴托夫所说,在形而上的意义上去理解。从机械的意义上说,甚至粪便也可升得很高,——例如,升到高塔顶上。但只有机械的上升是不够的。谁的官衔比别人高,他的德行也应比别人高。由于俄国的达官显贵完全不能满足这后一要求,所以谢尔巴托夫把他们比作爬上高塔的粪便。他不以这种侮辱性的比喻为满足,还用嘲弄的口气质问国家的统治者:"你们这种人,这种优雅的人,是否像蛆虫生活在粪堆里一样,生活在罪恶之中呢?"

我们的作者提醒达官显贵要记住他们对国王、对人民的义务。国王用"人民的财宝"来养肥他们,他们应该对国王说真话,即令这种话可能使国王不愉快。至于对用自己的财宝来养肥他们的人民,他们应该对人民"宽容,关怀人民的幸福",以为报答。只有在这种条件之下，他们"才配称为人民的恩人"。

我们在这里看到"知识阶级对人民有责难"的萌芽，我们在19世纪的俄国先进著作里，还将碰到这一理论。不言而喻，由于时间的推移，这一理论的内容发生了极为重大的变化。它在向在学青年发出呼吁的拉夫罗夫笔下所取得的形态，与它在向"国家达官显贵统治者"发出指责的谢尔巴托夫笔下所取得的形态，是迥然不同的。

谢尔巴托夫提醒统治者们记住他们对人民的责任，这表明农奴制观点并未妨碍谢尔巴托夫——亦如其未妨碍苏马罗科夫一样——按照自己的方式去谋取人民的福利。作为一个拥护教育的人，谢尔巴托夫认为必须把教育普及到人民群众中去。当然，他的方案给教育以等级的性质。奥菲尔国①的每一个有教堂的村庄，都有学校。儿童在那里学习读书、写字和算术。在城市的学校里，——为市民和商人子弟开设的，——除上述课程外，还学习工艺。贵族学校学习"绘画、数学、初等几何、舞蹈和武器操练"。在初级学校之上，设有省立学校，在这里除几何外，还讲授军用和民用建筑，历史及"部分物理"。最后，在学院里，教授高等数学和自然科学。

此外，不妨补充一点，即熟悉当时我国法庭审判情况的谢尔巴托夫认为，必须讲授公开诉讼程序。这当然不只是对贵族等级有利。

---

①　空想政治小说。——校者

V

抨击"国家的达官显贵统治者"，如果孤立地看，是意义不大的。叶卡捷琳娜的讴歌者有时也大声疾呼，反对达官显贵。请看他的以下诗句：

> 你，这第二撒旦拿巴尔！
>
> 整天在想些什么哟？
>
> 是不是想让你的年华，
>
> 在游嬉、懒散、欢娱中流逝？
>
> ……
>
> 这广阔的世界对于你，
>
> 是否只为了看到奴颜婢膝，
>
> 只为了在你的难以侍候的午宴席上，
>
> 珍肴满桌，
>
> 醇酒盈樽，
>
> 东方现星光，咖啡多油腻？
>
> 是否只为了不从事劳动，
>
> 刹那间，
>
> 你孤独无依？等等等等。

姑且不说杰尔扎温对于这些"撒旦拿巴尔"歌颂过，而在其他诗篇里又大声疾呼地攻击过，然而这种攻击的本身却是他对叶卡捷琳娜进行歌颂的一种手段。他坚信叶卡捷琳娜是不像这些鞑靼贵族的。谢尔巴托夫对于俄国国内生活问题的态度，却是严肃得多。他虽然也对叶卡捷琳娜说些恭维话，但从来不愿同"独裁制"

迁就妥协。在所著《俄国史》中,他使人理解到,独断专横在我国的建立,是违反我国人民的意志的。他说:"值得指出,诺夫戈罗德人民在选出三名公爵(即吕里克、西涅乌斯、特鲁沃尔——著者)为君主时,并未给他们以无限制的权力,而只是托付他们保卫国境不受敌人侵犯。……但后来吕里克取得了这样的权力。"在同一著作的最后一卷里,谢尔巴托夫竭力赞扬沙皇瓦西里·舒伊斯基,因为他同意对自己的权力加以某种限制。按照他的意见,舒伊斯基"由于在其领土上既博爱又仁慈,赢得了好声誉,得到了最高贵的美好结局。"在所著《俄国道德风尚的败坏》里,他在论及安娜朝代时指出,在她即位时,达官显贵们预定了"一种宏图,……要给国家制定根本大法,规定由参政院或议会(原文如此!)限制君主的权力"。我们的作者在这里只是惋惜傲慢和虚荣使这一美好的宏图未能实现。这些根本法律规定剥夺君主的某些"过多的权力"(谢尔巴托夫本人的用语),而将其赋予若干名大官显贵,"从而使大批贵族世系大为伤心;同时,又规定用许多君主来代替一个君主"。最后,在他的政治小说(《奥菲尔国游记》)里,皇帝也受法律的限制,法律阻止皇帝滥用权力。奥菲尔国的居民认为,由于沙皇既不是手工业者,又不是商人,也不是诉讼代理人,他们感受不到其臣民所感受到的需要,所以他不宜于自己制定法律。这再一次指明,谢尔巴托夫所希望的宪法应能极大地限制君主的立法权力。但怎样限制呢? 关于这个问题,我们在他那里没有找到确定的指示。

正如上面业已指出,他认为在君主的周围,应设立一个顾问委员会或参政院,这个顾问委员会"不仅应制定根本法律以规定国王的权力,而且应根据根本法律为他补充一些人员,使他能够保证履行交给他的职能"。像帕宁兄弟(以及保罗)一样,谢尔巴托夫认为在各种根本法律中,王位继承法应居首要地位。在另一点上,他也与帕宁兄弟一致,即尽管他是自然神论者,但他并不是无条件地主张信教自由。他虽然也说,对于分裂派教徒不能用惩罚,而要用训导来进行斗争,但在他所建议的反对分裂派的办法里,我们却看到使他们受"损害和羞辱"。他想使分裂派教徒支付更高的税款,负担更大范围的宿营义务,丧失包工的权利和出庭作证以及充任保证人的权利。最后,他建议对分裂派教徒恢复彼得一世在1722年法律中规定他们必须穿戴的特殊服装;这似乎就是为了通过"羞辱"对他们施加影响。谢尔巴托夫对回教徒也不反对加以约束①。

所有这一切都是由于他坚信"统一的法律"可以增加国家的力量。从这一切也可看出,如果我们根据他对专断独裁的厌恶(这种厌恶无疑是真诚的),便把他看作百科全书派的学生,或者认为他具有在19世纪即已最后形成并取得自由主义称呼的那种思想形态,那我们就犯了很大的错误。谢尔巴托夫很熟悉与他同时代的西欧著作,他不是,也不可能是解放哲学的彻底拥护者,或自由主义者。自由主义和解放哲学都是反对"旧制度"的斗争的思想成果。而谢尔巴托夫则是一个顽固的农奴制拥护者。就这方面说,他显然大大落后于 Н.И.帕宁,因为帕宁最低限度强烈地谴责了使一人成为另一人私产的社会制度。奥菲尔

① 必须指出,谢尔巴托夫是共济会会员,有些学者认为共济会会员是竭力主张信仰自由的。

国的"最高政府"是纯粹的贵族政府。尽管在某一个部——"房屋建筑、国家收入和商业部里,也有 15 名商人代表,但组成这个政府的贵族代表,为数却大得多(75 人),因而国家权力完全集中在贵族阶层的手中"。与这种情况相适应,在国家机关供职,在那里也成为贵族的特权。

对于谢尔巴托夫,最能说明问题的是下述情况:

1785 年叶卡捷琳娜发给贵族的特权状完全未能使他满意,因为照他的意见,特权状赏赐给贵族的权利,是微乎其微的。他对它写了一篇非常尖锐的批评。例如,关于贵族向最高当局提出有关自己的需要的申请权问题,谢尔巴托夫指出,贵族应有权"向政府提出,何时何地的政府法令给他们增加了负担"。关于自己需要的申请权,他批评特权状只不过允许贵族"在挨打时可以尖声喊叫"①。按照特权状,总督对于贵族会议的权力是这样大,以至贵族在前来参加这种会议时,只不过成为他们本身遭受压迫的见证人,而这种会议的场所则变为贵族受压迫的纪念馆和他们的自由的监狱。贵族特权状的其他条文,也都在同样的精神上受到谢尔巴托夫的批评。

另一方面,同年发给商人的权利状,谢尔巴托夫认为最低限度在当时文化条件下,在某些方面未免过于广泛。他写道,当然,由与自己平等的人审判,是至为珍贵的,但不宜将"勉强识字"的商人选为法官。他觉得最好是将贵族或同商业无关的人选入所有商人

---

① 《祖国的忠诚儿子对诏书上贵族权利的注释》,《谢尔巴托夫全集》,第 1 卷,圣彼得堡 1896 年版,第 300 页。

法庭。"为了对商人表示尊重",他觉得在商人法庭里,只要有一名商人代表就够了。

不仅这样。如果奥菲尔国任职国家机关是贵族的特权,那么,那里只有在特殊情况下,不属于贵族家庭的人们才能迁升到最高官级。总之,谢尔巴托夫是反对"平等的幻想"的,甚至对于贵族,也是如此。他的政治幻想,没有超过由世袭贵族取得政治权利的范围,在法典委员会里,他已是这种贵族的思想代表了。

然而无论谢尔巴托夫的贵族意图仿佛距离自由主义有多么远,但事实是,他对当时存在于俄国的政治制度不仅不满,而且深切憎恨。当一个人憎恨他周围的秩序时,他是会想方设法去革除它的。革除这种秩序的最自然方式,是由受到它的折磨的社会阶层起来同它斗争。看来,谢尔巴托夫是懂得这一点的。他写道,如果独断专横在"俄国畅所欲为,则这一切都会从我国奴隶的卑贱屈从中产生";他希望能使他的同时代人抱有坚定的信念,"一同热爱祖国",尽力给他援助。值得注意的是,奥菲尔国最高权力虽受到根本法律的限制,根本法律虽有力地限制了他们危害公民的可能,但仍有两个皇帝被推翻,死于狱中。作为一个 18 世纪的俄国人,谢尔巴托夫不能跟着这种范例走得很远。但他很知道,当时俄国的政变不是用贵族世系的力量完成的,官吏并不支持门阀的政治欲望。不仅这样,谢尔巴托夫显然也意识到一个真理,即被奴役的农民和奴隶主贵族(不管是它的哪个阶层)之间的对抗,是对"君主独裁制"的最有力支持。这一点必须予以假定,因为奥菲尔国的普通老百姓是禁止向国王致贺的。这一禁令的理由是:"人民一般在任何地方都少受教育","因为人民所表达的欢乐和热忱,实际上毫无意义,却可能使某些国王感到骄傲,仿佛以为他们为人民所热爱,从而产生有害的后果。"然而奥菲尔国不是俄国。更确切地说,只有在俄国实现了谢尔巴托夫的政治主张之后,才能说奥菲尔国是俄国。在真实的俄国,贵族不能使最高当局与人民隔绝,人民是把最高当局看为自己的关怀者的。这极大地加强了中央政权的政治地位。一些在奥菲尔国可以设想的事情,在真实的俄国却成为不可能。谢尔巴托夫是意识到这一点的。他一方面咒骂"奴隶的卑贱屈辱",同时却以使俄国从君主独裁制的国家转变为君主制的国家为自己的实际目的。他的论道德风尚败坏的文章,结尾时希望以后我国会出现这样的国王,既能通过自身的优良典范,又能特别是通过根本法律的颁行,恢复优良的道德风尚。当这样的国王出现时,"那时,被放逐的美德将离开冷落的荒漠,而在城市和宫廷里建立自己的统治;法庭将不因收受贿赂和畏惧强暴而裁判不公,对达官显贵的逢迎畏缩将被消除;对祖国的爱将重建在公民的心中;受到称赞的将不是生活豪华和财富,而是公正,功业和无私"。关于这种能够完成这一良好的革命的国王的出现,他认为只应"祈求上帝"。

在等待这种国王的出现时,做些什么呢?努力服务国家,适应现存的秩序,并且在适应过程中有时应该走得远一点(按照我们现时的尺度说):所以,他向在《论道德风尚败坏》一著中称之为顽固的"君主独裁制"顽固维护者的女皇,提出了他本人的请求。而当他看到祖国的大量灾难,感到痛心疾首时,更在充满愤慨的尖刻论文中倾吐所怀,……虽然事先他就知道,这些论文不会刊行。谢尔巴托夫的政论文章直到 19 世纪 50 年代末还是被束之高阁,未获刊行问世①。用赫尔岑的俏皮话说,谢尔巴托夫公爵作为政论家,是当时的一个"多余的人",一个"聪明的废物"。对于叶卡捷琳娜,杰尔扎温基式的颂歌要比对独立的政论家的论文更合口味。

VI

我们长期以来都认为克尼亚日宁是独裁政治的敌人,因为他写过一部悲剧《诺夫戈罗德的瓦丁》,一度在"上流社会"中造成混乱。据说,达什科娃公爵夫人由于出版"瓦丁"而被革去了俄国研究院院长的职位,而克尼亚日宁本人则受到著名的舍什科夫斯基的传讯,并于其后病死②。这不合乎事实。克尼亚日宁死于1791年1月,而《瓦丁》的出版则是1793年的事情,不可能给它的作者造成任何不幸。由于这部悲剧,克尼亚日宁的儿子和其他与剧本有这样那样牵连的人,受到了警察的侵害。剧本本身受到取缔,不许发行。

科佐达夫列夫当时任研究院顾问,在其送给达什科娃的关于《瓦丁》的报告里,说《瓦丁》作为一部创作,是不包含任何危险的东西的。他还指出,《瓦丁》的结局是国王平定叛乱,这是正确的。如

---

①　在本世纪50年代,这些政论文章开始在各种不同的历史出版物中出现。论道德风尚败坏一文在1858年于伦敦出版(上面的摘录,引自1870—1871年,《俄国旧闻》的较为完整的版本)。《给国家的达官显贵统治者的信》,在1872年《俄国旧闻》中出现。90年代,在 И.П.赫鲁晓夫的编辑下,谢尔巴托夫全集第1卷(圣彼得堡1896年版)和第2卷(圣彼得堡1898年版)出版。研究谢尔巴托夫的最详细的著作《叶卡捷琳娜时代的贵族政论家》,是 B.A.米亚科京写的,收入他的论文集《俄国社会史》中(见该集第102—166页,圣彼得堡1906年版)。

②　在 A.C.普希金的《历史述评》里,甚至说"克尼亚日宁是在树条抽打下死去的"。

果认为克尼亚日宁的不幸的悲剧是共和制观点的表现，那会是莫大的错误。何况克尼亚日宁从来不是共和派。他怀着忠实臣民对女皇的真挚情感。尽人皆知，他的第一部悲剧《狄东》就是献给女皇的。在献词里，他向叶卡捷琳娜说：

> 你把权力的系统变得自由、温和和严整，
>
> 你是第一个给了我们幸福的平等，
>
> 你无例外地将幸福生活给了我们每一个人。

他在"致达什科娃公爵夫人书"中称叶卡捷琳娜为欢快的女皇，不仅是所有臣民的慈母，而且——当然，更高颂扬地——甚至是缪斯。他又一次肯定：

> 我们享受这样大的幸福，
>
> 这是在她以前百年未遇⋯⋯

当然，可以假定，在克尼亚日宁写《瓦丁》时，他的政治观点发生了根本的变化。为了证明这一假定，也许可以说《瓦丁》所以写于1789年，即写于法国大革命开始时，这不是偶然的。可是，这一假定是没有根据的。

法国的风暴当然只是使克尼亚日宁特别谨慎。我们从他的儿子那里了解，1789年这里所说的"悲剧，已交剧院上演，角色也已分派；但不久法国革命爆发了，克尼亚日宁看出，他的剧本不合时宜。他将剧本收回，摆在书房里的书桌上，直到他死去"。

悲剧的内容也完全不能证明作者有反君主的情绪。如果谢尔巴托夫在所著《历史》中断言吕里克是违反诺夫戈罗德人的意志而取得专制权力的，那么，在《瓦丁》里，吕里克的权力却有着完全不同的来源。他不是篡位者，而是人民的忠实仆人和恩人。

　　瓦丁在战争发生时一度离开了诺夫戈罗德,因而不知道诺夫戈罗德的情况,他的朋友共和派维戈尔向他说道:

> 战争刚一开始,你就离开了这个国家,
>
> 达官显贵不择手段地作恶多端。
>
> 强大的祖国只是受灾受难,
>
> 城市里但见傲慢、嫉妒和叛乱。
>
> 宁静的茅舍沦为地狱,
>
> 神圣的真理从这里远远离去。
>
> 自由在动乱中日益沦丧。
>
> 内讧带来了野蛮的毁灭,
>
> 在同胞的尸骨上建造起死亡的宫殿。
>
> 要使全体人民都沦为贪婪乌鸦的食物。
>
> 为了选拔暴君疯狂地搏斗。
>
> 整个沃尔霍夫,血雾弥漫。

　　我们看到:自由沦丧不是由于吕里克的任何阴谋,而是由于达官显贵的傲慢、嫉妒和凶恶。吕里克应戈斯托梅斯尔的邀请前来援助,他只求在诺夫戈罗德恢复秩序,或如维戈尔所说,只想给诺夫戈罗德人民恢复他们的幸福生活①。

　　他完全不想给自己保持权力。但戈斯托梅斯尔接受经验教训,在临死时认为必须立吕里克为公爵。

> 他嘱托人民要使吕里克保持权力,

---

① 这使我们想起叶卡捷琳娜,因为克尼亚日宁说过,她"无例外地将幸福给予我们每一个人"。

来结束人民的呻吟痛苦和灾难。

我们的人民为他的伟大功绩所感动，

将救星立为自己的统治者①。

瓦丁的女儿拉米达在同她的亲信谢列纳在谈论吕里克时说道：

你记住，

他是多么光荣和不可战胜，

他所求只是要造福于我们。

他为此在心灵里得到鼓励，英勇无畏，

停止了我们哀怨和呻吟，

但他放弃了这里一切人所羡慕的王冠。

这时——

人民害怕贫困灾祸的重临，

泪水润湿了这位英雄的脚印，

整个城市普遍存在深沉的痛苦，

仿佛我们的末日已在临近②。

的确，拉米达是爱上了吕里克的。但这位钟情的少女的倾诉，在这里是同坚定的共和派的证词，完全吻合的：专制权力不但不是吕里克夺来的，而是由人民交托给他的，可以说，是由人民强加给他的。他当然不会忘记这一点。他对拉米达说：

显贵和人民在这里给了我王冠，

---

① 第1幕，第2场。

② 第2幕，第1场。

> 由衷地服从我的法律,
>
> 他们认为我的权力高于自由①。

人民认为高于自由的权力,不能不是很巩固的。这一点,吕里克本人和诺夫戈罗德的共和派,都很明白,他们当中的一人(普列涅斯特)向瓦丁解释为什么他们迄今尚未起来反对吕里克的缘故:

> 瓦丁啊,你自己明白,
>
> 吕里克的王位是唾手而得的,
>
> 它来自人民的要求,
>
> 要推翻它有多么困难!
>
> 你会看到,
>
> 他的美好的权力将取代他所夺来的自由,
>
> 他的权力将是多么受到尊敬。
>
> 祖国的真正儿女,——
>
> 能够痛切感到奴隶制的耻辱,
>
> 能够为世界上有人掌握着他们的自由、生命和光荣
>
> 而引以为愧的,
>
> 为数毕竟寥寥。

此外,还可补充,吕里克的温良和公正,越来越巩固了诺夫戈罗德人民对他的依恋。由于瓦丁起义给予他的深刻印象,气量豁达的公爵,尽管爱上了瓦丁的女儿,即前面所说的拉米达,却仍然决定放弃王位。然而人民跪着请求他不要放弃。这时吕里克痛苦地,同时又是自豪地向瓦丁说:

---

① 第2幕,第1场。

你既然认为国王的权力应受惩罚，

那就请看我的公民在心中怎样为它辩护罢！

你对此还能有何话说呢？①

瓦丁"刺死了自己"。他的女儿拉米达也是这样。这当然就是答复。如果说，这个答复使我们对瓦丁和他的儿女的德行肃然起敬，但这种答复怎样也不能算是胜利：因为瓦丁和他的同志们的起义所代表的人民，表示反对他们。当然，克尼亚日宁并不是为了减少观众对吕里克的同情而在悲剧收场时让他发出如下的感叹：

啊，号角！啊，可怕的号角！啊，正直的天主！

……

我的尊荣对我只不过是负担！

纵然受苦受难，

我也定要为这个国家，

为我——一个痛苦的监护人——的职责，

不计牺牲。

我应是一个没有自由的统治者，

我将不迷失路途前进！

天主啊，无论你在哪里，

我将为你而复仇！

这是对权力——虽然不受限制，却是根据人民的意志而存在，并完全为人民的幸福而行使的权力——的尽情歌颂！吕里克是18世纪法国解放哲学代表人物常常寄予希望的理想统治

———————————

① 第5幕，第3场。

者之一。叶卡捷琳娜为什么感到气愤呢？难道这是没有任何根据的吗？

VII

我们知道,苏马罗科夫就很喜欢利用悲剧主角的道白向观众发表他对一般人类的"职责",特别是对国王的职责的看法。又知道,观众很喜欢从戏院舞台上发出的训导式言论。《纨袴子弟》一剧所取得的成功,很大一部分(如果不说最大部分)应归功于斯塔罗杜姆的台词。训导式的台词是当时的风习:法国启蒙思想家利用剧院作为传播他们思想的手段。克尼亚日宁没有任何理由不模仿这一流行的习惯。他的主角是比苏马罗科夫的主角更情愿谈论"职责"问题的。《罗斯拉夫》一剧的命运表明,他们关于这个问题的谈论取得了多么大的成功。一位不知名的作者在为1817年出版的克尼亚日宁文集的序言中写道:

"在这部悲剧上演时,许多观众非常热烈地接待了伟大诗人的这部卓越创作。可以说,每一首诗都赢得了雷鸣般的掌声。"《罗斯拉夫》有许多充满高尚情操的诗段。它的主角宣称:

> 灵魂卑弱的暴君,爱情、奴隶的英雄,
>
> 幸福与职责既不相配称,
>
> 追求幸福,
>
> 定将恶贯满盈。

同一悲剧的另一地方,罗斯拉夫向赫里斯季耶任说:

> 你有责任迫使我背叛,
>
> 但我啊,

将光荣地为社会牺牲！

被戴上枷锁的罗斯拉夫在同留波米尔谈话时豪迈地说：

我蔑视暴君的迫害，

为了社会，

我戴上了沉重的枷锁！

叶卡捷琳娜是不反对这些诗段的，这里面没有任何足以危害她的权力的东西。反对爱情，如果它妨碍履行对社会的责任，或妨碍为祖国而自我牺牲，这是君主政权的绝对拥护者也都能做到的。据说，在法国革命开始前，叶卡捷琳娜也不害怕在舞台上发表政治言论。当时，人们指出 Н.И.尼古拉耶夫的悲剧《索列娜和扎米尔》上演的经过：

莫斯科总司令禁止（1786 年）上演这一悲剧，认为剧里有些反对君主专制的尖刻言论。当时，女皇写信告诉他：“作者所反对的是专制暴君，而你们却是称叶卡捷琳娜为慈母的哟！”这几句话可能感动了当时的许多天真俄国人。这些话是写得很聪明的。然而一些学者却每每夸大了这些话的意义。实际上，《索列娜》的经历要比克尼亚日宁在更早以前所写的悲剧《弗拉季米尔和雅罗波尔克》的经历好得多了。

这部悲剧原定在宫廷舞台上上演，但后来“由于许多剧场的故障”，“摆了下来无人过问”。根据斯托佑宁的假定，叶卡捷琳娜认为，弗拉基米尔公爵在舞台上以多神教徒的身份出现，是不合适的。这可能使人感到意外，因为这里所说的是伏尔泰的女弟子。但是如果注意到这位伏尔泰的女弟子，如同一斯托尤宁所提及，在即位以后写过：“当剧情涉及偶像受牺牲的那个时代的时候，我在剧院里看到后老是感到痛苦。"①在《弗拉基米尔和雅罗波尔克》问题上,叶卡捷琳娜除了笃信宗教之外,还有其他动机。在这部悲剧里,有许多类似以下的独白:

> 俄罗斯啊,
>
> 你被自己的执拗的王公的情欲现在搞成什么模样啊!
>
> 你的命运决定于娇妻的眼色,
>
> 英雄的国家,在今天——
>
> 已沦为情欲的游乐场地哟!

在多情的叶卡捷琳娜的朝代,这样的台词可能在来到剧场的观众中,造成不利于女皇的构想。因此,最好是将克尼亚日宁的创作摆起来不问。但不管怎样,叶卡捷琳娜显然在法国革命以前很久,便已在她认为需要时,对文学创作实行严格检查了。

此外,还须记住,克尼亚日宁在《诺夫戈罗德的瓦丁》一剧中所安排的几个共和派,他们所反对的,不仅是"专断独裁的暴君",而是整个君主专制的权力,无论皇帝慈父或女帝慈母,都是一样。地方行政官普列涅斯特承认吕里克是宽宏大量,温良公正的,但他对吕里克仍抱着不可克制的猜疑态度。他深信,吕里克一俟王位巩固,便会改变自己的行为。

> 现在他守法,
>
> 在一切方面都同我们平等;
>
> 但在往后,

---

① 见 В.Я.斯托尤宁的论文:《作家克尼亚日宁》,《历史通报》,8 月号,1881 年,第 443 页。关于克尼亚日宁,另参阅 Ю.韦谢洛夫斯基的论文:《叶卡捷琳娜时代的卓越剧作家克尼亚日宁及其悲剧》,见《文学概论》,第 I 卷,莫斯科,1900 年,第 319—379 页。

他将把一切法律和我们一同践踏在脚下。

吕里克戴着假面具。纵令不是这样，纵令他是真正公正，但随着时间的流逝，权力也定将使他变坏。

哪一个戴上王冠的英雄不失足？

不陶醉于自己的至尊至大？

哪一个穿上龙袍的沙皇不腐化？[①]

这样理解君主权力对于君主道德的影响，使真正忠于人民幸福的人们不可能与君主达成任何妥协。正因这样，瓦丁和他的朋友，事实上，怎样也不愿同吕里克妥协。就这点说，克尼亚日宁剧中的主角，同科尔涅尔剧中的阴谋家钦纳是完全相反的。

当叛卖向奥古斯特揭开了阴谋的全部线索时，皇帝宽宏大量地向钦纳建议友好：

Soyons amis, Cinna, c'est moi qui t'en convie …

（钦纳，让我们做朋友吧！提出这个请求的是我⋯⋯）

钦纳赶忙握着罗马统治者向他伸出的手。他深受感动，高声说道：

O vertu sans exemple! O clémence qui rend,

Votre pouvoir plus juste et mon crime plus grand!

（啊，这无与伦比的美德，它使您的权力更正当，使我的罪恶更深重！）

同这样的阴谋家尚可和解。但是同瓦丁是无法可以和解的，因为他是在手里拿着武器时被俘，因为他虽处在吕里克的权力之

---

① 第2幕，第4场。

下,却对于吕里克的和解建议答复说:

> 你? 戴王冠的? 成为我的朋友?
>
> 别再迷惑人了,
>
> 还是使天堂与地狱相连接,
>
> 比这更容易①。

当人民再次将吕里克刚刚拒绝过的权力硬加给他的时候,瓦丁看到他自己已被外在的条件所击败。他对吕里克说:

> 我看到,
>
> 你的权力出于天意。

但这丝毫没有动摇他的共和制信念。他用无限轻蔑的言辞辱骂他的跪倒膜拜的同胞:

> 啊! 卑鄙的奴隶,
>
> 　为自己请求枷锁!
>
> 啊! 耻辱,
>
> 　公民的精神从此毁灭!
>
> 瓦丁呀! 这样的社会,
>
> 　你竟是它的一员!

在克尼亚日宁的悲剧里,冲突是以瓦丁和他的女儿的自杀来解决的。在当时俄国的现实条件下,对于这一冲突,谁能作出哪怕是部分地与此相似的解决呢?"鞭刑刽子手"舍什科夫斯基会根据叶卡捷琳娜的指示,按照自己的方式——在某种程度上也是悲剧的方式,——来解决这一冲突的。任何其他的解决都是叶卡捷琳

---

① 第5幕,第3场。

娜所不能同意的。既然如此，她自不能同意在俄国剧院的舞台上出现像瓦丁、普列涅斯特、维戈尔这样的不肯悔改的共和派。我们假定，在克尼亚日宁那里，他们都遭到失败，并且受到人民纵然间接、却是极为坚决的谴责，而人民的幸福，他们是愿意维护的。可是克尼亚日宁将他们描绘得那样高贵，那样无限忠于自己的思想，所以就令他们遭到完全失败，他们也还是危险的人物。对此，叶卡捷琳娜不仅在法国大革命开始，法国国王的脑袋落在断头台下以后，就在她即位之初，也都不能同意。60年代末和70年代初的讽刺刊物，还不曾贸然美化不肯悔改的君主政权敌人，而叶卡捷琳娜却已迅雷不及掩耳地将它们关闭了。为了博得她的赞同，必须使瓦丁以完全不同的姿态出现在舞台上。大家都知道，在她模仿"莎士比亚"写作的剧本《吕里克生平》里，对于瓦丁的传奇式起义，是怎样作了说明的。

剧本开头便认为瓦丁的图谋等于背叛①。此外，还说他的"背叛"不是由于对共和制自由的喜爱，而是由于对吕里克的嫉妒，"自己想坐上祖父的王位"②。最后，当胜利的吕里克向他告别时，瓦丁跪下来温顺地说：

"啊，国王，你是天生的胜利者，你的仁慈征服了一切敌人，制止了粗野无礼！⋯⋯我永远是你的忠诚臣民。"③

这就是叶卡捷琳娜所需要的历史剧。我们的剧作家在描绘现存政权的敌人时，不能越出科尔涅尔在《Cinna, ou la clémence

---

① 第5幕，第2场，地方行政官多勃雷宁的台词。
② 第1幕，第5场。
③ 第5幕，第5场。

d'Auguste》①一剧中所塑造的典型。然而克尼亚日宁超越得太远了。所以,《诺伏戈罗德的瓦丁》,引起了叶卡捷琳娜的强烈不满,尽管它的作者想要描绘的是君主政权的胜利。以瓦丁、维戈尔和普列涅斯特为代表,在俄国舞台上出现了一批对俄国居民发生有害影响的角色。他们的范例在任何时候都是危险的,而在法国革命的时代,就更危险了。毫不足怪,叶卡捷琳娜认为《瓦丁》的出版是对她本人的侮辱。她质问达什科娃公爵夫人:"你发行这样有害于我和我的政权的条规,我什么事情得罪了你呢?"达什科娃想向她证明,克尼亚日宁的用意是极为善良的。但她只能平息叶卡捷琳娜的情绪,却未能使她回心转意。我们看到,这是完全可以理解的②。

VIII

不能把剧中主角所发表的观点当作剧作者的过错。这里的问题只能是性格描写的艺术真实,——因而也只能是观点的艺术真实。这是无可争论的。可是,叶卡捷琳娜完全是从另一方面考虑这个问题的。她可以说:"就令瓦丁、维戈尔、普列涅斯特所说的台词符合他们的性格,但其政治内容也会给我造成危害,对我的臣民发生于我不利的影响,因此我宁可禁止《瓦丁》的发行。"按照她的

---

① 《钦纳或奥古斯特的仁慈》。

② 《诺夫戈罗德的瓦丁》由达什科娃公爵夫人以单行本印行,后来收进《俄国剧院或俄国剧作汇编》第39编,其后又在1871年8月号《俄国旧闻》中重印。我在上面所引述的《瓦丁》是根据这个版本的。1897年,A.Л.布尔采夫在所编《俄国珍本书概述》中,重印了这部悲剧。

考虑，她也许是对的。

我已经不只一次说过，当时俄国的经济制度使俄国不可能发生像 18 世纪解放哲学那样的比较认真的运动。我们知道，甚至我国的"伏尔泰门徒"也未能很好地吸收这种哲学思想，但是先进的法国学说一经进入俄国，总还对俄国思想界有所推动。这一点是不容怀疑的。谢尔巴托夫公爵在社会方面是一个大的保守派。但他对"君主独裁制"的憎恨，却显然是在法国著作的强烈影响下产生的。克尼亚日宁很可能到死还是相信叶卡捷琳娜二世给整个俄国人民带来了幸福的。他是一个坚定不移的君主派。但是他剧本中的那些桀骜不驯的共和派，他们的那些显然从法国人那里抄袭来的演词，是可能引起或巩固读者或观众心中的政治反抗的。如我在前面一章中所说，问题在于叶卡捷琳娜二世王朝是我国先进知识界历史的新时代的开始——尽管这个开始还很微弱。这个先进知识界对于过去因受彼得改革的直接影响而忠心耿耿地服务过的政权，业已开始采取否定的态度。

康捷米尔时代的"学术侍从"把专制制度看为"摩西权杖"，认为可以利用它，也只有利用它去克服莫斯科的野蛮愚昧。这批人远远没有立时承认自己的失败。但在 18 世纪下半期，已经不用担心俄国会回到彼得前的旧时代了。当然，颂歌的作者——由于《瓦丁》的创作而引起叶卡捷琳娜不满的克尼亚日宁也包括在内——"歌唱"："愚昧无知的针芒现在已是完全软弱无力"[①]，这是违反真实的。愚昧无知虽然放弃了彼得前的某些旧阵地，然而依靠一大

---

① 克尼亚日宁在给达什科娃公爵夫人信中的用语。

批斯科季宁之流和普罗斯塔科夫之流,它仍旧是一种可怕的力量。因此,先进的俄国知识界热烈欢迎了政府一切这样或那样反对愚昧无知的措施。他们决心用一切力量支持这种措施。然而痛心的是,他们开始觉得愚昧无知每每受到开明的叶卡捷琳娜的政府的支持。因此,在他们中间,渗进了不满情绪,在他们的某些代表人物中间产生了一个问题,即"如果'摩西权杖'不过是停滞的工具,那该怎样办呢?"这时,他们开始谈论和写作一些引起"慈母——女皇"的最强烈愤怒的东西。

我很快就要详细论述 18 世纪先进知识界的两个最大代表人物:А.Н.拉季谢夫和 Н.И.诺维科夫。现在我想用两三页的篇幅一谈不很出名,但却才华出众,不很显赫,但却真诚坦率,笃学深思,饱经患难的费多尔·克列切托夫。他的榜样是很有教育意义的。

克列切托夫,贵族出身,但似乎景况不很富裕,最初在卡拉切夫斯基省长办公厅任司书(1761 年)。后来,他在陆军总司令拉祖莫夫斯基的司令部、司法部任抄写等职。1775 年,他在迁升为少尉后辞职,但数年后,他又从军,被任命为少尉,并被派到最高权力机关参政院贵族铨叙局工作。他在官级上的缓慢迁升到此结束。在其后的时日里,等待着他的只有失败和残酷迫害①。

克列切托夫在他的办公厅同事中仿佛是一只白色的乌鸦,迥然与众不同,因为他博览群书、努力思考,甚至提出了广泛的写作

---

① 见 Г.М.科罗尔科夫的论文《费多尔·克列切托夫——18 世纪的什利谢尔堡囚犯》,1906 年 8 月号《往事》杂志。

计划。

后来,他被关进秘密审讯处,讯问他为什么从讨论政治问题的著作中作了许多摘要。特别使秘密审讯处注意的是《论国家政体》一书的摘要。这些摘要所以引起注意,不仅是根据教区管理局的观点。

摘要说,社会有权按照自己的需要建立政府,并对它进行任何变革;任何政府的主要目的应为谋求人民福利[①],而最大的"人民福利便是自由,社会构成国家,社会的自由有如人体的健康"。接着,摘录里还记录一种见解,认为法律无论如何应该制止统治者的傲慢骄横,以及需要一种威胁贵族的临时或经常政权。

在科罗尔科夫论文所引述的摘录里,没有看到共和派的观点。摘录甚至说,善良公正君主的统治,也可能带来黄金时代。不过又补充说,"如果不是这样的君主,则本应提高臣民精神状态的根本基础,亦可转化为卑鄙下流和奴隶制"。这当然是秘密审讯处的官员所不乐闻的。很显然,克列切托夫的思想已不满足于流行的政治权力概念。但这还不是说,克列切托夫已吸收了法国资产阶级思想家的政治学说。应该记住,在这种情况下,西方学说的种子,已经落在有了特殊准备的土壤上了。

克列切托夫幼年很少学习。他受的是"家庭教育",这种教育所用教科书,按照那时的旧习俗,是赞美诗集和其他圣经。这位好学的少年极为勤奋地读了这类印行的作品。它们给了他深刻印

①　这很像爱尔维修。爱尔维修证明人民的福利是最高的法律。科罗尔科夫有可能了解克列切托夫的案子,可惜从他的论文里看不出谁是《论国家政体》一书的作者。我们只能了解到,在这本书里发表了当时的先进政治观点。

象,就是成年以后,也常吸引他的注意。因此,随着时间的流逝,他所形成的观点,表现为先进的法国哲学思想和或多或少经过独特诠释的基督教学说的混合体。

然而这些混合的——直截了当地说,混乱的——观点最初并不包含任何反对派的东西。克列切托夫长期相信,叶卡捷琳娜是一个能够带来黄金时代的君主,他决心竭尽所能,促进她的开明计划的实现。他想建立一个"全民的自由恩惠及于一切人的团体",这个团体的目的是建立学校,以便在俄国普及法律知识。作为一个根据本身经验、深切了解我国司法可怕的人,克列切托夫认为对人民实行法律教育,是保障人民幸福的最必要条件。他天真地以为叶卡捷琳娜的政府只会赞同他的善良意图,便向女皇本人,以及东正教最高会议、主教和其他达官显贵,发出请愿书,竭力证明尽快组织他所计划的那个团体的必要性。同时,他在时而发给一般公民,时而发给妇女,时而发给僧侣的宣言里,大谈教育的利益,最后,还写了诗,再次说明公正审判对于社会是多么重要①。

长篇诗《卡米洛娃五梦》包含着整个历史哲学。克列切托夫在那里叙述了各种权力的产生过程:

> 社会实行法律才有了法官,
>
> 要在许许多多对象中选出优秀的人们充任。
>
> 从各式人等中选出来的法官进行会审,
>
> 他们根据真实……

---

① 我们可以回忆一下,我国 17 世纪的讽刺作品多么无情地同"贪官污吏"进行斗争。

会比所有的人更合理地裁判。

最初,案件都是由人民自己审理的。后来,"由于很难将人民召集到法庭",所以决定给最聪明的人以元老称号,委托他们裁决"一切争论"。但是,元老们开始滥用赋予他们的审判权。出现了谎言、纠纷、争吵、斗殴。因此,公民们对自己说:

……我们将选出国王,

又将选出长老给他帮忙,

这长老应给所有人以公正的审判。

让他们都向我们宣誓:

国王将成为我们的慈父,

长老将是(温顺的)绵羊的善良牧人。

请注意,这里将君主制描写为同灾祸斗争的手段,而灾祸是由于元老院,即贵族制的建立而产生的。克列切托夫是完全不同情门阀贵族的等级意图的。在门阀同官吏的论争中,他是站在官吏方面的。他写道,光荣应归于对国家有功绩的人,而不应归于贵族祖先的子弟:

这对国家有何补益:

如果他做了五百年贵族,

对社会未做任何好事,

却享有他祖先所享有的同样权利。

我还可进一步指出:在他的摘录里,看不到他对于摘自《论国家政体》一书中的思想,即需要建立一种使贵族畏惧的政权的思想,不敢有任何反对的意见。

在克列切托夫那里,君主的世俗权力是由长老的宗教权力来补充的。至于民主制,则一字未提:民主制由于一个非常单纯的理由,即所谓"人民召集"很难,而宣告结束。作者的政治自由思想,只不过表现在对法律——即帕宁兄弟所说的基本法律,而谢尔巴托夫则称之为根本法律——有所暗示:

> 在俄国要使良好的道德风尚取得成就,
>
> 必须建立普遍的规章制度:
>
> 使善良的子弟不因有了坏的父亲而惨遭杀戮,
>
> 使坏人不因祖先的善良而把尊荣享受。
>
> 对任何人,
>
> 都给予应有的权利。

这几行诗里所包含的暗示是这样微弱,断然不能成为其作者的革命情绪的象征。而且对于一个恰好在写作长诗《卡米洛娃五梦》时又写出《叶卡捷琳娜明智统治颂》的人①,也不可能怀疑他有这种情绪。

由于在 1787 年前,在他的大量著作中,只是出版了一部小册子《不是一切,也不是乌有》,所以在这一年,他想用特殊的期刊形式,将这些著作出版。关于出版这个期刊的通告,也以小册子的形式发行,题目为:《新刊物的发现;使用者的心灵;关于一切和为了一切;关于告知所有人的所有一切,或俄国爱国者和爱国主义》②,但是,他在这件事上没有成功。

彼得堡的总主教认为这一新小册子的标题可疑,因为"关于一

---

① 在科罗尔科夫的论文里写明,这篇颂词写在 1775 年,但根据叙述的过程,这是误植,颂诗是在 1785 年,亦即在写完《卡米洛娃五梦》后一年写的。

② 标点符号的安排均按原稿。

切和为了一切"等语句,是在做弥撒时唱的。他通知警察局长注意他。警察局长同教区管理局进行洽商。教区管理局在对病中的克列切托夫进行审讯后,认为这个案件不能受理,便将原案转送下纳德沃尔法院。总而言之,如果戈里所说,整个官僚机构都转动起来了。这个总主教向官僚机构使尽全身解数的结果,是禁止克列切托夫从事"这种不能许可的著作",禁止"任意"刊行。

这意味着:停止著作生涯。这对克列切托夫是一个沉重的打击。他开始痛恨女皇,虽然不久以前,他还曾在颂诗里过分誉扬过她。他开始对她,对一般俄国制度发出尖锐的批评。这便给他带来了新的、比以前更不愉快得多的官僚机构的压迫。

IX

1793 年 4 月,有一个叫马列涅斯基的人,——塔季谢夫的家庭理发师,当时克列切托夫就住在塔季谢夫的家里,——给彼得堡省长写了封告密信,说"他(即克列切托夫——著者)愤恨当局无法无天,反对滥用职权,主张恢复人民的权利"。告密信里附有给女皇的呈文,报告她:克列切托夫"辱骂和责备"她,"咒骂皇太子和国家","骂整个元老院是贼和强盗"。最后,这个叛徒报告说,"克列切托夫要开化俄国,使人民摆脱沙皇的枷锁,要通过总的立法,使法律成为不可侵犯"[①]。

马列涅斯基的告密,为一个名叫斯克沃尔佐夫的人、特别是为登记员奥库洛夫的供词所证实。奥库洛夫是克列切托夫的朋友。

---

① 《论国家政体》,第 47、48、49 页。

除对女皇、皇太子、总主教等的尖锐批评外,秘密审讯处还听到奥库洛夫说,克列切托夫在谈到法国革命时曾补充说,这样的爆炸也可能在俄国发生。进行侦审的官僚们开始明白,他们所处理的是一个很危险的罪犯。

作为一个"道德恶劣,灵魂肮脏"的人,作为一个"无可救药的暴徒",作为一个"人类的恶魔",打算"在俄国建立一种足以毁灭国家现有一切完美事物的政体"的克列切托夫,被判在彼得罗帕夫洛夫斯克要塞监禁,"非经皇上赦免不得释放",也就是被判处无期徒刑。判决书上写了无定期,并不是因为法官认为可能在往后释放这个犯人。不是的! 彼得罗帕夫洛夫斯克要塞决定将他关押到"赦免",还有另一理由,"因为更重要的是"——判决书承认,——"有时会接到一些通知,要对他进行侦查"①。

这个理由很快就得到证实。被判刑一月后,克列切托夫再次被转押到秘密审讯处,因为案卷里发现了他的凶恶意图的新证据:在他的一节札记里说到必须"阐述彼得三世事业的伟大"。叶卡捷琳娜政府想知道,这都是些什么事业。克列切托夫解释说,这里所指的是两道"上谕":"第一,关于贵族自由的上谕",第二,关于不得将诉讼人交给他们所控告或检举的人审讯的上谕。其后,还向他提出了若干类似的问题。例如,在另一札记里,可以看出,他准备——只是准备——写些关于宗教信条的新解释。他的这个意图也被指为犯罪,因为旧信条是"大批殉难者用血写成的"。这些罪名不能认为是严肃的。更重要的是克列切托夫对于女皇的下述评

---

① 《论国家政体》,第58页。

价。他们问他：他所说的一种思想——也是写在案卷里的——认为耶稣是全人类的君主，是什么意思？法官气冲冲地补充道："我们除了耶稣基督之外，还有许多君主；君主的称号，是指经过加冕的君主制元首。"克列切托夫答道："我想只承认耶稣基督一人为君主，至于加冕登极的元首，我认为只不过是法律的维护者和执行者而已。"

他的万恶的意志，现在当局看来是比以前更加不容怀疑了。检察长在关于他的案子的新报告里写道：

"根据他的思想和他所发表的言论，可以看出，他不愿有君主，而更关心的所有一般人的平等和自由；因为他说过，既然给贵族以自由，为什么不把自由也推及农民呢？他们也是人呀！"不能不承认，在叶卡捷琳娜二世的贵族政府看来，这种思想不能不是"肮脏卑鄙的"：关于贵族自由的诏书发布后，农民发表的意见同克列切托夫在这里所发表的意见，完全一样。他们在一些地方拒绝服从地主。必须把发表这种主张的"恶魔"更远地囚禁起来。根据叶卡捷琳娜的命令，克列切托夫被转押到什利谢尔堡要塞[①]。

克列切托夫直到亚历山大一世即位后，才从监狱获释。释放了许多被叶卡捷琳娜判罪的人，却不愿宽恕他，可能是因为克列切托夫尖锐地批评女皇的时候，不曾饶恕这一王位继承者的缘故。

在总结这一饱经患难，对叶卡捷琳娜深感失望的失败者的观点时，必须首先指出，他的观点是很温和的。克列切托夫虽不否认他对女皇的尖刻的批评，并企图用他在病中易动肝火来解释这种

---

① 《论国家政体》，第60页。

批评,但他对于奥库洛夫说他同情当时在法国发生的事变,却是矢口否认的。根据他的解释,可以看出,他认为革命是"最大的罪恶",俄国能够,而且必须通过及时的改革来避免它。在法国的恐怖开始前,可能他对革命的态度曾经有所不同;但恐怖吓坏了他,正如它吓坏了在法国和在法国以外的所有反对旧制度,又希望不费巨大代价换取自由的人们一样。我们在下面就将看到,许多十二月党人也抱有同样的观点,认为革命是罪恶,应该用及时的改革来阻止它在俄国出现。

不仅如此,克列切托夫尽管在这里同人民想到一处,认为贵族的自由应该逻辑地导致农民从奴隶依附中解放出来,尽管他也仿佛同意应该有使贵族畏惧的法律,但是他对于人民,还是抱着一种鄙视和不信任的态度。他否认强加给他的所谓通过武装叛乱以解放农民的意图,力言他"不可能有这种思想",因为他知道,"群氓的解放会给社会生活"带来怎样的灾难。他坚信给粗鲁无知的人以自由,"等于给儿童利刃以代替玩具"。他在发挥这一思想时还说,"自由的真正力量,就是有知识的人也不都知道,而我国人民的很大部分,却是连字都不识的"①。

如果"群氓"的解放是一种对社会生活极为危险的事,如果另一方面,掌握国家命运的人物又对"群氓"的幸福极为鄙视,那就没有出路了,那就毫无希望了。克列切托夫有时不由自主地得出这样的结论。由于他停止在这种结论上,所以他就不得不情绪悲观了。

---

① 《论国家政体》,第 57 页。

一个愿意为人民谋利益的人,如果把人民只看为一群没有历史能动作用的乌合之众,那必然感到自己力弱势孤。先进的俄国知识界认识到这一点。所以,他们越来越坚决地(有时甚至不惜自欺地)绞尽脑汁,考虑出另一种对于劳动群众的观点,使他们能够相信,这种乌合之众尽管没有知识,却既能理解和保卫自身的利益,又能理解和保卫与自身利益相符合的整个社会利益。

我们在拉季谢夫著作里,已可看到这种观点的萌芽。①

———————

① 就此一提:克列切托夫同奥库洛夫谈到拉季谢夫被捕时,虽然谴责叶卡捷琳娜对拉季谢夫的残酷态度,但断言"拉季谢夫的书是胡闹和乱扯"。(《论国家政体》,第52页)这一尖刻的否定批评所根据的是什么,完全不了解。

第十一章　西方和俄国对 18 世纪解放哲学的反动

I

　　18 世纪的先进哲学,是法国第三等级的实际意图的理论表现。这个哲学受到利益与这些意图相矛盾的阶级的反对,是完全可以理解的。不要为这样的现象所欺骗,即在某些法国贵族的沙龙里,曾经兴趣盎然地谈论百科全书派的著作。这是一种极端表面的爱好,只能略为减少新哲学思想传播的困难。试一回想《百科全书》的命运罢。它的编者和出版者对于它的命运,总是非常担心的。它的主编,高贵的狄德罗,通过自己的痛苦经验,深知在实现新哲学的解放理想的道路上,有着多少障碍。我们知道,他曾经用这样的思想聊以自慰,即认为在一个"什么也未作过"的落后国家里,解放理想更为易于实现。先进的法国人竟然以落后为进步的保证,——这一事实已足表明,他明确地认识到在欧洲的先进国家中,新哲学的追随者将不得不经受多么严重的斗争。

　　世俗当局和宗教当局,都同新哲学进行了激烈的斗争。

　　世俗当局通过检察官而行动,这些检察官为控告"渎神著作"

(Productions de l'impiété)①的作者提供法律的形式；这个当局又
通过刽子手而行动，这些刽子手在法官判决取缔这些著作时予以
焚毁；最后，这个当局还通过狱吏来行动，当被判有罪的作者被押
解到巴士底狱、温森或其他监狱时，他们便生活在这些狱吏的监管
之下。

宗教当局由各种地位较高的天主教会官员出面行动，他们揭
发新思想家的"错误言论"，从而引起检察官口若悬河地对这些思
想家进行轰击②。教会的观点又为整批作家所拥护，这些作家在
包括剧场在内的各式各样集会场所，高谈阔论，作为呼应。耶稣会
的机关刊，《Le Journal de Trévoux》（《特雷沃报》）和冉森教的机
关刊《Les Nouvelles ecclésiastiques》（《教会新闻》）为反对解放哲
学，进行了猛烈的系统的宣传。

除了这些官方敌人之外，解放哲学还有一些非官方的敌人。
这后一种敌人对它抱着同样仇视的态度，对它即令不是更为危险，
也是同样危险的。我所说的是神秘主义者。

什么是神秘主义呢？费尔巴哈早就对这一用语的过于不确
定，正当地表示不满。因此，我认为在这里指出神秘主义宇宙观的

---

① 作为例子，我可以指出检察官舍耶在 1770 年对《自然体系》及 6 部其他"坏"书
的公诉。

② 不过，天主教会不仅通过布道演说，而且时常利用直接告密的方式，来轰击所
谓"有害的"作家。一位法国作家曾经指出，从 18 世纪下半期开始，几乎没有一次僧侣
代表大会不要求国王和检察机关注意"哲学"的进展。对《自然体系》（Système de la
Nature）的迫害，便是由 1770 年僧侣代表大会给国王的呈文发动的。用代表大会的名
义向国王送交这一呈文的人，向国王控诉《自然体系》的作者是继续"以观测天体景象
为乐，他对天体进行侮辱"。

那些对社会思想史最为重要的方面,是有益处的。现在向佩平请教,他写道:

"神秘主义的名称,一般用于这样一种道德——宗教观点,这种观点认为关于神、自然和人的明确概念,为普通人的认识所不能达到,亦为真正宗教所不能提供;它只能通过与神的直接接近,只能通过与最高的神的世界的神奇统一,才能达到。这种统一是在毫无结果的理性的一切活动范围之外发生的。"①

这一定义,就我们的目的说,可以认为满意,因为它所突出的,正是我们必须注意的一些方面。

一个社会制度如果是巩固的,则在这个制度的基础上产生的宗教信仰体系,也是不可动摇的。如果这个社会制度过时了,则上述体系也就趋于瓦解。我们在 18 世纪的法国看到的就是这种情况。"旧秩序"的衰落,在法国带来天主教会影响的削弱。然而不是所有脱离天主教影响的法国人,在那时都放弃了精灵论宇宙观。在人类文化史上,以为宇宙是由一个、几个或许多精灵统治着的信念,在各种真正宗教产生以前就已存在。这种信念比许多真正宗教存在得更久。在一些古代宗教解体时,精灵论观点仍旧非常流行。这时,神秘主义——其特点,如佩平所说,在于信仰人与神、与一般灵魂能够直接统一——开始加强起来。

类似的情况,在法国的"旧秩序"开始全面崩溃时,亦曾发生。"旧秩序"的解体,带来了大主教影响的衰落。但这在许多法国人中又造成,或加强了神秘主义的趋向。这些法国人尽管不再满足

----

① 《俄国共济会》,彼得格勒,1916 年版,第 204 页。

于天主教,却尚未能对宇宙过程具有科学观点,尚未能把这个过程看为具有自己的原因,因而也具有自己的解释的规律性过程。

对于真正宗教,也不是所有神秘主义者都漠不关心。在这里,也如像一切地方一样,形式各有不同。有些神秘主义者完全同真正宗教决裂;另外一些神秘主义者则力图同某种真正宗教保持联系。例如,18 世纪的俄国神秘主义者,在绝大多数情形下,都认为自己是东正教的忠实信徒。但是,一般地说,所有神秘主义者,都不很重视,甚至很不重视真正宗教的教条和仪式。有些人甚至攻击真正宗教。但这并不意味着他们是科学宇宙观的拥护者。否。这个宇宙观,对于爱好神秘主义的人们,也许比对于真正宗教的信徒,更为格格不入,更可憎恶。因此,时常出现这样的情况,即神秘主义者所以反对某种真正宗教,主要是因为,在他们看来,这种真正宗教不是同不信神现象作斗争的充分有力依靠。

例如,18 世纪法国的著名神秘主义者圣-马丁(1743—1803)在反对天主教时说:"神甫产生了哲学家,而哲学家则产生普遍的毁灭和死亡。"很显然,他认为他那时代的主要罪恶不是天主教,而是解放哲学。毫不奇怪,他所极不喜爱的哲学家们也对他以牙还牙。伏尔泰批评"一个无名哲学家"[①]的著作《Des erreurs et de la vérité ou des hommes rappelés au principe universel de la science》(《人的谬误与真相产生科学的普遍原理》)(1775 年版),在他所读过的书中,是最荒谬的一本[②]。

---

① 圣-马丁的笔名。

② 他写道:"我不以为曾经是什么时候出版过比这本书更荒谬、更无知、更无稽、更愚蠢的著作。"

我国有位学者不久前在谈到这本著作时说:这本书的作者"在神秘的伪装下对宗教和当局进行攻击"[①]。我们已经知道,应该怎样理解圣-马丁对天主教的攻击。至于他对当局的态度,那是完全同他对宗教的态度一致的。他不满意当时的法国制度,但同时又断言,向更好的制度的转变,不能寄希望于人的智慧,而只能寄希望于法国历史发展过程中的天意的干预。18 世纪神秘主义著作中起过重大作用的圣-马丁的宇宙观,其一般特性可从下面的事实中看出,即 18 世纪末和 19 世纪初的最大反动派、天才而热情的约瑟夫·戴-麦斯特尔从他那里抄袭了许多东西。

完全可以理解,神秘主义者所极不喜爱的哲学家,对于神秘主义的真正本性,一点也不曾看错。刊载在《百科全书》中的论文《Théosophes》(《通神论者》)的作者说,神秘主义者是一批患着周期性疾病的人。按照他的说法,与他同代的神秘主义者,极尽所能地设法缩小理性的范围,而将人类的知识限制在新旧约全书以内。他说,如果政府听信他们的意见,我们将陷于野蛮愚昧之中。

神秘主义在批驳 18 世纪的法国哲学时,主要地攻击了唯物主义者,圣-马丁称他们为唯物哲学家("les philosophes de la matière")。这是合乎逻辑的,因为唯物主义哲学,而且只有唯物主义哲学,才是同神秘主义哲学完全对立的。唯物主义者认为,人及其全部属性,都不过是自然的一部分。神秘主义者则认为自然不过是神的启示。

---

① 瓦休京斯基的论文《法国的共济会》(见《共济会的过去和现在》,米尔古诺夫和西多罗夫主编,第 I 卷,第 52 页)。

根据圣-马丁的理论,物质世界是精神世界的象征,而精神世界又是神的世界的象征。根据唯物主义理论,认识的唯一来源是人的智慧所阐释的经验。根据神秘论者的理论,最深刻、最卓越、最真实的认识,是通过神的启示达到的。神秘主义的自然哲学不过是神智学。唯物主义者不相信他所不了解的东西。神秘主义者却说:为了了解,就得相信。唯物主义者轻蔑地否定魔法,而且同样轻蔑地对待一切巫医和巫法。而在神秘主义者的眼光里,魔法是一种比普通自然科学更值得尊重,更为严肃的东西。圣-马丁给自己提出的任务是,使人的精神成为"超自然的东西"(Aux choses surnaturelles)。

这个圣-马丁说,应该用人来解释物(自然),而不应用物(自然)来解释人①。这寥寥数语,最明显不过地表示了神秘主义宇宙观和唯物主义宇宙观的对立。

唯物主义人性论的出发点是:人性是在周围环境的影响下形成的。这一环境的最重要组成部分,按照唯物主义者的意见,是社会制度。用社会制度来解释人性,意味着即令不用物,也应用社会关系来解释人。当然,神秘主义者是不会同意这一观点的。他们的人性理论是从人的精神这个概念出发的。他们说,在人的精神里存在着神火的质点,为了对人进行适当的教育,只要利用这种神火的质点就行了。由于这种质点来自神授,所以非常明显,社会关系不能对它有决定影响。天堂存在于我们自身之内。不能通过社

----

① 根据这一观点,他说应该研究的是自然的目的性规律及其存在的始因,而不是现象。

会改革进入天堂。进入天堂必须通过一定的精神"锻炼",主要是通过神秘主义的精神"锻炼"。这种"锻炼"的目的,就是求得人神的直接统一。

温德尔班得在阐述著名德国神秘主义者雅科布·白约梅(1575—1624)的"哲学"时指出,应该承认,这一哲学的道德后果是逃避现实世界①。这一见解不仅对白约梅的"哲学"说,是正确的。任何神秘主义的道德观,都不过是宣传逃避现实的人间世界而进入幻想的精神世界。神秘主义者攻击唯物主义的道德观,无知地把它看为利己主义宣传。实际上,神秘主义者的道德观才是利己主义的,他们归根到底只是想使他们自己的灵魂同精神世界保有称心如意的关系。

唯物主义的人性论认为必须实行社会改革。在彻底神秘主义者的眼光里,这种改革没有任何重大意义。

18世纪的神秘主义一方面是旧制度解体的产物,同时又是对当时的革命潮流的反动。这就是为什么唯物主义的道德观在法国革命前时期得到了广泛的流传,而各式各样的神秘主义伦理学,则在革命风暴后的政治和思想反动时代取得主导地位②。

———————

① 《新哲学史》,韦坚斯基(А.И.Введенский)校订的俄文译本,第2版,第1卷,第99页。

② 关于圣-马丁(他的著作在18世纪俄国神秘主义者中享有很大威信),请参阅卡罗:《圣·马丁的生平和教义》(Caro, Essai sur la vie et la doctrine de Saint martin),巴黎1852年版;弗朗克:《十八世纪的法国神秘主义哲学》(Frank: La philosophie mystique en France au XVIII, siècle),萨库林在所著俄文本《俄国唯心主义史纲——奥多耶夫斯基公爵》中,作了很好的阐述,见该书第1卷,第1篇,第395—422页。

II

18 世纪的神秘主义,在一些地方深深地渗入了共济会运动。我说在一些地方,因为,比方英国的共济会"体系",就没有神秘主义的精神。诚然,英国共济会不吸收"无意义的无神论者"入会。共济会会员一定要相信宗教。但安德生牧师的著名《宪法新书》,则将一切共济会会员所必须遵守的宗教,归结为简单的道德要求的总和。那时的英国共济会运动表现了在英国革命和复辟时代相互残酷斗争的各种基督教派的妥协趋向。当引起 17 世纪英国革命的主要社会需要得到满足,而革命后的反动又得到消除时,各种宗教教派之间的斗争便丧失其社会意义了。И.М.赫拉斯科夫说:"在信教自由法案、人权法案(1689)通过以后,由于保证英国未来经济蓬勃发展的乌德勒支和约(1713)的签订,英国统治阶级的人们,觉得一切都已满足。继续纠纷,在他们看来,是可惜的,是不必要的内讧。自然,"无意义的无神论者"构成对"文明基督社会"的威胁,是不适宜于自由制度的;罗马的天主教由于同情反动的君主制,也受到怀疑。但在所有其余"忠诚和正直"的人们之间,已不可能有重大分歧了。至于细微末节,那是不值得争论的。各种不同教派之间的神学论争,现在也属于这种细微末节的分歧"①。

1815 年出版的安德生《宪法新书》的新版本——其第一版于 1723 年出版——写道:"不同的宗教和祭神方式,不应成为把任何

---

① 《18 和 19 世纪英国共济会的产生和发展》——《共济会的过去与现在》,第 1 卷,第 22 页。

人——只要他信仰天和地的光荣建造者并履行神圣的道德责任——开除出法兰克共济会的理由。"①这里没有我在上面所说的神秘主义。相反,可以说,这几句话的作者的观点,是同伏尔泰的自然神论相接近的。

　　当然,伏尔泰是以更加彻底性著称的。他实际上满足于信仰"天和地的光荣建造者"和履行道德的要求,但是,甚至唯理性主义的共济会支部也只准许基督徒参加;至于犹太人、回教徒以及其他人,则是不许参加的。尽管共济会的多神教范围不很广泛,但是多神教的存在这一事实,已足证明英国"体系"的共济会组织是不受神秘主义的影响的。英国"体系"渗进了法国,但法国的共济会支部在观点上却比英国先进得多。1769年由著名天文学家拉兰德建立的科学支部,就是这样的支部。这个支部的会员有赫赫有名的伏尔泰、弗兰克林、孔多塞、杜巴迪、西哀士、巴里、罗姆、卡巴尼斯、加耳、卡米尔·德摩伦等人②。图卢兹的《百科全书》支部的"工作"方向也是如此。它几乎是在革命前夜建立的,建立后赶忙为支部的图书馆买了一部"百科全书"。支部建立一年后便吸收了120名会员③,他们大都是从事社会福利事业和慈善事业的④。但是,英国已于17世纪完成了第三等级革命,而在当时的法国,这个革命却只是接近于爆发。上面已经阐明,旧秩序的崩溃造成神秘

---

　　①　引自赫拉斯科夫,见前书,第33—34页。

　　②　瓦休京斯基:《18世纪的法国共济会》——《共济会的过去与现在》,第Ⅰ卷,第55页。

　　③　法国的共济会支部平均有会员15到30人。

　　④　瓦休京斯基:见前书,第55—56页。值得注意的是,"百科全书"支部的会员,大部分为手工业者。

主义的产生和传播。神秘主义也渗进了许多共济会支部,其会员开始积极研究各式各样"秘密科学"(Sciences occultes)。这些法国共济会支部的性质是反动的。在他们中间,神秘主义成为反对法国新哲学的工具

德国由于当时在社会发展的道路上远远落后于法国,所以神秘主义的精神在先进思想家中所受到的反击,较为软弱,其传播亦较快。按照佩尔采夫的说法,在那里,神秘主义成为一种社会传染病,甚至思想清醒的人,亦未能免。这位学者引述了很负盛名的历史学者缪勒的一段值得注意的话(摘自缪勒在 1790 年写给他的兄弟的信),他说:

"在我的身上,有一种通常不能在同一个人心灵里兼收并蓄的东西:在世俗事务上,我赞成温良,赞成秩序,赞成宁静,赞成理性的统治,但我的信仰却自然而然地,不要书本,不要负责,变得越来越加神秘主义……我事实上认为神秘主义是真正普遍的宗教"[①]。

因此,当佩尔采夫说,德国共济会的发展过程是德国通灵术,魔法,甚至直接招摇撞骗术历史中最显著的一页时,我们不能责备他是过甚其词。在魔法、欺骗以及政治蒙昧主义方面,"金玫瑰十字会"或"蔷薇十字会"会员的"努力",几乎超过了所有的人。

"蔷薇十字会"的起源,迄今尚未完全查明。它的创始人,据说是生活在 17 世纪初期的安德列。但是在 17 世纪,"蔷薇十字会"

---

① 《18 世纪的德国共济会》——《共济会的过去与现在》,第 I 卷,第 62 页。"德国共济会取得了完全确定的贵族特征。"(佩尔采夫,同上书,第 68 页。)

已否作为一个有组织的整体而存在,还不能认为已经证明。但是,在下一世纪,"金玫瑰十字会"不仅在德国,而且在俄国,却发挥了显著的作用。那时,它很迅速地与共济会合流。

佩平说:"它的老巢在柏林,它的主要特点是蒙昧主义及迷信同政治反动的非凡混合。18世纪启蒙运动所反对的黑暗停滞的传说,似乎都在"蔷薇十字会"里结合在一起。"像其他较晚的共济会体系一样,"蔷薇十字会"完全放弃了英国共济会的比较合理的传说,而竭尽全力研究神秘主义和一切可能的"秘密科学"。"蔷薇十字会"吸收了以贝姆为首的神秘主义哲学,以及"通神炼金术"和"通神魔术"一类最无稽的幻想。他们鄙弃简单的炼金术和魔术,似乎这都是愚蠢的物质的法术,而在事实上梦想炼出哲学家之石、黄金,等等①。

谢梅卡在古代文字发掘学会收藏的文件里,找到了两件有趣的手写本。其中一件解说怎样在"蔷薇十字会"的第七级进行"秘密炼金术"。对于所有愿意了解18世纪神秘主义反动使用了什么精神武器来同先进法国哲学斗争的人们,谢梅卡所详细阐述的这一手写本的内容,是极为值得注意的。

手写本的作者建议在月圆时收集五月露水,以两分男血及三分女血与之混合。保存这一混合物的容器,应放在温暖的地方。很快在容器底上出现红色的沉淀,留在表面的称为 menstruum(溶剂)的东西,应分存在单独的玻璃瓶里,随时将其倒进第一容器。此外,还要给第一容器增加一克用动物制成的"酊"。作者保

① 佩平:《俄国共济会》,第488—489页。

证,若干时期以后,在容器里会出现两个活的生物:"男孩和女孩。"如果注入容器的血是从纯洁的人身上取出来的,则男孩和女孩都将很美丽。在相反的情况下,他们都将是半人半兽。在遵守必要条件时,这些生物可存活一年,在这一年里,可以从他们那里了解所要了解的一切,"因为他们怕你,尊重你"。不仅这样。在这容器的中心,还将长出一株果实累累的嘉树。经过一年以后,女的和男的吃了树上的果子,因而死去。这时容器里的东西凝结起来,分为四个部分。上部是"耶路撒冷的天堂"及其全体居民;第二部分是琉璃世界(原文如此!);第三部分是"红色的琉璃大海;最后,第四部分是魔鬼的黑暗住处。"末了,所有这些东西都变为一条可怕的蠕虫,四天以后消失,等等。

谢梅卡所找到的另一手写本指明怎样制造"乌里姆"。利用这一奇异的东西,可以看到一切,"既可看到星座,又可看到地下、山岳、山谷以及一切地方"。同一手写本还有关于神术的说明,仿佛神术可使人与灵魂交往,并驱使他们。这个手写本的作者用训导的口气说:"神术不是游手好闲的尝试,也不是推理的幻想,而是一种使你达到完全净化的科学。你的灵魂将如天使,你的意志将伸展到能使用一切天才的魂灵,进行有益的事业。"①

读者自己会看到,只有既丝毫不懂得科学的对象,也丝毫不理解现象研究的科学方法的人,才会把这种梦呓当作科学。传播以上所述的"神怪"知识,意味着用荒诞有害的胡言乱语造成头脑的

---

① 见谢梅卡的论文:《18 世纪的俄国共济会》——《共济会的过去与现在》,第 I 卷,第 167—168 页;佩平:《俄国共济会》,第 493—495 页;关于化学造"人"的手写本的德文本,于 1745 年在德国出版(法兰克福和莱比锡)。

混乱。然而整个"蔷薇十字会"的秘密智慧,却正是处于这个水平。对于那些想用这个污浊的水源去解除折腾着他们的精神饥渴的人们,是应该为他们深切惋惜的!

III

在很大程度上俄国化了的特兰斯瓦尼亚德国人约翰·格奥尔格(俄国人称他为伊凡·叶戈罗维奇)·什瓦尔兹(1751—1784),曾在我国努力传播"蔷薇十字会"的神秘主义。

他在 1776 年由 И.С.加加林公爵聘请到俄国,充任拉赫曼诺夫子女的家庭教师。他在拉赫曼诺夫一家居住的莫吉廖夫省会,学会俄文。但在 1779 年,他迁居莫斯科,受聘为哲学和"小说"讲座的编外教授。这时,这一精力极为充沛的人,在俄国扮演了神秘主义宣传家的角色。

为求便于传播神秘主义的观念,必须削弱法国先进哲学的影响。于是,什瓦尔兹在他的哲学演讲里,大事抨击法国先进哲学。看来,这些演讲在听众中造成了很大影响。后来出名的《犹太复国主义通报》出版人拉布金,对什瓦尔兹的哲学演讲作过如下的回忆:

"当时髦的作家贪馋地吸收着一些不成熟的思想的时候,什瓦尔兹作出了高贵的努力,驱散弥漫的黑暗……。他在一所私人住宅里,发表了为自愿出席听讲的人们前所未闻的演讲。他同他们一道研究了爱尔维修、卢梭、斯宾诺莎、拉美特利等等,将他们同敌对的哲学家进行比较,指出他们之间的差别,找出每人的优点。仿佛新的光明照亮了当时的听众! 这一德行出众的人物曾给人们的思想和心灵以多么好的方向啊！"①

什瓦尔兹的另一学生 Л.马克西姆维奇说："只有他才能教导和说服误入歧途的青年去忏悔自己的弱点,确认自己对无上智慧的创世主的依赖。他是在自己的住宅里发表他的演讲的,准许任何名位的人听讲,解释从古代和近代作家著作中提出的最疑难的问题,用最明白易懂的方式,证明创世主和圣经的真理……。"

什瓦尔兹在批驳斯宾诺莎、拉美特利、爱尔维修,乃至卢梭(如所周知,卢梭是反对无神论和唯物主义的)时,公开宣扬神秘主义。作为"小说"的教授,他在大学里讲授"批判美学"。在他的这些演讲里,他以"罕见的激情",研讨绘画、雕刻、建筑,教导他的学生相信"相法和手相,进行魔法和巫术的奇异发明,使自然向超自然转化",等等。

什瓦尔兹是著名德国神秘主义者雅·贝姆(1575—1624)的学生。后者的特点,如果说不在于他的科学—哲学思维能力,那最少也在于他的含混理论探索的深刻性。16 世纪 40 年代的俄国先进作家对贝姆作过如下评价:

"他的灵感,他的神秘主义直观,使他达到那时的科学所不敢想望的无限广阔的思想境界,达到人类在昨天才认识到的真理"②。这都是哪些真理呢？赫尔岑所指的是:贝姆坚信物质和精神不是两个单独的因素,而是一个统一的实体。换言之,贝姆是主张一元论宇宙观的。但贝姆的一元论同人类在昨天(用赫尔岑的

---

① 参阅《吉洪拉沃夫全集》,第 3 卷,第 I 篇,第 75 页,《什瓦尔兹传》。

② 《赫尔岑全集》,第 2 卷,第 223 页,1876 年日内瓦版。

说法)所认识的一元论,即费尔巴哈的唯物主义一元论,是很不相同的。费尔巴哈完全正确地指出,唯心主义一元论解决精神与物质之间的矛盾的办法,是简单地取消物质,宣布外部世界是唯一精神实体的表现。贝姆的一元论正是唯心主义一元论,而且是一种不通过逻辑,而通过神秘想象得出的唯心主义一元论。黑格尔说,贝姆的蛮横深刻性缺乏知识[1]。赫尔岑也有近似的见解。他说:"贝姆的这一高超理论穿着奇特的神秘的、炼金术士的外衣,为各种离开淳朴真理认识的光怪陆离、狂妄错乱的倾向提供基础:什韦登堡根派、埃卡兹哈森、施迪林格和他们的追随者,戈爱洛及现代德国通灵术士、符咒魔师、麻风病患者、腐败堕落分子,所有这些全身痉挛、狂吠乱叫的家伙,他们的黑暗宗教力量,极大部分来自雅·贝姆。"[2]

IV

什瓦尔兹是贝姆的信徒之一,这些信徒由于不能适当估计贝姆的理论探索(尽管是很含混不清的探索)的深刻性,一股脑儿钻进他的离开真理的光怪陆离、狂妄无稽的倾向。这种倾向有些原已包含在这个有才华的德国鞋匠的学说里,有些则是后来在他的学说的基础上形成的。什瓦尔兹的哲学观点到底怎样,可从他在1782年9月3日到12月31日在他的住宅里作的关于三种知识

---

① 《历史哲学讲话》,《黑格尔全集》,第15卷,第327页。

② 《赫尔岑全集》,第2卷,第224页,日内瓦1876年版。

的演讲中,明显看出①。

　　什瓦尔兹的三种知识如下:1)猎奇的知识;2)娱乐性知识;3)有用的知识。属于第一种知识的,是对自然现象的研究:"为什么打雷? 何谓空气? 土地怎样长出植物? 以及其他相似的东西。"什瓦尔兹称为娱乐性知识的,是绘画、诗、音乐以及其他艺术。这种知识"使我们有视听之娱,并用想象来培养我们的智慧。"但我们的教授认为最重要的是有用的知识,这种知识教会我们"真正的爱,祈祷,使精神达到更高概念"。按照什瓦尔兹的意见,"为了自身的幸福,人必须求得后一种知识,因为人在这一生不过是过客,而在将来则是公民"。前两种知识,就其本身说是好的,但如使人忽视唯一必要的有用知识,则属有害;因为在这种情形下,猎奇和娱乐性科学会使人不信神明、受到诅咒。什瓦尔兹解释说:"因为堕落不是别的,而是由于只见到自己的力量,寄希望于自己的力量,而拒绝神的帮助,使自己成为行为的中心。"②

　　各种哲学体系都是相互矛盾的。伏尔泰的自然神论和狄德罗的唯物主义都是同时代(与什瓦尔兹同一时代——著者)的哲学。狄德罗是无神论者,而卢梭则说他在每一创造里都看到神。由于这些哲学分歧的存在,什瓦尔兹作出结论,认为哲学家不能解释宇宙,而请他的学生回到圣经中阐述的旧体系中去。什瓦尔兹在他的第 7 篇演讲中说:"一部圣经包含着全部人类知识的真正来源。

---

　　① 吉洪拉沃夫:见前书,第 77 页。另外有些学者认为,这些演讲是从 1782 年 8 月开始,继续到 1783 年 4 月 5 日。

　　② 吉洪拉沃夫:见前书,第 77、78、79 页。另参阅图卡列夫斯基:《诺维科夫和什瓦尔兹》。(《共济会的过去和现在》,第 I 卷,第 206 页。)

在圣经里秘藏着……创造的秘密,我们祖先的作为,人类的堕落、诅咒、报应、拯救和未来景象"①。

什瓦尔兹宣扬人与神的神秘结合,观察神和认识创造秘密的可能。每人不但有肉体和灵魂,还有精神。属于灵魂的,有低级的精神力量,这种力量包括道德倾向。灵魂不过使人接近于具有更高级力量的精神。高级力量发达的人具有圣灵的特征,他们构成精神世界的第一状态。人的精神(不是灵魂。——著者)的力量,是超感觉的、超人的。在它的帮助下,人进入精神的天国。为了发展人自身的这种力量,必须自幼年便按照耶稣的学说来教育人②。

但是,什瓦尔兹认为,按照耶稣的精神进行教育,并不是对人进行道德教育。我们知道,道德倾向本来就包含在灵魂之中,低级精神力量属于灵魂。道德不是目的,而是手段。目的在于同神的神秘结合。

青年什瓦尔兹的"哲学"思想倾向,在这几段话里是说得颇为明确的。为求充实,我们还可引证莫斯科鲁勉措夫博物馆收藏的手写本。这个手写本的标题为:《什瓦尔兹札记的译本》。涅泽列诺夫详细叙述了这些札记的内容,认为事实上,这不是什瓦尔兹原著的译本,而更可靠的,是一个学生的笔记的译本。这个意见是应该重视的。学生不都经常正确理解教师的意思,教师自然不能对别人的"不成熟思想"的失误负责。因此,我们对于学生的笔记,必须慎重对待,但也不能完全忽视。在学生的笔记里,是可以看到一

---

① 图卡列夫斯基:《18 世纪俄国哲学史》(人民教育部杂志,1911 年 5 月,第 34—35 页)。吉洪拉沃夫,前书,第 79 页。

② 同上书,第 35 页。

些有关教师思想方式的极为有益的指示的。

例如,在我们所说的手写本里,有一处是为了批驳爱尔维修而写的。这里提到这位法国唯物主义者的一种思想,以为"人是像钟表那样的机器"。这一思想受到批驳,理由是:人有理智和意志。爱尔维修仿佛假定人完全没有这种力量,人所有的只是被动的力量。仿佛根据这一假定,爱尔维修断言,人的本性完全没有独立活动的能力,他的独立活动是来自"外部,是外表的"。所有这些都写得非常幼稚,很可能是出自缺少修养的学生之手。可以信赖的是,什瓦尔兹对法国唯物主义者的批判,显示了善于更多的使用哲学的概念。但他不理解爱尔维修的观点,这都是可以从他一直不理解,一直胡乱论述绝大多数哲学史家这一事实中,明显看出的。所以,如果我们假定,尽管"札记"的作者对于什瓦尔兹的哲学论点写得很幼稚,但毕竟距离这种论点的一般性质不很远,那我们是不会犯大错误的。

试举一例:《札记》的作者想为精神世界的存在,提出哲学证明。他的出发点是这样一个原理:即人是"动物界和精神界联系"的纽带。这一原理的根据是:"如果我们从自然现象开始,那我们就可看到在人以前的一个不间断的序列。这个序列怎么会停止于人呢? 这是否人的意思呢?"在这一"哲学"论点之后,接着就是对自然各界的说明。我们在这里了解到:矿物界的事物是由土和液体构成的。在植物界,我们也是看到土和液体,不过"精巧得多"。动物界也是土与液体,不过是"精巧到最高度,精巧到红白分明"。人自然是特殊的一界,人包含着所有"前述的一切",此外,还包含着理性。理性"能够统治感觉,所以能消除真正的疾病,如果这样作为其自身完善所必需"①。

我们由于了解什瓦尔兹的观点,完全可以假定,他的思想过程,在这里并未受到很大的歪曲。人的现状,是一个道德堕落的现状。根据什瓦尔兹的观点,《札记》的作者断定有三种精神堕落的状况:1)魔鬼;2)动物或兽的灵魂;3)人的灵魂。手写本在一处写道:"我们人是一种腐烂的、发臭的器皿,在这种器皿里,所有善良纯洁的东西都会发酸,发臭。"对于人的这一悲观看法,由于有了另一乐观的信念而有所减轻,即"相信人的灵魂本身具有引导者的神的火花,这引导者将把人的灵魂引向上帝"②。

这些叙述虽是幼稚笨拙,却不妨碍我们去认识一切唯心主义,特别是神秘主义哲学所特有的一些思想。因此,我们在这里也可假定,学生是颇为正确地理解了老师的思想的。

抄写本的另一地方,叙述了什瓦尔兹对爱尔维修的社会教育观点的批判。对于这一部分叙述,也可以作出同样假定。抄写本在这里正确地提到爱尔维修有一种思想,认为"人民的德行和幸福不是由于他们的宗教的神圣不可侵犯,而是由于他们的法律的明智";宗教对于人民的德行和幸福是没有什么影响的。抄写本批判这一思想所用的理由是:法律能够强迫我们成为善良的公民,但不能使我们的心灵纯洁;因为能使心灵纯洁的,只有宗教。

什瓦尔兹将爱尔维修的追随者分为3类:第1类,由于懒惰不作思考的追随者;第2类,生活在不停歇的嬉娱游乐中的追随者;

---

① 涅泽列诺夫:《叶卡捷琳娜时代的文学流派》,第167页。

② 同上书,第167—168页。

第 3 类,情感冲动的追随者,由于"人在情感冲动时是视而不见的,所以他是醉汉"①。

我们不去研究这一毫无根据的迂腐分类,只指出什瓦尔兹对爱尔维修的"批判",极为明显地暴露了什瓦尔兹和所有与他相似的神秘主义者的极端保守主义。相信社会道德的进步须以社会制度的改进为前提,可促使人们要求社会改革。相反,相信德行就是心灵的纯洁,决定于"宗教的神圣不可侵犯",则可使人们对这种改革漠不关心。保守主义者经常强调"心灵的纯洁"。保守主义者所极为喜爱的心灵纯洁论之一,便是我国 18 世纪农奴制辩护者所说的必须先教育农民,提高他们的道德,然后才能考虑他们的解放。这一思想也是以这样的信念为基础的:即人民的教育和"德行"都同"法律"没有因果联系,因为"法律"是表现和调节社会关系的。

什瓦尔兹关于不应否定重大实际真理所赖以确立的"理论成见"的意见,也是不无意义的。例如,重大的实际真理认为应有德行。但这一重大真理是未开窍的人所不能理解的。怎样帮助这种可怜人呢?必须给他们灌输相应的"理论成见"。例如,对一个无知的波斯人,应告诉他,恶人的灵魂在死后,将不能走过通向德行善良人们所在地的独木桥;对未受教育的基督徒,应向他说明地狱的痛苦,等等。"谁要取消这些极度英明的最早导师们用作象征性概念的成见,那他就是恶人。他毁坏了成百万灵魂赖以安全达到

---

① 涅泽列诺夫:《叶卡捷琳娜时代的文学流派》,第 168—169 页。

天堂的明亮灯塔。"①换言之,目的证明手段的正确。如果成见有助于达到有益的目的,那就应该受到尊重,而任何反对成见的人,就应受到谴责。不难想到,法国百科全书派同"理论的"成见以及任何其他成见进行过极为激烈的战斗,他们在什瓦尔兹看来,应当是凶恶有害的人,应当是人们进入天堂的最可憎恨的障碍了。

涅泽列诺夫对什瓦尔兹给他的学生作的人及其 3 因素的图解,作了如下说明:

"两个四角形,一上一下,角与角相连;在其联结点上,画一条粗的短线;两个四方形的延伸边,上下各形成一个三角形;上面的三角形上画一线,写明:'精神世界,天堂';下面的三角形上也画一线,写明:'物的世界,肉体世界。'用波纹线将两个四方形分为三角形:这样,整个画面就是六个三角形了。中间的两个三角形表示人自身的因素,在其旁边写明:'精神。树是上下都生长的,人则向上(向下?——著者)生长到物的世界,向下(向上?——著者)生长到精神世界。树根愈是牢固多汁,则树的存活愈久,也愈安全。'在上面两个三角形的旁边写着:'精神,思想的理解力。我们自身构成这种精神。它在我们出生时有可能存在,但不是实际存在。'其余两个在下面的三角形表示肉体。在一个三角形的里面写着:'组织,三个因素🜨♁☿(即块、硫磺、汞),生活的慰藉,生命的精神';在另一三角形里面写着:'四种自然现象的物质。'"

这种人类特性的图解,把我们完全引向最荒谬的神秘主义领域。涅泽列诺夫由于什瓦尔兹同法国启蒙思想家进行激烈斗争而

---

① 涅泽列诺夫:《叶卡捷琳娜时代的文学流派》,第 169—170 页。

对他抱有好感,为了替他遮盖,特指出这位神秘主义者毕竟不曾像
"帕拉采尔斯的化学教材"那样,"将硫磺等同于精神"①。这可能,
而且也许是可靠的。但是就他所发表的这些东西来说,已完全足
够使他成为最坚定的蒙昧主义者了。为了从百科全书派的攻击之
下保护毫无掩饰的宗教,他说,只有术士和神秘主义者才完全懂
得宗教。他教导说:"魔术是一种神的科学,利用这一科学,术士
们可以认识真实的自然世界和自然精神。术士是真理的寻求者,
自然通过自己的精神在一切动物里同他交谈,并出示自己的签
证。"②这样看来,魔法是这一"哲学"反对法国理性哲学的最新武
器了。

　　对于具有这种思想方式的人,"蔷薇十字会"及其愚昧的幻想
和其对"荒谬"法国启蒙运动的仇视,自应是真正智慧的忠实捍卫
者和传播者了。毫不足怪,什瓦尔兹在 1781 年秋旅行德国时同柏
林"蔷薇十字会"会员发生了亲切交往。

　　柏林"蔷薇十字会"会员热衷于魔术,他们坚称他们与精神世
界有直接交往。就在接纳什瓦尔兹入会前不久,他们为普鲁士皇
太子招来马克·阿夫烈利和大选帝侯弗里德里希·威廉的灵魂。
由于特殊装置——当然是"物的"装置——的作用,这两个灵魂在
电闪雷鸣中出现,使这位普鲁士王位继承人吓得魂不附体,不能亲
自向两个灵魂问话。但是善良的灵魂宽恕了他的人的弱点,主动
地"用阴沉的声调"向他宣读了训示。这样的场面以后还不只一次

---

　　①　《叶卡捷琳娜时代的文学流派》,163 页。
　　②　引自 **B.И.**图卡列夫斯基同上论文(《共济会的过去与现在》,第 1 卷,第 216
页)。

重演,而且代灵魂说话的是一个萨克森人,"一个腹语①专家兼相
面术士"②。

　　"柏林蔷薇十字会"会员招来灵魂以教训虚弱的皇太子,所追
求的是一种纯粹世俗的目的,即使皇太子屈服于他们的影响。难
怪当时领导他们的是克里斯托弗尔·维尔纳,这人——如果相信
弗里德里希二世的说法——是"一个骗子和阴谋家"。在这位皇帝
哲学家死后,这一爱搞欺骗和阴谋的教主,事实上在普鲁士起了重
大作用。他做了国务部长和精神事务部长。佩平最正确不过地指
出,他的历史声誉,是没有什么可以羡慕的。他的时代是迫害一切
活思想的时代:康德就遭受了他的迫害③。

　　柏林的启蒙运动拥护者,对维尔纳和其他"所罗门科学"代表,
都是极不相信的。莱辛的拥护者尼古拉甘心情愿把他们看为秘密
的基督教徒。但是什瓦尔兹对于他们在德国启蒙学者中的恶劣声
誉,却不觉得难受。相反,启蒙思想家对于"蔷薇十字会"会员的抨
击越强烈,什瓦尔兹对他们的信任就越大。我国有些学者设问:为
什么什瓦尔兹没有看出柏林"蔷薇十字会"会员对政治反动的顽固
爱好呢?他们解释说,这是由于什瓦尔兹本人的意图的辩护性质。
然而同情政治反动,乃是什瓦尔兹的哲学蒙昧主义的自然的和必要
的补充。如果相反,什瓦尔兹竟然憎恶政治反动,那倒是怪事了。

---

　　① 腹语。一种不动嘴唇而能说话的技巧,听起来好像由腹内或由旁边的地方说
出来的。——校者

　　② 见 Я.Л.巴斯科夫为《18 世纪莫斯科共济会员通讯集》所写序言,彼得格勒科
学院俄国语文部出版,1915,××页。

　　③ 《俄国共济会》,第 223 页。

V

现在很清楚,什瓦尔兹是一个精力极为充沛的宣传家和很有天才的组织家。他善于坚定不移地、才能出众地追求自己的目的。他在大学里建立了一个"翻译研究室","从事最优秀作者和劝谕性著作的俄文翻译"。后来,他还组织了一个"大学毕业生会议",毕业生在这里宣读和讨论他们的著作。不用说,由于什瓦尔兹的影响,青年们的作品,都是充满了神秘主义精神的。我们下面将看到,我国大学生当时在传播神秘主义和反对先进法国哲学的斗争中,起过多么巨大作用。然而什瓦尔兹的影响不仅限于在校青年。他力图在那些由于这样或那样原因倾向于神秘主义的莫斯科社会阶层中,发挥和巩固其影响。1782 年在他的积极参加下,成立了"学术友谊会",也从事慈善事业。

人们把什瓦尔兹在学青年中的影响,比之于格兰诺夫斯基在 19 世纪 40 年代所发挥的影响;又将他对他的朋友的影响比之于斯坦克维奇的影响。米柳科夫写道:"什瓦尔兹以其极为严谨、高贵,然而无疑地比斯坦克维奇更为热情的气质,同样成为他的小组的思想和道德先知者,在知识和教育程度上显著地超群出众。这两人都死得过早,但两人在他们的倾慕者的心灵和思想里,都留下了不可磨灭的印记。"[1]

这里有许多正确的东西。但是以下情况,却怎样也不应忘记:

———————————

[1]　《俄国文化史概要》,1904 年,第 3 卷,第 2 版,第 354—355 页。雅莫希可夫在他的论文《尼古拉·伊凡诺维奇·诺维科夫》(载《创举文集》,第 163 页)里,亦将什瓦尔兹比同格兰诺夫斯基。

　　格兰诺夫斯基在任何时候都是一个观点很温和的人。然而他的很温和的观点,却无疑地具有进步的性质。他痛恨反动现象,如果说,他与赫尔岑和奥加廖夫不同,对社会主义抱着否定的态度,那在很大程度上也是由于当时的(空想)社会主义,未能适当估计"资产阶级"政治自由的巨大意义。斯坦克维奇的情况,也是如此。他自己从来不曾根据他所掌握的哲学体系,作出革命的结论,而且他很可能甚至没有想到从这种体系里得出这样的结论。但是这个体系尽管有保守的情绪,这种情绪曾笼罩着其创始人的晚年,但却包含着一些因素,使它在后来,如赫尔岑所异常恰当地指出,成为革命的真正代数。因此,如果格兰诺夫斯基和斯坦克维奇对他们的倾慕者发生不可磨灭的影响,那这种影响也是进步的。相反,什瓦尔兹却是在神秘的蒙昧主义的精神上影响了他的学生和朋友,使他们失去掌握当时先进思想的任何可能。当人们称什瓦尔兹为一个热心启蒙运动的人物时,他们忘记了他所致力的"启蒙",事实上是对 18 世纪启蒙运动的黑暗和凶恶的反动。他的活动愈是有计划,愈是坚决,愈是勇于牺牲,便愈是对刚刚开始欧化的俄国社会带来更多的危害。

　　Г.谢梅卡承认,"蔷薇十字会"在西方是"思想落后的现象";但他却以为它在俄国,则是"崭新的事物"①,带来了一定好处。按照他的意见,最重要的是:"俄国蔷薇十字会"是"我国的第一个知识分子社会运动,它第一次用广泛开展慈善事业和同动摇我国文化正确发展过程的'伏尔泰主义'进行斗争的形式,团结俄国人,引

———————————

　　① 重点是谢梅卡划的。

导他们为社会需要和社会利益服务"①。

当然,如果认为法国解放哲学进入俄国,破坏了我国文化的正确发展过程,因而反对这个哲学是俄国社会思想的首要任务,那就应该"首先"对"俄国蔷薇十字会"为解决这一任务所作的巨大努力,表示感激。但在这种情形下,可以问问自己:难道只用这种稀奇古怪的"蔷薇十字会"的荒诞幻想就能够同"伏尔泰主义"作斗争? 这最少是未经证明的,而如果证明了,那也会是一种有利于这个"伏尔泰主义"的有力理由。

Г.谢梅卡又说:"这是俄国的第一个哲学体系。"由于它是一种唯心主义的宇宙观,所以在 18 世纪起了不小的启蒙作用:"蔷薇十字会"同对俄国精神格格不入的"伏尔泰主义"进行了有成效的斗争,尽管它很极端,也很混杂,但它却使俄国思想界受到教育,有了纪律,破天荒第一次给他们以真正的精神食粮,教养他们——尽管是借助于神秘主义的神智学和共济会自然哲学——进行经常、紧张和前所未知的抽象思维工作②。

谢梅卡深信,任何唯心主义体系都胜似任何唯物主义或接近唯物主义的体系。而由于神秘主义的神智学和共济会自然哲学都同唯物主义没有任何共同之处,所以他认为,只要指出(并强调)"蔷薇十字会"会员理论的无可争辩的唯心主义性质,就足以在读者的心目中证明它的正确,就足以把它说成是"真正的精神食粮"。但是,我们知道,无论是神秘主义的神智学及其信口雌黄的理论结

---

① 论文见前(《共济会的过去与现在》),第 I 卷,第 171 页。

② 同上书,同页,这里的着重点也是谢梅卡加的。

构,或是"共济会自然哲学"及其化学试验(如在实验室里制造"人"),都完全不包含任何所谓"真正精神食粮"。"蔷薇十字会"会员的理论不仅不能使俄国人的思想有纪律,相反,只能使他们在这个理论的影响下无法接受逻辑的纪律①。

欧化的俄国人在对"蔷薇十字会"有所了解之前,有可能认识一些真正堪称哲学的唯心主义体系。无论坎捷米尔的唯心主义见解有时显得多么脆弱,但也距离"蔷薇十字会"的荒诞幻想非常之远。罗蒙诺索夫在哲学上是沃尔弗的学生。沙坚教授亦曾将沃尔弗的哲学带到莫斯科(1756 年 6 月);但是,按照吉洪拉沃夫的说法,他不曾停留在这个哲学之上,而是注意康德以前的哲学思想发展②。因此,完全不能说"蔷薇十字会"这个宇宙观体系,是俄国人第一次看到的唯心主义"新事物"。

我在上面已经指出,只有滥用启蒙一词,才能谈到"蔷薇十字会"的启蒙意义。这一点已为谢梅卡本人所间接证明:他所以觉得,像"蔷薇十字会"这样的(用他自己的话说)"思想落后现象"在我国所发挥的重要作用具有启蒙意义,乃是由于"蔷薇十字会"会员对与俄国精神格格不入的"伏尔泰主义"影响进行了有成效的斗争。换言之,由于俄国精神的特点,反对 18 世纪启蒙运动的斗争,

———————————

① 俄国著名"蔷薇十字会"会员之一 И.В.洛普欣写道:"对人的秘密的真正活认识,对自然界的观察或对其精神的不朽躯体的观点,只有在照亮复活的新生命的神赐的光照下,才能发现。"这里什么都有,可就是没有思想的纪律。唯心主义者黑格尔会说,这里没有知识,它让位给虚构的幻想了。(参阅洛普欣:《论内部教会,论真理的唯一途径,论谬误和毁灭的不同途径等等的若干特点》,第 50—51 页。)转引自 В.Ф.萨沃德尼克出版的《18 世纪俄国共济会史料》,第 1 辑。

② И.С.吉洪拉沃夫:《文》第 3 卷,第一篇,第 47 页。

在俄国获得了启蒙运动的意义。这样的论点，是很难令人信服的。

莫斯科的"蔷薇十字会"会员曾从事慈善事业，这一事实是无可怀疑的。这当然使他们受到尊敬。例如，洛普欣对于"施舍"的观点，表明他对受苦人的一定同情。洛普欣在他的《札记》中写道：

"顺便说说施舍。很奇怪，许多人竟然想反对它。主要的原因，似乎是因为他们想为他们不愿施舍辩解。"他同意政府应该采取措施来反对贫困。但这些措施，在他看来应该第一，尽可能铲除贫困的根源；第二，应该不使穷人丧失"唯一的糊口方式"，更不得对他们实行压迫。此外，在这个问题上，更不能用私人的义务来抵消政府的义务。洛普欣问道：

"私人有点爱护自己的亲属的心意，给他们以救济，这有什么过错？别人怎能用施舍得来的几个戈比去喝酒？如果有人因为得不到施舍而日夜挨饿，或企图犯罪，或抱怨命运，弄脏了灵魂，那么，拒绝施舍的人，如果他还有仁爱之心，其灵魂又怎样呢？"①

洛普欣承认，他有时也苦恼地拒绝给乞讨者施舍，如果他怀疑他们想用施舍给他们的钱去喝酒。他说："但是，当我把应该（原文如此！）施舍的钱收回以后，在思想上责问自己，怎么，难道你自己不曾喝醉过，难道穷苦无告的人不能贪杯？因而当我加倍施舍给他的时候，我总是感到很高兴的。"

这段话没有思想的深刻性，但明确地表示，洛普欣比他的同代人要善良得多，这些人嘲笑洛普欣对穷人的态度，他们对于向自己

---

① 《特级机密参事和参政员洛普欣生平和任职若干情况的札记，由他本人亲自写稿》，伊斯坎德尔作序，伦敦 1850 年版，第 44 页。

求助的人,完全心安理得地不加理睬。因此,我们尽管不同意谢梅卡,也许还是可以说,我国18世纪的欧化社会,由于当时的"道德败坏",是需要像神秘主义的神智学和共济会的自然哲学这样的腐朽拐杖来实行其利他主义的。对于这个社会的某些人,这显然是无可争议的。事实上,我们看到,在这个社会是有这么一些人,他们的利他主义不能没有这种拐杖。

但是,第一,这一历史事实不能把腐朽的拐杖变为什么"新的"东西;第二,这一历史事实在这里不仅不能提供任何解释,而且它本身也需要解释。如果我们注意到,这里所说的这些欧化社会的人们,虽然不是这个社会在当时的最优秀人物,但毕竟都竭尽所能,以求有益于他们的亲属,则这一解释,就更成为必要了。

另一学者——基哲维特尔——也向我们提出同一问题,不过提法有所不同。

他在为科学院出版18世纪莫斯科《蔷薇十字会员通讯集》而写的卓越论文《18世纪莫斯科蔷薇十字会员》中写道:这些人虽然都有明显的错误,我们却不能不对他们寄予同情,因为就令不说他们所遭受的种种迫害,也应看到,他们的错误不是衰老没落的错误,而是当时新生的俄国知识分子的青年期的错误。按照基哲维特尔的说法,这种错误的基础是对理想的真诚向往,对小市民的庸俗习性的真正嫌恶①。这当然是如此。但是我国新生的知识分子何以恰好犯了这种错误,而不是犯了其他错误,其历史——更确切些,其社会——根源又在哪里呢?换言之,为什么他们的青年意向

---

① 《俄国思想》,1915年10月,第124页。

使他们——也就是说,他们当中很大一部分人——走上西欧先进国家反动没落势力所铺设的道路呢?

为了解答这一异常重要的问题,我们必须尽可能仔细地研究莫斯科"蔷薇十字会"会员的社会观点,说明这些观点在一定历史条件下所由产生的社会关系。

VI

组成莫斯科蔷薇十字会小组的俄国人,不满意周围的现实,而追求理想。他们的这种不满意,表现了彼得改革的影响,因为这个改革极大地便利了西欧概念流入我国。当时欧洲文明所产生的唯一有生命力和有成效的理想,是先进法国哲学所表述的法国第三等级的理想。这个理想否定了一切贵族特权,而我国当时知识界的很大部分,却是在这种特权的庇荫之下成长和受教育的。为了认真信奉这个理想,必须完全抛弃贵族等级的观点,然而能够做到这点的,却只有个别人。的确,我国贵族知识分子的代表人物,有时是倾向于这一理想的。这时,他们变为"伏尔泰主义者",成为"百科全书派",他们翻译法国唯物主义者的著作,似乎整个地同他们的过去精神实行了决裂。但是很快,旧的"酵母"开始起作用,我国拥护法国资产阶级理想的贵族知识分子,为自己的鲁莽担心,因而恢复了他们过去的宗教信仰和过去的信念,以为没有贵族特权,主要的是没有农奴制,是怎样也不行的。我们知道,洛普欣的情况,便是这样。他在翻译了霍尔巴哈的《自然体系》第 2 卷最后一章,叫人把它抄得齐齐整整之后,立即感到"无法形容的懊悔",烧毁了译文,变为一名顽固的俄国保守派,对于他所珍惜的获得宗教认可的社会制度,赋予重大意义。他——当然不只是他一人——的遭遇,同方-维津没有两样。但是,《旅长》一剧的作者在恢复其过去的宗教信仰时,做得非常直截了当。而这却非所有的人都能做到。远远不是所有的人都能使其对"百科全书派"的尽管很短暂的爱好,不留下任何的影响。他们在体会到"百科全书派"的善恶观后,不能完全满足于他们自己的旧宗教概念。这是很痛苦的。然而愈是痛苦,他们愈要相信。就在这个节骨眼上,18世纪的神秘主义搭救了他们。

这种神秘主义是由从另一方面引起法国解放哲学的同一社会发展过程产生的,它是反对第三等级运动的精神武器之一,它比旧基督教的教义和仪式更能给经历过"伏尔泰主义"的灵魂带来完全的安宁。因此,同新的法国学说决裂的俄国人们,对它趋之若鹜。洛普欣正是从神秘主义,而不是从他的同胞们——他们由于过于单纯,将共济会员看为反基督的敌人的奴仆——所信奉的旧约宗教概念里,找到了安宁。这类俄国贵族知识分子的精神需要愈是强烈、愈是迫切,他们便愈是看重神秘主义。

有些学者认为,洛普欣和他的神秘主义的同道们的悲剧,在于他们所寻求的是真正的共济会,而所找到的——由于什瓦尔兹的殷勤中介——却是最坏的共济会,即"蔷薇十字会"。然而既然这些人需要用神秘主义的水来解除他们的精神饥渴,所以这种水愈是浑浊,便愈能适合他们的口味。这同愿意醉饮的人们宁愿喝烈酒而不愿喝淡酒一样自然。

А.И.赫尔岑曾经感到奇怪,何以洛普欣既然主张人道主义,却又在维护农奴制上表现"顽固不化"。根据赫尔岑的意见,洛普欣在这方面是"不由自主地自相矛盾,因而是徒托空言"。作为例证,赫尔岑提到洛普欣在一封写给亚历山大一世的信里,一方面说他对奴隶一词感到羞愧,他希望所有俄国人都获得自由,但又补充说,"敌人入侵的危害不及限制地主权力之大"①。

关于这点,皮克萨诺夫竭力反对二元论的思想方法,认为这种思想方法只知道两种历史现象——"光明和黑暗"。皮克萨诺夫与赫尔岑相反,断言"洛普欣很少有完整、齐全的宇宙观"②。实际上,皮克萨诺夫同赫尔岑一样错误,不过,他的错误属于另一方向。

就对农奴制的态度说,洛普欣在莫斯科的"蔷薇十字会"会员中,全然不是例外。正如巴尔斯科夫公正地指出:他们都与农奴制度和平共处,甚至都支持农奴制度。"诺维科夫在离开施利谢尔堡后,主管一个'农奴'村。他像一般地主一样,酿制伏特加酒,并在极为困难条件下发明了各种不同器具"。波兹泽耶夫逼使他的农奴举行暴动;A.C.斯托罗加诺夫伯爵"按照女皇的评定,是一个最温和,实质上最人道主义的人,他的心善良到脆弱的程度,但他却热烈维护奴隶制度。这是可以显示他的精神气质的"③。此外,还可指出,"蔷薇十字会"会员 A.M.库图佐夫以极为认真严肃的态度谈论农奴的分配。他在给屠格涅夫的信中写道:"在公布公报(关于出卖农村的公报——著者)时,必须训诫(原文如此!)某些家

---

①　见伊斯坎德尔为洛普欣札记伦敦版所作序言。

②　《共济会的过去与现在》,第 I 卷,第 228 页,《伊凡·弗拉基米罗维奇·洛普欣》一文。

③　《18 世纪莫斯科共济会员通讯集》序,第 57—58 页。的确,诺维科夫由于受到迫害,他的业务经营搞得很坏。他的家庭有时几乎挨饿。这虽然无可原谅,但却可以解释一些情况。

仆;我自己也不知道,将来分配时,我会得到哪一些,但我将力求使家仆的分配能够平均。这里有两名理发匠,一名是费林尔·格里戈尔耶夫,另一名是谢尔盖伊·斯米尔诺伊,请注意,别将两人都分给一方。"①

诺维科夫给他的"上级"写的三封信保存下来了,这些信是用他的共济会化名"科洛维翁"签发的(他的另一共济会化名是eques ab ancora)。在其中一封里,谈到印刷所工作。他指出:"在印刷所工作的监督上,最主要和最值得关切的,是对工人进行不断监视,使他们上班,认真劳动,防止他们盗窃和停产,处理他们的不断争吵等等。因为您……局部地知道,很大一部分工人由于像以前一样未受监视,所以放荡酗酒。对他们的监视应该严格认真。以上敬乞批示。"②这些话同肖尔巴托夫关于工人极端堕落的意见很相似。关于工人的这种严格评语,使人想到诺维科夫对于工人当前生活的毫不关心。这封信是什瓦尔兹死前写的。

巴尔斯科夫说,在我国"蔷薇十字会"会员中,只有C.H.加马列亚对农奴制的态度是例外。我们很快就可看到,应该怎样理解加马列亚对当时俄国实际的态度。无论如何,巴尔斯科夫也像赫尔岑一样,都认为莫斯科"蔷薇十字会"会员对农奴制的态度是同他们这些"人道主义者"自相矛盾的③。然而问题是:这里任何矛

---

① E.塔拉索夫引自论文《俄国共济会史。被忘却的"蔷薇十字会"会员A.M.库图佐夫(根据未刊行的文件)》。这篇论文收入《C.Ф.普拉托诺夫纪念文集,由他的学生、朋友和崇拜者执笔》(圣彼得堡1911年版)。

② C.B.叶舍夫斯基:《俄国史文集》,第258页。

③ 《18世纪莫斯科共济会员通讯集》序,第57—58页。

盾也没有的。

1784 年洛普欣在他的印刷所里刊印《共济会刊》。出版者在告读者书中说,这个刊物的发行,是为了使参加共济会的会员和会外人士能够获得关于共济会的真实报道。在这个刊物的第一篇文章里,我们了解到:危险的是"那些善于在头脑单纯的群众中引起愚蠢和不幸情感的人们","共济会分会除对无知者外、对任何人都是欢迎的"①。这是很彻底的。我国的"蔷薇十字会"会员所以拥护农奴制,不是出于任何误解,而是由于他们是当时俄国完全依靠剥削农奴以维持生存的那个等级的思想代表②。他们大多数对法国第三等级的先进思想家有好感,所以只能极为短暂,因为他们不能够长期抛弃贵族的观点。

给灵魂带来和平的神秘主义吸引了他们,因为它是对第三等级的革命意向的反动。他们用死后幸福的约许来转移人们对社会上层建筑的注意。洛普欣在参加"蔷薇十字会"后,在他所写"训诫问答"中说,真正的共济会应该对所属人们的未来幸福,寄予最大关怀。另一神秘主义者用诗表述了同一思想:

> 灵魂凝视着永恒,
>
> 你将看到什么呢?
>
> 那里是一个更美好的世界,那里是神!
>
> 受苦的人们,微笑罢!

---

① 引自涅泽列诺夫:《叶卡捷琳娜时代的文学流派》,第 177—178 页。

② Г.巴尔斯科夫对于莫斯科蔷薇十字会员怎样估计社会"地位",甚至其相互关系的差别,作了有趣的指示。他又说,"贵族老爷"的这种特点,引起外国共济会员(什列德尔男爵)的注意。

神秘主义者与法国哲学相反,他们向受苦的人们说这种宽慰的话,不仅不能动摇现存秩序,而是支持了它。如果洛普欣和那些保持着同他一样保守情绪的人们,对神秘主义趋之若鹜,那并不是说,他们"不过问政治",也不关心社会制度问题。洛普欣对于这种问题的极为关心,可从后来他对亚历山大一世打算消灭农奴制所感到的恐惧中,窥见一斑。他证明"人民要求抑制"以保护其本身的利益,"而为了保持公共秩序,没有比地主管理制更好的警察了"①。这一观点在地主之间,流传最广。我们知道,在地主中间,这一观点还与另一信念,即认为俄国地主的无限权力应以俄国君主的无限权力为补充等等,同时流传。洛普欣对于这一流行的信念,也是同意的。他的政治保守主义,在他的许多著作中,都表现得极为明显。例如,在所著《训诫问答》里说,真正的共济会员必须敬重他的国王,"在任何惊涛骇浪中,不仅对善良和温和的国王要服从,而且对执拗任性的国王,也要服从。"总之,共济会员"应该服从最高当局,不仅由于恐惧,而且出于良心的责任"。

VII

其他莫斯科"蔷薇十字会"会员也抱有同样保守情绪。当拉季谢夫由于所著《从彼得堡到莫斯科旅行记》一书而被捕时,特鲁别茨科伊公爵写信给库图佐夫说:"现在告诉你,曾经为你写过书,并同你一道在莱比锡留学的那个人,由于他的大胆著作,正在受审;

---

① 这段引文,在伦敦出版的《洛普欣札记》里没有,而是见于另一版本(《历史和古物学会讲座》,1860 年)。

据说,这是一部应该受到最严厉的公开处分的书。我的朋友,这就是他的轻浮骄傲的头脑给他带来的结果。这就是不以基督教规为基础的敏捷的才智的正常后果。我知道你的善良的心肠,知道这个消息会使你伤心。但据我所听到,他应该遭到现在威胁着他的命运,因此你不应为他忧伤,而只应祈祷万能的主,把现在威胁着他的惩罚,变成使他认识自己的亵渎言论并悔恨自己的手段。"①

　　这封信上注明的日期是 1790 年 8 月 1 日。库图佐夫尽管在观点上同拉季谢夫有着根本差别,但旧时的友谊连接了他们。他在一年半后写给拉季谢夫的信中,表示了一种笃信宗教的希望,认为《旅行记》作者的被流放,将给他带来道德的好处。他写道:"我的朋友,说起来使我难过,但我对你的友情使我想起一种真理:你的处境对你是有好处的。你离开了所有的人,抛弃了使我们眼花缭乱的一切事物,你将因此更能遨游于你自己的天地之中,冷静地看看自己,从而较少偏见地判断你以前通过虚荣和尘世浮华所看过的一切。也许,对于许多事情,你会有完全新的看法,说不定你会改变你的思想方式,会发现许多你以前从未丝毫注意过的真理"②。这封信表明,它的作者距离最起码的政治自由思想有多么远。所以,塔拉索夫关于库图佐夫是自由的爱好者,"不过有某种局限性"等等意见③,是似是而非的。这里的局限性是这样巨大,

----

　　①　《18 世纪莫斯科共济会员通讯集》,第 8 页。

　　②　同上书,第 195 页。我在这里不提出同被放逐的朋友通信的策略性问题。库图佐夫的信是对拉季谢夫来信的答复,所以提出这个问题就更为恰当了。信里充满了真挚的情感,对于思想不一致的朋友,毫无训诫开导之意。(同上书,第 168 页。)

　　③　《普拉托诺夫纪念文集》,第 232 页。

是任何自由爱好都谈不上的。

特鲁别茨基认为拉季谢夫所受到的惩罚,是再轻微不过了。尊贵的"蔷薇十字会"会员写道:"至于拉季谢夫是罪犯,根据我所听到的他的书的某些片段,我可予以肯定。我的朋友,请相信,除了在我们慈爱女皇的统治下,他会由于自己的罪恶而在断头台上失去自己的头颅;就令在伊丽莎白统治下,他也会在秘密审讯处受到虐待,因为他在书中不仅撕裂了一切社会结合体,而且对神圣的沙皇也不放过。但为了这一切,他受到什么惩罚呢? 不过是剥夺了他继续为害的手段,而且监禁也不是永远的,只是在使他醒悟,往后从犯人变为社会有益成员所必需的期内。因此,我的朋友,请不要为他的命运担心,请祈祷热切关怀犯人悔改的救世主,给他以忏悔的泪水,洗净他的狂妄行为罢,那时他将投入时刻准备予以宽恕的女皇的怀抱。她将及时地释放他,我们也将看到他从罪犯变为有用的公民,自己咒骂所写的那些条规。"[①]对于这一切,任何解释,都是不必要的。

洛普欣对"不幸的拉季谢夫"胆敢写书攻击现存秩序,又予以指责。他在给同一个库图佐夫的信中写道:

"我的朋友,你的意见是极为公正的。我完全同意,如果祖国的臣民和儿子认为有责任向自己的国王呈报某种真理,他应该以恭敬、爱戴的心情,直接地、秘密地当面陈述。我相信叶卡捷琳娜是经常能够接受的;而不应散发足以扰乱社会安宁的书籍。"[②]

---

① 《莫斯科共济会员通讯集》,第 92—93 页。
② 同上书,第 40 页。

现在很清楚,莫斯科《蔷薇十字会员的通讯集》当时受到政府
(所谓秘密检查所)的监视。他们知道这一情况,所以认为必须在
信里使自己的政治观点带有保守外貌。然而"蔷薇十字会"会员在
这里还是暴露了事实上属于他们和为他们所极端坚持的东西。在
亚历山大一世朝代初期,他们已可不必担心政府的迫害,但在那
时,他们还是用极端保守的精神发表意见的。

保守主义是什瓦尔兹本人和所有他的俄国学生的社会政治观
点的基础。自然,这种保守主义也是有其历史的。最初,它更多地
以本能的形式,而不是以对社会政治关系的成熟观点的总和的形
式存在的。

法国革命在实践上运用了先进法国哲学家的理论观点,它是
促使莫斯科"蔷薇十字会"会员的保守主义从本能的范围彻底转变
到自觉范围的推动。如果在以前,他们以仇恨的心情谈论新的法
国理论,那么现在,他们又对新的法国实践感到莫大恐惧了。洛普
欣供给 B.Я.科洛科尔尼科夫和 M.И.涅夫佐罗夫两人到国外留
学。他在给库图佐夫的一封信里说,他劝他们两人在莱顿获得博
士学位后,不要在巴黎进修,因为"那里现时遍地骚乱,最好避开那
里的生活"(1790 年 11 月)①。莫斯科"蔷薇十字会"会员的忠实学
生科洛科尔尼科夫和涅夫佐罗夫,也都怕去法国。他们在 1790 年
11 月 6 日从莱顿写信给洛普欣说:"我们将于明日启行,按照您的
吩咐去瑞士,在伯尔尼或洛桑停留下来,因为在这两处都有研究
院。为了绕过法国,我们将取道几个德国城市,即克列夫,科隆和

---

① 《莫斯科蔷薇十字会员通讯集》,第 21 页。

美因兹;这样,我们将不仅绕过法国,而且绕过布拉班特,因为那里的骚乱更有甚于法国。"①

特鲁别茨科伊公爵寄信给库图佐夫(1791年3月13日),埋怨某些法国神秘主义者突然用革命的语言说话:"啊!我的朋友,多么狡猾的魔鬼哟!他通过所谓哲学家使法国人的思想抛弃宗教。在做到这一点后,他又迷惑他们的思想去推翻皇帝的权力,而现在更利用现有的迷信,在基督教的掩饰和名义之下,企图建立有害的无头政治,在这种政治之下,除了混乱,是什么也不会有的。他可以建立自己的王位,废黜真正的基督学说,因为这种学说对于他的统治是有害的,因为这种学说是以服从上帝和皇帝为基础的。按照基督的说法,皇帝的心掌握在神的手中,因为基督是秩序的法律,是为了改正错误的;因为基督的精神将使人的心灵从一切由于堕落而遭受的罪恶中净化出来。"②

库图佐夫在给洛普欣的信中保证:"可以大胆地说,我们当中永远不会出现米拉波和与他相似的怪物。基督教徒和反对神授权力的扰乱者,是完全矛盾的。"(1790年11月)③。显然,当时,在最坚决的保守派的眼光里,米拉波是法国变乱的最可怕的代表人物。1791年库图佐夫在给特鲁别茨科伊公爵的信中,再次"以数学的精确性"表示相信,"真正的基督教徒永远不会模仿米拉波"。对于特鲁别茨科伊公爵,这一点是完全不需要用数学来证明的。他完全同意,真正的基督教徒"怎样也不会成为米拉波",同时还一般地

---

① 《莫斯科蔷薇十字会员通讯集》,第21页。

② 同上书,第101—105页。

③ 同上书,第33页。

认为,真正的基督教徒"永远不会同意现时的法国启蒙思想家,但却经常乐于为保卫国王而流血……总之,基督教徒在尼隆的管理下,将不会违背自己的誓言,将不敢起来反对他发誓效忠的权力,因为他在这里不期待安宁,但他知道,对权力的忍耐和服从,对上帝和国王的克尽厥职,是使他不在这里,而在那里得到预期的安宁(因为在这里不可能有这种安宁)的一种途径。在那里他将由于在这里的忍受,而得到安宁,作为报偿"①。

洛普欣在 1794 年所写的一文《心的倾诉,这颗心尊敬君主的仁慈,因为看到有害的后果,害怕平等和狂暴的自由的梦想。这种梦想把心灵上盲目无知的形象结合起来,不去设身处地寻找自己苦难的原因》。详细证明了在人间不可能建立幸福的生活,就是在最好的政体之下,混乱亦将无可避免。因此,个人最好不要去想改变现存的政治制度。在一切可能的政体中,现在,——更确切些说,现在更有甚于任何时候,——他觉得无限制的君主专制是最不完善的政体,然而从我国历史经验中形成的偏见,却维护它,以为对于像俄国这样幅员广阔的国家,应以它最为合适。按照洛普欣的说法,专制君主体现最高的存在,他的法律"记录着最高存在的规章"。洛普欣在为君主制辩护的同时,还对法国进行了激烈的攻击。

他大声疾呼:"啊! 不幸的国家! 你处于多么可怕的变化无常(原文如此——著者)和灾难境地之中哟! 德行成为罪恶,神圣纯洁的法律被认为是迷信和有条件的习惯。粗鲁、无耻、残暴——尤

---

① 《莫斯科蔷薇十字会员通讯集》,第 112 页。

其是兽性的残暴,凶恶的俏皮话的针芒,这一切构成成群结队的折磨者的本质,整个人民则处境凄凉。"不言而喻,对于俄国贵族的保守思想家,法国革命者所企求的平等,是一种在人间不能实现的空想。他宣称,不平等是自然界的永恒规律:"所有的人都向我们宣布服从权力的必要和利益。整个大自然都向我们描绘着平等的不可能⋯⋯。在最高的精神村落里,统治着神所建立的不平等。⋯⋯这种⋯⋯不平等构成人的本质和结构,万能的创世主使令人惊奇的千差万别统一起来。"①

对于洛普欣的保守主义和他的宗教信仰的严格一致,不能不使人感到惊奇。就是约瑟夫·第·麦斯特尔本人也会对于这样的一致,大加赞赏。但是这种一致,在其他"蔷薇十字会"会员的观点里,也比比皆是。

他们对叶卡捷琳娜二世的唯一责备,是在谈到法国革命时,他们挖苦这位女皇对百科全书派的装腔作势。不过,就是这一责备,也是从批评某些政府官员对危险的法国革新家实行庇护,造成有害后果的方式表示的。因此,它更多地具有暗示的性质。此外,这种责备都是在私人通信中提出的,尽管这些信的作者知道,由于"邮电检查",它们会为伏尔泰的女弟子所知悉。

法国革命及其极端尖锐的阶级斗争,成为欧洲,特别是俄国社会思想史的一个时代。法国空想社会主义者的实际计划,在很大程度上是由于想寻求阶级调和的方法。在本书下一卷,我将指明,对革命的阶级斗争的恐惧,影响我国十二月党人的思想方式。但

---

① 《共济会的过去与现在》,第Ⅰ卷,第 240 页,前引皮克萨诺夫的论文。

在 18 世纪,法国革命业已在我国社会中引起巨大的慌乱。法国革命在俄国所遇到的敌人,几乎没有比莫斯科"蔷薇十字会"会员更自觉,特别是更彻底的了。他们当时在我国欧化人士中占有最显著的地位,这些人士由于害怕西方对俄国的革命影响,开始对西方采取否定的态度。

我们已经看到,对于这种作用的恐惧,在诺维科夫的讽刺作品中,即已局部地有所表现。可惜,在神秘主义的影响下,对西欧自由思想的恐惧更加笼罩了这个优秀人物。关于他对神秘主义的爱好和这种爱好对于他的影响,我们往后再谈。现在先指出另外几人。

洛普欣写道:"我虽然不很了解外交商业事务,但我觉得可以不无根据地大胆说,俄国政策的主要技巧,应该是尽可能不仅减少对欧洲的依赖,而且尽可能减少同欧洲的政治和道德关系。所谓道德关系,我指的是风俗,因为欧洲风俗惊人的腐败,腐蚀着俄国古代灵魂和躯体的健康。"①这一思想深刻存在于我国神秘主义者的世界观,后来在舍维列夫的论文里更获得了广泛发展。

但在舍维列夫发展这一思想之前,它在涅夫佐罗夫——就是那个在莱顿毕业于医科大学,由于法国和比利时发生骚乱,不愿前往这两个国家的涅夫佐罗夫——的一些论文里已被反复提出。由于是"当今哲学"的不可调和的敌人,涅夫佐罗夫甚至对药典也用

---

① 《洛普欣札记》,第 189—190 页,伦敦版。

神秘主义者的眼光来看待①。他表示坚决相信,整个西方的历史只不过是法国革命的准备,而"北方(即俄国——普列汉诺夫著)则将不仅使许多国家摆脱新拿破仑的桎梏,而且会放出灿烂的光辉,普照欧洲和世界其他国家"②。涅弗佐洛夫的这一思想曾被收进俄国国粹派的学说,成为它的组成部分。

涅弗佐洛夫给青年写道:"亲爱的青年们! ……要敬重有教养、有德行的外国人,但不要全部接受外国所作所为和所推崇的一切,而应在许多方面学习自己的浑朴忠厚的祖先。"③他自己学习浑朴忠厚祖先的结果,可从他对小说、悲剧和喜剧的否定态度中,窥见一斑。使他深为不快的是,罪恶多端的歌德,竟成为"美的先知者"④。

涅夫佐罗夫的著作活动,是在19世纪最初20年。我认为现在就指出这种活动是有益的,因为他在所写论文中发表的观点,是在莫斯科"蔷薇十字会"会员的直接影响下形成的。

已故佩平说,我国19世纪的神秘主义是一种危害社会的瘟疫。但是,他不承认它同18世纪神秘主义的血缘关系。可是只要提起涅夫佐罗夫、拉卜金和其他与他们类似的亚历山大时代的神

———————

① 在奥国医生承认奎宁是医治疟疾的必需药物时,这个医学博士却在1809年1月《青年之友》杂志中写道:"世界已存在七千多年,希波克拉忒斯关于疟疾写了许多东西,而美洲的发现,从那里输入奎宁,则不过三百年。难道在那以前,人类只有受疟疾的折磨,而没有可以治疗这种病的药物? 否,我不这样想。上帝是圣智的、慈悲的、关怀自己的生灵。在他们生活的一切国家和地方,上帝都给与所需要的一切。"(关于涅夫佐罗夫,请参阅别索诺夫的论文,见《俄国丛谈》,1856年,第85—129页。)

② 同上书,第3卷,第120页。

③ 同上书,第121页。

④ 同上书,第118—119页。

秘主义者,便可得出完全相反的观点:即亚历山大时代的神秘主义直接来源于叶卡捷琳娜时代的神秘主义,而且同它在本质上相同。

VIII

这样,赫尔岑说,地主反对洛普欣,是反对人和反对神秘主义者。这种说法是一个重大错误[①]。姑且抛开"人"的问题不说,我们可以坚决断定,无论就洛普欣和其他莫斯科"蔷薇十字会"会员说,神秘主义者都与地主十分协和,都成为地主的必要的补充,并给地主以所期望的支持。

读者在这里也许要提醒我注意,巴尔斯科夫认为 C. M. 加马列亚在这方面是例外。事实上,我们所知道的关于这位诺维科夫的朋友的一切,使我们不得不把他看为一个真正清廉的人,他完全不关心任何等级特权,甚至对于自己的简单财产权利也淡然置之。当政府为了奖赏他在白俄罗斯的劳绩,分给他 300 名农奴时,他也拒不接受,理由是他不知道怎样管理自己的农奴,更害怕照管别人的农奴。有一次,强盗抢劫他,他坦然将自己的表和钱包交给强盗,回家后还祈祷强盗不要将从他这里夺去的财物用去做坏事。另一次,他自己的仆人偷了他的东西逃走。在这个仆人被抓到时,加马列亚将被偷的钱赠送给他,释放了他,并对他说:"逃走吧!"[②]我们看到,加马列亚的行为,同我们时代的托尔斯泰伯爵的主张很符合,但托尔斯泰自己却不曾这样做过。加马列亚所宣传的东西,

---

①　《洛普欣札记》伦敦版,序,第 651 页,注释。
②　M. H. 隆吉诺夫:《诺维科夫和莫斯科的马丁派》,莫斯科,1867 年,第 167 页。

同不以暴抗恶论是很相仿佛的。

他在一封信里这样表述他对人与人之间的关系的观点："如果对他们（即对人——著者）不以爱相待，而是以法官自居，并且是一个严厉的法官，对自己毫不检点，那么，我就不是从事自己的事业，就是走向不应走去的地方，教诲不应教诲的人。……我最好是首先自己实践业已认识的真理，然后以亲爱的态度告诉别人；而如果他们不按照我的意见去实践，那也不要愤怒，因为他们是站在，或匍匐在他们主人的面前，主人有力量使他重新站立起来。我毋须对他们，而只是对自己负责，因为我最好是注意自己。"①

对恶不抵抗的理论，在这里得出了托尔斯泰伯爵所不曾得出的结论。加马列亚甚至认为，对恶连愤怒也不允许。非常明显，他是站在后来托尔斯泰伯爵所主张的那种极端个人主义观点上去了，因为只有站在这种观点上，才能接受对恶不抵抗的理论。加马列亚愿意向自己的亲近者提出良好的劝告，但他不认为自己有权对他们表示愤怒，因为他们的心掌握在主人的手里，归根到底，每人都只能对自己的行为负责。

不可能否认，加马列亚的禀赋是宽容无私的。根据形式逻辑的观点，应该承认他是俄国"蔷薇十字会"会员中最彻底的一员。谁强调"精神凝视着永恒"，谁宣扬对转瞬即逝的人间幸福漠不关心，他就会逻辑地对剥夺他的这种幸福的人们，放弃抵抗。

---

① 很可惜，我未能看到上世纪30年代在莫斯科出版的加马列亚的信笺。因此，我的引文都是根据涅泽列诺夫的《叶卡捷琳娜时代的文学流派》一书，第175—176页。关于加马列亚，参阅 M.B.多夫纳尔－扎波利斯基和西多罗夫主编下出版的《共济会史》第2卷。

我国神秘主义者,在理论上都接受对恶不加抵抗的理论。例如,洛普欣在所著《真正基督教徒的素质和职责简述》一书中,对于真正基督教徒应该怎样对待想要同他争讼和剥夺属于他的财产的人的问题,是这样答复的:

"如果有人想要同他争讼和夺去他的外衣,那他就应该把衬衫也送给他;如果有人想迫使他一道走一俄里,那就同他走二俄里。这就是说,他应该以无限温顺的精神将自己和任何私产为爱而牺牲。"

他在同样的意义上在那里答复了一个更一般性的问题:真正的基督教徒应该怎样对待欺侮他的人?

"在从容不迫地接受欺侮之后,应准备用爱来接受更大的欺侮。"①

但是,洛普欣曾在刑事法庭工作,并与他的朋友进行民事诉讼②。很难设想,他会宽恕想要盗窃他的财物的仆人,或夺去他的表和钱包的强盗。就这方面说,他完全没有加马列亚所特有的那种彻底性。其他莫斯科"蔷薇十字会"会员也都没有这种彻底性。尽管这样,他们却都比加马列亚更忠实于神秘主义的精神。这仿佛奇怪,但这却是事实。

神秘主义是对第三等级推翻旧秩序的努力的反动在精神上的表现。企图废除某一特定秩序的人,并不轻视这个秩序。我们所熟悉的莫斯科"蔷薇十字会"会员也不曾轻视旧的秩序。相反,他

---

　　①　《洛普欣的共济会著作》,第 1 辑,第 2 篇,第 68 页。

　　②　关于他同他的好友屠格涅夫家底的诉讼,请参阅前已引录的皮克萨诺夫论文《共济会的过去与现在》,第Ⅰ卷,第 234、236、237 页)。

们对于旧秩序的基础,——即令不是对于它的所有个别部分,——都是重视的。同基督教宣传轻视人间幸福,而主要注重灵魂的挽救相反,第三等级的思想家主张把注意力完全集中于人间事务,让人们"在这里,在人间,建立天堂"。对新的法国哲学的反动,无可避免地再次导致了一种观点的宣传,认为灵魂的挽救,才是值得真正基督教徒注意的唯一幸福。加马列亚的行为便是由这种观点促成的。但是,这种观点的历史意义——它决定其存在的理由(raison d'ètre)——在于它是一种反对当时革命趋向的论据,亦即一种维护旧秩序的精神手段。由于这种观点造成了对最高等级特权的漠不关心的态度,所以它超越了目标,在历史上成为一种不适当的东西。提出这种观点的理论,同其本身的特性发生了矛盾。这一在加马列亚那里不曾看到的矛盾,由于洛普欣和他的亲近的同道们的不彻底性而获得解决。从形式逻辑的观点看来,他们是不彻底的,但是从产生18世纪神秘主义和保证这种神秘主义在欧洲大陆的颇为广泛流传的历史的客观逻辑观点看来,他们却是比加马列亚更彻底些的。

如果形式逻辑促使神秘主义者对最高等级的特权采取漠不关心的态度,那怎样也不能说,这种漠不关心包含了什么进步的东西。完全不包括!

宣传对现世幸福采取漠不关心的态度,——这种漠不关心的一种情况就是对等级特权的不闻不问——意味着宣传逃避我们的罪恶世界。谁逃避我们的罪恶世界,他就是表示不仅对最高等级的特权,而且对那些受这种特权折磨的人们的现实命运漠不关心。在等级特权的敌人力图按照新的原则改造社会的时候,谁宣传逃避我们的罪恶世界,他就是不知不觉地支持这种特权、为"有罪的人们",即为那些利用其特权地位来这样那样剥削人民群众的人们效劳。

再说一次:同赫尔岑的意见相反,洛普欣和他的共济会同志们的神秘主义情绪,同他们的农奴主和地主信念,是共处得很好的。就这点说,皮克萨诺夫是对的。但是,他认为洛普欣具有完全彻底的宇宙观,却是一个错误。洛普欣和我国所有蔷薇十字会员的宇宙观的结构,都是不完全的。在他们的灵魂里,显然存在着一种因素,赫尔岑在他的著作里把这个因素称之为"人"。这个因素同"地主"没有任何共同之处,而且事实上是与"地主"不相协调的。当"人"与"地主"发生冲突时,"神秘主义者"所支持的是"地主",而不是"人"。这是可以理解的,因为"人"是在"百科全书派"的影响之下进入莫斯科"蔷薇十字会"的灵魂的,而"神秘主义者"则认为"百科全书派"是魔鬼的工具。

当然,这毫不妨碍我们把洛普欣对穷苦人的同情态度,完全归因于他的心地善良。但他在为他的这种态度辩解时说,如果缺乏及时的救济,那就会促使穷人犯罪。洛普欣这样说,仿佛他是同意法国唯物主义者的主张,因为后者反复强调说:人的行为取决于他们的地位。同样,当他决定对嗜酒的穷人予以救济时,他问过自己:"难道你自己不曾饮酒过量?难道贫苦无告的穷人不能偶尔贪杯?"他仿佛也是重复爱尔维修的讽刺语句:"On veut que les malheureux soient parfaits"(人们希望不幸者完美无缺)。可是,在法国第三等级的先进思想家要求改造社会关系的地方,我国抱有神秘主义情绪的贵族思想家,却仅限于给穷人几戈比的施舍。这就可看出他们同先进法国思想家之间的距离该有多么大了。

　　洛普欣反对刑事惩罚的极端严酷性。这也表示他未能脱离西欧启蒙思想家的影响。"逃避惩罚，纵然无用，也比等待严厉惩罚更能防止犯罪。"——他的这个思想①也完全是从贝克莱那里抄袭得来的——直接地、还是间接地抄袭，都是一样。但在这里，也有一个把俄国贵族思想家同法国新哲学信徒分隔开来的距离，这就是洛普欣关于刑事惩罚的性质和范围的意见。他在原则上不反对体罚，而只是认为应予减轻。作为莫斯科刑事法庭的首席成员，后来又任该庭庭长，他经过莫斯科卫成总司令丘尔内谢夫伯爵批准，开始对盗窃犯和诈骗犯不用鞭刑，而实行这样一种"体罚"，使被惩罚的人能够去做新兵②。这是贝克莱所不会同意，也很难为加马列亚所赞同的。但这却符合俄国实际生活的客观逻辑，因为它在意识上反映了多少被西方影响减弱的特权等级的因素。

　　众所周知，洛普欣在 1802 年同斯洛波博茨克－乌克兰省的 H.A.涅列丁斯基－麦列茨基一道侦查案件时，对反正教仪式派表示了极大宽容；根据赫尔岑的意见，由于他的庇护，阻止了凶残警察对这一教派的匪盗式袭击③。毫无疑问，他的这一善良举动，也可能是由于神秘主义的影响，因为我们知道，神秘主义是不重视真正宗教的教条及其仪式的。但是，如果神秘主义者不重视教条和仪式，那也是解放哲学对旧信仰的瓦解作用的结果。此外，俄国的

---

　　①　《札记》，伦敦版，第 5 页。
　　②　同上书，第 9 页。
　　③　关于反对正教仪式派案件，请参阅《札记》，第 118 页，伦敦版。

神秘主义者,由于是彻底的保守派,对于仪式并不是完全漠不关心的①。因此,就是在洛普欣的宽容态度里,也还是可以看到"百科全书派"对他的尽管不很长久的影响的结果。

最后,——然而最重要的,是莫斯科"蔷薇十字会"会员的所谓启蒙活动以及他们在粮食歉收的 1787 年对饥饿农民的广泛救济,也只是由于他们所憎恶的法国解放哲学在他们的心灵里将"人"同"地主"及"神秘主义者"结合起来的缘故。

关于"地主",这里无需多说:因为谁都知道,地主总是自我安慰地说:"让庄稼汉忍耐一会儿,没有关系。"神秘主义者力图与神结合,全神关注永恒的生命,对于人们在人间的暂时痛苦,不以为怪。相反,"人"由于受了哲学的良好影响,——这个哲学主张人们应首先对他们在地上的相互关系进行合理的改造——却不能不时常对人民的灾难作出反应。所以,如果莫斯科的"蔷薇十字会"会员对于饥饿农民的痛苦呻吟没有保持充耳不闻的态度,则他们在这里所走的正是解放哲学指示的道路,这难道不是很明显的吗?

我国"蔷薇十字会"的"启蒙"活动,也是这样。当然,神秘主义者也是不反对开办学校和出版报刊书籍的,如果在学校里和刊物中宣传的是与他们的观点和精神情绪相符合的挽救灵魂的东西。尽人皆知,莫斯科"蔷薇十字会"会员在 1784 年建立的莫斯科"印刷公司"所出版的书刊,主要就是追求拯救灵魂的目的。这类的出

———————————

① 他们断言,正教教会的仪式要比其他基督教派的仪式更接近原始基督教的仪式。

版物为数众多①。我国社会思想史中极为值得注意的事实是，我国知识分子所开办的第一个"秘密"印刷所，是为共济会会员刊印各种著作的印刷所。佩平在总结具有共济会思想方式的莫斯科"启蒙学者"的出版活动时，对于这个活动的消极特征虽然完全无意强调，但也说：

"诺维科夫及其小组在俄国著作界留下的结果，就其本身而言，造成一种非常沉重的感受。这一结果本应是内心追求和多年劳作的成果，但却是一批充满扑朔迷离的神秘主义，充满愚昧无知，幼稚谬论和幻想迷信的书籍"②。

自然，带来这种辛酸结果的活动，是同当时真正启蒙思想家、即第三等级思想家的活动，没有任何共同之处的。这种活动的直接目的，是同启蒙思想家的影响作不妥协的斗争。但是，我国的"蔷薇十字会"会员在刊物上广泛传播与新思想相对立的理论以反

---

① 人们有时说："印刷公司"所出版的大多数著作，并不都有严格的共济会内容。这是事实。但是，就在没有共济会内容的书籍中，也有许多拯救灵魂和神秘主义的东西。属于这类的书籍有：瓦西里·韦里基，约翰·兹拉塔乌斯特，格里戈里·纳济安津，季奥尼西伊·阿尔索阿吉特，伊乌斯丁·菲洛索弗等人的著作；属于这类的书籍，还有一些宗教和神秘主义的诗集如：《马尔尼奥：对幼稚者毒打》，盖斯涅尔：《阿韦利之死》，比戈布：《约瑟夫》，米尔顿：《失乐园》，莫扎尔：《丹尼尔在大沟》，《哭泣或关于生、死与不死的深思》，克洛什科特：《救世主》，加列尔：《罪恶的起源》，等等。除诗集外，还出版了不少著作，部分地反对宗教自由思想，部分地直接宣传神秘主义，如：古戈·格罗岑：《反对无神论者和无畏论者的论述》，约翰：《论基督教真理》，约翰·马逊：《论自我认识》，杰尔加特：《自然神学或上帝存在的证明以及从创造物事实中得知神的本质》，波尔德吉：《神的与真理的形而上学》(Я.贝姆的学生)，等等。佩平说："这些书和类似的书，是向直接神化的纯粹共济会著作的过渡。"普拉东总主教曾受委托审查诺维科夫所出版的书籍，除不多的几本外，他批准了所有的书。

② 《俄国共济会》，第329页。

对新思想时,还是向时代作了让步:第一,"印刷公司"同时出版了教科书①,从而无论如何促进了在俄国人民中传播知识。第二,在它的印刷机上曾刊行"百科全书派"的一些"卑鄙古怪的产品"②。第三,这一点最重要:对于这种并不符合神秘主义的死后理想的积极社会出版活动的需要,其本身就是百科全书派的"卑鄙产品"所引起的西欧社会运动在俄罗斯的反应③。叶卡捷琳娜很懂得这一点。她不能容忍神秘主义。但她对莫斯科"蔷薇十字会"会员的迫害,并不是迫害神秘主义者,而是迫害那些倾向于离开政府搞社会活动的人们。

人们也许要提出问题来反驳我:为什么在我国表现出这种倾向的是神秘主义者,——尽管这在他们是自相矛盾的——而不是仿佛处于法国启蒙思想家直接影响下的"伏尔泰主义者"呢?

对于这一无疑地非常重要的问题,我首先也提出一个问题作

---

①　Г.В.雅库什金说,印刷公司出版的教科书,价廉物美。(《尼古拉·伊凡诺维奇·诺维科夫》——《创举》,第 166 页。)

②　这是总主教普拉东的用语。这些"百科全书派的产品"就是指那些与印刷公司其他出版物不同,受到他的极为坚决严厉谴责的书。

③　М.И.涅夫佐罗夫亦未能摆脱这些"产品"的直接或间接影响,尽管他力图避免旅行法国和比利时,因为那里发生了骚乱。在回到俄国以后,他同他的同伴 В.Я.科洛科尔尼科夫一道在里加被捕,受到可怕的舍什科夫斯基的审判。这个禽兽问他:"你是否知道你现在什么地方?"他答道:"不知道。"——"怎么不知道?你现在是在秘密审讯处。"——"我不知道什么叫秘密审讯处。也许把人抓起来,带到森林里,说这是秘密审讯处,并开始审讯。"——"女皇命令,如果你不答复问题,就重重打你。"——"我不相信,写过制法委员会上谕的女皇,会下这个命令。"只有敬重(哪怕是违反自己的意愿)启蒙作家的人,才会说出这种话,因为叶卡捷琳娜就是根据这些作家著作中的思想,作出她的"上谕"的。不过,涅夫佐罗夫不属于洛普欣、库图佐夫和其他贵族神秘主义者所自出身的那个社会阶层。关于他,我们往后还要论及。

为回答:谁是我们所探讨这一倾向的最显著、最典型的代表呢?

任何人都会说:诺维科夫。涅泽列诺夫教授正确地指出:我国共济会在这位优秀人物所参加的一切地方,都无成效:它是"排他性的和故步自封的,——它有自己的特殊利益,它最为热衷的是信仰者的数目,而不是真理和社会福利,因而共济会已完全不能吸引整个俄国社会来参加它的活动。非常可能,我国共济会的贡献逐渐成为诺维科夫和他的同志们的个人贡献"[1]。姑且假定,诺维科夫未能吸引"整个俄国社会"来参加活动;但是在莫斯科神秘主义者的一切慈善事业和启蒙创举中,都可看到诺维科夫的思想和意志,这却是确凿无疑的[2]。

既然这样,那就很明白:对于上面所指出的莫斯科神秘主义者的倾向(这个倾向使他们有利地区别于"伏尔泰主义者")的解释,应该求之于那些决定诺维科夫启蒙和慈善活动的目的与性质的社会条件。

我们知道他是一些讽刺杂志的出版人。现在,我们必须对他的活动作出更全面的了解。

---

① 《1769—1785年间的杂志出版人诺维科夫》。

② 什瓦尔兹也是像他一样的精力充沛和富有进取精神。但什瓦尔兹死得早。

第十二章 尼·伊·诺维科夫的活动

I

我国大多数神秘主义者都属于统治等级[①]。

就这方面说,他们同我国"伏尔泰主义者"完全相似[②]。由于社会地位的相同,这两个派别虽然在对宗教的态度上极为分歧,而无论在教育上,或在其成员的习惯上,却有许多共同之处。

神秘主义者也好,伏尔泰主义者也好,都精通外文,特别是法文。精通语文,当时仿佛是受到良好教育的俄国贵族的特点。这

[①] Г.皮克萨诺夫说,他们都属于有爵位的贵族和世袭旧贵族的高级官吏。他用他们的高贵社会地位来解释——最少是部分地解释——他们对共济会的向往。按照他的说法,他们在其他范围的统治习惯,使他们感到统治教会当局纪律森严的压力,而统治教会的统治集团又每每是依附于他们的。他机智地指出:"小教会,"即共济会的教会,如果仔细的研究,都是高级教会,即贵族教会。(见《共济会的过去与现在》,第1卷,第246页,前引论文。)在这篇论文的另一处(第255页),他称俄国的共济会教会为"老爷教会"。我认为这后一名称更为恰当。不过,所谓"老爷",我认为是指一般贵族,而不只是指世袭贵族和有爵位贵族的代表。官吏等级和僧侣等级之间的对抗,在伊凡三世时代就已暴露,而在16世纪,更在非常有教育意义的《瓦拉穆奇迹创造者的谈话》中,得到表现(见该书第1卷,第2篇,第3章)。很自然,这一冲突在18世纪取得了新的形式。但是,如果以为在这一世纪里,只有贵族的最高阶层才用敌对的眼光看待僧侣等级,那是没有根据的。

[②] 我们知道,一些暂时爱好过"伏尔泰主义"的人们,每每变为神秘主义者,因此,这一情况就更易于理解了。

一情况对当时公立学校的教育大纲,发生影响。试举一例。莫斯科大学在开办之初,便附设了两所中学:即贵族中学和普通中学。贵族中学里除古文外,还学习德、法、意等国语文;而在普通中学里,则只学习古文。贵族中学由于课程较多而极大地优于普通中学。只要一看贵族中学的教学大纲,便可看到,这个大纲的制订者力图把该校学生教育成为能够在上流社会不受冷落的人们。在这个学校里,除各种新语文外,还学习击剑,跳舞,音乐和绘画。对于普通中学的学生,上级认为没有必要让他们学习这些"艺术"①。

因此,非贵族出身的知识分子,在公立学校里不能读到西欧作家著作的原本。他们当中的那些想补充所受教育不足的人们,不得不用自己的力量去获得外文知识,或者只有满足于翻译的版本。至于那些除此之外还想促进非贵族出身知识分子的教育的人们,只有自己从事外文翻译,并且——由于我国出版事业的不发达自己出版自己的译件。

在颇为长期的过程中,在我国用俄文出版的书籍,只有比较有教育的非贵族知识分子和未受过适当教育的"县贵族"才去阅读②。

对于这种情况,当时的俄国作家曾表示不满。诺维科夫可能在所出版的讽刺刊物中表示的不满,更有甚于所有其他的人。在

---

① 参阅《И.С.吉洪拉沃夫文集》,第 3 卷,第 1 篇,第 397 页及注释,第 63 页。

② 当时能够拿起笔杆的俄国贵族,每每写法文。例如,在保罗亲王的居住地加特奇纳市,时常上演 Г.И.切尔内绍夫伯爵所写的剧本。但所有这些剧本都是用法文写的。后来出版也是用法文书名《Théâtre de l'arsenal de Gatschina》(科别科:《保罗·彼得罗维奇皇太子》,圣彼得堡,1887 年,第 302—303 页)。我们从波罗申的笔记中了解,亲王在少年时代便对俄国剧本抱有成见。

出身上，他是贵族和地主，但在教育上，他是一个真正的非贵族知识分子，而且是一个在学习方面并不怎样幸运的知识分子。他虽然进过莫斯科大学的附属中学（贵族中学），但在 1760 年"因懒惰和缺课"而被开除。现在不能确定，他事实上是否懒惰。但我们知道，诺维科夫在被开除后参军（1762 年），努力弥补本身教育的缺陷，并帮助他人自学。1766 年他——当时是伊斯梅洛夫团的一名上士——便出版了波波夫从法文翻译的书：《两篇小说：阿里斯托诺耶夫奇遇和普罗米费耶夫人们的出生》①。译者在这本书里附录了《给尼古拉·伊凡诺维奇·诺维科夫的信》，"称赞他崇德笃学，给人类赢得了坚固不拔的光荣"。此外，我们还了解到，波波夫的"思想产品不佳"，是他同诺维科夫结识的原因。波波夫约许将他的一切作品和外文译件都告诉诺维科夫。信的结尾写道："我往后将对我们应该经常尽其力所能及为之效劳的社会，作出任何重要贡献。"波波夫的那些与这里所表述的观点相同的高贵思想，便是在同伊斯梅洛夫团的青年上士谈话的影响下产生的。由此可见，诺维科夫早年便扮演了一个热情宣传家的角色。不过，不管波波夫怎样说，舍勉尼可夫所引用的资料是毫无可疑之处的，他认为诺维科夫在那时就制订了出版计划。

但只是经过若干年后，他才能够着手实行这些计划。他为了等待有利于出版事业的条件，一度根据政府的任命担任法典委员会的文书工作，编写法典委员会"中层人士"科的《日志》，同时编辑《代表大会会刊》。诺维科夫传记的作家认为，他在法典委员会的职务，对

---

① 　提醒读者，我保持着原件的写法。

于他往后的发展,给了巨大推动。当然,这是完全可能的。我还可以补充说,编写"中层人士"科的日志,应使他能对他本人——即令不是按照出身,也是由于教育和同情——所属的那个社会阶层获得广泛的了解。当他在1769年开始出版《雄蜂》杂志时,他已明白看出了他的启蒙活动的方向。吉洪拉沃夫就指出,他承担了在中等阶级中进行讲解,也就是进行教育的困难任务。同一学者称他为我国"小市民文学的创始人①"。的确,诺维科夫给"小市民"做了很多工作,并且很重视他们的关注。不过,必须附以重大保留,才能说他所创作的作品是市民的。我们马上就可看到,何以如此。

II

"小市民"即非贵族出身的知识分子,由于教育的条件而接近诺维科夫,毫无疑问,是他以作家和出版家身份所服务的中等阶级的读者。他热烈同情非贵族出身的知识界;当他看到他们在一切地方和一切事情上都被迫向贵族,特别是向富有和显赫的贵族让步时,他是极为愤慨的。在他出版的《雄蜂》杂志里,刊载了一篇故事,说有三个人争取同一职位,这个职位"需要一个聪明、有学问和勤奋的人"。竞争者之一是贵族,天生愚钝,无知,而且道德堕落。他的全部优点在于他有两千名灵魂(农奴)(故事的作者挖苦地说:"但他自己却无灵魂。"),还有许多显贵的亲戚。第二个求职者是一个不富裕的贵族,他虽无多大智慧,却受过教育,而且品行端正。第三个求职者,"按照某些愚蠢的贵族的说法",是一个卑贱的人,

---

① 《吉洪拉沃夫全集》,第3卷,第1篇,第131—145页。

亦即小市民。他具有很大的天赋才智,长期在俄国和外国学习。他的道德品质是毫无缺点的。他是"真理的卫士,扶贫济困,疾恶如仇,憎恨奢侈,诚实端庄,爱人类,爱科学,爱祖国;而且是一个通情达理的父亲,和睦的邻居,明察无私的法官"。此外,他以前还有过许多职务上的功绩。故事的作者在罗列了这位候选人的大量优点之后,向读者提出了一意义深长的问题:"得奖的是与大贵族有亲姻关系的蠢汉,还是德行优异的有功绩者呢?"①作者本人显然毫不怀疑实际生活怎样回答他的问题:愚蠢,但却富有,而且有显贵亲戚的贵族,既击败了不富裕,但多少有点学问的地主,也击败了很有学问的非贵族出身的知识分子。

毫不足怪,非贵族出身的知识分子都争相阅读诺维科夫的出版物。除非贵族出身的知识分子外,他在商界中也有读者。诺维科夫表现为贵族等级恣意横暴——每每是极端野蛮的横暴——的敌人,其他所有的居民都多少受到这种横暴的折磨,商人等级在法典委员会的代表亦对于这种横暴提出控诉。在可能范围内,《雄蜂》及《绘画》的出版人热烈维护商人,而反对贵族的胡作非为。例如,在《雄蜂》杂志,第 1 部分,第 4 印张上,刊登了一篇有意思的报道,说一个穿着阔绰的妇人在商场上偷了两件贵重的网袋,被偷的商人不愿当着其他顾客使她丢脸,决定到她家里去向她说明,却遭到残酷的折磨:"这个贵族妇人不但揪掉他的头发,打伤他的眼睛,而且用鞭子打得他皮开肉绽。"这个报道的作者对于这件事情,大声疾呼地说道:

---

① 《雄蜂》,第 1 部分,第 4 印张。

"合该倒霉的可怜商人！你是一个诚实健康的人,怎么胆敢向一个高贵的女贼去讨回你的网袋呢？你应感谢这位女贵族,她不要你赔偿名誉。事实上,她对商人难道不是极为宽大吗？"

诺维科夫不只一次谴责"显贵的老爷"盲目地爱好外国的一切,盲目地宁用外国的工业品而不用俄国的工业品。他证明某些俄国工业品——例如呢绒,——已不比外国的坏。他很少从事经济问题的研究,也许,他对这种问题完全没有兴趣①。但是,对于工商等级的活动,他却赋予重大意义,因为他坚信这种活动能够使国家富裕起来②。他对于当时这种活动的性质,不曾抱有多大幻想。在《绘画》杂志(第 2 部分,第 18 印张)里,我们看到,他指出——不过,是顺便提到的——我国大多数商人不懂得"商业的基本规章"。似乎,他——一个拥护彼得改革的人——对于这个无知的大多数的仪表,也不很喜欢③。但是,在商人等级中有少数人,诺维科夫认为他们有进步的愿望,他愿意给他们以帮助。这一点,可以说是无可怀疑的。

不过要记住,这个少数只是一个很微薄的阶层。我们手头极少资料,足以确定在诺维科夫各种刊物的订户总数中,商人占多大的比例。我们知道,例如,他在 1773 年创办"印书业促进会"和开始出版杜-加尔东的《中国概况》时,在外省完全没有订户,而在首

---

① 他以《莫斯科通报》附刊的形式创办的《经济杂志》(波洛托夫曾在这里工作),同经济理论问题没有任何关系。

② 在他的国民财富观点里,可以看到许多重商主义的成分。

③ 《雄蜂》杂志(第 1 卷,第 37 页)登过一篇揭发性的故事,说一个商人邀请"法官"在一家饭店吃饭,饭前举行了谈判,同饭店老板谈判的有两人:一人穿着一般城市商人穿的衣服,另一人则穿着"整洁"。这"整洁"在这里是含有深意的。

都，很大一部分订户是宫廷官吏①。此外，我们知道，诺维科夫在1773年初出版的《俄国古代维夫利奥费卡》，只有几个商人和霍尔姆戈尔斯克县的一个农民订阅②。据涅泽列诺夫统计，这类订户不到9人，而其他订户则为贵族（"贵族"、"高级贵族"以及"大人"）或僧侣③。在《曙光》出版的第一年，有52名商人订户，而当时订户总数达800人。次年，《曙光》有49名属于商业等级的订户，而订户总数则为620人④。这些数目不大的数字，不足以证明商界对诺维科夫的出版物有何广泛兴趣。当然，他的别的出版物可能在商人中有更多的订户。可能，他的讽刺杂志在这些人中可能比《俄国古代维夫利奥费卡》一类的专门刊物，或《曙光》杂志一类的宗教宣传刊物，更有销路。但一般地说，不能不承认，最少在70年代，诺维科夫的出版物传播得并不广。他自己就证明了这一点。他在1775年3月从莫斯科写给科吉茨基的信中说：

"我没有任何本地新闻可以告诉你，不过，宫廷的迁离对我的业务造成了种种混乱，使我无法知道，怎样在本年出完《维夫利奥费卡》，因为订户不惟未见增加，而且其他的书，也几乎完全无人购买。"⑤

由此可见，不仅《维夫利奥费卡》以及类似的专门书籍销路不好，其他的书也是如此。此外，叶卡捷琳娜的宫廷虽非由俄国史专家组成，但却购买了诺维科夫的专门出版物。这很能说明问题。

―――――――――

① 见 B.谢缅尼科夫的论文：《诺维科夫早期创办的出版社》，《俄国藏书家》，1912年9月，第41页。

② 列为农民的，实际上可能是商人。

③ 《诺维科夫》，第204页。

④ 同上书，第226、270、272等页。

⑤ 《诺维科夫早期创办的出版社》，《俄国藏书家》，1912年9月，第47页。

能够说明问题的,还有一个事实,即诺维科夫在 1777 年决定出版《圣彼得堡学术通报》时,是把这一出版物献给卡卢加省贵族的。当然,我们永远也不会知道,他为什么这时注意的是卡卢加省的贵族,而不是任何其他省份的贵族。但是,对于我们,只要知道这位同情非贵族出身的知识分子和商人的出版家不能没有贵族乃至宫廷官吏的支持就行了。这一极有意义的事实,当然是由于我国当时的落后,在诺维科夫的社会观点上,留下了非常显著的烙印。

III

我们在《钱袋》杂志第 4 和第 5 印张的一封很有意义的信中读到:"小市民在学习,贵族在游手好闲,商人在经营商业增加国富。"这封信很可能是出自诺维科夫的手笔。根据这些警句,应该说,我们的作者也像法国第三等级的思想家一样,对于贵族是抱着否定态度的。如所周知,法国第三等级的思想家认为,第三等级包括特权等级以外的全部法国人民(toute la nation moins les privilégiés)。但如对诺维科夫的讽刺刊物更仔细的研究,你就确信,他对于贵族的整个阶层,并不是一视同仁。我们在前面已经看到,在同一职位的三个竞争者中,《雄蜂》只是将富有的地主描绘为懒汉,而不富裕的竞争者则是一个受过一定教育的人,尽管他所受的教育没有非贵族出身的知识分子那样精深。因此,按照诺维科夫的意见,不富裕的地主比富有的、显贵的地主更能接受教育。

对于他的这点意见,似乎可用我在上面所说过的一个事实来反驳:即在 1775 年,当组成宫廷的"达官显贵"离开莫斯科时,诺维科夫的书几乎停止出售。但就我们说,在这个问题上,重要的不是实际情况怎样，而是我们的作者不顾上述事实对于这种情况的想法。而他的想法却正是我所说的那样。非常明显，他对不富有的地主的同情，无可比拟地大大超过他对富户和显贵的同情。他挖苦外省贵族中的落后守旧分子①，但对他们当中的进步分子，则寄予巨大希望。他认为，在思想上他们同非贵族出身的知识分子接近，这两个阶层的共同力量能够抵制"达官显贵"对俄国社会生活的有害影响。在《雄蜂》第八印张上刊登的一封署名齐斯托谢尔多夫给出版人的信，对于达官显贵和普通贵族之间的对抗。作了很有意义的指示。据齐斯托谢尔多夫说，一名宫廷官吏曾当他的面责备诺维科夫出版活动的粗鲁无礼，说什么"显贵的老爷毕竟不同于普通贵族，怎么能对他们像对普通贵族那样要求呢？"这样，在显贵老爷和普通贵族及普通人民之间便有了重大的对立。齐斯托谢尔多夫认为这种对立是完全自然的，他讥讽地建议出版人"继续刊登我们现在在《雄蜂》上所读到的那些剧本，不过当心，别将大贵族及其夫人的面孔照入你的镜子！写些讽刺贵族，讽刺小市民（原文如此！），讽刺衙门小官，讽刺出卖良心的法官，讽刺一切有过罪恶的人们的作品罢！嘲笑城乡居民的恶习罢！铲除那些根深蒂固的成见，压制弱点和罪恶罢，只不过不要触动达官显贵。"

在《雄蜂》的下一印张（第9印张），发现齐斯托谢尔多夫本人就是一个"小市民"。自然，这个小市民是一个虚构的人物。但这点完全不重要。相反，对于俄国社会思想史，重要的是诺维科夫在

---

①　参阅《绘画》杂志第Ⅰ卷（第15和第23印张）刊登的"县贵族"特里丰·普利克拉季耶维奇、他的妻子和兄弟给他们的儿子和外甥法拉列伊的很有才华的信件。

其第一个讽刺刊物里,便代表非贵族出身的知识分子,而不是用任何其他社会阶层代表的名义,将显赫的大贵族同所有其他人民群众对立起来。按照诺维科夫的意见,人民反对显赫大贵族的事业,其发动和领导,应属于非贵族出身的知识分子。

法国社会生活发展的历史过程,将整个"国民"同整个特权等级对立。法国先进作家所认识到的这一矛盾,自然地使他们提出废除一切等级特权的要求。与法国先进作家不同,诺维科夫和他的同志们将普通贵族列入"国民"以内,心里只是将"显赫的大贵族"同国民对立起来,自不能在原则上否定这些特权。他们自身的思想的逻辑发展,必然会使他们同贵族特权妥协,促使他们只是极为单纯的要求显贵的老爷不要滥用他们的高贵地位。在《雄蜂》第I卷第32印张上,我们看到一位署名"我"(显然就是诺维科夫本人)的人向显贵老爷所提要求的一个有趣味的清单:

"我"希望,显贵的老爷们既然"身居高位,与众不同,也应该在德行上出类拔萃";他们在升官晋爵时,"不要忘记与他们有别的贫困人们仍然处于贫困;不要忘记这些人要求他们的帮助,正如他们处于贫困时也会要求帮助一样;希望他们对于贫困者的请求不要听而不闻,无论他们多么苦闷,他们还是能做些好事的;希望他们更多地致力于国家的幸福,而不是致力于自身的幸福;希望他们不要将现在能够做到的事情推到明天,因为需要紧迫,时不我待"。

在这一希望的清单里,看不到对于政治和社会改革的任何暗示,哪怕是不着边际的暗示。"我"丝毫不反对现存的秩序,而且深知在这种秩序之下,不能没有"显贵的老爷"。"我"的全部希望,就是想使显贵的老爷参加慈善事业。您会同意，比这更温和的纲领简直是无法想象的。

为了使读者相信自己的希望的充分现实性、诺维科夫指出，在俄国的现实生活里，是有许多德行完善的显贵老爷的。他甚至写出了他们的名字的第一个字母，如 O…，Π…，H…，C…，B…，Ш…，Б…，B…[①]，这在当时是显得鲁莽些。直到现在，也还有人以为确是鲁莽。在 19 世纪末，E.舒米戈尔斯基先生还对《雄蜂》的鲁莽，表示极不赞同：

舒米洛夫斯基写道："将一部分达官显贵称为慈善家，而毫无证据地怀疑其他达官显贵，诺维科夫的行为当然是不慎重的。"[②]

我在前面说过，诺维科夫——在出刊讽刺刊物时期——是俄国最先进人物之一[③]。现在我们又一次看到，当时我国先进人物该是多么谦和谨慎。

由于我国经济落后，同当时在法国发生的情况相反，特权阶层和非特权阶层之间的对抗，——这种对抗，在一切存在着特权等级的地方，概莫能外，——尚不曾成为我国社会政治进步的动力。有见识的非贵族出身知识分子阶层，尚未成长到在原则上否定贵族特权。这个阶层几乎完全没有越出对"大权贵"采取无害的反对派

---

① 这些字母所表示的人名是：O—Oрлов（奥尔洛夫伯爵），Π—Панин（帕宁），H—Нарышкин（纳雷什金），C—Салтыков（萨尔蒂科夫）；B—Вяземский（维亚泽姆斯基），Ш—Шувалов（舒瓦洛夫），Б—Бецкий（别茨基），B—Всеволожский（弗谢沃洛日斯基）。这里所说的论文，见标题为《对话，我与雄蜂》。慈善的达官大贵的第一个字母，原是《雄蜂》提出的。"我"认为所提完全正确。

② 见他的论文：《女皇政论家》，《俄国档案》，1890 年，第 I 卷，第 41 页。

③ 《西方社会思想的影响》，书见前，第 15 卷。

的态度,并在这种反对派立场上,认为自己是同所有其他贵族团结一致的。这种贵族无论对于"大权贵"的贪婪暴虐行为时常多么不满,当然不能违反自己而去提出废除农奴制问题。这就是为什么当时非贵族出身的有学识的俄国知识分子,对于农奴制很少采取否定态度的原故。

商人对于农奴制,也不曾表示原则反对。索洛维约夫说,他们自己就希望获得奴隶;他们所不满意的只是在我国,占有农奴,完全成为贵族的特权。在关于制法委员会的一章里,我们已经看到,当时我国商人的特点,在社会方面,是保守的,甚至部分地具有反动情绪。在政治方面,他们对警察的横暴表示不满。然而这种不满也不曾促使他们图谋广泛的改革。当他们看到叶卡捷琳娜欣然迎合了许多贵族欲望时,他们遂热衷于对彼得时代的理想化。但是把这个时代理想化,意味着朝后看,而不是朝前看。我们在关于制法委员会的一章里还看到,我国商人当时显得不很能接受他们的代表所乐于引述——时常是不恰当地引述——的西方进步影响。我国商人的这种情绪不能不影响他们对文学的态度。在他们当中出现一些人,对杂志和书籍完全漠不关心。他们当中的个别人也曾摇摇笔杆,但这样的人不多,而且就是这不多的人,也都没有思想勇气。

诺维科夫比他的读者多少勇敢一些。然而不过是多少而已。在他出版其讽刺杂志的时候,普加乔夫起义的威胁,部分地正在发动,部分地已经临近①。但在他的这些讽刺刊物里,对于被奴役的

---

① 《雄蜂》,第 I 卷出版于 1769 年,第 2 卷出版于 1770 年;《绘画》出版于 1772 年;最后,《钱袋》出版于 1774 年。

农民的首创精神,毫无我们在拉季谢夫那里所看到的那种信心,哪怕是有条件的信心。诺维科夫很同情在坏地主统治下的农民。但这位拥护启蒙运动的人,却难得想到教育农民。不仅如此。可以认为他对于教育农民并未感到重大需要。我在前面提到,巴尔斯科夫先生说,诺维科夫在他的庄园里进行农业经济试验,完全不以这些试验建立在农奴劳动的基础上而感到难受①。巴尔斯科夫所指的试验,是诺维科夫在从监狱释放出来以后进行的。涅泽列诺夫就这样说过,可以说这时的诺维科夫,已经不像诺维科夫本人了。请看从过去的诺维科夫的刊物里抄录的一些例子罢!

在《绘画》杂志的第一卷第 19 印张里,刊登了一封信,嘲笑轻信的人们竟求助于算命占卦。信的作者说,这伙占卦算命的老太婆,是一批坏蛋;他对于不仅在普通人中相信这种老太婆,感到愤慨。他说:

"普通人除了从事极端愚蠢和荒诞的迷信之外不会做出更好

---

① 的确,有些资料可以反驳巴尔斯科夫的意见。诺维科夫在 1798 年 3 月 27 日写给 A.Ф.拉布金的信中说:他的村庄是他和他的兄弟共有的,他的兄弟惯于当家做主,所以他们的共同产业,都是由兄弟支配的。诺维科夫说:"我一切都听从他,也许,我们的性格不同,特别是他过于固执己见,因此,我的主张都没有用。由于每每不按我的规章办事,我只好顺从,看着使我痛苦的事情发生。可以说,我几乎是像一个外人一般生活着。"(《俄国藏书家》,1913 年,第 3 期)这是一段很重要的自述。但是诺维科夫为了什么而痛苦呢? 是为了他的农场建立在农奴劳动的基础上,还是为了他的兄弟在使用农奴劳动时实行了过分严厉的规章呢? 对于这一重要问题,诺维科夫的信没有答复。但在他给拉布金的另一封信里,——巴尔斯科夫所指的很可能就是这封信,这封信是在 1802 年写的,——诺维科夫谈到他所经营的一个小呢绒厂,这个厂完全不是什么"别人的"厂了,——他的兄弟已于 1799 年逝世——他认为在工厂生产中使用农奴劳动,是完全自然的。(同上,第 27 页)我已经指出,诺维科夫经营的极端紊乱,是一个足以减轻他的责任的情况。

的事情。但是,我的先生,您能相信许多贵胄之士和中层人物,也都丢尽了脸,他们在这种场合里的表现同愚蠢无知的人们也都一模一样吗?对于这些人,最少应该希望他们有健康人的头脑,而他们却是这样单纯,以致受了这种女人的欺骗!这是很令人难受的!高贵的人物愈是混同于无知的群众,便愈是受到公正聪明的人们的嘲笑……。"

这种对"无知群众"的极为鄙薄的评语,在诺维科夫的杂志里,编辑部都不加任何反驳和保留地刊登出来了。

在《雄蜂》刊登了一些讽刺性的"特写"。这些"特写"所以值得注意,不是由于才华显著——这些"特写"是连才华的影子也没有的,而是由于其内容,最少其中一篇的内容。它嘲笑一个名叫胡多斯梅斯尔的人,这人毫无统率部下的能力。"任何一个奴仆都敢于同他顶嘴,劝告他,甚至要他听从他们的吩咐,只不过不鞭打他,而他也不敢鞭打他们。人们为此时而称他为主人,时而称他父亲,人们在他那里像生活在天堂里一样!……只是胡多斯梅斯尔在部下中,却如服苦役。"

对于这点意见,编辑部也不作任何批评。相反,《雄蜂》的编者在刊登这些"特写"时,向"青年作者"说了如下鼓励的话:"您的文章写得非常好,我希望更多地收到这样的文章,可惜不常收到。如果往后您送来像这样的文章,我将非常感激。"①

在关于讽刺杂志的一章里,我曾假定,诺维科夫在心灵深处,对农奴制是采取否定态度的。但我在那里已经补充说明,即令他

----

① 《雄蜂》,第 2 卷,第 XIII 印张。

对农奴制是抱着这个态度。但在他的出版物里，这一态度却并未表现出来。我们在这些出版物里所看到的，不是对地主权力本身的攻击，而只是对这个权力的滥用的攻击。我刚刚引述的事例，使我们有根据断定，诺维科夫的出版物甚至在反对权力滥用时，也未能摆脱那些把农奴制看为一种自然的、不容批评的制度的居民阶层的意识。

当我谈到诺维科夫不关心人民群众的教育时，我并不想说，他认为不需要对人民进行任何训导。在关于讽刺杂志的一章里，我叙述了登载在《钱袋》杂志，标题为"民间娱乐"的喜剧的内容。诺维科夫为这一喜剧而写的序言，主张"为人民写喜剧"，这种喜剧应包含道德教育，应"表演适于人民模仿的范例"。读者根据其所了解的"民间娱乐"剧本的内容，会同意我的见解：即这一剧本所包含的道德教育就是一条陈腐的规章，认为地主应善待自己的农奴（但不避免感化性的体罚），农奴应爱善良的地主。就令是最顽固的地主，只要他不是站在斯科季平和普罗斯塔科夫之流的水平上，也断然不会反对对农奴主提出这样的建议和对农奴提出这样的训导的①。

----

① 诺维科夫在 1773 年 5 月写给科济茨基的信中说：贵族"不过是受国王的委托对若干与他们在一切方面相同的人们进行监督的人。"（引自涅泽列诺夫的《诺维科夫》一书，第 206 页）。涅泽列诺夫在这里也愿看到对农奴制的原则否定。事实上，诺维科夫在这里所表示的观点，实质上，不过是复述了从彼得前罗斯流传下来的波索什科夫观点。的确，诺维科夫在复述这一观点时，提到农民是在一切方面都与其主人相同的人。可是，完全不曾在原则上否认奴隶制的谢涅卡，不是也曾向罗马的奴隶主提到这一点吗？波索什科夫说："地主不是农民的永恒主人"，而他自己却领有农奴。他的范例，部分地有助于我们去理解诺维科夫的心理。

在本著第 1 卷的历史导言里,我曾指出,法国国王在同封建主斗争时,所依靠的是城市居民;而莫斯科大公和沙皇,由于我在那里所指出的历史条件,在同重臣大贵族斗争时,却只能从官宦的某些阶层中找到支持。我那时就补充说明,这一情况对于我国历史过程的整个未来发展,曾有重大影响。现在,我们看到,在彼得改革影响下产生的著作,也有类似的情况。

IV

有些学者断言,诺维科夫是小市民文学的出版家,他的出版物是以"中间等级"为读者对象的①。这是一个很大的错误。事实上,诺维科夫通过他的出版物所接触的"中间等级",其很大一部分——如果不是最大部分,是由贵族构成的。就在诺维科夫以后很久,——包括赫尔岑以前的时代在内,——我国反对派的文学不得不主要寄希望于贵族等级的某些人士。

在本书往后各卷里,我们将看到,这一情况怎样影响俄国社会思想的发展过程。至于诺维科夫的时代,我们业已看到,他一方面扮演了反对"名门显贵"的反对派文学领导人的角色,同时又未能(即令他愿意)捍卫必须进行严肃认真的社会改造的主张。这种主张也不符合我们所说的"中间等级"的其余两种成分,即商人和官宦的情绪,他们当时还都很保守。

诺维科夫的出版物所反对的"名门显贵",当时曾很受法国影响。这一事实已足以引起那些对"名门显贵"抱着反对派情绪(尽

①　这是 H.C.吉洪拉沃夫的说法,见《全集》,第 3 卷,第 1 篇。

管这种情绪极端谦和)的居民阶层对这种影响的不信任。但是还有另一原因加强了"县贵族",商人和非贵族出身知识分子对法国人的恶感:这一"中间等级"由于自己的保守主义不能够同情法国先进作家的改革要求,害怕他们的大胆结论。中间等级对于"伏尔泰主义",比领略过法国先进作家的禁果的洛普欣和其他"显赫"贵族即令不是更为害怕,也可能是更为无知。诺维科夫在这方面也是我国"中间等级"观点的典型代表。他对"名门显贵"的恶感,其来源之一在于他相信精通法文的人们过于迅速和轻易地接受不正直的作家的论点,这些作家"根据物理学,证明太阳、月亮、地球和一般宇宙结构,能够不经过神而取得其存在"。他以为"其他的人",显然是指那些不懂法文,或懂得不多的人们,能够对旧的宇宙观保持更稳定的传统依恋心情,因而更能够对大胆的法国思想家的"幻想的反神证明",采取蔑视的态度。最少,在一封署名 P⋯⋯的人的信里,就是这样说的。这封信包含着关于作者的一次笃信宗教的梦境的极有教育意义的故事,发表在诺维科夫的最好的讽刺杂志《绘画》上。信的作者补充说,对于无神论"传染病,除了时常提醒青年注意,凡是忘记上帝的人定将引起上帝的正当震怒之外,别无他法可以防止"①。这样的教育,显然是很合当时的"小市民"读者的胃口的。

诺维科夫虽然由于勤奋读书,填补了他在学识上的大量缺陷,但也由于这样或那样的原因,他的造诣永远不足以使他理解法国哲学。在关于方-维津的一章里,我已说到,法国哲学理论以奇怪

---

① 见《绘画》杂志第 2 卷,第 21 印张。

的方式在诺维科夫的思想里同"卷发科学"的规则交织在一起。理论思维显然为他所不能理解。在狄德罗到达彼得格勒时,诺维科夫说:"他是一个聪明的法国人,但他是不信神的,对他不能信任。"对于这种说法,毋需再补充什么了。

如果我们想对诺维科夫这时的观点加以总结,我们无论如何不应忘记他的自述,说他直到 70 年代上半期,还一直站在"伏尔泰主义"和宗教的歧途上[①]。实际上,就是他在世的这一阶段,我们的作者接近宗教,远远超过于接近"伏尔泰主义"。对于他关于自己的证词,必须在这样的意义上去理解:即他并不觉得当时应对法国新哲学家的一切意图,都予以坚决驳斥。这就是为什么在他当时的一些出版物中,意外地看到一些关于最"优秀"的法国百科全书派作家的赞语。

诺维科夫作为受了西方影响,已认识到学习必要的社会阶层的文坛代表,对于凡是可以促进这些阶层见识的事情,都予以热烈的同情。他虽然不喜欢法国人,但他看到法国在文化方面远远超过俄国,因而对法国人不无羡慕之感。但他却用一些历史的理由来宽慰自己:

我们在《钱袋》杂志上读到:"俄国人在科学和艺术探讨上的敏锐、智能和洞察力并不亚于法国人,他们有更多的坚定性、耐性和勤奋(原文如此!)。法国人和俄国人在科学探讨上的差别,整个地在于这一人从事科学比另一人迟得多。"

在谈到叶卡捷琳娜大帝的事业震惊了整个世界,她在俄国传

---

① 　洛吉诺夫:《诺维科夫和莫斯科的马丁教派》,第 99 页。

播科学和艺术的热情与路易九世在法国并无二致,并对她倍加恭维以后,作者继续写道:

"如果看看俄国在科学艺术探讨上所取得的迅速成就,那就应该作出结论,认定俄国的科学和艺术,将比法国在更短的期间,达到完善。"①

但是,如果仅就宫廷官吏的狭隘范围说,俄国教育从来没有重大成就。这个思想是诺维科夫所欣赏的思想之一。就在他越来越热衷于神秘主义,烧毁了许多他以前所崇拜的东西的时候,他也继续保持了这一思想。在他的《莫斯科月报》里,发表过一篇在许多方面都很出色的论文:《论艺术和科学发展的主要原因》。论文的作者坚持,教育必须把根子扎到人民的土壤中去。他写道:"人民是科学成果的第一手收集者。这种成果到达'显贵'的人们(又是'显贵'!——著者),是很晚的。不要以为这种成果是突然在某种人民中繁荣起来的,或以为只要从其他国家来了一些学者,就能得到成果。这种学者能够粉饰沙皇的宫廷;要说他们能够使整个国家都有学识,那是极为罕见的。"

文章引述了一些历史事例,以为证明:

"普托洛梅·菲拉德尔夫、康斯坦丁·波尔菲罗盖尼特、查理大帝和阿尔弗雷德虽然都曾从各地邀来了大批学者,但在他们那里,科学并未建立,就令在皇帝的庇荫下有所繁荣,也只是在国王加意培育的时候;而一旦失去了这种培育,便会遭受另外气候的严峻压力;剩下的东西都会同所有在其庇护者短期培养下结成的果

---

① 《钱袋》,第3印张。

实,一道凋谢。"①

V

在 19 世纪 40 年代,А.С.霍米亚科夫曾竭力证明"脱离生活的
知识的无用"②。实质上,这就是《论艺术和科学发展的主要原因》
一文作者所发挥的同一思想。就其本身说,这一思想并未包含任
何特别斯拉夫派的东西。在罗蒙诺索夫的著作里,也可找到这种
思想,——不过,如德国人所说,他是"在另一联系上"提到这一思
想的。这一思想亦曾为雷纳尔所提出和详细阐述。③

诺维科夫以及方-维津、洛普欣同斯拉夫派的亲近,是由于对
西方先进思想的恐惧。由于法国是这种思想的主要策源地,所以,
像方-维津一样,他坚决地认为德国人比法国人好。在《德国人和
法国人的对话》里,德国人在我们面前表现为"光明正直"的典型,
而法国人则被描绘为一个彻头彻尾的坏蛋。按照当时俄国作家的
习惯,给了这法国人一个明显表示其道德特征的名字:舍瓦列·德·
曼松日④。对法国先进思想的恐惧,无疑地在很大程度上是 19 世
纪俄国斯拉夫派的特点,但不能把这种恐惧看为斯拉夫派所独有
的特征。此外,在前面的一章里已经指出,诺维科夫是彼得改革的
崇拜者⑤。

---

① 《莫斯科月报》,1781 年,第 1 辑,第 282、283 页。

② 见《外国人论俄国》和《俄国艺术学派的可能性》及其他论文。

③ 见前面关于俄国对西方的态度一章。

④ 《钱袋》,第 2 印张。

⑤ 的确,19 世纪的斯拉夫派并不都反对彼得改革。波戈金便决心拥护这一包括
剃胡须在内的改革。

最后，——这一点最为重要——诺维科夫并不曾从俄国的旧生活里找到足以与西方先进社会思想运动相抗衡，又能使他从这种抗衡中得到持久的满足。对于这一点，必须加以说明。

在一段时期里，诺维科夫极度热衷于把过去黄金时代——彼得时代，甚至彼得前时代——的俄国道德风尚，加以理想化。他在出版《钱袋》时，显然处于这种理想化的高潮。"光明正直"的德国人在这本杂志里向虚伪的法国人咆哮道：

"啊！当人力能够促进俄国人的教育，恢复他们的由于使用钱财而被毁坏了的过去道德风尚时，那时，就可将他们摆在人类楷模的地位上了。"

接着，我们的作者又让他的善良德国人提出一个值得注意的历史见解，说明为什么莫斯科罗斯的几个国王都不急于教育其人民。

善良的德国人说："我觉得英明的俄国古代国王仿佛预感到，由于给俄国引进艺术和科学，俄国的最珍贵宝物——道德风尚，便会遭到无可挽回的毁坏；因此，他们宁愿其臣民对某些科学部门茫然无知，但具有优良道德的人，是忠于上帝、国王和祖国的。"

这一见解使我们想起波尔京对于莫斯科国家不愿派遣其臣民出国的解释，而诺维科夫补充提出的理由，则仿佛是从《解毒剂》中抄来的："不要反驳我，说俄国人在古代亦有缺陷。我答复你，所有的民族在任何时期都有其特殊的缺陷：请注意读读本国历史，你就可看到，那里的野蛮愚昧更有甚于俄国。"[①]波尔京和叶卡捷琳娜

---

① 《钱袋》，第 3 印张。

就是这样考虑的。

如果其他国家更为愚昧野蛮,显而易见,俄国应是最文明的国家了,不应是俄国向其他民族学习,而应是其他民族向俄国学习了。可是,诺维科夫在真正接近于这一结论时害怕起来。他怀疑起来了。

《钱袋》的下一期,没有把善良的德国人同万恶的法国人的对话登完,却刊登了一篇有意义的给出版人的信。信内对古代俄国德行的理想化,提出了尖刻的抗议,断言出版人爱好这种德行,是一种道地的狂妄行为。

信的作者写道:"您一定出生在很早很早以前,就是说,那时俄国的沙皇在新婚的第一日用蜂蜜沾发,而在第二天便与皇后一道洗蒸汽浴,并在那里共进午餐;那时全部科学就是一部教堂日历;那时用长柄勺饮酒和吃蜂蜜;那时没有亲眼看到未婚妻就结婚;那时一切德行都掩盖在密密的长胡须里;那时由于各种不同的标志……架起木材实行火刑,或者根据特殊宗教信条将活人埋入土中。"

信的作者"搜寻"了《钱袋》出版人所捍卫的那些俄国古老德行,指出版人的方法完全不能成立。出版人听信了老年人的口头传述,他们固执地说:在古时生活得好些,在古时人们更富有,也更聪明,在古时庄稼长得好些等等等等。然而,"不是所有的口头传说,都值得相信";最好是读些书。而最值得信赖的书,是法国书。"法国人民最爱钻研科学,特别是语文科学;就是我国历史,他们也在我们之前进行了研究(原文如此!),给我们提供理解,开化我们的愚昧无知。"根据法国资料,作者断言,谈不上什么古代罗斯德行。他认为这是很自然的。就是在彼得前的罗斯业已变得强大时(例如,在沙皇伊凡·华西里耶维奇时代),俄国也还是受着君主独裁制的折磨,愚昧无知依然保持着以前的力量,因为道德风尚是不能用"鞭笞、压制和剑来改正的"。可惜,信中谈到彼得改革的地方,有很多删节,这当然是由于害怕检察机关的原故。关于彼得改革,我们知道的一点是:"他"不曾从这方面进行对俄国人民的教育,因为他所求教的不是唯一能教育我们的法国人,而是德国人、荷兰人和英国人。

　　接着,在信里谈到旅行巴黎,学会法国上流社会习俗的好处。显然,诺维科夫(这封信很可能是他自己写的)想按照他的习惯,将推崇法国而否定俄国古代德行的人,描写为轻浮的,甚至可笑的人。可是,他未能作到这一点:读者看到,信里提出的论断,都有其颇为严肃的根据。诺维科夫许诺给信的作者回信,"要他勿自命不凡,以为他的反对意见都是正确的,都是不能反驳的"。《钱袋》的出版人不曾履行诺言。显然,他对俄国古代德行的怀疑,比他最初感到的更为深刻,他已无法收拾。因此,即令他接近吉洪拉沃夫称之为"叶卡捷琳娜时代的特种斯拉夫派"[①]思潮,但他在这方面的坚定性却不算突出。他对俄国古代德行的推崇,已为对这种德行的怀疑所代替。这对他的观点的往后发展过程有强烈影响。

<h2 style="text-align:center">VI</h2>

　　佩平断言,在诺维科夫的发展里,既无突然的间断,也无方向

---

　　①　《全集》,第3卷,第1篇,第260页。

的改变①。这对,也不完全对。我们在下文将看到,这在什么意义上对;现在只是指出,佩平的这一论断需要作哪些修正。

当一个 18 世纪的俄国人由于对无神的"伏尔泰主义"感到恐惧而变为神秘主义者时,他是不怎样自相矛盾的。神秘主义只是这人以前就保持过的方向的最后一步而已。但是只要没有走到这一步,这个对"伏尔泰主义"心怀恐惧的人,还是在逻辑上和心理上,有可能对那些从彻底神秘主义者观点看来毫无意义的社会任务,发生兴趣的。对于这种任务的丧失兴趣,可以称之为"伏尔泰主义"思想敌人的发展过程的间断。而这种间断,在诺维科夫那里也可看到。

他虽然在出版其讽刺刊物的时代是法国先进学说的敌人,但在这些学说的间接影响下,他毕竟还对改善当时存在于俄国的事物秩序,有过某种——尽管极为微弱——意愿:试一回忆他对"名门显贵"的反对态度,他对残酷地主的抨击,他对我国当时"司法"的嘲笑等等。但在他热衷于神秘主义时,他却认为人在社会中的相互关系问题,如果同人对神的态度问题相比,那是完全无关紧要的。他以前的视线尽管由于成见而显得非常模糊,可是贯注于人间,而现在却转向天上了。死后存在的思想成为诺维科夫的主导思想。如果他还像往常一样谈论教育,如果他在什瓦尔兹的热情支持下,利用其与富有的神秘主义者的联系,以在当时俄国前所未见的规模扩大其出版活动,那也不应忘记,他现在是以真正"坟墓"精神(用波米亚洛夫斯基的话说)来教育人民的。诺维科夫的第一

---

① 《俄国共济会》,第 173 页。

个神秘主义刊物——前面提过的《曙光》杂志,便充满了这种精神。

在这个刊物里,宣传人是为幸福而创造的,而幸福则在人自身。如果他有德行,他虽身受桎梏,也是幸福的:灵魂是禁锢不了的。有德行的人,无论其人间灾难有多么巨大,但死亡将结束这种灾难;而在死后的生命里,等待着他的,将是永恒的幸福。因此,在呻吟痛苦中饱受折磨的善良人,可比拟于在明天就要成为皇帝的囚徒;这样的囚徒,没有人说他不幸。所以,死比生好,黑暗使灵魂脱离人间浮华,迫使灵魂专心致力于自身,也比光明好。生与死的对立,不过是躯体与灵魂的对立。灵魂一旦摆脱了躯壳,它将洞察真理,生活在自身以内。这就是我们大家都应孜孜以求的幸福,而道德就是要帮助别人得到这种幸福的。在《曙光》杂志刊登的一篇文章,发挥一种思想,认为人间的绝顶才智给艺术和科学带来许多好处,但艺术和科学在我们死后,却使我们仍旧非常低贱;因此,对于艺术和科学,不应重视[1]。在另一篇文章里,宣传"愚昧无知和极深奥的科学,在法律的考虑上,都是有害的",我们应该"盲目地信神"。有趣的是,《曙光》曾预见到"克莱采奏鸣曲"[2]的哲学。它宣称不同性别的恋爱是恶,因为在恋爱里暴露着"人与兽的共同性"。看来,很难在"坟墓精神"方面比这走得更远了。然而《曙光》却走得更远:它说,"笑难道不是罪行"。

如果,笑一般地"难道不是罪行",那就很明显,讽刺作家的嘲

---

[1] 加马列雅坚决支持了这一理论。当维特堡向他介绍他的莫斯科大教堂建造方案时,他向这位天才的建筑家指出了热衷艺术的危险性。

[2] 克莱采·罗多尔夫(1710—1831)法国卓越提琴家、教育家和作曲家,贝多芬的第47号提琴和钢琴奏鸣曲克莱采奏鸣曲就是献给克莱采的。——校者

笑一定不符合我国神秘主义者的胃口了。诺维科夫一度拥护"指名道姓"的讽刺,现在却认为只能对"一般的恶习"进行讽刺,就是说,只能进行不伤害人的讽刺,而这正好是《万有》,与《雄蜂》相反,一度维护过的那种讽刺思想啊!的确,就在成为神秘主义者后,诺维科夫有时也感到打击恶习的需要。《莫斯科月刊》谈道:"刺伤恶人到心灵深处,用他的觉醒的良心去折磨他,"这是仁爱的责任,这种"德行的复仇",是上帝容许的。为了进行这样的"复仇",必须有"指名道姓"的讽刺,更需要对制度的讽刺。然而指名道姓的讽刺和对制度的讽刺,是同神秘主义的情绪不相协调的。因此,现在诺维科夫只是在极罕见的时候提到它。不仅这样,他现在愿意比当年的《万有》更严厉地谴责它。在《长眠的热爱劳动者》①里,刊登了一篇给出版人的信(又是"信"!),说的是信的作者如何梦游帕尔纳斯克公路的故事。他在公路上,在各种不同文学部门的代表中,遇到一些讽刺作家和批评家。他看到,他们的形象很不美观。他们的眼睛像闪电般发光,言谈毫无顾忌,经常发出"谩骂和丑恶言辞",他们像强盗般攻击别人。大量讽刺杂志的发行人,需要经历多少沧桑,才能对讽刺作家形成这样的理解哟!

诺维科夫以前也是对政治漠不关心的。现在,他的政治冷淡态度,获得了思想根据。如果德行能将一个最不幸的人变得形同奴隶,而这奴隶在明天(即在死后)便会成为皇帝,那就不需要搞政治了。《莫斯科月刊》宣扬说,只有恶人才不自由,而有德行的人则在任何国家里都享受平等的自由。读者看到,这里所说的是什么

---

① 这个刊物是诺维科夫在 1781—1785 年间出版的。

自由:是通过逃避人间关系的罪恶世界而获得的自由啊!

　　然而诺维科夫就在逃出我们的罪恶世界以后,仍然对法国解放哲学保持着厌恶态度。在他的所有神秘主义刊物里,仍然继续实行反对百科全书派的斗争。在《曙光》里就发表了《善士旅行记》,其中一章的标题为《卑鄙的人们》。这章里的卑鄙人有斯威夫特,拉洛希福可,贝利,《拉美特利》和爱尔维修。

　　A.涅泽列诺夫指出:"不要以为《曙光》同百科全书派的斗争,在于对这些作家进行谴责。在一篇文章里把他们称为'卑鄙的人们',这只是个别的事实,也可说是偶然的事实。杂志进行了另一种争论:它反对新哲学学说的实质。在这里,所有的证明都归结为一个目的,——证明灵魂的不朽。"①

　　当然,在一篇文章中把这些或那些作者称为卑鄙的人,这是一种个别的事实。然而这种个别事实在这里却完全不是偶然的。诺维科夫在所出版的讽刺刊物里不只一次说过:使人成为卑鄙的,不是出身,而是不道德。于是在这些刊物里,百科全书派被描绘为不道德的宣传家。而在他变为神秘主义者后,他更加相信他们是不道德的。7月份的《曙光》把新哲学家称为卑鄙的人,而在12月份的《曙光》里,又证明有德行的人,都相信灵魂的不朽。诺维科夫认为反对这种不朽的应该是哪些人呢? 显然应该是那些没有德行,不道德的人,也就是"卑鄙的人"。不过,事实上,并非所有解放哲学的宣传者都反对灵魂的不朽。从这里应该得出的结论只能是:

———————————

　　①　《杂志出版家诺维科夫》,第250页。关于在诺维科夫出版的神秘主义杂志中所表达的观点的阐述,我都是以这一著作为依据的。

诺维科夫由于对解放哲学的各种类型都较为了解,所以不曾将其所有代表人物都归于卑鄙人的范畴。但很明显,就是这样,他也仍然要将拉美特里和爱尔维修以及所有彻底唯物主义者,都归入这一范畴的。

A.涅泽列诺夫在他的著作里摘录了刊登在《晚霞》的一篇讽刺诗《致伊济斯科耶夫》。诗里提出问题:"什么动物最不像人?"答复是:"哲学家。"[1]这比《"卑鄙人"》一点也不好些。刊登在这一杂志并为涅泽列诺夫教授所引录的一些只为宗教法庭所应有的意见,都可与这首俏皮讽刺诗相提并论。例如,在同一杂志里刊登的索伦《谈谈自由思想者》一文中提出,根据列维特的书,对于不信神的人,应该用石头砸死[2]。涅泽列诺夫对此作了一个很简单的解释,认为诺维科夫没有看出他的杂志里"扔进了"一些内容与他的观点的一般特点相矛盾的作品[3]。然而不幸的是,这里任何矛盾也没有。

这一"扔进了"以哲学家为最低级动物并主张用石头把哲学家砸死的《晚霞》,是诺维科夫在什瓦尔兹密切参加下出版的(1782—1783 年间)。有些学者说,什瓦尔兹是这个刊物的主要领导者[4]。我们已经知道,什瓦尔兹是一个多么顽固和彻底的蒙昧主义者。

---

① 《诺维科夫》,第 323 页。

② 同上书,第 322、323 页。

③ 同上书,第 323 页。

④ 例如,B.H.图卡列夫斯基就是这样说的(见《18 世纪俄国哲学流派史》——《教育部部刊》,1911 年 5 月,第 36 页)按照图卡列夫斯基的意见,"诺维科夫过分忙于出版业务;因此,材料的选择大部分由什瓦尔兹主持。"见他的论文《诺维科夫与什瓦尔兹》。(《俄国共济会的过去与现在》,第 1 卷,第 209 页。)

涅泽列诺夫教授完全错误地断定在诺维科夫刊物中发表的那些认真的著作，在批驳唯物主义者和无神论者的学说的时候，通常都未提出必须取缔发表这种学说的著作①。当诺维科夫还在出版讽刺刊物时，他就以为怎样也不能没有书报检查。他说：“国家的共同安宁，特别是每一公民的安全都要求禁止出版充满反对神圣法律的书籍，国王和祖国都憎恶这种刻毒而富于诱惑性的作品，它们能够危害青年人的心灵，或导致无辜的人作恶。这种作品的作者不配称为作家，而应认为是社会的败类。”从这种观点出发，他指出对书刊进行宗教和政治检查的必要：前者主要检查能够动摇宗教信仰的作品，后者主要检查有关道德风尚的作品②。毫不足怪，我们的作者在耽溺于神秘主义之后，更坚决地相信书报检查在反对唯物主义和无神论中所能带来的好处，更牢固地吸收了把不信神的哲学家看为“败类”的观点。在他的第一个神秘主义刊物《曙光》里，《善士旅行记》的作者呼吁国王“歼灭通过出版自由而流传的不信神”③。在同一方向的最后刊物里（在《长眠的热爱劳动者》中），谈到“所有诽谤神的书籍，反对神明的谩骂，破坏社会幸福的学说和意见，敌视政府的议论，辱骂性的作品等等，都应予以烧毁”④。涅泽列诺夫补充说，这篇内容毫无自由主义的文章的作者，要求对渎神的作家进行刑事预审⑤。但这毫无补益。一般说来，法庭审

① 《诺维科夫》，第 322 页。
② 《绘画》，第 2 卷，第 20 印张。
③ 《诺维科夫》，第 243 页。
④ 同上书，第 400 页。
⑤ 同上书，同页。

判当然比行政审查好些。但在法庭是根据野蛮的刑法作出裁判的条件下,被告的利益还是要受到损坏的。《自然体系》的作者难道会由于这一著作是根据议会的裁决,而不是根据某一行政官吏的命令被烧毁,而感到许多的宽慰? 一个作家要求烧毁他所不喜欢的流派的书籍,无论如何都是一个蒙昧主义者。

涅泽列诺夫以为诺维科夫不是用"共济会的妄诞想法,而是用哲学思想来对抗 18 世纪的解放哲学"①,这也不对。当然,在诺维科夫尚未成为共济会员时,他自己不能依靠"共济会的妄诞想法"同这一哲学斗争。但是,他那时的哲学思想的内容,不过是一些关于"不信神的"人们所不能理解的创世智慧和关于"不信神的"人们的不道德等等陈腔滥调。而在他参加共济会后,特别是在他由于什瓦尔兹的影响一变而为"蔷薇十字会"会员时,否定哲学和科学思维的最主要方法,便成为他的"哲学"的主要特征了。

VII

涅泽列诺夫力图证明,仿佛诺维科夫与真正的共济会员——更确切些,与"蔷薇十字会"会员——相反,不曾相信"神秘的科学"。事实上,在他的神秘主义杂志里,有些论文嘲笑过这种科学。然而在这些杂志里刊登这种论文,并不足以证明涅泽列诺夫意见的正确。诺维科夫的思想方式从来不以严格的彻底性见长。因此,在他的讽刺杂志里,除对解放哲学进行猛烈攻击之外,又完全

---

① 《叶卡捷琳娜时代的文学流派》,第348页。在《杂志出版家诺维科夫》一书的许多地方,反复提到这一意见。

意外地看到一些对这一哲学的最优秀代表的赞扬。同样，他的神秘主义杂志在宣扬最愚昧的"坟墓精神"的同时，有时又发表一些清醒的思想，如我在前面已经指出，他认为一个国家如果只有宫廷官吏受到教育，不能算是开明的国家，或如他认为君主专制的政制是经济发展的严重障碍，以及认为对于"神秘科学"应予嘲笑等等。但这些例外的情况，丝毫不能动摇一般的通则；它们只能证明，法国解放哲学的启蒙影响，就在那些认为这个哲学极端危险，认为同这个哲学进行不调和的斗争在道德上责无旁贷的人们当中，也部分地在流传。洛普欣和其他出身名门贵族的俄国神秘主义者，也都未能逃避这种影响。诺维科夫和他所呼吁的那些多少有些学识的非贵族出身的知识分子，尤其不能防止这种影响。然而这种影响不足以说明洛普欣的宇宙观的性质。它也不曾决定诺维科夫的世界观。

至于特别是关于他对"神秘科学"的态度，则根据他在受审讯时所作供词，可以构成正确了解。他在一次供述中说：

"关于在查抄的文件中所说的炼金术和寻求点金石①以及其他化学的实际工作处方，尽管那里有，但是由于我们当中还没有人知道这种工作的实际发现，所以对于这一切，迄未进行。在库图佐夫离开柏林之前，谈到（关于这一点，我不记得在我的供词的什么地方提及）库图佐夫将从事实际化学工作的学习。但是这一诺言曾否实行，我不知道。我只是听到特鲁别茨基公爵说，库图佐夫写

----

① философский камень 点金石，中世纪炼金术士，认为可以点石成金祛除百病的石头。——校者

信告诉他,说他已学习实际工作。"①

可见诺维科夫全然不否定炼金和制造点金石等等的可能,而只是由于一个完全充分的理由,即还未得到其"实际发现"所必需的东西,而没有从事这一工作。

召灵工作,显然经常受到诺维科夫的嘲笑。他在给 A.A.勒热夫斯基的信中写道:"召灵不过是瓦阿洛夫的一种秽亵行为,或在《圣经》的许多地方受到咒骂的所谓某种魔术。"②当然,对某种魔术的这种态度,使我们对诺维科夫的健全理性,表示欣赏。但是,第一,否认某种魔术,不过对魔术的各种形态之一——"坏"魔术,缺乏信仰。谁否认"坏"魔术(某种魔术),他便是相信好的,真正的魔术。这种信仰已足以在非常确定的意义上说明一个人的宇宙观的本质。第二,没有什么比相信"某种魔术"为"真正共济会"主要特征的想法更错误。"英国系统"距离这种信仰很远,但这不妨碍它成为共济会的系统。就是在"蔷薇十字会"会员中,也并不普遍承认召灵的可能。洛普欣有时也表示反对"某种魔术"。我们是否说,他也不是一个真正的共济会员呢?

特别值得注意的是,在那封给勒热夫斯基的信里,诺维科夫虽坚决反对"某种魔术",而对"蔷薇十字会"会员的智慧,却倍加赞扬,认为莫斯科共济会员能有这种智慧是什瓦尔兹努力的结果。他说,"由于他们(即莫斯科共济会员。——著者)所不应有的幸运,他们获得了共济会的拥抱和祝福的最大和过度奖赏(句义不

---

① 隆吉诺夫:《诺维科夫与莫斯科的马丁教派》,附录 1105 页。

② 1783 年 2 月 14 日信。(见 Я.Л.巴尔斯科夫:《莫斯科共济会员通讯集》,第 243 页。)

明——著者）；他们闻到了天国的纯洁的和振奋人性的共济会气息，使他们能够从广阔无边的宇宙开天辟地以来不断涌现的源泉中，解除认识上的饥渴"[1]。

只有学会了"蔷薇十字会"会员思想方式的"真正共济会员"才能说出这样的话。

诺维科夫一方面否认召灵的可能，同时却完全站在神秘主义的立场上。他给卡拉姆津写的一封著名的信表明，由于这一原因，他对科学采取什么态度。他在信里阐明了他对真正哲学的任务的看法。他说："我不喜欢冷酷的哲学，我觉得真正的哲学应是火热的，因为它来源于天国。"这种哲学通过直接的途径引向真正上帝的认识。在他所提出的根本问题中，值得注意的是以下问题："自然界只有一个，还是更多？ 我们所看到的可见、可感觉的世界是否为上帝所创造，或者不是？ 何谓天？ 天是否只有一个，还是更多？ 神的三分性是否印在所有的生物上？ 我们对此应该怎样理解？"诺维科夫认为同样重要的问题还有："为什么摩西说上帝创造亚当做丈夫，又创造了妻子？ 而尽人皆知，按照他的说法，亚当存在时，还没有夏娃，当亚当需要睡眠时，夏娃就从亚当的肋骨里创造出来了。"诺维科夫在这里不知不觉地接触到在研究闪族人民的神话时产生的一个最有趣味的问题。不言而喻，他不曾从科学——应该指出，科学在当时还不能解决这个问题——寻求这个问题的答案，而是从神秘的发现中寻求它。他像自认为掌握了最高知识的一切神秘主义者一样，从上而下地看待科学。他说，"在我国的尊敬天

---

[1] 巴尔斯科夫：《莫斯科共济会员通讯集》，第243页。

文学家的允许下",科学发现 7 个以上的行星,这是"梦呓":"不可能更多或更少,就是 7 个行星;因为上帝只是创造了 7 个,并使每一个行星具有相当力量。"这样的见解是毋需评说的。

使诺维科夫感到不快的是,"现在物理学家"不满足于 4 大原素,而接受为数更多的原素。"化学家将以前的一切都抛弃了,而给我们一些什么气体,也就是给我们一些毫无意义和力量的空洞词汇"。诺维科夫拒绝列举学者们的一切"梦呓",责备他们说:"尊敬的古代哲学家和元老都不是这样理解哲学的。"①

这样的观点,他不仅在写给卡拉姆津的信中说过。在给 X.A.切博塔廖夫的一封信里,他很惋惜"现今的开明世纪摒弃一切奇迹;新哲学家称这为迷信。我祝愿有这样一个语法学家,能用"迷信"一词的词源来向他们证明:迷信的不是那些相信奇迹的人,而是那些不相信奇迹的人"②。

更能说明诺维科夫的思想方式的是他写给同一切博塔廖夫和 M.O.穆德罗夫的信(1813 年 6 月 17 日)。我们从这封信中了解

---

　　①　我手头没有加马列雅的《通讯集》,它的第 2 卷刊登了诺维科夫写给卡拉姆津的信。我的摘录是以佩平所著《俄国共济会》一书(第 257 页)为根据的。米柳科夫在所著《俄国文化史》中说,在 18 世纪,科学本身所走的道路,似乎是朝着自然哲学所致力的同一方向:"当时震惊社会的学术新事,是化学的一些最新发现。事物看来简单,……却很复杂。有希望发现更多的基本元素,人们期待在这些元素里找到一切基础的基础,找到将一些事物转化为另外一些事物的钥匙。"尊敬的史学家的这一猜想,为晚近研究诺维科夫的一位学者 Г.K.博戈柳博夫所复述(《诺维科夫和他的时代》,莫斯科 1916 年版,第 149 页)。但是,我们看到,18 世纪的化学发现亦曾使诺维科夫产生一些思想,而这些思想同米柳科夫和博戈柳博夫向神秘主义者提出的那些思想,却毫无相似之处。然而,神秘主义者却在帕拉采尔斯时代就已致力于发现"一切基础的基础"了。

　　②　Б.Л.莫德扎列夫斯基:《诺维科夫传》,《俄国藏书家》,1913 年 4 月,第 34 页。

到,在与他的齐赫文斯克庄园邻近的村庄里,死了"一个年轻的糊里糊涂的妇人",但是她在一昼夜后复活了,叙述了她在死后所不得不进行的 9 次谈话。一个坐在宝座上的金光灿烂的人对她说,他们将放她回到人间,不过要她向人们传达各种训诫。

这位金光灿烂的人吩咐说:"向你的公爵夫人说,她命令在新教堂圣洁化后举行几对夫妇的结婚仪式,而同时却命令在旧教堂里举行青年人的葬礼,这事她做得很蠢。如果她命令在新教堂里举行安魂祈祷,而在旧教堂里举行婚礼,那她就做得更好了。"接着又训示说,闻闻鼻烟和吃土豆不是罪过,而憎恶自己的亲属,嫉妒他,想他做坏事等等,才是罪过,等等。可怜的诺维科夫竟然相信"年轻的糊里糊涂的妇人"的这些胡言乱语。他用教导的口气说,"这些奇遇是值得注意的"。

涅泽列诺夫教授显然以为,真正共济会的主要特征,是承认利用"某种魔术"召唤灵魂的可能这类迷信。这是可笑的。然而姑且假定这是对的。那时就会发生一个问题:诺维科夫对于那个妇人的不可听信的胡说的天真信任态度,同这种迷信有何区别呢?

涅泽列诺夫教授自己看到,有许多事实确证诺维科夫是一个"真正的共济会员",但他却断言这些事实都发生在诺维科夫业已停止发行他的杂志以后。

在我所引证的涅泽列诺夫的著作里多次说:"诺维科夫终于成为真正的共济会员,但他成为真正共济会员,是在《长眠的爱好劳动者》停刊以后,也就是在他业已发表了那些足以使他在我国文学和学术史上取得崇高地位的观点以后。"为什么教授对于使诺维科夫堕落成为共济会员的"沉沦"——这种"沉沦"是紧接着他的最后一本杂志的停刊发生的,而这最后的杂志又特别明显和有力地表达了这种观点,——感到奇怪呢?然而根据涅泽列诺夫教授自己的言论,事情的经过完全不是如此。

我们的学者将导致诺维科夫"沉沦"的过程,规定在 1784 年和 1785 年时期。他说:"正是在这些年代里在著名的活动家的心灵里,开始完成变革,这种变革,部分地说,是同后来击倒果戈里的变革相仿佛的。"①可是,《长眠的爱好劳动者》就是在这些年代出刊的。因此,诺维科夫正好是在他的沉沦过程完成的时候,特别明显和有力发表了"自己的观点"的。这确实是奇怪的。当果戈里开始遭受那"击倒"他的变革时,他已无力从事文学活动了。涅泽列诺夫的年代学知识能说是优良吗?

不优良!我在上面引录的诺维科夫写给 A.A.勒热夫斯基的信,表达了他对莫斯科共济会员"由于不应有的幸运",能够"闻到天国的,纯洁的,振奋人性的共济会气息"的喜悦。这封信便是在 1783 年写的,也就是在《长眠的爱好劳动者》出版以前写的。只是这一点,已足以使涅泽列诺夫教授的人造结构,像纸架的玩具小房子一样解体了。

VIII

非常可能,当佩平谈到诺维科夫的思想发展过程,缺少飞跃和变革时,他所指的就是这种幻想的结构。如果这样,那他是对的。在《长眠的爱好劳动者》停刊以后,在诺维科夫的心灵里,并未发生

---

① 《杂志出版家诺维科夫》,第 429—430 页。

任何变革：他仍旧是神秘主义者，他在开始出版《曙光》以前就是这样一个神秘主义者。

Г.图卡列夫斯基没有重犯涅泽列诺夫教授的错误，后者对于诺维科夫精神境界的年代考证，了解得太坏。但是图卡列夫斯基却犯了另一不小、如果不是更大的错误。他错误地解释了诺维科夫的神秘主义观点，毫无根据地将他的神秘主义观点同其他莫斯科"蔷薇十字会"会员的观点对立起来。请看他关于这点是怎样说的：

"如果神的王国就在我们自身之内，那就很明显，应该按照爱人类，救助亲属的理想和其他基督的美德来建立生活；那时，躯体和人间生活才是合法的和必要的。"①

"但如果神的王国在天上，如果人间生活只是通向未来的过渡，那就应使自己的全部力量和精神目光倾向天上，而让'躯体的生命'死去。谁都明白，必须'模仿基督'。但是怎样模仿呢？应该像阿伦特②所宣传的那样，模仿基督救苦救难？还是应该像福马·克姆皮斯基所号召的那样，模仿基督受苦受难呢？"③

图卡列夫斯基以为，什瓦尔兹以其"深刻的智慧"（！），也许对于这个问题找到了一切人所满意的答案。但是，什瓦尔兹死了，问题没有得到适当的解决；于是，共济会分裂了：诺维科夫走上了阿伦特所号召的方向；而洛普欣，科洛科尔尼科夫，涅夫佐罗夫和其他的人，则追随了福马·克姆皮斯基；最后，特鲁别茨基，库图佐夫

---

① 《共济会的过去和现在》，第 I 卷，第 219 页。
② 约翰·阿伦特(1555—1621)，德国新教神学家。——校者
③ 《共济会的过去和现在》，第 I 卷，第 219 页。

和彼德罗夫"走进了炼金术"①。

我们在这里所看到的是一个完全人造的结构。

当然,莫斯科"蔷薇十字会"会员是有各式各样的。这是很自然的,也是无可避免的。但这只不过是同一宇宙观的不同式样而已。这里是任何莫斯科"蔷薇十字会"会员间的分裂,都谈不上的。如果有过这种分裂,那么,为什么诺维科夫在他的所有信简里,对此连暗示也没有呢? 为什么洛普欣在他的"札记"里对此一字未写,而莫斯科"蔷薇十字会"会员在他们的通讯里提也不曾提呢?

图卡列夫斯基对于"神的王国就在我们自身之内"这一原理的内在逻辑的完全错误理解,使他犯了错误。

实际上,这一逻辑同图卡列夫斯基对于上述原理的错误理解是直接对立的。

如果神的王国就在我们自身之内,则一切外在的东西——也就是说,人们的社会相互关系问题也包括在内——都无多大意义了,都不值得有德行的人注意了。当然,应该按照理想去建立生活,但理想全然不是要去建立正确的社会制度。前面已经指出,诺维科夫的第一个神秘主义刊物《曙光》就坚决断定:有德行的人就在不自由时,也是自由的。

不仅如此。如果神的王国就在我们自身之内,那么,我们的主要工作应在于对神保持应有的关系。这种关系是可以根据永恒的观点,作更好的理解的。诺维科夫在成为共济会员之后,掌握了永恒的观点。而一旦掌握了它,则人间生活便是一种暂时的现象,在

---

① 《共济会的过去和现在》,第Ⅰ卷,第220页。

他的眼光里丧失了价值。这就是为什么,早在《曙光》杂志里便出现了那种"坟墓精神",以为死高于生,也胜于生。这种"坟墓精神"的无数变种之一,便是我们前已了解的洛普欣的意见,以为一个真正的共济会员对于所属人们的关系,应该主要是关心他们的未来生命。就这方面说,在洛普欣和《曙光》出版人之间,是没有任何分歧的,因为这一方面比任何其他方面都更重要。

　　如果人们的尘世关系是一种暂时的关系,在提高到永恒观点的神秘主义者的眼光里,没有价值,那么,他不给道德概念增加任何社会内容,便是完全忠于自己的理想了。这种神秘主义者对于人们的行为,只是采用个人道德的标准进行衡量,他重视个人道德,因为它决定人对神的关系。我们在诺维科夫的神秘主义杂志里,就看到完全相同的道德观。诺维科夫想 per enumerationen simplicem(通过反省)简单修身法来改善人。同现时的托尔斯泰主义者一样,他侈谈什么如果所有的人都有善良的德行,那该多好啊!"因此,如果可能使人们了解到他们是一切事物的中心,应该首先尊敬高贵的品质和德行作为模范,那时,我们将看到每人都乐于承认自己是这个中心的重要的适当的部分。"[1]诺维科夫在这里用以叙述他的思想的假定形式(如果可能,等等),不应使我们发生误会,因为他是坚决相信他的理想完全可以实现的。他说:"就是一个最不端正的人,如果能用温和的方式给他证明他的错误,他也不会长期抗拒。"[2]

---

①　《曙光》杂志的预告,第 12 页。

②　这也可解释诺维科夫—神秘主义者对"指名道姓"讽刺的否定态度;在这种讽刺里缺乏应有的"温和"。

通过德行较高的人对德行较差的人施加影响,使人们的个人道德趋于完善,——这就是诺维科夫在变为神秘主义者后所制定的纲领。然而所有"莫斯科蔷薇十字会"会员的纲领,也都完全是这样啊! 唯一的差别是:诺维科夫比其他人更为积极地实施了这个纲领而已。这一差别极为值得注意。它完全不是由于对"神的王国就在我们自身之内"这一原理的理解的分歧。在诺维科夫和他的亲密战友的活动里,可以感到我国"中间等级"——实质上,就是非贵族出身的知识分子——的方兴未艾的毅力①。

这使我们回到前一章末尾所提出的问题:

为什么神秘主义者比"伏尔泰主义者"更热心慈善事业和教育事业(按照他们的理解)呢?

我说过,研究诺维科夫的活动,将有助于解决这一问题。现在我们已经充分了解了这一活动,可用下述方式作出所求的答案:

如果神秘主义者比"伏尔泰主义者"在上述事业上作了更多努力,那么,这是因为在他们当中有"小市民","小市民"中的最积极分子是非贵族出身的知识分子,而诺维科夫便是这种知识分子的最优秀思想代表。

---

① 前章已经说过,什瓦尔兹对于吸收在校青年参加他的事业,极为关心。诺维科夫竭力仿效他的榜样。在他所出版的神秘主义杂志里,经常有许多大学生参加工作。С.Г.斯瓦季科夫把《长眠的爱好劳动者》称为俄国的第一个学生杂志,因为那里有十一名大学生充任职员。而很大一部分大学生是非贵族出身的知识分子。根据斯瓦季科夫的意见,在18世纪的俄国大学里,无疑地,非贵族出身的知识分子占优势。(见他的论文:《1775年到1915年间的大学生出版物》,单行本,第2页;《俄国大学生的过去与现在》,单行本,第3页。)

IX

这一答案使我们面临着一个新问题：

怎样解释这样一个初看来奇怪的事实，即神秘主义的宣传不仅在保守的"名门显贵"的某些阶层，而且在"小市民"阶层中也有成就呢？

为了解答这一新问题，必须回忆一下我们关于我国特殊"中间等级"的情绪所业已了解的各种情况。

组成这个等级的人们感到需要自学，需要为教育而工作。他们的这一需要是西方影响的果实，是法国第三等级的斗争的反应。但是，我国的社会关系还如此不发达，所以果实过于干枯，反应极为微弱。我国的"小市民"阶层怎样也掌握不了法国第三等级的意识形态。他们重视教育，但又希望尽力使教育清除法国的自由思想。"伏尔泰主义"是他们所知道的这一自由思想的唯一表现形式，他们对它感到恐惧和愤懑。在俄国"小市民"的心灵里，对"名门显贵"的不满，同"根据物理学"证明旧信仰不能成立的法国作家给予他们的恐惧，牢固地交织在一起①。这一情况在一定程度上促使"中间等级"同神秘主义接近，因为神秘主义者同样对于"罪恶

---

① 诺维科夫从施里西尔堡释放出来后，一度希望罗斯托普钦伯爵能够"成为上帝仁慈的真正伟大工具，真正造福我们的祖国"，或者，说得简单些，希望"这一名门显贵"能够有益于共济会。但是，当诺维科夫有机会结识罗斯托普钦时，他首先问："他是否哲学家，即是否自由思想者（现在这是同义语），他是否认为我们所喜爱的东西是愚蠢和智力不足，或只不过是愚弄愚人？"（波戈柳波夫：《诺维科夫和他的时代》，第471页。）顺便说，罗斯托普钦虽曾表示，他认为："结识诺维科夫，使他感到荣幸，但在1812年，却指责诺维科夫交结拿破仑！"

的伏尔泰主义者"是避之唯恐不及的。然而这还不是一切。

"中间等级"虽力求自学和从事教育活动,但却过于贫穷,不能在他们当中为此筹得必要经费。

我们已经知道,当 1772 年春,宫廷离开莫斯科时,诺维科夫的出版事业陷于极大混乱。他恳托科济茨基请女皇给予帮助。他写道:"没有这种帮助,我将被迫抛弃我的事业,半途而废。当我为祖国服务的热忱受到我的同胞的这样不良对待时,怎么办呢?"女皇暂时支持了他——尽管主要是在他着手出版某些专刊的时候。没有必要重复,她是多么不喜欢他的讽刺作品。此外,她还不能忍受他的企业是由别人创议开办的。当然,叶卡捷琳娜的宫廷都模仿她,而这个宫廷又是那个传染了"伏尔泰主义"的"名门显贵"的集中地,诺维科夫在他的出版物里曾对他们的法国渎神观点和非俄罗斯习惯,进行攻击。他的这些攻击引起了宫廷界的不满。因此,很明显,依靠宫廷支持的打算,是没有根据的。必须在其他方面寻求支持。这种支持,诺维科夫在那部分害怕法国自由思想,倾向于神秘主义的"名门显贵"中找到了。屠格涅夫关于诺维科夫对洛普欣及其同志的态度,发表一种有趣的观点:"诺维科夫时常是他们的工具,同时又把他们当作工具来使用。"① 由于这句话说得很简括,很难完全准确地了解它的意思。但是,必须承认,它包含了许多真理:"富有的名门贵族所以是诺维科夫的工具,因为他们为他的广泛出版事业和慈善活动,提供了经费。"

---

① 见 Б.Л.莫德扎列夫斯基对诺维科夫写给 М.Я.穆德罗夫的一封信的注释(《诺维科夫传》——《俄国藏书家》,1913 年 4 月,第 41 页)。屠格涅夫的这一卓越评语的一部分,我在前面已经引述(论《自由》印刷所)。

1781 年塔季谢夫出钱帮助"友谊协会"。继他之后，向"协会"提供大量资金的有两位特鲁别茨基公爵，有切尔卡斯基公爵、丘尔科夫、屠格涅夫和其他的一些人。

1784 年"友谊协会"会员建立"印刷公司"，其资本来源为：洛普欣兄弟——10000 卢布；两位特鲁别茨基公爵——6000 卢布；切尔卡斯基公爵，屠格涅夫，丘尔科夫和拉德仁斯基——每人5000卢布，施雷德尔男爵——3500 卢布；库图佐夫——3000 卢布，等等[①]。

1787 年饥荒时期，诺维科夫从波霍佳申那里得到了一大笔钱。以波霍佳申为代表，我国"中间等级"（在这个字的真正意义上）对饥民进行了救济。波霍佳申是一个富有商人和厂主的儿子。

所有这一切，后来给叶卡捷琳娜以借口，最初是怀疑，后来却正式责备诺维科夫出于贪婪的目的，力图将富有和有权势的人物"罗致"到他的"协会"中去。读者明白，诺维科夫和他的同道们吸收这些人物参加他们的事业，是同自私自利风马牛不相及的，然而伏尔泰的女弟子，由于是一个典型的利己主义者，却对此毫不理解。但事实明摆着：具有神秘主义情绪的"名门显贵"阶层，曾以资金支持诺维科夫。

当然，这一切都是在诺维科夫成为神秘主义者以后的事情。但在这以前，由于从"名门显贵"获致物质支持的必要，亦使他同这一社会阶层的某些人接近，因为这些人出于自己的笃信宗教的情绪，毕竟比同样"显贵"、然而毫不信神的伏尔泰主义者，对他更为

---

① 波戈柳波夫：《诺维科夫和他的时代》，第 329、330、332 页。

同情。

当然,同神秘主义者的某种接近,并不等于信奉神秘主义。因此,我刚刚指出的情况还不足以解释这样一个事实,即18世纪俄国"市民阶层"的最著名,最积极,最富于牺牲精神的代表却满脑子神秘主义。然而这一意义深长的重要事实,是迫切需要解释的。

必须指出,卡拉姆津在他写给拉法捷尔的信里,部分地对这一事实有所解释。

在这封信里,根据诺维科夫本人的口述,谈到外部条件迫使这位最佳讽刺刊物的前出版家致力寻求"服务祖国的其他途径"①。

图卡列夫斯基在评述卡拉姆津的信时,对诺维科夫的心理过程,作如下描写:

"诺维科夫理解到他的讽刺杂志的失败,是由于当局的横暴,理解到他想用讽刺作品使其走上新生活的人们,虽然怀着好奇心阅读他的刊物,但并不显示道德上有所改正。"他寄予希望的新组织——共济会支部,自己不知道自己的意图,或者,说得更确切些,自己不知道怎样达成自己的意图。所以,诺维科夫才着手进行一种艰难、缓慢,但却可靠的工作——通过书籍来教育俄国人民②。

图卡列夫斯基在这里又搞错了。诺维科夫在担任伊兹道洛夫团上士时,就已经提出了通过书籍来教育俄国人民的任务。在他看来,出版讽刺杂志就是达成这一目的手段之一。如果上述杂志的被取缔,可能使他有了某种新的想法,那么,这也不可能是他早

———————————

① 着重点是我加的。

② 《共济会的过去和现在》,第1卷,第189—190页。

已熟知的想法，以为书应成为教育俄国人民的手段。至于对他在1775 年参加的共济会支部，他在某一时期，确曾感到不满，但这完全不是由于这些支部不了解用什么方式去教育俄国人民，而是因为它们的观点在当时一般地并不明确。此外，他还怀疑它们热衷于政治。当时在俄国，瑞典的共济会系统占优势。柏林朗德斯洛格的代表列赫尔男爵到达俄国，曾劝他反对这一系统。在受审时，诺维科夫令人感动地叙述他"流着眼泪"，请求列赫尔指示他，按照什么特征才能不失误地区别真共济会和假共济会。列赫尔也"流着眼泪"答复他说："任何具有政治形式的共济会，都是假的。如果你看出哪怕是政治形式及与政治联系的影子和关于平等自由等字眼的谈论，你就认定它是假的"。从此，诺维科夫，据他自己说，对瑞典系统的共济会，就抱着更慎重的态度①。

这个系统的共济会并不崇拜平等和自由。但是，他们对于政治阴谋却不外行，而诺维科夫由于精神的单纯，把政治阴谋混同于政治。由于诺维科夫对"政治"毫无兴趣，由于刚刚通过自身的经验认识到在他服务祖国的道路上（尽管只是对弥漫着祖国的社会谎言，进行最微弱的暴露），遍地都是不可克服的困难，所以他想用向同胞们指出达到笃信宗教的最好途径的方法，为他们做些好事。既然不可能维护他们的人间利益，他便从这样一种思想中得到宽慰，以为人间利益是暂时的，若与准备死后生活问题相比，乃是微不足道的。换言之，他已变为一个神秘主义者了。

他参加共济会的动机，同迫使年轻的奥尔丁-纳晓金出亡国外

---

① 隆吉诺夫：《诺维科夫和莫斯科的马丁教派》，附录，第 76 页。

和杜克斯·赫沃罗斯季宁削发为僧的动机,是一个样的:他不能同他周围社会的邪恶妥协,又未能在人间找到克服这种邪恶的手段。由于感到自己在人间生活中是多余的,他便眼巴巴地望着天上。

无论是坎捷米尔,无论是塔季谢夫,无论是 18 世纪上半期的其他欧化俄国人,都不曾有奥尔丁-纳晓金、赫沃罗斯季宁和诺维科夫那样的遭遇。"彼得巢窝中的小雏们"和紧接着彼得改革时代的活动家,都相信掌握在无限制权力手中的"摩西权杖",将开化俄国。无论奥尔丁-纳晓金或赫沃罗斯季宁,都还不曾有这种信心,显然在诺维科夫那里,这种信心也业已消失;但是诺维科夫放弃它,不是没有巨大困难的,就在他的《绘画》杂志里,他还对喜剧《啊!时间!》的作者,致以整篇颂词呢!

当我说诺维科夫不曾在人间找到克服社会罪恶的手段时,我指的不仅是他丧失了对"摩西权杖"的希望,而且指的是他对古代俄国德行的失望。如果他对这些德行保持了信心,那也是因为他由于"不由自主的情况"被迫放弃讽刺和政论,"终于醉心于对旧事物的理想化,想要找出一些能够教育俄国人恢复其过去道德的手段"①。当然,所有这种手段都会具有完全乌托邦的性质,但是这些手段会继续把他的注意力吸引到他的同胞的人间生活条件上来;也许,还会防止他走上涅泽列诺夫教授正确地称之为"沉沦"的那一步。但在刊行那篇未完之作《德国人和法国人对话》以后,诺维科夫陷于对俄国旧德行的不可克服的怀疑。因此,在《钱袋》停刊以后,他感到一无是处,于是他"消沉了",走进了神秘主义。

---

① 《钱袋》,第 3 印张,善良的德国人和罪恶的法国人对话的续篇。

涅泽列诺夫教授相当恰当地将诺维科夫的"沉沦"同果戈里后来所经受的变革进行了比较。果戈里也消沉过。但是当他的沉沦完成的时候，他的作品的先进读者，没有模仿他；笼罩着他们的各种情感，在别林斯基写给《友人通讯集》作者的著名信笺里，获得了光辉的表现。可是诺维科夫消沉时的情况，却不是这样。就我们所知，他的沉沦没有在"小市民阶层"中引起不快的惊讶，他们不久以前还满意地读过诺维科夫的讽刺杂志。相反，他们当中的大多数人都信任地在他们的引路人所选择的新道路上，追随着他。在校青年热烈地参加他的新的——神秘主义的——出版物的工作，年龄较长的"小市民"开始阅读从他的印刷所印出的拯救灵魂的著作。

这是一个完整悲剧。诺维科夫既然在神秘主义里找到道德的安宁，便将其全部少见的精力投入"哲学"宣传，这种哲学认为死高于生，从而否定在人间进行任何积极活动的意义。这位富于牺牲精神的人，在俄罗斯成为非贵族出身的知识分子的思想代表，这种知识分子尽管当时还是保守的，但已不能安于自己的地位；而他却开始传播一些观点，从根本上破坏对社会制度问题的任何兴趣。关于诺维科夫在当时的"启蒙"活动，只好用海涅的话说：

Er sang das alte Entsagungslied,

Das Eiapoppeia vom Himmel,

Womit man einlullt, wenn es greint,

Das Volk, den grossen Lümmel …

（他唱几曲驯服忍受的老调，

那天堂里摇篮旁的催眠歌声，

　　　　　每当老百姓发出了怨言牢骚,

　　　　便催得愚民乡巴佬入梦……)

　　他激昂地高唱低沉忧郁的歌,比较有知识的非贵族出身的知识分子高兴地听着,用坟场的重唱词与之亲切地合唱。我们在这里所看到的悲剧不是某些个别人的悲剧,而是整个社会阶层的悲剧。笼罩着诺维科夫的情绪,是同很大一部分欧化"小市民阶层"的情绪相符合的。现在,我国非贵族出身的知识分子是在对18世纪先进思想的精神反动的旗帜之下出现于社会活动的舞台的。新酒装进了旧皮囊。

　　这一情况的本身,即已值得注意。但是由于那时我国当局连"第三等级"的这种举动都不容许,所以这一情况就更加值得注意了。莫斯科的"蔷薇十字会"会员受到迫害。伏尔泰的女弟子对于她的臣民的独立创举——无论其表现形式如何——从来不予宽恕。何况在这里还有一种情况使她特别担心。

　　根据彼得一世颁布的法律,俄国皇帝可以按照自己的裁定,指定继位人。但是18世纪下半期的俄国市民不很了解"女皇的真正意愿",相当强烈地倾向于一种信念,以为俄国皇位的继承权不属于叶卡捷琳娜,而属于彼得三世的皇太子——保罗。叶卡捷琳娜知道这一情况,因而对自己的皇太子极为猜忌。一次,保罗·彼得洛维奇亲王逗留巴黎时,——如所周知,他在1782年5月用谢韦尔内伯爵的化名去过巴黎,——曾与路易十六世进行谈话。路易十六世顺便问他,是否在他的随行人员中没有一个他可以依靠的人?保罗生动活泼地答道:"Ah bien, je serais bien fuehé, qu'il y eût auprès de moi le moindre Caniche fidèle à ma personne dans ma suite；ma mère l'aurait fait jeter à l'eau avant que nous ayons quitté Paris."（"如果在我的随员中有一只哪怕是极小的忠实于我的小狗，那也将使我感到极大的悲哀：我的母亲会设法在我离开巴黎之前，将它抛进水里"）①。

这使我们对于他们母子之间的关系，有所了解。现在请想想，对于亲王表示忠实的不是一只小狗，而是整个一个具有钱财和社会联系的组织。显然，叶卡捷琳娜一定会要把它"淹死"。这种组织便是莫斯科"蔷薇十字会"。

Г.舒米戈尔斯基不怀疑，当时的俄国皇位继承人曾从 А.Б.库拉金公爵那里获悉共济会的机密，并在他的影响下，成为自由的共济会会员。这位学者认为，在这件事上，С.И.普列谢耶夫是库拉金的助手。根据另外的报道，保罗曾由 И.И.耶拉根吸收参加共济会②。无论如何，亲王曾对共济会发生兴趣，而共济会则认为将亲王吸收到他们一边，是有重大好处的。像彼得堡的共济会一样，莫斯科共济会亦曾力图与亲王发生关系，而且他们做到了。我们看到，他们一方面力图逃避"政治"，同时却不免玩些"政客手腕"。当然，叶卡捷琳娜二世的警察一般地曾注意侦察俄国共济会，特别是注意侦察莫斯科"蔷薇十字会"的活动：我们已经知道，他们的通讯受到检查。整个问题在于，在"蔷薇十字会"会员同保罗的关系中，警察到底发现了什么，是否根据当时我国的法律，有什么犯罪行为？舒米戈尔斯基抄录了下面一首歌，据他假定，这首

---

① 科别科：《保罗·彼得罗维奇皇太子》，第 237 页。
② 舒米戈尔斯基：《保罗皇帝与共济会》——《共济会的过去与现在》，第 2 卷，第 139—142 页。

歌是洛普欣写的,刊登在 1784 年《自由共济会刊》第 I 卷第 I 篇里。歌词说:

> 我们把你,保罗,
>
> 看做是天国的爱的保证,
>
> 对你的美好的一对,
>
> 像仙人形象一般尊敬。
>
> 你头戴王冠,
>
> 将是我们的父亲!
>
> 由于命运的赏赐,
>
> 彼得使王朝更增鼎盛,
>
> 给你以果实,
>
> 又嘉惠于所有我们。
>
> 你头戴王冠,
>
> 将是我们的父亲!
>
> 幸福、真理、和平
>
> 同你一道降临,
>
> 在王座前,
>
> 穷人和孤儿不怕不惊。
>
> 你头戴王冠,
>
> 将是我们的父亲!
>
> 你已明显看到,
>
> 进入神殿的不朽者的大门,
>
> 是既危险又艰辛。
>
> 你有科学艺术之神的母亲,

　　定将完成这一历程！

　　彼得的血无上珍贵，

　　俄国女神的后裔，——

　　啊，热望之子，

　　像伟人般前进罢，

　　　幸福的永恒世界，

　　　这将是你的前程！

　　舒米戈尔斯基在这首歌词里听到某种可怕的暗示。他说："叶卡捷琳娜不用去猜测人们的心意，便可从反复重唱'头戴王冠，你将是我们的父亲！'中，估计出这首诗的用意。"[1]可是，当命运的过程将给他戴上王冠时，如果责备忠诚的臣民希望王位继承人成为他们的父亲，那就奇怪了。必须"猜测人们的心意"，才能在这种希望的刊物表现里，发现积极干预命运的自然过程的愿望，企盼继位人成为皇帝的时刻的到来。叶卡捷琳娜可能怀疑"莫斯科蔷薇十字会"会员准备支持保罗，如果他企图夺去她的权力。经过对"蔷薇十字会"的多年侦察和各式各样的刁难，这位伏尔泰的女弟子认为必须"消灭这个受到尊敬的团体，使不符合正教的书籍，不得出版"。1792年4月30日，她签署了逮捕诺维科夫的命令。

　　当然，这个案件的侦察，是完全同叶卡捷琳娜在制定她的《敕令》时所剽窃的先进作家的法律原则相矛盾的。被告的利益一贯受到侦审人员的破坏。尽管这样，当局未能在"莫斯科蔷薇十字

―――――――――

　　[1] 《保罗皇帝与共济会》，第145页。

会"会员的行动里,发现任何犯罪事实①。将他们交付刑事法庭,已不合适。然而由于女皇无论如何要消灭诺维科夫,她认为他是一个聪明的,因而也是一个危险的狂徒,所以不得不使用"摩西权杖"。根据叶卡捷琳娜的命令,诺维科夫被关押在什利谢尔堡,为期 15 年(对于这样的命令,贝卡里亚会怎么说呢?!)他的财产被查封:所有由"印刷公司"出版的书籍,予以没收。受到这个案件株连的洛普欣说:"检查继续了几年,许多书被烧毁,几乎所有的书都不见了。许多参加过去的"印刷公司"的人,都受到很大损失——特别是我受到的损失更大。"②

关于所有这一切怎样粗暴地破坏了最起码的司法要求,是完全不用谈了。但也不妨指出一点,即对于抱怨蒙受破产损失的洛普欣,毕竟还算比较便宜。他不仅未被拘押下狱,甚至未被逐出莫斯科:由于他的年迈的父亲患病,准许他留在那里。

用叶卡捷琳娜的话说,其他"同谋犯",都受到不同的惩罚。特鲁别茨科伊公爵和 И.П.屠格涅夫被放逐到他们的庄园。恩加雷切夫公爵,丘尔科夫、波兹杰耶夫、赫拉斯科夫和许多其他的人,他们纵然焦急惶恐,都未受到折磨③。波霍佳申未受影响。但科洛科尔尼科夫和涅夫佐罗夫却吃了许多苦头,他们在回国途中在里加被捕④。科洛科尔尼科夫在拘押中很快死去,而涅夫佐罗夫则

---

①　关于这个案件,请查阅波戈柳波夫前引著作,第 432 页及其后各页。

②　《札记》,第 63 页。——引自被抄没的诺维科夫藏书。1964 卷被送交宗教学院,5194 卷被送交大学,18656 卷被烧毁。

③　М.隆吉诺夫:《诺维科夫和莫斯科马丁教派》,第 353 页。

④　罪名是:他们在外国学医是由洛普欣供给的。

长期患精神失常。保存下来的他的申请书,请求将他移住另一房间,因为在他的监狱隔离室下面,据他说:"保存了许多燃料,我想,那里有许多死人。"①这是很明显的昏话。显然,涅夫佐罗一度在外国害过的毛病又复发了。不了解秘密审讯处是否很快就终止了对这位病犯的折磨,也不知道是否很快就将他送进病院,但他只是在 1798 年 4 月才被释放的②。

波戈柳波夫认为,涅夫佐罗夫的长期监禁不算什么惩罚③。就算这样罢。但是请问,侦审以及侦审过程中舍什科夫斯基威胁要将他打死,是否促使涅夫佐罗夫生病呢? 如果是的,那也许比惩办更坏。

涅夫佐罗夫是僧侣出身,出国前领取"友谊协会"大学生奖学金④,在大学念书。他是诺维科夫—神秘主义者学派的一个典型的非贵族出身知识分子。他的观点虽然完全反动,但他有一种不可遏止的"教育"其亲人的倾向。后来他抱着这一目的,甚至实行了他那种"到民间去"。据别索诺夫说,常常看见他在广场上,挤在人群之中,热烈兴奋地高谈阔论⑤。

巴格良斯基医生同诺维科夫一道关进什利谢尔堡监狱。大部

---

①　《诺维科夫案的新文件》(波波夫编),见《俄国皇家历史学会论文集》,第 2 卷,第 143 页。

②　H.库尔曼的论文:《米海尔·伊凡诺维契·涅夫佐罗夫》。(《共济会的过去与现在》,第 2 卷,第 211 页。)

③　同上书,第 444 页。

④　他仿佛是这个协会的第一个领取大学生奖学金的人。见波戈柳波夫:见前书,第 329 页;库尔曼:文见前。(《共济会的过去与现在》,第 2 卷,第 205 页。)

⑤　文见前。《俄国丛谈》,1856 年,第 3 卷,第 126 页,——涅弗佐罗夫死于 1827 年 10 月。这里所说的"到民间去"是他晚年的事情。

分学者继隆吉诺夫之后,都断定巴格良斯基是根据他本人的申请关进去的,因为他想照料诺维科夫。但是,涅泽列诺夫教授引录一名秘密审讯处官员的报告,——这个官员于 1784 年奉派到什利谢尔堡"视察在押的秘密人犯和他们的生活状况",——说巴格良斯基医生是"因为翻译淫书"而被关押的[①]。我们没有根据忽视这一报道。

对非贵族出身的知识分子,比对"名门贵族"处分得更严厉[②]。这同当时情况的内部逻辑毫不矛盾:在学校里,非贵族出身的知识分子在挨打时要"光着屁股",而少爷们挨打,则是穿着衣服的。

诺维科夫的一名农奴也同他一道关在监狱,罪名不详(据马卡罗夫的报告)。然而非常明显,他的下狱,就因为他是农奴:奴隶不过是会说话的东西,他必须跟随他的主人。

诺维科夫曾向叶卡捷琳娜请求宽恕。从我们现在的眼光看,他如果不做这件事情,那就更好。在拉季谢夫以及后来的十二月党人的行为里,我们也看到某些从现在的观点看来值得惋惜的特点。但是为了正确地判断当时的现象,必须对于他们那些时代的精神状态,加以注意。

在什利谢尔堡,巴格良斯基,诺维科夫和他的农奴,都被关押到保罗即位时,也就是关了 4 年。巴格良斯基获准剃胡须和放风散步。诺维科夫却未能享受这些优待。至于他的"不知为什么"关进监牢的奴隶是否放风吸吸新鲜空气,这未查明。

---

①   《叶卡捷琳娜时代的文学流派》,第 382 页。

②   非贵族出身知识分子加马列雅只是受到警察的传讯了事。然而这一个非常老实的人完全无害,是一望而知的。

我们已经看到,诺维科夫直到死前(1818 年 7 月 31 日)还是一个极为顽固的"蔷薇十字会"会员。然而就是什利谢尔堡也未能扼杀他对"教育"和慈善事业的爱好。他同他的朋友加马列雅一道,积极勤恳地为浩大的著作准备材料:"出版一部书,收进一些关于炼金术、神秘主义、魔术以及其他的书;出版金色"蔷薇十字会"会员和其他真正共济会员以及古代系统的著作;编辑俄文译本,便利人们认识上帝、自然和人的本身,从许多荒谬途径中向他们指明唯一认识这一切的唯一真正途径。"①

1812 年在距离他庄园不远的地方,出现了法国部队。诺维科夫安然留在家里。在拿破仑开始撤退的时候,他对于敌军抛下的士兵,力予救济,因而引起当局对他的新怀疑②。时间没有消灭这位卓越人物心中的高贵感情。回想起他所遭受的折磨,回想起他的思想发展过程自身所完成的那些极度不利条件,以及这些条件驱使他进入神秘主义、魔术和其他"知识"的死胡同,真是令人伤感! 实在说,诺维科夫的遭遇应该是好得多的。

---

① 波戈柳波夫,见前书,第 467 页。
② 同上书,第 471 页。

第十三章　亚·尼·拉季谢夫

（1749—1802）

I

黑格尔在他所著的《Philosophie der Geschichte》(《历史哲学》)中写完古代东方史述评后,转而研究西方时说:"在希腊,我感到像在我的家乡。"现在,当我离开神秘主义者转而研究亚历山大·尼古拉耶维奇·拉季谢夫时,我想起了他的这一番话。

拉季谢夫的宇宙观,虽然同我们时代先进人物的宇宙观不尽相同,——由于非常明显的原因,在这里要尽同,显然是不可能的,——但却由于种种近亲的纽带而彼此联系。他所学习的思想,就是18世纪末卓著成效的社会改革所据以完成的那些思想。这些思想,一部分迄今仍具有意义,一部分则成为制定我们现时各种概念的理论材料。

如果我们继黑格尔之后,也把18世纪的解放运动称为光辉的日出,那我们就应该说,与神秘主义者相反,拉季谢夫是高度评价和真诚崇拜这一值得纪念的现象的不多俄国人之一。可以进一步说:他是这些人中最优秀的一个。

我们已经看到,诺维科夫的情况对于他的思想发展,是非常不利的。相反,拉季谢夫的处境,却甚有利于他掌握当时最进步的理论。那时不懂法文是不能成为有学问的人的,而他在十来岁时就掌握了它。不过,在父母家里,教他法文的是一个不可靠的人:原来他是一个逃兵。不久,这个流亡者马尔斯的小学生被送到莫斯科,住在母系亲戚 M.Φ.阿尔加马科夫的家里。他在这里的法文教员,是一个比较有学问的人。此外,除了这位教师,拉季谢夫还有几位别的教师:几位大学教授给他上课,他的监护人则是阿尔加马科夫。在叶卡捷琳娜二世即位时,阿尔加马科夫设法把他的小亲戚入选为王后的少年侍从,因此,他被带往彼得堡。1765 年叶卡捷琳娜命令派 12 名青年进莱比锡大学留学。拉季谢夫便是这 12 人中的一个①。

　　一个叫博库姆少校的人,被派担任这批青年人的督学。这个"皇室侍从长"盗窃在他监管下的学生,——把拨给他们的费用,大部分塞进自己的腰包。此外,他对这些学生的态度也极为粗暴。由于要求他们绝对服从,他命令建造一间特别的笼式小房,禁闭犯错误的学生。这一切当然为他的受害者所不乐意。他们当中产生了强烈的不满,开始发生"事故"。

　　后来拉季谢夫说:"我们考虑学习的时间不及考虑摆脱这种不堪忍受的方法的时间多。像在社会里一样,苦恼超过了忍受的限度,便产生绝望的挣扎;在我们的团体里,也开始了群众性集会和频繁的密商,进行着在搞密谋时所常见的一切。人们约许相互支援,言谈激烈。勇敢是值得称赞的,胆怯的声音听不到了,思想也

---

　　① 据他的儿子尼古拉说,拉季谢夫的同学有:亚诺夫、切利谢夫、库图佐夫、鲁巴诺夫斯基、涅斯维茨基公爵、Φ.乌沙科夫、M.乌沙科夫、纳萨金、特鲁别茨基公爵、奥尔苏费耶夫。后来,又派了科佐达列夫和沃尔科夫来代替死去的涅斯维茨基公爵和特鲁别茨基公爵。

很快就统一起来了。"约言之,发生了我们现时所说的学生闹事。一位同学根据大家的决定,打了博库姆一记耳光,而博库姆则像对待刑事犯一般,猛击了不服帖的青年。

他们的处境变得非常困难,以致想逃亡美国。幸而俄国驻萨克森的公使 A.M.别洛谢尔斯基公爵搭救了他们,他极大地克制了他们的贪财和易怒的督学的教育努力①。

"事故"妨碍学生去"考虑学习"。这是可以理解的。但是,"事故"引起抗议的精神,有时驱使学生考虑一些在其他比较顺利条件下完全不会注意的问题。无论如何,我们可以肯定,同博库姆的冲突不仅未能剥夺莱比锡俄国留学生对正式学习大纲规定的必修科目的兴趣,而且未能剥夺他们对许多其他学科的兴趣。

例如,根据叶卡捷琳娜亲自写的训令,他们必须学习拉丁文、德文、学习道德哲学和罗马法,"特别是自然法和民法"。但是,拉季谢夫按照自己的意愿,除这些科目外,还努力学习自然科学,特别是化学和医学。

像在任何地方,只要那里有哪怕是极少数青年努力形成自己的世界观,便会经常出现的情形一样,在我国留学莱比锡的学生

---

① C.Г.斯瓦季科夫似乎认为,俄国国外留学生同他们的政府监护人的这一冲突,是我国最早的学生运动。这不完全准确。1763 年,寡妇斯特凡宁科娃向基辅神学院长控告 4 名学生,似乎他们偷了她的木材、院长作了严厉处分:他命令对两名被控告的学生用树条抽打,对其余两名则剥夺其"资格"。受害者向基辅的主教提出了申诉,要求对他们所受的侮辱和殴打予以"昭雪"。哲学班的个别学生声援了他们,在同称他们为暴徒的院长激烈争辩后,以集体离院作为威胁。(见 M.B.多夫纳尔-扎波尔斯基的论文《谢明·伊凡诺维奇·加马列雅》——《共济会的过去与现在》,第 2 卷,第 28 页。加马列雅也是那一刚强的院长的受害者。)这些学生运动的结果如何,不了解;但很可能,它们也都不是最早的学生"闹事"。

中,也有一个对自己的伙伴起着领导作用的人物。这便是费多尔·华西里耶维契·乌沙科夫。

我们所知道的有关他的一切,都使我们有根据认定,他曾以突出的思考能力,没有止境的求知欲和性格的刚强,而出类拔萃。当叶卡捷琳娜决定派遣拉季谢夫等人出国留学时,他已在政府机关任职,但他力争出国,而且获得批准。他不像他的伙伴们那样年轻,比他们更有能力听大学里用德文讲授的课程,也更有能力认真读书。他们在自修方面选择书籍和科目时,也接受他的指导。乌沙科夫没有读完大学便死在莱比锡,终年23岁。然而多么奇怪,他的早死竟成为我国某些学者责备18世纪解放哲学的理由。

事情是这样:据《乌沙科夫传记》的作者拉季谢夫说,乌沙科夫死于一种疾病,这种疾病是"肉欲过度和漫无节制的必然结果"。

拉季谢夫断言,乌沙科夫"在贵族社会"中的周旋,使他养成了纵欲的习惯。对于拉季谢夫的这个见解,涅泽列诺夫教授曾以教训的语气作了补充。他说:

"当时与时髦的唯物主义哲学相适应的欧洲社会道德,不仅使乌沙科夫,而且使拉季谢夫羡慕不置。拉季谢夫在记述亡友的生平时,也对爱情和青春表示了自己的见解;这些见解同乌沙科夫的观点一样,充满肉欲"①。

不能不同意,在整个欧洲,特别是在叶卡捷琳娜时代的俄国,"贵族社会"的道德,确能养成青年人寻求"过度肉体享乐"的习惯。我们的宫廷习惯和妻奴、妾奴风俗可以成为"纵情声色"的典型范

---

① 《叶卡捷琳娜时代的文学流派》,第323—324页。

例。然而,如果我们不知道,唯物主义者对健康人的机体需要的态度,早已被解释为色情宣传,那就很难理解,这同唯物主义哲学有何关系。禁欲主义的道德观,把这种需要看为使人沦为"禽兽"的东西。我们已经知道,诺维科夫的《曙光》杂志在谈到性爱时,就发表过这种意见。各式各样的唯物主义者都坚决反对这种观点,而认为对人体正常需要的满足,断然不包含任何值得责备的东西。但这距离宣扬过度肉体享乐是非常遥远的。如果"贵族社会"的代表,在某一历史时代,——例如,在复辟时代的英国和叶卡捷琳娜二世朝代的俄国,——有时引述唯物主义哲学而为他们的某些"享乐"无度辩解,则这里的问题当然不在于哲学,而只在于贵族社会的道德和产生这种道德的社会条件。至于乌沙科夫本人,不难看到,他的爱情观,是完全没有道貌岸然的涅泽列诺夫教授想强加给他的那种色情特点的。

II

对此,应予补充说明:乌沙科夫就其根本哲学观点说,并不是什么唯物主义者。不过,毫无疑问,他虽然不是唯物主义者,但他对于唯物主义关于人的学说,却几乎是完全理解的。他在性爱和一般"情欲"问题的观点上,也表现为唯物主义者。

他在所写短文《论爱》中说:"道学先生反对情欲,他们按照在他们想象中创造的人来谈论一般的人,或者加深其抽象的形而上学,用响亮的词句证明,凡不符合尽善尽美(对此毫无解释)和事物本质秩序(对此并无了解)的行为,都是反德行,都是罪恶。"

乌沙科夫驳斥了这种"反德行"概念:按照他的意见,"凡能促进全体人（如这不可能，最少也应当促进许多人）的幸福与快乐"的行为，都应称为德行。因此，他认为，凡危害人类幸福与快乐的行为，都是"反德行"。他觉得只有根据这种观点，才能对性爱问题进行考察。

满足人的生理需要，就其本身而言，对于德行既无积极关系，也无消极关系。这种满足只有当人们由于某种心理感受的影响而作出这样或那样对亲人有利或有害的行为时，才会成为善或恶的来源。性爱在自然状态上，也就是在社会产生以前，纯然是一种生理行为。但自社会产生，事情就在这样的意义上发生了变化，即男女之间，除生理的欲求之外，还有一些感情，能够驱使人们对社会作有益、或有害的行为。因此，从这时起，对爱情问题从德行观点进行考察，就成为适当的了。

乌沙科夫说，男人总是想变得能够取悦于女人，而不是相反，即不是女人想变为男人所中意的样子。因此，在社会里的爱，由于它的基础不只是肉体感受，而是数以千计的感受，这种爱决定于成见、习惯和境遇，它根据女人所受教育的这种或那种形式，而变为善或恶。然而女人的教育不是一成不变的。在古代社会，它使女人鼓励男人进行有益于社会的事业："母亲因儿子未能戴着桂冠归来而流泪；少女将自己的心献给光荣的人。"而现在却不是这样。现在，女人学的是游戏和娱乐，"她的整个智慧都局限于表面的荣华"，她的道德感情经常受到装腔作势和虚伪造作的歪曲。她"由于无知而中伤别人，由于未获应有尊重而沽名钓誉，由于经常生活于被迫状态和从事细微末节而变得奸诈狡猾。"她力图驾驭她的爱慕者。乌沙科夫坚决劝告男人不要受女性的有害社会的影响。他问道:"难道值得作她的牺牲品? 难道值得为了取悦于她而使自己的头脑塞满了种种费解的细微末节? 难道值得为了使她高兴而放弃爱真理,将一逝不返的光阴贡献给她?"接着,我们的青年作家颇为详细地列举了男人由于取悦于卖弄风情的美妇人而遭受的危害,最后并呼吁读者发出国民应有的情感。按照乌沙科夫的说法,只有"力求认识人的真谛的人,只有用有益的好知识充实自己的智慧的人,只有力图反对这种肉欲的人,只有以服务祖国和扬名世界为最大快乐的人",才能逃脱女性设置的天罗地网。

在萧伯纳的剧本《坎第得》里,莫列尔牧师的助手米勒向女速记员赫尔内特说:"啊! 女人,如果你能够驾轻就熟地掌握男人的长处,就像你掌握他的弱点那样,那时任何妇女问题也就没有了。"①

请看,米勒的话,同莱比锡的俄国留学生乌沙科夫在他很早以前所说的话,完全一样。

妇女利用男人的弱点,对男人发生有害的影响,所以妇女问题就在于使男人摆脱妇女的有害影响。米勒没有说完他的意思:我们没有听他说及如何使妇女不去掌握男人的弱点,而去掌握他的长处。可以假定,按照他的意见,这个任务应通过教育来解决。至于乌沙科夫,那我们就不仅可以假定,而是可以肯定地说,他认为,只有教育,才是使妇女摆脱她在"我们时代"所特有的缺陷和毛病的手段,也就是说,教育才是解决妇女问题的锁钥。但是,极为值

---

① 第1幕,第3场。

得注意的是，他的教育观点是很广泛的，这种广泛性是他研究当时唯物主义者的结果。乌沙科夫所谓教育，是指社会环境对个人影响的总和。他乐于给他同代的妇女灌输他所说的古代母亲和"少女"所表现的那种国民应有的感情，而且认为要作到这一点，除了按照古代方式改造我们的社会外，别无他途。而由于这种改造不是一种轻而易举的事情，由于要作到这一点无论如何需要先进国民的努力，所以，乌沙科夫劝告先进的国民先不要接受妇女的诱惑。关于这一劝告，也许可以大加评论。但是有一点却不能说，即不能认为它是由于肉欲的驱使。

我所叙述的乌沙科夫《论爱》一文的内容，使我们了解，莱比锡的俄国青年留学生领导人所注意的是在理论上多么严肃和在实践上多么重要的问题。他的讨论权力与惩罚目的问题的另一论文。也证明他的理论探索的深刻。

关于这种权力的"探讨"，共分三个部分：在第一部分，乌沙科夫考察了这一权力的基础；在第二部分，考察了这一权力归谁所有；在第三部分，他谈了死刑问题。

乌沙科夫坚持契约论，对于第一个问题的答复是：惩罚权起源于社会成员的协议：他们不能不保护自己的权利以反对恶意分子的损害，"有其目的，就有其手段"。对于第二个问题，他是在这样的意义上解决的，即惩罚权属于单独的或集体的国王。最后，对于死刑，乌沙科夫谴责它是一种不符合其本身目的的措施。

读者自己看到，在这种"探索"里，俄国留学生是以先进的西方启蒙思想家为榜样的。乌沙科夫在一个地方直接引述了"《犯罪与惩罚》一书的作者"的言论。但在没有直接引述的地方，也可完全明显看出,他竭力研究了贝卡里亚在当时的新著作①。除贝卡里亚的影响外,还可看出法国启蒙思想家的影响②。

犯罪调查学者认为社会惩办罪犯,是通过以恶报恶的办法来恢复正义,乌沙科夫在考虑这一意见时,提出了一些论点,这些论点就在现在,也对分析臭名远扬的不以暴抗恶的理论,具有价值。

他说,一个不幸折断一支腿的人,如果为了以恶报恶,要将另一支腿也给折断,那将是一种毫无理性的行为。社会的情况是同个人的情况相仿的。社会是一个法人,其一切行为都应以求得社会幸福为旨趣,而"以恶报恶则等于促成无可挽回的恶。自己去作反对社会生灵的恶,这种行为需要丧失理智,而丧失理智不是权力"。这些话完全包括了在我们的时代里曾经哄传一时的托尔斯泰学说所特有的真理:如果社会在对罪犯的态度上是以以恶报恶为目的,则这个社会无疑地只能增加在其内部所作的恶的总数。但乌沙科夫不满足于这一无可争辩的真理,他也没有说社会不应使用暴力来保卫自己的利益。按照他的意见,社会应该剥夺罪犯危害其亲近人们的可能。但它同时应该设法对他进行道德感化。它必须使用这两种手段,以期减少在它的内部发生的恶的总数。不能不承认,乌沙科夫虽然在这里没有完全解决怎样使恶本身——在这里是说对社会犯罪分子的暴力——成为善的来源,但他的"探索"过程要比托尔斯泰伯爵的思考过程正确得多。

不过,应该指出,在研究用什么方法才能感化罪犯时,乌沙科

---

① 学术著作《犯罪与惩罚》(*Dei delitti e delle pene*),1764 年版。
② 贝卡里亚本人就从法国启蒙思想家那里因袭了许多东西。

夫发表了一些现在看来不仅幼稚,而且幼稚中兼带残酷的主张:他将他的感化希望寄托于单独监禁。"关进监狱的罪犯,看到自己满身耻辱,受到一切人的蔑视,如果单独一人,就会比人们所想象的更有力的忏悔。"

先进的法国启蒙思想家更广泛地提出了犯罪意向的感化问题。他们说,个人利益和社会利益的矛盾是犯罪的来源。为了消除这一矛盾,——同时也消除犯罪的意向,——必须这样组织社会,使其利益与个人利益相符合①。的确,在法国启蒙思想家中,只有不多的人以为可以达到这两类利益的完全适合。但是他们都证明,最少要用一切力量来谋取这种适合,因而使他们的理论具有改革的性质。不知为什么这方面的理论,在乌沙科夫关于惩罚权的探讨里

---

①　康尔多塞写道:"Le perfeetionnement des lois,des institutions publiques,suite des progres de ces sciences,n'a-t-il point pour effet de rapprocher,d'intensifier l'intérêt commun de chaque homme avec l'intérêt commun de tous? Le but de l'art social n'est-il pas de détruire cette opposition apparente? Et le pays,dant la constitution et les lois se conformeront le plus exactement au voeu de la raison,et de la nature,n'est-il pas celui ou la vertu sera plus facile,ou les tentations de s'en écarter seront les plus rares et les plus faibles? Quelle est l'habitiude vicieuse,l'usaqe contraire à la bonne foi,quel est même le crime dont on ne puisse montrer l'origine,la cause première,dans la législation,dans les institutions,dans les préjugés du pays ou l'on observe cet usage,cette habitude,ou ce crime s'est commis?"(《Esquisse d'un tableau historique des progrès de l'esprit humain.—Dixième époque.Des progrès futurs de l'esprit humain》.)

(随着这些科学的进展而出现的法律及公共制度的完善化,对每个人的一般利益与全体人的一般利益的彼此接近和同时提高会没有效果吗? 社会学科的目标难道不是要打破这种表面上的对立吗? 而那种宪法和法律同理性的意愿和自然的意愿最密切符合的国家,不正是那种美德最通行无阻、引诱人离弃美德的力量最少见而最薄弱的国家吗? 有哪种恶习惯,有哪种违反正直诚实的风俗,甚至有哪种犯罪,我们不能从见得到这种风俗、这种习惯或这种犯罪的国家的立法、制度、偏见中指出它的根源、它的基本原因呢?)

(《人类精神进展的一幅历史图画素描——第十期。人类精神的未来进展》)

没有得到反映。同先进的法国启蒙思想家相比,——例如,同爱尔维修相比,——他在这里显得是一个思想方式颇为温和的人。

他说:"所有各时代的经验和现时的国家状况,都证明财产平等的不可能。而财产的不平等则一方面造成贫困;另一方面造成奢侈。"爱尔维修也说过同样的话。

但是,爱尔维修一方面承认财产平等的不可能,同时又认为立法者必须努力减少财产的不平等。而关于这一点,乌沙科夫却一字未提。也许,他的缄默是因为经济关系不属于他所从事的法律研究的范围。然而如果他常常想到经济,那么,在法律研究里,他也会对于经济有所表示(哪怕只是顺便一提)。由于他自己就曾看出,极度的贫困经常接近于犯罪,所以这样做,就更恰当了。因为很明显,既然极度贫困促使犯罪增加,那么,为了同犯罪进行斗争,采取一些经济措施就是必要的了。可是,乌沙科夫没有作出这一结论,这就是为什么他的值得注意的法律研究使我们有根据去设想,经济问题并未引起他的注意。

这一优秀人物,尽管害着重病,却孜孜不倦地力求深造,他像所有 18 世纪先进法国启蒙思想家一样,极为倾慕普卢塔赫英雄的私德,但他不仅与财产不平等妥协,而且由于这种不平等,对他的惩罚理论作了重要修改。他写道:

"一个有才智的人或过着舒适生活的人,对于刑罚的感受,要比一个无知的人或身强力壮又习于贫苦的人,更为敏锐;所以对于这两种人,如果实行同样的罪行同样的惩罚,则对于一种人会比对于另一种人更为残酷,精神痛苦将不能与罪恶相配称。"这就是说,对于有才智、或过着舒适生活的罪犯,立法者应予以更轻的惩罚。

对于这种观点,18世纪的先进法国人是很难同意的。如果在这里完全不谈监狱能否促进犯人的道德改造问题、可以同意过着舒适生活的人比从童年起就习于穷苦的穷人,更难忍受监狱中的物质艰难。至于道德的痛苦,怎样也不能说穷人比领有丰富物质财富的人,更易于忍受。在这个问题上,如果说,愈是堕落的犯人,要比堕落情况不及他的犯人,更少感到监狱中的道德痛苦,那会是更为公允的。但道德堕落的程度既不决定于物质幸福的程度,也不决定于"才智"。我们已经知道①,18世纪的先进法国人深信,特权等级人们的道德水平低于人民的道德水平。如果乌沙科夫保持了他的先进的同时代人的这一观点,他一定会认为,对于穷人的惩罚,应比对于"过着舒服生活的富有者"的惩罚为轻。可是就令他同意这一观点②,他在"关于惩罚权的探讨"里,也一字未提。因此,他所得出的结论,很少符合第三等级思想家的学说,而更多地符合贵族等级的陈腐偏见,这个等级的代表在19世纪还常常说,我国庄稼汉不怕坐牢,因为就是在监牢里,他也比在家里吃得好些。

III

研究乌沙科夫的著作也许是多余的。但事实上,这种研究可以帮助我们去了解那些比任何其他人更倾向于法国解放哲学的18世纪俄国人。乌沙科夫是莱比锡俄国留学生中的中心人物。他的观

---

①　《……人类精神的未来进展》,第7章。

②　这里一提他对贵族妇女教育的评语。他把上流社会中卖弄风情的妇女,描写为堕落到了极点的人。但他无法否认,在劳动农民环境中教养的妇女,在道德方面要比那种妇女高尚得多。

点,对于那些决定他的许多同学的日后活动的概念,具有重大影响。拉季谢夫写过乌沙科夫"生平",而且保存了乌沙科夫的上述论文,他在许多方面,纵然不在一切方面,都是同意乌沙科夫的。我们分析乌沙科夫的观点,同时也就了解了拉季谢夫的见解。

拉季谢夫的见解的最主要特点,在于同法国先进思想家理论的或多或少的接近。因此,我们必须注意指出我们在拉季谢夫本人的见解和他的学长乌沙科夫观点中所看到的种种偏离这种理论的地方。

我们看到,乌沙科夫在其关于惩罚权力的论文里,是以法国启蒙思想家为榜样的。此外,我们又看到,他一方面追随启蒙思想家,同时对于最重要的社会问题,又不经常确切地站在与他们相同的立场上。例如,同爱尔维修一样,他承认财产不均的不可避免性,但比爱尔维修更易于与这种不均相妥协。他表示应减轻对富有阶级罪犯的惩罚,从而他所暴露的情绪,也不是在法国知识分子中居于统治地位的情绪。质言之,他落后于同时代的先进法国人。不难了解,何以会出现这种情况。在法国,日益接近的社会变革的风暴,比在遥远的俄国,甚至比在叶卡捷琳娜派出俄国学生留学的德国,都要明显得多。因此,先进法国思想家所走上的"极端",——用我国许多善意的学者的话说,——使德国教授和他们的德国和俄国学生感到恐惧。①

试举一例:一位显贵的俄国旅行家②在途经莱比锡时,向俄国留学生推荐爱尔维修的著作《精神论》(De l'Esprit),按照拉季谢

---

① 虽然,乌沙科夫对妇女问题的观点,要开阔得多。值得指出,19 世纪先进的俄国知识分子总是开阔地看待这个问题。

② B.B.卡拉什假定,这位显贵旅行家是奥尔洛夫伯爵。

夫的说法，这位显贵旅行家"只是对这本书有偏好，对这本书的尊重超过其他的书"（"也许其他的书，他根本不知道"。——拉季谢夫挖苦说）。乌沙科夫和他的所有俄国朋友，遵照这位显贵旅行家的建议，相继"读了这本书，而且用心地读，学会了照那本书思考"。但是，他们虽然学会了按照爱尔维修的著作思考，虽然完全领会了这部书的绝大多数次要的理论原则，却不曾接受构成这些原则的基础的唯物主义感觉论。乌沙科夫甚至感到必须批驳爱尔维修。他留下了他批判《精神论》最初几章的 5 封信。这些批判并无任何创见。乌沙科夫反驳爱尔维修的论点，是从各式各样德国哲学家那里抄袭来的，而这些德国哲学家的特点，又在于他们比法国哲学家更强烈地倾向于同旧世界观妥协。但对俄国社会思想史具有不小意义的一种情况是：乌沙科夫对爱尔维修的完全没有创见的批判，在拉季谢夫的思想中留下深刻的印记，特别是在他一生中最艰难的岁月里，在他的西伯利亚流放生活中，感到需要宗教的安慰时，他强烈地想到这些批判，咒骂这位法国思想家。而他在青年时代却是按照他的书来学习思考的①。

在他那时所写的著作《论人及其死亡和不死》里，他几乎重复了乌沙科夫在莱比锡用以反对爱尔维修的唯物主义感觉论的全部哲学观点。我们往后在研究拉季谢夫生平的这一时期时，将对此摘要进行考察。但我们的叙述还离这一时期很远。

1771 年 11 月，拉季谢夫回到俄国。他带着为祖国贡献其全

---

①　在写给沃龙佐夫伯爵的信里（伊尔库斯克，1791 年 11 月 26 日），提到《*Helvetius de memoire maudite*》（《回忆可诅咒的爱尔维修》）。

部力量的热烈愿望,回到了祖国。在他所写《乌沙科夫生平》一书中,他在谈到他的朋友,未来的神秘主义者库图佐夫时,说道:"回忆我们多么焦急地想看到自己重新回到我们的出生地,回忆我们在看到将俄国和库尔良德分开的分界线时,是多么兴高采烈! 如果有谁,冷淡无情,在这种兴奋情绪中,除了看到放肆,有时甚至胡闹之外,什么也没有看到,那我是毋须为此玷污纸笔的;但如果有谁虽懂得什么是激动若狂,却说我们没有这种情绪,我们不能牺牲生命来谋求祖国的利益,那么,对于这种人,我说,他是不了解人心的"。祖国没有为他的青年活力找到使用的地方,没有找到需要使用他的巨大的英勇奋发精神的地方。

同库图佐夫和其他在外国留学的伙伴一道,他被派到参政院工作,职务是记录员。他的儿子尼古拉说,这一职务没有给拉季谢夫带来多大喜悦。"不通俄文,同小官小吏为伍,高级官僚对待他们这批人的态度同对待其他小职小官的态度毫无差别,这一切都使他对这一职务感到厌恶。"因此,先是库图佐夫,后来是拉季谢夫,都转任军职。他被任命为大尉,派在当时彼得堡军区总司令布留斯伯爵的总司令部任军法官。据他的儿子说,担任这个新职,是拉季谢夫一生中最得意的时期。这是可能的。但事实是,拉季谢夫在彼得堡总司令部只服务了三四年便辞职了。

1776年他再次任职。现在他担任商务委员会的委员。当然,这个职务本身,是没有什么英雄特色的。不过,俗话说得好:事在人为。

这个前莱比锡留学生一经参加商务委员会的业务,便挺身为正义而斗争。我们所知道的第一次斗争,是因被控失职的《大麻织品检查员》案引起的。委员会主席和副主席,以及拉季谢夫的其他同事,都认为检查员有罪。他一人——当时是委员会的最年轻的委员,——却对这一案件写了相反的意见,而且毫不耽误地将其发表出来。这引起了一场混乱。惊惶失措的委员会副主席长时间地劝说拉季谢夫别说出来,以免引起委员会主席沃龙佐夫伯爵的震怒。但拉季谢夫坚持了自己的观点。于是,事情发展到由他自己向委员会主席陈述。出乎这批惊惶失措的官员们的意外,委员会主席认为拉季谢夫的理由有说服力,因而被控的检查员得到昭雪。从那时起,沃龙佐夫伯爵对他的这位聪明勇敢的属员,倍加注意,后来,在他遭受迫害的艰难岁月里,曾给他以异常重大的支持①。一般说来,我们所知道的关于拉季谢夫任职期间活动的一切,都向我们说明他是一个聪明、积极和完全大公无私的官吏。事情不能不是这样。他从国外带回祖国的理想,完全不是一般只关心自己升官发财的老官吏所需要的理想。当然,就是努力无私的公职人员,也很少能符合这种理想。拉季谢夫曾努力从事写作,在回国以后不久,就着手翻译一部当时很出名的马布利的著作《Observations sur l'hestorie de la Grèce》。他的译本于 1773 年出版,书名为《希腊史概论,或关于希腊人幸福和灾难原因的考察。马布利神甫著》。译本是由诺维科夫在 1773 年建立的"印书业促进会"出版的②。马布利是这样的法国作家之一,他们的著作在莱

————————————

① 沃龙佐夫伯爵在拉季谢夫流放西伯利亚时,曾与他通信。流放中的拉季谢夫在写给伯爵的一封信里,便写了前面提到的对爱尔维修的咒骂。

② B.谢缅尼科夫发现,除这部马布利著作的译本外,"促进会"还将拉季谢夫的另一译本《军官操典》送请科学院出版。但这个译本仍然是由诺维科夫出版,直到 1777 年才发行的。(见谢缅尼科夫的论文《诺维科夫早期创办的出版社》——《俄国藏书家》,1912 年,第 5 期,第 10 页。)

比锡曾为乌沙科夫的俄国留学生小组争相阅读。这个小组从法国作家著作中吸收了哪些观点,可从乌沙科夫对"君主专制"一词的注释中窥见一斑,这个词是他用来翻译法文"君主独裁制"一词的。"如果我们将我们的权利和自然权利的一部分分给法律,那是为了利用它来谋求我们的利益;关于这一点,我们同社会是订立了默契的。如果这个默契遭到破坏,那我们就解除了所负担的责任。君主的不公正使人民——他的法官——得以对他行使同审判罪犯一样,乃至更多的权力。君主是人民社会的第一个公民。"

我们的作家在译书的同时还写诗。但在马布利著作俄文本出版后不久,拉季谢夫便长期中断了他的写作活动。

Н.П.帕甫洛夫-西尔万斯基认为这种中断的原因是由于拉季谢夫的青年人理想和丑恶现实的冲突。他指出,拉季谢夫在所著《乌沙科夫生平》中,一方面回忆了留学莱比锡的俄国学生在回到祖国时兴高采烈的情景,同时又忧郁地说:"我承认,我的亲爱朋友(他这里所指的是库图佐夫。——著者),你也会承认,回国以后,我们的热情,是大为减弱了。"接着,拉季谢夫对有产者的政权,作了激烈的指责。"啊,你们,劳心的支配者,由于你们眼光短浅,你们放弃了从事公益的机会,熄灭了笼罩着青年心灵的火焰! 对青年一次镇压,你便每每使他永远成为残废!"帕甫洛夫-西尔万斯基说得对,他认为这些自述和指责,是撰写我们作家的传记的重要精神文件。但他错误地以为他所指的青年人理想和严酷现实的冲突,暂时制止了拉季谢夫的"唯心主义意图",似乎这种意图只是从1785 年才开始苏醒过来,又以新的力量控制了他[1]。事实上,在前莱比锡留学生的心灵里,这种意图从来不曾停息,而且即令停息过,其苏醒也无论如何早于 1785 年。这一点可从拉季谢夫的小册子《致托波尔斯克友人书》中很明显地看出。

这本小册子注明写于 1782 年 8 月 8 日。它所讨论的问题在很长的时期内,都与俄国先进人物的"唯心主义意图"有最密切的联系。在谈到在彼得堡建立彼得纪念碑时,拉季谢夫提出了一个问题:为什么称这位君主为大帝?只有为祖国作过贡献的君主,才配享受这种称呼。彼得一世给俄国作过什么贡献呢?拉季谢夫说,这位国王的"优异之处虽然不在于他为人民利益而建立的各种制度,虽然他不是查理二世的胜利者,但他却给一个辽阔无边的庞然大物以第一个意图,而这个庞然大物虽然巨大无比,但过去却是毫无作为的"。他在作出这一答案时,是有意识地同对彼得改革抱着否定态度的卢梭(《日内瓦公民》)表示分歧,而同意伏尔泰的意见,因为伏尔泰认为我们的改革家是一个创造者,是对一个无定形的死板的俄国庞然大物,进行了卓有成效的组织工作的创造者[2]。

下面的意见是有价值的:拉季谢夫在这里与年轻的卡拉姆津不同[3],他完全没有忘记彼得活动的阴暗方面。他承认"所以我说,如果彼得确立了个人的自由,那他就可能更光荣,就可能更提高自己,也提高他的祖国"。但拉季谢夫深信,一般说来,不可能希

---

① 见前关于俄国对西方态度问题的一章。

② 见同章。

③ 见同章。

望君主自愿地确立自由。

　　"如果我们有些这样的例子:国王放弃王位,以便安宁地生活。但这不是由于国王的豁达慷慨,而是由于他在王位上坐腻了。就是到了世界的尽头,也不会,而且不可能有这样的例子:即国王在坐在王位上时,会自愿放弃他的任何权力。"这一关于国王在精神上不可能自愿放弃权力的意见,表明拉季谢夫在帕甫洛夫-西尔万斯基称之为"唯心主义意图"消沉时期,抱着怎样的政治情绪。可以说,拉季谢夫那时的思想方式,最少在政治方面,要比他的著名《旅行记》出版那年急进一些。事实上,他的《致托波尔斯克友人书》写于1782年,直到1790年才出版。所以,拉季谢夫在说到国王从来不曾自愿地向自由让步,也永远不会作出这种让步的地方,写了如下的注释:"如果这些话是写在1790年,则路易十六世的例子会给作者以别的想法。"①这是什么意思呢? 当然,这不是说,在1782年,拉季谢夫的"唯心主义意图"很微弱,而是说——而且只是说——拉季谢夫由于猜想路易十六世仿佛是诚心想满足法国人民的政治要求,遂对有产者政权的善意,抱着比以前更信任的态度。我们即将看到,这后一情况对《旅行记》中某些似乎同他对"君主专制"的一般态度不很协调的地方,提供了解释。此外,他同开始受到神秘主义情绪控制的库图佐夫的通信,也都是在这些,按照帕甫洛夫-西尔万斯基的意见,以拉季谢夫的"唯心主义意图"消沉为特点的年代写的。

　　我们作家的儿子说,这两位老友的通信,可以编成一整部书。

----

　　①　《拉季谢夫全集》,1907年版,第4卷,第5页。

非常可惜的是,这些信没有保存下来。但拉季谢夫不仅没有接受那种控制着库图佐夫的坟场情绪,而是相反,坚决保持了他从法国启蒙思想家那里因袭来的进步宇宙观,我们根据所知有关他本人和有关莫斯科"蔷薇十字会"会员对他的态度的全部材料应对此深信不疑①。然而,谁坚持进步理想,则其被帕甫洛夫-西尔万斯基称之为唯心主义②的那些意图,就不会停息。

俄国作家,——特别是这里所说的18世纪作家,——其缄默,每每不是由于他的"唯心主义"意图的消沉。这种缄默每

---

①　关于这种态度,见前面第十一章。——在《从莫斯科到彼得堡旅行记》里,拉季谢夫表示了对于神秘主义"哲学"的看法。他叙述了在波德别列兹耶车站,有一个到彼得堡学习科学的学生,遇见了他。在这个好学的学生遗失的小笔记本里,有这样的一些话:"发展最新的神秘创造罢,以按时出席烦琐哲学争论而自负罢,人类理性关切的是成语,而不想想这种成语有无意义。哲学家的任务不是要由学者去解决真理问题,而是提出在针尖上能够容纳多少灵魂问题。"拉季谢夫很了解,18世纪的神秘主义是为了中世纪的概念而反对法国新哲学的。

②　在道德的意义上使用这一形容词,有时为了语言的简括,是必要的。为了简括,帕甫洛夫－西尔万斯基在他所写的传记里使用了它,而帕甫洛夫－西尔万斯基是没有反对唯物主义的庸人成见的。但是不要忘记,在这种情形之下通用的术语,曾引起巨大的概念混乱。恩格斯在他的卓越著作《路德维希·费尔巴哈和德国古典哲学的终结》里说:"认为人类(至少在现时)总的说来是沿着进步方向运动的这种信念,是同唯物主义和唯心主义的对立绝对不相干的。法国唯物主义者同自然神论者伏尔泰和卢梭一样,几乎狂热地抱有这种信念,并且往往为它付出最大的个人牺牲。如果说,有谁为了'对真理和正义的热诚'(就这句话的正面意思说)而献出了整个生命,那么,例如狄德罗就是这样的人。"接着,恩格斯嘲笑了庸人反对唯物主义的成见:"庸人把唯物主义理解为贪吃,酗酒,娱乐,肉欲,虚荣,爱财,吝啬,贪婪,牟利,投机,简言之,即他本人暗中迷恋着的一切龌龊行为;而把唯物主义理解为对美德、普遍的人类爱的信仰,总之,对'美好世界'的信仰——他在别人面前夸耀这个'美好世界',但他自己至多只是在这样的时候才相信这个'美好世界',这时,他由于自己平时的'唯物主义的'放纵而必然感到懊丧或遭到破产……。"引自我所译的恩格斯这部著作的国外版本。(《马克思恩格斯全集》人民出版社中文版第21卷,第324—325页。)

每是由于"不由自主的情况"。如果这种情况的恼人影响能够驱使诺维科夫钻进神秘主义,那它们也就能够使拉季谢夫产生一种信念,认为任何在刊物上反对丑恶现实的企图,都是没有希望的。这一信念完全足够使他保持缄默,即令不是永久,也要保持一定时期。拉季谢夫的暂时缄默,很可能就是由于这一信念。

但是人也想到现实。拉季谢夫经常关切西欧著作界的先进思潮,无论如何不能不感到法国革命风暴的到来。所以很自然,他在感到这种风暴正在到来后,也就产生了从事著作活动的强烈愿望。这就是为什么他重新拿起了他那枝早已搁置不用的笔杆的原故。

我已一再提过的他那本《乌沙科夫生平》1789 年出版了。这本书包含了他的传记的许多珍贵资料。如果根据这部著作来判断,则他当时的主要兴趣是政治兴趣。他一针见血地说明了我国贵族道德的本质,认为它们是我国政治制度的必然结果。他说:"君主独断专横,除自己的意志和苛求外,不知有法依循;在他看来,其他规章也都低于自己的意愿。这就促使每一个长官认为他所使用的部分权力是无限的,认为他这个局部的统治者同总的统治者没有两样,从而以为把抵触长官权力的规章看为对最高权力的侮辱,是理所当然的。"

拉季谢夫说,这一"不幸的思想"危害着成千热爱祖国的公民,压制着他们的灵魂和理智。但他认为,在当前条件下,这种思想是完全无可避免的。他断然说:"怎样也不可能,因为人都是倾向于独断专横的；这一意见，爱尔维修也经常说过。"①

怎么办？难道能够同掌权人物的独断专横习惯妥协吗？或者，难道能够用幻想来安慰自己，以为有德行的人，就令戴上镣铐也是自由的吗？不能，都不能。必须斗争。必须学会抵制身居高位的暴君。公民服务国家，而不是听命于长官。关于这一点，拉季谢夫制定了许多规章，他在自己的实际生活中遵守了这些规章，并在自己的著作中作了叙述。我们已经知道，他在担任公职时，怎样在对长官的态度上保持了独立精神。现在，我们看看他怎样把这种独立的精神灌输给他的读者。

在他所著的《旅行记》中，他提到在"克列斯特兹"车站遇见的一名贵族。这个贵族是送他的几个孩子去上任的；在同他们分别时，他给他们讲授了实用智慧。这就是那个同"糊涂人的庸俗经验"毫无共同之处的智慧：

父亲说："努力吧！特别是要首先使你们的行为受到你们自己的尊敬；以期在单独一人反躬自省时，不仅对所作所为没有后悔，而且为自己感到荣幸。"

这是通则。而这个通则的应用情况之一是：

"进入上流社会，你们很快就会知道，社会上有一种在节日的

————————————

① 《全集》，第 1 卷，第 18—19 页。在附注里，拉季谢夫力图对这种"不幸思想"的起源作更详细的说明，并且模仿爱尔维修的榜样，从社会关系中找出了解社会心理的钥匙。他写道："这种要求绝对服从的规章的根源，可能从军法中，从文官和武官的混合中找到。"我国文官的很大一部分，是在担任军职时开始其对祖国的服务。他们由于习惯了对下属发号施令，而军事服从又是不容许违抗命令的，所以他们在担任文职时，都带着过去养成的军事思想。他们觉得到处都是队伍，在法庭上也可高喊："举枪致敬！"，他们的决定每每是用鞭笞来签署的。

早晨拜会达官显贵的习俗。这是一个小气的习俗,毫无意义,它表示拜访者胆小如鼠,被拜访者傲慢骄横和缺少理性。"

我们看到,拉季谢夫在这里提出的那个贵族,要他的孩子们提防涅克拉索夫后来在他所写的《在正门入口处的沉思》第一部分所抨击的那种奴性。节日拜访达官显贵的目的,是为了博得他们的好感。而这却为有自尊心的官吏所不应该做的。"不要让你的脚跨进那分隔着阿谀逢迎和执行职务的界限,"——贵族继续说,——"除非由于你的职务的需要,不要走进任何显赫大贵族的正门。那时,你虽在卑鄙的人群之中,虽然他们要用奴颜婢膝的目光看望你,你心灵虽然愤慨,但你毕竟与他们不同。"

值得注意的是,拉季谢夫一方面向他的读者灌输独立感,教导他们怎样对待显赫大贵族,同时对于在 60 年代先进青年中受到无情抨击的讲究服饰行为,也表示了谴责。

"一贯地讲究服饰,经常表示一种被压抑的理性,"——同一贵族在他的著作中说,——"如果说,尤利·克萨里尔是一个讲究服饰的人,那他的讲究是有其目的的。青年时期追求女性,是他讲究服饰的动机。如果穿着又脏又臭的破衣能够达到他的愿望,他会立即脱下楚楚衣冠而把这种破衣穿上。"

人所尽知,衣冠楚楚可有助于达成高贵的目的。就是 19 世纪先进青年中最极端的代表,对此也是同意。例如,我国所谓地下工作者,在华丽的衣冠有助于达成他们的革命目的时,就穿得非常华丽。总而言之,在读到这位克列斯特兹贵族给他孩子们的训诫时,不禁想起杜勃罗留波夫的某些论文,这些论文向青年读者讲授如何生活,特别是如何抵制任性胡闹的规则。拉季谢夫在我国生活导师的队伍中,是一个首屈一指的人物;后来杜勃罗留波夫和车尔尼雪夫斯基也在这种人物中占着同样的地位。拉季谢夫的实用规则同这两人所制定的规则近似,尤为值得注意,因为他在理论上时常依靠的前提,同车尔尼雪夫斯基和杜勃罗留波夫的哲学前提,有许多共同的地方。我们已经看到,他虽然不肯在最后的结论上追随法国唯物主义者,但毕竟他的人性发展学说是完全从他们那里抄袭得来的。车尔尼雪夫斯基和杜勃罗留波夫也都是费尔巴哈的唯物主义哲学的坚决信徒,而费尔巴哈则很受益于法国唯物主义者,虽然他对此并不经常明了。属于两个极不相同的历史时期的作家,他们的相同或差不多相同的出发点,造成了相同或差不多相同的结论,这是没有什么奇怪的。

这就是一个值得注意的例子。克列斯特兹的贵族警告他的孩子们说:"不要以为,我会想从你的嘴里听到你感激我对你们的关怀,或赞扬(哪怕是略为赞扬)我为你们所作所为。在自身利益的推动下谋求你的利益,总是为了使自己得到满足……你们什么也不亏我。"车尔尼雪夫斯基的著名小说《怎么办》的主角,对于他们的各种利他行为也表示完全相同的观点——只不过说得好得多。他们每人都说,指导他们的,是纯然利己的动机(用克列斯特兹贵族的话说:自身利益的推动),其根据是每人在打算作些利他的举动时,都希望从这种举动里获得巨大的满足。18 世纪法国唯物主义者和我国 19 世纪 60 年代伟大启蒙思想家所大事抨击的利己主义宣传,所指的就是这种情况!

对于法国唯物主义者和俄国启蒙思想家的唯一不无根据的指责,是他们用语的不明确。某人愈是富于牺牲精神,便能愈是快乐地为他所亲近的人们服务。这是不言自明的。但是不应因此就说,指导他的行为的是"本身利益的推动"。

问题决定于这人所说的利益是指什么:如果是指他人的幸福,那我们就没有任何权利说他是一个利己主义者,因为利己主义者的利益是与他人的利益背道而驰的。如果洛普霍夫和基尔萨诺夫在车尔尼雪夫斯基的小说里,犯了克列斯特兹贵族在拉季谢夫的《旅行记》里早就犯过的同一用语错误,那也完全不意味着车尔尼雪夫斯基和拉季谢夫是利用他们的主角来宣扬利己主义。相反,他们的宣传是最高的利他主义宣传。诽谤车尔尼雪夫斯基的人们从来不肯费点气力去查明,洛普霍夫为了不妨碍他的妻子的幸福而决定退出,他的利己主义究竟表现在什么地方。他们更不明白,为什么拉赫梅托夫由于决心为祖国服务而过着苦行僧的生活,我们都应说他是利己主义者。拉赫梅托夫似乎是 70 年代俄国革命家的典型。但是,在总和上构成这一革命家理想的特点,在 18 世纪下半期即已在俄国先进知识分子中开始产生。这一点,我们在拉季谢夫本人和他的克列斯特兹贵族的范例上看得最为明显。

根据这位克列斯特兹贵族的说法,共同生活的规则是与遵守人民的道德风尚,遵守法律,以及符合德行的行为有关系的。

"如果在社会里,道德风尚不违反法律,如果法律不给德行的传播设置障碍,则执行共同生活的规则,便是轻而易举的了。"然而不幸的是,这样的社会实际上并不存在。在一切地方,道德每每与法律抵触;更坏的是,道德风尚和法律又每每与德行矛盾。因此,很难同时履行人和公民的责任:"两者每每完全对立。"

拉季谢夫理解的人的责任,显然是对待应当是什么,也就是对待理想的责任。而所谓公民的责任,则是指对现实,换言之,对事物的现有秩序的责任。在现实与理想发生矛盾的时候,在现实的要求与德行的要求背道而驰的时候,从而必须在两者之间进行选择的时候,德行便是最高的法律。"不要管道德风尚,"——还是这位克列斯迪兹贵族说,——"不要管民法和宗教法,不要管这些社会上多么神圣的东西。执行它们将使你离开德行"。

　　这些话表明,拉季谢夫虽然以官吏的身份仍旧严格遵守法律,但他一点也不愿使进步的利益成为法律的牺牲品。官吏心甘情愿地向公民让步。然而为了进步的要求而违反法律的要求,意味着给自己招来迫害。拉季谢夫很清楚地意识到这一点。他想使先进的俄国人在致力于"德行"时,预先学会不畏艰险。"如果法律或国王、或人间任何权力要你撒谎或违反德行,你应对此毫不动摇。要不怕嘲笑,不怕折磨,不怕疾病,不怕坐牢,甚至不怕死。要精神坚定,有如中流砥柱。"这已是毫不模棱两可地宣传用自我牺牲的大无畏精神同社会不正义作斗争了。拉季谢夫明确了解,在俄国,忠于进步将会陷于怎样的绝境。他指出,自杀是人们由于德行而遭受迫害的最后避难所。克列斯特兹的贵族给他孩子指出了卡顿的范例:"如果沉重的不幸使你成为众矢之的,如果你的德行不能在人间获得避难的处所,如果你被逼到绝境,无处可以逃避压迫;那时,你应记住,你是人,应记住你的尊严,戴上极乐的桂冠,用它来解除你的不幸,——你就死罢!"

　　叶卡捷琳娜看到,《从莫斯科到彼得堡旅行记》传布法国的传染病。从她的观点说,她是完全对的。毫无疑义,拉季谢夫表现为法国革命家的信徒。这不仅在《旅行记》里是如此。现在业已确凿查明,拉季谢夫在这本书出版之前,就已在刊物里颇为完全和彻底地发表了他的革命观点。

佩平早就(在 1868 年)发表了一种意见,认为拉季谢夫曾积极参加克雷洛夫的《灵魂通讯》杂志的工作。他认为所有在这本杂志上发表的以讽刺内容的严肃性为特征的书简,都出自拉季谢夫的手笔。他认为,首先,西尔弗·达尔诺维德的信便是其中的一篇。他的这种意见,在不久以前还为某些最严肃认真的学者所同意。毫无疑问,确乎有些有力的论点,足以支持这种意见。但谢戈廖夫提出了更有力的证据以反驳这些论点①。现在,对于拉季谢夫参加《灵魂通讯》杂志工作之说,不得不予否认。但谢戈廖夫在提出图奇科夫的无可辩驳的证明时,确认了我们的作家……。②

---

① 见他的论文:《拉季谢夫的杂志活动概述》,载 1908 年 12 月份《已逝的岁月》。
② 本卷正文到此结束。显然,这是普列汉诺夫的未完之作。——译者

附　　录

I
第十三章

（关于拉季谢夫）

怎么办？就其思想方式说，拉季谢夫怎样也不能与当权者的独断专横作风妥协。我们已经知道，他虽是愿意而且善于任职，但他不愿，也不善于听从命令。他给自己提出的规则是："不跨越分隔着阿谀逢迎和执行职务的界限。"但他不以此为满足。

如果当权者的独断专横习惯，是一定社会政治条件的无可避免的结果，则任何不愿与之妥协的人，应该尽其力之所及，促进这些条件的改善。

……一定社会环境下云云，并不是说不应用这种条件进行斗争。

拉季谢夫意识到，同这种一成不变，但却很有害处的习惯作斗争的需要，必然产生，而且将在热爱祖国的俄国人的心中产生。用别林斯基的话说，我们可以认为拉季谢夫在这里已能在精神上发挥否定的观念。不仅这样。他不仅（在精神上）发挥了这一观念，而且想给他的读者讲授规则，使这一观念得以实现。

如果在一定社会政治条件下，当权者的独断专横习惯是不可避免的，那也不能说，应该与之妥协。拉季谢夫从来不曾作过这种结论。

我们已经看到，作为官吏，他是尊重法律的，但他的长官的情绪使他不能忍受。当然，在他认为必须和可能充任政论家时，他就更不愿同社会的恶同流合污了。拉季谢夫是 18 世纪俄国这样的人士之一，这种人受了法国解放哲学的影响，立意要把这个哲学的结论传播到读者大众中去。用什么手段呢？拉季谢夫除了把他比较坚决掌握的法国解放哲学的结论传播到俄国读者大众中去外，别无其他手段。当他的著作活动经过一度中断而重新恢复的时候，他便成为这种结论热心的传播者了。

在这方面，他是同诺维科夫直接相反的。诺维科夫认为他在道德上必须同法国解放哲学的结论进行斗争。

　　佩平在 1868 年就证明过,拉季谢夫曾积极参加克雷洛夫的《灵魂通讯》杂志的工作。按照他的意见,所有在这本杂志上发表的以讽刺内容的严肃性为特征的信笺(首先是西尔弗·达尔诺维德的信),都出自拉季谢夫的手笔。帕甫洛夫-西尔万斯基不同意这一见解,他认为西尔弗·达尔诺维德信的大部分,没有出自拉季谢夫手笔的可靠特征,而且一般说,拉季谢夫未必积极参加了《灵魂通讯》①。相反,韦谢洛夫斯基不怀疑西尔弗·达尔诺维德的信是拉季谢夫写的。他认为信中最好的一封,是那封谈到莫里哀的《厌世者》的信。事实上,应该承认,这封信确乎是卓越的。

　　这封信的作者断言,《厌世者》比布尔达鲁和其他传教士的说教给法国做了更多的好事。他决心承认阿利舍斯特的行为是模范。“让他们尽量责备好了②,但他们对厌世者的一切责备,都对厌世者有利。厌世者所憎恶的不是人,而只是人的恶,只是那些致命的恶!……”③“如果在国王的宫廷里有哪怕是少数的厌世者,那对各族人民该是多么大的幸运!”④

　　韦谢洛夫斯基曾将西尔弗·达尔诺维德对《厌世者》的看法同《从莫斯科到彼德堡旅行记》的一个地方进行比较:在这个地方,伊斯廷娜在梦中会见了沙皇,劝他把那些敢于当面向他说真话的人当作最好的朋友,加意爱护。他发现两者之间不仅在思想上,而且在表达的方法上,都有惊人的相似之处⑤。

　　由于这种相似之处,遂使西尔弗·达尔诺维德的信,最少是这里所说的那一封信,更可信地是出于拉季谢夫的手笔。

　　然而即令这些信是出于别人的手笔,那也不能减少韦谢洛夫斯基的意见的正确性:即拉季谢夫认为应该效法阿利舍斯特。为了证实这一意见的正确,可以从《旅行记》中引录一些有说服力的段落,而主要地,是可以引证拉季谢夫本人的活动。

---

　　①　见他所写的拉季谢夫传,XXVIII 页附录:《从彼得堡到莫斯科旅行记》,第 287—288 页。

　　②　见 B.B.卡拉什编:《И.A.克雷洛夫文集》。这里引用的西尔弗·达尔诺维德的信。载第 2 卷(见第 355 页)。

　　③　同上,第 352 页。

　　④　同上,第 354 页。

　　⑤　韦谢洛夫斯基:《探讨与鉴定》,莫斯科 1907 年版,第 125—126 页。参阅他的著作:《新俄文学中的西方影响》,第 4 版,第 105—106 页。

请注意,西尔弗·达尔诺维德并不要求正直的人去无条件地模仿阿利舍斯特,而只是说:他"应该多少与厌世者相似"①。拉季谢夫在《旅行记》里也不主张无条件的模仿。他像西尔弗·达尔诺维德一样,认为值得模仿的,不是阿利舍斯特的那种毫无结果的可笑诚实,以及由于这种诚实而决心告诉爱米里:像她这样的年龄不宜于把自己装扮为美妇人,以及她过多地使用脂粉等等②,而是一个公民的必要的诚实,这种诚实在于对社会的邪恶的敢于嘲笑,对当权者的暴虐行为的敢于揭发。至于这种诚实,那它不仅浸透了《从彼得堡到莫斯科旅行记》的每一页,而且浸透了拉季谢夫的全部实际活动。试回忆他在麻织品检查员一案中的表现罢! 他的所有同事,包括商务委员会的主席在内,都认为必须惩办检查员。只有他一人相信检查员无罪,而且坚持了他的这一信念。他直到生命的最后,都保持了这种勇敢的爱真理的本色;正因为《从彼得堡到莫斯科旅行记》是爱真理的表现,所以它是 18 世纪俄国文学史上最卓越的现象之一。

普希金说它是一部很平常的书。这是一个很大的错误。像普希金这样聪明的人,这样精细的批评家,犯了这样的错误,真是出乎意料。

拉季谢夫这一名著的最重要缺点,是文字粗糙。这一缺点是由于我们作家的成长条件。他在童年必须掌握法文。后来拉季谢夫又精通德文和英文。而俄文,则像当时几乎常见的一样,是学习赞美诗和《东正教日历经》;也就是说,所用课本最多也只能讲授教会的斯拉夫语文。在他到莱比锡时,他和他的同学都无法学习俄文,他们开始忘记俄文。在回到俄国担任官职后,拉季谢夫立即感到他的俄文程度很差,并努力弥补他的学识的这一缺陷。但是,就在这时,他也主要是用教会的斯拉夫文书籍来学俄文的。因此,在他的著作里,处处都碰到"斯拉夫古文的词汇"。这给他的文风带来了一种陈腐古老的性质。尤其坏的是,拉季谢夫愈是精神贯注,愈是觉得他所写的问题的重要,便愈是要给他的思想加上一层艰深累赘的教会斯拉夫语文的装饰。当然,那时使用罗蒙诺索夫所主张的"高尚文体"的习惯,尚未完全消灭;他很可能对于当时的读者,不曾造成像现在对于我们这样使人沮丧的印象。但是,与拉季谢夫同代的俄国作家还是使用了这种"文体"的。例子就在眼前:佩平,韦谢洛夫斯基和若干其他作家认为出自拉季谢夫手笔的西尔弗·达尔诺

---

① 《克雷洛夫文集》,第 2 卷,第 355—357 页。

② 《厌世者》(Le Misantrope),第 1 幕,第 1 场。

维德的书简,便是较为易懂的俄文写的。顺便指出,这些书简的这一特点,成为反对所谓它们出自拉季谢夫手笔的假设的颇为重大理由。但是,不管这一假设是否正确,无可怀疑的是,《从彼得堡到莫斯科旅行记》的文字,就在那时也是古老陈旧的。

在现时的读者的眼光里,这本书的另一缺点是过于"敏感"。但那时伤感主义的情绪像流行病一般传播着;看来拉季谢夫的敏感,与其说是缺点,毋宁说是优点。

读《旅行记》时,强烈地感到这两个缺点。但是,这本书读得愈是仔细,则其缺点所造成的印象愈是淡薄,而从内容上得到的印象,则相反,愈来愈是加强,所以……

II

关于拉季谢夫的评论

波布罗夫——维诺格拉多夫——奥列阿里

《致托波尔斯克友人书》,1782 年 8 月 8 日,1907 年版,第 1 卷。

第 71 页,一个值得注意的意见,表明意识到社会主动精神的缺点。

第 75 页,关于君主专制政权的值得注意的意见。

第 2 卷　《论人》

第 143 页,他仿佛是一个活力论者。注意,关于活力论,第 143 页和第 291 页。

第 147—148 页,——拉季谢夫的认识论。

第 150 页,(0)拉美特利:拉季谢夫不同意他关于人—植物的观点。

注意——拉季谢夫的目的:指明等等

第 153 页——拉季谢夫自相矛盾:他关于动物能思考的意见。比较博布罗夫的第 2 条附注,87;不仅对博布罗夫为"显而易见"的东西,才是"显而易见"的。还有某些别的东西。

第 155 页——拉季谢夫对比逢的反驳是没有根据的。

第 157 页——关于手的问题对爱尔维修的反驳,也是一样。

注意第 162 页——对丑化,如惩罚的愤怒之词。

对拉季谢夫的反驳

第 168 页——动物有内在的感觉，正确的和不正确的。与第 193 页比较。

第 175 页——关于严厉措施和惩罚。

拉季谢夫的人道精神

注意第 178 页——几乎完全摘录爱尔维修。人类智能发展史。

注意——与第 175 页比较。

第 180 页——还是爱尔维修。

第 191 页——究竟什么促使拉季谢夫相信永生不死。不是理性，心，自我安慰的需要。很重要。

第 193 页——注解：拉季谢夫所指的是"一个所谓人类的灵魂"。

第 196 页——拉季谢夫谈到"一位普里斯特列伊医生"，以及他的经验，等等。博布罗夫教授在所著《哲学在俄国》一书的第 3 辑 122 页上，反驳拉季谢夫，说他是在证明自康德以来谁都不曾争论过的问题（一切都存在于空间和时间），但拉季谢夫（他的结论在第 199 页）在说到不可知是一种虚构的特性时，显然是在重复普里斯特列伊的意见。

"普里斯特列伊引导我们去认识他的判断"——第 202 页。重要。

注意第 198 页——"唉！我们必须用手摸着走路，多么快地超乎感觉之上啊！"

第 203 页——"说无作为是自然的特性，显然不通。"

第 203 页——"运动是物的共同性质"。

第 203 页——"运动与物不可分"。

第 203—206 页——拉季谢夫在这里和其后各页，是唯物主义者。特别注意第 2 卷第 214 页上的结论。

注意——自第 215 页开始到第 225 页结束的唯物主义独白，也是在普里斯特列伊的影响下写的。

对于唯物主义独白，拉季谢夫感叹地答道："残酷无情！"等等；第 226 页。

拉季谢夫对唯物主义者的反驳，从第 3 卷开始，但什么也未驳倒。这些反驳是建立在简单的 petitio principii（预期理由）上的。例如，第 235 页：这里假定灵魂是一种同躯壳分开的单独实体，而唯物主义者所反驳的正是这一点，所以拉季谢夫不得不对此加以证明。

在第 236 页——又是 petitio principii（预期理由）。只有在确认灵魂作为单独实体的存在，已获证明时，问题才有意义。

（在《仁慈的苏拉列特》里，他是一个万物有灵论者，第 9 页）。他自己感到这一点，见第 237 页。

第 237—238 页——"如果物质是无作为的，是处于死的静寂中的，那它就应该永远是死的。"但在上面，这个"如果"已被坚决驳倒。第 239 页——可用 H 和 O 不等于 H_2O 的例子来同他的颜料例子对立。

在第 243 页——见解不无机智，但无说服力。

第 245 页——又是 petitio principii（预期理由）。

第 246 页——他没有证据地断言，Sein 须以 Denken 为前提，亦即 Denken 先 Sein 而存在。

第 248 页——关于物"高于人和不可见的力"的"必然"假设的评论，很无力量。

第 249 页——"难道人是创造的结束？"而如果不是，又为什么？与什瓦尔兹比较，第 252 页。

注意第 251 页——拉季谢夫认为可能，生命力是灵魂和躯体之间的中介。

第 252 页——从力的不灭到认定灵魂不灭。

第 269 页——第 4 卷的开始。"亲爱的，这就是为了维护灵魂不死所能说的一切。"

这同他在前几卷所说的略有矛盾。

注意——这是他为了维护灵魂不死而作的结论的归纳。

注意第 270 页——自己承认是白日做梦；比较第 276 页。

第 275 页——论伟人生活中各种条件的意义，很重要。与第 178 页比较。

注意第 279 页——拉季谢夫的认识论。

第 284 页——幼稚的结论。超级幼稚。

第 285 页——拉季谢夫"应该说，灵魂在脱离躯体时，仍然存在"。

第 288 页——称莱布尼茨为"思想伟人"，与第 2 卷比较。

437（信）

注意第 293 页——拉季谢夫的最后结论。

在 1791 年 11 月 26 日的信里，咒骂爱尔维修。

第 350 页 II——论农奴制。

第 371—372 页——同上（注意）。

注意第 396 页——许多俄国诗可成为安眠药（例如，他自己的诗——著者）

信，第 2 卷

第 440 页——谈到他衰老了。

第 457 页——他的灵魂悲伤，内心难受。

关于他的论永生的书的解释

第 459 页——书的不合理要求。

注意第 460 页——历史哲学。

第 475 页——拉季谢夫的"全部哲学""消失了"；与第 479 页比较。

第 483 页——书。

第 490 页——1792 年，他同情地谈论康多尔塞。这种谈论是不能期待于雷纳尔的。

注意第 490 页——关于书籍和杂志的申请。

普列汉诺夫生平简介

　　格奥尔基·瓦连廷诺维奇·普列汉诺夫,1856 年 12 月 11 日出生于俄罗斯唐波夫省利茨佩克县古达洛夫卡村一个破落贵族地主家庭。祖先是鞑靼人。"普列汉诺夫"这个姓氏中有个"汉"("汗")字就是证据。父亲是退职上尉。母亲是俄国大批评家别林斯基近亲的后裔。他中学时代就在语言、文学和社会科学方面显示出浓烈兴趣和卓异才能,被同学们誉为"会走路的百科全书"。课余则发奋钻研俄国革命民主主义者的作品。车尔尼雪夫斯基的著作对他的革命世界观的形成起了特别巨大的作用。他 19 岁参加革命民粹派组织。不久成为职业革命家。1880 年年底,为逃避沙皇政府搜捕,亡命西欧达 37 年之久。

　　流亡的最初几年,普列汉诺夫接触了西欧的工人运动,认真钻研了马克思、恩格斯的著作。于是就从一个小资产阶级的农民民主主义者和空想社会主义者变成了无产阶级的科学社会主义者,从巴枯宁式的唯心史观信奉者变成了唯物史观的拥护者。与此同时,他还像学生似的在日内瓦大学,后来又在巴黎的索尔朋听教授们讲历史学、人类学、经济学、地质学、有机化学、解剖学、动物学的课和人文科学著名学者的讲演,或者一清早就上图书馆阅读各类科学书籍,做了几十个笔记本的读书摘记和听课记录。他通晓德、英、意、保、波等各种欧洲语文,尤精法语,能够流利地用法语写作和演说。这对于他踏实学习和深入研究先进的西欧文化以及顺畅地同各界人士交流思想都无疑是一个十分有利的条件。

1883 年 9 月,他在日内瓦组织了俄国历史上第一个马克思主义革命团体"劳动解放社"。在这个小团体中,普列汉诺夫是公认的思想领袖。在他的领导和直接参与下,劳动解放社翻译和出版了马克思、恩格斯的许多重要著作,并把它们秘密运往俄国散发。在此期间,普列汉诺夫还发表了一系列政治、哲学、经济、科学社会主义、美学、文艺评论和历史等方面的论著,捍卫、论证和发展了辩证唯物主义,特别是历史唯物主义的原理,批判了民粹主义、无政府主义、新康德主义、经济主义等俄国以及国际工人运动中资产阶级和修正主义的思潮,分析了俄国革命提出的种种政治、经济和理论问题,从而培养了一大批年轻的革命骨干,为联合国内外社会民主主义力量和在俄国建立社会民主党进行了大量卓有成效的工作,同时他还建立并且加强了俄国社会民主主义组织同欧洲(主要是西欧)社会民主党的牢固联系,交流了彼此的革命经验,促进了无产阶级的国际团结。由于这些活动,普列汉诺夫成了第二国际的著名领袖、国际工人运动最杰出的领导人之一。据说恩格斯曾经这样评价过普列汉诺夫:他的天才"不亚于拉法格,甚至不亚于拉萨尔"。又说:"我认为只有两个人理解或掌握了马克思主义,这两个人是:梅林和普列汉诺夫。"

普列汉诺夫比列宁大 14 岁。他不仅是思想上帮助年轻的列宁走上正确的革命道路的引路人之一,而且是帮助他接受辩证唯物主义和历史唯物主义观点的哲学导师之一,同时在一定意义上还是把列宁引入第二国际领导层的推介人。因为正是由于他的引荐列宁才很快结识第二国际各国著名领袖。

1900年8—9月,列宁和普列汉诺夫通过艰巨而曲折的谈划,达成了共同编辑出版《火星报》和《曙光》杂志的协议。同年年底到1903年10月,是普列汉诺夫同列宁并肩战斗的三年,也是他政治上最光辉的岁月。列宁认为,普列汉诺夫和他的"劳动解放社"同志不仅在理论上促进了俄国社会民主主义运动,实行了迎接工人运动的第一步,而且是"为俄国社会民主党打下基础并一直领导党的理论家和著作家",他们"为党在理论上和实践上的发展做了许多事情"。"俄国社会民主党的建立,是'劳动解放社'即普列汉诺夫、阿克雪里罗得和他们的朋友们的主要功绩"(《列宁全集》,第4卷.第203、226、292页)。

1903年11月,刚建立的俄国社会民主党分裂为以列宁为首的"布尔什维克"(即"多数派")和以马尔托夫为首的"孟什维克"(即"少数派")。作为党的总委员会主席的普列汉诺夫对孟什维克的分裂活动采取退让妥协的政策,并且自己很快就走向了孟什维克一边,开始在组织问题上,随后由于发生了1905年革命,又在策略问题上采取了同布尔什维克尖锐对立的立场。普列议诺夫的孟什维主义策略给当时俄国无产阶级的革命事业造成了严重的危害。

不过从1903年11月到1914年8月这段时期,普列汉诺夫仍然是一个无产阶级的革命家。他这个时期的总的特点就是动摇性,即在布尔什维克和孟什维克之间摆来摆去。所以列宁称他是一个"特殊的孟什维克",说他采取了一种"特殊的立场"。所谓特殊立场的意思,不仅是指他在策略和组织问题上好多次脱离过孟什维克,不仅是指他在斯托雷平反动年代抨击了取消派,同布尔什维克结成了战斗联盟,在极其困难的环境下捍卫了党和革命,而且,与此密切联系的,是指他作为"孟什维克—马克思主义者"在理论上,在哲学上坚持了"正义的事业"。列宁特别高度赞扬了他在斯托雷平反动时期俄国先进阶级进行哲学"整顿"中所起的伟大作用,比之为18世纪百科全书派在法国,或者像康德到黑格尔和费尔巴哈的古典哲学在德国所起的那种启蒙作用。

第一次世界大战爆发后,普列汉诺夫主张按照马克思的榜样,在战争中力求区分民族防御战和民族征服战,找出发动战争的罪魁祸首,因此,他要求俄国无产阶级起来反对德、奥等同盟国侵略者,保卫祖国。1917年二月革命后他结束流亡生活回到俄国,继续鼓吹俄国进行卫国战争,号召工人阶级团结在资产阶级临时政府周围,反对列宁提出的变帝国主义战争为国内战争,实行社会主义革命的"四月提纲"。他不同意列宁的帝国主义理论,不同意说帝国主义是腐朽的、没落的、垂死的资本主义,是无产阶级革命的前夜,而赞成考茨基所谓帝国主义是资本主义高度发展时期工业资本主义民族力图愈来愈多地吞并或征服农业区域所实行的一种政策。他显然认为,在欧洲,尤其是在俄国,资本主义仍然有巨大的发展空间,而且,资本主义本身是一种善于自我调节的社会制度。他援引马克思的重要原理说,"在一国的生产方式还促进该国生产力的发展而不是阻碍它的发展以前,它绝不会退出历史舞台"。当时俄国经济相当落后,不仅吃存在着资本主义的苦头,而且吃资本主义生产方式不够发达的苦头。他认为进行社会主义革命的另一前提条件是雇佣工人构成国内居民的多数和在工人阶级中间进行长期的教育工作和组织工作等等。所有这些条件当时俄国都远不具备。因此他继恩格斯之后警告说,工人阶级最大的历史灾难莫过于在还没有准备好以前就夺取政权。但是当十月革命取得胜利之后,他拒绝了白党分子要他出来领导反动政府的建议,没有参加反对新政权的活动。因为他认为自己为无产阶级事业奋斗了四十年,即使这个阶级走上了错误道路,也不愿和不能站在它的对立面,进行反对它的斗争。1918 年 5 月 30 日,这位卓越的马克思主义者在物资匮乏、病情加剧、孤独凄凉中与世长辞。

作为政治家,普列汉诺夫不是强有力的。他不具备超凡脱俗的领袖气质。他背后没有忠于他的铁杆部队。他领导的"劳动解放社"不过五六个人;而且都是知识分子,几乎没有人从事组织工作。所以他最终都未能成为强大政党或派别的领袖。

普列汉诺夫所以名垂青史,主要是作为博学的著作家、思想家、理论家。自从 1890 年第一次发表历史哲学专论《评梅契尼可夫的书》直到 1917 年出版《从唯心主义到唯物主义》,哲学上他始终是一个有独创精神的马克思主义者。即使 1903 年以后也仍然如此。这特别表现在对马赫主义、造神派、寻神派和其他资产阶级哲学家的批判,以及对俄国社会思想史的研究和大量美学、文艺论著上。但综观他的全部哲学著作,可以说理论上富于创见实践上影响深远的作品,大都是 19 世纪 90 年代发表的:如《黑格尔逝世 60 周年》《车尔尼雪夫斯基》《无政府主义和社会主义》《论一元论历史观的发展问题》《唯物主义史论丛》《论个人在历史上的作用问题》《没有地址的信》等。其中尤以《论一元论历史观的发展问题》为最。这本书代表了他一生所达到的理论水平的最高峰。1903 年以后,在哲学原理方面虽然也写出过像《马克思主义基本问题》这样的优秀著作,但从根本上说并没有取得什么重大的进展。然而在运用现成的原理分析宗教、文艺、特别是俄国哲学史和俄国社会思想史方面却产生了丰硕的成果。

普列汉诺夫的著作卷帙浩繁。按照列宁的指示,1923—1927年苏联出版了《普列汉诺夫全集》24 卷。后来苏联学者整理并陆续编辑出版了普列汉诺夫的若干遗著、手稿和书信,如《普列汉诺夫遗著》(8 卷,1934—1940 年),《普列汉诺夫哲学遗著》(3 卷,1973—1974 年),等等。1956 年为了纪念普列汉诺夫诞生 100 周年,前苏联科学院哲学研究所主持编辑出版了 5 卷本《普列汉诺夫哲学著作选集》(1956—1958 年。中译本则出版于 1959—1984年)。这套取材于《全集》和《遗著》的著作是迄今为止他的哲学著作的最好选本。

从内容看,普列汉诺夫著作涉及的领域非常广泛。包括哲学、多个领域的思想史、美学、文艺评论、经济学、历史学、宗教学、伦理学、社会政治思想、政论等等。其中许多领域,他都作出了重大的贡献,提出了不少的创见,大大促进了马克思主义理论的发展,至今不仅保持着战斗的意义,而且仍然是人们开启智慧的源泉之一。

普列汉诺夫的文章流畅优美,旁征博引,极爱论战。文风清新,明晰泼辣,兼具法国式的奔放风趣,德国式的深邃思辨和俄国式的渊博简洁的特点,是著名的俄国散文家。他的一些文句被人们视为典范的俄语收入权威的俄语辞典。他翻译和校订的马克思、恩格斯著作奠定了现代俄语的马克思主义语汇的基础。这些,也都是他的一项毋庸置疑的不朽的文化功绩。

列宁对普列汉诺夫一生的学术功绩和历史地位曾经有过两条基本的、纲领性的评价。一条说：他是杰出的马克思主义哲学家，他"所写的全部哲学著作""应当列为必读的共产主义教科书"。另一条说：他是俄罗斯民族的文化巨人，他是和车尔尼雪夫斯基齐名的"大俄罗斯"进步"民族文化"的卓越"代表"。

图书在版编目(CIP)数据

普列汉诺夫文集.第8、9、10卷,俄国社会思想史:全三卷/(俄罗斯)戈·瓦·普列汉诺夫著;孙静工译.—北京:商务印书馆,2021
ISBN 978-7-100-19783-0

Ⅰ.①普…　Ⅱ.①戈…②孙…　Ⅲ.①普列汉诺夫(Plekhanov,Georgi Valentino 1856—1918)—文集
Ⅳ.①B512.54-53

中国版本图书馆 CIP 数据核字(2021)第 059760 号

普 列 汉 诺 夫 文 集

第 8、9、10 卷

俄国社会思想史

(全三卷)

孙静工　译

商 务 印 书 馆 出 版
(北京王府井大街 36 号　邮政编码 100710)
商 务 印 书 馆 发 行
北京艺辉伊航图文有限公司印刷
ISBN 978-7-100-19783-0

2021 年 6 月第 1 版　　　　开本 710×1000　1/16
2021 年 6 月北京第 1 次印刷　　印张 77¾
定价:298.00 元